U0906570

2019

湖南统计年鉴

HUNAN STATISTICAL YEARBOOK

湖 南 省 统 计 局
国家统计局湖南调查总队 编

Compiled by
Hunan Provincial Bureau of Statistics
Survey Office of the National Bureau
of Statistics in Hunan

（总第37期 NO.37）

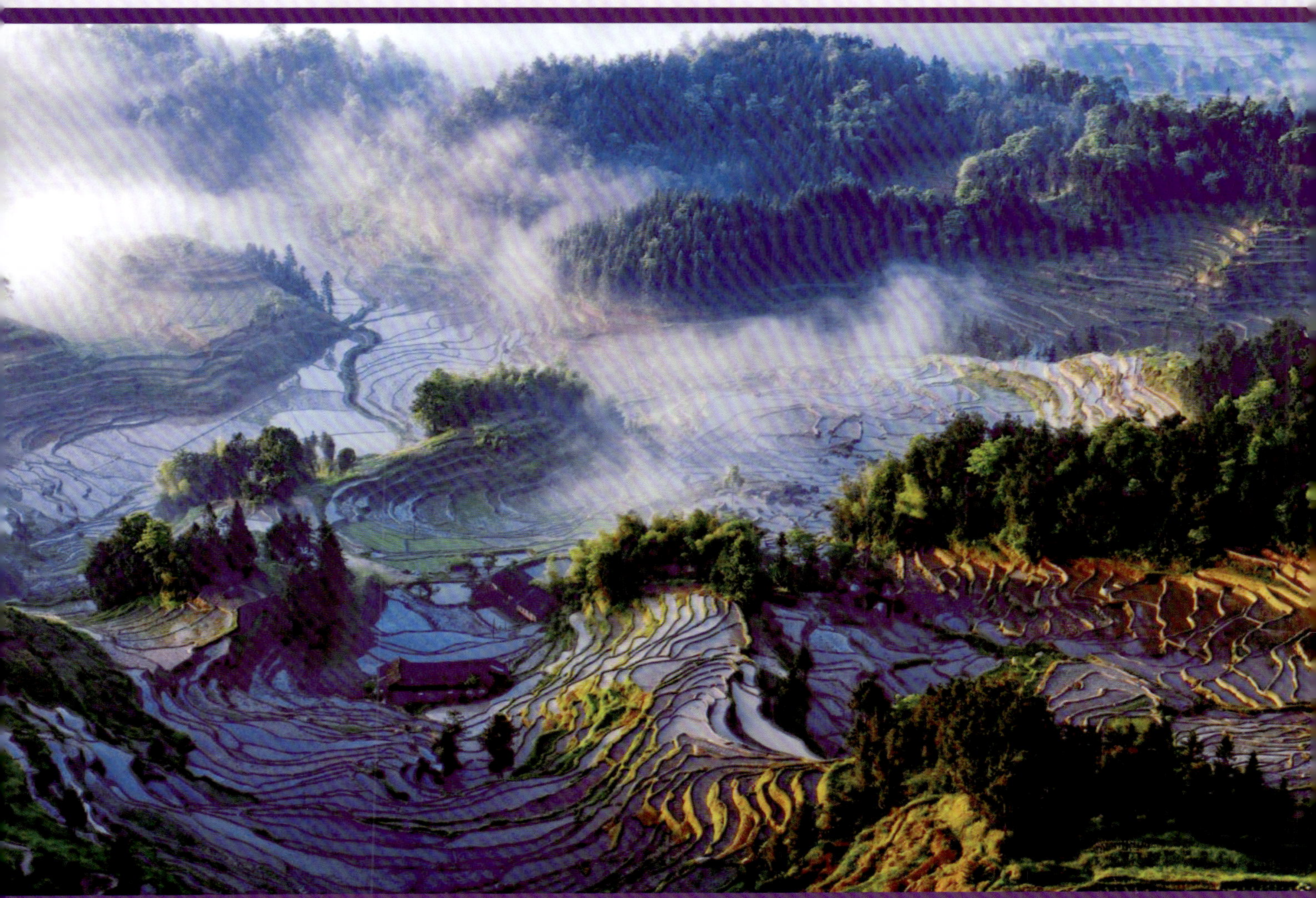

地区生产总值（亿元）

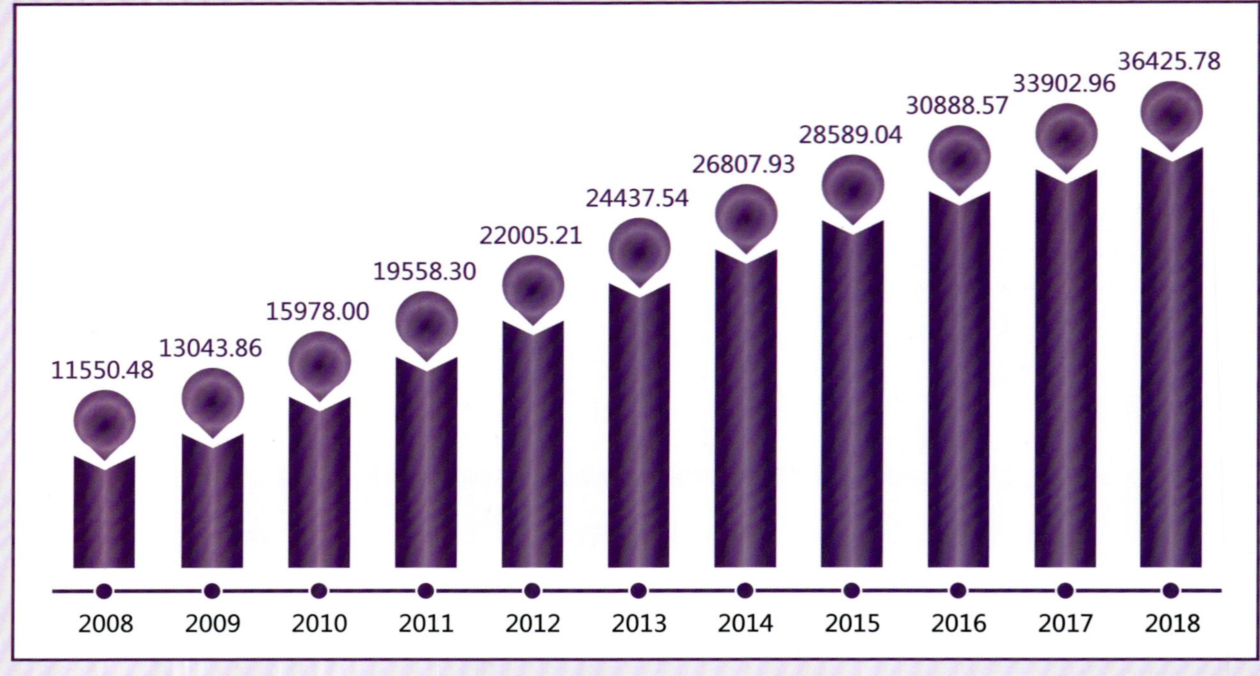

三次产业增加值（亿元）

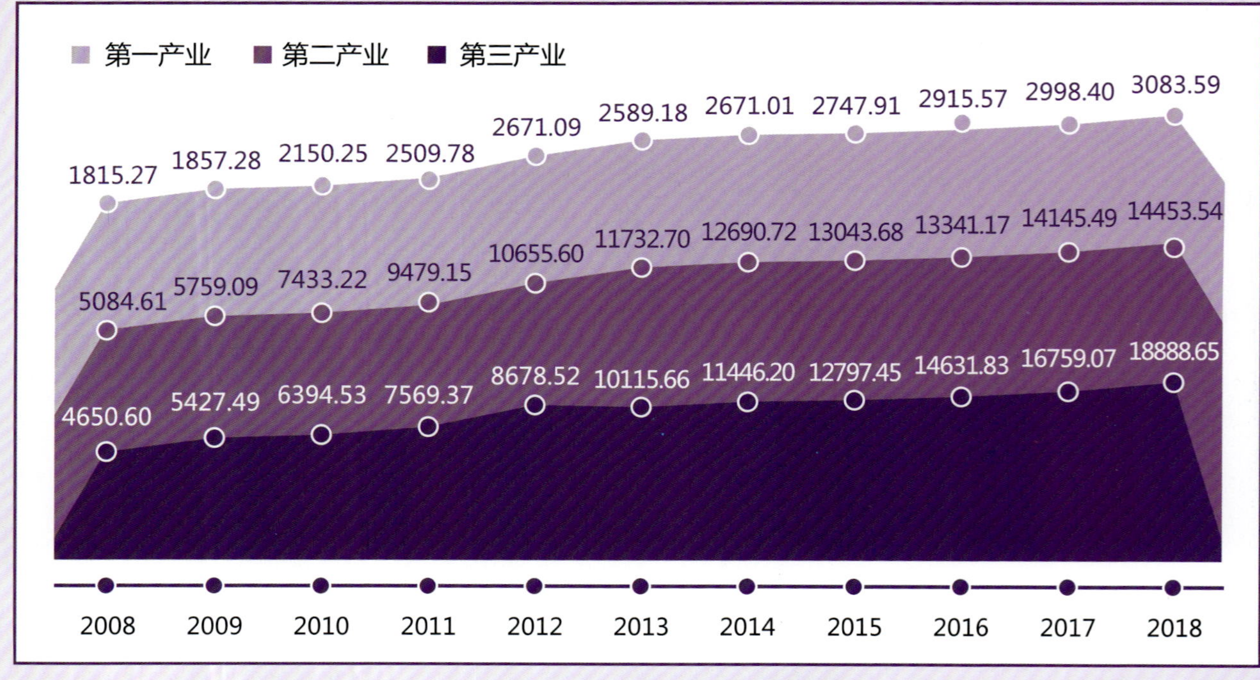

人均生产总值（元）

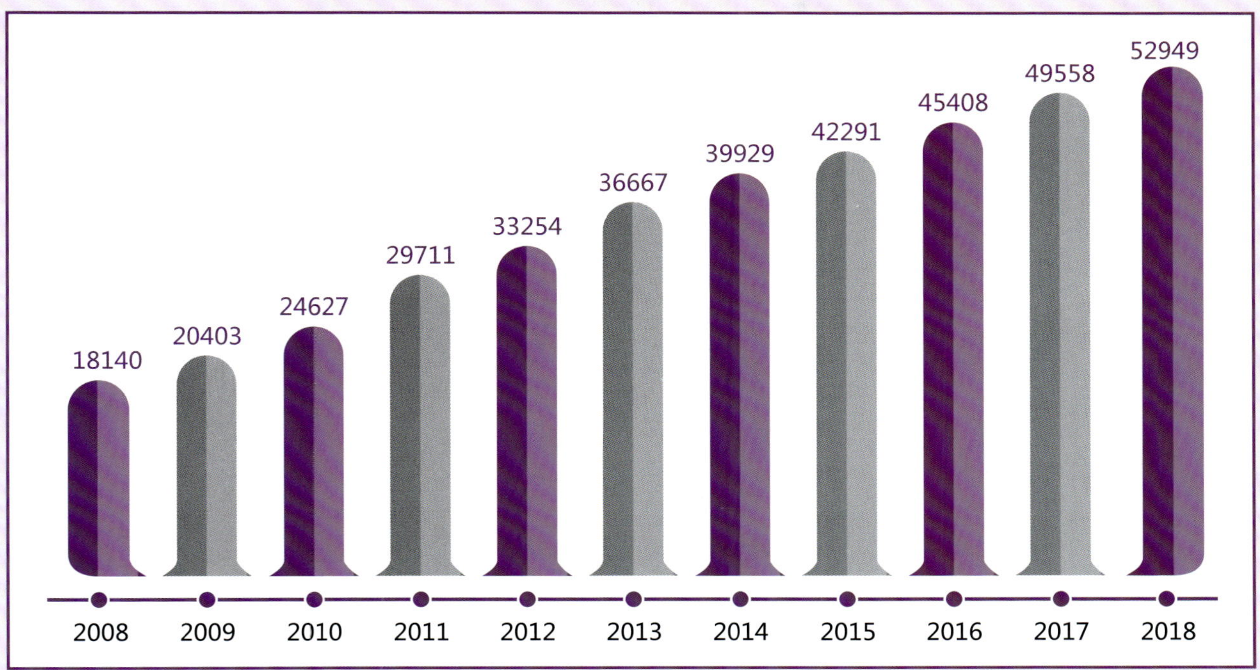

工业增加值增速（%）

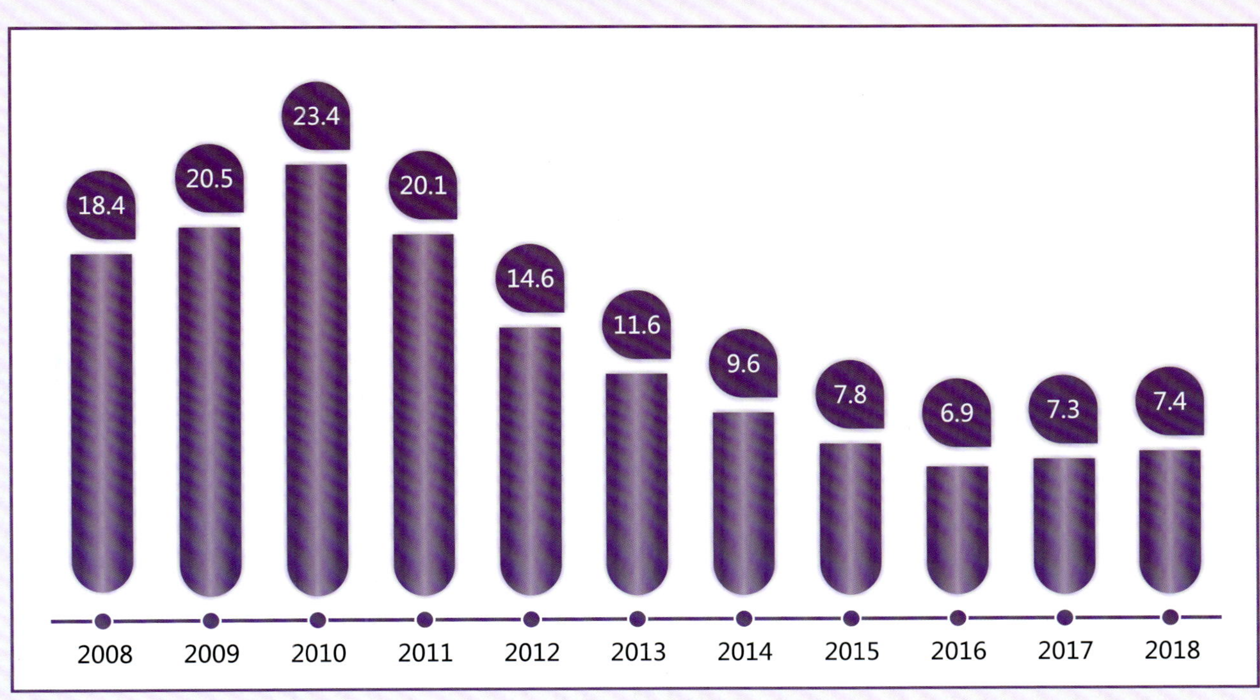

年末总人口（万人）

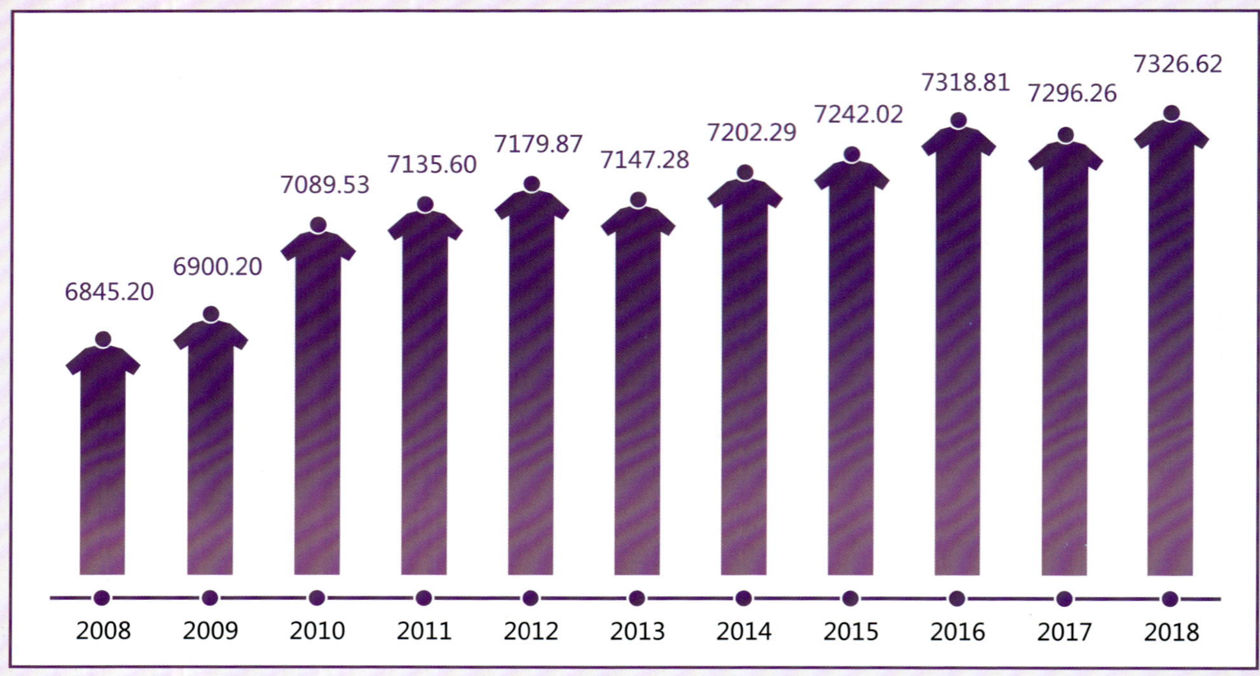

城镇化率 (%)

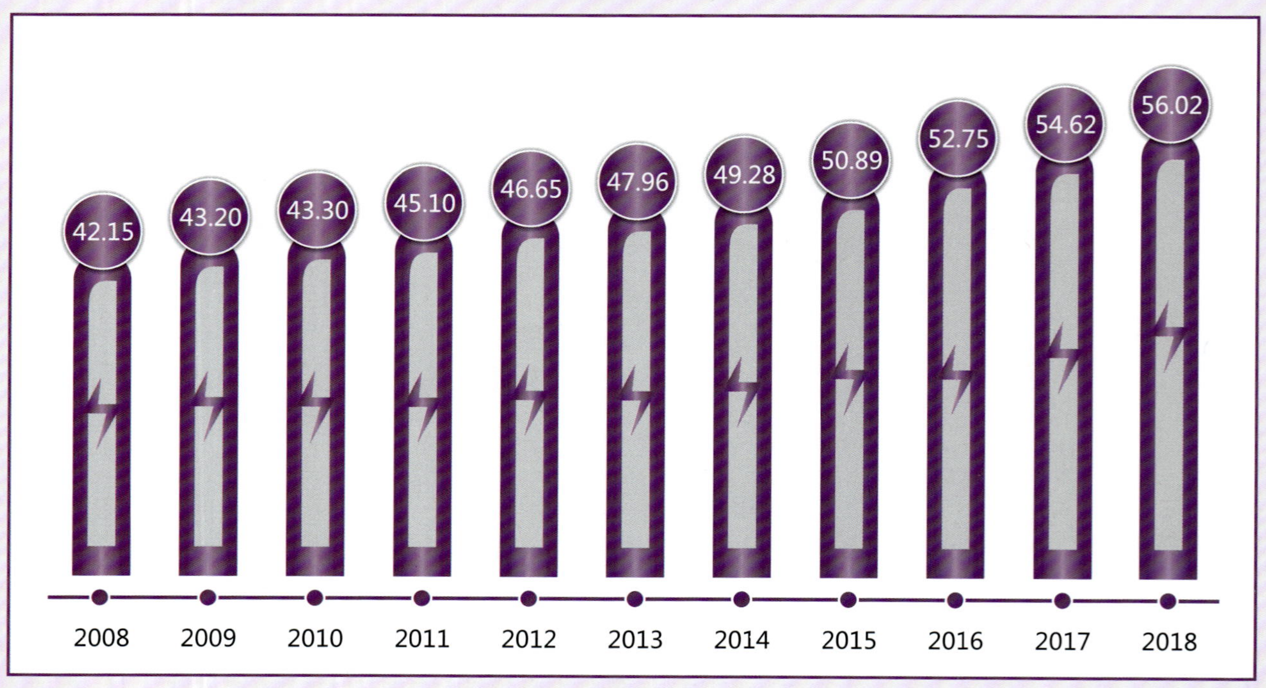

三次产业从业人口（万人）

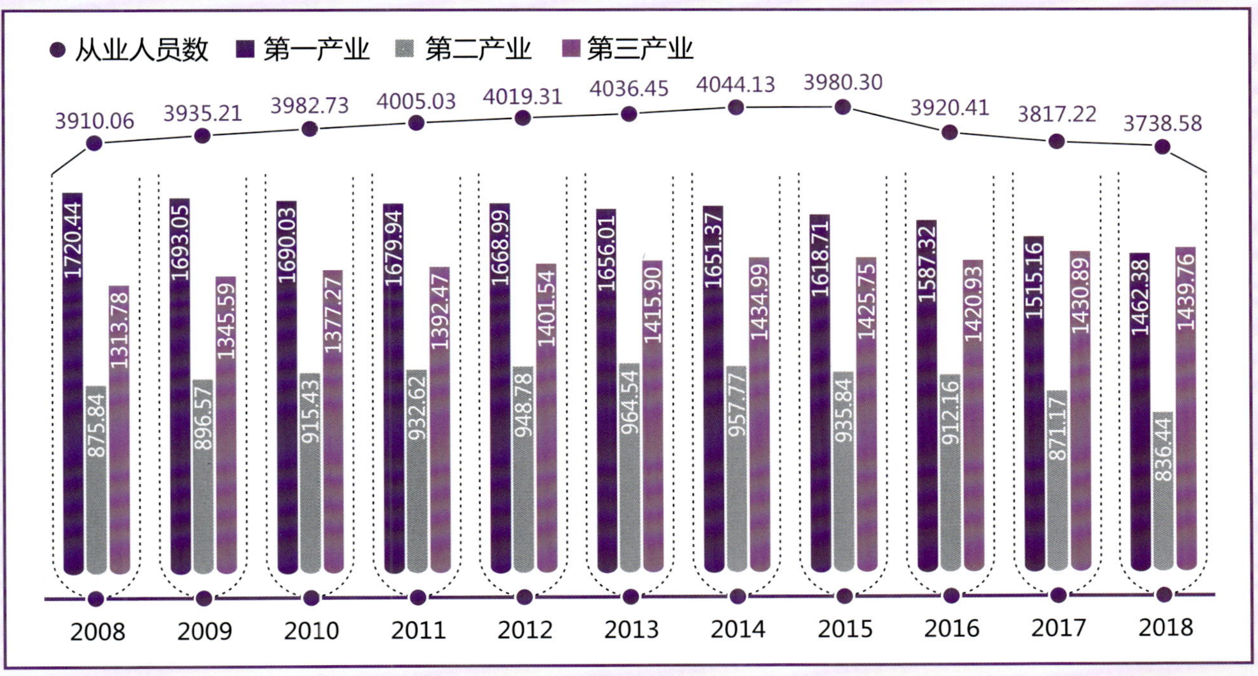

财政收支（亿元）

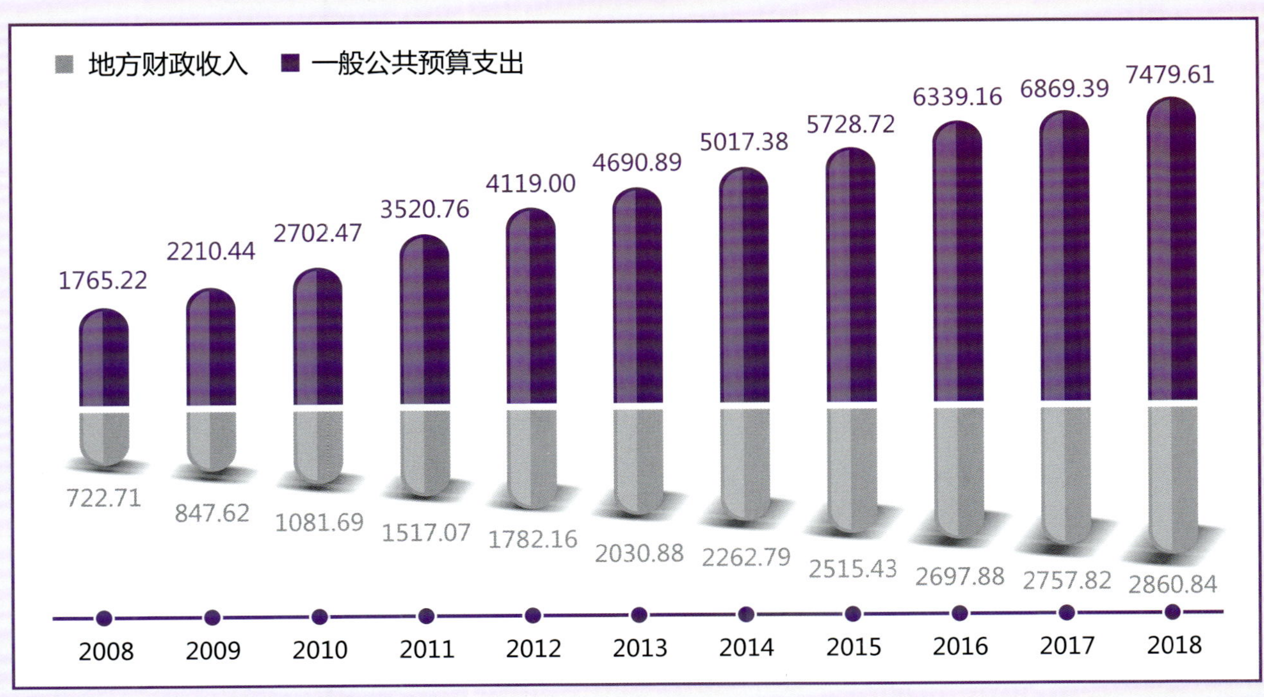

固定资产投资（亿元）

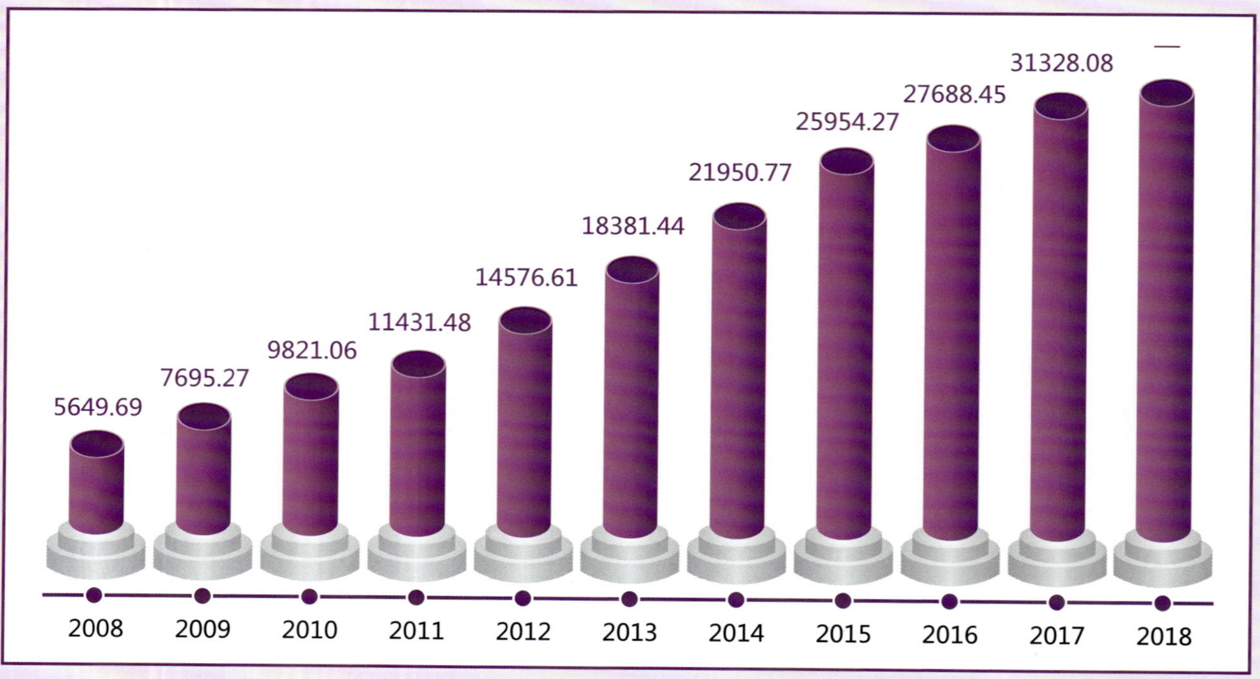

社会消费品零售总额（亿元）

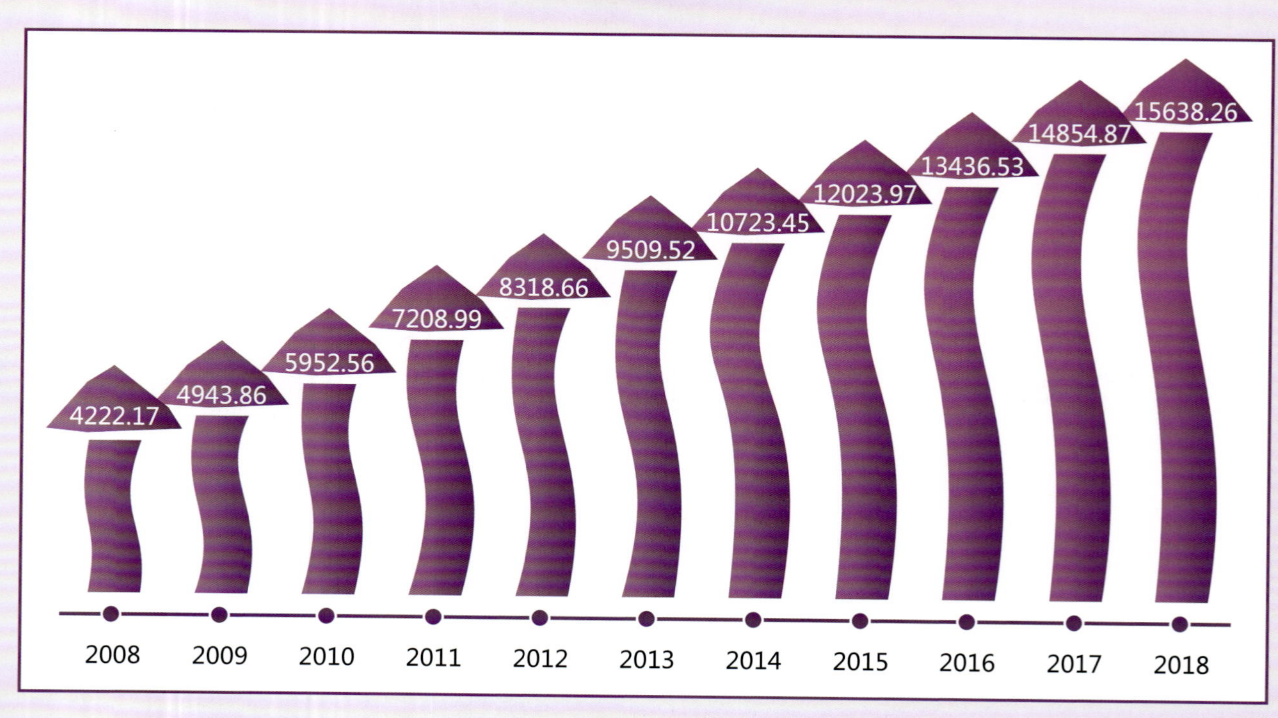

进出口总额（亿美元）

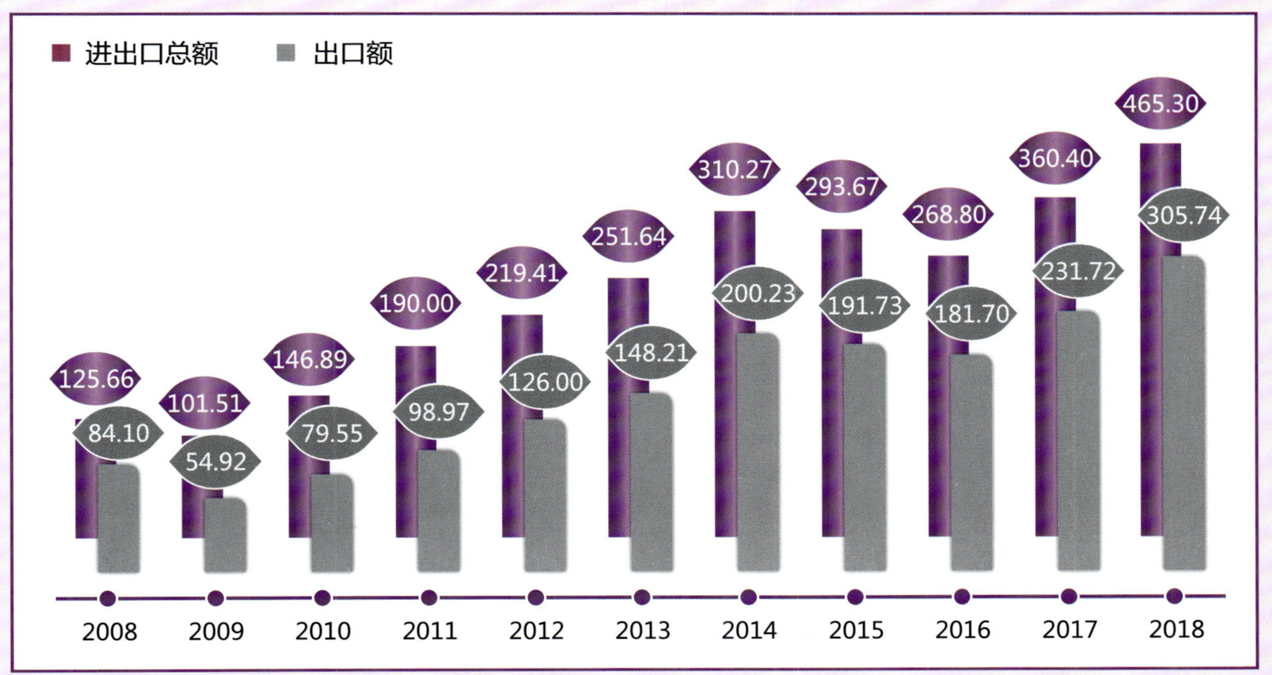

实际利用外商直接投资（亿美元）

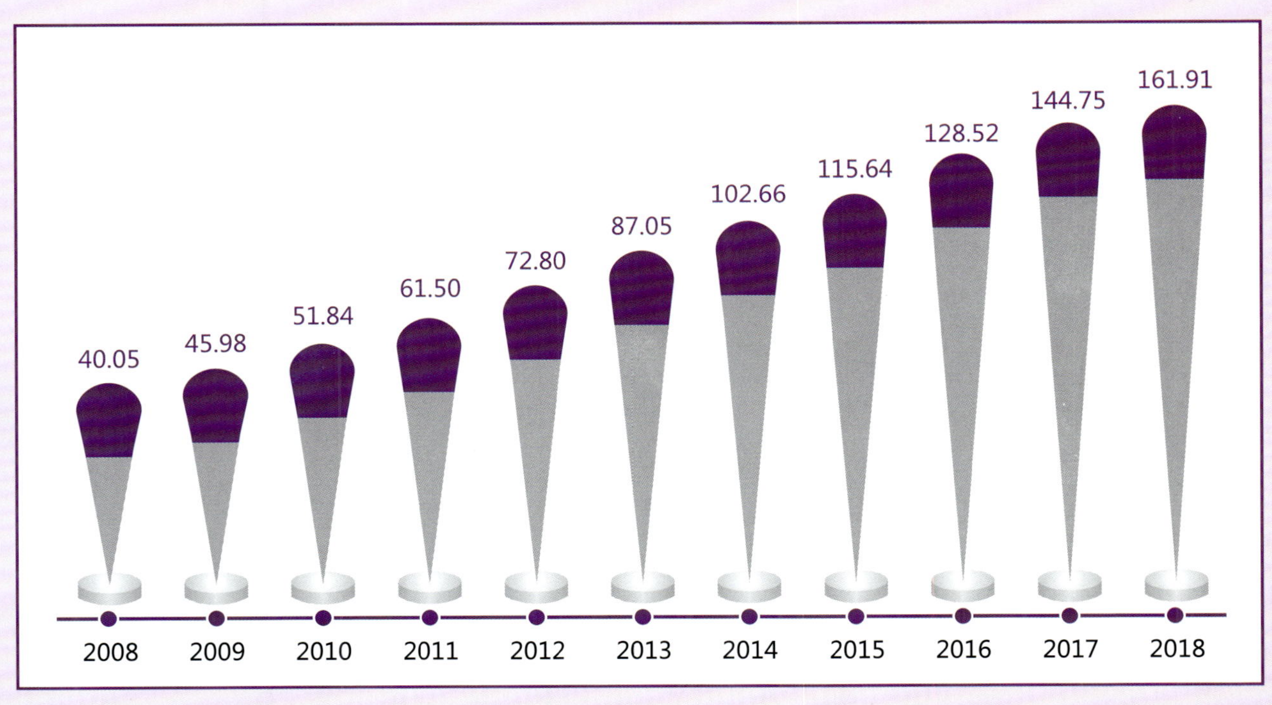

在岗职工年平均工资（元）

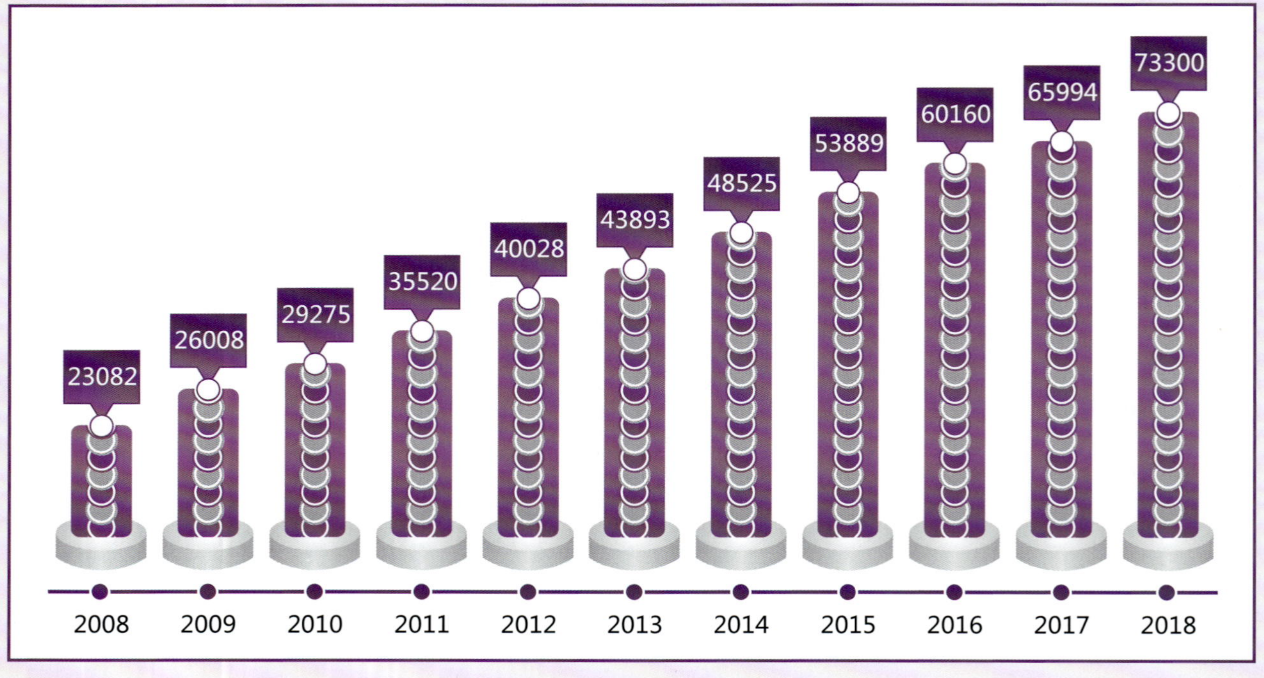

城乡居民人均可支配收入（元）

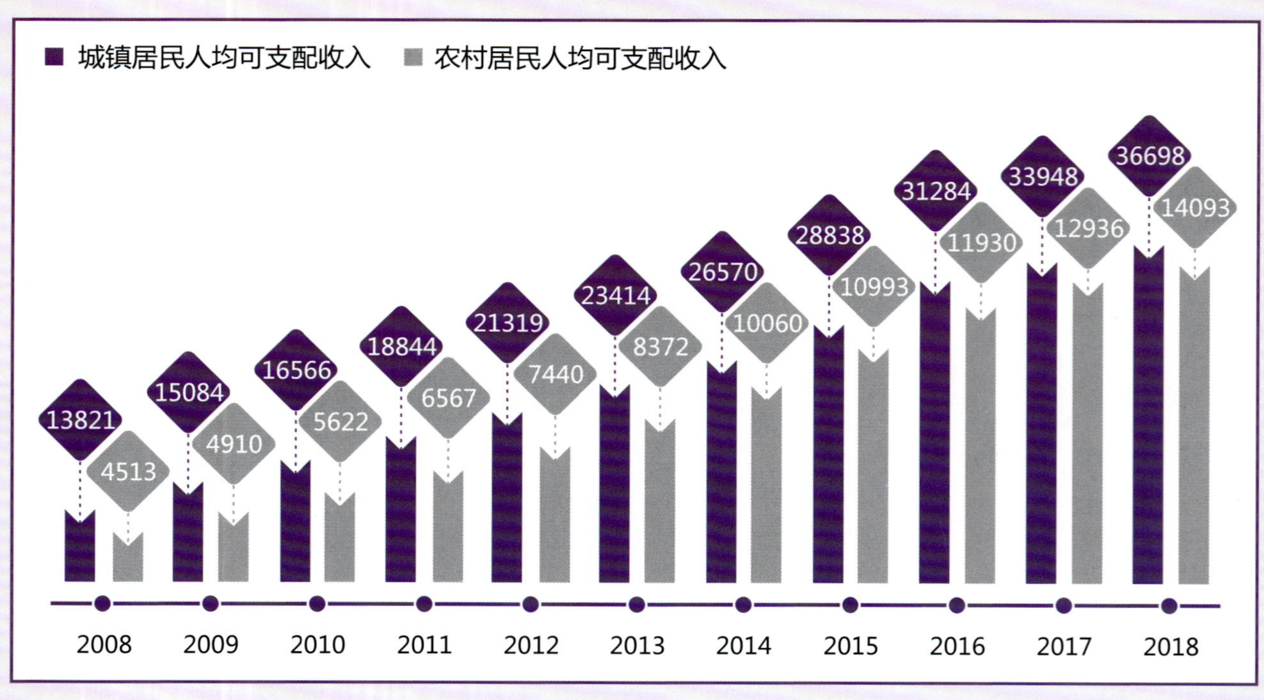

城乡居民人均消费支出（元）

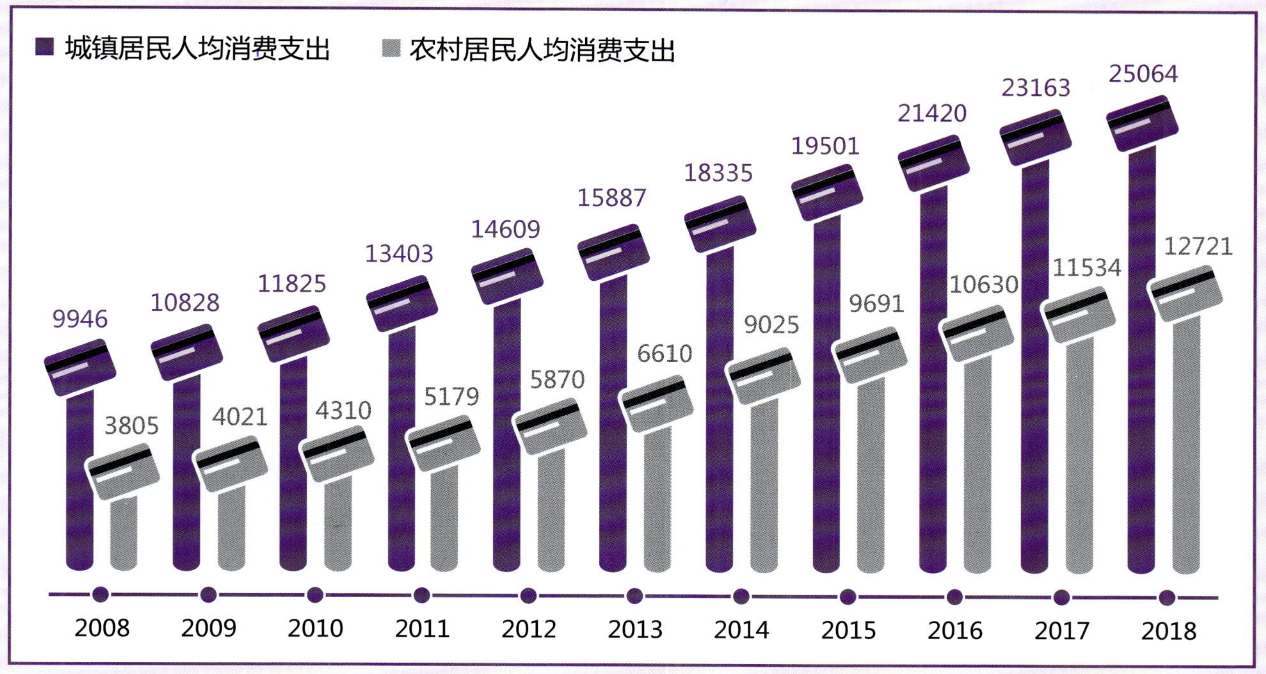

汽车拥有量（万辆）

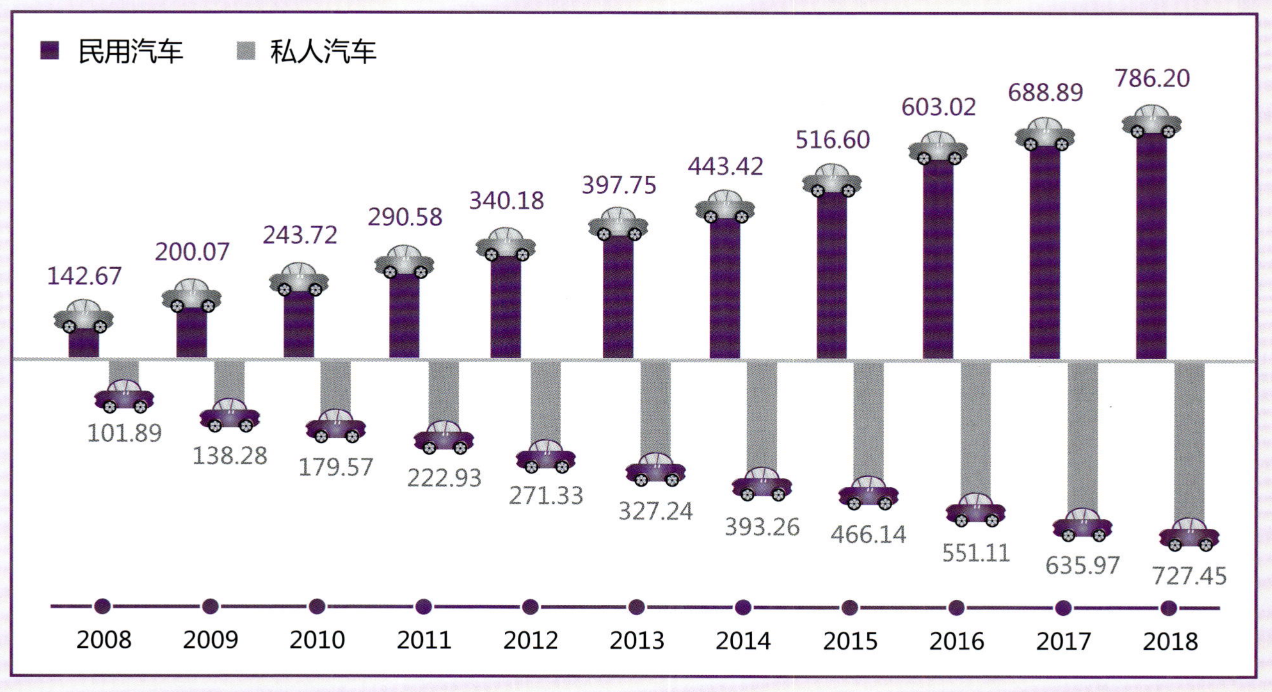

卫生技术人员与医生数（万人）

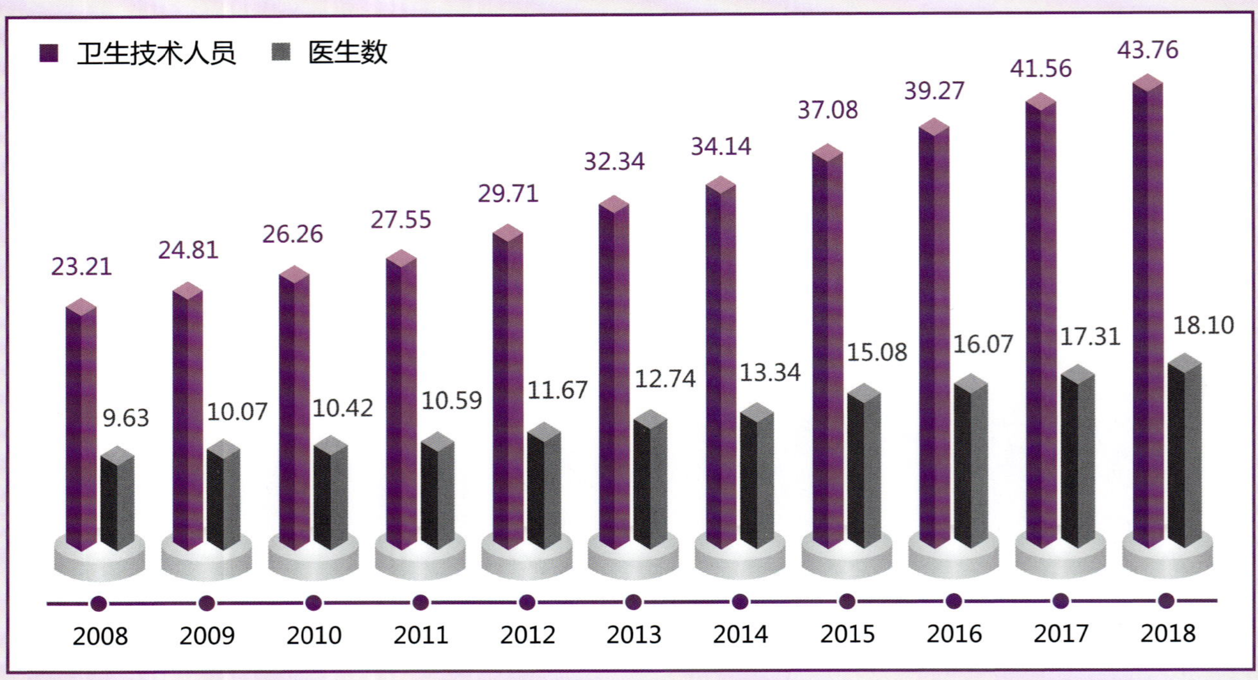

高等学校毕业生数（万人）

湖南的一天

指 标	Item	2000	2005	2017	2018
全省每天创造的财富	**Daily Production**				
地区生产总值 (亿元)	Gross Domestic Product (100 million yuan)	9.73	18.15	92.88	99.80
农林牧渔业总产值(亿元)	Total Output Value of Agriculture, Forestry, Animal Husbandry and Fishery (100 million yuan)	3.43	5.63	14.28	14.69
地方财政收入 (万元)	Public Budgetary Revenue (10 000 yuan)	4850.40	10829.18	75556.75	78379.30
布 (万米)	Cloth (10 000 m)	93.42	98.98	90.58	77.33
机制纸及纸板 (吨)	Machine-made Paper and Paperboard (ton)	1919.73	4673.70	11021.39	9543.30
原煤 (万吨)	Coal (10 000 tons)	4.08	9.99	5.10	4.64
发电量 (万度)	Electricity (10 000 kw.h)	9710.14	17268.08	36964.33	38870.39
原油加工量 (吨)	Machining Crude Oil (ton)	14422.47	16189.52	21074.85	25992.78
粗钢 (吨)	Crude Steel (ton)	8331.51	26717.09	55929.15	63221.57
钢材 (吨)	Steel (ton)	8193.15	26335.95	60551.93	65059.98
水泥 (万吨)	Cement (10 000 tons)	6.56	9.78	32.66	29.92
粮食 (万吨)	Grain (10 000 tons)	7.88	7.83	8.42	8.28
棉花 (吨)	Cotton (ton)	469.32	508.49	300.00	234.77
油料 (吨)	Oil-bearing Crops (ton)	3817.81	3862.47	6193.93	6423.19
苎麻 (吨)	Ramie (ton)	181.37	358.08	10.63	11.41
烤烟 (吨)	Flue-cured Tobacco (ton)	426.03	558.63	560.50	522.05
茶叶 (吨)	Tea (ton)	156.99	197.26	540.09	588.18
柑桔 (吨)	Oranges (ton)	3449.86	5630.41	13723.35	14481.37
猪牛羊肉 (吨)	Pork, Beef and Mutton (ton)	11959.18	14957.26	13172.33	13139.73
水产品 (吨)	Aquatic Products (ton)	3649.59	4910.14	6638.71	6918.76
进出口总额 (万美元)	Total Imports and Exports (USD 10 000)	688.49	1645.16	9873.84	12747.90
进口额 (万美元)	# Total Imports (USD 10 000)	235.62	618.68	3525.41	4371.37
出口额 (万美元)	Total Exports (USD 10 000)	452.88	1026.48	6348.42	8376.53
其他经济活动	**Other Daily Economic Activities**				
邮政业务总量 (万元)	Business Volume of Postal Services (10 000 yuan)	250.96	610.41	5277.81	6801.10
电信业务总量 (万元)	Business Volume of Telecommunications Services (10 000 yuan)	3609.86	9587.95	25438.36	67865.75
出版图书 (万册)	Books Published (10 000 copies)	68.07	91.06	125.76	124.22
出版杂志 (万册)	Magazines Published 10 000 copies)	28.78	32.08	32.01	24.02
出版报纸 (万份)	Newspaper Published (10 000 pieces)	228.68	291.58	254.56	232.33
全省每天人口变动和婚姻	**Daily Population Changes and Marriages**				
出生 (人)	Births (person)	2054	2195	2487	2298
死亡 (人)	Deaths (person)	1218	1245	1327	1334
结婚 (对)	Marriages (couples)	1050	1259	1254	1155
离婚 (对)	Divorces (couples)	177	227	664	583

图书在版编目（CIP）数据

湖南统计年鉴. 2019 : 汉英对照 / 湖南省统计局, 国家统计局湖南调查总队编. -- 北京 : 中国统计出版社, 2019.11

ISBN 978-7-5037-9055-3

Ⅰ. ①湖… Ⅱ. ①湖… ②国… Ⅲ. ①统计资料－湖南－2019－年鉴－汉、英 Ⅳ. ①C832.64-54

中国版本图书馆CIP数据核字(2019)第237497号

湖南统计年鉴－2019

作　　者/ 湖南省统计局　国家统计局湖南调查总队
责任编辑/ 钟　钰
责任校对/ 徐　林　周　璜
装帧设计/ 徐　林　王　艳
出版发行/ 中国统计出版社有限公司
地　　址/ 北京市丰台区西三环南路甲6号
邮政编码/ 100073
电　　话/ 邮购（010）63376909　书店（010）68783171
网　　址/ http://www.zgtjcbs.com
印　　刷/ 湖南雅嘉彩色印刷有限公司
经　　销/ 新华书店
开　　本/ 890mm×1240mm　1/16
字　　数/ 1130千字
印　　张/ 45.25　0.75彩页
版　　别/ 2019年12月第1版
版　　次/ 2019年12月第1次印刷
定　　价/ 350元　Price:350(RMB)

本书附同版本 CD-ROM 一张，光盘内容以书面文字为准。
如有印装差错，由本社发行部调换。

《湖南统计年鉴—2019》

编辑委员会和编辑工作人员

编辑委员会

编辑工作人员

《Hunan Statistical Yearbook-2019》

Editorial Board and Editorial Staff

Editorial Board

Editorial Staff

编辑说明

一、《湖南统计年鉴－2019》系统收录了全省及各市、州、县（市、区）2018年经济和社会发展方面的大量统计数据，以及重要历史年份的全省主要统计数据，是一部全面反映湖南省经济和社会发展情况的资料性年刊。

二、全书分为首卷和统计资料。首卷为特载《2019年湖南省政府工作报告》和《2018年湖南省国民经济和社会发展统计公报》。统计资料分为22个章节，即：1.综合；2.国民经济核算；3.人口；4.就业人员和工资；5.价格；6.人民生活；7.固定资产投资；8.对外经济、旅游和开发区；9.能源；10.财政、金融和保险；11.城市建设和环境保护；12.农业；13.工业；14.建筑业；15.交通运输、邮电和其他服务业；16.批发和零售业、住宿和餐饮业；17.教育和科技；18.文化、体育和卫生；19.党群、政法和社会服务；20.区域经济；21.各市、州主要经济和社会统计指标；22.各县（市、区）主要经济和社会统计指标。为方便读者使用，各篇章篇末附有《主要统计指标解释》。

三、与《湖南统计年鉴－2018》相比较，因年鉴数据编辑填报阶段第四次经济普查数据审核尚未完成，以及根据现行统计调查制度修订和部门报表调整等情况，本《年鉴》对有关指标和表式进行了增减和调整，对有关统计资料进行了不同程度的充实，部分表格暂缺2018年数据。

四、本年鉴中2018年的国民经济核算，固定资产投资，能源，工业，建筑业，交通运输、邮电和其他服务业，批发和零售业、住宿和餐饮业的数据均为快报数据。价值指标均按当年价格计算，指数均按可比价格计算。如有变化，表后附有说明。本年鉴数据均为电脑合成，由于单位取舍按四舍五入处理产生的计算误差，均未作机械调整。

五、本年鉴按照《中国统计年鉴》大体框架和规范要求编辑。统一使用《中国统计年鉴》指标解释，统一采用国际度量衡标准计量单位，统一使用《中国统计年鉴》规范符号。

六、本年鉴中特载《2019年湖南省政府工作报告》《2018年湖南省国民经济和社会发展统计公报》使用的数据为快报数或初步统计数。

七、本年鉴表中的符号使用说明："#"表示其中的主要项；"空格"表示指标数据不详、无该项统计数据或数据不足最小计量单位。

八、本年鉴编辑中如有不足之处，恳请广大读者批评指正。

EDITOR'S NOTES

Ⅰ. Hunan Statistical Yearbook–2019 is an annual statistical publication, which reflects comprehensively the economic and social development of Hunan. It covers data for 2018 and key statistical data in some historically important years at provincial level and local levels of cities, prefecture and counties.

Ⅱ. Hunan Statistical Yearbook–2019 includes a special issue and statistical figures. The special issue are Government Work Report 2019 and Statistical Communiqué of Hunan Province on the 2018 National Economic and Social Development. The statistical data contain the following 22 parts: 1. General Survey; 2. National Accounts; 3. Population; 4. Employment and Wages; 5. Price; 6.People's Living Conditions; 7. Investment in Fixed Assets; 8. Foreign Economy ,Tourism and Development Zones; 9. Energy; 10. Finance, Banking and Insurance; 11. Construction of Cities and Environmental Protection; 12. Agriculture; 13. Industry; 14. Construction; 15. Transportation, Post , Telecommunication and Other Services; 16. Wholesale and Retail Trades, Hotels, Catering Services; 17. Education, Science and Technology; 18. Culture, Sports and Public Health; 19.Party and Mass, Politics and Law, Social Service; 20. Regional Economy; 21. Main Economic and Social Statistics Indicators of Cities and Prefecture; 22. Main Economic and Social Statistics Indicators of Counties and Cities (districts). To facilitate readers, at the end of each chapter, Explanatory Notes on Main Statistical Indicators are included.

Ⅲ. In comparison with Hunan Statistical Yearbook–2018, some indicators and expressions in this book have been revised and the statistical data has been enriched in some degrees in spite of the absence of data of 2018 in some tables, as the result of the in–progress data verification of the Fourth Economic Census and the revision of official statistical programmes.

Ⅳ. Data of National Accounts, Fixed–Asset investment, Energy, Industry, Construction, Transportation, Post and Other Services, Wholesale and Retail Trades, Hotels and Catering are based on preliminary statistics. All of the indices are calculated by the constant price. Explanatory notes are provided behind the list in which if there are changes. Data of the book are composed by computers.

Ⅴ. The book is edited according to the frame and standard of China Statistical Yearbook. The indicator explanatory notes are edited according to China Statistical Yearbook, and the units of measurement are internationally standard measurement units. The notations are standard notations of China Statistical Yearbook.

Ⅵ. Figures in Government Work Report, and the communique are preliminary statistics.

Ⅶ. Notations used in the yearbook: "#" indicates the major items of the total; "(blank)" indicates that data are not available or the figure is not large enough to be measured with the smallest unit in the table.

Ⅷ. Based on our limited level, perhaps there are some mistakes in the book, we welcome all candid comments and criticism from our readers.

目 录

CONTENTS

特 载

SPECIAL ISSUE

统计资料

STATISTICAL DATA

一、综合

General Survey

二、国民经济核算

National Accounts

三、人口

Population

四、就业人员和工资

Employment and Wages

五、价格

Price

六、人民生活

People's life

七、固定资产投资

Investment in Fixde Assets

八、对外经济、旅游和开发区

Foreign Economy ,Tourism and Development Zones

九、能源

Energy

十、财政、金融和保险

Government Finance, Banking and Insurance

十一、城市建设和环境保护

Construction of Cities and Environmental Protection

十二、农业

Agriculture

十三、工业

Industry

十四、建筑业

Construction

十五、交通运输、邮电和其他服务业

Transportation, Postal, Telecommunication and Other Services

十六、批发和零售业、住宿和餐饮业

Wholesale and Retail Trades, Hotels and Catering Services

十七、教育和科技

Education, Science and Technology

十八、文化、体育和卫生

Culture, Sports and Public Health

十九、党群、政法和社会服务

Party and Mass, Politics and Law, Social Service

二十、区域经济

Regional Economy

二十一、各市、州主要经济和社会统计指标

Main Economic and Social Statistics Indicators of Cities and Prefecture

二十二、各县（市、区）主要经济和社会统计指标

Main Economic and Social Statistics Indicators of Counties and Cities (Districts)

2019年湖南省政府工作报告

——2019年1月26日在湖南省第十三届人民代表大会第二次会议上

湖南省人民政府省长　许达哲

各位代表：

现在，我代表省人民政府向大会作政府工作报告，请予审议，并请各位政协委员提出意见。

一、2018年工作回顾

2018年是改革开放40周年。立足我国发展新的历史方位，我们坚持以习近平新时代中国特色社会主义思想为指导，认真落实习近平总书记关于湖南工作的重要指示精神，坚决贯彻党中央、国务院决策部署，在中共湖南省委的坚强领导下，大力实施创新引领开放崛起战略，致力推动高质量发展，坚决打好三大攻坚战，稳中求进、精准施策，迎难而上、锐意进取，全省经济发展稳中有进、稳中向好，地区生产总值增长7.8%、达到3.64万亿元，一般公共预算收入增长6.1%，税收占比提高4.7个百分点，城乡居民人均可支配收入分别增长8.1%和8.9%，城镇调查失业率保持在5%以内，各项约束性指标全面完成，迈出了高质量发展坚实步伐。

（一）实体经济不断壮大。出台促进经济增效财政增收、民营经济高质量发展、降低实体经济企业成本等政策，促进20个工业新兴优势产业链补链延链强链，有效推动了实体经济发展。装备制造、农产品加工、材料成为万亿产业，千亿工业产业达到11个；新增“四上”企业6500多家，其中规模以上工业企业近2000家；减轻企业负担900亿元以上。产业项目建设年成效明显，“五个100”累计完成投资1300亿元以上，23个重大产品创新项目竣工投产。现代制造业基地建设加快，中小企业“上云”超过10万家，国家智能网联汽车（长沙）测试区正式上线，移动互联网企业营业收入迈过千亿台阶，高加工度工业、高技术制造业增加值分别增长10.1%和18.3%。“湖南制造”向“湖南创造”的嬗变，已成为我省高质量发展的重要标志。

（二）产业结构持续优化。三次产业结构调整为8.5 ∶ 39.7 ∶ 51.8。“三新”经济占地区生产总值的比重达到16.9%。优质农副产品供应基地建设加快，种植结构调整迈出实质性步伐，粮食总产量稳定在600亿斤左右。供给侧结构性改革有力推动了产业结构优化，全年淘汰煤炭产能600万吨，关停“散乱污”企业3747家，省属监管企业资产负债率下降2个百分点；工业投资、技改投资、民间投资分别增长32.4%、38.1%和25.2%。消费对经济增长的贡献率达到56.9%，网络零售、软件信息等新兴服务业增速超过20%;文化和创意产业增加值占地区生产总值的比重达到6.2%，马栏山视频文创产业园建设进展顺利；旅游接待人数和收入分别增长12.5%和16.5%。农村一二三产业融合发展，休闲农业营业收入增长15.1%，农产品网络零售额增长34%。

（三）创新发展取得突破。十三届全国人大一次会议我省代表团提出的《关于支持湖南建设创新型省份的建议》获得国家批复。建立完善高质量发展监测评价指标体系，及时出台知识产权军民融合试点建设、企业研发奖补等7项政策。省级财政科技支出增长46.3%，全省研发经费投入占比提高0.26个百分点、达到1.94%，高新技术企业净增1400家、达到4500家，高新技术产业增加值增长14%。获得国家科学技术奖励27项，其中技术发明一等奖1项，科技进步一等奖1项，创新团队奖2项；专利申请量、专利授权量分别增长23.9%和29.1%，有效发明专利拥有量增长17%。“鲲龙500”采矿机器人、“海牛号”海底深孔取芯钻机等新产品为我国“深海”探测提供了支撑，超级杂交稻百亩示范片平均亩产再创新高，耐盐碱杂交稻成功试种。潇湘科技要素大市场投入运营，技术合同成交额增长38.7%。加快建设以长株潭国家自主创新示范区为核心的科技创新基地，株洲、衡阳纳入国家创新型城市试点，浏阳、湘阴、资兴获批国家首批创新型县（市）建设，怀化高新区升格为国家级高新区。一批军民融合重大示范项目落地见效。在第三届中国军民两用技术创新应用大赛上取得佳绩。创新已为发展注入强劲动力，形成了竞相争先、活力迸发的局面。

（四）改革开放继续深化。出台186项重大改革举措，省级机构改革、全省绩效评估改革、省级机关事业单位和省属国企的“三供一业”改革完成。稳步推进国企布局结构调整和企业重组整合，启动湖南广电和出版集团等14家省属国企改革重组，规范指导国有企业混合所有制改革13家，减少法人单位127家，省高速公路管理局完成公司制改制；国企三项制度改革不断深化。“多证合一”“证照联办”“证照分离”、负面清单制度等“放管服”改革为企业减了负、松了绑。全省新登记各类市场主体79.5万户，省级行政许可、各类证明事项分别压减9.5%和80%，省级涉企行政事业性收费实现“清零”，省本级“互联网+政务服务”平台实现268个事项一网通办。农村各项改革深入开展，浏阳农村土地制度改革国家试点任务全面完成。能源资源价格、投融资体制等改革继续推进。预算管理制度改革持续深化，预决算公开度全国排名第一。我们正以革故鼎新之势破陈规、辟新途，极大释放了市场活力。

开放发展迈出新的步伐。积极融入长三角和粤港澳大湾区建设，出台实施加快推进开放崛起专项行动、59条惠台措施等政策，成功举办全国知名民营企业携手湖南助推中部崛起大会、第四届对非投资论坛、东北亚地区地方政府联合会第十二次全体会议、第十六届中国国际农产品交易会。中国—非洲经贸博览会落户湖南，湘南湘西承接产业转移示范区、中国（长沙）跨境电子商务综合试验区、高桥大市场实施市场采购贸易方式试点获批，国家农业科技园区、物流枢纽承载城市、可持续发展议程创新示范区等国家级平台通过评审。怀化开通中欧班列湘欧快线，各地海关机构和力量得到加强。新结国际友城8对。开放崛起专项行动成效显著，推广复制3批56项自贸区经验，新引进114家三类500强企业产业项目177个，创造了招商引资“江华速度”“望城速度”。全省进出口增长26.5%，实际利用外资、到位内资分别增长11.9%和17.7%。对外开放的大门越开越大，湖南正在拥抱世界中加速崛起。

（五）三大攻坚战成效明显。坚持把打好三大攻坚战作为推动高质量发展的重中之重。在深入调研、摸清底数的基础上，制定政府隐性债务风险化解实施方案、打赢脱贫攻坚战三年行动的实施意见和污染防治攻坚战三年行动计划。健全债务风险应急处置机制和政府债务管理制度体系，实行PPP与政府购买服务负面清单管理，“停缓调撤”了一批政府性投资项目，积极推进平台公司市场化转型，强力推动违规举债问题整改，有效化解地方债务风险。严厉打击非法集资，清理整顿互联网金融和交易场所，防控重大风险取得明显成效。

深入贯彻“实事求是，因地制宜，分类指导，精准扶贫”的要求，狠抓产业发展、就业帮扶、农村危房改造、易地扶贫搬迁及后续帮扶、健康扶贫、教育扶贫、科技扶贫、社会扶贫、兜底保障等重点工作，加快深度贫困地区脱贫攻坚步伐。扶贫领域腐败和作风问题专项治理力度加大，脱贫攻坚取得决定性进展，十八洞村成为全国精准脱贫样板。全年可实现131万农村贫困人口脱贫、2491个贫困村脱贫出列、18个贫困县脱贫摘帽，贫困发生率由3.86%下降到1.49%。

深学笃用习近平生态文明思想，划定并公布全省生态保护红线，强力推进中央环保督察“回头看”反馈问题整改，全面推行十条禁止性措施，以铁的决心、铁的手腕、铁的措施迅速拆除下塞湖矮围，全部拆除长江岸线42个不符合环保要求的泊位；坚持生态优先、实事求是、依法依规、分类施策推进长株潭生态绿心问题整改，开展绿心总规局部优化完善工作；清水塘老工业区企业全部关闭。继续开展污染防治“夏季攻势”，有力整治农业面源污染和城镇生活污水、黑臭水体，率先完成县级以上饮用水水源地环境问题整治，地表水水质全年为优，国考断面优良率达90%，森林覆盖率达59.8%，湿地保护率达75.7%。湘江流域和洞庭湖山水林田湖草生态保护修复工程获批国家试点，常德获评全球首批国际湿地城市。市州城区空气环境质量优良率达85.4%，PM2.5均值下降10.9%，吉首、张家界等5个城市空气环境质量达到国家二级标准。城市修补、生态修复深入推进，长沙后湖艺术园成为生态与经济建设相生相成的样板。白鹭翱翔、麋鹿嬉戏、江豚腾跃，人与自然和谐共处的美丽画卷正徐徐展开。

（六）发展基础进一步夯实。持续推进基础设施补短板，全方位、全覆盖、全贯通的现代化基础设施网络初步形成。综合交通枢纽体系日臻完善，怀邵衡铁路通车，全省高速公路通车里程新增305公里、总里程达6725公里，新改建干线公路1005公里、“四好农村路”2.8万公里，一批支线机场、高等级航道、港口加快建设，市市通高铁、县县通高速、村村通硬化路正逐步实现。能源保障能力不断增强，一批电力主网工程核准开工，改造村配电网5663个；新增天然气管道700公里，管道气化县（市、区）达到61个。水安全保障水平持续提升，涔天河水库扩建工程完工，完成防洪薄弱环节治理重点项目612个，城市防洪闭合圈达到152个，巩固提升农村安全饮水349万人，新增高效节水灌溉面积44万亩，疏浚洞庭湖沟渠2.3万公里。信息服务平台一体化进程加快，行政村光纤宽带全通达，建成蜂窝物联网基站1.2万个，构建了“互联网+监督”“互联网+政务服务”平台和全省自然人信息、法人信息、自然资源信息库，形成了测绘地理信息服务体系。

区域城乡协调发展加快。长株潭城市群、洞庭湖区、湘南及湘西地区发展协调推进，岳麓山国家大学科技城、长沙临空经济示范区等重点片区辐射效应增强。新型城镇体系加快形成，城镇化率提高1.4个百分点。乡村振兴战略有序推进，农村人居环境整治首仗打响，农村“空心房”整治成效明显。新创建美丽乡村示范村300个、“同心美丽乡村”37个，基本完成改（新）建农村户用厕所年度任务。加大对33个贫困老区县（市）和财政困难地区的转移支付力度，贫困地区农民收入增速高于全省平均水平2.1个百分点。

（七）民生水平大幅提升。全省财政民生支出占比达70.1%。圆满完成12件重点民生实事，改造农村危房17.8万户、城镇棚户区28.1万套，开工建设“芙蓉学校”29所。企业退休人员养老金待遇、城乡基础养老金最低标准、城乡低保标准和救助水平、残疾人“两项补贴”、城乡居民医保财政补助、人均公共卫生服务经费补助普遍提高。基层医疗卫生服务体系进一步完善。每千名老年人口养老床位数达36张。覆盖全省的公共数字文化服务综合平台上线运行。义务教育超大班额基本消除。楼市调控全面加强，投机炒房得到有效遏制。成功举办第13届省运会和首届“健康湖南”全民运动会。坚持生产经营性与非生产经营性领域安全一起抓，生产安全、道路安全、学生安全等工作显著加强，事故起数、死亡人数大幅下降。非洲猪瘟疫情得到有效控制。食品药品质量安全形势总体平稳。民族团结、宗教和睦的良好局面继续巩固。扫黑除恶专项斗争强力开展，群体性事件得到积极预防和妥善处置，社会大局保持和谐稳定，人民群众获得感、幸福感、安全感更加充实。

（八）精神文明和民主法治建设取得新进展。社会主义核心价值观建设持续推进，公民思想道德建设不断加强，群众性精神文明创建活动全面深化，红色基因代代传承。新时代文明实践中心建设试点工作稳步开展，“治陋习、树新风”行动深入推进。认真执行省人大及其常委会的决议决定，自觉接受省人大及其常委会法律监督和工作监督，主动接受省政协民主监督和社会舆论监督，办理人大代表建议1252件、政协提案985件。法治政府建设深入推进，提请省人大常委会审议立法项目5件，组织省人民政府任命的国家工作人员进行宪法宣誓，带头并督促市县政府加强预算法等法律法规学习，大力推进行政执法体制改革试点。

（九）政府自身建设全面加强。把深入学习习近平新时代中国特色社会主义思想和党的十九大精神作为首要政治任务，坚持以上率下、先学一步、深学一层，在学懂弄通做实上下功夫。坚决贯彻落实习近平总书记关于湖南工作的重要指示精神，自觉接受中央巡视、国务院大督查和脱贫攻坚督查巡查，扎实做好整改“后半篇文章”。建立领导干部接访下访、跟踪督办等常态化机制，推动各级领导干部到基层一线、贫困地区开展“四不两直”“蹲点式”“体验式”调研，解决了一批群众身边的突出问题。整合减少各类考核评比，不断压缩会议和文件。牢固树立正确政绩观，激励支持真抓实干成效明显的地区。5项典型经验做法获国务院第五次大督查通报表扬，省政府门户网站第三方评估排全国第四名。严格落实“一岗双责”，深入推进政府系统党风廉政建设。省本级政府投资项目审批及概算管理得到加强，土地出让、惠民资金、药品集中采购等领域的治理取得明显成效。风正、心齐、气顺、劲足的氛围蔚然兴起。

经济建设和国防建设统筹推进。积极支持国防和军队改革，加快推进国防动员转型发展，全省民兵调整改革取得优异成绩，驻湘部队全面停止有偿服务，军民融合从初步融合向深度融合发展，兵役征集、国防教育、人民防空、军事设施保护和双拥工作不断加强，军政军民团结更加巩固。驻湘解放军和武警部队、广大民兵预备役人员主动参与脱贫攻坚、抢险救灾、维稳处突和社会治理，为全省改革发展稳定作出了积极贡献。

各位代表！

成绩来之不易。这是在沉着应对经济下行压力持续加大的形势下取得的，是在努力推进动能转换结构升级的调整中取得的，是在主动防范化解重大风险的阵痛中取得的。最根本在于习近平新时代中国特色社会主义思想的科学指引，最关键在于习近平总书记关于湖南工作的重要指示精神为我省发展注入了强大力量。我们始终坚持树牢“四个意识”、坚定“四个自信”、做到“两个维护”，坚决与以习近平同志为核心的党中央保持高度一致，立规矩、明要求、下禁令、守底线，全力推动党中央、国务院决策部署落地生根、开花结果。我们始终把握“一带一部”战略定位，落实“三个着力”明确要求，不负“守护好一江碧水”的殷殷嘱托，强化“精准扶贫”首倡地的责任担当，坚持质量第一、效益优先、安全至上、创新为要，加快建设经济强省、科教强省、文化强省、生态强省、开放强省，有力推动了经济社会持续健康发展，富饶美丽幸福新湖南的美好愿景正在我们手中实现。

各位代表！

过去一年取得的成就，是党中央、国务院坚强领导的结果，是中共湖南省委带领全省人民不懈努力、砥砺奋进的结果，是各级人大、政协监督和社会各界人士关心支持的结果。在此，我代表省人民政府，向全省各族人民、各民主党派、各人民团体，向驻湘人民解放军指战员和武警官兵、政法干警和民兵预备役人员，向中央驻湘单位，向关心支持湖南改革发展的海内外各界人士，表示诚挚的感谢！

我们也清醒认识到，全省经济社会发展仍面临不少困难和问题。一是发展新动能依然不足。新兴产业体量不大，大型骨干企业数量较少，投资、消费增速下滑，经济增速放缓。二是企业经营困难较多。民营企业和中小微企业融资难、融资贵等问题尚未有效解决。三是防范化解重大风险压力较大。我省改革发展稳定面临新情况新问题新挑战，防控各类债务、金融风险的任务较重，脱贫攻坚、污染防治任务艰巨，安全稳定、防灾减灾领域仍然存在隐患。四是民生保障任务繁重。社保、教育、医疗等公共服务水平与群众要求相比还有差距。五是作风建设仍需加强。有的干部还不适应高质量发展要求，主动担当、较真碰硬、狠抓落实不够，服务企业、群众的意识和水平有待提升。我们要高度重视这些问题，采取有效措施加以解决。

二、关于 2019 年工作

今年是新中国成立 70 周年，是全面建成小康社会关键之年。

当前，我国经济发展面临的国际环境和国内条件都在发生深刻而复杂的变化，不确定性更凸显，矛盾和问题更突出，但经济总体向好的态势没有改变，支撑高质量发展的要素条件没有改变。

我们要充分认识到，加快高质量发展其时已至，世界新一轮科技革命和产业变革加快，我国经济已由高速增长转向高质量发展，必须加快转变发展方式、优化经济结构、转换增长动力，认真实施科教兴国、人才强国、创新驱动发展、乡村振兴、区域协调发展、可持续发展、军民融合发展战略，力争在新一轮发展中抢占先机。

我们要充分认识到，推动高质量发展其基已奠，我省创新资源不断聚集，优势产业发展壮大，新兴动能加速成长，必须加快建设实体经济、科技创新、现代金融、人力资源协同发展的现代产业体系，扎实推进质量变革、效率变革、动力变革，努力在创新体制机制、增强发展活力上取得新突破，奋力走在中部崛起前列。

我们要充分认识到，实现高质量发展其径已明，必须抓住主要矛盾，着力解决发展不平衡不充分的问题，加快构建推动高质量发展的指标体系、政策体系、标准体系、统计体系，推动财政支出向高质量发展和民生领域倾斜、减税降费向微观主体倾斜、金融资源向实体经济和企业倾斜、投资向产业项目和基本公共服务建设倾斜、就业扶持向大中专毕业生和转移劳动力倾斜、转移支付向县乡基层和贫困地区倾斜，努力实现更高质量、更有效率、更加公平、更可持续的发展。

今年经济社会发展的总体要求是：以习近平新时代中国特色社会主义思想为指导，认真贯彻习近平总书记关于湖南工作的重要指示精神，统筹推进“五位一体”总体布局，协调推进“四个全面”战略布局，坚持稳中求进工作总基调，坚持新发展理念，坚持推动高质量发展，坚持以供给侧结构性改革为主线，坚持深化市场化改革、扩大高水平开放，坚持创新引领开放崛起，继续打好三大攻坚战，继续开展产业项目建设年活动，进一步稳就业、稳金融、稳外贸、稳外资、稳投资、稳预期，保持定力、提振信心，迎难而上、担当作为，保持经济持续健康发展和社会大局稳定，为全面建成小康社会收官打下决定性基础，以优异成绩庆祝中华人民共和国成立 70 周年。

围绕推动高质量发展，今年主要预期目标是：经济增长 7.5%—8%；规模工业增加值增长 7%；城镇调查失业率5%左右；居民消费价格涨幅3%左右；地方一般公共预算收入增长4%左右，金融财政风险有效防控；农村贫困人口减少60万以上；居民收入增长与经济增长同步；生态环境进一步改善，万元GDP能耗下降2.5%。

今年要重点抓好以下工作：

（一）保持经济持续健康发展，提升高质量发展水平

推动制造业高质量发展。加快制造强省建设，壮大工程机械、轨道交通、航空发动机和电子信息、新材料，以及消费品工业产业集群。加快培育20个工业新兴优势产业链，发展生物医药、汽车、节能环保等比较优势产业，支持钢铁、建筑、轻工、食品、有色等传统产业改造升级。扶持智能产业、壮大智能企业、研发智能产品、扩大智能应用，培育人工智能及传感器、智能网联汽车等新业态，创建一批绿色工厂和智能制造示范项目、示范车间，建设以中国智能制造示范引领区为目标的现代制造业基地。加快军民融合产业示范基地建设，运营好军民融合产业投资基金，推进一批军民融合重点研发和产业项目，培育壮大航空航天、海工装备等军民融合产业。继续开展产业项目建设年活动，着力抓好“五个100”，实施“135”工程升级版，建设国家级中小企业公共服务示范平台。积极培育大型骨干企业和小巨人企业，力争新增规模工业企业1000家以上。引导骨干龙头企业创建国家标准、参与国际标准制定，打造地理标志产品和原产地品牌，让企业在高质量发展中担当重任、成长壮大。

促进现代服务业与先进制造业深度融合。培育卫星应用、移动互联网、软件服务、现代供应链管理、环境服务等新兴服务业，补齐信息、科创、商务、人力资源、工业设计、网络安全等生产性服务业短板，提升家政服务、教育培训、健身休闲、健康养老等服务业质量。深入实施服务业集聚区提升和“双百”工程，支持开展国家服务业综合改革试点。加快国家物流枢纽承载城市建设，完善城乡物流配送网络，建设一批物流示范园区，推行省内多式联运。

大力支持民营企业发展。认真落实“减轻企业税费负担、解决民营企业融资难融资贵问题、营造公平竞争环境、完善政策执行方式、构建亲清新型政商关系、保护企业家人身和财产安全”等6个方面政策举措。鼓励民营企业通过出资入股、收购股权等多种形式参与国有企业改革，支持具备条件的民营企业参与军工科研院所、军工企业改制重组。支持小微企业开展应收账款融资，组建政策性纾困基金，加快完善融资担保体系。保护民营企业合法权益，依法规范查封、扣押、冻结财产以及各种强制性措施的适用范围，理直气壮为民营企业发展助力。

加大基础设施领域补短板力度。交通，围绕建设综合交通枢纽体系，抓好益南、长益复线、龙琅高速公路，渝怀复线、张吉怀、常益长铁路和郴州北湖机场、湘江航道等项目建设；力争黔张常、蒙华铁路湖南段建成通车；做好邵永、长赣铁路和黄花机场东扩二期等项目前期工作。水利，重点推进莽山水库、毛俊水库、黄盖湖防洪治理、洞庭湖北部地区补水等工程建设，加快犬木塘、椒花、大兴寨水库前期工作；抓好涔天河水库扩建工程灌区等大中型灌区续建配套。能源，加快平江电厂、西气东输三线中段、新粤浙天然气管道湖南段等项目建设。信息，推进信息通信基础设施能力提升行动计划，加强5G、智慧城市、农村4G网络、光纤宽带设施，以及全省自然资源和地理空间数据库建设。农业农村，新建高标准农田364万亩，加大农村电网改造升级、农村安全饮水投入力度。社会民生，完善教育、医疗卫生、文化、社会服务、体育等领域公共服务基础设施。加强土地、资金等要素保障。加大批而未供、闲置土地清理处置力度，强化能耗、水耗、建设用地的总量和强度“双控”。发展普惠金融、供应链金融，鼓励高新

技术企业科创板上市，支持企业发行企业债券、公司债券和 IPO、新三板、股权融资。加快湖南金融中心建设，打造国家区域金融中心。发挥信贷主渠道作用，加快保险资金入湘步伐，强化重点产业和“三农”、中小微企业融资供给。实施促进民间投资六大专项行动，力争民间投资占比达 60% 以上。

增强消费拉动力。提档升级吃穿用、住房、汽车、信息等实物消费，提质扩容教育、旅游、文化、体育、健康等服务消费，提速发展网络、定制、智能等新兴消费，积极推行绿色、循环、共享消费。发展壮大一批零售、批发、餐饮、酒店和电商企业，引进和培育总部企业，力争新增限额以上商贸流通企业 1000 家。推动“老字号”发展，推进“湘品出湘”“湘品出境”。改造提升一批城乡便民消费中心，高标准布局城市特色街区、智能商圈和新型商贸流通设施。强化消费产品和服务标准体系建设，健全消费质量标准和售后评价、消费者维权机制，探索建立以信用为核心、大数据为支撑的市场监管机制，严厉打击各类非法宣传销售行为，努力建设安全的市场，让群众安心地消费。

（二）坚持创新引领开放崛起，增强高质量发展动能

加快建设创新型省份。打造以长株潭国家自主创新示范区为核心的科技创新基地，推进“三区一极”“三谷多园”建设，支持国家创新型城市试点、可持续发展议程创新示范区创建，加快科技创新型县（市）建设。积极创建国家生物种业技术创新中心，加快建设先进轨道交通装备制造业创新中心，建设好岳麓山国家大学科技城。加强关键领域核心技术攻关，与国家自然科学基金委员会合作，实施生态农业、现代种业、新材料、自主可控信息技术等领域基础研究，承担国家重大项目和重点研发计划；突破智能制造、生物医药、应急装备等产业领域，以及环境治理、食品药品安全等重大民生领域的关键技术。继续实施加大全社会研发经费投入三年行动计划，鼓励支持企业参与国家重大科技专项、组建研发平台和机构、组织高校和科研院所开展协同创新。积极创建长株潭国家军民融合创新示范区，建设军民科技协同创新平台，推动国防科技成果在湘转化。打造创新型领军企业，大力培育科技型中小企业，力争高新技术企业新增 1000 家。营造良好创新生态，深化科技奖励制度改革，完善科研经费管理、人才引进、税收减免等制度，落实科研人员股权和分红激励政策，赋予科研人员更大的人财物自主支配权、技术路线决策权。完善科技金融、产业联盟等公共服务，加快建设“双创”示范基地、科技企业孵化器。强化知识产权创造、保护、运用。承办好 2019 年“中国航天日”主场活动，激发广大青少年的创新热情。深入实施“芙蓉人才行动计划”，深化湘港科技合作，引进培育一批科技创新团队和人才，培育推荐一批大国工匠，形成人才辈出、人尽其才的生动局面，为创新提供永不枯竭的动力。

着力打造内陆开放新高地。积极对接珠三角、长三角，畅通我省出海通道。抓好引进外向型实体企业、外贸综合服务、综保区、跨境电商等项目，建设外贸转型升级示范基地。支持紧缺性资源、关键零部件等产品进口，打造中部进口商品集散中心。推进国际产能和装备制造合作，支持轨道交通、工程机械等优势产业企业“抱团出海”“联合出海”，帮助企业防控海外投资风险。建设好埃塞—湖南工业园等境外合作园区，拓宽友城合作领域。落实外商投资准入前国民待遇加负面清单管理制度，探索产业链专题招商、股权招商、基金招商、异地孵化招商，引导广大湘商回湘投资兴业，加大引进三类 500 强企业力度，实际利用外资增长 10%、到位内资增长 12%。精心办好首届中国—非洲经贸博览会，努力办出特色、办出成效、办出品牌。办好湖南—粤港澳大湾区投资贸易洽谈周等经贸活动。积极复制推广自贸区经验，申报中国（湖南）自由贸易试验区。加快长沙临空经济示范区、跨境电商综合试验区建设，完善各类综保区、保税物流中心、保税仓库功能，力争新开一批国际全货机航线、货运班列、水运航线，提升中欧班列湘

欧快线、港澳直通车运营能力。深化国际贸易“单一窗口”建设和跨境贸易便利化改革，货物整体通关时间再压缩三分之一。

大力推进湘南湘西承接产业转移示范区建设。发挥“一带一部”区位优势，着力打造中西部地区承接产业转移领头雁、内陆地区开放合作示范区。加快编制发展规划，制定支持政策，推动湘南湘西有序承接、错位发展。完善承接产业转移推进机制，科学确定产业准入标准，优化产业承接布局，引进绿色发展、成长性好、有利于扩大就业的企业，坚决防止高耗能、高排放等落后生产能力转入。坚持区域联动，探索建立示范区与转出地无缝对接的合作机制，加强与东部沿海地区、“一带一路”沿线国家和地区的产能合作。推动示范区内符合条件的省级园区申报国家级园区。

（三）扎实推进乡村振兴，拓展高质量发展空间

着力推进农业农村现代化。坚持农业农村优先发展，促进乡村产业振兴、人才振兴、文化振兴、生态振兴和组织振兴，落实乡村振兴战略规划，大力促进产业兴旺、生态宜居、乡风文明、治理有效、生活富裕。全面落实粮食安全省长责任制，坚持藏粮于地、藏粮于技，提高粮食综合生产能力。持续推进农业供给侧结构性改革，继续实施三个“百千万”工程和“六大强农行动”、优质粮油工程，培育农村特色千亿产业。建设以精细农业为特色的优质农副产品供应基地，发展“一县一特”“一片一特”，继续抓好国家示范农业产业强镇建设，扶持打造区域公用品牌、特色农产品品牌。加快农村一二三产业融合，促进农户与现代农业有机衔接，发展休闲农业、设施农业。推进农业生产标准化，推行农产品气候品质认证和“身份证”制度，保障从田间到舌尖的安全。推广运用先进适用农技和农机，提升农业信息化水平。实施引才回乡计划，培育新型职业农民。落实促进农民收入持续较快增长三年行动计划。

深入开展农村人居环境整治。开展“千村美丽、万村整洁”和“同心美丽乡村”示范创建。推进重点乡镇污水处理设施全覆盖，完成100个乡镇垃圾中转设施建设和2000个村环境综合整治。加强农业面源污染治理，深入实施化肥、农药使用量负增长和有机肥替代化肥行动，加大废弃物资源化利用力度。开展农村“空心房”“大棚房”整治。全面推进“四好农村路”建设。加快构建农村物流网络，建设冷链物流体系。

有序推进农村改革。完善农村宅基地、土地征收、农村集体经营性建设用地入市制度，规范引导农村土地经营权有序流转。加快农村集体产权制度、农宅合作社和城乡合作建房试点等改革，持续推进“两权”抵押贷款试点。深化供销合作社综合改革，深入开展稻谷收储制度改革。健全自治、法治、德治相结合的乡村治理体系，完善村民议事协商、决策、监督制度，发挥村规民约作用。传承优秀乡村文化，培育文明乡风、良好家风、淳朴民风，让美丽乡村成为令人向往的温馨家园。

（四）加快经济体制改革，激发高质量发展活力

深入推进供给侧结构性改革。在巩固、增强、提升、畅通上下功夫，巩固“三去一降一补”成果，增强微观主体活力，提升产业链水平，畅通经济循环。坚决淘汰煤炭、危险化学品等领域落后产能。加大“僵尸企业”市场出清力度，妥善处理启动难、实施难、人员安置难等问题，做好债务处置工作，释放沉淀资源。进一步推进降成本、补短板，重点解决企业融资、电力、社保、物流和涉企收费等方面的问题，让企业得到实惠、轻装上阵。

着力打造“放管服”改革升级版。继续取消、下放审批事项，强化审批事项后续监管，推进药品医疗器械审评审批、工业产品生产许可证制度等改革，加快仿制药一致性评价。继续深化“多证合一”“证

照联办”“证照分离”等改革。大力推行“互联网＋监督”“互联网＋政务服务”，实现国家、省、市级政务服务平台对接，进一步完善自然人、法人信息库，实现“最多跑一次”全覆盖。规范政务新媒体管理，整合部门微信公众号资源，给惠民政策贴上“便利签”。

深化国资国企改革。加快省属国有资本布局结构调整与企业重组整合，改革国有资本授权经营体制。积极推进混合所有制改革。建立和完善现代企业制度，扩大落实董事会职权和职业经理人制度试点，深化企业内部劳动、人事、分配等三项制度改革，激发和保护企业家精神。推进省属国有企业转型升级，支持国有企业降杠杆、减负债。健全出资人监督、审计稽查、纪检监察、巡视巡察“四位一体”的监督体系。实行省级党政机关和事业单位经营性国有资产集中统一监管。

加快推动财税等领域改革。全面实施财政预算绩效管理，继续提高财税收入质量。分领域推进省以下财政事权和支出责任划分，加大对财政困难地区的均衡性转移支付力度。鼓励和支持市县建立涉农资金统筹整合长效机制，对真抓实干成效明显的地区给予转移支付、项目安排、指标倾斜等支持。坚决落实国家减税降费政策，实施所得税和增值税改革等更大规模的减税措施，确保执行有力、行动迅速、办法简明、效果明显。进一步深化农村商业银行改革，推进村镇银行县域全覆盖。深化电力、天然气、交通运输等重点领域价格改革。出台职业年金基金管理办法，推进机关事业单位养老保险制度改革。

（五）继续打好三大攻坚战，破解高质量发展难题

着力防范化解重大风险。强化政府债务限额管理与预算管理，用好地方政府债券资金。严禁违法违规举债，抓好政府隐性债务化解，加大政府融资平台公司市场化转型力度，确保政府隐性债务下降。强化省属金融机构风险管控，加强中小法人机构、债券市场、互联网金融、房地产金融、股权质押，以及非法金融活动等重点领域风险预警，清理整顿各类交易场所，加大非法集资积案处置力度，确保不发生区域性金融风险。要坚持底线思维，增强忧患意识，提高风险防控能力，应对各类风险挑战，掌握化险为夷、转危为机的战略主动，为高质量发展创造良好环境。

走好精准、特色、可持续发展的脱贫路子。坚持把脱贫攻坚作为第一民生工程，以自治州为脱贫攻坚主战场，围绕“两不愁三保障”，如期实现19个贫困县、718个贫困村、60万以上贫困人口脱贫目标。继续聚焦深度贫困，推进东西部扶贫协作和省内对口帮扶，用好城乡建设用地增减挂钩政策，加快改善深度贫困地区发展条件。稳步扩大产业扶贫覆盖面，推进扶贫车间建设、公益性岗位开发和扶贫劳务协作，抓好易地扶贫搬迁和后续帮扶，做好教育扶贫、健康扶贫、危房改造和社会保障等工作。促进脱贫攻坚和乡村振兴战略有机衔接，巩固脱贫成果，提高脱贫质量，统筹贫困地区与非贫困地区、贫困人口与非贫困人口之间的政策平衡。扎实开展“互联网＋扶贫”“千企帮千村”“一家一助学就业　同心温暖工程”。健全扶贫信息化系统和管理平台，管好用好扶贫资金，确保每一分钱都用在“刀刃”上。要着力打造懂扶贫、会扶贫、作风硬的扶贫干部队伍，举全省之力推进脱贫攻坚事业，确保全面小康路上不落下一人。

扎实推进污染防治。持续打好蓝天、碧水、净土保卫战和标志性重大战役，全面落实河（湖）长制，继续开展污染防治“夏季攻势”，抓好中央环保督察及“回头看”反馈问题整改，健全省级环保督察长效机制。严格落实长江岸线保护和开发利用总体规划，推进洞庭湖生态环境专项整治三年行动计划，启动湘江保护和治理第三个三年行动计划。推进乡镇级饮用水水源地保护区划分和整治，新开工100个城镇黑臭水体整治项目，启动28座县以上城镇生活污水处理厂提标改造，加快污水管网建设和畜禽水产养殖污染治理，

确保国家地表水考核断面水质优良率进一步提升。加强河道采砂管理。严格空气环境质量奖惩，强化长株潭及传输通道城市大气污染联防联控联治，稳步提升城市空气环境质量优良率。推进省级土壤污染综合防治先行区和重金属污染治理项目建设。积极开展国土绿化行动，加大森林、湿地生态保护修复力度，抓好山水林田湖草生态保护修复工程试点。实施“矿山复绿”行动，加强废弃矿山、尾矿库治理，建设绿色矿山。推进南山国家公园体制试点。启动“一湖四水”全流域生态补偿，推广退耕还林还湿试点经验。要“守护好一江碧水”，把长江岸线打造成美丽风景线，把洞庭湖区打造成大美湖区，把“一湖四水”打造成湖南的亮丽名片。

（六）促进区域协调发展，完善高质量发展布局

提升区域发展水平。把长株潭打造成为引领全省高质量发展的重要引擎，推动长株潭三市规划、交通、产业和公共服务一体化，抓好“三干两轨”建设。优化洞庭湖生态经济区产业结构，创建国家长江经济带绿色发展示范区，推进津澧新城等湖区中心城市建设，打造更加秀美富饶的大湖经济区。支持湘南湘西地区依托承接产业转移示范区建设新的增长极，统筹推进大湘西地区经济和生态建设。加快娄底等资源型城市转型发展。结合“不忘初心、牢记使命”主题教育，创建湘赣边区乡村振兴示范区，探索协同推进乡村振兴新路径、区域协调发展新模式。

提高新型城镇化质量。加快构建以长株潭城市群为核心，大中小城市和小城镇合理布局、协调发展的新型城镇体系。扎实做好城市修补、生态修复工作，统筹推进城市地下空间开发、海绵城市建设，发展装配式建筑、绿色建筑，促进城市安全、绿色、循环、低碳发展，提升城市综合承载和防灾能力。推进棚户区、城中村和老旧小区改造，鼓励有条件的老旧住宅加装电梯。抓好城市路网、轨道交通、停车设施、城市步行和自行车交通系统等公共交通建设，推进城市交通与商贸系统无缝对接，完善便民公共厕所等设施，提高城市建设管理服务智能化、人性化水平。创建文明城市、园林城市、节水型城市，保护历史文化名城名镇名村名居。健全农业转移人口市民化机制，全省常住人口城镇化率达到57%左右。落实“房子是用来住的，不是用来炒的”要求，完善房地产市场体系和住房保障体系，因城施策、分类指导、租购并举，解决城镇中低收入居民和新市民住房问题。尽最大努力，让群众住有所居。

（七）保障和改善民生，共享高质量发展成果

办好12件重点民生实事。1、新增城镇就业70万人。2、自然村通水泥（沥青）路1.5万公里，提质改造农村公路0.5万公里。3、新增农村通自来水人口120万。4、减少义务教育大班额1.4万个以上。5、农村及城镇低保适龄妇女“两癌”免费检查100万人，孕产妇免费产前筛查40万人。6、提高农村低保标准和救助水平，提高困难残疾人生活补贴和重度残疾人护理补贴发放标准。7、所有县（市）实现二甲公立医院全覆盖，基本消除村卫生室“空白村”。8、改（新）建农村户用厕所100万户以上。9、推行“一村一辅警”。10、完成10千伏及以下行政村配电网改造。11、实施数字广播电视户户通工程。12、实施农村高速宽带网络覆盖工程。有利于百姓的事再小也要做，危害百姓的事再小也要除，要确保把每一件民生实事办好，办到群众心坎里。

把稳就业摆在突出位置。实施更加积极的就业政策，落实好我省进一步促进就业工作二十条措施，确保就业基本盘稳定。加大稳岗支持力度，对不裁员、少裁员的参保企业返还其上年度实际缴纳失业保险费的50%，对吸纳登记失业人员稳定就业的企业给予一次性岗位补贴。抓好高校毕业生、退役军人、农民工、贫困劳动力等重点群体就业创业，奖补优质初创企业和个体工商户，提高个人和企业创业担保

贷款申请额度，提高一次性求职创业补贴标准，扩大就业见习补贴范围，对创业带动就业示范基地和创业孵化基地给予奖补，确保零就业家庭动态清零。强化产业技能培训，推行企业新型学徒制，完善“互联网＋就业服务”。合理确定最低工资标准，保障农民工工资支付。一定要把就业这个最大的民生牢牢抓在手上，千方百计实现最充分的就业。

努力办好人民满意的教育。坚持教育优先发展。全面加强小规模学校和乡镇寄宿制学校建设。交付使用一批“芙蓉学校”，新开工建设12所。重点建设12所卓越中职学校，在12个县（市、区）开展农村中职攻坚。推进高校“双一流”学校和学科建设，加强一流本科教育，支持特色学校、特色学科发展。推进教育信息化2.0试点省建设，实施“互联网＋教育”行动计划，扩大优质教育资源受惠面。积极稳妥推行高考综合改革。有序推动民办学校分类管理。加强乡村教师队伍建设，落实城乡统一的中小学教职工编制标准，扩大农村教师公费定向培养规模。依法保障教师地位待遇。整顿规范校外培训机构，切实减轻学生负担。突出抓好校车安全、预防溺水、青少年心理健康和法制教育。提高公办和普惠性民办幼儿园覆盖率，有效解决入园难、入园贵问题。教育关乎未来，牵动千家万户，要竭尽所能让每个孩子都有成就梦想、人生出彩的机会。

完善社会保障和救助体系。继续提高退休职工基本养老金水平，完善城乡居民基本养老保险待遇正常调整机制，推进企业养老保险全省统筹。城乡居民大病保险筹资标准提高到人均50元左右，支付比例提高5个百分点，年度累计补偿金额提高到30万元。全面推行医保异地就医即时结算，实行药品带量采购。发挥公办养老机构兜底保障作用，发展社区居家养老和农村养老服务。重视城乡困难群众帮扶解困，完善城市困难职工帮扶、临时救助制度。扶危济困是中华民族的优良传统，要让党的阳光雨露洒到每个人的身上。

加快发展卫生、文化等社会事业。推进健康湖南建设。健全完善现代医院管理、分级诊疗、基本医疗保障、药品供应保障、综合监管制度，建设区域医学中心。推动医联体优质资源下沉，提升县级医院综合能力和乡村卫生服务能力；提高农村医生诊疗水平。加强全科、儿科、妇产科、精神科等紧缺专业能力建设，规范执业医师管理。完善“互联网＋医疗健康”保障和支撑体系，建设智慧医院和基层远程诊室，缓解看病难、看病贵问题。实施遏制艾滋病、结核病、地方病攻坚行动计划，支持慢性病、老年病、罕见病防治，救治救助无责任主体尘肺病农民工。综合防控儿童青少年近视。加大对计划生育家庭特别扶助和特殊家庭住院护理补贴力度。落实优生优育、出生缺陷防治等生殖健康服务。大力发展健康产业，推进融合型老年健康服务体系建设。坚持中西医并重，打造中医药产业链。积极申办第15届全运会，广泛开展全民健身活动。加快文化强省建设步伐，推动以影视出版为重点的文化创意基地建设，繁荣发展文艺、广播电视、新闻出版等事业，加快建设重大文化工程，加强县级图书馆、文化馆达标升级建设，推动社区图书室开放。推进县级融媒体中心建设。加强红色档案、革命文物、传统古村落等保护利用，推进“万里茶道”等项目申报世界文化遗产。促进文旅融合，推动马栏山视频文创产业园、丝路荷花国际文化旅游城等重点项目。建设以“锦绣潇湘”为品牌的全域旅游基地，加强旅游区域合作，优化旅游公共服务，创建一批国家全域旅游示范区，支持张家界建设国际旅游城市。

加强和创新社会治理。健全落实社会稳定风险评估机制，加强和改进信访工作，完善社会矛盾纠纷多元化解机制，依法及时就地解决群众合理诉求。推进平安湖南建设，健全立体化治安防控体系，全面推进“城市快警”。深入开展扫黑除恶专项斗争和新一轮禁毒人民战争，集中打击突出违法犯罪活动，严密防范和打击个人极端犯罪，严防危害公共安全突发事件。深入开展安全生产重点行业领域事故隐患排查和专项整治，有效防范和遏制较大以上事故。大力实施食品安全战略，加强全过程监管，严防严控食品药品安全风险。全面加强应急能力建设，建立健全应急管理体制机制，做好气象、地震、地质灾害防治、防汛抗旱、人民防空等工作。深入推进节约型机关建设。坚持依法统计，加强统计监督，提高统计数据质量。认真开展第四次全国经济普查、第三次国土调查、民生调查，稳步推进统一核算制度改革。促进民族团结进步，依法加强对宗教事务的管理。发挥好工会、共青团、妇联、红十字会等群团组织作用，群策群力，全力维护和谐稳定大局。

深化精神文明和民主法治建设。大力弘扬社会主义核心价值观，以爱国主义为核心，广泛开展移风易俗弘扬时代新风行动、道德模范学习宣传活动、未成年人思想道德建设主题教育实践活动，推进学雷锋志愿服务制度化。深入开展新时代文明实践中心建设试点。营造健康网络环境。健全科学民主依法决策机制，发挥各类智库作用。深入实施“七五”普法规划，形成尊法、学法、守法、用法良好氛围。认真落实省人大及其常委会决议决定，认真办理人大代表建议和政协提案。加强与省政协民主协商，依法接受省人大及其常委会的监督，自觉接受民主监督、法律监督、监察监督、审计监督，主动接受社会和舆论监督，认真听取人大代表、政协委员意见，听取民主党派、工商联、无党派人士和各人民团体意见。

支持国防和军队现代化建设。全面落实习近平强军思想，加强全民国防教育，大力支持国防和军队改革，巩固深化民兵调整改革成果，做好部队战备训练、军事设施保护等保障服务工作，抓好民兵训练基地建设。统筹用好军地资源，认真做好退役军人接收安置、创业就业、权益保障、帮扶解困、荣誉激励、教育管理和政策配套等工作，创新开展双拥活动，维护军人军属合法权益。

三、建设人民满意的服务型政府

坚持党对一切工作的领导，把“五个过硬”要求贯穿于政府自身建设各方面，打造忠诚干净担当、为民务实清廉的公务员队伍，加快建设服务政府、责任政府、法治政府、廉洁政府。

不断提高政治站位。坚持用习近平新时代中国特色社会主义思想武装头脑、指导实践、推动工作。严格遵守政治纪律和政治规矩，增强“四个意识”、坚定“四个自信”、做到“两个维护”，确保令行禁止、政令畅通。落实《中共湖南省委关于树牢“四个意识”坚决做到“两个维护”进一步加强党的政治建设的意见》，压实全面从严治党政治责任。传承红色基因，深入开展“不忘初心、牢记使命”主题教育。

加强法治政府建设。严格依照宪法法律行使职权、履行职责、开展工作。加强对行政权力的监督和制约，完善政府权责清单制度，切实做到“法定职责必须为、法无授权不可为”。加强行政立法工作，全面推行规范性文件合法性审查制度。推进行政执法体制改革，严格规范公正文明执法，落实行政执法责任制，全面实施行政执法公示、执法全过程记录、重大执法决定法制审核制度。

驰而不息改进作风。深入贯彻中央八项规定精神和省委实施办法，落实《中共湖南省委关于大力提倡求真务实真抓实干集中整治形式主义官僚主义的意见》，深入基层，深入群众，着力转作风，大力抓落实，真正办实事，务求有作为，下大力气为基层减负，坚决反对形式主义、官僚主义，坚决反对弄虚作假、瞒报浮夸。坚持厉行节约，带头过“紧日子”，财政一般性支出至少压减 5%。全面完成政府机构改革，加快推进政府职能转变，提高行政效能，整肃庸政懒政怠政，着力解决不负责任、不敢作为、不会作为、不愿作为、碌碌无为的问题。进一步简政放权，最大限度减少政府对市场活动的直接干预。健全政府诚信体系，整治招商引资违约失信行为，营造更优的发展环境。

守住廉洁从政底线。严格执行廉洁从政各项规定，落实党风廉政建设主体责任和“一岗双责”。深化中央巡视反馈问题整改，持续开展专项整治。强化公共权力、公共资金、公共资产、公共资源、公共工程监管，严肃查处、从严追究充当“保护伞”、违规参与经营性活动、违规招投标等问题。加强廉政教育和道德修养，明大德、守公德、严私德，筑牢拒腐防变的思想防线。

营造推动高质量发展的浓厚氛围。对标对表高质量发展要求，健全推动高质量发展的协调机制，建立覆盖各地区各单位的分级分类绩效评估和考核制度，不断增强质量意识、创新意识、市场意识、风险意识，提高全社会推动高质量发展的积极性、主动性。启动“十四五”规划前期研究。坚持“三个区分开来”，统筹规范督查检查考核工作，完善激励约束机制，让实干者踏实创业，让创新者奋勇争先。我们要咬定青山不放松，不犹豫、不徘徊、不退缩，奋力走好新时代的长征路。

各位代表！

伟大的新时代，呼唤着伟大的实践，我们正豪情满怀地踏上崭新征程。让我们更加紧密地团结在以习近平同志为核心的党中央周围，在中共湖南省委的坚强领导下，不忘初心、牢记使命，改革创新、锐意进取，加快建设富饶美丽幸福新湖南，以经济社会发展的优异成绩庆祝中华人民共和国成立 70 周年！

湖南省2018年国民经济和社会发展统计公报[1]

湖南省统计局　国家统计局湖南调查总队

2019年3月11日

2018年，面对复杂多变的国内外经济环境和经济下行压力，在省委、省政府坚强领导下，全省上下坚持以习近平新时代中国特色社会主义思想为指导，认真贯彻党的十九大、十九届二中、三中全会精神和党中央国务院各项决策部署，坚持稳中求进工作总基调，对标高质量发展要求，全力打好三大攻坚战，大力实施创新引领开放崛起战略，全省经济保持总体平稳、稳中有进、稳中向好的发展态势，高质量发展迈出坚实步伐。

一、综　合

初步核算，全年地区生产总值[2]36425.8亿元，比上年增长7.8%。其中，第一产业增加值3083.6亿元，增长3.5%；第二产业增加值14453.5亿元，增长7.2%；第三产业增加值18888.7亿元，增长9.2%。按常住人口计算，人均地区生产总值52949元，增长7.2%。

全省三次产业结构为8.5 ∶ 39.7 ∶ 51.8。第三产业增加值占地区生产总值的比重比上年提高2.3个百分点；工业增加值占地区生产总值的比重为32.7%，比上年下降1.6个百分点；高新技术产业增加值占地区生产总值的比重为23.2%；非公有制经济增加值增长7.6%，占地区生产总值的比重为58.3%；战略性新兴产业增加值增长10.1%，占地区生产总值的比重为9.3%。第一、二、三产业对经济增长的贡献率分别为4.0%、40.9%和55.1%。其中，工业增加值对经济增长的贡献率为36.3%，生产性服务业增加值对经济增长的贡献率为19.4%。资本形成总额、最终消费支出、货物和服务净流出对经济增长的贡献率分别为45.0%、56.9%和–1.9%。

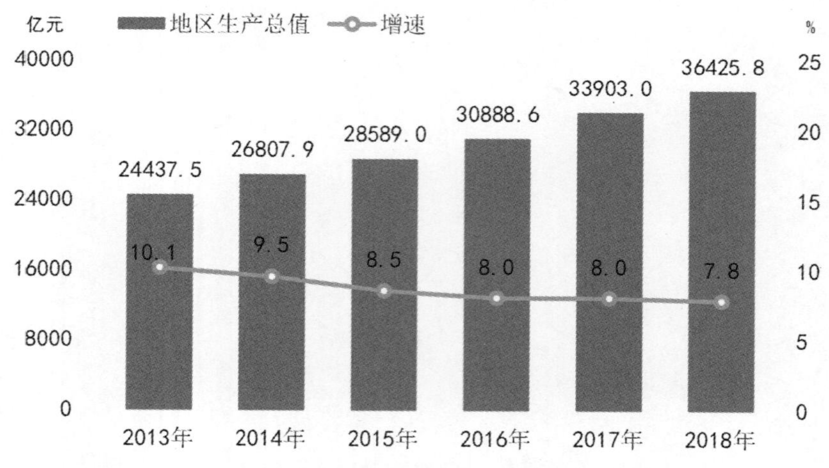

图1　2013-2018年地区生产总值及其增长速度

分区域看，长株潭地区[3]生产总值15796.3亿元，比上年增长8.3%；湘南地区生产总值7243.6亿元，增长8.2%；大湘西地区生产总值6020.3亿元，增长7.8%；洞庭湖地区生产总值8563.6亿元，增长8.2%。

二、农　业

全年农林牧渔业实现增加值 3265.9 亿元，比上年增长 3.7%。其中，农业增加值 1856.6 亿元，比上年增长 3.0%；林业增加值 287.4 亿元，增长 9.5%；牧业增加值 668.1 亿元，增长 0.9%；渔业增加值 271.5 亿元，增长 7.6%。

全年粮食种植面积 4747.9 千公顷，比上年减少 231.1 千公顷。其中，早稻面积 1238.2 千公顷，减少 210 千公顷；中稻面积 1472.5 千公顷，增加 181.2 千公顷；晚稻面积 1298.3 千公顷，减少 200.9 千公顷。粮食产量 [4]3022.9 万吨，比上年减产 1.6%。其中，夏粮 51.4 万吨，增产 5.8%；早稻 755.5 万吨，减产 10.8%；秋粮 2216.0 万吨，增产 1.7%。

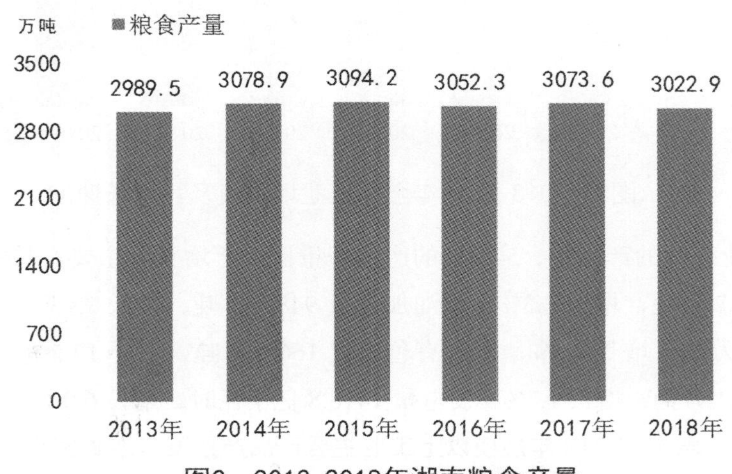

图2　2013-2018年湖南粮食产量

全年棉花种植面积 63.9 千公顷，比上年减少 31.8 千公顷；糖料种植面积 7.4 千公顷，增加 0.2 千公顷；油料种植面积 1344.7 千公顷，增加 33.1 千公顷；蔬菜种植面积 1264.9 千公顷，增加 45.6 千公顷。棉花产量 8.6 万吨，比上年减产 21.7%；油料 234.4 万吨，增产 3.7%；烤烟 18.8 万吨，减产 8.0%；茶叶 21.5 万吨，增产 8.9%；蔬菜 3822.0 万吨，增产 4.1%。

全年猪、牛、羊肉类总产量 479.6 万吨，比上年下降 0.4%。其中，猪肉产量 446.8 万吨，下降 0.6%；牛肉产量 17.9 万吨，增长 5.3%；羊肉产量 14.9 万吨，下降 0.3%。年末生猪存栏 3822.0 万头，比上年末减少 3.7%；全年生猪出栏 5993.7 万头，比上年减少 2.0%。禽肉产量 59.7 万吨，增长 0.8%。禽蛋产量 105.4 万吨，增长 2.1%。牛奶产量 6.2 万吨，增长 2.5%。水产品产量 252.5 万吨，增长 4.2%。

全年新增农田有效灌溉面积 17.1 千公顷，新增节水灌溉面积 12.7 千公顷；开工各类水利工程 7.2 万处，投入资金 265.0 亿元，完成水利工程土石方 9.0 亿立方米；提质改造农村公路 8086 公里。

三、工业和建筑业

全年全部工业增加值 11916.4 亿元，比上年增长 7.4%。其中，规模以上工业增加值增长 7.4%。在规模以上工业中，非公有制企业增加值增长 7.8%，占规模以上工业的比重为 72.1%。高加工度工业和高技术制造业 [5] 增加值分别增长 18.3% 和 10.1%；占规模以上工业的比重分别为 36.3% 和 10.6%。装备制造业 [6] 增加值增长 11.9%，占规模以上工业的比重为 29.4%。省级及以上产业园区工业增加值增长 8.9%，占规模以上工业的比重为 69.7%。六大高耗能行业增加值增长 5.5%，占规模以上工业的比重为 29.9%，比上年下降0.4个百分点。分区域看，长株潭地区规模工业增加值增长7.9%，湘南地区规模工业增加值增长7.5%，大湘西地区规模工业增加值增长 7.3%，洞庭湖地区规模工业增加值增长 7.5%。

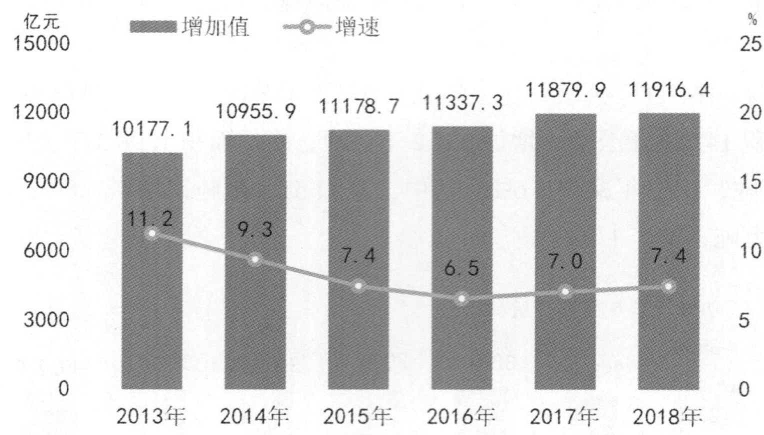

图3 2013-2018年全部工业增加值及其增长速度

全年规模以上工业统计的产品中，54.2% 的产品产量比上年增长。主要产品中，大米 1415.6 万吨，增长 4.8%；饲料 1577.2 万吨，增长 3.3%；原油加工量 948.7 万吨，增长 23.3%；水泥 10920.6 万吨，下降 1.3%；钢材 2374.7 万吨，增长 7.3%；十种有色金属 166.8 万吨，下降 12.5%；混凝土机械 3.9 万台，增长 19.3%；汽车[7]69.1 万辆，增长 1.7%；发电量 1418.8 亿千瓦时，增长 6.0%。

表 1 2018 年规模以上工业主要产品产量及其增长速度

产品名称	计量单位	产 量	比上年增长（%）
原煤	万吨	1692.9	–3.2
原盐	万吨	323.2	4.9
大米	万吨	1415.6	4.8
饲料	万吨	1577.2	3.3
精制食用植物油	万吨	312.6	6.2
卷烟	亿支	1635.6	–2.5
机制纸及纸板	万吨	348.3	–5.1
原油加工量	万吨	948.7	23.3
硫酸（折 100%）	万吨	176.7	–9.8
烧碱（折 100%）	万吨	44.8	4.6
合成氨	万吨	54.8	1.7
化肥（折纯）	万吨	54.4	–6.6
水泥	万吨	10920.6	–1.3
平板玻璃	万重量箱	1963.2	9.7
生铁	万吨	2374.7	7.3
粗钢	万吨	166.8	–12.5

表 1　续

产品名称	计量单位	产　量	比上年增长（%）
钢材	万吨	8176.7	3.9
十种有色金属	万吨	130.3	104.3
白银	吨	3.9	19.3
起重机	万吨	69.1	1.7
混凝土机械	万台	30.8	18.8
汽车	万辆	26.1	-10.6
其中：轿车	万辆	9.5	110.0
运动型多用途乘用车（SUV）	万辆	1205	9.9
发电设备	万千瓦	80.5	-39.3
交流电动机	万千瓦	1284.3	4.5
变压器	万千伏安	9245.7	9.4
发电量	亿千瓦时	1418.8	6.0
其中：火电	亿千瓦时	912.5	16.1
水电	亿千瓦时	447.8	-11.4

规模以上工业企业实现利润总额[8]1727.0 亿元，比上年增长 9.3%。分经济类型看，国有企业 79.9 亿元，下降 26.8%；集体企业 3.0 亿元，下降 15.4%；股份合作制企业 1.2 亿元，下降 7.9%；股份制企业 1427.3 亿元，增长 13.7%；外商及港澳台商投资企业 158.4 亿元，增长 1.0%；其他内资企业 57.2 亿元，增长 4.1%。利润总额居前五位的大类行业中，专用设备制造业 172.9 亿元，增长 49.4%；非金属矿物制品业 169.7 亿元，增长 37.5%；化学原料和化学制品制造业 152.0 亿元，增长 15.8%；农副食品加工业 134.8 亿元，增长 5.1%；黑色金属冶炼和压延加工业 94.9 亿元，增长 42.8%。规模以上工业企业每百元主营业务收入中的成本为 83.2 元。年末规模以上工业企业资产负债率为 51.5%。

全年全社会建筑业增加值 2549.8 亿元，比上年增长 5.8%。具有资质等级的总承包和专业承包建筑企业实现利润总额 274.3 亿元，增长 8.8%。房屋建筑施工面积 59253.3 万平方米，增长 8.5%。房屋建筑竣工面积 19929.4 万平方米，增长 0.2%。

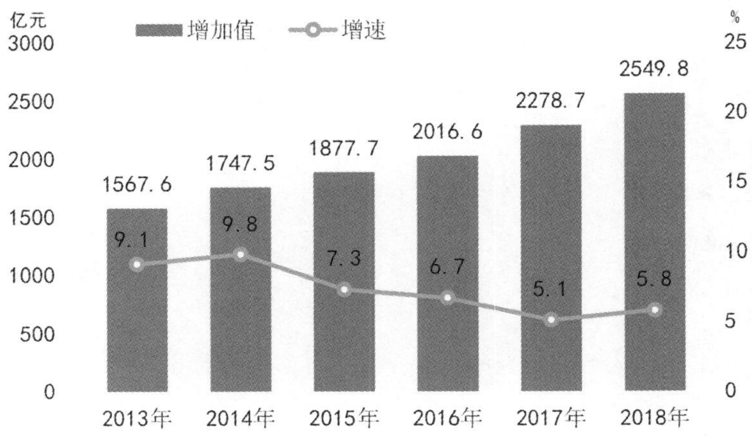

图4　2013-2018年建筑业增加值及其增长速度

四、固定资产投资

全年固定资产投资（不含农户）比上年增长10.0%。其中，民间投资增长25.2%。分经济类型看，国有投资下降8.0%，非国有投资增长20.9%。分投资方向看，民生投资增长7.8%，生态投资增长12.0%，基础设施投资下降10.1%，高新技术产业投资增长51.1%，工业技改投资增长38.1%。分区域看，长株潭地区投资增长9.7%，湘南地区投资增长10.3%，大湘西地区投资增长10.0%，洞庭湖地区投资增长10.6%。

全年施工项目个数比上年增长44.4%。其中，本年新开工项目增长43.5%。本年投产项目个数增长37.6%。

全年房地产开发投资3946.0亿元，比上年增长15.2%。其中，住宅投资2764.5亿元，增长26.0%。商品房销售面积9239.2万平方米，增长8.3%。其中，住宅销售面积7997.9万平方米，增长8.5%。商品房销售额5354.0亿元，增长20.0%。其中，住宅销售额4377.4亿元，增长22.6%。年末商品房待售面积1720.5万平方米，下降14.6%，比上年末减少295.0万平方米。

表2　2018年固定资产投资增长速度

指　　标	比上年增长（%）
固定资产投资（不含农户）	10.0
第一产业	22.7
第二产业	28.2
其中：采矿业	31.2
制造业	35.0
电力、热力、燃气及水生产和供应业	14.4
建筑业	−32.8
第三产业	1.7
其中：交通运输、仓储和邮政业	9.3
信息传输、软件和信息技术服务业	0.3
批发和零售业	−33.9
住宿和餐饮业	−2.6
金融业	33.0
房地产业	8.6
租赁和商务服务业	43.6
科学研究和技术服务业	99.7
水利、环境和公共设施管理	−14.1
居民服务、修理和其他服务业	22.9
教育	19.9
卫生和社会工作	16.7
文化、体育和娱乐业	29.0
公共管理、社会保障和社会组织	−44.3

五、国内贸易和物价

全年社会消费品零售总额[9]15638.3 亿元，比上年增长 10.0%。分经营地看，城镇消费品零售总额 14124.9 亿元，增长 9.9%；乡村消费品零售总额 1513.4 亿元，增长 11.2%。分消费类型看，商品零售额 13716.7 亿元，增长 9.9%；餐饮收入额 1921.6 亿元，增长 10.7%。分区域看，长株潭地区消费品零售总额 6498.6 亿元，增长 9.9%；湘南地区消费品零售总额 3083.8 亿元，增长 10.4%；大湘西地区消费品零售总额 2759.0 亿元，增长 10.2%；洞庭湖地区消费品零售总额 3296.8 亿元，增长 9.9%。

表 3　2018 年社会消费品零售额及其增长速度

指　标	零售额（亿元）	比上年增长（%）
社会消费品零售总额	15638.3	10.0
按经营地分		
其中：城镇	14124.9	9.9
乡村	1513.4	11.2
限额以上法人批发和零售业商品零售额	4980.3	9.9
其中：粮油、食品类	522.1	18.4
饮料类	90.1	9.3
烟酒类	112.6	7.6
服装、鞋帽、针纺织品类	322.8	7.0
化妆品类	62.6	13.7
金银珠宝类	68.1	3.8
日用品类	154.9	18.5
五金、电料类	45.6	2.4
体育、娱乐用品类	11.2	3.1
书报杂志类	50.8	–18.5
电子出版物及音像制品类	2.7	–16.7
家用电器和音像器材类	320.1	8.6
中西药品类	192.6	10.5
文化办公用品类	77.8	8.6
家具类	58.9	25.1
通讯器材类	51.0	6.0
石油及制品类	935.5	15.1
建筑及装潢材料类	86.9	19.1
机电产品及设备类	50.3	0.6
汽车类	1629.4	6.1

限额以上法人批发和零售业商品零售额 4980.3 亿元，比上年增长 9.9%。其中，文化娱乐体育健康类零售额增长 3.8%；网上零售额（按卖家分）1624.0 亿元，增长 43.3%。分商品类别看，粮油、食品类零售额增长 18.4%，化妆品类增长 13.7%，家用电器和音像器材类增长 8.6%，家具类增长 25.1%，石油及制品类增长 15.1%，建筑及装潢材料类增长 19.1%，汽车类增长 6.1%。

全年居民消费价格比上年上涨 2.0%。其中，城市上涨 1.9%，农村上涨 2.0%。商品零售价格上涨 2.3%。

工业生产者出厂价格上涨3.2%，工业生产者购进价格上涨3.5%。固定资产投资价格上涨4.8%。农产品生产者价格下降4.6%，农业生产资料价格上涨2.7%。

表4　2018年居民消费价格比上年涨跌幅度

指　标	涨跌幅度（%）	按城乡分	
		城市	农村
居民消费价格	2.0	1.9	2.0
其中：食品烟酒	0.8	1.6	-0.7
衣着	1.9	1.9	2.0
居住	3.6	2.7	5.4
生活用品及服务	1.3	1.3	1.4
交通和通信	2.8	2.7	3.0
教育文化及娱乐	1.5	1.5	1.5
医疗保健	2.5	2.0	3.4
其他用品和服务	0.6	0.6	0.5

六、对外经济

全年进出口总额[10]3079.5亿元，比上年增长26.5%。其中，出口2026.7亿元，增长29.5%；进口1052.8亿元，增长21.2%。分贸易方式看，一般贸易出口1561.9亿元，增长38.7%；加工贸易出口450.2亿元，增长4.3%。出口额居前五位的商品中，服装及衣着附件出口156.3亿元，增长57.4%；鞋类84.6亿元，增长22.1%；钢材76.4亿元，增长41.9%；陶瓷产品67.4亿元，增长69.1%；箱包及类似容器54.5亿元，增长17.1%。分产销国别（地区）看，出口香港410.16亿元，增长11.6%；出口美国291.3亿元，增长28.1%；出口欧盟263.2亿元，增长29.1%；出口东盟303.3亿元，增长38.4%。

表5　2018年进出口总额及其增长速度

指　标	绝对数（亿元）	比上年增长（%）
进出口总额	3079.5	26.5
出口额	2026.7	29.5
按贸易方式分		
其中：一般贸易	1561.9	38.7
加工贸易	450.2	4.3
按重点商品分		
其中：机电产品	874.6	18.9
高新技术产品	243.8	7.5
农产品	85.9	7.3
进口额	1052.8	21.2
按贸易方式分		
其中：一般贸易	709.1	24.1
加工贸易	299.5	11.3

表 5　续

指　　标	绝对数（亿元）	比上年增长（%）
按重点商品分		
其中：机电产品	452.2	15.9
高新技术产品	240.7	50.0
农产品	98.9	56.4

全年实际使用外商直接投资 161.9 亿美元，比上年增长 11.9%。其中，第一产业 6.2 亿美元，增长 18.0%；第二产业 80.9 亿美元，增长 8.3%；第三产业 74.8 亿美元，增长 15.4%。实际到位资金 3000 万美元以上外资项目 118 个。年末在湘投资的世界 500 强存续企业 173 家，新引进世界 500 强企业 5 家。实际到位境内省外资金 6002.1 亿元，增长 17.7%。其中，第一产业 414.6 亿元，增长 2.7%；第二产业 2993.4 亿元，增长 15.9%；第三产业 2594.1 亿元，增长 22.9%。引进 2 亿元以上境内省外项目 618 个，增长 20.7%；实际到位资金 2233.5 亿元，增长 24.2%。

全年新签对外承包工程、劳务合作和设计咨询合同金额 96.1 亿美元，比上年增长 26.4%；实现营业额 84.7 亿美元，增长 20.1%；外派劳务 13.2 万人，增长 21.4%。对外合同投资额 18.2 亿美元，下降 12.0%。其中，中方合同投资额 15.9 亿美元，增长 10.1%。对外实际投资额 16.7 亿美元，增长 23.3%。

七、交通、邮电和旅游

全年客货运输换算周转量 5448.6 亿吨公里，比上年增长 1.8%。货物周转量 4404.3 亿吨公里，增长 2.0%。其中，铁路周转量 812.8 亿吨公里，与上年基本持平；公路周转量 3114.9 亿吨公里，增长 4.2%。旅客周转量 1668.4 亿人公里，下降 0.7%。其中，铁路周转量 979.5 亿人公里，增长 0.9%；公路周转量 479.9 亿人公里，下降 8.9%；民航周转量 205.3 亿人公里，增长 14.7%。

年末全省公路通车里程 24.0 万公里，比上年末增长 0.1%。其中，高速公路通车里程 6724.6 公里，比上年末增加 306.1 公里。年末铁路营业里程 5021.0 公里，其中高速铁路 1729.6 公里。年末民用汽车保有量 786.2 万辆，增长 14.1%；私人汽车保有量 727.5 万辆，增长 14.4%；轿车保有量 430.1 万辆，增长 13.8%。

表 6　2018 年各种运输方式完成客货运输量及其增长速度

指　　标	计量单位	绝对数	比上年增长（%）
货运量	万吨	231110.1	2.0
其中：铁路	万吨	4467.8	6.7
公路	万吨	204388.6	2.8
水运	万吨	21100.7	–6.5
民航	万吨	8.1	16.8
管道	万吨	1145.0	13.8
客运量	万人	108083.2	–7.0
其中：铁路	万人	13943.5	8.3
公路	万人	91007.1	–9.3
水运	万人	1729.4	3.3
民航	万人	1403.3	13.0

全年邮政业务总量（2010 年不变价）248.2 亿元，比上年增长 28.9%；电信业务总量（2015 年不变价）2474.7 亿元，增长 166.5%。年末固定电话用户 648.4 万户，下降 3.9%；移动电话用户 6302.9 万户，增长 10.9 %。年末互联网宽带用户 1635.3 万户，增长 24.3%。

全省国内游客 7.5 亿人次，比上年增长 12.5%；入境游客 365.1 万人次，增长 13.1%。旅游总收入 8355.7 亿元，增长 16.5%。其中，国内旅游收入 8255.1 亿元，增长 16.5%；国际旅游收入 15.2 亿美元，增长 17.4%。

八、财政、金融和保险

全年一般公共预算收入 4842.98 亿元，比上年增长 6.05%，其中，地方收入 2860.68 亿元，增长 3.73%。地方收入中，税收收入 1959.57 亿元，增长 11.39%；非税收入 901.11 亿元，下降 9.77%。上划中央“两税”1463.75 亿元，增长 7.13%；上划中央所得税 513.01 亿元，增长 17.17%。一般公共预算支出 7479.22 亿元，增长 8.88%。其中，社会保障和就业支出 1106.47 亿元，增长 8.70%；城乡社区事务支出 820.46 亿元，增长 14.50%；科学技术支出 129.70 亿元，增长 41.87%；住房保障支出 229.65 亿元，下降 7.76%。

表 7　2018 年一般公共预算收支及其增长速度

指　　标	绝对数（亿元）	比上年增长（%）
一般公共预算收入	4842.98	6.05
其中：地方收入	2860.68	3.73
其中：税收收入	1959.57	11.39
非税收入	901.11	-9.77
上划中央“两税”	1463.75	7.13
上划中央所得税	513.01	17.17
一般公共预算支出	7479.22	8.88
其中：一般公共服务	821.20	9.93
教育	1189.47	6.65
科学技术	129.70	41.87
文化体育与传媒	138.53	-6.92
社会保障和就业	1106.47	8.70
医疗卫生与计划生育	631.71	7.80
节能环保	193.99	11.95
城乡社区事务	820.46	14.50
农林水事务	897.05	14.65
住房保障	229.65	-7.76

年末全省金融机构本外币各项存款余额 48994.6 亿元，比上年末增长 4.8%。其中，住户存款余额 25381.3 亿元，增长 8.6%；非金融企业存款余额 13047.9 亿元，下降 5.7%。本外币各项贷款余额 36460.5 亿元，增长 14.4%。其中，住户贷款余额 13131.3 亿元，增长 20.5%；非金融企业及机关团体贷款余额 23222.3 亿元，增长 11.3%。

表8　2018年末金融机构本外币存贷款余额及其新增额

指　标	年末余额（亿元）	比年初新增额（亿元）
各项存款	48994.6	2265.3
其中：境内存款	48967.3	2262.9
#住户存款	25381.3	2006.7
活期存款	9623.2	384.9
定期及其他存款	15758.1	1621.7
非金融企业存款	13047.9	−788.8
活期存款	7747.8	−930.7
定期及其他存款	5300.1	141.9
非银行业金融机构存款	1852.4	329.9
境外存款	27.3	2.4
各项贷款	36460.5	4601.9
其中：境内贷款	36360.9	4592.8
#住户贷款	13131.3	2230.1
短期贷款	3111.4	461.4
中长期贷款	10019.9	1768.7
非金融企业及机关团体贷款	23222.3	2358.7
短期贷款	4899.2	393.6
中长期贷款	17340.4	1728.5
境外贷款	99.6	9.0

年末全省境内上市公司105家，年内新增境内上市公司4家。全年直接融资总额2819.9亿元，比上年下降18.1%。其中，通过发行、配售股票共筹集资金208.2亿元。年末证券公司营业部424家，证券交易额55369.6亿元。年末辖区共有期货公司3家，成交金额29822亿元。

全年保险公司原保险保费收入1255.1亿元，比上年增长13.1%。其中，寿险保费收入676.8亿元，增长6.7%；健康险保费收入189.2亿元，增长41.0%；人身意外伤害险保费收入31.7亿元，增长15.5%；财产险保费收入357.3亿元，增长13.7%。原保险赔付支出410.7亿元，增长9.0%。

九、教育和科学技术

年末全省有普通高校109所。普通高等教育研究生毕业生2.0万人，本专科毕业生34.8万人，中等职业教育毕业生20.5万人，普通高中毕业生36.5万人，初中学校毕业生72.5万人，普通小学毕业生83.2万人。在园幼儿225.2万人，比上年下降1.7%。小学适龄儿童入学率[11]99.98%，高中阶段教育毛入学率[12]92.5%。各类民办学校13306所，在校学生296.1万人。发放高校国家奖学金、助学金（本专科生）9.7亿元，资助高校学生（本专科生）55.6万人次。发放中职国家助学金3.7亿元，资助中职学生37.8万人次；落实中职免学费资金13.1亿元，资助中职学生108万人次。落实义务教育保障资金89.7亿元，发放普通高中国家助学金4.6亿元。

表 9 2018 年各级学校招生、在校及毕业生人数及其增长速度

指 标	招生人数		在校（学）人数		毕业人数	
	绝对数（万人）	比上年增长（%）	绝对数（万人）	比上年增长（%）	绝对数（万人）	比上年增长（%）
研究生教育	2.9	4.6	8.6	9.5	2.0	5.3
普通高等教育	41.6	6.3	132.7	4.2	34.8	4.5
成人高等教育	20.8	48.7	36.0	29.7	12.2	7.0
中等职业教育	22.9	–8.4	65.8	–4.1	20.5	4.9
普通高中	40.7	2.2	117.5	2.5	36.5	6.0
初中学校	84.3	6.5	240.5	4.7	72.5	–1.1
普通小学	93.0	5.2	522.0	2.0	83.2	6.5
特殊教育	0.7	15.8	3.7	17.2	0.5	54.1

年末全省有国家工程研究中心（工程实验室）17 个，省级工程研究中心（工程实验室）206 个。国家地方联合工程研究中心（工程实验室）35 个。国家认定企业技术中心 53 个。国家工程技术研究中心 14 个，省级工程技术研究中心 342 个。国家级重点实验室 18 个，省级重点实验室 248 个。签订技术合同 6044 项，技术合同成交金额 281.7 亿元。登记科技成果 664 项。获得国家科技进步奖励成果 18 项、国家自然科学奖 2 项。“鲲龙 500”采矿机器人、“海牛号”海底深孔取芯钻机等新产品为我国“深海”探测提供了支撑，超级杂交稻百亩示范片平均亩产再创新高，耐盐碱杂交稻成功试种。专利申请量 94503 件，比上年增长 23.9%。其中，发明专利申请量 35414 件，增长 19.2%。专利授权量 48957 件，增长 29.1%。其中，发明专利授权量 8261 件，增长 4.5%。工矿企业、大专院校和科研单位专利申请量分别为 51019 件、16614 件和 836 件，专利授权量分别为 27314 件、7768 件和 385 件。高新技术产业增加值 8468.1 亿元，增长 14.0%。

图5 2013-2018年专利申请量和授权量

年末全省有检验检测机构 1632 个，其中国家产品质量监督检验中心 20 个。法定计量检定机构 103 个。特种设备生产单位 1800 家，特种设备 34.6 万台。重点工业产品质量监督抽查合格率 92.2%。参与制定国际标准 15 项，参与制定国家标准 47 项，组织制定地方标准 265 项。国土资源部门公开出版地图 257 种，

天地图用户访问量 68.5 万次，提供地理空间数据成果 175.1 万幅。

十、文化、卫生和体育

年末全省有艺术表演团体 534 个，群众艺术馆、文化馆 143 个，公共图书馆 140 个，博物馆、纪念馆 120 个。广播电台 14 座，电视台 15 座。有线电视用户 1035.1 万户。广播综合人口覆盖率 99.02%，比上年提高 0.53 个百分点；电视综合人口覆盖率 99.64%，比上年提高 0.34 个百分点。国家级非物质文化遗产保护目录 118 个，省级非物质文化遗产保护目录 324 个。出版图书 10965 种、期刊 253 种、报纸 82 种，图书、期刊、报纸出版总印数分别为 4.3 亿册、0.9 亿册和 8.5 亿份。

年末全省共有卫生机构 56238 个。其中，医院 1552 个，妇幼保健院（所、站）137 个，专科疾病防治院（所、站）86 个，乡镇卫生院 2208 个，社区卫生服务中心（站）781 个，诊所、卫生所、医务室 10377 个，村卫生室 39976 个。卫生技术人员 43.7 万人，比上年增长 5.0%。其中，执业医师和执业助理医师 18.1 万人，增长 4.4%；注册护士 18.4 万人，增长 6.4%。医院拥有床位 34.8 万张，增长 9.1%；乡镇卫生院拥有床位 10.2 万张，增长 1.2%。

全省经常参加体育锻炼人数 2419.1 万人，开展全民健身项目 5370 项次。新建农民体育健身工程的行政村 1100 个。全年获得 8 个世界冠军、22 个亚洲冠军和 67 个全国冠军。体育场地 113830 个。其中，体育馆 317 座，运动场 7630 个，游泳池 691 个，各种训练房 5270 个。

十一、人口、人民生活和社会保障

年末全省常住人口 [13]6898.8 万人。其中，城镇人口 3864.7 万人，城镇化率 56.02%，比上年末提高 1.4 个百分点。全年出生人口 83.9 万人，出生率 12.19‰；死亡人口 48.7 万人，死亡率 7.08‰；人口自然增长率 5.11‰。0—15 岁（含不满 16 周岁）人口占常住人口的比重为 20.78%，比上年末提高 1.04 个百分点；16—59 岁（含不满 60 周岁）人口比重为 60.73%，下降 1.37 个百分点；60 岁及以上人口比重为 18.49%，提高 0.33 个百分点。

表 10　2018 年末常住人口数及构成

指　　标	年末数（万人）	比重（%）
常住人口	6898.8	100
其中：城镇	3864.7	56.02
乡村	3034.1	43.98
其中：男性	3558.4	51.58
女性	3340.4	48.42
其中：0–15 岁（含不满 16 周岁）[13]	1433.9	20.78
16–59 岁（含不满 60 周岁）	4189.3	60.73
60 岁及以上	1275.6	18.49
其中：65 岁及以上	878.5	12.73

全年全省全体居民人均可支配收入 25241 元，比上年增长 9.3%，扣除价格因素实际增长 7.2%；人均可支配收入中位数 20703 元，增长 5.5%。城镇居民人均可支配收入 36698 元，增长 8.1%，扣除价格因素

实际增长 6.1%；城镇居民人均可支配收入中位数 33213 元，增长 5.1%。农村居民人均可支配收入[15]14093 元，增长 8.9%，扣除价格因素实际增长 6.8%；农村居民人均可支配收入中位数 12701 元，增长 6.9%。城乡居民收入比由上年的 2.62:1 缩小为 2.60:1。分区域看，长株潭地区居民人均可支配收入 39274 元，增长 8.6%；湘南地区居民人均可支配收入 23391 元，增长 9.0%；大湘西地区居民人均可支配收入 17288 元，增长 10.3%；洞庭湖地区居民人均可支配收入 22928 元，增长 9.2%。贫困地区[16]农村居民人均可支配收入 10285 元，增长 11.0%。外出农民工人均月收入 4234 元，增长 10.1%。

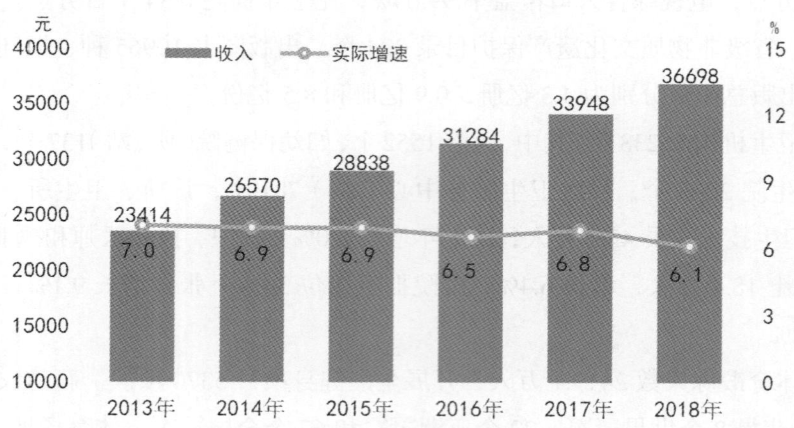

图6　2013-2018年城镇居民人均可支配收入及其实际增长速度

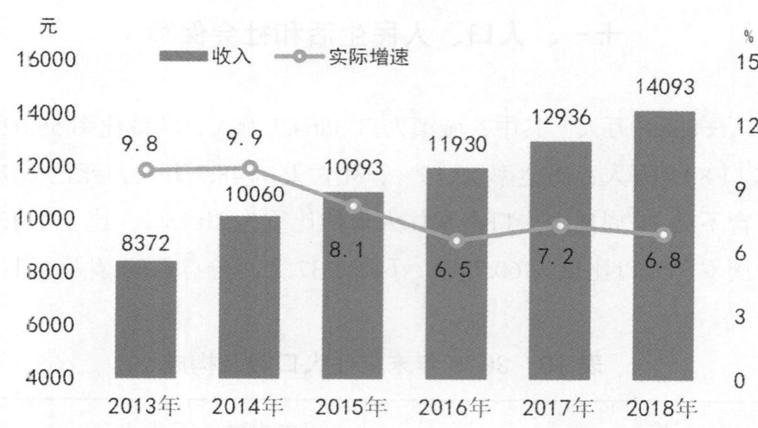

图7　2013-2018年农村居民人均可支配收入及其实际增长速度

全年全省居民人均消费支出 18808 元，比上年增长 9.6%，扣除价格因素实际增长 7.5%。城镇居民人均消费支出 25064 元，增长 8.2%，扣除价格因素实际增长 6.2%；农村居民人均生活消费支出 12721 元，增长 10.3%，扣除价格因素实际增长 8.1%。恩格尔系数为 28.0%，比上年降低 1.2 个百分点，其中城镇为 27.3%，农村为 29.2%。

全年新增城镇就业人员 79.45 万人。农民工总量 1758.1 万人，比上年下降 1.0%。新生代农民工[17]958.9 万人，比上年增长 4.6%。年末参加城镇职工基本养老保险人数 1402.4 万人，比上年末增加 123 万人。其中，参保职工 947.9 万人，参保离退休人员 454.5 万人。参加基本医疗保险人数 6833.3 万人。其中，参加城镇职工基本医疗保险人数 898.5 万人，参加城乡居民基本医疗保险人数 5934.9 万人。参加失业保险职工人数 582 万人，增加 18.2 万人。参加工伤保险职工人数 793.4 万人。参加生育保险职工人数 571.8 万人。年末领取失业保险金职工人数 13.0 万人。获得政府最低生活保障的城镇居民 59.7 万人，发放最低生活保障经费 28.8 亿元；获得政府最低生活保障的农村居民 126.8 万人，发放最低生活保障经费 29.6 亿元。年末各类收养性社会福利单位床位 33.0 万张，收养各类人员 17.4 万人。城镇建立各种社区服务设施 17135 个，其中，综合性社区服务中心 7010 个。全年销售社会福利彩票 91.7 亿元，筹集福彩公益金 25.7 亿元。圆满完成 12 件重点民生实事任务。其中，完成农村危房改造 17.84 万户，城镇棚户区改造 28.05 万套，黑臭水体整治 154 个。

十二、资源、环境和安全生产

全省已发现矿种 144 种，探明资源储量矿种 109 种。其中，能源矿产 7 种，金属矿产 39 种，非金属矿产 61 种，水气矿产 2 种。实施地质勘查项目（含续作项目）139 个，新发现大中型矿产地 3 处。国家地质公园 14 个。

全省 5 个市州城市空气质量达到二级标准。全省达到或优于 III 类标准的水质断面比重为 94.5%，比上年提高 0.9 个百分点。已批准建设自然保护区 170 个，面积 147.8 万公顷。其中，国家级自然保护区 23 个，省级自然保护区 30 个。全年完成造林面积 35.6 万公顷，年末实有封山（沙）育林面积 138.3 万公顷，活立木蓄积 5.7 亿立方米，森林覆盖率 59.82%。

初步核算，全年全省规模工业综合能源消费量 6157.1 万吨标准煤，比上年增长 3.0%。其中，六大高耗能行业综合能源消费量 5036.1 万吨标准煤，增长 6.7%。主要污染物中，化学需氧量排放量比上年削减 4.17%，二氧化硫削减 9.83%，氨氮削减 3.43%，氮氧化物削减 10.22%。

全省全年发生各类生产经营性安全事故 640 起，生产经营性安全事故死亡人数 654 人。亿元地区生产总值事故死亡人数 0.02 人，工矿商贸从业人员十万人事故死亡人数 1.17 人，煤矿百万吨死亡人数 0.59 人。全年发生道路交通事故（不含简易程序处理的事故）4723 起，下降 16.6%；道路交通死亡率 0.91 人 / 万辆，减少 0.10 人 / 万辆。

注释：

[1] 本公报数据均为初步统计数，部分数据因四舍五入的原因，存在与分项合计不等情况。

[2] 地区生产总值、各产业增加值、人均地区生产总值绝对数按现价计算，增长速度按不变价计算。

[3] 长株潭地区是指长沙、株洲和湘潭 3 市，湘南地区是指衡阳、郴州和永州 3 市，大湘西地区是指邵阳、张家界、怀化、娄底和湘西自治州 5 市（州），洞庭湖地区是指岳阳、常德和益阳 3 市。

[4] 根据第三次全国农业普查结果，对 2013-2017 年粮食产量数据，2017 年部分农作物种植面积及产量、畜禽渔业生产相关数据进行修正。计算 2018 年比上年增减情况以修正后的数据为基数。

[5] 高技术制造业包括医药制造业，航空、航天器及设备制造业，电子及通信设备制造业，计算机及办公设备制造业，医疗仪器设备及仪器仪表制造业，信息化学品制造业。

[6] 装备制造业包括金属制品业，通用设备制造业，专用设备制造业，汽车制造业，铁路、船舶、航空航天和其他运输设备制造业，电气机械和器材制造业，计算机、通信和其他电子设备制造业，仪器仪表制造业。

[7] 根据国家统计制度，汽车产量统计未包括上汽大众汽车有限公司长沙分公司等。

[8] 由于统计制度规定的口径调整、统计执法、剔除重复数据、企业改革剥离等因素，2018 年规模以上工业企业财务指标增速及变化按可比口径计算。

[9] 根据国家统计局的统一部署要求，对 2018 年社会消费品零售总额等指标的基期总量数据进行了核实调整。故本公报中全省 2018 年消费总量数据，与 2017 年同期实际公布数据不可比。具体指标包括：社会消费品零售总额、限额以上法人批发和零售业商品零售额等。

[10] 根据有关规定，对外贸易采用人民币计价。

[11] 小学适龄儿童入学率指调查范围内已入小学学习的学龄儿童占校内外学龄儿童总数的百分比。

[12] 高中阶段教育毛入学率主要反映高中阶段教育覆盖面，是指高中阶段在校生总数占 15–17 岁学龄人口数的百分比。

[13] 常住人口是指实际经常居住在某地区一定时间的人口。按人口普查和抽样调查规定，主要包括：居住在本乡镇街道、户口在本乡镇街道或户口待定的人，居住在本乡镇街道、离开户口所在的乡镇街道半年以上的人，户口在本乡镇街道、外出不满半年或在境外工作学习的人。

[14] 2018 年末，全省 0–14 岁（含不满 15 周岁）人口为 1358.4 万人，15–59 岁（含不满 60 周岁）人口为 4264.1 万人。

[15] 2014 年起，指标由农村居民人均纯收入改为农村居民人均可支配收入。

[16] 贫困地区，包括集中连片特困地区、片区外的国家扶贫开发工作重点县和省级扶贫开发重点县，共 51 个县。

[17] 新生代农民工，即 1980 年及以后出生的农民工。

资料来源：

本公报中财政数据来自省财政厅；铁路客货运输量、周转量，铁路里程数据来自石长铁路有限责任公司、广州铁路（集团）公司和南昌铁路局；公路客货运输量、周转量，水路客货运输量、公路里程数据来自省交通运输厅；民航客货运输量、周转量数据来自省机场管理集团有限公司；管道货运量数据来自中国石化集团资产经营管理有限公司长岭分公司、中国石化集团资产经营管理有限公司巴陵石化分公司、中国石化股份有限公司长岭分公司、中国石化销售有限公司华中分公司湖南输油管理处、长沙新奥燃气有限公司；汽车保有量、道路交通事故数据来自省公安厅；电信业务量、移动电话用户数、固定电话用户数、互联网宽带用户数来自省电信公司、省移动公司、省联通公司和省铁通公司；邮政业务量来自省邮政管理局；存贷款数据来自中国人民银行长沙中心支行；上市公司数据来自省地方金融监督管理局；证券数据来自中国证券监督管理委员会湖南监管局；保险业数据来自中国银行保险监督管理委员会湖南监管局；教育数据来自省教育厅；科技数据来自省科技厅；专利、质量检测、行业标准数据来自省市场监督管理局（省知识产权局）；测绘、矿产资源、地质公园遗迹、土地数据来自省自然资源厅；旅游、艺术表演团体、博物馆、公共图书馆、文化馆、非物质文化遗产保护数据来自省文化和旅游厅；广播、电视数据来自省广播电视局；报纸、期刊、图书数据来自省委宣传部；卫生数据来自省卫生健康委员会；体育数据来自省体育局；城镇新增就业、社会保险数据来自省人力资源和社会保障厅；医疗保险、生育保险数据来自省医疗保障局；城乡低保、社会福利、社区服务、敬老院数据来自省民政厅；农村危房改造、城镇棚户区改造、黑臭水体整治数据来自省住房和城乡建设厅；自然保护区、造林、育林、活立木、森林覆盖率数据来自省林业局；地表水质量、污染物排放数据来自省生态环境厅；安全生产数据来自省应急管理厅；其他数据来自省统计局和国家统计局湖南调查总队。

Hunan Province Statistical Communiqué for the 2018 National Economic and Social Development [1]

Hunan Bureau of Statistics, Hunan Survey Office of the National Bureau of Statistics

March 11, 2019

In 2018, in the face of the complex and ever-changing domestic and international economic circumstances as well as the downward economic pressures, under the leadership of Hunan Provincial Committee and Hunan Provincial People's Government, Hunan adhered to the guidance of Xi Jinping Thought on Socialism with Chinese Characteristics for a New Era, implemented the spirit of the 19th National Congress of the Communist Party of China and the second and third plenary sessions of the 19th Central Committee of the Communist Party of China, followed the decisions and arrangements made by the CPC Central Committee and the State Council, followed general work guideline of making progress while maintaining stability, committed to the requirement of high-quality development, unswervingly fought the "Three Critical Battles", and implemented the strategy of innovation-driven development. With these efforts, the economy was stable and growing, and took solid steps towards high quality development.

I. General Outlook

In 2018, according to preliminary accounting, Hunan's gross domestic product (GDP) [2] was 3,642.58 billion Yuan, up by 7.8% over the previous year. Out of this total, the added value of the primary industry was 308.36 billion Yuan, up by 3.5%, that of the secondary industry was 1,445.35 billion Yuan, up by 7.2%, and that of the tertiary industry was 1,888.87 billion Yuan, up by 9.2%. Calculated over permanent population, the per capita GDP turned out to be 52,949 Yuan, up by 7.2% compared with the previous year.

The proportion of the three industries in Hunan Province was calculated as 8.5 : 39.7 : 51.8. The added value of the tertiary industry increased by 2.3 percentage points over the previous year. The added value of the industrial sector accounted for 32.7% of Hunan's GDP, down by 1.6 percentage points from the preceding year. The added value of the high and new technology industry accounted for 23.2% of Hunan's GDP. The added value of non-public sectors of the economy went up by 7.6%, accounting for 58.3% of Hunan's GDP. The added value of strategic emerging industry increased by 10.1 percentage points over the preceding year, accounting for 9.3% of Hunan's GDP. The contribution rates of the primary, secondary and tertiary industry to economic growth were 4.0%, 40.9% and 55.1% respectively. The contribution rate of the added value of industrial sector to economic growth was 36.3%, and that of the added value of product services to economic growth was 19.4%. The contribution rates of the gross capital formation, final consumption expenditure and net outflow of goods and services to economic growth were 45.0%, 56.9% and -1.9% respectively.

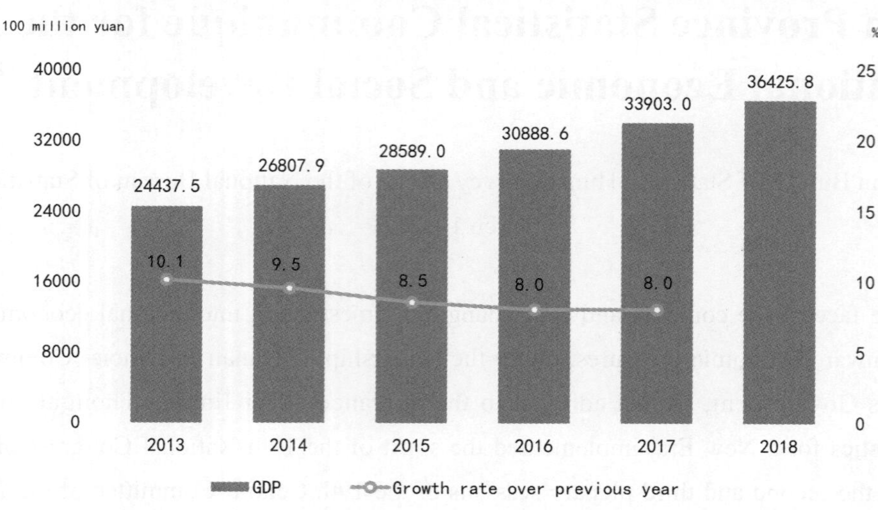

Looking from regions, the GDP of Changsha-Zhuzhou-Xiangtan (CZT) [3] region was 1,579.63 billion Yuan, up by 8.3% over the previous year; the GDP of southern Hunan was 724.36 billion Yuan, up by 8.2%; the GDP of large western Hunan was 602.03 billion Yuan, up by 7.8%; and the GDP of Dongting Lake areas was 856.36 billion Yuan, up by 8.2%.

II. Agriculture

In 2018, the added value of primary industry was 326.59 billion Yuan, up by 3.7 percentage points over the previous year. Out of this total, the added value of farming was 185.66 billion Yuan, up by 3.0%; that of forestry was 28.74 billion Yuan, up by 9.5%; that of animal husbandry was 66.81 billion Yuan, up by 0.9%; and that of fishery was 27.15 billion Yuan, up by 7.6%.

The sown area of grain was 4,747,900 hectares, a decrease of 231,100 hectares compared with that in 2017, of which, early season rice was 1,238,200 hectares, a decrease of 210,000 hectares, mid season rice was 1,472,500 hectares, an increase of 181,200 hectares, and late season rice was 1,298,300 hectares, a decrease of 200,900 hectares. The total output of grain[4] was 30,229,000 tons, down by 1.6% from the previous year. Of this total, the output of summer crop was 514,000 tons, up by 5.8%, the output of early season rice was 7,555,000 tons, down by 10.8%, and the output of autumn grain was 22,160,000 tons, up by 1.7%.

Figure 2:The Total Output of Grain,2013-2018

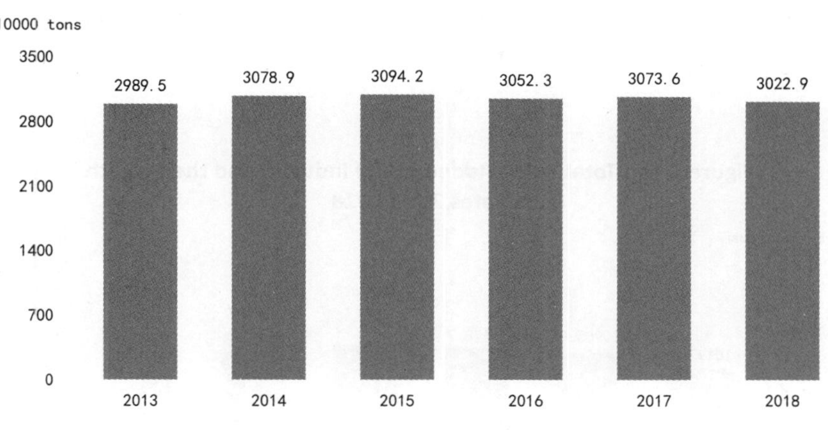

The sown area of cotton was 63,900 hectares, a decrease of 31,800 hectares from the preceding year. The sown area of sugar crops was 7,400 hectares, an increase of 200 hectares. The sown area of oil-bearing crops was 1,344,700 hectares, an increase of 33,100 hectares. The sown area of vegetables was 1,264,900 hectares, an increase of 45,600 hectares. The output of cotton decreased by 21.7% from the preceding year to 86,000 tons, that of oil-bearing crops increased by 3.7% to 2,344,000 tons, that of flue-cured tobacco dropped by 8.0% to 188,000 tons, that of tea increased by 8.9% to 215,000 tons, and the output of vegetables increased 4.1% to 38,220,000 tons.

Meat decreased by 0.4% comparing with the quantity in 2017 to 4,796,000 tons, of which, pork decreased by 0.6% to 4,468,000 tons, beef increased by 5.3% to 179,000 tons, lamb decreased by 0.3% to 149,000 tons. At the end of 2018, pig stock was 38,220,000, down by 3.7%, pig slaughter was 59,937,000, down by 2.0%. Poultry increased by 0.8% to 597,000 tons, egg increased by 2.1% to 1,054,000 tons, milk increased by 2.5% to 62,000 tons, and aquatic products increased by 4.2% to 2,525,000 tons.

Over 17,100 hectares of farmland was newly equipped with effective irrigation systems, and another 12,700 hectares of farmland was newly equipped with water-saving irrigation systems. There were 72,000 water conservancy projects under construction with an investment of 26.50 billion Yuan, while a total area of 0.9 billion cubic meters of earth and stone was covered, and 8,086 kilometers of rural highway was built.

III. Industry and Construction

In 2018, the total added value of the industrial sector was 1,191.64 billion Yuan, up by 7.4 percent over the previous year. The value added of industrial enterprises above the designated size grew by 7.4%. Of the industrial enterprises above the designated size, the added value of non-public sectors increased by 7.8%, taking up 72.1% of total industrial value. The added value of high-processing industries and high-tech manufacturing industries[5] rose by 18.3% and 10.1%, taking up 36.3% and 10.6% of the above-scale industrial added value respectively. That of equipment manufacturing industry[6] rose by 11.9%, accounting for 29.4% of industrial enterprise above designated size. That of industrial parks rose by 8.9%, accounting for 69.7% of industrial enterprise above designated size. The growth of the added value for six major high energy consuming industries was 5.5%, accounting for 29.9 percent of industrial enterprise above designated size, 0.4 percentage points lower than the previous year. In terms of regions, the value added of industrial enterprise above designated size in Changsha-Zhuzhou-Xiangtan(CZT) areas, southern Hunan, western Hunan and Dongting Lake areas grew up by 7.9%, 7.5%, 7.3% and 7.5% respectively.

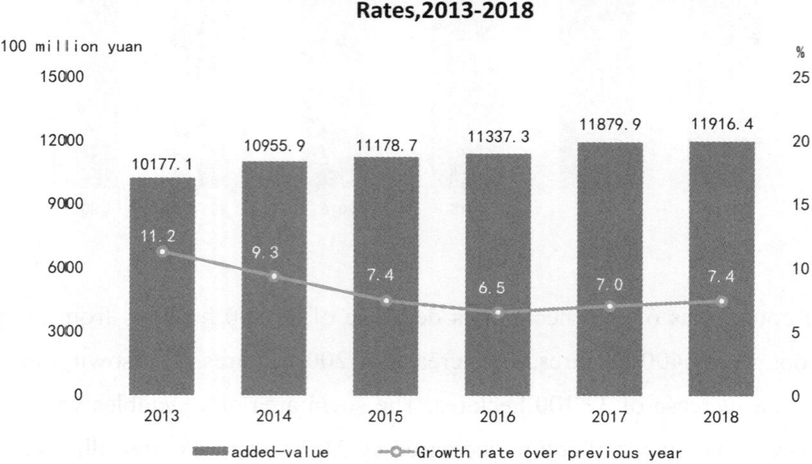

In the statistics about products of industrial enterprises above designated size, 54.2% of industrial products increased. In terms of the main products, the output of rice was 14.156 million tons, up by 4.8%; the output of fodder was 15.772 million tons, up by 3.3%; the output of crude processing volume was 9.487 million tons, an increase of 23.3%; the output of cement reached 109.206 million tons, a decrease of 1.3%; the output of rolled steel was 23.747 million tons, up by 7.3%; the output of ten kinds of non-ferrous metal was 1.668 million tons, a decrease of 12.5%; the output of concrete machineries totaled 39 thousand, up by 19.3%; the output of cars[7] was 691 thousand, up by 1.7%; and the electric energy production was 141.88 billion kilowatt-hours, an increase of 6.0%.

Table 1: Outputs and Growth Rates of Major Products in Industries above Designated Size in 2018

Product	Unit	Output	Increase over 2017 (%)
Crude Coal	10,000 tons	1692.9	-3.2
Crude Salt	10,000 tons	323.2	4.9
Rice	10,000 tons	1415.6	4.8
Feedstuff	10,000 tons	1577.2	3.3
Edible Vegetable Oil	10,000 tons	312.6	6.2
Cigarette	100 million	1635.6	-2.5
Machine-made Paper and Paperboard	10,000 tons	348.3	-5.1
Crude Processing Volume	10,000 tons	948.7	23.3
Sulfuric Acid (converted into 100%)	10,000 tons	176.7	-9.8

Table 1 continued

Product	Unit	Output	Increase over 2017 (%)
Caustic Soda (converted into 100%)	10,000 tons	44.8	4.6
Synthetic Ammonia	10,000 tons	54.8	1.7
Fertilizers (converted into pure)	10,000 tons	54.4	-6.6
Cement	10,000 tons	10920.6	-1.3
Pig iron	10,000 tons	1963.2	9.7
Rolled Steel	10,000 tons	2374.7	7.3
Ten kinds of Nonferrous Metals	10,000 tons	166.8	-12.5
Silver	tons	8176.7	3.9
Jack-up Equipment	10,000 tons	130.3	104.3
Concrete Machinery	10,000 units	3.9	19.3
Motor Vehicles	10,000 units	69.1	1.7
Of which: Car	10,000 units	30.8	18.8
SUV	10,000 units	26.1	-10.6
New-energy vehicles	10,000 units	9.5	110.0
Urban Rail Transit	units	1205	9.9
Power Generating Equipment	10,000 kilowatts	80.5	-39.3
AC Electric Motor	10,000 kilowatts	1284.3	4.5
Transformer	10,000 KVA	9245.7	9.4
Electricity	100 million kilowatt-hours	1418.8	6.0
Of which: Thermal power	100 million kilowatt-hours	912.5	16.1
Hydropower	100 million kilowatt-hours	447.8	-11.4

The profits of industrial enterprises above designated size[8] were 172.70 billion Yuan, up by 9.3% over the pervious year. In terms of ownership, the profits of the state-owned enterprises were 7.99 billion Yuan, a decrease of 26.8%; those of the collective enterprises were 0.3 billion Yuan, down by 15.4%; those of the share collaboration enterprises were 0.12 billion Yuan, down by 7.9%; those of the share-holding enterprises were 142.73 billion Yuan, an increase of 13.7%; those of the enterprises by foreign investors and investors from Hong Kong, Macao and Taiwan were 15.84 billion Yuan, up by 1.0%; those of other domestic-funded enterprises were 5.72 billion Yuan, up by 4.1%. Among the top five industrial sectors, the profits of special equipment were 17.29 billion Yuan, up by 49.4% over the previous year; that of manufacture of non-metallic mineral products were 16.97 billion Yuan, up by 37.5%; the profits of manufacture of raw chemical materials and chemical products were 15.20 billion Yuan, up by 15.8%; the profits of agricultural food processing industry were 13.48 billion Yuan, up by 5.1%; the profits of ferrous metal smelting and rolling processing industry were 9.49 billion Yuan, up by 42.8%. The cost in industrial enterprises above designated size was 83.2 Yuan per 100 prime operating revenue. The asset-liability ratio of industrial enterprises above designated size was 51.5% at the end of 2018.

The added value of construction enterprises was 254.98 billion Yuan, up by 5.8% over the preceding year. The profits made by general contracting and specialized contracting construction enterprises with qualification reached 27.43 billion Yuan, up by 8.8%. The floor space of building under construction was 592.533 million square meters, up by 8.5%. The floor space of building completed was 199.294 million square meters, up by 0.2%.

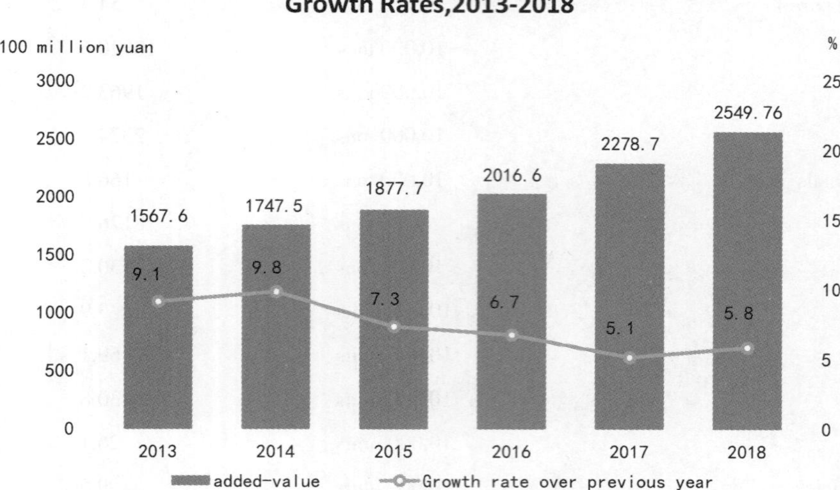

IV. Investment in Fixed Assets

In 2018, the provincial investment in fixed assets (excluding by rural households) increased by 10.0% comparing with the previous year. Of the total, private investment increased by 25.2% over the previous year. In terms of ownership, the investment of state-owned units decreased by 8.0%, and that of non-state-owned units increased by 20.9%. Grouped by investment orientation, the investment in people's livelihood increased by 7.8%; that in ecology increased by 12.0%; that in infrastructure decreased by 10.1%; that in high and new technology industries increased by 51.1%, and that in technical innovation increased by 38.1%. In terms of region, the investment of Changsha-Zhuzhou-Xiangtan areas, southern Hunan, western Hunan and Dongting Lake areas grew by 9.7%, 10.3%, 10.0% and 10.6% respectively.

The provincial total number of construction projects grew by 44.4% over the preceding year. Among this, the number of the projects that were undertaken grew by 43.5%, and the number of the projects that were put into operation grew by 37.6%.

In 2018, the investment in Hunan in real estate development was 394.60 billion Yuan, up by 15.2% compared with 2017. Of this total, the investment in residential buildings reached 276.45 billion Yuan, up by 26.0%. The floor space of commercialized buildings sold was 92.392 million square meters, up by 8.3% over the previous year, of which, the floor space of residential buildings sold was 79.979 million square meters, an increase of 8.5%. The total sale of commercialized buildings was 535.40 billion Yuan, up by 20.0% over the previous year, of which, the sale of residential buildings was 437.74 billion Yuan, up by 22.6%. At the end of the year, the area of commercial house for sale was 17.205 million square meters, down by 14.6% from the previous year, a decrease of 2.950 million square meters.

Table 2: Growth Rates of Investment in Fixed Assets in 2018

Index	Increase over 2017 (%)
Fixed Assets Investment (Excluding by Rural Households)	10.0
Primary Industry	22.7
Secondary Industry	28.2
Of which: Mining Industry	31.2
Manufacturing Industry	35.0
Production and Supply of Electricity, Heat, Gas and Water	14.4
Construction Industry	–32.8
Tertiary Industry	1.7
Of which: Transportation, Warehousing and Postal Service	9.3
Information Transmission, Software and IT Service	0.3
Wholesale and Retail Sale	–33.9
Hotels and Catering Service	–2.6
Financial Industry	33.0
Real Estate	8.6
Leasing and Commercial Service	43.6
Scientific Research and Technological Service	99.7
Management of Water Conservancy, Environment and Public Facilities	–14.1
Residents Service, Repair and Other Services	22.9
Education	19.9
Sanitation and Social Work	16.7
Culture, Sport and Entertainment	29.0
Public Management, Social Security and Social Organization	–44.3

V. Domestic Trade and Price

In 2018, Hunan's total retail sales of consumer goods[9] reached 1,563.83 billion Yuan, a growth of 10.0% over the previous year. An analysis on different areas showed that the retail sales of consumer goods in urban areas stood at 1,412.49 billion Yuan, up by 9.9%, and that in rural areas reached 151.34 billion Yuan, up by 11.2%. Grouped by consumption patterns, the retail sales of commodities was 1,371.67 billion yuan, up by 9.9 percent, and that of catering industry was 192.16 billion yuan, up by 10.7%. In terms of regions, the total retail sales of consumer goods in Changsha-Zhuzhou-Xiangtan (CZT) zone, southern Hunan, western Hunan and Dongting Lake areas were 649.86 billion Yuan, 308.38 billion Yuan, 275.90 billion Yuan and 329.68 billion Yuan respectively, with year-on-year growth of 9.9%, 10.4%, 10.2% and 9.9%.

Table 3: Retail Sales and Growth Rates of Social Consumer Goods in 2018

Index	Retail Sale (100 million Yuan)	Increase over 2017 (%)
Total Retail Sale of Consumer Goods	15638.3	10.0
Grouped by Location		
Of which: Town	14124.9	9.9
Village	1513.4	11.2
Retail Sale of Above-norm Corporate Wholesale and Retailing Merchandise	4980.3	9.9
Of which: Grain and Oils, and Food	522.1	18.4
Beverages and Alcohols	90.1	9.3
Tobaccos	112.6	7.6
Clothing, Shoes, Hats, Textiles	322.8	7.0
Cosmetics	62.6	13.7
Silver and Jewelry	68.1	3.8
Daily Commodity	154.9	18.5
Hardware and Electrical Materials	45.6	2.4
Sports and Recreation Articles	11.2	3.1
Newspapers and Magazines	50.8	-18.5
Electronic Publications and Audio and Video Products	2.7	-16.7
Household Appliances and Audio and Video Accessories	320.1	8.6
Traditional Chinese and Western Medicines	192.6	10.5
Culture and Office Articles	77.8	8.6
Furniture	58.9	25.1
Communication Appliances	51.0	6.0
Petroleum and Related Products	935.5	15.1
Building and Decoration Materials	86.9	19.1
Mechanical and Electrical Products	50.3	0.6
Automobiles	1629.4	6.1

The retail sales of the legal entities' wholesale and retail industry above designated size was 498.03 billion Yuan, a growth of 9.9% over the previous year. Of this total, the retail sales of cultural, recreational, sporting, and healthy industries increased up by 3.8%. Online retail sale (in terms of platforms) reached 162.40 billion Yuan, up by 43.3%. By types of commodity, the retail sales of grain, oil, and food went up by 18.4%; cosmetics up by 13.7%; household appliances and audio-video equipments up by 8.6%; furniture up by 25.1%; petroleum and petroleum products up by 15.1%; building and decoration materials up by 19.1%; and motor vehicles up by 6.1%.

The consumer prices index (CPI) of household in Hunan was 2.0% higher than the previous year, while in urban area the index grew up by 1.9%, and in rural area up by 2.0%. The retail prices of commodities increased by 2.3%. The producer price index (PPI) rose by 3.2% and the IPI rose by 3.5%. The prices for investment in fixed assets grew by 4.8%. The producer prices of farm products drop by 4.6%. The prices for means of agricultural production grew by 2.7%.

Table 4: The Change Rates of Consumer Prices compared with the previous year in 2018

Index	Increase over 2017 (%)	Region	
		Urban	Rural
CPI (Consumer Price Index)	2.0	1.9	2.0
Of which: Food and Tobacco	0.8	1.6	-0.7
Clothing Articles	1.9	1.9	2.0
Residence	3.6	2.7	5.4
Household Appliances	1.3	1.3	1.4
And Services	2.8	2.7	3.0
Traffic and Telecommunications	1.5	1.5	1.5
Recreation, Education and Cultural Articles and Services	2.5	2.0	3.4
Health Care and Personal Items	0.6	0.6	0.5
Other Products And Service	1.1	1.0	1.3

VI. International Economics and Trade

Hunan's total value of imports and exports[10] was 307.95 billion Yuan, an increase of 26.5% compared with the previous year. The exports value was 202.67 billion Yuan, up by 29.5% and the imports value was 105.28 billion Yuan, up by 21.2%. In terms of types of trade, the exports of general trade totaled 156.19 billion Yuan, up by 38.7%, and the exports of processing trade totaled 45.02 billion Yuan, up by 4.3%. By types of commodities, the export value of garments and accessories was 15.63 billion Yuan, up by 57.4%; that of shoes was 8.46 billion Yuan, up by 22.1%; that of rolled steel was 7.64 billion Yuan, up by 41.9%; that of ceramic products was 6.74 billion Yuan, up by 69.1%; that of bags and suitcases was 5.45 billion Yuan, up by 17.1%. In terms of region, the exports to Hong Kong, America, European Union and ASEAN reached 41.016 billion Yuan, 29.13 billion Yuan, 26.32 billion Yuan and 30.33 billion Yuan, with the growth rate of 11.6%, 28.1%, 29.1% and 38.4%.

Table 5: Total Exports and Imports and Growth Rates in 2018

Index	Absolute Number (100 million Yuan)	Increase over 2017 (%)
Total Imports and Exports	3079.5	26.5
Exports	2026.7	29.5
Grouped by Mode of Trade		
Of which: Original Trade	1561.9	38.7
Processing Trade	450.2	4.3
Grouped by Main Commodity		
Of which: Electromechanical Products	874.6	18.9
High-tech Products	243.8	7.5
Agricultural Products	85.9	7.3

Table 5 continued

Index	Absolute Number (100 million Yuan)	Increase over 2017 (%)
Imports	1052.8	21.2
Grouped by Mode of Trade		
Of which: Original Trade	709.1	24.1
Processing Trade	299.5	11.3
Grouped by Main Commodity		
Of which: Electromechanical Products	452.2	15.9
High-tech Products	240.7	50.0
Agricultural Products	98.9	56.4

The foreign capital directly invested in Hunan was 16.19 billion US dollars, up by 11.9%, of which, the capital invested in the primary industry was 0.62 billion US dollars, up by 18.0%; that in the secondary industry was 8.09 billion US dollars, up by 8.3%; and that in the tertiary industry was 7.48 billion US dollars, up by 15.4%. There were 118 foreign-funded projects whose actually installed capital was over 30 million US dollars approved. The number of the world top 500 leading enterprises which have invested in Hunan reached 173 by the end of 2018, with a growth of 5 enterprises over the previous year. The actually utilized capital out of the province and inside China was 600.21 billion Yuan, up by 17.7%, of which, the actually utilized capital in the primary industry was 41.46 billion Yuan, up by 2.7%, that in the secondary industry was 299.34 billion Yuan, up by 15.9%, and that in tertiary industry was 259.41 billion Yuan, up by 22.9%. There were 618 projects above 200 million Yuan introducted out of the province and inside China, up by 20.7% comparing with 2017, and the actually installed capital was 223.35 billion Yuan, up by 24.2%.

The value in new contracts signed through contracted projects, labor contracts and design consultation contracts amounted to 9.61 billion US dollars, up by 26.4% compared with 2017. The accomplished turnover was 8.47 billion US dollars, up by 20.1%. Employees exported amounted to 132,000, up by 21.4%. The investment in contracts was 1.82 billion US dollars, down by 12.0%, of which domestic side was 1.59 billion US dollars, up by 10.1%, and actual foreign investment was 1.67 billion US dollars, up by 23.3%.

VII. Transportation, Post and Telecommunications and Tourism

The provincial converted turnover volume of passenger and freight transportation reached 544.86 billion ton-km, a growth of 1.8 percent compared with 2017. The total turnover volume of freight transportion was 440.43 billon ton-km, a year-on-year increase of 2.0%, of which, goods transported via rail was 81.28 billion ton-km, basically the same as 2017, and that via road was 311.49 billion ton-km, a growth of 4.2%. The total turnover volume of passenger traffic was 166.84 billion person-km, an decrease of 0.7%. Of the total, passengers travelling by rail increased to 97.95 billion person-km,up by 0.9%; passengers travelling by road amounted to 47.99 billion person-km, down by 8.9%; and passengers travelling by civil aviation increased to 20.53 billion person-km, up by 14.7%.

At the end of 2018, the mileage in highway open to traffic reached 240 thousand kilometers, up by 0.1%, of which, the mileage in expressway open to traffic was 6,724.6 kilometers, 306.1 kilometers more than the previous year. The length of railway in operation reached 5,021 kilometers, of which, express railway amounted to 1,729.6 kilometers long. The provincial amount of civil automobile reached 7.862 million by the end of 2018, up by 14.1%. The number of private vehicles was 7.275 million, up by 14.4% and that of cars was 4.301 million, up by 13.8%.

Table 6: Volume of Passenger and Freight Traffic by Various Means and Growth Rates in 2018

Index	Unit	Absolute Number	Increase over 2017 (%)
Volume of Freight Traffic	10,000 tons	231110.1	2.0
Of which: Railway	10,000 tons	4467.8	6.7
Highway	10,000 tons	204388.6	2.8
Waterway	10,000 tons	21100.7	-6.5
Civil Aviation	10,000 tons	8.1	16.8
Pipeline	10,000 tons	1145.0	13.8
Volume of Passenger Traffic	10,000 people	108083.2	-7.0
Of which: Railway	10,000 people	13943.5	8.3
Highway	10,000 people	91007.1	-9.3
Waterway	10,000 people	1729.4	3.3
Civil Aviation	10,000 people	1403.3	13.0

In 2018, the total revenue of post and telecommunications amounted to 24.82 billion Yuan (2010 equivalent), a growth of 28.9%. The turnover of telecommunication services totaled 247.47 billion Yuan (2015 equivalent), up by 166.5%. By the end of the year, the number of fixed telephones was 6.484 million, a decrease of 3.9%; the number of mobile phone users was 63.029 million, an increase of 10.9%; and the internet broadband users amounted to 16.353 million, an increase of 24.3%.

As for tourism, Hunan received 750 million domestic tourists with a 12.5% increase and 3.651 million inbound tourists with a 13.1% increase. The total revenue from tourism was 835.57 billion Yuan, growing up by 16.5%, of which, domestic revenue reached 825.51 billion Yuan, a growth of 16.5%, and foreign exchange revenue grew to 1.52 billion US Dollars, increasing by 17.4%.

VIII. Finance and Insurance

Hunan's total revenue of general public budget reached 484.298 billion Yuan, up by 6.05% compared with the previous year. Local revenue was 286.068 billion Yuan, up by 3.73%. Of this total, tax revenue reached 195.957 billion Yuan, up by 11.39%; and nontax revenue reached 90.111 billion Yuan, down by 9.77%. The revenue of value-added tax and consumption tax turned over to central government was 146.375 billion Yuan, up by 7.13% compared with the previous year. The income tax revenue turned over to central government was 51.301 billion Yuan, up by 17.17%. The total expenditure of general public budget reached 747.922 billion Yuan, up by

8.88%. Of this total, 110.647 billion Yuan was appropriated for social security and employment, an increase of 8.7%; 82.046 billion Yuan was appropriated for urban and rural community affairs, an increase of 14.5%; 12.97 billion Yuan was appropriated for science and technology, an increase of 41.87%; and 22.965 billion Yuan was appropriated for housing security, a decrease of 7.76%.

Table 7: Revenue and Expenditure of Public Finance and Growth Rates in 2018

Index	Absolute Number (100 million Yuan)	Increase over 2017 (%)
Revenue of General Public Budget	4842.98	6.05
Of which: Local Revenue	2860.68	3.73
Of which: Tax Revenue	1959.57	11.39
Nontax Revenue	901.11	-9.77
Value-added tax and Consumption tax revenue turned over to Central Government	1463.75	7.13
Income Tax revenue turned over to Central Government	513.01	17.17
Expenditure of General Public Budget	7479.22	8.88
Of which: General Public Service	821.20	9.93
Education	1189.47	6.65
Science and Technology	129.70	41.87
Culture, Sports and Media	138.53	-6.92
Social Security and Employment	1106.47	8.70
Medical Service and Birth Control	631.71	7.80
Energy Conservation and Environment Protection	193.99	11.95
Urban and Rural Community Affair	820.46	14.50
Agriculture, Forestry and Water	897.05	14.65
Housing Security	229.65	-7.76

By the end of the year, deposit balances in RMB and other currencies reached 4,899.46 billion Yuan, an increase of 4.8%, of which, deposit balance of household was 2,538.13 billion Yuan, growing up by 8.6%, and deposit balance of non-financial enterprises was 1,304.79 billion Yuan, down by 5.7%. Loan balances in RMB and other currencies reached 3,646.05 billion Yuan, up by 14.4%, of which, loan balance of household was 1,313.13 billion Yuan, increasing by 20.5%; and that of non-financial enterprise was 2,322.23 billion Yuan, up by 11.3%.

Table 8: Deposit and Loan Balances of RMB and Overseas Currencies in Financial Institutions and Added Balances at the End of 2018

Index	Balances (100 million Yuan)	Added Balances over the beginning of 2018 (100 million Yuan)
Total Deposit Balances	48994.6	2265.3
Of which: Domestic Deposits	48967.3	2262.9
Household	25381.3	2006.7
Current Deposits	9623.2	384.9
Time Deposits and Other Deposits	15758.1	1621.7

Table 8 continued

Index	Balances (100 million Yuan)	Added Balances over the beginning of 2018 (100 million Yuan)
Non-financial Enterprise	13047.9	-788.8
Current Deposits	7747.8	-930.7
Time Deposits and Other Deposits	5300.1	141.9
Non-banking Financial Institution	1852.4	329.9
Overseas Deposits	27.3	2.4
Total Loan Balances	36460.5	4601.9
Of which: Domestic Loans	36360.9	4592.8
Household	13131.3	2230.1
Short-term Loans	3111.4	461.4
Medium and Long-term Loans	10019.9	1768.7
Non-financial Enterprise and Government Organization	23222.3	2358.7
Short-term Loans	4899.2	393.6
Medium and Long-term Loans	17340.4	1728.5
Overseas Loans	99.6	9.0

At the end of 2018, the number of domestic listed companies reached 105, with 4 new added during the whole year. The total amount of direct financing reached 281.99 billion Yuan, decreasing by 18.1%, of which, the capital raised from share issuances and share placements amounted to 20.82 billion Yuan. At the end of this year, there were 424 business departments of security companies whose revenue was 5,536.96 billion Yuan and 3 futures companies whose revenue was 2,982.2 billion Yuan under jurisdiction.

The annual original premium incomes, marking an increase of 13.1%, reached 125.51 billion Yuan. Of this total, income from life insurances was 67.68 billion Yuan, a 6.7% increase; income from health insurances was 18.92 billion Yuan, a 41.0% increase; income from life accident insurances was 3.17 billion Yuan, a 15.5% increase; and income from property insurances was 35.73 billion Yuan, a 13.7% increase. The total payment of original insurances was 41.07 billion, growing up by 9.0%.

IX. Education, Science and Technology

At the end of 2018, there were 109 regular institutions of higher learning in Hunan. The number of graduates with a master degree associated with regular higher education was 20 thousand; that of graduates from university and specialized colleges was 348 thousand; and that of graduates from secondary technical schools was 205 thousand. The numbers of regular high school graduates, middle school graduates and regular primary school graduates were 365 thousand, 725 thousand and 832 thousand respectively. Enrollment of children in kindergarten totaled 2.252 million, a decrease of 1.7%. Enrolment rate[11] of children in primary school hit 99.98%. Gross enrollment rate[12] of teenagers in senior high school was 92.5%. As for the 13,306 non-government colleges and schools, the enrolled students were 2.961 million. There were 556 thousand college students funded by 0.97 billion Yuan state scholarships and grants for colleges and universities, 378 thousand vocational students supported by 370 million Yuan state grants for secondary vocational school, 1,080 thousand vocational students subsidized by 1.31 billion Yuan tuition-free grants for secondary vocational school. 8.97 billion Yuan were collected for the compulsory education guarantee fund and 0.46 billion Yuan were granted to regular high school students.

Table 9: Numbers of New Students Enrollment, Students Enrollment and Graduates in Schools at Different Levels and Growth Rates in 2018

Index	New Students Enrollment		Students Enrollment		Graduates	
	Absolute Number (10,000 people)	Increase over 2017 (%)	Absolute Number (10,000 people)	Increase over 2017 (%)	Absolute Number (10,000 people)	Increase over 2017 (%)
Post-graduate Education	2.9	4.6	8.6	9.5	2.0	5.3
Regular Higher Education	41.6	6.3	132.7	4.2	34.8	4.5
Adult Higher Education	20.8	48.7	36.0	29.7	12.2	7.0
Secondary Vocational Education	22.9	-8.4	65.8	-4.1	20.5	4.9
Regular Senior Secondary School	40.7	2.2	117.5	2.5	36.5	6.0
Junior Middle School	84.3	6.5	240.5	4.7	72.5	-1.1
Regular Primary School	93.0	5.2	522.0	2.0	83.2	6.5
Special Education	0.7	15.8	3.7	17.2	0.5	54.1

In 2018, there were 17 national engineering research centers and 206 provincial engineering research centers. There were 35 national (combined with the local) engineering research centers. The number of state validated enterprise technical centers reached 53. There were 14 national engineering technology research centers, 342 provincial engineering technology research centers, 18 national key laboratories, 248 provincial key laboratories. A total of 6,044 technology transfer contracts were signed, totally worth 28.17 billion Yuan. The number of registered scientific and technological achievements was 644, with 18 National Scientific and Technological Advancement Awards and 2 Natural Science Awards. Mining robots “Kun Long 500” and submarine deep hole coring drill "Hai Niu" provided support in deep-sea exploration for our country. The average yield of super hybrid rice breeding in demonstration fields reached new record. Test of alkali-tolerant hybrid rice breeding got a success. The number of patent applications was 94,503, up by 23.9% over the previous year. Of this total, 35,414 patent applications for original inventions were accepted, increasing by 19.2%. The number of authorized patents was 48,957, up by 29.1%, of which, there were 8,261 authorized patents for original inventions, up by 4.5%. The numbers of patent applications in industrial and mining enterprises, universities and colleges, and scientific research institutes reached 51,019, 16,614 and 836, while the numbers of patents authorized were 27,314, 7,768 and 385. The added value of new and high technology industries was 846.81 billion Yuan, up by 14.0%.

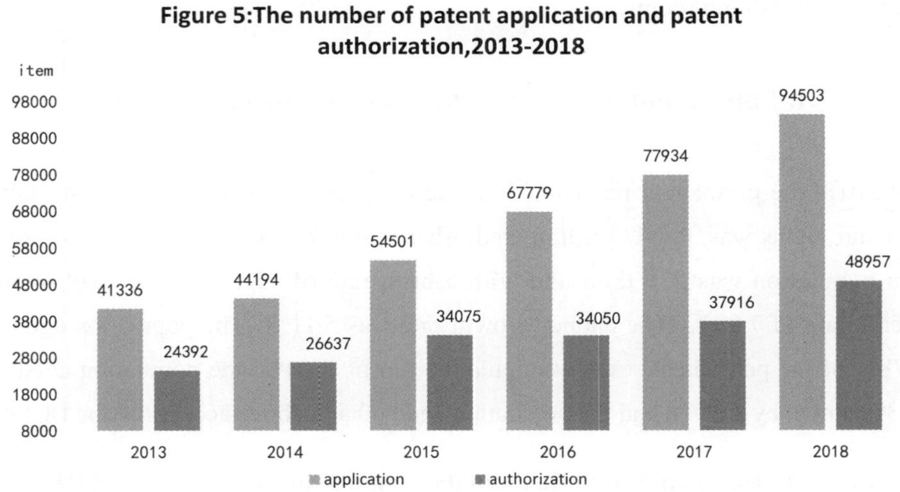

There were 1,632 testing and inspection agencies, and 20 of them were national product quality supervision and inspection centers. The number of authorized measurement institutions totaled 103. Production units for special equipment reached 1,800 with 346 thousand seets of special equipment available. 92.2% of the key industrial products checked met the standards. A total of 15 international standards, 47 national standards and 265 local standards were developed respectively in the year. Natural Resources Administration published 257 types of maps. The total visits to Map World reached 685,000, providing 1.751 million maps of geospatial data.

X. Culture, Public Health and Sport

By the end of 2018, there were 534 art-performing groups, 143 mass art centers and culture centers, 140 public libraries, 120 museums and memorials, 14 radio broadcasting stations, and 15 television stations. The users of CATV reached 10.351 million. Broadcasting coverage rate was 99.02%, up by 0.53%; and television coverage rates were 99.64%, up by 0.34%. There were 118 state-level intangible cultural heritage protection projects and 324 provincial level protection projects. All sorts of books were issued under 10,965 categories, with 253 types of magazines and 82 styles of newspapers. A total of 430 million copies of books were published, 90 million copies of magazines and 850 million copies of newspapers were issued.

By the end of 2018, there were 56,238 health institutions in the province, including 1,552 hospitals, 137 maternal and child health-care institutions, 86 specialized health institutions, 2,208 township hospitals, 781 community health service centers, 10,377 clinics and infirmaries, and 39,976 village clinics. There were 437 thousand health workers installed, up by 5.0%. Among these health workers, there were 181 thousand practicing doctors and assistant practicing doctors, up by 4.4%; and 184 thousand registered nurses, up by 6.4%. The total of beds in hospitals was 348 thousand, up by 9.1%, and the total of beds in township hospitals was 102 thousand, up by 1.2%.

The province carried out 5,370 fitness programs for all people throughout the province with a participation of 24.191 million people. The number of administrative villages with newly built farmer sports fitness projects was 1,100. The athletes of Hunan province won 8 World Championships, 22 Asian Championship gold medals and 67 National Championships. There were 113,830 sports fields, including 317 gyms, 7,630 sports grounds, 691 swimming pools, and 5,270 training rooms.

XI. Population, Living Conditions and Social Security

By the end of 2018, the permanent residents[13] of Hunan province reached 68.988 million, of which, the population in cities and towns was 38.647 million, and urbanization rate was 56.02%, an increase of 1.4%. The annual newly-born population was 839 thousand with a birth rate of 12.19‰, and dead population was 487 thousand with a death rate of 7.08‰. The natural growth rate was 5.11‰. The population aged 0-15 (under 16) accounted for 20.78% of the permanent resident population, up by 1.04%; the population aged 16-59(under 60) accounted for 60.73%, down by 1.37%; and the population aged 60 and above accounted for 18.49%, up by 0.33%.

Table 10: Resident Population and its Composition at the End of 2018

Index	Number (10,000 people)	Proportion (%)
Resident Population	6898.8	100
Of which: Town	3864.7	56.02
Village	3034.1	43.98
Of which: Male	3558.4	51.58
Female	3340.4	48.42
Of which: Aged 0–15 (under 16) [14]	1433.9	20.78
Aged 16–59 (under 60)	4189.3	60.73
Aged 60 and Above	1275.6	18.49
Of which: Aged 65 and Above	878.5	12.73

The province's per capita disposable income reached 23,103 Yuan, up by 9.4%, or a real increase of 7.9% over the previous year after deducting price factors, of which the median was 19,628 Yuan, up by 8.5%. Of the total, the per capita disposable income for urban dwellers was 33,948 Yuan, up by 8.5%, or a real increase of 6.8% after deducting price factors, of which the median was 31,600 Yuan, up by 8.7%; and that for rural residents[14] was 12,936, up by 8.4%, or a real increase of 7.2% after deducting price factors, of which the median was 11,877, up by 7.6%. Moreover, the urban-rural income ratio remained 2.62:1, the same with the previous year. In terms of region, the per capita disposable income in Changsha-Zhuzhou-Xiangtan areas, southern Hunan, western Hunan and Dongting Lake areas was 36,162 Yuan, 21,457 Yuan, 15,674 Yuan and 21,005 Yuan respectively, up by 8.8%, 8.9%, 10.4% and 9.3%. The disposable income of rural residents in poor regions[15] was 9,268 Yuan, up by 10.7%. The income of migrant workers was 3,844 Yuan per month, up by 6.9%.

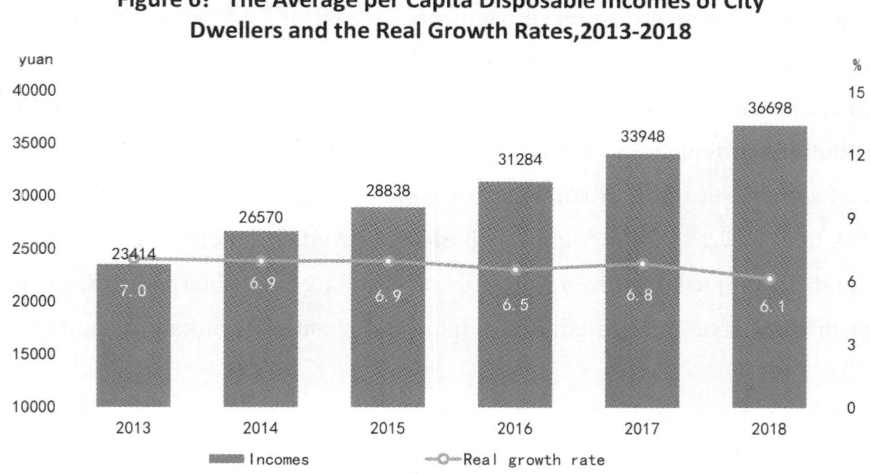

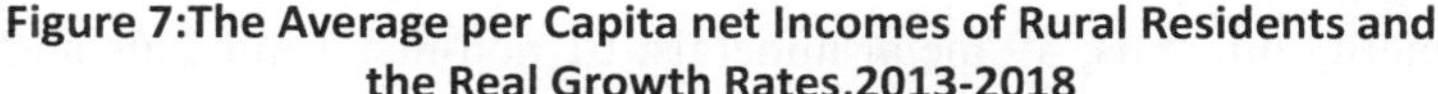

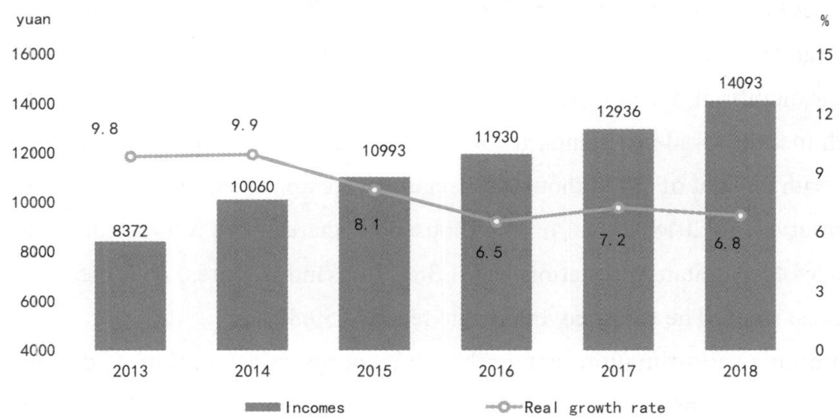

The province's per capita consumption expenditure reached 18,808 Yuan, up by 9.6%, or a real increase of 7.5% after deducting price factors; that for urban dwellers reached 25,064 Yuan, up by 8.2%, or a real increase of 6.2% after deducting price factors; that for rural residents reached 12,721 Yuan, up by 10.3% over the previous year, or a real increase of 8.1% after deducting price factors. The provincial Engel's Coefficient stood at 28.0 percent, 1.2 percentage point lower than that of the previous year, with that of urban and rural households standing at 27.3 percent and 29.2 percent respectively.

The newly-added employed people in urban areas were 794.5 thousand. The population of migrant workers amounted to 17.581 million, down by 1.0% comparing with 2017, of which the new generation[17] totaled 9.589 thousand, with a growth of 4.6%. At the end of the year, a total of 14.024 million people participated in urban basic endowment insurance, a year-on-year increase of 1,230 thousand. Of the total, the insured employees was 9.479 million and the retirees was 4.545 million. A total of 68.333 million people participated in urban basic health insurance. Of the total, the number of insured staff and workers was 8.985 million, and that of insured urban and rural residents was 59.349 million. A total of 5.82 million staff and workers participated in unemployment insurance, an increase of 182 thousand. A total of 7.934 million staff and workers participated in work-related injury insurance and 5.718 million in maternity insurance. At the end of the year, a total of 130 thousand staff and workers collected the unemployment insurance payments. A total of 2.88 billion Yuan was dispensed for urban minimum subsistence allowance supporting 0.597 million urban residents, and 2.96 billion Yuan was dispensed for rural minimum subsistence allowance supporting 1.268 million rural residents. Various types of Adopting Social Welfare Institutions provided 330 thousand beds and accepted 174 thousand inmates. There were 17,135 community service facilities set up in urban areas, of which, the number of comprehensive community service centers was 7,010. A total of 9.17 billion Yuan worth of social welfare lottery was sold, raising 2.57 billion Yuan of social welfare fund. 12 projects for people's livelihood were accomplished in 2018, including 178.4 thousand dilapidated houses in rural areas renovated, 280.5 thousand shanties in urban areas rebuilt and 154 points of sewage disposed.

XII. Resources, Environment and Work Safety

A total of 144 minerals have been discovered in the province and the reserves of 109 minerals have been explored, including 7 energy minerals, 39 metal minerals, 61 non-metal minerals and 2 water and gas minerals. Implementations of geological explorations projects (including continue projects) were 139. A total of 3 new mineral deposits in large or medium size were discovered. There were 14 National Geology Parks.

In Hunan, the air quality of 5 cities met the Grade II standard. The rate of actual surface water monitoring across sections which met the Grade III standard was 94.5%, increasing by 0.9% comparing with 2017. A total of 170 natural reserves with an area of 1,478 thousand hectares were approved, including 23 state-level reserves and 30 provincial-level reserves. In 2018, a total of 356 thousand hectares were reforested. At the end of the year, the area of closing hillsides to facilitate forestation was 1,383 thousand hectares. And there were 570 million cubic meters of standing forest stock. The forest coverage rate reached 59.82%.

According to preliminary estimation, comprehensive energy consumption of designated size enterprises amounted to 61.571 million tons of standard coal equivalent, increasing 3.0% over the previous year. The comprehensive energy consumption for the major six high energy consuming industries was 50.361 million tons of standard coal equivalent, up by 6.7%. Among main pollutants, chemical oxygen demand was 4.17 percent down. And the emission of sulfur dioxide, ammonia nitrogen and nitrogen oxide also decreased by 9.83%, 3.43% and 10.22% respectively.

In 2018, a total of 640 accidents of the production and business were reported in the province. The death toll due to commercial production safety accidents amounted to 654. The death toll from work accidents every 100 million Yuan worth of GDP was 0.02 people. Work accidents in industrial, mining and commercial enterprises caused 1.17 deaths out of every 100 thousand employees. The death toll in coalmines while producing one million tons of coal was 0.59. The year 2018 witnessed 4,723 traffic accidents (summary procedure excluded), down by 16.6% from the previous year. The road traffic death toll per 10 thousand vehicles was 0.91, a decrease of 0.10 compared with 2017.

Notes:

[1] All figures in this Communiqué are preliminary statistics. There may be slight discrepancy between the sum of individual items and the total owing to rounding.

[2] Gross domestic product (GDP) and industrial added value as quoted in this Communiqué are calculated at current prices, whereas their growth rates are calculated at constant prices.

[3] Changsha-Zhuzhou-Xiangtan (CZT) region refers to Changsha, Zhuzhou and Xiangtan; southern Hunan refers to Hengyang, Chenzhou and Yongzhou; western Hunan refers to Shaoyang, Zhangjiajie, Huaihua, Loudi and Xiangxi autonomous prefecture; Dongting Lake areas refers to Yueyang, Changde and Yiyang.

[4] Based on the results of the Third National Agricultural Census, the grain output between 2013 and 2017, the sown area and output of some crops in 2017, and the data of poultry and fishery industry are adjusted. The calculation of data of 2018 is based on the adjusted data.

[5] The high-tech manufacturing industries include the manufacturing of medicine, aerospace, electronic and telecommunication equipment, computer and office equipment, medical equipment and instrumentation, and chemicals used in information store.

[6] Equipment manufacturing industry includes Metal Product Manufacturing, Ordinarily Machinery Manufacturing, Special Equipment Manufacturing, Automobile Manufacturing; Railway, Shipbuilding, Aerospace And Other Transportation Equipment Manufacturing, Electrical Machinery And Equipment Manufacturing, Computer Communications And Other Electronic Equipment Manufacturing, Instrument Manufacturing.

[7] According to relevant state statistics regulations, vehicle output does not include Changsha Branch of Shanghai Volkswagen Automotive.

[8] The growth rates and rate changes of financial indicators of industrial enterprises above the designated size of 2018 are calculated on a comparable basis due to adjustments of data coverage in the statistical programmes, statistical law enforcement, removal of duplicated data, corporate reorganization.

[9] According to the arrangement regulated by the State Statistics Bureau, the data of total retail sales of consumer goods in base period for 2018 was adjusted. As a result, the data of 2018 are not comparable with that reported in 2017. Indicators include the retail sales of consumer goods, the retail sales of the legal entities' wholesale and retail industry above designated size and etc.

[10] According to relevant regulations, the foreign trades are accounted in RMB.

[11] The enrollment rate for elementary-age kids refers to the percentage of school-age children in primary school to the total number inside and outside of the school within the scope of investigation.

[12] The secondary gross enrollment ratio mainly reflects the coverage of senior secondary education, referring to the percentage of the total number of high school students to population aged 15-17.

[13] Resident population refers to the population of often living actually in a certain area in a certain time. According to the census and sampling requirements, it mainly includes people who live in the current townships and whose household registration are located or whose household registration is to be settled; people who live in the current townships and leave the townships of their household registration over 6 months; people who leave the townships of their household registration for less than 6 months or work or study overseas, with their household registration located in the current townships.

[14] At the end of 2018, the population aged 0-14 (under 15) was 13.584 million; the population aged 15-59 (under 60) was 42.641 million.

[15] Since 2014, per capita net income of rural residents had been changed to per capita disposable income of rural residents.

[16] Poor regions include the counties in National Concentrative poor Regions and the officially designated poor counties out of National Concentrative poor Regions, of which the number are 51 in total.

[17] The new generation of migrant worker refers to rural migrant workers born after 1980.

Source:

In this communique, fiscal data are from the Provincial Department of Finance; data about rail mileage are from Shichang Railway Co., Ltd, Guangzhou Railway (group) Company and Nanchang Railway Administration; data about the traffic volume and the turnover volume of passengers and cargo in highway, turnover volume of passengers and cargo in waterway and highway mileage are from Hunan Road Transport Bureau; data about the traffic volume and the turnover volume of passengers and cargo in civil aviation are from Hunan Airport Management Co., Ltd; data about volume of freight traffic by pipeline are from Changling Branch and Baling Branch of China Petrochemical Group Assets Management co., LTD, Changling branch of China Petrochemical co., LTD, Hunan Oil Transportation Management Department of China Petrochemical Marketing co., LTD central-China Branch, and Changsha Xinao Gas co., LTD; data about car ownership and road traffic accident are from Provincial Public Security Bureau; data about telecommunications business, mobile phone users, fixed telephone users, broadband internet users are from Hunan Telecommunications Company, Hunan Mobile Company, Hunan Unicom Company, Hunan Tietong Company; Data about postal business are from Hunan Postal Service Administration; The financial data are from Changsha Central Sub-branch of the People's Bank of China; data about listed company are from Hunan Banking Regulatory Commission; stock data are from Hunan authority of China Securities Regulatory Commission; Insurance data are from the Hunan Authority of China Insurance Regulatory Commission; Education data are from Hunan Education Department; Data about science and technology are from Hunan Science and Technology Department; Patent data, quality inspection, industry standard are from Hunan Quality and Technical Supervision Bureau (Hunan Intellectual Property Office); data about mapping, mineral resources, geological parks and land are from Hunan Natural Resources Ministry; data about tourism, art performing groups, museums, public libraries, cultural centers, non-material cultural heritage protection are from the Department of Culture and Tourism of Hunan; data about radio, television are from the Bureau Radio and Television of Hunan Province; data about newspapers, periodicals and book are from the Propaganda Department of the CPC Hunan committee; data about hygiene are from the Health Commission of Hunan; data about sports are from the Sports Bureau of Hunan; data about newly-added urban jobs and social security are from Human Resources and Social Security Department; data about Birth Insurance and Medical Insurance are from Health Care Security Adminstration; data about social security for urban and rural low-income people, social welfare, community services, nursing homes and social donation are from the Department of Civil Affairs of Hunan; data about rehabilitation of rural dilapidated housing, Renovation of shantytowns and disposal of sewage are from the Housing and Construction Department of Hunan; data about nature reserve, forestation, standing tree and coverage of forest are from Hunan Forestry Department; data about the quality of surface water and pollutant emission are from the Ecology and Environmental Administration of Hunan Province; data about safe production are from the Emergency Management Administration of Hunan; all the other data are from Hunan Bureau of Statistics and Hunan Survey Office of National Bureau of Statistics of China.

01 综　合

General Survey

资料整理人员：唐双全　周　玲　欧阳普

邓鸿鹄　赵　宏　李培楚

田杰平　谢　凡　贺淑贞

郑石明　孟　强　陈　慧

段嘉欣　杨　耒　宋　超

杨東燊　何　达　周　璜

彭开吾　刘　杰　陈晗文

易　贝　刘　洋　周夜明

王　璐　陈　婷　孙　炫

李臣佳　陈　思　田　原

凌　骞　谢妮莉　韩建芳

蔡冬娥　肖首雄　贺　震

赵莉淇　郭开金　邓海波

1-1 行政区划
Administrative Divisions

单位：个 (unit)

年份 Year	市州 Cities and A.P	地州数 Number of Prefecture and A.P	地级市 Number of Cities at Prefectural Level	县级市 Number of Cities at County Level	县数 Number of Counties	市辖区数 Districts Under the Jurisdiction of Cities at Prefectural Level	镇数 Number of Towns	乡数 Number of Township
1978		12	3	7	90	13	154	3295
1980		12	5	9	90	22	155	3321
1985		9	6	14	84	27	544	3011
1986		7	6	16	82	27	581	2895
1987		7	6	18	80	26	585	2903
1988		6	8	17	78	30	596	2889
1989		6	8	17	78	30	621	2807
1990		6	8	18	78	29	628	2801
1991		6	8	18	78	29	639	2784
1992		6	8	19	77	26	663	2773
1993		6	8	20	76	26	748	2689
1994		5	9	20	74	28	769	2658
1995		4	10	19	73	30	899	1406
1996		3	11	17	73	32	950	1360
1997		3	11	18	72	32	979	1327
1998		2	12	17	72	33	1001	1350
1999		1	13	16	72	34	1023	1330
2000		1	13	16	72	34	1055	1310
2001		1	13	16	72	34	1087	1275
2002		1	13	16	72	34	1097	1257
2003		1	13	16	72	34	1098	1264
2004		1	13	16	72	34	1098	1244
2005		1	13	16	72	34	1089	1087
2006		1	13	16	72	34	1091	1085
2007		1	13	16	72	34	1095	1071
2008		1	13	16	72	34	1101	1063
2009		1	13	16	72	34	1106	959
2010		1	13	16	72	34	1109	1052
2011		1	13	16	71	35	1121	1038
2012		1	13	16	71	35	1131	952
2013		1	13	16	71	35	1138	828
2014		1	13	16	71	35	1153	805
2015		1	13	16	71	35	1119	417
2016		1	13	16	71	35	1135	401
2017		1	13	17	70	35	1134	398
2018		1	13	17	69	36	1138	392
长沙市	Changsha City			2	1	6	68	6
株洲市	Zhuzhou City			1	4	4	61	7
湘潭市	Xiangtan City			2	1	2	35	10
衡阳市	Hengyang City			2	5	5	115	32
邵阳市	Shaoyang City			1	8	3	110	57
岳阳市	Yueyang City			2	4	3	89	14
常德市	Changde City			1	6	2	107	20
张家界市	Zhangjiajie City				2	2	34	30
益阳市	Yiyang City			1	3	2	70	11
郴州市	Chenzhou City			1	8	2	100	37
永州市	Yongzhou City				9	2	111	40
怀化市	Huaihua City			1	10	1	103	90
娄底市	Loudi City			2	2	1	56	14
湘西土家族苗族自治州	West Hunan Tujia and Miao A.P			1	7		75	30

1-1 续表 Continued

长沙市	**Changsha City**
芙蓉区 (Furong District)、天心区 (Tianxin District)、岳麓区 (Yuelu District)、开福区 (Kaifu District)、雨花区 (Yuhua District)、望城区 (Wangcheng District)、长沙县 (Changsha County)、浏阳市 (Liuyang City)、宁乡市 (Ningxiang City)	
株洲市	**Zhuzhou City**
荷塘区 (Hetang District)、石峰区 (Shifeng District)、芦淞区 (LuSong District)、天元区 (Tianyuan District)、渌口区 (Lukou District)、醴陵市 (Liling City)、攸县 (You County)、茶陵县 (Chaling County)、炎陵县 (Yanling County)	
湘潭市	**Xiangtan City**
雨湖区 (Yuhu District)、岳塘区 (Yuetang District)、湘乡市 (Xiangxiang City)、韶山市 (Shaoshan City)、湘潭县 (Xiangtan County)	
衡阳市	**Hengyang City**
珠晖区 (zhuhui District)、雁峰区 (yanfeng District)、石鼓区 (shigu District)、蒸湘区 (zhengxiang District)、南岳区 (Nanyue District)、耒阳市 (Leiyang City)、常宁市 (Changning City)、衡阳县 (Hengyang County)、衡南县 (Hengnan County)、衡山县 (Hengshan County)、衡东县 (Hengdong County)、祁东县 (Qidong County)	
邵阳市	**Shaoyang City**
双清区 (Shuangqing District)、大祥区 (Daxiang District)、北塔区 (Beita District)、武冈市 (Wugang City)、邵东县 (Shaodong County)、新邵县 (Xinshao County)、邵阳县 (Shaoyang County)、隆回县 (Longhui County)、洞口县 (Dongkou County)、新宁县 (Xinning County)、绥宁县 (Suining County)、城步苗族自治县 (Chengbu Miao Autonomous County)	
岳阳市	**Yueyang City**
岳阳楼区 (Yueyanglou District)、云溪区 (Yunxi District)、君山区 (Junshan District)、汨罗市 (Miluo City)、临湘市 (Linxiang City)、岳阳县 (Yueyang County)、平江县 (Pingjiang County)、湘阴县 (Xiangyin County)、华容县 (Huarong County)	
常德市	**Changde City**
武陵区 (Wuling District)、鼎城区 (Dingcheng District)、津市市 (Jinshi City)、安乡县 (Anxiang County)、汉寿县 (Hanshou County)、澧县 (Li County)、临澧县 (Linli County)、桃源县 (Taoyuan County)、石门县 (Shimen County)	
张家界市	**Zhangjiajie City**
永定区 (Yongding District)、武陵源区 (Wulingyuan District)、慈利县 (Cili County)、桑植县 (Sangzhi County)	
益阳市	**Yiyang City**
资阳区 (Ziyang District)、赫山区 (Heshan District)、沅江市 (Yuanjiang City)、南县 (Nan County)、桃江县 (Taojiang County)、安化县 (Anhuan County)	
郴州市	**Chenzhou City**
北湖区 (Beihu District)、苏仙区 (Suxian District)、资兴市 (Zixing City)、桂阳县 (Guiyang County)、永兴县 (Yongxing County)、宜章县 (Yizhang County)、嘉禾县 (Jiahe County)、临武县 (Linwu County)、汝城县 (Rucheng County)、桂东县 (Guidong County)、安仁县 (Anren County)	
永州市	**Yongzhou City**
零陵区 (Lingling District)、冷水滩区 (Lengshuitan District)、东安县 (Dongan County)、道县 (Dao County)、宁远县 (Ningyuan County)、江永县 (Jiangyong County)、江华瑶族自治县 (Jianghua Yao Autonomous County)、蓝山县 (Lanshan County)、新田县 (Xintian County)、双牌县 (Shuangpai County)、祁阳县 (Qiyang County)	
怀化市	**Huaihua City**
鹤城区 (Hecheng District)、洪江市 (Hongjiang City)、中方县 (Zhongfang County)、沅陵县 (Yuanling County)、辰溪县 (Chenxi County)、溆浦县 (Xupu County)、麻阳苗族自治县 (Mayang Miao Autonomous County)、会同县 (Huitong County)、新晃侗族自治县 (Xinhuang Tong Autonomous County)、芷江侗族自治县 (Zhijiang Tong Autonomous County)、靖州苗族侗族自治县 (Jingzhou Miao and Tong Autonomous County)、通道侗族自治县 (Tongdao Tong Autonomous County)	
娄底市	**Loudi City**
娄星区 (Louxing District)、冷水江市 (Lengshuijiang City)、涟源市 (Lianyuan City)、双峰县 (Shuangfeng County)、新化县 (Xinhua County)	
湘西土家族苗族自治州	**West Hunan Tujia and Miao Autonomous Prefecture**
吉首市 (Jishou City)、泸溪县 (Luxi County)、凤凰县 (Fenghuang County)、花垣县 (Huayuan County)、保靖县 (Baojing County)、古丈县 (Guzhang County)、永顺县 (Yongshun County)、龙山县 (Longshan County)	

1-2 人口和自然资源
Population and Natural Resources

项 目		Item		2018
人口		**Population**		
年底户籍人口数	（万人）	Household Population at the Year-end	(10 000 persons)	7326.62
土地		**Land**		
土地面积	（万平方公里）	Area of Land	(10 000 sq.km)	21.18
耕地面积	（万公顷）	Area of Cultivated Land	(10 000 hectares)	415.5
气候		**Climate**		
年平均降水量	（毫米）	Annual Average Precipitation	(mm)	1345.6
年降水总量	（亿立方米）	Annual Total Precipitation	(100 million cu.m)	2850
森林		**Forest**		
有林地面积	（万公顷）	Area with woodland	(10 000 hectares)	1112.36
	（万亩）	Area of Forest	(10 000 mu)	16685.40
森林覆盖率	(%)	Forest Coverage Rate	(%)	59.82
活立木总蓄积量	（万立方米）	Stock Volume of the Forest	(10 000 cu.m)	57256.17
水文、水利		**Water**		
5公里以上河流	（条）	Rivers Over 5 km	(unit)	5341
5公里以上河流长度	（万公里）	Total Length of Rivers Over 5 km	(10 000 km)	8.5
天然水资源总量	（亿立方米）	Natural Water Volume	(100 million cu.m)	1343
地表水资源总量	（亿立方米）	Surface Water Volume	(100 million cu.m)	1336
地下（浅层）水量	（亿立方米）	Shallow Ground Water Volume	(100 million cu.m)	333.50
矿产资源保有资源储量（截至2108年底）		**Mineral Resources Hold Resource Reserves**	**(at the 2018 year-end)**	
煤炭	（亿吨）	Coal	(100 million tons)	35.02
铁矿石	（亿吨）	Iron Ore	(100 million tons)	13.83
磷矿石	（亿吨）	Phosphate Ore	(100 million tons)	19.88
岩盐	（亿吨）	Salt	(100 million tons)	26.24

注：耕地面积是指年末耕地总资源面积，包括常用耕地和临时性耕地。由国土部门提供（后同）。

The data of cultivated land is actual cultivated land total resources(year end),including common cultivated land and temporary cultivated land. The date came from Hunan Province Territory Resource Burear.The same as in the following table.

1-3 主要山脉基本情况
Major Mountain Ranges

名 称	Name	平均高度（米） AverageHeight(m)	最高峰（米） Heightest Peak(m)	
雪峰山	Xuefeng Mountain Range	1500	2021 （城步县二宝顶）	Erbao Peak in Chengbu County
武陵山	Wuling Mountain Range	500–1200	2098.7 （石门县壶瓶山）	Huping Mountain in Shimen County
南岭山脉 （指大庾岭、骑田岭、萌渚岭、都庞岭、越城岭）	Nanling Mountain Range (Dayu Peak,Qitian Peak, Mengzhu Peak, DuPang Peak, Yuecheng Peak)		2009 （道县韭菜岭）	Jiucai Peak in Dao County
幕阜山—罗霄山	Mofu Mountain—Luoxiao Mountain Range	1000	2052 （炎陵县斗笠顶）	Douli Peak in Yanling County
			2041.1 （桂东县八面山）	Bamian Mountain in Guidong County

1-4 主要河流基本情况
Major Rivers

名 称	Item	河长（公里） Length of River (km)	#省内 #In Province	河流条数（条） Number of River (unit)	流域面积（平方公里） Drainage Area (sq.km)	#省内 #In Province	省内年径流量（亿立方米） Annual Flow in Province (100 million cu.m)	水力资源蕴藏量（万千瓦） Hydro-power Resources (10 000 kw)	#可开发量 Develop-able Resources
总 计	**Total**			**5341**		**211829**	**2560.00**	**1532.45**	**1083.84**
湘 江	Xiangjiang River	856	670	2157	94660	85383	1059.62	470.70	318.29
资 水	Zishui River	713	630	771	28142	26738	319.96	201.03	147.71
沅 江	Yuanjiang River	1033	568	1491	89163	51066	609.49	537.51	460.21
澧 水	Lishui River	388	388	326	18496	15505	190.55	152.46	137.11
洞庭湖水系	Water System of Dongting Lake			432		27269	299.71	140.20	13.55
鄱阳湖水系	Water System of Poyang Lake			16		683	10.79	3.12	0.58
珠江水系	Water System of Zhujiang River			148		5185	69.88	27.43	6.29

注：1. 河流条数指河长 5 公里以上的河流数，河长共 9 万公里。
2. 资水河长以夫夷水作水源计算。
3. 据 1986 年勘定，洞庭湖面积为 2691 平方公里。

a. Rivers refer to those which are more than 5 km long, and the total length of the rivers are 90 000 km.
b. The length of Zishui River refers to that of Fuyi River.
c. The figure on the area of Dongting Lake was taken from the survey in 1986.

1-5 主要城市平均气温 (2018年)
Monthly Average Temperature of Major Cities (2018)

单位：摄氏度 (℃)

城 市	City	1月 January	2月 February	3月 March	4月 April	5月 May	6月 June	7月 July
长沙市	Changsha	3.4	7.9	13.9	19.0	23.9	25.2	29.5
株洲市	Zhuzhou	4.8	8.9	14.8	20.2	25.5	26.2	30.7
湘潭市	Xiangtan	4.0	8.2	14.1	19.6	24.7	26.7	30.3
衡阳市	Hengyang	5.5	9.5	15.3	20.8	26.4	26.2	31.2
邵阳市	Shaoyang	4.1	8.0	13.8	19.2	24.3	24.2	28.9
岳阳市	Yueyang	4.0	8.1	14.3	20.1	24.3	26.1	30.2
常德市	Changde	3.0	7.8	13.5	19.0	22.9	25.0	28.7
张家界市	Zhangjiajie	4.4	8.4	14.2	19.6	23.3	25.8	29.0
益阳市	Yiyang	3.8	8.2	14.6	19.9	24.5	26.2	30.6
郴州市	Chenzhou	4.5	8.8	15.2	19.1	24.8	23.8	28.2
永州市	Yongzhou	5.6	9.4	15.3	20.3	25.8	25.1	29.8
怀化市	Huaihua	3.8	8.0	14.0	19.4	24.4	25.2	29.4
娄底市	Loudi	3.9	8.3	14.0	19.3	24.3	24.8	29.7
吉首市	Jishou	3.8	7.7	13.3	18.5	22.9	24.7	28.6

1-5 续表 Continued

城 市	City	8月 August	9月 September	10月 October	11月 November	12月 December	全年平均 Annual Average	上年平均 Annual Average Preceding Year
长沙市	Changsha	28.0	24.5	17.7	11.4	5.8	17.5	17.7
株洲市	Zhuzhou	29.2	26.3	18.9	12.7	6.9	18.8	18.7
湘潭市	Xiangtan	28.6	25.2	18.2	12.0	6.4	18.2	18.3
衡阳市	Hengyang	29.3	26.4	19.6	13.5	7.3	19.2	19.4
邵阳市	Shaoyang	27.2	24.2	17.6	12.3	5.8	17.5	17.7
岳阳市	Yueyang	29.3	25.3	19.0	12.7	6.4	18.3	18.3
常德市	Changde	28.6	23.2	17.5	11.5	5.5	17.2	17.4
张家界市	Zhangjiajie	29.0	24.1	17.8	11.8	6.7	17.9	18.1
益阳市	Yiyang	29.4	24.7	18.4	12.3	6.3	18.3	18.4
郴州市	Chenzhou	26.4	24.5	17.8	12.8	6.6	17.7	17.9
永州市	Yongzhou	27.8	25.3	18.2	13.1	7.2	18.6	18.8
怀化市	Huaihua	28.2	24.1	17.2	11.3	5.7	17.6	17.7
娄底市	Loudi	27.9	24.5	17.8	12.0	6.2	17.7	18.0
吉首市	Jishou	27.8	23.2	17.0	11.4	5.9	17.1	17.2

1-6 主要城市降水量(2018年)
Monthly Precipitation in Major Cities (2018)

单位：毫米 (millimeter)

城 市	City	1月 January	2月 February	3月 March	4月 April	5月 May	6月 June	7月 July
长沙市	Changsha	87.7	53.5	77.0	78.0	148.0	78.5	174.9
株洲市	Zhuzhou	66.1	41.1	103.4	130.3	91.8	118.8	139.6
湘潭市	Xiangtan	57.2	35.3	132.8	81.5	91.0	110.2	79.8
衡阳市	Hengyang	38.3	35.2	81.4	51.5	172.0	92.6	43.0
邵阳市	Shaoyang	36.1	35.7	67.9	46.1	126.4	246.5	118.9
岳阳市	Yueyang	115.3	40.0	85.9	140.1	288.9	29.8	118.9
常德市	Changde	91.4	18.2	143.5	99.4	213.3	55.1	159.3
张家界市	Zhangjiajie	53.0	12.9	148.7	115.9	195.5	60.6	150.4
益阳市	Yiyang	116.6	43.1	81.3	205.0	163.8	40.8	115.7
郴州市	Chenzhou	97.6	37.1	139.7	77.9	117.2	196.1	137.0
永州市	Yongzhou	29.5	34.1	181.0	54.2	184.0	94.2	121.7
怀化市	Huaihua	80.4	21.6	91.5	58.1	217.5	108.2	94.0
娄底市	Loudi	42.5	24.6	106.2	112.7	181.5	139.8	59.4
吉首市	Jishou	71.6	14.2	78.5	156.3	204.9	59.3	167.0

1-6 续表 Continued

城 市	City	8月 August	9月 September	10月 October	11月 November	12月 December	全年平均 Annual Average	上年平均 Annual Average Preceding Year
长沙市	Changsha	184.6	71.4	72.3	137.3	78.3	1241.5	1619.1
株洲市	Zhuzhou	158.8	86.5	114.7	177.8	98.7	1327.6	1526.9
湘潭市	Xiangtan	180.7	41.8	91.1	128.5	59.6	1089.5	1474.7
衡阳市	Hengyang	198.2	43.0	100.9	169.5	83.4	1109.0	1217.7
邵阳市	Shaoyang	98.7	54.3	97.0	167.4	81.0	1176.0	1210.2
岳阳市	Yueyang	82.7	105.3	72.4	63.8	114.4	1257.5	1534.0
常德市	Changde	199.6	219.5	122.5	94.3	73.8	1489.9	1427.3
张家界市	Zhangjiajie	52.5	168.3	129.1	106.9	46.9	1240.7	1212.2
益阳市	Yiyang	125.8	152.7	80.8	105.2	121.5	1352.3	1541.8
郴州市	Chenzhou	249.1	32.0	113.2	157.0	96.5	1450.4	1501.4
永州市	Yongzhou	462.3	71.8	171.1	229.1	109.5	1742.5	1622.1
怀化市	Huaihua	65.0	45.9	83.9	114.7	58.1	1038.9	1316.8
娄底市	Loudi	204.2	44.3	77.6	129.5	59.6	1181.9	1296.7
吉首市	Jishou	128.9	204.4	104.3	144.0	61.3	1394.7	1644.9

1-7 主要城市日照时数 (2018年)
Monthly Sunshine Hours in Major Cities (2018)

单位：小时 (hour)

城 市	City	1月 January	2月 February	3月 March	4月 April	5月 May	6月 June	7月 July
长沙市	Changsha	54	111	124	117	141	199	271
株洲市	Zhuzhou	44	106	118	157	167	182	264
湘潭市	Xiangtan	44	106	107	134	139	165	269
衡阳市	Hengyang	45	59	99	132	158	155	264
邵阳市	Shaoyang	55	69	98	116	111	134	229
岳阳市	Yueyang	68	120	113	168	131	185	244
常德市	Changde	62	102	134	164	132	193	198
张家界市	Zhangjiajie	52	96	112	165	104	178	186
益阳市	Yiyang	67	116	121	142	131	167	251
郴州市	Chenzhou	47	88	133	120	174	150	258
永州市	Yongzhou	40	62	107	120	166	158	217
怀化市	Huaihua	45	58	111	136	152	173	212
娄底市	Loudi	49	78	106	136	139	177	246
吉首市	Jishou	43	55	78	117	104	131	218

1-7 续表 Continued

城 市	City	8月 August	9月 September	10月 October	11月 November	12月 December	全年平均 Annual Average	上年平均 Annual Average Preceding Year
长沙市	Changsha	214	187	152	111	34	1716	1481
株洲市	Zhuzhou	219	180	143	98	30	1706	1489
湘潭市	Xiangtan	215	161	140	94	30	1603	1492
衡阳市	Hengyang	174	142	142	112	22	1504	1285
邵阳市	Shaoyang	162	93	127	86	24	1304	1221
岳阳市	Yueyang	240	155	167	109	25	1725	1614
常德市	Changde	197	116	134	96	33	1562	1420
张家界市	Zhangjiajie	181	100	118	90	30	1413	1422
益阳市	Yiyang	223	134	155	114	31	1651	1348
郴州市	Chenzhou	154	158	144	124	26	1575	1442
永州市	Yongzhou	157	141	142	126	26	1462	1232
怀化市	Huaihua	209	131	118	81	23	1448	1351
娄底市	Loudi	196	140	136	91	36	1530	1399
吉首市	Jishou	212	107	114	76	15	1269	1159

1-8 国民经济和社会发展总量指标

Principal Indicators of National Economy and Social Development

指 标	Item	总量指标 Aggregate Data			
		2000	2005	2017	2018
人口与就业	**Population and Employment**				
人口 （万人）	**Population (10 000 persons)**				
年底户籍人口	Household population at the Year-end	6562.05	6732.10	7296.26	7326.62
城镇人口	Urban	1952.21	2490.88	2446.87	2519.76
乡村人口	Rural	4609.84	4241.22	4849.39	4806.86
男性人口	Male	3422.77	3490.59	3781.75	3796.24
女性人口	Female	3139.28	3241.51	3514.51	3530.38
就业 （万人）	**Employmen (10 000 persons)**				
从业人员数	Employees	3577.58	3801.48	3817.22	3738.58
在岗职工数	Staff and Workers on the Job	580.82	451.80	520.37	496.78
宏观经济	**Macro-economy**				
国民经济核算 （亿元）	**National Accounting (100 million yuan)**				
地区生产总值	Gross Domestic Products	3551.49	6623.45	33902.96	36425.78
第一产业	Primary Industry	784.92	1100.65	2998.40	3083.59
第二产业	Secondary Industry	1293.18	2630.09	14145.49	14453.54
第三产业	Tertiary Industry	1473.39	2892.71	16759.07	18888.65
人均地区生产总值 （元）	Per Capita Gross Regional Product (yuan)	5425	10606	49558	52949
支出法地区生产总值	Gross Regional Product by Expenditure Approach	3551.49	6623.45	33902.96	36425.78
最终消费	Final Consumption	2471.77	4022.83	18075.98	19735.78
居民消费	Households Consumption	1928.94	3092.25	13283.88	14582.63
政府消费	Government Consumption	542.83	930.58	4792.10	5153.15
资本形成总额	Gross Capital Formation	1046.05	2606.71	17585.44	18704.21
固定资本形成	Gross Fixed Capital Formation	1082.00	2550.92	17159.52	18437.88
财政 （亿元）	**Public Finance (100 million yuan)**				
地方财政收入	Public Budgetary Revenue	177.04	395.27	2757.82	2860.84
一般公共预算支出	Public Budgetary Expenditure	347.83	873.42	6869.39	7479.61
物价总指数 （上年＝100）	**Price Index (preceding year=100)**				
居民消费价格总指数	General Consumer Price Index	101.4	102.3	101.4	102.0
商品零售价格总指数	General Retail Price Index	99.3	102.3	101.3	102.3
农产品生产者价格指数	Producer Price Indices of Farm Products	96.8	99.5	98.0	95.4
利用外资 （万美元）	**Utilization of Foreign Capital (USD 10 000)**				
实际利用外商直接投资	Foreign Direct Investment	110843	207235	1447489	1619134
产业	**Industry**				
农业	**Agriculture**				
耕地面积 （千公顷）	Cultivated Areas (1 000 hectares)	3921.60	3815.98	4151.01	4155.41
农林牧渔业从业人员 （万人）	Number of Persons Engaged in Farming, Forestry, Animal Husbandry and Fishery (10 000 persons)	2065.92	1951.90	1686.30	1667.81

1-8 续表 1 Continued

指 标	Item	总量指标 Aggregate Data 2000	2005	2017	2018
农林牧渔业总产值（亿元）	Gross Output Value of Farming, Forestry, Animal Husbandry and Fishery (100 million yuan)	1251.89	2056.24	5213.48	5361.62
农业	Planting	633.84	947.72	2597.63	2664.30
林业	Forestry	51.01	100.96	325.01	387.15
牧业	Animal Husbandry	486.13	834.52	1505.78	1464.59
渔业	Fishery	80.91	138.37	393.06	417.21
主要农产品产量（万吨）	Output of Major Farm Products (10 000 tons)				
粮食	Grain	2874.97	2856.55	3073.60	3022.90
棉花	Cotton	17.13	18.56	10.95	8.60
油料	Oil-bearing Crops	139.35	140.98	226.08	234.45
黄红麻（熟麻）	Jute and Ambary Hemp	0.23	0.06	0.02	0.03
苎麻	Ramie	6.62	13.07	0.39	0.42
烤烟	Fluecured Tobacco	15.55	20.39	20.46	18.82
茶叶	Tea	5.73	7.20	19.71	21.47
柑桔	Citrus	125.92	205.51	500.90	528.57
猪牛羊肉	Pork, Beef and Mutton	391.40	466.80	480.79	479.60
水产品	Aquatic Products	133.21	179.22	242.31	252.53
工业	**Industry**				
主要工业产品产量	Output of Major Industrial Products				
布（亿米）	Cloth (100 million m)	3.41	3.61	3.31	2.82
机制纸及纸板（万吨）	Machine-made Paper and Paperboards (10 000 tons)	70.07	170.59	402.28	348.33
合成洗涤剂（万吨）	Synthetic Detergents (10 000 tons)	8.12	32.06	43.76	33.34
原煤（万吨）	Coal (10 000 tons)	1490.81	3646.51	1860.51	1692.86
发电量（亿千瓦小时）	Electricity (100 million kw.h)	354.42	630.29	1349.20	1418.77
粗钢（万吨）	Crude Steel (10 000 tons)	304.13	975.17	2041.41	2307.59
钢材（万吨）	Steel (10 000 tons)	299.05	961.26	2210.15	2374.69
水泥（万吨）	Cement (10 000 tons)	2395.72	3571.07	11920.40	10920.60
规模工业企业财务指标	Principal Financial Item of Industrial Enterprises above Designated Size				
利润总额（亿元）	Total Profits (100 million yuan)	34.48	189.25	2093.98	1726.95
建筑业	**Construction**				
建筑业企业人数（万人）	Number of Employed Persons (10 000 persons)	76.30	118.61	267.57	275.15
建筑业总产值（亿元）	Gross Output Value of Construction (100 million yuan)	354.29	1219.35	8423.00	9581.44
施工房屋面积（万平方米）	Floor Space of Buildings Under Construction (10 000 m^2)	5087.93	13774.87	54593.66	59247.37
#竣工房屋面积	Floor Space of Buildings Completed	2603.03	6846.04	19840.34	19929.34
交通运输	**Transportation**				
货运量（万吨）	Freight Traffic (10 000 tons)	51228	76876	226522	231110
铁路	Railways	4676	5218	4185	4468
公路	Highways	42868	67040	198806	204389
水运	Waterways	3406	4615	22560	21101
客运量（万人）	Passenger Traffic (10 000 persons)	87462	116457	116178	108083
铁路	Railways	5233	5423	12872	13943
公路	Highways	81005	109728	100390	91007
水运	Waterways	1094	702	1674	1729

注：2013 年开始，公路水路客货运输数据，源自交通运输业经济统计专项调查，统计口径有所调整（下表同）。

Beginning in 2013,highway and waterway freignt volume data,from traffic transportation economic statistics,special inrestigation,statistical adjustments(the same below).

1-8 续表 2 Continued

指 标		Item		总量指标 Aggregate Data			
				2000	2005	2017	2018
邮电通信业		**Postal and Telecommunications Services**					
邮政业务总量	(亿元)	Total Postal Services	(10 000 yuan)	9.16	22.28	192.64	248.24
函件	(万件)	Number of Letters Delivered	(10 000 pieces)	21255.00	11338.80	2542.50	2173.16
报刊期发数	(万份)	Newspapers and Magazines Distributed	(10 000 copies)	1042.72	582.89	516.40	540.29
快递业务量	(万件)	Express Business	(10 000 pieces)			59181.60	78932.57
电信业务总量	(亿元)	Total Telecommunications Services	(10 000 yuan)	131.76	349.96	928.50	2477.10
固定电话用户数	(万户)	Local Telephone Subscribers	(10 000 households)	638.48	1214.98	674.36	646.77
移动电话用户数	(万户)	Mobile Telephone Subscribers	(10 000 households)	279.00	1231.62	5683.42	6302.89
固定互联网用户数	(万户)	Number of Local Internet Users	(10 000 households)		129.74	1315.48	1635.32
移动互联网用户数	(万户)	Number of Mobile Internet Users	(10 000 households)			4922.45	5226.59
国内商业	**(亿元)**	**Domestic Trade**	**(100 million yuan)**				
社会消费品零售总额		Total Retail Sales of Consumer Goods		1383.72	2459.12	14854.87	15638.26
对外经济贸易和旅游		**Foreign Trade and Tourism**					
进出口总额	(亿美元)	Total Exports and Imports	(USD 100 million)	25.13	60.05	360.40	465.30
进口额		Imports		8.60	22.58	128.68	159.55
出口额		Exports		16.53	37.47	231.72	305.74
国际旅游		International Tourism					
来湘旅游人数	(万人次)	Tourism to Hunan	(10 000 person-times)	45.40	71.98	322.68	365.08
旅游外汇收入	(亿美元)	Foreign Exchange Earnings from Tourism	(USD 100 million)	2.21	3.90	12.95	15.20
金融保险	**(亿元)**	**Finance and Insurance**	**(100 million yuan)**				
金融机构人民币存款余额		Total Saving Depositit of F inancial Institutions		2874.75	6498.23	46437.72	48697.54
金融机构人民币贷款余额		Total Loan Balances of F inancial Institutions		2403.39	4509.09	31532.69	36211.75
财产险保费收入		Premium Income from Property Insurance		13.12	31.50	314.19	357.30
人身险保费收入		Premium Income from Life Insurance		46.78	95.68	634.29	897.76
教育、科技、文化		**Education, Science and Technology, Culture**					
教育		**Education**					
专任教师数	(万人)	Full-time Teachers	(10 000 persons)				
普通高等学校		Institutions of Higher Education		2.03	4.53	7.02	7.27
中等职业学校		Specialized Secondary Schools		1.08	2.60	2.70	2.90
普通中学		Secondary Schools		22.37	26.14	24.74	25.54
小学		Primary Schools		30.64	24.61	26.59	27.45
在校学生	(万人)	Students Enrollment	(10 000 persons)				
普通高等学校		Institutions of Higher Education		25.31	74.24	127.32	132.68
中等职业学校		Specialized Secondary Schools		25.83	70.56	68.65	65.82
普通中学		Secondary Schools		391.73	429.11	344.26	358.01
小学		Primary Schools		663.93	419.83	511.66	521.98
国家财政性教育经费	(亿元)	State Fiscal Funding on Education	(100 million yuan)	85.77	166.91	1185.40	1251.89
科技		**Science and Technology**					
各类专业技术人员数	(万人)	Scientific and Technical Personnel	(10 000 person)	109.34	122.91	97.56	98.74
科技拨款	(亿元)	Funding for Scientific and Technical Activities	(100 million yuan)	5.55	10.77	91.42	129.94
技术市场技术交易成交额	(亿元)	Transaction Value in Technical Market	(100 million yuan)	10.95	20.70	125.60	161.47
文化		**Culture**					
出版数量		Publications					
图书	(万册)	Number of Books	(10 000 copies)	24844	33238	45901	45340
杂志	(万册)	Number of Magazines	(10 000 copies)	10504	11708	11684	8768
报纸	(万份)	Number of Newspapers Issue	(10 000 copies)	83467	106428	92913	84801
电视节目每周播出时间	(小时)	Time for TV Programs Telecasting	(hour)	2338	13210	14558	14511

注：对外贸易中的进出口总额，统一按海关统计数据。电信业务总量 2017 年起执行 2015 年不变价。邮政业务总量 2010 年起执行 2010 年不变价。

Figures on total imports and exports from foreign trade are obtained from the customs statistics.From 2017,the Revenue of Telecommunication Business application 2015's,constant price. From 2010,the total amount of Postal Services application 2010's constant price.

1-8 续表 3 Continued

指 标	Item	总量指标 Aggregate Data			
		2000	2005	2017	2018
家庭、生活、环境	**Family, People's Livelihood and Environment**				
家庭	**Family**				
城镇居民户均家庭人口 （人）	Average Household Size in Urban Areas (person)	3.09	2.93	3.03	3.17
农村居民户均常住人口 （人）	Average Household Size in Rural Areas (person)	3.97	3.94	3.18	3.23
婚姻 （万对）	**Marriages and Divorces (10 000 couples)**				
结婚数	Number of Marriages	38.31	45.97	45.78	42.16
离婚数	Number of Divorces	6.45	8.30	24.25	21.27
居住 （平方米/人）	**Housing (sq.m/person)**				
城市居民人均居住面积	Per Capita Floor Space of Urban Residents	11.75	22.03	46.48	48.76
农村居民人均住房面积	Per Capita Floor Space of Rural Residents	30.92	38.38	63.52	63.57
生活	**People's Livelihood**				
城镇居民人均可支配收入 （元）	Disposable Income of Urban Households (yuan)	6219	9524	33948	36698
农村居民人均可支配收入 （元）	Disposable Income of Rural Households (yuan)	2197	3118	12936	14093
城镇居民人均消费支出 （元）	Per Capita Consumption Expenditure of Urban Households (yuan)			23163	25064
农村居民人均消费支出 （元）	Per Capita Consumption Expenditure of Rural Households (yuan)			11534	12721
工资福利	**Wages and Welfare**				
在岗职工工资总额 （亿元）	Total Wages on the Job (100 million yuan)	377.19	616.86	3376	3607
在岗职工平均工资 （元）	Average Wage of Staff and Workers on the Job (yuan)	6515	13718	65994	73300
卫生	**Health Care**				
医院与卫生院 （个）	Number of Hospitals (unit)	3339	4097	3542	3764
执业（助理）医师 （万人）	Number of Doctors (10 000 persons)	8.87	7.99	17.31	18.10
医院床位数 （万张）	Number of Hospital Beds (10 000 units)	9.32	15.22	31.94	34.85
市政建设	**City Construction**				
供水总量 （亿立方米）	Volume of Tap Water Supply (100 million tons)	28.24	26.78	19.48	21.87
排水管道长度 （公里）	Length of Sewer Pipelines (km)	3754.00	5593.83	16478.83	18529.23
城市煤气供气量 （万立方米）	Volume of Coal Gas Supply in Urban Areas (10 000 cu.m)	60375	44064		
液化石油气用量 （万吨）	Volume of Liquefied Petroleum Gas (10 000 tons)	20.20	29.47	20.30	24.11
天然气供气量 （万立方米）	Volume of Natural Gas (10 000 cu.m)			23.63	25.93
公共汽车总数 （辆）	Total Number of Public Buses (unit)	9083	9611	27072	29476
公交客运总量 （万人次）	Total Passenger Traffic of Public Transportation (10 000 person-times)	106227	212507	295202	290104
环境、灾害	**Environment and Disaster**				
火灾发生数 （次）	Number of Fire Disasters (times)	3440	5223	8858	7093
火灾经济损失 （万元）	Loss of Fire Accidents (10 000 yuan)	4799	4862	14811	18233
交通事故发生数 （次）	Number of Traffic Accidents (times)	23938	15013	6865	4730
交通事故经济损失 （万元）	Loss of Traffic Accidents (10 000 yuan)	9662	7131	5334	5657

注：2002 年起，医生数是指执业医生数。2000 年起，城镇居民人均居住面积由建设厅提供。2006 年劳动厅取消有关离退休人员人数、劳保福利费等统计指标。2007 年起，卫生部网络直报数据包含了诊所、医务室、卫生所、社区服务站；而 2007 年前是没有包括的。

Data of doctors are doctors and assistant doctors since 2002. Data on living floor space of urban residents came from Constructional Bureau of Hunan Province since 2000. The statistical indicators on retired staff and workers have been canceled in 2006.The data submitted directly by network of Ministry of Health has included clinics,health service stations,health service centers for community from 2007, but before 2007, has not included.

1-9 国民经济和社会发展速度指标
Develop Speed of National Economy and Social Development

单位：%　　　　(%)

指　标	Item	发展速度 (以上年为 100) Growth Rate (Preceding year=100)			
		2000	2005	2017	2018
人口与就业	**Population and Employment**				
人口	**Population**				
年底户籍人口	Household Population at the Year-end	100.5	100.5	99.7	100.4
城镇人口	Urban	113.2	104.8	111.8	103.0
乡村人口	Rural	95.9	98.2	94.5	99.1
男性人口	Male	101.0	100.6	99.6	100.4
女性人口	Female	99.9	100.5	99.8	100.5
就业	**Employment**				
从业人员数	Employees	99.3	101.5	97.4	97.9
在岗职工人数	Staff and Workers on the Job	98.3	95.9	99.3	95.5
宏观经济	**Macro-economy**				
国民经济核算	**National Accounting**				
地区生产总值	Gross Domestic Products	109.0	112.2	108.0	107.8
第一产业	Primary Industry	103.9	105.7	103.6	103.5
第二产业	Secondary Industry	110.6	112.9	106.7	107.2
第三产业	Tertiary Industry	110.9	113.8	110.3	109.2
人均地区生产总值	Per Capita Gross Regional Product	108.5	110.6	107.4	107.2
支出法地区生产总值	Gross Regional Product by Expenditure Approach	109.0	112.2	108.0	107.8
最终消费	Final Consumption	106.7	110.3	108.2	108.7
居民消费	Households Consumption	105.6	111.3	108.6	109.3
政府消费	Government Consumption	110.8	107.3	107.2	107.0
资本形成总额	Gross Capital Formation	104.3	116.7	107.6	106.6
固定资本形成	Gross Fixed Capital Formation	110.9	122.0	107.4	107.2
固定资产投资	**Investment in Fixed Assets**				
固定资产投资总额	Total Investment in Fixed Assets	113.0	129.4	113.1	110.0
国有投资	State Investment	109.8	113.8	112.3	92.0
非国有投资	Non-state Investment	117.0	141.9	113.6	120.9
财政	**Pubic Finance**				
地方财政收入	Public Budgetary Revenue	106.3	123.3	104.9	103.7
一般公共预算支出	Public Budgetary Expenditure	111.1	121.4	108.4	108.9
物价总指数　(上年 =100)	**Price Index**　**(preceding year=100)**				
居民消费价格总指数	General Consumer Price Index	101.4	102.3	101.4	102.0
商品零售价格总指数	General Retail Price Index	99.3	102.3	101.3	102.3
农产品生产者价格指数	Producer Price Indices of Farm Products	96.8	99.5	98.0	95.4
利用外资	**Utilization of Foreign Capital**				
实际利用外商直接投资	Foreign Direct Investment	103.6	146.1	112.6	111.9
产业	**Industry**				
农业	**Agriculture**				
耕地面积	Cultivated Areas	122.1	100.0	100.1	100.1
农林牧渔业从业人员	Number of Persons Engaged in Farming, Forestry, Animal Husbandry and Fishery	99.6	98.8	99.4	98.9

1-9 续表 1 Continued

单位：% (%)

指 标	Item	发展速度（以上年为 100）Growth Rate (Preceding year=100)			
		2000	2005	2017	2018
农林牧渔业总产值	Gross Output Value of Farming, Forestry, Animal Husbandry and Fishery	104.3	105.8	104.0	103.6
农业	Farming	103.1	104.5	103.0	103.2
林业	Forestry	104.3	109.8	109.1	109.4
牧业	Animal Husbandry	103.9	106.3	103.0	101.1
渔业	Fishery	111.5	109.6	106.4	107.5
主要农产品产量	Output of Major Farm Products				
粮食	Grain	106.5	101.5	101.0	98.4
棉花	Cotton	89.3	97.5	86.4	78.3
油料	Oil-bearing Crops	107.1	131.8	102.2	103.7
黄红麻（熟麻）	Jute and Ambary Hemp	100.0	85.7	101.2	159.4
苎麻	Ramie	173.3	109.0	89.0	107.4
烤烟	Fluecured Tobacco	125.4	113.6	97.1	92.0
茶叶	Tea	101.8	108.1	108.6	108.9
柑桔	Citrus	84.1	112.8	105.2	105.8
猪牛羊肉	Pork, Beef and Mutton	102.1	102.4	103.3	99.6
水产品	Aquatic Products	107.0	107.2	101.7	104.2
工业	**Industry**				
主要规模工业产品产量	Output of Major Industrial Products above Designated Size				
布	Cloth	118.8	86.4	87.3	95.4
机制纸及纸板	Machine-made Paper and Paperboards	132.1	101.6	94.9	94.9
合成洗涤剂	Synthetic Detergents	119.6	126.8	109.5	93.0
原煤	Coal	104.0	120.1	73.9	96.8
发电量	Electricity	106.6	104.1	104.4	106.0
粗钢	Crude Steel	98.4	121.3	111.6	113.1
钢材	Steel	103.6	119.8	113.8	107.3
水泥	Cement	105.4	106.3	100.6	98.7
规模工业企业财务指标	Principal Financial Item of Industrial Enterprises above Designated Size				
利润总额	Total Profits	212.7	122.0	107.2	109.3
建筑业	**Construction**				
建筑业企业人数	Number of Employed Persons	98.9	102.8	116.8	102.8
建筑业总产值	Gross Output Value of Construction	106.1	118.6	115.3	113.8
施工房屋面积	Floor Space of Buildings Under Construction	97.8	110.0	108.5	108.5
竣工房屋面积	Floor Space of Buildings Completed	97.1	109.5	106.5	100.4
交通运输	**Transportation**				
货运量	Freight Traffic	100.1	110.3	109.1	102.0
铁路	Railways	104.9	96.6	101.7	106.7
公路	Highways	99.0	111.2	111.1	102.8
水运	Waterways	107.2	115.8	96.2	93.5
客运量	Passenger Traffic	99.6	109.5	94.6	93.0
铁路	Railways	104.5	101.8	111.8	108.3
公路	Highways	99.2	109.8	92.4	90.7
水运	Waterways	109.2	90.9	103.7	103.3

1-9 续表 2 Continued

单位：% (%)

指 标		Item		发展速度(以上年为 100) Growth Rate (Preceding year=100)			
				2000	2005	2017	2018
邮电通信业		**Postal and Telecommunications Services**					
邮政业务总量	(亿元)	Total Postal Services	(10 000 yuan)		116.6	134.4	128.9
函件	(万件)	Number of Letters Delivered	(10 000 pieces)	83.8	71.9	83.6	85.5
报刊期发数	(万份)	Newspapers and Magazines Distributed	(10 000 copies)	65.1	88.2	92.2	104.6
快递业务量	(万件)	Express Business	(10 000 pieces)			121.8	133.4
电信业务总量	(亿元)	Total Telecommunications Services	(10 000 yuan)		144.7	167.0	266.8
固定电话用户数	(万户)	Local Telephone Subscribers	(10 000 households)		111.9	93.7	95.9
移动电话用户数	(万户)	Mobile Telephone Subscribers	(10 000 households)		118.9	113.8	110.9
固定互联网用户数	(万户)	Number of Local Internet Users	(10 000 households)			123.3	124.3
移动互联网用户数	(万户)	Number of Mobile Internet Users	(10 000 households)			113.1	106.2
国内商业		**Domestic Trade**					
社会消费品零售总额		Total Retail Sales of Consumer Goods		111.0	114.4	110.6	110.0
对外经济贸易和旅游		**Foreign Trade and Tourism**					
进出口总额		Total Exports and Imports		128.5	110.4	134.1	129.1
进口额		Imports		127.6	96.5	147.7	124.0
出口额		Exports		128.9	120.9	127.5	131.9
国际旅游		International Tourism					
来湘旅游人数		Number of Tourism to Hunan		117.7	130.1	134.0	113.1
旅游外汇收入		Foreign Exchange Earnings from Tourism		119.2	124.6	128.9	117.4
金融保险		**Finance and Insurance**					
金融机构人民币存款余额		Total Saving Deposotit of F inancial Institutions		113.2	118.1	111.4	104.9
金融机构人民币贷款余额		Total Loan Balances of F inancial Institutions		99.8	105.9	115.9	114.8
财产险保费收入		Premium Income from Property Insurance		102.0	119.3	115.1	113.7
人身险保费收入		Premium Income from Life Insurance		159.0	117.0	127.9	112.8
教育、科技、文化		**Education, Science and Technology, Culture**					
教育		**Education**					
专任教师数		Full-time Teachers					
普通高等学校		Institutions of Higher Education		112.9	118.3	102.3	103.5
中等职业学校		Specialized Secondary Schools				105.5	107.4
普通中学		Secondary Schools		105.3	100.2	102.4	103.2
小学		Primary Schools		99.7	99.1	104.8	10.2
在校学生		Students Enrollment					
普通高等学校		Institutions of Higher Education		140.7	118.7	104.0	104.2
中等职业学校		Specialized Secondary Schools				103.9	95.9
普通中学		Secondary Schools		124.7	90.9	102.5	104.0
小学		Primary Schools		92.0	97.1	102.0	102.0
国家财政性教育经费		State Fiscal on Education		107.1	118.4	109.4	105.6
科技		**Science and Technology**					
各类专业技术人员数		Number of Scientific and Technical Personnel		101.8	102.1	101.0	101.2
科技拨款		Funding for Scientific and Technical Activities		126.1	121.1	128.0	142.1
技术市场技术交易成交额		Transaction Value in Technical Market		153.2	123.9	250.4	128.6
文化		**Culture**					
出版数量		Publications					
图书		Number of Books		80.8	108.9	88.8	98.8

注：对外贸易中的进出口总额，统一按海关统计数据。

Figures on total imports and exports from foreign trade are obtained from the customs statistics.

1-9 续表 3 Continued

单位：% (%)

指 标	Item	发展速度(以上年为 100) Growth Rate (Preceding year=100)			
		2000	2005	2017	2018
杂志	Number of Magazines	84.5	61.2	83.7	75.0
报纸	Number of Newspapers Issue	98.2	102.2	94.4	91.3
电视节目每周播出时间	Time for TV Programs Telecasting	107.7	114.2	99.5	99.7
家庭、生活、环境	**Family, People's Livelihood and Environment**				
家庭	**Family**				
城镇居民平均每户家庭人口	Average Household Size in Urban Areas	100.3	98.0	97.7	104.6
农村居民平均每户常住人口	Average Household Size in Rural Areas	101.0	101.3	98.8	101.6
婚姻	**Marriages and Divorces**				
结婚数	Number of Marriages	94.6	108.0	91.7	92.1
离婚数	Number of Divorces	113.8	102.6	113.9	87.7
居住	**Housing**				
城市居民人均自有现住房面积	Per Capita Floor Space of Urban Residents	104.5	86.8	105.6	104.9
农村居民人均自有现住房面积	Per Capita Floor Space of Rural Residents	103.5	105.0	104.8	100.1
生活	**People's Livelihood**				
城镇居民人均可支配收入	Disposable Income of Urban Households	106.9	110.5	108.5	108.1
农村居民人均可支配收入	Disposable Income of Rural Households	102.3	109.9	108.4	108.9
城镇居民人均消费支出	Per Capita Consumption Expenditure of Urban Households	108.7	109.0	108.1	108.2
农村居民人均消费支出	Per Capita Consumption Expenditure of Rural Households	101.2	111.5	108.5	110.3
工资福利	**Wages and Welfare**				
在岗职工工资总额	Total Wages on the Job	108.1	113.4	108.5	106.8
在岗职工平均工资	Average Wage of Staff and Workers on the Job	108.3	119.7	109.7	111.1
卫生	**Health Care**				
医院与卫生院	Number of Hospitals	99.4	101.4	100.2	106.3
执业(助理)医师	Number of Doctors	104.5	100.0	107.7	104.6
医院床位数	Number of Hospital Beds	106.5	103.0	106.7	109.1
市政建设	**City Construction**				
供水总量	Volume of Tap Water Supply	99.7	112.6	90.4	112.3
排水管道长度	Length of Sewer Pipelines	76.3	113.1	119.0	112.4
城市煤气供气量	Volume of Coal Gas Supply in Urban Areas	81.0	99.9		
液化石油气用量	Volume of Liquefied Petroleum Gas	106.5	98.1	83.2	118.8
天然气供气量	Volume of Natural Gas			104.7	109.7
公共汽车总数	Total Number of Public Buses	102.2	102.9	110.6	108.9
公交客运总量	Total Passenger Traffic of Public Transportation	115.7	121.3	92.3	98.3
环境、灾害	**Environment and Disaster**				
火灾发生数	Number of Fire Disasters	119.8	138.8	58.7	80.1
火灾经济损失	Loss of Fire Accidents	57.7	158.0	81.3	123.1
交通事故发生数	Number of Traffic Accidents	156.1	64.6	91.5	68.9
交通事故经济损失	Loss of Traffic Accidents	116.2	69.4	82.8	106.0

1－10 国民经济和社会发展效益指标

Beneficial Indicators of National Economy and Social Development

指 标	Item	2000	2005	2017	2018
人口与就业	**Population and Employment**				
人口出生率 (‰)	Birth Rate (‰)	11.45	11.90	13.27	12.19
人口死亡率 (‰)	Death Rate (‰)	6.79	6.75	7.08	7.08
人口自然增长率 (‰)	Natural Growth Rate (‰)	4.66	5.15	6.19	5.11
就业者负担人口 (人)	Dependency Rate (person)	1.83	1.77	1.80	1.85
宏观经济	**Macro Economy**				
全社会劳动生产率 (元／年人)	Overall Labor Productivity (yuan/person year)	9894	17549	87631	96418
第一产业	Primary Industry	3785	5899	19329	20712
第二产业	Secondary Industry	15399	32410	158641	169284
第三产业	Tertiary Industry	21791	26374	117532	131598
人均地区生产总值 (元)	Per Capita Gross Regional Product (yuan)	5425	10606	49558	52949
固定资产投资相当于生产总值 (%)	Proportion of Investment in Fixed Assets to GDP (%)	30.0	38.7	92.4	
国有经济项目投产率 (%)	Rate of Projects Completed and Put into Use in State-owned Economic (%)	62.3	56.1	68.3	55.2
地方财政收入相当于生产总值 (%)	Proportion of Public Budgetary Revenue to GDP (%)	5.0	6.0	8.1	7.9
一般公共预算支出相当于生产总值 (%)	Proportion of Public Budgetary Expenditure to GDP (%)	9.8	13.2	20.3	20.5
产业	**Industry**				
人均耕地面积 (公顷)	Per Capita Cultivated Land (hectare)	0.06	0.06	0.06	0.06
农业从业者人均耕地面积 (公顷)	Cultivated Land per Agricultural Laborer (hectare)	0.19	0.20	0.25	0.25
农业从业者人均农林牧渔业总产值 (元)	Agricultural Output Value per Agricultural Laborer (yuan)	6060	10535	30821	31970
每公顷耕地农业机械总动力 (千瓦)	Total Power of Agricultural Machinery per Hectare Cultivated Land (kw)	5.63	8.36	9.80	9.85
每公顷耕地用电量 (千瓦小时)	Electric Power Consumption per Hectare Cultivated Land (kw.h)	1135.00	1709.55	3097.01	3149.87
每公顷播种面积化肥施用量 (公斤)	Chemical Fertilizer Consumption per Hectare Sown Area (kg)	228.00	251.75	296.56	299.18
每公顷耕地生产的农业产值 (元)	Agricultural Output Value per Hectare Cultivated Land (yuan)	31923	53885	62595	64150
每一农业从业者农产品产量	Output of Farm Products per Agricultural Laborer				
油料 (公斤)	Oil-bearing Crops (kg)	67.32	72.23	134.07	139.80
水产品 (公斤)	Aquatic Products (kg)	64.35	91.82	162.40	169.22
每公顷播种面积农产品产量	Output of Farm Products per Hectare Sown Area				
粮食 (公斤)	Grain (kg)	5716	5477	6173	6367
棉花 (公斤)	Cotton (kg)	1173	1395	1145	1341
油料 (公斤)	Oil-bearing Crops (kg)	1490	1569	1724	1743
规模以上工业企业效益	Economic Efficiency of Industrial Enterprises above Designated				
资产负债率 (%)	Size Ratio of Asset-liability (%)	67.60	61.89	49.50	51.52

1-10 续表 Continued

指 标	Item	2000	2005	2017	2018
成本费用利润率 (%)	Ratio of Cost Profit (%)	2.4	4.6	5.8	5.3
百元销售收入实现利润 (元)	Profits per 100 Yuan Sales Revenue (yuan)	2.2	4.1	5.4	4.9
工业产品销售率 (%)	Proportion of Industrial Products Sold (%)	99.3	99.5	97.1	98.4
建筑业技术装备率 (元/人)	Value of Machinery in Construction per Laborer (yuan/person)	5428	8051	10985	11715
建筑业动力装备率 (千瓦/人)	Power of Machinery per Laborer (kw/person)	4.7	4.9	3.8	3.9
建筑业产值利税率 (%)	Ratio of Per-tax Profits to Gross Output Value (%)	4.3	6.0	6.5	3.3
建筑业全员劳动生产率 (元/人)	Overall Labor Productivity (yuan/person-year)	46436	105740	314791	348142
运输业铁路网密度(公里/万平方公里)	Railway Density in Transportation (km/10 000 sq.km)	138.07	132.29	221.79	239.38
运输业公路网密度(公里/万平方公里)	Highway Density in Transportation (km/10 000 sq.km)	2872.90	4164.31	11318.40	11334.28
全省人均消费品零售额 (元)	Per Capita Retail Sales of Consumer Goods (yuan)	2113.51	3652.83	21714.20	22731.81
进出口总额相当于生产总值 (%)	Proportion of Total Imports and Exports to GDP (%)	5.63	7.47	7.04	8.45
每一来湘旅游客人次支出 (美元)	Expenditure per International Tourist in Hunan (USD)	486.92	541.82	401.43	416.46
教育、科技、文化	**Education, Science and Technology , Culture**				
学龄儿童入学率 (%)	Rate of School-age Children Enrollment (%)	98.42	99.03	99.98	99.93
小学升学率 (%)	Rate of Graduates of Primary Schools Entering Junior Secondary Schools (%)	97.04	99.66	101.31	101.24
初中升学率 (%)	Rate of Graduates of Junior Secondary Schools Entering Senior Secondary Schools (%)	51.15	60.82	92.51	93.82
学校每一专任教师负担学生人数	Number of Students Supported by Each Fulltime Teacher				
#高等学校 (人)	Institutions of Higher Education (person)	12.50	16.40	20.86	21.13
普通中学 (人)	Secondary Schools (person)	17.50	16.41	13.92	14.02
小学学校 (人)	Primary Schools (person)	21.70	17.06	19.24	19.01
国家财政性教育经费占 GDP 比例 (%)	Proportion of State Fiscal Funding on Education to GDP (%)	2.42	2.53	3.50	3.44
科技拨款相当于生产总值 (%)	Proportion of Funding for Scientific and Technical Activities to GDP (%)	0.15	0.17	0.27	0.36
每百万人有艺术表演团体 (个)	Number of Troupes per Million Persons (unit)	1.39	1.35	7.78	7.39
每百万人有公共图书馆 (个)	Number of Public Libraries per Million Persons (unit)	1.75	1.78	2.03	2.03
家庭、生活、环境	**Family , People's Livelihood and Environment**				
离婚率 (‰)	Divorce Rate (‰)	1.97	2.50	3.53	3.08
每万人口中医院卫生院数 (个)	Number of Hospitals per 10 000 persons (unit)	0.51	0.61	0.52	0.55
每万人口中执业(助理)医师数 (人)	Number of Doctors per 10 000 persons (person)	13.52	11.87	25.23	26.24
每万人口中医院床位数 (张)	Number of Hospital Beds per 10 000 persons (unit)	14.20	22.61	46.56	48.46
医院病床使用率 (%)	Utilization Rate of Hospital Beds (%)	45.59	68.20	85.17	84.36
城市用水普及率 (%)	Percentage of Households with Access to Tap Water (%)	97.50	91.11	96.52	96.35
城市燃气普及率 (%)	Percentage of Households with Access to Natural Gas (%)	78.35	75.43	93.5	93.64
人均公园绿地面积 (平方米)	Park Green Land Per Capita (sq.m)	5.10	6.87	9.99	10.99
每起火灾经济损失 (万元)	Average Loss of per Fire Disaster (10 000 yuan)	1.40	0.93	1.67	2.57
每起交通事故经济损失 (万元)	Average Loss of per Traffic Accident (10 000 yuan)	0.40	0.48	0.78	1.20

注：自 2010 年起艺术表演团体含民间职业剧团，此前为文化部门专业剧团数据。

Since 2010, arts performance troupes included folk troupes. And before that, arts performance troupes included professional troupes of cultural department only.

1-11 国民经济主要比例关系
Main Proportional Relations of National Economy

单位：%　　　　(%)

指　标	Item	2000	2005	2017	2018
地区生产总值（生产法）	**Ratio of Gross Domestic Products**				
第一产业	Primary Industry	22.1	16.6	8.8	8.5
第二产业	Secondary Industry	36.4	39.7	41.7	39.7
第三产业	Tertiary Industry	41.5	43.7	49.5	51.8
地区生产总值（支出法）	**Ratio of Gross National Expenditure**				
资本形成总额	Gross Capital Formation	29.5	39.4	51.9	51.3
#固定资本形成总额	# Fixed Capital Formation	103.4	97.9	97.6	98.6
存货增加	Changes in Inventories	-3.4	2.1	2.4	1.4
最终消费	Final Consumption Expenditure	69.6	60.7	53.3	54.2
#居民消费	#Resident Consumption	78.0	76.9	73.5	73.9
#农村居民	#Rural Household	46.7	36.9	27.4	26.7
城镇居民	Urban Household	53.3	63.1	72.6	73.3
政府消费	Government Consumption	22.0	23.1	26.5	26.1
固定资产投资的资金来源	**Ratio of Investment in Fixed Assets by Source of Finance**				
国家预算内投资	State Budgetary Appropriation	7.2	3.3	5.2	3.8
国内贷款	Domestic Loans	20.0	13.5	9.0	10.5
债券	Bunds	0.2	0.3	0.2	0.3
利用外资	Foreign Investment	2.1	2.5	0.4	0.3
自筹投资	Fundraising	58.5	66.0	71.5	60.6
其他投资	Others	12.1	14.4	13.7	24.4
国有经济投资中各行业	**Investment in Fixed Assets by Sector**				
（国有经济）	(State-owned Economic)				
农、林、牧、渔业	Agriculture, Forestry, Animal Husbandry and Fishery	0.8	2.2	2.3	2.1
工业	Industry	23.7	25.5	12.1	14.1
地方财政收入	**Public Budgetary Revenue**				
企业所得税	Income Tax of Enterprises	6.77	5.50	7.32	8.24
国有企业亏损补贴	Subsidies to Loss-suffering State-owned Enterprises	-2.78	-0.95	-0.05	-0.05

注：从 2013 年执行新的三次产业划分规定，即第一产业不含农林牧渔服务业；第二产业不含采矿业的开采辅助活动和制造业的金属制品、机械和设备修理业，因此第二产业不等于工业加建筑业，下表同。

Since 2013,the rules of the new division of three industries has been excuted.That is the first industry exclude agriculture,forestry,animal musbandry and fishery services,the secondary industry exclude mining auxiliary activities in mining industry and metal products, machinery and equipment repair in manufacturing industry. So the secondary industry is not equal to the industry and the construction industry.The same applies to the relvant tables following.

1—11 续表 Continued

单位：% (%)

指 标	Item	2000	2005	2017	2018
农林牧渔业总产值	**Total Output Value of Agriculture, Forestry, Animal Husbandry and Fishery**				
农业	Agriculture	50.6	46.1	49.8	49.7
林业	Forestry	4.1	4.9	6.2	7.2
牧业	Animal Husbandry	38.8	40.6	28.9	27.3
渔业	Fishery	6.5	6.7	7.5	7.8
客运量	**Total Passenger Traffic**				
铁路	Railways	6.0	4.7	11.1	12.9
公路	Highways	92.6	94.2	86.4	84.2
水运	Waterways	1.3	0.6	1.4	1.6
民用航空	Civil Aviation	0.2	0.5	1.1	1.3
货运量	**Total Freight Traffic**				
铁路	Railways	9.2	6.8	1.8	1.9
公路	Highways	83.7	87.2	87.8	88.4
水运	Waterways	6.6	6.0	10.0	9.1
货物周转量	**Total Freight Ton-kilometers**				
铁路	Railways	58.8	56.0	18.8	18.5
公路	Highways	27.7	32.4	69.3	70.7
水运	Waterways	13.4	11.5	11.5	10.4
全社会消费品零售总额	**Total Retail Sales of Consumer Goods**				
城镇	Urban			90.3	90.3
其中：城区	City Proper			57.4	58.0
乡村	Rural			9.7	9.7

注：从2010年起，社会消费品零售总额统计采用新的分组，即将经营单位所在地分组由“市”、“县”、“县以下”改为“城镇”、“乡村”。

From 2010, new grouping method is adopted for the statistics on the total retail sales of consumer goods: grouping according to operation location changes from city, county and below county level to urban and rural areas.

1−12 平均每天主要社会经济活动

Selected Indicators of Average Daily Social and Economic Activities

指 标	Item	2000	2005	2017	2018
全省每天创造的财富	**Daily Production**				
地区生产总值 (亿元)	Gross Domestic Product (100 million yuan)	9.73	18.15	92.88	99.80
农林牧渔业总产值 (亿元)	Total Output Value of Agriculture, Forestry, Animal Husbandry and Fishery (100 million yuan)	3.43	5.63	14.28	14.69
地方财政收入 (万元)	Public Budgetary Revenue (10 000 yuan)	4850.40	10829.18	75556.75	78379.30
布 (万米)	Cloth (10 000 m)	93.42	98.98	90.58	77.33
机制纸及纸板 (吨)	Machine-made Paper and Paperboard (ton)	1919.73	4673.70	11021.39	9543.30
原煤 (万吨)	Coal (10 000 tons)	4.08	9.99	5.10	4.64
发电量 (万度)	Electricity (10 000 kw.h)	9710.14	17268.08	36964.33	38870.39
原油加工量 (吨)	Machining Crude Oil (ton)	14422.47	16189.52	21074.85	25992.78
粗钢 (吨)	Crude Steel (ton)	8331.51	26717.09	55929.15	63221.57
钢材 (吨)	Steel (ton)	8193.15	26335.95	60551.93	65059.98
水泥 (万吨)	Cement (10 000 tons)	6.56	9.78	32.66	29.92
粮食 (万吨)	Grain (10 000 tons)	7.88	7.83	8.42	8.28
棉花 (吨)	Cotton (ton)	469.32	508.49	300.00	234.77
油料 (吨)	Oil-bearing Crops (ton)	3817.81	3862.47	6193.93	6423.19
苎麻 (吨)	Ramie (ton)	181.37	358.08	10.63	11.41
烤烟 (吨)	Flue-cured Tobacco (ton)	426.03	558.63	560.50	522.05
茶叶 (吨)	Tea (ton)	156.99	197.26	540.09	588.18
柑桔 (吨)	Oranges (ton)	3449.86	5630.41	13723.35	14481.37
猪牛羊肉 (吨)	Pork, Beef and Mutton (ton)	11959.18	14957.26	13172.33	13139.73
水产品 (吨)	Aquatic Products (ton)	3649.59	4910.14	6638.71	6918.76
进出口总额 (万美元)	Total Imports and Exports (USD 10 000)	688.49	1645.16	9873.84	12747.90
进口额 (万美元)	#Total Imports (USD 10 000)	235.62	618.68	3525.41	4371.37
出口额 (万美元)	Total Exports (USD 10 000)	452.88	1026.48	6348.42	8376.53
其他经济活动	**Other Daily Economic Activities**				
邮政业务总量 (万元)	Business Volume of Postal Services (10 000 yuan)	250.96	610.41	5277.81	6801.10
电信业务总量 (万元)	Business Volume of Telecommunications Services (10 000 yuan)	3609.86	9587.95	25438.36	67865.75
出版图书 (万册)	Books Published (10 000 copies)	68.07	91.06	125.76	124.22
出版杂志 (万册)	Magazines Published 10 000 copies)	28.78	32.08	32.01	24.02
出版报纸 (万份)	Newspaper Published (10 000 pieces)	228.68	291.58	254.56	232.33
全省每天人口变动和婚姻	**Daily Population Changes and Marriages**				
出生 (人)	Births (person)	2054	2195	2487	2298
死亡 (人)	Deaths (person)	1218	1245	1327	1334
结婚 (对)	Marriages (couples)	1050	1259	1254	1155
离婚 (对)	Divorces (couples)	177	227	664	583

注：电信业务总量从2017年起，由2010年不变价调整为2015年不变价；邮政业务总量从2010年起，由2000年不变价调整为2010年不变价。出生、死亡人口数从2014年起为常住人口口径。

The total volume of telecommunication services has been adjusted from the constant price in 2010 to the constant price in 2015 since 2017; the total amount of postal services has been adjusted from the constant price in 2000 to the constant price in 2010 since 2010. From 2014, birth and death of the population for the resident population caliber.

1-13 人均主要工农业产品产量

Per Capita Output of Major Agricultural and Industrial Products

指 标		Item		2000	2005	2017	2018
甘蔗	（公斤）	Sugarcane	(kg)	17.70	14.95	4.84	4.91
烤烟	（公斤）	Flue-cured Tobacco	(kg)	2.40	3.03	2.98	2.74
茶叶	（公斤）	Tea	(kg)	0.90	1.07	2.87	3.12
水果	（公斤）	Fruit	(kg)	23.00	80.26	85.48	146.93
#柑桔	（公斤）	#Oranges	(kg)	19.20	30.60	73.02	76.83
水产品	（公斤）	Aquatic Products	(kg)	20.30	26.70	35.34	36.82
纱（混合数）	（公斤）	Yarn	(kg)	2.53	3.88	14.72	14.45
布（混合数）	（米）	Cloth	(meter)	5.19	5.38	4.82	4.09
机制纸及纸板	（公斤）	Machine-made Paper and Paperboard	(kg)	10.68	25.40	58.64	50.49
合成洗涤剂	（公斤）	Synthetic Detergents	(kg)	1.24	4.77	6.38	4.83
原盐	（公斤）	Salt	(kg)	11.11	17.67	44.90	46.85
卷烟	（箱／百人）	Cigarettes	(cases/100 persons)	3.51	4.31	4.89	4.74
原煤	（吨）	Coal	(ton)	0.23	0.54	0.27	0.25
原油加工量	（公斤）	Machining Crude Oil	(kg)	80.22	88.00	112.13	137.91
发电量	（千瓦小时）	Electricity	(kw.h)	540.11	938.64	1966.72	2062.33
生铁	（公斤）	Pig Iron	(kg)	50.70	143.17	260.92	284.57
粗钢	（公斤）	Crude Steel	(kg)	46.35	145.23	297.58	334.49
钢材	（公斤）	Steel	(kg)	45.57	143.15	322.17	344.22
水泥	（吨）	Cement	(ton)	0.37	0.53	1.74	1.58
合成氨	（公斤）	Synthetic Ammonia	(kg)	25.49	28.84	7.26	7.94
农用化肥（折纯量）	（公斤）	Chemical Fertilizers	(kg)	21.60	38.35	12.39	7.88
#氮肥	（公斤）	#Nitrogen Fertilizers	(kg)	17.21	34.09	10.65	6.25
化学农药原药	（公斤）	Chemical Pesticide	(kg)	0.70	1.34	0.83	0.86
汽车	（辆／万人）	Motor Vehicles	(unit/10 000 persons)	2.68	13.79	97.85	100.2
摩托车	（辆／万人）	Motorcycles	(unit/10 000 persons)	21.72	43.99	22.25	17.91

1–14 贫困市县基本情况 (2018年)
Basic Statistics on Poverty Counties and Cities (2018)

市 县	Counties and Cities	常住人口 (万人) Total Population (10 000 persons)	地区生产总值 (万元) Gross Regional Products (10 000 yuan)	第一产业增加值 (万元) Added Value of Primary Industry (10 000 yuan)	工业增加值 (万元) Added Value of Industry (10 000 yuan)	一般公共预算收入 (万元) General Public Budget Revenue (10 000 yuan)	粮食产量 (吨) Total Output of Grain (ton)	农村居民人均可支配收入 (元) Per Capita Disposable Income of Rural Households (yuan)
武陵山片区	**Wuling Mountainous Area**							
新邵县	Xinshao County	78.72	1452608	281434	443929	102635	300592	11187.2
邵阳县	Shaoyang County	91.75	1561808	339284	413493	83044	443134	10806.1
隆回县	Longhui County	115.81	1864317	375250	378943	130923	493772	10288.3
洞口县	Dongkou County	80.53	1722087	463127	418276	93228	468717	10732.1
绥宁县	Suining County	37.21	929551	176011	385273	50156	142401	10145.4
新宁县	Xinning County	59.16	1102583	253904	198185	82554	282835	10031.8
城步县	Chengbu County	27.57	416453	94083	128654	34938	77494	8215.4
武冈市	Wugang City	78.05	1498401	421519	238852	106139	438822	12130.1
石门县	Shimen County	58.71	2782192	384766	914989	151887	297795	11712.3
慈利县	Cili County	61.70	1922329	272100	433622	136423	315366	10659.0
桑植县	Sangzhi County	38.94	966649	114956	127672	66773	139457	8182.8
安化县	Anhua County	85.97	2334581	380566	749980	151701	236018	9000.1
中方县	Zhongfang County	25.95	1135948	132721	562222	72508	113132	11242.9
沅陵县	Yuanling County	61.55	1588745	226011	657316	145135	241379	9545.0
辰溪县	Chenxi County	47.44	1184081	168553	270557	84888	200480	9978.4
溆浦县	Xupu County	76.62	1563479	325924	317143	86046	353511	11294.0
会同县	Huitong County	33.21	791150	121478	137417	59864	125762	10051.4
麻阳县	Mayang County	35.23	812479	156627	197949	56125	109410	8522.0
新晃县	Xinhuang County	25.22	574765	78420	201886	51562	77479	8697.1
芷江县	Zhijiang County	35.36	997886	169197	340988	72975	225364	8983.3
靖州县	Jingzhou County	25.79	883717	121303	279904	51279	132738	9794.8
通道县	Tongdao County	21.22	436276	65898	115932	44011	86882	7968.3
新化县	Xinhua County	114.95	2510280	431763	602300	156574	461552	8871.0
涟源市	Lianyuan City	98.61	2905910	362827	1117475	131454	381597	10125.0
泸溪县	Luxi County	29.21	581453	83710	239051	58565	79410	8360.1
凤凰县	Fenghuang County	33.97	810267	90724	46323	125776	125042	10129.8
花垣县	Huayuan County	29.29	622079	67959	275853	72298	87562	8692.9
保靖县	Baojing County	29.70	565981	82942	162897	51492	87229	9611.1
古丈县	Guzhang County	13.44	257473	51767	48571	36356	31311	7847.4
永顺县	Yongshun County	44.71	693506	164501	82421	75831	224239	8043.0
龙山县	Longshan County	48.81	837225	185112	93135	91179	180263	9411.5
罗霄山片区	**Luoxiao Mountainous Area**							
茶陵县	Chaling County	59.25	1855071	291556	435227	129559	279070	9574.2
炎陵县	Yanling County	20.39	751674	105623	245198	57645	88258	8881.9
宜章县	Yizhang County	59.69	2312320	204576	831717	127337	253480	9614.2
汝城县	Rucheng County	35.25	652831	123448	181379	80880	148104	9990.2
桂东县	Guidong County	23.21	368606	48502	76237	41607	63814	9602.1
安仁县	Anren County	39.75	945719	181519	271114	61108	282959	10983.4
片区外国扶县	**Other State Aided Counties**							
平江县	Pingjiang County	99.55	2866126	419622	1094241	149198	414214	9580.4
新田县	Xintian County	34.55	860511	173874	194109	70390	154339	9405.0
江华县	Jianghua County	44.33	1253878	242161	316264	127118	225021	10625.2
片区外省扶县	**Other Province Aided Counties**							
祁东县	Qidong County	96.97	2758563	438963	785880	130092	451296	14124.1
永定区	Yongding Distract	46.94	2359297	182971	274397	140833	143295	10118.4
武陵源区	Wulingyuan Distract	6.21	597328	17567	2497	51783	14158	13148.1
双牌县	Shuangpai County	20.08	641898	144564	222366	59771	71350	9046.1
江永县	Jiangyong County	24.09	699502	196129	148716	62908	125056	10312.4
宁远县	Ningyuan County	71.58	1661615	277936	400697	182275	299453	14458.0
双峰县	Shuangfeng County	82.74	2335676	457219	839359	121701	500962	12072.8
吉首市	Jishou City	35.82	1676245	71566	396890	150937	48363	10760.5

1−15 城乡私营企业基本情况 (2018年)
Basic Statistics on Private Enterprises in Urban and Rural Areas (2018)

项 目	Item	户 数（户）Number of Enterprises (unit)	投资者（人）Employers (person)	雇工人数（人）Number of Employed Persons (person)	注册资金（万元）Registered Capital (10 000 yuan)
总计	**Total**	**754752**	**1443902**	**3054431**	**453227435**
#城镇	#Urban	624910	1200003	857699	397950828
独资企业	Private-funded Enterprises	75308	74236	764958	5510936
合伙企业	Private Partnership Enterprises	16698	78473	222127	50750437
有限责任公司	Private Limited Liability Corporations	656383	1260830	1973424	380148501
股份有限公司	Private Share-holding Corporations Ltd.	6363	30363	93922	16817560

注：本表资料由湖南省工商行政管理局提供。
Data in the table were obtained from the Administrative Bureau for Industry and Commerce of Hunan Province.

1−16 城乡个体工商业基本情况 (2018年)
Basic Statistics on Individuals and Commerce in Urban and Rural Areas (2018)

项 目	Item	期末户数（户）Number of Enterprise (household)	#城镇 Urban	期末从业人员（人）Number of Employees (person)	#城镇 Urban	期末注册资金（万元）Registered Capital (10 000yuan)	#城镇 Urban
总计	**Total**	**2981454**	**2328795**	**5089213**	**3240384**	**32260927**	**24459834**
农、林、牧、渔业	Farming, Forestry, Animal Husbandry and Fishery	60248	19150	124707	24353	2460031	648737
采矿业	Mining and Quarrying	1293	619	2863	680	89242	35879
制造业	Manufacturing	129619	90239	267705	151175	2002421	1161774
电力、热力、燃气及水生产和供应业	Production and Distribution of Electricity, Heat,Gas and Water	2754	844	5769	1275	181750	47179
建筑业	Construction	8397	5584	20786	12896	188180	110170
批发和零售业	Wholesale and Retail Trades	1866349	1473170	2418108	1581601	17078867	14288179
交通运输、仓储和邮政业	Transport, Storage and Post	131293	73885	156117	84819	1471689	770255
住宿和餐饮业	Hotels and Catering Trades	391975	337604	961420	719208	4654920	3908552
信息传输、软件和信息技术服务业	Information Transfer, Computer Services and Software	26446	16933	33221	21180	200921	135158
金融业	Financial Intermediation	193	160	377	311	4125	3514
房地产业	Real Estate Trade	3427	3333	10476	10127	37109	35263
租赁和商务服务业	Tenancy and Business Services	48463	42630	93319	77400	746630	600967
科学研究和技术服务业	Scientific Research, Technical Services	1804	1579	3877	3445	22819	19948
水利、环境和公共设施管理业	Management of water conservancy, environment and public facilities	11644	10836	24760	797	75259	66526
居民服务、修理和其他服务业	Resident Services Repair and Other Services	266662	225908	877043	480856	2384759	2047281
教育	Education	2883	2456	9721	7900	63463	52515
卫生和社会工作	Health and Social Service	9650	8773	19958	18553	106547	98764
文化、体育和娱乐业	Culture,Sports and Entertainment	17931	14806	58403	43542	484728	424774
其他	Others	423	286	583	266	7467	4400

注：本表资料由湖南省工商行政管理局提供。
Data in the table were obtained from the Administrative Bureau for Industry and Commerce of Hunan Province.

1-17 "三资"企业投资基本情况(2018年)

Basic Statistics on Investment of "Three Types of Capital" Enterprises (2018)

类 别	Item	本期实际投资(万美元) Used Value (USD 10 000)	年末实有企业数(个) Number of Registered Enterprises (unit)	#本年新增企业 Newly Increase this Year
总计	**Total**	**1730344**	**8765**	**1032**
中外合资	Sino-foreign Joint Ventures	341640	1042	52
中外合作(法人)	Sino-foreign Cooperative Enterprises	140974	96	-8
中外合作(非法人)	Unincorporated Sino-foreign Cooperative Enterprises			
外资企业	Foreign Enterprises	1246906	1339	88
外商投资股份有限公司	Companies Limited by Shares with Foreign Investment	823	35	3
其他外商投资企业	Other Kinds of Foreign-invested Enterprises	2	25	8
合伙企业	Partnerships		24	7
普通合伙企业	General Partnerships		5	
特殊的普通合伙企业	#Special General Partnerships			
有限合伙企业	Limited Partnerships		19	7
其他企业	Others	2	1	1
外商投资企业分支机构	Branches of Foreign-invested Enterprises		6228	889
按国民经济行业分组	**By Economic Sector**			
农、林、牧、渔业	Agriculture, Forestry, Animal Husbandry and Fishery	88043	163	4
采矿业	Mining	791	15	-1
制造业	Manufacturing	99404	1033	-46
电力、热力、燃气及水生产和供应业	Production and Distribution of Electricity, Heat, Gas and Water	13217	319	-25
建筑业	Construction	871	71	6
批发和零售业	Wholesale and Retail Trade	75194	4108	770
交通运输、仓储和邮政业	Transportation, Storage and Post	39844	136	10
住宿和餐饮业	Hotel and Restaurants	7540	678	84
信息传输、软件和信息技术服务业	Information Transmission, Software and Information Technology	23369	567	-5
金融业	Financial Intermediation	7918	303	45
房地产业	Real Estate Trade	157532	297	14
租赁和商务服务业	Tenancy and Business Services	79776	640	98
科学研究和技术服务业	Scientific Research, Technical Services,	922772	219	53
水利、环境和公共设施管理业	Management of Water Conservancy, Environment and Public Facilities	202938	43	6
居民服务、修理和其他服务业	Services to Households, Repair and Other Services	395	80	9
教育	Education	40	8	2
卫生和社会工作	Health and Social Service	2055	10	3
文化、体育和娱乐业	Culture, Sports and Entertainment	2446	71	1

注：本表年末实有企业数由湖南省工商行政管理局提供。

Figures on Number of Registered Enterprises were obtained from the Administrative Bureau for Indestry and Commerce of Hunan Province.

1-17 续表 Continued

类 别	Item	本期实际投资（万美元） Used Value (USD 10 000)	年末实有企业数（个） Number of Registered Enterprises (unit)	#本年新增企业 Newly Increase this Year
按国别（地区）分组	**By Country (Territory)**			
亚洲	Asian	1594803	1881	89
香港	Hong Kong	1498324	1250	28
澳门	Macao	2265	36	1
台湾	Taiwan	19845	336	37
日本	Japan		56	-4
韩国	Republic of Korea	41708	52	6
亚洲其他国家（地区）	Other Asian Countries(region)	32660	151	21
非洲	Africa	2897	42	4
欧洲	Europe	27364	176	20
德国	Federal Republic of Germany	20870	33	1
法国	France		12	
英国	United Kingdom	1747	29	4
欧洲其他国家（地区）	Other European Countries(region)	4747	102	15
拉丁美洲	Latin America	17143	126	-5
维尔京群岛	Virgin Islands	17136	104	-3
北美洲	North America	5696	194	5
加拿大	Canada	1197	51	3
美国	United States	4491	134	6
大洋洲	Oceanic	6231	63	4
澳大利亚	Australia	4948	30	3
新西兰	New Zealand		2	

1-18 非公有制经济指标(2018年)
Principal Indicators of Non-public Economy (2018)

指 标		Item	总量指标 Aggregate Date	发展速度(%)(以上年为100) Growth Rate (precending year=100)	人均增加值(元) Per Capita Value Added (yuan)
增加值	**(亿元)**	**Value Added of Non-public Economy (100 million yuan)**	**21224.54**	**107.6**	**30852**
农林牧渔业		Agriculture, Forestry, Animal Husbandry and Fishery	863.01	102.6	
工业		Industry	8807.80	107.8	
建筑业		Construction	1381.97	108.2	
批发和零售业		Wholesale and Retail Trades	2608.28	103.8	
交通运输、仓储和邮政业		Transport, Storage and Post	771.87	102.6	
住宿和餐饮业		Hotels and Catering Trades	721.01	104.6	
金融业		Financial Intermediation	182.57	103.3	
房地产业		Real Estate	1066.19	107.2	
其他服务业		Others	4821.84	112.1	
第一产业		Primary Industry	680.66	101.4	
第二产业		Secondary Industry	10177.17	107.9	
第三产业		Tertiary Industry	10366.71	107.8	
实缴税金	(亿元)	Tax (100 million yuan)	2564.87	119.5	
第二、三产业从业人员数	(万人)	Employed Persons in Secondary and Tertiary Industry (10 000 person)	2024.00	98.6	
增加值按市州分列	(亿元)	Cities and Prefecture (100 million yuan)			
长沙市		Changsha City	6743.75	109.1	83915
株洲市		Zhuzhou City	1514.27	111.6	37658
湘潭市		Xiangtan City	1414.80	110.5	49493
衡阳市		Hengyang City	1943.64	110.2	26904
邵阳市		Shaoyang City	1154.13	108.9	15654
岳阳市		Yueyang City	2235.22	108.6	38771
常德市		Changde City	1928.97	109.5	33053
张家界市		Zhangjiajie City	367.59	107.9	23951
益阳市		Yiyang City	1204.24	108.5	27351
郴州市		Chenzhou City	1580.84	109.0	33365
永州市		Yongzhou City	1031.34	108.5	18869
怀化市		Huaihua City	866.95	108.4	17444
娄底市		Loudi City	800.19	108.7	20389
湘西土家族苗族自治州		West Hunan Tujia and Miao A.P	413.42	105.9	15637

1-19 按登记注册类型分产业法人单位数(2018年)
Corporate Units by Registration Type and Industry (2018)

单位:个 (unit)

指 标	Item	合计 Total	第一产业 Primary Industry	第二产业 Secondary Industry	第三产业 Tertiary Industry
总计	**Total**	**683970**	**61212**	**103904**	**518854**
内资	Internal-invested	682556	61178	103251	518127
国有	State-owned	56671	337	668	55666
集体	Collective-owned	6113	300	1294	4519
股份合作	Cooperated by Joint-stock	532	56	116	360
联营	Cooperative	876		102	774
国有联营	State-owned Cooperative	102	8	14	80
集体联营	Collective-owned Cooperative	282	17	54	211
国有与集体联营	State-owned and Collective-owned Cooperative	88	2	13	73
其他联营	Other Cooperative	404	20	21	363
有限责任公司	Limited Liability Company	53502		11305	42197
国有独资公司	Wholly State-owned Cooperative Company	2041	27	521	1493
其他有限责任公司	Other Limited Liability Company	51461	1220	10784	39457
股份有限公司	Company Limited by Shares	9531	357	2373	6801
私营	Individual-owned	424325	20900	86680	316745
私营独资	Wholly Individual-owned	62477	7184	10814	44479
私营合伙	Individual-owned Partnership	12787	897	3835	8055
私营有限责任公司	Individual-owned Limited Liability Company	340237	12437	69732	258068
私营股份有限公司	Individual-owned Company Limited by Shares	8824	382	2299	6143
其他内资	Other Internal-invested	131006	37934	713	92359
港澳台商投资	Enterprises Funded by Entrepreneurs From Hong Kong, Macao and Taiwan	755	29	354	372
与港澳台商合资经营	Uoint Venture with Entrepreneurs From Hong Kong, Macao and Taiwan	306	12	138	156
与港澳台商合作经营	Cooperative Venture with Entrepreneurs From Hong Kong,Macao and Taiwan	19	2	6	11
港澳台商独资	Wholly Entrepreneurs-owned From Hong Kong, Macao and Taiwan	380	15	189	176
港澳台商投资股份有限公司	Enterprises Limited by Shares Funded by Entrepre-neurs From Hong Kong,Macao and Taiwan	26		10	16
其他港、澳、台商投资	Other Enterprises Funded by Entrepreneurs From Hong Kong, Macao and Taiwan	24		11	13
外商投资	Enterprises Funded by Foreigners	659	5	150	504
中外合资经营	Sino-foreign Joint Equity	267		9	258
中外合作经营	Sino-foreign Cooperative Ventures	17		109	-92
外资企业	Foreign-funded Enterprise	239	2	7	230
外商投资股份有限公司	Enterprises Limited by Shares Funded by Foreigners	43			43
其他外商投资	Other Enterprises Funded by Foreigners	4			4

1-20 按登记注册类型分机构类型法人单位数 (2018年)
Corporate Units by Registration Type and Organization Type (2018)

单位：个 (unit)

指 标	Item	合计 Total	企 业 Enterprises	事业单位 Public Institution	机 关 Government Department	社会团体 Social Organization
总计	**Total**	**683970**	**485375**	**44339**	**10651**	**12118**
内资	Internal-invested	682556	483961	44339	10651	12118
国有	State-owned	56671	2509	40158	10651	2471
集体	Collective-owned	6113	2588	1433		844
股份合作	Cooperated by Joint-stock	532	285	13		14
联营	Cooperative	876	347	115		213
国有联营	State-owned Cooperative	102	52	42		6
集体联营	Collective-owned Cooperative	282	142	17		72
国有与集体联营	State-owned and Collective-owned Cooperative	88	38	32		18
其他联营	Other Cooperative	404	115	24		117
有限责任公司	Limited Liability Company	53502	53124			70
国有独资公司	Wholly State-owned Cooperative Company	2041	2036			4
其他有限责任公司	Other Limited Liability Company	51461	51088			66
股份有限公司	Company Limited by Shares	9531	9443			13
私营	Individual-owned	424325	415308			469
私营独资	Wholly Individual-owned	62477	56676			219
私营合伙	Individual-owned Partnership	12787	10764			137
私营有限责任公司	Individual-owned Limited Liability Company	340237	339169			112
私营股份有限公司	Individual-owned Company Limited by Shares	8824	8699			1
其他内资	Other Internal-invested	131006	357	2620		8024
港澳台商投资	Enterprises Funded by Entrepreneurs From Hong Kong, Macao and Taiwan	755	755			
与港澳台商合资经营	Uoint Venture with Entrepreneurs From Hong Kong,Macao and Taiwan	306	306			
与港澳台商合作经营	Cooperative Venture with Entrepreneurs From Hong Kong,Macao and Taiwan	19	19			
港澳台商独资	Wholly Entrepreneurs-owned From Hong Kong, Macao and Taiwan	380	380			
港澳台商投资股份有限公司	Enterprises Limited by Shares Funded by Entrepreneurs From Hong Kong, Macao and Taiwan	26	26			
其他港、澳、台商投资	Other Enterprises Funded by Entrepreneurs From Hong Kong, Macao and Taiwan					
外商投资	Enterprises Funded by Foreigners	659	659			
中外合资经营	Sino-foreign Joint Equity	267	267			
中外合作经营	Sino-foreign Cooperative Ventures	17	17			
外资企业	Foreign-funded Enterprise	239	239			
外商投资股份有限公司	Enterprises Limited by Shares Funded by Foreigners	43	43			
其他外商投资	Other Enterprises Funded by Foreigners					

1-20 续表 Continued

单位：个 (unit)

指 标	Item	民办非企业单位 Private Non-enterprise Units	基金会 Foundation	居委会 Neighborhood Committee	村委会 Village Committee	农民专业合作社 Farmer Specialized Cooperative	其他组织机构 Other Organization
总计	**Total**	**18343**	**221**	**5296**	**24366**	**75439**	**7821**
内资	Internal-invested	18343	221	5296	24366	75439	7821
国有	State-owned	618	66				198
集体	Collective-owned	707	6			100	395
股份合作	Cooperated by Joint-stock	184					36
联营	Cooperative	134					67
国有联营	State-owned Cooperative	2					
集体联营	Collective-owned Cooperative	32					19
国有与集体联营	State-owned and Collective-owned ooperative						
其他联营	Other Cooperative	100					48
有限责任公司	Limited Liability Company	247	2				59
国有独资公司	Wholly State-owned Cooperative Company	1					
其他有限责任公司	Other Limited Liability Company	246	2				59
股份有限公司	Company Limited by Shares	61					14
私营	Individual-owned	7590	9				949
私营独资	Wholly Individual-owned	5183	5				394
私营合伙	Individual-owned Partnership	1454					432
私营有限责任公司	Individual-owned Limited Liability Company	840	4				112
私营股份有限公司	Individual-owned Company Limited by Shares	113					11
其他内资	Other Internal-invested	8802	138	5296	24366	75339	6103
港澳台商投资	Enterprises Funded by Entrepreneurs From Hong Kong,Macao and Taiwan						
与港澳台商合资经营	Uoint Venture with Entrepreneurs From Hong Kong,Macao and Taiwan						
与港澳台商合作经营	Cooperative Venture with Entrepreneurs From Hong Kong,Macao and Taiwan						
港澳台商独资	Wholly Entrepreneurs-owned From Hong Kong, Macao and Taiwan						
港澳台商投资股份有限公司	Enterprises Limited by Shares Funded by Entrepreneurs From Hong Kong, Macao and Taiwan						
其他港、澳、台商投资	Other Enterprises Funded by Entrepreneurs From Hong Kong,Macao and Taiwan						
外商投资	Enterprises Funded by Foreigners						
中外合资经营	Sino-foreign Joint Equity						
中外合作经营	Sino-foreign Cooperative Ventures						
外资企业	Foreign-funded Enterprise						
外商投资股份有限公司	Enterprises Limited by Shares Funded by Foreigners						
其他外商投资	Other Enterprises Funded by Foreigners						

1-21 按登记注册类型分行业法人单位数 (2018年)
Corporate Units by Registration Type and Sector (2018)

单位：个 (unit)

指 标	Item	合计 Total	农、林、牧、渔业 Agriculture, Forestry, Animal Husbandry and Fishing	采矿业 Mining	制造业 Manufac-turing	电力、燃气及水的生产和供应业 Production and Supply of Electricity, Gas and Water	建筑业 Constr-uction
总计	**Total**	**683970**	**81698**	**3779**	**62538**	**6800**	**30787**
内资	Internal-invested	682556	81654	3774	61974	6732	30771
国有	State-owned	56823	1126	18	187	338	125
集体	Collective-owned	6096	411	73	494	534	193
股份合作	Cooperated by Joint-stock	545	77	15	50	48	3
联营	Cooperative	874	63	3	38	53	8
有限责任公司	Limited Liability Company	53963	2140	279	5834	1214	3978
股份有限公司	Company Limited by Shares	9490	470	134	1368	229	642
私营	Individual-owned	424296	26057	3252	53324	4282	25822
其他内资	Other Internal-invested	130469	51310		679	34	
港澳台商投资	Enterprises Funded by Entrepreneurs From Hong Kong,Macao and Taiwan	752	34	3	300	39	12
与港澳台商合资经营	Uoint Venture with Entrepreneurs From Hong Kong,Macao and Taiwan	307	14	1	112	20	5
与港澳台商合作经营	Cooperative Venture with Entrepreneurs From Hong Kong,Macao and Taiwan	19	2		5	1	
港澳台商独资	Wholly Entrepreneurs-owned From Hong Kong, Macao and Taiwan	376	18	2	168	16	3
港澳台商投资股份有限公司	Enterprises Limited by Shares Funded by Entrepreneurs From Hong Kong,Macao and Taiwan	26			9	1	
其他港、澳、台商投资	Other Enterprises Funded by Entrepreneurs From Hong Kong, Macao and Taiwan						
外商投资	Enterprises Funded by Foreigners	659	10	2	264	29	4
中外合资经营	Sino-foreign Joint Equity	268	1	1	132	17	
中外合作经营	Sino-foreign Cooperative Ventures	17	1	1	8		
外资企业	Foreign-funded Enterprise	238	3		102	6	1
外商投资股份有限公司	Enterprises Limited by Shares Funded by Foreigners	47	1		7		
其他外商投资	Other Enterprises Funded by Foreigners	89	4		15	6	3

1-21 续表 1 Continued

单位：个 (unit)

指 标	Item	批发和零售业 Wholesale and Retail Trade	交通运输、仓储和邮政业 Transport, Storage and Post	住宿和餐饮业 Lodging and Catering Services	信息传输、计算机服务和软件业 Information Transmission, Computer Services and Software	金融业 Banking	房地产业 Real Estate	租赁和商务服务业 Leasing and Business Services
总计	**Total**	**154878**	**13688**	**11646**	**24880**	**2011**	**20714**	**65296**
内资	Internal-invested	154686	13654	11587	24851	1940	20560	65219
国有	State-owned	401	573	110	383	153	301	2023
集体	Collective-owned	522	144	43	22	8	114	226
股份合作	Cooperated by Joint-stock	53	5	9	1	8	5	27
联营	Cooperative	82	11	11	6	3	10	37
有限责任公司	Limited Liability Company	12557	1649	1178	3055	327	4344	8161
股份有限公司	Company Limited by Shares	2004	296	240	409	726	536	979
私营	Individual-owned	127883	10913	9947	20845	711	15221	51280
其他内资	Other Internal-invested	11184	63	49	130	4	29	2486
港澳台商投资	Enterprises Funded by Entrepreneurs From Hong Kong,Macao and Taiwan	84	20	33	13	12	111	47
与港澳台商合资经营	Uoint Venture with Entrepreneurs From Hong Kong,Macao and Taiwan	30	8	18	3	6	46	19
与港澳台商合作经营	Cooperative Venture with Entrepreneurs From Hong Kong,Macao and Taiwan	1	2			1	4	2
港澳台商独资	Wholly Entrepreneurs-owned From Hong Kong, Macao and Taiwan	42	9	11	9	5	54	23
港澳台商投资股份有限公司	Enterprises Limited by Shares Funded by Entrepreneurs From Hong Kong,Macao and Taiwan	7		2	1		3	1
其他港、澳、台商投资	Other Enterprises Funded by Entrepreneurs From Hong Kong, Macao and Taiwan	4	1	2			4	2
外商投资	Enterprises Funded by Foreigners	108	14	26	16	59	43	30
中外合资经营	Sino-foreign Joint Equity	31	3	5	4	26	20	5
中外合作经营	Sino-foreign Cooperative Ventures	2	2	3				
外资企业	Foreign-funded Enterprise	51	7	14	6	3	16	13
外商投资股份有限公司	Enterprises Limited by Shares Funded by Foreigners	4		1	2	30	1	1
其他外商投资	Other Enterprises Funded by Foreigners	20	2	3	4		6	11

1-21 续表 2 Continued

单位：个 (unit)

指　标	Item	科学研究和技术服务业 Scientific Research, Technical Service and Geologic Perambulation	水利、环境和公共设施管理业 Water Conservancy, Environment and Public Facilities Management	居民服务、修理和其他服务业 Services to Households and Other Services	教　育 Education	卫生和社会工作 Sanitation, Social Security and Social Welfare	文化、体育和娱乐业 Culture, Sports and Entertainment	公共管理、社会保障和社会组织 Public Management and Social Organization	国际组织 International Organization
总计	**Total**	**45379**	**6462**	**13286**	**31778**	**11858**	**24155**	**72337**	
内资	Internal-invested	45338	6455	13267	31773	11854	24133	72337	
国有	State-owned	3803	2087	238	10309	5247	1679	27722	
集体	Collective-owned	183	123	37	468	1226	116	1159	
股份合作	Cooperated by Joint-stock	11		5	157	40	15	16	
联营	Cooperative	35	4	17	118	64	33	278	
有限责任公司	Limited Liability Company	3972	778	1325	899	325	1874	74	
股份有限公司	Company Limited by Shares	540	96	208	183	85	331	14	
私营	Individual-owned	26183	3075	11168	12120	2615	19060	538	
其他内资	Other Internal-invested	10611	292	269	7519	2252	1025	42536	
港澳台商投资	Enterprises Funded by Entrepreneurs From Hong Kong,Macao and Taiwan	19	4	9	1		11		
与港澳台商合资经营	Uoint Venture with Entrepreneurs From Hong Kong,Macao and Taiwan	12	2	6			5		
与港澳台商合作经营	Cooperative Venture with Entrepreneurs From Hong Kong,Macao and Taiwan						1		
港澳台商独资	Wholly Entrepreneurs-owned From Hong Kong, Macao and Taiwan	5	2	3	1		5		
港澳台商投资股份有限公司	Enterprises Limited by Shares Funded by Entrepreneurs From Hong Kong,Macao and Taiwan	2							
其他港、澳、台商投资	Other Enterprises Funded by Entrepreneurs From Hong Kong, Macao and Taiwan								
外商投资	Enterprises Funded by Foreigners	22	3	10	4	4	11		
中外合资经营	Sino-foreign Joint Equity	13	1	1	2	1	5		
中外合作经营	Sino-foreign Cooperative Ventures								
外资企业	Foreign-funded Enterprise	7		5	1	2	1		
外商投资股份有限公司	Enterprises Limited by Shares Funded by Foreigners								
其他外商投资	Other Enterprises Funded by Foreigners	2	2	4	1	1	5		

主要统计指标解释

行政区划 指国家对行政区域的划分。根据宪法规定，我国的行政区域划分如下：(1) 全国分为省、自治区、直辖市；(2) 省、自治区分为自治州、县、自治县、市；(3) 自治州分为县、自治县、市；(4) 县、自治县分为乡、民族乡、镇；(5) 直辖市和较大的市分为区、县；(6) 国家在必要时设立的特别行政区。

国民经济行业分类 自 2012 年定期报表开始使用新的《国民经济行业分类》（GB/T4754—2011）。该分类是由国家统计局组织修订，国家质量监督检验检疫总局和中国国家标准化管理委员会于 2011 年 4 月 29 日发布。这次修订是在 2002 年分类标准的基础上，参照联合国《全部经济活动的国际标准产业分类》（ISIC/Rev.4）进行的。修订后的《国民经济行业分类》（GB/T4754—2012）共有门类 20 个，大类 96 个，中类 432 个，小类 1094 个。

企业（单位）登记注册类型 是以在工商行政管理机关登记注册的各类企业为划分对象，以工商行政管理部门对企业登记注册的类型为依据，将企业登记注册类型分为内资企业、港澳台商投资企业和外商投资企业三大类。内资企业包括国有企业、集体企业、股份合作企业、联营企业、有限责任公司、股份有限公司、私营企业和其他企业；港澳台商投资企业和外商投资企业分别包括合资经营企业、合作经营企业、独资经营企业和股份有限公司等。对不在工商行政管理部门进行登记注册的行政机关、事业单位和社会团体，主要按其经费来源和管理方式进行划分。

国有企业 指企业全部资产归国家所有，并按《中华人民共和国企业法人登记管理条例》规定登记注册的非公司制的经济组织。不包括有限责任公司中的国有独资公司。

集体企业 指企业资产归集体所有，并按《中华人民共和国企业法人登记管理条例》规定登记注册的经济组织。

股份合作企业 指以合作制为基础，由企业职工共同出资入股，吸收一定比例的社会资产投资组建，实行自主经营，自负盈亏，共同劳动，民主管理，按劳分配与按股分红相结合的一种集体经济组织。

联营企业 指两个及两个以上相同或不同所有制性质的企业法人或事业单位法人，按自愿、平等、互利的原则，共同投资组成的经济组织。联营企业包括国有联营企业、集体联营企业、国有与集体联营企业和其他联营企业。

有限责任公司 指根据《中华人民共和国公司登记管理条例》规定登记注册，由两个以上、五十个以下的股东共同出资，每个股东以其所认缴的出资额对公司承担有限责任，公司以其全部资产对其债务承担责任的经济组织。有限责任公司包括国有独资公司以及其他有限责任公司。

股份有限公司 指根据《中华人民共和国公司登记管理条例》规定登记注册，其全部注册资本由等额股份构成并通过发行股票筹集资本，股东以其认购的股份对公司承担有限责任，公司以其全部资产对其债务承担责任的经济组织。

私营企业 指由自然人投资设立或由自然人控股，以雇佣劳动为基础的营利性经济组织。包括按照《公司法》、《合伙企业法》、《私营企业暂行条例》规定登记注册的私营有限责任公司、私营股份有限公司、私营合伙企业和私营独资企业。

其他企业 指上述企业之外的其他内资经济组织。

合资经营企业（港或澳、台资） 指港澳台地区投资者与内地企业依照《中华人民共和国中外合资经营企业法》及有关法律的规定，按合同规定的比例投资设立、分享利润和分担风险的企业。

合作经营企业（港或澳、台资） 指港澳台地区投资者与内地企业依照《中华人民共和国中外合作经营企业法》及有关法律的规定，依照合作合同的约定进行投资或提供条件设立、分配利润和分担风险的企业。

港澳台商独资经营企业 指依照《中华人民共和国外资企业法》及有关法律的规定，在内地由港澳台地区投资者全额投资设立的企业。

港澳台商投资股份有限公司 指根据国家有关规定，经原外经贸部依法批准设立，其中港、澳、台商的股本占公司注册资本的比例达 25% 以上的股份有限公司。凡其中港、澳、台商的股本占公司注册资本的比例小于 25% 的，属于内资企业中的股份有限公司。

中外合资经营企业 指外国企业或外国人与中国内地企业依照《中华人民共和国中外合资经营企业法》及有关法律的规定，按合同规定的比例投资设立、分享利润和分担风险的企业。

中外合作经营企业 指外国企业或外国人与中国内地企业依照《中华人民共和国中外合作经营企业法》及有关法律的规定，依照合作合同的约定进行投资或提供条件设立、分配利润和分担风险的企业。

外资企业 指依照《中华人民共和国外资企业法》及有关法律的规定，在中国内地由外国投资者全额投资设立的企业。

外商投资股份有限公司 指根据国家有关规定，经原外经贸部依法批准设立，其中外资的股本占公司注册资本的比例达25%以上的股份有限公司。凡其中外资股本占公司注册资本的比例小于25%的，属于内资企业中的股份有限公司。

行政机关、事业单位和社会团体 参照企业登记注册类型，主要按其经费来源和管理方式划分。具体规定如下：

（1）行政机关：包括国家机关和政党机关，原则上均列为“国有”。但有特殊规定的，如供销社等，则列为“集体”。

（2）事业单位：包括经国家机构编制部门和有关业务主管部门批准成立的各类事业单位，不包括实行企业化管理的事业单位。事业单位的划分办法如下：

①由国家财政预算拨款或列入财政预算外资金管理以及经费主要来源于国有主管部门或国有上级单位的事业单位，列为“国有”。

②经费主要来源于集体单位的事业单位，列为“集体”。

③公民个人（或个人合伙）开办的事业单位，列为“私营”。

④上述以外的其他事业单位，如果其经费来源不明确，按管理方式进行归类。

（3）社会团体：包括经民政部门批准成立以及未纳入社会团体管理条例范围的工会、妇联等各类社会团体。社会团体的划分办法如下：

①未纳入民政部社会团体管理条例范围的工会、妇联、共青团、青联、工商联、科协、侨联等社会团体，国家拨款设立的基金会或基金管理组织以及经费主要来源于国有业务主管部门或国有上级单位的社会团体，列为“国有”。

②经费主要来源于集体单位的社会团体，列为“集体”。

③公民个人（或个人合伙）开办的社会团体，划为“私营”。

④上述以外的其他社会团体，如果其经费来源不明确，改按管理方式进行归类。

Explanatory Notes on Main Statistical Indicators

Divisions of Administrative Areas refers to the division of administrative areas by the state. The Constitution of the People Republic of China stipulates that the administrative areas in China are divided as: 1) The whole country is divided into provinces, autonomous regions and municipalities directly under the central government; 2) Provinces and autonomous regions are divided into autonomous prefectures, counties, autonomous counties and cities; 3) Autonomous prefectures are divided into counties, autonomous counties and cities; 4) Counties and autonomous counties are divided into townships, nationality townships and towns; 5) Municipalities and large cities are divided into districts and counties, 6) The state shall, when necessary, establish special administrative regions.

Industrial Classification of the National Economy The new Industrial Classification of the National Economy (GB/T 4754-2011) is introduced starting from the compilation of 2012 annual statistics. The revision, based on the 2002 classification, was organized by the National Bureau of Statistics taking into consideration of the International Standards of the Industrial Classification of All Economic Activities (ISIC/Rev.4) of the United Nations. The new Classification was promulgated by the National Administration of Quality Supervision, Inspection and Quarantine and the Standardization Administration of the People's Republic of China on April 29, 2011. The revised version of the Industrial Classification of the National Economy (GB/T 4754-2012) is composed of 20 sections, 96 divisions, 432 groups and 1094 classes.

Registration Status of Enterprises (Units) Enterprises are classified into 3 categories, namely domestic-funded enterprises, enterprises with investment from Hong Kong, Macao and Taiwan, and enterprises with foreign investment, according to the registration status of an enterprise in industrial and commercial administration agencies. Domestic-funded enterprises include State-owned enterprises, collective-owned enterprises, cooperative enterprises, joint ownership enterprises, limited liability corporations, share-holding corporations Ltd, private enterprises and other enterprises. Included in the enterprises with investment from Hong Kong, Macao and Taiwan and enterprises with foreign investment are joint-venture enterprises, cooperative enterprises, sole investment enterprises and share-holding corporations Ltd. For government agencies, institutions and social organizations which are not registered in industrial and commercial administration agencies, they are classified mainly by their sources of funding and manner of management.

State-owned Enterprises refer to non-corporation economic units where the entire assets are owned by the state and which have registered in accordance with the Regulation of the People's Republic of China on the Management of Registration of Corporate Enterprises. Excluded from this category are sole state-funded corporations in the limited liability corporations.

Collective-owned Enterprises refer to economic units where the assets are owned collectively and which have registered in accordance with the Regulation of the People's Republic of China on the Management of Registration of Corporate Enterprises.

Cooperative Enterprises refer to a form of collective economic units (enterprises) where capitals come mainly from employees as their shares, with certain proportion of capital from the outside, where production is organized on the basis of independent operation, independent accounting for profits and losses, joint work, democratic management, and a distribution system that integrates remuneration according to work with dividend according to capital share.

Joint Ownership Enterprises refer to economic units established by two or more corporate enterprises or corporate institutions of the same or different ownership, through joint investment on the basis of equality, voluntary participation and mutual benefits. They include state joint ownership enterprises, collective joint ownership enterprises, joint state-collective enterprises, other joint ownership enterprises.

Limited Liability Corporation refer to economic units established with investment from 2-50 investors and registered in accordance with the Regulation of the People's Republic of China on the Management of Registration of Corporations, each investor bearing limited liability to the corporation depending on its share of investment, and the corporation bearing liability to its debt to the maximum of its total assets. Limited liability corporations include exclusive state-funded limited liability corporations and other limited liability corpo- rations.

Share-holding Corporations Ltd. refer to economic units registered in accordance with the Regulation of the People's Republic of China on the Management of Registration of Corporations, with total registered capitals divided into equal shares and raised through issuing stocks. Each investor bears limited liability to the corporation depending on the holding of shares, and the corporation bears liability to its debt to the maximum of its total assets.

Private Enterprises refer to profit-making economic units invested and established by natural persons, or controlled by natural persons using employed labour. Included in this category are private limited liability corporations, private share-holding corporations Ltd, private partnership enterprises and private-funded enterprises registered in accordance with the Corporation Law, Partnership Enterprises Law and Interim Regulations on Private Enterprises.

Other Domestic-funded Enterprises refer to domestic-funded economic units other than those mentioned above.

Joint Venture Enterprises(Funds are from Hong Kong, Macao or Taiwan.) are enterprises established by investors from Hong Kong, Macao and Taiwan with enterprises in the mainland of China in accordance with the Law of the People's Republic of China on Sino-foreign Equity Joint Ventures and other relevant laws, where the establishment of the investment and the sharing of profits and risks are stipulated under joint venture contracts.

Cooperative Enterprises(Funds are from Hong Kong, Macao or Taiwan.) established by investors from Hong Kong, Macao and Taiwan with enterprises in the mainland of China in accordance with the Law of the People's Republic of China on Sino-foreign Contractual Joint Venture and other relevant laws, where the investment or provision of facilities and the sharing of profits and risks are stipulated under cooperative contracts.

Enterprises with Sole (exclusive) Investment from Hong Kong, Macao and Taiwan refer to enterprises established in the mainland of China with exclusive investment from investors from Hong Kong, Macao and Taiwan in accordance with the Law of the People's Republic of China on Wholly Foreign-owned Enterprises and other relevant laws.

Share-holding Corporations Ltd. with Investment from Hong Kong, Macau and Taiwan refer to share-holding corporations Ltd. established with the approval from the former Ministry of Foreign Trade and Economic Relations in line with relevant state regulations, where the share of investment from Hong Kong, Macau or Taiwan businessmen exceeds 25% of the total registered capital of the corporation. In case the share of investment from Hong Kong, Macau or Taiwan is less than 25% of the total registered capital, the enterprise is to be classified as domestic-funded share-holding corporation Ltd.

Joint-venture Enterprises with Foreign Investment refer to enterprises jointly established by foreign enterprises or foreigners with enterprises in the mainland of China in accordance with the Law of the People's Republic of China on Sino-foreign Joint Venture Enterprises and other relevant laws, where the share of investment, profits and risks is stipulated in the contract.

Cooperation Enterprises with Foreign Investment refer to enterprises jointly established by foreign enterprises or foreigners with enterprises in the mainland of China in accordance with the Law of the People's Republic of China on Sino-foreign Cooperative Enterprises and other relevant laws, where the investment or provision of facilities, and the share of profits and risks is stipulated in the cooperative contract.

Enterprises with Sole (exclusive) Foreign Investment refer to enterprises established in the mainland of China with exclusive investment from foreign investors in accordance with the Law of the People's Republic of China on Foreign-Funded Enterprises and other relevant laws.

Share-holding Corporations Ltd. with Foreign Investment refer to share-holding corporations Ltd. estab-lished with the approval from the Ministry of Foreign Trade and Economic Relations in line with relevant state regulations, where the share of investment from foreign investors exceeds 25% of the total registered capital of the corporation. In case the share of foreign investment is less than 25% of the total registered capital, the enterprise is to be classified as domestic-funded share-holding corporation Ltd.

Government Agencies, Institutions and Social Organizations are classified into following categories by source of funds and way of management taking reference of the registration status of enterprises:

(1) Government agencies: include state and party agencies, classified in principle as state-owned. There are exceptions, such as supply and marketing cooperatives which are classified as collective-owned.

(2) Institutions: include institutions of various types established with the approval by organization and staffing departments of the government, but exclude institutions where enterprise management system is introduced. Institutions are further classified as follows:

(a) Institutions whose main budget is listed in the government budget appropriations or extra-budget funds, or allocated from the budget of their competent government agencies. Such institutions are classified as state-owned.

(b) Institutions whose budget mainly comes from collective units. Such institutions are classified as collective-owned.

(c) Institutions other than those mentioned above whose source of budget is not clear. Such institutions are classified by way of management.

(3) Social organizations: include social organizations established with the approval from the Ministry of Civil Affairs, and organizations that are not covered by social organization management regulations such as trade unions, women's federations etc. Social organizations are further classified as follows:

(a) Social organizations that are not covered by social organization management regulations of the Ministry of Civil Affairs such as trade unions, women's federations, communist youth leagues, youth associations, industrial and commerce associations, scientists associations, overseas Chinese associa-tions, etc, foundations and fund management organizations established with funds from the state, and social organizations whose funds mainly come from the budget of their competent government agencies. Such institutions are classified as state owned.

(b) Social organizations whose budget mainly comes from collective units. Such institutions are classified as collective-owned.

(c) Social organizations established by individual or a group of citizens, which are classified as private.

(d) Social organizations other than those mentioned above whose source of budget is not clear. Such organizations are classified by way of management.

02 国民经济核算

National Accounts

资料整理人员：唐双全　　周　玲

2-1　按产业分的地区生产总值
Gross Domestic Product by Industry

单位：亿元　　(100 million yuan)

年份 Year	地区生产总值 Gross Domestic Product	第一产业 Primary Industry	第二产业 Secondary Industry	第三产业 Tertiary Industry	人均地区生产总值(元) Per Capita Gross Domestic Product(yuan)
1952	27.81	18.72	3.43	5.66	86
1953	30.29	18.48	4.28	7.53	91
1954	30.51	17.03	5.13	8.35	90
1955	35.83	21.13	5.76	8.94	104
1956	37.93	20.56	6.57	10.80	109
1957	45.20	26.41	7.45	11.34	127
1958	55.85	26.65	16.63	12.57	154
1959	61.95	23.60	21.57	16.78	168
1960	64.07	20.58	25.47	18.02	176
1961	46.64	20.78	11.69	14.17	132
1962	51.19	27.17	10.59	13.43	144
1963	48.08	25.11	11.37	11.60	131
1964	57.36	30.41	15.60	11.35	153
1965	65.32	34.00	19.17	12.15	170
1966	72.73	37.30	22.16	13.27	184
1967	73.51	40.07	19.89	13.55	181
1968	75.67	44.85	17.31	13.51	181
1969	81.26	44.08	21.98	15.20	189
1970	93.05	44.62	31.98	16.45	211
1971	99.10	46.31	35.33	17.46	218
1972	107.01	47.73	39.91	19.37	230
1973	115.80	51.91	43.35	20.54	244
1974	108.17	53.17	34.87	20.13	223
1975	118.40	54.97	41.96	21.47	239
1976	118.53	55.07	41.47	21.99	236
1977	129.17	55.95	49.59	23.63	254
1978	146.99	59.83	59.82	27.34	286
1979	178.01	79.40	68.42	30.19	343
1980	191.72	81.14	76.99	33.59	365
1981	209.68	93.29	77.78	38.61	394
1982	232.52	107.99	82.51	42.02	430
1983	257.43	117.79	93.37	46.27	470
1984	287.29	128.28	104.34	54.67	519
1985	349.95	147.72	127.08	75.15	626

2-1 续表 Continued

单位：亿元 (100 million yuan)

年份 Year	地区生产总值 Gross Domestic Product	第一产业 Primary Industry	第二产业 Secondary Industry	第三产业 Tertiary Industry	人均地区生产总值(元) Per Capita Gross Domestic Product(yuan)
1986	397.68	165.28	143.31	89.09	703
1987	469.44	187.09	172.45	109.90	818
1988	584.07	217.03	221.28	145.76	999
1989	640.80	234.31	238.15	168.34	1074
1990	744.44	279.09	249.98	215.37	1228
1991	833.30	301.02	281.95	250.33	1357
1992	986.98	323.91	337.17	325.90	1595
1993	1244.71	383.68	470.05	390.98	1997
1994	1650.02	532.89	589.72	527.41	2630
1995	2132.13	685.30	770.67	676.16	3359
1996	2540.13	793.98	920.06	826.09	3963
1997	2849.27	855.75	1041.79	951.73	4420
1998	3025.53	828.31	1123.08	1074.14	4667
1999	3214.54	778.25	1192.99	1243.30	4933
2000	3551.49	784.92	1293.18	1473.39	5425
2001	3831.90	825.73	1412.82	1593.35	6120
2002	4151.54	847.25	1523.50	1780.79	6734
2003	4659.99	886.47	1777.74	1995.78	7589
2004	5664.37	1041.10	2204.45	2418.82	9202
2005	6623.45	1100.65	2630.09	2892.71	10606
2006	7722.34	1272.22	3208.74	3241.38	12192
2007	9454.44	1594.93	4010.68	3848.83	14892
2008	11550.48	1815.27	5084.61	4650.60	18140
2009	13043.86	1857.28	5759.09	5427.49	20403
2010	15978.00	2150.25	7433.22	6394.53	24627
2011	19558.30	2509.78	9479.15	7569.37	29711
2012	22005.21	2671.09	10655.60	8678.52	33254
2013	24437.54	2589.18	11732.70	10115.66	36667
2014	26807.93	2671.01	12690.72	11446.20	39929
2015	28589.04	2747.91	13043.68	12797.45	42291
2016	30888.57	2915.57	13341.17	14631.83	45408
2017	33902.96	2998.40	14145.49	16759.07	49558
2018	36425.78	3083.59	14453.54	18888.65	52949

2–2 分行业增加值
Value Added by Sector

单位：亿元 (100 million yuan)

年份 Year	农、林、牧、渔业 Agriculture, Forestry, Animal Husbandry and Fishery	工业 Industry	建筑业 onstruction	批发和零售业 Wholesale and Retail Trade	交通运输、仓储和邮政业 Traffic, Transport, Storage and Post	金融业 Finance	房地产业 Real Estate
1952	18.72	2.94	0.49	2.50	1.10		
1953	18.48	3.53	0.75	3.54	1.64		
1954	17.03	4.22	0.91	3.98	1.77		
1955	21.13	4.25	1.51	3.83	2.07		
1956	20.56	5.19	1.38	4.83	2.38		
1957	26.41	5.94	1.51	4.51	2.71		
1958	26.65	12.40	4.23	4.58	3.51		
1959	23.60	16.57	5.00	6.04	5.45		
1960	20.58	19.22	6.25	6.60	5.42		
1961	20.78	10.25	1.44	4.95	3.20		
1962	27.17	9.46	1.13	4.93	2.73		
1963	25.11	10.31	1.06	2.82	3.25		
1964	30.41	13.50	2.10	3.45	2.57		
1965	34.00	16.86	2.31	3.68	2.98		
1966	37.30	19.67	2.49	4.41	3.14		
1967	40.07	17.46	2.43	4.54	3.03		
1968	44.85	15.03	2.28	4.22	2.92		
1969	44.08	19.39	2.59	5.20	3.37		
1970	44.62	28.83	3.15	5.67	3.96		
1971	46.31	30.35	4.98	5.63	4.34		
1972	47.73	34.31	5.60	6.68	4.89		
1973	51.91	37.92	5.43	7.23	5.01		
1974	53.17	29.21	5.66	6.98	4.34		
1975	54.97	35.58	6.38	7.29	4.92		
1976	55.07	34.95	6.52	7.17	4.83		
1977	55.95	43.41	6.45	8.06	5.33		
1978	59.83	51.94	7.88	9.71	5.91	2.55	2.03
1979	79.40	59.23	9.19	10.85	6.47	2.50	2.10
1980	81.14	65.31	11.68	11.73	6.77	2.70	2.32
1981	93.29	67.19	10.59	13.42	6.93	3.60	3.56
1982	107.99	71.31	11.20	12.81	7.61	5.02	3.96
1983	117.79	78.84	14.53	12.56	8.16	5.66	5.18
1984	128.28	90.79	13.55	15.40	9.30	6.53	5.76
1985	147.72	110.05	17.03	22.94	13.23	8.85	7.84

2-2 续表 Continued

单位：亿元 (100 million yuan)

年份 Year	农、林、牧、渔业 Agriculture, Forestry, Animal Husbandry and Fishery	工业 Industry	建筑业 onstruction	批发和零售业 Wholesale and Retail Trade	交通运输、仓储和邮政业 Traffic, Transport, Storage and Post	金融业 Finance	房地产业 Real Estate
1986	165.28	124.30	19.01	27.60	15.00	12.55	7.93
1987	187.09	149.67	22.78	34.56	20.13	15.94	8.53
1988	217.03	190.40	30.88	46.61	24.12	20.91	9.96
1989	234.31	212.21	25.94	45.48	26.81	26.94	11.00
1990	279.09	220.69	29.29	62.94	32.27	31.01	16.25
1991	301.02	242.96	38.99	73.91	41.68	38.26	17.73
1992	323.91	284.66	52.51	104.96	51.29	49.01	20.57
1993	383.68	399.58	70.47	123.52	72.71	47.53	26.45
1994	532.89	499.97	89.75	167.24	100.30	54.07	34.13
1995	685.30	658.67	112.00	210.40	133.71	64.96	44.43
1996	793.98	790.19	129.87	244.45	171.14	74.32	64.06
1997	855.75	903.90	137.89	268.06	198.66	82.66	75.47
1998	828.31	960.70	162.38	289.06	220.86	85.44	89.28
1999	778.25	1010.53	182.46	311.68	246.08	86.57	105.50
2000	784.92	1094.76	198.42	342.30	288.16	88.88	131.58
2001	825.73	1180.43	232.39	377.18	303.88	91.71	138.41
2002	847.25	1265.72	257.78	416.15	333.51	92.43	165.29
2003	886.47	1484.98	292.76	458.07	373.27	99.35	186.49
2004	1041.10	1837.65	366.80	495.72	333.92	118.64	191.50
2005	1100.65	2212.45	417.64	587.21	387.33	162.37	215.63
2006	1272.22	2728.90	479.84	634.69	441.32	204.72	254.81
2007	1594.93	3430.22	580.46	771.73	518.04	260.14	301.80
2008	1815.27	4365.34	719.27	975.46	625.08	334.32	340.07
2009	1857.28	4888.37	870.72	1221.20	707.20	402.57	400.11
2010	2150.25	6392.17	1041.05	1434.68	834.66	463.16	464.21
2011	2509.78	8237.32	1241.83	1662.34	950.80	501.09	518.04
2012	2671.09	9285.11	1370.49	1849.04	1079.67	579.76	568.52
2013	2702.12	10177.10	1567.56	2031.81	1174.29	758.90	642.19
2014	2793.05	10955.87	1747.53	2211.82	1259.55	950.04	673.38
2015	2878.86	11178.67	1877.70	2323.67	1292.83	1153.26	751.81
2016	3063.10	11337.28	2016.59	2487.80	1356.56	1272.71	879.62
2017	3165.28	11879.94	2278.65	2666.71	1496.01	1610.31	1019.35
2018	3265.94	11916.38	2549.76	2838.17	1578.47	1706.26	1146.44

2-3 地区生产总值构成
Composition of GDP

单位：% (GDP=100) (%)

年份 Year	地区生产总值 Gross Domestic Product	第一产业 Primary Industry	第二产业 Secondary Industry	第三产业 Tertiary Industry
1952	100.0	67.3	12.3	20.4
1953	100.0	61.0	14.1	24.9
1954	100.0	55.8	16.8	27.4
1955	100.0	59.0	16.1	25.0
1956	100.0	54.2	17.3	28.5
1957	100.0	58.4	16.5	25.1
1958	100.0	47.7	29.8	22.5
1959	100.0	38.1	34.8	27.1
1960	100.0	32.1	39.8	28.1
1961	100.0	44.6	25.1	30.4
1962	100.0	53.1	20.7	26.2
1963	100.0	52.2	23.6	24.1
1964	100.0	53.0	27.2	19.8
1965	100.0	52.1	29.3	18.6
1966	100.0	51.3	30.5	18.2
1967	100.0	54.5	27.1	18.4
1968	100.0	59.3	22.9	17.9
1969	100.0	54.2	27.0	18.7
1970	100.0	48.0	34.4	17.7
1971	100.0	46.7	35.7	17.6
1972	100.0	44.6	37.3	18.1
1973	100.0	44.8	37.4	17.7
1974	100.0	49.2	32.2	18.6
1975	100.0	46.4	35.4	18.1
1976	100.0	46.5	35.0	18.6
1977	100.0	43.3	38.4	18.3
1978	100.0	40.7	40.7	18.6
1979	100.0	44.6	38.4	17.0
1980	100.0	42.3	40.2	17.5
1981	100.0	44.5	37.1	18.4
1982	100.0	46.4	35.5	18.1
1983	100.0	45.8	36.3	17.9
1984	100.0	44.7	36.3	19.0
1985	100.0	42.2	36.3	21.5

2–3 续表 Continued

单位：% (GDP=100) (%)

年份 Year	地区生产总值 Gross Domestic Product	第一产业 Primary Industry	第二产业 Secondary Industry	第三产业 Tertiary Industry
1986	100.0	41.6	36.0	22.4
1987	100.0	39.9	36.7	23.4
1988	100.0	37.2	37.9	24.9
1989	100.0	36.6	37.2	26.2
1990	100.0	37.5	33.6	28.9
1991	100.0	36.1	33.8	30.1
1992	100.0	32.8	34.2	33.0
1993	100.0	30.8	37.8	31.4
1994	100.0	32.3	35.7	32.0
1995	100.0	32.1	36.1	31.8
1996	100.0	31.3	36.2	32.5
1997	100.0	30.0	36.6	33.4
1998	100.0	27.4	37.1	35.5
1999	100.0	24.2	37.1	38.7
2000	100.0	22.1	36.4	41.5
2001	100.0	21.5	36.9	41.6
2002	100.0	20.4	36.7	42.9
2003	100.0	19.0	38.1	42.9
2004	100.0	18.4	38.9	42.7
2005	100.0	16.6	39.7	43.7
2006	100.0	16.5	41.5	42.0
2007	100.0	16.9	42.4	40.7
2008	100.0	15.7	44.0	40.3
2009	100.0	14.2	44.2	41.6
2010	100.0	13.5	46.5	40.0
2011	100.0	12.8	48.5	38.7
2012	100.0	12.1	48.4	39.5
2013	100.0	10.6	48.0	41.4
2014	100.0	10.0	47.3	42.7
2015	100.0	9.6	45.6	44.8
2016	100.0	9.4	43.2	47.4
2017	100.0	8.8	41.7	49.5
2018	100.0	8.5	39.7	51.8

2-4 地区生产总值发展速度
Growth Rate of GDP

单位：% (以上年为 100) (precending year=100) (%)

年份 Year	地区生产总值 Gross Domestic Product	第一产业 Primary Industry	第二产业 Secondary Industry	第三产业 Tertiary Industry	人均地区生产总值 Per Capita Gross Domestic Product
1978	116.4	111.7	121.8	115.5	115.1
1979	109.1	106.8	111.4	109.0	107.9
1980	105.2	98.9	111.0	105.5	104.1
1981	105.5	107.0	100.2	113.3	104.1
1982	109.4	113.0	106.0	107.5	107.7
1983	109.2	103.7	116.7	108.2	107.7
1984	109.4	106.6	109.7	115.6	108.3
1985	112.0	103.7	113.6	127.2	110.9
1986	108.1	105.2	107.7	114.1	106.8
1987	109.3	102.9	112.8	114.0	107.8
1988	108.2	97.7	115.0	112.6	106.0
1989	103.6	105.7	101.2	105.0	101.6
1990	104.0	103.2	104.6	103.8	102.3
1991	107.9	105.6	108.5	110.5	106.6
1992	111.1	103.5	117.3	114.1	110.3
1993	112.4	104.3	118.2	116.0	111.7
1994	110.6	105.4	115.4	111.0	109.8
1995	110.3	106.5	113.5	110.6	109.1
1996	112.1	106.2	116.3	112.9	111.0
1997	110.6	106.1	113.3	111.6	110.0
1998	108.5	100.9	111.5	111.5	107.8
1999	108.4	103.3	109.3	111.4	107.8
2000	109.0	103.9	110.6	110.9	108.5
2001	109.0	104.0	110.3	110.6	110.6
2002	109.0	102.6	110.9	110.5	110.7
2003	109.6	103.6	112.5	109.7	110.0
2004	112.1	107.4	116.1	110.5	111.8
2005	112.2	105.7	112.9	113.8	110.6
2006	112.8	104.7	117.1	112.0	111.2
2007	115.1	103.9	118.7	115.6	114.8
2008	114.1	105.2	115.5	115.5	113.7
2009	113.9	105.0	119.0	111.4	113.4
2010	114.6	104.3	120.2	111.7	112.9
2011	112.8	104.2	117.0	111.0	111.2
2012	111.4	103.0	113.0	112.2	110.9
2013	110.1	102.7	110.9	111.2	109.4
2014	109.5	104.5	109.4	111.0	108.7
2015	108.5	103.6	107.4	111.1	107.8
2016	108.0	103.3	106.5	110.6	107.4
2017	108.0	103.6	106.7	110.3	107.4
2018	107.8	103.5	107.2	109.2	107.2

2-5 主要行业增加值发展速度
Growth Rate of Value Added by Sector

单位：%　　(以上年为 100) (precending year=100)　　(%)

年份 Year	农、林、牧、渔业 Agriculture, Forestry, Animal Husbandry and Fishery	工业 Industry	建筑业 Construction	批发和零售业 Wholesale and Retail Trade	交通运输、仓储和邮政业 Traffic, Transport, Storage and Post	金融业 Finance	房地产业 Real Estate
1978	111.7	121.6	123.3	120.4	110.7	115.3	104.0
1979	106.8	111.3	112.1	110.1	109.3	96.5	101.7
1980	98.9	109.7	119.9	102.5	104.5	97.8	110.4
1981	107.0	101.4	92.7	112.6	102.6	131.0	146.4
1982	113.0	106.1	105.0	94.0	109.6	137.3	110.3
1983	103.7	114.8	130.2	95.8	107.2	110.1	128.5
1984	106.6	113.0	89.8	119.3	113.9	111.9	110.0
1985	103.7	114.3	108.7	134.8	140.6	122.1	128.4
1986	105.2	108.5	101.6	114.6	112.6	135.3	100.9
1987	102.9	113.3	108.6	113.8	127.1	114.9	105. 0
1988	97.7	115.3	112.6	108.9	120.4	104.6	109.5
1989	105.7	103.0	79.3	90.6	97.3	150.6	86.7
1990	103.2	104.5	106.1	83.7	113.7	109.0	109.0
1991	105.6	107.4	116.7	112.0	118.6	115.5	106.1
1992	103.5	116.8	120.4	110.0	112.8	130.3	110.6
1993	104.3	120.0	105.5	110.8	125.2	121.3	124.0
1994	105.4	115.9	111.7	109.0	110.6	105.7	112.0
1995	106.5	113.4	114.6	109.1	116.3	106.0	114.7
1996	106.2	116.8	112.3	109.0	117.8	110.6	117.1
1997	106.1	114.3	104.4	109.5	115.0	110.3	110.2
1998	100.9	111.2	114.1	110.3	113.4	105.2	113.3
1999	103.3	109.0	111.7	110.5	108.0	105.1	117.3
2000	103.9	110.5	111.5	111.4	114.5	106.0	109.2
2001	104.0	109.9	112.3	111.3	110.2	103.5	109.3
2002	102.6	111.0	110.3	111.5	109.9	103.2	111.2
2003	103.6	112.7	111.2	109.6	110.3	105.4	109.0
2004	107.4	115.9	117.3	108.9	113.9	102.1	105.8
2005	105.7	113.6	109.2	117.1	113.1	112.6	107.4
2006	104.7	118.2	111.1	111.7	111.3	115.2	111.6
2007	103.9	119.8	112.4	116.7	116.2	120.9	110.0
2008	105.2	116.3	110.3	118.7	116.3	118.1	106.9
2009	105.0	118.6	121.5	114.9	107.0	118.0	110.0
2010	104.3	121.2	114.1	111.7	113.2	109.1	109.3
2011	104.2	118.2	109.5	108.3	112.5	105.6	104.1
2012	103.0	113.7	108.0	108.0	111.4	113.6	106.9
2013	102.8	111.2	109.1	108.0	105.9	118.7	108.4
2014	104.6	109.3	109.8	107.6	104.8	123.8	102.9
2015	103.5	107.4	107.3	105.1	105.0	114.8	112.2
2016	103.5	106.5	106.7	106.0	102.9	107.6	109.0
2017	103.9	107.0	105.1	105.9	106.3	110.8	104.0
2018	103.7	107.4	105.8	104.0	102.5	102.5	105.7

2-6 地区生产总值指数
Indices of Gross Domestic Product

单位：% (1952 年 =100) (%)

年份 Year	地区生产总值 Gross Domestic Product	第一产业 Primary Industry	第二产业 Secondary Industry	第三产业 Tertiary Industry	人均地区生产总值 Per Capita Gross Domestic Product
1952	100.0	100.0	100.0	100.0	100.0
1953	108.4	99.9	131.5	128.1	105.8
1954	106.4	89.8	157.9	141.1	101.5
1955	126.1	110.3	190.0	150.4	118.1
1956	132.9	106.4	226.8	181.6	123.2
1957	153.0	129.2	253.3	187.8	139.2
1958	183.4	130.8	522.4	207.0	163.0
1959	199.5	113.4	660.9	277.9	175.2
1960	197.5	90.4	765.8	292.1	175.9
1961	127.4	82.8	332.0	189.1	116.4
1962	131.3	101.7	284.3	167.7	119.4
1963	126.5	92.7	306.7	163.0	111.9
1964	150.3	107.1	432.6	167.9	129.7
1965	170.1	111.7	558.4	186.1	143.1
1966	191.9	121.9	669.8	203.2	156.8
1967	192.5	130.9	610.1	206.9	153.0
1968	189.8	142.2	512.0	205.6	146.7
1969	210.0	138.2	684.2	231.5	157.8
1970	247.0	139.5	1005.8	245.9	180.5
1971	261.0	140.3	1122.5	252.7	185.6
1972	281.8	142.8	1283.9	280.0	195.8
1973	300.9	154.2	1361.2	295.4	204.4
1974	278.8	157.9	1071.5	290.6	185.4
1975	307.6	162.4	1325.9	309.9	200.8
1976	306.0	162.5	1290.1	316.9	196.6
1977	335.3	165.0	1562.0	340.0	212.9
1978	390.3	184.3	1903.0	392.8	245.2
1979	425.7	196.8	2119.1	428.2	264.6
1980	448.0	194.6	2352.0	451.9	275.4
1981	472.4	208.3	2357.8	512.1	286.7
1982	516.7	235.4	2498.9	550.6	308.8
1983	564.4	244.2	2917.3	595.9	332.6
1984	617.4	260.2	3198.9	688.9	360.2
1985	691.8	269.9	3634.5	875.9	399.4

2−6 续表 1 Continued

单位：% (1952 年 =100) (%)

年份 Year	地区生产总值 Gross Domestic Product	第一产业 Primary Industry	第二产业 Secondary Industry	第三产业 Tertiary Industry	人均地区生产总值 Per Capita Gross Domestic Product
1986	748.1	284.0	3916.1	999.7	426.6
1987	817.8	292.2	4418.7	1139.2	459.9
1988	884.9	285.5	5081.5	1282.7	487.4
1989	916.8	301.8	5142.5	1346.8	495.2
1990	953.1	311.6	5380.0	1397.9	506.6
1991	1028.4	329.0	5837.3	1544.7	540.1
1992	1142.6	340.5	6847.2	1762.5	595.7
1993	1284.3	355.1	8093.4	2044.5	665.4
1994	1420.4	374.3	9339.8	2269.4	730.6
1995	1566.7	398.6	10600.7	2510.0	797.1
1996	1756.3	423.3	12328.6	2833.8	884.8
1997	1942.5	449.1	13968.3	3162.5	973.3
1998	2107.6	453.1	15574.7	3526.2	1049.2
1999	2284.6	468.1	17023.1	3928.2	1131.0
2000	2490.2	486.4	18827.5	4356.4	1227.1
2001	2714.3	505.9	20766.7	4818.2	1357.2
2002	2958.6	519.1	23030.3	5324.1	1502.4
2003	3242.6	537.8	25909.1	5840.5	1652.6
2004	3635.0	577.6	30080.5	6453.8	1847.6
2005	4078.5	610.5	33960.9	7344.4	2043.4
2006	4600.5	639.2	39768.2	8225.7	2272.3
2007	5295.2	664.1	47204.9	9508.9	2608.6
2008	6041.8	698.7	54521.7	10982.8	2966.0
2009	6881.6	733.6	64880.8	12234.8	3363.4
2010	7886.3	765.1	77986.7	13666.3	3797.2
2011	8895.7	797.3	91244.4	15169.6	4222.5
2012	9909.8	821.2	103106.2	17020.3	4682.8
2013	10910.7	843.4	114344.8	18926.6	5123.0
2014	11947.2	881.3	125093.2	21008.5	5568.7
2015	12962.7	913.0	134350.1	23340.5	6003.0
2016	13999.7	943.2	143082.9	25814.6	6447.2
2017	15120.0	977.1	152669.3	28473.5	6924.3
2018	16299.4	1011.3	163661.5	31093.1	7422.9

2-6 续表 2 Continued

单位：% (1978 年 =100) (%)

年份 Year	地区生产总值 Gross Domestic Product	第一产业 Primary Industry	第二产业 Secondary Industry	第三产业 Tertiary Industry	人均地区生产总值 Per Capita Gross Domestic Product
1978	100.0	100.0	100.0	100.0	100.0
1979	109.1	106.8	111.4	109.0	107.9
1980	114.8	105.6	123.6	115.0	112.3
1981	121.0	113.0	123.9	130.4	116.9
1982	132.4	127.7	131.3	140.2	125.9
1983	144.6	132.5	153.3	151.7	135.6
1984	158.2	141.2	168.1	175.4	146.9
1985	177.2	146.4	191.0	223.0	162.9
1986	191.7	154.1	205.8	254.5	174.0
1987	209.5	158.5	232.2	290.0	187.6
1988	226.7	154.9	267.0	326.6	198.9
1989	234.9	163.8	270.2	342.9	202.1
1990	244.3	169.1	282.7	355.9	206.7
1991	263.6	178.5	306.7	393.3	220.3
1992	292.9	184.8	359.8	448.7	243.0
1993	329.2	192.7	425.3	520.5	271.4
1994	364.1	203.1	490.8	577.8	298.0
1995	401.6	216.3	557.1	639.0	325.1
1996	450.2	229.7	647.9	721.4	360.9
1997	497.9	243.7	734.1	805.1	397.0
1998	540.2	245.9	818.5	897.7	428.0
1999	585.6	254.0	894.6	1000.0	461.4
2000	638.3	263.9	989.4	1109.0	500.6
2001	695.7	274.5	1091.3	1226.6	553.7
2002	758.3	281.6	1210.3	1355.4	612.9
2003	831.1	291.7	1361.6	1486.9	674.2
2004	931.7	313.3	1580.8	1643.0	753.8
2005	1045.4	331.2	1784.7	1869.7	833.7
2006	1179.2	346.8	2089.9	2094.1	927.1
2007	1357.3	360.3	2480.7	2420.8	1064.3
2008	1548.7	379.0	2865.2	2796.0	1210.1
2009	1764.0	398.0	3409.6	3114.7	1372.3
2010	2021.5	415.1	4098.3	3479.1	1549.3
2011	2280.3	432.5	4795.0	3861.8	1722.8
2012	2540.3	445.5	5418.4	4332.9	1910.6
2013	2796.9	457.5	6009.0	4818.2	2090.2
2014	3062.6	478.1	6573.8	5348.3	2272.0
2015	3322.9	495.3	7060.3	5941.9	2449.2
2016	3588.7	511.7	7519.2	6571.7	2630.5
2017	3875.6	530.1	8023.0	7248.6	2825.1
2018	4177.8	548.6	8600.7	7915.5	3028.5

2-7 主要行业增加值指数
Indices of Value Added by Sector

单位：% （以 1978=100） (%)

年份 Year	农、林、牧、渔业 Agriculture, Forestry, Animal Husbandry and Fishery	工业 Industry	建筑业 onstruction	批发和零售业 Wholesale and Retail Trade	交通运输、仓储和邮政业 Traffic, Transport, Storage and Post	金融业 Finance	房地产业 Real Estate
1978	100.0	100.0	100.0	100.0	100.0	100.0	100.0
1979	106.8	111.3	112.1	110.1	109.3	96.5	101.7
1980	105.6	122.1	134.4	112.9	114.2	94.4	112.3
1981	113.0	123.8	124.6	127.1	117.2	123.6	164.4
1982	127.7	131.4	130.8	119.4	128.4	169.7	181.3
1983	132.5	150.8	170.3	114.4	137.7	186.9	233.0
1984	141.2	170.4	153.0	136.5	156.8	209.1	256.3
1985	146.4	194.7	166.3	184.0	220.5	255.4	329.1
1986	154.1	211.3	168.9	210.9	248.3	345.5	332.0
1987	158.5	239.4	183.5	240.0	315.6	397.0	348.6
1988	154.9	276.1	206.6	261.4	379.9	415.2	381.7
1989	163.8	284.3	163.8	236.8	369.1	625.3	331.0
1990	169.1	297.1	173.8	198.2	420.3	681.6	360.8
1991	178.5	319.1	202.8	222.0	498.5	787.2	382.8
1992	184.8	372.7	244.2	244.2	562.3	1025.7	423.4
1993	192.7	447.2	257.6	270.6	704.0	1244.2	525.0
1994	203.1	518.3	287.7	295.0	778.6	1315.1	588.0
1995	216.3	587.8	329.7	321.8	905.5	1394.0	674.4
1996	229.7	686.6	370.3	350.8	1066.7	1541.8	789.7
1997	243.7	784.8	386.6	384.1	1226.7	1700.6	870.2
1998	245.9	872.7	441.1	423.7	1391.1	1789.0	985.9
1999	254.0	951.2	492.7	468.2	1502.4	1880.2	1156.5
2000	263.9	1051.1	549.4	521.6	1720.2	1993.0	1262.9
2001	274.5	1155.2	617.0	580.5	1895.7	2062.8	1380.3
2002	281.6	1282.3	680.6	647.3	2083.4	2128.8	1534.9
2003	291.7	1445.2	756.8	709.4	2298.0	2243.8	1673.0
2004	313.3	1675.0	887.7	772.5	2617.4	2290.9	1770.0
2005	331.2	1902.8	969.4	904.6	2960.3	2579.6	1901.0
2006	346.8	2249.1	1077.0	1010.4	3294.8	2971.7	2121.5
2007	360.3	2694.4	1210.6	1179.2	3828.6	3592.8	2333.7
2008	379.0	3133.6	1335.2	1399.7	4452.6	4243.1	2494.7
2009	398.0	3716.5	1622.3	1608.2	4764.3	5006.8	2744.2
2010	415.1	4504.4	1851.1	1796.4	5393.2	5462.5	2999.4
2011	432.5	5324.2	2026.9	1945.5	6067.4	5768.4	3122.3
2012	445.5	6053.6	2189.1	2101.1	6759.0	6552.8	3337.8
2013	458.0	6731.6	2388.3	2269.2	7157.8	7778.2	3618.2
2014	479.0	7357.6	2622.3	2441.7	7501.4	9629.4	3723.1
2015	495.8	7902.1	2813.7	2566.2	7876.5	11054.6	4177.3
2016	513.2	8415.7	3002.3	2720.2	8104.9	11894.8	4553.3
2017	533.2	9004.8	3155.4	2880.7	8615.5	13179.4	4735.4
2018	552.9	9671.2	3338.4	2995.9	8830.9	13508.9	5005.3

2-8 支出法地区生产总值
Gross Domestic Product by Expenditure Approach

单位：亿元 (100 million yuan)

年份 Year	地区生产总值 GDP by Expenditure Approach	最终消费 Final Consumption Expenditures	居民消费 Household Consumption Expenditures	农村居民 Rural Household	城镇居民 Urban Household	政府消费 Government Consumption Expenditures
1952	27.81	24.87	24.12	20.98	3.14	0.75
1953	30.29	26.30	25.44	21.61	3.83	0.86
1954	30.51	26.61	25.46	21.43	4.03	1.15
1955	35.83	29.84	28.52	24.26	4.26	1.32
1956	37.93	32.23	30.56	25.28	5.28	1.67
1957	45.20	34.18	32.42	26.31	6.11	1.76
1958	55.85	36.98	35.16	27.57	7.59	1.82
1959	61.95	37.16	34.76	24.93	9.83	2.40
1960	64.07	37.96	35.47	24.92	10.55	2.49
1961	46.64	41.38	39.12	28.36	10.76	2.26
1962	51.19	45.28	43.51	33.32	10.19	1.77
1963	48.08	40.92	39.32	28.50	10.82	1.60
1964	57.36	43.61	41.32	30.59	10.73	2.29
1965	65.32	47.29	45.18	33.84	11.34	2.11
1966	72.73	51.61	49.26	37.93	11.33	2.35
1967	73.51	54.81	52.56	40.95	11.61	2.25
1968	75.67	55.30	53.27	41.60	11.67	2.03
1969	81.26	55.90	53.52	42.09	11.43	2.38
1970	93.05	58.04	55.60	43.54	12.06	2.44
1971	99.10	62.19	59.04	45.36	13.68	3.15
1972	107.01	67.40	63.76	47.81	15.95	3.64
1973	115.80	71.30	67.28	50.71	16.57	4.02
1974	108.17	74.50	69.54	51.98	17.56	4.96
1975	118.40	76.87	72.16	53.89	18.27	4.71
1976	118.53	78.41	73.13	53.94	19.19	5.28
1977	129.17	86.16	79.74	60.13	19.61	6.42
1978	146.99	100.83	93.93	70.87	23.06	6.90
1979	178.01	118.77	109.67	83.37	26.30	9.10
1980	191.72	136.94	125.42	93.15	32.27	11.52
1981	209.68	155.72	142.77	107.33	35.44	12.95
1982	232.52	174.68	159.45	121.93	37.52	15.23
1983	257.43	195.09	178.56	137.91	40.65	16.53
1984	287.29	218.09	199.24	152.95	46.29	18.85
1985	349.95	263.11	240.71	182.85	57.86	22.40

2-8 续表 1 Continued

单位：亿元 (100 million yuan)

年份 Year	地区生产总值 GDP by Expenditure Approach	最终消费 Final Consumption Expenditures	居民消费 Household Consumption Expenditures	农村居民 Rural Household	城镇居民 Urban Household	政府消费 Government Consumption Expenditures
1986	397.68	290.14	265.54	196.12	69.42	24.60
1987	469.44	328.34	298.85	218.93	79.92	29.49
1988	584.07	399.15	364.37	256.19	108.18	34.78
1989	640.80	439.54	393.49	270.81	122.68	46.05
1990	744.44	564.70	454.90	314.05	140.85	109.80
1991	833.30	621.93	500.84	340.27	160.57	121.09
1992	986.98	725.60	582.91	379.23	203.68	142.69
1993	1244.71	885.88	709.62	434.49	275.13	176.26
1994	1650.02	1188.55	964.13	565.53	398.60	224.42
1995	2132.13	1492.01	1214.61	688.72	525.89	277.40
1996	2540.13	1789.60	1462.70	859.46	603.24	326.90
1997	2849.27	1975.57	1585.43	887.73	697.70	390.14
1998	3025.53	2089.53	1662.14	906.18	755.96	427.39
1999	3214.54	2267.40	1789.71	901.12	888.59	477.69
2000	3551.49	2471.77	1928.94	900.05	1028.89	542.83
2001	3831.90	2638.39	2030.06	883.45	1146.61	608.33
2002	4151.54	2754.62	2075.13	889.53	1185.60	679.49
2003	4659.99	3046.50	2290.01	912.18	1377.83	756.49
2004	5664.37	3549.18	2680.61	1038.65	1641.96	868.57
2005	6623.45	4022.83	3092.25	1139.63	1952.62	930.58
2006	7722.34	4605.06	3488.56	1212.84	2275.72	1116.50
2007	9454.44	5270.90	3970.53	1317.86	2652.67	1300.37
2008	11550.48	5982.82	4554.12	1462.38	3091.74	1428.70
2009	13043.86	6637.68	5069.09	1522.26	3546.83	1568.59
2010	15978.00	7596.32	5818.53	1744.48	4074.05	1777.79
2011	19558.30	8978.66	6840.45	2178.78	4661.67	2138.21
2012	22005.21	10072.87	7683.66	2449.90	5233.76	2389.21
2013	24437.54	11208.79	8544.29	2672.83	5871.46	2664.50
2014	26807.93	12942.73	9617.99	3003.17	6614.82	3324.74
2015	28589.04	14456.64	10717.77	3246.04	7471.73	3738.87
2016	30888.57	16122.55	11897.70	3428.32	8469.38	4224.85
2017	33902.96	18075.98	13283.88	3644.88	9639.00	4792.10
2018	36425.78	19735.78	14582.63	3892.66	10689.97	5153.15

2-8 续表 2 Continued

单位：亿元 (100 million yuan)

年份 Year	资本形成总额 Gross Capital Formation	固定资本 Fixed Capital	存货增加 Changes in Inventories	货物和服务净流出 Net Export of Goods&Services	资本形成率（投资率）(%) Rate of Capital Formation (%)	最终消费率（消费率）(%) Rate of Final Consumption(%)
1952	1.63	1.24	0.39	1.31	5.9	89.4
1953	2.69	1.93	0.76	1.30	8.9	86.8
1954	3.10	2.41	0.69	0.80	10.2	87.2
1955	5.36	1.93	3.43	0.63	15.0	83.3
1956	5.09	3.28	1.81	0.61	13.4	85.0
1957	7.99	3.81	4.18	3.03	17.7	75.6
1958	18.84	14.06	4.78	0.03	33.7	66.2
1959	24.54	16.43	8.11	0.25	39.6	60.0
1960	21.39	17.98	3.41	4.72	33.4	59.2
1961	3.69	4.62	−0.93	1.57	7.9	88.7
1962	0.89	2.73	−1.84	5.02	1.7	88.5
1963	6.83	3.91	2.92	0.33	14.2	85.1
1964	11.39	8.46	2.93	2.36	19.9	76.0
1965	12.69	9.39	3.30	5.34	19.4	72.4
1966	16.31	11.20	5.11	4.81	22.4	71.0
1967	13.93	9.41	4.52	4.77	18.9	74.6
1968	12.69	7.52	5.17	7.68	16.8	73.1
1969	16.78	10.81	5.97	8.58	20.6	68.8
1970	27.05	18.54	8.51	7.96	29.1	62.4
1971	33.51	22.12	11.39	3.40	33.8	62.8
1972	28.60	18.23	10.37	11.01	26.7	63.0
1973	28.24	19.00	9.24	16.26	24.4	61.6
1974	24.50	19.32	5.18	9.17	22.6	68.9
1975	26.36	21.31	5.05	15.17	22.3	64.9
1976	24.80	19.33	5.47	15.32	20.9	66.2
1977	28.00	17.83	10.17	15.01	21.7	66.7
1978	42.41	27.68	14.73	3.75	28.9	68.6
1979	41.82	29.81	12.01	17.42	23.5	66.7
1980	40.02	32.76	7.26	14.76	20.9	71.4
1981	41.19	27.95	13.24	12.77	19.6	74.3
1982	50.53	34.07	16.46	7.31	21.7	75.1
1983	56.63	43.89	12.74	5.71	22.0	75.8
1984	59.06	42.15	16.91	10.14	20.6	75.9
1985	92.19	58.14	34.05	−5.35	26.3	75.2

2-8 续表 3 Continued

单位：亿元 (100 million yuan)

年份 Year	资本形成总额 Gross Capital Formation	固定资本 Fixed Capital	存货增加 Changes in Inventories	货物和服务净流出 Net Export of Goods&Services	资本形成率(投资率)(%) Rate of Capital Formation (%)	最终消费率(消费率)(%) Rate of Final Consumption(%)
1986	115.02	75.57	39.45	-7.48	28.9	73.0
1987	139.84	91.79	48.05	1.26	29.8	69.9
1988	184.75	114.73	70.02	0.17	31.6	68.3
1989	169.41	83.19	86.22	31.85	26.4	68.6
1990	184.12	122.82	61.30	-4.38	24.7	75.9
1991	224.80	160.49	64.31	-13.43	27.0	74.6
1992	291.04	228.29	62.75	-29.66	29.5	73.5
1993	380.33	330.54	49.79	-21.50	30.6	71.2
1994	462.19	422.61	39.58	-0.72	28.0	72.0
1995	641.80	534.12	107.68	-1.68	30.1	70.0
1996	751.93	678.32	73.61	-1.40	29.6	70.5
1997	858.31	725.73	132.58	15.39	30.1	69.3
1998	919.50	846.37	73.13	16.50	30.4	69.1
1999	963.53	956.10	7.43	-16.39	30.0	70.5
2000	1046.05	1082.00	-35.95	33.67	29.5	69.6
2001	1190.12	1233.17	-43.05	3.39	31.1	68.9
2002	1391.46	1380.89	10.57	5.46	33.5	66.4
2003	1599.06	1613.12	-14.06	14.43	34.3	65.4
2004	2198.85	2003.61	195.24	-83.66	38.8	62.7
2005	2606.71	2550.92	55.79	-6.09	39.4	60.7
2006	3287.70	3196.39	91.31	-170.42	42.6	59.6
2007	4303.45	4214.15	89.30	-119.91	45.5	55.8
2008	5656.93	5573.18	83.75	-89.27	49.0	51.8
2009	6764.58	6658.03	106.55	-358.40	51.9	50.9
2010	8728.01	8516.02	211.99	-346.33	54.6	47.5
2011	10809.81	10383.64	426.17	-230.17	55.3	45.9
2012	12348.35	11850.16	498.19	-416.01	56.1	45.8
2013	13943.28	13515.50	427.78	-714.53	57.1	45.9
2014	14637.45	14156.28	481.17	-772.25	54.6	48.3
2015	15249.90	14779.84	470.06	-1117.50	53.3	50.6
2016	16074.47	15814.56	259.91	-1308.45	52.0	52.2
2017	17585.44	17159.52	425.92	-1758.46	51.9	53.3
2018	18704.21	18437.88	266.33	-2014.21	51.3	54.2

2-9 最终消费发展速度及指数

Growth Rate and Indices of Final Consumption Expenditure

单位：% (%)

年份 Year	以上年为 100 (preceding year=100)					以 1952 年为 100 (year of 1952 =100)				
	最终消费 Final Consumption Expenditures	居民消费 Household Consumption	农村居民 Rural Household	城镇居民 Urban Household	政府消费 Government Consumption	最终消费 Final Consumption Expenditures	居民消费 Household Consumption	农村居民 Rural Household	城镇居民 Urban Household	政府消费 Government Consumption
1978	112.5	112.9	111.0	118.7	107.7	258.5	246.2	211.6	490.9	677.9
1979	112.3	110.8	110.3	112.2	131.4	290.3	272.8	233.4	550.8	890.8
1980	108.9	108.5	109.2	106.5	112.8	316.2	296.0	254.8	586.6	1004.8
1981	111.2	111.3	113.0	106.5	109.9	351.6	329.4	288.0	624.8	1104.3
1982	111.8	111.3	113.4	105.0	116.5	393.0	366.6	326.5	656.0	1286.5
1983	107.5	107.7	108.8	104.2	104.7	422.5	394.8	355.3	683.5	1347.0
1984	108.9	108.8	108.3	110.2	110.6	460.1	429.6	384.8	753.3	1489.8
1985	108.3	108.4	107.6	111.3	106.6	498.3	465.7	414.0	838.4	1588.1
1986	104.5	104.5	101.8	113.3	104.3	520.7	486.6	421.5	949.9	1656.4
1987	102.3	102.1	101.2	104.5	104.5	532.7	496.9	426.5	992.6	1730.9
1988	98.3	98.2	95.6	105.4	99.4	523.7	487.9	407.7	1046.2	1720.5
1989	97.7	96.8	97.0	96.2	107.9	511.6	472.3	395.5	1006.5	1856.5
1990	105.9	105.0	101.7	113.8	114.0	541.8	495.9	402.2	1145.4	2116.4
1991	105.4	105.3	104.1	108.0	106.0	571.1	522.2	418.7	1237.0	2243.4
1992	103.9	103.5	101.4	108.3	105.4	593.3	540.5	424.6	1339.7	2364.5
1993	105.5	104.7	100.7	112.2	108.9	625.9	565.9	427.6	1503.1	2574.9
1994	106.1	106.2	100.6	115.5	105.6	664.1	601.0	430.2	1736.1	2719.1
1995	108.6	109.0	105.4	114.2	107.0	721.2	655.1	453.4	1982.6	2909.4
1996	108.6	108.2	113.2	101.5	109.9	783.2	708.8	513.2	2012.3	3197.4
1997	106.7	105.2	100.8	111.7	113.7	835.7	745.7	517.3	2247.7	3635.4
1998	105.7	105.5	103.8	107.7	106.8	883.3	786.7	537.0	2420.8	3882.6
1999	106.7	106.2	99.5	115.1	108.7	942.5	835.5	534.3	2786.3	4220.4
2000	106.7	105.6	98.9	113.2	110.8	1005.6	882.3	528.4	3154.1	4676.2
2001	107.7	106.1	98.3	112.9	113.6	1083.0	936.1	519.4	3561.0	5312.2
2002	104.7	102.3	100.7	103.6	112.8	1133.9	957.6	523.0	3689.2	5992.2
2003	108.8	108.6	100.5	114.5	109.5	1233.7	1040.0	525.6	4224.1	6561.5
2004	110.2	109.9	103.5	114.1	110.9	1359.5	1143.0	544.0	4819.7	7276.7
2005	110.3	111.3	107.3	113.6	107.3	1499.6	1272.1	583.7	5475.2	7807.9
2006	109.6	109.3	103.5	112.7	110.6	1643.5	1390.4	604.1	6170.5	8635.5
2007	112.3	111.6	104.8	115.3	114.6	1845.7	1551.7	633.1	7114.6	9896.3
2008	110.8	109.3	103.7	112.0	115.6	2045.0	1696.0	656.6	7968.4	11440.2
2009	109.8	109.4	104.0	111.8	111.1	2245.4	1855.4	682.8	8908.6	12710.0
2010	110.9	110.8	105.8	112.8	111.3	2490.2	2055.8	722.4	10048.9	14146.2
2011	110.8	111.2	110.2	111.6	109.5	2759.1	2286.1	796.1	11214.6	15490.1
2012	109.6	109.8	108.6	110.3	109.0	3024.0	2510.1	864.6	12369.7	16884.3
2013	108.7	108.8	106.8	109.7	108.3	3287.1	2731.0	923.4	13569.6	18285.6
2014	109.2	110.2	109.0	110.6	105.8	3589.5	3009.6	1006.5	15008.0	19346.2
2015	109.0	108.6	105.2	109.9	110.4	3912.5	3268.4	1058.8	16493.8	21358.2
2016	108.3	108.7	103.6	110.9	107.3	4237.3	3552.8	1096.9	18291.6	22917.4
2017	108.2	108.6	103.4	110.6	107.2	4584.8	3858.3	1134.2	20230.5	24567.5
2018	108.7	109.3	105.6	110.7	107.0	4983.6	4217.2	1197.7	22395.2	26287.2

2-10 居民消费水平
Household Consumption

年份 Year	按当年价计算 (At Current Prices) 居民消费水平(元) Household Consump-tion Level (yuan)	农村居民 Rural Household	城镇居民 Urban Household	以上年为100 (Preceding Year=100) 居民消费水平(元) Household Consump-tion Level (yuan)	农村居民 Rural Household	城镇居民 Urban Household	以1952年为100 (year of 1952 =100) 居民消费水平(元) Household Consump-tion Level (yuan)	农村居民 Rural Household	城镇居民 Urban Household
1978	183	154	427	111.7	110.0	115.4	153.4	134.7	252.9
1979	211	181	454	109.6	110.0	104.5	168.2	148.2	264.3
1980	239	201	523	107.3	108.8	100.1	180.4	161.2	264.6
1981	268	229	552	109.9	112.0	102.4	198.3	180.6	270.9
1982	295	257	567	109.5	111.8	101.7	217.2	201.9	275.5
1983	326	287	603	106.2	107.4	102.4	230.6	216.8	282.1
1984	360	317	650	107.7	108.0	104.3	248.4	234.2	294.3
1985	430	379	751	107.3	107.6	102.9	266.5	252.0	302.8
1986	469	404	866	103.3	101.1	108.9	275.3	254.7	329.8
1987	521	446	969	100.7	100.0	101.6	277.2	254.7	335.0
1988	623	514	1256	96.4	94.2	101.0	267.2	239.9	338.4
1989	660	534	1372	100.0	103.6	91.8	267.2	248.6	310.6
1990	750	611	1533	103.6	100.0	111.9	276.9	248.6	347.6
1991	816	654	1714	104.0	102.9	105.9	288.0	255.8	368.1
1992	942	726	2106	102.7	101.1	104.9	295.8	258.6	386.1
1993	1134	849	2598	103.9	100.8	106.6	307.3	260.7	411.6
1994	1408	1027	3260	105.0	100.8	109.6	322.7	262.8	451.1
1995	1752	1294	3884	107.8	109.0	103.2	347.9	286.5	465.5
1996	2199	1710	4395	113.0	119.9	100.1	393.1	343.5	466.0
1997	2390	1851	4746	105.6	105.7	104.3	415.1	363.1	486.0
1998	2471	1921	4813	104.3	105.6	100.8	432.9	383.4	489.9
1999	2594	1945	5290	104.0	101.3	107.6	450.2	388.4	527.1
2000	3034	1969	5770	103.2	100.8	105.5	464.6	391.5	556.1
2001	3242	2024	6050	107.7	103.0	106.2	500.4	403.2	590.6
2002	3366	2103	6126	103.9	103.9	101.4	519.9	418.9	598.9
2003	3729	2209	6851	109.0	103.0	110.2	566.7	431.5	660.0
2004	4355	2576	7731	109.7	106.0	108.1	621.7	457.4	713.5
2005	4952	2863	8623	109.7	108.7	106.5	682.0	497.2	759.8
2006	5508	3081	9491	107.8	104.7	106.4	735.2	520.6	808.5
2007	6254	3436	10557	111.4	107.6	110.0	819.0	560.1	889.3
2008	7152	3913	11756	109.0	106.4	107.0	892.7	596.0	951.6
2009	7929	4154	13000	108.9	106.1	107.7	972.1	632.3	1024.8
2010	8968	4738	14518	109.1	105.3	109.7	1060.6	665.8	1124.2
2011	10391	5932	16021	109.6	110.5	107.6	1162.4	735.7	1209.7
2012	11612	6841	17240	109.2	111.4	105.7	1269.4	819.6	1278.6
2013	12820	7611	18622	108.1	109.0	105.6	1372.2	893.4	1350.2
2014	14325	8706	20263	109.4	111.0	106.8	1501.2	991.6	1442.1
2015	15854	9620	22067	107.8	107.6	105.9	1618.2	1067.0	1527.1
2016	17490	10461	24025	108.0	106.7	106.5	1747.7	1138.5	1626.4
2017	19418	11504	26244	108.0	107.0	106.2	1887.5	1218.2	1727.2
2018	21197	12665	28088	108.7	108.9	106.8	2051.7	1326.6	1844.7

2-11 支出法地区生产总值构成

Composition of Gross Domestic Product by Expenditure Approach

单位：% (%)

年份 Year	以地区生产总值为 100 (GDP=100)			以最终消费为 100 (Final Consumption Expenditure=100)		以居民消费为 100 (Household Consumption=100)	
	最终消费 Final Consumption Expenditures	资本形成总额 Gross Capital Formation	货物和服务净流出 Net Export of Good and Services	居民消费 Household Consumption Expenditures	政府消费 Government Consumption Expenditures	农村居民 Rural Household	城镇居民 Urban Household
1978	68.6	28.9	2.5	93.2	6.8	75.4	24.6
1979	66.7	23.5	9.8	92.3	7.7	76.0	24.0
1980	71.4	20.9	7.7	91.6	8.4	74.3	25.7
1981	74.3	19.6	6.1	91.7	8.3	75.2	24.8
1982	75.1	21.7	3.2	91.3	8.7	76.5	23.5
1983	75.8	22.0	2.2	91.5	8.5	77.2	22.8
1984	75.9	20.6	3.5	91.4	8.6	76.8	23.2
1985	75.2	26.3	−1.5	91.5	8.5	76.0	24.0
1986	73.0	28.9	−1.9	91.5	8.5	73.9	26.1
1987	69.9	29.8	0.3	91.0	9.0	73.3	26.7
1988	68.3	31.6	0.1	91.3	8.7	70.3	29.7
1989	68.6	26.4	5.0	89.5	10.5	68.8	31.2
1990	75.9	24.7	−0.6	80.6	19.4	69.0	31.0
1991	74.6	27.0	−1.6	80.5	19.5	67.9	32.1
1992	73.5	29.5	−3.0	80.3	19.7	65.1	34.9
1993	71.2	30.6	−1.8	80.1	19.9	61.2	38.8
1994	72.0	28.0		81.1	18.9	58.7	41.3
1995	70.0	30.1	−0.1	81.4	18.6	56.7	43.3
1996	70.5	29.6	−0.1	81.7	18.3	58.8	41.2
1997	69.3	30.1	0.6	80.3	19.7	56.0	44.0
1998	69.1	30.4	0.5	79.5	20.5	54.5	45.5
1999	70.5	30.0	−0.5	78.9	21.1	50.4	49.6
2000	69.6	29.5	0.9	78.0	22.0	46.7	53.3
2001	68.9	31.1		76.9	23.1	43.5	56.5
2002	66.4	33.5	0.1	75.3	24.7	42.9	57.1
2003	65.4	34.3	0.3	75.2	24.8	39.8	60.2
2004	62.7	38.8	−1.5	75.5	24.5	38.7	61.3
2005	60.7	39.4	−0.1	76.9	23.1	36.9	63.1
2006	59.6	42.6	−2.2	75.8	24.2	34.8	65.2
2007	55.8	45.5	−1.3	75.3	24.7	33.2	66.8
2008	51.8	49.0	−0.8	76.1	23.9	32.1	67.9
2009	50.9	51.9	−2.8	76.4	23.6	30.0	70.0
2010	47.6	54.6	−2.2	76.6	23.4	30.0	70.0
2011	45.9	55.3	−1.2	76.2	23.8	31.9	68.1
2012	45.8	56.1	−1.9	76.3	23.7	31.9	68.1
2013	45.9	57.1	−3.0	76.2	23.8	31.3	68.7
2014	48.3	54.6	−2.9	74.3	25.7	31.2	68.8
2015	50.6	53.3	−3.9	74.1	25.9	30.3	69.7
2016	52.2	52.0	−4.2	73.8	26.2	28.8	71.2
2017	53.3	51.9	−5.2	73.5	26.5	27.4	72.6
2018	54.2	51.3	−5.5	73.9	26.1	26.7	73.3

2-12 资本形成总额发展速度及指数
Growth Rate and Indices of Gross Capital Formation

单位：% (%)

年份 Year	以上年为 100 (Preceding year=100) 资本形成总额 Gross Capital Formation	固定资本 Fixed Capital	存货增加 Changes in Inventories	以 1952 年为 100 (year of 1952 =100) 资本形成总额 Gross Capital Formation	固定资本 Fixed Capital	存货增加 Changes in Inventories
1952				100.0	100.0	100.0
1955	172.8	84.5	514.0	322.3	170.1	860.5
1960	86.5	106.0	40.0	1351.5	1610.6	762.6
1965	119.4	120.8	114.1	752.8	825.8	631.5
1970	169.6	177.2	149.1	1705.4	1783.3	1751.5
1975	113.5	115.8	99.6	1761.3	2102.2	1014.7
1978	154.2	156.3	148.0	2708.0	2749.5	2992.9
1979	98.0	106.2	75.9	2653.9	2920.0	2270.6
1980	96.1	105.9	58.4	2550.4	3092.3	1327.0
1981	95.8	84.2	176.5	2443.2	2603.7	2342.7
1982	122.7	122.4	123.7	2997.9	3186.9	2898.9
1983	113.5	125.0	75.4	3402.6	3983.6	2186.4
1984	99.6	93.9	130.4	3389.0	3740.6	2850.1
1985	138.0	125.6	185.8	4676.8	4698.2	5295.1
1986	119.7	123.6	110.1	5598.1	5807.0	5828.1
1987	113.7	113.7	113.3	6365.0	6602.6	6602.0
1988	114.1	109.7	127.4	7262.5	7243.0	8409.8
1989	81.2	68.6	113.3	5897.1	4968.7	9525.7
1990	88.1	90.9	86.0	5195.4	4516.6	8192.1
1991	115.4	121.4	103.4	5995.5	5483.2	8470.6
1992	112.3	122.1	89.1	6732.9	6694.9	7547.3
1993	119.8	123.2	91.7	8066.0	8248.1	6920.9
1994	115.3	112.6	144.9	9300.1	9287.4	10028.4
1995	121.6	114.5	182.9	11308.9	10634.1	18341.9
1996	118.1	124.5	83.8	13355.8	13239.5	15370.5
1997	114.2	105.1	187.4	15252.3	13914.7	28804.3
1998	104.1	113.9	60.1	15877.6	15848.8	17311.4
1999	102.0	112.7	11.2	16195.2	17861.6	1938.9
2000	104.3	110.9		16891.6	19808.5	
2001	112.9	113.1		19070.6	22403.4	
2002	116.6	111.6		22236.3	25002.2	
2003	111.7	113.6		24837.9	28402.5	
2004	125.0	116.2		31047.4	33003.7	
2005	116.7	122.0	37.2	36232.3	40264.5	
2006	118.0	117.2	155	42754.1	47190.0	
2007	120.9	121.5	100.4	51689.7	57335.8	
2008	118.9	119.9	75.0	61459.1	68757.1	
2009	119.9	119.9	116.6	73689.4	82439.8	
2010	119.2	118.5	166.6	87837.8	97691.2	
2011	114.8	114.1	141.0	100837.8	111465.6	
2012	113.0	113.0	112.8	113946.7	125956.2	
2013	111.4	112.0	92.4	126936.6	141070.9	
2014	110.0	110.0	111.2	139630.3	155178.0	
2015	108.4	108.6	99.7	151359.3	168523.3	
2016	107.5	109.1	56.4	162711.2	183858.9	
2017	107.6	107.4	124.1	175077.3	197464.5	
2018	106.6	107.2	75.0	186632.4	211681.9	

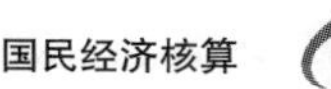

2-13 三次产业对地区生产总值增长的贡献率和拉动
Contribution Share and Contribution of the Three Strata of Industry to the Growth of GDP

本表按不变价格计算 Data in this table are calculated at constant prices

年份 Year	贡献率 (%) Contribution Share (%)				拉动 (百分点) Contribution (percentage points)				
	第一产业 Primary Industry	第二产业 Secondary Industry	第三产业 Tertiary Industry	#工业 Industry	地区生产总值 Gross Regional Product	第一产业 Primary Industry	第二产业 Secondary Industry	第三产业 Tertiary Industry	#工业 Industry
1990	26.3	48.8	24.9	43.5	4.0	1.1	1.9	1.0	1.7
1991	27.5	35.6	36.9	25.2	7.9	2.2	2.8	2.9	2.0
1992	20.6	34.9	44.5	69.2	11.1	2.3	3.9	4.9	7.7
1993	12.8	49.2	37.9	47.4	12.4	1.6	6.1	4.7	5.9
1994	17.4	51.1	31.5	46.8	10.6	1.9	5.4	3.3	5.0
1995	20.6	48.1	31.3	42.6	10.3	2.1	5.0	3.2	4.4
1996	16.2	51.1	32.7	47.0	12.1	2.0	6.2	3.9	5.7
1997	17.2	49.1	33.6	47.4	10.6	1.8	5.2	3.6	5.0
1998	3.2	54.6	42.2	48.2	8.5	0.3	4.6	3.6	4.1
1999	10.6	45.9	43.6	40.2	8.4	0.9	3.8	3.7	3.4
2000	11.1	49.2	39.8	43.8	9.0	1.0	4.4	3.6	3.9
2001	9.8	41.4	48.8	33.8	9.0	0.9	3.7	4.4	3.0
2002	6.1	44.7	49.2	38.2	9.0	0.6	4.0	4.4	3.4
2003	1.7	52.1	46.2	44.8	9.6	0.2	5.0	4.4	4.3
2004	9.9	50.9	39.2	42.5	12.1	1.2	6.2	4.7	5.1
2005	7.3	41.9	50.8	37.4	12.2	0.9	5.1	6.2	4.6
2006	6.2	53.0	40.8	47.6	12.8	0.8	6.8	5.2	6.1
2007	4.0	51.1	44.9	46.0	15.1	0.6	7.7	6.8	6.9
2008	5.2	46.8	48.0	42.3	14.1	0.7	6.6	6.8	6.0
2009	4.7	59.0	36.3	49.9	13.9	0.7	8.2	5.0	6.9
2010	3.5	62.1	34.4	56.1	14.6	0.5	9.1	5.0	8.2
2011	4.3	61.5	34.2	56.6	12.8	0.5	7.9	4.4	7.2
2012	3.3	54.7	42.0	50.3	11.4	0.4	6.2	4.8	5.7
2013	2.9	52.1	45.0	47.1	10.1	0.3	5.3	4.5	4.8
2014	4.8	48.4	46.8	42.2	9.5	0.5	4.6	4.4	4.0
2015	4.1	42.5	53.4	37.4	8.5	0.4	3.6	4.5	3.2
2016	3.9	37.1	59.0	31.6	8.0	0.3	3.0	4.7	2.5
2017	4.2	37.4	58.4	33.3	8.0	0.3	3.0	4.7	2.7
2018	4.0	40.9	55.1	36.3	7.8	0.3	3.2	4.3	2.8

2-14 三大需求对地区生产总值增长的贡献率和拉动
Contribution Share and Contribution of the Three Components of GDP to the Growth of GDP

本表按不变价格计算　　Data in this table are calculated at constant prices

年份 Year	最终消费支出 Final Consumption Expenditure		资本形成总额 Gross Capital Formation		货物和服务净流出 Net Exports of Goods and Services	
	贡献率(%) Contribution Share (%)	拉动(百分点) Contribution (percentage points)	贡献率(%) Contribution Share (%)	拉动(百分点) Contribution (percentage points)	贡献率(%) Contribution Share (%)	拉动(百分点) Contribution (percentage points)
2000	68.7	6.2	23.1	2.1	8.2	0.7
2001	56.3	5.0	43.1	3.9	0.6	0.1
2002	53.2	4.8	46.3	4.2	0.5	0.0
2003	47.0	4.5	52.8	5.1	0.2	0.0
2004	41.7	5.1	59.8	7.2	−1.5	−0.2
2005	53.7	6.6	50.9	6.2	−4.6	−0.6
2006	45.6	5.8	55.4	7.1	−1.0	−0.1
2007	48.3	7.3	57.0	8.6	−5.3	−0.8
2008	44.2	6.2	58.2	8.2	−2.4	−0.3
2009	39.5	5.5	64.6	9.0	−4.1	−0.6
2010	40.1	5.9	62.2	9.1	−2.3	−0.4
2011	39.9	5.1	62.9	8.1	−2.8	−0.4
2012	39.2	4.5	63.2	7.2	−2.4	−0.3
2013	39.4	4.0	63.2	6.4	−2.6	−0.3
2014	43.5	4.2	60.1	5.7	−3.6	−0.4
2015	47.4	4.0	56.4	4.8	−3.8	−0.3
2016	52.3	4.2	49.7	4.0	−2.0	−0.2
2017	51.8	4.1	50.4	4.0	−2.2	−0.1
2018	56.9	4.4	45.0	3.5	−1.9	−0.1

主要统计指标解释

国内生产总值(GDP) 指一个国家所有常住单位在一定时期内生产活动的最终成果。国内生产总值有三种表现形态，即价值形态、收入形态和产品形态。从价值形态看，它是所有常住单位在一定时期内生产的全部货物和服务价值与同期投入的全部非固定资产货物和服务价值的差额，即所有常住单位的增加值之和；从收入形态看，它是所有常住单位在一定时期内创造的各项收入之和，包括劳动者报酬、生产税净额、固定资产折旧和营业盈余；从产品形态看，它是所有常住单位在一定时期内最终使用的货物和服务价值与货物和服务净出口价值之和。在实际核算中，国内生产总值有三种计算方法，即生产法、收入法和支出法。三种方法分别从不同的方面反映国内生产总值及其构成。

对于一个地区来说，称为地区生产总值或地区 GDP。

国民总收入（GNI） 原称国民生产总值（GNP），指一个国家所有常住单位在一定时期内收入初次分配的最终结果。一国常住单位从事生产活动所创造的增加值在初次分配中主要分配给该国的常住单位，但也有一部分以生产税（扣除生产补贴）、劳动者报酬和财产收入等形式分配给非常住单位；同时，国外生产所创造的增加值也有一部分以生产税（扣除生产补贴）、劳动者报酬和财产收入等形式分配给该国的常住单位，从而产生了国民总收入的概念。它等于国内生产总值加上来自国外的初次收入分配净额。与国内生产总值不同，国民总收入是个收入概念，而国内生产总值是个生产概念。

三次产业 三次产业的划分是世界上较为常用的产业结构分类，但各国的划分不尽一致。根据《国民经济行业分类》（GB/T 4754—2011）和《三次产业划分规定》，我国的三次产业划分是：

第一产业是指农、林、牧、渔业（不含农、林、牧、渔服务业）。

第二产业是指采矿业(不含开采辅助活动)，制造业(不含金属制品、机械和设备修理业)，电力、热力、燃气及水生产和供应业，建筑业。

第三产业即服务业，是指除第一产业、第二产业以外的其他行业。

劳动者报酬 指劳动者从事生产活动应获得的全部报酬，既包括货币形式的报酬，也包括实物形式的报酬。主要包括工资、奖金、津贴和补贴，单位为其员工交纳的社会保险费、补充社会保险费和住房公积金、行政事业单位职工的离退休金、单位为其员工提供的其他各种形式的福利和报酬等。

生产税净额 指生产税减生产补贴后的差额。其中，生产税指政府对生产单位从事生产、销售和经营活动，以及因从事生产活动使用某些生产要素（如固定资产和土地等）所征收的各种税收、附加费和其他规费。生产税分为产品税和其他生产税，产品税主要有：增值税、消费税、进口关税、出口税等；其他生产税主要有：房产税、车船使用税、城镇土地使用税等。生产补贴则相反，它是政府为影响生产单位的生产、销售及定价等生产活动而对其提供的无偿支付，包括农业生产补贴、政策亏损补贴、进口补贴等。生产补贴作为负生产税处理。

固定资产折旧 指由于自然退化、正常淘汰或损耗而导致的固定资产价值下降，用以代表固定资产通过生产过程被转移到其产出中的价值。原则上，固定资产折旧应按照固定资产的重置价值计算。

营业盈余 指常住单位创造的增加值扣除劳动者报酬、生产税净额和固定资产折旧后的余额。

支出法国内生产总值 是从最终使用的角度反映一个国家（或地区）一定时期内生产活动最终成果的一种方法，包括最终消费支出、资本形成总额及货物和服务净出口三部分。计算公式为：

支出法国内生产总值＝最终消费支出＋资本形成总额＋货物和服务净出口

最终消费支出 指常住单位为满足物质、文化和精神生活的需要，从本国经济领土和国外购买的货物和服务的支出。它不包括非常住单位在本国经济领土内的消费支出。最终消费支出分为居民消费支出和政府消费支出。

居民消费支出 指常住住户在一定时期内对于货物和服务的全部最终消费支出。居民消费支出除了直接以货币形式购买的货物和服务的消费支出外，还包括以其他方式获得的货物和服务的消费支出，后者称为虚拟消费支出。居民虚拟消费支出主要包括：单位以实物报酬及实物转移的形式提供给劳动者的货物和服务；住户生产用于自身消费的货物（如自产自用的农产品），以及纳入生产核算范围并用于自身消费的服务（如住户的自有住房服务）；银行和保险机构提供的间接计算的金融服务。

政府消费支出 指政府部门为全社会提供的公共服务的消费支出和免费或以较低的价格向居民住户提供的货物和服务的净支出，前者等于政府服务的产出价值减去政府单位所获得的经营收入的价值，后者等于政府部门免费或以较低价格向居民住户提供的货物和服务的市场价值减去向住户收取的价值。

资本形成总额 指常住单位在一定时期内获得减去处置的固定资产和存货的净额，包括固定资本形成总额和存货变动两部分。

固定资本形成总额 指常住单位在一定时期内获得的固定资产减处置的固定资产的价值总额。固定资产是通过生产活动生产出来的，且其使用年限在一年以上、单位价值在规定标准以上的资产，不包括自然资产、耐用消费品、小型工器具。固定资本形成总额包括住宅、其他建筑和构筑物、机器和设备、培育性生物资源、知识产权产品（研发支出、矿藏的勘探、计算机软件）的价值获得减处置。

存货变动 指常住单位在一定时期内存货实物量变动的市场价值，即期末价值减期初价值的差额，再扣除当期由于价格变动而产生的持有收益。存货变动可以是正值，也可以是负值，正值表示存货上升，负值表示存货下降。存货包括生产单位购进的原材料、燃料和储备物资等存货，以及生产单位生产的产成品、在制品和半成品等存货。

货物和服务净出口 指货物和服务出口减货物和服务进口的差额。出口包括常住单位向非常住单位出售或无偿转让的各种货物和服务的价值；进口包括常住单位从非常住单位购买或无偿得到的各种货物和服务的价值。货物的出口和进口都按离岸价格计算。

当年价格 指报告期的实际价格，如工业品的出厂价格，农产品的收购价格，商业的零售价格等。按当年价格计算，是指一些以货币表现的物量指标，如工农业总产值、国内生产总值等，按照当年的实际价格来计算总量。使用当年价格计算的数字，是为了使国民经济各项指标互相衔接，便于考察当年社会经济效益，便于对生产流通、生产和分配、生产和消费进行经济核算和综合平衡。

按当年价格计算的价值指标，在不同年份之间进行对比时，因为包含有各年间价格变动的因素，不能确切地反映实物量的增减变动。必须消除价格变动因素后，才能真实反映经济发展动态。因此，在计算增长速度时都使用按可比价格计算的数字。

可比价格 指计算各种总量指标所采用的扣除了价格变动因素的价格，可进行不同时期总量指标的对比。按可比价格计算总量指标有两种方法：一种是直接用产品产量乘某一年的不变价格计算，另一种是用价格指数进行换算。

Explanatory Notes on Main Statistical Indicators

Gross Domestic Product (GDP) refers to the final products produced by all resident units in a country during a certain period of time. Gross domestic product is expressed in three different perspectives, namely value, income, and products respectively. GDP in its value perspective refers to the balance of total value of all goods and services produced by all resident units during a certain period of time, minus the total value of input of goods and services of the nature of non-fixed assets; in other words, it is the sum of the value-added of all resident units. GDP from the perspective of income refers to the sum of all kinds of revenue, including Compensation of Employees, Net Taxes on Production, Depreciation of Fixed Assets, and Operating Surplus. GDP from the perspective of products refers to the value of all goods and services for final demand by all resident units plus the net exports of goods and services during a given period of time. In the practice of national accounting, gross domestic product is calculated from three approaches, namely production approach, income approach and expenditure approach, which reflect gross domestic product and its composition from different angles.

For a region, it is called as Gross Regional Product(GRP) or regional GDP.

Gross National Income (GNI) originally known as Gross National Product(GNP), refers to the final result of the primary distribution of the income created by all the resident units of a country during a certain period of time. The value-added created by the resident units of a country engaged in production activities is distributed, during the primary distribution, mainly to the resident units of that country, while part of it is distributed to the non-resident units in the form of production tax (minus subsidies to production), compensation of employees and property income. In the meantime, a part of the value-added created abroad is distributed to the resident units of the country in the form of production tax (minus subsidies to production), compensation of employees and property income. The concept of Gross National Income is thus developed, which equals to Gross Domestic Product plus the net income from initial distribution from abroad. Unlike GDP which is a concept of production, GNP is a concept of income.

Three Strata of Industry Classification of economic activities into three strata of industry is a common practice in the world, although the grouping varies to some extent from country to country. In China, according to Industrial classification for National Economic Activities(GB/T 4754—2011) and Dividing Basis of Three Industries, economic activities are categorized into the following three strata of industry:

Primary industry refers to agriculture, forestry, animal husbandry and fishery industries (not including services in support of agriculture, forestry, animal husbandry and fishery industries).

Secondary industry refers to mining and quarrying(not including support activities for mining), manufacturing(not including repair service of metal products, machinery and equipment), production and supply of electricity, heat, gas and water, and construction.

Tertiary industry refers to all other economic activities not included in the primary or secondary industries.

Compensation of Employees refers to the total payment of various forms to employees for the productive activities they are engaged in. It includes the employees earn in cash or in kind. It mainly include: wages, bonuses and allowances, subsidies, social insurance paid by company or unit for its staff, supplementary social insurance, housing fund, the pension for the employees of the administrative institution, other forms of welfare and remuneration provide by the units for its employees.

Net Taxes on Production refers to taxes on production less subsidies on production. The taxes on production refers to the various taxes, extra charges and fees levied on the production units on their production, sale and business activities as well as on the use of some factors of production, such as fixed assets, land etc. in the production activities they are engaged in. Taxes on production are divided into product tax and other kinds of taxes on production, product tax mainly includes: value-added tax, consumption tax, import duty, export duty; other taxes on production mainly include: House Property Tax, Tax on Vehicles and Boat Operation, Urban Land Use Tax, etc. In contrast to taxes on production, subsidies on production refer to the payment by the government for free to the production units to influence production activities of production units such as production, sales and pricing, which include agricultural production subsidies, subsidies for policy losses, import subsidies, etc. Subsidies on production are therefore regarded as negative taxes on production.

Depreciation of Fixed Assets Refers to the decline of the value of fixed assets due to natural deterioration, normal elimination or loss, it reflects the value of transfer of the fixed assets in the production of the current period. In principle, the depreciation of fixed assets should be calculated on the basis of the re-purchased value of the fixed assets.

Operating Surplus refers to the balance of the value

added created by the resident units after deducting the labourers remuneration, net taxes on production and the depreciation of fixed assets.

GDP by Expenditure Approach refers to the method of measuring the final results of production activities of a country (region) during a given period from the perspective of final uses. It includes final consumption expenditure, gross capital formation and net export of goods and services. The formula for computation is.:

GDP by expenditure approach = final consumption expenditure + gross capital formation + net export of goods and services

Final Consumption Expenditure refers to the total expenditure of resident units for purchases of goods and services from both the domestic economic territory and abroad to meet the needs of material, cultural and spiritual life. It does not include the expenditure of non-resident units on consumption in the economic territory of the country. The final consumption expenditure is broken down into household consumption expenditure and government consumption expenditure.

Household Consumption Expenditure refers to the total expenditure of resident households on the final consumption of goods and services. In addition to the consumption of goods and services bought by the households directly with money, the household consumption expenditure also includes expenditure on goods and services obtained by the households in other ways, i.e. the latter so-called imputed consumption expenditure, which mainly includes: (a) the goods and services provided to households by employers in the form of payment in kind and transfer in kind; (b) goods and services produced and consumed by the households themselves (such as self produced agricultural products); (c) financial intermediate services provided by banking and insurance institutions.

Government Consumption Expenditure refers to the consumption expenditure spent for the provision of public services provided by the government to the whole country and the net expenditure on the goods and services provided by the government to households free of charge or at reduced prices. The former equals to the output value of the government services minus the value of operating income obtained by the government departments. The latter equals to the market value of the goods and services provided by the government free of charge or at reduced prices to the households minus the value received by the government from the households.

Gross Capital Formation refers to the fixed assets acquired less disposals and the net value of inventory, thus including gross fixed capital formation and changes in inventories.

Gross Fixed Capital Formation refers to the value of acquisitions less those disposals of fixed assets during a given period. Fixed assets are the assets produced through production activities with unit value above a specified amount and which could be used for over one year. Natural assets, consumer durables, small instruments are not included. Gross Fixed Capital Formation includes the value of housing, other buildings and structure, equipment and machinery, breeding biological resources, intellectual property right product (expenditure for R&D, the prospecting of minerals and the acquisition of computer software) minus the disposal of them.

Changes in Inventories refers to the market value of the change in the physical volume of inventory of resident units during a given period, i.e. the difference between the values at the beginning and at the end of the period minus the gains due to the change in prices. The changes in inventories can have a positive or a negative value. A positive value indicates an increase in inventory while a negative value indicates a decrease in inventory. The inventory includes raw materials, fuels and reserve materials purchased by the production units as well as the inventory of finished products, semi-finished products and work-in-progress.

Net Export of Goods and Services refers to the exports of goods and services subtracting the imports of goods and services. Exports include the value of various goods and services sold or gratuitously transferred by resident units to non-resident units. Imports include the value of various goods and services purchased or gratuitously acquired resident units from non-resident units. Because the provision of services and the use of them happen simultaneously, the acquisition of services by resident units from abroad is usually treated as import while the acquisition of services by non-resident units in this country is usually treated as export. The exports and imports of goods are calculated at FOB.

Current Price refers to the actual price during the reporting period, such as Ex-factory Price of Industrial Products, purchasing price of agricultural produces and retail price. Some indicators calculated at current price are volume indicators in the value form, such as total value of output of industrial and agricultural industries and GDP, etc. Data calculated at current price are useful when it comes to evaluating the economic development and analyzing different aspects of economy, such as production, circulation, distribution and consumption.

When the different indicators calculated at current price are compared, it is in evitable that price changes will affect the comparison. Therefore, the change in volume cannot be showed. In order to eliminate the effect of price and reflect economic development, growth rate is calculated at current price.

Constant Price refers to the price without the effect of price change. By using constant price, total amount indices of different periods can be compared. There are two methods in which total amount indices are obtained, one using current price of some year to multiply the physical volume of certain products and the other using price index.

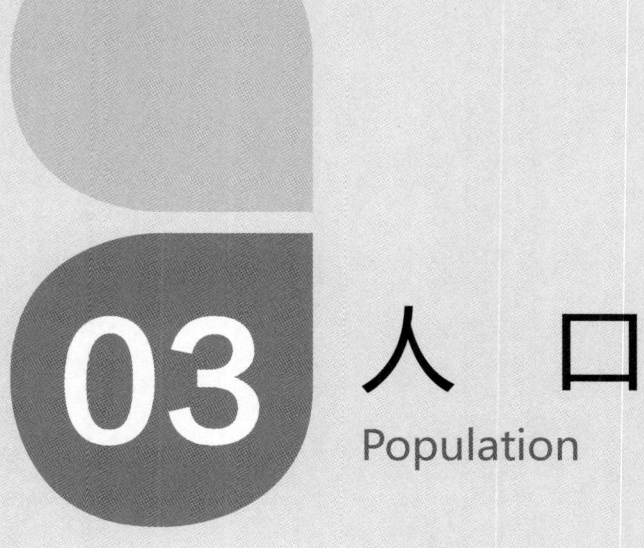

03 人　口

Population

资料整理人员：赵　宏　　张　驰

3-1 户籍人口数
Household population

年份 Year	总户数(万户) Households (10 000 households)	总人口(万人) Total Population (10 000 persons)	男 Male	女 Female	市镇 Urban	乡村 Rural
1949	689.40	2986.83	1558.45	1428.38	235.95	2750.88
1950	683.75	3074.34	1601.97	1472.37	245.79	2828.55
1951	743.32	3190.67	1664.24	1526.43	255.57	2935.10
1952	830.46	3271.20	1707.79	1563.41	259.08	3012.12
1953	836.11	3349.70	1751.22	1598.48	260.55	3089.15
1954	844.34	3429.02	1807.89	1621.13	277.21	3151.81
1955	855.56	3472.83	1831.58	1641.25	327.94	3144.89
1956	870.53	3507.43	1836.26	1671.17	329.02	3178.41
1957	883.15	3603.24	1887.55	1715.69	314.67	3288.57
1958	881.54	3672.72	1919.61	1753.11	352.78	3319.94
1959	874.96	3691.95	1933.47	1758.48	494.52	3197.43
1960	891.98	3569.37	1857.07	1712.30	404.63	3164.74
1961	932.08	3507.98	1819.55	1688.43	477.73	3030.25
1962	928.07	3600.26	1870.89	1729.37	384.66	3215.60
1963	920.52	3715.20	1926.81	1788.39	375.34	3339.86
1964	920.20	3785.13	1965.75	1819.38	429.54	3355.59
1965	934.09	3901.47	2022.78	1878.69	405.64	3495.83
1966	939.30	4009.65	2079.48	1930.17	411.87	3597.78
1967	953.11	4122.56	2138.25	1984.31	429.40	3693.16
1968	967.12	4238.65	2198.68	2039.97	446.93	3791.72
1969	981.34	4358.01	2260.82	2097.19	464.46	3893.55
1970	995.77	4480.76	2324.73	2156.03	481.97	3998.79
1971	1044.49	4598.27	2384.91	2213.36	470.86	4127.41
1972	1055.62	4700.56	2438.55	2262.01	489.75	4210.81
1973	1069.65	4809.79	2497.79	2312.00	506.49	4303.30
1974	1082.86	4900.86	2545.64	2355.22	522.34	4378.52
1975	1102.82	4991.36	2594.18	2397.18	531.82	4459.54
1976	1125.37	5056.81	2629.85	2426.96	544.71	4512.10
1977	1149.83	5111.83	2657.88	2453.95	561.21	4550.62
1978	1167.53	5165.91	2684.80	2481.11	593.86	4572.05
1979	1184.84	5223.05	2712.32	2510.73	639.60	4583.45
1980	1197.88	5280.95	2740.40	2540.55	671.05	4609.90
1981	1228.84	5360.05	2783.12	2576.93	694.72	4665.33
1982	1251.33	5452.12	2831.03	2621.09	774.75	4677.37
1983	1273.06	5509.43	2864.09	2645.34	794.46	4714.97
1984	1299.34	5561.32	2893.92	2667.40	857.56	4703.76
1985	1334.54	5622.49	2928.44	2694.05	915.90	4706.59

注：1995 年以前的人口数均为年报数；2000 年和 2010 年的人口数根据人口普查有关数据推算，其余各年人口数均根据人口变动抽样调查资料推算。2015 年起，为公安户籍统计数据。

The data on the total population are collected from the year-reports before 1995. The data on the total population in 2000 and 2010 are collected from population surveys. The data of other years are estimated on the basis of the data collected from the sample surveys on population changes. Since 2015, data of population at the year-end were provied by Public Security Bureau.

3-1 续表 Continued

年份 Year	总户数(万户) Households (10 000 households)	总人口(万人) Total Population (10 000 persons)	男 Male	女 Female	市镇 Urban	乡村 Rural
1986	1407.45	5695.73	2966.85	2728.88	963.15	4732.58
1987	1485.85	5782.61	3012.59	2770.02	1003.28	4779.33
1988	1562.45	5915.68	3079.65	2836.03	1044.12	4871.56
1989	1623.00	6013.62	3130.76	2882.86	1049.25	4964.37
1990	1661.65	6110.89	3178.31	2932.58	1072.46	5038.43
1991	1697.69	6166.33	3208.42	2957.91	1147.86	5018.47
1992	1725.72	6207.78	3231.73	2976.05	1217.74	4990.04
1993	1745.47	6245.58	3249.20	2996.38	1205.95	5039.63
1994	1765.67	6302.58	3279.07	3023.51	1356.56	4946.02
1995	1796.19	6392.00	3322.27	3069.73	1550.99	4841.01
1996	1799.97	6428.00	3339.25	3088.75	1606.95	4821.05
1997	1798.83	6465.00	3356.43	3108.57	1629.00	4836.00
1998	1809.00	6502.00	3374.33	3127.67	1684.00	4818.00
1999	1814.64	6532.00	3389.32	3142.68	1724.00	4808.00
2000	1874.87	6562.05	3422.77	3139.28	1952.21	4609.84
2001	1884.47	6595.85	3409.72	3186.13	2031.52	4564.33
2002	1899.30	6628.50	3433.56	3194.94	2121.12	4507.38
2003	1929.59	6662.80	3453.33	3209.47	2232.04	4430.76
2004	1991.34	6697.70	3470.75	3226.95	2377.68	4320.02
2005	2031.01	6732.10	3490.59	3241.51	2490.88	4241.22
2006	2048.17	6768.10	3513.35	3254.75	2619.93	4148.17
2007	2085.91	6805.70	3533.87	3271.83	2752.91	4052.79
2008	2113.88	6845.20	3549.30	3295.90	2885.25	3959.95
2009	2126.05	6900.20	3583.24	3316.96	2980.89	3919.31
2010	2152.90	7089.53	3674.49	3415.04	3069.77	4019.76
2011	2186.60	7135.60	3699.10	3436.50	3218.16	3917.44
2012	2224.69	7179.87	3725.63	3454.24	3349.41	3830.46
2013	2286.57	7147.28	3712.32	3434.96	3427.84	3719.44
2014	2313.58	7202.29	3740.97	3461.32	3549.29	3653.00
2015	2330.12	7242.02	3761.09	3480.93	2037.29	5204.73
2016	2353.70	7318.81	3797.57	3521.24	2187.82	5130.99
2017	2363.83	7296.26	3781.75	3514.51	2446.87	4849.39
2018	2383.84	7326.62	3796.24	3530.38	2519.76	4806.86

3-2 人口出生率、死亡率、自然增长率
Birth Rate, Death Rate and Natural Growth Rate of Population

年份 Year	出生率（‰） Birth Rate（‰）	死亡率（‰） Death Rate（‰）	自然增长率（‰） Natural Growth Rate（‰）	出生人口数（万人） Population of Birth (10000 persons)	死亡人口数（万人） Population of Death (10000 persons)	自然增长人数（万人） Population of Natural Growth (10000 persons)
1950	37.00	20.00	17.00	112.13	60.61	51.52
1951	37.00	19.00	18.00	115.90	59.52	56.39
1952	37.00	19.00	18.00	119.54	61.39	58.16
1953	36.00	17.00	19.00	119.18	56.28	62.90
1954	37.85	17.54	20.31	128.29	59.45	68.84
1955	31.10	16.36	14.74	107.32	56.46	50.87
1956	29.59	11.51	18.08	103.27	40.17	63.10
1957	33.47	10.41	23.06	119.00	37.01	81.99
1958	29.96	11.65	18.32	108.99	42.38	66.61
1959	24.00	12.99	11.00	88.38	47.83	40.54
1960	19.49	29.42	-9.93	70.76	106.81	-36.05
1961	12.51	17.48	-4.97	44.27	61.86	-17.59
1962	41.40	10.23	31.16	147.14	36.36	110.78
1963	47.29	10.26	37.03	172.97	37.53	135.45
1964	42.20	12.88	29.31	158.26	48.30	109.95
1965	42.25	11.19	31.06	162.38	43.01	119.37
1966	37.23	10.15	27.08	147.27	40.15	107.12
1967	35.61	9.89	25.72	144.79	40.21	104.58
1968	33.99	9.63	24.36	142.10	40.26	101.84
1969	32.37	9.37	23.00	139.14	40.28	98.86
1970	30.75	9.11	21.64	135.90	40.26	95.64
1971	29.13	8.86	20.26	132.24	40.22	92.02
1972	29.93	9.01	20.91	139.16	41.89	97.27
1973	29.21	8.05	21.15	138.90	38.28	100.62
1974	27.11	8.67	18.44	131.63	42.10	89.53
1975	25.04	8.34	16.70	123.85	41.25	82.60
1976	20.07	7.70	12.36	100.83	38.69	62.15
1977	18.61	7.79	10.82	94.62	39.61	55.01
1978	17.40	7.01	10.39	89.42	36.02	53.39
1979	17.84	7.12	10.72	92.67	36.98	55.68
1980	17.68	6.88	10.80	92.86	36.13	56.72
1981	21.11	7.03	14.08	112.32	37.40	74.91
1982	21.98	6.77	15.21	118.83	36.60	82.23
1983	16.48	6.79	9.69	90.32	37.21	53.11
1984	16.66	7.20	9.46	92.22	39.85	52.36
1985	18.16	6.47	11.69	101.55	36.18	65.37

3-2 续表 Continued

年份 Year	出生率(‰) Birth Rate (‰)	死亡率(‰) Death Rate (‰)	自然增长率(‰) Natural Growth Rate (‰)	出生人口数(万人) Population of Birth (10000 persons)	死亡人口数(万人) Population of Death (10000 persons)	自然增长人数(万人) Population of Natural Growth (10000 persons)
1986	19.90	6.30	13.60	112.62	35.65	76.96
1987	23.62	7.07	16.55	135.56	40.58	94.98
1988	23.32	6.82	16.50	136.40	39.89	96.51
1989	22.91	7.07	15.84	136.65	42.17	94.48
1990	23.93	7.23	16.70	145.07	43.83	101.24
1991	20.50	7.30	13.20	125.84	44.81	81.03
1992	16.70	7.30	9.40	103.32	45.17	58.16
1993	14.08	7.13	6.95	87.67	44.40	43.28
1994	13.88	7.03	6.85	87.08	44.11	42.98
1995	13.02	7.15	5.87	82.64	45.38	37.26
1996	12.81	7.20	5.61	82.11	46.15	35.96
1997	12.59	6.99	5.60	81.16	45.06	36.10
1998	12.31	7.10	5.21	79.81	46.03	33.78
1999	11.72	7.12	4.60	76.38	46.40	29.98
2000	11.45	6.79	4.66	74.96	44.45	30.51
2001	11.80	6.72	5.08	77.63	44.21	33.42
2002	11.56	6.70	4.86	76.44	44.30	32.14
2003	11.82	6.87	4.95	78.55	45.66	32.90
2004	11.89	6.80	5.09	79.43	45.43	34.00
2005	11.90	6.75	5.15	79.91	45.33	34.58
2006	11.92	6.73	5.19	80.46	45.43	35.03
2007	11.96	6.71	5.25	81.17	45.54	35.63
2008	12.68	7.28	5.40	86.55	49.69	36.86
2009	13.05	6.94	6.11	89.69	47.70	41.99
2010	13.10	6.70	6.40	91.63	46.87	44.77
2011	13.35	6.80	6.55	94.95	48.37	46.59
2012	13.58	7.01	6.57	97.20	50.17	47.03
2013	13.50	6.96	6.54	96.71	49.86	46.85
2014	13.52	6.89	6.63	90.77	46.26	44.51
2015	13.58	6.86	6.72	91.80	46.37	45.43
2016	13.57	7.01	6.56	92.31	47.69	44.62
2017	13.27	7.08	6.19	90.78	48.43	42.35
2018	12.19	7.08	5.11	83.86	48.71	35.15

3-3 第1-4次全国人口普查基本情况
Basic Statistics on National Population of 1st-4th Censuses

单位：万人 (10 000 persons)

指 标	Item	第一次 1953 First	第二次 1964 Second	第三次 1982 Third	第四次 1990 Fourth
总户数 （万户）	**Total Households (10 000 households)**	**836.11**	**916.20**	**1233.88**	**1573.79**
家庭户	Family Households			1227.89	1564.88
集体户	Non-Family Households			5.99	8.91
总人口	**Total Population**	**3322.69**	**3718.23**	**5401.05**	**6065.80**
男性人口	Male	1752.64	1931.70	2805.23	3149.76
女性人口	Female	1570.05	1786.53	2595.82	2916.04
#育龄妇女(15—49岁)	#Women at Childbearing Age(Age 15-49)	750.73	819.43	1301.08	1607.99
各年龄组人口	**Population by Age**				
0—6岁	Age 0-6	669.02	706.05	701.81	869.47
7—14岁	Age 7-14	519.19	768.91	1131.16	826.93
劳动年龄人口	Population within Working Age	1720.75	1878.68	2936.91	3618.26
男60、女55岁以上人口	Males Age 60 and Females Age 55 and Over	319.57	285.00	503.39	628.16
民族人口	**Population by Nationality**				
汉族	Han Nationality	3254.67	3589.80	5180.92	5583.42
少数民族	Minority Nationalities	68.02	128.43	220.13	482.38
15岁以上婚姻人口	**Marital Status of Population Aged 15 and Over**				
未婚	Unmarried			1009.86	1099.89
有配偶	Married			2271.76	2963.86
丧偶	Widowed			262.16	278.87
离婚	Divorced			24.31	26.77
6岁以上文化程度人口	**Population Aged 6 and Over by Educational Level**				
大学本科	University		9.77	24.56	20.72
大学专科	Three Years College				48.27
中专	Specialized Secondary School		40.99	353.64	81.82
高中	Senior Secondary School				404.79
初中	Junior Secondary School		160.27	932.53	1370.42
小学	Primary School		1256.03	2325.78	2552.16
不识字或识字很少	Illiterate and Semi-Illiterate		1255.57	1173.52	822.76
#文盲、半文盲人口	#Illiterate and Semi-Illiterate Aged 15 and Over		1255.57	943.97	742.56
在业人口	**Employed Population**			**2827.75**	**3489.74**
不在业人口	**Unemployed Population**			**740.34**	**879.65**
市镇县人口	**Population of Cities,Towns and Counties**				
市	Cities	134.97	161.31	507.43	765.62
镇	Towns	157.57	160.79	260.00	328.20
县	Counties	3030.15	3396.13	4633.62	4971.98

注：1. 劳动年龄人口指男16-59岁，女16-54岁人口。
2. 各年龄组人口缺15岁人口和年龄不详人口，加总不等于总人口。
3. 由于四次普查所设指标不同，故此表空栏处均表示该年度普查无此调查项目。
4.1964年人口普查时，6-12岁不在校儿童没有调查其相当的文化程度，故各项文化程度人口加总不等于6周岁及以上人口数。

a. Working age range refers to 16-59 years for men and 16-54 years for women.

b. The sum of the population of the age group is not equal to the total population, because the population aged 15 is not shown and there is population whose true age is unknown.

c. Since the quota in the four population censuses were set differently, the blank space indicates the absence of this item of the year.

d. Data in 1964 excludes the children in school aged from 6-12, thus the sum of the population at all education levels does not equal to the population aged above six.

3-4 第五次全国人口普查基本情况
Basic Statistics on National Population of Fifth Censuses

指 标		Item		数量 Volume
总户数	**（万户）**	**Number of Households**	**(10 000 households)**	**1800.38**
家庭户		Family Households		1766.21
集体户		Non-Family Households		34.17
总人口	**（万人）**	**Total Population**	**(10 000 persons)**	**6327.42**
家庭户人口		Population of Family Households		6106.15
集体户人口		Population of Non-Family Households		221.27
平均家庭户规模	**（人/户）**	**Average Family Size**	**(person/household)**	**3.46**
总人口中：男性人口	（万人）	**In Total:** Male	(10 000 persons)	3299.37
女性人口	（万人）	Female	(10 000 persons)	3028.05
性别比		Sex Ratio		108.96
总人口中：汉族人口	（万人）	**In Total:** Han Nationality	(10 000 persons)	5686.35
少数民族人口	（万人）	Minority Nationalities	(10 000 persons)	641.07
少数民族人口比重	(%)	Percentage of Minonrity Nationalities Population	(%)	10.13
总人口中：市镇人口	（万人）	**In Total:** Urban Population	(10 000 persons)	1915.92
乡村人口	（万人）	Rural Population	(10 000 persons)	4524.15
总人口中：0—5 岁人口	（万人）	**In Total:** Age 0-5	(10 000 persons)	387.71
6—14 岁人口	（万人）	Age 6-14	(10 000 persons)	1012.25
15—64 岁人口	（万人）	Age 15-64	(10 000 persons)	4454.80
65 岁以上人口	（万人）	Aged 65 and Over	(10 000 persons)	472.66
6 周岁及以上人口	**（万人）**	**Population Aged 6 and Over by Educational Level**	**(10 000 persons)**	**5939.70**
未上过学	（万人）	Unschool	(10 000 persons)	298.22
扫盲班	（万人）	Literacy Courses	(10 000 persons)	67.69
小学	（万人）	Primary School	(10 000 persons)	2421.99
初中	（万人）	Junior Secondary School	(10 000 persons)	2259.38
高中和中专	（万人）	Senior and Specialized Secondary School	(10 000 persons)	707.25
大专及以上	（万人）	College and Over	(10 000 persons)	185.17
每十万人口中：小学文化	（人）	**Per 100000 Population:** Primary School	(person)	38278
初中文化	（人）	Junior Secondary School	(person)	35708
高中和中专	（人）	Senior and Specialized Secondary School	(person)	11177
大专及以上	（人）	College and Over	(persons)	2926
文盲、半文盲人口	**（万人）**	**Population of Illiterate and Semi Literate**	**(10 000 persons)**	**294.96**
文盲率	**(%)**	**Illiterate Rate**	**(%)**	**5.99**
普查年度出生率	**(‰)**	**Birth Rate in Census Year**	**(‰)**	**11.45**
普查年度死亡率	**(‰)**	**Death Rate in Census Year**	**(‰)**	**6.79**
普查年度自然增长率	**(‰)**	**Natural Growth Rate in Census Year**	**(‰)**	**4.66**

注：1. 表中的各项数据均按普查登记的口径计算，不包括本省外出的人口，包括外省来本省的人口。
2. 普查年度是指 1999 年 11 月 1 日 0 时至 2000 年 10 月 31 日 24 时。
3. 城乡人口是按国家统计局 1999 年发布的《关于统计上划分城乡的规定（试行）》计算。

a. The data in table are calculated according to the approach of censuses. The data excluded the population of going to other provinces and included the population from other provinces.

b. The censuses year is 1999-11-1 zero o'clock to 2000-10-31 24 o'clock.

c. The urban population and rural population are calculated according to the 《regulations concerning plot out urban and rural in the statistical (test run)》promulgated in 1999.

3-5 第六次全国人口普查基本情况
Basic Statistics on National Population of Sixth Censuses

指 标		Item		数量 Volume
家庭户	**（万户）**	**Number of Households**	**(10 000 households)**	**1862.57**
总人口	**（万人）**	**Total Population**	**(10 000 persons)**	**6570.08**
家庭户人口		Population of Family Households		6191.14
集体户人口		Population of Non-Family Households		378.93
平均家庭户规模	**（人/户）**	**Average Family Size**	**(person/household)**	**3.32**
总人口中：		**In Total**		
男性人口	（万人）	Male	(10 000 persons)	3377.65
女性人口	（万人）	Female	(10 000 persons)	3192.43
性别比		Sex Ratio		105.80
总人口中：		**In Total**		
0-14 岁人口	（万人）	Age 0-14	(10 000 persons)	1157.65
15-64 岁人口	（万人）	Age 15-64	(10 000 persons)	4770.49
65 岁以上人口	（万人）	Aged 65 and Over	(10 000 persons)	641.94
0-14 岁人口比重	(%)	Proportion of age 0-14	(%)	17.62
15-64 岁人口比重	(%)	Proportion of age 15-64	(%)	72.61
65 岁以上人口比重	(%)	Proportion of aged 65 and over	(%)	9.77
受教育程度		**Population Aged 6 and Over by Educational Level**		
小 学	（万人）	Primary School	(10 000 persons)	1760.09
初 中	（万人）	Junior Secondary School	(10 000 persons)	2597.71
高中和中专	（万人）	Senior and Specialized Secondary School	(10 000 persons)	1013.39
大专及以上	（万人）	College and Over	(10 000 persons)	499.19
每十万人口中：		**Per 100000 Population**		
小学文化	（人）	Primary School	(person)	26790
初中文化	（人）	Junior Secondary School	(person)	39539
高中和中专	（人）	Senior and Specialized Secondary Schoo	(person)	15425
大专及以上	（人）	College and Over	(persons)	7598
文盲、半文盲人口	**（万人）**	**Population of Illiterate and Semi Literate**	**(10 000 persons)**	**175.43**
文盲率	(%)	**Illiterate Rate**	(%)	**3.24**

注：1. 以上数据均为 2010 年人口普查机器汇总数。

2. 普查登记的对象是指普查标准时点在中华人民共和国境内的自然人以及在中华人民共和国境外但未定居的中国公民，不包括在中华人民共和国境内短期停留的境外人员。

3. 各市州的人口，是普查登记的 2010 年 11 月 1 日零时的常住人口。常住人口包括，居住在本乡镇街道、户口在本乡镇街道或户口待定的人；居住在本乡镇街道、离开户口所在的乡镇街道半年以上的人；户口在本乡镇街道、外出不满半年或在境外工作学习的人。

4. 家庭户是指以家庭成员关系为主、居住一处共同生活的人组成的户。

5. 文盲率是指全省常住人口中 15 岁及以上不识字人口所占比重。

a. All figures above are machine results of the 2010 Population Census.

b. The population census covers all natural persons residing in the territory of the People's Republic of China and the Chinese citizens residing outside but not permanently settled down in locations beyond the territory of the People' s Republic of China at the census reference time, excluding foreigners temporarily staying in the territory of the People' s Republic of China.

c. The population of each city and the XiangXi autonomous prefecture is the resident population, which was registered on zero hour of November 1, 2010.Resident population of a given town/street include: people living in the current town/street where their household registration is located or with their household registration to be settled; people living in the current town/street and leaving the town/street of their household registration for over 6 months; people leaving the town/street of their household registration for less than 6 months or working or studying overseas, with their household registration located in the current town/street.

d. Population of family households refer to households consists of persons, bonded by family relations, staying under the same roof and sharing living arrangement.

e. Illiterate rate refers to the population over 15 years of age who cannot read divided by the Resident population of the Whole province.

主要统计指标解释

人口数 指一定时点、一定地区范围内有生命的个人总和。

年度统计的年末人口数指每年 12 月 31 日 24 时的人口数。年度统计的全国人口总数内未包括香港、澳门特别行政区和台湾省以及海外华侨人数。

城镇人口和乡村人口 城镇人口是指居住在城镇范围内的全部常住人口；乡村人口是除上述人口以外的全部人口。

出生率（又称粗出生率） 指在一定时期内（通常为一年）一定地区的出生人数与同期内平均人数（或期中人数）之比，用千分率表示。本资料中的出生率指年出生率，其计算公式为：

$$出生率=\frac{年出生人数}{年平均人数}\times 1000‰$$

式中：出生人数指活产婴儿，即胎儿脱离母体时（不管怀孕月数），有过呼吸或其他生命现象。年平均人数指年初、年底人口数的平均数，也可用年中人口数代替。

$$死亡率=\frac{年死亡人数}{年平均人数}\times 1000‰$$

死亡率（又称粗死亡率） 指在一定时期内（通常为一年）一定地区的死亡人数与同期内平均人数（或期中人数）之比，用千分率表示。本资料中的死亡率指年死亡率，其计算公式为：

人口自然增长率 指在一定时期内（通常为一年）人口自然增加数（出生人数减死亡人数）与该时期内平均人数（或期中人数）之比，用千分率表示。计算公式为：

$$人口自然增长率=\frac{本年出生人数-本年死亡人数}{年平均人数}\times 1000‰$$

$$=人口出生率-人口死亡率$$

Explanatory Notes on Main Statistical Indicators

Total Population refers to the total number of people alive at a certain point of time within a given area.

The annual statistics on total population is taken at midnight, the 3lst of December, not including residents in Taiwan province, Hong Kong SAR and Macao SAR and Chinese national residing abroad.

Urban Population and Rural Population Urban population refers to all people residing in cities and towns, while rural population refers to population other than urban population.

Birth Rate (or Crude Birth Rate) refers to the ratio of the number of births to the average population (or mid-period population) during a certain period of time (usually a year), expressed in ‰. Birth rate in the chapter refers to annual birth rate. The following formula is used:

$$\text{Birth Rate}=\frac{\text{Number of Births}}{\text{Annual Average Population}}\times 1000‰$$

Number of births in the formula refers to live births, i.e. when a baby has breathed or showed any vital phenomena regardless of the length of pregnancy.

Annual average population is the average of the number of population at the beginning of the year and that at the end of the year. Sometimes it is substituted by the mid-year population.

Death Rate (or Crude Death Rate) refers to the ratio of the number of deaths to the average population (or mid-period population) during a certain period of time (usually a year), expressed in ‰. Death rate in the chapter refers to annual death rate. The following formula is used:

$$\text{Death Rate}=\frac{\text{Number of Deaths}}{\text{Annual Average Population}}\times 1000‰$$

Natural Growth Rate of Population refers to the ratio of natural increase in population (number of births minus number of deaths) in a certain period of time (usually a year) to the average population (or mid-period population) of the same period, expressed in ‰. The following formula is applied:

$$\text{Natural Growth Rate of Population}=\frac{\text{Number of Births - Number of Deaths}}{\text{Annual Average Population}}\times 1000‰$$

Natural Growth Rate of Population = Birth Rate-Death Rate

04 就业人员和工资

Employment and Wages

资料整理人员：欧阳普　　邓鸿鹄

4-1 年末从业人员人数
Number of Employed Persons at the Year-end

单位：万人 (10 000 persons)

年份 Year	从业人员人数 Number of Employed Persons	在岗职工人数 Number of Staff and Workers on the Job	国有经济 State-owned Economic Units	城镇集体经济 Urban Collective-owned Economic Units	其他经济类型 Economic Units of Other Types	城镇个体私营企业从业人员 Employees in Urban Private Enterprises and Self-Employed Individuals	农村从业人员 Employees in Rural
1950	1107.76	40.67	22.81	0.18	17.68	38.93	1028.16
1951	1147.20	52.01	33.55	0.37	18.09	42.71	1052.48
1952	1188.76	69.25	48.87	0.77	19.61	46.70	1072.81
1953	1213.15	76.15	53.12	2.32	20.71	50.68	1086.32
1954	1223.84	80.68	54.61	8.56	17.51	42.92	1100.24
1955	1250.49	90.26	60.67	14.10	15.49	31.45	1128.78
1956	1271.31	121.24	73.66	35.78	11.80	7.62	1142.45
1957	1353.51	130.24	81.84	36.62	11.78	2.00	1221.27
1958	1461.08	226.98	190.02	30.49	6.47		1234.10
1959	1466.09	218.08	174.09	36.76	7.23		1248.01
1960	1508.04	242.89	182.44	54.05	6.40		1265.15
1961	1302.48	234.40	163.50	70.90		3.92	1064.16
1962	1401.22	201.97	135.76	66.21		5.62	1193.63
1963	1443.01	191.19	129.40	61.79		3.11	1248.71
1964	1508.43	192.88	130.34	62.54		4.99	1310.56
1965	1551.93	206.96	139.24	67.72		3.91	1341.06
1966	1607.49	211.73	144.17	67.56		3.41	1392.35
1967	1668.06	215.65	148.25	67.40		2.97	1449.44
1968	1728.41	216.95	149.71	67.24		2.59	1508.87
1969	1795.01	222.02	154.93	67.09		2.26	1570.73
1970	1880.85	243.75	176.81	66.94		1.97	1635.13
1971	1975.89	272.00	205.21	66.79		1.72	1702.17
1972	2056.50	285.73	219.04	66.69		1.50	1769.27
1973	2089.11	285.65	218.99	66.66		1.32	1802.14
1974	2117.00	291.53	223.43	68.10		1.10	1824.37
1975	2152.00	304.17	232.56	71.61		0.32	1847.51
1976	2183.24	313.31	238.79	74.52		0.26	1869.67
1977	2216.19	321.24	242.64	78.60		0.37	1894.58
1978	2280.05	363.78	282.06	81.72		0.35	1915.92
1979	2328.12	388.16	299.36	88.80		0.32	1939.64
1980	2399.95	409.16	316.80	92.36		1.81	1988.98
1981	2449.46	426.88	332.46	94.42		3.43	2019.15
1982	2541.05	441.48	344.41	97.07		5.21	2094.36
1983	2594.37	447.81	348.97	98.84		9.72	2136.84
1984	2672.86	460.71	340.94	119.75	0.02	13.18	2198.97
1985	2728.71	475.15	352.73	122.34	0.08	16.19	2237.37

注：1. 全省从业人员人数及分三次产业从业人数根据劳动力抽样调查资料推算。
2. 从 2011 年起，“职工人数”指标更改为“在岗职工人数”指标。
a. The data of total employees and employees by type of industry are estimated on the data collected from the sample surveys on labor.
b. From 2011,the index of "Staff and Workers "changed into"Staff and Workers of the Job" .

4-1 续表 Continued

单位：万人 (10 000 persons)

年份 Year	从业人员人数 Number of Employed Persons	在岗职工人数 Number of Staff and Workers on the Job	国有经济 State-owned Economic Units	城镇集体经济 Urban Collective-owned Economic Units	其他经济类型 Economic Units of Other Types	城镇个体私营企业从业人员 Employees in Urban Private Enterprises and Self-Employed Individuals	农村从业人员 Employees in Rural
1986	2808.87	492.79	367.31	125.25	0.23	18.44	2297.64
1987	2904.10	515.22	386.34	128.60	0.28	24.72	2364.16
1988	2998.64	530.20	401.75	128.14	0.31	30.75	2437.69
1989	3091.37	536.64	411.34	124.81	0.49	30.43	2524.30
1990	3158.42	551.03	422.28	128.07	0.68	31.94	2575.45
1991	3222.43	567.07	435.66	130.35	1.06	32.52	2622.84
1992	3278.83	579.74	447.88	130.43	1.43	39.93	2659.16
1993	3345.61	588.87	454.26	126.70	7.91	60.42	2675.75
1994	3400.29	589.48	459.14	121.57	8.77	106.51	2685.54
1995	3467.31	597.50	466.00	119.13	12.37	133.86	2717.38
1996	3514.16	596.84	471.55	114.47	10.82	166.21	2732.35
1997	3560.29	597.48	471.52	110.48	15.48	200.36	2744.33
1998	3603.17	594.16	461.65	101.21	31.30	222.46	2772.59
1999	3601.39	590.75	461.83	96.01	32.91	210.29	2784.00
2000	3577.58	580.82	456.28	90.33	34.21	148.54	2832.04
2001	3607.96	534.22	407.55	70.95	55.72	199.76	2856.70
2002	3644.52	525.28	398.42	66.19	60.67	231.87	2870.32
2003	3694.78	500.27	379.72	56.55	64.00	335.94	2836.36
2004	3747.10	471.07	353.36	49.38	68.33	457.18	2792.67
2005	3801.48	451.80	293.79	40.12	117.89	547.83	2776.76
2006	3842.17	450.89	290.67	37.72	122.50	603.29	2762.41
2007	3883.41	460.03	283.72	37.50	138.81	635.94	2762.07
2008	3910.06	460.31	276.11	34.83	149.37	654.57	2761.85
2009	3935.21	474.43	268.57	29.21	176.65	665.17	2769.94
2010	3982.73	531.00	287.13	33.24	210.63	698.48	2753.25
2011	4005.03	514.73	258.99	23.92	231.82	894.18	2596.12
2012	4019.31	523.27	261.12	24.60	237.56	951.90	2544.14
2013	4036.45	554.44	249.67	20.92	283.85	1018.02	2463.99
2014	4044.13	552.81	245.28	19.53	288.00	1114.06	2377.26
2015	3980.30	534.77	229.95	16.14	288.68	1156.56	2288.97
2016	3920.41	523.97	228.35	16.78	278.84	1209.58	2186.86
2017	3817.22	520.37	219.75	14.83	285.79	1272.86	2023.99
2018	3738.58	496.78	219.21	11.10	266.47	1367.07	1874.73

4-2 按三次产业分年末从业人员

Number of Employed Persons at Year-end by Three Strata of Industry

年份 Year	年末从业人员（万人） Total Employed Persons (10 000 persons)	第一产业 Primary Industry	第二产业 Secondary Industry	第三产业 Tertiary Industry	构成（以合计为 100） Composition in Percentage (total=100)	第一产业 Primary Industry	第二产业 Secondary Industry	第三产业 Tertiary Industry
1950	1107.76	980.83	54.86	72.07	100.0	88.5	5.0	6.5
1951	1147.20	1001.38	64.12	81.70	100.0	87.3	5.6	7.1
1952	1188.76	989.38	76.72	122.66	100.0	83.2	6.5	10.3
1953	1213.15	1014.03	90.34	108.78	100.0	83.6	7.5	9.0
1954	1223.84	982.69	89.39	151.76	100.0	80.3	7.3	12.4
1955	1250.49	1061.22	74.72	114.55	100.0	84.9	6.0	9.2
1956	1271.31	1055.72	101.21	114.38	100.0	83.0	8.0	9.0
1957	1353.51	1134.13	93.05	126.33	100.0	83.8	6.9	9.3
1958	1461.08	898.17	251.10	311.81	100.0	61.5	17.2	21.3
1959	1466.09	861.58	258.27	346.24	100.0	58.8	17.6	23.6
1960	1508.04	1023.93	199.05	285.06	100.0	67.9	13.2	18.9
1961	1302.48	1053.45	128.89	120.14	100.0	80.9	9.9	9.2
1962	1401.22	1180.33	98.04	122.85	100.0	84.2	7.0	8.8
1963	1443.01	1222.67	111.47	108.87	100.0	84.7	7.7	7.5
1964	1508.43	1274.86	116.73	116.84	100.0	84.5	7.7	7.8
1965	1551.93	1305.83	124.66	121.44	100.0	84.1	8.0	7.8
1966	1607.49	1355.48	129.72	122.29	100.0	84.3	8.1	7.6
1967	1668.06	1405.14	135.05	127.87	100.0	84.2	8.1	7.7
1968	1728.41	1456.39	140.79	131.23	100.0	84.3	8.2	7.6
1969	1795.01	1511.41	151.70	131.90	100.0	84.2	8.5	7.4
1970	1880.85	1564.21	179.69	136.95	100.0	83.2	9.6	7.3
1971	1975.89	1624.30	206.63	144.96	100.0	82.2	10.5	7.3
1972	2056.50	1683.60	227.31	145.59	100.0	81.9	11.1	7.1
1973	2089.11	1718.66	226.17	144.28	100.0	82.3	10.8	6.9
1974	2117.00	1732.28	236.13	148.59	100.0	81.8	11.2	7.0
1975	2152.00	1742.28	257.39	152.33	100.0	81.0	12.0	7.1
1976	2183.24	1759.48	266.42	157.34	100.0	80.6	12.2	7.2
1977	2216.19	1775.31	273.17	167.71	100.0	80.1	12.3	7.6
1978	2280.05	1788.17	305.37	186.51	100.0	78.4	13.4	8.2
1979	2328.12	1798.27	325.70	204.15	100.0	77.2	14.0	8.8
1980	2399.95	1846.46	339.06	214.43	100.0	77.0	14.1	8.9
1981	2449.46	1887.54	339.52	222.40	100.0	77.0	13.9	9.1
1982	2541.05	1955.49	350.79	234.77	100.0	77.0	13.8	9.2
1983	2594.37	1966.48	361.77	266.12	100.0	75.8	13.9	10.3
1984	2672.86	1971.93	414.00	286.93	100.0	73.8	15.5	10.7
1985	2728.71	1946.85	458.68	323.18	100.0	71.4	16.8	11.8

注：全省从业人员人数及分三次产业从业人数根据劳动力抽样调查资料推算。
The data of total employees and employees by type of industry are estimated on the data collected from the sample surveys on labor.

4-2 续表 Continued

年份 Year	年末从业人员(万人) Total Employed Persons (10 000 persons)	第一产业 Primary Industry	第二产业 Secondary Industry	第三产业 Tertiary Industry	构成(以合计为100) Composition in Percentage (total=100)	第一产业 Primary Industry	第二产业 Secondary Industry	第三产业 Tertiary Industry
1986	2808.87	1969.64	494.51	344.72	100.0	70.1	17.6	12.3
1987	2904.10	2011.35	531.70	361.05	100.0	69.3	18.3	12.4
1988	2998.64	2050.72	550.38	397.54	100.0	68.4	18.4	13.2
1989	3091.37	2104.60	550.26	436.51	100.0	68.1	17.8	14.1
1990	3158.42	2176.70	553.83	427.89	100.0	68.9	17.5	13.6
1991	3222.43	2219.82	570.35	432.26	100.0	68.9	17.7	13.4
1992	3278.83	2213.42	613.57	451.84	100.0	67.5	18.7	13.8
1993	3345.61	2140.76	679.22	525.63	100.0	64.0	20.3	15.7
1994	3400.29	2076.14	731.01	593.14	100.0	61.1	21.5	17.4
1995	3467.31	2071.61	756.54	639.16	100.0	59.8	21.8	18.4
1996	3514.16	1994.90	810.38	708.88	100.0	56.8	23.0	20.2
1997	3560.29	1998.59	802.25	759.45	100.0	56.1	22.5	21.4
1998	3603.17	2002.51	822.49	778.17	100.0	55.6	22.8	21.6
1999	3601.39	2026.09	839.09	736.21	100.0	56.3	23.3	20.4
2000	3577.58	2120.98	840.52	616.08	100.0	59.3	23.5	17.2
2001	3607.96	2078.36	748.90	780.70	100.0	57.6	20.8	21.6
2002	3644.52	2034.04	757.26	853.22	100.0	55.8	20.8	23.4
2003	3694.78	1961.93	790.68	942.17	100.0	53.1	21.4	25.5
2004	3747.10	1885.06	804.91	1057.13	100.0	50.3	21.5	28.2
2005	3801.48	1846.90	818.10	1136.48	100.0	48.6	21.5	29.9
2006	3842.17	1790.46	829.92	1221.79	100.0	46.6	21.6	31.8
2007	3883.41	1743.65	854.35	1285.41	100.0	44.9	22.0	33.1
2008	3910.06	1720.44	875.84	1313.78	100.0	44.0	22.4	33.6
2009	3935.21	1693.05	896.57	1345.59	100.0	43.0	22.8	34.2
2010	3982.73	1690.03	915.43	1377.27	100.0	42.4	23.0	34.6
2011	4005.03	1679.94	932.62	1392.47	100.0	41.9	23.3	34.8
2012	4019.31	1668.99	948.78	1401.54	100.0	41.5	23.6	34.9
2013	4036.45	1656.01	964.54	1415.90	100.0	41.0	23.9	35.1
2014	4044.13	1651.37	957.77	1434.99	100.0	40.8	23.7	35.5
2015	3980.30	1618.71	935.84	1425.75	100.0	40.7	23.5	35.8
2016	3920.41	1587.32	912.16	1420.93	100.0	40.5	23.3	36.2
2017	3817.22	1515.16	871.17	1430.89	100.0	39.7	22.8	37.5
2018	3738.58	1462.38	836.44	1439.76	100.0	39.1	22.4	38.5

4-3 年末城镇从业人员
Number of Employed Persons in Urban Areas at the Year-end

年份 Year	城镇从业人员合计（万人） Number of Employed Persons in Urban Areas (10 000 persons)	国有经济 State-owned Economic	城镇集体经济 Urban Collective-owned Economic	其他经济 Economic Units of Other Types	内资经济 Domestic Funded Economic	港澳台投资经济 Economioc With Funded From H.K, Macao and Taiwan	外商投资经济 Economic With Funded Foreign	城镇私营经济 Urban Private Economic	城镇个体经济 Urban Individuals Economic
1978	364.13								
1979	388.48								
1980	410.97								
1981	430.31								
1982	446.69								
1983	457.53								
1984	473.89								
1985	491.34								
1986	511.23								
1987	539.94								
1988	560.95								
1989	567.07								
1990	582.97								
1991	599.59								
1992	619.67								
1993	669.86								
1994	714.75								
1995	749.93	482.68	120.83	12.56	6.62	2.73	3.21	17.60	116.26
1996	781.81	487.94	116.61	11.05	5.12	2.59	3.34	22.80	143.41
1997	815.96	486.58	113.19	15.83	9.23	2.96	3.64	26.94	173.42
1998	830.58	472.37	103.56	32.19	25.21	3.20	3.78	36.89	185.57
1999	817.39	474.23	98.95	33.92	27.54	3.19	3.19	34.52	175.77
2000	745.54	467.98	92.99	36.04	29.81	3.07	3.16	33.54	114.99
2001	751.26	419.71	73.62	58.17	52.35	3.15	2.67	44.43	155.33
2002	774.20	410.13	68.73	63.47	56.88	3.51	3.08	65.63	166.24
2003	858.42	395.39	59.65	67.45	60.04	3.50	3.90	87.56	248.38
2004	954.43	370.64	52.86	73.75	65.62	4.31	3.82	143.11	314.07
2005	1024.72	306.70	43.43	126.76	111.93	8.29	6.54	165.80	382.03
2006	1079.76	302.73	40.96	132.78	116.28	8.50	8.00	214.19	389.10
2007	1121.34	294.47	40.63	150.30	131.93	9.13	9.24	223.33	412.61
2008	1148.21	291.65	37.73	164.26	144.57	9.90	9.79	218.99	435.58
2009	1175.27	283.50	32.48	194.13	170.51	11.02	12.60	227.67	437.49
2010	1229.48	287.13	33.24	210.63	186.38	11.91	12.34	234.04	464.44
2011	1408.91	275.01	27.84	248.58	218.97	16.16	13.45	260.62	596.86
2012	1475.17	282.57	27.46	257.45	225.47	18.64	13.34	291.65	616.03
2013	1572.46	265.99	23.69	311.47	274.36	21.64	15.47	311.84	659.47
2014	1666.87	261.52	22.07	314.31	277.58	22.04	14.69	334.81	734.16
2015	1691.33	244.57	18.53	316.04	281.97	20.29	13.78	364.53	747.66
2016	1733.55	242.25	19.24	306.92	269.67	23.57	13.68	385.30	779.84
2017	1793.23	232.85	17.19	315.70	275.93	26.17	13.60	406.29	821.20
2018	1863.85	232.11	13.28	300.89	265.77	21.70	13.42	423.12	894.45

4-4 按类型分的年末从业人员
Employees by Type at the Year-end

单位：万人 (10 000 persons)

类 别	Item	2017 合计 Total	2017 #城镇 Urban	2018 合计 Total	2018 #城镇 Urban
从业人员总计	**Total Number of Employed Persons**	**3817.22**	**1793.23**	**3738.58**	**1863.85**
按就业身份分	**By Status**				
在岗职工	Staff and Workers on the Job	520.37	520.37	496.78	496.78
私营业主	Private Enterprises Owner	126.09	105.26	144.39	120.00
私营企业和个体从业人员	Number of Employees in Private Enterprises and Self-Employed Individuals	769.37	627.40	814.37	650.41
农村劳动力	Laborer in Rural	1861.19		1686.38	
其他从业人员	Others	540.20	540.20	596.66	596.66
按经济类型分	**By Economic Types**				
国有经济	State-owned Economy	232.85	232.82	232.11	232.11
集体经济	Collective-owned Economy	1878.38	17.19	1699.66	13.28
私营经济	Private Enterprises	469.86	406.29	500.06	423.12
个体经济	Self-Employed Individuals	920.43	821.20	1005.86	894.45
联营经济	Joint Ownership Enterprises	0.72	0.72	0.56	0.56
股份制经济	Share-holding Corporations Enterprises	259.83	259.83	255.24	255.24
外商投资经济	Enterprises With Foreign Investment	13.60	13.60	13.42	13.42
港、澳、台投资经济	Enterprises With Investment from Hong Kong, Macao and Taiwan	26.17	26.17	21.70	21.70
其他经济类型	Enterprises of Other Types of Ownership	15.38	15.38	9.97	9.97
按国民经济行业分	**By Sector**				
农、林、牧、渔业	Agriculture,Forestry,Farming of Animals and Fishing	1515.16	37.97	1462.38	29.30
采矿业	Mining	34.27	20.54	27.59	19.91
制造业	Manufacturing	496.07	310.45	453.18	323.95
电力、热力、燃气及水生产和供应业	Production and Distribution of Electricity,Heat,Gas and Water	39.73	33.79	42.16	36.34
建筑业	Construction	301.10	208.64	313.51	233.21
批发和零售业	Wholesale and Retail Trade	373.27	292.41	372.07	296.58
交通运输、仓储和邮政业	Traffic,Transport, Storage and Post	176.49	130.41	176.54	130.85
住宿和餐饮业	Accommodation and and catering	174.23	124.02	171.57	125.58
信息传输、软件和信息技术服务业	Information Transfer,Software and Information technology Services	76.48	66.07	80.20	70.44
金融业	Finance	52.05	48.09	51.17	48.76
房地产业	Real Estate Trade	36.55	31.10	43.45	40.03
租赁和商务服务业	Tenancy and Business Services	85.08	80.35	84.43	80.69
科学研究和技术服务业	Scientific Research and Technical Services	26.73	26.22	22.92	22.57
水利、环境和公共设施管理业	Management of Water Conservancy ,Environment and Public Establishment	16.46	14.94	18.43	17.22
居民服务、修理和其他服务业	Resident Services , Repair and Other Services	98.03	91.84	111.92	106.30
教育	Education	107.46	94.41	109.38	101.50
卫生和社会工作	Sanitation and Social Work	74.18	61.65	72.55	63.89
文化、体育和娱乐业	Culture,Sports and Entertainment	45.78	39.68	38.63	34.18
公共管理、社会保障和社会组织	Public Management, Social Security and Social Organization	88.10	80.65	86.50	82.55

4-5 各行业年末从业人员及构成(2018年)

Number of Employees and Its Composition by Sector at the Year-end (2018)

行 业	Item	从业人员 Employees	在岗职工 Staff and Workers on the Job	城镇个体私营企业 Urban Private and Individuals	农村从业人员 Employees in Rural	其他从业人员 Other Employees
总计 (绝对数,万人)	**Total (ABS,10 000 persons)**	**3738.58**	**496.78**	**1317.57**	**1874.73**	**49.50**
农、林、牧、渔业	Agriculture,Forestry,Farming of Animals and Fishing	1462.38	2.04	27.13	1433.08	0.12
采矿业	Mining	27.59	5.20	14.57	7.68	0.14
制造业	Manufacturing	453.18	92.98	228.68	129.23	2.29
电力、热力、燃气及水生产和供应业	Production and Distribution of Electricity, Heat.Gas and Water	42.16	14.59	21.48	5.82	0.28
建筑业	Construction	313.51	85.36	126.39	80.30	21.46
批发和零售业	Wholesale and Retail Trade	373.07	19.38	277.34	75.49	0.86
交通运输、仓储和邮政业	Traffic,Transport, Storage and Post	176.54	21.20	108.97	45.69	0.69
住宿和餐饮业	Accommodation and and catering	171.57	5.54	119.31	45.99	0.73
信息传输、软件和信息技术服务业	Information Transfer,Software and Information technology Services	80.2	6.50	63.65	9.76	0.29
金融业	Finance	51.17	16.56	21.11	2.41	11.09
房地产业	Real Estate Trade	43.45	11.93	27.57	3.42	0.53
租赁和商务服务业	Tenancy and Business Services	84.43	9.33	70.89	3.74	0.47
科学研究和技术服务业	Scientific Research and Technical Services	22.92	10.43	11.39	0.35	0.75
水利、环境和公共设施管理业	Management of Water Conservancy, Environment and Public Establishment	18.43	7.14	8.96	1.21	1.12
居民服务、修理和其他服务业	Resident Services, Repair and Other Services	111.92	1.45	104.82	5.62	0.03
教育	Education	109.38	64.45	33.88	7.88	3.17
卫生和社会工作	Sanitation and Social Work	72.55	39.58	22.80	8.66	1.50
文化、体育和娱乐业	Culture, Sports and Entertainment	38.63	5.15	28.67	4.45	0.36
公共管理、社会保障和社会组织	Public Management, Social Security and Social	86.5	77.99	0.96	3.95	3.61
构成 (以合计为100)	**Composition in Percentage (total=100)**					
农、林、牧、渔业	Agriculture,Forestry,Farming of Animals and Fishing	39.12	0.4	2.1	76.4	0.3
采矿业	Mining	0.74	1.0	1.1	0.4	0.3
制造业	Manufacturing	12.12	18.7	17.4	6.9	4.6
电力、热力、燃气及水生产和供应业	Production and Distribution of Electricity, Heat. Gas and Water	1.13	2.9	1.6	0.3	0.6
建筑业	Construction	8.39	17.2	9.6	4.3	43.4
批发和零售业	Wholesale and Retail Trade	9.98	3.9	21.0	4.0	1.7
交通运输、仓储和邮政业	Traffic,Transport, Storage and Post	4.72	4.3	8.3	2.4	1.4
住宿和餐饮业	Accommodation and and catering	4.59	1.1	9.1	2.5	1.5
信息传输、软件和信息技术服务业	Information Transfer, Software and Information technology Services	2.15	1.3	4.8	0.5	0.6
金融业	Finance	1.37	3.3	1.6	0.1	22.4
房地产业	Real Estate Trade	1.16	2.4	2.1	0.2	1.1
租赁和商务服务业	Tenancy and Business Services	2.26	1.9	5.4	0.2	1.0
科学研究和技术服务业	Scientific Research and Technical Services	0.61	2.1	0.9	0.0	1.5
水利、环境和公共设施管理业	Management of Water Conservancy,Environment and Public Establishment	0.49	1.4	0.7	0.1	2.3
居民服务、修理和其他服务业	Resident Services, Repair and Other Services	2.99	0.3	8.0	0.3	0.1
教育	Education	2.93	13.0	2.6	0.4	6.4
卫生和社会工作	Sanitation and Social Work	1.94	8.0	1.7	0.5	3.0
文化、体育和娱乐业	Culture, Sports and Entertainment	1.03	1.0	2.2	0.2	0.7
公共管理、社会保障和社会组织	Public Management, Social Security and Social Organization	2.31	15.7	0.1	0.2	7.3

4-6 年末城乡劳动力资源与分配

Resources and Distribution of Labor Force in Urban and Rural Areas at the Year-end

单位：万人 (10 000 persons)

类　别	Item	合计 Total		城　镇 Urban		乡　村 Rural	
		2017	2018	2017	2018	2017	2018
总计	**Total**	**5506.27**	**5535.97**	**3007.52**	**3101.25**	**2498.75**	**2432.72**
经济活动人口	Economy Active Population	3903.69	3813.01	1879.7	1938.28	2023.99	1874.73
从业人员	Employees	3817.22	3738.58	1793.23	1863.85	2023.99	1874.73
失业人员	Unemployment	86.47	74.43	86.47	74.43		
非经济活动人口	Non-Economy Active Population	1602.58	1722.96	1127.82	1162.97	474.76	559.99

4-7 年末城镇非私营单位按行业分组的女性从业人员 (2018年)

Number of Female Employees in Urban Non Private Units at the Year-end by Sector (2018)

单位：万人 (10 000 persons)

行　业	Item	各单位女性从业人员 Number of Female Employees in Units	国有经济 State-owned Economic Units	城镇集体 Urban Collective-owned Economic Units	其他经济 Economic Units of Other Types
总计	**Total**	**199.34**	**98.01**	**3.65**	**97.68**
农、林、牧、渔业	Agriculture, Forestry, Farming of Animals and Fishing	0.63	0.39	0.02	0.22
采矿业	Mining	0.73	0.04	0.11	0.57
制造业	Manufacturing	35.17	0.50	0.48	34.19
电力、热力、燃气及水生产和供应业	Production and Distribution of Electricity, Heat, Gas and Water	4.24	2.56	0.05	1.63
建筑业	Construction	11.08	0.63	0.91	9.54
批发和零售业	Wholesale and Retail Trade	10.76	0.81	0.19	9.76
交通运输、仓储和邮政业	Information Transfer,Computer Services and Software	5.98	3.05	0.09	2.84
住宿和餐饮业	Accommodation and and catering	4.05	0.44	0.04	3.58
信息传输、软件和信息技术服务业	Information Transfer, Software and Information technology Services	2.69	0.11	0.00	2.58
金融业	Finance	16.26	0.49	0.07	15.70
房地产业	Real Estate Trade	4.95	0.22	0.07	4.66
租赁和商务服务业	Tenancy and Business Services	3.17	0.54	0.05	2.58
科学研究和技术服务业	Scientific Research and Technical Services	3.30	1.41	0.01	1.88
水利、环境和公共设施管理业	Management of Water Conservancy, Environment and Public Establishment	3.07	2.42	0.04	0.61
居民服务、修理和其他服务业	Resident Services , Repair and Other Services	0.54	0.07	0.01	0.46
教育	Education	38.03	33.97	0.40	3.67
卫生和社会工作	Sanitation and Social Work	27.45	24.38	1.10	1.98
文化、体育和娱乐业	Culture,Sports and Entertainment	2.58	1.44	0.01	1.12
公共管理、社会保障和社会组织	Public Management, Social Security and Social Organization	24.66	24.53	0.00	0.13

4-8 各行业年末在岗职工(2018年)
Total Number of Staff and Workers on the Job by Sector at the Year-end (2018)

单位：万人 (10 000 persons)

行业	Item	全部在岗职工 Number of Staff and Workers on the Job	国有经济 State-owned Economic	城镇集体 Urban Collective-owned Economic
总计	**Total**	**496.78**	**219.21**	**11.10**
农、林、牧、渔业	**Agriculture, Forestry, Farming of Animals and Fishing**	**2.04**	**1.29**	**0.07**
农业	Agriculture	0.36	0.10	
林业	Forestry	1.11	0.90	0.04
畜牧业	Farming of animals	0.12	0.02	0.01
渔业	Fishing	0.12	0.04	0.01
农、林、牧、渔专业及辅助性活动	Agriculture, Forestry, Animal husbandry, Fishery and Auxiliary Activities	0.33	0.23	0.01
采矿业	**Mining**	**5.20**	**0.34**	**0.51**
煤炭开采和洗选业	Mining and Washing of Coal	2.96	0.30	0.40
石油和天然气开采业	Petroleum and Natural Gas Extraction			
黑色金属矿采选业	Mining of Ferrous Metal Ores	0.05		0.02
有色金属矿采选业	Mining of Non-ferrous Metal Ores	1.48	0.04	0.03
非金属矿采选业	Mining and Processing of Nonmetal Ores	0.71		0.06
开采辅助活动	Mining auxiliary activities			
其他采矿业	Mining of Other Mineral			
制造业	**Manufacturing**	**92.98**	**1.63**	**1.29**
农副食品加工业	Processing of Food from Agricultural Products	5.21	0.16	0.08
食品制造业	Manufacture of Foods	2.87	0.05	
酒、饮料和精制茶制造业	Manufacture of Beverage, drink and tea	2.11	0.01	
烟草制品业	Manufacture of Tobacco	1.25	0.87	
纺织业	Manufacture of Textile	1.72	0.02	
纺织服装、服饰业	Manufacture of Textile Wearing Apparel	1.04		0.03
皮革、毛皮、羽毛及其制品和制鞋业	Leather,Fur,Feather and Its Products and Footwear Products	5.02		
木材加工和木、竹、藤、棕、草制品业	Processing of Timbers, Manufacture of Wood, Bamboo, Rattan,Palm and Straw Products	0.95	0.06	0.02
家具制造业	Manufacture of Furniture	0.30		
造纸和纸制品业	Manufacture of Paper and Paper Products	1.75	0.02	0.03
印刷和记录媒介复制业	Printing,Reproduction of Recording Media	0.97	0.02	0.21
文教、工美、体育和娱乐用品制造业	Manufacture of Articles for Culture,Education and Sport Activity	1.42		0.03
石油、煤炭及其他燃料加工业	Processing of Petroleum, Coal and Other Fuels	1.03		
化学原料和化学制品制造业	Manufacture of Chemical Raw Material and Chemical Products	5.28		0.12
医药制造业	Manufacture of Medicines	2.66		0.05
化学纤维制造业	Manufacture of Chemical Fiber	0.18		
橡胶和塑料制品业	Manufacture of Rubber and plastic	1.31		0.14
非金属矿物制品业	Manufacture of Non-metallic Mineral Products	7.56	0.08	0.15
黑色金属冶炼和压延加工业	Manufacture and Processing of Ferrous Metals	3.70		0.11
有色金属冶炼和压延加工业	Manufacture and Processing of Non-ferrous Metals	4.30	0.07	0.04
金属制品业	Manufacture of Metal Products	3.04		0.02
通用设备制造业	Manufacture of General Purpose Machinery	3.32	0.12	0.07
专用设备制造业	Manufacture of Special Purpose Machinery	4.75	0.03	0.03
汽车制造业	Automobile Industry	7.64	0.01	0.01

4-8 续表 1 Continued

单位：万人 (10 000 persons)

行 业	Item	全部在岗职工 Number of Staff and Workers on the Job	国有经济 State-owned Economic	城镇集体 Urban Collective-owned Economic
铁路、船舶、航空航天和其他运输设备制造业	Manufacture of Railway,Marine,Aerospace and Other Transport Equipment	3.26	0.10	0.02
电气机械和器材制造业	Manufacture of Electrical Machinery and Equipment	4.46	0.01	0.03
计算机、通信和其他电子设备制造业	Manufacture of Communication Equipment, Computer and Other Electronic Equipment	14.69		
仪器仪表制造业	Manufacture of Measuring Instrument	0.56		
其他制造业	Other Manufacture N.E.C	0.11		
废弃资源综合利用业	Recycling and Disposal of Waste	0.35		
金属制品、机械和设备修理业	Mental Products,Machine and Equipment Repair	0.17		0.09
电力、热力、燃气及水生产和供应业	**Production and Distribution of Electricity,Gas and Water**	**14.59**	**9.18**	**0.14**
电力、热力生产和供应业	Production and Supply of Electric Power and Heat Power	11.52	7.79	0.11
燃气生产和供应业	Production and Distribution of Gas	0.56	0.01	
水的生产和供应业	Production and Distribution of Water	2.51	1.38	0.03
建筑业	**Construction**	**85.36**	**3.90**	**5.39**
房屋建筑业	Construction of Building	62.24	1.69	5.28
土木工程建筑业	Construction of Civil Engineering	16.79	2.05	0.05
建筑安装业	Architectural Installation	3.24	0.07	0.06
建筑装饰和其他建筑业	Architectural Decoration and Other Construction	3.09	0.09	
批发和零售业	**Wholesale and Retail Trade**	**19.38**	**2.29**	**0.43**
批发业	Wholesale	5.68	1.64	0.06
零售业	Retail Trade	13.70	0.64	0.37
交通运输、仓储和邮政业	**Traffic,Transport,Storage and Post**	**21.20**	**11.74**	**0.36**
铁路运输业	Transport Via Railway	7.22	7.02	0.01
道路运输业	Transport Via Road	9.32	2.08	0.22
水上运输业	Water Transport	0.22	0.02	0.02
航空运输业	Air Transport	0.89		
管道运输业	Pipeline Transportation Industry	0.03		
装卸搬运和运输代理业	Loading,Unloading,Portage and Other Transport Services	0.16		
仓储业	Storage	0.60	0.19	0.11
邮政业	Post	2.74	2.43	
住宿和餐饮业	**Accommodation and Restaurants**	**5.54**	**0.64**	**0.06**
住宿业	Accommodation	3.67	0.58	0.06
餐饮业	Restaurants	1.87	0.06	
信息传输、软件和信息技术服务业	**Information Transfer,Software and Information Technology Service**	**6.50**	**0.31**	
电信、广播电视和卫星传输服务	Telecom, Broadcasting and Satellite Transmission Service	5.07	0.27	
互联网和相关服务	The Internet and Related Services	0.33	0.01	
软件和信息技术服务业	Software and Information Technology Service	1.10	0.03	
金融业	**Finance**	**16.56**	**1.08**	**0.16**
货币金融服务	Monetary and Financial Services	10.77	1.02	0.16
资本市场服务	Capital Markets Services	1.16	0.02	
保险业	Insurance	4.59	0.04	
其他金融业	Other Financial Activities	0.04		
房地产业	**Real Estate**	**11.93**	**0.52**	**0.13**
房地产开发经营	Real Estate Exploitation Management	7.04	0.19	
物业管理	Management Concerning Dwelling	4.12	0.13	0.02
房地产中介服务	Real Estate Agency Service	0.31		
房地产租赁经营	Real Estate Leasing	0.25	0.02	0.11

4-8 续表 2 Continued

单位：万人 (10 000 persons)

行　业	Item	全部在岗职工 Number of Staff and Workers on the Job	国有经济 State-owned Economic	城镇集体 Urban Collective-owned Economic
租赁和商务服务业	**Tenancy and Business Services**	**9.33**	**1.76**	**0.16**
租赁业	Tenancy	0.07	0.01	
商务服务业	Business Service	9.25	1.76	0.16
科学研究和技术服务业	**Scientific Research,Technical Service**	**10.43**	**4.36**	**0.04**
研究和试验发展	Research and Experimental Development	1.22	0.87	
专业技术服务业	Professional Technique Services	6.66	3.01	0.03
科技推广和应用服务业	Services of S&T Intercommunion and Generalization	2.55	0.48	0.01
水利、环境和公共设施管理业	**Management of Water Conservancy,** Environment and Public Establishment	**7.14**	**5.56**	**0.11**
水利管理业	Management of Water Conservancy	1.63	1.45	0.06
生态保护和环境治理业	Environmental Management	0.21	0.12	
公共设施管理业	Management of Public Establishment	4.77	3.94	0.05
土地管理业	Land Management	0.54	0.05	
居民服务、修理和其他服务业	**Resident Services and Other Services**	**1.45**	**0.17**	**0.02**
居民服务业	Resident Services	1.05	0.12	0.01
机动车、电子产品和日用产品修理业	Motor,Electronic Products and Daily Products Repair Service	0.07		0.01
其他服务业	Other Services	0.33	0.05	
教育	**Education**	**64.45**	**58.39**	**0.64**
学前教育	Preschool Education	1.77	0.76	0.03
初等教育	Primary Education	17.18	16.10	0.23
中等教育	Secondary Education	36.38	33.85	0.32
高等教育	Higher Education	6.99	6.29	0.00
特殊教育	Special Education	0.19	0.18	0.01
技能培训、教育辅助及其他教育	Skills Training, Educational Assistance and other Education	1.94	1.21	0.05
卫生和社会工作	**Health and Social Work**	**39.58**	**35.31**	**1.56**
卫生	Health	38.92	34.85	1.54
社会工作	Social Work	0.66	0.46	0.03
文化、体育和娱乐业	**Culture, Sports and Entertainment**	**5.15**	**3.05**	**0.03**
新闻和出版业	Journalism and Publishing Activities	0.69	0.39	
广播、电视、电影和影视录音制作业	Broadcasting,Movies,Television and Audiovisual Activities	2.14	1.55	
文化艺术业	Culture and Art	1.40	0.93	0.02
体育	Sports Activities	0.26	0.14	
娱乐业	Entertainment	0.65	0.04	
公共管理、社会保障和社会组织	**Public Management and Social Organization**	**77.99**	**77.69**	
中国共产党机关	Organ of Communist Party of China	3.68	3.68	
国家机构	Organ of State	72.05	72.05	
人民政协、民主党派	People's Political Consultative Conference and Democratic Party	0.41	0.41	
社会保障	Social Insurance	0.74	0.74	
群众团体、社会团体和其他成员组织	Mass Community,Social Community and Religion Organizations	1.11	0.81	

4-9 在岗职工工资总额及年平均工资
Total Wages and Average Annual Wage of Staff and Workers on the Job

年份 Year	在岗职工工资总额(亿元) Totel Wages of Staff and Workers on the Job (100 million yuan)	国有经济 State-owned Economic	城镇集体经济 Urban Collective-owned Economic	其他经济 Economic Units of Other Types	在岗职工年平均工资(元) Average Annual Wages of Staff and Workers on the Job (yuan)	国有经济 State-owned Economic	城镇集体经济 Urban Collective-owned Economic	其他经济 Economic Units of Other Types
1978	20.33	16.29	4.04		563	589	474	
1979	23.39	18.50	4.89		628	644	580	
1980	28.73	23.09	5.64		718	746	625	
1981	30.09	24.17	5.92		725	748	643	
1982	32.46	26.13	6.33		750	772	670	
1983	34.48	27.71	6.77		780	803	700	
1984	41.69	32.28	9.41		922	965	800	
1985	49.30	38.36	10.93	0.01	1059	1111	912	1270
1986	58.80	45.97	12.81	0.02	1220	1281	1043	1078
1987	70.14	55.16	14.94	0.04	1400	1470	1190	1483
1988	87.38	69.78	17.54	0.06	1688	1777	1407	1966
1989	96.78	78.66	18.02	0.10	1836	1945	1475	2125
1990	108.97	88.92	19.91	0.14	2014	2141	1593	2089
1991	119.67	97.57	21.91	0.19	2152	2278	1727	2361
1992	143.69	118.37	24.96	0.36	2526	2686	1966	2852
1993	181.84	148.64	29.51	3.69	3142	3324	2379	4970
1994	238.22	198.56	34.76	4.90	4104	4388	2910	5762
1995	282.05	233.48	41.12	7.45	4797	5082	3525	6259
1996	299.57	251.74	41.59	6.24	5100	5412	3724	5897
1997	314.91	265.53	40.70	8.68	5326	5683	3736	5733
1998	323.76	269.17	35.94	18.65	5473	5849	3585	5994
1999	349.06	293.70	34.55	20.81	5939	6385	3627	6403
2000	377.19	318.62	34.21	24.36	6515	6999	3800	7217
2001	407.58	335.75	29.00	42.83	7698	8295	4146	7825
2002	458.53	374.41	30.05	54.07	8734	9403	4522	8958
2003	494.42	400.01	29.04	65.37	9855	10484	5108	10327
2004	543.76	432.98	31.20	79.58	11463	12173	6228	11602
2005	616.86	426.50	33.17	157.19	13718	14521	8355	13522
2006	715.23	488.02	36.31	190.90	16031	16898	9792	15874
2007	898.65	600.05	47.05	251.55	19711	21173	12921	18482
2008	1057.07	688.10	53.73	315.24	23082	24939	15529	21379
2009	1225.42	755.58	51.98	417.86	26008	28202	17867	23994
2010	1434.62	845.54	60.02	529.06	29275	31343	20221	27757
2011	1797.05	942.06	65.43	789.52	35520	36654	27034	35139
2012	2076.46	1080.35	72.93	923.18	40028	41628	30204	39270
2013	2407.62	1127.78	69.09	1210.75	43893	45342	33919	43330
2014	2665.89	1219.28	72.94	1373.67	48525	49784	37487	48196
2015	2866.49	1311.08	65.53	1489.88	53889	57308	41324	51860
2016	3111.00	1506.02	69.86	1535.12	60160	66349	42684	56073
2017	3375.91	1648.07	65.67	1662.17	65994	75394	45651	59668
2018	3606.06	1816.46	54.80	1734.80	73300	83190	51122	65991

注：从2011年起，“职工工资总额”及“职工年平均工资”指标更改为“在岗职工工资总额”及“在岗职工年平均工资”指标。

Form 2011,Index of "Wages of Saff and Workers"and "Average Annual Wages of Staff and Workers" Changed into"Wages of Saff and Workers on the Job"and "Average Annual Wages of Staff and Workers on the Jobs".

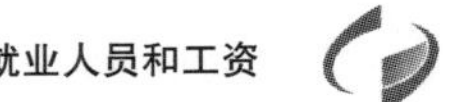

4-10 各行业在岗职工工资总额(2018年)
Total Wages of Staff and Workers on the Job by Sector (2018)

单位：万元 (10 000 yuan)

行业	Item	全部在岗职工 Number of Staff and Workers on the Job	国有经济 State-owned Economic	城镇集体 Urban Collective-owned Economic
总计	**Total**	**36060589**	**18164595**	**548043**
农、林、牧、渔业	**Agriculture, Forestry, Farming of Animals and Fishing Farming of Animals and Fishing**	**91044**	**65266**	**2386**
农业	Agriculture	12700	4142	108
林业	Forestry	52549	46516	1042
畜牧业	Farming of animals	5258	1017	714
渔业	Fishing	4377	1358	113
农、林、牧、渔专业及辅助性活动	Agriculture, Forestry, Animal husbandry, Fishery and Auxiliary Activities	16160	12232	410
采矿业	**Mining**	**281075**	**13737**	**21469**
煤炭开采和洗选业	Mining and Washing of Coal	154837	12318	16082
石油和天然气开采业	Petroleum and Natural Gas Extraction			
黑色金属矿采选业	Mining of Ferrous Metal Ores	2277		985
有色金属矿采选业	Mining of Non-ferrous Metal Ores	87944	1240	1897
非金属矿采选业	Mining and Processing of Nonmetal Ores	35838		2506
开采辅助活动	Mining auxiliary activities			
其他采矿业	Mining of Other Mineral	179	179	
制造业	**Manufacturing**	**6140955**	**259831**	**62388**
农副食品加工业	Processing of Food from Agricultural Products	253568	6384	3278
食品制造业	Manufacture of Foods	132899	2187	199
酒、饮料和精制茶制造业	Manufacture of Beverage，drink and tea	104802	570	
烟草制品业	Manufacture of Tobacco	241561	219912	
纺织业	Manufacture of Textile	76535	1193	25
纺织服装、服饰业	Manufacture of Textile Wearing Apparel	43915	12	1403
皮革、毛皮、羽毛及其制品和制鞋业	Leather,Fur,Feather and Its Products and Footwear	233213	53	13
木材加工和木、竹、藤、棕、草制品业	Processing of Timbers, Manufacture of Wood, Bamboo, Rattan, Palm and Straw Products	41638	2492	658
家具制造业	Manufacture of Furniture	14153		
造纸和纸制品业	Manufacture of Paper and Paper Products	101587	765	1822
印刷和记录媒介复制业	Printing,Reproduction of Recording Media	54712	669	10989
文教、工美、体育和娱乐用品制造业	Manufacture of Articles for Culture,Education and Sport Activity	67779		799
石油、煤炭及其他燃料加工业	Processing of Petroleum, Coking, Processing of Nucleus Fuel	115856		
化学原料和化学制品制造业	Manufacture of Chemical Raw Material and Chemical Products	315079	36	5182
医药制造业	Manufacture of Medicines	147019	17	2356
化学纤维制造业	Manufacture of Chemical Fiber	10001		
橡胶和塑料制品业	Manufacture of Rubber and plastic	71117		9498
非金属矿物制品业	Manufacture of Non-metallic Mineral Products	414601	4422	5287
黑色金属冶炼和压延加工业	Manufacture and Processing of Ferrous Metals	317367		4418
有色金属冶炼和压延加工业	Manufacture and Processing of Non-ferrous Metals	250558	2152	1504
金属制品业	Manufacture of Metal Products	154516		842
通用设备制造业	Manufacture of General Purpose Machinery	205595	8676	3002
专用设备制造业	Manufacture of Special Purpose Machinery	408876	3016	1091
汽车制造业	Automobile Industry	543283	728	220

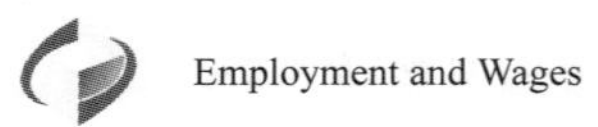

4-10 续表 1 Continued

单位：万元 (10 000 yuan)

行 业	Item	全部在岗职工 Number of Staff and Workers on the Job	国有经济 State-owned Economic	城镇集体 Urban Collective-owned Economic
铁路、船舶、航空航天和其他运输设备制造业	Manufacture of Railway,Marine,Aerospace and Other Transport Equipment	422300	5913	887
电气机械和器材制造业	Manufacture of Electrical Machinery and Equipment	294820	585	2541
计算机、通信和其他电子设备制造业	Manufacture of Communication Equipment, Computer and Other Electronic Equipment	1013983	50	250
仪器仪表制造业	Manufacture of Measuring Instrument	46442		
其他制造业	Other Manufacture N.E.C	8740		
废弃资源综合利用业	Recycling and Disposal of Waste	22888		10
金属制品、机械和设备修理业	Mental Products,Machine and Equipment Repair	11553		6113
电力、热力、燃气及水生产和供应业	**Production and Distribution of Electricity,Gas and Water**	**1120911**	**703845**	**6506**
电力、热力生产和供应业	Production and Supply of Electric Power and Heat Power	908001	613821	5053
燃气生产和供应业	Production and Distribution of Gas	38305	1246	
水的生产和供应业	Production and Distribution of Water	174605	88778	1453
建筑业	**Construction**	**4379664**	**184597**	**226640**
房屋建筑业	Construction of Building	3050050	71725	222151
土木工程建筑业	Construction of Civil Engineering	1042449	105910	2215
建筑安装业	Architectural Installation	165399	3435	2231
建筑装饰和其他建筑业	Architectural Decoration and Other Construction	121767	3527	44
批发和零售业	**Wholesale and Retail Trade**	**1169143**	**271815**	**15392**
批发业	Wholesale	494258	238148	2743
零售业	Retail Trade	674885	33667	12649
交通运输、仓储和邮政业	**Traffic,Transport,Storage and Post**	**1728538**	**1137821**	**10461**
铁路运输业	Transport Via Railway	803012	780322	331
道路运输业	Transport Via Road	505790	112427	4907
水上运输业	Water Transport	14310	1246	1060
航空运输业	Air Transport	108776		
管道运输业	Pipeline Transportation Industry	2159		
装卸搬运和运输代理业	Loading,Unloading,Portage and Other Transport Services	11059		31
仓储业	Storage	33921	12370	4132
邮政业	Post	249511	231456	
住宿和餐饮业	**Accommodation and Restaurants**	**240018**	**32663**	**2289**
住宿业	Accommodation	162943	30872	2218
餐饮业	Restaurants	77075	1791	71
信息传输、软件和信息技术服务业	**Information Transfer,Software and Information Technology Service**	**641299**	**25895**	**101**
电信、广播电视和卫星传输服务	Telecom, Broadcasting and Satellite Transmission Service	504121	20082	101
互联网和相关服务	The Internet and Related Services	25262	1001	
软件和信息技术服务业	Software and Information Technology Service	111917	4813	
金融业	**Finance**	**2255462**	**124995**	**16424**
货币金融服务	Monetary and Financial Services	1617328	118842	16424
资本市场服务	Capital Markets Services	224972	1284	
保险业	Insurance	408769	4588	
其他金融业	Other Financial Activities	4394	282	
房地产业	**Real Estate**	**770978**	**41023**	**6893**
房地产开发经营	Real Estate Exploitation Management	541702	14290	146
物业管理	Management Concerning Dwelling	170986	10404	963
房地产中介服务	Real Estate Agency Service	26158	176	
房地产租赁经营	Real Estate Leasing	15782	1301	5730

4—10 续表 2 Continued

单位：万元 (10 000 yuan)

行 业	Item	全部在岗职工 Number of Staff and Workers on the Job	国有经济 State-owned Economic	城镇集体 Urban Collective-owned Economic
租赁和商务服务业	**Tenancy and Business Services**	**497820**	**122110**	**6951**
租赁业	Tenancy	2668	231	
商务服务业	Business Service	495152	121879	6951
科学研究和技术服务业	**Scientific Research,Technical Service&Geologic Perambulation**	**898546**	**378431**	**1576**
研究和试验发展	Research and Experimental Development	142648	91029	
专业技术服务业	Professional Technique Services	655072	255443	1296
科技推广和应用服务业	Services of S&T Intercommunion and Generalization	100827	31959	279
水利、环境和公共设施管理业	**Management of Water Conservancy, Environment and Public Establishment**	**405038**	**308060**	**6617**
水利管理业	Management of Water Conservancy	99013	84320	3765
生态保护和环境治理业	Environmental Management	14016	8504	75
公共设施管理业	Management of Public Establishment	253357	211184	2777
土地管理业	Land Management	38651	4052	
居民服务、修理和其他服务业	**Resident Services and Other Services**	**89091**	**12044**	**834**
居民服务业	Resident Services	76439	9746	335
机动车、电子产品和日用产品修理业	Motor, Electronic Products and Daily Products Repair Service	2938	61	500
其他服务业	Other Services	9713	2236	
教育	**Education**	**5232004**	**4879780**	**51277**
学前教育	Preschool Education	86613	47368	1614
初等教育	Primary Education	1209118	1143229	19787
中等教育	Secondary Education	2888072	2725307	25890
高等教育	Higher Education	886964	846848	29
特殊教育	Special Education	16807	15996	546
技能培训、教育辅助及其他教育	Skills Training, Educational Assistance and other Education	144430	101032	3412
卫生和社会工作	**Health and Social Work**	**3828304**	**3521888**	**107859**
卫生	Health	3790330	3493240	106570
社会工作	Social Work	37973	28648	1290
文化、体育和娱乐业	**Culture, Sports and Entertainment**	**480944**	**285730**	**1899**
新闻和出版业	Journalism and Publishing Activities	69468	35812	416
广播、电视、电影和影视录音制作业	Broadcasting, Movies, Television and Audiovisual Activities	271494	170488	39
文化艺术业	Culture and Art	88799	63771	1314
体育	Sports Activities	16400	11410	
娱乐业	Entertainment	34783	4249	131
公共管理、社会保障和社会组织	**Public Management and Social Organization**	**5809756**	**5795064**	**79**
中国共产党机关	Organ of Communist Party of China	291225	291225	
国家机构	Organ of State	5355664	5355664	
人民政协、民主党派	People's Political Consultative Conference and Democratic Party	37948	37948	
社会保障	Social Insurance	50766	50766	
群众团体、社会团体和其他成员组织	Mass Community,Social Community and Religion Organizations	74153	59462	79

4-11 各行业在岗职工年平均工资 (2018年)
Average Annual Wage of Staff and Workers on the Job by Sector (2018)

单位：元 (yuan)

行 业	Item	全部在岗职工 Number of Staff and Workers on the Job	国有经济 State-owned Economic	城镇集体 Urban Collective-owned Economic
总计	**Total**	**73300**	**83190**	**51122**
农、林、牧、渔业	**Agriculture, Forestry, Farming of Animals and Fishing Farming of Animals and Fishing**	**44693**	**50328**	**34534**
农业	Agriculture	35693	41094	32606
林业	Forestry	46961	51111	26390
畜牧业	Farming of animals	45761	59462	79289
渔业	Fishing	36843	31442	18750
农、林、牧、渔专业及辅助性活动	Agriculture, Forestry, Animal husbandry, Fishery and Auxiliary Activities	49178	54221	36301
采矿业	**Mining**	**54183**	**41104**	**42793**
煤炭开采和洗选业	Mining and Washing of Coal	52248	42083	41268
石油和天然气开采业	Petroleum and Natural Gas Extraction			
黑色金属矿采选业	Mining of Ferrous Metal Ores	53572		46682
有色金属矿采选业	Mining of Non-ferrous Metal Ores	60546	30688	54189
非金属矿采选业	Mining and Processing of Nonmetal Ores	49235		44821
开采辅助活动	Mining auxiliary activities			
其他采矿业	Mining of Other Mineral	163091	163091	
制造业	**Manufacturing**	**65655**	**158173**	**49432**
农副食品加工业	Processing of Food from Agricultural Products	49188	41004	43648
食品制造业	Manufacture of Foods	47557	43140	44133
酒、饮料和精制茶制造业	Manufacture of Beverage, drink and tea	50456	82551	
烟草制品业	Manufacture of Tobacco	197952	250298	
纺织业	Manufacture of Textile	45276	51865	61250
纺织服装、服饰业	Manufacture of Textile Wearing Apparel	42669	40667	46625
皮革、毛皮、羽毛及其制品和制鞋业	Leather,Fur,Feather and Its Products and Footwear	46169	47818	42667
木材加工和木、竹、藤、棕、草制品业	Processing of Timbers, Manufacture of Wood, Bamboo, Rattan, Palm and Straw Products	44296	50133	29653
家具制造业	Manufacture of Furniture	48091		
造纸和纸制品业	Manufacture of Paper and Paper Products	58293	44737	44757
印刷和记录媒介复制业	Printing,Reproduction of Recording Media	58685	32324	57958
文教、工美、体育和娱乐用品制造业	Manufacture of Articles for Culture, Education and Sport Activity	49619		29817
石油、煤炭及其他燃料加工业	Processing of Petroleum, Coking, Processing of Nucleus Fuel	110224		
化学原料和化学制品制造业	Manufacture of Chemical Raw Material and Chemical Products	60520	60500	43880
医药制造业	Manufacture of Medicines	55456	87000	38000
化学纤维制造业	Manufacture of Chemical Fiber	55468		
橡胶和塑料制品业	Manufacture of Rubber and plastic	54891		70515
非金属矿物制品业	Manufacture of Non-metallic Mineral Products	53973	46994	35773
黑色金属冶炼和压延加工业	Manufacture and Processing of Ferrous Metals	85073		39698
有色金属冶炼和压延加工业	Manufacture and Processing of Non-ferrous Metals	57417	32755	42598
金属制品业	Manufacture of Metal Products	51101		44073
通用设备制造业	Manufacture of General Purpose Machinery	62198	69295	45281
专用设备制造业	Manufacture of Special Purpose Machinery	87872	108866	41490
汽车制造业	Automobile Industry	71176	51282	44000

4-11 续表 1 Continued

单位：元 (yuan)

行 业	Item	全部在岗职工		
		Number of Staff and Workers on the Job	国有经济 State-owned Economic	城镇集体 Urban Collective-owned Economic
铁路、船舶、航空航天和其他运输设备制造业	Manufacture of Railway, Marine, Aerospace and Other Transport Equipment	129330	59363	44104
电气机械和器材制造业	Manufacture of Electrical Machinery and Equipment	65126	56202	79165
计算机、通信和其他电子设备制造业	Manufacture of Communication Equipment,Computer and Other Electronic Equipment	65459	42000	96154
仪器仪表制造业	Manufacture of Measuring Instrument	84440		
其他制造业	Other Manufacture N.E.C	66514		
废弃资源综合利用业	Recycling and Disposal of Waste	67776		51500
金属制品、机械和设备修理业	Mental Products,Machine and Equipment Repair	70748		66812
电力、热力、燃气及水生产和供应业	**Production and Distribution of Electricity, Gas and Water**	**75921**	**75710**	**45622**
电力、热力生产和供应业	Production and Supply of Electric Power and Heat Power	77608	77525	44360
燃气生产和供应业	Production and Distribution of Gas	68660	112225	
水的生产和供应业	Production and Distribution of Water	69661	64906	50631
建筑业	**Construction**	**53886**	**50921**	**44860**
房屋建筑业	Construction of Building	51595	45652	44940
土木工程建筑业	Construction of Civil Engineering	63329	55910	45674
建筑安装业	Architectural Installation	55756	50149	37874
建筑装饰和其他建筑业	Architectural Decoration and Other Construction	44538	38633	29200
批发和零售业	**Wholesale and Retail Trade**	**61035**	**117735**	**35997**
批发业	Wholesale	87478	143316	46894
零售业	Retail Trade	49973	52035	34270
交通运输、仓储和邮政业	**Traffic, Transport, Storage and Post**	**81609**	**96930**	**28622**
铁路运输业	Transport Via Railway	110252	110346	66240
道路运输业	Transport Via Road	54313	54247	22006
水上运输业	Water Transport	63883	68829	52716
航空运输业	Air Transport	124018		
管道运输业	Pipeline Transportation Industry	76550		
装卸搬运和运输代理业	Loading,Unloading,Portage and Other Transport Services	68137		24000
仓储业	Storage	55873	63402	35591
邮政业	Post	92890	97197	
住宿和餐饮业	**Accommodation and Restaurants**	**43412**	**51172**	**40017**
住宿业	Accommodation	44159	52854	39892
餐饮业	Restaurants	41912	33042	44375
信息传输、软件和信息技术服务业	**Information Transfer,Software and Information Technology Service**	**98791**	**82312**	**38846**
电信、广播电视和卫星传输服务	Telecom, Broadcasting and Satellite Transmission Service	98938	74543	38846
互联网和相关服务	The Internet and Related Services	78042	70957	
软件和信息技术服务业	Software and Information Technology Service	104351	154756	
金融业	**Finance**	**135951**	**113663**	**102012**
货币金融服务	Monetary and Financial Services	148986	114867	102012
资本市场服务	Capital Markets Services	193641	56546	
保险业	Insurance	90095	115266	
其他金融业	Other Financial Activities	122740	108577	
房地产业	**Real Estate**	**64609**	**78483**	**52696**
房地产开发经营	Real Estate Exploitation Management	76894	73662	36450
物业管理	Management Concerning Dwelling	41754	81024	53511
房地产中介服务	Real Estate Agency Service	77989	55031	
房地产租赁经营	Real Estate Leasing	62700	66733	53451

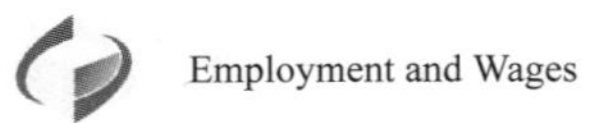

4-11 续表 2 Continued

单位：元 (yuan)

行业	Item	全部在岗职工 Number of Staff and Workers on the Job	国有经济 State-owned Economic	城镇集体 Urban Collective-owned Economic
租赁和商务服务业	**Tenancy and Business Services**	**54290**	**68597**	**43528**
租赁业	Tenancy	36205	40509	
商务服务业	Business Service	54436	68688	43528
科学研究和技术服务业	**Scientific Research,Technical Service&Geologic Perambulation**	**87052**	**86558**	**43052**
研究和试验发展	Research and Experimental Development	117319	104920	
专业技术服务业	Professional Technique Services	99673	84769	46300
科技推广和应用服务业	Services of S&T Intercommunion and Generalization	39791	65090	32477
水利、环境和公共设施管理业	**Management of Water Conservancy, Environment and Public Establishment**	**57263**	**55427**	**60158**
水利管理业	Management of Water Conservancy	60991	58132	60628
生态保护和环境治理业	Environmental Management	69732	73433	83333
公共设施管理业	Management of Public Establishment	53660	53580	59094
土地管理业	Land Management	73287	80878	
居民服务、修理和其他服务业	**Resident Services and Other Services**	**61227**	**71945**	**50241**
居民服务业	Resident Services	73211	83373	51462
机动车、电子产品和日用产品修理业	Motor,Electronic Products and Daily Products Repair Service	47701	21103	49455
其他服务业	Other Services	27800	46977	
教育	**Education**	**81696**	**83983**	**80700**
学前教育	Preschool Education	49291	62939	48173
初等教育	Primary Education	70929	71401	86634
中等教育	Secondary Education	79840	80842	81414
高等教育	Higher Education	127626	135500	36000
特殊教育	Special Education	89447	90579	81433
技能培训、教育辅助及其他教育	Skills Training, Educational Assistance and other Education	74947	83998	71085
卫生和社会工作	**Health and Social Work**	**97501**	**100569**	**69198**
卫生	Health	98171	101074	69571
社会工作	Social Work	58001	62496	47941
文化、体育和娱乐业	**Culture, Sports and Entertainment**	**92959**	**93468**	**66402**
新闻和出版业	Journalism and Publishing Activities	101324	92729	109474
广播、电视、电影和影视录音制作业	Broadcasting, Movies, Television and Audiovisual Activities	126341	109434	29692
文化艺术业	Culture and Art	62880	68556	63767
体育	Sports Activities	63542	80016	
娱乐业	Entertainment	52000	105958	45138
公共管理、社会保障和社会组织	**Public Management and Social Organization**	**74698**	**74799**	**34522**
中国共产党机关	Organ of Communist Party of China	79768	79768	
国家机构	Organ of State	74528	74528	
人民政协、民主党派	People's Political Consultative Conference and Democratic Party	92330	92330	
社会保障	Social Insurance	68565	68565	
群众团体、社会团体和其他成员组织	Mass Community, Social Community and Religion Organizations	66607	73265	34522

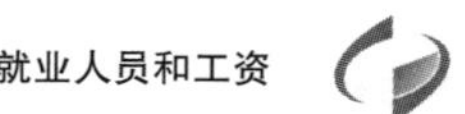

4-12 社会保险参保人员情况
Basic Indicators of Staff and Workers Participated in Social Security System

单位：万人 (10 000 persons)

年份 Year	养老保险参保人数 Persons in Pension Insurance	机关事业单位 Agencies and Institutions	企业单位 Enterprises	离退休人员 Lay-off Workers	城乡居民 Rural Residents	医疗保险参保人数 Persons in Health Programs	城镇职工 Urban Workers	城乡居民 Rural Residents	失业保险参保人数 Persons in Unemployment Programs	工伤保险参保人数 Persons in Injury Insurance	生育保险参保人数 Persons in Maternity Insurance
1999	419.46		314.36	105.10		35.00	35.00		345.60		
2000	568.07	133.24	323.33	111.50		127.30	127.30		346.48		
2001	603.41	140.79	314.62	148.00		351.60	351.60		351.99		
2002	616.36	145.48	313.18	157.70		398.13	398.13		326.61		3.37
2003	636.19	151.25	317.44	167.51		423.50	423.50		347.50	8.59	3.28
2004	691.70	152.50	353.80	185.40		476.97	476.97		380.46	203.33	212.92
2005	718.65	154.26	369.15	195.24		503.35	503.35		382.67	228.22	250.24
2006	751.65	155.63	386.14	209.88		560.47	560.47		386.30	280.1	308.53
2007	783.98	155.89	400.77	227.32		724.47	620.57	103.90	388.97	342.44	369.34
2008	829.06	157.13	436.59	235.34		1348.51	682.02	666.49	390.12	403.53	431.55
2009	879.07	157.47	475.46	246.14		1831.93	746.40	1085.53	392.01	472.08	502.43
2010	937.66	155.97	516.88	264.81		1894.47	777.32	1117.15	399.50	515.97	527.13
2011	988.19	156.14	554.15	277.90		1941.21	789.52	1151.70	429.70	635.48	538.77
2012	1048.08	156.40	591.22	300.46		2341.90	797.60	1544.30	449.90	693.83	546.00
2013	1091.73	156.55	605.67	329.51		2316.19	799.25	1516.94	461.66	731.15	535.96
2014	1118.89	156.82	613.03	349.04		2300.70	807.89	1492.81	509.50	747.97	537.59
2015	1160.06	156.57	634.50	368.99		2662.40	818.80	1843.60	521.00	777.98	544.00
2016	1204.00	154.00	662.00	388.00		2647.00	830.00	1817.00	538.00	773.00	543.00
2017	4595.23	170.36	685.00	417.86	3322.01	6906.27	867.15	6039.12	563.00	782.82	561.91
2018	4807.36	177.97	770.00	454.42	3404.97	6838.03	898.48	5939.55	584.00	793.00	571.81

主要统计指标解释

劳动力 指在16周岁及以上，有劳动能力，参加或要求参加社会经济活动的人口。包括就业人员和失业人员。

就业人员 指在一定年龄以上，有劳动能力，为取得劳动报酬或经营收入而从事一定社会劳动的人员。具体指年满16周岁，为取得报酬或经营利润，在调查周内从事了1小时（含1小时）以上劳动的人员；或由于学习、休假等原因在调查周内暂时处于未工作状态，但有工作单位或场所的人员；或由于临时停工放假、单位不景气放假等原因在调查周内暂时处于未工作状态,但不满三个月的人员。

单位就业人员 指报告期末最后一日在本单位工作，并取得工资或其他形式劳动报酬的人员数。该指标为时点指标，不包括最后一日当天及以前已经与单位解除劳动合同关系的人员，是在岗职工、劳务派遣人员及其他就业人员之和。就业人员不包括：

(1) 离开本单位仍保留劳动关系，并定期领取生活费的人员；

(2) 在本单位实习的各类在校学生；

(3) 本单位以劳务外包形式使用的人员，如：建筑业整建制使用的人员。

城镇私营和个体就业人员 城镇私营就业人员指在工商管理部门注册登记，其经营地址设在县城关镇（含县城关镇）以上的私营企业就业人员，包括私营企业投资者和雇工。城镇个体就业人员指在工商管理部门注册登记，并持有城镇户口或在城镇长期居住，经批准从事个体工商经营的就业人员，包括个体经营者和在个体工商户劳动的家庭帮工和雇工。

在岗职工 指在本单位工作且与本单位签订劳动合同，并由单位支付各项工资和社会保险、住房公积金的人员，以及上述人员中由于学习、病伤、产假等原因暂未工作仍由单位支付工资的人员。在岗职工还包括：

(1) 应订立劳动合同而未订立劳动合同人员（如使用的农村户籍人员）；

(2) 处于试用期人员；

(3) 编制外招用的人员，如临时人员；

(4)派往外单位工作,但工资仍由本单位发放的人员（如挂职锻炼、外派工作等情况）。

工资总额 指根据《关于工资总额组成的规定》(1990年1月1日国家统计局发布的一号令）进行修订，本单位在报告期内（季度或年度）直接支付给本单位全部就业人员的劳动报酬总额。包括计时工资、计件工资、奖金、津贴和补贴、加班加点工资、特殊情况下支付的工资，是在岗职工工资总额、劳务派遣人员工资总额和其他就业人员工资总额之和。

工资总额是税前工资，包括单位从个人工资中直接为其代扣或代缴的房费、水费、电费、住房公积金和社会保险基金个人缴纳部分等。

工资总额不论是计入成本的还是不计入成本的，不论是以货币形式支付的还是以实物形式支付的，均应列入工资总额的计算范围。

平均工资 指单位就业人员在一定时期内平均每人所得的工资额。它表明一定时期工资收入的高低程度，是反映就业人员工资水平的主要指标。计算公式为：

$$\text{平均工资}=\frac{\text{报告期实际支付的全部就业人员工资总额}}{\text{报告期全部就业人员平均人数}}$$

平均货币工资指数 指报告期就业人员平均工资与基期就业人员平均工资的比率，是反映不同时期就业人员货币工资水平变动情况的相对数。计算公式为：

$$\text{平均工资指数}=\frac{\text{报告期就业人员平均工资}}{\text{基期就业人员平均工资}}\times 100\%$$

平均实际工资指数 就业人员平均实际工资指扣除物价变动因素后的就业人员平均工资。就业人员平均实际工资指数是反映实际工资变动情况的相对数，表明就业人员实际工资水平提高或降低的程度。计算公式为：

$$\text{平均实际工资指数}=\frac{\text{报告期就业人员平均工资指数}}{\text{报告期城镇居民消费价格指数}}\times 100\%$$

城镇登记失业人员 指有非农业户口，在一定的劳动年龄内(16周岁至退休年龄），有劳动能力，无业而要求就业，并在当地劳动保障部门进行失业登记的人员。

城镇登记失业率 城镇登记失业人员与城镇单位就业人员（扣除使用的农村劳动力、聘用的离退休人员、港澳台及外方人员）、城镇单位中的不在岗职工、城镇私营业主、个体户主、城镇私营企业和个体就业人员、城镇登记失业人员之和的比。

Explanatory Notes on Main Statistical Indicators

Labour Force refers to the population aged 16 and over who are capable of working, are participating in or willing to participate in economic activities, including employed persons and unemployed persons.

Employed Persons refers to persons above a specified age who had labour capacity and performed some social work for compensation or business gains. Specifically, it refers to persons, aged 16 and over, who performed some work for compensation or business gains for one hour or more during the reference period; or persons who do not work for the reasons of study or on holiday, but had work units or sites during the reference period; or persons temporary absence from a job for disorganization or suspension of work, recession, etc, but not exceeding three months during the reference period.

Persons Employed in Various Units refer to the total number of employees who work at his unit and obtain wages or other forms of payment at the end of the reporting period. This indicator is a kind of time point index and it equals to the sum of the number of employed staff and workers, labor dispatch personnel and other employed persons. Employed persons do not include:

1) persons who have left their working units while keeping their labour contract (employment relation) unchanged and receiving regular alimony;

2) all kinds of enrolled students who do internship in various units;

3) persons employed due to labor outsourcing, for example, persons employed in the organizational system of construction industry.

Persons Employed in Private Enterprises and Self-Employed Individuals in Urban Areas Persons employed in private enterprises refer to the persons employed in the private enterprises which have been registered at the departments of industrial and commercial administration for which the business operation are situated at a county town (i.e. a town where the county government is located), or at urban areas with administrative hierarchy higher than a county town. The self-employed individuals in urban areas refer to persons who hold the certificates of residence in urban areas or have resided in the urban areas for a long time and have been registered at the departments of industrial and commercial administration and approved to be engaged in individual industrial or commercial business, including self-employed persons as well as helpers and hired laborers who work in individual households.

Employed Staff and Workers refer to persons who signed labor contracts with working units and working units would pay wages, social insurance and housing funds for them. Persons who have their work posts but are temporarily absent from work for reasons of study or on sick, injury or maternal leave and still receive wages from their working units are also included. Employed staff and workers also include:

1) Persons who should have signed the labor contracts but not (like people with rural household registration);

2) Employees on probation;

3) Employees beyond the staffing quota, for example, temporary employees;

4) Employees who are sent to other working units but still obtain wages from their original units (situations like on-the-job placement, expatriated assignment, etc.)

Total Wage Bill It is revised according to the "Provision of Composition of Total Wages" (Order No.1 by National Bureau of Statistics on January, 1st, ,1990), total wage bill refers to the total remuneration payment to all employed persons in various units during the reporting period (by quarter or by year), including hourly-paid wages, piece-rate wages, bonuses, allowance and subsidies, overtime wages and wages paid under special circumstances. It equals to the sum of total wages of employed staff and workers, dispatch labors and other employed persons.

Total wage bill is pre-tax wages, including the room charges, utility bills, housing funds and social insurance paid or withheld by employee's units.

Total wage bill, whether or not included in cost, whether or not paid in money or in kind, shall be included in the calculation of total wage.

Average Wage refers to the average per capita wage during a certain period of time for employed persons. It shows the general level of wage income during a certain period of time, one major indicator to reflect the wage level. It is calculated as follows:

$$\text{Average Wage} = \frac{\text{Total Wage Bill of Employed Persons at Reference Time}}{\text{Average Number of Persons Employed at Reference Time}}$$

Average Money Wage Indices refers to the ratio of average wage of employed persons the reporting period to that at the base period, which reflects the change of money wage of employed persons at the different period. It is calculated as follows:

$$\text{Average Wage Indices} = \frac{\text{Average Wage of Employed Persons at Reference Time}}{\text{Average Wage of Persons Employeds at Base Period}} \times 100\%$$

Average Real Wage Indices average real wage of employed persons refers to the average wage of employed persons after removing the effects of the price changes and average real wage indices of employed persons refers to the change of real wage, which reflects the relative increasing or decreasing level of real wage of employed persons ,which is calculated as follows:

$$\text{Average Real Wage Indices} = \frac{\text{Average Wage Indices of Employed Persons at the Reference Time}}{\text{Urban Consumer Price Indices at Reference Time}} \times 100\%$$

Registered Unemployed Persons in Urban Areas refer to the persons with non-agricultural household registration at certain working ages (16 years old to retirement age), who are capable of working, unemployed and willing to work, and have been registered at the local employment service agencies to apply for a job.

Registered Unemployment Rate in Urban Areas refers to the ratio of the number of the registered unemployed persons to the sum of the number of persons employed in various units (minus the employed rural labour force, re-employed retirees, and Hong Kong, Macao, Taiwan or foreign employees), laid-off staff and workers in urban units, owners of private enterprises in urban areas, owners of self-employed individuals in urban areas, employees of private enterprises in urban areas, employee of self-employed individuals in urban areas, and the registered unemployed persons in urban areas.

05 价　格

Price

资料整理人员：易立华　刘于惠　傅磊峰
邵　羽　孙　炫　王湘杰
肖　鹏

5-1 各种物价总指数
Various Price Indices

(上年 =100) (Preceding=100)

年份 Year	居民消费价格指数 Consumer Price Index	商品零售价格指数 Retail Price Index	农产品生产者价格指数 Producer Price Indices for Farm Products	工业生产者购进价格指数 Producer Price Indices for Industrial Producers	工业品出厂价格指数 Producer Price Indices for Industrial Products	固定资产投资价格指数 Price Index for Investment in Fixed Assets
1985	110.9	111.1	111.6			105.2
1986	105.3	104.8	105.7			108.8
1987	109.8	110.6	110.2			109.1
1988	125.6	125.9	123.1			119.2
1989	118.2	118.1	106.8	122.5	118.1	105.7
1990	100.4	99.4	94.1	103.3	100.6	107.3
1991	104.4	104.1	94.3	110.4	104.7	108.1
1992	110.7	109.5	99.1	116.2	111.1	116.4
1993	116.8	115.1	114.7	139.7	128.9	129.5
1994	125.3	124.5	114.1	119.6	117.6	113.5
1995	119.0	115.5	117.2	117.6	121.4	109.5
1996	107.7	105.2	104.9	105.7	105.6	104.9
1997	102.8	100.3	95.3	100.1	99.2	101.8
1998	100.2	97.9	90.4	94.8	95.9	102.7
1999	100.5	97.6	91.1	96.2	98.5	100.5
2000	101.4	99.3	96.8	106.7	102.9	102.3
2001	99.1	98.8	100.9	101.1	99.8	101.3
2002	99.5	99.2	99.9	99.3	99.2	100.4
2003	102.4	100.6	106.8	106.7	102.6	102.8
2004	105.1	103.9	127.3	114.4	108.0	105.5
2005	102.3	102.3	99.5	109.4	106.0	103.6
2006	101.4	101.3	100.7	106.5	104.3	103.1
2007	105.6	104.3	130.6	106.1	106.1	105.8
2008	106.0	105.6	126.7	112.0	109.3	109.9
2009	99.6	98.5	90.6	92.6	94.3	99.7
2010	103.1	103.1	109.9	110.0	106.9	104.0
2011	105.5	105.5	121.9	110.8	108.5	107.2
2012	102.0	101.7	100.2	100.1	99.1	101.7
2013	102.5	101.7	102.1	98.4	98.5	101.3
2014	101.9	101.2	98.6	97.9	98.4	101.5
2015	101.4	99.9	104.1	94.5	96.3	100.4
2016	101.9	101.0	104.7	98.0	98.9	100.4
2017	101.4	101.3	98.0	107.2	105.8	105.7
2018	102.0	102.3	95.4	103.5	103.2	104.8

注：1. 主要原材料、燃料、动力购进价格指数和工业品出厂价格指数以 1988 年为 100。
2. 固定资产投资价格指数以 1982 年为 100。
a. The main raw material, fuel and power purchase price index and industrial producer price index were 100 in 1988.
b. The investment price index of fixed assets was 100 in 1982.

5-1 续表 Continued

(1978年=100) (year of 1978=100)

年份 Year	居民消费价格指数 Consumer Price Index	商品零售价格指数 Retail Price Index	农产品生产者价格指数 Producer Price Indices for Farm Products	工业生产者购进价格指数 Producer Price Indices for Industrial Producers	工业品出厂价格指数 Producer Price Indices for Industrial Products	固定资产投资价格指数 Price Index for Investment in Fixed Assets
1985	143.6	137.1	190.3			111.3
1986	151.2	143.7	201.1			121.0
1987	166.0	158.9	221.6			132.1
1988	208.5	200.1	272.8			157.4
1989	246.4	236.3	291.4	122.5	118.1	166.4
1990	247.4	234.9	274.2	126.5	118.8	178.5
1991	258.3	244.5	258.6	139.7	124.4	193.0
1992	285.9	267.7	256.3	162.3	138.2	224.6
1993	333.9	308.2	294.0	226.7	178.1	290.9
1994	418.4	383.6	335.5	271.1	209.4	330.2
1995	497.9	443.1	393.2	318.8	254.2	361.6
1996	536.2	466.1	412.5	337.0	268.4	379.3
1997	551.2	467.5	393.1	337.3	266.3	386.1
1998	552.3	457.7	355.4	319.8	255.4	396.5
1999	555.1	446.7	323.8	307.6	251.6	398.5
2000	562.9	443.6	313.4	328.2	258.9	407.7
2001	557.8	438.3	316.2	331.8	258.4	413.0
2002	555.0	434.8	315.9	329.5	256.3	414.6
2003	568.3	437.4	337.4	351.6	263.0	426.2
2004	597.3	454.5	429.5	402.2	284.0	449.7
2005	611.0	465.0	427.4	440.0	301.0	465.9
2006	619.6	471.0	430.4	468.6	313.9	480.3
2007	654.3	491.3	562.1	497.2	333.0	508.2
2008	693.6	518.8	712.2	556.9	364.0	558.5
2009	690.8	511.0	645.3	515.7	343.3	556.8
2010	712.2	526.8	654.3	567.3	367.0	579.1
2011	751.4	555.8	797.6	628.6	398.2	620.8
2012	766.4	565.2	799.2	629.2	394.6	631.3
2013	785.6	574.8	816.0	619.1	388.7	639.6
2014	800.5	581.7	804.6	606.1	382.5	649.1
2015	811.7	581.1	837.6	572.8	368.3	651.7
2016	827.1	586.9	877.0	561.3	364.3	654.4
2017	838.9	594.2	859.4	601.7	385.4	691.7
2018	855.4	607.7	819.9	622.8	397.7	724.9

5-2 居民消费价格指数
Consumer Price Indices

年份 Year	居民消费价格指数（上年=100） Consumer Price Index (preceding year=100)	城 市 Urban Household	农 村 Rural Household	居民消费价格指数（1985年=100） Consumer Price Index (year of 1985=100)	城 市 Urban Household	农 村 Rural Household
1985	110.9	111.9	110.2	100	100	100
1986	105.3	105.4	105.3	105.3	105.4	105.3
1987	109.8	111.3	108.8	115.6	117.3	114.6
1988	125.6	125.7	125.4	145.2	147.5	143.7
1989	118.2	117.3	119.1	171.6	173.0	171.1
1990	100.4	100.6	100.2	172.3	174.0	171.4
1991	104.4	105.1	103.8	179.9	182.9	178.0
1992	110.7	113.5	107.9	199.2	207.6	192.0
1993	116.8	117.4	116.4	232.6	243.7	223.5
1994	125.3	124.8	125.6	291.5	304.1	280.7
1995	119.0	118.1	119.5	346.9	359.2	335.7
1996	107.7	107.2	108.2	373.6	385.1	363.2
1997	102.8	103.0	102.5	384.1	396.7	372.3
1998	100.2	100.5	100.1	384.9	398.7	372.7
1999	100.5	99.6	101.4	386.8	397.1	377.9
2000	101.4	101.3	101.4	392.2	402.3	383.2
2001	99.1	98.9	99.3	388.7	397.9	380.5
2002	99.5	99.6	99.4	386.8	396.3	378.2
2003	102.4	101.4	104.1	396.1	401.8	393.7
2004	105.1	104.1	105.7	416.3	418.3	416.2
2005	102.3	102.1	102.8	425.8	427.1	427.9
2006	101.4	101.6	101.2	431.8	433.9	433.0
2007	105.6	105.2	106.9	456.0	456.5	462.9
2008	106.0	105.8	107.4	483.4	483.0	497.2
2009	99.6	99.7	99.6	481.5	480.5	495.2
2010	103.1	103.1	103.2	496.4	495.4	511.1
2011	105.5	105.5	105.6	523.7	522.6	539.7
2012	102.0	102.2	101.6	534.2	534.1	548.3
2013	102.5	102.6	102.5	547.6	548.0	562.0
2014	101.9	102.1	101.4	558.0	559.5	569.9
2015	101.4	101.5	101.1	565.8	567.9	576.1
2016	101.9	101.9	101.9	576.4	578.5	587.2
2017	101.4	101.6	101.1	584.8	587.8	593.7
2018	102.0	101.9	102.0	596.3	599.3	605.5

5-3 农村相关价格指数
Rural-related Price Indices

(上年 =100) (preceding year=100)

年份 Year	农村居民消费价格指数 Rural Consumer Price Index	农业生产资料价格指数 Price Index of Agricultural Production	农产品生产者价格指数 Producer Price Indices for Farm Products
1978	99.4	100.1	101.7
1979	103.3	100.0	127.1
1980	113.6	102.0	111.2
1981	102.6	100.1	107.3
1982	101.6	103.2	103.7
1983	102.7	104.1	105.4
1984	102.9	107.5	102.9
1985	110.2	108.0	111.6
1986	105.3	102.5	105.7
1987	108.8	114.6	110.2
1988	125.4	128.3	123.1
1989	119.1	124.4	106.8
1990	100.2	99.9	94.1
1991	103.8	101.2	94.3
1992	107.9	105.6	99.1
1993	116.4	114.6	114.7
1994	125.6	118.6	144.1
1995	119.5	129.3	117.2
1996	108.2	107.3	104.9
1997	102.5	97.9	95.3
1998	100.1	89.5	90.4
1999	101.4	95.3	91.1
2000	101.4	99.3	96.8
2001	99.3	98.4	100.9
2002	99.4	98.9	99.9
2003	104.1	102.6	106.8
2004	105.7	112.1	127.3
2005	102.8	111.2	99.5
2006	101.2	100.7	100.7
2007	106.9	113.0	130.6
2008	107.4	126.5	126.7
2009	99.6	95.0	90.6
2010	103.2	101.4	109.9
2011	105.6	110.9	121.9
2012	101.6	104.7	100.2
2013	102.5	102.3	102.1
2014	101.4	100.2	98.6
2015	101.1	104.1	104.1
2016	101.9	101.7	105.4
2017	101.1	101.0	98.0
2018	102.0	102.7	95.4

5-4 居民消费价格分类指数(2018年)
Consumer Price Indices by Category (2018)

(上年=100) (preceding year=100)

项目名称	Item	合计 Total Indeces	城 镇 Urban Household	农 村 Rural Household
居民消费价格指数	**Consumer Price Index**	**102.0**	**101.9**	**102.0**
服务项目价格指数	**Price indices for services**	**102.4**	**101.9**	**103.4**
工业品价格指数	**Industrial price index**	**102.5**	**102.3**	**103.1**
消费品价格指数	**Consumer Goods Price Index**	**101.7**	**102.0**	**101.3**
扣除食品和能源价格指数	**Core price index**	**102.0**	**101.6**	**102.7**
食品烟酒	**Food tabacoo and Liquor**	**100.8**	**101.6**	**99.3**
食品	Food	100.8	101.9	98.9
粮食	Grain	101.1	100.7	101.6
薯类	Tubers	102.9	109.3	96.6
豆类	Beans	99.7	100.9	97.8
食用油	Edible Oil and Fats	99.2	101.8	96.2
菜	Vegetables	106.0	108.5	101.6
畜肉类	Meat of Livestock	94.1	95.7	91.8
禽肉类	Meat of Poultry	105.8	104.9	107.4
水产品	Aquatic Products	100.5	100.6	100.2
蛋类	Eggs	107.7	108.8	106.0
奶类	Milk	101.7	102.1	101.0
干鲜瓜果类	Dried and Fresh Melons and Fruits	103.7	104.5	101.6
糖果糕点类	Candy and Cake	102.0	102.9	100.7
调味品	Falvoring	103.6	105.4	100.8
其他食品类	Other Foods	100.8	101.1	100.4
茶及饮料	Tea ang Beverages	100.9	101.4	100.1
烟酒	Tobacco and Liquor	101.3	101.4	101.2
在外餐饮	Dining Out	100.8	100.9	100.4
衣着	**Clothing**	**101.9**	**101.9**	**102.0**
服装	Garments	102.3	102.2	102.5
服装材料	Clothing materials	102.4	102.3	102.5
其他衣着及配件	Other Clothing and Parts	100.1	100.0	100.5
衣着加工服务费	Clothing Manufacturing Services	105.1	105.0	105.8
鞋类	Footware	100.6	100.6	100.4
居住	**Residence**	**103.6**	**102.7**	**105.4**
租赁房房租	Rent of Renral Housing	103.5	102.5	108.2
住房保养维修及管理	Housing Maintenance and Management	103.5	102.3	105.2
水电燃料	Water,Electrcity and Fuels	102.2	102.0	102.7
自有住房	Private Housing	104.4	103.2	106.9
生活用品及服务	**Articles for Daily Use and Services**	**101.3**	**101.3**	**101.4**
家具及室内装饰品	Funiture and Interior Decorations	101.0	100.6	101.7
家用器具	Home Appliances	100.8	100.6	101.2
家用纺织品	Home Textiles	100.5	100.4	100.5
家庭日用杂品	Daily Use Household Articles	101.9	102.5	100.8
个人护理用品	Personal-care Supplies	101.3	101.0	102.0
家庭服务	Household Services	103.0	102.3	105.3
交通和通信	**Transport and Communications**	**102.8**	**102.7**	**103.0**
交通	Transport	104.4	104.3	104.7
通信	Communications	99.9	99.9	100.0
教育文化和娱乐	**Education, Culture and Recreation**	**101.5**	**101.5**	**101.5**
教育	Education	101.8	102.0	101.5
文化娱乐	Culture and Recreation	101.0	100.8	101.7
医疗保健	**Health Care**	**102.5**	**102.0**	**103.4**
药品及医疗器具	Medicine and Medical Instrument	105.5	104.3	107.7
医疗服务	Medical Services	100.7	100.5	101.1
其他用品和服务	**Other Articles and Services**	**100.6**	**100.6**	**100.5**
其他用品类	Other Articles	99.1	98.6	99.9
其他服务类	Other Services	101.9	102.4	101.1

5-5 商品零售价格指数
Retail Price Index

年份 Year	上年=100 (preceding year=100)			1985年=100 (year of 1985=100)		
	商品零售价格指数 Retail Price Index	城市 Urban	农村 Rural	商品零售价格指数 Retail Price Index	城市 Urban	农村 Rural
1985	111.1	112.4	110.1	100.0	100.0	100.0
1986	104.8	105.2	104.4	104.8	105.2	104.4
1987	110.6	111.3	110.2	115.9	117.1	115.0
1988	125.9	126.0	125.8	145.9	147.5	144.7
1989	118.1	116.2	119.4	172.3	171.4	172.8
1990	99.4	99.2	99.6	171.3	170.0	172.1
1991	104.1	104.4	103.1	178.3	177.6	177.4
1992	109.5	111.4	106.6	195.2	197.7	189.2
1993	115.1	115.7	114.6	224.8	228.9	216.8
1994	124.5	121.7	126.5	279.9	278.4	274.3
1995	115.5	114.5	116.8	323.2	318.9	320.3
1996	105.2	105.2	105.1	340.0	335.5	336.6
1997	100.3	100.6	99.8	341.0	337.5	335.9
1998	97.9	98.3	97.4	333.8	331.8	327.3
1999	97.6	97.8	97.5	325.9	324.4	319.0
2000	99.3	99.8	98.4	323.6	323.8	313.9
2001	98.8	98.1	99.4	319.7	317.6	312.0
2002	99.2	99.1	99.3	317.1	314.7	309.9
2003	100.6	100.1	101.1	319.0	315.1	313.3
2004	103.9	103.0	105.0	331.4	324.6	329.0
2005	102.3	101.6	103.0	339.0	329.7	338.8
2006	101.3	101.2	101.4	343.5	333.7	343.5
2007	104.3	103.6	106.7	358.2	345.8	366.6
2008	105.6	104.5	108.7	378.4	361.1	398.3
2009	98.5	98.2	98.8	372.7	354.8	393.7
2010	103.1	102.9	103.3	384.2	365.2	406.7
2011	105.5	105.4	105.6	405.3	384.9	429.5
2012	101.7	101.7	101.8	412.2	391.4	437.2
2013	101.7	101.4	102.3	419.2	396.9	447.3
2014	101.2	101.3	101.1	424.2	402.0	452.2
2015	99.9	99.7	100.0	423.8	400.8	452.2
2016	101.0	101.0	101.1	428.0	404.7	457.2
2017	101.3	101.2	101.4	433.4	409.7	463.5
2018	102.3	102.3	102.0	443.2	419.2	472.9

5-6 工业生产者出厂、购进价格指数

Producer Price Indices for Industrial Products、Producer Price Indices for Industrial Producers over the years

(上年 =100)　　(preceding year=100)

年份 Year	工业生产者出厂价格指数 Producer Price Indices for Industrial Products	工业生产者购进价格指数 Producer Price Indices for Industrial Producers
1989	118.1	122.5
1990	100.6	103.3
1991	104.7	110.4
1992	111.1	116.2
1993	128.9	139.7
1994	117.6	119.6
1995	121.4	117.6
1996	105.6	105.7
1997	99.2	100.1
1998	95.9	94.8
1999	98.5	96.2
2000	102.9	106.7
2001	99.8	101.1
2002	99.2	99.3
2003	102.6	106.7
2004	108.0	114.4
2005	106.0	109.4
2006	104.3	106.5
2007	106.1	106.1
2008	109.3	112.0
2009	94.3	92.6
2010	106.9	110.0
2011	108.5	110.8
2012	99.1	100.1
2013	98.5	98.4
2014	98.4	97.9
2015	96.3	94.5
2016	98.9	98.0
2017	105.8	107.2
2018	103.2	103.5

5-7 工业生产者出厂价格分类指数
Producer Price Indices for Industrial Products by Category

(上年 =100) (preceding year=100)

类 别	Item	2011	2012	2013	2014	2015	2016	2017	2018
总指数	**Total Price Indices**	**108.5**	**99.1**	**98.5**	**98.4**	**96.3**	**98.9**	**105.8**	**103.2**
生产资料	**Means of Production**	**109.1**	**98.3**	**97.7**	**97.9**	**95.2**	**98.4**	**107.3**	**104.0**
采掘工业	Mining & Quarrying Industry	116.3	99.3	94.4	96.1	91.8	98.8	122.9	107.3
原材料工业	Raw Materials Industry	113.0	97.2	96.4	97.8	93.3	96.9	111.5	103.5
加工工业	Processing Industry	106.5	98.7	98.7	98.1	96.4	98.9	104.9	104.0
生活资料	**Consumer Goods**	**106.2**	**101.8**	**101.3**	**100.6**	**100.4**	**100.2**	**101.1**	**100.6**
食品类	Food	107.6	102.5	101.6	100.9	100.8	100.9	101.1	100.6
衣着类	Clothing	107.6	99.8	101.7	100.2	100.2	100.6	99.1	100.6
一般日用品	Articles for Daily Use	103.5	100.8	100.9	99.9	99.4	99.9	102.3	101.1
耐用消费品	Durable Consumer Goods	102.1	101.3	99.7	100.5	99.8	97.2	99.9	99.7

5-8 工业生产者购进价格指数
Producer Price Indices for Industrial Producers

(上年 =100) (preceding year=100)

类 别	Item	2011	2012	2013	2014	2015	2016	2017	2018
总指数	**General Index**	**110.8**	**100.1**	**98.4**	**97.9**	**94.5**	**98.0**	**107.2**	**103.5**
燃料动力类	Fuel and Power	111.6	106.8	97.9	97.4	87.9	94.3	112.3	106.6
黑色金属材料类	Ferrous Matals	107.8	93.4	95.7	95.3	91.0	99.2	114.9	105.3
有色金属材料及电线	Nonferrous Metals	115.9	93.2	95.1	96.2	93.6	96.4	115.9	103.6
化工原料类	Raw Chemical Materials	110.1	97.2	98.1	98.5	97.3	99.4	105.6	103.1
木材及纸浆类	Timber and Paper Pulp	106.9	101.2	100.6	100.0	99.5	100.4	104.8	102.8
建材及非金属矿	Building Materials	117.9	99.0	98.5	100.1	97.8	100.2	104.2	106.5
其他工业原料及半成品	Other Industrial Raw Materials and Semi-finished Products	107.4	99.8	98.8	98.0	98.5	98.7	101.2	100.5
农副产品类	Agricultural Products	113.4	103.7	102.8	99.1	99.2	98.6	100.3	101.3
纺织原料类	Textile Materials	106.5	97.3	99.2	98.3	93.3	99.3	106.3	103.3

5-9 住宅销售价格指数
Housing Price Index

(上年 =100) (preceding year =100)

项目名称	Item	2011	2012	2013	2014	2015	2016	2017	2018
新建住宅	**New house**	**109.0**	**99.9**	**106.5**	**101.1**	**97.7**	**108.7**	**116.5**	**108.5**
新建商品住宅	**New commercial housing**	**109.8**	**100.2**	**107.0**	**101.3**	**97.7**	**108.9**	**116.8**	**108.6**
90 平方米以下	Less than 90 square meters	110.6	98.0	106.5	99.7	97.9	109.5	115.0	109.1
90 － 144 平方米	90–144 square meters	112.4	103.0	106.6	100.4	96.6	108.5	118.1	109.1
144 平方米以上	More than 144 square meters	104.7	95.9	108.2	103.9	99.6	109.6	114.1	106.2
二手住宅	**Secondhand residence**	**108.3**	**104.6**	**105.0**	**103.5**	**99.1**	**100.7**	**106.5**	**105.6**
90 平方米以下	Less than 90 square meters	108.3	105.7	106.3	103.8	99.4	102.3	107.6	105.0
90–144 平方米	90–144 square meters	108.6	102.9	103.1	103.0	98.6	100.6	105.4	106.3
144 平方米以上	More than 144 square meters	107.6	101.5	101.2	102.7	98.5	98.9	107.2	105.0

注：2011 年开始，国家执行新的房地产价格统计制度，取消非住宅价格调查，调整了有关指标分类。

Note: since 2011, the state has implemented the new real estate price statistics system, abolished the non residential price survey, and adjusted the classification of relevant indicators.

5-10 固定资产投资价格指数
Price Index for Investment in Fixed Assets over the Years

(上年 =100) (Preceding=100)

年份 Year	总指数 Total Index	建筑安装工程 Construction and Installation	人工费 Labor Costs	材料费 Material Costs	机械使用费 Mechanical Costs	设备、工器具购置 Purchase of Equipment and Instrunments	其他投资 Other Investment
1983	101.2	104.5	100.0	104.0		99.5	97.2
1984	104.5	108.9	103.0	106.0		100.2	99.2
1985	105.2	110.0	99.8	107.4		101.0	98.5
1986	108.7	112.2	111.8	111.3		101.4	101.0
1987	109.1	113.5	106.6	112.1		102.0	90.8
1988	119.2	121.4	109.5	123.9		103.6	110.1
1989	105.7	107.6	111.2	107.0		98.5	81.9
1990	107.3	113.6	145.9	110.3		102.1	90.1
1991	108.1	109.6	105.3	111.9		105.8	99.2
1992	116.4	119.9	127.5	123.3		109.7	108.4
1993	129.5	132.7	130.5	143.0		120.0	126.7
1994	113.5	111.8	120.2	113.1		113.0	146.8
1995	109.5	110.4	133.4	105.6		104.7	114.7
1996	104.9	108.2	113.1	101.7	112.3	99.3	96.2
1997	101.8	102.1	104.4	100.2	103.1	98.9	107.5
1998	102.7	104.2	108.8	100.6	104.1	97.1	105.5
1999	100.5	100.6	104.7	98.6	102.0	98.6	103.1
2000	102.3	103.3	105.6	101.3	106.4	99.0	101.4
2001	101.3	101.8	107.4	100.8	100.4	99.1	101.1
2002	100.4	100.9	104.3	99.6	101.6	99.0	99.1
2003	102.8	104.4	103.1	107.1	100.6	97.7	101.8
2004	105.5	107.9	103.9	113.2	101.6	99.1	103.4
2005	103.6	104.3	108.8	103.0	103.4	100.7	104.1
2006	103.1	103.4	112.1	100.6	102.4	100.4	105.2
2007	105.8	107.6	114.0	106.8	104.6	101.4	103.4
2008	109.9	112.3	116.4	112.3	109.5	104.7	105.1
2009	99.7	99.6	108.8	95.3	100.6	98.8	101.2
2010	104.0	104.8	109.4	103.3	104.4	101.7	103.3
2011	107.2	108.9	112.0	108.3	106.8	102.7	106.0
2012	101.7	102.2	109.8	99.0	103.1	99.6	102.0
2013	101.3	101.6	107.2	98.9	102.3	99.6	102.3
2014	101.5	101.5	105.4	99.7	101.9	100.0	103.4
2015	100.4	100.3	109.9	95.7	101.5	99.9	101.7
2016	100.4	100.7	103.4	99.1	101.4	99.4	100.7
2017	105.7	107.7	103.1	113.0	102.0	100.0	100.6
2018	104.8	105.8	104.9	107.7	103.1	100.7	102.6

5-11 农产品生产者价格指数
Producer Price Indices for Farm Products

(上年 =100) (preceding year =100)

指 标	Item	2011	2012	2013	2014	2015	2016	2017	2018
合计	**Total**	**121.9**	**100.2**	**102.1**	**98.6**	**104.1**	**104.7**	**98.0**	**95.4**
农业产品	**Farm Products**	**116.1**	**103.1**	**101.1**	**100.0**	**101.5**	**96.2**	**107.4**	**98.2**
谷物(原粮)	Grain(Raw Grain)	117.7	104.9	98.1	101.4	102.2	96.2	101.7	99.5
稻谷	Rice	118.4	105.1	97.9	101.4	102.3	96.7	101.5	99.0
早籼稻	Early Indica Rice	117.1	107.7	98.0	101.6	100.0	100.3	99.2	102.7
晚籼稻	Late Indica Rice	119.2	103.1	97.7	102.3	104.3	93.9	103.2	96.5
中籼稻	Middle Indica Rice					101.5	95.1	102.7	94.8
玉米	Corn	104.3	107.0	102.7	99.7	100.1	85.7	106.7	108.2
薯类	Tubers	111.7	112.2	106.2	101.1	89.2	124.8	104.3	110.1
马铃薯	Potatoes	113.8	111.3	126.1	91.1	97.3	114.7	99.8	119.9
甘薯	Sweet potato					87.0	127.6	105.5	133.7
油料	Oil-bearing Crops	119.6	103.3	103.9	100.4	102.0	102.9	103.6	100.7
花生	Peanuts	107.6	109.2		97.9	100.0			
油菜籽	Rapeseeds	121.7	104.6	104.1	100.0	103.0	100.1	101.1	96.3
豆类	Legume	111.4	104.7	104.9	101.4	101.1	108.4	97.3	89.7
棉花(籽棉)	Cotton(Seed Cotton)	85.6	90.2	99.1	87.1	90.5	91.5	121.9	93.9
未加工烟草	Raw Tobacco					103.1	103.8	110.4	
蔬菜及食用菌	Vegetables and Edible Fungus					101.6	101.6	98.8	100.4
蔬菜	Vegetables	107.5	106.5	109.5	98.0	101.6	101.6	98.8	100.3
叶菜类	Leaf Vegetables	105.2	114.4	100.8	100.8	101.7	107.5	77.4	106.3
白菜类	Chinese cabbage					102.2	110.7	88.8	103.3
甘蓝类	Cabbage					103.5	109.5	83.2	103.0
瓜菜类	Melon Vegetables	99.3	116.0	109.0	96.1	103.1	103.6	100.6	93.6
根茎类	Root Vegetables	114.7	90.9	110.1	109.9	97.7	97.2	103.6	101.4
茄果类	Solanum Vegetable	102.2	111.5	111.7	97.8	102.6	96.4	103.8	101.3
莴苣类	Lettuce					98.8	104.9	88.6	99.0
葱蒜类	Shallot and Garlic Vegetables	105.8	106.2	103.8	97.5	104.0	103.8	101.4	115.5
豆类(蔬菜)	Vegetable Legume	105.2	113.7	105.6	99.5	100.1	103.9	101.1	103.5
食用菌	Edible Fungus	116.8	109.7	102.1	106.6	103.0	102.4	95.5	109.7
水果	Fruits					111.3	82.1	122.8	91.3
梨	Pear					106.1	110.7	116.4	96.4
柑橘类水果	Orange					115.7	73.4	123.8	90.7
葡萄	Grape					94.4	96.3	96.8	88.5
瓜类水果	Melon Fruit	100.5	116.9	104.0		104.6	101.8	129.7	94.1
茶及饮料原料	Tea and Other Beverages	117.2	122.7	96.1	106.4	104.0	99.6	98.1	101.9
茶叶	Tea	117.2	122.7	96.1	106.4	104.0	99.6	98.1	101.9
中草药材	Chinese Herbs	101.1	91.7	93.4	100.1	105.5	95.1	105.3	113.2

5-11 续表 Continued

(上年 =100) (preceding year =100)

项 目		2011	2012	2013	2014	2015	2016	2017	2018
林业产品	**Forestry Products**	**107.2**	**104.1**	**111.5**	**104.9**	**96.3**	**93.0**	**91.9**	**101.4**
木材采伐产品	Wood	113.0	104.5	103.9	93.6	95.6	95.8	95.7	102.8
原木	Logs	113.0	104.5	106.0	93.6	95.6	95.8	95.7	102.8
竹材采伐产品	Bamboo-Wood	107.7	105.2	102.0	101.8	95.1	90.5	88.3	93.9
竹材	Bamboo					95.1	90.5	88.3	93.9
饲养动物及其产品	**Animal Husbandry**	**131.2**	**96.0**	**102.2**	**95.9**	**108.1**	**115.9**	**86.6**	**91.6**
活牲畜	Livestock	132.8	95.1	101.9	95.1	108.6	117.6	85.4	89.8
牛	Cow	108.2	107.2	116.6	105.6	100.4	96.5	104.1	86.9
羊	Sheep	117.3	104.7	108.4	104.9	94.8	88.0	90.5	97.9
猪	Pig	137.5	95.6	99.5	92.9	100.8	121.6	82.5	110.9
活家禽	Fowl	112.7	106.5	105.8	106.2	103.7	103.6	97.7	105.0
活鸡	Chickens	108.5	102.4	102.8	106.4	105.5	99.8	110.5	109.4
活鸭	Ducks	115.5	109.3	107.7	106.1	102.5	106.1	89.3	102.1
禽蛋	Eggs	113.7	106.2	105.8	102.8	101.8	89.4	98.8	119.0
鸡蛋	Henapple	118.5	109.2	104.8	103.9	102.8	84.4	107.2	114.7
鸭蛋	Duck Eggs	110.0	103.7	106.7	101.9	101.0	93.5	91.9	122.5
渔业产品	**Fishery Product**	**108.1**	**104.6**	**104.9**	**102.7**	**101.2**	**103.1**	**102.8**	**95.8**
淡水养殖产品	Freshwater aquaculture	108.1	104.6	104.9	102.7	101.2	103.1	102.8	95.8
养殖淡水鱼	Freshwater Fish	108.0	104.7	104.9	102.9	100.7	99.5	102.4	95.7
养殖淡水青鱼	Black Carp	100.1	103.4		103.5	101.3	106.6	98.5	92.2
养殖淡水草鱼	Grass Carp	108.7	105.0	103.1	106.7	101.1	100.0	108.5	102.9
养殖淡水鲤鱼	Common Carp	107.4	104.4	106.6	101.4	103.5	105.0	105.5	108.5
养殖淡水鲢鱼	Silver Carp	104.4	104.7	107.1	100.2	100.9	97.1	98.1	97.4
养殖淡水鲫鱼	Crucian Carp	116.2	102.9	103.6	98.6	99.9	102.1	102.9	90.0
养殖淡水鳙鱼	Bighead	100.2	105.5	99.5	101.3	101.2	100.3	105.0	98.7
养殖淡水鳊鲂	Bream					96.4			
养殖淡水鲶鱼	Catfish					96.0			
养殖淡水黄鳝	Monopterus Albus					96.4			
养殖淡水泥鳅	Loach					76.9			
淡水养殖蟹	Crab					97.6	82.8	114.0	99.5

5－12 农业生产资料价格分类指数
Price Index of Agricultural Production by Category

（上年＝100） (preceding year=100)

类 别	Item	2011	2012	2013	2014	2015	2016	2017	2018
农业生产资料价格指数	**General Index**	**110.9**	**104.7**	**102.3**	**100.2**	**104.1**	**101.7**	**101.0**	**102.7**
农用手工工具	Farm Handtools	108.5	100.8	105.0	108.0	107.9	106.2	105.6	101.5
饲料	Forage	104.7	101.1	103.3	102.2	101.6	100.3	98.4	101.2
仔畜幼禽及产品畜	Newborn Animals & Poultry,and Commodity Animals	137.9	111.2	98.3	100.7	111.5	121.9	94.3	90.1
半机械化农具	Semi-mechanized Farm Tools	102.3	103.2	104.6	100.5	101.7	99.7	100.8	102.2
机械化农具	Mechanizred Farm Machiney	106.9	101.6	100.4	98.2	97.3	98.8	100.4	104.8
化学肥料	Chemical Fertilizer	112.6	106.7	101.6	96.1	104.6	101.2	104.1	106.4
农药及农药器械	Pesticide and Its Appliances	103.9	101.1	101.2	101.4	101.1	100.2	100.4	105.2
化学农药	Chenical Pesticide	103.9	100.9	101.1	101.6	101.3	100.3	100.4	105.5
农药器械	Pesticides Appliances	105.1	104.9	103.5	96.9	96.9	98.5	100.1	100.6
农机用油	Oil for Farm Machinery	104.6	106.1	102.6	98.6	87.8	96.8	112.1	113.8
其他农用生产资料	Other Means of Agricultural Production	107.0	106.6	102.7	100.2	101.8	99.4	102.6	101.6
农用种子	Agricultural Seeds	107.9	109.4	103.6	99.7	101.2	100.1	102.5	101.9
农业生产服务	Servie for Agricultural	108.3	104.4	106.9	104.5	106.3	102.3	101.4	102.0

主要统计指标解释

居民消费价格指数 是反映一定时期内城乡居民所购买的生活消费品和服务项目价格变动趋势和程度的相对数，是对城市居民消费价格指数和农村居民消费价格指数进行综合汇总计算的结果。通过该指数可以观察和分析消费品的零售价格和服务项目价格变动对城乡居民实际生活费支出的影响程度。

城市居民消费价格指数 是反映一定时期内城市居民家庭所购买的生活消费品价格和服务项目价格变动趋势和程度的相对数。通过该指数可以观察和分析消费品的零售价格和服务项目价格变动对城镇居民收入和消费支出的影响。

农村居民消费价格指数 是反映一定时期内农村居民家庭所购买的生活消费品价格和服务项目价格变动趋势和程度的相对数。该指数可以观察农村消费品的零售价格和服务项目价格变动对农村居民收入和生活消费支出的影响。

商品零售价格指数 是反映一定时期内城乡商品零售价格变动趋势和程度的相对数。商品零售价格的变动与国家的财政收入、市场供需的平衡、消费与积累的比例关系有关。因此，该指数可以从一个侧面对上述经济活动进行观察和分析。

农业生产资料价格指数 指反映一定时期内农业生产资料价格变动趋势和程度的相对数。其编制目的是了解农业生产中投入物质资料价格的变动状况，服务于国民经济核算。1994 年以前，农业生产资料价格指数仅仅是商品零售价格指数的一个类别，此后，从商品零售价格指数中分离出来，单独编制。

农产品生产者价格指数 是反映一定时期内，农产品生产者出售农产品价格水平变动趋势及幅度的相对数。该指数可以客观反映全国农产品生产价格水平和结构变动情况，满足农业与国民经济核算需要。其中某代表品生产价格指数是通过对全部有出售该产品行为的调查单位的个体指数进行几何平均求得的，类价格指数是通过对其所属的类（或代表品）的价格指数进行加权平均求得的。季度累计价格指数的计算方法与分季指数的计算方法相同。

工业生产者出厂价格指数 是反映一定时期内全部工业产品第一次出售时的出厂价格总水平的变动趋势和变动幅度的相对数。

工业生产者购进价格指数 是反映作为中间投入的原材料、燃料、动力购进价格总水平的变动趋势和变动幅度的相对数。

固定资产投资价格指数 是反映一定时期内固定资产投资品及取费项目的价格变动趋势和变动幅度的相对数。该指数可以准确地反映固定资产投资中涉及的各类投资品和取费项目价格变动趋势和变动幅度，消除按现价计算的固定资产投资指标中的价格变动因素，真实地反映固定资产投资的规模、速度、结构和效益。

Explanatory Notes on Main Statistical Indicators

Consumer Price Indices reflect the trend and degree of changes in prices of consumer goods and services purchased by urban and rural households during a given period. They are obtained by combining Consumer Price Indices of Urban Household and Consumer Price Indices of Rural Household. The Indices enable the observation and analysis of the degree of impact of the changes in the prices of retailed goods and services on the actual living expenses of urban and rural residents.

Consumer Price Indices of Urban Household reflect the trend and degree of changes in prices of consumer goods and services purchased by urban households during a given period. It can be used to observe and analyze the impact of price changes in consumer goods and services on urban household income and consumption expenditure.

Consumer Price Indices of Rural Household reflect the trend and degree of changes in prices of consumer goods and services purchased by rural households during a given period. It can be used to observe the impact of change in retail prices of consumer goods and service prices on rural household income and consumption expenditure on living.

Retail Price Indices reflect the trend and degree of change in retail prices of commodities during a given period. The change in retail prices of commodities is related to government revenue, the equilibrium of market supply and demand, and the ratio of consumption to accumulation. Therefore, the retail price indices are useful from an oblique perspective for observing and analyzing the changes of the above economic activities.

Price Indices for Means of Agricultural Production reflect the trend and degree of changes in the prices of the means of agricultural production during a given period. Compilation of these indices helps to understand the price changes of material input in agricultural production and facilitate the compilation of national accounts. Before 1994, price indices for means of agricultural production were a sub-category in the retail price indices for commodities, and it has been compiled separately since 1994.

Producer Prices Indices for Farm Products reflect the trend and degree of changes in producers' prices received by farmers when they sell farm products during a given period. These indices depict the change in the level and structure of producer prices for farm products of the country and meet the needs of agricultural statistics and national accounts statistics. The producer price index for a given product is calculated as the geometrical mean of individual indices for all surveyed units which sell such product, and the indices for a product category is obtained as the weighted mean of price indices for all products in the category. Method for calculating accumulative quarterly indices is the same as for calculating the individual quarterly indices.

Producer Price Indices for Industrial Products reflect the trend and degree of changes in general ex-factory prices of all manufactured goods for first sale during a given period.

Purchasing Price Indices for Industrial Producers reflect changes in the level and degree of purchasing prices such as intermediate input such as raw materials, fuels and power.

Price Indices for Investment in Fixed Assets reflect the trend and degree of changes in prices of investment goods and projects in fixed assets during a given period. Removing the factor of price change in the aggregates of investment at current prices, this indicator shows the changes in the prices of commodities and fees involved in the investment of fixed assets, and can be used to observe the actual size, growth, structure, and efficiency of investment in fixed assets.

06 人民生活

People's Living Conditions

资料整理人员：劳右隆　凌　媛　王　璐
李臣佳　肖宇旻

6-1 城镇居民生活
Urban Households' Life

年份 Year	平均每人每年(元) Per Capita Per Year (yuan)					每一就业者负担人数(人) Supported by Per Employee (person)	人均居住面积(平方米) Living Floor Space of Residents (sq.m)
	全部收入 Total Income	可支配收入 Disposable Income	指数 Indices (1978 年为 100) (1978=100)	消费支出 Consumption Expenditure	#食品支出 Food		
1978	323.9	323.9	100.0	289.6	166.1	1.90	3.90
1980	475.9	475.9	125.2	425.5	244.1	1.76	4.30
1981	505.1	505.1	118.7	465.8	260.3	1.72	4.80
1982	519.0	519.0	116.8	449.4	264.5	1.70	5.10
1983	564.0	564.0	123.2	492.7	289.4	1.72	5.40
1984	645.0	645.0	138.0	540.8	310.4	1.71	5.80
1985	760.8	760.8	161.8	685.3	366.5	1.88	6.00
1986	904.4	904.4	182.5	775.3	427.9	1.90	6.40
1987	1017.8	1017.8	184.5	871.6	497.1	1.87	6.50
1988	1255.0	1255.0	181.0	1142.7	580.7	1.84	6.90
1989	1492.6	1492.6	183.5	1234.0	678.3	1.82	7.00
1990	1591.5	1591.5	194.5	1294.0	720.3	1.80	6.91
1991	1783.2	1783.2	207.3	1446.0	772.1	1.80	7.07
1992	2172.0	2166.5	221.9	1732.0	881.6	1.76	7.41
1993	2822.0	2816.5	245.8	2194.0	1049.4	1.73	8.14
1994	3893.0	3887.6	271.9	3138.0	1496.8	1.70	7.93
1995	4705.2	4699.2	278.7	3886.0	1898.1	1.67	7.75
1996	5060.0	5052.1	279.2	4098.0	1986.6	1.64	8.06
1997	5248.9	5209.7	280.1	4317.2	1972.8	1.64	8.66
1998	5474.6	5434.3	290.7	4371.0	1907.6	1.62	9.91
1999	5855.7	5815.4	312.2	4800.0	1942.2	1.66	10.77
2000	6261.2	6218.7	328.9	5218.8	1943.7	1.71	11.75
2001	6832.6	6780.6	362.6	5546.2	1943.6	1.77	11.80
2002	7371.8	6958.6	399.7	5574.7	1985.9	1.97	12.40
2003	8145.1	7674.2	434.7	6082.6	2179.3	1.89	24.43
2004	9190.2	8617.5	468.9	6884.6	2479.6	1.88	25.39
2005	10106.1	9524.0	507.6	7505.0	2689.4	2.05	22.03
2006	11146.1	10504.7	551.2	8169.3	2850.9	2.03	22.54
2007	14148.9	12293.5	613.2	8990.7	3243.9	1.99	34.71
2008	14577.3	13821.2	651.2	9945.5	3970.4	2.10	36.52
2009	16078.1	15084.3	713.1	10828.2	4174.6	2.06	37.25
2010	17657.1	16565.7	759.4	11825.3	4322.1	2.07	37.51
2011	20083.9	18844.1	819.4	13402.9	4943.9	2.15	39.69
2012	22804.6	21318.8	907.1	14609.0	5441.6	2.05	40.22
2013	26107.6	24352.0	970.6	16867.3	5323.0	1.95	39.97
2014	28796.4	26570.2	1037.6	18334.7	5596.0	1.84	39.52
2015	31468.3	28838.1	1109.2	19501.4	6075.5	1.90	41.02
2016	35055.6	31283.9	1181.3	21420.0	6407.7	1.96	44.04
2017	38845.9	33947.9	1261.6	23162.6	6585.0	1.98	46.48
2018	42316.8	36698.3	1338.6	25064.2	6848.9	2.03	48.76

注：1. 1991 年及以前的可支配收入均系全部收入。
2. 2002 年起，可支配收入剔除了出售财物收入和个人交纳的社会保障支出，消费支出中，居住支出剔除了自有房屋折算金。
a. Data on disposable income prior to 1991 refer to those on the total income.
b. Since 2002,Data on disposable income exclude income of selling property and individul expenditure for social security programs. Data on living expenditure exclude converted rents of self-owned housing .

6–2 城镇居民平均每人家庭收入及来源

Per Capita Annual Income of Urban Households by Source

单位：元 (yuan)

年份 Year	可支配收入 Disposable Income	全部收入 Total Income	工资性收入 Income of Wages and Salaries	经营净收入 Net Business Income	财产性收入 Net Income from Property	转移性收入 Net Income from Transfer
1978	323.9	323.9	306.0			
1980	475.9	475.9	466.2			9.7
1981	505.1	505.1	496.6	0.3		8.2
1982	519.0	519.0	507.3	0.1		11.6
1983	564.0	564.0	549.7			14.3
1984	645.0	645.0	627.7	0.4		16.9
1985	760.8	760.8	651.1	9.5		100.2
1986	904.4	904.4	752.4	9.7		142.4
1987	1017.8	1017.8	840.4	11.2		166.2
1988	1255.0	1255.0	1078.7	21.3		155.0
1989	1492.6	1492.6	1213.2	28.2	14.2	237.0
1990	1591.5	1591.5	1327.7	23.6	16.4	223.7
1991	1783.2	1783.2	1567.0	14.4	19.8	182.1
1992	2166.6	2172.0	1768.2	18.2	28.8	356.8
1993	2821.6	2822.0	2298.9	31.2	54.5	437.4
1994	3892.7	3893.0	3154.5	27.8	81.5	629.2
1995	4699.2	4705.2	3971.1	26.0	81.6	626.5
1996	5052.1	5060.0	4309.5	44.3	86.8	619.4
1997	5209.7	5248.9	4433.6	35.2	112.0	668.1
1998	5434.3	5474.6	4517.5	35.4	142.6	779.1
1999	5815.4	5855.7	4723.6	52.4	153.9	925.8
2000	6218.7	6261.2	4954.2	140.1	158.8	1008.1
2001	6780.6	6832.6	5168.4	170.0	239.5	1254.7
2002	6958.6	7371.8	5408.2	235.4	111.0	1617.2
2003	7674.2	8145.1	5984.8	356.2	100.7	1703.4
2004	8617.5	9190.2	6807.3	494.0	92.9	1796.0
2005	9524.0	10106.1	6805.4	872.2	195.6	2232.9
2006	10504.7	11146.1	7401.7	929.8	287.2	2527.3
2007	12293.5	14148.9	8612.5	2343.4	170.9	3022.1
2008	13821.2	14577.3	9071.0	1575.1	316.5	3614.7
2009	15084.3	16078.1	9854.1	1744.4	419.2	4060.5
2010	16565.7	17657.1	10782.0	1880.9	541.1	4453.0
2011	18844.1	20083.9	11550.1	2674.2	770.7	5089.0
2012	21318.8	22804.6	13237.1	3008.3	867.8	5691.4
2013	24352.0	26107.6	13453.0	3254.8	2387.3	5256.8
2014	26570.2	28796.4	14661.7	3566.7	2628.6	5713.1
2015	28838.1	31468.3	15902.8	3993.6	2801.0	6140.8
2016	31283.9	35055.6	17274.9	4339.2	3009.6	6660.2
2017	33947.9	38845.9	18765.9	4605.8	3204.1	7372.2
2018	36698.3	42316.8	20021.5	5252.5	3715.3	7708.9

6-3 城镇居民平均每人消费性分类支出
Consumption Expenditures of Urban Households

单位：元 (yuan)

年份 Year	消费性支出 Consumption Expenditure	食品烟酒 Food,Tobacco and Liquor	衣 着 Clothing	居 住 Residence	家庭设备用品及服务 Household Facilities, Articles and Services	交通和通讯 Transport and Communications	文教娱乐用品及服务 Education, Cultural and Recreation	医疗保健 Health Care and Medical Services	其他商品和服务 Miscellaneous Goods and Services
1978	289.6	166.1					99.5		24.0
1980	425.5	244.1	54.0	17.0	46.3	6.4	32.8	2.8	22.2
1981	465.8	260.3	57.8	18.5	50.6	5.8	47.0	3.8	21.9
1982	449.4	264.5	54.8	20.0	42.7	6.1	35.6	4.2	21.4
1983	492.7	289.4	61.9	21.4	46.8	7.2	39.1	4.2	22.7
1984	540.8	310.4	70.4	22.2	53.9	7.8	47.5	4.2	24.4
1985	685.3	366.5	86.5	33.0	80.2	7.6	74.8	8.3	28.6
1986	775.3	427.9	102.0	36.4	89.0	8.4	67.2	9.7	34.7
1987	871.6	497.1	101.5	36.0	96.6	9.4	77.3	10.3	43.3
1988	1142.7	580.7	132.0	54.9	168.1	11.9	110.9	18.4	65.8
1989	1234.4	678.3	146.4	51.5	144.9	14.9	108.3	21.6	68.6
1990	1294.1	720.3	170.4	60.0	124.6	26.8	122.8	19.2	50.0
1991	1445.5	772.1	197.6	71.3	142.8	33.2	135.4	25.6	67.6
1992	1731.6	881.6	237.0	95.9	164.7	39.3	176.8	41.1	95.3
1993	2194.0	1049.4	305.0	141.8	230.6	72.4	215.2	57.7	121.9
1994	3138.2	1496.8	420.7	184.5	301.9	184.6	316.6	82.1	151.0
1995	3885.6	1898.1	481.1	244.3	370.7	206.9	408.4	108.7	167.5
1996	4098.3	1986.6	507.1	267.8	334.1	210.6	460.9	149.8	181.4
1997	4317.2	1972.8	497.6	316.7	327.8	276.7	576.4	161.3	188.1
1998	4371.0	1907.6	458.4	411.2	332.2	255.8	642.7	183.9	179.2
1999	4800.0	1942.2	512.3	492.6	401.4	321.3	697.2	206.1	226.5
2000	5218.8	1943.7	495.2	576.7	544.5	395.6	753.8	270.2	239.1
2001	5546.2	1943.6	551.5	662.4	460.1	474.7	826.9	328.6	298.4
2002	5574.7	1985.9	577.7	581.9	420.4	596.0	883.6	343.7	185.6
2003	6082.6	2179.3	621.3	586.9	420.2	680.2	993.9	391.3	209.5
2004	6884.6	2479.6	689.5	640.7	388.2	881.9	1091.3	475.6	237.9
2005	7505.0	2689.4	790.7	771.5	451.0	801.3	1138.7	601.3	261.2
2006	8169.3	2850.9	868.2	871.7	513.6	965.1	1182.2	632.5	285.0
2007	8990.7	3243.9	1017.6	869.6	603.2	986.9	1285.2	668.5	315.8
2008	9945.5	3970.4	1090.7	960.8	674.8	971.1	1110.1	791.0	376.6
2009	10828.2	4174.6	1146.3	1074.7	798.4	1233.8	1207.7	784.7	408.1
2010	11825.3	4322.1	1277.5	1182.3	903.8	1541.4	1418.9	776.9	402.5
2011	13402.9	4943.9	1499.0	1292.6	940.8	1975.5	1526.1	790.8	434.3
2012	14609.0	5441.6	1624.6	1301.6	1034.3	2084.2	1737.6	918.4	466.7
2013	16867.3	5323.0	1387.9	3427.8	1108.3	2141.2	2016.4	1022.8	439.8
2014	18334.7	5596.0	1442.1	3567.6	1098.6	2462.1	2537.5	1209.8	421.0
2015	19501.4	6075.5	1638.1	3519.6	1202.6	2430.2	2934.1	1174.6	526.6
2016	21420.0	6407.7	1666.4	3918.7	1384.1	2837.1	3406.1	1362.6	437.4
2017	23162.6	6585.0	1682.4	4353.2	1492.6	2904.6	3972.9	1693.0	478.9
2018	25064.2	6848.9	1823.5	5060.9	1635.6	3220.3	3924.5	2034.4	516.0

注：1. 1992 年以前的数据，按现行的指标进行重新计算。
2. 2013 年起，居住消费中加入自有住房折算租金。
a. Data prior to 1992 are recalculated to current indicators.
b. Since 2013, Data on residence expenditure include converted rents of self-owned housing.

6–4 城镇居民可支配收入指数
Indices of Disposable Incomes of Urban Households

年份 Year	可支配收入 (元/人) Disposable Income (Per Capita)	上年=100 (preceding year=100)		1978年=100 (year of 1978=100)	
		货币收入 Money Income	实际收入 Real Income	货币收入 Money Income	实际收入 Real Income
1978	323.9			100.0	100.0
1980	475.9			146.9	125.2
1985	760.8	117.0	104.6	234.9	161.8
1990	1591.5	106.0	105.4	491.4	194.5
1995	4699.2	121.0	102.5	1452.6	278.7
1999	5815.4	107.0	107.4	1795.2	312.2
2000	6218.7	106.9	105.5	1919.9	328.9
2001	6780.6	109.0	110.2	2092.7	362.6
2002	6958.6	109.8	110.2	2298.6	399.7
2003	7674.2	110.3	108.8	2534.9	434.7
2004	8617.5	112.3	107.9	2846.2	468.9
2005	9524.0	110.5	108.2	3145.6	507.6
2006	10504.7	110.3	108.6	3469.6	551.6
2007	12293.5	117.0	111.2	4059.4	613.2
2008	13821.2	112.4	106.2	4562.8	651.2
2009	15084.3	109.1	109.5	4978.0	713.1
2010	16565.7	109.8	106.5	5465.9	759.4
2011	18844.1	113.8	107.9	6220.2	819.4
2012	21318.8	113.1	110.7	7035.0	907.1
2013	24352.0	109.8	107.0	7724.4	970.6
2014	26570.2	109.1	106.9	8427.4	1037.6
2015	28838.1	108.5	106.9	9146.7	1109.2
2016	31283.9	108.5	106.5	9924.1	1181.3
2017	33947.9	108.5	106.8	10769.2	1261.6
2018	36698.3	108.1	106.1	11641.6	1338.6

注：1. 实际收入指数，指扣除价格上涨因素后的指数。
2. 1991 年及以前的可支配收入均系全部收入。
3. 2002 年起，可支配收入剔除了出售财物收入和个人交纳的社会保障支出，消费支出中，居住支出剔除了自有房屋折算金。
a. The real income is calculated without the factor of price increase.
b. Data on disposable income prior to 1991 refer to those on the total income.
c. Since 2002,Data on disposable income exclude income of selling property and individul expenditure for social security programs. Data on living expenditure exclude converted net rent from owner–occupied housing.

 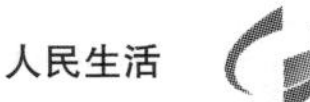

6-5 按户数五等份分组的城镇居民家庭人均收支 (2018年)
Per Capita Disposable Income and Consumption Expenditure of Urban Households by Income Quintile (2018)

单位：元 (yuan)

项 目	Item	低收入户 Low Income Households	中低收入户 Lower Middle Income Households	中等收入户 Middle Income Households	中高收入户 Upper Middle Income Households	高收入户 High Income Households
可支配收入	**Disposable Income**	**13870.3**	**24165.1**	**33319.5**	**45611.7**	**80140.9**
工资性收入	Income of Wages and Salaries	7695.5	13699.6	19300.0	24547.9	41879.2
经营净收入	Net Business Income	1742.3	2813.8	3184.7	5532.8	15639.6
财产净收入	Net Income from Property	1228.8	2113.4	3107.3	4321.0	9438.6
转移净收入	Net Income from Transfer	3203.7	5538.4	7727.5	11210.0	13183.5
消费支出	**Consumption Expenditure**	**13797.6**	**18409.8**	**23562.8**	**29892.5**	**46452.7**
食品烟酒	Food,Tobacco and Liquor	4293.0	5742.5	6860.1	8370.4	10292.7
衣着	Clothing	857.5	1250.8	1756.6	2242.9	3579.5
居住	Residence	2899.6	3491.7	5103.4	5861.5	9282.6
生活用品及服务	Household Facilities,Articles and Services	748.3	1013.4	1500.9	2024.5	3458.4
交通通信	Transport and Communications	1362.1	2412.1	2651.7	3905.6	6877.2
教育文化娱乐	Education,Cultural and Recreation	2145.2	2754.0	3627.0	4507.7	7724.5
医疗保健	Health Care and Medical Services	1298.7	1466.7	1629.5	2372.4	3949.9
其他用品和服务	Miscellaneous Goods and Services	193.1	278.6	433.7	607.6	1287.8

6–6 农村居民生活
Rural Households' Life

年份 Year	平均每人每年（元）Per Capita Per Year (yuan)					每一劳动力负担人数（人）Supported by Per Employee (person)	人均居住面积（平方米）Living Floor Space of Residents (sq.m)
	可支配收入 Disposable Income	指数（1978年=100）Indices (year of 1978 = 100)	总支出 total expenditure	生活消费支出 Consumption Expenditure	#食品支出 Food		
1978	142.56		167.10	140.07	97.93	2.33	10.50
1980	219.72	147.6	236.13	192.95	127.70	2.09	11.15
1981	241.70	160.5	265.29	207.59	135.98	1.95	11.87
1982	284.40	186.5	323.22	248.69	164.02	2.00	12.89
1983	315.70	205.0	409.19	273.86	175.62	1.77	16.10
1984	348.20	221.9	441.76	293.19	190.96	1.74	16.77
1985	395.26	239.4	519.85	348.45	219.43	1.69	18.20
1986	439.70	255.9	568.00	386.35	228.96	1.68	19.25
1987	471.30	257.4	639.14	434.75	245.68	1.67	20.01
1988	515.35	244.8	730.06	480.75	266.89	1.65	20.48
1989	558.34	236.5	786.48	516.29	290.35	1.63	21.57
1990	664.23	229.4	930.23	608.73	390.73	1.65	22.27
1991	688.91	234.4	1008.06	655.54	412.63	1.69	22.58
1992	739.40	239.7	1116.06	707.79	442.56	1.67	23.12
1993	851.90	244.5	1306.48	816.56	498.95	1.63	24.56
1994	1155.00	257.0	1766.51	1088.73	665.72	1.60	24.23
1995	1425.16	270.4	2203.36	1367.30	823.91	1.60	25.57
1996	1792.30	292.8	2784.64	1736.71	1025.32	1.56	26.88
1997	2037.06	318.9	2853.42	1815.79	1078.00	1.56	27.37
1998	2064.85	326.6	2829.93	1889.18	1107.23	1.54	28.79
1999	2147.18	344.6	2772.35	1920.15	1122.96	1.52	29.88
2000	2197.2	361.1	2964.9	1942.9	1053.4	1.46	30.92
2001	2299.5	379.5	3030.1	1990.3	1053.2	1.45	32.87
2002	2397.9	398.5	3114.7	2068.7	1086.1	1.44	34.05
2003	2532.9	417.2	3184.3	2139.2	1111.3	1.42	35.09
2004	2837.8	450.6	3729.1	2472.3	1338.7	1.40	36.55
2005	3117.7	483.0	4289.5	2756.4	1433.0	1.40	38.38
2006	3389.8	519.7	4502.7	3013.1	1463.3	1.38	39.28
2007	3904.3	562.8	5009.9	3377.4	1675.2	1.37	40.18
2008	4512.5	607.8	5695.0	3805.0	1947.5	1.37	40.72
2009	4910.0	664.3	6024.2	4020.9	1967.5	1.36	41.69
2010	5622.0	737.1	6507.9	4310.4	2087.9	1.36	42.01
2011	6567.1	815.2	8480.5	5179.4	2343.1	1.35	46.62
2012	7440.2	909.0	9356.8	5870.1	2574.8	1.36	46.78
2013	9028.6	998.0	14349.5	7832.6	2708.9	1.51	52.93
2014	10060.2	1096.8	16612.3	9024.8	3095.2	1.50	54.2
2015	10992.5	1185.6	17387.2	9690.6	3188.9	1.50	57.3
2016	11930.4	1262.7	18231.3	10629.9	3370.7	1.68	60.6
2017	12935.8	1353.6	19309.0	11533.6	3521.2	1.71	63.5
2018	14092.5	1445.7	23632.9	12720.5	3713.9	1.83	63.6

注：从2013年开始收入指标改为可支配收入，收支口径有所变化。主要变化是参与平均的人口由家庭户籍人口改为家庭常住人口。居住面积也因人口口径变化而变化，指标名称由农村人均居住面积改为农村居民人均自有现住房面积。收入指数扣除价格因素影响。

Since 2013, the permanent population are used as denominator when calculating per capita disposable income and consumption expenditure of rural household instead of registered population.

6-7 农村居民平均每人家庭收入及来源
Per Capita Annual Income of Rural Households by Source

单位：元 (yuan)

年份 Year	可支配收入 Disposable Income	工资性收入 Income of Wages and Salaries	经营净收入 Net Business Income	财产性收入 Net Income from Property	转移性收入 Net Income from Transfer
1978	142.56				
1979	177.12				
1980	219.72	104.21	88.51		26.99
1981	243.17	110.52	102.49		30.17
1982	284.39	132.32	124.55		27.52
1983	315.67	50.10	236.04		29.53
1984	348.20	52.99	266.45		28.76
1985	395.26	53.81	326.23		15.22
1986	439.66	59.18	364.40		16.08
1987	471.30	74.85	379.53		16.92
1988	515.35	86.53	409.52		19.31
1989	558.34	99.88	436.21		22.25
1990	664.23	85.11	557.10		22.03
1991	688.91	94.16	570.76		23.99
1992	739.42	114.01	601.11		24.30
1993	851.87	135.85	685.85		30.17
1994	1155.00	206.77	903.01		45.22
1995	1425.16	268.00	1095.89		61.27
1996	1792.25	352.07	1367.11		73.07
1997	2037.06	459.97	1508.55		68.54
1998	2064.85	613.10	1383.34		68.41
1999	2147.18	695.62	1372.68		78.88
2000	2197.2	789.7	1329.1	20.7	57.6
2001	2299.5	840.1	1371.1	23.2	65.1
2002	2397.9	914.3	1376.7	29.0	77.9
2003	2532.9	988.4	1427.2	32.3	85.0
2004	2837.8	1081.2	1614.6	41.9	100.1
2005	3117.7	1228.8	1713.4	42.1	133.6
2006	3389.8	1449.7	1743.5	42.5	154.2
2007	3904.3	1712.3	1963.9	39.9	188.1
2008	4512.5	1990.5	2196.6	57.1	268.3
2009	4910.0	2234.0	2257.3	81.2	337.5
2010	5622.0	2655.6	2463.9	101.6	400.9
2011	6567.1	3240.8	2725.2	112.2	488.9
2012	7440.2	3847.6	2903.2	112.8	576.6
2013	9028.6	3671.6	3255.5	130.7	1970.7
2014	10060.2	4088.1	3638.9	165.6	2167.5
2015	10992.5	4515.2	3911.7	174.1	2391.5
2016	11930.4	4946.2	4138.6	143.1	2702.5
2017	12935.8	5340.8	4368.9	148.2	3077.9
2018	14092.5	5769.3	4785.7	179.3	3358.2

6-8 农村居民生活消费分类支出
Consumption Expenditures of Rural Households

单位：元 (yuan)

年份 Year	消费性支出 Consumption Expenditure	食品烟酒 Food,Tobacco and Liquor	衣着 Clothing	居住 Residence	家庭设备用品及服务 Household Facilities, Articles and Services	交通和通讯 Transport and Communications	文教娱乐用品及服务 Education, Cultural and Recreation	医疗保健 Health Care and Medical Services	其他商品和服务 Miscellaneous Goods and Services
1978	140.07	97.93	14.29	18.15					
1980	192.85	127.91	20.46	27.29	3.05	0.51	7.54	3.15	2.94
1981	207.59	135.98	23.06	27.85					
1982	248.69	164.02	24.74	35.83					
1983	273.86	175.62	26.71	41.77	16.27	1.29	6.38	4.70	1.12
1984	293.19	191.19	28.81	41.51	16.15	1.62	7.03	5.53	1.33
1985	348.45	219.57	33.77	50.96	15.69	6.63	11.92	7.49	2.42
1986	386.35	229.13	36.47	66.81	23.92	2.65	16.08	8.33	2.96
1987	434.75	248.06	36.93	79.33	29.70	3.08	22.97	10.68	4.00
1988	480.75	269.77	38.69	88.38	33.00	3.86	31.52	11.61	3.92
1989	516.29	293.98	39.64	87.67	33.53	4.64	37.05	16.14	3.64
1990	608.73	390.73	37.29	82.75	28.62	8.83	39.18	18.29	3.04
1991	655.54	412.63	42.87	92.29	34.67	6.79	41.14	20.56	4.59
1992	707.29	442.56	43.51	98.80	35.92	8.23	52.59	22.69	3.49
1993	816.55	498.95	45.40	108.07	40.13	16.14	74.16	24.37	9.33
1994	1088.73	665.72	61.23	148.63	50.39	21.59	98.91	29.28	12.98
1995	1367.30	823.91	73.51	192.42	68.79	26.29	128.84	35.78	17.75
1996	1736.71	1025.32	96.04	229.74	84.74	38.70	176.96	58.66	26.55
1997	1821.13	1081.60	90.53	241.93	84.24	46.30	187.99	58.26	30.29
1998	1889.18	1107.23	91.45	251.73	85.69	45.90	206.60	61.69	38.88
1999	1920.15	1122.96	82.65	267.92	79.73	60.24	207.67	62.13	36.86
2000	1942.9	1053.4	89.8	251.9	78.1	99.4	222.5	82.2	65.7
2001	1990.3	1053.2	93.4	268.7	80.8	102.4	234.4	95.7	61.8
2002	2068.7	1086.1	97.9	271.3	84.8	118.6	248.6	102.8	58.7
2003	2139.2	1111.3	106.2	272.0	79.6	146.9	270.5	105.2	47.5
2004	2472.3	1338.7	112.4	293.2	92.4	174.5	280.0	124.1	57.1
2005	2756.4	1433.0	127.9	307.3	114.3	219.0	329.3	168.2	57.5
2006	3013.1	1463.3	137.7	420.8	129.8	249.6	341.7	196.5	73.6
2007	3377.4	1675.2	161.8	508.3	152.6	278.8	293.9	220.0	86.9
2008	3805.0	1947.5	169.1	629.8	171.1	286.0	278.7	244.2	78.7
2009	4020.9	1967.5	182.5	691.6	203.7	341.3	291.0	258.1	85.3
2010	4310.4	2087.9	209.9	719.2	243.9	343.8	315.9	293.6	96.2
2011	5179.4	2343.1	260.4	969.7	330.7	421.7	346.6	396.5	110.6
2012	5870.1	2574.8	318.0	1088.2	373.5	481.6	400.2	497.2	136.6
2013	7832.6	2708.9	403.1	1764.6	511.6	798.8	733.8	747.1	164.6
2014	9024.8	3095.2	468.0	1982.4	541.9	871.9	1112.1	771.4	181.9
2015	9690.6	3188.9	494.5	2191.0	604.7	920.2	1276.4	844.1	170.7
2016	10629.9	3370.7	508.3	2369.4	639.9	1083.1	1477.3	986.5	194.6
2017	11533.6	3521.2	527.2	2562.5	642.8	1234.5	1710.2	1171.8	163.4
2018	12720.5	3713.9	624.1	2920.6	756.8	1449.7	1678.6	1385.5	191.4

6–9 农民人均可支配收入指数

Indices of Disposable Incomes of Rural Households

年份 Year	可支配收入（元/人） Disposable Income (Per Capita)	上年=100 (preceding year=100)		1978年=100 (year of 1978=100)		1990年=100 (year of 1990=100)	
		货币收入 Money Income	实际收入 Real Income	货币收入 Money Income	实际收入 Real Income	货币收入 Money Income	实际收入 Real Income
1978	142.6			100.0	100.0		
1980	219.7	124.1	119.6	154.1	147.6		
1981	241.7	110.0	108.2	169.5	160.5		
1982	284.4	117.7	116.2	199.5	186.5		
1983	315.7	111.0	109.9	221.4	205.0		
1984	348.2	110.3	108.2	244.2	221.9		
1985	395.3	113.5	107.9	277.3	239.4		
1986	439.7	111.2	106.9	308.4	255.9		
1987	471.3	107.2	100.6	330.6	257.4		
1988	515.4	109.3	95.1	361.5	244.8		
1989	558.3	108.3	96.6	391.6	236.5		
1990	664.2	119.0	97.0	465.9	229.4	100.0	100.0
1991	688.9	103.7	102.2	483.2	234.4	103.7	102.2
1992	739.4	107.3	102.0	518.7	239.7	111.3	104.2
1993	851.9	115.2	102.0	597.6	244.5	128.2	106.1
1994	1155.0	135.6	105.1	810.2	257.0	173.9	111.6
1995	1425.2	123.4	105.2	999.7	270.4	214.6	117.4
1996	1792.3	125.8	108.3	1257.2	292.8	269.8	127.1
1997	2037.1	113.7	108.9	1428.9	318.9	306.7	138.5
1998	2064.9	101.4	102.4	1448.4	326.6	310.9	141.8
1999	2147.2	104.0	105.5	1506.3	344.6	323.3	149.6
2000	2197.2	102.3	104.8	1540.8	361.1	330.8	156.8
2001	2299.5	104.7	105.1	1613.2	379.5	346.2	164.8
2002	2397.9	104.3	105.0	1682.0	398.5	361.1	173.0
2003	2532.9	105.6	104.7	1776.2	417.2	381.3	181.1
2004	2837.8	112.0	108.0	1989.3	450.6	427.1	195.6
2005	3117.7	109.9	107.2	2186.2	483.0	469.4	209.7
2006	3389.7	108.7	107.6	2376.4	519.7	510.2	225.6
2007	3904.3	115.2	108.3	2737.6	562.8	587.8	244.3
2008	4512.5	115.6	108.0	3164.7	607.8	679.5	263.8
2009	4910.0	108.8	109.3	3443.2	664.3	739.3	288.3
2010	5622.0	114.5	111.0	3943.6	737.1	846.4	321.3
2011	6567.1	116.8	110.6	4606.1	815.2	988.6	355.4
2012	7440.2	113.3	111.5	5218.7	908.9	1120.1	396.3
2013	9028.6	112.5	109.8	6331.4	998.0	1359.3	435.1
2014	10060.2	111.4	109.9	7054.8	1096.8	1514.6	478.2
2015	10992.5	109.3	108.1	7708.6	1185.6	1655.0	516.9
2016	11930.4	108.5	106.5	8363.8	1262.7	1795.6	550.5
2017	12935.8	108.4	107.2	9066.4	1353.6	1946.5	590.1
2018	14092.5	108.9	106.8	9873.3	1445.7	2119.7	630.3

注：2012 年及以前为纯收入。Data prior to 2012 refer to net income.

6-10 按户数五等份分组的农村居民人均收支 (2018年)
Per Capita Disposable Income and Consumption Expenditure of Rural Households by Income Quintile (2018)

单位：元 (yuan)

项 目	Item	低收入户 Low Income Households	中低收入户 Lower Middle Income Households	中等收入户 Middle Income Households	中高收入户 Upper Middle Income Households	高收入户 High Income Households
可支配收入	**Disposable Income**	**4227.7**	**9339.5**	**13276.8**	**17694.2**	**32293.6**
工资性收入	Income of Wages and Salaries	2062.5	4201.3	6566.1	8304.2	10202.4
经营净收入	Net Business Income	561.7	2073.4	3079.5	5200.0	16192.7
财产净收入	Net Income from Property	47.6	96.8	170.1	157.5	564.1
转移净收入	Net Income from Transfer	1555.9	2968.0	3461.2	4032.5	5334.5
消费支出	**Consumption Expenditure**	**9024.9**	**10951.2**	**12802.4**	**14461.8**	**18755.8**
食品烟酒	Food,Tobacco and Liquor	2784.4	3165.6	3631.5	4165.1	5439.1
衣着	Clothing	411.8	512.3	659.5	773.6	894.2
居住	Residence	2243.1	2403.2	2854.5	3234.4	4565.9
生活用品及服务	Household Facilities,Articles and Services	458.8	681.1	739.0	837.4	1270.0
交通通信	Transport and Communications	781.4	1291.1	1507.1	1693.9	2306.6
教育文化娱乐	Education,Cultural and Recreation	1235.0	1488.5	1814.5	1904.7	2212.9
医疗保健	Health Care and Medical Services	958.7	1256.9	1410.7	1632.8	1793.3
其他用品和服务	Miscellaneous Goods and Services	151.7	152.5	185.6	219.9	273.8

主要统计指标解释

一、城乡一体化住户收支与生活状况调查指标解释

从2012年四季度起，国家统计局对分别进行的城乡住户调查实施了一体化改革，规范了城乡划分范围，统一了城乡居民收入指标名称、分类和统计标准，建立了城乡统一的一体化住户调查，并据此采集全国居民有关数据。

（一）居民可支配收入

居民可支配收入指居民可用于最终消费支出和储蓄的总和，即居民可用于自由支配的收入。既包括现金收入，也包括实物收入。按照收入的来源，可支配收入包含四项，分别为：工资性收入、经营净收入、财产净收入和转移净收入。

工资性收入 指就业人员通过各种途径得到的全部劳动报酬和各种福利，包括受雇于单位或个人、从事各种自由职业、兼职和零星劳动得到的全部劳动报酬和福利。

经营净收入 指住户或住户成员从事生产经营活动所获得的净收入，是全部经营收入中扣除经营费用、生产性固定资产折旧和生产税之后得到的净收入。计算公式为：

经营净收入＝经营收入－经营费用－生产性固定资产折旧－生产税

财产净收入 指住户或住户成员将其所拥有的金融资产、住房等非金融资产和自然资源交由其他机构单位、住户或个人支配而获得的回报并扣除相关的费用之后得到的净收入。财产净收入包括利息净收入、红利收入、储蓄性保险净收益、转让承包土地经营权租金净收入、出租房屋净收入、出租其他资产净收入和自有住房折算净租金等。财产净收入不包括转让资产所有权的溢价所得。

转移净收入 计算公式为：转移净收入＝转移性收入－转移性支出

转移性收入 指国家、单位、社会团体对住户的各种经常性转移支付和住户之间的经常性收入转移。包括养老金或退休金、社会救济和补助、政策性生产补贴、政策性生活补贴、救灾款、经常性捐赠和赔偿、报销医疗费、住户之间的赡养收入，本住户非常住成员寄回带回的收入等。转移性收入不包括住户之间的实物馈赠。

转移性支出 指调查户对国家、单位、住户或个人的经常性或义务性转移支付。包括缴纳的税款、各项社会保障支出、赡养支出、经常性捐赠和赔偿支出以及其他经常转移支出等。

（二）居民消费支出

居民消费支出是指居民用于满足家庭日常生活消费需要的全部支出，既包括现金消费支出，也包括实物消费支出。消费支出可划分为食品烟酒、衣着、居住、生活用品及服务、交通通信、教育文化娱乐、医疗保健以及其他用品及服务八大类。

食品烟酒 指用于各种食品和烟草、酒类的支出。

衣着 指与居民穿着有关的支出，包括服装、服装材料、鞋类、其他衣类及配件、衣着相关加工服务的支出。

居住 指与居住有关的支出，包括房租、水、电、燃料、物业管理等方面的支出，也包括自有住房折算租金。

生活用品及服务 指家庭及个人的各类生活品及家庭服务。包括家具及室内装饰品、家用器具、家用纺织品、家庭日用杂品、个人用品和家庭服务。

交通通信 指用于交通和通信工具及相关的各种服务费、维修费和车辆保险等支出。

教育文化娱乐 指用于教育、文化和娱乐方面的支出。

医疗保健 指用于医疗和保健的药品、用品和服务的总费用。包括医疗器具及药品，以及医疗服务。

其他用品及服务 指无法直接归入上述各类支出的其他用品与服务支出。

二、2012年及以前的分城镇和农村住户调查指标解释

2012年及以前年份，中国的住户调查一直分城乡分别开展。由于分别调查，农村与城镇居民收入、支出等指标的统计口径有所不同，数据也不完全可比，城镇调查城镇居民可支配收入，农村调查农村居民纯收入。城镇居民收入与支出数据，指现金收入或现金支出，不包括实物收支；其中，计算城镇居民人均可支配收入和消费支出时，不包括自有住房折算租金，也不包括购建房支出。农村居民收入与支出数据，分为总收支和现金收支，即农村居民的总收支部分包括了自产自用的实物收支；其中，计算农村居民人均纯收入和消费支出时，也不包括自有住房折算租金，但农村居民居住消费支出中，包括了购建房支出。

为了保持历史数据的可比，本年鉴中2012年及以前年份的数据和指标解释仍保持了原城镇住户调查和农村住户调查方案的原貌。

（一）城镇住户调查

城镇家庭人口 指居住在一起，经济上合在一起共同

生活的家庭成员。凡计算为家庭人口的成员其全部收支都包括在本家庭中。

城镇居民家庭可支配收入　指家庭成员得到可用于最终消费支出和其他非义务性支出以及储蓄的总和，即居民家庭可以用来自由支配的收入。它是家庭总收入扣除交纳的个人所得税、个人交纳的社会保障支出以及记账补贴后的收入。计算公式为：

城镇居民家庭可支配收入＝家庭总收入－交纳个人所得税－个人交纳的社会保障支出－记账补贴

（二）农村住户调查

农村住户　指农村常住户。农村常住户指长期（一年以上）居住在乡镇（不包括城关镇）行政管理区域内的住户，以及长期居住在城关镇所辖行政村范围内的农村住户。户口不在本地而在本地居住一年及以上的住户也包括在本地农村常住户范围内；有本地户口，但举家外出谋生一年以上的住户，无论是否保留承包耕地都不包括在本地农村住户范围内。

农村居民家庭纯收入　指农村住户当年从各个来源得到的总收入相应地扣除所发生的费用后的收入总和。计算公式为：

农村居民家庭纯收入＝总收入－家庭经营费用支出－税费支出－生产性固定资产折旧－赠送农村内部亲友

纯收入主要用于再生产投入和当年生活消费支出，也可用于储蓄和各种非义务性支出。“农民人均纯收入”是按人口平均的纯收入水平，反映的是一个地区农村居民的平均收入水平。

Explanatory Notes on Main Statistical Indicators

Ⅰ. Integrated Urban and Rural Households Survey on Income and Expenditures and Living Conditions

Since the fourth quarter of 2012, the NBS has launched its reform on the household survey programme, to form an integrated survey, instead of the two separate urban and rural household surveys. The reform regulates the division of urban and rural areas, integrates the concepts, classifications and standards, conducts the integrated household survey, and collects household data in the whole country thereafter.

1. Disposable Income of Households

Disposable Income of Households refers to the income of households for purpose of final expenditure and savings. It includes income both in cash and in kind. By sources of income, disposable income includes four categories: income from wages and salaries, net business income, net income from properties and net income from transfer.

Income from Wages and Salaries refers to remuneration of labour and salaries from all kinds of sources, including those employed by other units or individuals, freelance work, part-time jobs, and sporadic labour.

Net Business Income refers to net income earned by households and their members engaged in production and business activities. It refers to the net income of operating revenue minus operating costs, depreciation of productive fixed assets, and production tax. The formula is:

Net Business Income=Operating Revenue-Operating Costs-Depreciation of Productive Fixed Assets-Production Tax

Net Income from Properties refers to the net income received as returns by households or members of financial assets, non-financial assets such as housing, to other institutions, households or individuals, and minus relevant costs. Net income from properties includes net income of interest, bonus income, net income of saving insurance, net income of rents of transferring management right of contract land, income of renting housing, income of renting other assets, net converted rents of self-owned housing. Net income from properties do not include premium of transferring ownership of assets.

Net Income from Transfer The formula is:

Net Income from Transfer=Income from Transfers-Expenditure from Transfer

Income from Transfer refers to the regular transfer from country, institutions, social communities to households and between households. It includes old-age and retirement pension, disaster relief funds, regular donation and compensation, applying for medical fees, supporting income between households, income from non-usual-residing members of households, etc. Income from transfer do not include presents in kinds between households.

Expenditure from Transfer refers to regular or deontic transfer from households to country, institutions, households or individuals. It includes taxes paid, expenditure of all kinds of social security, supporting expenditure, regular donation and compensation and other regular transfer expenditure, etc.

2. Consumption Expenditure of Households

Consumption Expenditure of Households refers to all expenditure of households for living expenditure to satisfy family daily living. It includes expenditure in cash and in kind. It includes eight categories: food, tobacco and liquor; clothing; residence; household facilities, articles and services; transport and communications; education, cultural and recreational activities; health care and medical services, and miscellaneous goods and services.

Food, Tobacco and Liquor refers to expenditure for food, tobacco and liquor of all kinds.

Clothing refers to expenditure related to clothing, including clothes, clothing materials, footwear, other clothing and accessories, processing services related to clothing.

Residence refers to expenditure related to residence, including housing rents, water, electricity, fuel, property management, and including converted self-owned housing rents.

Household Facilities, Articles and Services refers to expenditure for family and individual articles for living purpose and family services. It includes furniture and interior decoration, home appliances, home textiles, household miscellaneous daily articles, personal articles, and family services.

Transport and Communications refers to expenditure for transport and communication and related services, maintenance and repairs, and vehicle insurance.

Education, Cultural and Recreational Activities refers to expenditure on education, cultural and recreational activities.

Health Care and Medical Services refers to expenditure on drugs, supplies and services of medical and health care. It includes medical appliances and drugs, and medical services.

Miscellaneous Goods and Services refers to expenditure of all kinds of expenditure of other articles and services that can not divided into the category above.

II. Explanatory on Inidcators before 2012

Prior to 2012, household surveys in China were conducted separately in urban and rural areas. Statistical coverage of indicators of household income and expenditure of urban and rural households were different, data were not comparable completely. Disposable income was surveyed in urban households, and net income was surveyed in rural households. Income and expenditure of urban households refer to that in cash, not including physical payments; Among which, when calculating per capita disposable income and consumption, self-owned housing conversion rental is not included, and expenditure of purchasing housing is not included either. Income and expenditure of rural households are divided into that of total and in cash, that is, total income and expenditure include self occupied physical payments; Among which, when computing per capita net income and expenditure of rural households, self-owned housing conversion rental is not included, but purchasing of housing is included in consumption expenditure of rural households.

For comparable reason, data prior to 2012 in this yearbook were still original urban households and rural households survey.

1. Urban Household Survey

Population of Urban Households refer to members of households living and sharing economically together in the urban areas. All the income and expenditure of all the members of such households are included in the income and expenditure of the household.

Disposable Income of Urban Households refers to the actual income at the disposal of members of the households which can be used for final consumption, other non-compulsory expenditure and savings. This equals to total income minus income tax, personal contribution to social security and subsidy for keeping diaries in being a sample household. The following formula is used:

Disposable Income of Urban Households= total household income - income tax - personal contribution to social security - subsidy for keeping diaries for a sampled household

2. Rural Household Survey

Rural Households refer to usual resident households in rural areas. Usual resident households in rural areas are households residing on a long term basis(for more than one year) in the areas under the administration of township governments (not including county towns), and in the areas under the administration of villages in county towns. Households residing in the current addresses for over one year with their household registration in other places are still considered as resident households of the locality. For households with their household registration in one place but all members of the households having moved away to make a living in another place for over one year, they will not be included in the rural households of the area where they are registered, irrespective of whether they still keep their contracted land.

Net Income of Rural Households refers to the total income of rural households from all sources minus all corresponding expenses. The formula for calculation is as follows:

Net income of rural households = total income - household operation expenses - taxes and fees-depreciation of fixed assets for production - gifts to rural relatives.

Net income is mainly used as input for reinvestment in production and as consumption expenditure of the year, and also used for savings and non-compulsory expenses of various forms. "Per capita net income of farmers" is the level of net income averaged by population, reflecting the average income level of rural population in a given area.

固定资产投资

Investment in Fixde Assets

资料整理人员：田杰平

7-1 固定资产投资及构成

Composition of Investments in Fixed Assets over the Years

单位：亿元 (100 million yuan)

年份 Year	固定资产投资 Investment in Fixed Assets	中央 Central Investment	固定资产投资增速(%) Fixed asset investment growth (%)	国有投资 Stateowned Investment	非国有投资 Non-Stateowned Investment
1978	20.15			14.71	5.44
1979	25.29			17.56	7.73
1980	32.20			20.32	11.88
1981	33.45			18.67	14.78
1982	40.18			25.34	14.84
1983	55.66			25.06	30.60
1984	60.54			29.39	31.15
1985	83.52			43.86	39.66
1986	99.26			50.40	48.86
1987	116.39			60.98	55.41
1988	140.04			72.97	67.07
1989	114.41			62.94	51.47
1990	124.17			72.01	52.16
1991	157.07			94.85	62.22
1992	233.39			149.72	83.67
1993	320.24			203.17	117.07
1994	420.89			251.21	169.68
1995	524.01			316.90	207.11
1996	678.33			375.27	303.06
1997	700.73			366.24	334.49
1998	848.59			457.00	391.59
1999	943.34			522.95	420.39
2000	1066.27	248.26		574.12	492.15
2001	1210.63	225.54		618.54	592.09
2002	1355.87	166.88		665.70	690.17
2003	1557.00	114.09		701.33	855.67
2004	1981.29	150.68		879.95	1101.34
2005	2563.96	175.48		1000.96	1563.00
2006	3242.39	255.23		1205.49	2036.90
2007	4294.36	354.63		1546.59	2747.76
2008	5649.69	457.13		1985.68	3664.01
2009	7695.27	288.58		2923.52	4771.75
2010	9821.06	281.61		3322.32	6498.75
2011	11431.48	353.67	27.9	3563.13	7868.35
2012	14576.61	435.37	27.5	4580.72	9995.89
2013	18381.44	334.14	26.1	5574.42	12807.02
2014	21950.77	460.48	19.4	6393.07	15557.70
2015	25954.27	492.75	18.2	7829.93	18124.34
2016	27688.45	443.50	13.8	9253.52	18434.93
2017	31328.08	417.48	13.1	10395.04	20933.04
2018			10.0		

注：从 2011 年起，固定资产投资起报点由 50 万元提高到 500 万元，全社会固定资产投资指标调整为固定资产投资。

From 2011, the starting point of reporting Investment in Fixed Assets increased from five hundred thousand yuan to five million yuan. The Index of "Total Investment in Fixed Assets" adjusted to the "Investment in Fixed Assets".

7-2 固定资产投资
Investment in Fixed Assets

指　标	Item	2000	2005	2017	2018年比上年±% Increase Rate in 2018 over 2017(%)
投资总额　　（亿元）	**Total Investment　(100 million yuan)**	**1066.27**	**2563.96**	**31328.08**	**10.0**
按经济类型分	**Grouped by Ownership**				
国有经济	State-Owned Units	574.12	1000.96	10395.04	-8.0
集体经济	Collective-Owned Units	118.80	94.89	399.56	-50.3
个体经济	Individuals	281.89	499.08	12051.59	41.9
联营经济	Joint Owned Economic Units	1.36	13.26	35.98	-20.0
股份制经济	Share Holding Economic Units	49.80	752.22	6680.90	-3.6
外商投资经济	Foreign Funded Economic Units	24.72	47.48	166.89	28.6
港澳台投资经济	Economic Units Funded by Entrepreneurs from Hong Kong,Macao and Taiwan	13.69	66.25	308.44	-7.6
其他经济	Others	1.91	89.82	1289.68	35.3
按资金来源分	**Grouped by Source of Funds**				
国家预算内投资	State Budgetary Appropriation	76.49	85.30	1618.03	-22.2
国内贷款	Domestic Loans	213.41	346.44	2827.45	-15.0
债券	Bonds	2.34	7.74	72.56	-15.7
利用外资	Foreign Investment	22.01	63.25	119.11	-21.5
自筹投资	Fundraising	623.37	1692.73	22413.37	-5.4
其他资金	Others	128.65	368.50	4277.55	12.0
按构成分	**Grouped by Use of Funds**				
建筑安装工程	Construction and Installation	759.94	1678.77	24057.85	7.9
设备、工器具购置	Purchase of Equipment and Instruments	198.68	490.60	4229.57	26.9
其他费用	Others	107.65	394.59	3040.66	9.2
按隶属关系分	**Grouped by Administrative Relationship**				
中央	Central	248.26	177.52	417.48	27.3
地方	Local	818.02	2386.44	30910.60	9.7
按用途分：住宅	**Grouped by Industry:　Residential Buildings**	297.00	500.56	2345.28	-25.3
房屋建筑面积（万平方米）	**Floor Space of Buildings　(10 000 sq.m)**				
施工面积	Floor Space Under Construction	13170.34	14009.92	37433.69	17.6
竣工面积	Floor Space Completed	10892.52	8124.12	6155.12	-2.7
#住宅	# Residential Buildings	9117.54	6179.85	3540.87	-4.0

7-3 按经济类型分固定资产投资构成(2018年)
Investments in Fixed Assets Composition by Economic Types (2018)

单位：% (%)

类 别	Item	投资额占比 Investment Proportion
按资金来源分	**Grouped by Source of Funds**	
#国家预算内投资	#State Budgetary Appropriation	3.8
国内贷款	Domestic Loans	10.5
债券	Bonds	0.3
利用外资	Foreign Investment	0.3
自筹投资	Fundraising	60.6
其他资金	Others	24.4
按构成分	**Grouped by Use of Funds**	
#建安工程	#Construction and Installation	77.6
设备、工具、器具购置	Purchase of Equipment and Instruments	11.9
其他费用	Others	10.6
按用途分：住宅	**Grouped by Industry:Residential Buildings**	

注：其他含联营经济、股份制经济、中外合资经营、中外合作经营、外资、与大陆合资经营、与大陆合作经营、港澳台独资等经济。

Other types of ownership refer to the types of ownership of joint-owned economic units, share holding economic units, economic units funded by Chinese and foreign ventures, Chinese-foreign joint ventures, foreign-funded economic units, and the economic units funded by enterpriser from Hong Kong, Macao and Taiwan.

7-4 按行业分固定资产投资
Investment of Fixed Assets by Sector

指 标	Item	2016	2017	2018	2018年比上年 ±% Increase Rate in 2018 over 2017(%)
总计 (亿元)	**Total (100 million yuan)**	**27688.45**	**31328.08**		**10.0**
农、林、牧、渔业	Agriculture,Forestry,Farming of Animals and Fishing	1231.74	1496.07		27.6
采矿业	Mining	499.45	436.96		31.2
制造业	Manufacturing	8824.47	9469.87		35.0
电力、燃气及水的生产和供应业	Production and Distribution of Electricity,Gas and Water	950.79	1131.12		14.4
建筑业	Construction	318.66	355.65		-32.8
交通运输、仓储和邮政业	Traffic,Transport, Storage and Post	1944.41	2104.35		9.3
信息传输、计算机服务和软件业	Information Transfer,Computer Services and Software	298.27	388.66		0.3
批发和零售业	Wholesale and Retail Trade	1104.82	1320.34		-33.9
住宿和餐饮业	Accommodation and Restaurants	293.91	353.30		-2.6
金融业	Finance	78.60	60.91		33.0
房地产业	Real Estate Trade	4369.52	4849.70		8.6
租赁和商务服务业	Tenancy and Business Services	723.43	897.75		43.6
科学研究、技术服务和地质勘查	Scientific Research,Technical Service and Geologic Perambulation	358.19	434.43		99.7
水利、环境和公共设施管理业	Management of Water Conservancy,Environment and Public Establishment	4526.16	5421.34		-14.1
居民服务和其他服务业	Resident Services and Other Services	131.02	158.32		22.9
教育	Education	568.10	692.64		19.9
卫生、社会保障和社会福利业	Sanitation,Social Security and Social Welfare	414.26	483.88		16.7
文化、体育和娱乐业	Culture,Sports and Entertainment	512.75	650.22		29.0
公共管理和社会组织	Public Management and Social Organization	539.90	622.58		-44.3
构成 (%)	**Composition in Percentage (%)**				
农、林、牧、渔业	Agriculture,Forestry,Farming of Animals and Fishing	4.45	4.78	4.15	-13.1
采矿业	Mining	1.80	1.39	0.85	-38.9
制造业	Manufacturing	31.87	30.23	28.46	-5.8
电力、燃气及水的生产和供应业	Production and Distribution of Electricity,Gas and Water	3.43	3.61	3.37	-6.6
建筑业	Construction	1.15	1.14	1.18	3.9
交通运输、仓储和邮政业	Traffic,Transport, Storage and Post	7.02	6.72	7.57	12.7
信息传输、计算机服务和软件业	Information Transfer,Computer Services and Software	1.08	1.24	0.86	-30.4
批发和零售业	Wholesale and Retail Trade	3.99	4.21	2.28	-46.0
住宿和餐饮业	Accommodation and Restaurants	1.06	1.13	0.93	-17.2
金融业	Finance	0.28	0.19	0.15	-22.1
房地产业	Real Estate Trade	15.78	15.48	20.88	34.9
租赁和商务服务业	Tenancy and Business Services	2.61	2.87	3.12	8.9
科学研究、技术服务和地质勘查	Scientific Research,Technical Service and Geologic Perambulation	1.29	1.39	1.71	23.5
水利、环境和公共设施管理业	Management of Water Conservancy,Environment and Public Establishment	16.35	17.31	16.35	-5.5
居民服务和其他服务业	Resident Services and Other Services	0.47	0.51	0.41	-18.8
教育	Education	2.05	2.21	2.44	10.4
卫生、社会保障和社会福利业	Sanitation,Social Security and Social Welfare	1.50	1.54	1.77	14.8
文化、体育和娱乐业	Culture,Sports and Entertainment	1.85	2.08	2.50	20.4
公共管理和社会组织	Public Management and Social Organization	1.95	1.99	1.01	-49.4

7–5 按行业分固定资产投资额占比 (2018年)
The Proportion of Iinvestment in Fixed Assets by Sector (2018)

单位：% (%)

指 标	Item	投资额占比 Investment Proportion
总计	**Total**	**100.0**
农、林、牧、渔业	**Agriculture, Forestry, Animal Husbandry and Fishing**	**4.1**
农业	Agriculture	2.1
林业	Forestry	0.3
畜牧业	Animal Husbandry	0.8
渔业	Fishing	0.2
农、林、牧、渔服务业	Service Activities for Agriculture, Forestry, Animal Husbandry	0.8
采矿业	**Mining**	**0.9**
煤炭开采和洗选业	Mining and Washing of Coal	0.1
石油和天然气开采业	Extraction of Petroleum and Natural Gas	
黑色金属矿采选业	Mining and Processing of Ferrous Metal Ores	
有色金属矿采选业	Mining and Processing of Non-Ferrous Metal Ores	0.2
非金属矿采选业	Mining and Processing of Nonmetal Ores	0.5
开采辅助活动	Support Activities for Mining	
其他采矿业	Mining of Other Ores	
制造业	**Manufacturing**	**28.5**
农副食品加工业	Processing of Food from Agricultural Products	2.0
食品制造业	Manufacture of Foods	1.0
酒、饮料和精制茶制造业	Wine, Soft Drinks and Refined Tea Industry	0.6
烟草制品业	Manufacture of Tobacco	0.1
纺织业	Manufacture of Textile	0.5
纺织服装、鞋、帽制造业	Manufacture of Textile Wearing Apparel, Footware, and Caps	0.4
皮革毛皮羽毛（绒）及其制品业	Manufacture of Leather, Fur, Feather and Related Products	0.5
木材加工及木竹藤棕草制品业	Processing of Timber, Manufacture of Wood, Bamboo, Rattan, Palm, and Straw Products	0.5
家具制造业	Manufacture of Furniture	0.5
造纸及纸制品业	Manufacture of Paper and Paper Products	0.4
印刷业和记录媒介的复制	Printing,Reproduction of Recording Media	0.3
文教体育用品制造业	Manufacture of Articles For Culture, Education and Sport Activity	0.4
石油加工、炼焦及核燃料加工业	Processing of Petroleum, Coking, Processing of Nuclear Fuel	0.1
化学原料及化学制品制造业	Manufacture of Raw Chemical Materials and Chemical Products	2.1
医药制造业	Manufacture of Medicines	1.1
化学纤维制造业	Manufacture of Chemical Fibers	
橡胶和塑料制品业	Rubber and Plastic Products Industry	0.7
非金属矿物制品业	Manufacture of Non-metallic Mineral Products	3.2
黑色金属冶炼及压延加工业	Smelting and Pressing of Ferrous Metals	0.2
有色金属冶炼及压延加工业	Smelting and Pressing of Non-ferrous Metals	1.0
金属制品业	Manufacture of Metal Products	1.4
通用设备制造业	Manufacture of General Purpose Machinery	1.6
专用设备制造业	Manufacture of Special Purpose Machinery	2.2
汽车制造业	Automotive Manufacturing	1.6
铁路、船舶、航空航天和其他运输设备制造业	Railroad, Marine, Aerospace and Other Transportation Equipment Manufacturing	0.5
电气机械及器材制造业	Manufacture of Electrical Machinery and Equipment	2.2
通信设备、计算机及其他电子设备制造业	Manufacture of Communication Equipment, Computers and Other Electronic Equipment	2.0
仪器仪表制造业	Instrument Manufacturing	0.4
其他制造业	Other Manufacturing	0.5
废弃资源综合利用业	Comprehensive Utilization of Waste Resources Industry	0.3
金属制品、机械和设备修理业	Metal Products, Machinery and Equipment Repair Industry	
电力燃气水的生产和供应业	**Production and Distribution of Electricity, Gas and Water**	**3.4**
电力、热力的生产和供应业	Production and Distribution of Electric Power and Heat Power	1.8
燃气生产和供应业	Production and Distribution of Gas	0.2
水的生产和供应业	Production and Distribution of Water	1.4
建筑业	**Construction**	**1.2**
房屋建筑业	Housing Construction	0.3
土木工程建筑业	Civil Engineering Construction	0.8
建筑安装业	Building Installation	
建筑装饰和其他建筑业	Architectural Decoration and Other Construction	0.1

7-5 续表 Continued

单位：% (%)

指 标	Item	投资额占比 Investment Proportion
交通运输、仓储和邮政业	**Transport, Storage and Post**	**7.6**
铁路运输业	Railway Transport	0.5
道路运输业	Road Transport	4.9
水上运输业	Water Transport	0.1
航空运输业	Air Transport	0.1
管道运输业	Transport Via Pipelines	0.2
装卸搬运和其他运输服务业	Loading, Unloading and Other Transport Services	0.3
仓储业	Storage	1.5
邮政业	Post	0.1
信息传输、软件和信息技术软件业	**Information Transmission, Software and IT Software Industry**	**0.9**
电信、广播电视和卫星传输服务	Telecommunications, Radio and Television and Satellite Transmission Services	0.2
互联网和相关服务	Internet and Related Services	0.4
软件和信息技术服务业	Software and IT Services	0.3
批发和零售业	**Wholesale and Retail Trade**	**2.3**
批发业	Wholesale Trade	0.8
零售业	Retail Trade	1.4
住宿和餐饮业	**Hotel and Restaurants**	**0.9**
住宿业	Hotels	0.6
餐饮业	Restaurants	0.3
金融业	**Financial Intermediation**	**0.2**
货币金融服务	Monetary and Financial Services	0.1
资本市场服务	Capital Market Services	
保险业	Insurance	
其他金融业	Other Financial Activities	
房地产业	**Real Estate**	**20.9**
租赁和商务服务业	**Leasing and Business Services**	**3.1**
租赁业	Leasing	0.1
商务服务业	Business Services	3.0
科学研究、技术服务业	**Scientific Research, Technical Service and Geologic Prospecting**	**1.7**
研究与试验发展	Research and Experimental Development	0.5
专业技术服务业	Professional Technical Services	0.4
科技交流和推广服务业	Services of Science and Technology Exchanges and Promotion	0.8
水利、环境和公共设施管理业	**Management of Water Conservancy, Environment and Public Facilities**	**16.3**
水利管理业	Management of Water Conservancy	1.3
环境管理业	Environmental Management	1.9
公共设施管理业	Management of Public Facilities	13.0
土地管理业	Land Management Industry	0.1
居民服务和其他服务业	**Services to Households and Other Services**	**0.4**
居民服务业	Services to Households	0.2
机动车、电子产品和日用产品修理业	Motor Vehicles, Electronics and Household Goods Repair Industry	0.1
其他服务业	Other Services	0.1
教育	**Education**	**2.4**
卫生、社会工作	**Health, Social Work**	**1.8**
卫生	Health	1.2
社会工作	Social Work	0.5
文化、体育和娱乐业	**Culture, Sports and Entertainment**	**2.5**
新闻出版业	Journalism and Publishing Activities	
广播、电视、电影和影视录音制作业	Radio, Television, Film and Video Production Industry Recordings	**0.2**
文化艺术业	Cultural and Art Activities	0.7
体育	Sports Activities	0.4
娱乐业	Entertainment	1.2
公共管理、社会保障和社会组织	**Public Administration, Social Security and Social Organizations**	**1.0**
中国共产党机关	Organs of Communist Party of China	
国家机构	Government Agencies	0.7
人民政协和民主党派	People's Political Consultative Conference and Democratic Parties	
社会保障	Social Security	0.1
群众团体、社会团体和宗教组织	Mass Organizations, Social Organizations and Religious Organizations	
基层群众自治组织	Grass-roots Mass Self-government Organizations	0.2

7-6 固定资产投资项目个数、项目投产率(2018年)
Number of Fixed Assets Investment Projects, Project Production Rate (2018)

行业	Sector	施工项目（个）Projects under Construction (unit)	全部建成投产项目（个）Projects Completed and Put into Uses (unit)	项目建成投产率(%) Rate of Project Completed and Put into Uses (%)
总计	**Total**	**38392**	**22023**	**57.4**
按行业分	**By Sector**			
农、林、牧、渔业	Agriculture,Forestry,Farming of Animals and Fishing	3402	1769	52.0
采矿业	Mining	604	351	58.1
制造业	Manufacturing	13675	8272	60.5
电力、燃气及水的生产和供应业	Production and Distribution of Electricity, Gas and Water	1560	822	52.7
建筑业	Construction	703	361	51.4
批发和零售业	Wholesale and Retail Trade	1378	793	57.5
交通运输、仓储和邮政业	Transportation, Storage and Postal Services	2115	1191	56.3
住宿和餐饮业	Accommodation and Catering	579	385	66.5
信息传输、软件和信息技术服务业	Information Transmission, Software and IT Services	413	237	57.4
金融业	Finance	68	35	51.5
房地产业	Real Estate Trade	1376	805	58.5
租赁和商务服务业	Tenancy and Business Services	879	460	52.3
科学研究、技术服务	Scientific Research, Technical Services	688	414	60.2
水利、环境和公共设施管理业	Management of Water Conservancy, Environment and Public Establishment	6881	3814	55.4
居民服务、修理和其他服务业	Resident Services, Repairs and Other Services	306	213	69.6
教育	Education	1369	768	56.1
卫生和社会工作业	Health and Social Work Sector	758	410	54.1
文化、体育和娱乐业	Culture,Sports and Entertainment	986	514	52.1
公共管理、社会保障和社会组织	Public Administration, Social Security and Social Organizations	652	409	62.7

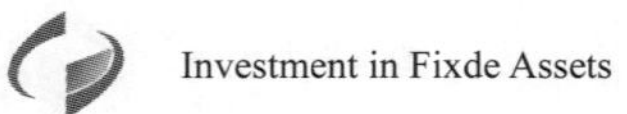

7-7 国有经济固定资产投资及构成
Investment in Fixed Assets and Its Composition of State-owned Units

年份 Year	固定资产投资总额 Total Invest-ment in Fixed Assets	新 建 New Construction	扩 建 Expansion	改建和技术改造 Re-construction	新 增 固定资产 Newly Increased Fixed Assets	新 建 New Construction	扩 建 Expansion	改建和技术改造 Re-construction
绝对数（亿元）	Absolute Figure (100 million yuan)							
1978	14.71	9.53	3.25	1.93	10.56			
1980	20.32	9.26	6.80	4.04	15.24			
1985	43.86	12.78	5.23	19.04	30.66			
1990	72.01	16.76	31.64	18.78	47.27			
1995	316.90	103.85	107.46	58.83	202.81			
1996	375.27	111.67	132.65	81.62	269.99			
1997	366.34	113.10	115.35	80.96	269.20			
1998	457.00	153.36	137.95	98.20	290.91			
1999	522.95	207.96	191.31	97.60	348.43			
2000	574.12	177.16	186.39	132.98	388.40			
2001	618.54	229.62	198.75	128.41	349.76			
2002	665.70	261.48	207.49	129.69	489.89			
2003	701.33	344.15	158.87	138.55	465.20			
2004	879.95	443.39	202.39	163.27	421.20	148.15	128.32	98.27
2005	1000.96	483.07	213.80	227.20	562.40	269.85	124.09	116.92
2006	1205.49	657.92	212.01	263.65	695.17	237.32	206.85	209.43
2007	1546.59	804.90	293.32	331.67	585.50	217.92	189.98	132.96
2008	1985.68	1032.23	320.92	466.39	692.67	259.35	158.31	220.04
2009	2923.52	1647.32	448.59	667.71	1174.41	511.83	246.71	363.07
2010	3322.32	2012.73	514.70	709.45	1335.38	599.05	270.05	429.26
2011	3563.13	2148.15	451.61	805.07	1633.03	838.62	302.89	417.01
2012	4580.72	2722.13	553.30	1134.54	2561.10	1231.53	410.65	800.14
2013	5574.42	3329.97	718.98	1287.07	3377.07	1747.12	550.60	927.00
2014	6393.07	4161.49	798.22	1252.00	4027.68	2471.96	551.44	897.46
2015	7829.93	5052.12	1169.97	1420.23	5508.18	3446.11	852.02	1101.33
2016	9253.52	7021.29	902.47	1058.36	4928.47	3558.18	529.68	697.97
2017	10395.04	7998.08	1058.10	1045.23	6639.39	4989.55	763.40	757.36
2018								
构成（%）	Composition in Percentage (%)							
1978	100.0	64.8	22.1	13.1	100.0			
1980	100.0	45.6	33.5	19.9	100.0			
1985	100.0	29.1	11.9	43.4	100.0			
1990	100.0	23.3	43.9	26.1	100.0			
1995	100.0	32.8	33.9	18.6	100.0			
1996	100.0	29.8	35.3	21.7	100.0			
1997	100.0	30.9	31.5	22.1	100.0			
1998	100.0	33.6	30.2	21.5	100.0			
1999	100.0	39.8	36.6	18.7	100.0			
2000	100.0	30.9	32.5	23.2	100.0			
2001	100.0	37.1	32.1	20.8	100.0			
2002	100.0	39.3	31.2	19.5	100.0			
2003	100.0	49.1	22.7	19.8	100.0			
2004	100.0	50.4	23.0	18.6	100.0	35.2	30.5	23.3
2005	100.0	48.3	21.4	22.7	100.0	48.0	22.1	20.8
2006	100.0	54.6	17.6	21.9	100.0	34.1	29.8	30.1
2007	100.0	52.0	19.0	21.4	100.0	37.2	32.4	22.7
2008	100.0	52.0	16.2	23.5	100.0	37.4	22.9	31.8
2009	100.0	56.3	15.3	22.8	100.0	43.6	21.0	30.9
2010	100.0	60.6	15.5	21.4	100.0	44.9	20.2	32.1
2011	100.0	60.3	12.7	22.6	100.0	51.4	18.5	25.5
2012	100.0	59.4	12.1	24.8	100.0	48.1	16.0	31.2
2013	100.0	59.7	12.9	23.1	100.0	51.7	16.3	27.4
2014	100.0	65.1	12.5	19.6	100.0	61.4	13.7	22.3
2015	100.0	64.5	14.9	18.1	100.0	62.6	15.5	20.0
2016	100.0	75.9	9.8	11.4	100.0	72.2	10.7	14.2
2017	100.0	76.9	10.2	10.1	100.0	75.2	11.5	11.4
2018	100.0	79.8	7.8	9.9				

7-8 国有经济各种分组的固定资产投资占比 (2018年)
The Proportion of Iinvestment in Fixed Assets in Various Groups of State-owned Units (2018)

单位：% (%)

指　标	Item	2018
按构成分	**Grouped by Use of Funds**	
建筑安装工程	Construction and Installation	85.3
设备、工具、器具购置	Purchase of Equipment and Instruments	6.1
其他费用	Others	8.6
按建设性质分	**Grouped by Type of Construction**	
新建	New Construction	79.8
扩建	Expansion	7.8
改建	Reconstruction	9.9
按国民经济主要行业分	**Grouped by Main Sector**	
农、林、牧、渔业	Agriculture, Forestry, Animal Husbandry and Fishery	2.2
工业	Industry	14.1

7-9 国有经济按行业分固定资产投资占比 (2018年)
The Proportion of Iinvestment in Fixed Assets by Sector of State-owned Units (2018)

单位：% (%)

行　业	Sector	投资额占比 Investment Proportion
农、林、牧、渔业	Agriculture,Forestry, Farming of Animals and Fishing	2.1
采矿业	Mining	0.1
制造业	Manufacturing	8.8
电力、燃气及水的生产和供应业	Production and Distribution of Electricity, Gas and Water	5.1
建筑业	Construction	1.9
批发和零售业	Traffic,Transport, Storage and Post	14.1
交通运输、仓储和邮政业	Information Transfer, Computer Services and Software	0.5
住宿和餐饮业	Wholesale and Retail Trade	1.3
信息传输、软件和信息技术服务业	Accommodation and Restaurants	0.3
金融业	Finance	0.2
房地产业	Real Estate Trade	9.6
租赁和商务服务业	Tenancy and Business Services	3.7
科学研究、技术服务业	Scientific Research, Technical Service and Geologic Perambulation	1.1
水利、环境和公共设施管理业	Management of Water Conservancy, Environment and Public Establishment	37.1
居民服务、修理和其他服务业	Resident Services and Other Services	0.6
教育	Education	5.2
卫生和社会工作业	Sanitation, Social Security and Social Welfare	3.0
文化、体育和娱乐业	Culture,Sports and Entertainment	2.7
公共管理、社会保障和社会组织	Public Management and Social Organization	2.4

7-10 非国有经济投资各种分组的固定资产投资占比 (2018年)
The Proportion of Investment in Fixed Assets in Various Groups of Non-State-owned Units (2018)

单位：%　　　　(%)

指　标	Item	投资额占比 Investment Proportion
按构成分	**Grouped by Use of Funds**	
建筑安装工程	Construction and Installation	74.0
设备、工器具购置	Purchase of Equipment and Instruments	14.5
其他费用	Others	11.5
按建设性质分	**Grouped by Type of Construction**	
新建	New Construction	50.7
扩建	Expansion	7.9
改建	Reconstruction	16.6
按行业主要门类分	**Grouped by Main Sector**	
农、林、牧、渔业	Agriculture, Forestry, Animal Husbandry and Fishery	5.1
工业	Industry	41.2

7-11 新增生产能力 (2018年)
Newly Increased Production Capacity (2018)

生产能力(或效益)名称		Production capacity Item(or Efficiency)		合计 Total	国有经济 State-owned Economic	其他经济 Other Types of Ownership
原煤开采	(万吨/年)	Loal Mining	(10000 tons/year)	17969.90		17969.90
焦炭	(万吨/年)	Coke	(10000 tons/year)			
铁矿石原矿开采	(万吨/年)	Iron Ore Mining	(10000 tons/year)			
铁矿选矿处理量	(万吨/年)	Selection of Iron Ore	(10000 tons/year)			
炼铁	(万吨/年)	Iron-making	(10000 tons/year)			
炼钢	(万吨/年)	Steel-making	(10000 tons/year)	55324.00		55324.00
连铸	(万吨/年)	Casting	(10000 tons/year)			
铁合金	(折标吨/年)	Iron Alloy	(tons/year)			
铜冶炼	(吨/年)	Copper-making	(ton/year)	70000.00		70000.00
铅锌采矿(原矿)	(万吨/年)	Lead&Zinc Mining	(10000 tons/year)			
铅锌选矿:(1)处理原矿	(万吨/年)	Selection of Lead&Zinc	(10000 tons/year)			
(2)铅含量	(吨/年)	Lead Content	(ton/year)			
(3)锌含量	(吨/年)	Zinc Content	(ton/year)			
铅冶炼	(吨/年)	Lead-making	(ton/year)	13275.00		13275.00
其中:电解铅	(吨/年)	Electronlyted lead	(ton/year)			
锌冶炼	(吨/年)	Zinc-making	(ton/year)	26260.00		26260.00
锡采矿(原矿)	(万吨/年)	Tin Mining	(10000 tons/year)			
锡选矿:(1)处理原矿	(万吨/年)	Selection of Tin	(10000 tons/year)			
(2)锡含量	(吨/年)	Tin Content	(ton/year)			
锡冶炼	(吨/年)	Zinc-making	(ton/year)	13301.20		13301.20
电解铝	(吨/年)	Electronlyted Al	(ton/year)			
粗铅	(吨/年)	Lead	(ton/year)			
铝加工	(吨/年)	Al-making	(ton/year)	15508.00		15508.00
金采矿(原矿)	(万吨/年)	Gold Mining	(10000 tons/year)			
黄金	(公斤/年)	Gold	(kg/year)			
银选矿:(1)处理原矿	(吨/年)	Selection of Silver	(ton/year)			
(2)银含量	(公斤/年)	Silver Content	(kg/year)			
水力发电	(万千瓦)	Hydropower	(10000kw)	1345.86	1.94	1343.92
火力发电	(万千瓦)	Thermal	(10000kw)	65.87	0.67	65.20
核能发电	(万千瓦)	Nuclear Power Generation	(10000kw)			
风力发电	(万千瓦)	Wind Power Generation	(10000kw)	63.06	0.26	62.80
太阳能发电	(万千瓦)	Solar power	(10000kw)	1257.09	7.65	1249.44
其它发电	(万千瓦)	Other Power Generation	(10000kw)	36.92	2.25	34.67
输电线路长度(11万伏及以上)	(公里)	Transmission Line (≥110000 v)	(km)	506.70	251.50	255.20
变电设备能力(11万伏及以上)	(万千伏安)	Electric Substation Equipment (≥110000 v)	(10000 kva)			
水泥	(万吨/年)	Cement	(10000ton/year)			
胶合板	(万立方米/年)	Deadlocked Boards	(10000 cu.m/year)			
纤维板	(万立方米/年)	Fibre Boards	(10000 cu.m/year)			
硫酸	(吨/年)	Sulfuric Acid	(ton/year)			
合成氨	(吨/年)	Synthetic Ammonia	(ton/year)			

7-11 续表 1 Continued

生产能力(或效益)名称		Production capacity Item(or Efficiency)		合计 Total	国有经济 State-owned Economic	其他经济 Other Types of Ownership
氮肥	(吨/年)	Nitrogen Fertilizer	(ton/year)	17888.00		17888.00
磷肥	(吨/年)	Phosphate Fertilizer	(ton/year)	8000.00	8000.00	
钾肥	(吨/年)	Potash Fertilizer	(ton/year)			
油漆	(吨/年)	Paint	(ton/year)			
塑料树脂及共聚物	(吨/年)	Plastics	(ton/year)	79429.00		79429.00
合成橡胶	(吨/年)	Synthetic Rubber	(ton/year)	6335.40		6335.40
化学原料药	(吨/年)	Chemical Medicine	(ton/year)	0.40	0.40	
中成药	(吨/年)	Chinese Herbal Medicine	(ton/year)			
载货汽车制造	(辆/年)	Truck Manufacturing	(unit/year)	4993		4993
轿车制造	(辆/年)	Sedan	(unit/year)	100000		100000
其它汽车制造	(辆/年)	Other Automobile Manufacturing	(unit/year)	205		205
显像管	(万只/年)	Kinescope	(10000unit/year)			
化学纤维	(吨/年)	Chemical Fiber	(ton/year)	800.00		800.00
其中:合成纤维	(吨/年)	Synthetic Fiber	(ton/year)			
棉纺锭	(锭)	Cotton Spindles	(unit)	14220		14220
毛纺锭	(锭)	Woolen Spindles	(unit)			
食用植物油	(日处理原料:吨)	Edible Vegetable Oil	(handle in a day:ton)			
	(日精炼油:吨)		(purify in a day:ton)			
乳制品	(吨/年)	Dairy Products	(ton/year)			
奶粉	(吨/年)	Milk Powder	(ton/year)			
其它乳制品	(吨/年)	Other Dairy Products	(ton/year)			
啤酒	(万吨/年)	Beer	(10000 tons/year)	2.39		2.39
白酒	(万吨/年)	Wine	(10000 tons/year)	1.26		1.26
其它酒	(万吨/年)	Other Wine	(10000 tons/year)	1.30		1.30
卷烟	(箱/年)	Cigarette	(unit/year)			
机制纸浆	(万吨/年)	Machine -made Paper Pulp	(10000 tons/year)			
机制纸	(万吨/年)	Machine -made Paper	(10000 tons/year)			
机制纸板	(万吨/年)	Machine-made Paper Boards	(10000 tons/year)			
手表	(万只/年)	Watch	(10000unit/year)			
移动通信基站设备	(信道/年)	Basic Station of Mobile Telephone	(unit/year)			
程控交换机	(万线/年)	Autoexchage of Telephone Capacity	(10000 lines/year)			
新建公路	(公里)	Length of New Highways	(km)	3454.69	640.49	2814.20
#高速公路	(公里)	Expressway	(km)	222.40		222.40
#一级公路	(公里)	First-class Highway	(km)	33.40	9.30	24.10
#二级公路	(公里)	Second-class Highway	(km)	156.69	54.69	102.00
改建公路	(公里)	Length of Reconstructed Highways	(km)	4607.94	1844.78	2763.16
#高速公路	(公里)	Expressway	(km)			
#一级公路	(公里)	First-class Highway	(km)	12.00		12.00
#二级公路	(公里)	Second-class Highway	(km)	995.00	653.14	341.86

7-11 续表 2 Continued

生产能力(或效益)名称		Production capacity Item(or Efficiency)		合计 Total	国有经济 State-owned Economic	其他经济 Other Types of Ownership
新建独立公路桥梁	(延长米)	Newly Build Highway Bridge	(extend metre)	11557	6280	5277
	(座)		(set)	42	28	14
新(扩)建客、货运站	(个)	Newly Build or Expanded	(unit)	22	10	12
	(平方米)	Passenger and Freight Station	(sq.m)	139129	103061	36068
长途电缆	(延长公里)	Long Distance Cables	(km)			
耕地面积	(万亩)	Cultivated Land Area	(10000 mu)			
造林面积	(万亩)	Afforested Area	(10000 mu)			
水库容量(总库容)	(亿立方米)	Reservoir Capacity	(100 million m^3)			
有效灌溉面积	(万亩)	Effective Irrigated Area	(10000 mu)			
除涝面积	(万亩)	Waterlogged Area Under Control	(10000 mu)			
商业石油库	(万立方米)	Commercial Oil Depot	(10000 m^3)			
粮食仓库	(万公斤)	Grain Storehouse	(10000 kg)			
	(平方米)		(sq.m)			
高等院校:学生席位	(个)	Number of Student seat of Universit and College	(unit)			
建筑面积	(平方米)		(sq.m)			
中等学校:学生席位	(个)	Number of Student seat of Secondary School	(unit)			
建筑面积	(平方米)		(sq.m)			
小学校:学生席位	(个)	Number of Student seat of Primary School	(unit)			
建筑面积	(平方米)		(sq.m)			
其他院校:学生席位	(个)	Number of Student seat of Other School	(unit)			
建筑面积	(平方米)		(sq.m)			
医院病床	(张)	Number of Hospital Bed	(unit)			
宾馆、旅馆、招待所客房数	(间)	Number of Hotel Guest-Room	(unit)			
	(平方米)		(sq.m)			
城市自来水供水能力	(万吨/日)	Capacity of City Tap Water Supply	(10000 tons/day)	273.9	128.1	145.8
城市自来水管道长度	(公里)	Length of City Tap Water Pipe	(km)			
城市煤气生产能力	(万立方米/日)	City Coal Gas Production	(10000 cu.m/day)			
城市天然气储气能力	(万立方米/日)	Capacity of City Gas Storage	(10000 cu.m/day)			
城市液化石油气储气能力	(万立方米/日)	City Liquefied Petro-gas Storage	(10000 cu.m/day)			
城市公共交通车辆购置	(辆)	Purchase of City Bus	(unit)			
城市道路扩建长度	(公里)	Length of City Road Extended	(km)			
城市道路扩建面积	(万平方米)	Area of City Road Extended	(10000 sq.m)			
城市排水管道铺设长度	(公里)	Length of Sewer Pipelines	(km)			
城市污水处理能力	(万吨/日)	Capacity of City Sewage Treatment	(10000 ton/day)	411.9	203.3	208.6
城市永久性桥梁	(座)	Number of City Bridge	(unit)			
城市防洪堤长度	(公里)	Length of City Embarkment	(km)			

7-12 房地产开发统计主要指标(2018年)
Major Statistics Indicators of Real Estate Development (2018)

单位：亿元 (100 million yuan)

指 标	Item	总计 Total	国 有 State-owned	集 体 Colective-owned	其 他 Other Types of Ownership
计划总投资	**Panning Gross Investment**	**24255.65**	**834.79**	**10.96**	**23409.90**
累计完成投资	Accumulative Investment Completed	17134.86	548.96	8.34	16577.56
本年完成投资	Investment Made in This Year	3945.95	107.98	1.77	3836.20
按构成分:	Group by Form:				
建筑工程	Construction	2685.82	64.22	1.62	2619.99
安装工程	Installation	428.51	6.52	0.11	421.89
设备、工具器具购置	Purchase of Equipment,Tools,Apparatus	83.88	0.44	0.04	83.40
按工程用途分:	Group by use of Projects				
住宅	Residential Buildings	2764.48	78.65	1.52	2684.31
办公楼	Business Buildings	124.16	2.97		121.18
商业营业用房	Commercial Buildings	590.65	15.48	0.24	574.93
其他	Others	466.67	10.89	0.01	455.77
房地产开发企业本年资金来源	Group by Source of Funds	5312.08	217.52	1.43	5093.13
国内贷款	Domestic Loans	577.91	68.79		509.12
自筹资金	Fund Raising	1524.05	73.48	0.76	1449.81
本年新增固定资产	Newly Increased Fixed Assets	1252.42	51.21	1.31	1199.90
本年施工房屋面积 (万平方米)	Floor Space of Buildings Under Construction(10000 sq.m)	35781.53	952.12	40.49	34788.91
#住宅	# Residential Buildings	25985.55	709.35	33.02	25243.18
本年竣工房屋面积 (万平方米)	Floor Space of Buildings Completed (10000 sq.m)	4160.98	179.64	10.00	3971.34
#住宅	# Residential Buildings	3074.98	146.96	10.00	2918.02
本年竣工房屋价值	Value of Buildings Completed	1157.04	49.64	1.31	1106.09
#住宅	# Residential Buildings	819.27	40.08	1.31	777.88
商品房销售额	Total Sales of Commercial House	5353.99	101.40	3.62	5248.97
商品房销售建筑面积(万平方米)	Floor Space of Selling Commercial House (10000 sq.m)	9239.15	158.22	12.36	9068.57

主要统计指标解释

全社会固定资产投资 是以货币形式表现的在一定时期内全社会建造和购置固定资产的工作量以及与此有关费用的总称。该指标是反映固定资产投资规模、结构和发展速度的综合性指标。全社会固定资产投资按登记注册类型可分为国有、集体、联营、股份制、私营和个体、港澳台商、外商、其他等。

固定资产投资（不含农户） 指城镇和农村各种登记注册类型的企业、事业、行政单位及城镇个体户进行的计划总投资 500 万元及以上的建设项目投资和房地产开发投资，包括原口径的城镇固定资产投资加上农村企事业组织项目投资，该口径自 2011 年起开始使用。

民间固定资产投资 指具有集体、私营、个人性质的内资企事业单位以及由其控股(包括绝对控股和相对控股)的企业单位在中华人民共和国境内建造或购置固定资产的投资。

基础设施投资 指为社会生产和生活提供基础性、大众性服务的工程和设施，是社会赖以生存和发展的基本条件。包括以下行业投资：铁路运输业、道路运输业、水上运输业、航空运输业、管道运输业、多式联运和运输代理业、装卸搬运业、邮政业、电信广播电视和卫星传输服务业、互联网和相关服务业、水利管理业、生态保护和环境治理业、公共设施管理业。

房地产开发投资 指房地产开发企业本年完成的全部用于房屋建设工程、土地开发工程的投资额以及公益性建筑和土地购置费等的投资。

实际到位资金 指用于固定资产投资的各种货币资金。包括国家预算资金、国内贷款、利用外资、自筹资金和其他资金。

国家预算资金 国家预算包括一般预算、政府性基金预算、国有资本经营预算和社保基金预算。各类预算中用于固定资产投资的资金全部作为国家预算资金填报，其中一般预算中用于固定资产投资的部分包括基建投资、车购税、灾后恢复重建基金和其他财政投资。各级政府债券也应归入国家预算资金。

国内贷款 指报告期固定资产投资项目单位向银行及非银行金融机构借入用于固定资产投资的各种国内借款，包括银行利用自有资金及吸收存款发放的贷款、上级拨入的国内贷款、国家专项贷款（包括煤代油贷款、劳改煤矿专项贷款等），地方财政专项资金安排的贷款、国内储备贷款、周转贷款等。

利用外资 指报告期收到的境外（包括外国及港澳台地区）资金（包括设备、材料、技术在内）。包括对外借款（外国政府贷款、国际金融组织贷款、出口信贷、外国银行商业贷款、对外发行债券和股票）、外商直接投资、外商其他投资（包括利用外商投资收益在国内进行固定资产再投资活动的资金）。不包括我国自有外汇资金（国家外汇、地方外汇、留成外汇、调济外汇和国内银行自有资金发放的外汇贷款等）。各类外资按报告期的外汇牌价（中间价）折成人民币计算。

自筹资金 指固定资产投资单位在报告期收到的，由各企、事业单位筹集用于固定资产投资的资金，包括各类企事业单位的自有资金和从其他单位筹集的用于固定资产投资的资金，但不包括各类财政性资金、从各类金融机构借入资金和国外资金。

其他资金来源 指在报告期收到的除以上各种资金之外的用于固定资产投资的资金。包括社会集资、个人资金、无偿捐赠的资金及其他单位拨入的资金等。

固定资产投资按国民经济行业分 指根据其从事的社会经济活动性质对各类单位进行的分类。应根据建设项目建成投产后的主要产品种类或主要用途及社会经济活动种类来划分，不能根据项目单位本身的行业类别来划分。如果项目投产后有几种产品，应根据主要产品来确定行业类别。一般情况下，一个建设项目只能属于一种国民经济行业。

固定资产投资按隶属关系分 是按建设单位或企业、事业、行政单位的主管上级机关确定的。

(1) 中央 是指中共中央、人大常委会和国务院各部、委、局、总公司以及直属机构直接领导的建设项目和企业、事业、行政单位。这些单位的固定资产投资计划由国务院各部门直接编制和下达，统一组织或委托下级实施。包括有中央垂直管理的部门（如国家统计局各级调查队）和中央直属企业、事业单位（如工商银行、中国电信、中国石油）等。

(2) 地方 是由省（自治区、直辖市）、地（区、市、州、盟）、县（区、市、旗）三级政府及业务主管部门直接领导和管理的建设项目、企业、事业、行政单位。地方项目还包括不隶属以上各级政府及主管部门的建设项目和企业、事业单位，如外商投资企业和无主管部门的企业等。

固定资产投资按建设性质分 按整个建设项目情况来确定。建设项目的性质一般分为新建、扩建、改建和技术改造、单纯建造生活设施、迁建、恢复、单纯购置。农户投资不划分建设性质。

（1）新建 指从无到有“平地起家”开始建设的项目。现有企业、事业、行政单位投资的项目一般不属于新建。但如有的单位原有基础很小，经过建设后新增的固定资产价值超过该企业、事业、行政单位原有固定资产价值（原值）三倍以上的，也应作为新建。

（2）扩建 指在厂内或其他地点，为扩大原有产品的生产能力（或效益）或增加新的产品生产能力，而增建的生产车间（或主要工程）、分厂、独立的生产线等项目。行政、事业单位在原单位增建业务性用房（如学校增建教学用房、医院增建门诊部、病房等）也作为扩建。

现有企、事业单位为扩大原有主要产品生产能力或增加新的产品生产能力，增建一个或几个主要生产车间（或主要工程）、分厂，同时进行一些更新改造工程的，也应作为扩建。

（3）改建和技术改造 指现有企业、事业单位对原有设施进行技术改造或更新（包括相应配套的辅助性生产、生活福利设施）的建设项目。改建项目包括企业、事业单位为适应市场变化的需要，而改变企业的主要产品种类（如军工企业转民用产品等）的建设项目；原有产品生产作业线由于各工序（车间）之间能力不平衡，为填平补齐充分发挥原有生产能力而增建但不增加主要产品生产能力的建设项目。技术改造是指企业、事业单位在现有基础上用先进的技术代替落后的技术，用先进的工艺和装备代替落后的工艺和装备，以改变企业落后的技术经济面貌，实现以内涵为主的扩大再生产，达到提高产品质量、促进产品更新换代、节约能源、降低消耗、扩大生产规模、全面提高社会经效益的目的。技术改造具体包括以下内容：机器设备和工具的更新改造；生产工艺改革、节约能源和原材料的改造；厂房建筑和公共设施的改造；保护环境进行的“三废”治理改造；劳动条件和生产环境的改造等。

固定资产投资按构成分

（1）建筑工程 指各种房屋、建筑物的建造工程。这部分投资额必须兴工动料，通过施工活动才能实现，是固定资产投资额的重要组成部分。

（2）安装工程 指各种设备、装置的安装工程。在安装工程中，不包括被安装设备本身价值。

（3）设备工器具购置 指报告期内购置或自制的，达到固定资产标准的设备、工具、器具的价值。新建单位及扩建单位的新建车间，按照设计或计划要求购置或自制的全部设备、工具、器具，不论是否达到固定资产标准均计入“设备工器具购置”中。

（4）其他费用 指在固定资产建造和购置过程中发生的，除建筑安装工程和设备、工器具购置投资完成额以外的应当分摊计入固定资产投资的费用，不指经营中财务上的其他费用。

本年新增生产能力（或工程效益） 指在本年度内按照新增生产能力（或工程效益）的计算条件和标准，实际建成投入生产或交付使用的生产能力（或工程效益）。

房屋建筑面积 指房屋建筑物勒脚以上外墙外围的水平截面面积，包括房屋建筑物的有效面积和结构面积。该指标是从实物形态上反映建设规模和建设成果的重要指标之一，也是检查工程形象进度、计算工程造价、分析投资效果、研究施工任务和建筑材料之间平衡情况的重要依据。

房屋施工面积 指房地产开发企业本年施工的全部房屋建筑面积。包括本年新开工的房屋建筑面积、上年跨入本年继续施工的房屋建筑面积、上年停缓建在本年恢复施工的房屋建筑面积、本年竣工的房屋建筑面积以及本年施工后又停缓建的房屋建筑面积。多层建筑应填各层建筑面积之和。

房屋新开工面积 指房地产开发企业本年新开工建设的房屋建筑面积，以单位工程为核算对象。不包括在上年开工跨入本年继续施工的房屋建筑面积和上年停缓建而在本年恢复施工的房屋建筑面积。房屋的开工应以房屋正式开始破土刨槽（地基处理或打永久桩）的日期为准。房屋新开工面积指整栋房屋的全部建筑面积，不能分割计算。

房屋竣工面积 指房地产开发企业本年按照设计要求已全部完工，达到住人和使用条件，经验收鉴定合格或达到竣工验收标准，可正式移交使用的各栋房屋建筑面积的总和。

商品房销售面积 指房地产开发企业本年出售商品房屋的合同总面积（即双方签署的正式买卖合同中所确定的建筑面积）。

商品房销售额 指房地产开发企业本年出售商品房屋的合同总价款（即双方签署的正式买卖合同中所确定的合同总价）。该指标与商品房销售面积同口径。

Explanatory Notes on Main Statistical Indicators

Total Investment in Fixed Assets in the Whole Country refers to the volume of activities in construction and purchases of fixed assets of the whole country and related fees, expressed in monetary terms during the reference period. It is a comprehensive indicator which shows the size, structure and growth of the investment in fixed assets, providing a basis for observing the progress of construction projects and evaluating results of investment. Total investment in fixed assets in the whole country includes, by type of ownership, the investment by State-owned units, collective-owned units, joint ownership units, share-holding units, private units, individuals as well as investments by entrepreneurs from Hong Kong, Macao and Taiwan, foreign investors and others.

Investment in Fixed Assets (Excluding Rural Households) refers to the investment in construction projects with a total planned investment of 5 million yuan and over by enterprises of various ownerships, institutions, administrative units and urban self-employed individuals, and the investment in real estate development in both urban and rural areas. Since 2011, it covers the urban investment in fixed assets under the previous statistical coverage plus project investments by rural enterprises and institutions.

Non-governmental Investment in Fixed Assets refers to the investment in the construction or purchase of fixed assets in the territory of the People's Republic of China by domestic-funded enterprises and institutions with collective, private and personal nature and by enterprises and institutions controlled by them (including absolute and relative holding).

Infrastructure Investment refers to projects and facilities that provide basic and popular services for social production and life. It is the basic condition for the survival and development of society. It includes: railway transport, road transport, water transport, air transport, pipeline transport, multimodal transport and transport agent Intermodality and Forwarding Agency, loading and unloading, posts, telecommunications, radio and television and satellite transmission services, Internet and related services, water management industry, ecological protection and environmental governance, public facilities management.

Investment in Real Estate Development refers to the investment made by real estate development companies in the construction of housing, development of land, nonprofit buildings and value of land purchased.

Investment in Real Estate Development refers to the investment made by real estate development companies in the construction of housing, development of land, nonprofit buildings and value of land purchased.

Fund from the State Budget State budget consists of general budget, government fund budget, operation budget of state-owned assets and social security fund budget. Funds for investment in fixed assets from various budgets are reported as fund from the state budget, of which, the general budget utilized on fixed assets investment includes investment on infrastructure construction, vehicle purchase tax, post-disaster restoration and reconstruction funds and other financial investment. Government bonds at all levels should also be included.

Domestic Loans refer to loans of various forms borrowed by investing units from banks and non-bank financial institutions during the reference period for the purpose of investment in fixed assets, including loans issued by banks from their self-owned funds and deposit, loans appropriated by higher responsible authorities, special loans by government (including loan for substituting petroleum with coal, special loans for reform-through-labour coal mines), loans arranged by local government from special funds, domestic reserve loan, and revolving loan, etc.

Foreign Investment refers to overseas (including foreign countries, Hongkong, Macao and Taiwan) funds received during the reference period (covering equipment, materials and technology), including foreign borrowings (loans from foreign governments and international financial institutions, export credit, commercial loans from foreign banks, issue of bonds and stocks overseas), foreign direct investment and other foreign investments (including funds from foreign direct investment income that are reinvested in fixed assets domestically). Excluded from this category is capital in foreign exchanges owned by China (foreign exchanges owned by the central and local governments, foreign exchanges retained by enterprises, foreign exchanges by enterprises through the regulating mechanism, loans in foreign exchanges issued by the Bank of China with its own fund, etc.). In calculating the utilization of foreign capital, foreign currencies are converted into Chinese Renminbi applying the exchange rate (central parity rate) at the end of the reference period.

Self-raised Funds refer to funds for investment in fixed assets received during the reference period by investing units, including investment in fixed assets using own funds of various enterprises and institutions or funds raised from other units other than financial funds, funds borrowed from financial institutions and overseas funds.

Other Funds refer to funds for investment in fixed assets received from sources other than those listed above, including funds raised from individuals and through donations, and funds transferred from other units.

Investment in Fixed Assets by Sector refers to the classification of investment by the nature of social economic activities the investing units are engaged in. The classification of construction projects by sector is determined by the major products or the purpose of the projects when they are put into production or use, and by the nature of their social economic activities, instead of being determined by industrial classification of the project enterprises. The project will be classified according to major product if there are several kinds of products yielded. In general, one project can only be classified into one sector.

Investment in Fixed Assets by Jurisdiction of Management refers to the classification of investment by the competent authorities under which investment is made by construction units, enterprises, institutions or administrative units.

(1) Central investment refers to the investment in projects or by enterprises, institutions or administrative units which are under the direct leadership and management of the State Council and of the national commissions, ministries, agencies and State-owned large corporations. Various ministries and departments of the State Council prepare and implement plans through unified organization or lower-level commissions, which include departments direct under central government (i.e. survey offices at all level of the National Bureau of Statistics) and enterprises and institutions directly under central government (like the Industrial and Commercial Bank of China, China Telecom and China National Petroleum Corporation).

(2) Local investment refers to the investment in projects or by enterprises, institutions or administrative units which are under the direct leadership and management of competent departments and governments at the level of province (autonomous regions and municipalities directly under the Central Government), prefecture (prefectures, cities and leagues) and county (districts, cities and banners). Also included are projects by foreign-invested enterprises and enterprises without competent managing authorities.

Investment in Fixed Assets by Type of Construction Construction projects in general can be classified, by the type of construction, into new construction, expansion, reconstruction and technical transformation, purely construction of living facilities, moving, restoration and purely purchasing. However, investment by type of construction is not applied to investment by real-estate development units and investment by rural households.

(1) New construction in general refers to construction projects, which start from scratch. The existing projects invested by enterprises, institutions and administrative agencies cannot be classified as new construction. In case the size of the existing unit is quite small, and the value of newly added fixed assets is more than three times of the original value, the expansion will be considered as new construction.

(2) Expansion refers to projects of construction of new production workshop, branch factory or independent production line within a factory or in other locations, for the purpose of increasing the production capacity (or improving efficiency) or adding new production capacity. Newly constructed accommodation for the operation of institutions and administrative organizations (such as newly constructed buildings for teaching in schools, buildings for clinics or wards in hospitals, etc.) are also classified as expansion.

Also included in expansion are investments by existing enterprises or institutions in building major production line(s) or branch factory (ies) along with some work on innovation, for the purpose of expanding the production capacity of original products or producing new products.

(3) Reconstruction and technical transformation refers to construction projects by existing enterprises or institutions in innovation or technical transformation of the old facilities (including auxiliary production equipment and welfare facilities). Also considered as reconstruction is the construction of new workshops by the existing enterprises or institutions to change the variety of products to meet the market demand (such as the production of civil products by defence industries), or to bring the designed production capacity into full play through a more balanced production process on production lines. Technical transformation refers to replacement of old technology or equipment by new technology or equipment, in order to expand the reproduction through improvement of technology contents in production, to improve product quality, to promote new products, to save energy, to reduce consumption, to expand the production scale and to improve overall social-economic efficiency. Contents of technical transformation include: updating of machinery, equipment and tools; reforming production process by using energy or materials saving technology; construction of factory workshops and transformation of public facilities; treatment transformation of "three wastes" (waste gas, waste water and industrial residue) aiming at environmental protection; improvement of working conditions and environment, etc.

Investment in Fixed Assets by Structure

(1) Construction refers to the construction of houses and buildings, also known as work volume of construction. This part of investment can only be achieved through construction activities, it is the major component of the total investment in fixed assets.

(2) Installation refers to the installation of various kinds of equipment and instruments, also known as work volume of installation.

The value of equipment installed itself is not included in the value of installation projects.

(3) Purchase of equipment and instruments refers to the total value of equipment, tools, and instruments purchased or self-produced which come up to the cut-off point for fixed

assets during the reference period. Equipment, tools and instruments purchased or self-produced for new workshops by newly established or expanded units are categorized as "purchase of equipment and instruments" no matter whether they come up to the cut-off point for fixed assets.

(4) Other expenses refer to expenses arising during the construction or purchase of fixed assets other than those expenses on construction, installation and purchase of equipment and instruments. Other financial expenses arising in operation are not included.

The Newly Increased Production Capacity (project efficiency) of Current Year refers to the production capacity (project efficiency) that has been completed and put into operation in current year according to the calculation conditions and standards on newly increased production capacity (project efficiency).

Floor Space of Buildings under Construction refers to the total floor space of the horizontal section of outer walls above the plinth of the building, including the effective area and the area occupied by the structure. This indicator is one of the important indicators in physical terms to reflect the scale and accomplishment of the construction industry and also an important basis for monitoring the progress, calculating the cost, analyzing the efficiency and studying the supply of building materials in relation to the construction projects.

Floor Space of Buildings under Construction refers to the total space area of the buildings under construction in the year by real estate development companies. It includes buildings started in the year, continued from the previous year, suspended in earlier years but restarted in the year, completed in the year, and started in the year but suspended in the year as well. The floor space of a multi-storied building should be the sum of floor space of all the stories.

Floor Space of Buildings Started This Year refers to the total floor space area of the buildings started in the year by real estate development companies. It excludes the buildings started in previous years and continued in the year, and the buildings suspended in previous years but restarted in the year. The start of a construction is defined by the date of ground breaking or pile driving. The floor space of the building includes that of the entire building.

Floor Space of Buildings Completed refers to the total floor space area of the buildings completed in the year by real estate development companies, which meet the requirements as designed, reach the criteria set for people to live in or use, have passed the acceptance checks, and are ready for delivery or use.

Area of Commercialized Housing Sold refers to total contracted area of commercialized housing (i.e. area of floor space as designated in the formal contracts signed by both sides) sold by real estate development companies during the reference time.

Value of Commercialized Housing Sold refers to the total contracted value (i.e. value of sales/purchase for selling/ purchase of commercialized housing as designated in the contract signed by both sides) received from the sales of the buildings by real estate development companies during the reference time. This indicator has the same coverage as the area of commercialized housing sold.

08 对外经济、旅游和开发区

Foreign Economy ,Tourism and Development Zones

资料整理人员：贺淑贞　陈　慧　段嘉欣

8—1 对外经济和旅游
Foreign Economy and Tourism

年份 Year	进出口总额（万美元）Total Imports And Exports (USD 10 000)	出口 Exports	进口 Imports	实际利用外商直接投资金额（万美元）Total Amount of Foreign Capital Actually Used (USD 10 000)	接待旅游总人数（万人次）Number of Tourists (10 000 persons)	旅游业总收入（亿元）Income of Tourism (100 million yuan)	星级饭店数（个）Total Number of Tourist Hotels (unit)
1979	23363	22296	1067		0.81	0.01	
1980	32635	31389	1246		0.95	0.01	
1981	43531	35504	8027		1.33	0.02	
1982	42662	38369	4293		1.53	0.05	
1983	45667	40003	5664		1.99	0.03	
1984	46171	41703	4468		2.63	0.04	
1985	52549	39606	12943		3.20	0.04	
1986	62377	50305	12072		4.12	0.09	
1987	74642	61945	12697	235	5.72	0.10	
1988	83403	63860	19543	447	6.76	0.30	
1989	85201	66563	18638	1495	5.57	0.30	
1990	94161	80552	13609	1116	8.52	0.50	
1991	137525	101665	35860	2276	1210	3.68	
1992	207800	141145	66655	12853	1513	6.03	
1993	234800	161200	73600	43267	1615	11.62	
1994	201740	143321	58419	32512	2014	30.80	
1995	201664	145101	56563	48802	2518	43.41	
1996	176299	129074	47225	70344	3223	60.45	
1997	189445	144796	44649	91702	4040	79.59	
1998	178209	128290	49919	81816	4235	99.93	
1999	195604	128210	67394	65384	4339	120.35	
2000	251259	165308	85951	68182	4695	148.76	212
2001	275841	175400	100441	81011	5036	210.50	270
2002	287621	179542	108079	103089	5757	245.98	321
2003	373617	214626	158990	148907	5970	294.11	359
2004	543774	309778	233996	141806	6487	371.56	417
2005	600485	374667	225818	207235	7181	453.62	388
2006	735259	509401	225858	259335	9195	588.41	501
2007	968987	652342	316645	327051	10897	732.71	585
2008	1256584	840950	415634	400515	12830	851.75	569
2009	1015101	549189	465912	459787	16065	1099.47	567
2010	1468886	795487	673399	518441	20398	1425.80	549
2011	1900006	989747	910259	615031	25328	1785.78	568
2012	2194082	1259965	934117	728034	30506	2234.10	581
2013	2516439	1482083	1034356	870482	36058	2681.86	587
2014	3102729	2002348	1100380	1026585	41203	3050.70	555
2015	2936680	1917288	1019392	1156441	47331	3712.91	498
2016	2687970	1817002	870968	1285209	56548	4707.43	461
2017	3603951	2317175	1286776	1447489	66935	7172.62	407
2018	4652983	3057434	1595550	1619134	75301	8355.73	397

注：进出口数据1994年前为外贸统计数，1994年及以后为海关统计数。

Figures on total imports and exports form foreign trade were obtained from foreign trade statistics before 1994 and the figures were obtained from the Changsha Customs statistics after 1994.

8-2 对外经济贸易和旅游概况
A Survey on Foreign Trade and Tourism

指 标	Item	2000	2005	2016	2017	2018
进出口总额 （亿美元）	**Total Imports And Exports (USD 100 million)**	**25.13**	**60.05**	**268.8**	**360.40**	**465.30**
出口总额	Total Exports	16.53	37.47	181.7	231.70	305.74
进口总额	Total Imports	8.60	22.58	87.1	128.70	159.55
进出口差额	Balance	7.93	14.89	94.6	103.00	146.19
实际利用外资 （亿美元）	**Total Amount of Foreign Capital Actually Used (USD 100 million)**	**11.08**	**16.37**	**128.52**	**144.75**	**161.91**
对外借款	Foreign Loans	3.37	2.19	4.97	5.07	1.65
外商直接投资	Foreign Direct Investments	6.82	14.18	9.55	9.53	8.52
外商其他投资	Other Foreign Investments	0.89		114	130.15	151.74
外商投资企业基本情况	**Registered Foreign-funded Enterprises**					
年底登记户数 （户）	Number of Registered Enterprises (unit)	2316	2598	2270	2377	1881
投资总额 （亿美元）	Total Investment (USD 100 million)	73.06	119.08	579.999981	1633.92	1631.12
注册资本 （亿美元）	Registered Capital (USD 100 million)	43.38	70.29	308.87695	683.72	694.96
#外方	#Capital from Foreign Partners	26.51	52.66	220.790378	532.77	567.07
对外经济合作合同金额 （亿美元）	**Contracted Value of Economic Cooperation With Foreign Countries & Territories (USD 100 million)**	**1.87**	**6.14**	**65.97**	**76.02**	**96.08**
对外承包工程	Contracted Projects	1.49	5.82	39.8287	40.57	45.05
对外劳务合作	Labor Services	0.34	0.26	26.1443	35.45	51.03
设计咨询	Design Consultation	0.04	0.06			
国际旅游人数 （万人次）	**Total Number of International Tourists (10 000 person-times)**	**45.40**	**55.34**	**240.81**	**322.68**	**365.08**
外国人	Foreigners	15.79	41.24	127.41	155.48	178.74
港澳台同胞	Compatriots from HongKong, Macao and Taiwan	29.61	14.10	113.4	167.20	186.34
旅游外汇收入总额 （亿美元）	**Foreign Exchange Earnings from International Tourism (USD 100 million)**	**2.21**	**3.13**	**10.05**	**12.95**	**15.20**
星级宾馆 （个）	Total Number of Tourist Hotels (unit)	212	388	461	407	397

注：外贸进出口资料统一按长沙海关统计数据，以下同。

Figures on total imports and exports form foreign trade are obtained from the Changsha Customs statitics.The same as in the following table.

8-3 进出口商品总值
Total Value of Imports and Exports

单位：万美元 (USD 10 000)

项　目	Item	2014	2015	2016	2017	2018
进出口总值	**Imports & Exports**	**3102729**	**2936680**	**2687970**	**3603951**	**4652983**
# 出口	# Exports	2002348	1917288	1817002	2317175	3057434
进口	Imports	1100380	1019392	870968	1286776	1595550
进出口差额	**Balance**	**901968**	**897896**	**946034**	**1030399**	**1461884**

8-4 进出口商品主要产销国别（地区）总值
Value of Imports and Exports by Main Producer and Sales ountries (Regions)

单位：万美元 (USD 10 000)

国家（地区）	Country(Region)	2016		2017		2018	
		进口 Imports	出口 Exports	进口 Imports	出口 Exports	进口 Imports	出口 Exports
总　计	**Total**	**870968**	**1817002**	**1286776**	**2317175**	**1595550**	**3057434**
中国香港	Hong Kong, China	25736	462266	23378	543518	46759	616267
美　国	United States	97249	262892	96576	336335	100487	439895
日　本	Japan	89014	42399	129917	48564	140474	67105
韩　国	Republic of Korea	65573	68962	79017	85634	111097	140240
澳大利亚	Australia	77196	21220	117830	26383	137424	35159
南　非	South Africa			78981	41339	98493	38773
德　国	Germany	43065	44774	65810	53617	90295	72027
中国台湾	Taiwan, China	35050	18802	76807	23511	121022	39937
越　南	Vietnam			14372	84604	15043	95598
巴　西	Brazil			58307	25417	83858	35399
俄罗斯	Russia			16118	65267	23267	124846
马来西亚	Malaysia	5336	49508	9796	64487	34654	105303
英　国	United Kingdom	6927	46947	8952	62136	8541	59169
印　度	India			8980	61644	8053	90965
印度尼西亚	Indonesia			19901	44460	25769	55015
荷　兰	Netherlands	12072	32938	19274	39967	30883	64166
泰　国	Thailand			13130	44282	21086	58476
阿联酋	United Arab Emirates			13315	42135		
新加坡	Singapore	5461	52533	7985	39940	10345	63585
东盟（10 国）	ASEAN(the ten countries)			78042	325139	117469	457570
欧盟（10 国）	European Union(the ten countries)			155645	301840	200055	397236

8-5 进出口商品机电电子产品情况
Import and Export Value of Machinery and Electrical Products

单位：万美元 (USD 10 000)

指 标	Item	2016		2017		2018	
		进 口 Imports	出 口 Exports	进 口 Imports	出 口 Exports	进 口 Imports	出 口 Exports
机电产品	**Mechanical & Electrical Products**	**404969**	**851285**	**578527**	**1089284**	**685677**	**1319779**
金属制品	Metal and Related Products	8055	92513	8797	130847	7192	226417
机械设备	Machinery Equipment	106828	134026	148097	204186	149444	206247
电器及电子产品	Electrical Products	192001	449459	290066	543387	346915	591915
运输工具	Facilities of Transportation	63200	86130	76336	79023	95964	105989
仪器仪表	Instruments and Meters	32160	21232	48639	36463	72983	59344
其他	Others	2726	67925	6591	95379	13180	129868

8-6 进出口商品贸易方式
Value of Imports and Exports by Trade Ways

单位：万美元 (USD 10 000)

贸易方式	Trade Ways	2017		2018	
		进 口 Imports	出 口 Exports	进 口 Imports	出 口 Exports
一般贸易	Original Trade	846404	1666225	1076590	2354974
国家间、国际组织无偿援助和赠送的物资	Assistant Goods from International Organization		1217	4	1343
加工贸易	Processing Trade	398720	638921	451854	680071
来料加工装配贸易	Processing and Assembly Trade Provided with Raw Material	70897	79384	107935	114605
进料加工贸易	Processing Trade of Imported Material	327823	559537	343918	565465
边境小额贸易	Frontier Small Value Trade		9		1
加工贸易进口设备	Processing and Assembling Import Equipment Provided with Material	5247		2625	
对外承包工程出口货物	Constructed Projects in Foreign Countries		6825		4148
外商投资企业作为投资进口的设备、物品	Imported Equipment and Materials as Investment of Foreign Investment Enterprises	5289		3897	
出料加工贸易	Processing Trade of Exported Material	162	149	162	171
海关特殊监管方式	Customs special supervision method	28085	2998	57030	15326
保税监管场所进出境货物	Import & Export Commodities in Protective Tariff Zone	21810	755	35324	8601
海关特殊监管区域物流货物	Logistics Goods in Special Customs Surveillance Areas	5697	2243	18303	6725
海关特殊监管区域进口设备	Imported Equipments in Special Customs Surveillance Areas	578		3403	
租赁贸易	Renting trade			15	
其它贸易	Others Trade	2869	831		

8-7 主要出口商品总值 (2018年)

Major Exports Commodities in Value (2018)

商品名称		Item		数 量 (Volume)	美元值 (万美元) Dollar value (USD10 000)
服装及衣着附件		Articles of Apparel & Clothing Accessories			234930
织物制服装		Garments with Textile			120822
裘皮服装	(吨)	Fur Garment	(tons)	1168.94	78205
鞋类	(万吨)	Footware	(10 000 tons)	6.74	127650
鞋	(万吨)	Shoes	(10 000 tons)	6.36	124033
扬声器	(万个)	Loudspeakers	(10 000 units)	5392.84	79498
钢材	(万吨)	Rolled Steels	(10 000 tons)	126.80	115245
箱包及类似容器	(万吨)	Travel Goods	(10 000 tons)	5.90	82495
陶瓷产品	(万吨)	Ceramic Products	(10 000 tons)	33.99	101387
家用陶瓷	(万吨)	Domestic Ceramics	(10 000 tons)	22.57	81556
灯具、照明装置及零件		Lamps, Lighting fixtures and Parts			76647
自动数据处理设备及其部件		Automatic data processing equipment and Components			33128
自动数据处理设备		Automatic data processing equipment			
玩具		Toys			44479
贵金属或包贵金属的首饰	(吨)	Precious metal or precious metal jewelry	(tons)	22	60786
电话机	(万台)	Telephones	(10 000 units)	2370.00	42815
手持或车载无线电话机	(万台)	Handheld or Vehicle Wireless Phones	(10 000 units)	2311.60	42078
烟花、爆竹	(万吨)	Fireworks and Firecrackers	(10 000 tons)	21.71	49615
纺织纱线、织物及制品		Textile Yarn,Textile and Related Products			60518
塑料制品	(万吨)	Plastic Products	(10 000 tons)	6.72	67810
汽车	(万辆)	Cars	(10 000 units)	1.14	35419
蓄电池	(万个)	Battery	(10 000 units)	5523.93	37589
手用或机用工具	(万吨)	Hand Tools and Tools For Machines	(10 000 tons)	2.34	29215
家具及其零件		Furniture and Parts			38551
蔬菜	(万吨)	Vegetables	(10 000 tons)	21.21	27284
汽车零配件		Auto Parbs			23597

8-8 主要进口商品总值 (2018年)

Major Imports Commodities in Value (2018)

商品名称		Item		数 量 (Volume)	美元值 (万美元) Dollar value (USD10 000)
铁矿砂及其精矿	(万吨)	Iron Ores and Concentrate	(10 000 tons)	2489.20	169354
集成电路	(亿个)	Integrated Circuit	(100 million units)	18.30	200875
汽车零配件		Parts of Motor Vehicles			76607
铜矿砂及其精矿	(万吨)	Cooper Ores and Concentrates	(10 000 tons)	23.49	36936
纸浆	(万吨)	Paper Pulp	(10 000 tons)	50.10	40604
计量检测分析自控仪器及器具		Measuring and Checking			39187
煤及褐煤	(万吨)	Coal and Lignite	(10 000 tons)	390.30	42485
炼焦煤	(万吨)	Coking Coal	(10 000 tons)	104.45	18026
乳品	(万吨)	Dairy	(10 000 tons)	5.13	40612
奶粉	(万吨)	Powdered Milk	(10 000 tons)	3.94	36442
肉及杂碎	(万吨)	Meat and chop	(10 000 tons)	9.60	33030
牛肉	(万吨)	Beef	(10 000 tons)	2.59	12893
变压、整流、电感器及零件		Transformer, Rectifier, Inductor and Parts			25441
粮食	(万吨)	Foodstuff	(10 000 tons)	83.62	34426
大豆	(万吨)	Soybean	(10 000 tons)	68.04	28978
铅矿砂及其精矿	(万吨)	Lead Ores and Concentrates	(10 000 tons)	12.86	19550
汽车	(辆)	Cars	(unit)	5756.00	41866
自动数据处理设备及其部件		Automatic data processing equipment and Components			
数字式中央处理部件		Digital central processing unit			11068
纺织纱线、织物及制品		Textile Yarn,Textile and Related Products			11314
有线、无线通信设备零件		Wired and wireless communication equipment parts			23310
通断保护电路装置及零件		Eletrical Apparatus for Switching or Protecting			12926
初级形状的塑料	(万吨)	Plastic in Primary Form	(10 000 tons)	10.83	16152
锌矿砂及其精矿	(万吨)	Zinc ores and concentrates	(10 000 tons)	16.08	17722

8-9 利用外商直接投资
Foreign Direct Investments

单位：万美元 (USD 10 000)

项　目	Item	2000	2005	2016	2017	2018
总 计	**Total**	**68182**	**207235**	**1285208**	**1447490**	**1619134**
按产业类别分类	**Grouped By Industry**					
第一产业	Primary Industry	3335	6915	62469	52801	62320
第二产业	Secondary Industry	43425	141882	686197	746387	808643
第三产业	Tertiary Industry	21422	58438	536542	648302	748171
按企业主体分类	**Grouped by Form**					
中外合资	Equity Foint Venture	32671	38146	231175	281739	409846
中外合作	Contractural Foint Venture	7328	15351	85921	102685	82760
外商独资	Wholly Foreign-owned Entenprise	27940	119798	868017	959553	1047648
外商投资股份制	FDI Share Holding Inc.	243	33940	100096	103512	78880

8-10 外商直接投资签订合同情况(分国别、地区)(2018年)
Basic Statistics on Signed Contracts of Direct Foreign Investment (by Country or Region) (2018)

国别(地区)	Countries (Region)	项目(合同)个数(个) Number of Projects (case)	实际利用外资(万美元) Actually Used Amount (USD 10 000)
总 计	**Total**	**290**	**1619134**
中国香港	Hongkong, China	129	1160109
中国台湾	Taiwan, China	42	69181
美 国	United States	10	48346
日 本	Japan	2	68629
维尔京群岛	Virgin Islands	3	44836
德 国	Germany	2	41258
新加坡	Singapore	6	15337
荷 兰	Netherlands	3	12079
澳大利亚	Australia	6	7575
英 国	United Kingdom	7	22337
韩 国	Korea	5	13562
开曼群岛	Cayman Islands		21184

8-11 旅游业基本情况
Basic Statistics of Tourism

项　目	Item	2000	2005	2016	2017	2018
接待旅游总人数　（万人）	**Number of Tourists (10 000 persons)**	**4695.40**	**7180.98**	**56547.79**	**66934.58**	**75300.53**
#接待海外游客	#International Tourists	45.40	71.98	127.41	322.68	365.08
#接待国内游客	#Domestic Tourists	4650.00	7109.00	56306.98	66611.90	74935.45
旅游业总收入（人民币亿元）	**Income of Tourism (100 million yuan)**	**148.80**	**453.57**	**4707.43**	**7172.62**	**8355.73**
#旅游创汇　（亿美元）	#Earnings from International Tourism	2.21	3.90	10.05	12.95	15.20
#国内旅游收入（人民币亿元）	#Earnings from Domestic Tourism (RMB 100 million yuan)	130.46	421.20	4640.73	7085.16	8255.12

8-12 国际旅游人数和人天数
Number of International Tourists and Days of Tourism

项　目	Item	2000	2005	2016	2017	2018
接待入境旅游人数合计（人次）	**Total of International Tourists Arrivals (person-time)**	**454008**	**719829**	**2408055**	**3226844**	**3650822**
#外国人	#Foreigners	157899	608847	1274100	1554824	1787405
港澳台同胞	Compatriots From Hongkong,Macao and Taiwan	296109	110982	1133955	1672020	1863417
#台胞	Compatriots from Taiwan	172731	61007	365874	599574	610064
入境旅游人天数合计　（人天）	**Total of International Tourist Arrivals (person-day)**	**1443640**	**2291253**	**4711066**	**6257835**	**7810131**
#外国人	#Foreigners	596216	1943303	2655163	3131866	4029021
港澳台同胞	Compatriots From Hongkong,Macao and Taiwan	847424	347951	2055903	3125968	3781110
#台胞	Compatriots from Taiwan	465221	19122	682913	1134549	1230145

注：从2000年起，华侨并入外国人统计。
Overseas chinese are bring into foreigners since 2000.

8-13 接待外国人按国别分组
Number of Foreign Tourists by Country

单位：人次　　(person-time)

国　别	Country	2013	2014	2015	2016	2017	2018
外国人总计	**Total**	**877108**	**1000746**	**1181881**	**1274100**	**1554824**	**1787405**
#日本	#Japan	33072	74916	43335	66575	98157	125885
菲律宾	Philippines	4235	7475	10715	9844	17879	25683
新加坡	Singapore	26578	37298	24936	32804	60354	59166
泰　国	Thailand	16530	27648	25698	54058	79140	93513
印度尼西亚	Indonesia	27090	32131	24790	56840	69292	45664
美　国	United States	91864	97254	71296	74906	80316	96106
加拿大	Canada	12772	24458	24389	30801	42574	43513
德　国	Germany	46334	28554	25454	30095	37609	53772
英　国	United Kingdom	48507	57868	39514	43140	48552	65164
法　国	France	29347	33555	30292	33252	39850	51457
意大利	Italy	9304	18788	19932	24346	27855	34908
俄罗斯	Russia	7091	17100	26602	35025	45426	52414
澳大利亚	Australia	6667	18541	22615	25614	39749	38168
新西兰	New Zealand	2868	6705	11376	11137	13584	18521
其　他	Others	514849	518455	780937	745663	854487	983471

8-14 湖南省产业园区基本情况(2018年)
Basic Indicators of above the Provincial Level Development Zones (2018)

指 标		Item		2018
园区规划面积	(平方公里)	Floor Areas in Development Zone	(Sq.km.)	2372.97
已开发面积	(平方公里)	Actual Land Areas of Development Zone	(Sq.km.)	1054.40
#工业用地面积	(平方公里)	#Floor Areas of Industrial	(Sq.km.)	727.09
园区企业个数	(个)	Number of Enterprises	(unit)	52214
#高新技术产业企业个数	(个)	#New-and-High-tech Enterprises	(unit)	5480
工业企业个数	(个)	Industrial Enterprises	(unit)	21747
期末从业人数	(万人)	Population of Employment	(10000 persons)	362.33
#高新技术产业企业期末从业人数	(万人)	#Employees in New-and-High-tech Enterprises	(10000 persons)	134.89
工业企业期末从业人数	(万人)	Population of Industrial Enterperises	(10000 persons)	265.65
专利申请授权数	(件)	Number of Patent Applications	(item)	18458
本年完成固定资产投资	(亿元)	Investment in Fixed Assets	(100 million yuan)	8890.74
新批外商直接投资项目个数	(个)	Newly Authorized Projects of Foreign Direct Investment	(unit)	389
实际到位外商直接投资金额	(亿美元)	Actual Value of Foreign Direct Investment	(USD 100 million)	85.81
实施省外境内合作项目个数	(个)	Number of Domestic Direct Investment	(unit)	2525
实际到位省外境内资金	(亿元)	Actual value of Domestic Direct Investment	(100 million yuan)	2214.63
技工贸总收入	(亿元)	Industry and Trade Income	(100 million yuan)	44570.46
#工业企业主营业务收入	(亿元)	#Industrial Product Sales Income	(100 million yuan)	32041.92
利润总额	(亿元)	Total Profit	(100 million yuan)	1909.46
上交税金总额	(亿元)	Total of theTax Amount	(100 million yuan)	1379.46
高新技术产业主营业务收入	(亿元)	Main Business Income of High and New Technology Industry	(100 million yuan)	20741.07
出口额	(亿元)	Value of Exports	(100 million yuan)	1377.26

8-15 湖南省国家级开发区基本情况(2018年)
Basic Indicators of National Development Zones (2018)

指 标		Item		2018
园区规划面积	(平方公里)	Floor Areas in Development Zone	(Sq.km.)	1113.91
已开发面积	(平方公里)	Actual Land Areas of Development Zone	(Sq.km.)	367.09
#工业用地面积	(平方公里)	#Floor Areas of Industrial	(Sq.km.)	210.95
园区企业个数	(个)	Number of Enterprises	(unit)	29826
#高新技术产业企业个数	(个)	#New-and-High-tech Enterprises	(unit)	2273
工业企业个数	(个)	Industrial Enterprises	(unit)	8837
期末从业人数	(万人)	Population of Employment	(10000 persons)	135.37
#高新技术产业企业期末从业人数	(万人)	#Employees in New-and-High-tech Enterprises	(10000 persons)	58.36
工业企业期末从业人数	(万人)	Population of Industrial Enterperises	(10000 persons)	86.45
专利申请授权数	(件)	Number of Patent Applications	(item)	10790
本年完成固定资产投资	(亿元)	Investment in Fixed Assets	(100 million yuan)	3668.14
新批外商直接投资项目个数	(个)	Newly Authorized Projects of Foreign Direct Investment	(unit)	176
实际到位外商直接投资金额	(亿美元)	Actual Value of Foreign Direct Investment	(USD 100 million)	37.04
实施省外境内合作项目个数	(个)	Number of Domestic Direct Investment	(unit)	693
实际到位省外境内资金	(亿元)	Actual value of Domestic Direct Investment	(100 million yuan)	831.47
技工贸总收入	(亿元)	Industry and Trade Income	(100 million yuan)	22083.04
#工业企业主营业务收入	(亿元)	#Industrial Product Sales Income	(100 million yuan)	14002.44
利润总额	(亿元)	Total Profit	(100 million yuan)	846.83
上交税金总额	(亿元)	Total of theTax Amount	(100 million yuan)	700.83
高新技术产业主营业务收入	(亿元)	Main Business Income of High and New Technology Industry	(100 million yuan)	10119.12
出口额	(亿元)	Value of Exports	(100 million yuan)	832.25

8-16 湖南省省级开发区基本情况(2018年)
Basic Indicators of Provincial Development Zone (2018)

指 标		Item		2018
园区规划面积	(平方公里)	Floor Areas in Development Zone	(Sq.km.)	1021.51
已开发面积	(平方公里)	Actual Land Areas of Development Zone	(Sq.km.)	540.24
#工业用地面积	(平方公里)	#Floor Areas of Industrial	(Sq.km.)	399.31
园区企业个数	(个)	Number of Enterprises	(unit)	19234
#高新技术产业企业个数	(个)	#New-and-High-tech Enterprises	(unit)	2612
工业企业个数	(个)	Industrial Enterprises	(unit)	10233
期末从业人数	(万人)	Population of Employment	(10000 persons)	185.79
#高新技术产业企业期末从业人数	(万人)	#Employees in New-and-High-tech Enterprises	(10000 persons)	62.81
工业企业期末从业人数	(万人)	Population of Industrial Enterperises	(10000 persons)	142.72
专利申请授权数	(件)	Number of Patent Applications	(item)	6194
本年完成固定资产投资	(亿元)	Investment in Fixed Assets	(100 million yuan)	4361.29
新批外商直接投资项目个数	(个)	Newly Authorized Projects of Foreign Direct Investment	(unit)	178
实际到位外商直接投资金额	(亿美元)	Actual Value of Foreign Direct Investment	(USD 100 million)	41.21
实施省外境内合作项目个数	(个)	Number of Domestic Direct Investment	(unit)	1518
实际到位省外境内资金	(亿元)	Actual value of Domestic Direct Investment	(100 million yuan)	1142.33
技工贸总收入	(亿元)	Industry and Trade Income	(100 million yuan)	19484.86
#工业企业主营业务收入	(亿元)	#Industrial Product Sales Income	(100 million yuan)	15275.23
利润总额	(亿元)	Total Profit	(100 million yuan)	918.43
上交税金总额	(亿元)	Total of theTax Amount	(100 million yuan)	610.06
高新技术产业主营业务收入	(亿元)	Main Business Income of High and New Technology Industry	(100 million yuan)	9348.48
出口额	(亿元)	Value of Exports	(100 million yuan)	486.10

8-17 湖南省省级工业集中区基本情况(2018年)
Basic Indicators of above the Provincial Level Development Zones (2018)

指 标		Item		2018
园区规划面积	(平方公里)	Floor Areas in Development Zone	(Sq.km.)	237.55
已开发面积	(平方公里)	Actual Land Areas of Development Zone	(Sq.km.)	147.07
#工业用地面积	(平方公里)	#Floor Areas of Industrial	(Sq.km.)	116.83
园区企业个数	(个)	Number of Enterprises	(unit)	3154
#高新技术产业企业个数	(个)	#New-and-High-tech Enterprises	(unit)	595
工业企业个数	(个)	Industrial Enterprises	(unit)	2677
期末从业人数	(万人)	Population of Employment	(10000 persons)	41.17
#高新技术产业企业期末从业人数	(万人)	#Employees in New-and-High-tech Enterprises	(10000 persons)	13.72
工业企业期末从业人数	(万人)	Population of Industrial Enterperises	(10000 persons)	36.48
专利申请授权数	(件)	Number of Patent Applications	(item)	1474
本年完成固定资产投资	(亿元)	Investment in Fixed Assets	(100 million yuan)	861.31
新批外商直接投资项目个数	(个)	Newly Authorized Projects of Foreign Direct Investment	(unit)	35
实际到位外商直接投资金额	(亿美元)	Actual Value of Foreign Direct Investment	(USD 100 million)	7.56
实施省外境内合作项目个数	(个)	Number of Domestic Direct Investment	(unit)	314
实际到位省外境内资金	(亿元)	Actual value of Domestic Direct Investment	(100 million yuan)	240.83
技工贸总收入	(亿元)	Industry and Trade Income	(100 million yuan)	3002.56
#工业企业主营业务收入	(亿元)	#Industrial Product Sales Income	(100 million yuan)	2764.25
利润总额	(亿元)	Total Profit	(100 million yuan)	144.21
上交税金总额	(亿元)	Total of theTax Amount	(100 million yuan)	68.56
高新技术产业主营业务收入	(亿元)	Main Business Income of High and New Technology Industry	(100 million yuan)	1273.48
出口额	(亿元)	Value of Exports	(100 million yuan)	58.91

主要统计指标解释

货物进出口总额 指指实际进出我国国境的货物总金额。包括对外贸易实际进出口货物，来料加工装配进出口货物，国家间、联合国及国际组织无偿援助物资和赠送品，华侨、港澳台同胞和外籍华人捐赠品，租赁期满归承租人所有的租赁货物，进料加工进出口货物，边境地方贸易及边境地区小额贸易进出口货物，中外合资企业、中外合作经营企业、外商独资经营企业进出口货物和公用物品，到、离岸价格在规定限额以上的进出口货样和广告品（无商业价值、无使用价值和免费提供出口的除外），从保税仓库提取在中国境内销售的进口货物，以及其他进出口货物。该指标可以观察一个国家在对外贸易方面的总规模。我国规定出口货物按离岸价格统计，进口货物按到岸价格统计。

商品经营单位所在地进、出口额 指所在地海关注册登记的有进出口经营权的企业实际进、出口额。

商品目的地进口额和商品货源地出口额 目的地进口额指进口货物的消费、使用或最终抵运地的实际进口额；货源地出口额指出口货物的产地或原始发货地的实际出口额。

利用外资 指我国各级政府、部门、企业和其他经济组织通过对外借款、吸收外商直接投资以及用其他方式筹措的境外现汇、设备、技术等。

对外借款 指通过对外正式签订借款协议，从境外筹措的资金，包括外国政府贷款、国际金融组织贷款、外国银行商业贷款、出口信贷以及对外发行债券等。1996 年及以前还包括对外发行股票。该指标是我国利用外资的重要部分。

外商直接投资 是指外国投资者在我国境内通过设立外商投资企业、合伙企业、与中方投资者共同进行石油资源的合作勘探开发以及设立外国公司分支机构等方式进行投资。外国投资者可以用现金、实物、无形资产、股权等投资，还可以用从外商投资企业获得的利润进行再投资。

外商其他投资 指除对外借款和外商直接投资以外的各种利用外资的形式。包括企业在境内外股票市场公开发行的以外币计价的股票发行价总额，国际租赁进口设备的应付款，补偿贸易中外商提供的进口设备、技术、物料的价款，加工装配贸易中外商提供的进口设备、物料的价款。

对外直接投资 指我国企业、团体等（简称境内投资主体）在国外及港澳台地区以现金、实物、无形资产等方式投资，并以控制国（境）外企业的经营管理权为核心的经济活动。对外直接投资的内涵主要体现在一经济体通过投资于另一经济体而实现其持久利益的目标。

对外承包工程 根据《对外承包工程管理条例》，对外承包工程是指中国的企业或者其他单位承包境外建设工程项目的活动。

对外劳务合作 指组织劳务人员赴其他国家或地区为国外的企业或机构工作的经营性活动。

入境游客 指报告期内来中国（大陆）观光、度假、探亲访友、就医疗养、购物、参加会议或从事经济、文化、体育、宗教活动的外国人、港澳台同胞等游客（即入境旅游人数）。统计时，入境游客按每入境一次统计 1 人次。入境旅游人数包括入境过夜游客和入境一日游游客。

出境人数（出境游客） 指中国（大陆）居民因公或因私出境前往其他国家、中国香港特别行政区、澳门特别行政区和台湾省观光、度假、探亲访友、就医疗养、购物、参加会议或从事经济、文化、体育、宗教活动的人数（即出境游客）。统计时，出境游客按每出境一次统计 1 人次。

国内游客 指报告期内在中国（大陆）观光游览、度假、探亲访友、就医疗养、购物、参加会议或从事经济、文化、体育、宗教活动的中国（大陆）居民人数，其出游的目的不是通过所从事的活动谋取报酬。统计时，国内游客按每出游一次统计 1 人次。

国际旅游（外汇）收入 指入境游客在中国（大陆）境内旅行、游览过程中用于交通、参观游览、住宿、餐饮、购物、娱乐等全部花费。

国内旅游收入（旅游总花费） 指国内游客在国内旅行、游览过程中用于交通、参观游览、住宿、餐饮、购物、娱乐等全部花费。

国际旅行社 指经营对外招徕并接待外国人、华侨、港澳同胞和台湾同胞来中国、归国或回内地旅游业务的旅行社。

国内旅行社 指负责经营招徕、组团、接待国内旅客的旅游业务，以及不对外招徕，负责经营接待国际旅行社或其它涉外部门组织的外国人、华侨、港澳同胞和台湾同胞来中国、归 国或回内地的旅游业务的旅行社。

星级饭店 指设备、设施、服务符合《旅游饭店星级的划分与评定》（GB/T14308–2003），通过相关旅游管理部门评定，并取得星级饭店称号的饭店（含预备星级饭店）。

Explanatory Notes on Main Statistical Indicators

Total Import and Export of Goods refer to the real value of commodities imported and exported across the border of China. They include the actual imports and exports through foreign trade, imported and exported goods under the processing and assembling trades and materials, supplies and gifts as aid given gratis between governments and by the United Nations and other international organizations, and contributions donated by overseas Chinese, compatriots in Hong Kong and Macao and Chinese with foreign citizenship, leasing commodities owned by tenant at the expiration of leasing period, the imported and exported commodities processed with imported materials, commodities trading in border areas, the imported and exported commodities and articles for public use of the Sino-foreign joint ventures, cooperative enterprises and ventures with sole foreign investment. Also included is import or export of samples and advertising goods for which CIF or FOB value are beyond the permitted ceiling (excluding goods of no trading or use value and free commodities for export), imported goods sold in China from bonded warehouses and other imported or exported goods. The indicator of the total imports and exports at customs can be used to observe the total size of external trade in a country. In accordance with the stipulation of the Chinese government, imports are calculated at CIF, while exports are calculated at FOB.

Import or Export Value by Location of China's Foreign Trade Managing Units refers to actual value of imports and exports carried out by corporations which have been registered by the local Customs house and are vested with right to run import export business.

Import Value of Commodities by Place of Destination and Export Value of Commodities by Place of Origin in China The former indicator refers to the value of import commodities of the places of their consumption, utilization or the places of their final destination. The latter indicator refers to the value of export commodities of the places of their origin or the places of the commodities dispatched.

Utilization of Foreign Capitals refers to remittance, equipment and technology financed from abroad, by loans, foreign direct investment and other forms undertaken by the Chinese governments at all levels, by various departments, enterprises and other economic units.

Foreign Borrowings refer to funds borrowed from abroad through formal signing of borrowing agreements with foreign institutions, including loans of foreign governments, loans of international financial institutions, commercial loans of foreign banks, export credit, and funds raised by Chinese bonds (and shares before 1996) issued abroad. It is an important part of China's utilization of foreign capitals.

Foreign Direct Investment refers to foreign investment in China through the establishment of foreign invested enterprises, cooperative exploration and development of pet- roleum resources with domestic investors and the establishment of branch organizations of foreign enterprises. Foreign investment can be made in forms of cash, physical investment, intangible assets and equity, in addition with reinvestment of the foreign enterprises with the profits gained from the investment.

Other Foreign Investment refers to all forms of utilization of foreign capitals other than foreign borrowings and foreign direct investment. It includes the total value of stock shares in foreign currencies issued by enterprises at domestic or foreign stock exchanges, rent payable for the imported equip- ment through international leasing arrangement, cost of imported equipment, technology and materials provided by foreign counterparts in compensation trade and processing and assembly trade.

Overseas Direct Investment refers to investment made by domestic enterprises and organizations (referred to as domestic investors) in foreign countries and Hong Kong SAR, Macao SAR and Taiwan province in forms of cash, physical investment and intangible assets, and the economic activities centring on operation and management of those enterprises are under the control of domestic investors. The content of overseas direct investment mainly reflects one economic entity by investing in another economic entity to achieve its goal of lasting interest.

Overseas Contracted Projects refer to activities of contracting overseas construction projects by Chinese enterprises or any other units, which are stipulated in the Regulations on Administration of Foreign Contracted Project.

Overseas Labour Services refer to operational activities of organizing labour force to go abroad providing services to foreign enterprises or agencies.

Overseas Visitor Arrivals refer to the number of tourists of foreigners, Chinese compatriots from Hong Kong, Macao and Taiwan who come to China (mainland) within the reference period for sight-seeing, vacation, visiting relatives, medical treatment, shopping, attending conference, or to engage in economic, cultural, sports and religious activities (namely the number of overseas visitor arrivals). In compiling statistics, each arrival is counted as one person-time. The number of overseas visitor arrivals includes inbound overnight tourists and one-day tourists.

Number of Chinese Residents Going Abroad (Chinese Outbound Visitors) refers to the number of Chinese (mainland) residents going to other countries, Hong Kong Special Administrative region, Macao Special Administrative region and Taiwan for on official or private purposes, for sight-seeing, vacation, visiting relatives, medical treatment, shopping, attending conference, or to engage in economic, cultural, sports and religious activities (namely the Chinese outbound visitors). In compiling statistics, each time of leaving is counted as one person-time.

Number of Domestic Tourists refers to the number of Chinese (mainland) residents who travel within China (mainland) for sight-seeing, vacation, visiting relatives, medical treatment, shopping, attending conference, or to engage in economic, cultural, sports and religious activities. In compiling statistics, each time of travelling is counted as one person-time.

Foreign Exchange Earnings from International Tourism refer to the total expenditure of foreigners, overseas Chinese, Chinese compatriots from Hong Kong, Macao and Taiwan during their stay in the mainland of China on transportation, sighting, accommodation, food, shopping and entertainment.

Income from Domestic Tourism refer to expenditure of domestic tourists on transportation, sighting, accommodation, food, shopping and entertainment while they travel.

International Travel Agencies refer to travel agencies engaged in the promotion, solicitation, organization and reception of tours to the mainland of China by foreigners, overseas Chinese, Chinese compatriots from Hong Kong, Macao and Taiwan.

Domestic Travel Agencies refer to travel agencies engaged in the promotion, solicitation, organization and reception of domestic tourists, and in the reception of foreigners, overseas Chinese, Chinese compatriots from Hong Kong, Macao and Taiwan organized by international travel agencies or other departments concerned, without their own promotion and solicitation programmes.

Star Hotels refer to hotels rated with stars as assessed by the relevant tourism authorities according to GB/T14308-2003 standard with reference to their infrastructure, facilities and service levels.

能　源

Energy

资料整理人员：杨　耒　　杨東燊　　何　达
户新刚　　黄少华

9–1 工业企业能源购进、消费及库存 (2018年)

Energy Purchase, Consumption and Stock of Industry (2018)

指 标		Item		年初库存 Stock at the Beginning of the Year	购进量实物量 Total Purchase	消费量合计 Total Consump-tion	工业生产消费 For Industral Production	原材料 Material Use	年末库存 Stock at the End of the Year
能源合计	**（吨标准煤）**	**Total Energy**	**(ton of SCE)**			**110586811**	**109735418**		
原煤	（吨）	Raw Coal	(Ton)	3399086	65184235	63273067	62981404	1175729	4574095
其中：无烟煤	（吨）	Blind Coal	(Ton)	478638	7089529	7052283	6945439	60211	549981
炼焦烟煤	（吨）	Coking Coal	(Ton)	8939	152973	158806	158450		4436
一般烟煤	（吨）	Generally Coal	(Ton)	2911157	57902017	56022648	55838209	1115518	4019318
褐煤	（吨）	Lignitous Coal	(Ton)	352	39716	39330	39306		360
洗精煤	（吨）	Cleaned Coal	(Ton)	234437	9111015	9200496	9200496		144955
其它洗煤	（吨）	Other Washed Coal	(Ton)	48066	2563843	2551942	2551942	2598	59709
煤制品	（吨）	Coal Products	(Ton)	565	36479	36448	36219	7	635
焦炭	（吨）	Coke	(Ton)	177464	5927783	9387789	9387476	85124	237927
其它焦化产品	（吨）	Other Coking Products	(Ton)	494	20012	20324	20324		181
焦炉煤气	（万立方米）	Coke Oven Gas	(10 000 Cu.M)		15013	179690	169830		
高炉煤气	（万立方米）	High Oven Gas	(10 000 Cu.M)		80490	3355834	3342503		
转炉煤气	（万立方米）	Converter Gas	(10 000 Cu.M)		293	246169	193348		
发生炉煤气	（万立方米）	Producer Gas	(10 000 Cu.M)		144	144	144		
天然气（气态）	（万立方米）	Natural Gas	(10 000 Cu.M)	145	145373	142292	140813	527	373
液化天然气（液态）	（吨）	Liquefied Natural Gas	(Ton)	148	31644	31389	30953	104	157
煤层气（煤田）	（万立方米）	Coal Seam Gas	(10 000 Cu.M)						
原油	（吨）	Crude Oil	(Ton)	270325	9542627	9497074	9497074		315513
汽油	（吨）	Gasoline	(Ton)	620	158524	158216	126801	2038	528
煤油	（吨）	Kerosene	(Ton)	54	25372	25284	25267	443	39
柴油	（吨）	Diesel Oil	(Ton)	13082	312072	312462	281424	11580	11491
燃料油	（吨）	Fuel Oil	(Ton)	12327	215382	227512	227408	1011	11463
液化石油气	（吨）	Liquefied Petroleum Gas	(Ton)	536	191456	185405	185222	11277	536
炼厂干气	（吨）	Refinery Gas	(Ton)		523	338982	338982		
石脑油	（吨）	Naphtha	(Ton)						
润滑油	（吨）	Lubricating Oil	(Ton)	78	6238	6243	6243	39	48
石蜡	（吨）	Paraffin Wax	(Ton)	2	595	599	599	30	
溶剂油	（吨）	Solvnet Naphtha	(Ton)	144	10293	10183	10183	4139	254
石油焦	（吨）	Petroleum Coke	(Ton)	6112	228565	223986	223986	2565	22880
石油沥青	（吨）	Petroleum Asphalt	(Ton)	2032	43253	42110	41909	24924	2650
其它石油制品	（吨）	Other Petroleum Products	(Ton)	62027	2193231	2842698	2842698	979462	29781
热力	（百万千焦）	Heat	(Million Kilo–Joule)		22818456	57564006	51741703		
电力	（万千瓦时）	Electricity	(10 Thousand Kwh)		6766879	9390713	9276964		
煤矸石用于燃料	（吨）	Coal Gangue Solid Fuel	(Ton)	37485	1899368	1830010	1830010		124438
城市垃圾用于燃料	（吨）	Municipal Refuse Fuel	(Ton)	12682	1642471	1821779	1821779		22397
生物质废料用于燃料	（吨）	Biomass Waste Fuel	(Ton)	11334	1412519	1339970	1338224		4758
余热余压	（百万千焦）	Waste Heat And Excess Pressure	(Million Kilo–Joule)		7887013	31729085	31720133		
其它工业废料用于燃料	（吨）	Other Industrial Waste Fuel	(Ton)		121421	121601	121601		
其他燃料	（吨标准煤）	Other Fuel	(Ton Of Sce)	674	749237	738374	738192		325

注：本表统计范围为年主营业务收入 2000 万元及以上的工业企业。

All Industry corporation enterises with an annual sales income of over 20 million yuan.

9-1 续表 1 Continued

指标	Item	工业生产消费量 For Production	加工转换投入合计 Input& Outputof Transfor-mation	火力发电 Thermal Power	供热 Heating Supply	原煤入洗 Coal Washing	炼焦 Coking
能源合计 (吨标准煤)	**Total Energy (ton of SCE)**	**87915904**	**62142498**	**28284929**	**3256994**	**6763255**	**8366931**
原煤 (吨)	Raw Coal (Ton)	53903377	44915945	33513554	2003235	9399156	
其中：无烟煤 (吨)	Blind Coal (Ton)	5720661	4980809	4618354		362455	
炼焦烟煤 (吨)	Coking Coal (Ton)						
一般烟煤 (吨)	Generally Coal (Ton)	48182716	39935135	28895200	2003235	9036701	
褐煤 (吨)	Lignitous Coal (Ton)						
洗精煤 (吨)	Cleaned Coal (Ton)	9200496	9200496				9200496
其它洗煤 (吨)	Other Washed Coal (Ton)	2535216	1225856		1225856		
煤制品 (吨)	Coal Products (Ton)						
焦炭 (吨)	Coke (Ton)	8825086					
其它焦化产品 (吨)	Other Coking Products (Ton)						
焦炉煤气 (万立方米)	Coke Oven Gas (10 000 Cu.M)	156786	25586	25586			
高炉煤气 (万立方米)	High Oven Gas (10 000 Cu.M)	3262013	1970270	1373897	596373		
转炉煤气 (万立方米)	Converter Gas (10 000 Cu.M)	193245	112237	112237			
发生炉煤气 (万立方米)	Producer Gas (10 000 Cu.M)						
天然气(气态) (万立方米)	Natural Gas (10 000 Cu.M)	16955	144	135	9		
液化天然气(液态) (吨)	Liquefied Natural Gas (Ton)	628					
煤层气(煤田) (万立方米)	Coal Seam Gas (10 000 Cu.M)						
原油 (吨)	Crude Oil (Ton)	9496577	9487366				
汽油 (吨)	Gasoline (Ton)	6323	6120				
煤油 (吨)	Kerosene (Ton)	44					
柴油 (吨)	Diesel Oil (Ton)	27073	5421	5362	59		
燃料油 (吨)	Fuel Oil (Ton)	129589	45030	31767	6063		
液化石油气 (吨)	Liquefied Petroleum Gas (Ton)	154					
炼厂干气 (吨)	Refinery Gas (Ton)	338459	49551	14128	20094		
石脑油 (吨)	Naphtha (Ton)						
润滑油 (吨)	Lubricating Oil (Ton)	79					
石蜡 (吨)	Paraffin Wax (Ton)						
溶剂油 (吨)	Solvnet Naphtha (Ton)	77					
石油焦 (吨)	Petroleum Coke (Ton)	196542	79754	42324	37430		
石油沥青 (吨)	Petroleum Asphalt (Ton)						
其它石油制品 (吨)	Other Petroleum Products (Ton)	2435567	1338113				
热力 (百万千焦)	Heat (Million Kilo-Joule)	29083839					
电力 (万千瓦时)	Electricity (10 Thousand Kwh)	2578959					
煤矸石用于燃料 (吨)	Coal Gangue Solid Fuel (Ton)	982380	982380	982380			
城市垃圾用于燃料 (吨)	Municipal Refuse Fuel (Ton)	1821770	1821770	1821770			
生物质废料用于燃料 (吨)	Biomass Waste Fuel (Ton)	525916	520005	504859	15146		
余热余压 (百万千焦)	Waste Heat And Excess Pressure (Million Kilo-Joule)	31462921	18315102	18315102			
其它工业废料用于燃料 (吨)	Other Industrial Waste Fuel (Ton)	33338	33338	33338			
其他燃料 (吨标准煤)	Other Fuel (Ton Of Sce)						

注：本表统计范围为辖区内有能源加工转换活动或回收利用的规模以上工业法人单位。

The statistical scope of this table is for industrial enterprises above designated size that have energy processing conversion activities or recycling in their jurisdiction.

9-1 续表 2 Continued

指 标	Item	炼油及煤制油 Petroleum Refineries	制气 Gas Works	天然气液 化 Natural Gas Liquefaction	加 工 煤制品 Coal Processing	能源加工转换产出 Energy Processing Conversion	回收利用 Recycling
能源合计 （吨标准煤）	**Total Energy (ton of SCE)**	**15470389**				**42179818**	**5985418**
原煤 （吨）	Raw Coal (Ton)						
其中：无烟煤 （吨）	Blind Coal (Ton)						
炼焦烟煤 （吨）	Coking Coal (Ton)						
一般烟煤 （吨）	Generally Coal (Ton)						
褐煤 （吨）	Lignitous Coal (Ton)						
洗精煤 （吨）	Cleaned Coal (Ton)					5750989	
其它洗煤 （吨）	Other Washed Coal (Ton)					828318	
煤制品 （吨）	Coal Products (Ton)						
焦炭 （吨）	Coke (Ton)					6562141	
其它焦化产品 （吨）	Other Coking Products (Ton)					231808	
焦炉煤气 （万立方米）	Coke Oven Gas (10 000 Cu.M)					229972	
高炉煤气 （万立方米）	High Oven Gas (10 000 Cu.M)						3332247
转炉煤气 （万立方米）	Converter Gas (10 000 Cu.M)						246066
发生炉煤气 （万立方米）	Producer Gas (10 000 Cu.M)						
天然气（气态） （万立方米）	Natural Gas (10 000 Cu.M)						
液化天然气（液态） （吨）	Liquefied Natural Gas (Ton)						
煤层气（煤田） （万立方米）	Coal Seam Gas (10 000 Cu.M)						
原油 （吨）	Crude Oil (Ton)	9487366					
汽油 （吨）	Gasoline (Ton)	6120				2791236	
煤油 （吨）	Kerosene (Ton)					854351	
柴油 （吨）	Diesel Oil (Ton)					2213737	
燃料油 （吨）	Fuel Oil (Ton)	7200				45883	
液化石油气 （吨）	Liquefied Petroleum Gas (Ton)					875277	
炼厂干气 （吨）	Refinery Gas (Ton)	15329				385490	
石脑油 （吨）	Naphtha (Ton)					276849	
润滑油 （吨）	Lubricating Oil (Ton)						
石蜡 （吨）	Paraffin Wax (Ton)						
溶剂油 （吨）	Solvnet Naphtha (Ton)						
石油焦 （吨）	Petroleum Coke (Ton)					354171	
石油沥青 （吨）	Petroleum Asphalt (Ton)						
其它石油制品 （吨）	Other Petroleum Products (Ton)	1338113				2690073	
热力 （百万千焦）	Heat (Million Kilo-Joule)					49803713	
电力 （万千瓦时）	Electricity (10 Thousand Kwh)					9118039	
煤矸石用于燃料 （吨）	Coal Gangue Solid Fuel (Ton)						
城市垃圾用于燃料 （吨）	Municipal Refuse Fuel (Ton)						
生物质废料用于燃料 （吨）	Biomass Waste Fuel (Ton)						
余热余压 （百万千焦）	Waste Heat And Excess Pressure (Million Kilo-Joule)						33157253
其它工业废料用于燃料（吨）	Other Industrial Waste Fuel (Ton)						
其他燃料 （吨标准煤）	Other Fuel (Ton Of Sce)						

9-2 主要能源按工业行业分组消费量(2018年)

指 标	Item	原煤(吨) Raw Coal (ton)	洗精煤(吨) Cleaned Coal (ton)	其他洗煤(吨) Other Washed Coal (ton)
煤炭开采和洗选业	Mining and Washing of Coal	5497398		
黑色金属矿采选业	Mining of Ferrous Metal Ores	12531		
有色金属矿采选业	Mining of Non-ferrous Metal Ores	87761		
非金属矿采选业	Mining and Processing of Nonmetal Ores	385771		
开采辅助活动	Mining Auxiliary Activities			
农副食品加工业	Processing of Food from Agricultural Products	488208		
食品制造业	Manufacture of Foods	324887		
酒、饮料和精制茶制造业	Manufacture of Liquor, Beverage and Refined Tea	107584		
烟草制品业	Manufacture of Tobacco	154		
纺织业	Manufacture of Textile	310372		
纺织服装、服饰业	Manufacture of Textile Wearing and Clothing Apparel	7628		
皮革、毛皮、羽毛及其制品和制鞋业	Leather, Fur, Feather and Its Products and Footwear	56759		
木材加工和木、竹、藤、棕、草制品业	Processing of Timbers,Manufacture of Wood, Bamboo, Rattan, Palm and Straw Products	288545		155
家具制造业	Manufacture of Furniture	2455		
造纸和纸制品业	Manufacture of Paper and Paper Products	1531721		
印刷和记录媒介复制业	Printing,Reproduction of Recording Media	12695		
文教、工美、体育和娱乐用品制造业	Manufacture of Articles for Culture,Education and Sport Activity	7493		
石油、煤炭及其他燃料加工业	Processing of Petroleum, Coal and Other Fuels	4931150	3931568	
化学原料和化学制品制造业	Manufacture of Chemical Raw Material and Chemical Products	2017236		
医药制造业	Manufacture of Medicines	321915		
化学纤维制造业	Manufacture of Chemical Fiber	27157		
橡胶和塑料制品业	Manufacture of Rubber and plastic	54559		
非金属矿物制品业	Manufacture of Non-metallic Mineral Products	10298251		3820
黑色金属冶炼和压延加工业	Manufacture and Processing of Ferrous Metals	604142	5268928	2514202
有色金属冶炼和压延加工业	Manufacture and Processing of Non-ferrous Metals	766500		33765
金属制品业	Manufacture of Metal Products	889451		
通用设备制造业	Manufacture of General Purpose Machinery	40406		
专用设备制造业	Manufacture of Special Purpose Machinery	35202		
汽车制造业	Automobile Industry	11325		
铁路、船舶、航空航天和其他运输设备制造业	Manufacture of Railway,Marine,Aerospace and Other Transport Equipment	35411		
电气机械和器材制造业	Manufacture of Electrical Machinery and Equipment	64658		
计算机、通信和其他电子设备制造业	Manufacture of Communication Equipment, Computer and Other Electronic Equipment	12653		
仪器仪表制造业	Manufacture of Measuring Instrument	519026		
其他制造业	Other Manufacture N.E.C	4686		
废弃资源综合利用业	Recycling and Disposal of Waste	18472		
金属制品、机械和设备修理业	Mental Products,Machine and Equipment Repair			
电力、热力生产和供应业	Production and Supply of Electric Power and Heat Power	33498342		
燃气生产和供应业	Production and Distribution of Gas	444		
水的生产和供应业	Production and Distribution of Water	118		

注：本表统计范围为年主营业务收入 2000 万元及以上的工业企业。

All Industry corporation enterises with an annual sales income of over 20 million yuan.

Total Consumption of Various Energy in Different Trades (2018)

煤制品(吨) Coal Products (ton)	焦炭(吨) Coke (ton)	其他焦化产品(吨) Other Coking Products (ton)	焦炉煤气(万立方米) Coke Oven Gas (10 000 cu.m)	高炉煤气(万立方米) High Oven Gas (10 000 cu.m)	天然气(万立方米) Natural Gas (10 000 cu.m)	原油(吨) Crude Oil (ton)	汽油(吨) Gasoline (ton)	煤油(吨) Kerosene (ton)	柴油(吨) Diesel Oil (ton)	燃料油(吨) Fuel Oil (ton)
5	10				81		328		4326	
	5221						202		1451	
	551				109		1946	382	5389	
	634				16		1356	6	23035	41
719	411				5100	5	6055	133	8517	380
47		7			5360		5791		3011	306
90	980	102			2667		1284	560	2149	
					2463		122		4103	
11990	2004				576		3210	39	2334	39
	20		164		223		519		941	120
					1237		284	3	1271	
		155			90		1912	9	2049	
					730		1081	1	2340	
					2436		1199		3467	15844
	19		186		1127		3696	4	2661	
156					371	3	513		165	
12799					33	9496577	6256		292	18647
1625	86038				11734	21	10175	2065	17781	15426
	70				4301		6598	2	4101	
							79		14	
5	45				2513		3249	13	2813	1
7860	304		7482	65637	32534	130	26631	3263	92896	161513
	8843420	10155	169711	3280636	10910		4963	1	12587	
372	311651	9905			31342	316	4746	1268	15219	10917
721	101191		97	204	3250		10073	458	9070	
	7470				2228		8051	3730	11752	1290
37	1422				3331		11755	6864	22029	1
2	7345				9896	16	6697	29	9923	2
	639				1642		1743	289	3242	
	850		88		2592	6	13588	4151	11914	852
	120				753		4897	2003	6396	76
	1				208		4241		2482	
					128		168		131	
	7775			9357	157		88		4485	122
							18			
	9597		1962		1987		2093	5	10095	1935
20					113		435	6	2987	
					53		2175		4299	

9-2 续表 Continued

指标	Item	液化石油气（吨） Liquefied Petroleum Gas (ton)	其他石油制品（吨） Other Petroleum Products (ton)	热力（百万千焦） Heat (million kilo-joule)	电力（万度） Electricity (10 000 kwh)	其他燃料（吨标准煤） Other Fuel (ton of SCE)
煤炭开采和洗选业	Mining and Washing of Coal				72355	14913
黑色金属矿采选业	Mining of Ferrous Metal Ores				14222	140
有色金属矿采选业	Mining of Non-ferrous Metal Ores				104250	70
非金属矿采选业	Mining and Processing of Nonmetal Ores			6020986	86550	
开采辅助活动	Mining Auxiliary Activities				6	
农副食品加工业	Processing of Food from Agricultural Products	18	3	498962	299154	46050
食品制造业	Manufacture of Foods			4311875	102861	7635
酒、饮料和精制茶制造业	Manufacture of Liquor, Beverage and Refined Tea	108		178616	80051	14832
烟草制品业	Manufacture of Tobacco	9		45587	21035	9983
纺织业	Manufacture of Textile		2264	3802	120061	27170
纺织服装、服饰业	Manufacture of Textile Wearing and Clothing Apparel	24			30455	3147
皮革、毛皮、羽毛及其制品和制鞋业	Leather, Fur, Feather and Its Products and Footwear			98272	58414	2798
木材加工和木、竹、藤、棕、草制品业	Processing of Timbers,Manufacture of Wood, Bamboo, Rattan, Palm and Straw Products	14			111932	160867
家具制造业	Manufacture of Furniture				21358	8610
造纸和纸制品业	Manufacture of Paper and Paper Products	404		7816752	303285	88931
印刷和记录媒介复制业	Printing,Reproduction of Recording Media		4778	119703	51654	23
文教、工美、体育和娱乐用品制造业	Manufacture of Articles for Culture,Education and Sport Activity	41			45758	7110
石油、煤炭及其他燃料加工业	Processing of Petroleum, Coal and Other Fuels	154	2436099	9064055	202484	
化学原料和化学制品制造业	Manufacture of Chemical Raw Material and Chemical Products	3454	357034	18460627	698234	50599
医药制造业	Manufacture of Medicines		7390	551213	102513	2842
化学纤维制造业	Manufacture of Chemical Fiber			78265	14807	8312
橡胶和塑料制品业	Manufacture of Rubber and plastic	2549	20734	99631	106243	1391
非金属矿物制品业	Manufacture of Non-metallic Mineral Products	148828	4635	50980	1163098	170033
黑色金属冶炼和压延加工业	Manufacture and Processing of Ferrous Metals			6187513	1272063	37229
有色金属冶炼和压延加工业	Manufacture and Processing of Non-ferrous Metals			3643540	590987	29098
金属制品业	Manufacture of Metal Products	694	463	8249	235063	387
通用设备制造业	Manufacture of General Purpose Machinery	788	912	30901	184145	313
专用设备制造业	Manufacture of Special Purpose Machinery	9334	7212	26456	159630	8568
汽车制造业	Automobile Industry	36	391		170787	520
铁路、船舶、航空航天和其他运输设备制造业	Manufacture of Railway,Marine,Aerospace and Other Transport Equipment	50		14557	66674	
电气机械和器材制造业	Manufacture of Electrical Machinery and Equipment	1135	101	14808	161955	31740
计算机、通信和其他电子设备制造业	Manufacture of Communication Equipment, Computer and Other Electronic Equipment			45	456783	4184
仪器仪表制造业	Manufacture of Measuring Instrument		508		47925	
其他制造业	Other Manufacture N.E.C	17721			17813	
废弃资源综合利用业	Recycling and Disposal of Waste				28225	787
金属制品、机械和设备修理业	Mental Products,Machine and Equipment Repair				203	
电力、热力生产和供应业	Production and Supply of Electric Power and Heat Power		172	198552	2045872	90
燃气生产和供应业	Production and Distribution of Gas	45			7122	
水的生产和供应业	Production and Distribution of Water			40058	134556	

9-3 主要用能工业企业单位产品能源消耗情况
Unit Product Energy Consumption of Industry

单位：千克标准煤 / 吨 (kg SCE/ton)

指 标	Item	2016	2017	2018
吨原煤生产综合能耗	Total Energy Consumption of Raw Coal/ton	34.99		
万米印染布综合能耗（千克标准煤 / 万米）	Total Energy Consumption of Dyed Cloth/10,000m (kg SCE/10 000m)	2035.11	2050.00	2055.00
机制纸及纸板综合能耗	Total Energy Consumption of Machine-Made Paper and Paperboard	336.40	304.16	308.05
炼焦工序单位能耗	Energy Consumption of Coking Process/unit	87.11	110.83	132.11
原油加工单位综合能耗（千克标准油 / 吨）	Total Energy Consumption of Crude Oil Processing/unit (kg SO/ton)	67.61	68.07	65.53
单位烧碱生产综合能耗（离子膜法 30%）	Total Energy Consumption of Caustic Soda Production/unit (Diaphragm Process 30%)	403.82	396.01	442.93
单位烧碱生产综合能耗（隔膜法 30%）	Total Energy Consumption of Caustic Soda Production/unit (Diaphragm Process 30%)	700.29		
联碱法纯碱双吨产品生产综合能耗	Total Energy Consumption of Soda Production/double tons (Hou's process)	150.43	170.24	164.07
单位合成氨生产综合能耗	Total Energy Consumption of Synthetic Ammonia/unit	1663.30	1757.50	1814.15
吨水泥熟料综合能耗	Total Energy Consumption of Cement/ton	106.36	105.56	104.02
吨水泥综合能耗	Total Energy Consumption of Cement Per Ton	84.33	82.51	82.62
每重量箱平板玻璃综合能耗（千克标准煤 / 重量箱）	Total Energy Consumption of Plate Glass/weight box (kg SCE/weight case)	11.40	11.62	11.90
吨钢综合能耗	Total Energy Consumption of Steel/ton	578.25	545.55	529.34
炼铁工序单位能耗	Unit Energy Consumption of Iron Refining Process	375.81	377.66	364.18
铁矿烧结工序单位能耗	Unit Energy Consumption of Iron Ore Sintering Process	49.92	48.86	48.75
转炉炼钢综合工序单位能耗	Unit Energy Consumption of Converter Steelmaking Process	2.55	1.40	-0.60
电炉炼钢综合工序单位能耗	Unit Energy Consumption of Electric Furnace Steelmaking Process	69.27	75.74	58.06
锰硅合金工序单位能耗（千克标准煤 / 标准吨）	Unit Energy Consumption of Silicomanganese Alloy Process (kg SCE/standard ton)	350.85	732.36	236.18
轧钢工序单位能耗	Unit Energy Consumption of Steel Rolling Process	55.06	56.72	57.42
吨钢耗新水（吨 / 吨）	New Water Consumption of Steel/ton (ton/ton)	2.83	2.70	2.91
吨铜加工材消耗能源量	Total Energy Consumption of Copper Refining/unit	483.03	540.60	554.24
单位粗铅综合能耗	Total Energy Consumption of Crude Lead/unit	304.16	374.20	321.66
单位铅冶炼综合能耗	Total Energy Consumption of Lead Refining/unit	437.34	446.16	423.79
单位精锌（电锌）综合能耗	Total Consumption of Refined Zinc (Electrolytic Zinc)/unit	1092.87	1147.82	1241.23
吨铝加工材消耗能源量	Energy Consumption of Aluminium Processing Material/ton	460.64	457.75	569.83
电厂火力发电标准煤耗（克标准煤 / 千瓦时）	Standard Coal Consumption of Thermal Power Generation in the Power Plant (g SCE/kwh)	304.18	302.55	299.16
电厂火力供电标准煤耗（克标准煤 / 千瓦时）	Standard Coal Consumption of Thermal Power Supply in the Power Plant (g SCE/kwh)	324.61	323.62	318.50

9-4 规模工业企业水消费
Water Consumption of Scale Industry

单位：万立方米 (10 000 cu.m)

项　目	Item	2013	2014	2015	2016	2017	2018
取水总量	**the Total Amount of Water Intake**	**388919.79**	**371515.84**	**375964.33**	**367437.23**	**386128.39**	**386225.28**
地表水	Surface Water	314644.38	310620.87	320462.09	314016.22	329535.37	334983.43
地下水	Groundwater	24357.34	23106.22	20987.25	18828.74	20200.01	15126.50
自来水	Tap Water	32469.07	31527.52	33573.43	33539.16	34951.32	34449.51
其他水	Other Water	17449.00	2629.25	467.40	532.35	677.93	830.16
重复用水	Repeated Water	602112.98	578978.95	541074.55	517752.92	514372.36	599480.18
工业企业污水处理量	Treatment Capacity of Industrial Sewage	64037.15	64978.25	70848.28	74705.48	75866.71	108076.13

注：根据国家新修订的报表制度，2012年水、火电企业用于冷却机组的河湖海冷却用水（包括循环冷却用水和直抽直排冷却用水）不计入取水量。而2007年至2011年取水量中均包括水、火电企业用于冷却机组的河湖海冷却用水。

According to the new revision of the reporting system, in 2012, thermal power enterprises for the rivers and lakes water cooling water cooling unit (including circulating cooling water and cooling water straight pulling straight row) are not included in the water. But from 2007 to 2011 water consumption in thermal power enterprises including water, for rivers and lakes sea cooling water cooling unit.

9-5 能源消耗指标
Indicators of Energy Consumption

项　目	Item	2013	2014	2015	2016	2017	2018
单位GDP能耗上升或下降 (±%)	Energy Consumption of Unit GDP Increase or Decrease (±%)	-4.71	-6.24	-6.98	-5.34	-5.24	-5.12
能源消费总量增速 (%)	Total Energy Consumption Growth (%)	4.88	2.67	0.99	2.29	2.39	2.26
单位GDP电耗上升或下降 (±%)	Electric Power Consumption of Unit GDP Increase or Decrease (±%)	-3.97	-8.20	-6.80	-4.28	-2.07	2.38

注：相关指标计算所用的2011-2015年单位GDP能耗、单位GDP电耗根据当年能耗、电耗与按2010年可比价计算的GDP相比较取得。2016-2017年单位GDP能耗、单位GDP电耗根据当年能源、电耗与按2015年可比价计算的GDP相比较取得。

Related indicators used in the calculation 2011 - 2015 unit GDP energy consumption unit GDP power consumption according to the current energy consumption,power consumption and by 2010 comparable price compared with the calculation of GDP achieved.2016 - 2017 unit GDP energy consumption unit GDP power consumption according to the current energy consumption,power consumption and by 2015 comparable price compared with the calculation of GDP achieved.

9-6 非工业主要耗能单位综合能源消费量
Comprehensive Energy Consumption of Non-Industrial Major Enery Consuming Units

单位：吨标准煤 (ton of SCE)

指 标	Item	2017	2018
消费合计	**Total Energy**	**1608145.20**	**1613403.62**
按国民经济行业分组	**By Sector**		
建筑业	Construction	739488.20	762178.81
批发和零售业	Wholesale and Retail Trade	14732.07	15077.67
交通运输、仓储和邮政业	Traffic,Transport, Storage and Post	673494.47	648102.33
住宿和餐饮业	Accommodation and Restaurants	16358.64	14859.46
信息传输、软件和信息技术服务业	Information Transfer ,Computer Services and Software	157862.15	171280.61
金融业	Finance		
房地产业	Real Estate Trade	0.20	
租赁和商务服务业	Tenancy and Business Services	4393.15	76.94
科学研究和技术服务业	Scientific Research, Technical Service	1798.69	1809.43
水利、环境和公共设施管理业	Management of Water Conservancy Environment and Public Establishment		
居民服务、修理和其他服务业	Resident Services and Other Services	17.63	18.37
教育	Education		
卫生和社会工作	Sanitation,Social Security		
按登记注册类型	**Grouped by Registration**		
内资企业	Internal-invested Enterprises	1579307.70	1584596.47
港澳台商投资	Enterprises With Investment From Hong Kong, Macao and Taiwan	23631.21	23573.61
外商投资	Enterprises With Foreign Investment	5206.29	5233.54
国有控股	**State Controlling Share Hold Enterprises**	**1055874.74**	**1105837.24**

注：本表统计范围为年耗能3000吨标准煤以上的非工业企业。
The range of statistics is more than 3000 tons of standard coal consumption per year of non-industrial enterprises

主要统计指标解释

能源生产总量　指一定时期内，全国一次能源生产量的总和。该指标是观察全国能源生产水平、规模、构成和发展速度的总量指标。一次能源生产量包括原煤、原油、天然气、水电、核能及其他动力能（如风能、地热能等）发电量，不包括低热值燃料生产量、生物质能、太阳能等的利用和由一次能源加工转换而成的二次能源产量。

能源消费总量　指一定时期内，全国各行业和居民生活消费的各种能源的总和。该指标是观察能源消费水平、构成和增长速度的总量指标。能源消费总量包括原煤和原油及其制品、天然气、电力，不包括低热值燃料、生物质能和太阳能等的利用。能源消费总量分为终端能源消费量、能源加工转换损失量和能源损失量三部分。

(1) 终端能源消费量：指一定时期内，全国生产和生活消费的各种能源在扣除了用于加工转换二次能源消费量和损失量以后的数量。

(2) 能源加工转换损失量：指一定时期内，全国投入加工转换的各种能源数量之和与产出各种能源产品之和的差额。该指标是观察能源在加工转换过程中损失量变化的指标。

(3) 能源损失量：指一定时期内，能源在输送、分配、储存过程中发生的损失和由客观原因造成的各种损失量，不包括各种气体能源放空、放散量。

能源生产弹性系数　是研究能源生产增长速度与国民经济增长速度之间关系的指标。计算公式：

$$\text{能源生产弹性系数}=\frac{\text{能源生产总量年平均增长速度}}{\text{国民经济年平均增长速度}}$$

国民经济年平均增长速度，可根据不同的目的或需要，用国民生产总值、国内生产总值等指标来计算，本年鉴是采用国内生产总值指标计算的。

电力生产弹性系数　是研究电力生产增长速度与国民经济增长速度之间关系的指标。一般来说，电力的发展应当快于国民经济的发展，也就是说电力应超前发展。计算公式为：

$$\text{电力生产弹性系数}=\frac{\text{电力生产量年平均增长速度}}{\text{国民经济年平均增长速度}}$$

能源消费弹性系数　反映能源消费增长速度与国民经济增长速度之间比例关系的指标。计算公式为：

$$\text{能源消费弹性系数}=\frac{\text{能源消费量年平均增长速度}}{\text{国民经济年平均增长速度}}$$

电力消费弹性系数　反映电力消费增长速度与国民经济增长速度之间比例关系的指标。计算公式为：

$$\text{电力消费弹性系数}=\frac{\text{电力消费量年平均增长速度}}{\text{国民经济年平均增长速度}}$$

能源加工转换效率　指一定时期内，能源经过加工、转换后，产出的各种能源产品的数量与同期内投入加工转换的各种能源数量的比率。该指标是观察能源加工转换装置和生产工艺先进与落后、管理水平高低等的重要指标。计算公式为：

$$\text{能源加工转换效率}=\frac{\text{能源加工转换产出量}}{\text{能源加工转换投入量}}\times 100\%$$

单位国内生产总值能耗　指一定时期内，一个国家或地区每生产一个单位的国内生产总值所消耗的能源。计算公式为：

$$\text{单位国内生产总值能源}=\frac{\text{能源消费总量}}{\text{国内生产总值}}$$

单位国内生产总值电耗　指一定时期内，一个国家或地区每生产一个单位的国内生产总值所消耗的电力。计算公式为：

$$\text{单位国内生产总值电耗}=\frac{\text{全社会用电量}}{\text{国内生产总值}}$$

单位工业增加值能耗　指一定时期内，一个国家或地区每生产一个单位的工业增加值所消耗的能源。计算公式为：

$$\text{单位工业增加值能耗}=\frac{\text{工业能源消费量}}{\text{工业增加值}}$$

Explanatory Notes on Main Statistical Indicators

Total Energy Production refers to the total production of primary energy by all energy producing enterprises in the country in a given period of time. It is a comprehensive indicator to show the level, scale, composition and pace of development of energy production of the country. The production of primary energy includes that of coal, crude oil, natural gas, hydro-power and electricity generated by nuclear energy and other means such as wind power and geothermal power. However, it does not include the production of fuels of low calorific value, bio-energy, solar energy and secondary energy converted from primary energy.

Total Energy Consumption refers to the total consumption of energy of various kinds by the production sectors and the households in the country in a given period of time. It is a comprehensive indicator to show the scale, composition and pace of increase of energy consumption. Total energy consumption includes that of coal, crude oil and their products, natural gas and electricity. However, it does not include the consumption of fuel of low calorific value, bio-energy and solar energy. Total energy consumption can be divided into three parts: end-use energy consumption; loss during the process of energy conversion; and energy loss.

(1)End-use Energy Consumption: It refers to the total energy consumption by the production sectors and the households in the country (region) in a given period of time. It does not include the consumption during the conversion of primary energy into secondary energy and the loss in the process of energy conversion.

(2)Loss During the Process of Energy Conversion: It refers to the total input of various kinds of energy for conversion, minus the total output of various kinds of energy in the country in a given period of time. It is an indicator to show the loss that occurs during the process of energy conversion.

(3)Energy Loss: It refers to the total of the loss of energy during the course of energy transport, distribution and storage and the loss caused by any objective reason in a given period of time. The loss of various kinds of gas due to gas discharges and stocktaking is not included.

Elasticity Ratio of Energy Production is an indicator to show the relationship between the growth rate of energy production and the growth rate of the national economy. The formula is:

$$\text{Elasticity Ratio of Energy Production} = \frac{\text{Average Annual Growth Rate of Energy Production}}{\text{Average Annual Growth Rate of National Economy}}$$

The average annual growth rate of the national economy can be measured by indicators such as the Gross National Product and the Gross Domestic Product, depending on the purposes or needs. The Gross Domestic Product has been used in the calculation of the ratio in this Yearbook.

Elasticity Ratio of Electricity Production is an indicator to show the relationship between the growth rate of electricity production and the growth rate of the national economy. Generally speaking, the growth rate of electricity production should be higher than that of the national economy.

Its formula is:

$$\text{Elasticity Ratio of Electricity Production} = \frac{\text{Average Annual Growth Rate of Electricity Production}}{\text{Average Annual Growth Rate of National Economy}}$$

Elasticity Ratio of Energy Consumption is an indicator to show the relationship between the growth rate of energy consumption and the growth rate of the national economy. The formula is:

$$\text{Elasticity Ratio of Energy Consumption} = \frac{\text{Average Annual Growth Rate of Energy Consumption}}{\text{Average Annual Growth Rate of National Economy}}$$

Elasticity Ratio of Electricity Consumption is an indicator to show the relationship between the growth rate of electricity consumption and the growth rate of the national economy. The formula is:

$$\text{Elasticity Ratio of Electricity Consumption} = \frac{\text{Average Annual Growth Rate of Electricity Consumption}}{\text{Average Annual Growth Rate of National Economy}}$$

Efficiency of Energy Processing and Conversion refers to the ratio of the total output of energy products of various kinds after processing and conversion to the total input of energy of various kinds for processing and conversion in the same reference period. It is an important indicator to show the current conditions of energy processing and conversion equipment, production technique and management. The formula is:

$$\text{Efficiency of Energy Processing \& Conversion} = \frac{\text{Output of Energy After Processing \& Conversion}}{\text{Input of Energy for Processing \& Conversion}} \times 100\%$$

Energy Consumption per Unit of GDP refers to the energy consumption per unit of Gross Domestic Product in a country or the Gross Regional Product in a region in the same reference period. The formula is:

$$\text{Energy Consumption per Unit of GDP} = \frac{\text{Total Energy Consumption}}{\text{Gross Domestic Product}}$$

Electricity Consumption per Unit of GDP refers to the electricity consumption per unit of Gross Domestic Product in a country or the Gross Regional Product in a region in the same reference period. The formula is:

$$\text{Electricity Consumption per Unit of GDP} = \frac{\text{Total Electricity Consumption}}{\text{Gross Domestic Product}}$$

Energy Consumption per Unit of Industrial Value-added refers to the energy consumption per unit of indu- strial value-added in a country or region in the same reference period. The formula is:

$$\text{Energy Consumption per Unit of Industrial Value-added} = \frac{\text{Total Energy Consumption}}{\text{Industrial Value-added.}}$$

10 财政、金融和保险

Government Finance, Banking and Insurance

资料整理人员：周　璜

10-1 财政、金融和保险
Government Finance, Banking And Insurance

单位：亿元 (100 million yuan)

年份 Year	地方财政收入 Public Budgetary Revenue	一般公共预算支出 Public Budgetary Expenditure	金融机构人民币存款余额 Deposits of Financial Institutions	金融机构人民币贷款余额 Loans of Financial Institutions	全年各项保费收入 Premiums Institutions
1950	2.15	0.79	0.44	0.05	
1951	3.15	1.12	1.18	0.21	
1952	4.07	2.06	1.76	0.31	
1953	4.13	2.08	2.12	1.60	
1954	4.91	2.93	3.01	4.02	
1955	4.73	2.24	3.44	7.40	
1956	5.23	3.14	2.52	8.45	
1957	5.53	3.22	3.13	8.90	
1958	10.47	8.40	7.60	16.62	
1959	13.40	11.09	12.82	26.53	
1960	15.17	14.07	13.37	30.98	
1961	8.50	9.21	13.10	27.64	
1962	8.77	4.22	11.00	25.19	
1963	8.09	5.01	10.41	21.92	
1964	9.12	6.88	10.33	19.87	
1965	10.05	7.00	11.53	21.40	
1966	10.96	9.06	12.53	24.07	
1967	8.86	8.31	13.82	26.84	
1968	6.92	6.24	14.32	30.24	
1969	9.81	9.34	14.38	32.19	
1970	14.95	10.84	26.24	35.92	
1971	17.71	12.33	28.24	38.16	
1972	18.43	14.61	28.10	39.51	
1973	21.72	15.07	34.00	44.75	
1974	13.89	15.40	27.53	45.23	
1975	18.27	15.92	34.00	48.33	
1976	16.02	15.85	31.21	50.55	
1977	20.88	16.41	35.84	55.25	
1978	27.98	24.46	38.64	64.46	

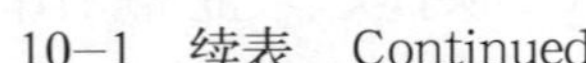

10-1 续表 Continued

单位：亿元 (100 million yuan)

年份 Year	地方财政收入 Public Budgetary Revenue	一般公共预算支出 Public Budgetary Expenditure	金融机构人民币存款余额 Deposits of Financial Institutions	金融机构人民币贷款余额 Loans of Financial Institutions	全年各项保费收入 Premiums Institutions
1979	28.63	25.17	47.38	72.85	
1980	29.86	23.71	58.08	87.34	
1981	31.40	21.39	67.79	99.70	
1982	30.33	23.26	76.08	112.58	
1983	29.27	25.31	88.47	124.10	
1984	32.85	30.04	115.03	151.59	
1985	39.19	40.09	118.84	159.73	
1986	47.65	54.29	157.51	201.04	
1987	54.38	55.93	192.89	239.39	
1988	56.54	64.89	325.74	366.49	
1989	68.86	74.23	395.60	428.29	
1990	70.07	80.08	369.96	517.90	3.15
1991	80.52	88.58	472.10	631.07	3.69
1992	92.78	99.10	595.10	776.79	5.46
1993	127.56	132.03	738.86	944.40	7.15
1994	85.89	151.49	1107.80	1263.11	12.23
1995	108.16	173.94	1389.05	1494.03	16.17
1996	130.36	217.74	1748.61	1880.94	21.03
1997	137.16	230.82	1769.91	2123.00	30.74
1998	156.77	273.64	2110.71	2274.41	34.47
1999	166.50	313.12	2539.75	2408.36	42.30
2000	177.04	347.83	2874.75	2403.39	59.91
2001	205.41	431.70	3342.91	2787.92	56.09
2002	231.15	533.02	3923.17	3227.46	87.22
2003	268.65	573.75	4669.00	3796.31	103.70
2004	320.63	719.54	5500.47	4258.03	115.81
2005	395.27	873.42	6498.23	4509.09	127.17
2006	477.93	1064.52	7719.43	5173.87	147.82
2007	606.55	1357.03	9083.27	6037.40	201.31
2008	722.71	1765.22	10895..49	6989.42	312.49
2009	847.62	2210.44	13948.00	9369.81	348.45
2010	1081.69	2702.47	16553.78	11303.76	438.53
2011	1517.07	3520.76	19334.70	13186.68	443.53
2012	1782.16	4119.00	23037.07	15336.52	465.11
2013	2030.88	4690.89	26756.64	17774.99	508.57
2014	2262.79	5017.38	30073.36	20356.39	587.73
2015	2515.43	5728.72	36009.09	23738.58	712.18
2016	2697.88	6339.16	41694.54	27215.51	886.46
2017	2757.82	6869.39	46437.72	31532.69	1110.18
2018	2860.84	7479.61	48697.54	36211.75	1255.07

10–2 财政收支基本情况

Government Financial Revenue and Expenditure

单位：亿元 (100 million yuan)

年份 Year	一般公共预算收入 Total Financial Revenue	地方财政收入 Public Budgetary Revenue	非税收入 Revenue form Enterprises	各项税收 Taxes Revenue	一般公共预算支出 Public Budgetary Expenditure	一般公共服务 General Public Services	社会保障和就业 Social Security Progams and Employment
1978	27.98	27.98	9.68	17.17	24.46	7.62	3.57
1979	28.63	28.63			25.17		
1980	29.86	29.86	9.58	19.53	23.71	4.86	3.44
1981	31.40	31.40			21.39		
1982	30.33	30.33	5.11	24.48	23.26	3.12	2.95
1983	29.27	29.27	2.25	26.16	25.31	3.48	3.26
1984	32.85	32.85	2.74	29.12	30.04	4.43	3.21
1985	39.19	39.19	1.61	36.83	40.09	4.60	4.01
1986	47.65	47.65	4.08	42.26	54.29	5.80	4.52
1987	54.38	54.38	4.37	48.36	55.93	4.65	3.09
1988	56.54	56.54	–0.47	54.25	64.89	5.21	5.88
1989	68.86	68.86	–1.48	64.88	74.23	5.44	6.91
1990	70.07	70.07	–3.70	67.33	80.08	5.60	8.17
1991	80.52	80.52	–0.91	74.14	88.58	6.16	8.81
1992	92.78	92.78	–0.78	84.90	99.10	6.23	9.86
1993	127.56	127.56	–0.66	116.31	132.03	7.73	12.89
1994	171.84	85.89	2.70	65.04	151.49	7.89	13.74
1995	204.02	108.16	2.74	78.05	173.94	9.65	14.55
1996	237.13	130.36	2.30	88.00	217.74	13.33	17.09
1997	254.98	137.16	2.72	105.75	230.82	13.78	17.66
1998	285.74	156.77	3.63	102.95	273.64	28.75	22.16
1999	302.28	166.50	6.04	105.50	313.12	37.66	21.49
2000	321.85	177.04	8.60	111.57	347.83	38.08	22.15
2001	361.71	205.41	19.35	124.45	431.70	39.40	25.55
2002	424.64	231.15	14.16	148.61	533.02	58.26	40.59
2003	489.75	268.65	14.69	173.15	573.75	51.40	36.21
2004	612.42	320.63	21.99	218.70	719.54	46.48	74.13
2005	747.30	395.27	32.67	267.87	873.42	74.98	71.91
2006	893.79	477.93	155.19	322.74	1064.52	72.67	84.32
2007	1123.27	606.55	195.89	410.66	1357.03	256.59	220.98
2008	1314.27	722.71	236.40	486.31	1765.22	295.56	310.31
2009	1507.24	847.62	279.34	568.27	2210.44	336.07	360.75
2010	1878.71	1081.69	350.85	730.84	2702.48	367.20	396.40
2011	2523.49	1517.07	601.67	915.40	3520.76	466.74	484.44
2012	2937.95	1782.16	671.42	1110.74	4119.00	550.26	525.71
2013	3315.02	2030.88	731.73	1299.15	4690.89	628.45	625.94
2014	3636.07	2262.79	824.27	1438.52	5017.38	627.24	661.97
2015	4011.04	2515.43	987.91	1527.52	5728.72	634.17	779.84
2016	4252.10	2697.88	1146.56	1551.33	6339.16	675.95	874.41
2017	4566.78	2757.82	998.69	1759.13	6869.39	747.05	1017.90
2018	4843.14	2860.84	901.18	1959.67	7479.61	797.30	1095.57

注：2007 年起，“基本建设支出”指标更改为“一般公共服务”，“支援农村生产支出及农业事业费”指标更改为“社会保障和就业”。

From 2007,the index of" expenditure for capital construction" has been changed into general public services and "expenditrue for supporting agricultural prodution and agricultural expense" changed into "social security programs and emplogment".

10-3 财政收入及构成
Government Financial Revenue and Composition

项 目	Item	财政收入(万元) Financial Revenue (10 000 yuan)		2018年比上年增长(%) Increase Rate in 2018 over 2017(%)
		2017	2018	
地方财政收入	**Public Budgetary Revenue**	**27578212**	**28608443**	**3.7**
(一)税收收入	**Tax Revenue**	**17591330**	**19596685**	**11.4**
#增值税	#Value Added Tax	7021538	7793522	11.0
企业所得税	Income Tax of Enterprises	2019440	2355920	16.7
企业所得税退税	Return for Enterprises' Income Tax			
个人所得税	Individual Income Tax	902140	1079364	19.6
资源税	Resources Tax	95935	113063	17.9
城市维护建设税	Tax on Town Maintenance and Construction	1573005	1457313	-7.4
房产税	Tax on Real Estates	580415	635525	9.5
印花税	Stamp Tax	245578	265474	8.1
城镇土地使用税	Tax on the Use of Urban Land	736241	702252	-4.6
土地增值税	Land Value Added Tax	1294368	1691851	30.7
车船使用税	Tax on the Use of Vehicles and Ships	220109	248926	13.1
耕地占用税	Tax on Occupancy of Cultivated Land	609610	496288	-18.6
契税	Contract Tax	2204197	2645217	20.0
烟叶税	Tobacco Tax	88754	80646	-9.1
(二)非税收入	**Non-tax Revenue**	**9986882**	**9011758**	**-9.8**
专项收入	Expert Project Income	1754356	2322535	32.4
行政事业性收费	Income from Administrative Fees	1333793	1410081	5.7
罚没收入	Penalty and Confiscation Income	968146	1142810	18.0
国有资产经营收入	Income from State-owned Assets	92741	21071	-77.3
其中：国有企业计划亏损补贴	Planning Subsidies to Loss-suffering State-owned Enterprises	-14476	-14315	-1.1
国有资源(资产)有偿使用收入	Income on the Use of State-owed resources (proverty)	3883958	2502247	-35.6
其他收入	Other Income	1729750	1310383	-24.2
上划中央收入	**On the Central Income**	**18089555**	**19822955**	**9.6**
#上划中央"两税"	#Value Added Tax and Consumption Tax of Turn in Central Government	13663345	14637490	7.1
上划中央所得税	Income Tax of Turn in Central Government	4378355	5130094	17.2
一般公共预算收入	**Total Financial Revenue**	**45667767**	**48431398**	**6.1**

10－4 财政支出及构成
Government Financial Expenditure and Composition

项 目	Item	财政支出（万元） Financial Expenditure (10 000 yuan)		2018 年比上年增长 (%) Increase Rate in 2018 over 2017(%)
		2017	2018	
一般公共预算支出	**Total Public Budgetary Expenditure**	**68693867**	**74796148**	**8.9**
一般公共服务	General Public Services	7470458	7972979	6.7
外交、国防、公共安全	Foreign Affairs、National Defense、Pulic Safety	3846984	4316870	12.2
教育	Education	11153276	11867228	6.4
其中：普通教育	Common	8421236	8931048	6.1
职业教育	Vocational	1048228	1178888	12.5
科学技术	Science and Technology	914239	1299412	42.1
文化体育与传媒	Culture ,Sports and Media	1488256	1345432	-9.6
其中：文化	Culture	651213	579357	-11.0
体育	Sport	106619	110609	3.7
社会保障和就业	Social Security Progams and Employmenr	10178985	10955709	7.6
其中：财政对社会保障基金的补助	Subsidy on Social Insurance Fund	3796725	4232620	11.5
行政事业单位离退休	Subsidy on Retired Persons in Administrative Department	2298091	2739218	19.2
企业改革补助	Subsidy on Reform of State-owned Enterprises	244395	52141	-78.7
就业补助	Subsidy on Employment	397652	371499	-6.6
抚恤	Pension	570707	593546	4.0
最低生活保障	Subsistence Allowances	739494	602397	-18.5
自然灾害生活救助	Life Assistance of Natural Disasters	139897	62203	-55.5
医疗卫生	Pulic Health	5859808	6270986	7.0
节能环保	Environmence Protection	1732822	1908937	10.2
城乡社区	Urban and Rural Communities	7165365	7873055	9.9
农林水事务	Agriculture,Forest and Irrigation	7824215	9255717	18.3
其中：农业	Agriculture	2281939	2429391	6.5
林业	Forest	737060	772453	4.8
水利	Irrigation	1718433	1721827	0.2
扶贫	Poverty Reduction	1424725	2743398	92.6
农业综合开发	Agricultural Exploitation	289216	265477	-8.2
农业综合改革	Agricultural Reform	745352	755174	1.3
交通运输	Transportation	3320800	3425065	3.1
资源勘探电力信息等事务	Expenditure for Resource Exploration,Elecricity and Information Technology	1682908	1587164	-5.7
商业服务业等管理事务	Expenditure for Business Services	565572	599634	6.0
金融监管等事务支出	Expenditure for Financial Affairs	124734	102318	-18.0
援助其他地区支出	Expenditure for Other Regional Assistance	49242	58072	17.9
国土资源气象等事务	Expenditure for Land ,Sesources and Weather	960138	970876	1.1
住房保障支出	Expenditure for Housing Security	2489734	2564653	3.0
粮油物资储备事务	Expenditure for Reserve for Cereals and Oils	289568	342268	18.2
债务付息支出	Expenditure for Debt Service	1277595	1743818	36.5
其他支出	Other Expenditure	287618	325014	13.0

10-5 金融机构本外币信贷收支
Loans and Deposits of Financial Institutions

单位：万元 (10 000 yuan)

项 目	Item	2017 年末余额 Balance at the Year-end	2017 比年初增减 Increase Over the Year-beginning	2018 年末余额 Balance at the Year-end	2018 比年初增减 Increase Over the Year-beginning
各项存款	**Deposits**	**467292987**	**47325603**	**489945583**	**22652596**
境内存款	Domestic Deposits	467043737	47286108	489672596	22628859
住户存款	Household Deposits	233715814	21275462	253813413	20066514
活期存款	Demand Deposits	92352152	8503975	96232364	3849127
定期及其他存款	Regular and Other Deposits	141363663	12771487	157581049	16217387
非金融企业存款	Corporate Deposits	138397584	15687633	130478722	-7887777
活期存款	Demand Deposits	86830262	13605755	77477680	-9306754
定期及其他存款	Regular and Other Deposits	51567322	2081878	53001042	1418977
广义政府存款	General Government Deposits	79705446	7038198	86856538	7151093
非银行业金融机构存款	Non-banking Financial Institutions Deposit	15224893	3284815	18523923	3299030
境外存款	Foreign Deposits	249250	39496	272987	23736
金融债券	**Financial Bonds**	**1982534**	**-3749850**	**2333045**	**350511**
卖出回购资产	**Sell Back Assets**	**357206**	**26660**	**172385**	**-184821**
借款及非银行业金融机构拆入	**Borrowing and Non-banking Financial Institutions are Dismantled**	**78149**	**10205**	**227673**	**149524**
联行往来(净)	**Inter-bank Credits**				
应付及暂收款	**Payable & Actually Received Funds**	**8398229**	**-154060**	**9407098**	**906522**
各项准备	**All Plans**	**8195614**	**1369981**	**9903230**	**1347322**
所有者权益	**Creditors' Equity**	**17165792**	**3717184**	**19715913**	**3308382**
实收资本	Total Capital Hold	6524281	1146654	6876639	352359
其他	**Others**	**-28957225**	**7774177**	**-32294159**	**-2582261**
资金来源总计	**All Sources**	**474513287**	**56319900**	**499410768**	**25947774**

10-5 续表 Continued

单位：万元 (10 000 yuan)

项 目	Item	2017 年末余额 Balance at the Year-end	2017 比年初增减 Increase Over the Year-beginning	2018 年末余额 Balance at the Year-end	2018 比年初增减 Increase Over the Year-beginning
各项贷款	**Loans**	**318499770**	**43176771**	**364605432**	**46018699**
境内贷款	Domestic Loans	317593919	42923929	363609193	45928317
住户贷款	Households Loans	109042144	17786752	131313148	22301259
短期贷款	Shortterm Loans	26513915	4525162	31113727	4614431
#消费贷款	#Consumption Loans	11645979	4148484	14865094	3150801
中长期贷款	Mediumterm and Longterm Loans	82528228	13261590	100199421	17686829
#消费贷款	#Consumption Loans	61956624	13140315	78888991	16853477
非金融企业及机关团体贷款	Non-financial Enterprises and Institutions Group Loans	208518414	25107177	232222684	23587058
非银行业金融机构贷款	Non-banking Financial Institution Loans	33361	30000	73361	40000
境外贷款	Foreign Loans	905851	252842	996239	90382
债券投资	**Securities**	**42437818**	**8890828**	**43513100**	**2722366**
股权及其他投资	**Equity and Other Investments**	**25221182**	**4402889**	**23801891**	**-3065757**
买入返售资产	**Assets Purchased Under Resale greements**	**1590352**	**839258**	**861402**	**-719049**
存放非银行业金融机构款项	**Deposit of Non-banking Financial Institutions**	**168675**	**30149**	**367455**	**198780**
联行往来（净）	**Inter-bank Credits**	**80139649**	**-1824195**	**59529797**	**-19483322**
应收及预付款	**Account Receivable and Advance Payment**	**3009485**	**763530**	**3220651**	**211371**
投资性房地产	**Investment Real Estate**	**4760**	**3064**	**6219**	**1459**
固定资产	**Fixed Assets**	**3441596**	**37607**	**3504823**	**63228**
资金运用总计	**All Uses**	**474513287**	**56319900**	**499410768**	**25947774**

10−6 金融机构本外币存款分机构表
Deposits of Financial Institutions by Agency

单位：亿元 (100 million yuan)

项 目	Item	2017		2018	
		年末余额 Balance at the Year−end	比年初增减 Increase Over the Year−beginning	年末余额 Balance at the Year−end	比年初增减 Increase Over the Year−beginning
金融机构	**Financial Institutions**	**46729.30**	**4732.56**	**48994.56**	**2265.26**
工商银行	Industrial and Commercial Bank of China Limited	3987.86	291.75	4193.33	205.47
建设银行	China Construction Bank	6392.71	530.78	6764.27	371.56
农业银行	Agricultural Bank of China	4476.45	457.12	4573.67	97.22
中国银行	Bank of China	2824.62	179.83	3040.86	216.24
开发银行	China Development Bank	939.80	38.41	710.75	−229.05
交通银行	Bnak of Communications	1413.65	182.52	1525.78	112.13
邮政储蓄银行	Postal Savings Bank of China	4269.88	495.50	4522.34	252.46
农发行	Agricultural Development Bank of China	702.35	−73.17	645.53	−56.82
进出口银行	Export−Import Bank of China	14.91	−13.23	31.89	16.98
招商银行	China Merchants Bank	630.11	36.23	564.93	−65.18
浦发银行	Shanghai Pudong Development Bank	809.70	177.79	601.37	−208.34
中信银行	China CITIC Bank	635.77	−66.90	544.80	−90.97
兴业银行	Industrial Bank Co.,Ltd.	1063.10	59.89	1080.29	17.19
民生银行	China Minsheng Banking Corp., Ltd	535.71	19.73	555.32	19.61
光大银行	China Everbright Bank	883.60	68.24	946.57	62.97
华夏银行	Hua Xia bank	207.38	23.47	198.82	−8.55
广发银行	China Guangfa Bank	280.79	−42.11	266.92	−13.87
平安银行	Ping An Bank	274.44	71.85	234.42	−40.02
恒丰银行	Hengfeng Bank	96.85	96.85	78.95	−17.90
浙商银行	China Zheshang Bank Co.			68.62	68.62
渤海银行	Bohai Bank	133.75	20.61	124.25	−9.50
北京银行	Bank of Beijing	344.86	30.91	335.32	−9.54
东莞银行	Bank of Dongguan	43.40	20.97	53.69	10.29
南粤银行	Nanyue Bank	83.90	30.15	91.67	7.77
上海农商行	Shanghai Rural Commercial Bank	11.87	−3.74	9.38	−2.50
电力财务	Power Finance Limited	52.57	16.45	60.46	7.89
长沙银行	Bank of Changsha	3496.45	941.64	3741.98	245.53
华融湘江银行	Huarong Xiangjiang Bank	2229.25	422.72	2509.79	280.54
农信机构	Rural Credit Institutions	8631.13	1131.65	9143.97	512.84
三湘银行	Sanxiang Bank	31.97	31.97	149.83	117.86
信托公司	Trust and Investment Companies				
财务公司	Finance Companies	266.76	52.23	314.51	47.74
村镇银行	Village and Township Bank	492.90	109.16	440.36	−52.54
三一金融	Sany Auto Finance Co., Ltd.	1.00	1.00		−1.00
外资银行	Foreign Bank	35.94	7.08	27.63	−8.31

注：外资银行包括汇丰、花旗、东亚、新韩、渣打和合作金库。
Foreign Banks include HSBC, Citigroup, East Asia, New Korea, Standard Chartered Bank and Co−operative.

10-7 金融机构本外币贷款分机构表
Loans of Financial Institutions by Agency

单位：亿元 (100 million yuan)

项 目	Item	2017		2018	
		年末余额 Balance at the Year-end	比年初增减 Increase Over the Year-beginning	年末余额 Balance at the Year-end	比年初增减 Increase Over the Year-beginning
金融机构	**Financial Institutions**	**31849.98**	**4317.68**	**36460.54**	**4601.87**
工商银行	Industrial and Commercial Bank of China Limited	2925.94	326.90	3279.60	353.82
建设银行	China Construction Bank	4157.98	384.88	4698.21	540.26
农业银行	Agricultural Bank of China	2265.13	256.58	2618.00	352.91
中国银行	Bank of China	2137.30	247.12	2417.94	280.64
开发银行	China Development Bank	3127.40	424.16	3295.21	167.81
交通银行	Bnak of Communications	1054.68	158.88	1262.00	207.32
邮政储蓄银行	Postal Savings Bank of China	1349.62	211.56	1605.78	256.17
农发行	Agricultural Development Bank of China	1812.44	263.39	2032.24	219.80
进出口银行	Export-Import Bank of China	703.16	95.96	795.44	92.28
招商银行	China Merchants Bank	390.92	8.29	417.76	26.83
浦发银行	Shanghai Pudong Development Bank	508.09	45.89	508.38	0.29
中信银行	China CITIC Bank	500.05	25.59	572.28	72.24
兴业银行	Industrial Bank Co.,Ltd.	431.38	23.37	434.17	2.79
民生银行	China Minsheng Banking Corp., Ltd	415.47	30.10	459.04	18.99
光大银行	China Everbright Bank	608.75	66.93	667.93	59.19
华夏银行	Hua Xia Bank	181.68	28.30	213.32	31.63
广发银行	China Guangfa Bank	213.69	16.30	250.16	36.47
平安银行	Ping An Bank	196.92	85.30	229.22	32.30
恒丰银行	Hengfeng Bank	90.63	90.63	94.00	3.36
浙商银行	China Zheshang Bank Co.			76.09	76.09
渤海银行	Bohai Bank	169.30	41.91	171.45	2.15
北京银行	Bank of Beijing	446.28	61.41	540.58	94.30
东莞银行	Bank of Dongguan	72.03	7.56	91.92	19.90
南粤银行	Nanyue Bank	43.91	10.33	39.10	-4.62
上海农商行	Shanghai Rural Commercial Bank	26.61	0.16	32.87	6.26
电力财务	Power Finance Limited	51.06	11.06	28.40	-22.66
长沙银行	Bank of Changsha	1377.57	299.96	1894.72	517.15
华融湘江银行	Huarong Xiangjiang Bank	1485.33	358.82	1808.52	323.19
农信机构	Rural Credit Institutions	4653.50	681.75	5350.58	697.08
三湘银行	Sanxiang Bank	30.30	30.30	140.81	110.50
信托公司	Trust and Investment Companies		-3.59	0	0
财务公司	Finance Companies	69.48	-6.31	79.91	10.42
村镇银行	Village and Township Bank	242.18	43.38	290.57	48.40
三一金融	Sany Auto Finance Co., Ltd.	66.92	-7.52	57.65	-9.26
外资银行	Foreign Bank	45.84	-7.28	40.23	-5.61

10-8 主要金融机构大中小微型企业贷款分行业情况统计表 (2018年)

单位：亿元

项目	Item	企业合计	
		年末余额 Balance at the Year-end	比年初增减 Increase Over the Year-beginning
合计	**Total**	**21413.71**	**2212.21**
农、林、牧、渔业	Agriculture,Forestry,Farming of Animals and Fishing	263.21	8.94
采矿业	Mining	132.02	2.06
制造业	Manufacturing	2569.92	193.25
电力、热力、燃气及水生产和供应业	Production and Distribution of Electricity,Gas and Water	1354.91	-36.72
建筑业	Construction	1137.10	131.32
批发和零售业	Wholesale and Retail Trade	1178.23	132.53
交通运输、仓储和邮政业	Traffic,Transport, Storage and Post	4344.95	329.11
住宿和餐饮业	Accommodation and Restaurants	172.17	-7.69
信息传输、软件和信息技术服务业	Information Transfer, Software and Information	96.42	-4.39
金融业	Finance	222.09	156.63
房地产业	Real Estate	2357.60	437.15
租赁和商务服务业	Tenancy and Business Services	3093.37	315.07
科学研究和技术服务业	Scientific Research,Technical Service	98.23	-1.07
水利、环境和公共设施管理业	Management of Water Conservancy, Environment and Public Establishment	4037.76	518.21
居民服务、修理和其他服务业	Resident Services and Other Services	127.56	6.03
教育业	Education	51.64	11.08
卫生和社会工作	Health and Social Work	52.24	1.79
文化、体育和娱乐业	Culture,Sports and Entertainment	122.89	34.00
公共管理、社会保障和社会组织	Public Management and Social Organization	1.41	-15.09

注：1. 本表仅统计人民币贷款，不含外汇贷款和票据融资。
2. 本表不含村镇银行、财务公司、信托公司。

Loans for Enterprises of All Size by Sector (2018)

(100 million yuan)

大型企业		中型企业		小型企业		微型企业	
年 末 余 额 Balance at the Year-end	比年初 增 减 Increase Over the Year-beginning	年 末 余 额 Balance at the Year-end	比年初 增 减 Increase Over the Year-beginning	年 末 余 额 Balance at the Year-end	比年初 增 减 Increase Over the Year-beginning	年 末 余 额 Balance at the Year-end	比年初 增 减 Increase Over the Year-beginning
7334.82	**932.32**	**6405.52**	**830.31**	**6944.27**	**304.86**	**729.09**	**144.72**
79.63	19.91	43.53	-2.62	123.86	-13.24	16.20	4.89
59.43	4.01	28.05	1.59	40.05	-1.73	4.49	-1.81
1321.87	146.42	502.85	41.17	690.35	6.53	54.85	-0.88
636.73	-45.58	309.13	33.14	350.72	-30.13	58.32	5.85
368.79	56.45	379.02	50.40	315.72	12.25	73.57	12.21
365.73	123.00	280.54	-22.30	455.97	19.19	75.99	12.64
3178.02	341.54	607.98	-17.79	502.95	-7.92	56.00	13.28
52.80	-1.88	27.58	-9.19	83.75	0.44	8.04	2.94
42.47	2.21	15.16	-18.40	33.74	10.07	5.05	1.72
30.43	3.78	96.80	72.06	45.40	35.33	49.46	45.46
156.97	88.73	1614.52	503.90	437.66	-186.43	148.45	30.95
430.42	73.79	1035.89	-11.79	1512.79	245.67	114.27	7.40
28.32	1.98	33.08	-9.24	35.52	5.54	1.31	0.65
517.09	108.44	1339.39	201.11	2130.42	204.39	50.86	4.26
22.57	5.91	20.68	-3.29	81.46	3.53	2.86	-0.12
2.27	-0.49	20.54	9.46	26.54	1.27	2.30	0.84
15.07	-0.92	14.45	5.16	21.93	-2.97	0.78	0.53
26.23	5.03	36.33	10.02	54.02	15.05	6.30	3.90
			-3.10	1.41	-11.99		

a. The statistical scope in the table include RMB loans,not-include Foreign Currency Loans and Financing Instruments.

b. The statistical scope in the table non-include Village and Township Bank、Finance Companies、Trust and Investment Companies.

10-9 保险机构与人员
Institutions and Personnel of Insurance System

项　目		Item		2005	2016	2017	2018
全年各项保费收入	(亿元)	Premiums	(100 million yuan)	127.17	886.46	1110.18	1255.1
保险机构数	(个)	Number of Institutions of Insurance System	(unit)	445	3106	3164	3208
法人机构		Legal Institutions			1	1	1
省级公司		Provincial Branches		16	52	55	57
地市级公司		Prefecture/City Branches		122	407	414	427
县支公司及营业部		County Branches		307	1149	1175	1225
营销服务部		Marketing Services Division			1497	1519	1498
年底实有职工人数	(人)	Employees at the Year-end	(person)	12344	36463	39456	41329
专业保险代理公司法人机构数	(个)	Professional Insurance Agents of Corporate Institutions	(unit)	29	19	19	19
专业保险经纪公司法人机构数	(个)	Professional Insurance Brokers Corporate Institutions	(unit)	6	11	12	11
专业保险评估公司法人机构数	(个)	Professional Insurance Agencies Assess Corporate Institutions	(unit)	3	6	6	7
兼业保险代理机构数	(个)	Insurance Agencies and Industry	(unit)	1699	9886	9969	11478

10-10 财产保险公司业务主要指标(2018年)
Major Indicators of Property Insurance Business (2018)

单位：万元　　(10 000 yuan)

指　标	Item	保费收入 Premiums	赔款支出 Indemnity Expenditure
合　计	**Total**	**4029745.80**	**2128790.57**
企业财产保险	Enterprises Property Insurance	91528.53	38732.07
家庭财产保险	Household Property Insurance	26651.53	8949.49
其中：投资型家财险	Investment Link Household Property Insurance	111.64	23.86
机动车辆保险	Motor Vehicle Insurance	2630694.70	1420280.31
工程保险	Project Insurance	29465.90	14751.66
责任保险	Liability Insurance	217008.27	77752.50
信用保险	Credit Insurance	23502.93	20793.70
保证保险	Guarantee Insurance	182623.14	44656.60
其中：机动车辆消费贷款保证保险	Motor Vehicle Consumption Loans	124.53	496.78
个人贷款抵押房屋保证保险	Personal Loans Home Mortagage	17.61	2.44
船舶保险	Ships Insurance	3428.43	2135.92
货物运输保险	Freight Transport Insurance	14688.56	7281.68
特殊风险保险	Special Venture Insurance	1718.03	1796.31
农业保险	Agriculture Insurance	346290.11	195077.09
健康险	Health Insurance	342596.28	256372.72
意外伤害保险	Unforeseen Injury Insurance	114099.64	37633.53
其中：投资型意外险	Investment Link Unforeseen Insurance	48.14	2248.46
其他险	Other Property Insurance	5449.75	2576.98

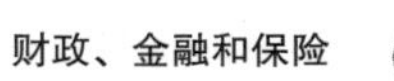

10-11 人寿保险公司主要业务指标 (2018年)
Major Indicators of Life Insurance Business (2018)

单位：万元 (10 000 yuan)

指 标	Item	合计 Total
一、原保险保费收入	**The Original Insurance Premium Income**	**8520911.93**
(一)按险种分	According to The Insurance Division	
1. 寿险小计	Life Insurance	6767994.51
(1) 个人业务	Personal Business	6762007.24
新单保费	New Insurance Premium	2790149.76
续期保费	Renewal Premium	3971857.47
(2) 团体业务	Group Insurance	5987.27
新单保费	New Insurance Premium	4711.67
续期保费	Renewal Premium	1275.60
2. 意外伤害险小计	Accidence Injury Insurance	203088.23
(1) 一年期以内业务	Within One Year Period	16954.09
(2) 一年期业务	One Year Period	126350.88
(3) 一年期以上业务	Over One Year Period	59783.26
3. 健康险小计	Health Insurance	1549829.19
(1) 一年期以内及一年期业务	Within One Year Periodand One Year Period	393488.11
个人业务	Personal Business	169763.13
团体业务	Group Insurance	223724.98
(2) 一年期以上业务	Over One Year Period	1156341.08
个人业务	Personal Business	1114214.24
团体业务	Group Insurance	42126.84
(二)按销售渠道分	According to The Sales Channels	
1. 公司直销小计	Direct Sales Company	596681.40
(1) 人寿保险	Life Insurance	197146.21
(2) 年金保险	Accidence Injury Insurance	127969.75
(3) 意外伤害险	Health Insurance	31153.33
(4) 健康险	Personal Agent	240412.11
2. 个人代理小计	Life Insurance	5339341.05
(1) 人寿保险	Accidence Injury Insurance	1960825.02
(2) 年金保险	Health Insurance	2080470.36
(3) 意外伤害险	Professional Insurance Agents	111617.23
(4) 健康险	Life Insurance	1186428.44
3. 银行邮政代理小计	The Insurance Company	2357826.73
(1) 人寿保险	Accidence Injury Insurance	1129939.92
(2) 年金保险	The Insurance Company	1201639.17
(3) 意外伤害险	Health Insurance	9121.71
(4) 健康险	The Insurance Company	17125.93
4. 保险专业代理小计	Bank of Postal Agent	75421.54
5. 其他兼业代理小计	Life Insurance	85773.46
6. 保险经纪业务小计	Accidence Injury Insurance	65867.75

10-11 续表 Continued

单位：万元 (10 000 yuan)

指　标	Item	合计 Total
二、赔付支出	**Indemnity Expenditure**	**1977659.66**
1. 赔款支出	Indemnity Expenditure	289518.67
(1) 意外伤害险	Accidence Injury Insurance	43855.33
一年期以内业务	Within One Year Period	3635.58
一年期业务	One Year Period	40219.74
(2) 短期健康险	Health Insurance Within One Year Periodand One Year Period	245663.34
个人业务	Personal Business	60970.00
团体业务	Group Insurance	184693.34
2. 死伤医疗给付	Casualty Medical Payment	257625.60
(1) 人寿保险	Life Insurance	86911.35
个人业务	Personal Business	83948.06
团体业务	Group Insurance	2963.29
(2) 长期健康险	Health Insurance Over One Year Period	16881.18
个人业务	Personal Business	16760.37
团体业务	Group Insurance	120.81
(3) 年金保险	Accidence Injury Insurance	153833.08
个人业务	Personal Business	122052.97
团体业务	Group Insurance	31780.11
3. 满期给付	Mature payment	1037154.42
(1) 人寿保险	Life Insurance	1009980.22
个人业务	Personal Business	995000.88
团体业务	Group Insurance	14979.33
(2) 长期健康险	Health Insurance Over One Year Period	26340.86
个人业务	Personal Business	26339.24
团体业务	Group Insurance	1.62
(3) 年金保险	Accidence Injury Insurance	833.35
个人业务	Personal Business	833.35
团体业务	Group Insurance	
4. 年金给付	Annuity	393360.97
(1) 个人业务	Personal Business	378555.48
(2) 团体业务	Personal Business	14805.49
三、退保金	**Surrender Value**	**1688874.61**
1. 人寿保险	Life Insurance	814036.37
(1) 个人业务	Personal Business	813424.48
(2) 团体业务	Annuity Assurance	611.89
2. 年金保险	Accidence Injury Insurance	840940.27
(1) 个人业务	Personal Business	840120.96
(2) 团体业务	Group Insurance	819.31
3. 长期健康险	Health Insurance Over One Year Period	33897.97

主要统计指标解释

财政收入 指国家财政参与社会产品分配所取得的收入，是实现国家职能的财力保证。主要包括：

（1）各项税收：包括国内增值税、国内消费税、进口货物增值税和消费税、出口货物退增值税和消费税、营业税、企业所得税、个人所得税、资源税、城市维护建设税、房产税、印花税、城镇土地使用税、土地增值税、车船税、船舶吨税、车辆购置税、关税、耕地占用税、契税、烟叶税等。

（2）非税收入：包括专项收入、行政事业性收费、罚没收入和其他收入。

财政支出 指国家财政将筹集起来的资金进行分配使用，以满足经济建设和各项事业的需要。主要包括：

（1）一般公共服务：指政府提供基本公共管理与服务的支出，包括人大事务、政协事务、政府办公厅（室）及相关机构事务、发展与改革事务、统计信息事务、财政事务、税收事务、审计事务、海关事务、人力资源事务、纪检监察事务、人口与计划生育事务、商贸事务、知识产权事务、工商行政管理事务、国土资源事务、海洋管理事务、测绘事务、地震事务、气象事务、民族事务、宗教事务、港澳台侨事务、档案事务、共产党事务、民主党派事务及工商联事务、群众团体事务、彩票事务等。

（2）公共安全：指政府维护社会公共安全方面的支出，包括武装警察、公安、国家安全、检察、法院、司法行政、监狱、劳教、国家保密、缉私警察等。

（3）教育：指政府教育事务支出，包括教育行政管理、学前教育、小学教育、初中教育、普通高中教育、普通高等教育、初等职业教育、中专教育、技校教育、职业高中教育、高等职业教育、广播电视教育、留学生教育、特殊教育、干部继续教育、教育机关服务等。

（4）科学技术：指用于科学技术方面的支出，包括科学技术管理事务、基础研究、应用研究、技术研究与开发、科技条件与服务、社会科学、科学技术普及、科技交流与合作等。

（5）文化教育与传媒：指政府在文化、文物、体育、广播影视、新闻出版等方面的支出。

（6）社会保障和就业：指政府在社会保障与就业方面的支出，包括社会保障和就业管理事务、民政管理事务、财政对社会保险基金的补助、补充全国社会保障基金、行政事业单位离退休、企业改革补助、就业补助、抚恤、退役安置、社会福利、残疾人事业、城市居民最低生活保障、其他城镇社会救济、农村社会救济、自然灾害生活救助、红十字事务等。

（7）医疗卫生：指政府医疗卫生方面的支出，包括医疗卫生管理事务支出、医疗服务支出、医疗保障支出、疾病预防控制支出、卫生监督支出、妇幼保健支出、农村卫生支出等。

（8）环境保护：指政府环境保护支出，包括环境保护管理事务支出、环境监测与监察支出、污染治理支出、自然生态保护支出、天然林保护工程支出、退耕还林支出、风沙荒漠治理支出、退牧还草支出、已垦草原退耕还草、能源节约利用、污染减排、可再生能源和资源综合利用等支出。

（9）城乡社区事务：指政府城乡社区事务支出，包括城乡社区管理事务支出、城乡社区规划与管理支出、城乡社区公共设施支出、城乡社区住宅支出、城乡社区环境卫生支出、建设市场管理与监督支出等。

（10）农林水事务：指政府农林水事务支出，包括农业支出、林业支出、水利支出、扶贫支出、农业综合开发支出等。

存款 指企业、机关、团体或居民根据资金必须收回的原则，把货币资金存入银行或其他信贷机构保管并取得一定利息的一种信用活动形式。根据存款对象或性质的不同可划分为企业存款、财政存款、机关团体存款、城乡储蓄存款、农业存款、信托及委托类存款、其他存款等科目。它是银行信贷资金的主要来源。

贷款 指银行或其他信贷机构根据资金必须归还的原则，按一定利率，为企业、个人等提供资金的一种信用活动形式。我国银行贷款分为短期贷款、委托及信托类贷款、其他类贷款等。

保险公司 在中国境内的、经过保险监督管理部门批准设立，并依法登记注册的各类商业保险公司。

保险金额 指保险人承担赔偿或者给付保险金责任的最高限额。

保费 指投保人为取得保险人在约定范围内所承担赔偿责任而支付给保险人的费用。

赔款 指保险人根据保险合同的规定，向被保险人支付的赔偿保险责任损失的金额。

给付 包括死伤医疗给付和满期给付。死伤医疗给付是指保险人根据人寿保险及长期健康保险合同的规定，因被保险人在保险期内发生保险责任范围内的保险事故支付给被保险人（或受益人）的金额。满期给付是指被保险人生存期满，保险人按人寿保险合同规定支付给被保险人的满期保险金额。

Explanatory Notes on Main Statistical Indicators

Government Revenue refers to the revenue of the government finance by means of participating in the distribution of the social products, which is the financial resources for ensuring the government to function. The contents of government revenue have been changed several times. Now it includes the following main items:

(1) Various tax revenues including value added tax, business tax, enterprise income tax, personal income tax, resources tax, fixed assets investment direction regulating tax, tax on city maintenance and construction, real estate tax, stamp tax, tax on use of urban land, land value added tax, vehicle and vessel tax, tax on occupancy of cultivated land, property tax, tobacco leaf tax, and other tax revenues.

(2) Non-tax Revenues including special revenues, revenues from Administrative and institutional fees, penalty and confiscatory revenues , revenues from state-owned capital operationg,revenues from paid use of state-owned resources, and other revenues .

Government Expenditure refers to the distribution and use of the funds the government finance has raised, so as to meet the needs of economic construction and various causes. It includes the following main items:

(1) Expenditure for general public services: It reflects the expenditure from the government for general public services.

(2) Expenditure on public security: It reflects the expenditure from the government towards safeguarding the public security, including the related affairs of armed police, public security, state security, procuratorial administration,law court, judicial administration, jail , reeducation through labor, state confidentiality, anti-smuggling Patrol,etc.

(3) Expenditure on education: It reflects the expenditure from the government on education, including the related affairs of educational administration management, preschool education, primary education, junior secondary educate, regular senior secondary educate, regular higher education, primary vocational education, specialized secondary educate, technical educate, vocational senior secondary educate, vocational higher education, radio and television education, foreign student educate, special education, cadre continuing education, education institution services,etc.

(4) Expenditure on science and technology: It reflects the expenditure from the government on science and technology.

(5) Expenditure on culture, sport and media: It reflects the expenditure from the government on culture, cultural relics, sport, radio and television, publication, etc.

(6)Expenditure on social security and employment:It reflects the expenditure from the government on social security and employment, including the related affairs of management of social security and employment, civil administration, subsidies to social insurance funds, supplement to national social security funds, retirees of government agencies and institutions, subsidies to enterprises reform, subsidies to employment, pension, settling down demobilized servicemen, social security, disabled person administration, minimum living allowance in urban area, other social relief in urban area, social relief in rural area, subsidies to natural disaster, Red Cross business,etc.

(7) Expenditure on health care: It reflects the expenditure from the government on health care, including expenditure on management of health care, medical services, medical security, disease control and prevention, public health supervision, rural health care,etc.

(8) Expenditure on environment protection: It reflects the expenditure from the government on environment protection, including expenditure on management of environment protection, environment monitoring and supervisory, pollution government, natural ecological protection, project of natural forest protection, returning farmland to forest, sandstorm and wilderness government, returning grazing land to grassland, returning cultivated grassland to grassland, etc.

(9) Expenditure on urban and rural community affairs: It reflects the expenditure from the government on urban and rural community affairs, including expenditure on management of urban and rural community affairs, plan and management of urban and rural community, public utility of urban and rural community, residential buildings of urban and rural community, environmental sanitation of urban and rural community, management and supervision of markets construction, etc.

(10) Expenditure on agriculture, forest and irrigation: It reflects the expenditure from the government on agriculture, forest and irrigation, including expenditure on agriculture, forest, irrigation, poverty alleviation, comprehensive development of agriculture, etc.

Deposit is a form of credit by which enterprises, institutions, organizations or households can put money into banks and other credit institutions for safekeeping and interest earning under the principle of free withdrawal. According to different depositors, deposits are divided into enterprise deposits, treasury deposits, deposits of government agencies and organizations, capital construction deposits, savings deposits, rural saving deposits, entrusted deposits and other deposits. Deposits are major sources of the credit funds of

banks.

Loan is a form of credit by which banks and other credit institutions provide funds at certain interest rate to enterprises and individuals in the light of the principle of unconditional repayment. Loans from Chinese banks include circulating capital loans, fixed assets loans, loans to urban and rural individuals engaged in industrial and commercial business and agricultural loans.

Insurance Companies refer to commercial insurance companies of various forms registered by law and established in China with the approval of insurance regulatory agencies.

Amount Insured refers to the maximum that the insurant will get for the claim of the case insured.

Premium is the fee paid by the insurant to the insurer to obtain the obligation of compensation from the insurance within the agreed terms.

Settled Claim is the compensation paid by the insurer to the insurant in accordance with the insurance contract.

Payment includes payment for death, injury or medical treatment and mature payment. Payment for death, injury or medical treatment refers to the money paid to the insurant (or the beneficiary) in accordance with the life or health insurance contract when the insurant encounters accidents within the insured period covered in the contract. Mature payment refers to the mature payment to the insurant in accordance with the life insurance contract at the end of the insured period.

11 城市建设和环境保护

Construction of Cities and Environmental Protection

资料整理人员：宋　超　　谢妮莉

11-1 城市公用事业基本情况
Basic Statistics for urban Public Utilities

指　标	Item	2000	2005	2017	2018
城市个数　（个）	**Number of Cities　(unit)**				
省辖市	Cities Under the Jurisdiction of Province	13	13	13	13
县级市	Cities at County Level	16	16	16	17
城市规模	**City Size**				
城区人口　（万人）	Population of Cities　(10 000 persons)	1196.68	1039.16	1380.56	1500.03
供水	**Water Supply**				
综合生产能力　（万立方米/日）	Production Capacity of Tap Water　(10 000 cu.m/day)	1162	1255	1024	1018
#地下水	# Shallow Ground Water	104	97	22	24
供水管长度　（公里）	Length of Water Supply Pipelines　(km)	7650	9862	25083	31611
供水总量　（万立方米）	Total Annual Volume of Water Supply　(10 000 cu.m)	282357	267800	194817	218678
#生产用量	# For Production		137001	35824	34374
公共服务用量	For Republic Services		19271	11979	12224
家庭用量	For Family Use		77029	100443	115251
人均日生活用水量　（升）	Per Capita Daily Consumption of Tap Water for Residential Use　(liter)	311	279	180	211
用水普及率　(%)	Percentage of Population with Access to Tap Water　(%)	97.5	91.1	96.5	96.4
供煤气、液化石油气	**Coal Gas and Liquefied Petroleum Gas Supply**				
供气总量	Total Gas Supply				
煤气　（万立方米）	Coal Gas　(10 000 cu.m)	60375	44064		
#居民家庭	# Consumption for Residential Use	28521	8008		
液化石油气　（吨）	Liquefied Petroleum Gas　(ton)	202033	294718	203024	241126
#居民家庭	# Consumption for Residential Use	189827	250354	174702	206961
天然气　（万立方米）	Natural Gas　(10 000 cu.m)			236293	259348
#居民家庭	# Consumption for Residential Use			80736	100526
煤气管道长度　（公里）	Length of Coal Gas Pipelines　(km)	1116	695		
天然气管道长度　（公里）	Length of Natural Gas Pipelines　(km)			17025	20466
燃气普及率　(%)	Percentage of Population with Access to Natural Gas　(%)	78	75	94	94
公共交通	**Public Traffic**				
运营车辆合计　（辆）	Number of Public Transportation Vehicles　(unit)	9083	9611	27072	29476
#汽车	# Buses	9083	9611	27072	29476
标准运营车数　（标台）	Convert into Standard Unit　(unit)	7212	9207	31409	34538
运营线路长度　（公里）	Length of Public Transportation Lines　(km)	3713	11453	29239	35333
出租汽车总计　（辆）	Total of Taxi　(unit)	19534	23087	35424	35475
每万人拥有公共交通车辆　（标台）	Number of Public Transportation Vehicles per 10 000 persons　(unit)	10	9	13	12
公交客运总量　（万人次）	Number of Passengers Carried　(10 000 person-times)	106227	212507	295202	290104

注：城市人口指标2006年起为城区人口，城市面积指标2006年起为城区面积。数据由湖南省住房和城乡建设厅提供。

Figure on population of cities means population of urban districts since 2006. Figure on city areas means urban district areas since 2006.The data in this table are provided by the Department of housing and urban rural development of Hunan province.

11-1 续表 Continued

指 标	Item	2000	2005	2017	2018
市政设施	**Municipal Engineering**				
道路长度 （公里）	Length of Paved Roads (km)	4739	5978	10882	13192
道路面积 （万平方米）	Area of Paved Roads (10 000 sq.m)	4816	9936	24470	29355
人行道面积 （万平方米）	Area of Sidewalk (10 000 sq.m)	1427	2411	5980	7084
桥梁数 （座）	Number of bridges (unit)	637	482	923	1209
#立交桥	# Cloverleaf Junction	82	48	105	122
路灯 （盏）	Number of Street Lights (unit)	115147	295972	666205	819382
排水管道长度 （公里）	Length of Sewer Pipelines (km)	3754	5594	16479	18529
污水排放量 （万立方米）	Number Volume of Let Sewage (10 000 cu.m)	165902	169530	189141	208481
污水处理厂 （座数）	Number of Sewage Disposal Farm (unit)	21	19	66	74
污水处理厂处理能力 （万立方米/日）	Daily Disposal Capacity of Sewage (10 000 cu.m/day)	61.2	135.4	541.1	605.8
其他污水处理装置处理能力 （万立方米/日）	Capacity of Engineering (10 000 cu.m/day)	83.9	152.3	24.9	31.9
污水年处理量 （万立方米）	Annual Volume of Sewage Treated (10 000 cu.m)	45316	68740	176564	200158.8
人均拥有道路 （平方米）	Per Capita of Road Areas (sq.m)	7.0	9.6	13.7	17.0
排水管密度（公里/平方公里）	Density of Drainage Pipelines (km/sq.km)	4.7	5.4	8.5	8.5
污水处理率 (%)	Rate of Sewage Disposal (%)	27.3	40.6	95.5	96.0
园林绿化	**Parks, Gardens and Green Areas**				
绿化覆盖面积 （公顷）	Coverage Space of Green Areas (hectare)	49290	44643	78722	84158
#建成区	# Developed Area	22646	34176	70443	75611
园林绿地面积 （公顷）	Area of Parks,Gardens and Green Areas in Cities(hectare)	44672	40723	67669	72435
#建成区	# Developed Area	19450	30506	62701	67317
公园绿地面积 （公顷）	Park Green Land (hectare)	3525	7143	17817	19020
公园个数 （个）	Number of Parks (unit)	116	150	337	368
公园面积 （公顷）	Area of Parks (hectare)	2646	6589	12607	13344
人均公园绿地面积 （平方米）	Park Green Land Per Capita (sq.m)	5.1	6.9	9.99	10.99
建成区绿地率 (%)	Rate of Green Areas Developed (%)	24.3	29.5	36.7	36.6
建成区绿化覆盖率 (%)	Coverage Rate of Green Areas Developed (%)	28.3	33.1	41.2	41.2
环境卫生	**Environmental Sanitation**				
实际清扫面积 （万平方米）	Area Under Cleaning Program (10 000 sq.m)	3236	7560	27762	31280
#机械清扫	Machine Cleaning	412	1149	16432	22398
生活垃圾清运量 （万吨）	Volume of Garbage Disposal (10 000 tons)	358.46	486.00	764.88	824.49
垃圾无害化处理场 （座数）	Number of Factories to Treat Garbage Harmlessly (unit)	15	7	32	37
#处理能力 （吨/日）	Daily Disposal Capacity (ton/day)	4427	6122	24920	26647
垃圾无害处理量 （万吨）	Volume of Garbage Harmlessly Treatment (10 000 tons)	180.91	192.90	763	824
公共厕所数 （座）	Number of Public Lavatories (unit)	3001	2652	3576	4331
#三类以上	# Water Closet	1771	2240	2198	2739
市容环卫专用车辆设备总数(辆)	Environmental Sanitation Equipment (unit)	1213	1396	5018	6779
生活垃圾无害化处理率 (%)	Ratio of Garbage Harmlessly Treatment (%)	50.5	39.7	99.8	100.0

11-2 城市设施水平(2018年)
Indicators of Municipal Public Utilities Level (2018)

城 市	Cities	人口密度 (人/平方公里) Population Density (person/sq.km)	人均日生活用水量 (升) Per Capita Water Consumption for Residential Use (liter)	用水普及率 (%) Percentage of Population with Access to Tap Water (%)	每万人拥有公共交通车辆 (标台) Number of Public Transportation Vehicles Per 10 000 persons (unit)	用气普及率 (%) Percentage of Population with Access to Gas (%)
长沙市	Changsha	3121	347.29	100.00	23.25	98.61
浏阳市	Liuyang	1794	167.00	100.00	2.05	72.66
宁乡市	Ningxiang	1366	137.80	90.92	6.02	68.01
株洲市	Zhuzhou	1336	286.72	100.00	11.62	99.84
醴陵市	Liling	2175	152.91	100.00	2.35	100.00
湘潭市	Xiangtan	4838	251.26	93.20	13.11	98.39
湘乡市	Xiangxiang	9038	128.24	100.00	3.08	94.68
韶山市	Shaoshan	1556	160.97	91.77	3.62	91.16
衡阳市	Hengyang	2776	128.64	100.00	19.41	98.66
耒阳市	Leiyang	11506	156.69	82.06	9.26	86.30
常宁市	Changning	7813	135.71	93.33	3.17	90.00
邵阳市	Shaoyang	8582	163.80	98.27	11.55	95.23
武冈市	Wugang	7250	119.55	75.86	4.73	90.69
岳阳市	Yueyang	5506	145.99	97.20	8.28	78.48
汨罗市	Miluo	8218	155.95	69.34	3.42	70.48
临湘市	Linxiang	4065	131.38	75.30	2.92	94.88
常德市	Changde	3005	127.46	100.00	7.91	98.05
津市市	Jinshi	1531	133.97	100.00	3.25	100.00
张家界市	Zhangjiajie	4134	185.19	98.73	12.17	90.62
益阳市	Yiyang	6130	162.74	96.89	18.76	95.79
沅江市	Yuanjiang	9792	150.36	97.30	5.50	90.81
郴州市	Chenzhou	1452	144.39	91.45	26.48	97.29
资兴市	Zixing	6906	115.65	100.00	3.92	68.31
永州市	Yongzhou	5745	229.06	98.99	14.74	93.72
怀化市	Huaihua	9750	188.25	94.57	6.93	92.12
洪江市	Hongjiang	2324	122.72	82.77	9.69	66.37
娄底市	Loudi	8309	194.44	98.10	7.51	98.65
冷水江市	Lengshuijiang	4083	144.88	99.95	3.20	99.10
涟源市	Lianyuan	7272	115.70	86.36	1.72	95.05
吉首市	Jishou	6563	199.17	100.00	8.70	86.41

注：本表数据由湖南省住房和城乡建设厅提供。
The data in this table are provided by the Department of housing and urban rural development of Hunan province.

11-2 续表 Continued

城市	Cities	人均拥有道路面积（平方米）Per Capita Area of Paved Roads (sq.m)	排水管道密度（公里/平方公里）Density of Sewer Pipelines (km/sq.km)	污水处理率(%) Ratio of Sewage Treatment (%)	园林绿化 Parks, Gardens and Green Areas 人均公园绿地面积（平方米）Park Green Land per Capita (sq.m)	建成区绿地率(%) Ratio of Green Area in Developed Areas (%)	建成区绿化覆盖率(%) Green Area Coverage Rate in Developed Areas (%)	生活垃圾无害化处理率(%) Ratio of Garbage Harmlessly Treatment (%)
长沙市	Changsha	13.17	7.35	98.33	11.38	35.17	41.49	100.00
浏阳市	Liuyang	10.99	9.45	96.12	11.06	36.46	42.00	100.00
宁乡市	Ningxiang	16.90	1.26	97.11	9.24	29.95	33.92	100.00
株洲市	Zhuzhou	21.14	6.65	97.25	14.28	40.42	42.67	100.00
醴陵市	Liling	16.27	10.24	91.88	11.14	33.58	38.24	100.00
湘潭市	Xiangtan	28.64	7.86	96.20	10.86	41.63	45.81	100.00
湘乡市	Xiangxiang	15.74	15.47	95.38	8.43	33.17	37.08	100.00
韶山市	Shaoshan	18.98	17.30	96.52	13.22	40.20	44.91	100.00
衡阳市	Hengyang	12.08	7.73	96.89	13.11	37.92	41.41	100.00
耒阳市	Leiyang	14.23	4.62	88.19	6.46	33.12	43.32	100.00
常宁市	Changning	8.06	10.05	96.29	8.50	28.19	30.71	100.00
邵阳市	Shaoyang	19.74	6.67	81.51	13.34	35.26	41.82	98.61
武冈市	Wugang	11.93	12.13	92.92	7.18	31.89	40.41	100.00
岳阳市	Yueyang	22.29	12.46	97.51	9.76	39.31	42.07	100.00
汨罗市	Miluo	21.80	11.15	77.13	8.29	34.66	37.60	99.97
临湘市	Linxiang	5.50	10.40	100.00	11.37	36.24	39.82	100.00
常德市	Changde	14.52	14.83	99.76	13.23	39.28	44.39	100.00
津市市	Jinshi	13.56	10.74	92.31	10.21	33.21	37.10	100.00
张家界市	Zhangjiajie	20.68	2.24	96.19	9.64	35.24	40.53	100.00
益阳市	Yiyang	15.10	11.33	95.50	9.81	38.92	40.03	100.00
沅江市	Yuanjiang	10.72	8.09	95.30	7.17	28.46	37.45	100.00
郴州市	Chenzhou	12.67	17.05	88.81	9.90	41.89	46.54	100.00
资兴市	Zixing	12.77	7.72	92.93	12.23	44.21	44.32	100.00
永州市	Yongzhou	20.62	9.13	95.21	11.52	35.36	38.32	100.00
怀化市	Huaihua	12.88	7.00	93.94	8.52	35.34	39.26	100.00
洪江市	Hongjiang	19.31	10.41	91.53	10.66	37.55	41.18	100.00
娄底市	Loudi	44.89	5.85	97.70	9.62	35.48	41.02	100.00
冷水江市	Lengshuijiang	11.72	5.54	93.64	13.05	35.57	36.04	100.00
涟源市	Lianyuan	17.18	11.45	95.53	7.36	31.77	38.62	100.00
吉首市	Jishou	31.92	0.42	95.50	10.88	36.55	41.06	100.00

11-3 城市供水 (2018年)
Tap Water Supply in Cities (2018)

城 市	Cities	综合生产能力（万立方米/日）Production Capacity of Tap Water (10 000 cu.m/day)	地下水 Shallow Ground Water	供水管道长度（公里）Length of Water Supply Pipelines (km)	供水总量（万立方米）Total Annual Volume of Water Supply (10 000 cu.m)	生产用量 For Productive Use	公共服务用量 For Republic Services	家庭用量 For Family Use	用水人口（万人）Number of Residents with Access to Tap Water (10 000 persons)
长沙市	Changsha	235.00		5721	67722	4212	2118	45300	374.43
浏阳市	Liuyang	18.60	1.50	390	2403	668	16	1357	26.01
宁乡市	Ningxiang	14.52		1500	4440	1151	113	2045	42.98
株洲市	Zhuzhou	103.50		3206	19121	3621	2298	9724	115.26
醴陵市	Liling	6.00		791	2589	282	48	1333	24.75
湘潭市	Xiangtan	57.29	8.07	1340	12529	2174	2224	4710	76.21
湘乡市	Xiangxiang	6.00		725	1375	210		1100	23.50
韶山市	Shaoshan	3.80		353	373	40	60	207	4.57
衡阳市	Hengyang	65.00		1388	17094	4465	92	6659	143.79
耒阳市	Leiyang	10.87	0.87	226	3611	465	754	1936	47.02
常宁市	Changning	10.00		230	1953	251	42	1333	28.00
邵阳市	Shaoyang	38.00		947	9438	765	772	3384	70.00
武冈市	Wugang	8.00		445	1840	530	300	630	22.00
岳阳市	Yueyang	107.00		1511	9850	2255	35	4552	86.70
汨罗市	Miluo	6.00		349	1344			655	11.51
临湘市	Linxiang	4.00		208	991	44	115	594	15.00
常德市	Changde	41.72	2.72	2077	9888	2914	154	4477	99.79
津市市	Jinshi	9.00	0.53	330	1207	357	60	461	10.90
张家界市	Zhangjiajie	20.00		587	3571	835	59	1458	22.53
益阳市	Yiyang	32.70	0.30	608	6727	1491	162	3663	64.74
沅江市	Yuanjiang	4.91	4.00	184	1165	110	106	884	18.75
郴州市	Chenzhou	70.00	4.00	13	8690	2115	142	3879	77.00
资兴市	Zixing	5.50		483	1450	322	87	603	17.01
永州市	Yongzhou	42.50	0.42	1363	9813	2794	645	4029	56.87
怀化市	Huaihua	28.50		1052	7062	555	813	3235	59.01
洪江市	Hongjiang	6.00		254	1043	176	54	417	11.10
娄底市	Loudi	22.50		710	5849	1122	20	3578	50.70
冷水江市	Lengshuijiang	20.00		3606	1596	275	223	812	19.92
涟源市	Lianyuan	8.00	2.00	334	1228	175	63	598	15.70
吉首市	Jishou	13.00		684	2718	0	650	1640	31.50

注：本表数据由湖南省住房和城乡建设厅提供。
The data in this table are provided by the Department of housing and urban rural development of Hunan province.

11-4 城市公共交通 (2018年)
Public Traffic in Cities (2018)

城 市	Cities	公共汽车 Buses				出租汽车数 (辆) Number of Taxis (unit)
		运营车数合计 (辆) Number of Public Transportation Vehicles (unit)	标准运营车数 (标台) Number of Vehicles Convert into Standard unit (unit)	运营线路网长度 (公里) Length of Public Transportation Lines (km)	客运总量 (万人次) Number of Passengers Carried (10 000 persontimes)	
长沙市	Changsha	7282	9335	5117	63914	7840
浏阳市	Liuyang	175	183	770	1126	400
宁乡市	Ningxiang	393	481	809	2308	467
株洲市	Zhuzhou	1222	1515	1215	19704	2215
醴陵市	Liling	128	145	119	2640	383
湘潭市	Xiangtan	1097	1271	1125	11681	1344
湘乡市	Xiangxiang	115	115	180	683	281
韶山市	Shaoshan	22	22	80	119	20
衡阳市	Hengyang	2010	2494	1315	14297	1224
耒阳市	Leiyang	535	530	235	5819	500
常宁市	Changning	117	125	230	2412	188
邵阳市	Shaoyang	560	708	450	7851	991
武冈市	Wugang	154	168	276	750	132
岳阳市	Yueyang	767	927	878	16082	1730
汨罗市	Miluo	141	141	180	980	200
临湘市	Linxiang	80	80	52	900	275
常德市	Changde	834	883	1186	11240	1139
津市市	Jinshi	72	58	111	570	150
张家界市	Zhangjiajie	305	360	302	6899	860
益阳市	Yiyang	1301	1570	961	7081	867
沅江市	Yuanjiang	242	204	383	2563	350
郴州市	Chenzhou	1394	1732	2462	15934	1128
资兴市	Zixing	80	88	210	1482	78
永州市	Yongzhou	907	1042	1024	12941	699
怀化市	Huaihua	316	402	619	6600	800
洪江市	Hongjiang	179	174	275	775	110
娄底市	Loudi	273	355	304	5200	950
冷水江市	Lengshuijiang	78	86	244	2225	323
涟源市	Lianyuan	71	71	62	1200	200
吉首市	Jishou	189	231	140	3800	697

11-5 城市市政设施 (2018年)
Urban Civil Facilities (2018)

城市	Cities	道路长度（公里）Length of Streets (km)	道路面积（万平方米）Area of Streets (10 000 sq.m)	人行道面积（万平方米）Area of Sidewalk (10 000 sq.m)	桥梁数（座）Number of Bridges (unit)	立交桥 Cloverleaf Junction	路灯盏数（盏）Number of Street Lights (unit)	排水管道长度（公里）Length of Sewer Pipelines (km)	污水年排放量（万立方米）Annual Volume of Sewage Discharged (10 000cu.m)
长沙市	Changsha	1385	4933	980	236	27	100896	2685	72000
浏阳市	Liuyang	125	286	61	34	1	6747	274	2190
宁乡市	Ningxiang	430	799	266	102		16890	142	3810
株洲市	Zhuzhou	1785	2437	524	116	20	52523	1512	15864
醴陵市	Liling	224	403	65	44	3	19735	311	1497
湘潭市	Xiangtan	626	2342	476	19		30449	1212	11420
湘乡市	Xiangxiang	219	370	109	9		10393	333	1520
韶山市	Shaoshan	53	95	21			2342	144	720
衡阳市	Hengyang	858	1737	338	41	13	91921	1019	13333
耒阳市	Leiyang	316	815	299	3		8520	285	2611
常宁市	Changning	211	242	96	12	6	5450	211	1366
邵阳市	Shaoyang	642	1406	423	22	2	73892	620	7840
武冈市	Wugang	146	346	106	11		7896	262	1466
岳阳市	Yueyang	941	1988	426	26	3	47200	1373	14015
汨罗市	Miluo	94	362	103	9		9506	222	1033
临湘市	Linxiang	98	110	29	5		6254	164	1095
常德市	Changde	745	1449	416	80	5	69809	1703	8982
津市市	Jinshi	137	148	44	6		7342	191	845
张家界市	Zhangjiajie	341	472	90	29	2	15335	277	3215
益阳市	Yiyang	511	1009	345	4		23218	1009	5886
沅江市	Yuanjiang	300	207	56	3	1	2070	157	873
郴州市	Chenzhou	321	1067	301	122	34	47686	2220	9856
资兴市	Zixing	136	217	55	5		5621	166	1048
永州市	Yongzhou	541	1184	330	20	5	35457	626	9108
怀化市	Huaihua	444	804	267	60		35709	459	5831
洪江市	Hongjiang	132	259	42	10		14295	167	998
娄底市	Loudi	610	2320	478	56		26752	306	5032
冷水江市	Lengshuijiang	148	234	65	8		8756	172	1133
涟源市	Lianyuan	216	312	71	52		4890	292	1095
吉首市	Jishou	457	1006	203	65		31828	16	2800

注：本表数据由湖南省住房和城乡建设厅提供。
The data in this table are provided by the Department of housing and urban rural development of Hunan province.

11-5 续表 Continued

城　市	Cities	污水处理厂 Sewage Disposal Factory				其他污水处理装置处理能力（万方/日）	污水年处理量（万方）
		座数（座）		处理能力（万立方米/日）			
		Number of Units (unit)	二、三级处理 Biological and Chemical Disposal	Disposal Capacity (10 000 cu.m/day)	二、三级处理 Biological and Chemical Disposal	Capacity of Engineering (10 000 cu.m/day)	Annual Volume of Sewage Disposal (10 000 cu.m)
长沙市	Changsha	11	11	216.0	216.0		70801
浏阳市	Liuyang	1	1	8.0	8.0	6.0	2105
宁乡市	Ningxiang	1	1	5.0	5.0	5.0	3700
株洲市	Zhuzhou	6	6	49.7	49.7	5.0	15428
醴陵市	Liling	1		5.0		5.0	1375
湘潭市	Xiangtan	3	3	40.0	40.0		10987
湘乡市	Xiangxiang	1	1	5.0	5.0		1450
韶山市	Shaoshan	1	1	2.0	2.0		695
衡阳市	Hengyang	3		40.5			12918
耒阳市	Leiyang	1	1	10.0	10.0	0.7	2302
常宁市	Changning	1		4.0			1315
邵阳市	Shaoyang	3		20.0			6391
武冈市	Wugang	1	1	3.0	3.0		1363
岳阳市	Yueyang	6	6	33.0	33.0	7.6	13666
汨罗市	Miluo	1		2.5			797
临湘市	Linxiang	1	1	3.0	3.0		1095
常德市	Changde	5	5	27.5	27.5	0.1	8960
津市市	Jinshi	2		2.5		0.1	780
张家界市	Zhangjiajie	4	4	10.5	10.5	0.2	3093
益阳市	Yiyang	3	3	17.0	17.0		5621
沅江市	Yuanjiang	1		2.3		1.5	832
郴州市	Chenzhou	3	1	22.5	12.0		8753
资兴市	Zixing	2	2	3.0	3.0		974
永州市	Yongzhou	2	2	25.0	25.0		8672
怀化市	Huaihua	2	2	17.0	17.0	0.3	5477
洪江市	Hongjiang	3	2	2.8	1.5		914
娄底市	Loudi	2	2	15.0	15.0		4916
冷水江市	Lengshuijiang	1		3.0			1061
涟源市	Lianyuan	1		4.0		0.5	1046
吉首市	Jishou	1	1	7.0	7.0		2674

11-6 城市园林绿化 (2018年)

Urban Parks, Gardens and Green Areas (2018)

城 市	Cities	绿化覆盖面积（公顷）Coverage Space of Green Areas (hectare)	建成区 Developed Areas	园林绿地面积（公顷）Area of Parks, Gardens and Green Areas (hectare)	建成区 Developed Areas	公园绿地面积（公顷）Park Green Land (hectare)	公园个数（个）Number of Parks (unit)	公园面积（公顷）Area of Parks (hectare)
长沙市	Changsha	15157	15157	12848	12848	4261	36	2286
浏阳市	Liuyang	1218	1218	1057	1057	288	7	241
宁乡市	Ningxiang	2934	2934	2590	2590	437	11	262
株洲市	Zhuzhou	6223	6223	5894	5894	1646	19	1646
醴陵市	Liling	1177	1163	1108	1021	276	10	200
湘潭市	Xiangtan	5406	3667	3363	3332	888	12	173
湘乡市	Xiangxiang	797	797	713	713	198	2	113
韶山市	Shaoshan	325	227	307	203	66	6	89
衡阳市	Hengyang	7842	5408	7251	4952	1885	27	857
耒阳市	Leiyang	1958	1958	1497	1497	370	2	61
常宁市	Changning	645	645	592	592	255	8	630
邵阳市	Shaoyang	3865	3262	3123	2750	950	9	750
武冈市	Wugang	1168	873	826	689	208	6	190
岳阳市	Yueyang	6089	4628	5012	4324	871	15	556
汨罗市	Miluo	749	749	690	690	138	3	331
临湘市	Linxiang	628	628	572	572	226	22	242
常德市	Changde	4663	4657	4124	4121	1320	15	834
津市市	Jinshi	668	643	607	575	111	8	141
张家界市	Zhangjiajie	1591	1353	1436	1176	220	18	206
益阳市	Yiyang	3291	3291	3199	3199	656	35	608
沅江市	Yuanjiang	733	718	593	546	138	6	146
郴州市	Chenzhou	3658	3658	3293	3293	834	28	834
资兴市	Zixing	951	951	949	949	208	4	204
永州市	Yongzhou	2714	2557	2457	2359	662	11	215
怀化市	Huaihua	2563	2513	2311	2261	532	12	481
洪江市	Hongjiang	831	593	724	541	143	6	204
娄底市	Loudi	2841	2104	2148	1820	497	14	357
冷水江市	Lengshuijiang	1110	900	995	888	260	7	257
涟源市	Lianyuan	579	579	477	477	134	4	133
吉首市	Jishou	1785	1560	1679	1389	343	5	98

注：本表数据由湖南省住房和城乡建设厅提供。
The data in this table are provided by the Department of housing and urban rural development of Hunan province.

11—7 城市燃气使用情况 (2018年)
Urban Coal Gas and Liquefied Petroleum (2018)

城　市	Cities	液化石油气 Liquefied Petroleum Gas				
		供气总量 (吨) Total Gas Supply (ton)	家庭用量 Consumption for Residential Use	用气户数 (户) Number of Household with Access to Gas (household)	家庭用量 Consumption for Residential Use	用气人口 (万人) Population with Access to Gas (10 000 persons)
长沙市	Changsha	58742	45405	225061	173965	50
浏阳市	Liuyang					
宁乡市	Ningxiang	5578	3159	30500	30500	9
株洲市	Zhuzhou	5240	4535	21150	21006	5
醴陵市	Liling	6104	1514	81245	81014	10
湘潭市	Xiangtan	17100	17100	70000	70000	24
湘乡市	Xiangxiang	4790	4780	32150	32150	12
韶山市	Shaoshan	350	350	7200	7200	2
衡阳市	Hengyang	3300	2200	37252	36635	12
耒阳市	Leiyang	7020	7020	12520	12520	42
常宁市	Changning	2810	2365	32500	23600	10
邵阳市	Shaoyang	4300	3700	72000	59000	20
武冈市	Wugang	3000	2990	45000	45000	17
岳阳市	Yueyang	9800	5800	35000	30000	9
汨罗市	Miluo	1689	1683	17300	17300	5
临湘市	Linxiang	9580	9375	13720	13720	12
常德市	Changde	10322	10269	73300	73300	22
津市市	Jinshi	1800	1800	19400	19400	5
张家界市	Zhangjiajie	9266	8740	36664	35874	5
益阳市	Yiyang	6437	6077	56437	56437	18
沅江市	Yuanjiang	1612	718	23320	19655	8
郴州市	Chenzhou	24000	24000	123733	123733	37
资兴市	Zixing	3800	3788	31386	31386	8
永州市	Yongzhou	9822	8474	85822	85822	33
怀化市	Huaihua	17428	14985	132000	129100	45
洪江市	Hongjiang	1558	1552	23376	23376	8
娄底市	Loudi	8950	8100	64520	64520	26
冷水江市	Lengshuijiang	1030	1030	46000	46000	19
涟源市	Lianyuan	2988	2850	48800	47500	15
吉首市	Jishou	2710	2602	55241	55241	24

注：本表数据由湖南省住房和城乡建设厅提供。

The data in this table are provided by the Department of housing and urban rural development of Hunan province.

11-7 续表 Continued

城 市	Cities	天然气 Gas 供气总量（万立方米）Total Gas Supply (10 000 cu.m)	家庭用量 Consumption for Residential Use	用气户数（户）Number of Household with Access to Gas (household)	家庭用量 Consumption for Residential Use	用气人口（万人）Population with Access to Gas (10 000 persons)	管道长度（公里）Length of Pipelines (km)
长沙市	Changsha	86826	35097	1430613	1424613	319.02	1635.0
浏阳市	Liuyang	26	20	63796	62635	18.90	161.4
宁乡市	Ningxiang	4608	3100	64938	64838	23.00	550.0
株洲市	Zhuzhou	25499	9261	371304	368039	110.50	1903.2
醴陵市	Liling	26210	4147	61201	60517	14.75	1210.0
湘潭市	Xiangtan	16140	4830	279431	273041	56.45	1953.0
湘乡市	Xiangxiang	1240	387	26161	25945	9.80	312.9
韶山市	Shaoshan	299	113	6299	6191	2.29	122.0
衡阳市	Hengyang	22881	7059	425935	421766	130.00	4420.0
耒阳市	Leiyang	400.00	388.00	21250	21250	7.25	32.5
常宁市	Changning	2600	450	38000	35000	17.00	300.0
邵阳市	Shaoyang	4859	3152	149098	148440	47.83	670.0
武冈市	Wugang	940	443	25729	25486	9.50	388.2
岳阳市	Yueyang	21591	5530	196500	19360	61.00	1100.3
汨罗市	Miluo	3496	3346	18736	18143	6.75	158.5
临湘市	Linxiang	866	648	27123	26746	6.90	80.0
常德市	Changde	14900	5118	246922	242411	75.54	2439.2
津市市	Jinshi	541	298	20805	20600	6.20	171.8
张家界市	Zhangjiajie	2645	1568	46121	44791	15.36	358.6
益阳市	Yiyang	6608	3082	155011	153047	46.50	285.6
沅江市	Yuanjiang	1308	598	28650	26970	9.89	93.5
郴州市	Chenzhou	4407	4402	112038	112038	44.80	1300.0
资兴市	Zixing	955	208.53	12092	12024	3.61	54.7
永州市	Yongzhou	2437	1990	65782	65675	21.02	201.0
怀化市	Huaihua	1483	518	34628	34199	12.36	105.7
洪江市	Hongjiang	12.7	11.99	1601	1601	0.48	35.0
娄底市	Loudi	4580	4100	60120	59230	24.85	310.0
冷水江市	Lengshuijiang	296	68	5435	5387	1.25	38.7
涟源市	Lianyuan	20.3	18.4	5200	3800	2.68	28.0
吉首市	Jishou	675	575	7200	6150	3.10	47.4

11-8 环境综合统计基本状况 (2018年)
Basic Environment Comprehensive Statistics (2018)

指 标		Item		2018
废水排放总量	(万吨)	Total Volume of Waste Water Discharged	(10 000 tons)	324662.03
其中：工业废水排放量	(万吨)	Total Volume of Industrial Waste Water Discharged	(10 000 tons)	32704.58
城镇生活污水排放量	(万吨)	Household Waste Water Discharged by Urban Use	(10 000 tons)	291625.83
集中式治理设施污水排放量	(万吨)	Volume of Waste Water Discharged by Centralized Facilities	(10 000 tons)	331.62
化学需氧量(COD)排放量	(吨)	Volume of COD Discharged	(ton)	552411.42
其中：工业废水中COD排放量	(吨)	Amount of COD in Industrial Waste Water	(ton)	21868.89
农业COD排放量	(吨)	Amount of COD in Agriculture	(ton)	10053.52
城镇生活污水中COD排放量	(吨)	Household of COD Waste Water Discharged by Urban Use	(ton)	520006.86
集中式治理设施COD排放量	(吨)	Volume of COD Waste Water Discharged by Centralized Facilities	(ton)	482.15
氨氮排放量	(吨)	Ammonia Nitrogen Discharge	(ton)	84412.35
其中：工业废水中氨氮排放	(吨)	Ammonia Nitrogen Discharge from Industrial Waste Water	(ton)	1836.45
农业氨氮排放	(吨)	Ammonia Nitrogen Discharge from Agriculture	(ton)	254.78
城镇生活污水中氨氮排放量	(吨)	Household of Ammonia Nitrogen Discharged by Urban Use	(ton)	82260.08
集中式治理设施氨氮排放量	(吨)	Volume of Ammonia Nitrogen Discharged by Centralized Facilities	(ton)	61.04
二氧化硫(SO_2)排放量	(吨)	Volume of SO_2 Emission	(ton)	165772.38
其中：工业SO_2排放量	(吨)	Volume of SO_2 Emission by Industry	(ton)	102036.17
城镇生活SO_2排放量	(吨)	Household of SO_2 Emission by Urban Use	(ton)	63667.16
集中式治理设施SO_2排放量	(吨)	Volume of SO_2 Emission by Centralized Facilities	(ton)	69.05
氮氧化物排放量	(吨)	Nitrogen Oxides Discharged	(ton)	333987.44
其中：工业氮氧化物排放量	(吨)	Volume of Nitrogen Oxides Discharged by Industry	(ton)	164838.37
城镇生活氮氧化物排放量	(吨)	Household of Nitrogen Oxides Discharged by Urban Use	(ton)	10317.56
机动车氮氧化物排放量	(吨)	Volume of Nitrogen Oxides Discharged by Motor vohicles	(ton)	158288.00
集中式治理设施氮氧化物排放量	(吨)	Volume of Nitrogen Oxides Discharged by Centralized Facilities	(ton)	543.50
烟(粉)尘排放量	(吨)	Volume of Soot Emission	(ton)	189757.30
其中：工业烟(粉)尘排放量	(吨)	Volume of Industrial Soot Emission	(ton)	141490.28
城镇生活烟尘排放量	(吨)	Household of Volume of Soot Emission by Urban Use	(ton)	36906.82
机动车烟尘排放量	(吨)	Volume of Volume of Soot Emission by Motor vohicles	(ton)	11346.00
集中式治理设施烟尘排放量	(吨)	Volume of Volume of Soot Emission by Centralized Facilities	(ton)	14.21
一般工业固体废物产生量	(万吨)	Volume of Solid Wastes Produced	(10 000 tons)	4592.07
一般工业固体废物综合利用量	(万吨)	Volume of Solid Wastes Utilized	(10 000 tons)	3885.52
其中：综合利用往年贮存量	(万吨)	Comprehensive utilization of the previous storage	(10 000 tons)	55.46
一般工业固体废物综合利用率	(%)	Percentage of Solid Wastes Utilized	(%)	83.60
一般工业固体废物处置量	(万吨)	Volume of Solid Wastes Treated	(10 000 tons)	341.44
其中：处置往年贮存量	(万吨)	Volume of the Previous Storage Treated	(10 000 tons)	19.35
一般工业固体废物处置率	(%)	Percentage of Solid Wastes Treated	(%)	7.44
一般工业固体废物贮存量	(万吨)	Volume of Solid Wastes Treated	(10 000 tons)	439.88
一般工业固体废物倾倒丢弃量	(万吨)	Volume of Solid Wastes dumping of discarded	(10 000 tons)	0.03

注：本表数据由湖南省环境保护厅提供。
The data in this table are provided by the environmental protection department of Hunan province.

11-9 全省环保产业统计情况 (2018年)

Statistical Report of Hunan Environmental Protection Industry (2018)

指 标	Item	合计 Total	长沙 Changsha	株洲 Zhuzhou	湘潭 Xiangtan	衡阳 Hengyang	邵阳 Shaoyang	岳阳 Yueyang	常德 Changde
环保产业单位数（个）	**The Number of Environmental Protection Industry Units (unit)**	**1311**	**199**	**172**	**48**	**124**	**97**	**146**	**67**
环保产业从业人数（万人）	**The Number of Employees in Environmental Protection Industry (10 000 person)**	**15.3**	**5.5**	**1.1**	**0.6**	**0.9**	**0.6**	**1**	**0.8**
环保产业年收入（亿元）	**Annual Income of Environmental Protection Industry (100 million yuan)**	**2601.2**	**1056.9**	**127.9**	**268.1**	**114.8**	**52.6**	**283.9**	**69.6**
#环境服务业	Environmental Services	286.1	203.7	29.9	8.8	4.2	2.8	3.7	3.1
#环境保护产品生产	Environmental Protection Products Production	193.5	139.2	32.9	1.9	4.8	3.6	1.6	3.6
#环境友好产品生产	Environment Friendly Products Production	1268.4	691.8	36.8	226.0	2.3	0.5	135.3	36.8
#资源综合利用	Comprehensive Utilization of Resources	853.2	22.2	28.3	31.4	103.5	45.7	143.3	26.1

注：本表数据由湖南省环境保护厅提供。

The data in this table are provided by the environmental protection department of Hunan province.

11-9 续表 Continued

指 标	Item	张家界 Zhangjiajie	益阳 Yiyang	郴州 Chenzhou	永州 Yongzhou	怀化 Huaihua	娄底 Loudi	湘西州 West Hunan
环保产业单位数（个）	**The Number of Environmental Protection Industry Units (unit)**	**10**	**55**	**175**	**31**	**52**	**77**	**58**
环保产业从业人数（万人）	**The Number of Employees in Environmental Protection Industry (10 000 person)**	**0.4**	**0.4**	**2.1**	**0.3**	**0.5**	**0.7**	**0.4**
环保产业年收入（亿元）	**Annual Income of Environmental Protection Industry (100 million yuan)**	**12.8**	**60.9**	**385.9**	**50.4**	**39.2**	**39.4**	**38.8**
#环境服务业	Environmental Services	1.6	7.5	3.8	3.6	4.3	5.5	3.6
#环境保护产品生产	Environmental Protection Products Production	0.2	1.6	0.1	0.1	2.8	0.8	0.3
#环境友好产品生产	Environment Friendly Products Production	1.6	10.9	60.1	35.5	1.5	22.0	7.3
#资源综合利用	Comprehensive Utilization of Resources	9.4	40.9	321.9	11.2	30.6	11.1	27.6

主要统计指标解释

供水综合生产能力 指按供水设施取水、净化、送水、出厂输水干管等环节设计能力计算的综合生产能力。包括在原设计能力的基础上，经挖、革、改增加的生产能力。计算时，以四个环节中最薄弱的环节为主确定能力。

供水管道长度 指从送水泵至用户水表之间所有管道的长度。不包括新安装尚未使用、水厂内以及用户建筑物内的管道。

城市供水总量 指报告期供水企业（单位）供出的全部水量。包括有效供水量和漏损水量。

生活用水 包括公共服务用水和居民家庭用水。公共服务用水指为城区社会公共生活服务的用水。包括行政事业单位、部队营区和公共设施服务、批发零售业、住宿餐饮业以及社会服务业等单位的用水。居民家庭用水指城市范围内所有居民家庭的日常生活用水。包括城市居民、农民家庭、公共供水站用水。

生产用水 指在城区范围内生产、运营的农、林、牧、渔业、工业、建筑业、交通运输业等单位在生产、运营过程中的用水。

用水普及率 指报告期末城区用水人口数与城市人口总数的比率。计算公式：

$$\text{用水普及率}=\frac{\text{城区用水人口(含暂住人口)}}{\text{城区人口}+\text{城区暂住人口}}\times 100\%$$

人工煤气生产能力 指报告期末人工燃气生产厂制气、净化、输送等环节的综合生产能力，不包括备用设备能力。一般按设计能力计算，当实际生产能力大于设计能力时，应按实际测定的生产能力计算。测定时应以制气、净化、输送三个环节中最薄弱的环节为主。

供气管道长度 指报告期末从气源厂压缩机的出口或门站出口至各类用户引入管之间的全部已经通气、投入使用的管道长度。不包括煤气生产厂、输配站、液化气储存站、灌瓶站、储配站、气化站、混气站、供应站等厂（站）内的管道。

城市供气总量 指报告期燃气企业（单位）向用户供应的燃气数量。包括销售量和损失量。

燃气普及率 指报告期末城区使用燃气的城市人口数与城市人口总数的比率。其中燃气包括人工煤气、天然气、液化石油气三种。计算公式为：

$$\text{燃气普及率}=\frac{\text{城区用气人口(含暂住人口)}}{\text{城区人口}+\text{城区暂住人口}}\times 100\%$$

城市供热能力 指供热企业（单位）向城市热用户输送热能的设计能力。

城市供热总量 指在报告期供热企业（单位）向城市热用户输送全部蒸汽和热水的总热量。

城市供热管道长度 指从各类热源到热用户建筑物接入口之间的全部蒸汽和热水的管道长度。不包括各类热源厂内部的管道长度。

道路长度 指道路长度和与道路相通的桥梁、隧道的长度，按车行道中心线计算。

城市桥梁 指为跨越天然或人工障碍物而修建的构筑物。包括跨河桥、立交桥、人行天桥以及人行地下通道等。

城市排水管道长度 指所有排水总管、干管、支管、检查井及连接井进出口等长度之和。

城市污水日处理能力 指污水处理厂（或污水处理装置）每昼夜处理污水量的设计能力。

年末公共交通车辆运营数 指年末城市用于公共交通运营业务的全部车辆数。新购、新制和调入的运营车辆，自投入之日起开始计算；调出、报废和调作他用的运营车辆，自上级主管机关批准之日起不再计入。

城市绿地面积 指报告期末用作园林和绿化的各种绿地面积。包括公园绿地、生产绿地、防护绿地、附属绿地和其他绿地的面积。

公园绿地 城市中向公众开放的、以游憩为主要功能，有一定的游憩设施和服务设施，同时兼有健全生态、美化景观、防灾减灾等综合作用的绿化用地。包括综合公园、社区公园、专类公园、带状公园和街旁绿地。其中综合公园、专类公园和带状公园面积之和为公园面积。

清扫保洁面积 指报告期末对城市道路和公共场所(主要包括城市行车道、人行道、车行隧道、人行过街地下通道、道路附属绿地、地铁站、高架路、人行过街天桥、立交桥、广场、停车场及其他设施等）进行清扫保洁的面积。一天清扫保洁多次的，按清扫保洁面积最大的一次计算。

市容环卫专用车辆设备 指用于环境卫生作业、监察的专用车辆和设备，包括用于道路清扫、冲洗、洒水、除雪、垃圾粪便清运、市容监察以及与其配套使用的车辆和设备。

每万人拥有公共汽电车辆 指按城市人口计算的每万人平均拥有的公共汽电车辆标台数。

Explanatory Notes on Main Statistical Indicators

Production Capacity of Water Supply refers to the designed overall production capacity of water facilities, covering the four segments of water collection, purification, conveyance, and outflow through trunk pipelines. Increased capacity through transformation and innovation projects is included as well. The capacity is determined mainly on the weakest of the above-mentioned four segments.

Length of Water Supply Pipelines refers to the total length of all the pipelines between the water pumps and the user water meters, excluding pipelines newly installed but not used yet, pipeline in the water factory, and pipeline in the user's buildings.

Total Volume of Urban Water Supply refers to the total volume of water supplied by water-works (units) during the reference period, including both the effective water supply and loss during the water supply.

Consumption of Water for Living Use It includes Consumption of Water for Public Service Use and Consumption of Water for Households Use. Consumption of Water for Public Service Use refers to water consumption for public service in the urban areas. It includes water consumption of administrative institutions, army camps, public facilities, wholesale and retail, accommodation and catering industry and social service industry, etc. Consumption of Water for Households Use refers to consumption of water for daily life of all households in cities, including households of urban residents and farmers, and public water supply stations.

Consumption of Water for Production and Operation Use refers to water consumption in the process of production and operation by production and operation units of agriculture, forestry, animal husbandry, fisheries, industry, construction industry, and transportation industry, etc. in urban areas.

Coverage Rate of Urban Population with Access to Tap Water refers to the ratio of the urban population with access to tap water to the total urban population at the end of reference period. The formula is:

$$\text{Coverage of urban population with access to tap water} = \frac{\text{Urban population with access to tap water}}{\text{Urban population}} \times 100\%$$

Production Capacity of Gaswork Gas refers to the overall production capacity of the urban gasworks in gas generation, purification and delivery at the end of the reference period, excluding capacity of the reserved facilities. In general, it is determined by the designed capacity, and when actual production capacity is larger than the designed capacity, the capacity is determined by the actual measurement on the weakest segment in the production, purification and delivery.

Length of Gas Pipelines refers to the total length of pipelines in use between the outlet of the compressor of gas-work or outlet of gas stations and the leading pipe of users, excluding pipelines within gasworks, delivery stations, LPG storage stations, refilling stations, gas-mixing stations and supply stations.

Volume of Gas Supply refers to the total volume of gas provided to users by gas-producing enterprises (units) during the reporting period, including the volume sold and the volume lost.

Coverage Rate of Urban Population with Access to Gas refers to the ratio of the urban population with access to gas to the total urban population at the end of the reference period. Gas here includes artificial coal gas, natural gas and liquefied petroleum gas. The formula is:

$$\text{Coverage rate of urban population with access to gas} = \frac{\text{Urban population with access to gas}}{\text{Urban population}} \times 100\%$$

Heating Capacity in Urban Areas refers to the designed capacity of heating enterprises (units) in supplying heating energy to urban users during the reference period.

Quantity of Heat Supplied in Urban Areas refers to the total quantity of heat from steam and hot water supplied to urban users by heating enterprises (units) during the reference period.

Length of Urban Heating Pipelines refers to the total length of steam or hot water pipelines for sources of heat to the leading pipelines of the buildings of the users, excluding internal pipelines in heat generating enterprises.

Length of Paved Roads refers to the length of roads with paved surface including bridges and tunnels connected with roads. Length of the roads is measured by the central lines.

Urban Bridges refer to bridges built to cross over natural or man-made barriers, including bridges over rivers, overpasses for traffic and for pedestrians, underpasses for pedestrians, etc.

Length of Urban Sewage Pipes refers to the total length of general drainage, trunks, branch and inspection wells, connection wells, inlets and outlets, etc.

Daily Disposal Capacity of Urban Sewage refers to the designed 24-hour capacity of sewage disposal by the sewage treatment works or facilities.

Number of Vehicles under Operation at Year-end refers to the total number of vehicles under operation by public transport enterprises (units) at the end of the year, based on the records of operational vehicles by the enterprises (units).

Area of Urban Green Land refers to the total area occupied for green projects at the end of the reference period, including park green land, production green land, protection green land, green land attached to institutions, and other green areas.

Park Green Area refers to green areas open to the public for amusement and rest with the facilities of amusement, rest and services. Its function includes perfecting ecology, beautifying landscape, and preventing and reducing disaster. Park green areas include comprehensive park, community park, theme park, linear park and roadside green space. Total areas of comprehensive park, topic park and belt-shaped is the area of park.

Road Area Cleaned refers to the area which are regularly cleaned, as at the end of the reference period, at urban roads and public places (mainly including urban roadways, pedestrian walkways, vehicular tunnels, pedestrian underpasses, underground railway stations, lifted roads, pedestrians walk bridges, overpasses, plazas, parking lots and other facilities). If there are several times of cleaning in a day at a location, the area of that time of cleaning with the largest area cleaned will be taken.

Vehicles and Facilities Dedicated to Urban Cleanliness and Environmental Sanitation refer to vehicles and facilities dedicated for use in the operation, management and monitoring of environmental hygiene work. They include vehicles for road cleaning, washing, showering, ice removal, disposal of garbage and human wastes, cleanliness monitoring and related activities.

Public Transportation Vehicles per 10000 Population refers to the number of public transportation vehicles, calculated by urban population, per 10000 population in the city district.

12 农　业

Agriculture

资料整理人员：彭开吾　刘　杰　陈晗文
易　贝　刘　洋　周夜明
周江涛　孙　炫　陈　婷

12-1 农林牧渔业总产值和指数
Gross Output Value and Indices of Farming,Forestry, Animal Husbandry and Fishery

年份 Year	农林牧渔业总产值（亿元）Gross Output Value of Farming, Forestry, Animal Husbandry (100 million yuan)					指数(1952=100) Indices of Gross Output Value of Farming, Animal Husbandry (1952=100)				
	总产值 Total	#农业 Farming	#林业 Forestry	#牧业 Animal Husbandry	#渔业 Fishery	总指数 Total	#农业 Farming	#林业 Forestry	#牧业 Animal Husbandry	#渔业 Fishery
1949	15.84	12.05	0.24	1.42	0.03	59.6	64.4	51.1	45.7	42.9
1950	19.18	14.09	0.30	1.70	0.04	72.2	75.3	63.8	54.7	57.1
1951	21.91	15.66	0.36	2.37	0.04	82.5	83.7	76.6	76.2	57.1
1952	26.57	18.72	0.47	3.11	0.07	100.0	100.0	100.0	100.0	100.0
1953	26.59	18.70	0.37	2.97	0.10	100.1	99.9	78.7	95.5	142.9
1954	24.39	16.59	0.37	2.76	0.10	91.8	88.6	78.7	88.7	142.9
1955	28.89	19.99	0.57	2.36	0.12	108.7	106.8	121.3	75.9	171.4
1956	28.15	18.78	0.84	2.83	0.11	105.9	100.3	178.7	91.0	157.1
1957	35.04	21.14	1.20	5.39	0.28	127.2	112.9	255.3	173.3	400.0
1958	33.25	23.38	2.58	4.30	0.60	132.4	122.8	411.7	108.6	774.2
1959	30.55	21.96	2.62	3.14	0.70	121.7	115.3	418.1	79.3	903.2
1960	25.89	18.98	2.34	1.85	0.48	103.1	99.7	373.4	46.7	619.4
1961	21.95	16.63	1.00	1.56	0.26	87.4	87.3	159.6	39.4	335.5
1962	26.18	20.10	0.96	2.39	0.28	104.3	105.6	153.2	60.4	361.3
1963	24.65	18.09	1.03	3.25	0.31	98.2	95.0	164.4	82.1	400.0
1964	28.07	20.22	1.23	4.24	0.35	111.8	106.2	196.3	107.1	451.6
1965	29.31	21.07	1.31	4.42	0.40	116.7	110.7	209.0	111.7	516.1
1966	32.74	24.29	1.39	4.55	0.45	130.4	127.6	221.8	115.0	580.6
1967	34.40	25.41	1.55	4.89	0.46	137.0	133.5	247.8	123.5	593.5
1968	36.99	27.05	1.80	5.52	0.45	147.3	142.1	287.2	139.5	580.6
1969	36.21	26.48	1.85	5.36	0.34	144.2	139.1	295.2	135.4	438.7
1970	38.03	27.94	1.63	5.85	0.39	151.4	146.8	260.1	147.8	503.2
1971	58.77	43.42	2.72	9.18	0.53	151.3	150.5	295.2	151.1	541.9
1972	62.67	44.88	2.82	11.54	0.45	161.4	155.5	306.1	189.9	460.1
1973	67.86	50.48	2.77	10.93	0.57	174.7	175.0	300.6	179.9	582.8
1974	69.29	51.64	3.21	11.22	0.62	178.4	179.0	348.4	184.7	634.0
1975	72.45	54.41	2.86	11.64	0.64	186.5	188.6	310.4	191.6	654.4
1976	72.72	55.12	2.45	11.77	0.65	187.2	191.0	265.9	193.7	664.6
1977	73.81	55.40	2.98	11.95	0.68	190.0	192.0	323.4	196.7	695.3
1978	81.37	62.72	3.12	12.55	0.70	209.5	217.4	338.6	206.5	715.8
1979	86.51	65.47	3.13	14.27	0.77	222.7	226.9	339.7	234.8	787.3
1980	116.34	81.13	7.31	21.87	1.94	218.4	218.2	391.8	236.3	961.2
1981	123.38	86.05	6.70	23.32	2.18	231.6	231.4	359.1	252.0	1080.1
1982	135.90	95.95	6.45	26.26	2.46	255.1	258.1	345.7	283.8	1218.8
1983	142.70	100.60	6.43	27.87	2.88	267.9	270.6	344.6	301.2	1426.9
1984	150.80	102.32	7.02	32.16	3.37	283.1	275.2	376.3	347.5	1669.7
1985	158.22	101.84	7.25	34.87	3.89	297.0	273.9	388.6	376.8	1927.3

注：本表绝对数按当年价格计算，指数按可比价格计算。
Absolute figures in this table are calculated at current prices while indices are calculated at comparable prices.

12-1 续表 Continued

年份 Year	农林牧渔业总产值(亿元) Gross Output Value of Farming, Forestry, Animal Husbandry (100 million yuan)					指数(1952=100) Indices of Gross Output Value of Farming, Animal Husbandry (1952=100)				
	总产值 Total	#农业 Farming	#林业 Forestry	#牧业 Animal Husbandry	#渔业 Fishery	总指数 Total	#农业 Farming	#林业 Forestry	#牧业 Animal Husbandry	#渔业 Fishery
1986	166.83	106.01	6.35	38.42	4.64	313.2	285.1	340.4	415.2	2298.9
1987	172.32	108.48	6.90	38.62	5.42	323.5	291.8	369.8	417.3	2685.3
1988	173.19	103.09	6.74	42.02	5.69	325.2	277.3	361.3	454.1	2819.1
1989	182.09	109.68	7.75	44.18	6.28	341.8	295.0	415.5	477.3	3112.3
1990	430.21	241.32	22.00	120.40	22.13	348.3	296.0	404.7	493.5	3205.7
1991	451.69	249.79	28.22	126.62	22.20	361.8	306.4	434.2	519.2	3215.3
1992	468.73	250.39	31.55	135.67	24.90	375.5	307.0	485.4	556.1	3614.0
1993	493.63	258.70	31.26	147.51	28.59	395.4	317.1	481.0	604.5	4141.6
1994	532.16	266.43	32.92	169.22	32.70	426.2	326.6	506.5	693.4	4738.0
1995	578.73	277.43	33.66	195.25	39.71	463.7	340.3	518.1	800.2	5751.9
1996	627.16	283.37	34.74	224.61	47.91	502.7	347.4	534.7	920.2	6936.8
1997	679.20	306.80	35.26	245.35	52.89	544.4	376.2	542.7	1004.9	7658.2
1998	686.21	297.81	36.12	255.34	56.67	552.6	365.3	555.7	1046.1	8201.9
1999	1200.94	624.70	48.20	458.62	69.42	571.4	383.6	586.3	1048.2	8841.6
2000	1251.89	633.84	51.01	486.13	80.91	596.0	395.8	611.5	1089.1	9858.4
2001	1313.23	665.70	51.88	510.42	85.23	619.6	409.7	630.7	1136.3	10400.7
2002	1349.92	666.65	54.78	538.64	89.85	636.3	410.6	659.5	1194.3	11014.3
2003	1452.96	671.66	81.73	575.08	96.97	659.9	421.6	685.9	1243.3	11818.3
2004	1913.31	874.00	91.31	796.95	119.92	709.4	461.7	734.0	1310.4	12657.4
2005	2056.24	947.70	100.90	834.50	138.40	750.5	482.5	805.9	1393.0	13872.5
2006	1991.81	1040.85	112.45	657.92	130.42	787.3	509.0	855.1	1440.3	14996.2
2007	2584.00	1210.06	144.12	1000.84	152.99	819.1	530.1	924.4	1477.8	15866.0
2008	3204.11	1370.88	155.44	1426.18	165.83	862.8	541.3	964.1	1610.8	16659.3
2009	3035.20	1472.53	174.18	1058.66	182.35	907.3	573.2	1007.5	1681.6	17542.3
2010	3518.10	1848.89	207.43	1062.04	222.58	946.3	597.8	1077.0	1738.8	18501.3
2011	4111.04	2089.89	239.11	1336.67	241.26	986.6	639.1	1151.3	1731.8	18566.1
2012	4390.34	2255.43	259.97	1377.85	261.89	1016.7	647.0	1208.9	1813.2	19587.2
2013	4432.69	2257.55	287.67	1340.83	286.70	1044.5	665.1	1281.4	1825.8	20821.2
2014	4577.08	2324.78	304.81	1356.00	310.03	1093.5	692.8	1356.1	1911.4	21976.6
2015	4682.31	2325.93	317.38	1408.13	328.34	1133.8	723.3	1466.7	1903.6	23537.0
2016	5057.52	2485.49	321.60	1549.59	354.95	1174.5	751.0	1587.8	1913.1	25046.7
2017	5213.48	2597.63	325.01	1505.78	393.06	1221.8	773.6	1731.5	1970.7	26655.9
2018	5361.62	2664.30	387.15	1464.59	417.21	1265.5	798.1	1895.1	1992.1	28665.7

注：本表绝对数按当年价格计算，指数按可比价格计算。2006-2017年数据按照农业普查结果进行了修正。

Absolute figures in this table are calculated at current prices while indices are calculated at comparable prices.Data for 2006-2017 are revised based on the results of the agricultural census.

12-2 农业基本情况
Basic Indicators of Agriculture

年份 Year	农林牧渔业劳动力（万人）Number of Laborers (10 000 persons)	年末实有耕地面积（万公顷）Cultivated Areas (yearend) (10 000 hectares)	当年减少耕地面积（万公顷）Decrease in Cultivated Area by Cause (10 000 hectares)	农作物播种面积（万公顷）Total Sown Areas (10 000 hectares)	#粮食作物 Grain Corps	造林面积（万公顷）Afforestation Areas (10 000 hectares)
1978				844.58	582.94	
1979				833.44	570.42	
1980				790.95	545.13	
1981				800.94	542.01	
1982				796.95	540.34	
1983				774.62	542.32	
1984				763.92	539.09	
1985	1908.43	334.17		747.71	516.14	34.40
1986				753.65	521.04	37.73
1987				747.47	515.10	32.91
1988				749.62	519.63	32.17
1989				774.88	533.05	33.99
1990	2133.07	331.23	1.16	795.18	536.56	37.59
1991				804.02	536.52	37.17
1992				796.08	524.36	37.75
1993				765.39	505.05	27.83
1994				773.05	507.74	13.44
1995	2114.71	324.97	1.83	784.04	511.56	10.95
1996				792.74	513.39	5.29
1997	2074.12	323.01	1.66	800.90	515.53	4.29
1998	2074.51	321.87	1.64	793.63	507.48	2.86
1999	2074.13	321.32	1.30	802.77	513.52	2.74
2000	2065.92	392.16	1.18	800.21	502.99	5.15
2001	2058.67	391.26	1.73	793.17	480.28	7.56
2002	2019.60	389.10	2.80	777.92	465.26	10.09
2003	1997.67	383.37	6.46	773.12	452.98	40.96
2004	1975.89	381.65	2.60	818.87	475.41	33.38
2005	1951.90	381.60	0.70	833.64	483.86	13.65
2006		378.76	3.88	853.19	454.54	13.45
2007	1890.17	378.90	0.61	739.70	453.97	7.62
2008	1877.91	378.94	0.61	761.35	460.71	8.04
2009	1867.33	413.50	0.75	785.22	482.72	12.50
2010	1861.85	413.75	0.97	805.80	484.78	21.34
2011	1793.64	413.77	0.91	817.81	493.22	40.24
2012	1857.39	414.62	0.72	829.96	497.53	40.42
2013	1832.65	414.97	0.99	835.27	501.00	34.98
2014	1808.33	415.32		839.86	506.56	39.19
2015	1762.31	415.35	0.37	835.52	505.37	37.60
2016	1696.81	414.88	0.85	829.20	501.07	33.66
2017	1686.3	415.10	0.84	827.01	497.89	55.41
2018	1667.81	415.54	0.65	810.93	474.79	58.43

注：从 2000 年起，耕地面积为省国土资源厅统计数据（下表同）。

The data of cultivated Areas from Hunan Province Territory Resource Bureau since 2000.The same as in the following table.

12-3 农村基层组织
Grassroots Units of Rural Areas

指　标	Item	2000	2005	2017	2018
农村基层组织	**Grassroots Units of Rural Areas**				
#乡(镇)个数　(个)	Number of Township (Town Governments) (unit)	2353	2220	1532	1530
#乡个数	Number of Township	1314	1127	315	309
#民族乡	Number of National Township	104	107	83	83
镇个数	Number of Town Governments	1039	1093	1134	1138
村(居)民委员会个数 (万个)	Number of Villagers(Residential) Committees (10 000 units)	5.01	4.74	2.78	2.79
#村民委员会　(万个)	Number of Villagers Committees (10 000 units)	4.75	4.45	2.4	2.4
农村社会基础设施	**Country Society Basic Establishment**				
#自来水受益村数 (万个)	Villages Tap Water Benefited (10 000 units)	1.17	1.51	1.93	2.02
通汽车村数　(万个)	Villages Car Available (10 000 units)	4.41	4.21	2.47	2.48
通电话村数　(万个)	Villages Telephone Available (10 000 units)	4.05	4.28	2.47	2.49

12-4 农林牧渔业增加值 (2018年)
Added-Value of Farming, Forestry, Animal Husbandry and Fishery (2018)

单位：万元　　(10 000 yuan)

指　标	Item	总产值 Gross Output Value	中间消耗 Material Consump-tion	中间物质消耗 Middle Material Consump-tion	中间非物质部门劳务支出 Middle Nonmaterial Department Service Payout
总计	**Total**	**53616233**	**20956835**	**17593391**	**3363444**
农业	Farming	26643047	8077427	7141695	935732
林业	Forestry	3871477	997236	829106	168130
牧业	Animal Husbandry	14645929	7964555	7597481	367074
渔业	Fishery	4172114	1457443	1306957	150486
农林牧渔专业及辅助性活动	Services	4283666	2460174	718152	1742022

12-5 耕地面积
Cultivated Areas

单位：千公顷　　(1 000 hectares)

指　标	Item	2000	2005	2017	2018
年初实有耕地总资源	Actual Cultivated Land Total Resources at The Year Beginning	3926.52	3816.47	4148.77	4151.01
年内增加耕地总资源	Increased Cultivated Land Total resources This Year	6.85	6.50	10.69	10.91
年内减少耕地总资源	Decrease in Cultivated Land Total resources This Year	11.77	6.99	8.45	6.52
年末实有耕地总资源	Actual Cultivated Land Total Resources at The Year End	3921.60	3815.98	4151.01	4155.41

12−6 农业生产条件
Condition of Agricultural Production

年份 Year	农业机械总动力(万千瓦) Total Power of Agricultural Machinery (10 000 kw)	有效灌溉面积(千公顷) Effective Irrigated Area (1000 hectares)	化肥施用量(万吨) Consumption of Chemical Fertilizers (10 000 tons)	农村用电量(亿千瓦小时) Electricity Consumed in Rural Areas (100 million kwh)	每公顷面积产量(公斤) Yield per hectare (kg)		
					粮食 Grain Crops	棉花 Cotton	油料 Oil-bearing Crops
1949	0.11	1199.21					
1950	0.10	1289.93					
1951	0.20	1360.65					
1952	0.33	1538.27	0.20				
1953	0.38	1586.24	0.10				
1954	0.43	1630.03	0.97				
1955	0.76	1666.75	2.40				
1956	1.95	1716.85	4.95				
1957	2.45	1777.03	5.18				
1958	7.44	1849.99	11.25				
1959	14.58	1716.96	12.84				
1960	22.43	1935.57	15.85				
1961	24.60	1957.07	9.36				
1962	26.57	1984.41	12.35				
1963	29.06	2019.75	23.91	0.50			
1964	33.91	2084.79	32.75	0.46			
1965	42.89	2163.53	53.15	0.91			
1966	54.47	2202.64	90.17	1.41			
1967	55.66	2262.00	86.20	1.58			
1968	63.93	2286.15	75.19	1.78			
1969	72.95	2307.52	101.41	2.00			
1970	89.50	2343.68	121.71	4.81			
1971	106.68	2377.67	130.29	3.27			
1972	132.77	2430.93	167.99	4.68			
1973	153.42	2483.15	198.07	4.14			
1974	186.16	2503.94	177.56	6.46			
1975	233.18	2583.35	193.84	6.82			
1976	283.42	2617.13	194.25	6.96			
1977	349.56	2657.09	202.95	7.36			
1978	428.64	2691.34	271.90	8.78			
1979	507.67	2730.43	325.23	9.26			
1980	588.99	2743.73	361.04	9.67			
1981	659.74	2753.03	371.20	11.20			
1982	704.94	2759.67	396.38	12.64			
1983	785.57	2773.45	421.54	13.81			
1984	805.43	2775.57	354.21	14.45			
1985	892.02	2771.18	369.64	15.06	4875	990	1005

注：化肥施用量1989年及以前均为实物量，1990年及以后为折纯量。

Data of consumption of fertilizers refer to the consumption in quantity prior to 1989, and the consumption in purity in and after 1990.

12-6 续表 Continued

年份 Year	农业机械总动力（万千瓦） Total Power of Agricultural Machinery (10 000 kw)	有效灌溉面积（千公顷） Effective Irrigated Area (1000 hectares)	化肥施用量（万吨） Consumption of Chemical Fertilizers (10 000 tons)	农村用电量（亿千瓦小时） Electricity Consumed in Rural Areas (100 million kwh)	每公顷面积产量（公斤） Yield per hectare (kg)		
					粮食 Grain Crops	棉花 Cotton	油料 Oil-bearing Crops
1986	1059.37	2771.75	432.12	18.05			
1987	1053.56	2665.33	457.77	17.98			
1988	1112.91	2670.29	490.07	20.35			
1989	1168.74	2674.20	517.88	21.86			
1990	1209.17	2676.22	126.09	23.37	5025	1020	990
1991	1270.52	2612.70	138.66	25.77			
1992	1284.37	2664.98	146.18	27.71			
1993	1374.35	2676.11	148.15	30.44			
1994	1459.07	2675.09	159.41	33.04			
1995	1532.54	2680.03	167.91	37.64	5380	1206	1258
1996	1616.29	2667.07	167.08	38.91			
1997	1692.84	2672.38	175.30	41.68	5581	1448	1352
1998	1825.57	2675.14	179.93	42.01	5553	969	1323
1999	2006.97	2665.40	180.87	42.97	5632	1121	1391
2000	2209.74	2677.46	182.15	44.53	5716	1173	1490
2001	2358.02	2676.35	184.25	46.73	5622	1271	1505
2002	2498.09	2675.61	184.32	49.83	5376	1291	1334
2003	2664.45	2675.34	188.33	53.84	5393	1173	1449
2004	2923.93	2683.28	203.19	57.53	5530	1437	1591
2005	3189.86	2690.41	209.90	65.24	5477	1395	1569
2006	3416.61	2696.93	212.14	75.99	5478	1528	1628
2007	3684.43	2702.88	219.58	76.38	5944	1538	1598
2008	4021.14	2709.20	223.38	81.46	6126	1354	1267
2009	4352.64	2720.68	231.60	93.55	6067	1401	1555
2010	4651.55	2726.66	236.57	98.63	5944	1389	1432
2011	4935.59	2762.41	242.49	106.03	6049	1381	1635
2012	5189.24	3070.84	249.11	110.23	6154	1421	1510
2013	5435.93	2768.12	248.19	118.58	5967	1219	1582
2014	5680.34	3101.70	247.80	123.83	6078	1222	1628
2015	5894.05	3113.32	246.54	123.91	6123	1208	1701
2016	6097.54	3132.37	246.44	126.70	6092	1185	1702
2017	6254.83	3145.87	245.26	128.56	6173	1145	1724
2018	6338.57	3164.00	242.61	130.82	6367	1341	
2012	5189.24	3070.84	249.11	110.23	6154	1421	1510
2013	5435.93	2768.12	248.19	118.58	5967	1219	1582
2014	5680.34	3101.70	247.80	123.83	6078	1222	1628
2015	5894.05	3113.32	246.54	123.91	6123	1208	1701
2016	6097.54	3132.37	246.44	126.70	6092	1185	1702
2017	6254.83	3145.87	245.26	128.56	6173	1145	1724
2018	6338.57	3164.00	242.61	130.82	6367	1341	1743

注：化肥施用量 1989 年及以前均为实物量，1990 年及以后为折纯量。

Data of consumption of fertilizers refer to the consumption in quantity prior to 1989, and the consumption in purity in and after 1990.

12-7 农林牧渔业分项产值

Gross Output Value of Farming, Forestry, Animal Husbandry and Fishery by Branch

单位：万元 (10 000 yuan)

指 标	Item	2017	2018
农林牧渔业合计	**Tatol**	**52134774**	**53616233**
农业产值	**Output Value of Farming**	**25976301**	**26643047**
谷物及其他作物	Cereal and Other Crops	10868562	10303267
谷物	Cereal	8227941	7510980
#小麦	#Wheat	22005	21917
稻谷	Rice	7621031	6774291
玉米	Corn	521923	649024
薯类	Tubers	222496	254860
油料	Oil-bearing Crops	1499922	1583251
#花生	#Peanuts	180441	187160
油菜籽	Rapeseeds	1240723	1312609
豆类	Beans	230062	226431
#大豆	#Soja	172555	166076
棉花	Cotton	71175	61060
生麻	Fiber Crops	3672	4618
糖料	Sugar Crops	39447	40740
烟草	Tobacco	491468	465268
其他农作物	Other Crops	82380	156059
蔬菜、食用菌及花卉盆景园艺产品	Vegetables and Gradening Plantations	10034041	10827514
蔬菜(含菜用瓜)	Vegetables	9595430	10368041
食用菌	Mushroom	171659	185832
花卉	Flowers	27321	28556
盆景园艺	Plants	239630	245085
水果、坚果、饮料和香料作物	Fruits,Nuts and Crops of Beverage&Perfumery	3775900	4002979
水果、坚果(含果用瓜)	Fruits and Nuts	2662464	2851600
茶及其他饮料	Tea and Other Beverage	1104545	1142212
#茶	#Tea	1104545	1142212
中草药材	Medicinal Materials	1297798	1509286
林业产值	**Output Value of Forestry**	**3250141**	**3871477**
林木的培育和种植	Forest Planting and Cultivating	1287636	1488961
育种育苗	Grow Seedlings and Seed Cultivation	1009169	1171663
造林	Cultivate Forest	75183	86650
抚育和管理	Cultivation and Management	160455	184340
竹木采运	Bamboo Cutting and Transportation	588602	724745
林产品	Forest Products	1373903	1657771
牧业产值	**Output Value of Animal Husbandry**	**15057839**	**14645929**
牲畜饲养	Livestock Rasing	1138857	1241004
牛的饲养	Cattle Raising	623581	647306
羊的饲养	Sleeps and Goats Raising	485232	556987
其他牲畜饲养	Other Livestock Raising	980	1020
奶产品	Milk Products	29059	35686
毛绒产品	Wool Products	5	5
猪的饲养	Hogs Rasing	10672926	9703412
家禽饲养	Poultry Rasing	2963775	3304049
肉禽	Poultry for Meat	1271295	1389664
禽蛋	Poultry Egges	1692480	1914385
狩猎和捕捉动物	Hunting and Catching of Wild Animals	80594	104032
其他畜牧业	Other Animal Husbandry	201687	293432
渔业产值	**Output Value of Fishing**	**3930644**	**4172114**
#养殖	#Cultivation	3168171	3775937
鱼类	Fish	3239161	3232696
虾蟹类	Shrimps,Prawns and Crabs	545083	781494
贝类	Shell-fish	30582	25384
其他	Others	115819	132541
农、林、牧、渔专业及辅助性活动产值	**Agriculture, Forestry, Animal husbandry, Fishery and Auxiliary Activities**	**3919850**	**4283666**

12-8 农业机械年末拥有量
Year-End Possession of Agriculture Machinery

指 标		Item		2000	2005	2017	2018
农业机械总动力合计	**（千瓦）**	**Total Power of Agricultural Machinery**	**(kw)**	**22097435**	**31898640**	**62548327**	**63385703**
柴油发动机	（千瓦）	Diesel Engines	(kw)	15719714	24066482	47295987	47856472
汽油发动机	（千瓦）	Gasoline Engines	(kw)	2310250	2469999	3821541	3915393
电动机	（千瓦）	Electric motor	(kw)	3959172	5231169	11093036	11195611
其他机械	（千瓦）	Other Machinery	(kw)	108299	130990	337762	418227
机械分类		**Machinery by Tybe**					
大中型拖拉机	（混合台）	Large and Medium Tractors	(mixed unit)	15149	54751	141030	123168
	（千瓦）		(kw)	381244	1555796	4628652	4199608
小型及手扶拖拉机	（混合台）	Mini and Walking Tractors	(mixed unit)	209271	168738	290248	284251
	（千瓦）		(kw)	1916099	1694959	2830595	3109593
耕整机	（台）	Tillage Machinery	(unit)	536557	738968	2000665	1882010
	（千瓦）		(kw)		2632278	7909164	7493198
大中型拖拉机配套农具	（部）	Farm Tools for Large and Medium Tractors	(unit)	6428	6722	70449	70612
小型拖拉机配套农具	（部）	Necessary Farm Tools for Mini Tractors	(unit)	63865	38892	125141	129925
#农用水泵	（台）	#Pumps	(unit)	1208900	1588618	2276729	2351029
联合收获机	（台）	Machinery for Combine Harvesters	(unit)	3049	21412	128408	130024
	（千瓦）		(kw)	43837	599077	4606124	4751514
增氧机	（台）	Machinery for Pond Oxygen Increase	(unit)		21471	111814	100885
农产品初加工动力机械	（千瓦）	Motorized Machinery for Products Processing	(kw)	3525247	4687003	7630266	7801649
#柴油机动力	（千瓦）	#Diesel Engines Power	(kw)	2006630	2564560	3619295	3617948
农田基本建设机械	（台）	Machinery for Farmland Capital Construction	(unit)				35421
	（千瓦）		(kw)				1295756
农用航空器	（架）	Agricultural Aircraft	(unit)				2015
有人驾驶农用飞机	（架）	The Farm Plane was Manned	(unit)				21
植保无人机	（架）	Plant Protection Uav	(unit)				1988

12-9 农作物生产情况 (2018年)
Basic Indicators of Farm Corp Production (2018)

指 标	Item	播种面积 (千公顷) Sown Area (1 000 hectares)	单 产 (公斤/公顷) Per Unit Area Yield (kg/hectare)	总产量 (吨) Total Output (ton)
农作物总播种面积	**Total Sown Area**	**8109**		
粮食作物	**Grain Crops**	**4748**	**6367**	**30229000**
# 谷物	# Cereal	4411	6555	28915400
# 稻谷	# Rice	4009	6670	26740100
# 早稻	# Early Season Rice	1238	6102	7555000
中稻与一季晚稻	Middle Season Rice and Late Rice of One-season	1473	7380	10867000
晚稻	Late Season Rice	1298	6407	8318100
小麦	Wheat	23	3430	80100
玉米	Corn	359	5646	2028200
高粱	Sorghum	10	3792	36400
其他谷物	Other Cereal	10	3060	30600
# 大麦	# Barley	1	4000	5600
豆类	Soybeans	148	2452	363400
# 大豆	# Beans	107	2489	265100
杂豆	Mixed Beans			
# 绿豆	# Mung Beans	12	2078	24100
薯类(按折粮薯类计算)	Tubers(Converted into Grain)	189	5039	950200
# 红薯	# Sweet Potatoes	119	5023	596200
马铃薯	Potatoes	70	5067	354000
油料	**Oil-bearing Crops**	**1345**	**1743**	**2344464**
# 花生果	# Peanuts	109	2609	284945
油菜籽	Rapeseeds	1222	1671	2041729
芝麻	Sesame	11	1379	14977
向日葵	Sunflower	1	1269	1689
其他油料	Other Oil-bearing Crops	1	1070	1124
棉花	**Cotton**	**64**	**1341**	**85690**
麻类	**Fiber Crops**	**2**	**2472**	**4455**
# 黄、红麻	# Jute and Ambary Hemp		2011	289
苎麻	Ramie	2	2511	4166
甘蔗	**Sugarcane**	**7**	**45781**	**338112**
烟叶	**Tobacco**	**87**	**2201**	**190550**
# 烤烟	# Flue-cured Tobacco	85	2205	188246
晒(土)烟	Sun-cured Tobacco	1	1928	2304
药材	**Medicinal Herbs**	**81**	**6903**	**557981**
蔬菜瓜类	**Vegetables and Melons**	**1396**	**30158**	**42100975**
# 蔬菜(包括菜用瓜)	# Vegetables(include Snake Melons)	1265	30216	38220360
果用瓜	Fruit Melons	131	29593	3880615
其他作物:	**Other Crops**	**379**		
# 青饲料	# Succulence	140		
绿肥	Green Manure	173		

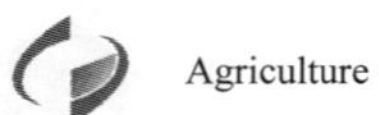

12-10 粮食、棉花播种面积
Sown Area of Grain Crops and cotton

单位：1000 公顷 (1000 hectares)

年份 Year	粮食 Grain Crops	稻谷 Rice	早稻 Early Rice	中稻 Medium Rice	晚稻 Late Rice	棉花 cotton
1983	5423.2	4418.9	1895.0	509.7	2014.2	131.3
1984	5390.9	4401.1	1885.4	507.0	2008.7	132.6
1985	5161.4	4246.5	1825.1	495.0	1926.4	101.8
1986	5210.4	4327.6	1838.3	499.4	1989.9	86.1
1987	5150.9	4255.1	1779.5	508.4	1967.2	64.4
1988	5196.3	4293.7	1803.9	505.7	1984.1	91.4
1989	5330.5	4354.1	1827.8	497.8	2028.5	94.4
1990	5365.7	4370.5	1844.1	484.3	2042.1	118.5
1991	5365.2	4298.1	1813.3	512.0	1972.8	133.3
1992	5243.6	4188.0	1741.0	477.5	1969.5	167.6
1993	5050.5	4025.9	1618.0	516.9	1891.0	172.1
1994	5077.4	4040.7	1633.8	525.1	1881.8	209.1
1995	5115.6	4084.1	1675.6	510.2	1898.3	185.3
1996	5133.9	4064.1	1669.3	513.7	1881.1	174.1
1997	5155.3	4075.8	1651.2	515.0	1909.6	176.5
1998	5074.8	3976.4	1610.1	538.1	1828.2	198.7
1999	5135.2	3984.5	1571.1	585.4	1828.0	157.8
2000	5029.9	3896.1	1515.8	632.1	1748.2	146.0
2001	4802.8	3691.6	1361.1	707.4	1623.1	149.4
2002	4652.6	3541.5	1224.5	812.5	1504.5	129.1
2003	4529.8	3410.0	1173.3	834.5	1402.1	139.0
2004	4754.1	3716.8	1288.3	1061.8	1366.7	167.7
2005	4838.6	3795.2	1324.4	1068.6	1402.2	150.9
2006	4545.4	3931.7	1355.9	1156.3	1419.5	158.6
2007	4539.7	3915.1	1303.6	1232.1	1379.5	172.2
2008	4607.1	3968.3	1306.6	1258.3	1403.4	183.0
2009	4827.2	4103.4	1399.8	1225.3	1478.3	152.6
2010	4847.8	4105.2	1385.7	1251.2	1468.3	175.0
2011	4932.2	4160.8	1427.7	1245.6	1487.4	192.4
2012	4975.3	4209.6	1464.5	1216.5	1528.5	172.7
2013	5010.0	4218.5	1494.0	1210.1	1514.5	159.6
2014	5065.6	4275.0	1507.7	1217.6	1549.6	130.1
2015	5053.7	4287.8	1505.9	1228.3	1553.6	103.6
2016	5010.7	4277.6	1487.3	1263.0	1527.3	106.5
2017	4978.9	4238.7	1448.2	1291.3	1499.2	95.7
2018	4747.9	4009.0	1238.2	1472.5	1298.3	63.9

注：2004 年起为抽样调查数，2006、2007 年为农业普查口径修正数。

The number of sampling surveys since 2004, and the number of revised nongpu caliber in 2006 and 2007.

12-11 粮食、棉花产量
Output of Grain Crops and cotton

单位：万吨 (10 000 tons)

年份 Year	粮食 Grain Crops	稻谷 Rice	早稻 Early Rice	中稻 Medium Rice	晚稻 Late Rice	棉花 cotton
1983	2654.0	2458.1	1038.4	280.5	1139.2	9.8
1984	2613.0	2416.5	1069.0	280.8	1066.7	12.8
1985	2514.3	2338.8	991.7	247.3	1099.8	10.1
1986	2631.6	2464.4	1050.6	289.2	1124.6	8.3
1987	2593.7	2414.2	948.7	302.3	1163.2	5.6
1988	2519.8	2343.9	987.8	258.5	1097.6	4.4
1989	2648.2	2445.2	994.2	307.7	1143.3	6.7
1990	2651.4	2468.2	1033.5	302.4	1132.3	12.0
1991	2682.0	2473.3	957.5	314.1	1201.7	14.9
1992	2620.1	2423.1	916.1	305.0	1202.0	20.3
1993	2570.2	2343.5	825.7	324.8	1193.0	21.1
1994	2661.0	2414.9	903.5	350.6	1160.8	23.8
1995	2691.6	2438.5	854.7	336.8	1247.0	22.4
1996	2701.6	2418.6	854.6	344.2	1219.8	19.0
1997	2801.9	2495.8	945.2	359.6	1191.0	25.6
1998	2647.9	2345.1	830.6	357.1	1157.4	19.2
1999	2725.4	2360.6	817.5	404.4	1138.7	17.7
2000	2767.6	2392.5	877.6	436.1	1078.8	15.8
2001	2700.3	2328.9	783.2	478.4	1067.3	19.0
2002	2501.3	2119.2	627.8	590.8	900.6	15.3
2003	2442.7	2070.2	621.2	637.9	811.1	16.3
2004	2640.0	2285.5	716.4	720.0	849.1	20.3
2005	2678.6	2296.2	734.4	723.8	838.0	19.8
2006	2654.2	2414.5	747.6	782.0	884.9	22.7
2007	2698.5	2435.3	743.0	833.5	858.8	22.7
2008	2822.2	2551.3	774.1	890.9	886.3	24.7
2009	2928.8	2614.3	821.0	862.0	931.3	21.2
2010	2881.6	2551.8	779.5	867.1	905.2	22.7
2011	2983.6	2634.2	824.5	883.8	925.9	23.6
2012	3061.9	2704.3	841.6	881.4	981.3	25.1
2013	2989.5	2645.3	888.5	795.6	961.2	19.8
2014	3078.9	2732.7	886.8	847.1	998.8	12.9
2015	3094.2	2756.8	895.2	857.7	1003.9	12.3
2016	3052.3	2724.6	873.5	871.4	979.8	12.6
2017	3073.6	2740.4	846.5	932.6	961.3	11.0
2018	3022.9	2674.0	755.5	1086.7	831.8	8.6

注：粮食产量1988年起为抽样调查数，棉花产量1998年起为抽样调查数。2006、2007年为农业普查口径修正数。

Grain yield has been sampled since 1988, cotton production has been sampled since 1998. and the number of revised nongpu caliber in 2006 and 2007.

12-12 林产品产量 (2018年)
Output of Major Forestry Products (2018)

名称	Item	数量 Number	名称	Item	数量 Number
生漆 （吨）	Lacquer (ton)	1120	八角 （吨）	Anise (ton)	69
油桐籽 （吨）	Tung-oil Seeds (ton)	26663	白果 （吨）	Ginkgo (ton)	3272
油茶籽 （吨）	Tea-oil Seeds (ton)	1010844	杏仁 （吨）	Almond (ton)	95
乌桕籽 （吨）	Tallow Tree Seeds (ton)	518	桂皮 （吨）	Cinnamon (ton)	120
五倍子 （吨）	Gall (ton)	436	黄柏 （吨）	Golden Cypress (ton)	4716
棕片 （吨）	Palm Leaf (ton)	4345	杜仲 （吨）	Gutta-percha (ton)	89850
松脂 （吨）	Pine Resin (ton)	47434	小杂竹 （吨）	Small Mixed Bamboo (ton)	263791
竹笋干 （吨）	Bamboo Shoots (ton)	71911	楠竹尾 （吨）	Tails of Phyllostachys Pubescens (ton)	
核桃 （吨）	Walnuts (ton)	7655	竹木采伐量	Bamboo in Village and Lower Level	
板栗 （吨）	Chestnuts (ton)	112941	#木材采伐量（万方）	Woods Cuts (10 000 cu.m)	349.87
紫胶 （吨）	Shellacs (ton)		竹 （万根）	Bamboo (10 000 roots)	19802.07
山茱萸 （吨）	Fructus Litseae (ton)	110	#毛竹 （万根）	Phyllostachys Pubescens (10 000 roots)	17852.96
食用菌 （吨）	Edible Fungus (ton)	38209			
花椒 （吨）	Prickly Ashes (ton)	442			

12-13 茶叶、水果生产情况 (2018年)
Output of Tea and Fruit (2018)

单位：吨 (ton)

名称	Item	数量 Number	名称	Item	数量 Number
茶叶产量	**Output of Tea**	**214687**	**水果产量**	**Output of Fruits**	**10107737**
绿茶	Green Tea	95115	柑桔	Citrus	5285701
青茶	Green tea	2415	桃子	Peaches	175653
红茶	Red tea	22848	梨	Pears	196982
黑茶	Black tea	87695	葡萄	Grapes	185476
黄茶	Yellow tea	386	红枣	Red Chinese Dates	33201
白茶	White tea	967	柿子	Fresh Persimmons	23208
其他茶	Other Tea	5261	其他水果	Other Fruits	4207516

注：从2013年起，水果产量统计包括瓜果和园林水果。
From 2013, the output of fruit included melon fruits and garden fruits.

12-14 林业情况
Basic Indicators of Forestry

单位：万公顷 (10 000 hectares)

指 标	Item	2000	2005	2017	2018
当年造林面积总计	**Total Afforestation Areas of the Current Year**	**5.15**	**13.65**	**55.41**	**58.43**
#竹林	Bamboo Forest	0.22	0.30	0.02	0.01
按主要林种用途分	**By the Use of Main Forestry**				
用材林	Timber Forest	2.22	3.02	9.22	8.71
经济林	Economic Forest	1.21	1.02	4.57	5.21
防护林	Shelter-forest	1.71	9.51	4.76	4.83
薪炭林	Charcoal Forest			0.03	0.05
特种用途林	Special Use Forest	0.01	0.10	0.03	0.01
封山育林面积	Close Hillsides to Facilitate Afforestation Areas	12.18	94.99	131.64	138.75
零星(四旁)植树 (万株)	Oddly (all around) Tree Planting (10 000 roots)	27187	13009	9016	16216
林木种子采集量 (吨)	Forestry Seed Collection (ton)	678	755	105	134
育苗面积	Grow Seedlings Areas	0.29	1.61	0.66	1.35
中幼林抚育面积	Areas of Middle and Young Growth Fostering	30.18	22.03	46.69	47.34
低产林改造面积	Low Yield Timber Remaking Areas	21.95	5.20	10.12	9.80

12-15 畜牧业年末存栏情况(2018年)
Year-end Animals in Stock (2018)

项 目	Item	合计 Total	能繁母畜 Breeding Dams
大牲畜总头数 (万头)	Number of Large Animals (10 000 heads)	386.96	
#从事劳役的	Draught Animals		
牛 (万头)	Cattle and Buffaloes (10 000 heads)	385.40	
役用牛	Draught Animals	68.80	
肉牛	Beef Cattle	310.80	
乳牛	Dairy Cattle	5.80	
马 (匹)	Horses (head)	13595	
驴 (匹)	Donkeys (head)	1319	
骡 (匹)	Mules (head)	777	
生猪 (万头)	Hogs (10 000 heads)	3822.00	378.70
羊 (万只)	Goats and Sheep (10 000 heads)	668.30	
山羊	Goats	668.30	
绵羊	Sheep		

12-16 畜禽出栏量
Amount over the slaughter of livestock and poultry

年份 Year	生猪 （万头） live pig (10 000 heads)	牛 （万头） cattle (10 000 heads)	羊 （万头） sheep (10 000 heads)	禽 （万只） birds (10 000 heads)
1983	1850.1	11.9	27.6	
1984	2128.9	10.1	28.8	
1985	2296.6	9.3	30.1	8458.6
1986	2471.8	9.9	28.5	9453.9
1987	2657.4	11.7	30.3	10255.8
1988	2813.7	15.3	32.6	10548.9
1989	2866.5	15.8	35.2	11384.5
1990	3092.1	16.3	35.3	11832.6
1991	3247.9	20.2	42.9	12607.1
1992	3536.3	26.5	50.1	14187.4
1993	3813.2	33.4	71.0	15872.9
1994	4372.6	43.5	101.5	18441.2
1995	5001.7	58.0	157.9	23198.2
1996	4387.5	87.0	319.1	28315.8
1997	5127.0	96.5	291.1	31458.2
1998	5467.3	109.0	331.3	35703.4
1999	5385.3	118.8	354.2	27967.5
2000	5491.3	128.1	397.1	30448.9
2001	5540.5	125.0	435.2	32672.0
2002	5653.1	146.8	526.0	35286.0
2003	5905.8	148.3	604.9	41497.0
2004	6088.7	154.6	662.1	42816.6
2005	6176.3	167.4	763.4	39209.8
2006	5126.9	121.7	638.9	32867.8
2007	4816.7	127.3	648.5	32802.0
2008	5153.1	130.0	655.0	34770.0
2009	5508.7	139.6	680.0	36880.0
2010	5723.5	144.5	656.2	38355.2
2011	5575.9	141.5	633.1	39264.2
2012	5878.8	146.6	638.2	41650.3
2013	5902.3	155.8	657.6	41283.6
2014	6220.3	161.4	676.3	40043.8
2015	6077.2	168.5	699.9	41474.7
2016	5920.9	143.4	725.5	42671.9
2017	6116.3	147.0	901.8	42263.8
2018	5993.7	152.7	911.0	42476.7

注：生猪 2000 年起为抽样调查数，牛 2001 起为抽样调查数，1997 年起禽为农普衔接数。

The hogs number from 2000 is spot check number; the cattle number from 2002 is spot check number;The sheep number is joined number of agriculture surveys; the poultry number from 2003 is spot check number.

12−17 主要畜禽存栏和水产品产量
Number of Live Stocks, Birds and Output of Aquatic Products

年份 Year	年底牛头数（万头） Cattle and Buffaloes (year–end) (10 000 heads)	年底猪头数（万头） Hogs(year–end) (10 000 heads)	年底羊只数（万只） Sheep and Goats (year–end) (10 000 heads)	猪牛羊肉（万吨） Pork,Beef, and Mutton (10 000 tons)	禽（万只） Birds (10 000 heads)	水产品（万吨） Aquatic Products (10 000 tons)
2006	405.67	3452.45	499.14	389.18	24346.50	160.04
2007	399.59	3776.39	511.91	373.31	26099.40	170.09
2008	399.55	3924.46	523.95	395.74	26882.40	178.59
2009	414.32	4046.99	553.80	421.93	27100.00	188.59
2010	401.68	4063.91	552.66	438.98	27262.60	198.89
2011	385.04	4182.65	567.30	432.17	27563.80	200.02
2012	381.75	4275.51	565.59	454.25	29023.40	220.08
2013	384.96	4130.69	590.64	458.89	29920.50	233.91
2014	389.18	4227.81	622.13	487.43	31024.60	247.96
2015	393.91	4122.72	655.38	478.77	32105.80	261.32
2016	374.13	3983.11	648.06	466.39	33101.10	238.35
2017	379.37	3968.10	661.71	480.79	33012.80	242.31
2018	385.40	3822.00	668.30	479.60	32616.00	252.53

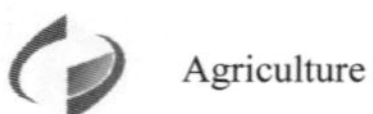

12-18 渔业生产情况
Basic Indicators of Fishery Production

名称		Item		2000	2005	2017	2018
水产品总产量	**（吨）**	**Total Aquatic Products**	**(ton)**	**1332133**	**1792163**	**2423128**	**2525347**
淡水产品捕捞产量	**（吨）**	**Freshwater Aquatic Products Caught**	**(ton)**	**150442**	**185190**	**88880**	**89259**
#鱼类		#Fish		127725	160760	76594	76768
虾蟹类		Shrimps,Prawns and Crabs		9474	10322	7613	7732
贝类		Shellfish		10659	11874	3751	3709
其他		Others		2584	2234	922	1050
淡水产品养殖产量	**（吨）**	**Freshwater Aquatic Products Cultured**	**(ton)**	**1181691**	**1606974**	**2334248**	**2436088**
#鱼类		#Fish		1145678	1564259	2187682	2236954
虾蟹类		Shrimps,Prawns and Crabs		11396	16487	102947	157349
贝类		Shellfish		12902	11951	17823	14423
其他		Others		11715	14277	25795	27363
淡水产品中：珍珠产量	**（公斤）**	**Freshwater Aquatic Pearl Products**	**(kg)**	**92015**	**856547**	**100208**	**91313**
淡水养殖面积合计	**（千公顷）**	**Freshwater Cultured Area**	**(1 000 hectares)**	**413.18**	**481.73**	**417.32**	**419.10**
#池塘养殖		#Pond Cultivated		214.96	256.79	235.42	237.19
#渔业专用塘		#Fishery Ponds for Special Use		112.02	156.56	164.31	165.97
湖泊养殖		Lake Cultivated		55.85	61.74	60.41	58.92
#粗养		Extensive Cultivated		32.80	36.17	41.31	42.25
河沟养殖		Brook Cultivated		20.74	25.82	11.25	10.71
水库养殖		Reservoir Cultivated		102.23	114.69	101.63	104.41
#粗养		Extensive Cultivated		48.01	51.43	48.64	51.91
其他养殖		Other Cultivated		19.40	22.69	8.61	7.86
附：稻田养殖		**Enclose: Paddy Cultivated**		**189.76**	**184.75**	**148.19**	**181.11**
#鱼种池面积		#Areas of (fish) Fry Ponds		14.98	21.42	17.7	19.81
成鱼面积		Growth Fish Areas		116.24	131.04	100.57	108.71

12－19 洞庭湖区主要社会经济指标
Major Economic Indicators and Social Indicators on The DongTing Lake Area

指 标		Item		2000	2005	2017	2018
常住户数	（万户）	Total Number of Households	(10 000 households)			443.86	448.18
常住人口	（万人）	Total Number of Population	(10 000 persons)			1415.50	1426.10
乡村人口	（万人）	# Number of Rural Population	(10 000 persons)	1213.70	1271.30	1123.18	1112.13
乡村从业人员数	（万人）	Employment of Rural Population	(10 000 persons)	634.76	684.79	617.83	609.94
#农林牧渔业		# Farming,Forestry,Animal Husbandry,Fishery		457.18	429.51	319.25	315.45
有效灌溉面积	（千公顷）	Effective Irrigated Area	(1 000 hectares)	863.13	890.36	950.40	967.98
地区生产总值	（亿元）	Gross Domestic Products	(100 million yuan)	981.39	1529.15	7987.55	8747.22
#第一产业增加值		# Added-Value of First Industry		260.21	387.38	802.72	832.89
第二产业增加值		Added-Value of Second Industry		394.52	628.58	3540.32	3802.09
第三产业增加值		Added-Value of Third Industry		326.66	513.19	3644.52	4112.24
农作物总播种面积	（千公顷）	Total Sown Area of Crops	(1 000 hectares)	2380.14	2498.25	2348.60	
粮食作物播种面积	（千公顷）	Sown Area of Grain Crops	(1 000 hectares)	1330.21	1500.38	1398.45	
#稻谷		# Paddy		1165.77	1352.91	1284.44	
玉米		Corn		40.77	34.92	47.30	
油料播种面积	（千公顷）	Sown Area of Oils-bearing	(1 000 hectares)	375.15	348.73	472.99	482.86
棉花播种面积	（千公顷）	Sown Area of Cotton	(1 000 hectares)	115.83	108.87	75.92	
粮食总产量	（万吨）	Total Output of Grain	(10 000 tons)	778.63	891.16	857.80	
#稻谷		Paddy		720.06	833.69	806.43	
玉米		Corn		19.15	18.02	27.34	
油料产量	（万吨）	Output of Oils-bearing	(10 000 tons)	57.18	55.57	87.84	90.78
水产品总产量	（万吨）	Total Output of Aquatic Products	(10 000 tons)	66.70	92.10	125.77	132.61
水果产量	（万吨）	Output of Fruits	(10 000 tons)	33.95	119.20	202.76	186.38
地方财政收入	（亿元）	Local Government Revenue	(100 million yuan)	24.42	71.68	202.76	212.82
普通中学在校学生数	（人）	Student Enrollment in General Secondary Schools	(person)	897821	987011	538529	551894
小学在校学生人数	（人）	Student Enrollment in Primary Schools	(person)	1417139	862828	769985	797549
医院、卫生院床位数	（张）	Hospital Beds	(unit)	26203	27217	87288	93580
医院、卫生院技术人员数	（人）	Medical Technical Personnel in Hospitals	(person)	42438	39001	78724	83982

注：洞庭湖区包括：长沙市的望城区、岳阳市（除平江县）、常德市（除石门县）、益阳市（除安化县）.

Dongting Lake areas include:Changsha city Wangcheng District,Yueyang city(except Pingjiang county),Changde (except shimen county), Yiyang(except Anhua county)

12-20 农村主要能源及物资消耗
Consumption of Major Energy and Materials of Rural Areas

指　标		Item		2000	2005	2017	2018
农用化肥施用量		**Consumption of Agricultural Chemical Fertilizer**					
按实物量计算	（吨）	Calculated at Actual Quantity in Natural Form	(ton)	6954529	7543577	8275629	8128465
#氮肥	（吨）	Nitrogenous Fertilizer	(ton)	3906876	4007237	3780929	3631620
磷肥	（吨）	Phosphate Fertilizer	(ton)	1777537	1859574	1860569	1822189
钾肥	（吨）	Potash Fertilizer	(ton)	600221	702849	848737	841211
复合肥	（吨）	Compound Fertilizer	(ton)	669895	973917	1785394	1833445
每亩播种面积施用量	（公斤）	Consumption of Per-mu Sown Areas	(kg)	57.90	60.34	66.71	66.17
按折纯量计算	（吨）	Calculated at Quantity of 100% Content	(ton)	1821508	2098670	2452580	2426145
#氮肥	（吨）	Nitrogenous Fertilizer	(ton)	980845	1059569	979261	940590
磷肥	（吨）	Phosphate Fertilizer	(ton)	242760	256204	260480	255107
钾肥	（吨）	Potash Fertilizer	(ton)	298514	348703	420125	416399
复合肥	（吨）	Compound Fertilizer	(ton)	299389	434194	792715	814050
农用薄膜使用量	**（吨）**	**Consumption of Agricultural Films**	**(ton)**	**40446**	**59306**	**85209**	**85397**
#地膜使用量	（吨）	Consumption of Ground Films	(ton)	25309	39899	56594	56357
地膜覆盖面积	（公顷）	Ground Film Covered Areas	(hectare)	313340	507093	724379	719987
农药使用量	**（吨）**	**Consumption of Pesticide**	**(ton)**	**85611**	**113250**	**116023**	**114155**
农用柴油使用量	**（吨）**	**Consumption of Agricultural Diesel Oil**	**(ton)**	**224315**	**326393**	**441565**	**445594**

12–21 自然灾害情况
Statistics on Natural Disaster

名 称		Item		2000	2005	2017	2018
受灾面积合计	**（千公顷）**	**Total Areas Covered**	**(1 000 hectares)**	**3170.11**	**1519.80**	**1501.2**	**633.2**
旱灾	（千公顷）	Drought	(1 000 hectares)	649.71	586.20	320.5	345.5
水灾	（千公顷）	Flood	(1 000 hectares)	292.76	594.13	1175.10	68.5
风雹灾	（公顷）	Windstorm	(hectares)		90.77	5.6	37.3
病虫	（千公顷）	Plant Diseases and Insect Pests	(1 000 hectares)	1871.07	34.25		
霜冻	（公顷）	Frost	(hectares)		208.50		152.8
其他	（公顷）	Others	(hectares)	356.57	5.96		4.6
成灾面积(千公顷)		**Areas Affected**	**(1 000 hectares)**	**759.23**		**836**	**314.2**
旱灾	（千公顷）	Drought	(1 000 hectares)	231.44		155.5	174.9
水灾	（千公顷）	Flood	(1 000 hectares)	128.06		677.7	36.3
风雹灾	（公顷）	Windstorm	(hectare)			2.8	19.1
霜冻	（公顷）	Frost	(hectare)				69.1
病虫	（千公顷）	Plant Diseases and Insect Pests	(1 000 hectares)	222.43			
其他	（千公顷）	Others	(1 000 hectares)	177.30			3.2
死亡人数	**（人）**	**Number of Dead Population**	**(person)**	**176**	**203**	**98**	**27**
死亡大牲畜	**（头）**	**Dead Large Animals**	**(head)**	**59689**	**1608004**	**73402**	**4527**
倒塌房屋	**（间）**	**Collapsed Houses**	**(unit)**	**149806**	**200153**	**57282**	**2208**
损坏房屋	**（间）**	**Destroyed Houses**	**(unit)**	**436459**	**467980**	**397077**	**49513**
因灾缺粮人口	**（人）**	**Population of Grains Shorted of Disaster**	**(person)**	**9374555**	**8739499**	**3910818**	**2824966**
因灾经济损失合计	**（万元）**	**Total Economic Loss of Disaster**	**(10 000 yuan)**	**1081796**	**1578622**	**5879514**	**650917**
#水灾损失	（万元）	Flood Loss	(10 000 yuan)	662662	789347	5662550	186621

主要统计指标解释

农林牧渔业总产值 指以货币表现的农、林、牧、渔业全部产品和对农林牧渔业生产活动进行的各种支持性服务活动的价值总量，它反映一定时期内农林牧渔业生产总规模和总成果。1957年以前的农林牧渔业总产值中包括了厩肥和农民自给性手工业（如农民自制衣服、鞋、袜，自己从事粮食初步加工等）。1958年及以后，林业中增加了村及村以下竹木采伐产值；牧业中取消了厩肥产值；副业中取消了农民自给性手工业产值，增加了村及村以下办的工业产值；渔业中增加了海洋捕捞水产品产值。1980年及以后，在副业中增加了农民家庭兼营工业商品部分的产值。从1984年起村及村以下工业产值划归工业。从1993年起取消副业，将野生动物的捕猎划入牧业，野生植物采集和农民家庭兼营商品性工业划归农业。从2003年起，执行新的国民经济行业分类标准，农林牧渔业总产值中包括了农林牧渔服务业产值，2018年以后农林牧渔服务业产值改称农林牧渔专业及辅助性活动产值。林业中增加了森林采运业产值。农业中取消了家庭兼营商品性工业产值，将野生林产品的采集划归林业。第一、二、三次农业普查以后，根据农业普查结果，对农业、畜牧业、渔业年报数据和农业、畜牧业、渔业产值进行了修订。2010年执行《统计用产品分类目录》，对2009年的农业、林业产值做了相应调整。

农林牧渔业总产值的计算方法通常是按农、林、牧、渔业产品及其副产品的产量分别乘以各自单位产品价格求得；少数生产周期较长，当年没有产品或产品产量不易统计的，则采用间接方法匡算其产值；然后将四业产品产值及农林牧渔专业及辅助性活动产值相加即为农林牧渔业总产值。

粮食产量 指农业生产经营者日历年度内生产的全部粮食数量。按收获季节包括夏收粮食、早稻和秋收粮食，按作物品种包括谷物、薯类和豆类。其产量计算方法：谷物按脱粒后的原粮计算，豆类按去豆荚后的干豆计算；薯类（包括甘薯和马铃薯，不包括芋头和木薯）1963年以前按每4公斤鲜薯折1公斤粮食计算，从1964年开始改为按5公斤鲜薯折1公斤粮食计算，城市郊区作为蔬菜的薯类（如马铃薯等）按鲜品计算，并且不作粮食统计。1989年以前全国粮食产量数据主要靠全面报表取得，1989年开始使用抽样调查数据。

棉花产量 指全社会的产量。包括春播棉和夏播棉。产量按皮棉计算。不包括木棉。

油料产量 指全部油料作物的生产量。包括花生、油菜籽、芝麻、向日葵籽、胡麻籽（亚麻籽）和其他油料。不包括大豆、木本油料和野生油料。花生以带壳干花生计算。

水产品产量 指渔业（捕捞和养殖）生产活动的最终有效成果，包括全部海水和淡水鱼类、甲壳类（虾、蟹）、贝类、头足类、藻类和其他类渔业产品的最终产量。水产品产量是通过各级水产部门逐级上报取得数据。1995年及以前，贝类中牡蛎按鲜肉计算；蚶、蛤、蛀按5斤鲜品折1斤计算。1996年以后则统一按鲜品计算。

猪、牛、羊肉产量 指当年出栏并已屠宰、除去头蹄下水后带骨肉（即胴体重）的重量。包括全社会范围内的产量。1996年以前为全面统计并逐级上报数据。1996年第一次农业普查以后，根据普查结果，对畜牧业主要年报数据进行了修正。1999年以后，国家统计局在部分地区开展了猪、牛、羊、禽等主要畜禽品种的抽样调查，并用抽样数据作为国家定案数据使用。未开展抽样调查的地区和品种，仍使用各级统计部门逐级上报数据。2008年，建立了主要畜禽监测调查制度，猪、牛、羊、禽等主要畜禽数据均以抽样调查数为法定数据。

期初（末）畜禽存栏头（只）数 指报告期初（末）农村各种合作经济组织和国营农场、农民个人、机关、团体、学校、工矿企业、部队等单位以及城镇居民饲养的大牲畜、猪、羊、家禽等畜禽的数量。数据上报方式及数据调整情况同猪、牛、羊肉产量。

农作物播种面积 指农业生产经营者应在日历年度内收获农作物在全部土地（耕地或非耕地）上的播种或移植面积。凡是本年内收获的农作物，无论是本年还是上年播种，都算为播种面积，但不包括本年播种，下年收获的农作物面积。

耕地灌溉面积 指具有一定的水源，地块比较平整，灌溉工程或设备已经配套，在一般年景下能够进行正常灌溉的耕地面积。在一般情况下，耕地灌溉面积应等于灌溉工程或设备已经配套，能够进行正常灌溉的水田和水浇地面积之和。它是反映我国农田水利建设的重要指标。

农用化肥施用量 指本年内实际用于农业生产的化肥数量，包括氮肥、磷肥、钾肥和复合肥。化肥施用量要求按折纯量计算数量。折纯量是指把氮肥、磷肥、钾肥分别按含氮、含五氧化二磷、含氧化钾的百分之百成份进行折算后的数量。复合肥按其所含主要成分折算。公式为：

折纯量 = 实物量 × 某种化肥有效成份含量的百分比

农业机械总动力 指全部农业机械动力的额定功率之和。农业机械是指用于种植业、畜牧业、渔业、农产品初加工、农用运输和农田基本建设等活动的机械及设备。农机总动力按使用能源不同分为以下四部分：

柴油发动机动力：指全部柴油发动机额定功率之和；

汽油发动机动力：指全部汽油发动机额定功率之和；

电动机动力：指全部电动机（含潜水电泵的电动机）额定功率之和；

其他机械动力：指采用柴油、汽油、电力之外的其他能源，如水力、风力、煤炭、太阳能等动力机械功率之和。

这个指标的统计数据主要来源于农机部门。

乡村从业人员 指乡村人口中劳动年龄在 16 周岁以上实际参加生产经营活动并取得实物或货币收入的人员，包括劳动年龄内经常参加劳动的人员，也包括超过劳动年龄但经参加劳动的人员，但不包括户口在家的在外学生、现役军人和丧失劳动能力的人，也不包括待业人员和家务劳动者。从业人员按从事主业时间最长（时间相同按收入）分为农林牧渔业从业人员、工业从业人员、建筑业从业人员、交通运输业、仓储及邮电通信业从业人员、批零贸易业、餐饮业从业人员、其他非农行业从业人员。

Explanatory Notes on Main Statistical Indicators

Gross Output Value of Agriculture, Forestry, Animal Husbandry and Fishery refers to the total value of products of agriculture, forestry, animal husbandry and fishery, and total value of services in support of agriculture, forestry, animal husbandry and fishery activities. It reflects the total scale and results of agricultural production during a given period. Prior to 1957, China's gross agricultural output value included barnyard manure and handicraft products for self-consumption (clothes, shoes, stockings, and initial grain processing undertaken by peasants). Since 1958, cutting and felling of bamboo and trees by villages and other cooperative organizations under villages have been included in forestry; value of barnyard manure has been excluded from animal husbandry; self consumed handicrafts have not been included from sideline occupations, while the output value of industries run by villages and cooperative organizations under village has been included in sideline occupations; and the output value of fish catches by motor fishing boats has been added to fishery. Since 1980, the value of handicraft products made for sale by individuals in households has been added to sideline occupations. Since 1984, industries run by villages and under villages have been included in the sector of industry. Since 1993, the subdivision of sideline occupations has been cancelled, and the hunting of wild animals has been classified into animal husbandry, and the gathering of wild plants and commodity industry run by rural household have been included in farming. A new industrial classification of economic activities was introduced in 2003. Under the new classification, value of services to agriculture, forestry, animal husbandry and fishery is included in the gross output value of agriculture. In 2018, the output value of agriculture, forestry, animal husbandry and fishery services was renamed the output value of professional and auxiliary activities in support of agriculture, forestry, animal husbandry and fishery, value of wood felling and transport is included in forestry, value of industrial output by rural households is not included in agriculture. According to the result of the first, second, third Agriculture Census, efforts were made to adjust the annual reports of animal husbandry and fishery output and the output value of agriculture, animal husbandry and fishery output to make the figures from the annual reports consistent with the census data. "The Classification of Products for Statistical Purposes" implemented in 2010 made relevant revision on the output value of agriculture and forestry in 2009.

Gross output value of agriculture is obtained by multiplying the output of each product or by-product by its price, resulting in the output value of each single item. For a small number of products, annual output of which is not available or difficult to get due to the long production (growing) process involved, the output value is estimated through an indirect approach. The sum of output values of all products of agriculture, forestry, animal husbandry and fishery and professional and auxiliary activities in support of agriculture, forestry, animal husbandry and fishery is then equal to the gross output value of agriculture.

Grain Output refers to the total output of grains produced by agricultural producers within a calendar year. It includes summer grain, early rice and autumn grain if classified by harvest seasons; it covers cereal, tubers and beans if classified by type of crops. Output of cereal should be limited to husked grain only. Output of beans refers to dry beans without pods. The output of tubers (sweet potatoes and potatoes, not including taros and cassava) are converted into that of grain at the ratio 4:1, i.e. 4 kilograms of fresh tubers were equivalent to 1 kilogram of grain up to 1963. Since 1964 the ratio for conversion has been 5:1. Tubers supplied as vegetables (such as potatoes) in cities and suburbs are calculated as fresh vegetables and their output is not included in the output of grain. Data on grain production before 1989 were obtained through the Comprehensive Statistical Reporting System. Since 1989, data from sample surveys are used.

Cotton Output refers to cotton production in the whole country including cotton planted in spring and in autumn. Output is measured as the weight of ginned cotton. Ceiba is not included.

Output of Oil-bearing Crops refers to the total production of oil-bearing crops of various kinds, including peanuts (dry, in shell), rapeseeds, sesame, sunflower seeds, flax seeds, and other oil-bearing crops. Soybeans, oil-bearing woody plants, and wild oil-bearing crops are not included.

Output of Aquatic Products refers to final output actually yielded from fishing production (fishery and breeding), including all output of marine and freshwater fish, crustaceans (shrimps, crabs), shellfish, cephalopod, seaweed and other fishery products. Data on output of aquatic products are reported by aquatic product agencies level by level. Before 1995, among the shellfish, oyster was counted as fresh meat; 5 kilograms of ark shell, clams and frogs are equivalent to 1 kilogram of fresh aquatic products; they have all been counted as fresh aquatic products since 1996.

Output of Pork, Beef, and Mutton refers to the meat of slaughtered hogs, cattle, sheep and goats with head, feet, and offal taken away. Data refers to the production of the whole country. Before 1996, it was a comprehensive reporting from the lower level to the upper one. The First Agricultural Census of China in 1996 revealed some discrepancy between the production of animal products from the annual reports and that from the census. Efforts were made to adjust the output value of animal husbandry to make the figures from the annual reports consistent with the census data. Since 1999, the NBS conducted sample surveys for the major animal husbandry products, such as hogs, cattle, sheep and goats and fowls, and the data from sample surveys are used as national finalized data. Those products, which are not covered by the sample survey, are still reported by statistical agencies level by level. In 2008, A Monitoring and Survey Program was set up on main livestock, the data on the main livestock such as hog, cattle, sheep and poultry became the official data based on the sampling survey.

Number of Livestock or Poultry in Stock at Beginning (or End) of Period refers to the total number of large animals, pigs, sheep, fowls, etc. raised by rural cooperative organizations, State farms, rural individuals, government agencies, schools, industrial and mining enterprises, army, and urban residents at the beginning (or end) of the reference period. Data reporting system and data adjustment are the same as that in the output of pork, beef and mutton.

Sown Area of Crops refers to area of all land (cultivated or non-cultivated area) sown or transplanted with crops that are harvested within the calendar year by agricultural producers. All crops harvested within the year are counted as sown area, regardless of being sown in this year or the previous year. Crops sown this year but will be harvested in the coming year are excluded.

Irrigated Area of Cultivated Land refers to area of land that are effectively irrigated, i.e. relatively level land, where there are water sources or complete sets of irrigation facilities to lift and move adequate water for irrigation purpose under normal conditions. Under normal situations, irrigated area of cultivated land is the sum of watered fields and irrigated fields where irrigation systems or equipment have been installed for regular irrigation purpose. It is an important indicator to reflect the farmland water conservancy construction in China.

Consumption of Chemical Fertilizers in Agriculture refers to the quantity of chemical fertilizers applied in agriculture in the year, including nitrogenous fertilizer, phosphate fertilizer, potash fertilizer, and compound fertilizer. The consumption of chemical fertilizers is calculated in terms of volume of effective components by means of converting the gross weight of the respective fertilizers into weight containing effective component (e.g. nitrogen content in nitrogenous fertilizer, phosphorous pentoxide contents in phosphate fertilizer, and potassium oxide contents in potash fertilizer). Compound fertilizer is converted in regard to its major components. The formula is:

Volume of effective component= physical quantity× effective component of certain chemical fertilizer (%)

Total Power of Agricultural Machinery refers to the total rated capacity of all agricultural machinery. Agricultural machinery refers to the machineries and equipments which are used for activities of planting, animal husbandry, fishery, primary processing of agricultural products, agricultural transport and infrastructure construction of farmland. Total power of agricultural machinery is grouped into four parts according to the energy used:

Diesel engine power refers to the total rated capacity of all diesel engines.

Gasoline engine power refers to the total rated capacity of all gasoline engines.

Motor power refers to the total rated capacity of all motors (include submersible pump motors).

Other mechanical powers refer to the total mechanical capacity of the sources of energy besides diesel, gasoline and motor power, such as hydro power, wind power, coal and solar energy.

Data are mainly from agricultural machinery agencies.

Rural Employed Persons refer to rural labor forces aged over 16 years old who are engaged in real production and management activities and receive payment in kind or wages, including those covered within the age frame and regularly participating in production activities, and those who are out of the range of age frame and also participating in production activities regularly. Excluding students studying in other places with their permanent residence registered in local areas, servicemen and persons incapable of working; also excluding those who are waiting for jobs and those engaged in household work. Persons employed are classified as persons engaged in agriculture, forestry, animal husbandry or fishery activities; persons engaged in industrial activities; persons engaged in construction activities; persons engaged in transport, storage and telecommunications activities; persons engaged in whole sales and retail sales trade and catering activities; and persons engaged in other non agriculture activities, depending upon the longest period of employment in major activities (or using income indicator when period of employment is the same).

13 工　业

Industry

资料整理人员：田　原　　凌　骞　　宋　超

13-1 规模以上工业企业基本情况
Basic Conditions of Industrial Enterprises above Designated Size

单位：亿元 (100 million yuan)

年份 Year	工业总产值（现价） Gross Industrial Output Value (current price)	工业增加值 Value Added of Industry	工业增加值增速(%) The speed of Value Added of Industry (%)	营业收入 Business Revenue	利润总额 Total Profits
1978	129.03	41.94		124.40	14.15
1979	148.61	48.75		137.89	17.29
1980	163.97	53.51		159.74	19.02
1981	171.89	55.13		167.95	17.70
1982	188.29	59.03		183.52	19.92
1983	200.94	64.24		198.22	21.85
1984	227.60	73.37		219.47	23.37
1985	276.64	100.03		271.98	26.23
1986	319.88	109.30		313.30	27.32
1987	387.28	125.93		382.17	30.48
1988	489.05	155.58		481.22	36.01
1989	569.10	174.63		527.17	29.24
1990	586.67	188.56		540.02	9.33
1991	654.82	214.63		632.96	10.27
1992	790.54	231.88		782.16	18.91
1993	1064.40	323.31		1102.25	19.91
1994	1298.22	382.08		1120.34	15.93
1995	1370.84	400.52		1340.79	4.77
1996	1659.04	555.66		1487.09	10.90
1997	1740.59	571.22		1520.14	-1.22
1998	1287.43	436.31		1212.79	3.18
1999	1414.12	461.71		1366.59	16.21
2000	1627.94	528.06		1563.26	34.48

13-1 续表 Continued

单位：亿元 (100 million yuan)

年份 Year	工业总产值（现价） Gross Industrial Output Value (current price)	工业增加值 Value Added of Industry	工业增加值增速 (%) The speed of Value Added of Industry (%)	营业收入 Business Revenue	利润总额 Total Profits
2001	1811.22	606.54	13.8	1699.15	51.42
2002	2099.40	706.54	16.1	1980.04	69.02
2003	2611.45	888.56	20.7	2604.98	111.25
2004	3654.07	1238.29	24.1	3544.38	154.77
2005	4754.86	1629.79	20.6	4585.31	189.25
2006	6131.18	2089.06	20.1	5968.67	272.69
2007	8464.08	2853.84	24.3	8348.97	488.24
2008	11553.31	3748.80	18.4	11285.44	663.56
2009	13507.64	4255.03	20.5	13077.27	758.48
2010	19008.83	5921.04	23.4	18669.79	1451.45
2011	26386.58	7911.51	20.1	25726.21	1832.99
2012	28628.62	8562.88	14.6	27823.31	1790.96
2013			11.6	31854.65	2047.87
2014			9.6	33489.44	1688.30
2015			7.8	35410.45	1808.70
2016			6.9	38314.28	1953.67
2017			7.3	38934.23	2093.98
2018			7.4	35420.85	1726.95

注：1. 规模工业统计口径：2004 年及以前为全部国有及年主营业务收入 500 万元及以上非国有工业法人企业，2005-2010 年为年主营业务收入 500 万元及以上工业法人企业，2011 年以后为年主营业务收入 2000 万元及以上工业法人企业。

2. 规模以上工业企业"主营业务收入"指标 2018 年调整为"营业收入"指标。

3. 2017、2018 年全国规模以上工业企业主要指标数据与上年数据之间存在不可比因素，其主要原因是：（1）根据统计制度，每年定期对规模以上工业企业调查范围进行调整。每年有部分企业达到规模标准纳入调查范围，也有部分企业因规模变小而退出调查范围，还有新建投产企业、破产、注（吊）销企业等变化。（2）加强统计执法，对统计执法检查中发现的不符合规模以上工业统计要求的企业进行了清理，对相关基数依规进行了修正。（3）加强数据质量管理，剔除跨地区、跨行业重复统计数据。根据国家统计局最新开展的企业组织结构调查情况，对企业集团（公司）跨地区、跨行业重复计算进行了剔重。（4）"营改增"政策实施后，服务业企业改交增值税且税率较低，工业企业逐步将内部非工业生产经营活动剥离，转向服务业，使工业企业财务数据有所减小。

a. Data of Industrial Enterprises above Designated Size refer to those from all state-owned and the non-state-owned industrial enterprises with annual sales income of 5 million yuan since 2004 and before,all industry corporation enterises with an annual sales income ro over 5 million yuan since 2005-2010, all industry corporation enterises with an annual sales income ro over 20 million yuan since 2011.

b. Indicators of revenue from principal business for industrial enterprises above designated size change into business revenue in 2018.

c. Data of 2017 and 2018 of main indicators of industrial enterprises above designated size nationwide are not comparable with previous years, the reasons are as following: (1) According to the statistical system, the investigation scope of industrial enterprises above designated size should be adjusted regularly every year. Every year, some enterprises meet the scale criteria to be included in the scope of investigation, some enterprises withdraw from the scope of investigation because of the smaller scale, and there are other changes: new enterprises, bankruptcy, annotation (cancellation) enterprises, etc. (2) Strengthening of statistical law enforcement, cleaning up enterprises found in the inspection of statistical law enforcement that do not meet the standard of industrial statistics above designated size, and amending the relevant cardinality in accordance with regulations. (3) Strengthening data quality management and eliminating duplicated statistical data across regions and across industries. According to the latest survey of organizational structure of enterprises carried out by the National Bureau of Statistics, the repeated calculation of enterprise groups (companies) across regions and industries is weighed. (4) After the implementation of the program to replace the business tax with a value-added tax, the value-added tax was paid by the service enterprises and the tax rate was lower. The industrial enterprises gradually stripped off the internal non-industrial production and operation activities and turned to the service industry, which reduced the financial data of the industrial enterprises.

13-2 规模以上工业企业主要经济指标(2018年)
Major Economic Indicators of Industrial Enterprises above Designated Size (2018)

单位：亿元 (100 million yuan)

指 标	Item	企 业 单位数 (个) Number of Enterprises (unit)	#亏损企业 Loss-making Enterprises	资产总计 Total Assets	流动资产合计 Circulating Funds
总计	**Total**	**16055**	**1049**	**27195.33**	**12443.94**
按登记注册类型:	**Grouped by Registration**				
内资企业	Internal-invested Enterprises	15507	968	24071.91	10824.35
国有企业	State-owned Enterprises	134	35	2103.41	779.48
中央企业	Central Enterprises	12	4	1822.61	670.25
地方企业	Local Enterprises	122	31	280.79	109.22
集体企业	Collective-owned Enterprises	106	3	56.22	19.07
股份合作企业	Enterprises Cooperated by Joint-stock	11		4.20	1.71
联营企业	Cooperative Enterprises	8		3.05	0.98
有限责任公司	Limited Liability Company	2389	249	6997.18	3094.91
股份有限公司	Company Limited by Shares	470	50	4736.55	2446.97
私营企业	Individual-owned Enterprises	12303	631	10140.48	4470.69
其他企业	Enterprises of Other Types of Ownership	86		30.83	10.55
港、澳、台商投资企业	Enterprises Funded by Entrepreneurs From Hong Kong,Macao and Taiwan	330	45	1781.43	825.85
外商投资企业	Enterprises Funded by Foreigners	218	36	1341.98	793.73
按经济组织类型:	**Grouped by Ownership**				
独资企业	Enterprises Owned by a Sole Investor	1046	90	3190.86	1310.19
合作、合伙企业	Enterprises of Partnership	490	15	245.43	69.45
股份有限公司	Company Limited by Shares	1156	95	6871.74	3513.78
有限责任公司	Limited Liability Company	13363	849	16887.30	7550.53
国有控股企业	**State Controlling Share Hold Enterprises**	**715**	**139**	**10299.23**	**4589.20**
按企业规模分:	**Grouped by Size of Enterprises**				
大型企业	Large Enterprises	229	31	12125.57	6094.68
中型企业	Medium-sized Enterprises	2018	173	5957.35	2570.47
小型企业	Small Enterprises	13212	796	8872.48	3704.25
微型企业	Miniature Enterprise	596	49	239.94	74.54

13-2 续表 1 Continued

单位：亿元 (100 million yuan)

指 标	Item	应收账款 Net Value of Account Received	存货 Stock	产成品 Finished Products	负债合计 Total Liability
总计	**Total**	**3589.29**	**3060.51**	**1012.23**	**14011.61**
按登记注册类型:	**Grouped by Registration**				
内资企业	Internal-invested Enterprises	2881.05	2807.23	900.07	12109.38
国有企业	State-owned Enterprises	69.50	463.77	18.33	979.39
中央企业	Central Enterprises	23.03	452.55	17.21	809.23
地方企业	Local Enterprises	46.47	11.22	1.12	170.16
集体企业	Collective-owned Enterprises	3.66	4.49	1.27	19.96
股份合作企业	Enterprises Cooperated by Joint-stock	0.54	0.29	0.12	1.42
联营企业	Cooperative Enterprises	0.14	0.42	0.39	1.67
有限责任公司	Limited Liability Company	869.86	726.81	227.54	4055.08
股份有限公司	Company Limited by Shares	587.27	521.52	190.82	2645.81
私营企业	Individual-owned Enterprises	1346.73	1087.69	460.31	4396.75
其他企业	Enterprises of Other Types of Ownership	3.36	2.25	1.31	9.30
港、澳、台商投资企业	Enterprises Funded by Entrepreneurs From Hong Kong,Macao and Taiwan	320.45	112.9	51.87	981.84
外商投资企业	Enterprises Funded by Foreigners	387.79	140.39	60.29	920.39
按经济组织类型:	**Grouped by Ownership**				
独资企业	Enterprises Owned by a Sole Investor	342.39	552.07	52.80	1501.20
合作、合伙企业	Enterprises of Partnership	18.03	15.35	7.88	77.46
股份有限公司	Company Limited by Shares	970.59	707.27	258.34	3744.63
有限责任公司	Limited Liability Company	2258.28	1785.83	693.2	8688.33
国有控股企业	**State Controlling Share Hold Enterprises**	**1142.13**	**1247.75**	**254.81**	**6080.05**
按企业规模分:	**Grouped by Size of Enterprises**				
大型企业	Large Enterprises	1674.57	1628.21	432.81	6961.88
中型企业	Medium-sized Enterprises	664.30	583.09	209.48	2845.49
小型企业	Small Enterprises	1225.19	834.65	364.14	4083.87
微型企业	Miniature Enterprise	25.23	14.57	5.80	120.37

13-2 续表 2 Continued

单位：亿元 (100 million yuan)

指 标	Item	营业收入 Business Revenue	营业成本 Business Cost	营业税金及附加 Tax and Surcharge of Business	销售费用 Operation Expenses
总计	**Total**	**35420.85**	**29488.11**	**993.66**	**1137.66**
按登记注册类型:	**Grouped by Registration**				
内资企业	Internal-invested Enterprises	32461.59	26993.65	955.14	1029.29
国有企业	State-owned Enterprises	1968.76	1254.96	536.54	22.46
中央企业	Central Enterprises	1795.75	1111.76	534.55	13.91
地方企业	Local Enterprises	173.01	143.21	1.98	8.56
集体企业	Collective-owned Enterprises	105.12	94.40	0.96	2.19
股份合作企业	Enterprises Cooperated by Joint-stock	12.61	10.67	0.15	0.20
联营企业	Cooperative Enterprises	6.52	5.71	0.10	0.12
有限责任公司	Limited Liability Company	7441.65	6274.76	88.19	217.33
股份有限公司	Company Limited by Shares	3493.41	2819.54	124.1	153.52
私营企业	Individual-owned Enterprises	19324.35	16441.99	199.72	630.54
其他企业	Enterprises of Other Types of Ownership	109.16	91.62	5.38	2.94
港、澳、台商投资企业	Enterprises Funded by Entrepreneurs From Hong Kong,Macao and Taiwan	1418.19	1169.87	12.38	50.99
外商投资企业	Enterprises Funded by Foreigners	1541.07	1324.58	26.14	57.38
按经济组织类型:	**Grouped by Ownership**				
独资企业	Enterprises Owned by a Sole Investor	3564.19	2608.24	557.43	77.05
合作、合伙企业	Enterprises of Partnership	507.64	428.59	13.31	16.61
股份有限公司	Company Limited by Shares	5599.22	4566.81	143.48	254.40
有限责任公司	Limited Liability Company	25749.80	21884.48	279.43	789.60
国有控股企业	**State Controlling Share Hold Enterprises**	**8127.41**	**6375.04**	**717.88**	**177.01**
按企业规模分:	**Grouped by Size of Enterprises**				
大型企业	Large Enterprises	9899.57	7762.43	723.48	304.60
中型企业	Medium-sized Enterprises	7875.34	6548.99	87.50	306.68
小型企业	Small Enterprises	17462.24	15020.56	181.29	520.75
微型企业	Miniature Enterprise	183.70	156.14	1.39	5.64

13-2 续表 3 Continued

单位：亿元 (100 million yuan)

指 标	Item	管理费用 Management Expense	财务费用 Financial Expense	利息收入 Interest Revenue	利息支出 Interest Expense
总计	**Total**	**1708.36**	**383.93**	**20.06**	**293.88**
按登记注册类型：	**Grouped by Registration**				
内资企业	Internal-invested Enterprises	1550.65	359.99	17.97	274.90
国有企业	State-owned Enterprises	62.26	14.47	2.44	16.52
中央企业	Central Enterprises	42.35	11.80	2.35	14.22
地方企业	Local Enterprises	19.91	2.67	0.09	2.30
集体企业	Collective-owned Enterprises	3.88	0.57	0.01	0.25
股份合作企业	Enterprises Cooperated by Joint-stock	0.46	0.05		0.02
联营企业	Cooperative Enterprises	0.23	0.04		
有限责任公司	Limited Liability Company	383.28	102.92	5.26	84.90
股份有限公司	Company Limited by Shares	179.57	64.93	2.73	64.73
私营企业	Individual-owned Enterprises	917.73	176.30	7.52	108.11
其他企业	Enterprises of Other Types of Ownership	3.24	0.70		0.37
港、澳、台商投资企业	Enterprises Funded by Entrepreneurs From Hong Kong,Macao and Taiwan	97.19	16.65	0.88	12.11
外商投资企业	Enterprises Funded by Foreigners	60.52	7.28	1.22	6.87
按经济组织类型：	**Grouped by Ownership**				
独资企业	Enterprises Owned by a Sole Investor	130.36	25.59	2.47	21.94
合作、合伙企业	Enterprises of Partnership	18.75	4.35	0.06	2.10
股份有限公司	Company Limited by Shares	308.89	86.99	4.60	81.78
有限责任公司	Limited Liability Company	1250.36	266.99	12.93	188.06
国有控股企业	**State Controlling Share Hold Enterprises**	**368.65**	**127.01**	**10.14**	**127.78**
按企业规模分：	**Grouped by Size of Enterprises**				
大型企业	Large Enterprises	490.92	128.44	16.15	133.29
中型企业	Medium-sized Enterprises	421.03	102.20	1.90	63.94
小型企业	Small Enterprises	787.36	150.46	1.97	94.74
微型企业	Miniature Enterprise	9.06	2.83	0.05	1.91

13-2 续表 4 Continued

单位：亿元 (100 million yuan)

指 标	Item	营业利润 Operating Profit	投资收益 Income from Investment	营业外收入 Non-operating Income	利润总额 Total Profit
总计	**Total**	**1704.80**	**83.47**	**108.33**	**1726.95**
按登记注册类型：	**Grouped by Registration**				
内资企业	Internal-invested Enterprises	1545.59	63.91	96.45	1568.58
国有企业	State-owned Enterprises	75.99	-1.92	9.90	79.92
中央企业	Central Enterprises	81.84	-2.08	8.08	84.96
地方企业	Local Enterprises	-5.85	0.17	1.81	-5.04
集体企业	Collective-owned Enterprises	3.09	0.02	0.31	3.03
股份合作企业	Enterprises Cooperated by Joint-stock	1.08		0.08	1.16
联营企业	Cooperative Enterprises	0.33	0.01		0.33
有限责任公司	Limited Liability Company	390.81	20.16	26.84	393.84
股份有限公司	Company Limited by Shares	163.26	30.60	19.20	177.34
私营企业	Individual-owned Enterprises	905.76	15.03	40.12	907.71
其他企业	Enterprises of Other Types of Ownership	5.26		0.01	5.25
港、澳、台商投资企业	Enterprises Funded by Entrepreneurs From Hong Kong,Macao and Taiwan	85.81	12.60	5.75	81.42
外商投资企业	Enterprises Funded by Foreigners	73.40	6.97	6.12	76.95
按经济组织类型：	**Grouped by Ownership**				
独资企业	Enterprises Owned by a Sole Investor	162.68	-0.91	15.38	169.30
合作、合伙企业	Enterprises of Partnership	25.80	0.02	0.38	25.90
股份有限公司	Company Limited by Shares	261.88	45.87	25.44	273.59
有限责任公司	Limited Liability Company	1254.45	38.49	67.12	1258.16
国有控股企业	**State Controlling Share Hold Enterprises**	**381.91**	**33.50**	**37.19**	**396.15**
按企业规模分：	**Grouped by Size of Enterprises**				
大型企业	Large Enterprises	524.88	65.23	47.15	534.15
中型企业	Medium-sized Enterprises	411.95	9.03	22.12	424.58
小型企业	Small Enterprises	759.31	9.16	38.76	759.42
微型企业	Miniature Enterprise	8.66	0.05	0.29	8.79

13-2 续表 5 Continued

指 标	Item	亏损企业亏损总额（亿元）Total Loss of Enterprises Running under Deficit (100 million yuan)	全部从业人员年平均人数（万人）Average umber of Empolyment of the Current Year (10000 persons)	资产负债率 (%) Assets-Liability Ratio (%)	营业收入利润率 (%) Profit Margin of Operating Income (%)
总计	**Total**	**174.84**	**297.80**	**51.52**	**4.88**
按登记注册类型:	**Grouped by Registration**				
内资企业	Internal-invested Enterprises	140.36	260.80	50.31	4.83
国有企业	State-owned Enterprises	21.13	9.20	46.56	4.06
中央企业	Central Enterprises	5.68	5.80	44.40	4.73
地方企业	Local Enterprises	15.45	3.40	60.60	-2.91
集体企业	Collective-owned Enterprises	0.06	2.00	35.50	2.88
股份合作企业	Enterprises Cooperated by Joint-stock		0.10	33.81	9.20
联营企业	Cooperative Enterprises		0.10	54.75	5.06
有限责任公司	Limited Liability Company	63.19	52.90	57.95	5.29
股份有限公司	Company Limited by Shares	31.24	19.40	55.86	5.08
私营企业	Individual-owned Enterprises	24.73	176.00	43.36	4.70
其他企业	Enterprises of Other Types of Ownership		1.20	30.17	4.81
港、澳、台商投资企业	Enterprises Funded by Entrepreneurs From Hong Kong,Macao and Taiwan	7.88	27.60	55.12	5.74
外商投资企业	Enterprises Funded by Foreigners	26.60	9.40	68.58	4.99
按经济组织类型:	**Grouped by Ownership**				
独资企业	Enterprises Owned by a Sole Investor	28.12	32.50	47.05	4.75
合作、合伙企业	Enterprises of Partnership	0.55	8.10	31.56	5.10
股份有限公司	Company Limited by Shares	56.86	44.50	54.49	4.89
有限责任公司	Limited Liability Company	89.31	212.80	51.45	4.89
国有控股企业	**State Controlling Share Hold Enterprises**	**99.49**	**41.10**	**59.03**	**4.87**
按企业规模分:	**Grouped by Size of Enterprises**				
大型企业	Large Enterprises	80.20	68.60	57.41	5.40
中型企业	Medium-sized Enterprises	31.05	86.80	47.76	5.39
小型企业	Small Enterprises	62.46	141.00	46.03	4.35
微型企业	Miniature Enterprise	1.12	1.50	50.17	4.78

13-3 规模以上工业企业行业大类主要经济指标(2018年)
Main Economic indicators of Industrial Enterprises above Designated Size by Industrial Sector (2018)

单位：亿元 (100 million yuan)

指 标	Item	企业单位数（个） Number of Enterprises (unit)	#亏损企业 Loss-making Enterprises	资产总计 Total Assets
按行业划分：	**Grouped by Sector**			
煤炭开采和洗选业	Mining and Washing of Coal	251	7	202.72
石油和天然气开采业	Petroleum and Natural Gas Extraction	1		
黑色金属矿采选业	Mining of Ferrous Metal Ores	57	5	36.71
有色金属矿采选业	Mining of Non-ferrous Metal Ores	157	20	227.01
非金属矿采选业	Mining and Processing of Nonmetal Ores	294	7	166.72
开采辅助活动	Mining of Other Ores N.E.C	1		0.53
其他采矿业	Other Mining and Dressing	1		0.49
农副食品加工业	Processing of Food from Agricultural Products	1590	69	1375.17
食品制造业	Manufacture of Foods	480	31	551.54
酒、饮料和精制茶制造业	Manufacture of Liquor, Beverage and Refined Tea	515	23	365.32
烟草制品业	Manufacture of Tobacco	9	1	823.55
纺织业	Manufacture of Textile	288	32	341.17
纺织服装、服饰业	Manufacture of Textile Wearing and Clothing Apparel	291	15	156.25
皮革、毛皮、羽毛及其制品和制鞋业	Leather, Fur, Feather and Its Products and Footwear	465	9	179.91
木材加工和木、竹、藤、棕、草制品业	Processing of Timbers, Manufacture of Wood, Bamboo, Rattan, Palm and Straw Products	455	11	277.49
家具制造业	Manufacture of Furniture	188	4	80.69
造纸和纸制品业	Manufacture of Paper and Paper Products	319	14	527.15
印刷和记录媒介复制业	Printing,Reproduction of Recording Media	275	15	164.27
文教、工美、体育和娱乐用品制造业	Manufacture of Articles for Culture, Education and Sport Activity	256	12	115.71
石油、煤炭及其他燃料加工业	Processing of Petroleum, Coal and Other Fuels	57	2	268.85
化学原料和化学制品制造业	Manufacture of Chemical Raw Material and Chemical Products	1516	67	1387.09
医药制造业	Manufacture of Medicines	354	23	605.39
化学纤维制造业	Manufacture of Chemical Fiber	13	1	21.45
橡胶和塑料制品业	Manufacture of Rubber and Plastic	410	20	250.59
非金属矿物制品业	Manufacture of Non-metallic Mineral Products	2028	91	1941.10
黑色金属冶炼和压延加工业	Manufacture and Processing of Ferrous Metals	182	20	1165.30
有色金属冶炼和压延加工业	Manufacture and Processing of Non-ferrous Metals	448	53	1140.41
金属制品业	Manufacture of Metal Products	857	48	656.19
通用设备制造业	Manufacture of General Purpose Machinery	875	78	846.47
专用设备制造业	Manufacture of Special Purpose Machinery	759	67	3677.91
汽车制造业	Automobile Industry	380	61	1571.46
铁路、船舶、航空航天和其他运输设备制造业	Manufacture of Railway,Marine,Aerospace and Other Transport Equipment	158	15	1078.30
电气机械和器材制造业	Manufacture of Electrical Machinery and Equipment	681	65	1186.78
计算机、通信和其他电子设备制造业	Manufacture of Communication Equipment, Computer and Other Electronic Equipment	627	61	1645.72
仪器仪表制造业	Manufacture of Measuring Instrument	134	12	250.28
其他制造业	Other Manufacture N.E.C	82	3	49.50
废弃资源综合利用业	Recycling and Disposal of Waste	93	6	70.23
金属制品、机械和设备修理业	Mental Products,Machine and Equipment Repair	4		1.74
电力、热力生产和供应业	Production and Supply of Electric Power and Heat Power	336	60	3159.26
燃气生产和供应业	Production and Distribution of Gas	50	4	153.63
水的生产和供应业	Production and Distribution of Water	118	17	475.28

13-3 续表 1 Continued

单位：亿元 (100 million yuan)

指 标	Item	流动资产合计 Cir-culating Funds	应收账款 Value of Account Received	存货 Stock
按行业划分：	**Grouped by Sector**			
煤炭开采和洗选业	Mining and Washing of Coal	60.03	8.57	8.22
石油和天然气开采业	Petroleum and Natural Gas Extraction			
黑色金属矿采选业	Mining of Ferrous Metal Ores	13.38	1.89	2.28
有色金属矿采选业	Mining of Non-ferrous Metal Ores	61.64	10.97	12.21
非金属矿采选业	Mining and Processing of Nonmetal Ores	54.07	9.28	7.57
开采辅助活动	Mining of Other Ores N.E.C	0.48	0.20	0.15
其他采矿业	Other Mining and Dressing	0.26	0.08	
农副食品加工业	Processing of Food from Agricultural Products	564.57	102.09	178.59
食品制造业	Manufacture of Foods	242.27	29.61	76.13
酒、饮料和精制茶制造业	Manufacture of Liquor, Beverage and Refined Tea	154.51	26.17	56.61
烟草制品业	Manufacture of Tobacco	624.85	17.24	447.53
纺织业	Manufacture of Textile	161.67	41.63	47.04
纺织服装、服饰业	Manufacture of Textile Wearing and Clothing Apparel	53.86	11.71	14.65
皮革、毛皮、羽毛及其制品和制鞋业	Leather, Fur, Feather and Its Products and Footwear	73.04	21.40	21.29
木材加工和木、竹、藤、棕、草制品业	Processing of Timbers, Manufacture of Wood, Bamboo, Rattan, Palm and Straw Products	92.95	25.36	18.51
家具制造业	Manufacture of Furniture	32.22	10.45	9.44
造纸和纸制品业	Manufacture of Paper and Paper Products	231.00	46.18	93.12
印刷和记录媒介复制业	Printing,Reproduction of Recording Media	75.76	22.74	19.40
文教、工美、体育和娱乐用品制造业	Manufacture of Articles for Culture, Education and Sport Activity	55.39	16.32	17.99
石油、煤炭及其他燃料加工业	Processing of Petroleum, Coal and Other Fuels	97.14	21.73	36.43
化学原料和化学制品制造业	Manufacture of Chemical Raw Material and Chemical Products	559.60	143.71	126.03
医药制造业	Manufacture of Medicines	287.62	70.21	67.06
化学纤维制造业	Manufacture of Chemical Fiber	6.18	0.86	1.65
橡胶和塑料制品业	Manufacture of Rubber and Plastic	98.76	27.86	26.63
非金属矿物制品业	Manufacture of Non-metallic Mineral Products	609.41	206.81	130.82
黑色金属冶炼和压延加工业	Manufacture and Processing of Ferrous Metals	498.57	114.93	111.92
有色金属冶炼和压延加工业	Manufacture and Processing of Non-ferrous Metals	654.10	61.11	267.93
金属制品业	Manufacture of Metal Products	275.31	83.77	71.34
通用设备制造业	Manufacture of General Purpose Machinery	516.12	223.45	101.46
专用设备制造业	Manufacture of Special Purpose Machinery	2344.28	770.81	447.40
汽车制造业	Automobile Industry	879.83	386.18	159.36
铁路、船舶、航空航天和其他运输设备制造业	Manufacture of Railway,Marine,Aerospace and Other Transport Equipment	740.61	250.19	127.85
电气机械和器材制造业	Manufacture of Electrical Machinery and Equipment	721.67	280.36	155.77
计算机、通信和其他电子设备制造业	Manufacture of Communication Equipment, Computer and Other Electronic Equipment	874.23	360.97	112.78
仪器仪表制造业	Manufacture of Measuring Instrument	154.01	61.91	24.37
其他制造业	Other Manufacture N.E.C	22.58	7.49	6.86
废弃资源综合利用业	Recycling and Disposal of Waste	34.43	11.64	9.87
金属制品、机械和设备修理业	Mental Products,Machine and Equipment Repair	1.28	0.93	0.07
电力、热力生产和供应业	Production and Supply of Electric Power and Heat Power	355.76	70.19	34.46
燃气生产和供应业	Production and Distribution of Gas	45.96	7.40	5.00
水的生产和供应业	Production and Distribution of Water	114.51	24.89	4.71

13-3 续表 2 Continued

单位：亿元 (100 million yuan)

指 标	Item	产成品 Finished Products	负债合计 Total Liability	营业收入 Business Revenue
按行业划分：	**Grouped by Sector**			
煤炭开采和洗选业	Mining and Washing of Coal	4.54	84.73	215.11
石油和天然气开采业	Petroleum and Natural Gas Extraction			
黑色金属矿采选业	Mining of Ferrous Metal Ores	0.83	17.92	42.51
有色金属矿采选业	Mining of Non-ferrous Metal Ores	5.60	107.59	279.50
非金属矿采选业	Mining and Processing of Nonmetal Ores	4.63	77.74	311.26
开采辅助活动	Mining of Other Ores N.E.C	0.07	0.35	0.40
其他采矿业	Other Mining and Dressing		0.18	1.05
农副食品加工业	Processing of Food from Agricultural Products	80.53	528.68	3196.66
食品制造业	Manufacture of Foods	21.10	251.16	1092.70
酒、饮料和精制茶制造业	Manufacture of Liquor, Beverage and Refined Tea	23.78	139.92	687.89
烟草制品业	Manufacture of Tobacco	17.34	91.59	957.15
纺织业	Manufacture of Textile	25.71	171.41	653.41
纺织服装、服饰业	Manufacture of Textile Wearing and Clothing Apparel	7.50	47.56	292.98
皮革、毛皮、羽毛及其制品和制鞋业	Leather, Fur, Feather and Its Products and Footwear	9.51	70.37	648.59
木材加工和木、竹、藤、棕、草制品业	Processing of Timbers, Manufacture of Wood, Bamboo, Rattan, Palm and Straw Products	8.94	102.00	692.52
家具制造业	Manufacture of Furniture	4.38	30.93	219.97
造纸和纸制品业	Manufacture of Paper and Paper Products	14.40	291.92	708.18
印刷和记录媒介复制业	Printing,Reproduction of Recording Media	6.66	65.57	388.50
文教、工美、体育和娱乐用品制造业	Manufacture of Articles for Culture, Education and Sport Activity	7.84	39.19	360.13
石油、煤炭及其他燃料加工业	Processing of Petroleum, Coal and Other Fuels	12.79	136.64	855.91
化学原料和化学制品制造业	Manufacture of Chemical Raw Material and Chemical Products	62.20	577.51	2559.90
医药制造业	Manufacture of Medicines	31.19	212.38	964.92
化学纤维制造业	Manufacture of Chemical Fiber	0.94	10.91	32.66
橡胶和塑料制品业	Manufacture of Rubber and Plastic	14.81	94.92	620.28
非金属矿物制品业	Manufacture of Non-metallic Mineral Products	64.81	747.25	2699.63
黑色金属冶炼和压延加工业	Manufacture and Processing of Ferrous Metals	40.07	728.92	1517.82
有色金属冶炼和压延加工业	Manufacture and Processing of Non-ferrous Metals	48.41	667.08	2089.07
金属制品业	Manufacture of Metal Products	33.64	277.95	1370.18
通用设备制造业	Manufacture of General Purpose Machinery	39.03	437.58	1350.67
专用设备制造业	Manufacture of Special Purpose Machinery	184.04	2145.61	2644.38
汽车制造业	Automobile Industry	70.21	1132.83	1731.15
铁路、船舶、航空航天和其他运输设备制造业	Manufacture of Railway,Marine,Aerospace and Other Transport Equipment	33.64	487.08	818.32
电气机械和器材制造业	Manufacture of Electrical Machinery and Equipment	66.53	623.22	1436.67
计算机、通信和其他电子设备制造业	Manufacture of Communication Equipment, Computer and Other Electronic Equipment	49.93	938.50	1683.43
仪器仪表制造业	Manufacture of Measuring Instrument	7.42	107.11	185.41
其他制造业	Other Manufacture N.E.C	2.02	17.52	179.54
废弃资源综合利用业	Recycling and Disposal of Waste	3.89	29.27	115.84
金属制品、机械和设备修理业	Mental Products,Machine and Equipment Repair	0.05	1.24	3.39
电力、热力生产和供应业	Production and Supply of Electric Power and Heat Power	1.76	2098.13	1525.27
燃气生产和供应业	Production and Distribution of Gas	1.08	97.95	158.38
水的生产和供应业	Production and Distribution of Water	0.38	323.21	129.52

13-3 续表 3 Continued

单位：亿元 (100 million yuan)

指 标	Item	营业成本 Business Cost	营业税金及附加 Tax and Surcharge of Business	销售费用 Operation Expenses
按行业划分：	**Grouped by Sector**			
煤炭开采和洗选业	Mining and Washing of Coal	180.36	2.92	4.84
石油和天然气开采业	Petroleum and Natural Gas Extraction			
黑色金属矿采选业	Mining of Ferrous Metal Ores	36.78	0.39	0.92
有色金属矿采选业	Mining of Non-ferrous Metal Ores	216.08	5.83	8.45
非金属矿采选业	Mining and Processing of Nonmetal Ores	247.82	4.28	17.28
开采辅助活动	Mining of Other Ores N.E.C	0.37	0.01	0.01
其他采矿业	Other Mining and Dressing	0.78	0.02	0.11
农副食品加工业	Processing of Food from Agricultural Products	2775.07	24.38	97.77
食品制造业	Manufacture of Foods	921.75	10.02	51.02
酒、饮料和精制茶制造业	Manufacture of Liquor, Beverage and Refined Tea	558.20	10.63	38.14
烟草制品业	Manufacture of Tobacco	285.46	529.90	13.17
纺织业	Manufacture of Textile	572.52	5.65	21.44
纺织服装、服饰业	Manufacture of Textile Wearing and Clothing Apparel	250.84	2.63	10.61
皮革、毛皮、羽毛及其制品和制鞋业	Leather, Fur, Feather and Its Products and Footwear	583.19	4.12	13.01
木材加工和木、竹、藤、棕、草制品业	Processing of Timbers, Manufacture of Wood, Bamboo, Rattan, Palm and Straw Products	604.56	6.51	20.60
家具制造业	Manufacture of Furniture	186.23	1.79	8.09
造纸和纸制品业	Manufacture of Paper and Paper Products	598.52	8.91	25.48
印刷和记录媒介复制业	Printing,Reproduction of Recording Media	330.60	3.80	10.04
文教、工美、体育和娱乐用品制造业	Manufacture of Articles for Culture, Education and Sport Activity	313.82	3.27	8.40
石油、煤炭及其他燃料加工业	Processing of Petroleum, Coal and Other Fuels	674.28	123.83	4.94
化学原料和化学制品制造业	Manufacture of Chemical Raw Material and Chemical Products	2132.89	51.74	76.58
医药制造业	Manufacture of Medicines	689.75	11.47	123.44
化学纤维制造业	Manufacture of Chemical Fiber	29.56	0.47	0.69
橡胶和塑料制品业	Manufacture of Rubber and Plastic	544.50	5.91	16.58
非金属矿物制品业	Manufacture of Non-metallic Mineral Products	2214.91	30.95	104.75
黑色金属冶炼和压延加工业	Manufacture and Processing of Ferrous Metals	1306.51	11.01	19.46
有色金属冶炼和压延加工业	Manufacture and Processing of Non-ferrous Metals	1922.21	13.43	20.11
金属制品业	Manufacture of Metal Products	1180.88	14.03	37.23
通用设备制造业	Manufacture of General Purpose Machinery	1161.93	10.64	38.41
专用设备制造业	Manufacture of Special Purpose Machinery	2101.66	21.02	141.11
汽车制造业	Automobile Industry	1542.65	25.99	51.66
铁路、船舶、航空航天和其他运输设备制造业	Manufacture of Railway,Marine,Aerospace and Other Transport Equipment	639.69	5.38	29.70
电气机械和器材制造业	Manufacture of Electrical Machinery and Equipment	1234.62	10.19	50.32
计算机、通信和其他电子设备制造业	Manufacture of Communication Equipment, Computer and Other Electronic Equipment	1438.41	13.07	40.46
仪器仪表制造业	Manufacture of Measuring Instrument	139.78	2.01	10.14
其他制造业	Other Manufacture N.E.C	161.04	1.28	3.21
废弃资源综合利用业	Recycling and Disposal of Waste	97.93	1.50	1.59
金属制品、机械和设备修理业	Mental Products,Machine and Equipment Repair	3.01	0.03	0.13
电力、热力生产和供应业	Production and Supply of Electric Power and Heat Power	1383.84	12.14	6.10
燃气生产和供应业	Production and Distribution of Gas	128.28	0.60	5.60
水的生产和供应业	Production and Distribution of Water	96.82	1.92	6.07

13-3 续表 4 Continued

单位：亿元 (100 million yuan)

指　标	Item	管理费用 Management Expense	财务费用 Financial Expense	利息收入 Interest Revenue	利息支出 Interest Expense
按行业划分：	**Grouped by Sector**				
煤炭开采和洗选业	Mining and Washing of Coal	9.45	1.80	0.03	1.16
石油和天然气开采业	Petroleum and Natural Gas Extraction				
黑色金属矿采选业	Mining of Ferrous Metal Ores	2.04	0.18		0.13
有色金属矿采选业	Mining of Non-ferrous Metal Ores	23.87	3.87	0.03	2.10
非金属矿采选业	Mining and Processing of Nonmetal Ores	19.33	3.93	0.01	2.80
开采辅助活动	Mining of Other Ores N.E.C	0.01			
其他采矿业	Other Mining and Dressing	0.11	0.03		0.03
农副食品加工业	Processing of Food from Agricultural Products	129.14	29.03	0.45	19.32
食品制造业	Manufacture of Foods	52.46	9.40	-0.25	6.26
酒、饮料和精制茶制造业	Manufacture of Liquor, Beverage and Refined Tea	35.45	6.60	0.10	3.61
烟草制品业	Manufacture of Tobacco	39.51	-2.92	2.61	-0.05
纺织业	Manufacture of Textile	26.51	7.34	0.17	4.29
纺织服装、服饰业	Manufacture of Textile Wearing and Clothing Apparel	14.10	2.27	0.01	0.99
皮革、毛皮、羽毛及其制品和制鞋业	Leather, Fur, Feather and Its Products and Footwear	21.27	3.00	0.06	1.81
木材加工和木、竹、藤、棕、草制品业	Processing of Timbers, Manufacture of Wood, Bamboo, Rattan, Palm and Straw Products	28.07	5.70	0.22	3.92
家具制造业	Manufacture of Furniture	9.82	1.47	0.02	1.01
造纸和纸制品业	Manufacture of Paper and Paper Products	34.62	11.72	-0.10	9.13
印刷和记录媒介复制业	Printing,Reproduction of Recording Media	17.62	2.61	0.08	1.57
文教、工美、体育和娱乐用品制造业	Manufacture of Articles for Culture, Education and Sport Activity	15.02	2.85	0.05	1.21
石油、煤炭及其他燃料加工业	Processing of Petroleum, Coal and Other Fuels	25.34	2.65	0.35	2.77
化学原料和化学制品制造业	Manufacture of Chemical Raw Material and Chemical Products	127.82	27.61	0.90	14.93
医药制造业	Manufacture of Medicines	73.03	13.90	0.15	4.79
化学纤维制造业	Manufacture of Chemical Fiber	1.18	0.42	0.09	0.40
橡胶和塑料制品业	Manufacture of Rubber and Plastic	24.48	4.17	0.08	2.27
非金属矿物制品业	Manufacture of Non-metallic Mineral Products	139.19	32.34	0.46	17.61
黑色金属冶炼和压延加工业	Manufacture and Processing of Ferrous Metals	58.06	19.42	2.26	20.24
有色金属冶炼和压延加工业	Manufacture and Processing of Non-ferrous Metals	72.84	23.49	0.16	16.95
金属制品业	Manufacture of Metal Products	59.10	9.37	0.50	7.48
通用设备制造业	Manufacture of General Purpose Machinery	64.82	9.29	0.27	5.95
专用设备制造业	Manufacture of Special Purpose Machinery	165.75	39.32	5.96	42.00
汽车制造业	Automobile Industry	72.58	11.85	1.20	9.80
铁路、船舶、航空航天和其他运输设备制造业	Manufacture of Railway,Marine,Aerospace and Other Transport Equipment	76.58	1.53	1.29	3.07
电气机械和器材制造业	Manufacture of Electrical Machinery and Equipment	82.96	8.86	0.59	7.42
计算机、通信和其他电子设备制造业	Manufacture of Communication Equipment, Computer and Other Electronic Equipment	109.11	13.95	1.70	9.37
仪器仪表制造业	Manufacture of Measuring Instrument	14.87	1.72	0.01	0.70
其他制造业	Other Manufacture N.E.C	7.57	1.19	0.03	0.64
废弃资源综合利用业	Recycling and Disposal of Waste	4.58	0.95	0.03	0.46
金属制品、机械和设备修理业	Mental Products,Machine and Equipment Repair	0.20	0.01		
电力、热力生产和供应业	Production and Supply of Electric Power and Heat Power	29.06	62.43	0.54	58.76
燃气生产和供应业	Production and Distribution of Gas	7.27	1.46	0.24	1.42
水的生产和供应业	Production and Distribution of Water	13.59	9.09	-0.24	7.57

13-3 续表 5 Continued

单位：亿元 (100 million yuan)

指 标	Item	营业利润 Operating Profit	投资收益 Income from Investment	营业外收入 Non-operating Income	利润总额 Total Profit
按行业划分：	**Grouped by Sector**				
煤炭开采和洗选业	Mining and Washing of Coal	13.76	-1.63	0.29	13.91
石油和天然气开采业	Petroleum and Natural Gas Extraction				
黑色金属矿采选业	Mining of Ferrous Metal Ores	2.03	-0.01	0.01	1.98
有色金属矿采选业	Mining of Non-ferrous Metal Ores	19.93	0.96	0.66	17.56
非金属矿采选业	Mining and Processing of Nonmetal Ores	17.58	-0.04	0.15	17.34
开采辅助活动	Mining of Other Ores N.E.C				
其他采矿业	Other Mining and Dressing	0.01			0.01
农副食品加工业	Processing of Food from Agricultural Products	138.34	8.26	6.29	134.83
食品制造业	Manufacture of Foods	46.18	0.81	2.10	47.04
酒、饮料和精制茶制造业	Manufacture of Liquor, Beverage and Refined Tea	37.05	0.31	1.40	37.45
烟草制品业	Manufacture of Tobacco	91.16	-2.31	0.91	89.47
纺织业	Manufacture of Textile	20.27	0.34	1.94	21.72
纺织服装、服饰业	Manufacture of Textile Wearing and Clothing Apparel	12.30	-0.06	2.46	14.56
皮革、毛皮、羽毛及其制品和制鞋业	Leather, Fur, Feather and Its Products and Footwear	22.72		0.71	23.03
木材加工和木、竹、藤、棕、草制品业	Processing of Timbers, Manufacture of Wood, Bamboo, Rattan, Palm and Straw Products	30.14	3.02	0.90	30.57
家具制造业	Manufacture of Furniture	10.80		0.15	10.61
造纸和纸制品业	Manufacture of Paper and Paper Products	29.37	0.56	0.48	29.35
印刷和记录媒介复制业	Printing,Reproduction of Recording Media	23.35	0.33	0.73	23.49
文教、工美、体育和娱乐用品制造业	Manufacture of Articles for Culture, Education and Sport Activity	14.39		0.24	13.95
石油、煤炭及其他燃料加工业	Processing of Petroleum, Coal and Other Fuels	27.10	2.33	2.34	26.31
化学原料和化学制品制造业	Manufacture of Chemical Raw Material and Chemical Products	150.25	6.02	7.12	151.98
医药制造业	Manufacture of Medicines	54.35	1.49	2.39	55.48
化学纤维制造业	Manufacture of Chemical Fiber	0.48	0.09	0.03	0.48
橡胶和塑料制品业	Manufacture of Rubber and Plastic	24.97	0.31	1.30	25.77
非金属矿物制品业	Manufacture of Non-metallic Mineral Products	171.29	0.33	6.32	169.71
黑色金属冶炼和压延加工业	Manufacture and Processing of Ferrous Metals	97.15	4.56	1.48	94.92
有色金属冶炼和压延加工业	Manufacture and Processing of Non-ferrous Metals	24.18	4.14	10.36	28.68
金属制品业	Manufacture of Metal Products	66.45	0.05	2.63	67.72
通用设备制造业	Manufacture of General Purpose Machinery	63.73	1.22	4.47	66.02
专用设备制造业	Manufacture of Special Purpose Machinery	169.75	18.62	13.25	172.90
汽车制造业	Automobile Industry	35.72	2.62	8.30	41.53
铁路、船舶、航空航天和其他运输设备制造业	Manufacture of Railway,Marine,Aerospace and Other Transport Equipment	76.16	5.41	2.33	76.09
电气机械和器材制造业	Manufacture of Electrical Machinery and Equipment	46.13	0.98	3.68	48.33
计算机、通信和其他电子设备制造业	Manufacture of Communication Equipment, Computer and Other Electronic Equipment	84.73	19.24	5.90	80.57
仪器仪表制造业	Manufacture of Measuring Instrument	17.82	0.49	1.39	18.99
其他制造业	Other Manufacture N.E.C	4.70	0.28	0.13	4.69
废弃资源综合利用业	Recycling and Disposal of Waste	8.59	0.02	1.61	9.89
金属制品、机械和设备修理业	Mental Products,Machine and Equipment Repair	0.01		0.02	0.03
电力、热力生产和供应业	Production and Supply of Electric Power and Heat Power	32.84	3.71	11.40	39.69
燃气生产和供应业	Production and Distribution of Gas	15.15	0.78	0.46	15.18
水的生产和供应业	Production and Distribution of Water	3.88	0.25	2.02	5.09

13-3 续表 6 Continued

指 标	Item	亏损企业亏损总额（亿元）Total Loss of Enterprises Running under Deficit (100 million yuan)	全部从业人员年平均人数（万人）Average Number of Empolyment of the Current Year (10 000 persons)
按行业划分：	**Grouped by Sector**		
煤炭开采和洗选业	Mining and Washing of Coal	0.22	6.20
石油和天然气开采业	Petroleum and Natural Gas Extraction		
黑色金属矿采选业	Mining of Ferrous Metal Ores	0.15	0.70
有色金属矿采选业	Mining of Non-ferrous Metal Ores	1.19	3.30
非金属矿采选业	Mining and Processing of Nonmetal Ores	0.07	3.50
开采辅助活动	Mining of Other Ores N.E.C		
其他采矿业	Other Mining and Dressing		
农副食品加工业	Processing of Food from Agricultural Products	2.30	22.20
食品制造业	Manufacture of Foods	1.69	11.70
酒、饮料和精制茶制造业	Manufacture of Liquor, Beverage and Refined Tea	1.75	6.70
烟草制品业	Manufacture of Tobacco	0.03	1.20
纺织业	Manufacture of Textile	1.64	7.00
纺织服装、服饰业	Manufacture of Textile Wearing and Clothing Apparel	0.12	5.70
皮革、毛皮、羽毛及其制品和制鞋业	Leather, Fur, Feather and Its Products and Footwear	0.37	10.50
木材加工和木、竹、藤、棕、草制品业	Processing of Timbers, Manufacture of Wood, Bamboo, Rattan, Palm and Straw Products	0.70	7.40
家具制造业	Manufacture of Furniture	0.12	2.30
造纸和纸制品业	Manufacture of Paper and Paper Products	0.42	5.50
印刷和记录媒介复制业	Printing,Reproduction of Recording Media	0.31	3.60
文教、工美、体育和娱乐用品制造业	Manufacture of Articles for Culture, Education and Sport Activity	0.27	4.60
石油、煤炭及其他燃料加工业	Processing of Petroleum, Coal and Other Fuels	0.88	1.90
化学原料和化学制品制造业	Manufacture of Chemical Raw Material and Chemical Products	3.76	25.90
医药制造业	Manufacture of Medicines	1.34	6.90
化学纤维制造业	Manufacture of Chemical Fiber	0.19	0.30
橡胶和塑料制品业	Manufacture of Rubber and Plastic	0.28	4.70
非金属矿物制品业	Manufacture of Non-metallic Mineral Products	5.90	30.30
黑色金属冶炼和压延加工业	Manufacture and Processing of Ferrous Metals	25.10	5.70
有色金属冶炼和压延加工业	Manufacture and Processing of Non-ferrous Metals	26.25	8.50
金属制品业	Manufacture of Metal Products	4.74	11.10
通用设备制造业	Manufacture of General Purpose Machinery	4.91	10.90
专用设备制造业	Manufacture of Special Purpose Machinery	9.48	14.80
汽车制造业	Automobile Industry	31.83	10.80
铁路、船舶、航空航天和其他运输设备制造业	Manufacture of Railway,Marine,Aerospace and Other Transport Equipment	0.52	6.00
电气机械和器材制造业	Manufacture of Electrical Machinery and Equipment	20.79	11.40
计算机、通信和其他电子设备制造业	Manufacture of Communication Equipment, Computer and Other Electronic Equipment	5.41	28.40
仪器仪表制造业	Manufacture of Measuring Instrument	0.45	1.90
其他制造业	Other Manufacture N.E.C	0.01	1.50
废弃资源综合利用业	Recycling and Disposal of Waste	0.08	0.80
金属制品、机械和设备修理业	Mental Products,Machine and Equipment Repair		0.10
电力、热力生产和供应业	Production and Supply of Electric Power and Heat Power	18.22	10.40
燃气生产和供应业	Production and Distribution of Gas	0.10	0.80
水的生产和供应业	Production and Distribution of Water	3.26	2.40

13-3 续表 7 Continued

单位：%　　　　(%)

指　标	Item	资产负债率 Assets-Liability Ratio	营业收入利润率 Profit Margin of Operating Income
按行业划分：	**Grouped by Sector**		
煤炭开采和洗选业	Mining and Washing of Coal	41.80	6.47
石油和天然气开采业	Petroleum and Natural Gas Extraction		
黑色金属矿采选业	Mining of Ferrous Metal Ores	48.82	4.66
有色金属矿采选业	Mining of Non-ferrous Metal Ores	47.39	6.28
非金属矿采选业	Mining and Processing of Nonmetal Ores	46.63	5.57
开采辅助活动	Mining of Other Ores N.E.C	66.04	
其他采矿业	Other Mining and Dressing	36.73	0.95
农副食品加工业	Processing of Food from Agricultural Products	38.44	4.22
食品制造业	Manufacture of Foods	45.54	4.30
酒、饮料和精制茶制造业	Manufacture of Liquor, Beverage and Refined Tea	38.30	5.44
烟草制品业	Manufacture of Tobacco	11.12	9.35
纺织业	Manufacture of Textile	50.24	3.32
纺织服装、服饰业	Manufacture of Textile Wearing and Clothing Apparel	30.44	4.97
皮革、毛皮、羽毛及其制品和制鞋业	Leather, Fur, Feather and Its Products and Footwear	39.11	3.55
木材加工和木、竹、藤、棕、草制品业	Processing of Timbers, Manufacture of Wood, Bamboo, Rattan, Palm and Straw Products	36.76	4.41
家具制造业	Manufacture of Furniture	38.33	4.82
造纸和纸制品业	Manufacture of Paper and Paper Products	55.38	4.14
印刷和记录媒介复制业	Printing,Reproduction of Recording Media	39.92	6.05
文教、工美、体育和娱乐用品制造业	Manufacture of Articles for Culture, Education and Sport Activity	33.87	3.87
石油、煤炭及其他燃料加工业	Processing of Petroleum, Coal and Other Fuels	50.82	3.07
化学原料和化学制品制造业	Manufacture of Chemical Raw Material and Chemical Products	41.63	5.94
医药制造业	Manufacture of Medicines	35.08	5.75
化学纤维制造业	Manufacture of Chemical Fiber	50.86	1.47
橡胶和塑料制品业	Manufacture of Rubber and Plastic	37.88	4.15
非金属矿物制品业	Manufacture of Non-metallic Mineral Products	38.50	6.29
黑色金属冶炼和压延加工业	Manufacture and Processing of Ferrous Metals	62.55	6.25
有色金属冶炼和压延加工业	Manufacture and Processing of Non-ferrous Metals	58.49	1.37
金属制品业	Manufacture of Metal Products	42.36	4.94
通用设备制造业	Manufacture of General Purpose Machinery	51.69	4.89
专用设备制造业	Manufacture of Special Purpose Machinery	58.34	6.54
汽车制造业	Automobile Industry	72.09	2.40
铁路、船舶、航空航天和其他运输设备制造业	Manufacture of Railway,Marine,Aerospace and Other Transport Equipment	45.17	9.30
电气机械和器材制造业	Manufacture of Electrical Machinery and Equipment	52.51	3.36
计算机、通信和其他电子设备制造业	Manufacture of Communication Equipment, Computer and Other Electronic Equipment	57.03	4.79
仪器仪表制造业	Manufacture of Measuring Instrument	42.80	10.24
其他制造业	Other Manufacture N.E.C	35.39	2.61
废弃资源综合利用业	Recycling and Disposal of Waste	41.68	8.54
金属制品、机械和设备修理业	Mental Products,Machine and Equipment Repair	71.26	0.88
电力、热力生产和供应业	Production and Supply of Electric Power and Heat Power	66.41	2.60
燃气生产和供应业	Production and Distribution of Gas	63.76	9.58
水的生产和供应业	Production and Distribution of Water	68.00	3.93

13-4 规模以上国有控股工业企业主要经济指标(2018年)
Major Economic Indications of State-owned Share Holding Industrial Enterprises above Designated Size (2018)

单位：亿元 (100 million yuan)

指 标	Item	企业单位数(个) Number of Enterprises (unit)	#亏损企业 Loss-making Enterprises	资产总计 Total Assets
总计	**Total**	**715**	**139**	**10299.23**
在总计中：	Of the Total			
亏损企业	Enterprises Running under Deficit	139	139	2577.17
在总计中：	Of the Total			
中央企业	Central Enterprises	152	28	4686.76
地方企业	Local Enterprises	563	111	5612.47
在总计中：	Of the Total			
大型企业	Large Scale Enterprises	61	14	7161.18
中型企业	Medium Scale Enterprises	201	35	1670.41
小型企业	Small Enterprises	431	88	1369.02
微型企业	Microenterprise	22	2	98.62
按行业分	Grouped by Sector			
煤炭开采和洗选业	Mining and Washing of Coal	17		48.95
石油和天然气开采业	Petroleum and Natural Gas Extraction			
黑色金属矿采选业	Mining of Ferrous Metal Ores			
有色金属矿采选业	Mining of Non-ferrous Metal Ores	17	1	101.42
非金属矿采选业	Mining and Processing of Nonmetal Ores	5		18.92
开采辅助活动	Mining of Other Ores N.E.C			
其他采矿业	Other Mining and Dressing			
农副食品加工业	Processing of Food from Agricultural Products	39	6	69.44
食品制造业	Manufacture of Foods	13	4	64.42
酒、饮料和精制茶制造业	Manufacture of Liquor, Beverage and Refined Tea	9	1	46.00
烟草制品业	Manufacture of Tobacco	8	1	823.40
纺织业	Manufacture of Textile	5	4	7.51
纺织服装、服饰业	Manufacture of Textile Wearing and Clothing Apparel	4	2	1.77
皮革、毛皮、羽毛及其制品和制鞋业	Leather, Fur, Feather and Its Products and Footwear	2		16.12
木材加工和木、竹、藤、棕、草制品业	Processing of Timbers, Manufacture of Wood, Bamboo, Rattan, Palm and Straw Products	3	1	6.86
家具制造业	Manufacture of Furniture	1		0.26
造纸和纸制品业	Manufacture of Paper and Paper Products	8		284.96
印刷和记录媒介复制业	Printing, Reproduction of Recording Media	8	1	25.34
文教、工美、体育和娱乐用品制造业	Manufacture of Articles for Culture,Education and Sport Activity	2		6.96
石油、煤炭及其他燃料加工业	Processing of Petroleum, Coal and Other Fuels	6	1	158.44
化学原料和化学制品制造业	Manufacture of Chemical Raw Material and Chemical Products	32	4	224.00
医药制造业	Manufacture of Medicines	12	1	55.13
化学纤维制造业	Manufacture of Chemical Fiber	1		5.74
橡胶和塑料制品业	Manufacture of Rubber and Plastic	2		4.44
非金属矿物制品业	Manufacture of Non-metallic Mineral Products	81	12	324.73
黑色金属冶炼和压延加工业	Manufacture and Processing of Ferrous Metals	12	1	996.56
有色金属冶炼和压延加工业	Manufacture and Processing of Non-ferrous Metals	29	13	404.42
金属制品业	Manufacture of Metal Products	13	3	58.34
通用设备制造业	Manufacture of General Purpose Machinery	27	4	194.46
专用设备制造业	Manufacture of Special Purpose Machinery	33	7	1359.90
汽车制造业	Automobile Industry	31	4	578.45
铁路、船舶、航空航天和其他运输设备制造业	Manufacture of Railway,Marine,Aerospace and Other Transport Equipment	16	1	904.70
电气机械和器材制造业	Manufacture of Electrical Machinery and Equipment	13	7	216.50
计算机、通信和其他电子设备制造业	Manufacture of Communication Equipment, Computer and Other Electronic Equipment	19	5	128.61
仪器仪表制造业	Manufacture of Measuring Instrument	4		20.22
其他制造业	Other Manufacture N.E.C	3		1.95
废弃资源综合利用业	Recycling and Disposal of Waste	4	1	2.23
金属制品、机械和设备修理业	Mental Products,Machine and Equipment Repair	2		0.84
电力、热力生产和供应业	Production and Supply of Electric Power and Heat Power	155	38	2753.87
燃气生产和供应业	Production and Distribution of Gas	5		11.57
水的生产和供应业	Production and Distribution of Water	74	16	371.83

13-4 续表 1 Continued

单位：亿元 (100 million yuan)

指 标	Item	流动资产合计 Circulating Funds	负债合计 Total Liabilities	营业收入 Business Revenue
总计	**Total**	**4589.20**	**6080.05**	**8127.41**
在总计中：	Of the Total			
亏损企业	Enterprises Running under Deficit	691.94	1890.41	1591.42
在总计中：	Of the Total			
中央企业	Central Enterprises	1789.49	2509.26	3958.92
地方企业	Local Enterprises	2799.72	3570.79	4168.50
在总计中：	Of the Total			
大型企业	Large Scale Enterprises	3356.69	4202.36	6048.55
中型企业	Medium Scale Enterprises	747.21	985.71	1188.50
小型企业	Small Enterprises	480.02	849.53	884.19
微型企业	Microenterprise	5.29	42.45	6.18
按行业分	Grouped by Sector			
煤炭开采和洗选业	Mining and Washing of Coal	19.55	27.95	37.79
石油和天然气开采业	Petroleum and Natural Gas Extraction			
黑色金属矿采选业	Mining of Ferrous Metal Ores			
有色金属矿采选业	Mining of Non-ferrous Metal Ores	18.98	55.20	60.10
非金属矿采选业	Mining and Processing of Nonmetal Ores	6.48	6.22	27.72
开采辅助活动	Mining of Other Ores N.E.C			
其他采矿业	Other Mining and Dressing			
农副食品加工业	Processing of Food from Agricultural Products	26.78	38.60	126.38
食品制造业	Manufacture of Foods	19.95	32.34	92.25
酒、饮料和精制茶制造业	Manufacture of Liquor, Beverage and Refined Tea	26.18	16.41	22.53
烟草制品业	Manufacture of Tobacco	624.75	91.56	956.76
纺织业	Manufacture of Textile	3.38	3.82	3.17
纺织服装、服饰业	Manufacture of Textile Wearing and Clothing Apparel	1.27	0.55	2.86
皮革、毛皮、羽毛及其制品和制鞋业	Leather, Fur, Feather and Its Products and Footwear	9.50	5.25	6.09
木材加工和木、竹、藤、棕、草制品业	Processing of Timbers, Manufacture of Wood, Bamboo, Rattan, Palm and Straw Products	2.33	6.52	1.33
家具制造业	Manufacture of Furniture	0.08	0.05	0.96
造纸和纸制品业	Manufacture of Paper and Paper Products	130.31	182.63	147.06
印刷和记录媒介复制业	Printing, Reproduction of Recording Media	15.50	10.43	31.16
文教、工美、体育和娱乐用品制造业	Manufacture of Articles for Culture,Education and Sport Activity	6.06	3.11	5.89
石油、煤炭及其他燃料加工业	Processing of Petroleum, Coal and Other Fuels	43.58	87.52	696.41
化学原料和化学制品制造业	Manufacture of Chemical Raw Material and Chemical Products	86.98	139.69	236.64
医药制造业	Manufacture of Medicines	36.71	19.01	54.37
化学纤维制造业	Manufacture of Chemical Fiber	1.83	3.48	5.24
橡胶和塑料制品业	Manufacture of Rubber and Plastic	2.59	2.04	3.66
非金属矿物制品业	Manufacture of Non-metallic Mineral Products	94.60	202.14	236.80
黑色金属冶炼和压延加工业	Manufacture and Processing of Ferrous Metals	408.95	652.48	1182.53
有色金属冶炼和压延加工业	Manufacture and Processing of Non-ferrous Metals	214.65	269.11	618.84
金属制品业	Manufacture of Metal Products	29.23	28.15	73.98
通用设备制造业	Manufacture of General Purpose Machinery	161.63	147.45	117.29
专用设备制造业	Manufacture of Special Purpose Machinery	990.78	895.69	622.48
汽车制造业	Automobile Industry	347.06	397.81	550.60
铁路、船舶、航空航天和其他运输设备制造业	Manufacture of Railway,Marine,Aerospace and Other Transport Equipment	636.70	406.31	581.10
电气机械和器材制造业	Manufacture of Electrical Machinery and Equipment	155.27	143.07	79.85
计算机、通信和其他电子设备制造业	Manufacture of Communication Equipment, Computer and Other Electronic Equipment	94.90	51.60	71.55
仪器仪表制造业	Manufacture of Measuring Instrument	11.88	5.90	18.87
其他制造业	Other Manufacture N.E.C	1.01	1.04	2.32
废弃资源综合利用业	Recycling and Disposal of Waste	0.61	0.35	3.39
金属制品、机械和设备修理业	Mental Products,Machine and Equipment Repair	0.76	0.49	1.28
电力、热力生产和供应业	Production and Supply of Electric Power and Heat Power	266.94	1873.09	1332.94
燃气生产和供应业	Production and Distribution of Gas	3.72	5.14	26.17
水的生产和供应业	Production and Distribution of Water	87.74	267.82	89.06

13-4 续表 2 Continued

单位：亿元 (100 million yuan)

指 标	Item	营业成本 Business Cost	利润总额 Total Profit	全部从业人员年平均人数(万人) Average Number of Empolyment of the Current Year (10 000 persons)
总计	**Total**	**6375.04**	**396.15**	**41.10**
在总计中：	Of the Total			
亏损企业	Enterprises Running under Deficit	1549.87	-99.49	10.80
在总计中：	Of the Total			
中央企业	Central Enterprises	2842.27	206.64	15.30
地方企业	Local Enterprises	3532.77	189.51	25.80
在总计中：	Of the Total			
大型企业	Large Scale Enterprises	4672.47	261.58	23.70
中型企业	Medium Scale Enterprises	961.33	81.88	11.60
小型企业	Small Enterprises	736.98	51.81	5.80
微型企业	Microenterprise	4.26	0.89	
按行业分	Grouped by Sector			
煤炭开采和洗选业	Mining and Washing of Coal	28.23	4.43	1.90
石油和天然气开采业	Petroleum and Natural Gas Extraction			
黑色金属矿采选业	Mining of Ferrous Metal Ores			
有色金属矿采选业	Mining of Non-ferrous Metal Ores	43.93	6.94	1.00
非金属矿采选业	Mining and Processing of Nonmetal Ores	20.53	1.74	0.20
开采辅助活动	Mining of Other Ores N.E.C			
其他采矿业	Other Mining and Dressing			
农副食品加工业	Processing of Food from Agricultural Products	115.19	2.38	0.90
食品制造业	Manufacture of Foods	81.93	0.77	0.70
酒、饮料和精制茶制造业	Manufacture of Liquor, Beverage and Refined Tea	9.88	3.59	0.40
烟草制品业	Manufacture of Tobacco	285.10	89.47	1.20
纺织业	Manufacture of Textile	3.32	-0.51	0.20
纺织服装、服饰业	Manufacture of Textile Wearing and Clothing Apparel	2.39		
皮革、毛皮、羽毛及其制品和制鞋业	Leather, Fur, Feather and Its Products and Footwear	5.08	0.42	0.20
木材加工和木、竹、藤、棕、草制品业	Processing of Timbers, Manufacture of Wood, Bamboo, Rattan, Palm and Straw Products	1.18	-0.33	0.10
家具制造业	Manufacture of Furniture	0.92		
造纸和纸制品业	Manufacture of Paper and Paper Products	118.05	5.43	0.70
印刷和记录媒介复制业	Printing, Reproduction of Recording Media	25.11	2.83	0.30
文教、工美、体育和娱乐用品制造业	Manufacture of Articles for Culture,Education and Sport Activity	5.06	0.18	
石油、煤炭及其他燃料加工业	Processing of Petroleum, Coal and Other Fuels	529.24	18.60	1.30
化学原料和化学制品制造业	Manufacture of Chemical Raw Material and Chemical Products	200.80	11.28	1.40
医药制造业	Manufacture of Medicines	30.30	5.36	0.60
化学纤维制造业	Manufacture of Chemical Fiber	4.68	0.07	
橡胶和塑料制品业	Manufacture of Rubber and Plastic	3.08	0.17	0.10
非金属矿物制品业	Manufacture of Non-metallic Mineral Products	164.46	36.50	1.50
黑色金属冶炼和压延加工业	Manufacture and Processing of Ferrous Metals	1018.94	71.09	3.50
有色金属冶炼和压延加工业	Manufacture and Processing of Non-ferrous Metals	594.26	-16.44	2.40
金属制品业	Manufacture of Metal Products	66.96	1.78	0.50
通用设备制造业	Manufacture of General Purpose Machinery	98.33	8.71	1.00
专用设备制造业	Manufacture of Special Purpose Machinery	521.19	32.75	2.90
汽车制造业	Automobile Industry	486.22	11.59	2.50
铁路、船舶、航空航天和其他运输设备制造业	Manufacture of Railway,Marine,Aerospace and Other Transport Equipment	444.72	62.27	3.60
电气机械和器材制造业	Manufacture of Electrical Machinery and Equipment	72.78	-15.17	0.70
计算机、通信和其他电子设备制造业	Manufacture of Communication Equipment, Computer and Other Electronic Equipment	58.22	12.91	0.80
仪器仪表制造业	Manufacture of Measuring Instrument	10.04	7.28	0.10
其他制造业	Other Manufacture N.E.C	1.95	0.07	
废弃资源综合利用业	Recycling and Disposal of Waste	1.56	1.42	
金属制品、机械和设备修理业	Mental Products,Machine and Equipment Repair	1.24		0.10
电力、热力生产和供应业	Production and Supply of Electric Power and Heat Power	1228.12	28.09	8.30
燃气生产和供应业	Production and Distribution of Gas	24.79	0.75	0.10
水的生产和供应业	Production and Distribution of Water	67.27	-0.29	1.90

13-4 续表 3 Continued

单位：% (%)

指标	Item	资产负债率 Assets-Liability Ratio	营业收入利润率 Profit Margin of Operating Income
总计	**Total**	**59.03**	**4.87**
在总计中：	Of the Total		
亏损企业	Enterprises Running under Deficit	73.35	-6.25
在总计中：	Of the Total		
中央企业	Central Enterprises	53.54	5.22
地方企业	Local Enterprises	63.62	4.55
在总计中：	Of the Total		
大型企业	Large Scale Enterprises	58.68	4.32
中型企业	Medium Scale Enterprises	59.01	6.89
小型企业	Small Enterprises	62.05	5.86
微型企业	Microenterprise	43.04	14.4
按行业分	Grouped by Sector		
煤炭开采和洗选业	Mining and Washing of Coal	57.09	11.72
石油和天然气开采业	Petroleum and Natural Gas Extraction		
黑色金属矿采选业	Mining of Ferrous Metal Ores		
有色金属矿采选业	Mining of Non-ferrous Metal Ores	54.43	11.55
非金属矿采选业	Mining and Processing of Nonmetal Ores	32.90	6.28
开采辅助活动	Mining of Other Ores N.E.C		
其他采矿业	Other Mining and Dressing		
农副食品加工业	Processing of Food from Agricultural Products	55.59	1.88
食品制造业	Manufacture of Foods	50.20	0.83
酒、饮料和精制茶制造业	Manufacture of Liquor, Beverage and Refined Tea	35.68	15.93
烟草制品业	Manufacture of Tobacco	11.12	9.35
纺织业	Manufacture of Textile	50.87	-16.09
纺织服装、服饰业	Manufacture of Textile Wearing and Clothing Apparel	31.17	
皮革、毛皮、羽毛及其制品和制鞋业	Leather, Fur, Feather and Its Products and Footwear	32.56	6.90
木材加工和木、竹、藤、棕、草制品业	Processing of Timbers, Manufacture of Wood, Bamboo, Rattan, Palm and Straw Products	95.08	-24.81
家具制造业	Manufacture of Furniture	20.33	
造纸和纸制品业	Manufacture of Paper and Paper Products	64.09	3.69
印刷和记录媒介复制业	Printing, Reproduction of Recording Media	41.15	9.08
文教、工美、体育和娱乐用品制造业	Manufacture of Articles for Culture,Education and Sport Activity	44.71	3.06
石油、煤炭及其他燃料加工业	Processing of Petroleum, Coal and Other Fuels	55.24	2.67
化学原料和化学制品制造业	Manufacture of Chemical Raw Material and Chemical Products	62.36	4.77
医药制造业	Manufacture of Medicines	34.49	9.86
化学纤维制造业	Manufacture of Chemical Fiber	60.63	1.34
橡胶和塑料制品业	Manufacture of Rubber and Plastic	46.07	4.64
非金属矿物制品业	Manufacture of Non-metallic Mineral Products	62.25	15.41
黑色金属冶炼和压延加工业	Manufacture and Processing of Ferrous Metals	65.47	6.01
有色金属冶炼和压延加工业	Manufacture and Processing of Non-ferrous Metals	66.54	-2.66
金属制品业	Manufacture of Metal Products	48.25	2.41
通用设备制造业	Manufacture of General Purpose Machinery	75.82	7.43
专用设备制造业	Manufacture of Special Purpose Machinery	65.86	5.26
汽车制造业	Automobile Industry	68.77	2.10
铁路、船舶、航空航天和其他运输设备制造业	Manufacture of Railway,Marine,Aerospace and Other Transport Equipment	44.91	10.72
电气机械和器材制造业	Manufacture of Electrical Machinery and Equipment	66.08	-19.00
计算机、通信和其他电子设备制造业	Manufacture of Communication Equipment, Computer and Other Electronic Equipment	40.12	18.04
仪器仪表制造业	Manufacture of Measuring Instrument	29.19	38.58
其他制造业	Other Manufacture N.E.C	53.57	3.02
废弃资源综合利用业	Recycling and Disposal of Waste	15.79	41.89
金属制品、机械和设备修理业	Mental Products,Machine and Equipment Repair	58.45	
电力、热力生产和供应业	Production and Supply of Electric Power and Heat Power	68.02	2.11
燃气生产和供应业	Production and Distribution of Gas	44.38	2.87
水的生产和供应业	Production and Distribution of Water	72.03	-0.33

13-5 集体工业企业主要经济指标(2018年)
Major Economic Indications of Collective-owned Industrial Enterprises (2018)

单位：亿元 (100 million yuan)

指 标	Item	企业单位数(个) Number of Enterprises (unit)	#亏损企业 Loss-making Enterprises	资产总计 Total Assets
总计	**Total**	106	3	56.22
在总计中：	Of the Total			
亏损企业	Enterprises Running under Deficit	3	3	0.75
在总计中：	Of the Total			
中央企业	Central Enterprises	1		5.86
地方企业	Local Enterprises	21	2	24.16
在总计中：	Of the Total	79	1	26.21
大型企业	Large Scale Enterprises	5		
中型企业	Medium Scale Enterprises			
小型企业	Small Enterprises	34	1	15.39
微型企业	Microenterprise			
按行业分	Grouped by Sector	1		0.20
煤炭开采和洗选业	Mining and Washing of Coal	1		0.30
石油和天然气开采业	Petroleum and Natural Gas Extraction	4		1.87
黑色金属矿采选业	Mining of Ferrous Metal Ores			
有色金属矿采选业	Mining of Non-ferrous Metal Ores			
非金属矿采选业	Mining and Processing of Nonmetal Ores	3		1.77
开采辅助活动	Mining of Other Ores N.E.C			
其他采矿业	Other Mining and Dressing	1		
农副食品加工业	Processing of Food from Agricultural Products			
食品制造业	Manufacture of Foods			
酒、饮料和精制茶制造业	Manufacture of Liquor, Beverage and Refined Tea	1		3.63
烟草制品业	Manufacture of Tobacco			
纺织业	Manufacture of Textile	1		0.14
纺织服装、服饰业	Manufacture of Textile Wearing and Clothing Apparel			
皮革、毛皮、羽毛及其制品和制鞋业	Leather, Fur, Feather and Its Products and Footwear	2		1.06
木材加工和木、竹、藤、棕、草制品业	Processing of Timbers, Manufacture of Wood, Bamboo, Rattan, Palm and Straw Products	5		3.67
家具制造业	Manufacture of Furniture	2		0.31
造纸和纸制品业	Manufacture of Paper and Paper Products			
印刷和记录媒介复制业	Printing, Reproduction of Recording Media	8	1	1.50
文教、工美、体育和娱乐用品制造业	Manufacture of Articles for Culture,Education and Sport Activity	1		0.17
石油、煤炭及其他燃料加工业	Processing of Petroleum, Coal and Other Fuels			
化学原料和化学制品制造业	Manufacture of Chemical Raw Material and Chemical Products	5		1.50
医药制造业	Manufacture of Medicines	10		10.54
化学纤维制造业	Manufacture of Chemical Fiber	2		4.20
橡胶和塑料制品业	Manufacture of Rubber and Plastic	4		1.26
非金属矿物制品业	Manufacture of Non-metallic Mineral Products	2		0.25
黑色金属冶炼和压延加工业	Manufacture and Processing of Ferrous Metals	3		1.14
有色金属冶炼和压延加工业	Manufacture and Processing of Non-ferrous Metals	2	1	0.63
金属制品业	Manufacture of Metal Products	3		1.85
通用设备制造业	Manufacture of General Purpose Machinery	2		2.25
专用设备制造业	Manufacture of Special Purpose Machinery	2		0.50
汽车制造业	Automobile Industry			
铁路、船舶、航空航天和其他运输设备制造业	Manufacture of Railway,Marine,Aerospace and Other Transport Equipment	1		
电气机械和器材制造业	Manufacture of Electrical Machinery and Equipment			
计算机、通信和其他电子设备制造业	Manufacture of Communication Equipment, Computer and Other Electronic Equipment			
仪器仪表制造业	Manufacture of Measuring Instrument			
其他制造业	Other Manufacture N.E.C	4		1.95
废弃资源综合利用业	Recycling and Disposal of Waste			
金属制品、机械和设备修理业	Mental Products,Machine and Equipment Repair	2		0.15
电力、热力生产和供应业	Production and Supply of Electric Power and Heat Power			
燃气生产和供应业	Production and Distribution of Gas			
水的生产和供应业	Production and Distribution of Water			

13-5 续表 1 Continued

单位：亿元 (100 million yuan)

指 标	Item	流动资产合 计 Circulating Funds	负债合计 Total Liabilities	营业收入 Business Revenue
总计	**Total**	**19.07**	**19.96**	**105.12**
在总计中：	Of the Total			
亏损企业	Enterprises Running under Deficit	0.64	0.59	1.28
在总计中：	Of the Total			
大型企业	Large Scale Enterprises	4.86	0.03	8.47
中型企业	Medium Scale Enterprises	8.46	11.56	41.10
小型企业	Small Enterprises	5.75	8.37	55.33
微型企业	Microenterprise			0.21
按行业分	Grouped by Sector			
煤炭开采和洗选业	Mining and Washing of Coal	6.99	3.09	24.28
石油和天然气开采业	Petroleum and Natural Gas Extraction			
黑色金属矿采选业	Mining of Ferrous Metal Ores	0.11	0.07	0.32
有色金属矿采选业	Mining of Non-ferrous Metal Ores	0.01	0.03	0.52
非金属矿采选业	Mining and Processing of Nonmetal Ores	0.20	0.38	8.55
开采辅助活动	Mining of Other Ores N.E.C			
其他采矿业	Other Mining and Dressing			
农副食品加工业	Processing of Food from Agricultural Products	0.05	0.02	14.49
食品制造业	Manufacture of Foods			
酒、饮料和精制茶制造业	Manufacture of Liquor, Beverage and Refined Tea			
烟草制品业	Manufacture of Tobacco			
纺织业	Manufacture of Textile			
纺织服装、服饰业	Manufacture of Textile Wearing and Clothing Apparel	1.50	4.30	3.52
皮革、毛皮、羽毛及其制品和制鞋业	Leather, Fur, Feather and Its Products and Footwear			
木材加工和木、竹、藤、棕、草制品业	Processing of Timbers, Manufacture of Wood, Bamboo, Rattan, Palm and Straw Products	0.08	0.13	0.92
家具制造业	Manufacture of Furniture			
造纸和纸制品业	Manufacture of Paper and Paper Products	0.30	0.10	0.81
印刷和记录媒介复制业	Printing, Reproduction of Recording Media	1.64	0.85	4.23
文教、工美、体育和娱乐用品制造业	Manufacture of Articles for Culture,Education and Sport Activity	0.19	0.18	1.17
石油、煤炭及其他燃料加工业	Processing of Petroleum, Coal and Other Fuels			
化学原料和化学制品制造业	Manufacture of Chemical Raw Material and Chemical Products	0.45	0.35	3.46
医药制造业	Manufacture of Medicines	0.09	0.14	0.31
化学纤维制造业	Manufacture of Chemical Fiber			
橡胶和塑料制品业	Manufacture of Rubber and Plastic	1.10	0.56	4.92
非金属矿物制品业	Manufacture of Non-metallic Mineral Products	1.47	1.08	11.34
黑色金属冶炼和压延加工业	Manufacture and Processing of Ferrous Metals	2.20	3.93	10.40
有色金属冶炼和压延加工业	Manufacture and Processing of Non-ferrous Metals	0.17	0.45	3.04
金属制品业	Manufacture of Metal Products	0.22	0.20	1.18
通用设备制造业	Manufacture of General Purpose Machinery	0.27	0.32	0.78
专用设备制造业	Manufacture of Special Purpose Machinery	0.32	0.54	0.55
汽车制造业	Automobile Industry	0.62	0.75	3.33
铁路、船舶、航空航天和其他运输设备制造业	Manufacture of Railway,Marine,Aerospace and Other Transport Equipment	0.51	1.42	2.36
电气机械和器材制造业	Manufacture of Electrical Machinery and Equipment	0.25	0.22	0.30
计算机、通信和其他电子设备制造业	Manufacture of Communication Equipment, Computer and Other Electronic Equipment			
仪器仪表制造业	Manufacture of Measuring Instrument			
其他制造业	Other Manufacture N.E.C			
废弃资源综合利用业	Recycling and Disposal of Waste			
金属制品、机械和设备修理业	Mental Products,Machine and Equipment Repair			
电力、热力生产和供应业	Production and Supply of Electric Power and Heat Power	0.24	0.72	3.99
燃气生产和供应业	Production and Distribution of Gas			
水的生产和供应业	Production and Distribution of Water	0.08	0.13	0.34

13-5 续表 2 Continued

单位：亿元 (100 million yuan)

指 标	Item	营业成本 Business Cost	利润总额 Total Profit	全部从业人员年平均人数(万人) Average Number of Empolyment of the Current Year (10 000 persons)
总计	**Total**	**94.40**	**3.03**	**2.00**
在总计中：	Of the Total			
亏损企业	Enterprises Running under Deficit	1.12	-0.06	0.10
在总计中：	Of the Total			
大型企业	Large Scale Enterprises	8.26	0.10	0.10
中型企业	Medium Scale Enterprises	36.31	1.31	1.00
小型企业	Small Enterprises	49.64	1.60	0.90
微型企业	Microenterprise	0.19		
按行业分	Grouped by Sector			
煤炭开采和洗选业	Mining and Washing of Coal	22.52	0.54	0.60
石油和天然气开采业	Petroleum and Natural Gas Extraction			
黑色金属矿采选业	Mining of Ferrous Metal Ores	0.26	0.03	
有色金属矿采选业	Mining of Non-ferrous Metal Ores	0.37	0.09	
非金属矿采选业	Mining and Processing of Nonmetal Ores	8.05	0.27	0.10
开采辅助活动	Mining of Other Ores N.E.C			
其他采矿业	Other Mining and Dressing			
农副食品加工业	Processing of Food from Agricultural Products	13.90	0.06	0.10
食品制造业	Manufacture of Foods			
酒、饮料和精制茶制造业	Manufacture of Liquor, Beverage and Refined Tea			
烟草制品业	Manufacture of Tobacco			
纺织业	Manufacture of Textile			
纺织服装、服饰业	Manufacture of Textile Wearing and Clothing Apparel	2.99	0.26	0.10
皮革、毛皮、羽毛及其制品和制鞋业	Leather, Fur, Feather and Its Products and Footwear			
木材加工和木、竹、藤、棕、草制品业	Processing of Timbers, Manufacture of Wood, Bamboo, Rattan, Palm and Straw Products	0.86	0.01	
家具制造业	Manufacture of Furniture			
造纸和纸制品业	Manufacture of Paper and Paper Products	0.49	0.03	
印刷和记录媒介复制业	Printing, Reproduction of Recording Media	3.69	0.25	0.10
文教、工美、体育和娱乐用品制造业	Manufacture of Articles for Culture,Education and Sport Activity	1.02	0.04	
石油、煤炭及其他燃料加工业	Processing of Petroleum, Coal and Other Fuels			
化学原料和化学制品制造业	Manufacture of Chemical Raw Material and Chemical Products	2.42	0.12	0.10
医药制造业	Manufacture of Medicines	0.14	0.04	0.10
化学纤维制造业	Manufacture of Chemical Fiber			
橡胶和塑料制品业	Manufacture of Rubber and Plastic	4.26	0.09	0.10
非金属矿物制品业	Manufacture of Non-metallic Mineral Products	9.55	0.54	0.30
黑色金属冶炼和压延加工业	Manufacture and Processing of Ferrous Metals	9.81	0.07	0.10
有色金属冶炼和压延加工业	Manufacture and Processing of Non-ferrous Metals	2.64	0.04	0.10
金属制品业	Manufacture of Metal Products	1.09	0.02	
通用设备制造业	Manufacture of General Purpose Machinery	0.60	0.06	
专用设备制造业	Manufacture of Special Purpose Machinery	0.42	0.02	
汽车制造业	Automobile Industry	3.21	0.03	
铁路、船舶、航空航天和其他运输设备制造业	Manufacture of Railway,Marine,Aerospace and Other Transport Equipment	2.16	0.13	
电气机械和器材制造业	Manufacture of Electrical Machinery and Equipment	0.20	0.02	
计算机、通信和其他电子设备制造业	Manufacture of Communication Equipment, Computer and Other Electronic Equipment			
仪器仪表制造业	Manufacture of Measuring Instrument			
其他制造业	Other Manufacture N.E.C			
废弃资源综合利用业	Recycling and Disposal of Waste			
金属制品、机械和设备修理业	Mental Products,Machine and Equipment Repair			
电力、热力生产和供应业	Production and Supply of Electric Power and Heat Power	3.47	0.20	0.10
燃气生产和供应业	Production and Distribution of Gas			
水的生产和供应业	Production and Distribution of Water	0.26	0.06	

13-5 续表 3 Continued

单位：% (%)

指 标	Item	资产负债率 Assets-Liability Ratio	营业收入利润率 Profit Margin of Operating Income
总计	**Total**	**35.50**	**2.88**
在总计中：	Of the Total		
亏损企业	Enterprises Running under Deficit	78.70	-4.69
在总计中：	Of the Total		
大型企业	Large Scale Enterprises	0.52	1.18
中型企业	Medium Scale Enterprises	47.86	3.19
小型企业	Small Enterprises	31.93	2.89
微型企业	Microenterprise	52.80	
按行业分	Grouped by Sector		
煤炭开采和洗选业	Mining and Washing of Coal	20.10	2.22
石油和天然气开采业	Petroleum and Natural Gas Extraction		
黑色金属矿采选业	Mining of Ferrous Metal Ores	35.08	9.38
有色金属矿采选业	Mining of Non-ferrous Metal Ores	11.17	17.31
非金属矿采选业	Mining and Processing of Nonmetal Ores	20.41	3.16
开采辅助活动	Mining of Other Ores N.E.C		
其他采矿业	Other Mining and Dressing		
农副食品加工业	Processing of Food from Agricultural Products	1.29	0.41
食品制造业	Manufacture of Foods		
酒、饮料和精制茶制造业	Manufacture of Liquor, Beverage and Refined Tea		
烟草制品业	Manufacture of Tobacco		
纺织业	Manufacture of Textile		
纺织服装、服饰业	Manufacture of Textile Wearing and Clothing Apparel	118.59	7.39
皮革、毛皮、羽毛及其制品和制鞋业	Leather, Fur, Feather and Its Products and Footwear		
木材加工和木、竹、藤、棕、草制品业	Processing of Timbers, Manufacture of Wood, Bamboo, Rattan, Palm and Straw Products	92.86	1.09
家具制造业	Manufacture of Furniture		
造纸和纸制品业	Manufacture of Paper and Paper Products	8.98	3.70
印刷和记录媒介复制业	Printing, Reproduction of Recording Media	23.10	5.91
文教、工美、体育和娱乐用品制造业	Manufacture of Articles for Culture,Education and Sport Activity	59.28	3.42
石油、煤炭及其他燃料加工业	Processing of Petroleum, Coal and Other Fuels		
化学原料和化学制品制造业	Manufacture of Chemical Raw Material and Chemical Products	23.08	3.47
医药制造业	Manufacture of Medicines	84.58	12.90
化学纤维制造业	Manufacture of Chemical Fiber		
橡胶和塑料制品业	Manufacture of Rubber and Plastic	37.21	1.83
非金属矿物制品业	Manufacture of Non-metallic Mineral Products	10.23	4.76
黑色金属冶炼和压延加工业	Manufacture and Processing of Ferrous Metals	93.41	0.67
有色金属冶炼和压延加工业	Manufacture and Processing of Non-ferrous Metals	35.95	1.32
金属制品业	Manufacture of Metal Products	81.41	1.69
通用设备制造业	Manufacture of General Purpose Machinery	28.37	7.69
专用设备制造业	Manufacture of Special Purpose Machinery	85.41	3.64
汽车制造业	Automobile Industry	40.47	0.90
铁路、船舶、航空航天和其他运输设备制造业	Manufacture of Railway,Marine,Aerospace and Other Transport Equipment	63.34	5.51
电气机械和器材制造业	Manufacture of Electrical Machinery and Equipment	43.75	6.67
计算机、通信和其他电子设备制造业	Manufacture of Communication Equipment, Computer and Other Electronic Equipment		
仪器仪表制造业	Manufacture of Measuring Instrument		
其他制造业	Other Manufacture N.E.C		
废弃资源综合利用业	Recycling and Disposal of Waste		
金属制品、机械和设备修理业	Mental Products,Machine and Equipment Repair		
电力、热力生产和供应业	Production and Supply of Electric Power and Heat Power	36.78	5.01
燃气生产和供应业	Production and Distribution of Gas		
水的生产和供应业	Production and Distribution of Water	82.77	17.65

13-6 私营工业企业主要经济指标(2018年)
Major Economic Indications of Private Industrial Enterprises (2018)

单位：亿元 (100 million yuan)

指 标	Item	企业单位数(个) Number of Enterprises (unit)	#亏损企业 Loss-making Enterprises	资产总计 Total Assets
总计	**Total**	12303	631	10140.48
在总计中：	Of the Total			
亏损企业	Enterprises Running under Deficit	631	631	659.13
在总计中：	Of the Total			
大型企业	Large Scale Enterprises	88	9	2550.21
中型企业	Medium Scale Enterprises	1295	84	2328.56
小型企业	Small Enterprises	10453	501	5157.33
微型企业	Microenterprise	467	37	104.39
按行业分	Grouped by Sector			
煤炭开采和洗选业	Mining and Washing of Coal	154	2	105.36
石油和天然气开采业	Petroleum and Natural Gas Extraction	1		
黑色金属矿采选业	Mining of Ferrous Metal Ores	46	5	31.00
有色金属矿采选业	Mining of Non-ferrous Metal Ores	109	13	100.34
非金属矿采选业	Mining and Processing of Nonmetal Ores	239	6	84.49
开采辅助活动	Mining of Other Ores N.E.C	1		0.53
其他采矿业	Other Mining and Dressing	1		0.49
农副食品加工业	Processing of Food from Agricultural Products	1255	45	783.31
食品制造业	Manufacture of Foods	364	19	345.57
酒、饮料和精制茶制造业	Manufacture of Liquor, Beverage and Refined Tea	396	13	182.60
烟草制品业	Manufacture of Tobacco			
纺织业	Manufacture of Textile	230	22	212.97
纺织服装、服饰业	Manufacture of Textile Wearing and Clothing Apparel	246	10	120.58
皮革、毛皮、羽毛及其制品和制鞋业	Leather, Fur, Feather and Its Products and Footwear	401	4	115.48
木材加工和木、竹、藤、棕、草制品业	Processing of Timbers, Manufacture of Wood, Bamboo, Rattan, Palm and Straw Products	400	7	225.29
家具制造业	Manufacture of Furniture	165	4	63.63
造纸和纸制品业	Manufacture of Paper and Paper Products	262	11	158.86
印刷和记录媒介复制业	Printing, Reproduction of Recording Media	226	11	106.26
文教、工美、体育和娱乐用品制造业	Manufacture of Articles for Culture,Education and Sport Activity	210	8	82.24
石油、煤炭及其他燃料加工业	Processing of Petroleum, Coal and Other Fuels	42	1	99.15
化学原料和化学制品制造业	Manufacture of Chemical Raw Material and Chemical Products	1178	40	718.02
医药制造业	Manufacture of Medicines	252	16	252.18
化学纤维制造业	Manufacture of Chemical Fiber	8		7.78
橡胶和塑料制品业	Manufacture of Rubber and Plastic	325	12	174.84
非金属矿物制品业	Manufacture of Non-metallic Mineral Products	1605	63	1169.27
黑色金属冶炼和压延加工业	Manufacture and Processing of Ferrous Metals	149	17	75.46
有色金属冶炼和压延加工业	Manufacture and Processing of Non-ferrous Metals	328	27	376.03
金属制品业	Manufacture of Metal Products	703	29	418.29
通用设备制造业	Manufacture of General Purpose Machinery	674	49	422.55
专用设备制造业	Manufacture of Special Purpose Machinery	601	45	1927.12
汽车制造业	Automobile Industry	231	27	439.93
铁路、船舶、航空航天和其他运输设备制造业	Manufacture of Railway,Marine,Aerospace and Other Transport Equipment	98	7	81.57
电气机械和器材制造业	Manufacture of Electrical Machinery and Equipment	521	44	570.37
计算机、通信和其他电子设备制造业	Manufacture of Communication Equipment, Computer and Other Electronic Equipment	480	36	310.76
仪器仪表制造业	Manufacture of Measuring Instrument	103	10	80.46
其他制造业	Other Manufacture N.E.C	67	3	35.41
废弃资源综合利用业	Recycling and Disposal of Waste	72	5	40.17
金属制品、机械和设备修理业	Mental Products,Machine and Equipment Repair	1		0.40
电力、热力生产和供应业	Production and Supply of Electric Power and Heat Power	112	15	182.42
燃气生产和供应业	Production and Distribution of Gas	27	4	14.67
水的生产和供应业	Production and Distribution of Water	20	1	24.67

13-6 续表 1 Continued

单位：亿元 (100 million yuan)

指 标	Item	流动资产合 计 Circulating Funds	负债合计 Total Liabilities	营业收入 Business Revenue
总计	**Total**	**4470.69**	**4396.75**	**19324.35**
在总计中：	Of the Total			
亏损企业	Enterprises Running under Deficit	366.20	464.80	478.22
在总计中：	Of the Total			
大型企业	Large Scale Enterprises	1443.85	1420.82	1916.24
中型企业	Medium Scale Enterprises	868.74	875.05	4442.95
小型企业	Small Enterprises	2106.85	2043.14	12825.88
微型企业	Microenterprise	51.26	57.74	139.28
按行业分	Grouped by Sector			
煤炭开采和洗选业	Mining and Washing of Coal	27.00	39.37	128.14
石油和天然气开采业	Petroleum and Natural Gas Extraction			
黑色金属矿采选业	Mining of Ferrous Metal Ores	12.66	16.80	30.17
有色金属矿采选业	Mining of Non-ferrous Metal Ores	32.50	38.33	155.03
非金属矿采选业	Mining and Processing of Nonmetal Ores	24.79	28.64	213.32
开采辅助活动	Mining of Other Ores N.E.C	0.48	0.35	0.40
其他采矿业	Other Mining and Dressing	0.26	0.18	1.05
农副食品加工业	Processing of Food from Agricultural Products	293.67	274.43	2387.59
食品制造业	Manufacture of Foods	150.90	151.68	763.13
酒、饮料和精制茶制造业	Manufacture of Liquor, Beverage and Refined Tea	**67.84**	**59.42**	**496.27**
烟草制品业	Manufacture of Tobacco			
纺织业	Manufacture of Textile	85.09	94.47	514.91
纺织服装、服饰业	Manufacture of Textile Wearing and Clothing Apparel	39.57	31.03	210.44
皮革、毛皮、羽毛及其制品和制鞋业	Leather, Fur, Feather and Its Products and Footwear	43.27	42.18	487.13
木材加工和木、竹、藤、棕、草制品业	Processing of Timbers, Manufacture of Wood, Bamboo, Rattan, Palm and Straw Products	79.35	80.29	592.55
家具制造业	Manufacture of Furniture	26.57	24.61	187.21
造纸和纸制品业	Manufacture of Paper and Paper Products	48.28	55.87	430.06
印刷和记录媒介复制业	Printing, Reproduction of Recording Media	43.29	41.67	298.95
文教、工美、体育和娱乐用品制造业	Manufacture of Articles for Culture,Education and Sport Activity	33.92	26.32	267.37
石油、煤炭及其他燃料加工业	Processing of Petroleum, Coal and Other Fuels	46.98	43.28	142.30
化学原料和化学制品制造业	Manufacture of Chemical Raw Material and Chemical Products	269.19	254.98	1608.77
医药制造业	Manufacture of Medicines	100.08	94.59	622.27
化学纤维制造业	Manufacture of Chemical Fiber	2.00	2.26	15.29
橡胶和塑料制品业	Manufacture of Rubber and Plastic	66.18	69.52	448.54
非金属矿物制品业	Manufacture of Non-metallic Mineral Products	343.94	342.20	1871.47
黑色金属冶炼和压延加工业	Manufacture and Processing of Ferrous Metals	28.71	41.50	176.70
有色金属冶炼和压延加工业	Manufacture and Processing of Non-ferrous Metals	211.28	195.78	875.40
金属制品业	Manufacture of Metal Products	153.44	167.69	1028.02
通用设备制造业	Manufacture of General Purpose Machinery	230.52	190.20	936.39
专用设备制造业	Manufacture of Special Purpose Machinery	1115.65	1019.14	1651.99
汽车制造业	Automobile Industry	231.29	315.02	499.14
铁路、船舶、航空航天和其他运输设备制造业	Manufacture of Railway,Marine,Aerospace and Other Transport Equipment	44.65	35.09	123.57
电气机械和器材制造业	Manufacture of Electrical Machinery and Equipment	315.07	276.17	932.55
计算机、通信和其他电子设备制造业	Manufacture of Communication Equipment, Computer and Other Electronic Equipment	163.29	147.26	733.09
仪器仪表制造业	Manufacture of Measuring Instrument	48.69	42.44	95.78
其他制造业	Other Manufacture N.E.C	14.49	10.93	155.86
废弃资源综合利用业	Recycling and Disposal of Waste	20.79	16.55	86.99
金属制品、机械和设备修理业	Mental Products,Machine and Equipment Repair	0.34	0.31	0.50
电力、热力生产和供应业	Production and Supply of Electric Power and Heat Power	41.75	105.40	99.21
燃气生产和供应业	Production and Distribution of Gas	5.57	7.18	38.72
水的生产和供应业	Production and Distribution of Water	7.35	13.60	18.07

13-6 续表 2 Continued

单位：亿元 (100 million yuan)

指 标	Item	营业成本 Business Cost	利润总额 Total Profit	全部从业人员年平均人数(万人) Average Number of Empolyment of the Current Year (10 000 persons)
总计	**Total**	**16441.99**	**907.71**	**176.00**
在总计中：	Of the Total			
亏损企业	Enterprises Running under Deficit	444.54	-24.73	7.60
在总计中：	Of the Total			
大型企业	Large Scale Enterprises	1521.19	131.53	16.50
中型企业	Medium Scale Enterprises	3750.23	211.21	51.40
小型企业	Small Enterprises	11050.97	559.79	106.90
微型企业	Microenterprise	119.59	5.18	1.20
按行业分	Grouped by Sector			
煤炭开采和洗选业	Mining and Washing of Coal	108.46	7.52	2.80
石油和天然气开采业	Petroleum and Natural Gas Extraction			
黑色金属矿采选业	Mining of Ferrous Metal Ores	26.58	1.31	0.60
有色金属矿采选业	Mining of Non-ferrous Metal Ores	124.95	7.67	1.80
非金属矿采选业	Mining and Processing of Nonmetal Ores	170.98	11.45	2.50
开采辅助活动	Mining of Other Ores N.E.C	0.37		
其他采矿业	Other Mining and Dressing	0.78	0.01	
农副食品加工业	Processing of Food from Agricultural Products	2071.24	94.17	16.90
食品制造业	Manufacture of Foods	642.71	33.38	8.10
酒、饮料和精制茶制造业	Manufacture of Liquor, Beverage and Refined Tea	415.35	24.32	4.40
烟草制品业	Manufacture of Tobacco			
纺织业	Manufacture of Textile	455.05	16.65	5.20
纺织服装、服饰业	Manufacture of Textile Wearing and Clothing Apparel	177.19	9.44	4.50
皮革、毛皮、羽毛及其制品和制鞋业	Leather, Fur, Feather and Its Products and Footwear	440.22	16.45	5.90
木材加工和木、竹、藤、棕、草制品业	Processing of Timbers, Manufacture of Wood, Bamboo, Rattan, Palm and Straw Products	519.39	27.68	6.40
家具制造业	Manufacture of Furniture	157.37	9.40	2.00
造纸和纸制品业	Manufacture of Paper and Paper Products	362.30	19.67	3.90
印刷和记录媒介复制业	Printing, Reproduction of Recording Media	254.16	17.80	2.60
文教、工美、体育和娱乐用品制造业	Manufacture of Articles for Culture,Education and Sport Activity	232.48	10.72	3.10
石油、煤炭及其他燃料加工业	Processing of Petroleum, Coal and Other Fuels	130.26	4.70	0.50
化学原料和化学制品制造业	Manufacture of Chemical Raw Material and Chemical Products	1336.43	92.95	19.20
医药制造业	Manufacture of Medicines	486.39	27.34	3.70
化学纤维制造业	Manufacture of Chemical Fiber	13.60	0.41	0.10
橡胶和塑料制品业	Manufacture of Rubber and Plastic	390.30	20.60	3.30
非金属矿物制品业	Manufacture of Non-metallic Mineral Products	1564.26	96.83	21.90
黑色金属冶炼和压延加工业	Manufacture and Processing of Ferrous Metals	159.37	5.36	1.50
有色金属冶炼和压延加工业	Manufacture and Processing of Non-ferrous Metals	793.57	26.90	4.30
金属制品业	Manufacture of Metal Products	894.89	47.69	8.40
通用设备制造业	Manufacture of General Purpose Machinery	809.16	43.49	7.40
专用设备制造业	Manufacture of Special Purpose Machinery	1288.65	115.95	9.80
汽车制造业	Automobile Industry	448.19	15.78	4.90
铁路、船舶、航空航天和其他运输设备制造业	Manufacture of Railway,Marine,Aerospace and Other Transport Equipment	99.88	8.57	1.30
电气机械和器材制造业	Manufacture of Electrical Machinery and Equipment	803.60	43.24	7.20
计算机、通信和其他电子设备制造业	Manufacture of Communication Equipment, Computer and Other Electronic Equipment	640.09	27.23	7.40
仪器仪表制造业	Manufacture of Measuring Instrument	77.93	6.03	1.00
其他制造业	Other Manufacture N.E.C	141.60	3.33	1.40
废弃资源综合利用业	Recycling and Disposal of Waste	77.38	4.47	0.60
金属制品、机械和设备修理业	Mental Products,Machine and Equipment Repair	0.45		
电力、热力生产和供应业	Production and Supply of Electric Power and Heat Power	79.67	5.80	1.20
燃气生产和供应业	Production and Distribution of Gas	31.85	2.05	0.20
水的生产和供应业	Production and Distribution of Water	14.90	1.34	0.20

13-6 续表 3 Continued

单位：% (%)

指 标	Item	资产负债率 Assets-Liability Ratio	营业收入利润率 Profit Margin of Operating Income
总计	**Total**	**43.36**	**4.70**
在总计中：	Of the Total		
亏损企业	Enterprises Running under Deficit	70.52	-5.17
在总计中：	Of the Total		
大型企业	Large Scale Enterprises	55.71	6.86
中型企业	Medium Scale Enterprises	37.58	4.75
小型企业	Small Enterprises	39.62	4.36
微型企业	Microenterprise	55.32	3.72
按行业分	Grouped by Sector		
煤炭开采和洗选业	Mining and Washing of Coal	37.37	5.87
石油和天然气开采业	Petroleum and Natural Gas Extraction		
黑色金属矿采选业	Mining of Ferrous Metal Ores	54.21	4.34
有色金属矿采选业	Mining of Non-ferrous Metal Ores	38.20	4.95
非金属矿采选业	Mining and Processing of Nonmetal Ores	33.90	5.37
开采辅助活动	Mining of Other Ores N.E.C	65.53	
其他采矿业	Other Mining and Dressing	36.81	0.95
农副食品加工业	Processing of Food from Agricultural Products	35.03	3.94
食品制造业	Manufacture of Foods	43.89	4.37
酒、饮料和精制茶制造业	Manufacture of Liquor, Beverage and Refined Tea	32.54	4.90
烟草制品业	Manufacture of Tobacco		
纺织业	Manufacture of Textile	44.36	3.23
纺织服装、服饰业	Manufacture of Textile Wearing and Clothing Apparel	25.73	4.49
皮革、毛皮、羽毛及其制品和制鞋业	Leather, Fur, Feather and Its Products and Footwear	36.53	3.38
木材加工和木、竹、藤、棕、草制品业	Processing of Timbers, Manufacture of Wood, Bamboo, Rattan, Palm and Straw Products	35.64	4.67
家具制造业	Manufacture of Furniture	38.68	5.02
造纸和纸制品业	Manufacture of Paper and Paper Products	35.17	4.57
印刷和记录媒介复制业	Printing, Reproduction of Recording Media	39.21	5.95
文教、工美、体育和娱乐用品制造业	Manufacture of Articles for Culture,Education and Sport Activity	32.01	4.01
石油、煤炭及其他燃料加工业	Processing of Petroleum, Coal and Other Fuels	43.65	3.30
化学原料和化学制品制造业	Manufacture of Chemical Raw Material and Chemical Products	35.51	5.78
医药制造业	Manufacture of Medicines	37.51	4.39
化学纤维制造业	Manufacture of Chemical Fiber	29.05	2.68
橡胶和塑料制品业	Manufacture of Rubber and Plastic	39.76	4.59
非金属矿物制品业	Manufacture of Non-metallic Mineral Products	29.27	5.17
黑色金属冶炼和压延加工业	Manufacture and Processing of Ferrous Metals	55.00	3.03
有色金属冶炼和压延加工业	Manufacture and Processing of Non-ferrous Metals	52.07	3.07
金属制品业	Manufacture of Metal Products	40.09	4.64
通用设备制造业	Manufacture of General Purpose Machinery	45.01	4.64
专用设备制造业	Manufacture of Special Purpose Machinery	52.88	7.02
汽车制造业	Automobile Industry	71.61	3.16
铁路、船舶、航空航天和其他运输设备制造业	Manufacture of Railway,Marine,Aerospace and Other Transport Equipment	43.01	6.94
电气机械和器材制造业	Manufacture of Electrical Machinery and Equipment	48.42	4.64
计算机、通信和其他电子设备制造业	Manufacture of Communication Equipment, Computer and Other Electronic Equipment	47.39	3.71
仪器仪表制造业	Manufacture of Measuring Instrument	52.75	6.30
其他制造业	Other Manufacture N.E.C	30.86	2.14
废弃资源综合利用业	Recycling and Disposal of Waste	41.19	5.14
金属制品、机械和设备修理业	Mental Products,Machine and Equipment Repair	78.07	
电力、热力生产和供应业	Production and Supply of Electric Power and Heat Power	57.78	5.85
燃气生产和供应业	Production and Distribution of Gas	48.93	5.29
水的生产和供应业	Production and Distribution of Water	55.14	7.42

13-7 外商投资和港澳台投资工业企业主要经济指标(2018年)
Main Indicators of Industrial Enterprises with Hong Kong, Taiwan and Foreign Funds (2018)

单位：亿元 (100 million yuan)

指 标	Item	企业单位数(个) Number of Enterprises (unit)	#亏损企业 Loss-making Enterprises	资产总计 Total Assets
总计	**Total**	548	81	3123.42
在总计中:	Of the Total			
亏损企业	Enterprises Running under Deficit	81	81	432.25
在总计中:	Of the Total			
大型企业	Large Scale Enterprises	46	4	1696.70
中型企业	Medium Scale Enterprises	160	19	703.68
小型企业	Small Enterprises	326	55	716.82
微型企业	Microenterprise	16	3	6.22
按行业分	Grouped by Sector			
煤炭开采和洗选业	Mining and Washing of Coal	1	1	0.24
石油和天然气开采业	Petroleum and Natural Gas Extraction			
黑色金属矿采选业	Mining of Ferrous Metal Ores	2		0.43
有色金属矿采选业	Mining of Non-ferrous Metal Ores	2	1	1.56
非金属矿采选业	Mining and Processing of Nonmetal Ores	1		0.35
开采辅助活动	Mining of Other Ores N.E.C			
其他采矿业	Other Mining and Dressing			
农副食品加工业	Processing of Food from Agricultural Products	37	4	99.68
食品制造业	Manufacture of Foods	24	3	77.67
酒、饮料和精制茶制造业	Manufacture of Liquor, Beverage and Refined Tea	20	4	49.23
烟草制品业	Manufacture of Tobacco			
纺织业	Manufacture of Textile	11		15.97
纺织服装、服饰业	Manufacture of Textile Wearing and Clothing Apparel	18	1	17.70
皮革、毛皮、羽毛及其制品和制鞋业	Leather, Fur, Feather and Its Products and Footwear	45	4	43.79
木材加工和木、竹、藤、棕、草制品业	Processing of Timbers, Manufacture of Wood, Bamboo, Rattan, Palm and Straw Products	5	1	3.25
家具制造业	Manufacture of Furniture	3		1.89
造纸和纸制品业	Manufacture of Paper and Paper Products	8	1	63.56
印刷和记录媒介复制业	Printing, Reproduction of Recording Media	9	2	17.93
文教、工美、体育和娱乐用品制造业	Manufacture of Articles for Culture,Education and Sport Activity	22	3	17.00
石油、煤炭及其他燃料加工业	Processing of Petroleum, Coal and Other Fuels	1		3.61
化学原料和化学制品制造业	Manufacture of Chemical Raw Material and Chemical Products	48	5	128.84
医药制造业	Manufacture of Medicines	11		31.30
化学纤维制造业	Manufacture of Chemical Fiber	3	1	7.76
橡胶和塑料制品业	Manufacture of Rubber and Plastic	15	3	36.28
非金属矿物制品业	Manufacture of Non-metallic Mineral Products	34	3	89.01
黑色金属冶炼和压延加工业	Manufacture and Processing of Ferrous Metals			
有色金属冶炼和压延加工业	Manufacture and Processing of Non-ferrous Metals	11	2	17.37
金属制品业	Manufacture of Metal Products	12	2	25.89
通用设备制造业	Manufacture of General Purpose Machinery	21	3	124.77
专用设备制造业	Manufacture of Special Purpose Machinery	17	5	167.04
汽车制造业	Automobile Industry	46	14	644.06
铁路、船舶、航空航天和其他运输设备制造业	Manufacture of Railway,Marine,Aerospace and Other Transport Equipment	7	1	13.71
电气机械和器材制造业	Manufacture of Electrical Machinery and Equipment	19	3	63.80
计算机、通信和其他电子设备制造业	Manufacture of Communication Equipment, Computer and Other Electronic Equipment	46	8	1047.15
仪器仪表制造业	Manufacture of Measuring Instrument	4	1	103.58
其他制造业	Other Manufacture N.E.C			
废弃资源综合利用业	Recycling and Disposal of Waste	3		10.73
金属制品、机械和设备修理业	Mental Products,Machine and Equipment Repair	1		0.65
电力、热力生产和供应业	Production and Supply of Electric Power and Heat Power	19	5	86.76
燃气生产和供应业	Production and Distribution of Gas	10		80.85
水的生产和供应业	Production and Distribution of Water	12		30.02

13-7 续表 1 Continued

单位：亿元 (100 million yuan)

指 标	Item	流动资产合计 Circulating Funds	负债合计 Total Liabilities	营业收入 Business Revenue
总计	**Total**	**1619.59**	**1902.23**	**2959.26**
在总计中：	Of the Total			
亏损企业	Enterprises Running under Deficit	246.86	397.89	226.03
在总计中：	Of the Total			
大型企业	Large Scale Enterprises	845.38	1023.68	1430.64
中型企业	Medium Scale Enterprises	346.72	360.85	770.59
小型企业	Small Enterprises	425.91	513.67	754.35
微型企业	Microenterprise	1.57	4.03	3.69
按行业分	Grouped by Sector			
煤炭开采和洗选业	Mining and Washing of Coal	0.15	0.27	0.51
石油和天然气开采业	Petroleum and Natural Gas Extraction			
黑色金属矿采选业	Mining of Ferrous Metal Ores	0.04	0.21	0.56
有色金属矿采选业	Mining of Non-ferrous Metal Ores	0.64	2.99	0.22
非金属矿采选业	Mining and Processing of Nonmetal Ores	0.16	0.14	1.09
开采辅助活动	Mining of Other Ores N.E.C			
其他采矿业	Other Mining and Dressing			
农副食品加工业	Processing of Food from Agricultural Products	49.07	39.96	152.70
食品制造业	Manufacture of Foods	46.33	32.12	99.70
酒、饮料和精制茶制造业	Manufacture of Liquor, Beverage and Refined Tea	**20.69**	**22.91**	**62.20**
烟草制品业	Manufacture of Tobacco			
纺织业	Manufacture of Textile	4.63	7.56	22.34
纺织服装、服饰业	Manufacture of Textile Wearing and Clothing Apparel	7.21	6.58	51.24
皮革、毛皮、羽毛及其制品和制鞋业	Leather, Fur, Feather and Its Products and Footwear	18.44	20.42	137.48
木材加工和木、竹、藤、棕、草制品业	Processing of Timbers, Manufacture of Wood, Bamboo, Rattan, Palm and Straw Products	0.45	1.13	7.35
家具制造业	Manufacture of Furniture	0.53	0.75	5.05
造纸和纸制品业	Manufacture of Paper and Paper Products	45.21	44.01	54.74
印刷和记录媒介复制业	Printing, Reproduction of Recording Media	11.24	7.10	20.12
文教、工美、体育和娱乐用品制造业	Manufacture of Articles for Culture,Education and Sport Activity	9.88	6.01	57.93
石油、煤炭及其他燃料加工业	Processing of Petroleum, Coal and Other Fuels	0.67	1.11	2.00
化学原料和化学制品制造业	Manufacture of Chemical Raw Material and Chemical Products	60.17	51.07	121.70
医药制造业	Manufacture of Medicines	16.93	10.93	28.32
化学纤维制造业	Manufacture of Chemical Fiber	2.18	5.07	11.43
橡胶和塑料制品业	Manufacture of Rubber and Plastic	14.28	8.48	35.82
非金属矿物制品业	Manufacture of Non-metallic Mineral Products	29.39	42.94	67.92
黑色金属冶炼和压延加工业	Manufacture and Processing of Ferrous Metals			
有色金属冶炼和压延加工业	Manufacture and Processing of Non-ferrous Metals	10.14	13.49	60.08
金属制品业	Manufacture of Metal Products	13.38	13.08	26.39
通用设备制造业	Manufacture of General Purpose Machinery	107.15	105.24	95.34
专用设备制造业	Manufacture of Special Purpose Machinery	112.80	92.33	149.98
汽车制造业	Automobile Industry	346.57	489.51	762.41
铁路、船舶、航空航天和其他运输设备制造业	Manufacture of Railway,Marine,Aerospace and Other Transport Equipment	10.05	3.81	19.13
电气机械和器材制造业	Manufacture of Electrical Machinery and Equipment	43.90	40.04	82.21
计算机、通信和其他电子设备制造业	Manufacture of Communication Equipment, Computer and Other Electronic Equipment	509.26	664.72	667.97
仪器仪表制造业	Manufacture of Measuring Instrument	71.52	48.35	35.72
其他制造业	Other Manufacture N.E.C			
废弃资源综合利用业	Recycling and Disposal of Waste	2.56	5.60	5.88
金属制品、机械和设备修理业	Mental Products,Machine and Equipment Repair	0.60	0.45	1.00
电力、热力生产和供应业	Production and Supply of Electric Power and Heat Power	24.72	47.25	37.00
燃气生产和供应业	Production and Distribution of Gas	22.60	53.44	62.20
水的生产和供应业	Production and Distribution of Water	6.05	13.17	13.51

13-7 续表 2 Continued

单位：亿元 (100 million yuan)

指 标	Item	营业成本 Business Cost	利润总额 Total Profit	全部从业人员年平均人数(万人) Average Number of Empolyment of the Current Year (10 000 persons)
总计	**Total**	**2494.46**	**158.37**	**37.00**
在总计中:	Of the Total			
亏损企业	Enterprises Running under Deficit	221.50	-34.48	2.60
在总计中:	Of the Total			
大型企业	Large Scale Enterprises	1188.61	94.54	23.30
中型企业	Medium Scale Enterprises	633.63	46.19	8.50
小型企业	Small Enterprises	668.86	17.55	5.10
微型企业	Microenterprise	3.35	0.09	
按行业分	Grouped by Sector			
煤炭开采和洗选业	Mining and Washing of Coal	0.27	-0.01	
石油和天然气开采业	Petroleum and Natural Gas Extraction			
黑色金属矿采选业	Mining of Ferrous Metal Ores	0.49	0.03	
有色金属矿采选业	Mining of Non-ferrous Metal Ores	0.05	-0.10	
非金属矿采选业	Mining and Processing of Nonmetal Ores	0.73	0.12	
开采辅助活动	Mining of Other Ores N.E.C			
其他采矿业	Other Mining and Dressing			
农副食品加工业	Processing of Food from Agricultural Products	135.06	6.24	0.80
食品制造业	Manufacture of Foods	79.85	7.72	0.80
酒、饮料和精制茶制造业	Manufacture of Liquor, Beverage and Refined Tea	48.61	3.67	0.50
烟草制品业	Manufacture of Tobacco			
纺织业	Manufacture of Textile	20.06	0.54	0.40
纺织服装、服饰业	Manufacture of Textile Wearing and Clothing Apparel	46.05	3.95	0.80
皮革、毛皮、羽毛及其制品和制鞋业	Leather, Fur, Feather and Its Products and Footwear	121.57	5.65	4.20
木材加工和木、竹、藤、棕、草制品业	Processing of Timbers, Manufacture of Wood, Bamboo, Rattan, Palm and Straw Products	6.89	0.17	0.10
家具制造业	Manufacture of Furniture	4.52	0.13	
造纸和纸制品业	Manufacture of Paper and Paper Products	51.29	1.36	0.30
印刷和记录媒介复制业	Printing, Reproduction of Recording Media	14.69	3.02	0.30
文教、工美、体育和娱乐用品制造业	Manufacture of Articles for Culture,Education and Sport Activity	52.83	1.00	0.80
石油、煤炭及其他燃料加工业	Processing of Petroleum, Coal and Other Fuels	1.02	0.33	
化学原料和化学制品制造业	Manufacture of Chemical Raw Material and Chemical Products	96.40	16.16	1.00
医药制造业	Manufacture of Medicines	11.38	3.63	0.20
化学纤维制造业	Manufacture of Chemical Fiber	10.62	-0.01	0.10
橡胶和塑料制品业	Manufacture of Rubber and Plastic	32.12	1.21	0.30
非金属矿物制品业	Manufacture of Non-metallic Mineral Products	52.36	4.99	1.60
黑色金属冶炼和压延加工业	Manufacture and Processing of Ferrous Metals			
有色金属冶炼和压延加工业	Manufacture and Processing of Non-ferrous Metals	57.15	0.14	0.10
金属制品业	Manufacture of Metal Products	21.39	1.35	0.20
通用设备制造业	Manufacture of General Purpose Machinery	79.27	10.96	0.40
专用设备制造业	Manufacture of Special Purpose Machinery	112.88	19.30	0.70
汽车制造业	Automobile Industry	670.04	19.22	2.90
铁路、船舶、航空航天和其他运输设备制造业	Manufacture of Railway,Marine,Aerospace and Other Transport Equipment	17.00	0.31	0.20
电气机械和器材制造业	Manufacture of Electrical Machinery and Equipment	68.08	4.17	0.80
计算机、通信和其他电子设备制造业	Manufacture of Communication Equipment, Computer and Other Electronic Equipment	562.77	27.46	17.90
仪器仪表制造业	Manufacture of Measuring Instrument	24.98	3.80	0.40
其他制造业	Other Manufacture N.E.C			
废弃资源综合利用业	Recycling and Disposal of Waste	3.46	1.92	0.10
金属制品、机械和设备修理业	Mental Products,Machine and Equipment Repair	0.97		0.10
电力、热力生产和供应业	Production and Supply of Electric Power and Heat Power	34.10	-1.35	0.20
燃气生产和供应业	Production and Distribution of Gas	46.73	9.06	0.30
水的生产和供应业	Production and Distribution of Water	8.74	2.23	0.20

13-7 续表 3 Continued

单位：% (%)

指　标	Item	资产负债率 Assets-Liability Ratio	营业收入利润率 Profit Margin of Operating Income
总计	**Total**	**60.90**	**5.35**
在总计中：	Of the Total		
亏损企业	Enterprises Running under Deficit	92.05	-15.25
在总计中：	Of the Total		
大型企业	Large Scale Enterprises	60.33	6.61
中型企业	Medium Scale Enterprises	51.28	5.99
小型企业	Small Enterprises	71.66	2.33
微型企业	Microenterprise	64.86	2.44
按行业分	Grouped by Sector		
煤炭开采和洗选业	Mining and Washing of Coal	114.00	-1.96
石油和天然气开采业	Petroleum and Natural Gas Extraction		
黑色金属矿采选业	Mining of Ferrous Metal Ores	47.95	5.36
有色金属矿采选业	Mining of Non-ferrous Metal Ores	192.39	-45.45
非金属矿采选业	Mining and Processing of Nonmetal Ores	40.54	11.01
开采辅助活动	Mining of Other Ores N.E.C		
其他采矿业	Other Mining and Dressing		
农副食品加工业	Processing of Food from Agricultural Products	40.08	4.09
食品制造业	Manufacture of Foods	41.35	7.74
酒、饮料和精制茶制造业	Manufacture of Liquor, Beverage and Refined Tea	46.54	5.90
烟草制品业	Manufacture of Tobacco		
纺织业	Manufacture of Textile	47.35	2.42
纺织服装、服饰业	Manufacture of Textile Wearing and Clothing Apparel	37.16	7.71
皮革、毛皮、羽毛及其制品和制鞋业	Leather, Fur, Feather and Its Products and Footwear	46.63	4.11
木材加工和木、竹、藤、棕、草制品业	Processing of Timbers, Manufacture of Wood, Bamboo, Rattan, Palm and Straw Products	34.87	2.31
家具制造业	Manufacture of Furniture	39.63	2.57
造纸和纸制品业	Manufacture of Paper and Paper Products	69.25	2.48
印刷和记录媒介复制业	Printing, Reproduction of Recording Media	39.62	15.01
文教、工美、体育和娱乐用品制造业	Manufacture of Articles for Culture,Education and Sport Activity	35.36	1.73
石油、煤炭及其他燃料加工业	Processing of Petroleum, Coal and Other Fuels	30.70	16.50
化学原料和化学制品制造业	Manufacture of Chemical Raw Material and Chemical Products	39.64	13.28
医药制造业	Manufacture of Medicines	34.92	12.82
化学纤维制造业	Manufacture of Chemical Fiber	65.37	-0.09
橡胶和塑料制品业	Manufacture of Rubber and Plastic	23.36	3.38
非金属矿物制品业	Manufacture of Non-metallic Mineral Products	48.24	7.35
黑色金属冶炼和压延加工业	Manufacture and Processing of Ferrous Metals		
有色金属冶炼和压延加工业	Manufacture and Processing of Non-ferrous Metals	77.68	0.23
金属制品业	Manufacture of Metal Products	50.52	5.12
通用设备制造业	Manufacture of General Purpose Machinery	84.34	11.50
专用设备制造业	Manufacture of Special Purpose Machinery	55.27	12.87
汽车制造业	Automobile Industry	76.00	2.52
铁路、船舶、航空航天和其他运输设备制造业	Manufacture of Railway,Marine,Aerospace and Other Transport Equipment	27.77	1.62
电气机械和器材制造业	Manufacture of Electrical Machinery and Equipment	62.75	5.07
计算机、通信和其他电子设备制造业	Manufacture of Communication Equipment, Computer and Other Electronic Equipment	63.48	4.11
仪器仪表制造业	Manufacture of Measuring Instrument	46.68	10.64
其他制造业	Other Manufacture N.E.C		
废弃资源综合利用业	Recycling and Disposal of Waste	52.15	32.65
金属制品、机械和设备修理业	Mental Products,Machine and Equipment Repair	68.93	
电力、热力生产和供应业	Production and Supply of Electric Power and Heat Power	54.46	-3.65
燃气生产和供应业	Production and Distribution of Gas	66.09	14.57
水的生产和供应业	Production and Distribution of Water	43.87	16.51

13-8 规模以上大中型工业企业主要经济指标及在工业中的地位(2018年)
Main Indicators of Large and Medium-sized Industrial Enterprises above Designated Size & Percentage of Industry Total (2018)

指 标	Item	企业单位数（个）Number of Enterprises (unit)	在工业中的地位(%) Status in Industry (%)	全部从业人员年平均人数（万人）Average Number of Employees (10 000 persons)	在工业中的地位(%) Status in Industry (%)
总计	**Total**	**2247**	**14.0**	**155.30**	**52.1**
按登记注册类型:	**Grouped by Registration**				
内资企业	Internal-invested Enterprises	2041	13.2	123.50	47.4
国有企业	State-owned Enterprises	46	34.3	7.80	84.8
集体企业	Collective-owned Enterprises	22	20.8	1.20	60.0
股份合作企业	Enterprises Cooperated by Joint-stock	1	9.1		
联营企业	Cooperative Enterprises	3	37.5		
有限责任公司	Limited Liability Company	440	18.4	31.00	58.6
股份有限公司	Company Limited by Shares	138	29.4	15.30	78.9
私营企业	Individual-owned Enterprises	1383	11.2	67.90	38.6
其他企业	Enterprises of Other Types of Ownership	8	9.3	0.30	25.0
港、澳、台投资企业	Enterprises Funded by Entrepreneurs From Hong Kong, Macao and Taiwan	127	38.5	25.00	90.6
外商投资企业	Enterprises funded by Foreigners	79	36.2	6.90	73.4
按经济组织类型:	**Grouped by Ownership**				
独资企业	Enterprises Owned by a Sole Investor	264	25.2	23.00	70.8
合作、合伙企业	Enterprises of Partnership	101	20.6	3.70	45.7
股份有限公司	Company Limited by Shares	296	25.6	34.30	77.1
有限责任公司	Limited Liability Company	1586	11.9	94.30	44.3
按行业划分:	**Grouped by Sector**				
煤炭开采和洗选业	Mining and Washing of Coal	48	19.1	3.30	53.2
石油和天然气开采业	Petroleum and Natural Gas Extraction				
黑色金属矿采选业	Mining of Ferrous Metal Ores	5	8.8	0.10	14.3
有色金属矿采选业	Mining of Non-ferrous Metal Ores	32	20.4	2.00	60.6
非金属矿采选业	Mining and Processing of Nonmetal Ores	17	5.8	0.70	20.0
开采辅助活动	Mining Auxiliary Activities				
其他采矿业	Other Mining and Dressing				

13-8 续表 1 Continued

指 标	Item	利润总额 (亿元) Total Profits (100 million yuan)	在工业中的地位 (%) Status in Industry (%)
总计	**Total**	**958.73**	**55.5**
按登记注册类型:	**Grouped by Registration**		
内资企业	Internal-invested Enterprises	818.00	52.1
国有企业	State-owned Enterprises	73.30	91.7
集体企业	Collective-owned Enterprises	1.42	46.9
股份合作企业	Enterprises Cooperated by Joint-stock		
联营企业	Cooperative Enterprises	0.02	6.1
有限责任公司	Limited Liability Company	260.54	66.2
股份有限公司	Company Limited by Shares	139.03	78.4
私营企业	Individual-owned Enterprises	342.74	37.8
其他企业	Enterprises of Other Types of Ownership	0.93	17.7
港、澳、台投资企业	Enterprises Funded by Entrepreneurs From Hong Kong, Macao and Taiwan	65.76	80.8
外商投资企业	Enterprises funded by Foreigners	74.97	97.4
按经济组织类型:	**Grouped by Ownership**		
独资企业	Enterprises Owned by a Sole Investor	123.13	72.7
合作、合伙企业	Enterprises of Partnership	6.44	24.9
股份有限公司	Company Limited by Shares	223.24	81.6
有限责任公司	Limited Liability Company	605.91	48.2
按行业划分:	**Grouped by Sector**		
煤炭开采和洗选业	Mining and Washing of Coal	5.42	39.0
石油和天然气开采业	Petroleum and Natural Gas Extraction		
黑色金属矿采选业	Mining of Ferrous Metal Ores	0.30	15.2
有色金属矿采选业	Mining of Non-ferrous Metal Ores	10.56	60.1
非金属矿采选业	Mining and Processing of Nonmetal Ores	4.43	25.5
开采辅助活动	Mining Auxiliary Activities		
其他采矿业	Other Mining and Dressing		

13-8 续表 2 Continued

指 标	Item	企业单位数 (个) Number of Enterprises (unit)	在工业中的地位 (%) Status in Industry (%)	全部从业人员年平均人数 (万人) Average Number of Employees (10 000 persons)	在工业中的地位 (%) Status in Industry (%)
农副食品加工业	Processing of Food from Agricultural Products	170	10.7	8.40	37.8
食品制造业	Manufacture of Foods	89	18.5	7.00	59.8
酒、饮料和精制茶制造业	Manufacture of Liquor, Beverage and Refined Tea	44	8.5	2.10	31.3
烟草制品业	Manufacture of Tobacco	6	66.7	1.20	100.0
纺织业	Manufacture of Textile	92	31.9	4.90	70.0
纺织服装、服饰业	Manufacture of Textile Wearing and Clothing Apparel	51	17.5	3.00	52.6
皮革、毛皮、羽毛及其制品和制鞋业	Leather, Fur, Feather and Its Products and Footwear	84	18.1	6.70	63.8
木材加工和木、竹、藤、棕、草制品业	Processing of Timbers, Manufacture of Wood, Bamboo,	73	16.0	2.60	35.1
家具制造业	Manufacture of Furniture	18	9.6	0.50	21.7
造纸和纸制品业	Manufacture of Paper and Paper Products	42	13.2	2.40	43.6
印刷和记录媒介复制业	Printing,Reproduction of Recording Media	28	10.2	1.30	36.1
文教、工美、体育和娱乐用品制造业	Manufacture of Articles for Culture, Education and Sport Activity	40	15.6	1.90	41.3
石油、煤炭及其他燃料加工业	Processing of Petroleum,Coking, Processing of Nucleus Fuel	6	10.5	1.50	78.9
化学原料和化学制品制造业	Manufacture of Chemical Raw Material and Chemical Products	275	18.1	12.10	46.7
医药制造业	Manufacture of Medicines	66	18.6	3.60	52.2
化学纤维制造业	Manufacture of Chemical Fiber	3	23.1	0.20	66.7
橡胶和塑料制品业	Manufacture of Rubber and Plastic	26	6.3	1.10	23.4
非金属矿物制品业	Manufacture of Non-metallic Mineral Products	286	14.1	13.60	44.9
黑色金属冶炼和压延加工业	Manufacture and Processing of Ferrous Metals	20	11.0	4.10	71.9
有色金属冶炼和压延加工业	Manufacture and Processing of Non-ferrous Metals	67	15.0	4.60	54.1
金属制品业	Manufacture of Metal Products	79	9.2	3.60	32.4
通用设备制造业	Manufacture of General Purpose Machinery	87	9.9	3.70	33.9
专用设备制造业	Manufacture of Special Purpose Machinery	78	10.3	8.90	60.1
汽车制造业	Automobile Industry	70	18.4	7.40	68.5
铁路、船舶、航空航天和其他运输	Manufacture of Railway, Marine, Aerospace and Other	26	16.5	4.50	75.0
电气机械和器材制造业	Manufacture of Electrical Machinery and Equipment	84	12.3	5.10	44.7
计算机、通信和其他电子设备制造业	Manufacture of Communication Equipment, Computer	113	18.0	21.90	77.1
仪器仪表制造业	Manufacture of Measuring Instrument	14	10.4	0.90	47.4
其他制造业	Other Manufacture N.E.C	15	18.3	0.80	53.3
废弃资源综合利用业	Recycling and Disposal of Waste	3	3.2	0.10	12.5
金属制品、机械和设备修理业	Mental Products,Machine and Equipment Repair	1	25.0	0.10	100.0
电力、热力生产和供应业	Production and Supply of Electric Power and Heat Power	63	18.8	8.00	76.9
燃气生产和供应业	Production and Distribution of Gas	6	12.0	0.30	37.5
水的生产和供应业	Production and Distribution of Water	20	16.9	1.10	45.8

13−8 续表 3 Continued

指 标	Item	利润总额 (亿元) Total Profits (100 million yuan)	在工业中的地位 (%) Status in Industry (%)
农副食品加工业	Processing of Food from Agricultural Products	46.86	34.8
食品制造业	Manufacture of Foods	26.58	56.5
酒、饮料和精制茶制造业	Manufacture of Liquor, Beverage and Refined Tea	13.60	36.3
烟草制品业	Manufacture of Tobacco	89.34	99.9
纺织业	Manufacture of Textile	14.92	68.7
纺织服装、服饰业	Manufacture of Textile Wearing and Clothing Apparel	7.51	51.6
皮革、毛皮、羽毛及其制品和制鞋业	Leather, Fur, Feather and Its Products and Footwear	8.80	38.2
木材加工和木、竹、藤、棕、草制品业	Processing of Timbers, Manufacture of Wood, Bamboo,	11.82	38.7
家具制造业	Manufacture of Furniture	1.54	14.5
造纸和纸制品业	Manufacture of Paper and Paper Products	11.44	39.0
印刷和记录媒介复制业	Printing,Reproduction of Recording Media	12.24	52.1
文教、工美、体育和娱乐用品制造业	Manufacture of Articles for Culture, Education and Sport Activity	5.29	37.9
石油、煤炭及其他燃料加工业	Processing of Petroleum,Coking, Processing of Nucleus Fuel	20.95	79.6
化学原料和化学制品制造业	Manufacture of Chemical Raw Material and Chemical Products	55.37	36.4
医药制造业	Manufacture of Medicines	32.19	58.0
化学纤维制造业	Manufacture of Chemical Fiber	−0.05	
橡胶和塑料制品业	Manufacture of Rubber and Plastic	7.48	29.0
非金属矿物制品业	Manufacture of Non−metallic Mineral Products	63.34	37.3
黑色金属冶炼和压延加工业	Manufacture and Processing of Ferrous Metals	87.24	91.9
有色金属冶炼和压延加工业	Manufacture and Processing of Non−ferrous Metals	7.99	27.9
金属制品业	Manufacture of Metal Products	23.32	34.4
通用设备制造业	Manufacture of General Purpose Machinery	21.19	32.1
专用设备制造业	Manufacture of Special Purpose Machinery	137.59	79.6
汽车制造业	Automobile Industry	51.91	125.0
铁路、船舶、航空航天和其他运输	Manufacture of Railway, Marine, Aerospace and Other	68.67	90.2
电气机械和器材制造业	Manufacture of Electrical Machinery and Equipment	20.85	43.1
计算机、通信和其他电子设备制造业	Manufacture of Communication Equipment, Computer	52.95	65.7
仪器仪表制造业	Manufacture of Measuring Instrument	11.73	61.8
其他制造业	Other Manufacture N.E.C	1.90	40.5
废弃资源综合利用业	Recycling and Disposal of Waste	1.42	14.4
金属制品、机械和设备修理业	Mental Products,Machine and Equipment Repair		
电力、热力生产和供应业	Production and Supply of Electric Power and Heat Power	14.71	37.1
燃气生产和供应业	Production and Distribution of Gas	8.89	58.6
水的生产和供应业	Production and Distribution of Water	−1.54	

13-9 规模以上中小微型工业企业主要经济指标及在工业中的地位(2018年) Main Indicators of Small and Medium-sized Micro Industrial Enterprises above Designated Size & Percentage of Industry Total (2018)

指 标	Item	企业单位数（个） Number of Enterprises (unit)	在工业中的地位(%) Status in Industry (%)	全部从业人员年平均人数（万人） Average Number of Employees (10 000 persons)	在工业中的地位(%) Status in Industry (%)
总计	**Total**	**15826**	**98.6**	**229.30**	**77.0**
按登记注册类型:	**Grouped by Registration**				
内资企业	Internal-invested Enterprises	15324	98.8	215.60	82.7
国有企业	State-owned Enterprises	130	97.0	3.50	38.0
集体企业	Collective-owned Enterprises	105	99.1	1.90	95.0
股份合作企业	Enterprises Cooperated by Joint-stock	11	100.0	0.10	100.0
联营企业	Cooperative Enterprises	8	100.0	0.10	100.0
有限责任公司	Limited Liability Company	2337	97.8	39.80	75.2
股份有限公司	Company Limited by Shares	432	91.9	9.40	48.5
私营企业	Individual-owned Enterprises	12215	99.3	159.50	90.6
其他企业	Enterprises of Other Types of Ownership	86	100.0	1.20	100.0
港、澳、台投资企业	Enterprises Funded by Entrepreneurs from Hong Kong, Macao and Taiwan	303	91.8	8.20	29.7
外商投资企业	Enterprises funded by Foreigners	199	91.3	5.50	58.5
按经济组织类型:	**Grouped by Ownership**				
独资企业	Enterprises Owned by a Sole Investor	1015	97.0	21.20	65.2
合作、合伙企业	Enterprises of Partnership	490	100.0	8.10	100.0
股份有限公司	Company Limited by Shares	1093	94.6	20.90	47.0
有限责任公司	Limited Liability Company	13228	99.0	179.00	84.1
按行业划分:	**Grouped by Sector**				
煤炭开采和洗选业	Mining and Washing of Coal	250	99.6	6.10	98.4
石油和天然气开采业	Petroleum and Natural Gas Extraction	1			
黑色金属矿采选业	Mining of Ferrous Metal Ores	57	100.0	0.70	100.0
有色金属矿采选业	Mining of Non-ferrous Metal Ores	154	98.1	3.00	90.9
非金属矿采选业	Mining and Processing of Nonmetal Ores	294	100.0	3.50	100.0
开采辅助活动	Mining Auxiliary Activities	1	100.0		
其他采矿业	Other Mining and Dressing	1	100.0		

13-9 续表 1 Continued

指 标	Item	利润总额 (亿元) Total Profits (100 million yuan)	在工业中的地位(%) Status in Industry (%)
总计	**Total**	**1192.79**	**69.1**
按登记注册类型:	**Grouped by Registration**		
内资企业	Internal-invested Enterprises	1128.97	72.0
国有企业	State-owned Enterprises	9.38	11.7
集体企业	Collective-owned Enterprises	2.92	96.4
股份合作企业	Enterprises Cooperated by Joint-stock	1.16	100.0
联营企业	Cooperative Enterprises	0.33	100.0
有限责任公司	Limited Liability Company	271.51	68.9
股份有限公司	Company Limited by Shares	62.23	35.1
私营企业	Individual-owned Enterprises	776.18	85.5
其他企业	Enterprises of Other Types of Ownership	5.25	100.0
港、澳、台投资企业	Enterprises Funded by Entrepreneurs from Hong Kong, Macao and Taiwan	45.54	55.9
外商投资企业	Enterprises funded by Foreigners	18.28	23.8
按经济组织类型:	**Grouped by Ownership**		
独资企业	Enterprises Owned by a Sole Investor	79.66	47.1
合作、合伙企业	Enterprises of Partnership	25.90	100.0
股份有限公司	Company Limited by Shares	112.39	41.1
有限责任公司	Limited Liability Company	974.85	77.5
按行业划分:	**Grouped by Sector**		
煤炭开采和洗选业	Mining and Washing of Coal	13.81	99.3
石油和天然气开采业	Petroleum and Natural Gas Extraction		
黑色金属矿采选业	Mining of Ferrous Metal Ores	1.98	100.0
有色金属矿采选业	Mining of Non-ferrous Metal Ores	13.61	77.5
非金属矿采选业	Mining and Processing of Nonmetal Ores	17.34	100.0
开采辅助活动	Mining Auxiliary Activities		
其他采矿业	Other Mining and Dressing	0.01	100.0

13-9 续表 2 Continued

指 标	Item	企业单位数 （个） Number of Enterprises (unit)	在工业中的地位 (%) Status in Industry (%)	全部从业人员年平均人数（万人） Average Number of Employees (10 000 persons)	在工业中的地位 (%) Status in Industry (%)
农副食品加工业	Processing of Food from Agricultural Products	1574	99.0	19.40	87.4
食品制造业	Manufacture of Foods	464	96.7	7.60	65.0
酒、饮料和精制茶制造业	Manufacture of Liquor, Beverage and Refined Tea	511	99.2	6.30	94.0
烟草制品业	Manufacture of Tobacco	8	88.9	0.40	33.3
纺织业	Manufacture of Textile	275	95.5	5.40	77.1
纺织服装、服饰业	Manufacture of Textile Wearing and Clothing Apparel	287	98.6	5.10	89.5
皮革、毛皮、羽毛及其制品和制鞋业	Leather, Fur, Feather and Its Products and Footwear	455	97.8	7.80	74.3
木材加工和木、竹、藤、棕、草制品业	Processing of Timbers, Manufacture of Wood, Bamboo,	453	99.6	7.20	97.3
家具制造业	Manufacture of Furniture	188	100.0	2.30	100.0
造纸和纸制品业	Manufacture of Paper and Paper Products	316	99.1	4.80	87.3
印刷和记录媒介复制业	Printing,Reproduction of Recording Media	274	99.6	3.50	97.2
文教、工美、体育和娱乐用品制造业	Manufacture of Articles for Culture, Education and Sport Activity	255	99.6	4.50	97.8
石油、煤炭及其他燃料加工业	Processing of Petroleum,Coking, Processing of Nucleus Fuel	53	93.0	0.50	26.3
化学原料和化学制品制造业	Manufacture of Chemical Raw Material and Chemical Products	1507	99.4	24.90	96.1
医药制造业	Manufacture of Medicines	349	98.6	5.90	85.5
化学纤维制造业	Manufacture of Chemical Fiber	13	100.0	0.30	100.0
橡胶和塑料制品业	Manufacture of Rubber and Plastic	409	99.8	4.70	100.0
非金属矿物制品业	Manufacture of Non-metallic Mineral Products	1992	98.2	27.50	90.8
黑色金属冶炼和压延加工业	Manufacture and Processing of Ferrous Metals	177	97.3	2.10	36.8
有色金属冶炼和压延加工业	Manufacture and Processing of Non-ferrous Metals	438	97.8	6.20	72.9
金属制品业	Manufacture of Metal Products	855	99.8	10.50	94.6
通用设备制造业	Manufacture of General Purpose Machinery	872	99.7	10.50	96.3
专用设备制造业	Manufacture of Special Purpose Machinery	749	98.7	8.80	59.5
汽车制造业	Automobile Industry	360	94.7	5.60	51.9
铁路、船舶、航空航天和其他运输	Manufacture of Railway, Marine, Aerospace and Other	152	96.2	2.40	40.0
电气机械和器材制造业	Manufacture of Electrical Machinery and Equipment	665	97.7	9.00	78.9
计算机、通信和其他电子设备制造业	Manufacture of Communication Equipment, Computer	613	97.8	11.10	39.1
仪器仪表制造业	Manufacture of Measuring Instrument	132	98.5	1.40	73.7
其他制造业	Other Manufacture N.E.C	80	97.6	1.30	86.7
废弃资源综合利用业	Recycling and Disposal of Waste	93	100.0	0.80	100.0
金属制品、机械和设备修理业	Mental Products,Machine and Equipment Repair	4	100.0	0.10	100.0
电力、热力生产和供应业	Production and Supply of Electric Power and Heat Power	329	97.9	4.90	47.1
燃气生产和供应业	Production and Distribution of Gas	49	98.0	0.70	87.5
水的生产和供应业	Production and Distribution of Water	117	99.2	2.20	91.7

13-9 续表 3 Continued

指标	Item	利润总额 (亿元) Total Profits (100 million yuan)	在工业中的地位 (%) Status in Industry (%)
农副食品加工业	Processing of Food from Agricultural Products	117.39	87.1
食品制造业	Manufacture of Foods	34.40	73.1
酒、饮料和精制茶制造业	Manufacture of Liquor, Beverage and Refined Tea	36.61	97.8
烟草制品业	Manufacture of Tobacco	1.18	1.3
纺织业	Manufacture of Textile	13.95	64.2
纺织服装、服饰业	Manufacture of Textile Wearing and Clothing Apparel	11.88	81.6
皮革、毛皮、羽毛及其制品和制鞋业	Leather, Fur, Feather and Its Products and Footwear	18.98	82.4
木材加工和木、竹、藤、棕、草制品业	Processing of Timbers, Manufacture of Wood, Bamboo,	25.32	82.8
家具制造业	Manufacture of Furniture	10.61	100.0
造纸和纸制品业	Manufacture of Paper and Paper Products	24.74	84.3
印刷和记录媒介复制业	Printing,Reproduction of Recording Media	23.27	99.1
文教、工美、体育和娱乐用品制造业	Manufacture of Articles for Culture, Education and Sport Activity	13.87	99.4
石油、煤炭及其他燃料加工业	Processing of Petroleum,Coking, Processing of Nucleus Fuel	7.10	27.0
化学原料和化学制品制造业	Manufacture of Chemical Raw Material and Chemical Products	144.67	95.2
医药制造业	Manufacture of Medicines	45.62	82.2
化学纤维制造业	Manufacture of Chemical Fiber	0.48	100.0
橡胶和塑料制品业	Manufacture of Rubber and Plastic	25.76	100.0
非金属矿物制品业	Manufacture of Non-metallic Mineral Products	161.47	95.1
黑色金属冶炼和压延加工业	Manufacture and Processing of Ferrous Metals	16.58	17.5
有色金属冶炼和压延加工业	Manufacture and Processing of Non-ferrous Metals	38.43	134.0
金属制品业	Manufacture of Metal Products	62.31	92.0
通用设备制造业	Manufacture of General Purpose Machinery	64.83	98.2
专用设备制造业	Manufacture of Special Purpose Machinery	57.31	33.1
汽车制造业	Automobile Industry	1.52	3.7
铁路、船舶、航空航天和其他运输	Manufacture of Railway, Marine, Aerospace and Other	12.02	15.8
电气机械和器材制造业	Manufacture of Electrical Machinery and Equipment	50.44	104.4
计算机、通信和其他电子设备制造业	Manufacture of Communication Equipment, Computer	43.28	53.7
仪器仪表制造业	Manufacture of Measuring Instrument	15.23	80.2
其他制造业	Other Manufacture N.E.C	4.59	97.9
废弃资源综合利用业	Recycling and Disposal of Waste	9.89	100.0
金属制品、机械和设备修理业	Mental Products,Machine and Equipment Repair	0.03	100.0
电力、热力生产和供应业	Production and Supply of Electric Power and Heat Power	34.23	86.2
燃气生产和供应业	Production and Distribution of Gas	10.40	68.5
水的生产和供应业	Production and Distribution of Water	7.65	150.3

13-10 规模以上非公有制工业主要经济指标及在工业中的地位(2018年)

Main Indicators of Non-public Industrial Enterprises above Designated Size & Percentage of Industry Total (2018)

指 标	Item	企业单位数（个）Number of Enterprises (unit)	在工业中的地位(%) Status in Industry (%)	全部从业人员年平均人数（万人）Average Number of Employees (10 000 persons)	在工业中的地位(%) Status in Industry (%)
总计	**Total**	**15084**	**94.0**	**251.50**	**84.5**
按登记注册类型：	**Grouped by Registration**				
内资企业	Internal-invested Enterprises	14576	94.0	216.20	82.9
股份合作企业	Enterprises Cooperated by Joint-stock	6	54.5		
联营企业	Cooperative Enterprises	2	25.0	0.10	100.0
有限责任公司	Limited Liability Company	1836	76.9	29.80	56.3
股份有限公司	Company Limited by Shares	351	74.7	9.30	47.9
私营企业	Individual-owned Enterprises	12296	99.9	175.90	99.9
其他企业	Enterprises of Other Types of Ownership	84	97.7	1.10	91.7
港、澳、台投资企业	Enterprises Funded by Entrepreneurs from Hong Kong, Macao and Taiwan	308	93.3	27.00	97.8
外商投资企业	Enterprises funded by Foreigners	200	91.7	8.30	88.3
按经济组织类型：	**Grouped by Ownership**				
独资企业	Enterprises Owned by a Sole Investor	806	77.1	21.20	65.2
合作、合伙企业	Enterprises of Partnership	473	96.5	7.90	97.5
股份有限公司	Company Limited by Shares	1037	89.7	34.40	77.3
有限责任公司	Limited Liability Company	12768	95.5	188.10	88.4
按行业划分：	**Grouped by Sector**				
煤炭开采和洗选业	Mining and Washing of Coal	194	77.3	3.70	59.7
石油和天然气开采业	Petroleum and Natural Gas Extraction	1			
黑色金属矿采选业	Mining of Ferrous Metal Ores	55	96.5	0.70	100.0
有色金属矿采选业	Mining of Non-ferrous Metal Ores	136	86.6	2.30	69.7
非金属矿采选业	Mining and Processing of Nonmetal Ores	284	96.6	3.20	91.4
开采辅助活动	Mining Auxiliary Activities	1	100.0		
其他采矿业	Other Mining and Dressing	1	100.0		
开采辅助活动	Mining Auxiliary Activities	1	100.00		
其他采矿业	Other Mining and Dressing	1	100.00		

13-10 续表 1 Continued

指 标	Item	利润总额 (亿元) Total Profits (100 million yuan)	在工业中的地位 (%) Status in Industry (%)
总计	**Total**	**1293.32**	**74.9**
按登记注册类型:	**Grouped by Registration**		
内资企业	Internal-invested Enterprises	1166.99	74.4
股份合作企业	Enterprises Cooperated by Joint-stock	0.29	25.0
联营企业	Cooperative Enterprises	0.09	27.3
有限责任公司	Limited Liability Company	192.9	49.0
股份有限公司	Company Limited by Shares	60.96	34.4
私营企业	Individual-owned Enterprises	907.49	100.0
其他企业	Enterprises of Other Types of Ownership	5.24	99.8
港、澳、台投资企业	Enterprises Funded by Entrepreneurs from Hong Kong, Macao and Taiwan	69.43	85.3
外商投资企业	Enterprises funded by Foreigners	56.91	74.0
按经济组织类型:	**Grouped by Ownership**		
独资企业	Enterprises Owned by a Sole Investor	79.13	46.7
合作、合伙企业	Enterprises of Partnership	24.32	93.9
股份有限公司	Company Limited by Shares	157.2	57.5
有限责任公司	Limited Liability Company	1032.67	82.1
按行业划分:	**Grouped by Sector**		
煤炭开采和洗选业	Mining and Washing of Coal	8.82	63.4
石油和天然气开采业	Petroleum and Natural Gas Extraction		
黑色金属矿采选业	Mining of Ferrous Metal Ores	1.94	98.0
有色金属矿采选业	Mining of Non-ferrous Metal Ores	9.84	56.0
非金属矿采选业	Mining and Processing of Nonmetal Ores	14.85	85.6
开采辅助活动	Mining Auxiliary Activities		
其他采矿业	Other Mining and Dressing	0.01	100.0
开采辅助活动	Mining Auxiliary Activities		
其他采矿业	Other Mining and Dressing	0.01	100.0

13-10 续表 2 Continued

指 标	Item	企业单位数 (个) Number of Enterprises (unit)	在工业中的地位 (%) Status in Industry (%)	全部从业人员年平均人数 (万人) Average Number of Employees (10 000 persons)	在工业中的地位 (%) Status in Industry (%)
农副食品加工业	Processing of Food from Agricultural Products	1536	96.6	20.80	93.7
食品制造业	Manufacture of Foods	464	96.7	10.90	93.2
酒、饮料和精制茶制造业	Manufacture of Liquor, Beverage and Refined Tea	501	97.3	6.20	92.5
烟草制品业	Manufacture of Tobacco	1	11.1		
纺织业	Manufacture of Textile	282	97.9	6.80	97.1
纺织服装、服饰业	Manufacture of Textile Wearing and Clothing Apparel	286	98.3	5.60	98.2
皮革、毛皮、羽毛及其制品和制鞋业	Leather, Fur, Feather and Its Products and Footwear	462	99.4	10.40	99.0
木材加工和木、竹、藤、棕、草制品业	Processing of Timbers,Manufacture of Wood, Bamboo, Rattan, Palm and Straw Products	451	99.1	7.30	98.6
家具制造业	Manufacture of Furniture	187	99.5	2.30	100.0
造纸和纸制品业	Manufacture of Paper and Paper Products	304	95.3	4.60	83.6
印刷和记录媒介复制业	Printing,Reproduction of Recording Media	261	94.9	3.20	88.9
文教、工美、体育和娱乐用品制造业	Manufacture of Articles for Culture, Education and Sport Activity	252	98.4	4.50	97.8
石油、煤炭及其他燃料加工业	Processing of Petroleum, Coal and Other Fuels	49	86.0	0.60	31.6
化学原料和化学制品制造业	Manufacture of Chemical Raw Material and Chemical Products	1465	96.6	24.20	93.4
医药制造业	Manufacture of Medicines	337	95.2	6.20	89.9
化学纤维制造业	Manufacture of Chemical Fiber	12	92.3	0.20	66.7
橡胶和塑料制品业	Manufacture of Rubber and Plastic	398	97.1	4.40	93.6
非金属矿物制品业	Manufacture of Non-metallic Mineral Products	1922	94.8	28.10	92.7
黑色金属冶炼和压延加工业	Manufacture and Processing of Ferrous Metals	165	90.7	2.10	36.8
有色金属冶炼和压延加工业	Manufacture and Processing of Non-ferrous Metals	409	91.3	6.00	70.6
金属制品业	Manufacture of Metal Products	835	97.4	10.40	93.7
通用设备制造业	Manufacture of General Purpose Machinery	837	95.7	9.80	89.9
专用设备制造业	Manufacture of Special Purpose Machinery	719	94.7	11.90	80.4
汽车制造业	Automobile Industry	344	90.5	8.30	76.9
铁路、船舶、航空航天和其他运输设备制造业	Manufacture of Railway,Marine,Aerospace and Other Transport Equipment	131	82.9	1.80	30.0
电气机械和器材制造业	Manufacture of Electrical Machinery and Equipment	657	96.5	10.50	92.1
计算机、通信和其他电子设备制造业	Manufacture of Communication Equipment, Computer and Other Electronic Equipment	607	96.8	27.60	97.2
仪器仪表制造业	Manufacture of Measuring Instrument	126	94.0	1.80	94.7
其他制造业	Other Manufacture N.E.C	79	96.3	1.50	100.0
废弃资源综合利用业	Recycling and Disposal of Waste	88	94.6	0.80	100.0
金属制品、机械和设备修理业	Mental Products,Machine and Equipment Repair	2	50.0		
电力、热力生产和供应业	Production and Supply of Electric Power and Heat Power	158	47.0	1.80	17.3
燃气生产和供应业	Production and Distribution of Gas	44	88.0	0.70	87.5
水的生产和供应业	Production and Distribution of Water	41	34.7	0.50	20.8

13-10 续表 3 Continued

指 标	Item	利润总额 (亿元) Total Profits (100 million yuan)	在工业中的地位 (%) Status in Industry (%)
农副食品加工业	Processing of Food from Agricultural Products	122.95	91.2
食品制造业	Manufacture of Foods	45.81	97.4
酒、饮料和精制茶制造业	Manufacture of Liquor, Beverage and Refined Tea	33.69	90.0
烟草制品业	Manufacture of Tobacco		
纺织业	Manufacture of Textile	21.93	101.0
纺织服装、服饰业	Manufacture of Textile Wearing and Clothing Apparel	14.29	98.1
皮革、毛皮、羽毛及其制品和制鞋业	Leather, Fur, Feather and Its Products and Footwear	22.61	98.2
木材加工和木、竹、藤、棕、草制品业	Processing of Timbers,Manufacture of Wood, Bamboo, Rattan, Palm and Straw Products	30.89	101.0
家具制造业	Manufacture of Furniture	10.61	100.0
造纸和纸制品业	Manufacture of Paper and Paper Products	22.87	77.9
印刷和记录媒介复制业	Printing,Reproduction of Recording Media	20.40	86.8
文教、工美、体育和娱乐用品 制造业	Manufacture of Articles for Culture, Education and Sport Activity	13.72	98.4
石油、煤炭及其他燃料加工业	Processing of Petroleum, Coal and Other Fuels	4.80	18.2
化学原料和化学制品制造业	Manufacture of Chemical Raw Material and Chemical Products	137.81	90.7
医药制造业	Manufacture of Medicines	49.34	88.9
化学纤维制造业	Manufacture of Chemical Fiber	0.41	85.4
橡胶和塑料制品业	Manufacture of Rubber and Plastic	25.37	98.4
非金属矿物制品业	Manufacture of Non-metallic Mineral Products	131.88	77.7
黑色金属冶炼和压延加工业	Manufacture and Processing of Ferrous Metals	23.65	24.9
有色金属冶炼和压延加工业	Manufacture and Processing of Non-ferrous Metals	44.86	156.4
金属制品业	Manufacture of Metal Products	65.99	97.4
通用设备制造业	Manufacture of General Purpose Machinery	54.58	82.7
专用设备制造业	Manufacture of Special Purpose Machinery	135.74	78.5
汽车制造业	Automobile Industry	29.90	72.0
铁路、船舶、航空航天和其他运输设备制造业	Manufacture of Railway,Marine,Aerospace and Other Transport Equipment	9.49	12.5
电气机械和器材制造业	Manufacture of Electrical Machinery and Equipment	62.82	130.0
计算机、通信和其他电子设备制造业	Manufacture of Communication Equipment, Computer and Other Electronic Equipment	67.68	84.0
仪器仪表制造业	Manufacture of Measuring Instrument	11.71	61.7
其他制造业	Other Manufacture N.E.C	4.63	98.7
废弃资源综合利用业	Recycling and Disposal of Waste	8.15	82.4
金属制品、机械和设备修理业	Mental Products,Machine and Equipment Repair	0.03	100.0
电力、热力生产和供应业	Production and Supply of Electric Power and Heat Power	9.67	24.4
燃气生产和供应业	Production and Distribution of Gas	14.26	93.9
水的生产和供应业	Production and Distribution of Water	5.32	104.5

13-11 规模以上工业主要产品产量
Output of Industrial Products above Designated Size

产　品		Item		2000	2005	2017	2018
化学纤维	（万吨）	Chemical Fiber	(10 000 tons)	7.79	8.29	8.20	10.77
纱（混合数）	（万吨）	Yarn	(10 000 tons)	16.63	26.06	100.97	99.70
布（混合数）	（亿米）	Cloth	(100 million m)	3.41	3.61	3.31	2.82
棉布	（亿米）	Cotton Cloth	(100 million m)	0.70	2.21	2.67	2.14
毛巾	（万条）	Towel	(10 000 cartons)	5394.00	15164.83	64245.16	84256.46
服装	（万件）	Clothes	(10 000 pieces)	1151.00	12736.80	24648.93	12418.51
麻袋	（万条）	Gunny-bag	(10 000 cartons)	339.75	280.86	4961.70	5583.67
纸浆	（万吨）	Paper Pulp	(10 000 tons)	31.90	68.37	85.59	61.70
机制纸及纸板	（万吨）	Machine_made Paper and Paper boards	(10 000 tons)	70.07	170.59	402.28	348.33
日用玻璃制品	（万吨）	Household Glass Product	(10 000 tons)	5.40	9.07	83.53	40.18
玻璃保温容器	（万个）	Baowenrongqi Glass	(10 000 units)	1300.69	715.00	1997.00	3183.00
合成洗涤剂	（万吨）	Synthetic Detergents	(10 000 tons)	8.12	32.06	43.76	33.34
铅酸蓄电池	（万千伏安时）	Lead-acid Dry Cell	(100 million units)	0.57	8.11	190.90	147.30
大米	（万吨）	Rice	(10 000 tons)	102.40	134.22	1487.45	1415.63
原盐	（万吨）	Salt	(10 000 tons)	72.93	118.65	308.05	323.17
卷烟	（万箱）	Cigarettes	(10 000 cases)	230.43	289.28	335.61	327.11
罐头	（万吨）	Canned Food	(10 000 tons)	4.21	26.76	117.55	86.70
软饮料	（万吨）	Soft Drinks	(10 000 tons)	12.4	61.91	524.80	537.45

13-11 续表 1 Continued

单位：亿元 (100 million yuan)

产 品		Item		2000	2005	2017	2018
饮料酒	（万千升）	Liquor	(10 000 tons)	30.21	52.57	115.84	86.49
白酒（商品量）	（万千升）	Spirit	(10 000 tons)	3.76	2.69	28.67	14.82
啤酒	（万千升）	Beer	(10 000 tons)	26.42	49.77	73.13	56.34
乳制品	（吨）	Dairy Products	(tons)	5577.00	153547.00	282066.47	288377.33
食用植物油	（万吨）	Edible Vegetable Oil	(10 000 tons)	20.14	53.69	311.12	312.62
化学药品原药	（吨）	Chemical Medicine	(ton)	1964.76	2448.12	22095.07	57466.78
中成药	（吨）	Traditional Chinese Medicine	(10 000 tons)	11745.00	26657.00	167565.93	169060.54
饲料	（万吨）	Fixed-Forage	(10 000 tons)	163.62	356.49	1717.12	1577.24
塑料制品	（万吨）	Plastics Products	(10 000 tons)	7.29	18.63	152.76	171.96
皮革鞋靴	（万双）	Leather Shoe	(10 000 units)	429.49	1335.80	15833.86	15383.20
原煤	（万吨）	Coal	(10 000 tons)	1490.81	3646.51	1860.51	1692.86
原油加工量	（万吨）	Crude Process	(10 000 tons)	526.42	590.92	769.23	948.74
汽油	（万吨）	Gasoline	(10 000 tons)	120.19	122.82	220.89	279.12
柴油	（万吨）	Diesel oil	(10 000 tons)	215.53	229.19	193.40	221.37
发电量	（亿千瓦小时）	Electricity	(100 million kwh)	354.42	630.29	1349.20	1418.77
水电	（亿千瓦小时）	Hydro-power	(100 million kwh)	191.15	228.01	516.78	447.83
火电	（亿千瓦小时）	Thermal Power	(100 million kwh)	163.27	402.27	786.00	912.49
生铁	（万吨）	Pig Iron	(10 000 tons)	332.72	961.38	1789.93	1963.17
粗钢	（万吨）	Steel	(10 000 tons)	304.13	975.17	2041.41	2307.59
钢材	（万吨）	Steel Products	(10 000 tons)	299.05	961.26	2210.15	2374.69
铁道用钢材	（万吨）	Railway Steel	(10 000 tons)	1.41	1.96	1.48	1.01
线材	（万吨）	Wire Rod	(10 000 tons)	97.24	314.59	246.99	243.79
无缝钢管 x	（万吨）	Seamless Steel Pipe	(10 000 tons)	31.63	63.44	124.38	146.19
焊接钢管	（万吨）	Welding Steel Pipe	(10 000 tons)	2.17	1.48	14.27	9.50
焦炭	（万吨）	Coke	(10 000 tons)	207.00	397.91	653.59	656.21
煤气	（亿立方米）	Coal Gas	(100 millions cm)	3.20	10.73	360.15	380.52
铁矿石（原矿）	（万吨）	Iron Mineral	(10 000 tons)	4.27	417.34	520.54	322.42
水泥	（万吨）	Cement	(10 000 tons)	2395.72	3571.07	11920.40	10920.60

13-11 续表 2 Continued

单位：亿元 (100 million yuan)

产 品		Item		2000	2005	2017	2018
平板玻璃	(万重量箱)	Plate Glass	(10 000 weight cases)	735.34	1009.28	2560.75	2499.51
硫酸(折 100%)	(万吨)	Sulfuric Acid	(10 000 tons)	128.17	183.86	195.88	176.72
纯碱	(万吨)	Sode Ash	(10 000 tons)	13.03	27.53	30.55	16.66
烧碱(折 100%)	(万吨)	Caustic Soda	(10 000 tons)	20.96	33.79	42.79	44.76
合成氨	(万吨)	Synthetic Ammonia	(10 000 tons)	167.30	193.69	49.82	54.77
农用化肥(折纯量)	(万吨)	Chemical Fertilizer	(10 000 tons)	141.74	257.55	85.02	54.38
氮肥		Nitrogen Fertilizers	(10 000 tons)	112.90	228.88	73.06	43.09
磷肥		Phosphate Fertilizers	(10 000 tons)	27.57	25.66	11.97	11.29
化学农药原药	(万吨)	Chemical Pesticide	(10 000 tons)	4.58	9.03	5.70	5.90
电石	(万吨)	Calcium Carbide	(10 000 ton)	10.44	18.06	9.04	10.21
初级形态的塑料	(万吨)	Primary Plastics	(10 000 tons)	23.10	37.04	46.82	49.10
合成橡胶	(万吨)	Synthetic Rubber	(10 000 tons)	9.83		29.48	32.26
矿山专用设备	(万吨)	Mining Special Equipment	(10 000ton)	0.99	3.11	43.87	48.51
起重机	(万吨)	Crane	(10 000ton)	1.48	2.40	76.15	130.30
金属冶炼设备	(万吨)	Metal Smelting Equipment	(10 000ton)	0.45	0.25	4.01	5.03
发电设备	(万千瓦)	Power Generating Equipment	(10 000 kw)	9.92	38.09	132.78	80.54
交流电动机	(万千瓦)	AC Electric Motor	(10 000 kw)	137.59	783.66	1445.65	1284.29
变压器	(万千伏安)	Transformer	(10 000 kva)	494.96	3271.01	7713.01	9245.69
泵	(万台)	Pump	(10 000 units)	14.24	18.43	87.07	73.16
金属切削机床	(台)	Metal-cutting Machine Tools	(unit)	907	1570	5716	4604
金属成形机床	(台)	Metal Forming Machine Tools	(unit)	1577	1799	13076	10046
汽车	(辆)	Motor Vehicles	(unit)	17614	92589	671283	691259
摩托车	(辆)	Motorcycles	(unit)	142452	295415	152633	123528
滚动轴承	(万套)	Rolling Bearings	(10 000 sets)	1940.13	1108.82	5834.45	12382.87
小型拖拉机	(万台)	Small Tractor	(10 000 units)	0.45	0.66	7.01	2.71
发动机	(万千瓦)	Engines	(10 000 kw)	175.94	97.11	1600.60	1136.65
铁路机车	(辆)	Railway Locomotive	(unit)	69	167	269	290
铁路货车	(辆)	Railway Freight wagons	(unit)	3486	3727		
民用钢质船舶	(万载重吨)	Civil Plate ship	(10 000ton)	1.35	1.77	49.09	42.76
工业锅炉	(蒸发量吨)	Industrial Boiler	(ton)	2976	10708	12395	11933

13-12 规模以上工业企业主要产品、生产能力及能力利用率综合表 (2018年)

产品名称		Item	
原煤	(万吨)	Raw coal	(10 000 tons)
卷烟	(亿支)	Cigarette	(10 000 units)
棉纺锭/纺纱量	(万锭/万吨)	Cotton spindle/spinning capacity	(10 000/10 000 tons)
气流纺锭/纺纱量	(万头/万吨)	Air spindle/spinning capacity	(10 000/10 000 tons)
棉布织机/布	(万台/亿米)	Cotton weaving/cloth	(million/10 000 tons)
原油加工能力/原油加工量	(万吨/万吨)	Crude oil ptocessing capacity/crude oil processing capacity	(10 000 tons)
焦炭	(万吨)	Coke	
烧碱(折100%)	(万吨)	Caustic soda	(10 000 tons)
碳化钙(电石，折300升/千克)	(万吨)	Calcium carbide(calcium carbide,off 300liters/kg)	(10 000 tons)
农用氮、磷、钾化学肥料总计(折纯)	(万吨)	Agricultural nitrogen,phosphorus and potassium fertilizer Total(off net)	(10 000 tons)
初级形态塑料	(万吨)	Primary form of plastic	(10 000 tons)
化学纤维	(万吨)	Chemical fiber	(10 000 tons)
硅酸盐水泥熟料	(万吨)	Cement clinker	(10 000 tons)
水泥	(万吨)	Cemnet	(10 000 tons)
平板玻璃	(万重量箱)	Plate glass	(Million boxes)
生铁	(万吨)	Pig iron	(10 000 tons)
粗钢	(万吨)	Crude steel	(10 000 tons)
钢材	(万吨)	Steel	(10 000 tons)
铁合金	(万吨)	Ferroalloy	(10 000 tons)
金属切削机床	(万台)	Metal cutting machine tools	(10 000 tons)
挖掘机	(万台)	Excavator	(10 000 sets)
汽车	(万辆)	Car	(10 000 sets)
其中：基本型乘用车(轿车)	(万辆)	Of which:basic passenger vehicles(cars)	(10 000 sets)
载货汽车	(万辆)	trucks	(10 000 sets)
民用钢质船舶	(万载重吨)	Civil steel ship	(10 000 tons)
太阳能电池	(万千瓦)	solar battery	(10 000 KW)
家用电冰箱	(万台)	Household Refrigerators	(10 000 sets)
房间空气调节器	(万台)	Room air conditiones	(10 000 sets)
家用洗衣机	(万台)	Household Washing Machines	(10 000 sets)
微型计算机设备	(万台)	Micro Computers	(10 000 sets)
移动通信手持机(手机)	(万台)	Mobile handset(cell phone)	(10 000 sets)
彩色电视机	(万台)	Color TV	(10 000 sets)
发电设备容量总计/发电量	(万千瓦/万千瓦小时)	Total capacity of power equipment/power generation	(10 000 KW/10 000 KW·h)
其中：火电设备容量/发电量	(万千瓦/万千瓦小时)	Of which:thermal power equipment capacity/power generation	(10 000 KW/10 000 KW·h)
水电设备容量/发电量	(万千瓦/万千瓦小时)	Hydropower Equipment capacity/power generation	(10 000 KW/10 000 KW·h)
风电设备容量/发电量	(万千瓦/万千瓦小时)	Capacity of wind power equipment/power generation	(10 000 KW/10 000 KW·h)

Main Products, Production Capacity and Utilization Rate of Industrial Enterprises above Designated Size (2018)

企业单位数 (个) Number of nterprises (unit)	年初生产能力 Early production	年末生产能力 At the end of production capacity	能力利用率 (%) Capacity Utilization (%)
83	1213.73	1265.52	79.04
1	2577.23	2585.36	63.26
49	127.74	114.63	53.83
9	3.24	4.08	72.08
26	7.94	9.00	72.67
2	1350.00	1500.00	63.18
4	507.00	487.00	90.53
4	73.09	93.50	82.49
2	15.78	23.00	44.37
13	142.33	124.29	41.51
18	81.47	73.94	82.22
11	20.95	18.40	92.92
57	8014.54	8264.95	82.19
132	14727.20	14727.33	73.99
6	2798.26	2822.06	88.73
7	1870.40	1891.84	103.85
4	2055.00	2055.00	112.29
29	2441.44	2456.28	96.50
65	175.25	180.50	51.57
14	0.83	0.87	69.03
6	5.96	7.31	87.08
11	103.90	121.70	45.36
6	96.40	113.40	45.37
16	70.25	71.27	60.18
4	135.40	135.40	87.91
1	120.00	120.00	92.28
3	50.06	100.05	67.11
11	1837.43	3390.85	48.98
1	3.00	3.00	37.32
331	4218.24	4403.49	42.62
90	2238.27	2336.43	47.04
185	1662.60	1723.30	40.02
39	228.96	283.59	26.94

13-13 按全省人口平均的主要产品产量
Per Capita Output of Major Industrial Products

产　品		Item		2000	2005	2017	2018
化学纤维	(公斤/人)	Chemical Fiber	(kg / person)	1.19	1.23	1.66	1.56
纱(混合数)	(公斤/人)	Yarn	(kg / person)	2.53	3.88	14.72	14.45
布(混合数)	(米/人)	Cloth	(m / person)	5.19	5.38	4.82	4.09
机制纸及纸板	(公斤/人)	Machine-made Paper and Paperboards	(kg/person)	10.68	25.40	58.64	50.49
合成洗涤剂	(公斤/人)	Synthetic Detergents	(kg / person)	1.24	4.77	6.38	4.83
原盐	(公斤/人)	Salt	(kg / person)	11.11	17.67	44.90	46.85
卷烟	(箱/百人)	Cigarette	(case /100 persons)	3.51	4.31	4.89	4.74
原煤	(吨/人)	Coal	(ton / person)	0.23	0.54	0.27	0.25
原油加工量	(公斤/人)	Processing Output of Crude Oil	(kg / person)	80.22	88.00	112.13	137.91
发电量	(千瓦小时/人)	Electricity	(kwh / person)	540.11	938.64	1966.72	2062.33
生铁	(公斤/人)	Pig Iron	(kg / person)	50.70	143.17	260.92	284.57
粗钢	(公斤/人)	Crude Steel	(kg / person)	46.35	145.23	297.58	334.49
钢材	(公斤/人)	Steel	(kg / person)	45.57	143.15	322.17	344.22
水泥	(吨/人)	Cement	(ton / person)	0.37	0.53	1.74	1.58
平板玻璃	(重量箱/人)	Plate Glass	(weight case / person)	0.11	0.15	0.37	0.36
硫酸(折100)	(公斤/人)	Sulfuric Acid	(kg / person)	19.53	27.38	28.55	25.62
纯碱	(公斤/人)	Soda Ash	(kg / person)	1.99	4.10	4.45	2.41
烧碱(折100)	(公斤/人)	Caustic Soda	(kg / person)	3.19	5.03	6.24	6.49
合成氨	(公斤/人)	Synthetic Ammonia	(kg / person)	25.49	28.84	7.26	7.94
农用化肥(折纯量)	(公斤/人)	Chemical Fertilizer	(kg / person)	21.60	38.35	12.39	7.88
氮肥	(公斤/人)	Nitrogen Fertilizer	(kg / person)	17.21	34.09	10.65	6.25
磷肥	(公斤/人)	Phosphate Fertilizer	(kg / person)	4.20	3.82	1.74	1.64
化学农药原药	(公斤/人)	Chemical Pesticide	(kg / person)	0.70	1.34	0.83	0.86
初级形态塑料	(公斤/人)	Primary Plastics	(kg / person)	3.52	5.52	6.83	7.12
合成橡胶	(公斤/人)	Synthetic Rubber	(kg/person)	1.50	2.39	4.30	4.68
汽车	(辆/万人)	Motor Vehicles	(unit/10 000 persons)	2.68	13.79	97.85	100.20
摩托车	(辆/万人)	Motorcycles	(unit/10 000 persons)	21.72	43.99	22.25	17.91

注：人均的主要产品产量按常住人口计算。
The data are based on the permanent population.

13-14 各市、州规模以上工业主要经济指标(2018年)
Main Indicators of Industrial Enterprises above Designated Size by Region (2018)

单位：亿元 (100 million yuan)

类 别	Item	全省总计 Total	长沙市 Changsha City	株洲市 Zhuzhou City	湘潭市 Xiangtan City	衡阳市 Hengyang City	邵阳市 Shaoyang City	岳阳市 Yueyang City	常德市 Changde City
企业单位数（个）	Number of Enterprises (unit)	16055	2915	1721	1018	1131	1409	1251	1243
#大型企业	#Largest Enterprise	229	62	50	19	12	12	18	12
#中型企业	#Medium-sized Enterprises	2018	319	407	61	240	132	222	135
#小型企业	#Small Enterprises	13212	2406	1164	904	845	1242	986	1054
#微型企业	#Micro Enterprises	596	128	100	34	34	23	25	42
#亏损企业	#Loss-making Enterprises	1049	355	113	65	76	17	37	97

13-14 续表 1 Continued

单位：亿元 (100 million yuan)

类 别	Item	张家界市 Zhangjiajie City	益阳市 Yiyang City	郴州市 Chenzhou City	永州市 Yongzhou City	怀化市 Huaihua City	娄底市 Loudi City	湘西州 West Hunan A.P
企业单位数（个）	Number of Enterprises (unit)	219	1130	1131	1084	694	857	254
#大型企业	#Largest Enterprise		13	11	9	1	10	1
#中型企业	#Medium-sized Enterprises	5	115	91	122	48	96	26
#小型企业	#Small Enterprises	197	959	1000	915	610	715	215
#微型企业	#Micro Enterprises	17	43	29	38	35	36	12
#亏损企业	#Loss-making Enterprises	24	38	52	35	50	31	58

13-14 续表 2 Continued

单位：亿元 (100 million yuan)

指　标	Item	全省总计 Total	长沙市 Changsha City	株洲市 Zhuzhou City	湘潭市 Xiangtan City	衡阳市 Hengyang City
全部从业人员年平均人数（万人）	Annual Average Number of Obtain Employees (10 000 persons)	297.80	65.50	39.40	16.30	21.20
流动资产	Liquid Assets	12443.94	5277.14	1449.93	849.41	658.29
#应收账款	#Accounts Receivable	3589.29	1643.84	476.99	323.40	188.89
存货	Inventory	3060.51	1136.40	249.13	177.02	161.32
#产成品	#Products	1012.23	445.22	96.62	65.89	53.96
资产总计	Total Assets	27195.33	9079.43	3113.69	1848.69	1493.54
负债合计	Total Liabilities	14011.61	5142.90	1391.27	1048.19	840.21
营业收入	Business Revenue	35420.85	7953.66	2382.41	3246.71	1676.62
营业成本	Business Cost	29488.11	6203.19	1947.01	2955.47	1322.68
营业税金及附加	Tax and Surcharge of Business	993.66	251.66	26.91	16.76	14.80
销售费用	Operation Expenses	1137.66	388.74	123.76	57.84	69.15
管理费用	Administrative Expense	1708.36	480.21	159.62	104.83	150.03
财务费用	Financial Expense	383.93	83.09	27.15	28.33	26.93
利息收入	Interest Revenue	20.06	10.35	1.70	1.82	0.99
利息支出	Interest Expense	293.88	81.49	14.37	25.94	21.58
营业利润	Operating Profit	1704.80	522.54	99.62	78.62	94.55
利润总额	Total Profit	1726.95	532.94	110.63	79.99	97.43
资产负债率 (%)	Asset-Liability Ratio (%)	51.52	56.64	44.68	56.70	56.26
营业收入利润率 (%)	Profit Margin of Operating Income (%)	4.88	6.70	4.64	2.46	5.81

13-14 续表 3 Continued

单位：亿元 (100 million yuan)

指 标	Item	邵阳市 Shaoyang City	岳阳市 Yueyang City	常德市 Changde City	张家界市 Zhangjiajie City	益阳市 Yiyang City
全部从业人员年平均人数 (万人)	Annual Average Number of Obtain Employees (10 000 persons)	22.10	27.30	19.70	1.50	18.30
流动资产	Liquid Assets	248.60	640.72	1101.41	41.94	455.43
#应收账款	#Accounts Receivable	65.67	142.77	304.08	10.01	106.88
存货	Inventory	72.88	219.81	440.58	9.48	117.26
#产成品	#Products	28.60	64.01	84.83	4.46	37.41
资产总计	Total Assets	840.94	1847.09	1835.14	115.69	1118.94
负债合计	Total Liabilities	328.56	752.02	875.85	51.88	550.93
营业收入	Business Revenue	1968.57	4940.38	2830.42	79.44	2407.09
营业成本	Business Cost	1703.31	4172.08	2098.93	63.01	2123.83
营业税金及附加	Tax and Surcharge of Business	14.75	188.57	340.17	0.66	18.12
销售费用	Operation Expenses	58.01	129.04	81.95	3.33	65.40
管理费用	Administrative Expense	88.27	227.25	131.02	4.94	84.46
财务费用	Financial Expense	16.78	68.25	23.99	1.88	15.91
利息收入	Interest Revenue	0.41	1.27	1.48	0.03	0.46
利息支出	Interest Expense	12.13	25.95	23.18	1.17	12.18
营业利润	Operating Profit	87.33	164.28	157.33	5.67	100.68
利润总额	Total Profit	89.32	168.33	169.48	6.16	88.97
资产负债率 (%)	Asset-Liability Ratio (%)	39.07	40.71	47.73	44.84	49.24
营业收入利润率 (%)	Profit Margin of Operating Income (%)	4.54	3.41	5.99	7.75	3.70

13-14 续表 4 Continued

单位：亿元 (100 million yuan)

指 标	Item	郴州市 Chenzhou City	永州市 Yongzhou City	怀化市 Huaihua City	娄底市 Loudi City	湘西州 West Hunan A.P
全部从业人员年平均人数（万人）	Annual Average Number of Obtain Employees (10 000 persons)	18.20	18.10	7.60	15.30	2.70
流动资产	Liquid Assets	688.87	245.58	164.43	500.40	127.00
#应收账款	#Accounts Receivable	103.68	64.71	28.24	114.23	23.34
存货	Inventory	224.76	76.01	34.34	116.66	28.35
#产成品	#Products	42.26	21.31	10.63	48.21	8.83
资产总计	Total Assets	1628.22	804.84	604.48	1214.37	275.68
负债合计	Total Liabilities	764.83	330.53	269.74	595.20	153.48
营业收入	Business Revenue	2640.51	1486.88	849.00	2223.95	177.91
营业成本	Business Cost	2215.28	1281.56	730.84	1918.86	148.66
营业税金及附加	Tax and Surcharge of Business	55.39	35.23	5.11	16.81	3.14
销售费用	Operation Expenses	52.91	39.13	23.80	36.98	7.61
管理费用	Administrative Expense	90.64	63.58	49.79	70.86	11.55
财务费用	Financial Expense	18.34	10.71	13.11	18.14	2.75
利息收入	Interest Revenue	0.72	0.06	-0.34	0.94	0.06
利息支出	Interest Expense	13.57	6.60	12.06	13.63	2.16
营业利润	Operating Profit	150.51	56.63	27.08	159.20	4.70
利润总额	Total Profit	138.93	60.23	27.49	158.29	5.70
资产负债率 (%)	Asset-Liability Ratio (%)	46.97	41.07	44.62	49.01	55.67
营业收入利润率 (%)	Profit Margin of Operating Income (%)	5.26	4.05	3.24	7.12	3.20

13−15 省级及以上产业园区规模工业营业收入 (2018年)

Revenue from Principal Business of above the provincial level Industrial Park (2018)

单位：万元 (10 000 yuan)

园区名称	Park	营业收入 Revenue of Business	#国有经济 State-owned Economic	#集体经济 Collective Economic
长沙天心经济开发区	Changsha Tianxin Industrial Park	504403		
长沙高新技术产业开发区	Changsha High-tech Industrial Development Zone	13132859		
长沙金霞经济开发区	Changsha Jinxia Economic Development Zone	1019217		
长沙雨花经济开发区	Changsha Yuhua Economic Development Zone	4941306	2680244	1632
望城经济技术开发区	Wangcheng Economic and Technological Development Zone	2232418		
长沙经济技术开发区	Changsha Economic and Technological Development Zone	18284770	12348	
湖南长沙暮云经济开发区	Muyun Industrial Park in Changsha, Hunan	499511		4727
湖南宁乡经济开发区	Ningxiang Economic and Technological Development Zone	5015453		
宁乡高新技术产业园区	Ningxiang Economic and Technological Development Zone	3995063		
浏阳经济技术开发区	Liuyang Economic Development Zone	5572263		
浏阳高新技术产业开发区	Liuyang High-tech Industrial Development Zone	2791032		
株洲经济开发区	Zhuzhou Economic Development Zone	200204		
株州高新技术产业开发区	Zhuzhou Hi-tech Industrial Development Zone (National)	10758222	14270	
湖南株洲渌口经济开发区	Zhuzhou Lukou Economic Development Zone, Hunan	332967		
湖南茶陵经济开发区	Economic Development Zone, Hunan Chaling	477820	2820	
湖南醴陵经济开发区	Hunan Liling Ceramics Industrial Park	4063843	8616	28658
湖南湘潭经济技术开发区	Xiangtan Economic and Technological Development Zone, Hunan	4526977		
湖南湘潭高新技术产业园区	Xiangtan High-tech Industrial Development Zone, Hunan	5899697	110071	70624
湖南湘潭天易经济开发区	Xiangtan Tianyi Economic Development Zone, Hunan	4201003		
湖南湘潭岳塘经济开发区	Xiangtan Yuetang Economic Development Zone, Hunan	51977		
湖南湘乡经济开发区	Hunan Xiangxiang Industrial Park	7157477		
韶山高新技术产业开发区	Shaoshan High-tech Industrial Development Zone	1935434		
湖南衡阳松木经济开发区	Hunan Hengyang Pine Industrial Park	890945		
湖南衡阳高新技术产业园区	High-tech Industrial Park in Hunan Hengyang (National)	4227173		
湖南衡阳西渡高新技术产业园区	Hunan Hengyang Xidu High-tech Industrial Development Zone	1235448		
湖南衡山经济开发区	Economic Development Zone, Hunan Hengshan	818176	3872	
湖南衡东经济开发区	Hunan Hengdong Industrial Park	509431		
湖南祁东经济开发区	Hunan Qidong Economic Development Zone	854837		
湖南耒阳经济开发区	Hunan Leiyang Economic Development Zone	664009		
湖南常宁水口山经济开发区	Hunan Changning Shuikoushan Economic Development Zone	2610940		
湖南邵阳经济开发区	Hunan Shaoyang Economic Development Zone	2241644	104616	
湖南邵东经济开发区	Hunan Shaodong Economic Development Zone	6348415	8988	
湖南新邵经济开发区	Hunan Xinshao Economic Development Zone	1462997	8919	
湖南洞口经济开发区	Hunan Dongkou Economic Development Zone	1212633		
湖南武冈经济开发区	Hunan Wugang Economic Development Zone	440096	2520	
岳阳经济技术开发区	Yueyang Economic and Technological Development Zone	4444242		
岳阳绿色化工高新技术产业开发区	Hunan Yueyang Green Chemical High-tech Industrial Development Zone	11182878		38361
湘阴高新技术产业开发区	Hunan Xiangyin High-tech Industrial Development Zone	1652842		
平江高新技术产业园区	Hunan Pingjiang High-tech Industrial Park	3382347		
汨罗高新技术产业开发区	Hunan Miluo High-tech Industrial Development Zone	5458778		

13-15 续表 Continued

单位：万元 (10 000 yuan)

园区名称	Park	主营业务收入 Revenue of Major Business	# 国有经济 State-owned Economic	# 集体经济 Collective Economic
湖南临湘工业园	Hunan Linxiang Industrial Park	3356665		
岳阳临港高新技术产业开发区	The Port of Yueyang Hi-tech Industrial Development Zone	865947		
岳阳高新技术产业园区	Yueyang High-tech Industrial Development Zone	4218284	166725	42282
湖南常德经济开发区	Changde Economic and Technological Development Zone (National)	10105937	5806665	6982
常德高新技术产业开发区	Hunan Changde Hi-tech Industrial Development Zone	2100712	21924	
湖南汉寿高新技术产业园区	Hunan Hanshou Hi-tech Industrial Development Zone	1837427		
湖南澧县经济开发区	Hunan Li county Economic Development Zone	1477604		
湖南临澧经济开发区	Hunan Linli Economic Development Zone	641909		
湖南石门经济开发区	Hunan shimen Economic Development Zone	1810020		
津市高新技术产业开发区	Jinshi High-tech Industrial Development Zone	2144888		10318
张家界高新技术产业开发区	Hunan Zhangjiajie Economic Development Zone	158851		
湖南益阳长春经济开发区	Hunan Yiyang Changchun Industrial Park	2718849		
湖南益阳高新技术产业园区	Yiyang High-tech Industrial Development Zone (National)	5269058		
湖南南县经济开发区	Hunan Nan County Economic Development Zone	1061053		
湖南桃江经济开发区	Hunan Taojiang Economic Development Zone	1940583		
湖南安化经济开发区	Hunan Anhua Economic Development Zone	590228	14561	
湖南沅江高新技术产业园区	Hunan Yuanjiang Hi-tech Industrial Development Zone	2335305		
湖南郴州经济开发区	Hunan Chengzhou Economic Development Zone	1744050	537532	
湖南郴州高新技术产业园区	Hunan Chenzhou Hi-tech Industrial Development Zone	3951680	31307	
湖南桂阳工业园区	Hunan Guiyang Industrial Park	5173800		
湖南宜章经济开发区	Hunan Yizhang Economic Development Zone	1145804		
湖南永兴经济开发区	Hunan Yongxing Economic Development Zone	3522102		
湖南嘉禾经济开发区	Hunan Jiahe Economic Development Zone	1309497		
湖南临武工业园区	Hunan Linwu Industrial Park	675251		
湖南汝城经济开发区	Hunan Rucheng Economic Development Zone	189759		
湖南资兴经济开发区	Hunan Zixing Economic Development Zone	2991054		
湖南零陵工业园区	Hunan Lingling Industrial Park	1123773	441648	
永州高新技术产业开发区	Yongzhou High-tech Industrial Development Zone	2483354		
湖南祁阳经济开发区	Hunan Qiyang Industrial Park	1975669	32196	
湖南东安经济开发区	Hunan Dongan Economic Development Zone	1247523	45192	
湖南宁远工业园区	Hunan Ningyuan Industrial Park	1222096	3445	
湖南蓝山经济开发区	Hunan Lanshan Economic Development Zone	1339833		
湖南江华经济开发区	Hunan Jianghua Economic Development Zone	1463911	3146	
湖南怀化经济开发区	Hunan Huaihua Economic Development Zone	119361		
怀化高新技术产业开发区	Huaihua High-tech Industrial Development Zone (National)	535982		
湖南娄底经济开发区	Hunan Loudi Economic Development Zone (National)	7322952		152769
湖南双峰经济开发区	Hunan Shuangfeng Economic Development Zone	2127486		
新化高新技术产业开发区	Hunan Xinhua High-tech Industrial Development Zone	988007	6281	
湖南冷水江经济开发区	Hunan Lenshuijiang Economic Development Zone	2351077		
湖南娄底高新技术产业开发区	Hunan Loudi High-tech Industrial Development Zone	2314129		
湖南吉首经济开发区	Hunan Jishou Economic Development Zone	572609		
湖南湘西经济开发区	Hunan Xiangxi Economic Development Zone	414450		
湖南永顺经济开发区	Hunan Yongshun Economic Development Zone	746731	229164	
泸溪高新技术产业开发区	Luxi High-tech Industrial Development Zone	2960863		

主要统计指标解释

工业 指从事自然资源的开采，对采掘品和农产品进行加工和再加工的物质生产部门。具体包括：(1) 对自然资源的开采，如采矿、晒盐等 (但不包括禽兽捕猎和水产捕捞)；(2) 对农副产品的加工、再加工，如粮油加工、食品加工、缫丝、纺织、制革等；(3) 对采掘品的加工、再加工，如炼铁、炼钢、化工生产、石油加工、机器制造、木材加工等，以及电力、燃气及水的生产和供应等；(4) 对工业品的修理、翻新，如机器设备的修理等。

工业统计调查单位为工业法人单位。

工业法人单位指从事工业生产经营活动的法人单位。工业法人单位应同时具备以下条件：①依法成立，有自己的名称、组织机构和场所，能够独立承担民事责任；②独立拥有（或授权）使用资产，承担负债，有权与其他单位签订合同；③具有包括资产负债表在内的帐户，或者能够根据需要编制帐户。

国有控股企业 即原来的国有及国有控股企业，根据企业实收资本中国有经济成分的出资人的实际投资情况，或国有经济成分的出资人对企业资产的实际控制、支配程度进行分类。以下情况为国有控股：（1）在企业的全部实收资本中，国有经济成分的出资人拥有的实收资本（股本）所占企业全部实收资本（股本）的比例大于 50% 的国有绝对控股。（2）在企业的全部实收资本中，国有经济成分的出资人拥有的实收资本（股本）所占比例虽未大于 50%，但相对大于其他任何一方经济成分的出资人所占比例的国有相对控股；或者虽不大于其他经济成分，但根据协议规定拥有企业实际控制权的国有协议控股。（3）投资双方各占 50%，且未明确由谁绝对控股的企业，若其中一方为国有经济成分的，一律按国有控股处理。

本篇涉及的企业登记注册类型的解释详见综合篇。

资产总计 指企业过去的交易或者事项形成的、由企业拥有或者控制的、预期会给企业带来经济利益的资源。资产一般按流动性分为流动资产和非流动资产。其中流动资产可分为货币资金、交易性金融资产、应收票据、应收账款、预付款项、其他应收款、存货等；非流动资产可分为长期股权投资、固定资产、无形资产及其他非流动资产等。来源于会计“资产负债表”中“资产总计”项目的期末余额数。

流动资产合计 资产满足以下条件之一应归为流动资产：（1）预计在一个正常营业周期中变现、出售或耗用，主要包括存货、应收账款等；（2）主要为交易目的而持有；（3）预计在资产负债表日起一年内（含一年）变现；（4）自资产负债日起一年内，交换其他资产或清偿负债的能力不受限制的现金或现金等价物。包括货币资金、应收票据、应收账款、存货等项目。来源于会计“资产负债表”中“流动资产合计”项目的期末余额数。

负债合计 指企业过去的交易或者事项形成的，预期会导致经济利益流出企业的现时义务。负债一般按偿还期长短分为流动负债和非流动负债。来源于会计“资产负债表”中“负债合计”项目的期末余额数。

应收账款 指企业因销售商品、提供劳务等经营活动所形成的债权，包括应向客户收取的货款、增值税款和为客户代垫的运杂费等。来源于会计“资产负债表”中“应收账款”项目的期末余额数。

存货 指企业在日常活动中持有以备出售的产成品或商品、处在生产过程中的在产品、在生产过程或提供劳务过程中耗用的材料或物料等，通常包括原材料、在产品、半成品、产成品、商品以及周转材料等。来源于会计“资产负债表”中“存货”项目的期末余额数。

产成品 指企业已经完成全部生产过程并验收入库，可以按照合同规定的条件送交订货单位，或者可以作为商品对外销售的产品。来源于会计“产成品”科目的借方余额。

营业收入 指企业经营主要业务和其他业务所确认的收入总额。营业收入包括“主营业务收入”和“其他业务收入”。来源于会计“利润表”中“营业收入”项目的本年累计数。

营业成本 指企业经营主要业务和其他业务所发生的成本总额。包括企业（单位）在报告期内从事销售商品、提供劳务等日常活动发生的各种耗费。包括“主营业务成本”和“其他业务成本”。来源于会计“利润表”中“营业成本”项目的本年累计数。

销售费用 指企业在销售商品和材料、提供劳务的过程中发生的各种费用，包括保险费、包装费、展览费和广告费、商品维修费、预计产品质量保证损失、运输费、装卸费等以及为销售本企业商品而专设的销售机构（含销售网点、售后服务网点等）的职工薪酬、业务费、折旧费等经营费用。

管理费用 指企业为组织和管理企业生产经营所发生的费用，包括企业在筹建期间内发生的开办费、董事会和行政管理部门在企业经营管理中发生的，或者应当由企业统一负担的公司经费等。来源于会计“利润表”中“管理费用”项目的本年累计数。

财务费用 指企业为筹集生产经营所需资金等而发生的筹资费用，包括企业生产经营期间发生的利息支出（减利息收入）、汇兑损失（减汇兑收益）以及相关的手续费等。来源于会计“利润表”中“财务费用”项目的本年累计数。

利润总额 指企业在一定会计期间的经营成果，是生产经营过程中各种收入扣除各种耗费后的盈余，反映企业在报告期内实现的盈亏总额。来源于会计“利润表”中“利润总额”项目的本年累计数。

平均用工人数 指报告期企业平均实际拥有的、参与本企业生产经营活动的人员数。

Explanatory Notes on Main Statistical Indicators

Industry refers to the material production sector which is engaged in the extraction of natural resources and processing and reprocessing of minerals and agricultural products, including (1) extraction of natural resources, such as mining, salt production (but not including hunting and fishing); (2) processing and reprocessing of farm and sideline produces, such as grain and oil processing, food processing, silk reeling, spinning and weaving and leather making; (3) processing and reprocessing of mineral products, such as steel making, iron smelting, chemicals manufacturing, petroleum processing, machine building, timber processing, and production and supply of electricity, gas and water; (4) repairing and renovating of industrial products such as the machinery.

In industrial surveys, the units of enquiry are industrial corporate units.

Industrial corporate units refer to corporate units engaging in industrial production and operation activities, which meet the following requirements: (1) They are established legally, having their own names, organizations, location, and are able to take civil liability independently; (2) They possess (or are authorized to use) assets independently, assume liabilities and are entitled to sign contracts with other units; (3) They have accounts including the balance sheets or can compile the accounts according to the need.

State-holding Enterprises cover the original state-owned enterprises and state-holding enterprises. They are classified according to the actual investment made by the contribor of state-owned part in the paid-in capital of the enterprises, or the degree of control or dominance of the contributor on the assets of the enterprises. The following cases are regarded as state-holding: (1) Absolute state-holding in which the contribors of state-owned parts possess more than 50% of all the paid-in capital (stocks) of the enterprises; (2) Relative state-holding in which the contribors of state-owned parts possess no more than 50% of the paid-in capital (stocks) of the enterprises, but more than that of any other contributors; or Agreed state-holding in which the contribors of state-owned parts possess no more than other contributors but have actual control over the enterprises according to agreements; (3) In the case both contributors possess 50% and it is not clear which one is in absolute holding position, the enterprise is regarded as state-holding enterprise if one of the contributor has state-owned elements.

For explanation of types of registration covered in this chapter, please refer to General Survey.

Total Assets refer to all resources that are owned or controlled by enterprises through previous trades or transactions with expectation of making economic profits. Classified by the degree of liquidity, total assets include current assets and non-current assets. Current assets can be classified into monetary capital, trading financial assets, notes receivable, accounts receivable, advanced payments, other receivables and inventories. Non-current assets can be divided into long-term equity investment, fixed assets, intangible assets and other non-current assets. Data on this indicator can be obtained from the year-end figures of total assets in the Balance Sheet of accounting records.

Total Current Assets refer to the assets that meet one of the following requirements: (1) expected to be cashed, sold or used in a normal operation cycle, mainly including inventory and accounts receivable; (2) be owned for trading purpose mainly; (3) expected to be cashed in one year (including one year) from the day of the Balance Sheet; (4) unlimited cash or cash equivalents that can be exchanged with other assets or being capable of settling debts during one year since the day of the Balance Sheet. Included are monetary capital, notes receivable, accounts receivable and inventories. Data on this indicator can be obtained from the year-end figures of total current assets in the Balance Sheet of accounting records.

Total Liabilities refer to payable liabilities of enterprises that accumulated from previous trades or transactions with expectation of economic profits leaking out. In terms of payment, it can be divided into liquid liabilities and long-term liabilities. Data on this indicator can be obtained from the year-end figures of total liabilities in the Balance Sheet of accounting records.

Accounts Receivable refers to creditor's rights formed by business activities such as selling goods, providing labor, which include payment for goods that should be charged to the customer, value-added tax and advance freight for the clients. It comes from the ending balance of accounts receivable in balance sheet.

Inventories refers to finished goods or commodities held in preparation for sale in enterprises' daily activities, goods in the production process, material or the physical materials consumed in the production process or in the process of providing labor, usually include raw materials, goods in the production process, semi-finished products, finished products, goods and materials in flow. It comes from the ending balance of inventory in balance sheet.

Finished Goods refers to the products that the enterprises have completed all of the production process and accepted and put in storage, and can be sent to the ordering units in accordance with the contract stipulations, or can be on sale. It come from the debit balance of Finished Products of accounting.

Business Revenue refers to the total revenue recognized by an enterprise in its principal business and other business operations. Business revenue includes " revenue from principal Business" and " revenue from other business". It comes from this year's cumulative report of "business revenue" items from the "income statement".

Business Cost refers to the total cost incurred by an enterprise in its principal business and other business operations. It includes various expenditures incurred by enterprises (units) in their daily activities of selling goods and providing labour services during the reporting period. It includes "Cost of principal business" and "Cost of other business". It comes from this year's cumulative report of "operating cost" items from the "income statement".

Selling Expense refers to the cost during the sale of goods and materials, providing labour services, including insurance, packing, exhibition fees and advertising fees, merchandise maintenance costs, expected product quality guarantee loss, transportation fees, handling fees, and operating expenses for the sales of the company's products such as employee compensation, business expenses, depreciation costs for dedicated sales offices (including sales outlets, after-sales service outlets, etc.).

Administrative Expense refers to the expenses for the organization and management of enterprise operating, including the start-up costs during the construction of enterprises, funds occurred during enterprises operating by board of directors and executive management in the enterprise management, or burden by enterprises. It comes from this year's cumulative current amount of management cost in income statement.

Financial Expenses refers to cost of raising fund for enterprises to raise funds for production and operation, including interest payments (a reduction in interest income), exchange loss (less exchange gains) and related fees during the period of production. It comes from this year's cumulative current amount of financial expenses in income statement.

Total Profits refers to the operation results in a certain accounting period, and it is the balance of various incomes minus various spendings in the course of operation, reflecting the total profits and losses of enterprises in reference period. Data are obtained from the this year's cumulative amount of total profits in the profit statement of the accounting record of enterprise.

Annual Average Employees refers to the number of persons engaged in the enterprise production and operation activities in the reporting period, which are actually owned by the enterprise.

14 建筑业

Construction

资料整理人员：李培楚

14-1 建筑企业概况
General Survey of Construction Enterprises

单位：亿元 (100 millions yuan)

年份 Year	建筑业企业单位数（个）Number of Construction Enterprises (unit)	总产值 Gross Output Value of Construction	企业总收入 Total Income of Enterprises	利税总额合计 Total pre-tax Profits	利润总额合计 Total Profits
1980	3427	7.97			
1981	2771				
1982	2610				
1983	2822				
1984	3677				
1985	4248	16.48			0.95
1986	4013	20.33			0.92
1987	4083	23.23			0.73
1988	4015	29.95			0.86
1989	3887	32.39			0.48
1990	3713	33.47		1.31	0.26
1991	3718	40.55		1.89	0.53
1992	3967	55.04		2.47	0.92
1993	4759	81.77		3.40	1.04
1994	5262	115.35		4.35	0.94
1995	5169	148.80		5.73	1.05
1996	1656	278.38	248.05	11.96	3.54
1997	1748	296.50	261.67	12.23	2.97
1998	1840	327.32	288.72	11.58	1.95
1999	1812	333.90	303.46	12.10	1.72
2000	1812	354.29	316.13	15.29	4.39
2001	1628	489.79	464.73	25.52	8.64
2002	1442	595.77	552.65	31.89	11.10
2003	1593	818.84	769.26	45.25	15.61
2004	1940	1027.89	966.60	60.95	25.47
2005	1842	1219.35	1136.14	73.14	28.75
2006	1861	1462.88	1370.91	91.51	37.66
2007	1893	1828.81	1720.40	122.05	54.56
2008	1992	2115.44	1994.97	202.77	112.11
2009	1948	2507.40	2333.97	180.28	84.59
2010	2005	3161.73	3010.77	228.87	105.02
2011	2021	3915.01	3600.93	267.00	124.67
2012	2021	4407.92	4102.19	307.30	149.59
2013	2094	5283.84	4947.39	392.54	190.34
2014	2108	6020.97	5699.61	429.37	208.31
2015	2083	6630.82	6131.31	454.45	216.19
2016	2124	7304.22	7010.13	433.03	230.57
2017	2339	8423.00	7688.40	547.83	246.62
2018	2652	9581.44	8695.41	707.63	317.59

14-1 续表 1 Continued

指 标	Item	2000	2005	2017	2018
总产值 （万元）	**Gross Output Value of Construction (10 000 yuan)**	**3542866**	**7038249**	**84230021**	**95814427**
#国有企业	#State owned Enterprises	1581149	3921291	3963061	1961229
集体企业	Collective owned Enterprises	1509253	1205659	2499401	2554195
股份合作企业	Cooperative Enterprises	49773	181192	47067	55016
联营企业	Joint Ownership Enterprises	20538	41079	68090	18879
有限责任公司	Limited Liability Corporations	152616	4153066	50274062	45942429
股份有限公司	Share-holding Corporations Ltd.	174020	1482199	6261063	3416745
私营企业	Private Enterprises	41503	1126488	20703019	41465408
其他企业	Others Enterprises	566	26731	44765	
港澳台商投资企业	Funded by Entrepreneurs from Hong kong,Macao and Taiwan	13448	50268	266675	279886
外商投资企业	Enterprises with Foreign Investment		5521	102820	120641
增加值 （万元）	**Value Aded of Construction (10 000 yuan)**				
#本年内提取的固定资产折旧	#Depreciation of Fixed Assets of the Year	77163	152898	375704	491387
应付工资	Wages Payable	490810	1397471	7688834	14077145
应付福利费	Welfare Expenses Payable	42946	156508		
劳动、失业保险费	Labor and Unemployment Insurance	28358	42335		
主营业务税金及附加	Taxes and Extra Charges on Main Business	101064	418054	1472024	1487171
主营业务利润	Profits of Main Business	250524	768291	2462033	3191488
管理费用中的税金	Taxes in Management Enpenses	8007	25851	1540100	2413154
实收资本 （万元）	**Capital Stock (10 000 yuan)**	**1004829**	**2632824**	**11217558**	**13150668**
#国有企业	#State owned Enterprises	337826	606232	421133	370502
集体企业	Collective owned Enterprises	488259	333322	254366	253327
股份合作企业	Cooperative Enterprises	17883	50362	3756	3706
联营企业	Joint Ownership Enterprises	5754	9328	9896	9896
有限责任公司	Limited Liability Corporations	48338	981955	6807852	7089046
股份有限公司	Share-holding Corporations Ltd.	69068	295457	650208	684175
私营企业	Private Enterprises	30891	314627	3044967	4726265

注：1995 年至 2001 年，建筑施工企业为资质等级四级及以上的建筑施工企业。从 2002 年起，建筑施工企业的统计范围为具有新资质等级的施工总承包和专业承包企业。下表同。

Construction enterprises refer to the fourth and higher grade construction enterprises between 1995 and 2001. The Statistical Coverage of Construction Enterprises Just Included the New Grade Construction Enterprises of Overall Contract and Special Contract Since 2002. The Same as in the following table.

14-1 续表 2 Continued

指 标	Item	2000	2005	2017	2018
其他企业	Others Enterprises	100	9888	7975	
港澳台商投资企业	Funded by Entrepreneurs from Hong kong,Macao and Taiwan	6710	25455	11715	8060
外商投资企业	Enterprises with Foreign Investment		6199	5691	5691
资产合计 （万元）	**Total Assets (10 000 yuan)**	**3552544**	**8248407**	**53570421**	**62934066**
# 流动资产	# Circulating Funds	2311307	5436223	40367106	45668975
# 固定资产	# Fixed Assets	1032597	2240289	4963453	5322948
# 国有企业	# State owned Enterprises	1807419	2820769	1775880	1537588
集体企业	Collective owned Enterprises	1301816	849100	854814	795274
服份合作企业	Cooperative Enterprises	43725	102864	11567	16177
联营企业	Joint Ownership Enterprises	11063	20091	30531	36005
有限责任公司	Limited Liability Corporations	138182	2903212	37324714	43098932
股份有限公司	Share-holding Corporations Ltd.	182134	732830	2900435	3144118
私营企业	Private Enterprises	58761	733761	10398744	14058684
其他企业	Others Enterprises	155	26624	27110	
港澳台商投资企业	Funded by Entrepreneurs from HongKong,Macao and Taiwan	9287	49724	108104	97631
外商投资企业	Enterprises with Foreign Investment		9432	138522	149659
负债合计 （万元）	**Total Liabilities (10 000 yuan)**	**2287791**	**4746545**	**33040486**	**39350165**
# 流动负债	# Liquid Liabilities	2064425	4306361	28110614	32846580
长期负债	Long-term Liabilities	223366	440184		
# 国有企业	# State owned Enterprises	1355446	2056273	1059535	884160
集体企业	Collective owned Enterprises	697271	420938	430318	422629
股份合作企业	Cooperative Enterprises	21781	42609	3114	5937
联营企业	Joint Ownership Enterprises	4977	8378	9261	19016
有限责任公司	Limited Liability Corporations	82412	1561285	25250605	29783452
股份有限公司	Share-holding Corporations Ltd.	103449	310212	1448487	1704665
私营企业	Private Enterprises	19869	307809	4634019	6351572
其他企业	Others Enterprises	50	14898	20722	
港澳台商投资企业	Funded by Entrepreneurs from HongKong,Macao and Taiwan	2535	22035	85183	78755
外商投资企业	Enterprises with Foreign Investment		2109	99242	99979
所有者权益 （万元）	**Creditors' Equity (10 000 yuan)**	**1264753**	**3501862**	**20522771**	**23583901**
# 国有企业	# State owned Enterprises	451973	764496	716346	653428
集体企业	Collective owned Enterprises	604545	428162	424496	372645
股份合作企业	Cooperative Enterprises	21945	60255	8453	10240
联营企业	Joint Ownership Enterprises	6086	11714	21270	16988
有限责任公司	Limited Liability Corporations	55770	1341927	12069339	13315480
股份有限公司	Share-holding Corporations Ltd.	78685	422619	1449528	1439453
私营企业	Private Enterprises	38893	425952	5764752	7707112
其他企业	Others Enterprises	105	11726	6388	
港澳台商投资企业	Funded by Entrepreneurs from HongKong,Macao and Taiwan	6752	27688	22921	18876
外商投资企业	Enterprises with Foreign Investment		7324	39280	49679
企业总收入 （万元）	**Total Income of Enterprises (10 000 yuan)**	**3161339**	**10030720**	**76884047**	**87007521**
# 主营业务收入	# Revenue of Main Business	3049291	11256051	76252333	86358016
主营业务成本	Costs of Main Business	2697703	10007778	69083502	78179567

14-1 续表 3 Continued

指 标	Item	2000	2005	2017	2018
#国有企业	# State owned Enterprises	1476206	3625633	2189067	2228044
集体企业	Collective owned Enterprises	1281118	1111298	1926799	1964093
股份合作企业	Cooperative Enterprises	47570	158917	50037	57522
联营企业	Joint Ownership Enterprises	17549	41058	62448	68762
有限责任公司	Limited Liability Corporations	133184	3852669	48310255	53218842
股份有限公司	Share-holding Corporations Ltd.	152984	1408839	5268186	5521094
私营企业	Private Enterprises	38906	1084552	18689247	23598784
其他企业	Others Enterprises	374	26830	26628	
港澳台商投资企业	Funded by Entrepreneurs from Hong Kong, Macao and Taiwan	13448	42076	258561	229015
外商投资企业	Enterprises with Foreign Investment		9519	102820	121367
利税总额合计 （万元）	**Total Pre-tax Profits (10 000 yuan)**	**152949**	**731434**	**5478297**	**7076268**
#利润总额	# Total Profits	43878	287529	2466173	3175943
主营业务税金及附加	Taxes and Extra Charges on Main Business	101064	418054	1472024	1487171
管理费用中的税金	Taxes in Management Enpenses	8007	25851	1540100	2413154
产值利税率 (%)	Ratio of Pretax Profits to Output Value(%)	4.3	6.0	6.5	7.4
资产利税率 (%)	Ratio of tax Profits to Assets(%)	4.7	8.9	10.2	8.9
#国有企业	# State owned Enterprises	42940	177012	171475	209587
集体企业	Collective owned Enterprises	82842	78805	205289	242293
股份合作企业	Cooperative Enterprises	3077	11651	5083	6401
联营企业	Joint Ownership Enterprises	1146	4510	7808	11713
有限责任公司	Limited Liability Corporations	7781	255796	2992873	3751946
股份有限公司	Share-holding Corporations Ltd.	11236	105167	440372	496278
私营企业	Private Enterprises	2585	93409	1614554	2309207
其他企业	Others Enterprises	14	1672	-336	
港澳台商投资企业	Funded by Entrepreneurs from Hong kong,Macao and Taiwan	1344	1677	15849	11068
外商投资企业	Enterprises with Foreign Investment		1735	25331	37776
利润总额合计 （万元）	**Total Profits (10 000 yuan)**	**43878**	**287529**	**2466173**	**3175943**
#国有企业	# State owned Enterprises	2640	45301	68935	76284
集体企业	Collective owned Enterprises	29367	28092	66486	79954
股份合作企业	Cooperative Enterprises	1437	5233	1086	1030
联营企业	Joint Ownership Enterprises	444	2803	4897	5525
有限责任公司	Limited Liability Corporations	2627	104793	1368185	1747161
股份有限公司	Share-holding Corporations Ltd.	5540	52152	211209	218058
私营企业	Private Enterprises	1024	46780	717572	1016613
其他企业	Others Enterprises		803	-2713	
港澳台商投资企业	Funded by Entrepreneurs from Hong kong,Macao and Taiwan	799	175	5979	2776
外商投资企业	Enterprises with Foreign Investment		1398	24538	28542

14–2 建筑施工企业个数和平均人数
Number of Construction Enterprises and Its Average Annual Staff and Workers

年份 Year	总计 Total	国有经济 State-owned	集体经济 Collective-owned	其他经济 Others owned
施工企业个数（个）	Number of Enterprises (unit)			
2000	1812	313	1241	258
2001	1628	305	829	494
2002	1442	262	532	648
2003	1593	257	470	866
2004	1940	274	414	1252
2005	1842	229	364	1249
2006	1861	233	350	1278
2007	1893	239	329	1325
2008	1992	253	272	1467
2009	1948	233	221	1495
2010	2005	254	264	1487
2011	2021	247	248	1526
2012	2021	228	233	1560
2013	2094	322	191	1581
2014	2108	316	184	1608
2015	2083	312	176	1595
2016	2124	294	169	1661
2017	2339	296	158	1885
2018	2652	291	131	2230
建筑业从业人员（万人）	Staff and Workers (10 000 persons)			
1995	61.33	22.29	38.52	0.16
2000	76.30	22.66	41.98	11.66
2001	96.73	25.01	38.86	32.86
2002	92.72	21.56	28.70	42.46
2003	111.95	28.67	27.53	55.75
2004	115.53	25.59	20.90	69.04
2005	118.61	35.15	18.41	65.05
2006	125.97	28.90	17.14	79.93
2007	131.62	29.12	15.90	86.60
2008	137.90	27.85	12.78	97.27
2009	144.97	31.07	9.99	103.91
2010	150.41	32.48	12.41	105.51
2011	155.44	35.53	11.97	107.94
2012	118.82	16.79	10.30	91.73
2013	197.46	65.70	79.55	122.21
2014	211.55	70.26	9.48	131.81
2015	221.27	68.94	9.64	142.69
2016	229.15	71.95	10.55	146.65
2017	267.57	78.16	11.78	177.63
2018	275.22	81.00	8.99	185.23

14-3 建筑施工企业主要效益指标(2018年)

Major Benefit Indicators of Construction Enterprises (2018)

指 标	Item	总计 Total	国有经济 State-owned	集体经济 Collective-owned	其他经济 Other owned
年末固定资产原值 (万元)	Original Value Fixed Assets at the Yearend (10 000 yuan)	6913524	2855857	180878	3876788
年末固定资产净值 (万元)	Net Value of Fixed Assets at the Yearend (10 000 yuan)	3944788	1510710	117434	2316644
流动资产年末合计 (万元)	Circulating Funds at the Yearend (10 000 yuan)	45668975	23731068	519843	21418064
利润总额 (万元)	Total Profits (10 000 yuan)	3175943	970257	79954	2125732
利税总额 (万元)	Total Pre-tax Profits (10 000 yuan)	7076268	1917933	242293	4916042
资金利润率 (元/百元)	Ratio of Fund to Profits (yuan/100 yuan)	6.4	3.8	12.5	9.0
产值利润率 (%)	Ratio of Profit to Gross Output Value (%)	3.3	2.5	3.1	3.9
产值利税率 (%)	Ratio of Pre-tax Profit to Output Value (%)	7.4	5.0	9.5	8.9
按施工产值计算的劳动生产率 (元/人年)	Overall Labor Productivity in Terms of Total Output Value (yuan /person-year)	348142	471244	284001	297425
人均竣工面积 (平方米/人)	Floor Space of Buildings Completed per Laborer (sq.m/person)	72.4	58.7	142.7	75.0

注：本表不包括建筑业活动单位。2013 年开始，国有经济企业指国有及国有控股企业（下同）。

This table does not indude the constuction sector. Beginning in 2013,state-owned economic enterprises reper to state-owned and state holding enterprises (the same below)

14-4 国有建筑企业主要经济指标

Major Economic Indicators on State-owned Construction Enterprises

指 标	Item	2000	2005	2017	2018
国有建筑施工企业	State-owned				
施工产值 (亿元)	Output Value of Projects (100 million yuan)	158.11	392.13	3434.41	3816.93
全员劳动生产率 (元/人)	Overall Labor Productivity (yuan/person)	69792	155116	439419	471244
计算劳动生产率的平均人数 (万人)	Average Number of Staff and Workers by Calculating Labor Productivity (10 000 person)	22.66	25.28	78.16	81.00
房屋建筑施工面积 (万平方米)	Floor Space of Buildings Under Construction (10 000 sq.m)	1287.31	3155.37	23629.92	26813.25
房屋建筑竣工面积 (万平方米)	Floor Space of Buildings Completed (10 000 sq.m)	580.12	1187.33	4756.15	4754.62
#住宅	# Residential Buildings		501.48	3583.86	3413.73
地方国有建筑施工企业	Local State-owned				
施工产值 (亿元)	Output Value of Projects (100 million yuan)	92.10	219.64	1664.22	1895.88
全员劳动生产率 (元/人)	Overall Labor Productivity (yuan/person)	59094	127726	345061	387057
计算劳动生产率的平均人数 (万人)	Average Number of Staff and Workers by Calculating Labor Productivity (10 000 person)	15.59	17.19	48.23	48.98
房屋建筑施工面积 (万平方米)	Floor Space of Buildings Under Construction (10 000 sq.m)	1036.99	2141.96	10071.52	11130.00
房屋建筑竣工面积 (万平方米)	Floor Space of Buildings Completed (10 000 sq.m)	481.60	905.03	2663.02	2389.29
#住宅	# Residential Buildings		419.06	2103.37	1773.99

注：本表国有建筑企业为国有及国有控股企业。

State owned construction enterprises in this table is the state owned and state holding enterprises.

14-5 房屋建筑面积
Floor Space of Building Construction

单位：万平方米 (10 000 sq.m)

年份 Year	房屋建筑面积 Floor Space of Building Construction		国有经济 State-owned		集体经济 Collective-owned	
	施工面积 Floor Space Under Construction	竣工面积 Floor Space Completed	施工面积 Floor Space Under Construction	竣工面积 Floor Space Completed	施工面积 Floor Space Under Construction	竣工面积 Floor Space Completed
1990	1159.10	558.70	572.40	233.50	586.70	325.20
1991	1282.70	653.20	577.20	269.50	705.50	383.70
1992	1554.00	711.30	699.40	279.80	854.60	431.50
1993	1869.50	802.20	867.90	334.60	1001.60	467.60
1994	2081.50	868.30	1011.10	378.40	1068.40	489.30
1995	4507.41	2313.70	1094.50	361.20	3223.05	1835.33
1996	4662.00	2393.05	1285.16	467.04	3333.59	1898.28
1997	4719.57	2279.89	1236.68	465.95	3444.90	1783.44
1998	5067.56	2382.33	1397.64	530.70	3373.22	1701.44
1999	5180.91	2681.81	1333.55	561.10	3417.60	1900.54
2000	5087.93	2603.08	1287.31	580.12	3017.81	1634.32
2001	6259.27	3204.60	1459.86	575.96	2734.12	1548.82
2002	7167.52	3665.71	1492.90	557.76	2342.29	1375.27
2003	10051.97	4969.67	2403.74	872.54	2667.99	1487.17
2004	12522.96	6250.66	2688.46	1105.49	2283.17	1342.06
2005	13774.87	6846.04	3155.37	1187.33	2310.26	1221.36
2006	15893.25	7451.71	4029.50	1203.42	2184.87	1280.53
2007	18796.15	8202.43	5031.99	1298.72	1885.13	1133.24
2008	21463.02	9077.52	4271.08	1240.98	1883.08	1038.20
2009	22442.34	9809.63	4014.66	1417.89	1617.52	889.23
2010	27680.25	10573.45	6158.88	1433.76	1920.30	1041.96
2011	32795.65	11777.74	10211.94	1870.29	2117.59	1100.78
2012	36412.18	13398.75	4175.97	1199.63	2292.37	1195.18
2013	43528.16	15890.95	15943.34	3831.35	2239.85	1142.34
2014	47433.19	16583.00	18252.67	3567.12	2356.22	1162.44
2015	47504.41	17389.97	18585.29	3873.21	2357.57	1366.82
2016	50329.04	18629.18	20693.91	4247.81	3887.89	2216.64
2017	54593.66	19840.34	23629.92	4756.15	2311.71	1304.30
2018	59253.25	19929.34	26813.25	4754.62	2276.14	1283.16

14-6 国有、集体建筑企业生产指标(2018年)
Production Indicators of State-owned and Collective-owned Construction Enterprises (2018)

指 标	Item	总 计 Total	国有经济 State-owned Economic	中 央 Central	地 方 Local	集体经济 Collective Owned Economic
企业个数 （个）	**Number of Enterprises (unit)**	**2652**	**291**	**29**	**262**	**131**
建筑业总产值 （万元）	**Gross Output Value of Construction (10 000 yuan)**	**95814427**	**38169297**	**19210535**	**18958762**	**2554195**
#建筑工程	# Construction projects	82309782	34084302	17598309	16485994	2268805
安装工程	Installation projects	7652128	2706361	1137039	1569322	201906
其他	Others	5852517	1378634	475188	903446	83484
竣工产值 （万元）	**Output Value Completed (10 000 yuan)**	**51197098**	**16905310**	**8480377**	**8424933**	**1859366**
房屋建筑施工面积 （万平方米）	**Floor Space of Buildings Under Construction (10 000 sq.m)**	**59253.25**	**26813.25**	**15683.25**	**11130.00**	**2276.14**
#本年新开工面积	# Floor Space of Buildings Started in Current Year	24472.70	7559.18	3872.72	3686.46	1390.98
房屋建筑竣工面积 （万平方米）	**Floor Space of Buildings Completed (10 000 sq.m)**	**19929.34**	**4754.62**	**2365.33**	**2389.29**	**1283.16**
计算建筑业劳动生产率的平均人数 （万人）	**Average of Staff and Workers by Calculating Construction Labor Productivity (10 000 persons)**	**275.2168**	**80.9969**	**32.0151**	**48.9818**	**8.9936**
按施工产值计算的劳动生产率 （元/人年）	**Overall Labor Productivity in Terms of Total Output Value (yuan /person-year)**	**348142**	**471244**	**600046**	**387057**	**284001**

14-7 建筑业企业分行业生产指标(2018年)

指 标		Item		房屋建筑业 Building Construction	房屋工程建筑业 Building Engineering Construction
企业个数	**(个)**	**Number of Enterprises**	**(unit)**	**1629**	
建筑业总产值	**(万元)**	**Gross Output Value of Construction**	**(10 000 yuan)**	**69166074**	
#建筑工程		# Construction Projects		62676269	
安装工程		Installation Projects		2474778	
其他		Others		4015027	
竣工产值	**(万元)**	**Output Value Completed**	**(10 000 yuan)**	**37997477**	
房屋建筑施工面积	**(万平方米)**	**Floor Space of Buildings Under Construction**	**(10 000 sq.m)**	**56914**	
#本年新开工面积		# Floor Space of Buildings Started in Current Year		23378	
#投标承包的面积		# Floor Space of Bidding Buildings			
#本年新开工		# Started in Current Year			
房屋建筑竣工面积	**(万平方米)**	**Floor Space of Buildings Completed**	**(10 000 sq.m)**	**18961**	

14-7 续表

指 标		Item		建筑安装业 Archi-tectural Installation	电气安装 Electrical Installation
企业个数	**(个)**	**Number of Enterprises**	**(unit)**	**217**	**59**
建筑业总产值	**(万元)**	**Gross Output Value of Construction**	**(10 000 yuan)**	**3626861**	**788203**
#建筑工程		# Construction Projects		1340838	164628
安装工程		Installation Projects		2141682	598936
其他		Others		144341	24639
竣工产值	**(万元)**	**Output Value Completed**	**(10 000 yuan)**	**2142707**	**509416**
房屋建筑施工面积	**(万平方米)**	**Floor Space of Buildings Under Construction**	**(10 000 sq.m)**	**338**	**107**
#本年新开工面积		# Floor Space of Buildings Started in Current Year		159	15
#投标承包的面积		# Floor Space of Bidding Buildings			
#本年新开工		# Started in Current Year			
房屋建筑竣工面积	**(万平方米)**	**Floor Space of Buildings Completed**	**(10 000 sq.m)**	**135**	**41**

Production Indicators of Construction Enterprises by Sector (2018)

土木工程建筑业 Construction of Civil Engineering	铁路公路隧道桥梁建筑业 Construction of Railways, Roads, Tunnels and Bridgeworks	水利和港口建筑业 Construction of Water Conservancy and Harbor Engineering	海洋工程建筑业 Construction of Ocean Engineering	工矿工程建筑业 Construction of Industry and Mining Projects	架线和管道工程建筑业 Construction of Wire Laying and Pipework	其他土木工程建筑业 Construction of Other Civil Engineering
616	**310**	**89**		**26**	**95**	**72**
21321150	**13367707**	**3263693**		**982203**	**2248752**	**989764**
17180052	12071252	3072082		321215	927408	615845
2711544	614800	60122		457189	1133758	176707
1429554	681656	131489		203800	187586	197212
9883519	**5081373**	**1749102**		**412502**	**1736250**	**659044.3**
1781	**1095**	**301**		**140**	**10**	**207**
822	531	115		19	10	123
734	**522**	**48**		**26**	**7**	**103**

Continued

管道和设备安装 Piping and Equipment Installation	其他建筑安装业 Other Architectural Installation	建筑装饰和其他建筑业 Archi-tectural Decoration	建筑装饰业 Architectural Decoration Industry	工程准备 Engineering Preparation	提供施工设备服务 Service of Supplying Construction Equipment	其他未列明的建筑活动 Other Construction Activities N.E.C
46	**112**	**190**	**128**		**4**	**36**
1446215	**1392443**	**1700342**	**1344292**		**21682**	**176218**
372168	804043	1112622	961586		4493	103423
997762	544983	324124	243062		17187	63840
76286	43416	263596	139644		2.3	8956
865152	**768139**	**1173395**	**937070**		**3893**	**103372**
155	**75**	**221**	**156**		**3**	**48**
104	41	113	86			16
42	**52**	**100**	**65**		**2**	**23**

主要统计指标解释

建筑业统计单位 指从事房屋、构筑物建造和设备安装活动的法人企业。建筑业法人企业应具有建筑业资质并能够独立核算，同时其应具备以下条件：①依法成立，有自己的名称、组织机构和场所，能够承担民事责任；②独立拥有和使用资产，承担负债，有权与其他单位签订合同；③独立核算盈亏，能够编制资产负债表。

建筑业总产值 是以货币形式表现的建筑业企业在一定时期内生产的建筑业产品和提供的服务的总和。建筑业总产值包括：

⑴建筑工程产值：指列入建筑工程预算内的各种工程价值。

⑵安装工程产值：指设备安装工程价值，不包括被安装设备本身的价值。

⑶其他产值：建筑业总产值中除建筑工程、安装工程以外的产值。包括房屋构筑物修理产值、非标准设备制造产值、总包企业向分包企业收取的管理费以及不能明确划分的施工活动所完成的产值。

a. 房屋构筑物修理产值：指房屋和构筑物修理所完成的产值，但不包括被修理房屋、构筑物本身价值和生产设备的修理价值。

b. 非标准设备制造产值：指加工制造没有定型的非标准生产设备的加工费和原材料价值（如化工厂、炼油厂用的各种罐、槽，矿井生产统一使用的各种漏斗、三角槽、阀门等）以及附属加工厂为本企业承建工程制作的非标准设备的价值。

建筑业增加值 指建筑业企业在报告期内以货币形式表现的建筑业生产经营活动的最终成果。

从 2004 年第一次全国经济普查开始，建筑业现价增加值按生产法和分配法（收入法）两种方法计算，以收入法的计算结果为准，即从收入的角度出发，根据生产要素在生产过程中应得的收入份额计算。具体计算方法：经济普查年度建筑业增加值按照《经济普查年度 GDP 核算方案》计算，非经济普查年度建筑业增加值按照《非经济普查年度 GDP 核算方案》计算。

房屋建筑施工面积 指在报告期内施过工的全部房屋建筑面积，包括本期新开工的房屋面积、上期施工跨入本期继续施工的房屋面积、上期停缓建在本期恢复施工的房屋面积、本期竣工的房屋面积及本期施工后又停缓建的房屋面积。

房屋建筑竣工面积 指在报告期内房屋建筑按照设计要求全部完工，达到了使用条件，经验收鉴定合格，正式移交使用单位的房屋建筑面积。

Explanatory Notes on Main Statistical Indicators

Statistical Unit in the Construction Industry refers to a corporate enterprise engaged in the construction of buildings and structures and in the installation of equipment. A corporate construction enterprise should have qualification certificates with independent accounting system, and should meet the following 3 requirements: a) being set up in line with relevant legal basis, having its full name, organization and location, and capable of taking civil liabilities; b) independently possessing and using its assets and assuming its liabilities, and entitled to sign contracts with other institutions; and c) making independent accounts of its profits and losses, and capable of compiling its own balance sheet.

Gross Output Value of Construction refers to total of construction products and services, expressed in money terms, produced or rendered by construction and installation enterprises during a given period of time. It includes:

(1) Output value of construction projects: the value of projects covered by the project budgets;

(2) Output value of installation projects: the value of the installation of equipment, (excluding the value of the equipment to be installed);

(3) Other output values: the output value of construction industry apart from that of construction projects and installation projects. It includes: output value of repair of buildings and structures; output value of non-standard equipment manufacturing; overhead expenses received by contracted enterprises from the sub-contracted enterprises and the completed output value of construction activities for which there is no clear definition.

a. Output value of repair of buildings and structures: the value created through the repairs of buildings or structures. It does not include the value of buildings or structures being repaired and the value of the repair of production equipment;

b. Output value of manufactured non-standard equipment: the value of non-standard production equipment, including raw materials and manufacturing cost, made for the construction project (i.e., chemical plant; kettles or tanks used by refineries; various fillers, triangle tanks, valves used by mines). It also includes the output value of equipment manufactured by subsidiary workshops.

Value-added of Construction refers to the final result of the activities of production and operation of enterprises of the construction industry in monetary terms during the reference period.

Starting from the 2004 economic census, value-added of construction is calculated by both production approach and income approach, with the figures from the income approach as the final figures., Under the income approach,, calculation starts from the perspective of income and is based on the share of income derived from the production process by the relevant factors of production.. Specifically, value-added of construction for the Census years is calculated in accordance with the Programme of Compilation of GDP and National Accounts for the Year of Economic Census, and value-added of construction for other years is calculated in accordance with the Programme of Compilation of GDP and National Accounts for the Non Economic Census Years.

Floor Space of Buildings Under Construction refers to floor space of buildings under construction during the reference period, including the floor space of buildings for which construction has newly started; buildings for which construc- tion has started earlier and is continuing during the reference period; and buildings for which construction has been suspended earlier but has restarted during the reference period; buildings completed during the reference period; and buildings under construction but construction has subsequently been during the reference period.

Floor Space of Buildings Completed refers to the floor space of buildings that are completed in the reference period in accordance with the requirements of the design, up to the standard for being put into use, and having been checked and accepted by departments concerned as qualified ones.

15 交通运输、邮电和其他服务业

Transportation, Postal, Telecommunication and Other Services

资料整理人员：谢妮莉　　韩建芳

15-1 运输线路长度和民用汽车拥有量
Length of Transportation Routes and Number of Civil Vehicles Owned

年份 Year	铁路营业里程（公里）Length of Railways in Operation (km)	#复线里程 Double-Tracking	#高速铁路 High Speed Railway	公路里程（公里）Length of Highways (km)	#高速公路 Expressway	内河航道（公里）Length of Navigable Inland Waterways (km)	民用汽车拥有量（万辆）Number of Civil Vehicles Owned (10 000 units)	#私人汽车 Private-Owned
1949	950			3142		10913		
1950	950			3420		10913	0.11	
1951	950			3631		10913	0.16	
1952	950			3790		10913	0.16	
1953	928			4231		10913	0.17	
1954	933			4352		10913	0.17	
1955	933			4469		10952	0.19	
1956	933			5430		11295	0.22	
1957	919			6437		11299	0.24	
1958	919			11282		14202	0.41	
1959	1007			15326		16607	0.57	
1960	1127			17223		17098	0.64	
1961	1193			17340		17098	0.62	
1962	1193			17340		17098	0.60	
1963	1193			18466		15768	0.66	
1964	1193			19487		16586	0.70	
1965	1416			20979		16586	0.78	
1966	1443			22726		16586	0.84	
1967	1464			23875		16586	0.93	
1968	1464			25148		16586	1.04	
1969	1464			27028		16586	1.16	
1970	1464			29437		16586	1.64	
1971	1538			32066		12099	1.77	
1972	1937			32824		10643	2.10	
1973	2053			35978		10828	2.60	
1974	2065			38331		11179	2.86	
1975	2065			46803		11147	3.34	
1976	2065			49943		11499	3.85	
1977	2065			55420		11558	4.39	
1978	2065			59541		10798	4.89	
1979	1681			54678		10137	5.69	
1980	1653			54897		10137	6.52	
1981	1653			55155		10149	7.09	
1982	2236			55289		10154	7.85	
1983	2236			55483		10164	8.70	
1984	2299			55756		10164	9.24	
1985	2299			56002		9941	10.84	

15-1 续表 Continued

年份 Year	铁路营业里程（公里）Length of Railways in Operation (km)	#复线里程 Double-Tracking	#高速铁路 High Speed Railway	公路里程（公里）Length of Highways (km)	#高速公路 Expressway	内河航道（公里）Length of Navigable Inland Waterways (km)	民用汽车拥有量（万辆）Number of Civil Vehicles Owned (10 000 units)	#私人汽车 Private-Owned
1986	2299			56636		10005	12.89	
1987	2302			56930		10051	14.88	2.64
1988	2302			57090		10037	16.91	3.35
1989	2302			57209		10092	18.10	3.68
1990	2302			57460		10110	18.75	3.71
1991	2302			57693		10110	20.35	4.20
1992	2302			58110		10010	22.91	5.55
1993	2273			58421		10010	26.55	7.34
1994	2273			58803	44	10010	32.11	10.01
1995	2273			59125	44	10050	35.24	12.66
1996	2273			59554	100	10050	37.49	13.78
1997	2273	642		59761	101	10050	38.12	16.55
1998	2275	642		60077	172	10050	41.58	21.12
1999	2891	1033		60416	280	10065	42.73	22.94
2000	2924	1836		60848	449	10041	46.10	25.98
2001	2894	1282		66593	585	10041	50.43	27.95
2002	2829	1282		84808	1012	10041	57.67	30.72
2003	2771	1273		85233	1218	11968	65.08	36.01
2004	2774	1282		87875	1218	11968	71.78	41.60
2005	2802	1247		88200	1403	11968	82.76	52.13
2006	2806	1246		171848	1403	11968	94.64	61.35
2007	2799	1250		175415	1764	11398	121.72	85.36
2008	2795	1246		184568	2001	11398	142.67	101.89
2009	3693	1852	606	191405	2226	11968	200.07	138.28
2010	3695	1847	606	227998	2386	11968	243.72	179.57
2011	3693	1852	604	232190	2649	11968	290.58	222.93
2012	3825	1987	604	234051	3968	11968	340.18	271.33
2013	4028	2033	786	235396	5084	11968	397.75	327.24
2014	4532	2540	1293	236250	5493	11968	443.42	393.26
2015	4521	2541	1293	236886	5653	11968	516.60	466.14
2016	4716	2982	1374	238273	6080	11968	603.02	551.11
2017	4698	3007	1396	239724	6419	11968	688.89	635.97
2018	5070	3336	1730	240060	6725	11968	786.20	727.45

注：2006 年起，公路里程含村道。
From 2006, Length of Highways included Village Roads.

15–2 运输线路、铁路机车基本情况
Basic Statistics on Transportation Routes and Railway Locomotives

单位：公里 (km)

指 标	Item	2000	2005	2017	2018
铁路营业里程	**Lengh of Railways in Operation**	**2924**	**2802**	**4698**	**5070**
复线里程	Double–Track	1836	1247	3007	3336
电气化线路里程	Lengh of Electrified Railway	672	1245	3637	3962
高速铁路里程	Lengh of High Speed Railway			1396	1730
公路线路里程	**Lengh of Highways**	**60848**	**88200**	**239724**	**240060**
有铺装路面 （高级）	Paved Highways		19228	214926	217055
未铺装路面 （中低无）	Non–Paved Highway		56975	23373	21579
等级公路	Expressway and Class Ⅰ to Ⅳ Highway	33380	45801	217251	223667
高速	Expressway	440	1403	6419	6725
一级	First Class	239	530	1669	2068
二级	Second Class	3761	5563	13865	14478
等外路	Highway Below Class Ⅳ	27468	42399	22473	16393
内河航道	**Lengh of Navigable Inland Waterway**	**10041**	**11968**	**11968**	**11968**
中央铁路	**Central Railway**				
内燃机车 （台）	Diesel Locomotives (unit)	529	363	338	325
电力机车 （辆）	Electric Locomotives (unit)	120	393	699	691
地方铁路 （窄轨）	**Local Railway Locomotives (narrow gauge)**				
客车 （辆）	Passenger Coaches (unit)	27		35	35

注：公路线路里程2006年起包含村道。管道线路里程2015年起只包含燃气次高压管道。

The figure on the lengh of highways includes country road since 2006.The figure on the length of pipeline only includes sub high pressure gas pipeline since 2015.

15-3 民用车辆拥有量 (2018年)
Number of Civil Motor Vehicles (2018)

指 标		Item		总计 Total	营业性 Business	非营业性 Non-Business	# 个体 Individual	# 新注册 New Registration
合计		**Total**		**13379721**	**683309**	**12262635**	**12343718**	**1448391**
民用汽车	(辆)	Civil Motor Vehicles	(unit)	7861984	594781	7247458	7274538	1061408
载客汽车	(辆)	Passenger Vehicles	(unit)	7030719	161591	6849383	6584190	961434
# 大型		# Large		59079	49045	5728	777	9411
中型		Medium		43882	19322	9146	6727	2760
轿车		Cars		4301317	89252	4212065	4067466	546246
载货汽车	(辆)	Trucks Vehicles	(unit)	746678	401513	345165	621675	95219
# 重型		# Heavy		158632	152935	5697	101611	19627
中型		Medium		50876	47401	3475	41750	2020
# 普通载货		# Ordinary Trucks		304661	48485	256176	271108	39900
摩托车	(辆)	Motors	(unit)	5060638	45993	5014645	5049999	365681
拖拉机	(辆)	Tractors	(unit)	302733				8000
挂车	(辆)	Truck Trailer	(unit)	43067	42535	532	19181	7328
其他类型车	(辆)	Other Motors Vehicles	(unit)	111299				5974

15-4 水路运输工具拥有量 (2018年)
Number of Civil Transport Vessels (2018)

指 标		Item		总计 Total	# 个体 Individual	内河运输 Reiver Shipping	# 个体 Individual
机动船	**(艘)**	**Motor Vessels**	**(unit)**	**4895**	**748**	**4878**	**748**
净载重量	(吨位)	Net Haulage Capacity	(ton)	4285244	258240	4053676	258240
载客量	(客位)	Passenger Capacity	(seat)	69161		69161	
功率	(千瓦)	Power	(kw)	1432873	109366	1392049	109366
客船	(艘)	Passenger Ship	(unit)	2053		2053	
载客量	(客位)	Passenger Capacity	(seat)	69161		69161	
功率	(千瓦)	Power	(kw)	101622		101622	
货船	(艘)	Cargoboat	(unit)	2840	748	2823	748
净载重量	(吨位)	Net Haulage Capacity	(ton)	4285244	258240	4053676	258240
功率	(千瓦)	Power	(kw)	1330407	109366	1289583	109366
货船中：油船	(艘)	Oil Tanker	(unit)	39		36	
净载重量	(吨位)	Net Haulage Capacity	(ton)	58556		37290	
功率	(千瓦)	Power	(kw)	20530		14003	
拖船	(艘)	Drawing	(unit)	2		2	
功率	(千瓦)	Power	(kw)	844		844	
驳船	**(艘)**	**Barges**	**(unit)**	**236**		**236**	
净载重量	(吨位)	Net Haulage Capacity	(ton)	22927		22927	

15-5 公路客货运输量(2018年)
Passenger and Freight Traffic of Highway Transportation (2018)

指 标		Item		合 计 Total
客运量	（万人）	Passenger Traffic	(10 000 persons)	91007.05
旅客周转量	（亿人公里）	Passenger Kilometers	(100 million persons-km)	479.93
货运量	（万吨）	Freight Traffic	(10 000 tons)	204388.55
货物周转量	（亿吨公里）	Total Freight Ton-kilometers	(100 million ton-km)	3114.85

注：2013年开始，公路水路客货运输数据，源自交通运输业经济统计专项调查，统计口径有所调整（下同）。

Beginning in 2013,highway and waterway freignt volume data,from traffic transportation economic statistics,special inrestigation,statistical adjustments(the same below).

15-6 水路客货运输量(2018年)
Passenger and Freight Traffic of Waterway Transportation (2018)

指 标		Item		总计 Total	内河运输 Reiver Shipping	远洋运输 Ocean Shipping
客运量	（万人）	Passenger Traffic	(10 000 persons)	1729.36	1729.36	
旅客周转量	（亿人公里）	Passenger Kilometersc	(100 million persons-km)	3.63	3.63	
货运量	（万吨）	Freight Traffic	(10 000 tons)	21100.73	20894.91	171.33
货物周转量	（亿吨公里）	Total Freight Ton-kilometers	(100 million ton-km)	458.96	356.90	93.68

15-7 旅客运量和旅客周转量
Passenger Traffic and Turnover Volume of Passenger Traffic

年份 Year	合计 Total	铁路 Railway	公路 Highway	水运 Waterway	民用航空 Civil Aviation
客运量（万人）	Total Passenger Traffic (10 000 persons)				
1990	54161	3474	49112	1568	7
1991	54710	3514	49566	1621	9
1992	52641	3638	47366	1615	22
1993	55896	4022	50252	1562	60
1994	64757	4176	59028	1481	72
1995	71566	4135	65971	1375	85
1996	76377	3892	71087	1298	100
1997	79250	4488	73233	1357	172
1998	79540	4497	73681	1260	102
1999	87806	5022	81675	1002	107
2000	87462	5233	81005	1094	130
2001	92381	5202	85971	1063	145
2002	98244	5173	91653	1249	169
2003	96182	4850	90353	793	186
2004	106333	5326	99975	772	260
2005	116457	5423	109728	702	304
2006	118621	5550	112135	573	363
2007	123626	5891	116780	525	430
2008	131442	6239	124274	509	419
2009	141061	6407	133359	747	548
2010	156871	7111	148235	919	606
2011	171886	7915	161980	1327	664
2012	184872	8429	174386	1349	708
2013	197541	9067	149016	1480	757
2014	162540	9639	150583	1449	870
2015	151059	10368	138221	1534	935
2016	122702	11369	108627	1615	1091
2017	116178	12872	100390	1674	1241
2018	108083	13943	91007	1729	1403
周转量（亿人公里）	Total Passenger-kilometers (100 million passenger-km)				
1990	339.86	162.32	172.73	4.25	0.56
1991	378.20	189.29	184.27	3.94	0.70
1992	435.19	228.39	200.09	4.87	1.84
1993	490.26	270.82	209.34	4.58	5.52
1994	539.02	291.44	237.00	3.90	6.68
1995	555.13	301.60	242.46	3.66	7.41
1996	538.29	262.99	263.48	3.45	8.37
1997	592.16	305.06	274.68	3.69	8.73
1998	610.53	319.67	279.69	3.49	7.68
1999	676.04	353.87	310.69	3.76	7.72
2000	724.06	394.00	318.37	3.55	8.14
2001	761.62	410.65	337.90	3.23	9.84
2002	827.55	428.84	384.91	3.20	10.60
2003	831.24	431.00	384.67	2.43	13.14
2004	972.57	500.38	449.73	2.35	25.87
2005	1046.27	531.71	480.57	1.94	32.05
2006	1114.86	562.48	512.24	1.42	38.72
2007	1224.57	626.14	548.12	1.19	49.12
2008	1260.17	645.98	565.64	0.82	47.73
2009	1289.93	625.44	601.11	1.01	62.37
2010	1464.96	707.18	683.58	1.69	72.51
2011	1636.15	775.01	778.04	2.74	80.36
2012	1713.94	769.62	853.96	2.63	87.73
2013	1856.51	830.75	721.93	2.85	97.96
2014	1762.41	873.49	776.48	2.84	109.60
2015	1782.07	879.46	767.26	3.07	132.28
2016	1639.18	894.28	577.03	3.22	164.66
2017	1679.47	970.47	526.60	3.47	178.93
2018	1668.36	979.54	479.93	3.63	205.26

15-8 货物运量和货物周转量
Freight Traffic and Turnover Volume of Freight Traffic

年份 Year	合计 Total	铁路 Railway	公路 Highway	水运 Waterway	民用航空 Civil Aviation
货运量（万吨）	**Total Freight Traffic (10 000 tons)**				
1990	37708	4771	29679	3217	
1991	41219	4777	33224	3177	
1992	42548	4906	33788	3821	
1993	46074	4982	37582	3441	1.00
1994	48448	4929	39912	3536	1.00
1995	49885	5017	41272	3531	1.00
1996	50454	4893	42191	3301	1.00
1997	48980	4535	41340	3034	2.00
1998	49147	4408	41610	2990	1.00
1999	51183	4456	43296	3178	1.00
2000	51228	4676	42868	3406	2.00
2001	53035	4965	44340	3572	2.00
2002	52156	4942	42982	3760	2.00
2003	59952	5214	51136	3600	2.00
2004	69680	5400	60291	3986	3.00
2005	76876	5218	67040	4615	3.00
2006	84998	5643	72457	6894	3.74
2007	99501	5831	85432	8234	3.77
2008	115810	5552	98759	11495	3.80
2009	128582	5392	111351	11834	4.62
2010	149168	5716	127635	15811	6.09
2011	168152	5951	144241	17954	6.11
2012	190712	5331	166670	18705	5.80
2013	210659	4890	156268	23097	6.07
2014	202800	4495	172613	25687	6.25
2015	214130	4184	184831	25109	6.08
2016	207364	3925	178968	23445	6.41
2017	226522	4185	198806	22560	6.96
2018	231110	4468	204389	21101	8.13
周转量（亿吨公里）	**Total Freight Ton-kilometers (100 million ton-km)**				
1990	774.81	590.33	137.02	47.37	
1991	830.64	621.98	164.42	44.15	
1992	901.85	656.29	191.53	53.95	
1993	951.86	683.10	209.85	58.66	0.07
1994	1003.47	720.46	221.78	60.98	0.07
1995	1043.67	751.84	235.52	56.06	0.09
1996	1029.32	728.91	240.13	60.10	0.11
1997	998.72	690.80	244.86	62.78	0.12
1998	978.89	652.98	256.56	68.92	0.09
1999	967.68	624.14	272.71	70.08	0.11
2000	1074.50	632.12	297.79	143.76	0.11
2001	1132.18	674.39	316.03	141.22	0.14
2002	1223.09	730.86	355.96	135.48	0.16
2003	1361.12	782.60	455.45	121.74	0.24
2004	1574.21	896.49	513.45	162.21	0.32
2005	1661.97	930.29	538.57	190.32	0.38
2006	1781.11	951.66	592.37	236.66	0.42
2007	1981.63	1038.39	682.69	260.10	0.45
2008	2340.11	971.47	1085.06	283.10	0.48
2009	2505.27	990.00	1259.65	255.03	0.59
2010	2904.98	1022.71	1539.36	342.14	0.77
2011	3345.76	1046.16	1878.57	420.26	0.77
2012	3953.62	998.13	2392.49	562.26	0.74
2013	4227.44	923.76	2329.54	552.45	0.81
2014	4122.58	832.92	2578.90	709.94	0.82
2015	4149.45	749.95	2731.80	666.83	0.87
2016	4043.25	721.37	2686.57	619.47	0.94
2017	4316.43	813.13	2990.55	497.07	1.05
2018	4404.28	812.75	3114.85	458.96	1.26

15-9 邮政业务基本情况
Basic Statistics of Postal Business

指 标		Item		2017	2018
邮政局、所	**（处）**	**Number of Post Offices**	**(unit)**	**2773**	**2799**
#设在农村的局、所	（处）	# Rural Post Offices	(unit)	2196	2170
邮政局	（处）	Post Bureaus	(unit)	109	111
邮政支局	（处）	Branch of Post Bureaus	(unit)	1128	1181
自办邮政所	（处）	Post Places	(unit)	546	487
代办邮政所	（处）	Agency of Post Places	(unit)	990	1000
邮路总长度	**（公里）**	**Length of Postal Routes**	**(km)**	**106292**	**114562**
农村投递路线总长度	**（公里）**	**Length of Rural Delivery Routes**	**(km)**	**214278**	**208932**
邮政业务总量	**（亿元）**	**Revenue of Postal Business**	**(100 million yuan)**	**192.64**	**248.24**
包裹业务合计	**（万件）**	**Total of Parcels**	**(10 000 pieces)**	**45.43**	**41.49**
报刊业务		**Business of Newspaper and Magazine**			
报纸累计份数	（万份）	Total of Newspapers	(10 000 copies)	67171	65560
杂志累计份数	（万份）	Total of Magazines	(10 000 copies)	4107	4178
报纸期发份数	（万份）	Number of Newspapers in one period	(10 000 copies)	304	294
杂志期发份数	（万份）	Number of Magazines in one period	(10 000 copies)	213	246
邮政储蓄业务		**Postal Deposits Business**			
邮政储蓄网点数	（个）	Number of Places	(unit)	1659	1659
邮政储蓄年末余额	（万元）	Balance at the year-end	(10 000 yuan)	29649348	32082721
邮政其他业务量	**（万元）**	**Revenue of Other Postal Business**	**(10 000 yuan)**	**56478**	**98131**

注：邮政业务总量 2010 年起，由 2000 年不变价调整为 2010 年不变价。

From 2010, the index of Revenue From Postal is adjusted from 2000's constant priçe to 2010's constant price.

15-10 电信业务基本情况
Basic Statistics of Telecommunication

指标		Item		2017	2018
销售营业网点数	**（处）**	**Number of Selling Places**	**(unit)**	**76097**	**32107**
自办营业网点数	（处）	Main Selling Places	(unit)	345	544
电信业务代办网点数	（处）	Agency of Telecommunication Places	(unit)	75752	31563
长途电信设备		**Equipment of Long Distance Telecommunication**			
长途电话交换机容量	（路端）	Capacity of Long Distance Telephone Exchanges	(line)	409670	364040
长途光缆线路长度	（公里）	Length of Long Distance Optical Cables	(km)	45955	41797
长途业务电路	（路）	Long Distance lines	(line)	753768	
移动通信主要设备		**Main Equipment of Mobile Communication**			
移动电话基站	（个）	Basic Station of Mobile Telephone	(unit)	223010	240158
#GSM	（个）	#GSM	(unit)	91743	50367
移动电话信道	（万个）	Mobile Telephone Channel	(10 000unit)	204.52	
移动电话交换机容量	（万门）	Switch Boards Capacity of Mobile Telephone	(10 000line)	9803.00	10123.00
互联网宽带接入端口	（万个）	Broad Band Subscribers Port of Internet	(10 000 ports)	2262.90	2821.10
电信业务总量	**（亿元）**	**Revenue of Telecommunication Business**	**(100 million yuan)**	**928.50**	**2477.10**
固定电话用户	（万户）	Fixed Telephone User	(10 000 households)	674.36	646.77
移动电话年末用户	（万户）	Mobile Telephone User at the year-end	(10 000 households)	5683.42	6302.89
3G 移动电话用户	（万户）	3G Mobile Phone Subscribers	(10 000 subscribers)	391.28	505.17
4G 移动电话用户	（万户）	4G Mobile Phone Subscribers	(10 000 subscribers)	4085.95	4710.94
固定互联网上网用户	（万户）	Internet User	(10 000 households)	1315.48	1635.32
移动互联网上网用户	（万户）	Internet User	(10 000 households)	4922.45	5226.59

注：电信业务总量 2017 年起执行 2015 年不变价。
From 2017,the Revenue of Telecommunication Business application 2015's constant price.

15-11 邮电通信水平 (2018年)
Development of Postal and Telecommunications Services (2018)

指标		Item		2018
平均每一邮电局所服务面积	（平方公里）	Average Area Served by Every Post Office	(sq.km)	76.2
平均每一邮电局所服务人口	（万人）	Average People Served by Every Post Office	(10 000 persons)	2.5
平均每人每年发函件数	（件）	Annual Average Number of Letters Mailes Per Capita	(piece)	0.3
平均每百人每年订购报刊数	（份）	Annual Average Number of Newspaper and Magazine Subscribers Per 100 ersons	(copy)	7.8
设有邮电局、所的乡镇比重	(%)	Percentage of Townships with Post and Telecommunication Offic (%)		100.0
电话普及率（含移动）	（部/百人）	Popularization Rate of Telephone	(sets/100 persons)	100.7
进入长途电话自动网的县(市)比重	(%)	Percentage of Townships with Connected Autoexchange Net of Long Distance Call	(%)	100.0
已通电话的乡（镇）比重	(%)	Percentage of Townships with Telephone Communication	(%)	100.0

15-12 规模以上服务业企业分类别经济指标(2018年)

单位：亿元

指 标	Item	单位数（个） Number of Enterprises (unit)	年初存货 Inventory Year-early	流动资产合 计 Circulating Funds		
					应收账款 Net Value of Account Received	存 货 Stock
总计	**Total**	**6463**	**4314.42**	**11134.78**	**1083.23**	**4619.91**
按登记注册类型分：	**Grouped by Registration**					
内资企业	Internal-invested Enterprises	6414	4314.02	11094.61	1075.23	4619.41
国有企业	State-owned Enterprises	180	68.15	378.04	31.44	49.23
集体企业	Collective-owned Enterprises	42	0.09	5.67	0.75	0.10
股份合作企业	Enterprises Cooperated by Joint-stock	15	0.18	2.01	0.79	0.21
联营企业	Cooperative Enterprises	6	0.07	0.32	0.02	0.05
有限责任公司	Limited Liability Company	1684	4148.90	9679.83	857.74	4472.61
股份有限公司	Company Limited by Shares	229	28.33	372.77	31.95	22.55
私营企业	Individual-owned Enterprises	3690	64.25	611.21	136.61	69.75
其他企业	Enterprises of Other Types of Ownership	568	4.06	44.76	15.93	4.91
港、澳、台商投资企业	Enterprises Funded by Entrepreneurs From Hong Kong,Macao and Taiwan	27	0.06	31.80	5.37	0.06
外商投资企业	Enterprises funded by Foreigners	22	0.35	8.37	2.63	0.44

15-12 续表

单位：亿元

指 标	Item	税 金及附加 Tax and Extra Charges	销售费用 Operation Expenses	管理费用 Management Expense	财务费用 Financial Expense
总计	**Total**	**36.30**	**197.71**	**353.30**	**90.91**
按登记注册类型分：	**Grouped by Registration**				
内资企业	Internal-invested Enterprises	35.75	190.11	348.56	88.63
国有企业	State-owned Enterprises	2.88	10.30	40.80	-0.39
集体企业	Collective-owned Enterprises	0.20	0.42	1.39	0.05
股份合作企业	Enterprises Cooperated by Joint-stock		0.15	0.85	0.01
联营企业	Cooperative Enterprises			0.11	0.17
有限责任公司	Limited Liability Company	17.71	81.03	158.14	63.22
股份有限公司	Company Limited by Shares	2.20	37.86	32.04	10.11
私营企业	Individual-owned Enterprises	11.62	56.65	103.43	13.40
其他企业	Enterprises of Other Types of Ownership	1.12	3.69	11.80	2.07
港、澳、台商投资企业	Enterprises Funded by Entrepreneurs From Hong Kong,Macao and Taiwan	0.22	5.90	2.82	2.01
外商投资企业	Enterprises funded by Foreigners	0.33	1.71	1.93	0.27

Classification Economic Indicators of Service Enterprises above Designated Size (2018)

(100 million yuan)

固定资产原价 Original Price of Fixed Assets	累计折旧 Accumulated depreciation	本年折旧 Depreciation this Year	资产总计 Total Assets	应付账款 Accounts payable	负债合计 Total Liability	所有者权益合计 Total Rights of Owners	营业收入 Operating Income	主营业务收入 Revenue of Major Business	营业成本 Operating Cost	主营业务成本 Cost of Major Business
4331.21	**1397.95**	**242.76**	**19596.67**	**965.29**	**10651.19**	**8945.47**	**3763.67**	**3696.33**	**2795.39**	**2756.79**
4129.74	1303.63	227.54	19434.89	951.89	10577.98	8856.90	3686.00	3624.78	2748.62	2714.77
222.67	82.88	11.13	592.74	58.18	337.58	255.16	277.34	271.94	220.64	217.89
11.48	7.25	0.56	20.74	3.47	13.47	7.27	7.17	7.12	4.65	4.63
4.51	2.13	0.25	7.10	1.81	3.50	3.60	6.31	6.15	4.96	4.54
4.40	2.05	0.14	2.91	0.03	3.25	–0.35	1.24	1.22	0.91	0.91
2463.49	660.76	123.00	16010.47	671.62	8878.55	7131.91	1879.15	1842.23	1421.59	1403.70
875.84	405.97	54.32	1329.48	67.45	496.76	832.72	372.02	367.27	234.02	230.91
464.33	123.76	33.23	1335.28	132.18	778.02	557.25	999.49	988.00	756.65	748.05
83.02	18.83	4.91	136.18	17.15	66.85	69.34	143.27	140.83	105.20	104.15
148.68	65.77	11.57	120.95	8.24	67.13	53.82	52.44	46.68	29.70	25.15
52.79	28.56	3.66	40.83	5.16	6.08	34.75	25.24	24.87	17.07	16.86

Continued

(100 million yuan)

利息收入 Interest Revenue	利息支出 Interest Expense	投资收益 Income from Investment	营业利润 Operating Profit	营业外收入 Non-operating Income	营业外支出 Operating Expense	利润总额 Total Profit	所得税费用 Income Tax and fee	应付职工薪酬 Total Sum of Wages Payable	平均用工人数(万人) Average Number of Empolyment of the Current Year (10 000 persons)
15.65	**97.36**	**46.95**	**377.94**	**46.65**	**25.58**	**399.02**	**57.99**	**593.34**	**80.20**
15.60	95.03	46.91	362.69	46.40	25.46	383.64	56.14	583.56	79.27
2.26	4.08	0.35	9.52	13.15	11.87	10.80	1.50	70.91	5.93
0.01	0.05		0.47	0.01	0.03	0.44	0.04	2.51	0.60
			0.35		0.03	0.31	0.00	1.58	0.20
	0.03		0.04			0.04	0.00	0.34	0.06
10.39	70.03	26.00	194.87	17.66	7.43	205.10	36.32	254.67	29.17
2.01	10.46	15.71	74.87	2.60	2.45	75.01	8.15	60.82	5.53
0.89	9.66	5.31	64.15	12.51	3.46	73.20	9.36	169.84	32.76
0.04	0.72	–0.46	18.43	0.48	0.18	18.72	0.76	22.89	5.03
0.02	2.02	0.02	11.29	0.19	0.05	11.43	1.47	5.36	0.49
0.03	0.31	0.02	3.96	0.05	0.07	3.95	0.39	4.42	0.44

15-13 规模以上服务业企业分行业大类经济指标(2018年)

单位：亿元

指标	Item	单位数(个) Number of Institutions (unit)	年初存货 Inventory Year-early	流动资产合计 Circulating Funds
总计	**Total**	**6463**	**4314.42**	**11134.78**
铁路运输业	Railway Transport	2	4.25	10.01
道路运输业	Road Transport	713	6.69	514.34
水上运输业	Water Transport	50	0.15	9.46
航空运输业	Air Transport	9	0.07	21.31
管道运输业	Transport Via Pipelines	5	0.27	15.88
多式联运和运输代理业	Multimodal Transport and Other Transport Services	75	0.41	19.06
装卸搬运和仓储业	Handling Industry and Storage	128	121.84	143.47
邮政业	Post	53	1.92	76.64
电信、广播电视和卫星传输服务	Telecommunications, radio and television and satellite transmission services	194	5.26	203.71
互联网和相关服务	Internet and related services	111	2.25	39.93
软件和信息技术服务业	Software and IT services	270	5.74	88.63
物业管理	Property Management	463	1.01	82.31
房地产中介服务	Real Estate intermediary services	30	0.05	12.52
房地产租赁经营	Real estate leasing	22	20.35	111.86
租赁业	Leasing	55	1.22	4.47
商务服务业	Business Services	1098	817.72	2460.76
研究和试验发展	Research and Experimental Development	34	32.73	99.39
专业技术服务业	Professional Technical Services	435	271.26	676.62
科技推广和应用服务业	Services of Science and Technology Promotion and Application	402	5.78	35.86
水利管理业	Management of Water Conservancy	12	0.02	3.71
生态保护和环境治理业	Ecological protection and Environmental management	32	7.82	42.50
公共设施管理业	Management of Public Facilities	203	64.58	226.53
土地管理业	Land Management	80	2899.95	5618.73
居民服务业	Services to Households	142	3.19	28.36
机动车、电子产品和日用产品修理业	Motor vehicles, electronics and household goods repair industry	82	0.66	3.25
其他服务业	Other Services	77	0.25	5.05
教育	Education	405	1.39	40.07
卫生	Health	373	5.65	77.76
社会工作	Social Work	31	0.06	4.75
新闻和出版业	Journalism and Publishing Activities	45	7.59	100.71
广播、电视、电影和影视录音制作业	Radio, television,film and video production industry recordings	202	17.37	253.92
文化艺术业	Cultural and Art Activities	219	2.89	32.57
体育	Sports Activities	58	0.36	4.03
娱乐业	Entertainment	353	3.69	66.60

Main Economic Indicators of Service Enterprises above Designated Size by Service Sector (2018)

(100 million yuan)

应收账款 Net Value of Account Received	存货 Inventory	固定资产原价 Original Price of Fixed Assets	累计折旧 Accumulated depreciation	本年折旧 Depreciation this Year	资产总计 Total Assets	应付账款 Accounts payable	负债合计 Total liability	所有者权益合计 Tatol Rights of Owners	营业收入 Operating Income	主营业务收入 Revenue of Major Business	营业成本 Operating Cost	主营业务成本 Cost of Major Business
1083.23	**4619.91**	**4331.21**	**1397.95**	**242.76**	**19596.67**	**965.29**	**10651.19**	**8945.47**	**3763.67**	**3696.33**	**2795.39**	**2756.79**
0.29	0.71	379.98	34.31	10.20	468.33	13.29	257.50	210.84	17.74	17.47	23.57	23.46
57.56	7.65	696.99	204.70	36.50	1780.98	174.37	1204.81	576.17	355.47	343.26	296.34	287.97
3.94	0.10	15.32	5.54	1.15	30.51	3.90	13.19	17.32	31.27	31.09	27.68	27.65
1.81	0.07	127.11	30.27	4.92	144.75	8.93	55.09	89.66	21.53	21.53	18.49	18.49
0.26	0.18	7.58	2.66	0.29	51.67	0.65	34.96	16.70	4.89	4.84	3.10	3.05
5.55	1.05	11.09	3.58	0.77	32.63	5.03	20.58	12.05	44.35	44.34	41.49	41.47
5.54	90.98	69.31	25.77	4.55	229.64	6.02	175.25	54.39	95.08	93.47	91.35	90.25
12.41	2.17	41.43	21.93	2.33	99.82	14.05	76.96	22.86	113.58	112.42	95.09	94.56
35.07	4.51	1322.74	701.16	108.49	951.59	150.73	334.61	616.98	549.93	537.88	341.16	331.65
9.87	2.54	20.43	7.31	0.97	91.99	8.05	33.04	58.95	74.70	74.31	52.99	52.80
41.01	6.58	17.85	5.62	1.64	115.39	12.93	47.70	67.69	123.05	122.67	72.99	72.19
15.46	1.18	20.12	8.40	1.28	115.49	6.18	88.53	26.97	78.58	75.06	58.43	57.02
6.93	0.04	0.92	0.30	0.05	13.54	0.44	8.92	4.61	9.82	9.76	5.39	5.36
1.18	16.43	57.40	11.49	2.00	238.89	7.32	164.87	74.02	8.03	7.46	3.96	3.88
1.53	1.13	8.23	2.89	1.46	11.49	1.15	6.33	5.16	11.06	9.30	7.94	6.96
220.44	877.62	655.41	111.70	21.78	4649.71	94.00	2346.23	2303.48	632.41	620.91	492.58	486.43
10.25	33.56	17.50	6.47	0.90	270.41	17.52	85.72	184.69	41.36	40.35	32.91	32.54
117.05	283.51	82.75	26.33	5.34	872.49	95.21	497.63	374.86	409.56	408.81	316.41	315.97
6.35	6.00	30.87	5.43	1.72	78.02	3.44	37.54	40.48	114.08	112.11	84.84	83.69
0.50	0.01	3.38	0.92	0.09	12.70	0.22	5.91	6.80	0.99	0.87	0.66	0.56
6.18	7.59	8.65	2.32	0.46	68.05	7.80	39.20	28.85	26.71	26.58	23.32	23.32
14.13	60.33	73.32	11.62	2.66	443.61	10.15	249.81	193.80	70.99	65.60	44.48	42.75
434.90	3154.78	209.76	44.75	8.30	7555.55	173.89	4261.67	3293.88	322.35	318.86	251.86	251.29
2.68	3.87	14.30	4.03	0.88	44.50	3.41	30.18	14.32	37.01	36.27	25.20	24.85
0.71	0.62	3.71	0.80	0.31	7.56	0.86	3.30	4.26	10.46	10.00	7.90	7.60
1.65	0.18	3.33	1.21	0.33	9.73	1.79	4.99	4.74	12.45	12.44	9.52	9.48
13.48	1.53	95.15	20.83	4.76	142.38	18.91	68.15	74.22	57.35	56.16	39.78	39.10
21.34	5.78	76.76	32.90	6.61	165.93	22.75	113.53	52.40	136.35	135.67	89.66	88.68
0.11	0.06	4.16	0.41	0.15	10.09	0.89	9.09	1.00	2.82	2.81	1.95	1.94
2.57	8.09	48.90	9.24	0.79	214.17	12.74	30.85	183.32	42.37	41.74	29.75	29.52
21.73	23.16	59.93	27.47	4.00	380.28	51.53	155.26	225.01	205.41	202.36	142.17	141.20
4.78	3.06	46.07	8.65	3.05	84.46	5.13	39.82	44.64	32.83	31.53	19.20	18.37
1.34	0.56	9.78	3.42	0.50	14.51	0.74	11.18	3.33	8.07	8.04	5.48	5.37
4.63	14.30	91.00	13.53	3.54	195.80	31.29	138.79	57.00	61.05	60.33	37.73	37.34

15−13 续表

单位：亿元

指 标	Item	税 金 及附加 Tax and Extra Charges	销售费用 Operation Expense	管理费用 Management Expense
总计	**Total**	**36.30**	**197.71**	**353.30**
铁路运输业	Railway Transport	0.03	0.00	0.62
道路运输业	Road Transport	3.69	6.74	37.73
水上运输业	Water Transport	0.23	0.21	1.26
航空运输业	Air Transport	0.53	0.06	1.94
管道运输业	Transport Via Pipelines	0.04	0.32	0.42
多式联运和运输代理业	Multimodal Transport and Other Transport Services	0.18	0.88	2.00
装卸搬运和仓储业	Handling Industry and Storage	0.45	3.17	6.43
邮政业	Post	0.41	0.56	12.74
电信、广播电视和卫星传输服务	Telecommunications, radio and television and satellite transmission services	1.70	63.43	42.84
互联网和相关服务	Internet and related services	0.48	7.07	8.35
软件和信息技术服务业	Software and IT services	1.06	6.51	18.61
物业管理	Property Management	1.08	2.72	12.07
房地产中介服务	Real Estate intermediary services	0.07	1.97	1.21
房地产租赁经营	Real estate leasing	0.64	0.85	1.43
租赁业	Leasing	0.13	0.49	1.00
商务服务业	Business Services	8.50	22.04	48.04
研究和试验发展	Research and Experimental Development	0.47	1.81	7.79
专业技术服务业	Professional Technical Services	3.07	7.70	46.27
科技推广和应用服务业	Services of Science and Technology Promotion and Application	1.11	3.32	5.84
水利管理业	Management of Water Conservancy	0.02	0.02	0.29
生态保护和环境治理业	Ecological protection and Environmental management	0.40	0.52	2.09
公共设施管理业	Management of Public Facilities	1.27	3.96	4.91
土地管理业	Land Management	3.20	1.88	9.92
居民服务业	Services to Households	0.65	4.62	4.02
机动车、电子产品和日用产品修理业	Motor vehicles, electronics and household goods repair industry	0.18	0.68	0.94
其他服务业	Other Services	0.16	0.47	1.15
教育	Education	0.43	2.13	8.72
卫生	Health	0.50	12.85	22.29
社会工作	Social Work	0.04	0.22	0.49
新闻和出版业	Journalism and Publishing Activities	0.34	4.82	7.57
广播、电视、电影和影视录音制作业	Radio, television,film and video production industry recordings	3.44	21.31	20.72
文化艺术业	Cultural and Art Activities	0.43	3.22	4.28
体育	Sports Activities	0.21	0.77	1.34
娱乐业	Entertainment	1.15	10.38	7.97

Continued

(100 million yuan)

财务费用 Financial Expense	利息收入 Interest Revenue	利息支出 Interest Expense	投资收益 Income from Investment	营业利润 Operating Profit	营业外收入 Non-operating Income	营业外支出 Non-operating Expense	利润总额 Total Profit	所得税费用 Income Tax and fee	应付职工薪酬 Total Sum of Wages Payable	应交增值税 Value Added Payable	平均用工人数(万人) Average Number of Empolyment of the Current Year (10 000 persons)
90.91	**15.65**	**97.36**	**46.95**	**377.94**	**46.65**	**25.58**	**399.02**	**57.99**	**593.34**	**62.06**	**80.20**
10.40	0.04	10.43	0.00	−16.24	0.00	0.01	−16.25	−0.01	3.09	−1.78	0.20
23.79	0.84	22.83	2.23	13.34	16.22	1.79	27.77	7.45	73.46	6.36	12.43
0.28	0.03	0.13	0.09	1.70	0.17	0.20	1.68	0.24	2.02	0.40	0.32
0.39	0.18	0.49	0.01	1.29	0.03	0.13	1.19	0.53	8.13	0.23	0.56
0.25	0.01	0.05	0.00	0.75	0.00	0.00	0.75	0.16	0.33	0.11	0.04
0.30	0.01	0.18	0.02	−0.35	2.46	0.05	2.06	0.22	2.94	0.55	0.43
1.05	2.63	4.90	0.00	1.60	1.35	0.19	2.75	0.55	5.74	0.65	0.89
0.30	0.08	0.28	−0.05	4.55	0.30	0.92	3.92	0.29	38.85	0.72	3.70
0.43	2.90	1.86	1.57	96.82	1.84	2.86	95.79	18.01	73.28	7.02	5.20
0.18	−0.07	0.18	3.50	9.33	1.10	0.07	10.36	0.58	9.36	2.07	1.20
0.31	0.03	0.31	0.23	26.55	0.69	0.12	27.12	2.81	22.66	5.91	2.19
0.37	0.57	0.69	0.12	4.07	0.47	0.39	4.15	0.97	31.57	2.67	7.37
0.03	0.00	0.01	0.00	1.14	0.04	0.01	1.17	0.29	3.99	0.48	0.47
1.54	0.03	1.81	0.68	2.22	0.11	0.02	2.31	0.39	1.28	0.34	0.19
0.12	0.00	0.05	0.00	1.56	0.00	0.03	1.53	0.25	1.19	0.31	0.25
25.39	2.38	26.23	26.21	67.45	8.41	2.80	73.06	6.21	82.83	10.44	15.53
−0.19	0.23	0.43	3.48	2.53	0.66	0.07	3.12	0.32	8.38	0.76	0.48
1.33	1.93	3.12	3.35	32.87	1.73	0.97	33.63	4.63	68.70	11.93	5.76
1.73	0.02	0.90	−0.45	16.34	0.31	0.08	16.58	0.44	9.51	0.74	2.57
0.11	0.01	0.05	0.00	−0.11	0.21	0.07	0.02	0.01	0.46	0.01	0.08
0.26	0.34	0.49	0.22	0.15	0.66	0.37	0.44	0.11	1.85	1.92	0.26
3.03	0.05	2.79	0.58	13.95	1.51	0.19	15.28	2.07	7.52	1.28	1.68
14.34	0.70	14.17	1.95	46.55	−3.00	1.49	42.06	5.40	4.87	1.22	0.57
0.54	0.04	0.27	0.15	2.16	0.10	0.08	2.17	0.31	14.89	1.00	2.03
0.11	0.02	0.04	0.13	0.78	0.06	0.02	0.82	0.06	1.30	0.25	0.29
0.11	0.00	0.08	0.00	1.02	0.03	0.02	1.04	0.09	3.76	0.56	1.12
1.88	0.04	1.20	−0.07	4.54	0.51	0.15	4.90	0.53	20.05	0.63	3.89
1.77	0.11	1.13	0.37	9.55	0.81	1.44	8.93	2.42	35.76	0.57	4.79
0.07	0.00	0.06	0.00	0.02	0.02	0.01	0.03	0.00	0.72	0.02	0.17
−1.38	1.43	0.05	1.07	1.83	0.43	0.14	2.11	0.12	8.03	0.86	0.58
−0.72	1.00	0.59	1.26	19.86	8.67	10.67	17.85	0.94	30.54	3.05	1.53
1.04	0.01	0.65	0.28	5.18	0.36	0.08	5.46	0.81	5.32	0.50	1.21
0.13	0.00	0.09	0.01	0.18	0.05	0.01	0.22	0.03	1.42	0.22	0.30
1.60	0.04	0.80	0.01	4.76	0.34	0.12	4.97	0.77	9.54	0.07	1.94

主要统计指标解释

铁路营业里程 又称营业长度，指投入客货运输营业或临时营业的线路长度。

电气化里程 指具备了电力机车牵引条件，并已交付运营的线路里程。

公路里程 指报告期末公路的实际长度。统计范围：包括城间、城乡间、乡（村）间能行驶汽车的公共道路，公路通过城镇街道的里程，公路桥梁长度、隧道长度、渡口宽度。不包括城市街道里程，断头路里程，农（林）业生产用道路里程，工（矿）企业等内部道路里程。统计原则：按已竣工验收或交付使用的实际里程计算；两条或多条公路共同经由同一路段的重复里程，只计算一次。

货（客）运量 指在一定时期内，各种运输工具实际运送的货物重量（旅客数量）。货运按吨计算，客运按人计算。货物不论运输距离长短、货物类别，均按实际重量统计。旅客不论行程远近或票价多少，均按一人一次客运量统计；半价票、儿童票也按一人统计。

货物（旅客）周转量 指在一定时期内，由各种运输工具运送的货物（旅客）数量与其相应运输距离的乘积之总和。该指标可以反映运输业生产的总成果，也是编制和检查运输生产计划，计算运输效率、劳动生产率以及核算运输单位成本的主要基础资料。计算货物周转量通常按发出站与到达站之间的最短距离，也就是计费距离计算。计算公式为：

货物（旅客）周转量 = Σ（货物（旅客）运输量 × 运输距离）

港口货物吞吐量 指经由水路进、出港区范围，并经过装卸的货物数量。按货物流向分为进港吞吐量和出港吞吐量，按货物的贸易性质分为内贸和外贸吞吐量。货物类别根据现行的交通行业《运输货物分类和代码》标准分类。

民用运输船舶拥有量 指报告期末在水路运输管理部门注册登记的从事水上客、货运输活动的我国企业或私人拥有的营业性运输船舶（含我国企业或私人拥有的悬挂外国旗的船舶）数量。不包括非运输船舶及农业、渔业生产船舶。

民用汽车拥有量 指报告期末，在公安交通管理部门按照《机动车注册登记工作规范》，已注册登记领有民用车辆牌照的全部汽车数量。汽车拥有量统计的主要分类：根据汽车结构分为载客汽车、载货汽车及其他汽车；根据汽车所有者不同分为个人（私人）汽车、单位汽车；根据汽车的使用性质分为营运汽车、非营运汽车；根据汽车大小规格不同，载客汽车分为大型、中型、小型和微型，载货汽车分为重型、中型、轻型和微型。

邮政、电信业务总量 指以货币形式表示的邮政、电信通信企业为社会提供各类邮政、电信通信服务的总数量。计算方法为各类业务的实物量分别乘以相应的不变单价，求出各类业务的货币量加总求得。没有不变单价的业务按其业务收入直接相加。

移动电话用户 指在电信运营企业营业网点办理开户登记手续，通过移动电话交换机进入移动电话网，占用移动电话号码的各类电话用户。包括各类签约用户、智能网预付费用户、无线上网卡用户。

互联网上网人数 指过去半年内使用过互联网的 6 周岁及以上中国居民人数。

固定电话用户 指在电信企业营业网点办理开户登记手续并已接入固定电话网上的全部电话用户。包括普通电话用户、无线市话用户、公用电话用户、窄带综合业务数字网（N—ISDN）用户、智能网专用接入终端用户等。

3G 移动电话用户 指报告期末在计费系统拥有使用信息，占用 3G 网络资源的在网用户。包括使用了 3G 业务或终端的用户。

4G 移动电话用户 指报告期末在计费系统拥有使用信息，占用 4G 网络资源的在网用户。包括使用了 4G 业务或终端的用户。

长途电话交换机容量 指电信企业用于接入长途电话网的电话交换机的设备额定容量。

移动电话交换机容量 指移动电话交换机根据一定话务模型和交换机处理能力计算出来的最大同时服务用户的数量。按报告期末已割接入网正式投入使用的设备实际容量统计。

互联网宽带接入端口 指用于接入互联网用户的各类实际安装运行的接入端口的数量，包括 xDSL 用户接入端口、LAN 接入端口、其他类型接入端口等，不包括窄带拨号接入端口。

规模以上服务业的统计范围及标准 规模以上服务业是指年营业收入或者年末从业人员达到一定规模标准的执行企业会计制度的服务业法人单位。其中，交通运输、仓

储和邮政业，信息传输、软件和信息技术服务业，租赁和商务服务业，科学研究和技术服务业，水利、环境和公共设施管理业，教育，卫生和社会工作，物业管理、房地产中介及自有房地产经营活动等行业规模标准为年营业收入1000 万元及以上或者年末从业人员 50 人及以上的执行企业会计制度的法人单位；居民服务、修理和其他服务业，文化体育和娱乐业等行业规模标准为年营业收入 500 万元及以上或者年末从业人员 50 人及以上的执行企业会计制度的法人单位。

Explanatory Notes on Main Statistical Indicators

Length of Railways in Operation refers to the total length of the trunk line for passenger and freight transportation in full operation or temporary operation.

Length of Electrified Trunk Line refers to the length of the trunk line capable for the running of electrified locomotives and having been put into operation.

Length of Highways refers to the actual length of highways at the end of reference period. It covers public roads running vehicles among cities, city and rural areas, township (villages), highways passing through streets at small cities and towns, length of bridges and tunnels, width of ferry piers. It does not include the length of streets in cities, dead end highways, the length of streets built for agricultural (forest) production and inside factories (mines). It can only be calculated with the actual mileage having been completed, checked and accepted or put into operation. If two or more highways go the same section of the way, the length of the section is only calculated for once.

Freight (Passenger) Traffic refers to the weight of freight (number of passenger) transported with various means within a specific period of time. Freight transport is calculated in tons and passenger traffic is calculated in terms of number of persons. Freight transport is calculated in terms of the actual weight of the goods and takes no account of the type of freight and distance of travel. Passenger traffic is calculated by the principle that one person can be counted only once in one trip and takes no account of the travelling distance and ticket price. The passengers who travel with a half price ticket or a child's ticket is also calculated as one person.

Freight Ton-kilometres (Passenger-kilometres) refers to the sum of the product of the volume of transported cargo (passengers) multiplied by the transport distance. It is an important indicator to reflect the achievement of the transportation industry. This is an important indicator to show the total results of the transport industry; to prepare and examine the transport plan; and to serve as the main basic data for calculating the efficiency, labour productivity and unit cost of transport. Normally, the shortest distance between the departure station and the destination station (i.e., the payable distance) is the basis in calculating the freight ton-kilometres. The formula is as follows:

Volume of Freight Handled in Coastal Ports refers to the volume of cargo passing in and out of the harbour area of the major coastal ports and having been loaded and unloaded. The volume of freight handled may be classified by direction of cargo flow as in-port freight and out-port freight, or by nature of cargo as freight for domestic trade and freight for foreign trade. It can also be classified by type of freight based on the existing standard classification for transportation industry "Classification and Coding for Freight".

Possession of Civil Transport Vessels refers to the total number at the end of reference period of operating transport vessels owned by Chinese enterprises or privately that are registered in the water transportation management institutions and permitted to perform cargo transport activities (including vessels with foreign flags but owned by Chinese enterprises or citizens). Non-transport vessels and vessels used for agriculture and fishery are not included.

Possession of Civil Motor Vehicles refer to the total numbers of vehicles that are registered and received vehicles license tags according to the Work Standard for Motor Vehicles Registration formulated by the Transport Management Office under the department of public security at the end of the reference period. They are divided into categories. According to the structure of motor vehicles, they are divided into passenger vehicles, trucks and others; according to ownership into private vehicles and vehicles for the unit's use; according to kind of usage into working vehicles and non-working vehicles; and according to size of vehicles into large passenger vehicles, medium-sized passenger vehicles, small passenger vehicles and mini passenger vehicles, heavy trucks, light-heavy trucks, light trucks and mini-trucks.

Business Volume of Post and Telecommunications refers to the total amount of postal and telecommunication services, expressed in value terms, provided by the post and telecommunications departments for society. Business volume of post and telecommunications is the sum of each service in kind multiplying with its correspondent unit price (constant price). Business without constant price add their business revenue directly.

Mobile Telephone Subscribers refer to persons who have gone through registration procedures in the operation points of enterprises engaged in telecommunications and are hence connected with the mobile telephone communication network through the mobile telephone switchboards and occupy mobile phone numbers. Included are various types of subscriber, prepaid users for intelligent network and wireless network card users.

Internet Users refer to the number of Chinese citizens aged 6 and over who use the Internet in the past six months.

Local Telephone Subscribers refer to all subscribers who have gone through registration procedures in the operation points of enterprises engaged in telecommunications and are hence connected to the local telecommunications service provider through fixed line network. Included are general subscribers, wireless local telephone subscribers, public telephones subscribers, N-ISDN subscribers and intelligent network terminal subscribers.

3G Mobile Phone Users refers to the final in the billing system with use of information, take up 3 g network resources in the network users. Including the use of 3G services or terminal users.

4G Mobile Phone Users refers to the final in the billing system with use of information, take up 4 g network resources in the network users. Including the use of 4G services or terminal users.

Capacity of Long Distance Telephone Exchanges refers to the rated capacity of telephone exchanges to connect long distance telephone network by enterprises engaged in telecommunications.

Capacity of Mobile Telephone Exchanges refers to the capacity of the maximum services provided to subscribers at any one time as computed based on a certain model of calls distribution and transacting capacity of the mobile telephone exchanges. It is calculated based on the actual capacity of equipments connected to network through cutover and put into operation officially at the end of the reference period.

Broadband Connection Terminals refer to the connection terminals to internet users actually installed and put into operation, including connection terminals for XDSL, connection terminals for LAN, and other types of connection terminals. N-ISDN connection terminals are not included.

The statistical scope and standard of service industry above Designated Size the service industry above designated size is a legal person unit of service industry which refers to the annual operating income or the implementation of enterprise accounting system with a certain scale standard at the end of the year. Among them, transportation, storage and postal industry, information transmission, software and information technology services, leasing and business services, scientific research and technical services, water conservancy, environ- ment and public facilities management industry, education, health and social work, corporate units, property management, real estate intermediary and private real estate business activities the scale of industry standards for annual revenues of 10 million yuan and above or at the end of the year, more than 50 employees and the implementation of enterprise accounting system; resident services, repairs and other services, culture, sports and entertainment industries corporation scale standard for the annual revenues of 5 million yuan and above or at the end of the year, more than 50 employees and the imple- mentation of enterprise accounting system.

16 批发和零售业、住宿和餐饮业

Wholesale and Retail Trades, Hotels and Catering Services

资料整理人员：郑石明　　孟　强

16-1 社会消费品零售总额
Retail Sale of Consumer Goods

单位：亿元 (100 million yuan)

年份 Year	社会消费品零售总额 Total Retail Sales of Consumer Goods	#商品销售额 Commodity sales	餐饮消费额 Catering consumption	城　镇 Urban	乡　村 Rural
1950	6.58	6.47	0.11	2.68	3.85
1951	8.72	8.53	0.19	3.91	4.72
1952	10.05	9.78	0.27	4.49	5.47
1953	11.61	11.34	0.27	5.04	7.16
1954	12.95	11.31	0.30	5.37	8.24
1955	13.22	12.77	0.45	5.49	8.49
1956	14.79	14.28	0.51	6.21	9.86
1957	15.73	15.15	0.58	6.73	10.22
1958	18.06	17.39	0.67	7.60	13.30
1959	21.29	20.43	0.86	9.03	16.17
1960	22.86	21.87	0.99	9.99	17.71
1961	21.47	19.91	1.56	10.18	13.59
1962	22.43	20.80	1.63	9.95	14.46
1963	22.46	21.11	1.35	8.99	15.61
1964	23.28	22.14	1.14	9.27	16.35
1965	23.10	22.10	1.00	9.43	16.91
1966	25.38	24.38	1.00	11.31	18.37
1967	28.21	27.11	1.10	11.52	20.50
1968	27.11	26.08	1.03	10.80	19.81
1969	30.01	29.10	0.91	12.26	21.86
1970	32.05	31.07	0.98	13.58	24.10
1971	34.42	33.33	1.09	15.18	26.03
1972	37.37	36.17	1.20	16.48	28.46
1973	41.21	39.93	1.28	18.17	31.65
1974	43.25	41.88	1.37	19.07	32.77
1975	47.01	45.53	1.48	19.97	36.83
1976	48.24	46.66	1.58	20.89	37.66
1977	50.98	49.30	1.68	21.93	40.31
1978	54.84	53.05	1.79	24.53	44.31
1979	65.20	63.03	2.17	30.59	51.21
1980	76.77	74.24	2.53	35.47	60.04
1981	87.24	84.45	2.79	37.31	66.87
1982	95.39	92.19	3.20	41.06	71.34
1983	107.36	91.70	3.69	43.30	81.61
1984	124.36	119.90	4.46	49.29	92.79
1985	157.47	151.84	5.63	68.80	108.50

16-1 续表 Continued

单位：亿元 (100 million yuan)

年份 Year	社会消费品零售总额 Total Retail Sales of Consumer Goods	#商品销售额 Commodity sales	餐饮消费额 Catering consumption	城 镇 Urban	乡 村 Rural
1986	180.61	174.03	6.58	77.24	127.44
1987	213.81	205.55	8.26	91.10	151.78
1988	277.71	267.14	10.57	123.92	192.32
1989	299.74	288.49	11.25	142.13	199.86
1990	300.95	289.59	11.36	197.84	103.11
1991	341.80	327.56	14.24	228.25	113.55
1992	401.17	383.20	17.97	273.73	127.44
1993	496.55	475.10	21.45	346.83	149.72
1994	673.14	633.97	39.17	471.45	201.69
1995	854.48	799.85	54.63	611.67	242.81
1996	966.74	895.60	71.14	674.30	292.44
1997	1062.93	980.74	82.19	749.94	312.99
1998	1148.36	1050.41	97.95	797.81	350.55
1999	1254.31	1137.13	117.18	885.96	368.35
2000	1392.26	1195.02	197.24	1008.88	383.38
2001	1541.27	1380.19	161.08	1108.27	433.00
2002	1712.33	1524.80	187.53	1243.54	468.79
2003	1897.26	1637.81	259.45	1407.13	490.13
2004	2162.90	1852.41	310.49	1616.89	546.01
2005	2474.33	2105.12	369.21	1855.73	618.60
2006	2869.40	2465.06	404.34	2145.86	723.54
2007	3419.17	2939.41	479.76	2582.25	836.92
2008	4222.17	3628.21	593.96	3216.02	1006.15
2009	4943.86	4343.03	600.83	4454.46	489.40
2010	5952.56	5214.96	737.60	5381.71	570.85
2011	7208.99	6334.19	874.79	6523.63	685.36
2012	8318.66	7317.14	1001.52	7544.13	774.53
2013	9509.52	8344.77	1164.75	8603.64	905.88
2014	10723.45	9436.60	1286.85	9707.51	1015.95
2015	12023.97	10580.97	1443.01	10883.83	1140.14
2016	13436.53	11790.45	1646.08	12146.60	1289.93
2017	14854.87	13013.25	1841.62	13411.44	1443.43
2018	15638.26	13716.69	1921.57	14124.88	1513.38

注：1. 2009-2014 社会消费品零售总额统计数据根据经济普查数据进行了调整，分行业的部分数据不可比。

2. 从 2010 年起，社会消费品零售总额统计采用新的分组，即将经营单位所在地分组由“市”“县”，“县以下”改为“城镇”“乡 村”。

3. 2008 年及以前，城镇数据为“市”、“县”数据、“乡村”为“县以下”数据。

a. Figures on total retail sales of goods 2009-2014 were adjusted on the baiss of economic census.Some industry figures can not be compared with before.

b. From 2010, new grouping method is adopted for the statistics on the total retail sales of consumer goods: grouping according to operation location changes from city, county and below county level to urban and rural areas.

c. In 2008 and before, the urban data contained city and county data, the country data was below county data.

16–2 国内贸易基本情况
Basic Statistics on Domestic Trade

项　目	Item	2000	2005	2017	2018
社会消费品零售总额	**Total Retail Sales of Consumer Goods**	**1383.72**	**2459.12**	**14854.87**	**15638.26**
（亿元）	**(100 million yuan)**				
按经营地分	**By Location of Outlets**				
城镇	Urban			13411.44	14124.88
其中：城区	City Proper			8522.75	9067.68
乡村	Rural			1443.43	1513.38
按消费形态分	**By Consuming Pattern**				
餐饮收入	Food and Beverage Revenue			1841.62	1921.57
商品零售	Commodity Retail			13013.25	13716.69
亿元以上商品交易市场个数	**Number of Commodity Transaction Markets**		**134**	**326**	**309**
（个）	**above 100 Million Yuan (unit)**				
亿元以上商品交易市场成交额	**Turnover of Commodity Transaction Markets**		**864.88**	**3939.96**	**4030.89**
（亿元）	**above 100 Million Yuan (100 million yuan)**				
法人单位（个）	**Number of Corporation Unit (unit)**				
批发零售贸易业	Wholesales and Retail Trades	756	1026	7354	8412
住宿餐饮业	Hotels and Catering Trades		690	1734	1992
从业人员（万人）	**Employed Persons (10 000 persons)**				
批发零售贸易业	Wholesales and Retail Trades	15.49	14.74	37.75	41.68
住宿餐饮业	Hotels and Catering Trades		10.46	13.90	14.51
批发零售贸易业	**Wholesales and Retail Trades**				
商品购进总额（亿元）	Total Purchases (100 million yuan)	614.09	1184.91	9232.82	9485.26
商品销售总额（亿元）	Total Salees (100 million yuan)	665.65	1370.79	10457.01	11219.07
商品库存总额（亿元）	Total Inventory (100 million yuan)	91.86	129.50	857.30	739.10

注：法人单位、从业人员和批发零售贸易业商品购进、销售、库存总额为限额以上法人企业数据。

Figures on number of corporation unit,persons employed , and total purchae,total in inventory of wholesale and retail trade refer to units above designated size.

16−3 限额以上批发零售、住宿餐饮业基本情况 (2018年)

Basic Conditions on Gross Value of Purchases, Sales and Inventory of Wholesale and Retail Trade above Designated Size (2018)

指 标	Item	法人单位（个）Number of Corporation (unit)	从业人数（人）Persons Engaged (person)
总 计	**Total**	**10404**	**561823**
批发业	**Wholesale Trades**	**2529**	**122443**
内资企业	Domestic Funded Enterprises	2516	119114
国有企业	State-owned Enterprises	47	17723
集体企业	Collective-owned Enterprises	5	202
股份合作企业	Cooperative Enterprises		
联营企业	Joint Ownership Enterprises		
有限责任公司	Limited Liability Corporations	464	29500
股份有限公司	Share-holding Corporations Ltd.	62	4321
私营企业	Private Enterprises	1926	66784
其他企业	Other Enterprises	12	584
港澳台商投资企业	Enterprises with Funds From HongKong,Macao and Taiwan	4	2878
外商投资企业	Enterprises with Foreign Investment	9	451
零售业	**Retail Sale Trades**	**5883**	**294313**
内资企业	Domestic Funded Enterprises	5843	272183
国有企业	State-owned Enterprises	46	4415
集体企业	Collective-owned Enterprises	37	2749
股份合作企业	Cooperative Enterprises	4	183
联营企业	Joint Ownership Enterprises	3	56
有限责任公司	Limited Liability Corporations	774	55692
股份有限公司	Share-holding Corporations Ltd.	160	51091
私营企业	Private Enterprises	4811	157615
其他企业	Other Enterprises	8	382
港澳台商投资企业	Enterprises with Funds From HongKong,Macao and Taiwan	23	15158
外商投资企业	Enterprises with Foreign Investment	17	6972
住宿业	**Hotels Trades**	**891**	**75915**
内资企业	Domestic Funded Enterprises	874	72484
国有企业	State-owned Enterprises	42	4894
集体企业	Collective-owned Enterprises	7	569
股份合作企业	Cooperative Enterprises	2	260
联营企业	Joint Ownership Enterprises		
有限责任公司	Limited Liability Corporations	198	23520
股份有限公司	Share-holding Corporations Ltd.	27	2868
私营企业	Private Enterprises	598	40373
其他企业	Other Enterprises		
港澳台商投资企业	Enterprises with Funds From HongKong,Macao and Taiwan	13	2931
外商投资企业	Enterprises with Foreign Investment	4	500
餐饮业	**Catering Trades**	**1101**	**69152**
内资企业	Domestic Funded Enterprises	1096	58685
国有企业	State-owned Enterprises	5	472
集体企业	Collective-owned Enterprises		
股份合作企业	Cooperative Enterprises		
联营企业	Joint Ownership Enterprises		
有限责任公司	Limited Liability Corporations	151	10511
股份有限公司	Share-holding Corporations Ltd.	26	1924
私营企业	Private Enterprises	911	45720
其他企业	Other Enterprises	3	58
港澳台商投资企业	Enterprises with Funds From HongKong,Macao and Taiwan	2	106
外商投资企业	Enterprises with Foreign Investment	3	10361

16-4 商品交易市场基本情况(2018年)

项 目	Item	市场数（个）Number of Markets (unit)	亿元及以上市场 Commodity Markets over 100 Million Yuan
总计	**Total**	**2397**	**309**
按市场类别分组	By Market Category		
综合市场	Integrated Markets	1511	124
生产资料综合市场	Production Comprehensive Markets	11	1
工业消费品综合市场	Industrial Consumable Comprehensive Markets	80	28
农产品综合市场	Farm Produce Comprehensive Markets	626	40
其他综合市场	Other Comprehensive Markets	794	55
专业市场	Special Markets	886	185
生产资料市场	Production Markets	85	39
农用生产资料市场	Agricultural Production Markets	4	1
木材市场	Wood Markets	12	1
建材市场	Building Material Markets	39	22
化工材料及制品市场	Chemical Materials and Products Markets	4	3
金属材料市场	Metal Materials Markets	6	3
机械设备市场	Mechanical Equipments Markets	7	5
其他生产资料市场	Others	8	2
农产品市场	Farm Produce Markets	441	41
粮油市场	Grain and Oil Markets	36	3
肉禽蛋市场	Meat, Poultry and Eggs Markets	74	7
水产品市场	Aquatic Products Markets	6	3
蔬菜市场	Vegetables Markets	128	9
干鲜果品市场	Dried and Fresh Melons and Fruits Markets	24	7
其他农产品市场	Others	171	12
食品、饮料及烟酒市场	Food, Beverages, Tobacco and Liquor Markets	58	9
食品饮料市场	Food and Beverages Markets	35	3
烟酒市场	Tobacco and Liquor Markets	4	2
其他食品饮料及烟酒市场	Others	17	3
纺织、服装、鞋帽市场	Textiles, Clothing, Shoes and Hats Markets	145	34
布料及纺织品市场	Cloth and Textiles Markets	15	1
服装市场	Clothing Markets	96	27
鞋帽市场	Shoes and Hats Markets	6	2
其他纺织服装鞋帽市场	Others	28	4
日用品及文化用品市场	Daily Use Articles and Cultural Goods Markets	15	4
文具市场	Stationary Markets	2	1
图书、报刊杂志市场	Books, Newspapers and Magazines Markets	2	1
音像制品及电子出版物市场	Video Products and E-journal Markets	2	1
其他日用品及文化用品市场	Others	4	1
电器、通讯器材、电子设备市场	Electrical Appliances, Communication Appl- iances and Electronical Appliances Markets	38	14
家电市场	Household Appliances Markets	11	8
通讯器材市场	Communication Appliances Markets	13	1
计算机及辅助设备市场	Computer and Auxillary Equipments Markets	12	4
其他电器、通讯器材、电子设备	Others	2	1
医疗、医疗用品及器材市场	Medicine, Medical Materials and Medical Instruments Markets	4	2
中药材市场	Chinese Medicine Market	2	2
家具、五金及装饰材料市场	Furniture, Hardware and Decoration Materials Markets	65	32
家具市场	Furniture Markets	16	7
装饰材料市场	Decoration Materials Markets	32	17
五金材料市场	Hardware Materials Markets	10	6
其他装修市场	Others	7	2
汽车、摩托车及零配件市场	Cars, Motorcycles and Spare Parts Markets	16	7
汽车市场	Cars Markets	9	3
摩托车市场	Motocycles Markets	3	1
机动车零配件市场	Vehicle Spare Parts Markts	4	3
花、鸟、鱼、虫市场	Flower, Bird, Fish and Insects Markets	5	1
花卉市场	Flower Markets	4	1
按营业状态分组	By Operating Status		
常年营业	Perennial Operation	2202	305
季节性营业	Seasonal Operation	120	2
其他	Others	75	2
按经营方式分组	By Operating Mode		
以批发为主	Whole Sale	333	156
以零售为主	Retail	2064	153
按经营环境分组	By Operating Circumstance		
露天式	Outdoor	726	25
封闭式	Indoor	1056	235
其他	Others	615	49

Basic Statistics on Commodity Exchange Markets (2018)

摊位总数（个）Number of Stalls (unit)	亿元及以上市场 Commodity Markets over 100 Million Yuan	出租摊位个数（个）Number of rented stall (unit)	亿元及以上市场 Commodity Markets over 100 Million Yuan	营业面积（万平方米）Operation Area (10000sq.m)	亿元及以上市场 Commodity Markets over 100 Million Yuan	成交额（亿元）Turnover (100 million yuan)	亿元及以上市场 Commodity Markets over 100 Million Yuan
545019	**200700**	**475369**	**181972**	**1880.28**	**1129.74**	**4700.16**	**4030.89**
348204	99304	306896	94638	831.87	406.00	2173.89	1750.30
1812	162	1612	162	4.92	0.62	7.44	2.14
45061	33231	42315	32404	160.60	129.78	985.84	966.15
119809	26711	102055	24530	287.02	137.13	722.47	550.26
181522	39200	160914	37542	379.32	138.46	458.14	231.75
196815	101396	168473	87334	1048.41	723.74	2526.26	2280.59
28995	23022	23800	18790	253.42	215.85	764.03	742.36
443	42	352	38	3.99	2.90	6.53	5.12
1255	550	1190	515	18.08	6.50	5.33	1.95
16231	12506	13960	10873	160.19	140.22	95.84	84.76
1537	1437	1072	974	7.41	7.26	24.03	23.35
3100	2720	2769	2535	29.55	27.33	572.09	569.66
4625	4527	3103	3040	18.74	17.42	39.14	38.55
1120	670	1094	667	4.42	3.41	4.75	3.39
65986	17638	56900	15197	173.29	70.03	681.63	564.28
4727	676	3709	551	12.33	3.63	57.83	49.95
9729	2399	7194	1346	26.80	7.17	29.14	11.03
903	688	853	673	7.28	6.65	103.32	102.40
21424	6588	20102	6481	54.13	30.15	374.56	340.00
4046	2023	3027	1218	22.41	11.58	34.88	24.93
24567	5264	21426	4928	49.65	10.86	81.35	35.97
13096	4103	11332	3179	27.10	10.91	64.87	47.13
7831	2226	6475	1444	13.62	4.24	22.68	12.41
934	624	934	624	4.46	1.98	7.61	6.16
3998	1048	3645	922	7.06	3.14	32.93	27.54
51110	31004	42749	26743	138.35	86.72	198.71	156.69
2133	280	1523	255	8.59	1.20	9.80	4.86
34187	21044	30735	20158	94.31	62.48	127.11	99.12
1618	910	1300	871	7.94	2.80	5.27	3.83
13172	8770	9191	5459	27.51	20.24	56.53	48.88
2393	733	2195	661	7.82	3.45	29.32	23.71
165	65	162	62	1.70	1.30	2.75	2.07
500	420	500	420	1.50	1.32	18.18	17.21
371	163	281	101	0.80	0.65	3.97	3.06
349	85	329	78	0.57	0.19	2.36	1.37
6995	4179	6144	3744	32.02	20.25	94.72	83.12
1888	1493	1719	1443	12.84	10.52	50.18	48.48
1485	200	1292	160	4.21	0.13	6.72	1.44
2676	1806	2306	1515	12.73	8.40	31.91	28.28
946	680	827	626	2.24	1.20	5.91	4.93
1916	1786	1878	1748	48.39	47.77	75.03	74.79
1786	1786	1748	1748	47.77	47.77	74.79	74.79
19705	15162	17671	13913	237.91	177.46	303.50	284.07
1965	1158	1826	1082	30.33	16.20	18.16	11.94
12055	9980	10725	8923	118.41	93.75	198.28	189.93
4130	3423	3876	3319	58.83	55.02	78.47	76.56
1555	601	1244	589	30.34	12.49	8.59	5.64
3978	3021	3347	2611	94.77	77.42	257.12	252.86
1780	1276	1304	907	89.65	74.68	244.39	242.16
312	127	183	112	0.66	0.28	3.63	2.51
1886	1618	1860	1592	4.46	2.46	9.10	8.19
858	353	755	353	27.14	11.00	3.06	2.35
758	353	665	353	26.70	11.00	2.85	2.35
512692	199020	447140	180647	1819.10	1122.70	4642.90	4017.26
18364	551	15906	457	39.20	1.74	36.37	6.86
13963	1129	12323	868	21.97	5.30	20.88	6.78
137558	106854	122185	98425	897.19	759.88	3199.06	3113.57
407461	93846	353184	83547	983.08	369.86	1501.10	917.32
127510	15877	111970	13781	259.83	74.77	834.02	651.97
285645	152082	249625	139856	1166.60	811.95	3092.80	2793.72
131864	32741	113774	28335	453.85	243.02	773.34	585.20

16–5 商品交易市场经营情况
Business Statistics of Commodity Exchange Markets

项 目	Item	出租摊位个数（个）Number of Booths (unit)		成交额（亿元）Turnover (100 million yuan)	
		2017	2018	2017	2018
总计	**Total**	**479824**	**475369**	**4610.30**	**4700.16**
粮油、食品类	Food	213266	215451	1665.27	1641.52
#粮油类	# Grain and Oil	34459	33835	333.65	295.53
#肉禽蛋类	# Meat,Poultry and Eggs	41920	41810	216.94	212.38
#水产品类	# Aquatic Products	22120	21381	285.19	261.32
#蔬菜类	# Vegetables	68568	66964	336.50	350.81
#干鲜果品类	# Dried and Fresh Melons and Fruits	25950	25405	327.18	333.74
饮料类	Beverages	11816	11497	67.18	68.29
烟酒类	Tobacco and Liquor	15670	15458	167.06	177.90
服装、鞋帽、针纺织品类	Garments, Shoes Hats Knit and Textile Goods	104461	98253	446.85	421.20
#服装类	# Garments	71039	66835	300.72	280.84
#鞋帽类	# Shoes and Hats	19579	18412	82.53	78.00
#针纺织品类	# Knit and Textile Goods	13843	13006	63.60	62.36
化妆品类	Cosmetics	4105	3921	24.08	23.17
金银珠宝类	Gold,Silver and Jewelry	1090	842	43.93	51.10
日用品类	Articles for Daily Use	21170	20314	153.23	162.46
#可穿戴智能设备	# Wearable Smart Devices		2210		27.93
五金、电料类	Hardware & Electrical Materials	12207	11354	197.97	198.14
体育、娱乐用品类	Sports & Recreational	2526	2658	15.51	16.74
书报杂志类	Newspapers and Magazines	1347	1307	14.27	14.68
电子出版物及音像制品类	Electronic Publication and Audiovisual Products	2588	2577	21.78	22.48
家用电器和音像器材类	Household Appliances and Audiovisual Equipment	5869	5939	105.89	112.95
中西药品类	Traditional Chinese and Western Medicine	4180	4279	100.27	106.29
#西药类	# Western Medicine	870	1006	6.27	7.17
#中草药及中成药类	# Chinese Herbal Medicine and Other Traditional Chinese Medicine	2610	2624	91.85	96.99
文化办公用品类	Cultural and Official Goods	5766	6087	97.87	102.56
家具类	Furniture	5769	4850	75.88	64.09
通讯器材类	Communication Appliances	2718	2614	17.86	18.03
木材及制品类	Wood and Wooden Products	2996	2896	16.75	16.11
石油及制品类	Oil and Related Products	360	546	2.77	3.48
化工材料及制品类	Chemical Materials and Related Products	2908	2680	32.62	30.04
#化肥类	# Fertilizer	1060	1042	4.62	4.71
金属材料类	Metal Materials	4108	4219	559.79	581.77
建筑及装潢材料类	Building and Decoration Materials	24795	27698	321.31	363.91
机电产品及设备类	Mechanical & Electrical Products and Appliances	4724	4430	83.07	88.18
#农机类	# Agricultural Machinery	483	502	15.52	17.31
汽车类	Automobile	3741	4021	272.22	299.13
种子饲料类	Seed and Feedstuff	2745	2739	15.09	15.46
其他类	Others	17745	17535	88.36	96.99

16-6 亿元以上商品交易市场基本情况
Basic Statistics on Commodity Transaction Markets of Turnover above 100 Million Yuan

项 目	Item	出租摊位个数(个) Number of Booths (unit)		成交额(亿元) Turnover (100 million yuan)	
		2017	2018	2017	2018
总计	**Total**	**180645**	**181972**	**3939.96**	**4030.89**
粮油、食品类	Food	50340	53497	1314.62	1282.72
#粮油类	# Grain and Oil	6288	6165	264.53	228.57
#肉禽蛋类	# Meat,Poultry and Eggs	7215	7573	116.91	113.78
饮料类	Beverage	3932	4119	51.68	53.72
烟酒类	Tobacco and Liquor	5169	5226	141.06	152.88
服装、鞋帽、针纺织品类	Garments,Shoes,Hats,knit and Textile Goods	52921	46964	344.31	320.53
#服装类	# Garments	37451	32955	231.91	213.16
#鞋帽类	# Shoes and Hats	8757	7973	64.02	60.32
#针、纺织品类	# knit and Textile Goods	6713	6036	48.39	47.06
化妆品类	Cosmetics	1454	1443	19.72	19.04
金银珠宝类	Gold,Silver and Jewelry	434	223	42.20	49.36
日用品类	Articles for Daily Use	8126	8086	132.65	143.26
五金、电料类	Handware & Electric Materials	7205	7016	186.35	187.67
体育、娱乐用品类	Sports and Recreaction	1015	1196	12.78	14.41
书报杂志类	Newspapers & Magazines	541	557	12.78	13.18
电子出版物及音像制品类	Electronic Publication and Audiovisual Products	1037	1145	19.01	19.81
家用电器和音像器材类	Household Appliances and Audiovisual Equipment	3473	3591	96.64	103.46
中西药品类	Traditional Chinese and Western Medicines	2157	2234	95.56	101.45
#西药类	# Western Medicines	114	139	4.33	4.87
#中草药及中成药类	# Chinese Herbal Medicine and Other Traditional Chinese Medicine	1957	2018	90.65	95.81
文化办公用品类	Culture and Official Goods	3427	3551	91.47	94.79
家具类	Furniture	3153	2737	62.70	52.67
通讯器材类	Communication Appliances	857	765	10.47	10.87
煤炭及制品类	Coal and Related Products	56	62	0.27	0.30
木材及制品类	Wood and Wooden Products	1255	1216	10.96	10.36
石油及制品类	Oil and Related Products	20	259	0.83	1.83
化工材料及制品类	Chemical Materials and Related Products	1256	1063	26.87	23.97
#化肥类	# Chemical Fertilizer	53	61	0.73	0.94
金属材料类	Metal Materials	2902	3060	553.89	575.88
建筑及装潢材料类	Building and Decoration Materials	17613	21200	294.27	338.02
机电产品及设备类	Mechanical & Electrical Products and Appliances	3686	3290	77.96	82.28
#农机类	# Agricutural Mechanical Products	173	175	14.29	15.89
汽车类	Automobile	2712	3101	267.23	294.37
种子饲料类	Seed and Feedstuff	327	313	9.49	9.61
棉麻类	Cotton & Ambery	92	115	0.99	1.14
其他类	Others	5485	5943	63.21	73.30

16-7 限额以上批发、零售业商品购进、销售、库存总额(2018年) Total Value of Purchases Sales and Inventory of above Designated Size in Wholesale and Retail Sales Trade (2018)

单位：亿元 (100 million yuan)

指 标	Item	商品购进总额 Total Purchases	商品销售总额 Total Sales	批发 Wholesale Trade	零售 Retail Trade	年末库存总额 Inventory Year-end
总计	**Total**	**9485.3**	**11002.5**	**6167.8**	**4834.7**	**739.1**
批发业	**Wholesale Trade**	**5909.4**	**6229.4**	**5853.2**	**376.2**	**390.9**
按登记注册类型分组	**By Status of Registration**					
内资企业	Domestic Funded Enterprises	5663.2	5940.1	5579.9	360.2	387.5
国有企业	State-owned Enterprises	616.8	940.9	932.2	8.8	56.7
集体企业	Collective-owned Enterprises	12.1	15.4	11.9	3.5	0.9
股份合作企业	Cooperative Enterprises					
联营企业	Joint Ownership Enterprises					
有限责任公司	Limited Liability Corporations	1794.2	2022.7	1925.5	97.1	174.1
股份有限公司	Share-holding Corporations Ltd.	800.6	197.5	187.0	10.5	38.2
私营企业	Private Enterprises	2434.1	2757.9	2518.7	239.2	117.3
其他企业	Other Enterprises	5.4	5.7	4.6	1.2	0.2
港澳台商投资企业	Enterprises with Funds From HongKong, Macao and Taiwan	24.3	37.3	26.0	11.3	3.3
外商投资企业	Enterprises with Foreign Investment	221.8	251.9	247.3	4.6	0.1
按国民经济行业分组	**By Sector**					
农畜产品批发	Farming Products and Animal Products	152.2	192.7	166.1	26.6	20.4
食品、饮料及烟草制品批发	Foods、Beverages and Tobaccos	989.7	1391.5	1318.5	73.0	125.1
纺织、服装及日用品批发	Textiles,Garments and Daily Consumer Goods	271.0	289.9	246.6	43.3	26.1
文化、体育用品及器材批发	Goods and Appliancea of Cultural and Sports	140.4	158.4	150.0	8.4	11.4
医药及医疗器材批发	Medicines and Medical Appliances	740.6	854.2	815.6	38.7	67.4
矿产品、建材及化工产品批发	Mineral Products,Building and Chemical Materials	2653.9	2228.0	2131.6	96.5	92.9
机械、五金交电及电子产品批发	Machinery,Hardware,Transport,Electric Products	790.1	915.7	866.0	49.7	41.5
贸易经纪与代理	Trade brokers and agents	5.4	7.0	5.1	1.9	0.1
其他批发	Others	166.3	191.9	153.7	38.2	6.1

16-7 续表 Continued

单位：亿元 (100 million yuan)

指 标	Item	商品购进总额 Total Purchases	商品销售总额 Total Sales	批发 Wholesale Trade	零售 Retail Trade	年末库存总额 Inventory Year-end
零售业	**Retail Trade**	**3575.83**	**4773.12**	**314.57**	**4458.55**	**348.21**
按登记注册类型分组	**By Status of Registration**					
内资企业	Domestic Funded Enterprises	3428.75	4481.79	292.80	4188.99	333.97
国有企业	State-owned Enterprises	24.54	105.68	14.28	91.40	1.28
集体企业	Collective-owned Enterprises	22.16	27.48	1.62	25.86	0.73
股份合作企业	Cooperative Enterprises	0.53	1.48		1.48	0.08
联营企业	Joint Ownership Enterprises	0.88	0.92		0.92	0.01
有限责任公司	Limited Liability Corporations	814.24	963.97	86.48	877.49	77.90
股份有限公司	Share-holding Corporations Ltd.	419.28	862.39	103.02	759.37	43.49
私营企业	Private Enterprises	2144.73	2516.68	86.46	2430.22	210.42
其他企业	Other Enterprises	2.39	3.20	0.94	2.26	0.06
港澳台商投资企业	Enterprises with Funds From HongKong, Macao and Taiwan	99.13	112.88	0.17	112.71	9.49
外商投资企业	Enterprises with Foreign Investment	47.95	178.45	21.60	156.85	4.75
按国民经济行业分组	**By Sector**					
综合零售	General Retail Trade	648.11	786.00	12.30	773.71	66.35
百货零售	Retail of Consumer Goods	281.67	345.15	4.07	341.08	16.76
超级市场零售	Retail of Super Markets	322.45	386.59	2.78	383.81	46.89
食品、饮料及烟草制品零售	Foods、Beverages and Tobaccos	158.73	198.79	21.73	177.06	12.01
纺织、服装及日用品零售	Textiles,Garments and Daily Consumer Goods	82.36	108.29	7.82	100.47	14.21
文化、体育用品及器材专业零售	Goods and Appliancea of Cultural and Sports	90.74	131.52	5.50	126.02	18.11
医药及医疗器材专门零售	Medicines and Medical Appliances	132.21	157.46	16.58	140.88	15.11
#药品零售	# Medicines	127.28	150.61	16.58	134.03	14.95
汽车、摩托车、燃料及零配件专业零售	Motor Vehicles,Motorcycles and Parts,Fuels	1953.59	2760.93	207.30	2553.63	194.33
#汽车零售	# Motor Vehicles	1463.95	1650.21	10.88	1639.34	172.46
机动车燃料零售	Retail of Motor Vehicles Fules	463.86	1081.28	195.80	885.45	19.42
家用电器及电子产品专业零售	Electronic Household Appliances and Products	261.54	317.36	18.44	298.92	15.08
五金、家具及室内装修材料专业零售	Hardware,Furniture and Fittering Material	104.12	129.02	7.51	121.51	5.07
无店铺及其他零售	Others	144.42	183.76	17.39	166.36	7.94

16−8 限额以上批发和零售业企业财务状况 (2018年)

单位：万元

项 目	Item	合 计 Total	内资企业 Domestic Funded Enterprises	国有企业 State-owned Enterprises	集体企业 Collective Owned Enterprises	股份合作企业 Cooperative Enterprises	联营企业 Joint Ownership Enterprises
企业数 (个)	number of enterprises (unit)	8412	8359	93	42	4	3
流动资产合计	Total Circulating Funds	30857630	29334545	2255888	36357	1789	636.2
#存货	#Inventories	8200026	7972348	702283	3986	690	126.8
固定资产原价	Original Value of Fixed Assets	9641055	9180376	1165281	45090	1065	499.1
累计折旧	Total Depreciation	3300330	3123997	508105	11603	168	239.5
#本年折旧	#Depreciation This Year	567747	543373	67323	1633	9	21.8
资产总计	Total Assets	46461552	43870022	3484957	85850	2996	838.8
负债合计	Total Liabilities	29725481	28232593	678921	51341	1865	344.7
所有者权益合计	Total Creditors Equity	16736071	15637429	2806036	34509	1131	494.1
实收资本	Capitals Hold	10507424	10014780	325786	19775	1013	293.2
国家资本	State Capital	1312428	1312428	216780		730	
集体资本	Collective Capital	198816	185761	309	14650	9	132.6
法人资本	Legal Person Capital	4318558	4001489	108445	4350	264	30.6
个人资本	Individual Capital	4486963	4471505	252	775	10	130
港澳台资本	Hongkong, Macao and Taiwan	91584	20784				
外商资本	Foreign Capital	99076	22813				
主营业务收入	Net Sales Revenue	98549982	93556828	9220720	385791	13967	8324.4
主营业务成本	Cost of Sales	86151195	81924636	6449928	357277	13349	7174.4
主营业务税金及附加	Taxes and other charges on principal Business	1479478	1459471	971432	2443	86	91.1
其他业务利润	Other Business Profits	241621	210459	2942	493		
营业费用	Operating Expenses	4747458	4218585	299601	9476	319	545.3
管理费用	Overhead Expenses	2418799	2288316	366351	10118	103	291.4
财务费用	Financial Expenses	518818	516610	−24965	1455	68	7
利息支出	Expenses for Interest	328831	323804	2551	370		2.3
营业利润	Operating Profits	3556398	3405781	1100280	6694	44	215.3
利润总额	Total Profits	3600999	3448692	1093441	8269	68	79.1
应交所得税	Income Tax	533053	498563	250766	813		6.4
本年应付工资总额	Total Wages Payable this Year	2476629	2284957	346751	10292	598	234.8
本年应交增值税额	Value-added Tax Payable	1669396	1576497	468018	3199	33	67.1
资产减值损失	Asset impairment loss	50592	50538	295	99		
公允价值变动收益	Changes in fair value gains	−1263	−1264	91	4		

Financial Affairs of above Designated Size in Wholesale and Retail Trade Enterprises (2018)

(10 000 yuan)

						批发业				
有限公司 Limitied Liability Corporation	股份公司 Share-holding Corporation Ltd.	私营企业 Private Enterprises	其他企业 Other Enterprises	港、澳、台商投资企业 Enterprises with Funds From HongKong, Macao and Taiwan	外商投资 Foreign Investment	Wholesale Trade	农畜产品 Farming Products and Animal Products	食品饮料烟草 Foods, Beverages, and Tobaccos	纺织服装日用品 Textiles, Garments, and Daily Consumer Goods	文体用品器材批发 Cultural and Sports Goods
1238	222	6737	20	27	26	2529	164	342	185	150
10558244.5	4270610	12193688	17333	988224	534860	17814015	626325	4643420	987195	470045
3199142.5	1093808	2970335	1978	122590	105088	4652429	223408	1998078	267242	107350
2037167.8	2526216	3399549	5508	186570	274109	3183102	199472	1590829	88342	73531
633491	886571	1082871	950	56772	119561	1192984	58576	602567	20833	31476
128278.5	104399	241323	386	11561	12813	191941	6891	85388	6842	4352
14292967.2	8835952	17140376	26085	1632088	959443	23386592	950948	6996665	1148547	555733
11198554.3	5299299	10996265	6003	866039	626849	15584927	465889	3460528	905198	323204
3094412.9	3536654	6144111	20082	766049	332593	7801664	485059	3536137	243349	232529
1954072.7	1085903	6610844	17092	392528	100117	3894534	273696	563922	123542	113096
685447	386200	23271				618402	105486	167896	15233	18575
42170.2	83965	37734	6790	13055		67857	3669	29485	102	8109
839251	430819	2616941	1390	290965	26104	2115158	77873	231085	58496	42358
346975.3	182319	3932131	8912	9808	5650	1043148	81661	134375	37212	44053
20111.4		672		68700	2100	23622			2500	
20117.8	2600	96		10000	66262	26347	5008	1080	10000	
26357861.5	10155810	47329262	85092	1352698	3640456	54811596	1779838	12253221	2591220	1409088
24244956.2	9137468	41643931	70552	959014	3267545	48150059	1571874	9328520	2341883	1251200
93414.6	51197	339822	985	9136	10871	1198648	14133	991637	8078	11503
31236.3	57565	118222		23515	7647	28072	13956	8768	2884	1116
1231352.7	730619	1943964	2707	247944	280929	2150270	69407	504593	115014	43125
496606.4	273922	1137250	3675	58241	72242	1147719	53016	468864	50851	29656
170290.2	62614	305863	1278	333	1876	235907	19392	14474	3863	4952
151169.2	40766	128894	51	5178	−151	192473	7676	66446	2213	2672
367207.1	181695	1744009	5638	117914	32703	2059073	55579	1100894	69377	67159
392747.1	176147	1772284	5656	119026	33281	2087413	71670	1097330	70213	67697
55222.9	34193	157412	151	25584	8906	390464	4566	266171	15379	3050
562025.9	348134	1013367	3554	133380	58292	982229	34707	450003	64644	33082
290963.9	97965	715795	455	53943	38957	962006	9132	439878	33786	24521
33348.7	13003	3792	1	191	−138	20867	131	−1479	88	4890
332	16	−1706				−2636	−13	144	8	43

16-8 续表

单位：万元

项目	Item	医药医疗器材批发 Medicines and medical Appliances	矿产品建材及化工产品 Mineral Products, Building and Chemical Materials	机械五金交电及电子批发 Hardware, Transport and Electric	贸易经纪与代理 Trade brokers and agents	其他批发 Other wholesale Trade	零售业 Retail Trade
企业数 （个）	number of enterprises (unit)	300	919	374	5	90	5883
流动资产合计	Total Circulating Funds	4163660	4563279	2003604	2949	353538	13043615
#存货	# Inventories	717556	845207	439748	1146	52694	3547597
固定资产原价	Original Value of Fixed Assets	282767	683117	139338	1142	124564	6457953
累计折旧	Total Depreciation	86080	273442	41752	569	77689	2107346
#本年折旧	# Depreciation This Year	20379	45296	12975	73	9744	375805
资产总计	Total Assets	4598079	6103924	2589124	6744	436826	23074961
负债合计	Total Liabilities	3575500	4262936	2295491	1705	294477	14140554
所有者权益合计	Total Creditors Equity	1022579	1840988	293633	5040	142350	8934407
实收资本	Capitals Hold	1101322	1351518	275869	3950	87620	6612890
国家资本	State Capital	88181	194851	18563		9618	694026
集体资本	Collective Capital	5981	18678	529		1304	130959
法人资本	Legal Person Capital	834349	698955	128132	321	43588	2203400
个人资本	Individual Capital	172799	436685	100625	3628	32110	3443815
港澳台资本	Hongkong, Macao and Taiwan	12	2100	18010		1000	67962
外商资本	Foreign Capital		249	10010			72729
主营业务收入	Net Sales Revenue	7497756	19783852	7929787	57058	1509776	43738386
主营业务成本	Cost of Sales	6633044	18561721	7168892	40538	1252388	38001136
主营业务税金及附加	Taxes and other charges on principal Business	26125	94037	26254	2194	24687	280830
其他业务利润	Other Business Profits	26227	24249	-50103		977	213549
营业费用	Operating Expenses	377926	349455	599621	3439	87690	2597188
管理费用	Overhead Expenses	179950	214123	105330	2850	43078	1271080
财务费用	Financial Expenses	64711	95619	14288	1943	16666	282911
利息支出	Expenses for Interest	49528	48199	10484	44	5210	136359
营业利润	Operating Profits	249010	392565	28223	5455	90812	1497325
利润总额	Total Profits	252677	393175	31564	5520	97567	1513586
应交所得税	Income Tax	43166	36434	8395	119	13185	142589
本年应付工资总额	Total Wages Payable this Year	149659	128137	100564	521	20913	1494401
本年应交增值税额	Value-added Tax Payable	115839	199731	90958	1261	46901	707391
资产减值损失	Asset impairment loss	4268	4170	8693	1	106	29725
公允价值变动收益	Changes in fair value gains	35	-2978	80	-1	46	1372

Continued

(10 000 yuan)

综合零售 General Retail Trade	百货商店 Consumer Goods Shoping	超级市场 Super Markets	食品饮料烟草 Foods, Beverages, and Tobaccos	纺织服装日用品 Textiles, Garments, and Daily Consumer Goods	文体用品器材 Cultural and Sports Goods	医药医疗器材 Medicines and medical Appliances	汽车摩托及燃料 Motor Vehicles, Motorcycles and Fuels	家用电器及电子产品 Electronic Household Appliance, Electronic Products	五金家具室内装修 Hardware Furniture and Fittering Material	无店铺及其他零售 And other nonstore retail
690	253	329	475	256	227	220	2500	631	367	517
2648698	1354500	1200729	334551	361740	913502	1092663	6401176	522035	231350	537900
986341	506866	455703	105939	132425	142972	157159	1750045	140075	75565	57077
2712898	1368646	1278987	257312	94520	223408	122955	2553233	204953	96161	192513
856968	383811	462887	62564	35299	95112	41522	869036	61819	28083	56943
135865	72654	61898	15081	8083	12843	10885	157508	17818	6602	11120
6755772	3498985	2916934	705938	466276	1203197	1764364	10219452	813747	339122	807093
3848713	2066520	1618119	378610	327593	721809	935184	6828348	467819	160773	471705
2907060	1432465	1298816	327328	138682	481388	829180	3391104	345928	178348	335388
1035625	549645	340640	251837	106283	285223	452821	3917825	218275	128890	216113
26182	5058	15227	35664	4359	155458	6556	460171	3712	1053	871
81411	6762	68102	679	3067	730	13771	13543	2863	307	14588
557215	288874	145578	121763	46293	68037	342971	789227	115684	67046	95164
259052	175290	73629	93731	48674	60999	81911	2646679	95865	60085	96820
45715	31506	14208		2890		7612	8179	65		3502
66050	42154	23896		1000			26	86	400	5167
8190782	3207477	4493423	1860433	951380	1240988	1473411	24283210	2878926	1224083	1635172
6714227	2576498	3740728	1507977	743801	913304	1106988	22198149	2481615	1035957	1299118
81502	34173	39941	17057	9093	10777	10356	94156	25695	14085	18110
71619	48803	21939	9155	6554	7377	19078	81556	10029	5854	2327
868658	261883	567750	122643	99015	114539	224511	830261	148193	42101	147267
352218	202305	131805	68127	40720	89167	73284	453357	87823	36869	69515
82374	46511	31153	18138	7013	−1910	10549	127527	19674	7870	11676
48371	42838	3963	6324	873	1324	6876	60965	5139	3033	3453
283438	116675	139195	109660	45146	116879	80554	589045	108625	75849	88128
286594	118525	140547	115252	44853	117660	80976	592654	106596	75461	93540
40046	30337	9307	4703	6896	2201	12643	53417	7569	5485	9629
424785	172289	233440	84767	56005	107780	153892	491846	76759	30045	68522
106028	65041	35379	22143	19823	18366	47850	399985	45310	16526	31360
12125	8175	4330	12914	13	2410	365	913	511	415	61
40	154	−187	380	19	−162	6	551	209	253	76

16−9 限额以上批发零售企业商品分类零售额(2018年)
Business Statistics of Commodity Exchange Markets (2018)

单位：万元 (10 000 yuan)

指　标	Item	2018	比 2017 增长 Increase over 2017 (%)
合　计	**Total**	**49802453.80**	**9.9**
按商品耐用性分	According to product durability points		
耐用品类	Durable goods	23536124.30	7.1
非耐用品类	Non Durable goods	26266329.50	12.4
按商品用途分	According to the use of goods branch		
吃类商品	Commodities goods	7247775.40	15.4
穿类商品	Dress goods	3228024.20	7.0
用类商品	Class goods	29835354.80	7.4
烧类商品	Burning goods	9491299.40	15.0
按商品类别分	According to the category of commodities		
基本生活类	Basic life	12024368.40	13.4
#粮油食品类	Grain and oil food	5221242.80	18.4
烟酒类	Tobacco and liquor	1125995.10	7.6
居住类	Type of residence	1913347.80	16.1
其中：建筑材料类	Building materials	868460.00	19.1
燃料类	Fuel type	9491299.40	15.0
#石油类	Petroleum oil	9355349.40	15.1

16－9 续表 Continued

单位：万元 (10 000 yuan)

指 标	Item	2018	比 2017 增长 Increase over 2017 (%)
交通电器设备类	Traffic electrical equipment	20507692.20	6.4
#汽车类	Class car	16293720.80	6.1
家用电器类	Household electric appliances	3201047.70	8.6
文化娱乐体育健康类	Cultural and recreational sports and health class	3351122.40	3.8
#中西药类	Drug category	1926147.40	10.5
其他类	Other categories	2514623.60	8.8
#金银珠宝类	Gold and silver jewelry	681429.10	3.8
化妆品类	Cosmetics	625609.80	13.7
按商品需要性分	According to the need of goods		
必需品类	Staples	10133785.80	14.4
非必需品类	Non Staples	39668668.00	8.8
按生活生产资料性分	According to the life of the means of production branch		
生活资料类	Life class	48521641.10	10.0
生产资料类	Production class	1280812.70	5.3
按消费速度分	According to the consumption rate		
快速消费品类	Fast moving consumer goods	11348101.40	14.8
非快速消费品类	Non Fast moving consumer goods	38454352.40	8.5

16-10 限额以上住宿和餐饮企业财务状况 (2018年)

单位：万元

项　目		Item		合　计 Total	内资企业 Domestic Funded Enterprises	国有企业 State-owned Enterprises
企业数	（个）	Number of Enterprises	(unit)	1992	1970	47
流动资产合计		Total Circulating Funds		1978959	1888340	67964
#存货		# Inventories		91915	87872	2261
固定资产原价		Original Value of Fixed Assets		3581060	3360501	180377
累计折旧		Total Depreciation		1416102	1329935	82007
#本年折旧		# Depreciation This Year		204227	195535	9390
资产总计		Total Assets		5598982	5195767	193453
负债合计		Total Liabilities		3681931	3376561	110029
所有者权益合计		Total Creditors Equity		1917051	1819206	83424
实收资本		Capitals Hold		1835240	1744470	80441
国家资本		State Capital		344183	342940	77018
集体资本		Collective Capital		19378	19378	45
法人资本		Legal Person Capital		923518	870296	2140
个人资本		Individual Capital		526412	502314	63
港澳台资本		Hongkong, Macao and Taiwan		12154	6859	1176
外商资本		Foreign Capital		9594	2683	
主营业务收入		Net Sales Revenue		3141224	2920054	95957
主营业务成本		Cost of Sales		1698779	1598170	45805
主营业务税金及附加		Taxes and other charges on principal Business		61545	60388	2107
其他业务利润		Other Business Profits		26318	26013	3659
营业费用		Operating Expenses		567833	499265	23085
管理费用		Overhead Expenses		518656	488208	25103
财务费用		Financial Expenses		101040	93373	992
利息支出		Expenses for Interest		62426	55885	360
营业利润		Operating Profits		198143	184976	832
利润总额		Total Profits		208563	195208	2881
应交所得税		Income Tax		21950	16904	548
本年应付工资总额		Total Wages Payable this Year		614841	559813	24127
应交增值税		VAT Payable		62541	59522	2394
资产减值损失		Asset impairment loss		1106	1018	12
公允价值变动收益		Changes in fair value gains		-8811	-7915	5

Financial Conditions of Hotels and Catering Services Enterprises above Designated Size (2018)

(10 000 yuan)

集体企业 Collective Owned Enterprises	股份合作企业 Cooperative Enterprises	联营企业 Joint Ownership Enterprises	有限公司 Limitied Liability Corporation	股份公司 Share holding Corporation Ltd.	私营企业 Private Enterprises	其他企业 Other Enterprises
7	2		349	53	1509	3
10593	334		447081	398847	963217	304
305			28660	2466	54075	105
12987	346		1435126	132822	1598350	492
9888	218		610005	79231	548342	244
961	160		69875	6654	108431	64
14318	829		1720170	650417	2615882	699
4057	173		1209406	314325	1738366	205
10261	656		510764	336092	877516	494
5747	656		632915	135741	888795	175
			154736	110583	550	54
5414	386		5375	1241	6918	
330	270		366082	11723	489630	121
3			98824	12194	391230	
			5439		244	
			2459		224	
17580	5176		737165	99679	1962970	1527
5708	3631		351994	59108	1131009	914
144	350		19151	2763	35775	98
			3613	456	18286	
4639	180		126688	11052	333521	100
4713	275		183923	22172	251975	46
187	117		30129	4266	57663	20
0			18560	4946	32019	
2544	624		19830	17305	143520	322
2545	624		24878	17485	146472	323
4			5250	110	10973	19
2150	958		168123	22358	341851	246
266	11		17870	1868	37015	100
			420		586	
			-2591		-5329	

16-10 续表

单位：万元

项目		Item		港澳台 Enterprises With Invest-ment from HongKong Macao and Taiwan	外商投资 Foreign Investment	住宿业 Hotels
企业数	（个）	Number of Enterprises	(unit)	15	7	891
流动资产合计		Total Circulating Funds		78225	12393	1507826
#存货		# Inventories		2315	1728	49181
固定资产原价		Original Value of Fixed Assets		88745	131815	2824078
累计折旧		Total Depreciation		39005	47162	1153502
#本年折旧		# Depreciation This Year		3573	5119	147557
资产总计		Total Assets		270294	132921	4278838
负债合计		Total Liabilities		166919	138450	2929573
所有者权益合计		Total Creditors Equity		103375	-5529	1349265
实收资本		Capitals Hold		59317	31453	1343985
国家资本		State Capital			1243	312140
集体资本		Collective Capital				12774
法人资本		Legal Person Capital		48981	4241	687770
个人资本		Individual Capital		5040	19058	312108
港澳台资本		Hongkong, Macao and Taiwan		5295		11734
外商资本		Foreign Capital			6912	7459
主营业务收入		Net Sales Revenue		48971	172200	1577697
主营业务成本		Cost of Sales		14615	85994	770991
主营业务税金及附加		Taxes and other charges on principal Business		442	716	37249
其他业务利润		Other Business Profits		305		18522
营业费用		Operating Expenses		19766	48802	289630
管理费用		Overhead Expenses		10679	19770	365309
财务费用		Financial Expenses		4880	2786	77781
利息支出		Expenses for Interest		3765	2776	53789
营业利润		Operating Profits		-1228	14394	48099
利润总额		Total Profits		-1095	14450	56622
应交所得税		Income Tax		57	4989	7378
本年应付工资总额		Total Wages Payable this Year		11855	43173	341008
应交增值税		VAT Payable		791	2227	33705
资产减值损失		Asset impairment loss			88	572
公允价值变动收益		Changes in fair value gains		-896		-8342

Continued

(10 000 yuan)

			餐饮业				
旅游饭店 Tourist Hotel	一般旅馆 General Hotel	其他住宿服务 Other Other services	Catering Services	正　餐 Dinner	快　餐 Snack	饮料冷饮 Beverage and Cold Drinks	其他餐饮 Others
493	358	38	1101	1063	21	5	10
1030779	126104	350764	471133	443124	25565	541	1753
38425	9363	1363	42734	39302	3159	156	111
2350940	362459	110139	756982	678692	74895	1276	2097
992294	106903	54092	262600	228515	33372	309	402
117227	22395	7906	56670	51781	4670	133	86
3184819	493529	598609	1320144	1202075	111915	2215	3763
2350920	298447	278989	752358	682349	67426	530	1903
833898	195082	319620	567786	519726	44489	1685	1860
1022916	189763	130347	491254	460910	26750	1499	2068
199558	3949	108633	32044	31699	344		
8463	4134	178	6604	6604			
570024	111484	5952	235748	213809	19826	1016	1071
226351	69523	15585	214305	207670	5329	307	998
11061	673		420	244		176	
7459			2135	885	1250		
1138964	375273	62377	1563528	1292879	258110	2859	8958
519586	216229	34661	927788	791966	128165	1372	5670
25331	10242	1669	24296	23181	748	43	309
13816	4706		7796	7670	122		3
232082	49905	7481	278203	193680	82354	919	1251
293069	56376	15535	153347	131562	20430	345	950
67091	8692	1991	23258	20749	2407	18	84
46983	2744	4059	8638	7679	939	13	6
-1213	30927	18323	150044	125529	23593	224	666
6221	31071	19218	151942	127310	23698	226	676
6174	1198	6	14572	8856	5546	11	160
256467	68013	16307	273833	216254	54882	830	1694
25898	6695	1097	28836	25566	3054	30	170
405	139	29	534	442	91	1	
-7419	-935	11	-468	-476	5	2	

16-11 限额以上住宿和餐饮企业经营情况
Business Statistics of Hotels and Catering Services Enterprises above Designated Size

单位：万元 (10 000 yuan)

指 标	Item	营业额 Total Operating Revenue		商品零售额 Retail Trade	
		2017	2018	2017	2018
总 计	**Total**	**3037152**	**3289571**	**1986540**	**2165710**
住宿业	**Hotels Trade**	**1651052**	**1656056**	**744586**	**685517**
按登记注册类型分组	**By Status of Registration**				
内资企业	Domestic Funded Enterprises	1577154	1599446	715253	664789
国有企业	State-owned Enterprises	127623	85603	70576	40648
集体企业	Collective-owned Enterprises	18370	18489	9839	10035
股份合作企业	Cooperative Enterprises	3663	5179	940	1698
联营企业	Joint Ownership Enterprises				
有限责任公司	Limited Liability Corporations	581238	515109	260104	214780
股份有限公司	Share-holding Corporations Ltd.	61949	68199	28690	31574
私营企业	Private Enterprises	780836	906867	342994	366055
其他企业	Other Enterprises	3475		2110	
港澳台商投资企业	Enterprises with Funds From Hong Kong,Macao and Taiwan	58609	48279	24602	17931
外商投资企业	Enterprises with Foreign Investment	15288	8331	4731	2797
按国民经济行业分组	**By Sector**				
旅游饭店	Restaurant for Tourism	1230999	1185849	584062	523388
一般宾馆	Ordinary Hotels	386837	404888	143759	138973
其他住宿服务	Others	54616	64215	20817	22813
餐饮业	**Catering Trade**	**1386100**	**1633516**	**1241954**	**1480193**
按登记注册类型分组	**By Status of Registration**				
内资企业	Domestic Funded Enterprises	1228287	1457598	1084892	1304276
国有企业	State-owned Enterprises	14602	14084	9094	8632
集体企业	Collective-owned Enterprises	1430		679	
股份合作企业	Cooperative Enterprises	2588		2588	
联营企业	Joint Ownership Enterprises				
有限责任公司	Limited Liability Corporations	253893	257057	218215	224209
股份有限公司	Share-holding Corporations Ltd.	17664	35920	16922	28596
私营企业	Private Enterprises	931644	1148998	833335	1041737
其他企业	Other Enterprises	6465	1540	4060	1102
港澳台商投资企业	Enterprises with Funds From Hong Kong,Macao and Taiwan	5257	1585	4776	
外商投资企业	Enterprises with Foreign Investment	152556	174332	152286	174332
按国民经济行业分组	**By Sector**				
正餐	Dinner	1140155	1346947	997073	1195431
快餐	Snack	234463	273319	233541	272078
饮料及冷饮	Beverage and Cold Drinks	2235	3270	2180	3270
其他餐饮	Others	9247	9240	9161	8675

16–12 批发和零售业、住宿和餐饮业连锁经营情况(2018年)

Business of Chain Stores above Designated Size of Whloesale and Retail Trade and Catering Services (2018)

指 标		Item		合计 Total	直营店 Under Direct Management	加盟店 Through License Arrangement
门店总数	(个)	Number of Stores	(unit)	10766	7423	3343
从业人数	(人)	Employed Persons	(person)	93196	85758	7438
商品购进总额	(万元)	Total Purchases	(10 000 yuan)	8475707	8264622	211086
#统一配送商品购进额	(万元)	# by Centyalized Purchased and Delivery	(10 000 yuan)	7169612	7002135	167477
零售营业面积	(万平方米)	Operational Area of Retail	(10 000 sq.m)	9027054	8816168	210886
商品销售额	(万元)	Sales of Goods	(10 000 yuan)	13645414	13439956	205459
餐饮营业面积	(万平方米)	Operational Area of Catering	(10 000 sq.m)	539160	208338	330822
客房数	(间)	Number of rooms	(unit)	7281	5256	2025
床位数	(张)	The number of beds	(unit)	10561	7604	2957
餐位数	(个)	Number of Seats	(unit)	232805	100643	132162
营业收入	(万元)	Total Sales	(10 000 yuan)	579089	368266	210822
餐费收入和商品销售额	(万元)	Revenue of Catering and total Sales	(10 000 yuan)	559754	349448	210305

主要统计指标解释

批发业 指向其他批发或零售单位（含个体经营者）及其他企事业单位、机关团体等批量销售生活用品、生产资料的活动，以及从事进出口贸易和贸易经纪与代理的活动，包括拥有货物所有权，并以本单位(公司)的名义进行交易活动，也包括不拥有货物的所有权，收取佣金的商品代理、商品代售活动；还包括各类商品批发市场中固定摊位的批发活动，以及以销售为目的的收购活动。

零售业 指百货商店、超级市场、专门零售商店、品牌专卖店、售货摊等主要面向最终消费者（如居民等）的销售活动，以互联网、邮政、电话、售货机等方式的销售活动，还包括在同一地点，后面加工生产，前面销售的店铺（如面包房）；谷物、种子、饲料、牲畜、矿产品、生产用原料、化工原料、农用化工产品、机械设备（乘用车、计算机及通信设备除外）等生产资料的销售不作为零售活动；多数零售商对其销售的货物拥有所有权，但有些则是充当委托人的代理人，进行委托销售或以收取佣金的方式进行销售。

社会消费品零售总额 指企业（单位、个体户）通过交易直接售给个人、社会集团非生产、非经营用的实物商品金额，以及提供餐饮服务所取得的收入金额。个人包括城乡居民和入境人员，社会集团包括机关、社会团体、部队、学校、企事业单位、居委会或村委会等。

批发和零售业商品购进、销售、库存额 指各种登记注册类型的批发和零售业企业(单位)以本企业(单位)为总体的，从国内、国外市场购进的商品总量，销售和出口的商品总量，库存的商品总量等情况。该指标可以反映商品流转过程中商品的购进、销售、库存之间的比例关系和存在的问题。

商品购进额 指从本企业以外的单位和个人购进（包括从国外直接进口）作为转卖或加工后转卖的商品金额（含增值税）。商品购进包括：（1）从工农业生产者、批发和零售业企业、住宿和餐饮业企业、出版社或报社的出版发行部门和其他服务业企业购进的商品；（2）从机关团体、事业单位购进的商品；（3）从海关、市场管理部门购进的缉私和没收的商品；（4）从居民收购的废旧商品等。不包括：（1）企业为本单位自身经营用，不是作为转卖而购进的商品，如材料物资、包装物、低值易耗品、办公用品等；（2）未通过买卖行为而收入的商品，如接受其他部门移交的商品、借入的商品、收入代其他单位保管的商品、其他单位赠送的样品、加工回收的成品等；（3）经本单位介绍，由买卖双方直接结算，本单位只收取手续费的业务；（4）销售退回和买方拒付货款的商品；（5）商品溢余。

商品销售额 指对本单位以外的单位和个人出售的商品金额（包括售给本单位消费用的商品，含增值税）。商品销售包括：(1) 售给城乡居民和社会集团消费用的商品；（2）售给农业、工业、建筑业、服务业等国民经济各行业用于生产、经营用的商品，包括售予批发和零售业作为转卖或加工后转卖的商品；（3）对国（境）外直接出口的商品。不包括：（1）未通过买卖行为付出的商品，如随机构变动移交给其他企业单位的商品、借出的商品、归还受其他单位委托代保管的商品、付出的加工原料和赠送给其他单位的样品等；（2）经本单位介绍，由买卖双方直接结算，本单位只收取手续费的业务；（3）购货退回的商品；（4）商品损耗和损失；（5）出售本单位自用的废旧物资。

商品库存额 对于批发和零售业法人单位和个体经营户，是指报告期末取得所有权的全部商品金额(含增值税)；对于批发和零售业产业活动单位，是指报告期末实际在库且归属法人具有所有权的全部商品金额（含增值税）。库存商品包括：(1) 存放在本单位(如门市部、批发站、采购站、经营处)的仓库、货场、货柜和货架中的商品；(2) 挑选、整理、包装中的商品；(3) 已记入购进而尚未运到本单位的商品，即发货单或银行承兑凭证已到而货未到的商品；(4) 寄放他处的商品，如因购货方拒绝付款而暂时存在购货方的商品；(5) 委托其他单位代销(未作销售或调出)尚未售出的商品；(6) 代其他单位购进尚未交付的商品。不包括：所有权不属于本单位的商品；委托外单位加工的商品；外

贸企业代理其他单位从国外进口，尚未付给订货单位的商品；代国家储备部门保管的商品。

住宿餐饮业营业额 指住宿和餐饮业法人企业、产业活动单位在经营活动中因提供服务或销售商品等取得的收入，包括客房收入、餐费收入、商品销售收入和其他收入。客房收入指住宿和餐饮业法人企业、产业活动单位在经营活动中因提供住宿服务取得的客房收入。餐费收入指住宿和餐饮业法人企业、产业活动单位因为顾客提供就餐服务取得的收入，包括经烹饪、调制加工后出售的各种食品，如主食、炒菜、凉拌菜等的收入。商品销售收入指住宿和餐饮业法人企业、产业活动单位伴随服务而出售商品所取得的收入。其他收入指营业收入中除客房收入、餐费收入、商品销售收入以外的其他收入，包括娱乐、健身和商务服务等。

亿元商品交易市场成交额 指年成交额达到亿元以上，经工商部门批准、专门从事商品批发、零售业务活动的市场。其市场所有摊位成交总额称为商品交易市场成交额。

连锁总店（总部） 指负责连锁企业资源（商号、商誉、经营模式、服务标准、管理模式等等）的开发、配置、控制或使用等功能的企业核心管理机构。连锁经营是指经营同类商品或服务，使用统一商号的若干店铺，在同一总店（总部）的管理下，采取统一采购或特许经营等方式，实现规模效益的组织形式，包括直营连锁、特许连锁和自愿连锁三种形式。其中，直营连锁是指连锁店铺由连锁公司全资或控股开设，在总部的直接控制下，开展统一经营的连锁经营形式；特许连锁是指拥有注册商标、企业标志、专利、专有技术等经营资源的企业（特许人），以合同形式将其拥有的经营资源许可其他经营者（被特许人）使用，被特许人按合同约定在统一的经营模式下开展经营，并向特许人支付特许经营费用的连锁经营形式；自愿连锁是指若干个店铺或企业自愿组合起来，在不改变各自资产所有权关系的情况下，以同一个品牌形象面对消费者，以共同进货为纽带开展的连锁经营形式。

亿元以上商品交易市场 指年成交额在亿元及以上的商品交易市场。商品交易市场是指经有关部门和组织批准设立，有固定场所、设施，有经营管理部门和监管人员，若干市场经营者入内，常年或实际开业三个月以上，集中、公开、独立地进行生活消费品、生产资料等现货商品交易以及提供相关服务的交易场所，包括各类消费品市场、生产资料市场等。

Explanatory Notes on Main Statistical Indicators

Wholesale Trade refers to the activities of selling wholesale commodities for daily use and capital goods to enterprises of wholesale and retail trades (including self-employed individuals) and other enterprises, institutions and government organs and organizations, and the activities of engaging in import and export and acting as a trade agent. The wholesaler may have the ownership of the commodities for wholesale and trade in the name of its own (a company), and the wholesaler can act as commission agent or commodity broker without the ownership of commodities. Also included are the wholesale activities at the fixed stalls in wholesale market and the acquisition for sales purpose.

Retail Trade refers to the activities of department store, supermarket, franchised store, brand store, retail stall and on-the-spot-making-selling store selling commodities to the final consumers (residents) by any means including internet, post, telephone, sales machine. It also includes shops with sales and production located in the same places (such as bakeries). Retail trade excludes the activities of sales of capital goods such as grain, seed, feed, livestock, mineral products, raw material for production, industrial chemicals, chemical products for agricultural use, machine and equipment (excluding vehicles, computers and communication equipment). Most retailers have the ownership of commodities to sell, but some are acting as agents or brokers to make transactions for a commission.

Total Retail Sales of Consumer Goods refer to the amount obtained by enterprises (units, self-employed individuals) through direct sales of non-production and non-business physical commodity to individuals, social institutions, and revenue from providing catering services. Individuals include rural and urban households, population from abroad, social institutions include government agencies, social organizations, military units, schools, institutions, neighbourhood (village) committees.

Purchase, Sales and Stock of Commodities by Wholesale and Retail Trades refer to the total volume of commodities purchased, total volume of sales and exports, and the stock of commodities by wholesale and retail enterprises (establishments) of different status of registration from domestic and overseas markets. This indicator reflects the relationship among purchase, sales and stock of commodities in the circulation of goods and reveals the existing problems.

Total Purchases of Commodities refer to the total value of purchases of commodities by enterprises (establishments) from other establishments or individuals (including direct import from abroad) for the purpose of re-selling, either with or without further processing of the commodities purchased. The commodities include: (1) commodities purchased from agricultural and industrial producer, wholesaler, retailer, publishing house and other service business; (2) commodities purchased from institutions and government departments; (3) confiscated goods purchased from the customs authorities or market management agencies; (4) second-hand goods and wastes purchased from residents; The commodities exclude (1) commodities purchased by enterprises (establishments) for use in their own business operation, commodities obtained without buying or selling procedures such as materials, consumable goods of low value, office appliance, etc. (2) received goods without trading, such as goods handed over from others, borrowed goods, preserved goods for others, donated goods from others, processed and retrieved goods, etc. (3) goods of direct settlement between buyer and seller with handling fees introduced by others, (4) goods returned or refused to pay by the buyer, (5) excessive goods.

Total Sales of Commodities refer to value of commodities sold by the establishments to other establishments and individuals (including goods sold for self consumption, including the value-added tax). The commodities include: (1) commodities sold to urban and rural residents and social groups for their consumption; (2) commodities sold to establishments in all industries for their production and operation, including agriculture, industry, construction, and catering services including commodities sold to wholesale and retail establishments for re-selling, with or without further processing; and (3) commodities for direct export to abroad. Excluded are (1) extended commodities without trading, such as goods handed over to other enterprises and institutions because of the change of organizations, lent goods, returned goods preserved for others, extended processing materials and samples donated to others, (2) goods of direct settlement between buyer and seller with handling fees introduced by others, (3) goods returned after purchase, (4) damaged and spoiled goods, (5) waste and used goods of self use,

Total Stock of Commodities For the legal entities and self-employed individuals engaged in wholesale and retail trade, it refers to total value (including VAT) of commodities possessed at the end of the reference period; and for wholesale and retail establishments, it refers to the value (including VAT) of all commodities actually in stock and owned by their legal persons at the end of reference period. The commodities in stock includes: (1) commodities located in storage, garages, counters, and shelves of operating places of wholesale

and retail trades (such as sale stores, wholesale centres, procurement stations and operating offices); (2) commodities in the process of being selected, sorted, and packed; (3) commodities not arrived but recorded as purchase in the account, i.e. commodities not arrived but payment receipts for the commodities from the sellers or the banks arrived; (4) commodities deposited in other places rather than places mentioned above, for instance: commodities in the hold of purchasers temporarily due to the refusal of payment; (5) commodities entrusted to other units to sell but not sold yet; (6) commodities purchased for other units but not delivered yet. Commodities not included as stock are those not owned by the enterprises (units), commodities on commission for processing, imported commodities of agency of foreign trade enterprise but not yet delivered to ordering units and finally those put in stock on behalf of the state reserves units.

Business Revenue of Hotels and Catering Services refer to revenue received from providing services or selling commodities by corporate enterprises and establishments engaged in hotel and catering services, including income from hotel rooms, from catering services, from selling of commodities and from other services. Income from hotel rooms refers to income of corporate enterprises and establishments by providing lodging services. Income from catering services refers to income of corporate enterprises and establishments by providing catering services, including selling of cooked or prepared foods such as stable food, cooked dishes or cold dishes. Income from selling of commodities refers to income of corporate enterprises and establishments by selling commodities that accompany the services they provide. Income from other activities refers to income received other than income from hotel rooms, catering services or selling of commodities, such as income from providing recreation, fitness or business services.

Volume of Transaction at Large Commodity Markets (with transaction value over 100 million yuan) refers to markets approved by the industrial and commercial administration departments, which specialize in wholesale and retail of commodities with an annual transaction of over 100 million yuan. The sum of sales of all sellers in the markets makes up the transaction value of the markets.

Chain Head Stores (headquarter) refer to the core leading stores responsible for development, allocation, administration and utilization of resources (name of stores, brand of stores, operation model, service standard, management way, etc.) of chain stores. Chain stores refers to the stores engaged in providing homogeneous commodities or services, with the central leadership of head store (headquarters) and guided by common policies, conduct centralized purchase and distributed selling of commodities, in order to gain better efficiency through standardized operation. The chain stores include regular chain stores, franchise chain stores and voluntary chain stores.

Regular Chain store refers to chain stores that are invested or controlled by the headquarters. They operate under direct and unified management from the headquarters.

Franchise chain store refers to the chain stores (franchisees) which are franchised with operation resources such as trade marks, names, patent and operation know-how by the franchisors in form of contract and pay the operation fees to the franchisors.

Voluntary chain store refers to the stores operate jointly on the voluntary bases while maintaining their status of independent legal entities with full ownership of their assets. They sell goods of same brand from same channel of resource to the consumers.

Large Commodity Markets with Transaction Value over 100 Million Yuan refers to the commodity markets with an annual transaction at and above 100 million. The commodity market refers to the markets approved and managed by related departments, where there are fixed sites, facilities, managers and administration offices, where there are a certain number of traders to operate for three month and above or all the year, where the commodities including the articles for daily consumption and capital goods and services are traded in a centralized, independent and open way. Such market includes markets of daily goods and market of capital goods, etc.

17 教育和科技

Education, Science and Technology

资料整理人员：蔡冬娥　　肖首雄　　贺　震

赵莉淇　　郭开金

17-1 教育基本情况
Basic Statistics for Education

年份 Year	专任教师数（人）Number of Full-time Teachers (person)				在校学生数（万人）Student Enrollment (10 000 persons)				每万人口在校大学生数（人）University & College Student Enrollment per 10 000 Population (person)
	普通高等学校 Institutions of Higher Education	普通中等学校 Secondary Schools	普通中学 Regular Secondary Schools	小学 Primary Schools	普通本专科 Institutions of Higher Education	普通中等学校 Secondary Schools	普通中学 Regular Secondary Schools	小学 Primary Schools	
1949	500	1700	4400	92900	0.26	3.00	11.43	192.26	1.0
1950	600	600	3300	70300	0.26	0.90	5.00	116.88	1.0
1951	700	900	3500	90700	0.37	2.00	5.07	218.75	1.0
1952	800	1000	4700	96500	0.63	2.30	12.34	274.86	2.0
1953	900	1300	5800	102700	0.65	2.40	13.75	295.92	2.0
1954	1000	1400	6800	99200	0.79	2.20	15.48	276.40	2.0
1955	1200	1300	6900	100600	0.84	1.90	15.58	314.74	2.3
1956	1500	1500	7800	105600	1.18	2.20	20.28	383.65	3.4
1957	1800	1700	9100	110100	1.36	2.60	23.16	385.20	4.0
1958	2100	2900	16200	136700	2.24	7.90	47.22	525.71	6.0
1959	2600	3200	15400	142400	2.76	6.20	41.47	528.84	6.0
1960	4100	6200	20000	154000	3.94	12.70	54.73	573.35	11.0
1961	4600	4200	18800	142000	3.41	4.30	36.04	448.27	9.6
1962	4600	2200	18000	135300	2.91	2.20	30.30	376.09	8.0
1963	4400	2400	17900	135900	2.60	2.00	30.84	385.87	7.0
1964	3900	2600	18800	140400	2.09	1.90	36.83	494.80	5.5
1965	4000	2500	19800	142700	2.18	2.30	40.84	497.74	6.0
1966	3700	2800	22900	159300	1.92	3.10	49.99	550.61	5.0
1967	3700	2800	21500	161900	1.57	2.40	49.45	518.02	4.0
1968	3800	2600	28300	161900	1.10	1.40	54.54	476.93	3.0
1969	3700	1400	41700	176600	0.70	0.20	86.19	480.11	2.0
1970	4000	1200	56800	171100	0.43	0.80	123.58	516.91	1.0
1971	3600	1600	78500	186100	0.32	1.30	149.74	563.25	0.7
1972	4700	2000	81400	213600	1.03	1.60	171.72	650.79	2.0
1973	5200	2100	80100	236300	1.67	2.70	162.45	711.35	4.0
1974	5600	3000	79000	263600	2.18	3.50	165.86	809.73	4.5
1975	6000	3100	103600	274700	2.44	3.70	231.60	837.54	5.0
1976	6800	3400	151800	281600	2.55	3.20	320.47	842.69	5.0
1977	7300	3900	173500	280500	2.81	3.10	368.93	825.73	5.0
1978	8200	4200	166600	284800	3.57	3.50	346.44	829.32	7.0
1979	9200	5000	152800	293200	4.32	5.40	305.23	830.33	8.0
1980	9800	5700	149100	303200	5.45	5.40	281.77	832.24	10.0
1981	8900	6000	139900	311500	5.47	4.50	251.95	830.48	10.0
1982	10000	6500	134600	308500	4.82	4.40	243.59	810.64	8.8
1983	10600	6900	130000	311800	5.15	5.00	233.14	798.48	9.0
1984	11200	6700	129700	311400	5.82	5.70	242.36	791.56	10.0
1985	12700	6700	136400	313400	7.13	6.70	248.15	773.44	13.0

17-1 续表 Continued

年份 Year	专任教师数（人） Number of Full-time Teachers (person)				在校学生数（万人） Student Enrollment (10 000 persons)				每万人口在校大学生数（人） University & College Student Enrollment per 10 000 Population (person)
	普通高等学校 Institutions of Higher Education	普通中等学校 Secondary Schools	普通中学 Regular Secondary Schools	小学 Primary Schools	普通本专科 Institutions of Higher Education	普通中等学校 Secondary Schools	普通中学 Regular Secondary Schools	小学 Primary Schools	
1986	13500	7400	142600	308300	7.82	7.30	262.53	759.23	14.0
1987	14300	8300	150400	306700	8.34	7.70	267.17	738.43	14.0
1988	14500	8700	153600	308600	8.73	9.20	251.88	721.65	14.7
1989	14500	9100	159000	321700	8.90	10.20	249.62	705.82	15.0
1990	14400	9100	158100	306600	8.82	9.90	253.78	693.96	14.0
1991	14200	9100	163100	305700	8.86	9.90	257.03	687.63	14.0
1992	14300	9200	166200	300400	9.54	10.70	252.87	685.04	15.0
1993	14500	9500	168600	300300	11.10	12.90	250.45	697.32	17.7
1994	15000	9700	172000	298800	12.31	15.40	265.35	715.35	19.5
1995	15300	10600	179100	298000	13.04	18.60	285.41	736.65	20.0
1996	15700	11600	187100	298500	13.57	21.30	305.22	765.91	21.2
1997	15900	12300	194800	299500	14.37	23.70	323.24	787.13	22.0
1998	16500	12400	201800	304100	15.67	25.90	336.23	769.35	24.0
1999	17990	11934	212435	307404	19.40	27.30	356.00	721.40	30.0
2000	20317	10775	223693	306387	25.31	25.83	391.73	663.93	38.7
2001	23878	9036	236161	291574	33.13	24.09	425.59	601.26	50.2
2002	30557	8598	248245	276535	41.94	22.37	466.91	529.49	63.3
2003	33229	6377	259281	260704	53.72	22.65	488.78	468.69	80.6
2004	38345	5362	260897	248345	62.60	24.60	471.90	432.60	93.5
2005	45272	25962	261449	246112	74.24	70.56	429.11	419.83	110.3
2006	49470	28099	256047	247567	81.95	75.78	384.62	429.31	121.0
2007	54751	30628	251451	249994	89.05	83.10	354.31	444.84	130.9
2008	57651	30040	246257	250229	94.86	76.35	333.92	458.44	138.6
2009	58846	29514	243831	250365	101.38	80.87	320.78	469.15	146.9
2010	59557	28004	240494	250039	104.43	76.48	316.82	479.16	147.3
2011	61156	27977	268602	222630	106.79	77.88	317.72	490.32	161.9
2012	62541	27293	238277	246859	108.05	73.42	313.77	473.79	162.7
2013	63869	24827	236461	246273	110.08	65.07	318.39	467.81	210.6
2014	64919	25106	238543	248118	113.50	64.48	326.34	473.84	214.5
2015	66615	26047	238254	226087	117.98	64.80	329.85	488.86	221.4
2016	68726	25620	241508	253718	122.47	66.09	335.96	501.81	225.1
2017	70249	27001	247395	265887	127.32	68.65	344.26	511.66	238.8
2018	72689	29029	255386	274527	132.68	65.82	358.01	521.98	258.4

注：2005年之后普通中等专业学校数为中等职业教育学校数据。2013年每万人口在校大学生数包含了研究生65276人，成人本专科232228人，普通本专科1100770人。

Prior to 2005 number of secondary vocation in shcools as number of regular specialized secondary schools. In 2013, number of university & college student enrollment included graduate students, adult colleges and eneral of the specialty.

17-2 各级学校单位数及教职工数
Number of Schools and School Staff

年份 Year	普通高等学校 Regular Institution of Higher Education	中等职业教育学校 Secondary Vocationl Schools	职业中学 Vocational Secondary Schools	技工学校 Technical Schools	普通中学 Regular Secondary Schools	普通小学 Primary Schools	特殊教育学校 Special Education Schools	学前教育 Pre-school education
单位数（所）	Number of Schools (unit)							
1980	46	117	179	115	7411	53400		15295
2000	52	144	539	167	4505	34521	57	5473
2005	93	665	477	147	4560	17108	53	4359
2006	96	677	496	138	4394	15859	52	4528
2007	99	708	534	140	4257	14677	51	4751
2008	100	687	539	144	4129	13929	50	5516
2009	115	682	533	128	4032	13263	51	6453
2010	117	626	486	129	3933	12692	54	7829
2011	120	567		129	3904	10824	58	9488
2012	106	525		129	3885	10165	61	11030
2013	107	496		129	3878	9270	69	12236
2014	109	501		129	3894	8560	76	12935
2015	109	471		129	3906	8412	78	13944
2016	109	460		130	3901	8272	79	14365
2017	109	467		131	3912	7757	79	14670
2018	109	472		133	3957	7335	85	15166
教职工数（人）	Number of Teachers and Staff (person)							
1980	24462	13262	1242	6391	192400	321900		39900
2000	46642	21078	22375	10050	259989	324199	1203	39790
2005	80766	39753	26081	8955	305413	261560	1213	37864
2006	86031	43243	30020	8890	300958	263305	1245	42932
2007	90417	46733	33309	8669	294108	264623	1314	49181
2008	93303	45475	32686	9217	288168	265680	1338	58230
2009	94428	44459	32023	9394	285576	266878	1397	69731
2010	94871	41822	29926	10074	281722	266854	1531	88538
2011	95652	40070		11097	312162	235773	1656	107361
2012	96322	38410		11552	309794	231358	1673	126187
2013	96915	33342		11820	301044	226699	1733	143739
2014	97652	33272		11229	301432	226307	1826	157461
2015	98746	34134		10946	302504	226087	1936	175737
2016	100543	33290		11056	304863	227973	2016	195150
2017	102318	34447		11128	313347	235374	2258	212635
2018	104086	36678		10537	325006	238800	2479	228288

注：本表高等学校含3所部属院校，不含军事院校、分院校和大专班。

Regular institutions of higher education includes three institutions managed by the national ministry,excluding military institutions, branches and Specialized Subject class.

17-3 各级学校招生及毕业生数
New Student Enrollment and Graduates

单位：人 (person)

年份 Year	普通高等学校 Regular Institution of Higher Education	中等职业教育学校 Secondary Vocationl Schools	职业中学 Vocational Secondary Schools	技工学校 Technical Schools	普通中学 Regular Secondary Schools	高中 Senior Secondary Schools	初中 Junior Secondary Schools	普通小学 Primary Schools	特殊教育学校 Special Education	学前教育 Pre-school education
招生数	**New Student Enrollment**									
1980	13004	20515	9267	16071	934300			1657300		
2000	101020	63625	93447	26683	1518734	260515	1258219	717496	2090	583324
2005	246520	317819	192156	60779	1325504	512714	812790	710905	1181	687422
2006	263799	314465	203364	59657	1216865	489621	727244	785684	1347	723322
2007	288712	336757	220657	56460	1171706	438131	733575	862812	2317	749784
2008	307575	280488	200876	61200	1111499	392351	719148	847528	2443	825608
2009	323592	348884	195299	60378	1076485	356521	719964	833027	2246	878680
2010	309776	302889	173050	59516	1104881	370508	734373	863796	2174	1001644
2011	310172	279918		51484	1104813	369889	734924	869704	1117	1035175
2012	324526	253092		46643	1112562	370069	742493	880773	1132	1082809
2013	325880	228682		40878	1140231	373754	766477	847605	2240	974589
2014	344724	227065		37444	1110833	365462	745371	813950	2924	1061997
2015	360030	237759		40291	1118969	380349	738620	886705	4625	989791
2016	376279	251324		47606	1174079	393932	780147	899873	5446	937912
2017	391611	250215		39563	1189640	398100	791540	884161	6295	862373
2018	416228	229118		38271	1249377	406744	842633	930488	4730	785219
毕业生数	**Graduates**									
1980	1306	21260	2469	6114	522900			1297800		
2000	42428	73076	68800	20479	1000980	145587	855393	1302004	1138	
2005	147642	187911	98870	37958	1591964	340207	1251757	815684	760	
2006	187456	215907	119210	39551	1540757	378477	1162280	716297	937	
2007	207604	256378	152676	42407	1357555	408711	948844	712920	1538	
2008	240027	269438	181021	43441	1204202	429998	774204	702820	1551	
2009	253795	273181	184098	47353	1108959	415666	693293	718528	1606	
2010	275285	282883	172902	44142	1059256	361786	697470	723227	1378	
2011	284178	225490		45149	1018307	325598	692709	730155	613	516842
2012	305674	251480		41949	998786	310055	688731	770212	634	735088
2013	325880	237119		40248	983228	316720	666508	770482	1286	799267
2014	295442	205099		28593	972811	320363	652448	741023	1202	827392
2015	300161	204137		29936	1034745	334954	699791	730191	1768	903774
2016	316123	199567		29207	1081856	341973	739883	769729	3328	923857
2017	332792	194901		28339	1076681	344076	732605	781279	3070	949433
2018	347641	204504		30746	1089422	364539	724883	832334	4730	983284

注：2005年之前中等职业教育学校数据为普通中等专业学校数。
Prior to 2005 number of secondary vocational education in schools as number of regular specialized secondary schools.

17-4 硕士研究生在校学生、招生及毕业生数
Student Enrollment, New Student Enrollment and Graduates of Postgraduates

单位：人 (person)

年份 Year	招生数 New Student Enrollment	毕业生数 Graduates	在校学生数 Student Enrollment
1980	77		347
1985	1104	296	2016
1988	769	1067	2538
1989	600	862	2311
1990	705	812	2165
1991	687	783	2035
1992	734	543	2168
1993	911	668	2357
1994	1209	630	2864
1995	1209	710	3307
1996	1400	876	3775
1997	1383	1087	4027
1998	1723	1131	4552
1999	2380	1394	5585
2000	3475	1311	7729
2001	4575	1639	10589
2002	5832	1942	14147
2003	8597	3099	19421
2004	10656	4148	26083
2005	11702	5243	32676
2006	13260	7329	38711
2007	14088	9492	43343
2008	14876	10982	46815
2009	17326	12434	51809
2010	18270	13145	56221
2011	18942	14338	60097
2012	19801	16216	62745
2013	18473	15745	54454
2014	18795	17414	55121
2015	19476	17007	57155
2016	20012	17243	58953
2017	24985	17255	65908
2018	25711	18493	72047

17-5 普通高等学校本科在校学生、招生及毕业生数
Student Enrollment, New Student Enrollment and Graduates of Colleges and Universities

单位：人 (person)

项目	Item	在校学生数 Student Enrollment		招收学生数 New Student nrollment		毕业生数 Graduates	
		2017	2018	2017	2018	2017	2018
总计	**Total**	**703480**	**723763**	**183230**	**189973**	**162286**	**164199**
哲学	Philosophy	357	362	70	89	80	80
经济学	Economics	37119	37996	9587	9857	9831	8951
法学	Law	22946	23197	5832	5940	5297	5788
教育学	Education	26193	27425	6795	7537	5827	6056
文学	Literature	70817	74542	18846	19525	16071	15988
历史学	History	2041	2168	531	596	460	494
理学	Science	45589	48490	12634	13380	9605	10036
工学	Engineering	230871	238277	61790	64681	52039	53319
农学	Agriculture	9749	9646	2700	2698	2104	2349
医学	Medicine	67189	70239	15924	17049	14277	14435
管理学	Administration	121935	120397	30657	29598	30999	30353
艺术学	Artsciense	68674	71024	17864	19023	15696	16350

17-6　普通高等学校、中等职业教育学校教职工情况
Staff and Workers in General Institutions of Higher Education and Specialized Secondary Schools

单位：人　(person)

类　别	Item	高等学校 General Institutions of Higher Education			中等职业教育学校 Specialized Secondary Schools		
		2016	2017	2018	2016	2017	2018
教职工	**Staff and Teachers**	**100543**	**102318**	**104086**	**33290**	**34447**	**36678**
#校部教职工	#Staff and Workers	96847	99032	100907	33203	34397	36607
#专任教师	#Full-time Teachers	68726	70249	72689	25620	27001	29029
教辅人员	Auxiliary Teaching Staff	9351	9654	13738	2219	2108	3245
行政人员	Administrative Personnel	13268	13766	9446	3227	3182	2159
工勤人员	Logistics Personnel	5502	5363	5034	2137	2106	2174

17-7　普通高等学校分科专任教师情况 (2018年)
Full-Time Teachers in General Institutions of Higher Education by Field of Study (2018)

单位：人　(person)

类　别	Item	合　计 Total	正高级 Professors	副高级 Asso. Professors	中　级 Lecturers	初　级 Assistants	无职称 Instructors
总　计	**Total**	**72689**	**8063**	**21276**	**29053**	**6824**	**7473**
哲　学	Philosophy	1951	219	557	770	151	254
经济学	Economics	3757	357	1101	1533	369	397
法　学	Law	2853	354	803	1177	231	288
教育学	Education	6399	470	1688	2654	796	791
文　学	Literature	9369	619	2585	4496	866	803
历史学	History	639	102	199	226	43	69
理　学	Science	7257	1147	2430	2497	517	666
工　学	Engineering	20076	2487	6156	7846	1592	1995
农　学	Agriculture	1575	258	456	558	122	181
医　学	Medicine	7098	1125	2398	2418	635	522
管理学	Adminstration	6728	647	1892	2686	742	761
艺术学	Artscience	4987	278	1011	2192	760	746

17-8 中等职业教育分科专任教师和学生数 (2018年)
Students and Full-Time Teachers in General Specialized Secondary Schools (2018)

单位：人 (person)

类 别	Item	招生数 New Student Enrollment	毕业生数 Graduates	在校学生数 Student Enrollment	专任教师 Full-time Teachers
总 计	**Total**	**229118**	**204504**	**658221**	**29029**
农林牧渔类	Denomination of Agriculture and Forestry	6598	5730	24805	535
资源环境类	Denomination of Natural Resources and Environment	21	201	431	41
能源与新能源类	Denomination of Energy Sources	260	101	858	19
土木水利类	Denomination of Civil and Water Conservancy Engineering	4992	4557	14367	294
加工制造类	Denomination of Processing and Manufacture	33859	36281	102403	2316
石油化工类	Denomination of Petrochemical	220	905	1055	21
轻纺食品类	Denomination of Textile Food	932	2444	3522	148
交通运输类	Denomination of Transportation	19804	16985	55486	999
信息技术类	Denomination of Information Technique	53926	42603	148625	3439
医药卫生类	Denomination of Sanitation and Medicines	10696	15943	36635	384
休闲保健类	Denomination of Leisure Care	1037	1030	2939	121
财经商贸类	Denomination of Financial Business	29930	23923	85571	1726
旅游服务类	Denomination of Travel Services	16731	11940	45863	1114
文化艺术类	Denomination of Culture and Arts	19408	13309	50452	1677
体育与健身	Denomination of Sports and Fitness	2903	1610	7259	570
教育类	Denomination of Education	19105	21029	54204	992
司法服务类	Denomination of Justice	58		103	23
公共管理与服务类	Denomination of Public Management and Services	6814	4932	18441	508
其他	Other Denomination	1824	981	5202	431

注：专任教师中含文化基础课教师和实习指导课教师。
Full-time teachers included teachers of basic culture and intern guide.

17-9 普通中学、小学按城乡和主办部门分组的情况 (2018年)
Basic Statistics on General Secondary Schools, Primary Schools by Urban and Rural Area and by Department (2018)

单位：人 (person)

类 别	Item	合 计 Total	按城乡分 By Urban and Rural Areas 城 市 Urban Areas	县 镇 Counties and Towns	农 村 Rural Areas	按主办部门分 By Departments 教育部门和集体办 Schools Run by Educational Departments	其他部门和民办 Schools Run by Other Departments
普通中学	**Regular Secondary Schools**						
学校数 （所）	Number of Schools (unit)	3957	685	1978	1294	3550	407
教职工数	Number of Staff and Teachers	325006	96012	174987	54007	278525	46481
#专任教师数	#Full-time Teachers	255386	75504	141023	38859	227789	27597
招生数	New Student Enrollment	1249377	379131	705536	164710	1049050	200327
毕业生数	Number of Graduates	1089422	325303	617205	146914	950368	139054
在校学生数	Student Enrollment	3580113	1080808	2022774	476531	3045690	534423
普通中学中：高中	**Senior Secondary Schools**						
学校数 （所）	Number of Schools (unit)	626	246	345	35	469	157
专任教师数	Full-time Teachers	79968	30213	46819	2936	71255	8713
招生数	New Student Enrollment	406744	145194	244430	17120	337981	68763
毕业生数	Number of Graduates	364539	133476	218278	12785	321946	42593
在校学生数	Student Enrollment	1175466	421128	706367	47971	1001243	174223
普通中学中：初中	**Junior Secondary Schools**						
学校数 （所）	Number of Schools (unit)	3331	439	1633	1259	3081	250
专任教师数	Full-time Teachers	175418	45291	94204	35923	156534	18884
招生数	New Student Enrollment	842633	233937	461106	147590	711069	131564
毕业生数	Number of Graduates	724883	191827	398927	134129	628422	96461
在校学生数	Student Enrollment	2404647	659680	1316407	428560	2044447	360200
小 学	**Primary Schools**						
学校数 （所）	Number of Schools (unit)	7335	1156	2493	3686	7172	163
教职工数	Number of Staff and Teachers	238800	64881	107801	66118	230780	8020
#专任教师数	#Full-time Teachers	274527	73395	124445	76687	258781	15746
招生数	New Student Enrollment	930488	279267	423534	227687	878145	52343
毕业生数	Number of Graduates	832334	214966	417428	199940	778326	54008
在校学生数	Student Enrollment	5219847	1466478	2503850	1249519	4901845	318002

注：1. 普通初中学校数包括初级中学、九年一贯制学校和职业初中；普通高中包括完全中学、高级中学和十二年一贯制学校。

2. 所有教职工数据均按学校类型统计，专任教师按教育层次统计。以九年一贯制学校为例，教职工全部统计为普通中学教职工，专任教师则分别统计为小学、初中专任教师。

a. Junior Secondary Schools include regular junior secondary schools、nine-year coherent shools and vocational junior secondary school; Senior secondary schools include regular senior secondart schools、full secondary schools and twlve-year coherent schools.

b. All data of staff statistics are according to the school type,full-time teachers in education level statistics. Take nine-year coherent schools as example, all school staff count as secondary school staff, and full-time teachers are respectively primary and junor secondary teachers.

17-10 各级学校在校女学生和女教职工数
Number of Female Students and Faculties by Level of School

类 别	Item	2000	2005	2017	2018
女学生 （万人）	**Number of Female Students (10 000 persons)**	**531.25**	**468.13**	**514.58**	**533.30**
普通高等学校	Regular Institutions of Higher Education	9.58	34.16	67.71	70.69
中等职业学校	Secondary vocational schools	15.06	14.51	32.43	30.72
普通中学	Regular Secondary Schools	179.12	201.92	161.14	168.36
普通小学	Primary Schools	317.81	197.10	237.10	242.16
女学生占全部学生 (%)	**Percentage of Female Students to Total Students (%)**	**47.09**	**47.39**	**47.66**	**47.85**
普通高等学校	Regular Institutions of Higher Education	37.85	46.02	53.18	53.28
中等职业学校	Secondary vocational schools	58.29	56.07	47.24	46.67
普通中学	Regular Secondary Schools	45.73	47.05	46.81	47.03
普通小学	Primary Schools	47.87	46.95	46.34	46.39
女教职工 （万人）	**Number of Female faculties (10 000 persons)**	**24.79**	**29.45**	**38.18**	**40.49**
普通高等学校	Regular Institutions of Higher Education	0.69	3.40	5.01	5.13
中等职业学校	Secondary vocational schools	0.43	0.33	1.64	1.80
普通中学	Regular Secondary Schools	8.13	11.53	15.90	17.14
普通小学	Primary Schools	14.95	13.12	15.58	16.36
女教职工占全部教职工 (%)	**Percentage of Female faculties to Total faculties (%)**	**42.97**	**43.19**	**55.60**	**57.37**
普通高等学校	Regular Institutions of Higher Education	33.96	42.09	48.99	49.31
中等职业学校	Secondary vocational schools	39.90	41.65	47.51	49.06
普通中学	Regular Secondary Schools	36.34	37.76	50.73	52.75
普通小学	Primary Schools	48.79	50.15	66.19	68.51

17−11 平均每万人口中在校学生
Student Enrollment Per l0,000 Population

项 目	Item	2000	2005	2017	2018
各类普通学校在校学生占全省人口 (%)	**Students as Percentage of Total Population (%)**	**17.24**	**14.67**	**19.32**	**19.68**
平均每万人口中在校学生 （人）	**Student Enrollment Per l0 000 Population (person)**				
普通高等学校	Regular Institutions of Higher Education	38.70	110.27	238.80	258.4
中等职业教育学校	Secondary Vocationl Schools	665.50	637.41	100.6	96.0
普通小学	Primary Schools	1011.77	623.63	750.0	761.0

注：1. 本表未包括技工学校在校学生。
2. 2006 年起中等学校改为中等职业教育。
a. Secondary schools excludes schools for skilled workers.
b. From 2006,Secondary Schools change Secondary Vocationl Schools.

17−12 民办（私立）学校情况
Statistics on Private Schools

单位：人 (person)

项 目	Item	2000	2005	2017	2018
普通中学	**Regular Secondary Schools**				
学校数 （所）	Number of Schools (unit)	166	375	360	392
教职工数	Staff and Teachers	4845	21440	37558	45083
专任教师数	Full−time Teachers	3367	16101	22323	26488
毕业生数	Graduates	9035	97653	127750	133630
招生数	New Student Enrollment	43333	141602	171578	195116
在校学生数	Student Enrollment	90112	390572	460434	518903
普通小学	**Primary Schools**				
学校数 （所）	Number of Schools (unit)	213	180	157	150
教职工数	Staff and Teachers	2451	5093	7193	7566
专任教师数	Full−time Teachers	1713	3677	13007	15326
毕业生数	Graduates	6183	15520	46473	52634
招生数	New Student Enrollment	5572	14077	45588	51210
在校学生数	Student Enrollment	45911	87627	273054	310616

17-13 特殊教育学校基本情况

Basic Statistics on Schools for Special Education

单位：人 (person)

项 目	Item	2000	2005	2017	2018
各类特殊学校数 (所)	Number of Schools for Special Education (unit)	57	53	79	85
教职工数	Staff and Teachers	1203	1213	2258	2479
专任教师数	Full-time Teachers	918	928	1996	2202
毕业生数	Graduates	1138	760	3070	4730
招生数	New Student Enrollment	2090	1181	6295	7288
在校学生数	Student Enrollment	12179	9270	31192	36544

17-14 各类学校代课教师及临时工人数

Provisional Teachers and Temporary Workers by Type of School

单位：人 (person)

项 目	Item	2000	2005	2017	2018
普通中学	**Regular Secondary Schools**				
代课教师	Provisional Teachers	2593	3263	3134	4026
兼任教师	Part-time Teachers	440	1010	572	504
普通小学	**Primary Schools**				
代课教师	Provisional Teachers	15718	3455	10430	12338
兼任教师	Part-time Teachers	71	559	441	974

17-15 平均每一教职工负担学生
Student / Staff and Worker Ratio

单位：人 (person)

项 目	Item	2000	2005	2017	2018
平均每－教职工负担的学生	**Student-Teacher Ratio**				
普通高等学校	Regular Institutions of Higher Education	5.50	9.19	14.32	14.76
中等职业学校	Secondary vocational schools	12.00	32.54	19.93	17.95
普通中学	Regular Secondary Schools	15.10	14.05	10.99	11.02
普通小学	Primary Schools	20.50	16.05	21.74	21.86
平均每－专任教师负担的学生	**Student-Full-time Teacher Ratio**				
普通高等学校	Regular Institutions of Higher Education	12.50	16.40	20.86	21.13
中等职业学校	Secondary vocational schools	23.97	53.89	25.42	22.67
普通中学	Regular Secondary Schools	17.50	16.41	13.92	14.02
普通小学	Primary Schools	21.70	17.06	19.24	19.01

17-16 初中和小学毕业生升学率及学龄儿童入学率
Percentage of Graduates of Junior Middle Schools and Primary Schools Entering Higher Level Schools, Percentage of School-Age Children Enrolled

项 目	Item	2000	2005	2017	2018
初 中	**Junior Middle Schools**				
毕业生数 （万人）	Number of Graduates (10 000 persons)	85.77	125.18	73.26	72.49
高级中等学校招生数 （万人）	New Student Enrollment of Senior Secondary Schools (10 000 persons)	43.87	76.13	67.78	68.01
升学率 (%)	Percentage of Graduates (%)	51.15	60.82	92.51	93.82
小 学	**Primary Schools**				
毕业生数 （万人）	Number of Graduates (10 000 persons)	130.20	81.57	78.13	83.23
初级中等学校招生数 （万人）	New Student Enrollment of Junior Secondary Schools (10 000 persons)	126.34	81.29	79.15	84.26
升学率 (%)	Percentage of Graduates (%)	97.04	99.66	101.31	101.24
学龄儿童 （万人）	**School-age Children (10 000 persons)**	**645.08**	**396.59**	**500.13**	**727.55**
已入学学龄儿童 （万人）	School-age Children Enrolled in Schools(10 000 persons)	634.90	392.76	500.03	727.04
入学率 (%)	Enrollment Rate (%)	98.40	99.03	99.98	99.93

注：2006年起初中升学率包括：普通高中招生数。职业高中招生数。技工学校招生数。普通中专招收初中应届毕业生数。成人中专招收初中应届毕业生数。

From 2006, the percentage of graduates in junior middle schools includes: the number of new student enrollment in senior schools, vocational high schools, technical training schools, vocational secondary schools and adult vocational schools.

17-17 学前教育基本情况
Basic Statistics on Pre-school Education

项 目	Item	2000	2005	2017	2018
幼儿园个数 （所）	Number of Kindergartens (unit)	5473	4359	14670	15166
班数 （个）	Number of Classes (unit)	29896	30987	78509	80051
在园幼儿数 （万人）	Student Enrollment (10 000 persons)	62.87	82.17	228.99	225.22
教职工数 （万人）	Number of Staff and Teachers (10 000 persons)	3.98	3.79	21.26	22.83
#专任教师	# Full-time Teachers	3.39	1.97	10.33	10.86

17-18 各类专业技术人员
Various Specialized Technical Personnel

单位：人 (person)

项 目	Item	2017			2018		
		合计 Total	企业 Enterprise	事业 Institutions	合计 Total	企业 Enterprise	事业 Institutions
总 计	**Total**	**975633**	**99005**	**876628**	**987435**	**102449**	**884986**
#高级职称	# Senior	129187	5322	123865	140228	5429	134799
中级职称	Secondary	432027	27426	404601	428394	28367	400027
#女性	# Female	482770	34279	448491	504494	35504	438990
#自然科学	# Natural Sciences	877156	42843	834313	873717	44226	829491
#社会及人文科学	# Social Sciences and Humanities	98477	56162	42315	113718	58223	55495

注：此表未包括国家机关与人民团体中的专业技术人员。2008年起，本表数据不含中央在湘单位，国有单位改为公有经济企业，集体单位改为事业单位（下表同）。事业单位自然科学和社会及人文科学只统计正式在册人员。

Technicians from government offices and mass organizations were excluded. Form 2008, Technicians from center units in Hunan province were excluded. State-Owned units changed into State-Owned Enterprises , Collective-Owned units changed into Institutions(The same as the following).

Natural Sciences and Social Sciences and Humanities of Institutions only count Officially registered workers.

17-19 自然科学研究获奖成果
Number of Achievements in Natural Scientific Research

单位：项 (item)

项 目	Item	2000	2005	2017	2018
省自然科学奖	Provincial Natural Sciences Prize			41	48
省技术发明奖	Provincial Invention Prize			14	22
省科技进步奖	Provincial Scientific Technological Progress Prize	360	148	154	148
国家科学技术进步奖	National Scientific Technological Progress Prize	13	19	16	18
国家技术发明奖	National Invention Prize		2		7
国家自然科学奖	National Natural Sciences Prize	1		1	2

17-20 科技成果情况 (2018年)
Statistics on Achievements of Science and Technology (2018)

单位：项 (item)

项 目	Item	总 计 Total	科研院所 Research Institu-tions	大专院校 Universi-ties and Colleges	工矿企业 Industrial and Mining Enterprises	其 他 Others
项目基本情况	**Basic Statistics on Items**					
登记项目数	Number of Registered Items	664	30	75	530	29
#基础理论成果	# Results of Foundation Theories	1				1
软科学成果	Results of Soft Science	14	3	3	1	7
应用技术成果	Results of Applied Technique	649	27	72	529	21
#鉴定项目数	# Number of Appraised Items	26		20	6	
奖励项目数	Number of Prized Items					
项目计划管理情况	**Statistics of Items Planned Management**					
国家计划项目	National Plan Items	28	5	7	14	2
省部计划项目	Provincial Plan Items	92	10	8	57	17
计划外项目	Non-plan Items	544	15	60	459	10
应用成果水平	**Level of Achievements**					
国际首创或领先	Originate and Keep Ahead at International	10		2	7	1
国际先进	International Advanced Level	28	4	4	18	2
国内首创或领先	Originate and Keep Ahead at National	71	6	6	56	3
国内先进	Domestically Advanced Level	25	3	2	15	5
其他	Others	515	14	58	433	10

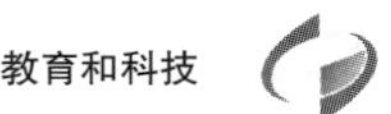

17—21 三种专利申请与批准项数
Three Types of Patent Applications Examined and Certified

单位：项 (item)

项 目	Item	申 请 数 Applications xamined		批 准 数 Applications Granted	
		2017	2018	2017	2018
总 计	**Total**	**77934**	**94503**	**37916**	**48957**
按种类分	**By Types:**				
发 明	Creation and Inventions	31365	35414	7909	8261
实用新型	Utility Models	33073	43361	20337	29132
外观设计	Designs	13496	15728	9670	11564
按申请人类别分	**By Proposer:**				
个 人	Personal	22745	24935	11913	13183
大专院校	Universities and Colleges	12428	16614	7308	7768
科研单位	Research Institutions	708	836	369	385
工矿企业	Industrial and Mining Enterprises	41272	51019	18049	27314
机关团体	Agencies and Organizations	781	1099	277	307

17—22 各类技术合同签订及执行情况 (2018年)
Statistics on Contracts Signed and Performed (2018)

项 目	Item	合同数（项）Number of Contracts (item)	合同金额（万元）Contracted Value (10 000 yuan)	#技术交易额 Value of Technical Trade
总 计	**Total**	**6044**	**2816663.59**	**1614738.75**
技术开发合同	Contracts of Technical Development	1597	348479.49	295922.61
技术转让合同	Contracts of Technical Alienation	204	134316.29	128775.01
技术服务合同	Contracts of Technical Services	3453	2235884.32	1120566.99
技术咨询合同	Contracts of Technical Consultative	790	97983.50	69474.14

17—23　各级科技计划项目进入技术市场情况 (2018年)

Statistics on Different Levels of Scientific Plan Items Put into Technical Markets (2018)

项　目	Item	总计 Total	国家计划 Country Level	部门计划 Department Level	省、自治区、直辖市及计划单列市计划 Province、Autonomous Region、Municipality and Cities Listed Separately Level	地市县计　划 Cities and Counties Level	计划外 Unplanned
项目个数合计（项）	**Total　(item)**	**6044**	**39**	**39**	**145**	**409**	**5412**
#机关法人	#Official Organ as a Legal Person	40					40
事业法人	Corporation of public utility	1694	5	2	19	25	1643
社团法人	Juridical Association	100				1	99
企业法人	Legal body of Enterprise	4053	33	37	126	382	3475
自然人	Natural Personal	35	1			1	33
其他组织	Other Organizations	122					122
金额合计　（万元）	**Total　(10 000 yuan)**	**2816663.59**	**95392.35**	**26036.64**	**60129.31**	**183832.07**	**2451273.22**
#机关法人	#Official Organ as a Legal Person	10406.62					10406.62
事业法人	Corporation of public utility	182278.68	50071.60	90.00	754.54	3735.95	127626.59
社团法人	Juridical Association	12191.08				386.00	11805.08
企业法人	Legal body of Enterprise	2578235.09	42240.75	25946.64	59374.77	178310.12	2272362.81
自然人	Natural Personal	15609.08	3080.00			1400.00	11129.08
其他组织	Other Organizations	17943.05					17943.05

17-24 高新技术产业情况（2018年）
Basic Statistics on High-tech Industries (2018)

项 目	Item	企业单位数（个）Number of Enterprises (unit)	高新技术产业总产值（万元）Gross Output Value of High-tech Industries (10 000 uan)	高新技术产业增加值（万元）Added Value of High-tech Industries (10 000 uan)
总 计	**Total**	**9031**	**288330518**	**84680546**
按登记注册类型分：	**By Registration Status**			
内资企业	Domestic-Funded Enterprises	8692	260474225	76274178
国有	State-owned Enterprises	103	5528271	2371275
集体	Collective-owned Enterprises	26	594021	236953
股份合作	Cooperative Enterprises	5	10403	3556
集体联营	Collective Joint Ownership Enterprises			
国有与集体联营	State-owned and collective-associate Enterprises	2	13221	3032
国有独资公司	State-funded Corporations	126	22947129	7823464
其他有限责任公司	Other Limited Liability Corporations	1697	69016285	22517018
股份有限公司	Share-holding Corporations Ltd.	435	32991961	9737465
私营独资	Private-funded Enterprises	91	1008527	277979
私营合伙	Private Partnership Enterprises	53	560013	153724
私营有限责任公司	Private Limited Liability Corporations	5607	113327185	29112168
私营股份有限公司	Private Share-holding Corporations Ltd.	443	13968488	3795841
其他内资	Other Enterprises	104	508721	241703
港澳台商投资企业	Enterprises With Investment from H.K,Macao and Taiwan	196	13280891	4407530
外商投资企业	Enterprises With Foreign Investment	143	14575402	3998838
按企业规模分：	**By Size:**			
大型企业	Large	345	117264457	36436087
中型企业	Medium	1596	70710438	20634856
按高新技术领域分：	**By High-tech Fields:**			
电子信息技术	Electron and Information	1242	29845727	12439019
生物与新医药技术	Biological Medicine and Medical Instrument	1775	45360990	12118010
航空航天技术	Avigation and Spaceflight	154	2730398	829885
新材料技术	New Materials	1930	66811512	17094937
高技术服务业	High-tech Services	667	14351899	5910044
新能源及节能技术	New Energy Resources，Energy Saving	395	9550549	2566189
资源与环境技术	Resources and Environmental Technology	520	10730291	2943312
高新技术改造传统产业	High-technology to Transform Traditional Industries	1908	69076519	16409423
其他领域	Other Fields	440	39872633	14369728

17-24 续表 Continued

项 目	Item	高新技术产业主营业务收入（万元） Main Bussiness Revenue of Hightech Industries (10 000yuan)	#出口收入 Exports Revenue	高新技术产业利税总额（万元） Peofits and Tax of High-tech Industries (10 000yuan)	#利润总额 Total of Profit and Tax
总 计	**Total**	**274787834**	**11562405**	**21478109**	**13800942**
按登记注册类型分:	**By Registration Status**				
内资企业	Domestic-Funded Enterprises	250442925	5475464	19115435	12432773
国有	State-owned Enterprises	3784441	13134	194438	92685
集体	Collective-owned Enterprises	294096		17385	9617
股份合作	Cooperative Enterprises	8022		1683	1509
集体联营	Collective Joint Ownership Enterprises				
国有与集体联营	State-owned and collective-associate Enterprises	12213		735	592
国有独资公司	State-funded Corporations	24473431	208540	1598891	653361
其他有限责任公司	Other Limited Liability Corporations	66516843	1337829	6188054	4323907
股份有限公司	Share-holding Corporations Ltd.	32693818	782561	3277556	1815439
私营独资	Private-funded Enterprises	948649	48540	82234	61368
私营合伙	Private Partnership Enterprises	539897	32374	48644	30260
私营有限责任公司	Private Limited Liability Corporations	107087933	2241283	6722369	4752972
私营股份有限公司	Private Share-holding Corporations Ltd.	13559482	783944	941662	652757
其他内资	Other Enterprises	524101	27259	41786	38307
港澳台商投资企业	Enterprises With Investment from H.K,Macao and Taiwan	10882161	4572127	1031556	674283
外商投资企业	Enterprises With Foreign Investment	13462748	1514814	1331118	693885
按企业规模分:	**By Size:**				
大型企业	Large	111984883	7489998	10370802	5882063
中型企业	Medium	68235294	1990509	5696587	3995308
按高新技术领域分:	**By High-tech Fields:**				
电子信息技术	Electron and Information	27269681	5353589	2607710	2042809
生物与新医药技术	Biological Medicine and Medical Instrument	42248100	919310	3679790	2539645
航空航天技术	Avigation and Spaceflight	2568951	139718	117168	100963
新材料技术	New Materials	65056785	1815161	4598404	2291164
高技术服务业	High-tech Services	14944856	191936	1202291	842860
新能源及节能技术	New Energy Resources，Energy Saving	7886738	185066	373838	306869
资源与环境技术	Resources and Environmental Technology	10650049	238062	838927	580145
高新技术改造传统产业	High-technology to Transform Traditional Industries	63395695	2230535	5807236	3645476
其他领域	Other Fields	40766980	489028	2252747	1451011

17-25 全省 R&D 活动基本情况 (2018年)

Basic Statistics on Scientific Research and Development (2018)

项目	Item	总计 Total	科研机构 Scientific Research Institution	高等学校 Higher Education	工业企业 Industrial Enterprises	非工业企业 Non-Industrial Enterprises	事业单位 Institutions
有 R&D 活动的单位数 （个）	**Number of Units Having R&D Activities (unit)**	**6582**	**93**	**199**	**5979**	**184**	**127**
R&D 人员 （人）	**R&D Personnel (person)**	**234172**	**7888**	**40880**	**156611**	**23783**	**5010**
#女性	#Female	59448	2458	17350	33875	3418	2347
#全时人员	#Full-time Personnel	154257	6664	13819	115087	17013	1674
R&D 人员全时当量 （人年）	**Full-time Equivalent of R&D Personnel (man-year)**	**146948**	**7268**	**16692**	**102800**	**16675**	**3514**
基础研究人员	Basic Research	10103	923	8403	441	213	123
应用研究人员	Applied Research	18487	2881	7372	5120	1316	1798
试验发展人员	Experimental Development	118366	3464	916	97240	15146	1599
R&D 经费内部支出 （万元）	**Intramural Expenditure on R&D (10 000 yuan)**	**6582729**	**347618**	**442797**	**5167217**	**577635**	**47462**
#政府资金	#Government Funds	835997	262575	298401	195612	54194	25216
按支出用途分	by Use						
日常性支出	Daily Expenses	6053890	301567	346488	4799880	570257	35699
#人员劳务费	#Service Fees	1491866	105606	110703	1081094	169828	24635
资产性支出	Capital Expenditures	528839	46051	96309	367338	7378	11764
#仪器和设备	#Instruments & Equipments	457707	27481	59319	354308	6739	9860
按活动类型分	by Activity						
基础研究支出	Basic Research	227831	26364	170953	21310	6580	2624
应用研究支出	Applied Research	724941	143849	230106	284345	45675	20966
试验发展支出	Experimental Development	5629957	177405	41738	4861563	525380	23873
R&D 经费外部支出 （万元）	**External Expenditure on R&D (10 000 yuan)**	**465919**	**50299**	**14781**	**385058**	**15620**	**161**

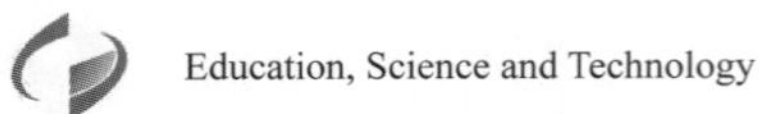

17−26 R&D 人员情况 (2018年)
R&D Personnel (2018)

项 目	Item	有R&D活动的单位数(个) Number of Enterprises Having R&D Activities (unit)	R&D人员(人) R&D Personnel (person)	#女性 Femal	全时人员 Full-time Person-nel	非全时人员 Parttime Personnel
总 计	**Total**	**6582**	**234172**	**59448**	**154257**	**79915**
按执行部门分组	**By Performer**					
科研机构	Scientific Research Institution	93	7888	2458	6664	1224
高等学校	Higher Education	199	40880	17350	13819	27061
企业	Enterprises	6163	180394	37293	132100	48294
工业企业	Industrial Enterprises	5979	156611	33875	115087	41524
非工业企业	Non Industrial Enterprises	184	23783	3418	17013	6770
事业单位	Institution	127	5010	2347	1674	3336
按国民经济行业分组	**By Sector**					
农、林、牧、渔业	Agriculture, Forestry, Farming of Animals and Fishing	19	119	9	67	52
采矿业	Mining	125	2330	359	1420	910
制造业	Manufacturing	5738	151490	32923	111618	39872
电力、燃气及水的生产和供应业	Production and Distribution of Electricity, Gas and Water	116	2791	593	2049	742
建筑业	Construction	61	13460	1338	8441	5019
交通运输、仓储和邮政业	Traffic,Transport,Storage and Post	6	198	35	120	78
信息传输、计算机服务和软件业	Information Transfer,Computer Services and Software	26	1811	514	1568	243
金融业	Finance	3	244	37	191	53
租赁和商务服务业	Tenancy and Business Services					
科学研究、技术服务和地质勘查业	Scientific Research,Technical Service and Geologic Perambulation	222	16882	4219	14073	2809
水利、环境和公共设施管理业	Management of Water Conservancy,Environment and Public Establishment	12	175	49	102	73
教育	Education	199	40880	17350	13819	27061
卫生、社会保障和社会福利业	Sanitation,Social Security&Social Welfare	49	3295	1866	432	2863
文化、体育和娱乐业	Culture,Sports and Entertainment	6	497	156	357	140
按地区分组	**By Region**					
长沙市	Changsha	1463	101763	26446	68993	32770
株洲市	Zhuzhou	530	25917	5379	19438	6479
湘潭市	Xiangtan	367	15515	4074	9111	6404
衡阳市	Hengyang	539	14600	3172	8529	6071
邵阳市	Shaoyang	387	7378	1877	4439	2939
岳阳市	Yueyang	481	14819	3549	9554	5265
常德市	Changde	553	11793	2880	7940	3853
张家界市	Zhangjiajie	101	956	266	616	340
益阳市	Yiyang	485	10715	3650	6777	3938
郴州市	Chenzhou	433	8891	1943	5888	3003
永州市	Yongzhou	585	9284	3156	5235	4049
怀化市	Huaihua	390	6117	1532	3828	2289
娄底市	Loudi	204	4597	967	2875	1722
湘西州	West Hunan	64	1827	557	1034	793

17–27 R&D人员全时当量情况(2018年)
Full-time Equivalent of R&D Personnel (2018)

单位：人年 (man–year)

项　目	Item	R&D人员全时当量 Full–time Equivalent of R&D Personnel	基础研究人员 Basic Research Personnel	应用研究人员 Applied Research Personnel	试验发展人员 Experimental Development Personnel
总　计	**Total**	**146948**	**10103**	**18487**	**118360**
按执行部门分组	**By Performer**				
科研机构	Scientific Research Institution	7268	923	2881	3464
高等学校	Higher Education	16692	8403	7372	916
企业	Enterprises	119474	654	6436	112386
工业企业	Industrial Enterprises	102800	441	5120	97240
非工业企业	Non Industrial Enterprises	16674	213	1316	15146
事业单位	Institution	3514	123	1798	1593
按国民经济行业分组	**By Sector**				
农、林、牧、渔业	Agriculture, Forestry, Farming of Animals and Fishing	79			79
采矿业	Mining	1365		121	1244
制造业	Manufacturing	99757	440	4830	94489
电力、燃气及水的生产和供应业	Production and Distribution of Electricity, Gas and Water	1678	1	169	1508
建筑业	Construction	9365	117	465	8783
交通运输、仓储和邮政业	Traffic,Transport,Storage and Post	117			117
信息传输、计算机服务和软件业	Information Transfer,Computer Services and Software	1460		3	1457
金融业	Finance	99			99
租赁和商务服务业	Tenancy and Business Services				
科学研究、技术服务和地质勘查业	Scientific Research,Technical Service and Geologic Perambulation	13846	1129	4335	8382
水利、环境和公共设施管理业	Management of Water Conservancy,Environment and Public Establishment	111		24	88
教育	Education	16692	8403	7372	916
卫生、社会保障和社会福利业	Sanitation,Social Security&Social Welfare	2046	13	1169	864
文化、体育和娱乐业	Culture,Sports and Entertainment	333			333
按地区分组	**By Region**				
长沙市	Changsha	66473	6042	10087	50346
株洲市	Zhuzhou	15643	351	1301	13989
湘潭市	Xiangtan	9360	1418	1243	6697
衡阳市	Hengyang	7786	704	735	6346
邵阳市	Shaoyang	4207	136	745	3327
岳阳市	Yueyang	8706	266	1342	7098
常德市	Changde	7640	252	490	6899
张家界市	Zhangjiajie	735	16	35	685
益阳市	Yiyang	7015	108	522	6385
郴州市	Chenzhou	5426	60	672	4694
永州市	Yongzhou	6040	137	292	5612
怀化市	Huaihua	4169	255	346	3568
娄底市	Loudi	2927	90	419	2418
湘西州	West Hunan	822	269	258	295

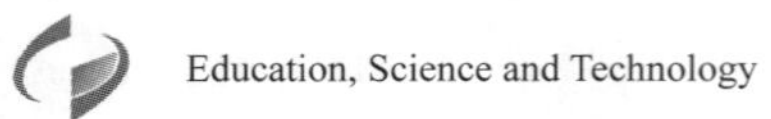

17-28 按经费来源分 R&D 经费内部支出情况 (2018年)
Intramural Expenditure on R&D by Sources (2018)

单位：万元 (10 000 yuan)

项目	Item	R&D 经费内部支出 Intramural Expenditure on R&D	政府资金 Government Funds	企业资金 Self-raised Funds by Enterprises	境外资金 Foreign Funds	其他 Other Funds
总计	**Total**	**6582729**	**835997**	**5614096**	**23379**	**109258**
按执行部门分组	**By Performer**					
科研机构	Scientific Research Institution	347618	262575	50523	270	34250
高等学校	Higher Education	442797	298401	95578	85	48734
企业	Enterprises	5744852	249806	5456810	23018	15218
工业企业	Industrial Enterprises	5167217	195612	4933860	22840	14905
非工业企业	Non Industrial Enterprises	577635	54194	522950	178	313
事业单位	Institution	47462	25216	11186	5	11055
按国民经济行业分组	**By Sector**					
农、林、牧、渔业	Agriculture, Forestry, Farming of Animals and Fishing	1835	298	1527		10
采矿业	Mining	62680	411	61766	382	121
制造业	Manufacturing	5032745	194782	4800809	22453	14701
电力、燃气及水的生产和供应业	Production and Distribution of Electricity, Gas and Water	71792	419	71285	5	83
建筑业	Construction	426872	787	426085		
交通运输、仓储和邮政业	Traffic,Transport,Storage and Post	3327		3327		
信息传输、计算机服务和软件业	Information Transfer,Computer Services and Software	23812	1005	22808		
金融业	Finance	2506		2506		
租赁和商务服务业	Tenancy and Business Services					
科学研究、技术服务和地质勘查业	Scientific Research,Technical Service and Geologic Perambulation	482081	331686	104386	454	45555
水利、环境和公共设施管理业	Management of Water Conservancy,Environment and Public Establishment	2701	1089	1612		
教育	Education	442797	298401	95578	85	48734
卫生、社会保障和社会福利业	Sanitation,Social Security&Social Welfare	17631	6795	10782		53
文化、体育和娱乐业	Culture,Sports and Entertainment	11950	325	11625		
按地区分组	**By Region**					
长沙市	Changsha	2658638	522918	2058184	19505	58031
株洲市	Zhuzhou	752326	148180	599496		4649
湘潭市	Xiangtan	407076	45433	348008	2245	11390
衡阳市	Hengyang	379766	19639	354680	223	5224
邵阳市	Shaoyang	220420	8624	204244	96	7456
岳阳市	Yueyang	552028	14226	532305	461	5037
常德市	Changde	362043	14762	343289	188.00	3804
张家界市	Zhangjiajie	16647	2327	14244	34.80	41
益阳市	Yiyang	280337	12782	264505	80	2971
郴州市	Chenzhou	278829	15698	258805	356	3971
永州市	Yongzhou	254264	7288	244802	167	2007
怀化市	Huaihua	216771	9395	204999	3	2375
娄底市	Loudi	182556	4033	177429	20.90	1073
湘西州	West Hunan	21028	10691	9107		1229

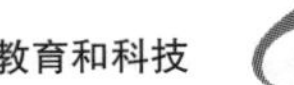

17-29 按支出用途分 R&D 经费内部支出情况 (2018年)
Intramural Expenditure on R&D by Use (2018)

单位：万元 (10 000 yuan)

项目	Item	R&D经费内部支出 Intramural Expenditure on R&D	日常性支出 Daily Expenses	#人员劳务费 Service Fees	资产性支出 Capital Expenditures	#仪器和设备 Instruments & Equipments
总计	**Total**	**6582729**	**6053890.4**	**1491866**	**528839**	**457707**
按执行部门分组	**By Performer**					
科研机构	Scientific Research Institution	347618	301567	105606	46051	27481
高等学校	Higher Education	442797	346488	110703	96309	59319
企业	Enterprises	5744852	5370137	1250923	374716	361047
工业企业	Industrial Enterprises	5167217	4799880	1081094	367338	354308
非工业企业	Non Industrial Enterprises	577635	570257	169828	7378	6739
事业单位	Institution	47462	35699	24635	11764	9860
按国民经济行业分组	**By Sector**					
农、林、牧、渔业	Agriculture, Forestry, Farming of Animals and Fishing	1835	1443	343	392	371
采矿业	Mining	62680	53060	11727	9621	9515
制造业	Manufacturing	5032745	4679418	1055629	353327	340744
电力、燃气及水的生产和供应业	Production and Distribution of Electricity, Gas and Water	71792	67402	13738	4390	4049
建筑业	Construction	426872	425033	101494	1839	1696
交通运输、仓储和邮政业	Traffic,Transport,Storage and Post	3327	3197	993	131	125
信息传输、计算机服务和软件业	Information Transfer,Computer Services and Software	23812	23468	11743	344	237
金融业	Finance	2506	1232	1107	1275	1275
租赁和商务服务业	Tenancy and Business Services					
科学研究、技术服务和地质勘查业	Scientific Research,Technical Service and Geologic Perambulation	482081	426821	167392	55260	34539
水利、环境和公共设施管理业	Management of Water Conservancy,Environment and Public Establishment	2701	2657	706	44	42
教育	Education	442797	346488	110703	96309	59319
卫生、社会保障和社会福利业	Sanitation,Social Security&Social Welfare	17631	11732	6792	5899	5792
文化、体育和娱乐业	Culture,Sports and Entertainment	11950	11940	9499	10	3
按地区分组	**By Region**					
长沙市	Changsha	2658638	2410648	718159	247990	199363
株洲市	Zhuzhou	752326	705681	241072	46645	40832
湘潭市	Xiangtan	407076	383229	76271	23847	19517
衡阳市	Hengyang	379766	346102	60774	33664	31852
邵阳市	Shaoyang	220420	201139	34701	19281	18963
岳阳市	Yueyang	552028	521761	83171	30267	26680
常德市	Changde	362043	330742	56331	31301	30434
张家界市	Zhangjiajie	16647	14392	4198	2255	2224
益阳市	Yiyang	280337	259631	57815	20706	19094
郴州市	Chenzhou	278829	259341	44527	19488	18849
永州市	Yongzhou	254264	233213	45814	21051	18832
怀化市	Huaihua	216771	196512	31208	20259	19604
娄底市	Loudi	182556	173196	28866	9360	8920
湘西州	West Hunan	21028	18303	8962	2725	2544

17-30 按活动类型分 R&D 经费内部支出情况 (2018年)
Intramural Expenditure on R&D by Activities (2018)

单位：万元 (10 000 yuan)

项 目	Item	R&D 经费内部支出 Intramural Expenditure on R&D	基础研究支出 Basic Research	应用研究支出 Applied Research	试验发展支出 Experimental Development
总 计	**Total**	**6582729**	**227831**	**724941**	**5629957**
按执行部门分组	**By Performer**				
科研机构	Scientific Research Institution	347618	26364	143849	177405
高等学校	Higher Education	442797	170953	230106	41738
企业	Enterprises	5744852	27890	330020	5386942
工业企业	Industrial Enterprises	5167217	21310	284345	4861563
非工业企业	Non Industrial Enterprises	577635	6580	45675	525380
事业单位	Institution	47462	2624	20966	23873
按国民经济行业分组	**By Sector**				
农、林、牧、渔业	Agriculture, Forestry, Farming of Animals and Fishing	1835			1835
采矿业	Mining	62680		7783	54898
制造业	Manufacturing	5032745	21306	271517	4739922
电力、燃气及水的生产和供应业	Production and Distribution of Electricity, Gas and Water	71792	4	5045	66743
建筑业	Construction	426872	3739	24002	399132
交通运输、仓储和邮政业	Traffic,Transport,Storage and Post	3327			3327
信息传输、计算机服务和软件业	Information Transfer,Computer Services and Software	23812		39	23774
金融业	Finance	2506			2506
租赁和商务服务业	Tenancy and Business Services				
科学研究、技术服务和地质勘查业	Scientific Research,Technical Service and Geologic Perambulation	482081	31786	179259	271036
水利、环境和公共设施管理业	Management of Water Conservancy,Environment and Public Establishment	2701		441	2260
教育	Education	442797	170953	230106	41738
卫生、社会保障和社会福利业	Sanitation,Social Security&Social Welfare	17631	44	6751	10837
文化、体育和娱乐业	Culture,Sports and Entertainment	11950			11950
按地区分组	**By Region**				
长沙市	Changsha	2658638	151042	360175	2147421
株洲市	Zhuzhou	752326	10197	45692	696439
湘潭市	Xiangtan	407076	18397	34521	354158
衡阳市	Hengyang	379766	10286	22388	347092
邵阳市	Shaoyang	220420	5235	33210	181974
岳阳市	Yueyang	552028	14406	86287	451336
常德市	Changde	362043	3014	27369	331660
张家界市	Zhangjiajie	16647	58	306	16284
益阳市	Yiyang	280337	1306	19975	259056
郴州市	Chenzhou	278829	657	40585	237588
永州市	Yongzhou	254264	2431	10548	241285
怀化市	Huaihua	216771	4035	22350	190386
娄底市	Loudi	182556	1204	16385	164968
湘西州	West Hunan	21028	5564	5153	10311

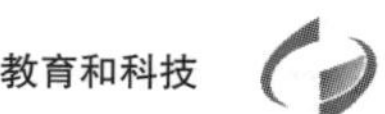

17－31 R&D 经费外部支出情况 (2018年)
External Expenditure on R&D (2018)

单位：万元　　(10 000 yuan)

项 目	Item	R&D 经费外部支出 External Expenditure on R&D	对境内研究机构支出 To Domestic Research Institutions	对境内高等学校支出 To Domestic Higher Education	对境内企业支出 To Domestic Enterprises	对境外机构支出 To Foreign Institutions
总 计	**Total**	**465919**	**108256**	**41530**	**230516**	**84641**
按执行部门分组	**By Performer**					
科研机构	Scientific Research Institution	50299	8835	1938	38570	
高等学校	Higher Education	14781	4123	5447	3416	1776
企业	Enterprises	400677	95143	34145	188525	82865
工业企业	Industrial Enterprises	385058	85312	32801	184082	82862
非工业企业	Non Industrial Enterprises	15620	9831	1344	4442	3
事业单位	Institution	161	155		5	
按国民经济行业分组	**By Sector**					
农、林、牧、渔业	Agriculture, Forestry, Farming of Animals and Fishing	66	41	25		
采矿业	Mining	1644	681	840	123	
制造业	Manufacturing	374926	81119	31024	179921	82862
电力、燃气及水的生产和供应业	Production and Distribution of Electricity, Gas and Water	8488	3512	938	4039	
建筑业	Construction	7346	4582	958	1806	
交通运输、仓储和邮政业	Traffic,Transport,Storage and Post	619		155	464	
信息传输、计算机服务和软件业	Information Transfer,Computer Services and Software	1539	497	69	973	
金融业	Finance	342	342			
租赁和商务服务业	Tenancy and Business Services					
科学研究、技术服务和地质勘查业	Scientific Research,Technical Service and Geologic Perambulation	56141	13358	2074	39750	3
水利、环境和公共设施管理业	Management of Water Conservancy,Environment and Public Establishment	2		2		
教育	Education	14781	4123	5447	3416	1776
卫生、社会保障和社会福利业	Sanitation,Social Security&Social Welfare	24			24	
文化、体育和娱乐业	Culture,Sports and Entertainment					
按地区分组	**By Region**					
长沙市	Changsha	307315	46618	14359	170211	75156
株洲市	Zhuzhou	49582	10799	1674	32403	4701
湘潭市	Xiangtan	42613	18121	13226	7234	4032
衡阳市	Hengyang	8163	3550	2472	1874	267
邵阳市	Shaoyang	5693	966	1312	3292	122
岳阳市	Yueyang	26634	18146	2518	5847	123
常德市	Changde	7619	3181	1100	3211	127
张家界市	Zhangjiajie	310	81	229		
益阳市	Yiyang	2001	773	852	288	88
郴州市	Chenzhou	4770	472	615	3683	
永州市	Yongzhou	6335	3090	1709	1535	
怀化市	Huaihua	1061	664	158	239	
娄底市	Loudi	3751	1790	1297	659	6
湘西州	West Hunan	72	7	8	39	19

17−32 R&D活动产出情况(2018年)
Statistics on R&D Outputs (2018)

项目	Item	专利申请数(件) Patent Applications (item)	#发明专利 Inventions	有效发明专利数(件) Inventions In Force (item)	发表科技论文(篇) Scientific Papers Issued (piece)
总计	**Total**	**45325**	**21049**	**52636**	**69370**
按执行部门分组	**By Performer**				
科研机构	Scientific Research Institution	772	550	2146	2585
高等学校	Higher Education	14877	7325	10758	59094
企业	Enterprises	29547	13092	39627	5259
工业企业	Industrial Enterprises	26339	11517	33659	2883
非工业企业	Non Industrial Enterprises	3208	1575	5968	2376
事业单位	Institution	129	82	105	2432
按国民经济行业分组	**By Sector**				
农、林、牧、渔业	Agriculture, Forestry, Farming of Animals and Fishing	5	2	3	12
采矿业	Mining	174	51	117	43
制造业	Manufacturing	25500	11216	31887	2667
电力、燃气及水的生产和供应业	Production and Distribution of Electricity, Gas and Water	665	250	1655	173
建筑业	Construction	860	212	518	914
交通运输、仓储和邮政业	Traffic,Transport,Storage and Post	25	5	20	11
信息传输、计算机服务和软件业	Information Transfer,Computer Services and Software	117	75	119	19
金融业	Finance				1
租赁和商务服务业	Tenancy and Business Services			9	
科学研究、技术服务和地质勘查业	Scientific Research,Technical Service and Geologic Perambulation	2946	1814	7428	4498
水利、环境和公共设施管理业	Management of Water Conservancy,Environment and Public Establishment	33	9	12	2
教育	Education	14877	7325	10758	59094
卫生、社会保障和社会福利业	Sanitation,Social Security&Social Welfare	100	78	45	1936
文化、体育和娱乐业	Culture,Sports and Entertainment	23	12	65	
按地区分组	**By Region**				
长沙市	Changsha	20656	10293	29067	43369
株洲市	Zhuzhou	7181	3733	10887	4092
湘潭市	Xiangtan	3244	1613	3061	5463
衡阳市	Hengyang	2298	923	2121	4988
邵阳市	Shaoyang	1462	261	492	1311
岳阳市	Yueyang	1495	641	1417	1201
常德市	Changde	2253	852	1346	1276
张家界市	Zhangjiajie	375	150	250	162
益阳市	Yiyang	1811	752	946	2277
郴州市	Chenzhou	862	468	896	946
永州市	Yongzhou	1335	559	795	1392
怀化市	Huaihua	965	304	424	836
娄底市	Loudi	1096	353	543	1162
湘西州	West Hunan	292	147	391	895

17-33 规模以上工业企业科技活动情况 (2018年)
Basic Statistics on Scientific and Technological Activities in Industrial Enterprises above Designated Size (2018)

指 标	Item	合 计 Total	大型 Large	中型 Medium	小型 Small	微型 Miniature
企业基本情况	**Statistics on Industrial Enterprises**					
工业企业个数 (个)	Number of Industrial Enterprises above esignated Size (unit)	15673	174	1443	4407	9649
#有 R&D 活动的企业个数	#Number of Units Having R&D Activities	5979	144	856	1909	3070
R&D 人员 (人)	R&D Personnel (person)	156611	48220	35308	30295	42788
#女性	#Female	33875	9751	7722	6638	9764
#全时人员	#Full-time Personnel	115087	35832	26094	22004	31157
R&D 活动情况	**Statistics on R&D Activities**					
R&D 人员全时当量 (人年)	Full-time Equivalent of R&D Personnel (man-year)	102800	32747	22552	19843	27657
R&D 经费内部支出 (万元)	Intramural Expenditure on R&D (10 000 yuan)	5167217	1762304	1171441	1094084	1139388
按经费来源分	by Sources					
政府资金	Government Funds	195612	122756	25541	19646	27669
企业资金	Self-raised Funds by Enterprises	4933860	1617551	1142460	1068058	1105791
境外资金	Foreign Funds	22840	21366	402	693	379
其他	Other funds	14905	632	3038	5687	5549
按支出用途分	by Use					
日常性支出	Daily Expenses	4799880	1654717	1086093	1010456	1048614
#人员劳务费	#Service Fees	1081094	460308	235199	172667	212921
资产性支出	Capital Expenditures	367338	107587	85349	83629	90773
#仪器和设备	#Instruments & Equipments	354308	101271	82551	81723	88764
R&D 经费外部支出 (万元)	External Expenditure on R&D (10 000 yuan)	385058	208907	37967	41268	96916
企业办科技机构情况	**Statistics on S&T Institutions**					
机构数 (个)	Number of S&T Institutions (unit)	1765	181	321	543	720
机构人员 (人)	S&T Personnel (person)	62742	29184	13489	8927	11142
#博士毕业	#Doctor	1520	512	330	286	392
#硕士毕业	#Master	12211	7452	1844	1245	1670
机构经费支出 (万元)	Expenditure on S&T (10 000 yuan)	2077625	1066529	378313	268771	364013
新产品开发及生产情况	**Statistics on New Products Development and Production**					
新产品开发项目数 (项)	Number of New Products (item)	15020	1853	2779	4470	5918
新产品开发经费支出 (万元)	Expenditure on New Products Development (10 000 yuan)	5417313	1976190	1160342	1098536	1182245
新产品销售收入 (万元)	Sales Revenue of New Products (10 000 yuan)	76162442	37280098	18815998	12062689	8003657
#出口	#Exported	4670585	3518661	598540	300811	252573
专利情况	**Statistics on Patents**					
专利申请数 (件)	Patent Applications (item)	26339	7115	5015	5470	8739
有效发明专利数 (件)	Inventions In Force (item)	33659	13426	6014	5872	8347
发表科技论文 (篇)	Number of Published Scientific Papers (piece)	2883	1903	357	234	389
拥有注册商标数 (件)	Number of registered trademark (item)	19047	10077	2526	2784	3660

17-34 规模以上工业企业 R&D 人员情况 (2018年)
R&D Personnel in Industrial Enterprises above Designated Size (2018)

类 别	Item	有 R&D 活动的单位数（个）Number of Enterprises Having R&D Activities (unit)	R&D 人员（人）R&D Personnel (person)	#全时人员 Full-time Personnel	R&D 人员全时当量（人年）Full-time Equivalent of R&D Personnel (man-year)
总计	**Total**	**5979**	**156611**	**115087**	**102800**
按企业规模分组	**By Size**				
大型	Large	144	48220	35832	32747
中型	Medium	856	35308	26094	22552
小型	Small	1909	30295	22004	19843
微型	Miniature	3070	42788	31157	27657
按登记注册类型分组	**By Registration Status**				
内资企业	Domestic-Funded Enterprises	5773	140159	102092	91374
国有	State-owned Enterprises	22	2392	1760	1371
集体	Collective-owned Enterprises	14	146	89	97
股份合作	Cooperative Enterprises	4	46	38	35
国有联营	State Joint Ownership Enterprises				
集体联营	Collective Joint Ownership Enterprises				
国有与集体联营	Joint State-collective Enterprises				
其他联营	Other Joint Ownership Enterprises				
国有独资公司	State-funded Corporations	62	7920	5825	4649
其他有限责任公司	Other Limited Liability Corporations	863	33297	22699	21154
股份有限公司	Share-holding Corporations Ltd.	313	15925	12455	9801
私营独资	Private-funded Enterprises	95	882	649	629
私营合伙	Private Partnership Enterprises	36	313	233	167
私营有限责任公司	Private Limited Liability Corporations	4091	70387	51471	47493
私营股份有限公司	Private Share-holding Corporations Ltd.	270	8822	6855	5956
其他内资	Other Enterprises	3	29	18	22
港澳台商投资	Enterprises With Investment from Hong Kong, Macao and Taiwan	119	9092	7734	6451
外商投资	Enterprises With Foreign Investment	87	7360	5261	4975

17-34 续表 Continued

类 别	Item	有R&D活动的单位数（个） Number of Enterprises Having R&D Activities (unit)	R&D人员（人） R&D Personnel (person)	#全时人员 Full-time Personnel	R&D人员全时当量（人年） Full-time Equivalent of R&D Personnel (man-year)
按工业行业大类分组	**By Industrial Branch**				
煤炭开采和洗选业	Mining and Washing of Coal	29	236	178	166
黑色金属矿采选业	Mining of Ferrous Metal Ores	7	124	93	113
有色金属矿采选业	Mining of Non-ferrous Metal Ores	39	1271	704	619
非金属矿采选业	Mining and Processing of Nonmetal Ores	50	699	445	467
其他采矿业	Mining of Other Ores N.E.C				
农副食品加工业	Processing of Food from Agricultural Products	610	8986	5995	5867
食品制造业	Manufacture of Foods	193	4911	3021	3553
酒、饮料和精制茶制造业	Manufacture of Liquor, Beverage and Refined Tea	230	3306	2231	2010
烟草制品业	Manufacture of Tobacco	4	659	542	452
纺织业	Manufacture of Textile	81	2233	1459	1453
纺织服装、服饰业	Manufacture of Textile Wearing and Clothing Apparel	53	891	666	567
皮革、毛皮、羽毛及其制品和制鞋业	Leather, Fur, Feather and Its Products and Footwear	128	1854	1060	1023
木材加工和木、竹、藤、棕、草制品业	Processing of Timbers, Manufacture of Wood, Bamboo, Rattan, Palm and Straw Products	130	1967	1196	1212
家具制造业	Manufacture of Furniture	55	709	418	503
造纸和纸制品业	Manufacture of Paper and Paper Products	84	1701	1264	1026
印刷和记录媒介复制业	Printing, Reproduction of Recording Media	77	1419	1100	972
文教、工美、体育和娱乐用品制造业	Manufacture of Articles for Culture, Education, Artwork, Sport and Entertainment Activity	111	1694	1077	1127
石油、煤炭及其他燃料加工业	Processing of Petroleum, Coal and Other Fuels	26	439	297	283
化学原料和化学制品制造业	Manufacture of Chemical Raw Material and Chemical Products	469	8648	6283	5581
医药制造业	Manufacture of Medicines	232	6634	4852	3817
化学纤维制造业	Manufacture of Chemical Fiber	4	84	56	21
橡胶和塑料制品业	Manufacture of Rubber and Plastic Products	127	1817	1374	1128
非金属矿物制品业	Manufacture of Non-metallic Mineral Products	698	11072	8207	7624
黑色金属冶炼和压延加工业	Manufacture and Processing of Ferrous Metals	51	3583	2112	2582
有色金属冶炼和压延加工业	Manufacture and Processing of Non-ferrous Metals	204	6226	4163	4218
金属制品业	Manufacture of Metal Products	308	4987	3705	3375
通用设备制造业	Manufacture of General Purpose Machinery	360	8999	6606	5797
专用设备制造业	Manufacture of Special Purpose Machinery	382	17817	14059	13597
汽车制造业	Manufacture of Automobile	160	9212	7076	6124
铁路、船舶、航空航天和其他运输设备制造业	Manufacture of Railways, Ships, Aerospace and Other Transport Equipment	92	7951	6067	3959
电气机械和器材制造业	Manufacture of Electrical Machinery and Equipment	348	11336	7843	7053
计算机、通信和其他电子设备制造业	Manufacture of Computer, Communication and Other Electronic Equipment	363	18349	15613	12045
仪器仪表制造业	Manufacture of Measuring Instrument	85	2997	2495	2206
其他制造业	Manufacture of Other Manufacture N.E.C	33	455	380	247
废弃资源综合利用业	Comprehensive Utilization of Waste	38	483	338	311
金属制品、机械和设备修理业	Maintenance of Metal Products, Machinery and Equipment	2	71	63	24
电力、热力生产和供应业	Production and Supply of Electric Power and Heat Power	80	2048	1493	1253
燃气生产和供应业	Production and Distribution of Gas	14	300	221	201
水的生产和供应业	Production and Distribution of Water	22	443	335	224

17-35 规模以上工业企业按经费来源分 R&D 经费内部支出情况 (2018年)
Intramural R&D Expenditures in Industrial Enterprises above Designated Size by Sources (2018)

单位：万元 (10 000 yuan)

类别	Item	R&D 经费内部支出 Intramural Expenditure on R&D	政府资金 Government Funds	企业资金 Self-raised Funds by Enterprises	境外资金 Foreign Funds	其他 Other Funds
总计	**Total**	**5167217**	**195612**	**4933860**	**22840**	**14905**
按企业规模分组	**By Size**					
大型	Large	1762304	122756	1617551	21366	632
中型	Medium	1171441	25541	1142460	402	3038
小型	Small	1094084	19646	1068058	693	5687
微型	Miniature	1139388	27669	1105791	379	5549
按登记注册类型分组	**By Registration Status**					
内资企业	Domestic-Funded Enterprises	4654371	190742	4429099	19970	14561
国有	State-owned Enterprises	62328	8259	54064	5	
集体	Collective-owned Enterprises	5349	70	5279		
股份合作	Cooperative Enterprises	1426		1426		
国有联营	State Joint Ownership Enterprises					
集体联营	Collective Joint Ownership Enterprises					
国有与集体联营	Joint State-collective Enterprises					
其他联营	Other Joint Ownership Enterprises					
国有独资公司	State-funded Corporations	365928	15246	350200	77	405
其他有限责任公司	Other Limited Liability Corporations	1112886	72604	1035893	1978	2412
股份有限公司	Share-holding Corporations Ltd.	448211	36659	410568	358	626
私营独资	Private-funded Enterprises	41293	182	41111		
私营合伙	Private Partnership Enterprises	12620	15	12605		
私营有限责任公司	Private Limited Liability Corporations	2344149	50324	2266181	17543	10101
私营股份有限公司	Private Share-holding Corporations Ltd.	259586	7384	251176	9	1017
其他内资	Other Enterprises	596		596		
港澳台商投资	Enterprises With Investment from Hong Kong, Macao and Taiwan	214487	2264	211998	24	202
外商投资	Enterprises With Foreign Investment	298359	2606	292764	2847	143

17-35 续表 Continued

单位：万元 (10 000 yuan)

类 别	Item	R&D 经费内部支出 Intramural Expenditure on R&D	政府资金 Government Funds	企业资金 Self-raised Funds by Enterprises	境外资金 Foreign Funds	其 他 Other Funds
按工业行业大类分组	**By Industrial Branch**					
煤炭开采和洗选业	Mining and Washing of Coal	5480	40	5440		
黑色金属矿采选业	Mining of Ferrous Metal Ores	4653		4653		
有色金属矿采选业	Mining of Non-ferrous Metal Ores	28544	237	27979	303	26
非金属矿采选业	Mining and Processing of Nonmetal Ores	24003	135	23695	79	95
其他采矿业	Mining of Other Ores N.E.C					
农副食品加工业	Processing of Food from Agricultural Products	346879	8796	337575	9	499
食品制造业	Manufacture of Foods	134553	1975	132181	77	320
酒、饮料和精制茶制造业	Manufacture of Liquor, Beverage and Refined Tea	86502	1794	84538	77	93
烟草制品业	Manufacture of Tobacco	28880		28880		
纺织业	Manufacture of Textile	87611	1397	86214		
纺织服装、服饰业	Manufacture of Textile Wearing and Clothing Apparel	18739	510	18224	5	
皮革、毛皮、羽毛及其制品和制鞋业	Leather, Fur, Feather and Its Products and Footwear	44045	435	43409		202
木材加工和木、竹、藤、棕、草制品业	Processing of Timbers, Manufacture of Wood, Bamboo, Rattan, Palm and Straw Products	60277	692	58965	41	580
家具制造业	Manufacture of Furniture	15938	275	15604	59	
造纸和纸制品业	Manufacture of Paper and Paper Products	83601	4285	76920	327	2070
印刷和记录媒介复制业	Printing, Reproduction of Recording Media	43437	1305	41653	9	469
文教、工美、体育和娱乐用品制造业	Manufacture of Articles for Culture, Education, Artwork, Sport and Entertainment Activity	48172	586	47505	35	46
石油、煤炭及其他燃料加工业	Processing of Petroleum, Coal and Other Fuels	13714	75	13565	36	38
化学原料和化学制品制造业	Manufacture of Chemical Raw Material and Chemical Products	271144	5396	265314	355	79
医药制造业	Manufacture of Medicines	177168	5673	170434	45	1017
化学纤维制造业	Manufacture of Chemical Fiber	6467	260	6207		
橡胶和塑料制品业	Manufacture of Rubber and Plastic Products	55114	543	54531	40	
非金属矿物制品业	Manufacture of Non-metallic Mineral Products	317663	3100	313779	35	748
黑色金属冶炼和压延加工业	Manufacture and Processing of Ferrous Metals	174495	1596	171564	1335	
有色金属冶炼和压延加工业	Manufacture and Processing of Non-ferrous Metals	263607	11178	250534	65	1830
金属制品业	Manufacture of Metal Products	191643	2016	187978	46	1604
通用设备制造业	Manufacture of General Purpose Machinery	241251	13925	224859	105	2362
专用设备制造业	Manufacture of Special Purpose Machinery	726270	26581	682225	16698	766
汽车制造业	Manufacture of Automobile	379649	9075	369794	325	455
铁路、船舶、航空航天和其他运输设备制造业	Manufacture of Railways, Ships, Aerospace and Other Transport Equipment	302163	53045	248956	20	143
电气机械和器材制造业	Manufacture of Electrical Machinery and Equipment	343752	13399	327304	2433	616
计算机、通信和其他电子设备制造业	Manufacture of Computer, Communication and Other Electronic Equipment	469081	21878	446279	159	764
仪器仪表制造业	Manufacture of Measuring Instrument	63704	4509	59076	119	
其他制造业	Manufacture of Other Manufacture N.E.C	18621	378	18242		
废弃资源综合利用业	Comprehensive Utilization of Waste	18133	107	18026		
金属制品、机械和设备修理业	Maintenance of Metal Products, Machinery and Equipment	475		475		
电力、热力生产和供应业	Production and Supply of Electric Power and Heat Power	51212	280	50844	5	83
燃气生产和供应业	Production and Distribution of Gas	10331	25	10306		
水的生产和供应业	Production and Distribution of Water	10249	114	10135		

17-36 规模以上工业企业按支出用途分 R&D 经费内部支出情况 (2018年)
Intramural R&D Expenditures in Industrial Enterprises above Designated Size by Use (2018)

单位：万元 (10 000 yuan)

类　别	Item	R&D 经费内部支出 Intramural Expenditure on R&D	日常性支　出 Daily Expenses	#人员劳务费 Service Fees	资产性支　出 Capital Expenditures	#仪器和设　备 Instruments & Equipments
总计	**Total**	**5167217**	**4799880**	**1081094**	**367338**	**354308**
按企业规模分组	**By Size**					
大型	Large	1762304	1654717	460308	107587	101271
中型	Medium	1171441	1086093	235199	85349	82551
小型	Small	1094084	1010456	172667	83629	81723
微型	Miniature	1139388	1048614	212921	90773	88764
按登记注册类型分组	**By Registration Status**					
内资企业	Domestic-Funded Enterprises	4654371	4345526	981225	308845	298548
国有	State-owned Enterprises	62328	60288	26401	2039	2032
集体	Collective-owned Enterprises	5349	5272	627	77	75
股份合作	Cooperative Enterprises	1426	1405	259	20	20
国有联营	State Joint Ownership Enterprises					
集体联营	Collective Joint Ownership Enterprises					
国有与集体联营	Joint State-collective Enterprises					
其他联营	Other Joint Ownership Enterprises					
国有独资公司	State-funded Corporations	365928	343956	81230	21972	20847
其他有限责任公司	Other Limited Liability Corporations	1112886	1026307	259726	86580	82793
股份有限公司	Share-holding Corporations Ltd.	448211	416144	136562	32067	31438
私营独资	Private-funded Enterprises	41293	35771	4857	5522	5443
私营合伙	Private Partnership Enterprises	12620	11515	1462	1105	1103
私营有限责任公司	Private Limited Liability Corporations	2344149	2199744	402773	144405	140178
私营股份有限公司	Private Share-holding Corporations Ltd.	259586	244529	67175	15058	14619
其他内资	Other Enterprises	596	596	154		
港澳台商投资	Enterprises With Investment from Hong Kong, Macao and Taiwan	214487	168667	54964	45820	45706
外商投资	Enterprises With Foreign Investment	298359	285687	44905	12672	10054

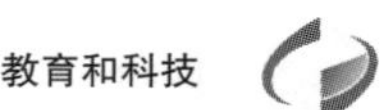

17-36 续表 Continued

单位：万元 (10 000 yuan)

类别	Item	R&D经费内部支出 Intramural Expenditure on R&D	日常性支出 Daily Expenses	#人员劳务费 Service Fees	资产性支出 Capital Expenditures	#仪器和设备 Instruments & Equipments
按工业行业大类分组	**By Industrial Branch**					
煤炭开采和洗选业	Mining and Washing of Coal	5480	4965	982	515	509
黑色金属矿采选业	Mining of Ferrous Metal Ores	4653	3901	562	752	741
有色金属矿采选业	Mining of Non-ferrous Metal Ores	28544	23444	5403	5100	5081
非金属矿采选业	Mining and Processing of Nonmetal Ores	24003	20749	4781	3254	3183
其他采矿业	Mining of Other Ores N.E.C					
农副食品加工业	Processing of Food from Agricultural Products	346879	327583	47105	19296	18845
食品制造业	Manufacture of Foods	134553	124685	22692	9869	9445
酒、饮料和精制茶制造业	Manufacture of Liquor, Beverage and Refined Tea	86502	78232	14447	8270	7987
烟草制品业	Manufacture of Tobacco	28880	27903	19883	977	977
纺织业	Manufacture of Textile	87611	78984	11291	8626	8091
纺织服装、服饰业	Manufacture of Textile Wearing and Clothing Apparel	18739	18223	4199	516	507
皮革、毛皮、羽毛及其制品和制鞋业	Leather, Fur, Feather and Its Products and Footwear	44045	41889	8328	2157	2115
木材加工和木、竹、藤、棕、草制品业	Processing of Timbers, Manufacture of Wood, Bamboo, Rattan, Palm and Straw Products	60277	53814	9382	6463	6107
家具制造业	Manufacture of Furniture	15938	15381	3061	557	544
造纸和纸制品业	Manufacture of Paper and Paper Products	83601	77936	11323	5665	5596
印刷和记录媒介复制业	Printing, Reproduction of Recording Media	43437	40478	8037	2959	2934
文教、工美、体育和娱乐用品制造业	Manufacture of Articles for Culture, Education, Artwork, Sport and Entertainment Activity	48172	44625	7736	3547	3501
石油、煤炭及其他燃料加工业	Processing of Petroleum, Coal and Other Fuels	13714	12557	2698	1157	1141
化学原料和化学制品制造业	Manufacture of Chemical Raw Material and Chemical Products	271144	244590	49288	26554	25802
医药制造业	Manufacture of Medicines	177168	162985	29637	14183	13840
化学纤维制造业	Manufacture of Chemical Fiber	6467	5933	637	535	517
橡胶和塑料制品业	Manufacture of Rubber and Plastic Products	55114	50610	7959	4504	4321
非金属矿物制品业	Manufacture of Non-metallic Mineral Products	317663	296447	60866	21216	20777
黑色金属冶炼和压延加工业	Manufacture and Processing of Ferrous Metals	174495	170350	23635	4145	4128
有色金属冶炼和压延加工业	Manufacture and Processing of Non-ferrous Metals	263607	233304	31050	30303	29868
金属制品业	Manufacture of Metal Products	191643	172239	29112	19404	19067
通用设备制造业	Manufacture of General Purpose Machinery	241251	222884	52880	18368	18017
专用设备制造业	Manufacture of Special Purpose Machinery	726270	700175	174937	26095	25375
汽车制造业	Manufacture of Automobile	379649	354085	57496	25564	21129
铁路、船舶、航空航天和其他运输设备制造业	Manufacture of Railways, Ships, Aerospace and Other Transport Equipment	302163	292059	116583	10104	8558
电气机械和器材制造业	Manufacture of Electrical Machinery and Equipment	343752	324582	61243	19169	19002
计算机、通信和其他电子设备制造业	Manufacture of Computer, Communication and Other Electronic Equipment	469081	411657	157340	57424	57047
仪器仪表制造业	Manufacture of Measuring Instrument	63704	60370	27683	3333	3193
其他制造业	Manufacture of Other Manufacture N.E.C	18621	18152	2281	468	464
废弃资源综合利用业	Comprehensive Utilization of Waste	18133	16234	2513	1899	1847
金属制品、机械和设备修理业	Maintenance of Metal Products, Machinery and Equipment	475	473	309	1	1
电力、热力生产和供应业	Production and Supply of Electric Power and Heat Power	51212	48844	9607	2368	2089
燃气生产和供应业	Production and Distribution of Gas	10331	9350	2014	982	968
水的生产和供应业	Production and Distribution of Water	10249	9209	2117	1040	992

17-37 规模以上工业企业办科技机构情况 (2018年)

Basic Statistics on Institutions for Scientific and Technological in Industrial Enterprises above Designated Size (2018)

类别	Item	企业办科技机构数（个）Number of Institutions for S&T in Enterprises (unit)	企业办科技机构人员（人）Number of Personnel in Institutions for S&T in Enterprises (person)	#博士 Doctor	#硕士 Master	科技机构内部经费支出（万元）Intramural Expenditure for S&T Institutions (10 000 yuan)
总计	**Total**	**1765**	**62742**	**1520**	**12211**	**2077625**
按企业规模分组	**By Size**					
大型	Large	181	29184	512	7452	1066529
中型	Medium	321	13489	330	1844	378313
小型	Small	543	8927	286	1245	268771
微型	Miniature	720	11142	392	1670	364013
按登记注册类型分组	**By Registration Status**					
内资企业	Domestic-Funded Enterprises	1683	53372	1446	11164	1718627
国有	State-owned Enterprises	16	988	135	365	34905
集体	Collective-owned Enterprises	1	3			39
股份合作	Cooperative Enterprises					
国有联营	State Joint Ownership Enterprises					
集体联营	Collective Joint Ownership Enterprises					
国有与集体联营	Joint State-collective Enterprises					
其他联营	Other Joint Ownership Enterprises					
国有独资公司	State-funded Corporations	56	4843	82	1116	191598
其他有限责任公司	Other Limited Liability Corporations	285	11313	288	2071	446733
股份有限公司	Share-holding Corporations Ltd.	167	10613	231	2254	205849
私营独资	Private-funded Enterprises	20	148	3	7	5647
私营合伙	Private Partnership Enterprises	7	40			321
私营有限责任公司	Private Limited Liability Corporations	1009	20658	606	4667	697353
私营股份有限公司	Private Share-holding Corporations Ltd.	122	4766	101	684	136183
其他内资	Other Enterprises					
港澳台商投资	Enterprises With Investment from Hong Kong, Macao and Taiwan	44	6479	21	286	98185
外商投资	Enterprises With Foreign Investment	38	2891	53	761	260813

17-37 续表 Continued

类 别	Item	企业办科技机构数（个）Number of Institutions for S&T in Enterprises (unit)	企业办科技机构人员（人）Number of Personnel in Institutions for S&T in Enterprises (person)	#博士 Doctor	#硕士 Master	科技机构内部经费支出（万元）Intramural Expenditure for S&T Institutions (10 000 yuan)
按工业行业大类分组	**By Industrial Branch**					
煤炭开采和洗选业	Mining and Washing of Coal	1	3			39
黑色金属矿采选业	Mining of Ferrous Metal Ores	3	66	2	7	2237
有色金属矿采选业	Mining of Non-ferrous Metal Ores	10	454	6	27	8757
非金属矿采选业	Mining and Processing of Nonmetal Ores	12	210	10	29	4765
其他采矿业	Mining of Other Ores N.E.C					
农副食品加工业	Processing of Food from Agricultural Products	148	2371	117	384	72125
食品制造业	Manufacture of Foods	72	1219	58	157	36590
酒、饮料和精制茶制造业	Manufacture of Liquor, Beverage and Refined Tea	50	716	37	71	18217
烟草制品业	Manufacture of Tobacco	1	202	24	46	24735
纺织业	Manufacture of Textile	18	590	5	24	23109
纺织服装、服饰业	Manufacture of Textile Wearing and Clothing Apparel	20	427	2	27	5085
皮革、毛皮、羽毛及其制品和制鞋业	Leather, Fur, Feather and Its Products and Footwear	12	169	10	36	4425
木材加工和木、竹、藤、棕、草制品业	Processing of Timbers, Manufacture of Wood, Bamboo, Rattan, Palm and Straw Products	41	507	19	78	16476
家具制造业	Manufacture of Furniture	10	130	5	24	4511
造纸和纸制品业	Manufacture of Paper and Paper Products	13	389	7	50	16210
印刷和记录媒介复制业	Printing, Reproduction of Recording Media	32	550	11	40	16013
文教、工美、体育和娱乐用品制造业	Manufacture of Articles for Culture, Education, Artwork, Sport and Entertainment Activity	16	242	13	47	6830
石油、煤炭及其他燃料加工业	Processing of Petroleum, Coal and Other Fuels	7	187	1	38	14876
化学原料和化学制品制造业	Manufacture of Chemical Raw Material and Chemical Products	146	2624	87	450	78947
医药制造业	Manufacture of Medicines	89	2351	85	410	72980
化学纤维制造业	Manufacture of Chemical Fiber	1	9	1	8	190
橡胶和塑料制品业	Manufacture of Rubber and Plastic Products	30	488	6	22	10182
非金属矿物制品业	Manufacture of Non-metallic Mineral Products	148	2902	44	326	71305
黑色金属冶炼和压延加工业	Manufacture and Processing of Ferrous Metals	18	1304	30	119	99560
有色金属冶炼和压延加工业	Manufacture and Processing of Non-ferrous Metals	71	3020	113	437	143693
金属制品业	Manufacture of Metal Products	84	1394	39	196	53850
通用设备制造业	Manufacture of General Purpose Machinery	130	3394	58	825	70318
专用设备制造业	Manufacture of Special Purpose Machinery	171	10789	220	4115	442250
汽车制造业	Manufacture of Automobile	68	3618	32	587	316659
铁路、船舶、航空航天和其他运输设备制造业	Manufacture of Railways, Ships, Aerospace and Other Transport Equipment	38	3042	57	691	72589
电气机械和器材制造业	Manufacture of Electrical Machinery and Equipment	106	2661	97	421	102452
计算机、通信和其他电子设备制造业	Manufacture of Computer, Communication and Other Electronic Equipment	123	13671	177	1906	186474
仪器仪表制造业	Manufacture of Measuring Instrument	37	1869	24	339	47735
其他制造业	Manufacture of Other Manufacture N.E.C	7	108	3	18	2234
废弃资源综合利用业	Comprehensive Utilization of Waste	11	141	4	8	3865
金属制品、机械和设备修理业	Maintenance of Metal Products, Machinery and Equipment					
电力、热力生产和供应业	Production and Supply of Electric Power and Heat Power	15	849	112	225	26286
燃气生产和供应业	Production and Distribution of Gas	2	38		4	325
水的生产和供应业	Production and Distribution of Water	4	38	4	19	735

17-38 规模以上工业企业科技活动产出情况(2018年)
Basic Statistics on Scientific and Technological Outputs in Industrial Enterprises above Designated Size (2018)

类别	Item	新产品产值(万元) Gross Output Value of New Products (10 000 yuan)	新产品销售收入(万元) Sales Revenue of New Products (10 000 yuan)	#出口 Exported	专利申请数(件) Patent Applications (item)	有效发明专利数(件) Inventions In Force (item)
总计	**Total**	**80615310**	**76162442**	**4670585**	**26339**	**33659**
按企业规模分组	**By Size**					
大型	Large	39626658	37280098	3518661	7115	13426
中型	Medium	19770311	18815998	598540	5015	6014
小型	Small	12531259	12062689	300811	5470	5872
微型	Miniature	8687081	8003657	252573	8739	8347
按登记注册类型分组	**By Registration Status**					
内资企业	Domestic-Funded Enterprises	68689208	65176907	1785897	24843	30788
国有	State-owned Enterprises	6444757	6376315	11417	854	2042
集体	Collective-owned Enterprises	2077	2027		23	4
股份合作	Cooperative Enterprises					
国有联营	State Joint Ownership Enterprises					
集体联营	Collective Joint Ownership Enterprises	632	629			
国有与集体联营	Joint State-collective Enterprises					
其他联营	Other Joint Ownership Enterprises					
国有独资公司	State-funded Corporations	7094087	7004789	419831	1355	2325
其他有限责任公司	Other Limited Liability Corporations	14787072	13652220	271313	5141	6120
股份有限公司	Share-holding Corporations Ltd.	9054465	8539492	291481	3013	6338
私营独资	Private-funded Enterprises	214407	208975	17219	65	25
私营合伙	Private Partnership Enterprises	122914	122016	356	32	10
私营有限责任公司	Private Limited Liability Corporations	27556342	26022255	638516	11977	11412
私营股份有限公司	Private Share-holding Corporations Ltd.	3412456	3248191	135764	2383	2512
其他内资	Other Enterprises					
港澳台商投资	Enterprises With Investment from Hong Kong, Macao and Taiwan	4366594	4122906	2627021	839	666
外商投资	Enterprises With Foreign Investment	7559507	6862629	257666	657	2205

17-38 续表 Continued

类别	Item	新产品产值（万元）Gross Output Value of New Products (10 000 yuan)	新产品销售收入（万元）Sales Revenue of New Products (10 000 yuan)	#出口 Exported	专利申请数（件）Patent Applic-ations (item)	有效发明专利数（件）Inventions In Force (item)
按工业行业大类分组	**By Industrial Branch**					
煤炭开采和洗选业	Mining and Washing of Coal	30595	30058			
黑色金属矿采选业	Mining of Ferrous Metal Ores	36681	34211		3	2
有色金属矿采选业	Mining of Non-ferrous Metal Ores	241058	235381		76	44
非金属矿采选业	Mining and Processing of Nonmetal Ores	219570	221787		95	71
其他采矿业	Mining of Other Ores N.E.C					
农副食品加工业	Processing of Food from Agricultural Products	4672427	4390160	45317	755	644
食品制造业	Manufacture of Foods	1644238	1326447	17667	408	410
酒、饮料和精制茶制造业	Manufacture of Liquor, Beverage and Refined Tea	777829	733460	7944	454	340
烟草制品业	Manufacture of Tobacco	6154971	6090191	2128	411	323
纺织业	Manufacture of Textile	1588857	1662266	34796	122	122
纺织服装、服饰业	Manufacture of Textile Wearing and Clothing Apparel	108543	106827	10810	147	43
皮革、毛皮、羽毛及其制品和制鞋业	Leather, Fur, Feather and Its Products and Footwear	149457	147596	53111	264	66
木材加工和木、竹、藤、棕、草制品业	Processing of Timbers, Manufacture of Wood, Bamboo, Rattan, Palm and Straw Products	418463	398211	8200	211	124
家具制造业	Manufacture of Furniture	114859	111344	4834	84	42
造纸和纸制品业	Manufacture of Paper and Paper Products	1284718	1231946	41692	184	265
印刷和记录媒介复制业	Printing, Reproduction of Recording Media	820729	795279	2733	174	187
文教、工美、体育和娱乐用品制造业	Manufacture of Articles for Culture, Education, Artwork, Sport and Entertainment Activity	535482	527397	77970	416	202
石油、煤炭及其他燃料加工业	Processing of Petroleum, Coal and Other Fuels	1894592	1893961	12288	63	201
化学原料和化学制品制造业	Manufacture of Chemical Raw Material and Chemical Products	3735935	3577273	138761	1285	1629
医药制造业	Manufacture of Medicines	2599442	2414564	89287	955	1318
化学纤维制造业	Manufacture of Chemical Fiber	195	195		8	6
橡胶和塑料制品业	Manufacture of Rubber and Plastic Products	966617	848310	9645	298	312
非金属矿物制品业	Manufacture of Non-metallic Mineral Products	3009541	3038078	23618	1848	1517
黑色金属冶炼和压延加工业	Manufacture and Processing of Ferrous Metals	5472766	5623715	197542	200	297
有色金属冶炼和压延加工业	Manufacture and Processing of Non-ferrous Metals	5212210	5055423	252176	1024	1851
金属制品业	Manufacture of Metal Products	2014432	1868301	18256	899	1010
通用设备制造业	Manufacture of General Purpose Machinery	3056361	2866565	83250	2042	2284
专用设备制造业	Manufacture of Special Purpose Machinery	10415003	9704192	226350	3757	6961
汽车制造业	Manufacture of Automobile	8024295	7167087	65487	1186	1521
铁路、船舶、航空航天和其他运输设备制造业	Manufacture of Railways, Ships, Aerospace and Other Transport Equipment	2641231	2652852	227891	1695	2376
电气机械和器材制造业	Manufacture of Electrical Machinery and Equipment	4970751	4064408	136095	2187	2468
计算机、通信和其他电子设备制造业	Manufacture of Computer, Communication and Other Electronic Equipment	6694844	6245836	2878534	3165	4302
仪器仪表制造业	Manufacture of Measuring Instrument	674369	666547	3850	837	871
其他制造业	Manufacture of Other Manufacture N.E.C	211102	213298	356	352	92
废弃资源综合利用业	Comprehensive Utilization of Waste	72659	73344		62	67
金属制品、机械和设备修理业	Maintenance of Metal Products, Machinery and Equipment				7	36
电力、热力生产和供应业	Production and Supply of Electric Power and Heat Power	44764	41410		498	1593
燃气生产和供应业	Production and Distribution of Gas	30698	28044		52	21
水的生产和供应业	Production and Distribution of Water	75030	76478		115	41

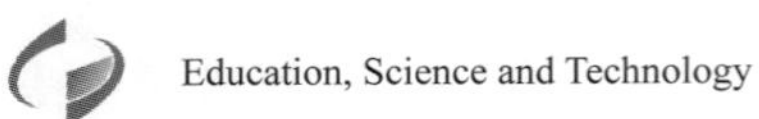

17−39 大中型工业企业科技活动情况 (2018年)

Basic Statistics on Scientific and Technological Activities in Large and Medium-Sized Industrial Enterprises (2018)

指 标	Item	合 计 Total	#大型 Large	#中型 Medium
企业基本情况	**Statistics on Industrial Enterprises**			
大中型工业企业个数 （个）	Number of Large and Medium-Sized Industrial Enterprises (unit)	1617	174	1443
#有 R&D 活动的企业个数	#Number of Units Having R&D Activities	1000	144	856
R&D 人员 （人）	R&D Personnel (person)	83528	48220	35308
#女性	#Female	17473	9751	7722
#全时人员	#Full-time Personnel	61926	35832	26094
R&D 活动情况	**Statistics on R&D Activities**			
R&D 人员全时当量 （人年）	Full-time Equivalent of R&D Personnel (man-year)	55299	32747	22552
R&D 经费内部支出 （万元）	Intramural Expenditure on R&D (10 000 yuan)	2933745	1762304	1171441
按经费来源分	by Sources			
政府资金	Government Funds	148297	122756	25541
企业资金	Self-raised Funds by Enterprises	2760011	1617551	1142460
境外资金	Foreign Funds	21768	21366	402
其他	Other funds	3670	632	3038
按支出用途分	by Use			
日常性支出	Daily Expenses	2740810	1654717	1086093
#人员劳务费	#Service Fees	695507	460308	235199
资产性支出	Capital Expenditures	192936	107587	85349
#仪器和设备	#Instruments & Equipments	183822	101271	82551
R&D 经费外部支出 （万元）	External Expenditure on R&D (10 000 yuan)	246874	208907	37967
企业办科技机构情况	**Statistics on S&T Institutions**			
机构数 （个）	Number of S&T Institutions (unit)	502	181	321
机构人员 （人）	S&T Personnel (person)	42673	29184	13489
#博士毕业	#Doctor	842	512	330
#硕士毕业	#Master	9296	7452	1844
新产品开发及生产情况	**Statistics on New Products Development and Production**			
新产品开发项目数 （项）	Number of New Products (item)	4632	1853	2779
新产品开发经费支出 （万元）	Expenditure on New Products Development (10 000 yuan)	3136532	1976190	1160342
新产品销售收入 （万元）	Sales Revenue of New Products (10 000 yuan)	56096096	37280098	18815998
#出口	#Exported	4117201	3518661	598540
专利情况	**Statistics on Patents**			
专利申请数 （件）	Patent Applications (item)	12130	7115	5015
有效发明专利数 （件）	Inventions In Force (item)	19440	13426	6014
发表科技论文 （篇）	Number of Published Scientific Papers (piece)	2260	1963	357
拥有注册商标数 （件）	Number of registered trademark (item)	12603	10077	2526

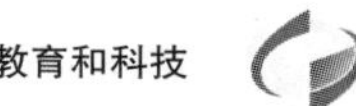

17-40 大中型工业企业R&D人员情况(2018年)
R&D Personnel in Large and Medium-Sized Industrial Enterprises (2018)

类 别	Item	有R&D活动的单位数(个) Number of Enterprises Having R&D Activities (unit)	R&D人员(人) R&D Personnel (person)	#全时人员 Full-time Personnel	R&D人员全时当量(人年) Full-time Equivalent of R&D Personnel (man-year)
总计	**Total**	**1000**	**83528**	**61926**	**55299**
按企业规模分组	**By Size**				
大型企业	Large	144	48220	35832	32747
中型企业	Medium	856	35308	26094	22552
按登记注册类型分组	**By Registration Status**				
内资企业	Domestic-Funded Enterprises	908	70121	51397	45512
国有	State-owned Enterprises	10	2013	1447	1177
集体	Collective-owned Enterprises	1	13	7	10
股份合作	Cooperative Enterprises	1	14	9	11
国有联营	State Joint Ownership Enterprises				
集体联营	Collective Joint Ownership Enterprises				
国有与集体联营	Joint State-collective Enterprises				
其他联营	Other Joint Ownership Enterprises				
国有独资公司	State-funded Corporations	36	6557	4808	3869
其他有限责任公司	Other Limited Liability Corporations	202	21261	13977	13424
股份有限公司	Share-holding Corporations Ltd.	98	11549	9206	6937
私营独资	Private-funded Enterprises	14	240	167	187
私营合伙	Private Partnership Enterprises	6	75	61	35
私营有限责任公司	Private Limited Liability Corporations	477	23615	17956	16650
私营股份有限公司	Private Share-holding Corporations Ltd.	63	4784	3759	3212
其他内资	Other Enterprises				
港澳台商投资	Enterprises With Investment from Hong Kong, Macao and Taiwan	54	8103	6930	5784
外商投资	Enterprises With Foreign Investment	38	5304	3599	4004

17-40 续表 Continued

类 别	Item	有R&D活动的单位数（个）Number of Enterprises Having R&D Activities (unit)	R&D人员（人）R&D Personnel (person)	#全时人员 Full-time Personnel	R&D人员全时当量（人年）Full-time Equivalent of R&D Personnel (man-year)
按工业行业大类分组	**By Industrial Branch**				
煤炭开采和洗选业	Mining and Washing of Coal	9	79	58	56
黑色金属矿采选业	Mining of Ferrous Metal Ores				
有色金属矿采选业	Mining of Non-ferrous Metal Ores	12	867	439	310
非金属矿采选业	Mining and Processing of Nonmetal Ores	8	139	105	113
其他采矿业	Mining of Other Ores N.E.C				
农副食品加工业	Processing of Food from Agricultural Products	78	2986	2006	2016
食品制造业	Manufacture of Foods	49	3053	1730	2343
酒、饮料和精制茶制造业	Manufacture of Liquor, Beverage and Refined Tea	24	1045	681	571
烟草制品业	Manufacture of Tobacco	3	604	532	437
纺织业	Manufacture of Textile	39	1567	1054	1060
纺织服装、服饰业	Manufacture of Textile Wearing and Clothing Apparel	13	404	325	306
皮革、毛皮、羽毛及其制品和制鞋业	Leather, Fur, Feather and Its Products and Footwear	42	884	504	491
木材加工和木、竹、藤、棕、草制品业	Processing of Timbers, Manufacture of Wood, Bamboo, Rattan, Palm and Straw Products	22	500	348	303
家具制造业	Manufacture of Furniture	3	92	36	50
造纸和纸制品业	Manufacture of Paper and Paper Products	13	709	540	341
印刷和记录媒介复制业	Printing, Reproduction of Recording Media	13	612	513	445
文教、工美、体育和娱乐用品制造业	Manufacture of Articles for Culture, Education, Artwork, Sport and Entertainment Activity	26	784	461	570
石油、煤炭及其他燃料加工业	Processing of Petroleum, Coal and Other Fuels	3	173	114	77
化学原料和化学制品制造业	Manufacture of Chemical Raw Material and Chemical Products	68	3294	2492	1965
医药制造业	Manufacture of Medicines	50	3456	2609	1908
化学纤维制造业	Manufacture of Chemical Fiber	3	75	55	16
橡胶和塑料制品业	Manufacture of Rubber and Plastic Products	9	302	241	180
非金属矿物制品业	Manufacture of Non-metallic Mineral Products	94	3548	2576	2408
黑色金属冶炼和压延加工业	Manufacture and Processing of Ferrous Metals	10	3016	1683	2174
有色金属冶炼和压延加工业	Manufacture and Processing of Non-ferrous Metals	36	3018	1971	2120
金属制品业	Manufacture of Metal Products	38	1447	1106	1047
通用设备制造业	Manufacture of General Purpose Machinery	46	3703	2672	2274
专用设备制造业	Manufacture of Special Purpose Machinery	59	12751	10247	10227
汽车制造业	Manufacture of Automobile	45	5809	4381	4288
铁路、船舶、航空航天和其他运输设备制造业	Manufacture of Railways, Ships, Aerospace and Other Transport Equipment	20	6320	4700	2901
电气机械和器材制造业	Manufacture of Electrical Machinery and Equipment	60	6511	4160	3769
计算机、通信和其他电子设备制造业	Manufacture of Computer, Communication and Other Electronic Equipment	72	12621	11030	8302
仪器仪表制造业	Manufacture of Measuring Instrument	11	1707	1449	1325
其他制造业	Manufacture of Other Manufacture N.E.C	3	45	35	41
废弃资源综合利用业	Comprehensive Utilization of Waste				
金属制品、机械和设备修理业	Maintenance of Metal Products, Machinery and Equipment				
电力、热力生产和供应业	Production and Supply of Electric Power and Heat Power	15	1323	1005	820
燃气生产和供应业	Production and Distribution of Gas	2	39	35	28
水的生产和供应业	Production and Distribution of Water	2	45	33	13

17-41 大中型工业企业按经费来源分R&D经费内部支出情况(2018年) Intramural R&D Expenditures in Large and Medium-Sized Industrial Enterprises by Sources (2018)

单位：万元 (10 000 yuan)

类别	Item	R&D经费内部支出 Intramural Expenditure on R&D	政府资金 Government Funds	企业资金 Self-raised Funds by Enterprises	境外资金 Foreign Funds	其他 Other Funds
总计	**Total**	**2933745**	**148297**	**2760011**	**21768**	**3670**
按企业规模分组	**By Size**					
大型企业	Large	1762304	122756	1617551	21366	632
中型企业	Medium	1171441	25541	1142460	402	3038
按登记注册类型分组	**By Registration Status**					
内资企业	Domestic-Funded Enterprises	2540616	144560	2373684	19046	3326
国有	State-owned Enterprises	55547	8159	47383	5	
集体	Collective-owned Enterprises	453		453		
股份合作	Cooperative Enterprises	389		389		
国有联营	State Joint Ownership Enterprises					
集体联营	Collective Joint Ownership Enterprises					
国有与集体联营	Joint State-collective Enterprises					
其他联营	Other Joint Ownership Enterprises					
国有独资公司	State-funded Corporations	312974	13536	298983	77	378
其他有限责任公司	Other Limited Liability Corporations	758921	63910	692073	1749	1189
股份有限公司	Share-holding Corporations Ltd.	324372	30445	293577	311	38
私营独资	Private-funded Enterprises	17742	70	17672		
私营合伙	Private Partnership Enterprises	3857		3857		
私营有限责任公司	Private Limited Liability Corporations	927172	24286	884373	16903	1610
私营股份有限公司	Private Share-holding Corporations Ltd.	139188	4153	134923		111
其他内资	Other Enterprises					
港澳台商投资	Enterprises With Investment from Hong Kong, Macao and Taiwan	184538	1789	182547		202
外商投资	Enterprises With Foreign Investment	208592	1948	203780	2722	143

17-41 续表 Continued

单位：万元 (10 000 yuan)

类 别	Item	R&D经费内部支出 Intramural Expenditure on R&D	政府资金 Government Funds	企业资金 Self-raised Funds by Enterprises	境外资金 Foreign Funds	其 他 Other Funds
按工业行业大类分组	**By Industrial Branch**					
煤炭开采和洗选业	Mining and Washing of Coal	3147		3147		
黑色金属矿采选业	Mining of Ferrous Metal Ores					
有色金属矿采选业	Mining of Non-ferrous Metal Ores	16336	237	15797	303	
非金属矿采选业	Mining and Processing of Nonmetal Ores	8224	55	8170		
其他采矿业	Mining of Other Ores N.E.C					
农副食品加工业	Processing of Food from Agricultural Products	127109	5503	121606		
食品制造业	Manufacture of Foods	69591	1006	68536	48	
酒、饮料和精制茶制造业	Manufacture of Liquor, Beverage and Refined Tea	23741	702	23040		
烟草制品业	Manufacture of Tobacco	28086		28086		
纺织业	Manufacture of Textile	65632	875	64757		
纺织服装、服饰业	Manufacture of Textile Wearing and Clothing Apparel	5919	465	5455		
皮革、毛皮、羽毛及其制品和制鞋业	Leather, Fur, Feather and Its Products and Footwear	25884	56	25627		202
木材加工和木、竹、藤、棕、草制品业	Processing of Timbers, Manufacture of Wood, Bamboo, Rattan, Palm and Straw Products	21372	259	20937		176
家具制造业	Manufacture of Furniture	1122	20	1102		
造纸和纸制品业	Manufacture of Paper and Paper Products	40698	3856	36531	311	
印刷和记录媒介复制业	Printing, Reproduction of Recording Media	20466	795	19671		
文教、工美、体育和娱乐用品制造业	Manufacture of Articles for Culture, Education, Artwork, Sport and Entertainment Activity	17904	156	17748		
石油、煤炭及其他燃料加工业	Processing of Petroleum, Coal and Other Fuels	7148	71	7039		38
化学原料和化学制品制造业	Manufacture of Chemical Raw Material and Chemical Products	84196	1855	82168	173	
医药制造业	Manufacture of Medicines	82201	2884	79317		
化学纤维制造业	Manufacture of Chemical Fiber	3463	260	3203		
橡胶和塑料制品业	Manufacture of Rubber and Plastic Products	12350	13	12337		
非金属矿物制品业	Manufacture of Non-metallic Mineral Products	99874	836	99038		
黑色金属冶炼和压延加工业	Manufacture and Processing of Ferrous Metals	156731	1575	153821	1335	
有色金属冶炼和压延加工业	Manufacture and Processing of Non-ferrous Metals	134523	7366	126796		361
金属制品业	Manufacture of Metal Products	77471	1274	75022		1175
通用设备制造业	Manufacture of General Purpose Machinery	104946	10392	93146		1409
专用设备制造业	Manufacture of Special Purpose Machinery	590612	20670	553148	16682	111
汽车制造业	Manufacture of Automobile	233689	5977	227423	289	
铁路、船舶、航空航天和其他运输设备制造业	Manufacture of Railways, Ships, Aerospace and Other Transport Equipment	265430	51798	213490		143
电气机械和器材制造业	Manufacture of Electrical Machinery and Equipment	204658	9938	192273	2433	14
计算机、通信和其他电子设备制造业	Manufacture of Computer, Communication and Other Electronic Equipment	328027	16046	311843	98	41
仪器仪表制造业	Manufacture of Measuring Instrument	38479	3059	35329	91	
其他制造业	Manufacture of Other Manufacture N.E.C	5206	225	4982		
废弃资源综合利用业	Comprehensive Utilization of Waste					
金属制品、机械和设备修理业	Maintenance of Metal Products, Machinery and Equipment					
电力、热力生产和供应业	Production and Supply of Electric Power and Heat Power	27079	50	27024	5	
燃气生产和供应业	Production and Distribution of Gas	1952	25	1927		
水的生产和供应业	Production and Distribution of Water	479		479		

17-42 大中型工业企业按支出用途分 R&D 经费内部支出情况 (2018年)

Intramural R&D Expenditures in Large and Medium-Sized Industrial Enterprises by Use (2018)

单位：万元 (10 000 yuan)

类 别	Item	R&D经费内部支出 Intramural Expenditure on R&D	经常费支出 Operating Expenses	#人员劳务费 Service Fees	资产性支出 Capital Expenditures	#仪器和设备 Instruments & Equipments
总计	**Total**	**2933745**	**2740810**	**695507**	**192936**	**183822**
按企业规模分组	**By Size**					
大型企业	Large	1762304	1654717	460308	107587	101271
中型企业	Medium	1171441	1086093	235199	85349	82551
按登记注册类型分组	**By Registration Status**					
内资企业	Domestic-Funded Enterprises	2540616	2398139	610681	142477	136003
国有	State-owned Enterprises	55547	53866	25025	1681	1677
集体	Collective-owned Enterprises	453	453	99		
股份合作	Cooperative Enterprises	389	389	102		
国有联营	State Joint Ownership Enterprises					
集体联营	Collective Joint Ownership Enterprises					
国有与集体联营	Joint State-collective Enterprises					
其他联营	Other Joint Ownership Enterprises					
国有独资公司	State-funded Corporations	312974	294664	69396	18310	17292
其他有限责任公司	Other Limited Liability Corporations	758921	699679	186737	59242	55952
股份有限公司	Share-holding Corporations Ltd.	324372	301343	109456	23029	22558
私营独资	Private-funded Enterprises	17742	15550	1858	2193	2181
私营合伙	Private Partnership Enterprises	3857	3370	363	487	487
私营有限责任公司	Private Limited Liability Corporations	927172	895416	178154	31756	30254
私营股份有限公司	Private Share-holding Corporations Ltd.	139188	133409	39491	5779	5603
其他内资	Other Enterprises					
港澳台商投资	Enterprises With Investment from Hong Kong, Macao and Taiwan	184538	142628	48658	41910	41819
外商投资	Enterprises With Foreign Investment	208592	200043	36167	8549	5999

17-42 续表 Continued

单位：万元 (10 000 yuan)

类 别	Item	R&D经费内部支出 Intramural Expenditure on R&D	经常费支出 Operating Expenses	#人员劳务费 Service Fees	资产性支出 Capital Expenditures	#仪器和设备 Instruments & Equipments
按工业行业大类分组	**By Industrial Branch**					
煤炭开采和洗选业	Mining and Washing of Coal	3147	2706	472	441	436
黑色金属矿采选业	Mining of Ferrous Metal Ores					
有色金属矿采选业	Mining of Non-ferrous Metal Ores	16336	12515	4195	3822	3818
非金属矿采选业	Mining and Processing of Nonmetal Ores	8224	6992	2202	1232	1214
其他采矿业	Mining of Other Ores N.E.C					
农副食品加工业	Processing of Food from Agricultural Products	127109	122202	21210	4907	4771
食品制造业	Manufacture of Foods	69591	66467	13397	3123	2914
酒、饮料和精制茶制造业	Manufacture of Liquor, Beverage and Refined Tea	23741	22637	6172	1104	1015
烟草制品业	Manufacture of Tobacco	28086	27110	19448	977	977
纺织业	Manufacture of Textile	65632	59729	7919	5903	5393
纺织服装、服饰业	Manufacture of Textile Wearing and Clothing Apparel	5919	5918	1953	1	1
皮革、毛皮、羽毛及其制品和制鞋业	Leather, Fur, Feather and Its Products and Footwear	25884	24300	4833	1585	1564
木材加工和木、竹、藤、棕、草制品业	Processing of Timbers, Manufacture of Wood, Bamboo, Rattan, Palm and Straw Products	21372	18667	3280	2705	2498
家具制造业	Manufacture of Furniture	1122	1122	317		
造纸和纸制品业	Manufacture of Paper and Paper Products	40698	37953	6750	2745	2702
印刷和记录媒介复制业	Printing, Reproduction of Recording Media	20466	20209	4115	258	246
文教、工美、体育和娱乐用品制造业	Manufacture of Articles for Culture, Education, Artwork, Sport and Entertainment Activity	17904	16828	3795	1076	1060
石油、煤炭及其他燃料加工业	Processing of Petroleum, Coal and Other Fuels	7148	6286	1317	862	854
化学原料和化学制品制造业	Manufacture of Chemical Raw Material and Chemical Products	84196	75288	19992	8909	8709
医药制造业	Manufacture of Medicines	82201	76633	14798	5567	5352
化学纤维制造业	Manufacture of Chemical Fiber	3463	2996	598	467	450
橡胶和塑料制品业	Manufacture of Rubber and Plastic Products	12350	11145	1199	1205	1166
非金属矿物制品业	Manufacture of Non-metallic Mineral Products	99874	96427	23232	3447	3283
黑色金属冶炼和压延加工业	Manufacture and Processing of Ferrous Metals	156731	153555	21457	3175	3175
有色金属冶炼和压延加工业	Manufacture and Processing of Non-ferrous Metals	134523	118167	13308	16356	16277
金属制品业	Manufacture of Metal Products	77471	66248	12630	11223	11091
通用设备制造业	Manufacture of General Purpose Machinery	104946	97723	24255	7223	6981
专用设备制造业	Manufacture of Special Purpose Machinery	590612	573403	144940	17209	16685
汽车制造业	Manufacture of Automobile	233689	216247	39360	17442	13154
铁路、船舶、航空航天和其他运输设备制造业	Manufacture of Railways, Ships, Aerospace and Other Transport Equipment	265430	257608	104541	7822	6324
电气机械和器材制造业	Manufacture of Electrical Machinery and Equipment	204658	193784	36483	10873	10781
计算机、通信和其他电子设备制造业	Manufacture of Computer, Communication and Other Electronic Equipment	328027	279066	111834	48962	48770
仪器仪表制造业	Manufacture of Measuring Instrument	38479	37028	18356	1451	1325
其他制造业	Manufacture of Other Manufacture N.E.C	5206	5206	328		
废弃资源综合利用业	Comprehensive Utilization of Waste					
金属制品、机械和设备修理业	Maintenance of Metal Products, Machinery and Equipment					
电力、热力生产和供应业	Production and Supply of Electric Power and Heat Power	27079	26337	5712	742	717
燃气生产和供应业	Production and Distribution of Gas	1952	1952	890		
水的生产和供应业	Production and Distribution of Water	479	358	223	121	121

17-43 大中型工业企业办科技机构情况 (2018年)

Basic Statistics on Institutions for Scientific and Technological in Large and Medium-Sized Industrial Enterprises (2018)

类 别	Item	企业办科技机构数 (个) Number of Institutions for S&T in Enterprises (unit)	企业办科技机构人员 (人) Number of Personnel in Institutions for S&T in Enterprises (person)	#博士 Doctor	#硕士 Master	科技机构内部经费支出 (万元) Intramural Expenditure for S&T Institutions (10 000 yuan)
总计	**Total**	**502**	**42673**	**842**	**9296**	**1444841**
按企业规模分组	**By Size**					
大型企业	Large	181	29184	512	7452	1066529
中型企业	Medium	321	13489	330	1844	378313
按登记注册类型分组	**By Registration Status**					
内资企业	Domestic-Funded Enterprises	459	34384	800	8424	1204159
国有	State-owned Enterprises	14	970	132	356	34773
集体	Collective-owned Enterprises					
股份合作	Cooperative Enterprises					
国有联营	State Joint Ownership Enterprises					
集体联营	Collective Joint Ownership Enterprises					
国有与集体联营	Joint State-collective Enterprises					
其他联营	Other Joint Ownership Enterprises					
国有独资公司	State-funded Corporations	43	4209	61	963	179883
其他有限责任公司	Other Limited Liability Corporations	85	7484	171	1471	345165
股份有限公司	Share-holding Corporations Ltd.	99	9001	188	1982	162374
私营独资	Private-funded Enterprises	2	44		1	2004
私营合伙	Private Partnership Enterprises					
私营有限责任公司	Private Limited Liability Corporations	176	9513	203	3208	393404
私营股份有限公司	Private Share-holding Corporations Ltd.	40	3163	45	443	86556
其他内资	Other Enterprises					
港澳台商投资	Enterprises With Investment from Hong Kong, Macao and Taiwan	23	6153	17	262	91648
外商投资	Enterprises With Foreign Investment	20	2136	25	610	149035

17-43 续表 Continued

类别	Item	企业办科技机构数（个） Number of Institutions for S&T in Enterprises (unit)	企业办科技机构人员（人） Number of Personnel in Institutions for S&T in Enterprises (person)	#博士 Doctor	#硕士 Master	科技机构内部经费支出（万元） Intramural Expenditure for S&T Institutions (10 000 yuan)
按工业行业大类分组	**By Industrial Branch**					
煤炭开采和洗选业	Mining and Washing of Coal					
黑色金属矿采选业	Mining of Ferrous Metal Ores					
有色金属矿采选业	Mining of Non-ferrous Metal Ores	6	402	5	21	7513
非金属矿采选业	Mining and Processing of Nonmetal Ores	1	25		3	1062
其他采矿业	Mining of Other Ores N.E.C					
农副食品加工业	Processing of Food from Agricultural Products	39	1242	44	249	36306
食品制造业	Manufacture of Foods	23	633	28	81	20498
酒、饮料和精制茶制造业	Manufacture of Liquor, Beverage and Refined Tea	3	120	2	7	2784
烟草制品业	Manufacture of Tobacco	1	202	24	46	24735
纺织业	Manufacture of Textile	11	494	3	17	21766
纺织服装、服饰业	Manufacture of Textile Wearing and Clothing Apparel	11	344		14	2344
皮革、毛皮、羽毛及其制品和制鞋业	Leather, Fur, Feather and Its Products and Footwear	4	68	6	19	2546
木材加工和木、竹、藤、棕、草制品业	Processing of Timbers, Manufacture of Wood, Bamboo, Rattan, Palm and Straw Products	11	147	11	37	7704
家具制造业	Manufacture of Furniture	1	14		4	214
造纸和纸制品业	Manufacture of Paper and Paper Products	4	228	3	36	10386
印刷和记录媒介复制业	Printing, Reproduction of Recording Media	4	187	1	12	9532
文教、工美、体育和娱乐用品制造业	Manufacture of Articles for Culture, Education, Artwork, Sport and Entertainment Activity	10	184	12	40	5803
石油、煤炭及其他燃料加工业	Processing of Petroleum, Coal and Other Fuels	3	148	1	35	13431
化学原料和化学制品制造业	Manufacture of Chemical Raw Material and Chemical Products	32	1234	22	265	36539
医药制造业	Manufacture of Medicines	27	1380	31	217	42114
化学纤维制造业	Manufacture of Chemical Fiber	1	9	1	8	190
橡胶和塑料制品业	Manufacture of Rubber and Plastic Products	2	144		2	3737
非金属矿物制品业	Manufacture of Non-metallic Mineral Products	25	1208	8	78	25956
黑色金属冶炼和压延加工业	Manufacture and Processing of Ferrous Metals	11	1194	25	98	97175
有色金属冶炼和压延加工业	Manufacture and Processing of Non-ferrous Metals	19	1773	67	283	104712
金属制品业	Manufacture of Metal Products	8	448	17	58	21760
通用设备制造业	Manufacture of General Purpose Machinery	30	1842	20	650	37440
专用设备制造业	Manufacture of Special Purpose Machinery	73	9009	163	3823	407293
汽车制造业	Manufacture of Automobile	29	2537	22	350	187695
铁路、船舶、航空航天和其他运输设备制造业	Manufacture of Railways, Ships, Aerospace and Other Transport Equipment	26	2578	49	634	63091
电气机械和器材制造业	Manufacture of Electrical Machinery and Equipment	31	1545	37	330	72566
计算机、通信和其他电子设备制造业	Manufacture of Computer, Communication and Other Electronic Equipment	34	11069	114	1370	114794
仪器仪表制造业	Manufacture of Measuring Instrument	10	1388	11	268	38236
其他制造业	Manufacture of Other Manufacture N.E.C	2	69	3	16	1048
废弃资源综合利用业	Comprehensive Utilization of Waste					
金属制品、机械和设备修理业	Maintenance of Metal Products, Machinery and Equipment					
电力、热力生产和供应业	Production and Supply of Electric Power and Heat Power	9	778	112	223	23860
燃气生产和供应业	Production and Distribution of Gas	1	30		2	12
水的生产和供应业	Production and Distribution of Water					

17-44 大中型工业企业科技活动产出情况 (2018年)
Basic Statistics on Scientific and Technological Outputs in Large and Medium-Sized Industrial Enterprises (2018)

类 别	Item	新产品产值 (万元) Gross Output Value of New Products (10 000 yuan)	新产品销售收入 (万元) Sales Revenue of New Products (10 000 yuan)	#出口 Exported	专利申请数 (件) Patent Applic-ations (item)	有效发明专利数 (件) Inventions In Force (item)
总计	**Total**	**59396970**	**56096096**	**4117201**	**12130**	**19440**
按企业规模分组	**By Size**					
大型企业	Large	39626658	37280098	3518661	7115	13426
中型企业	Medium	19770311	18815998	598540	5015	6014
按登记注册类型分组	**By Registration Status**					
内资企业	Domestic-Funded Enterprises	49076427	46546889	1339183	11052	17014
国有	State-owned Enterprises	6416448	6350138	11417	798	1931
集体	Collective-owned Enterprises	220	170		15	2
股份合作	Cooperative Enterprises					
国有联营	State Joint Ownership Enterprises					
集体联营	Collective Joint Ownership Enterprises					
国有与集体联营	Joint State-collective Enterprises					
其他联营	Other Joint Ownership Enterprises					
国有独资公司	State-funded Corporations	6922218	6851204	401554	990	1798
其他有限责任公司	Other Limited Liability Corporations	11158987	10235795	156879	2499	3624
股份有限公司	Share-holding Corporations Ltd.	7407700	6980830	240396	2166	4510
私营独资	Private-funded Enterprises	109032	107877	9684	19	4
私营合伙	Private Partnership Enterprises	73665	73665		16	3
私营有限责任公司	Private Limited Liability Corporations	14677533	13759410	423925	3231	3889
私营股份有限公司	Private Share-holding Corporations Ltd.	2310623	2187800	95327	1318	1253
其他内资	Other Enterprises					
港澳台商投资	Enterprises With Investment from Hong Kong, Macao and Taiwan	3926560	3728833	2609800	674	535
外商投资	Enterprises With Foreign Investment	6393983	5820374	168219	404	1891

17-44 续表 Continued

类别	Item	新产品产值 (万元) Gross Output Value of New Products (10 000 yuan)	新产品销售收入 (万元) Sales Revenue of New Products (10 000 yuan)	#出口 Exported	专利申请数 (件) Patent Applic-ations (item)	有效发明专利数 (件) Inventions In Force (item)
按工业行业大类分组	**By Industrial Branch**					
煤炭开采和洗选业	Mining and Washing of Coal	17321	16784			
黑色金属矿采选业	Mining of Ferrous Metal Ores					
有色金属矿采选业	Mining of Non-ferrous Metal Ores	153497	148621		49	19
非金属矿采选业	Mining and Processing of Nonmetal Ores	93992	99669		12	15
其他采矿业	Mining of Other Ores N.E.C					
农副食品加工业	Processing of Food from Agricultural Products	2770370	2646666	24118	113	128
食品制造业	Manufacture of Foods	1258669	955253		143	125
酒、饮料和精制茶制造业	Manufacture of Liquor, Beverage and Refined Tea	385932	352834		80	67
烟草制品业	Manufacture of Tobacco	6153930	6090047	2128	411	320
纺织业	Manufacture of Textile	1425353	1520004	34796	75	68
纺织服装、服饰业	Manufacture of Textile Wearing and Clothing Apparel	40645	39443		27	19
皮革、毛皮、羽毛及其制品和制鞋业	Leather, Fur, Feather and Its Products and Footwear	79748	77286	33038	77	48
木材加工和木、竹、藤、棕、草制品业	Processing of Timbers, Manufacture of Wood, Bamboo, Rattan, Palm and Straw Products	210113	205524		41	26
家具制造业	Manufacture of Furniture	43311	40470	4713	8	10
造纸和纸制品业	Manufacture of Paper and Paper Products	896725	874068	41692	42	89
印刷和记录媒介复制业	Printing, Reproduction of Recording Media	672025	649663	2306	69	66
文教、工美、体育和娱乐用品制造业	Manufacture of Articles for Culture, Education, Artwork, Sport and Entertainment Activity	221429	222170	76651	187	48
石油、煤炭及其他燃料加工业	Processing of Petroleum, Coal and Other Fuels	1862045	1862045	12288	43	184
化学原料和化学制品制造业	Manufacture of Chemical Raw Material and Chemical Products	1566460	1457761	70305	329	512
医药制造业	Manufacture of Medicines	1610437	1446403	72873	378	608
化学纤维制造业	Manufacture of Chemical Fiber	195	195		6	4
橡胶和塑料制品业	Manufacture of Rubber and Plastic Products	304769	309583	514	24	29
非金属矿物制品业	Manufacture of Non-metallic Mineral Products	1453251	1502241	7057	532	316
黑色金属冶炼和压延加工业	Manufacture and Processing of Ferrous Metals	5365665	5518016	180099	153	263
有色金属冶炼和压延加工业	Manufacture and Processing of Non-ferrous Metals	3346428	3250798	147797	224	633
金属制品业	Manufacture of Metal Products	1061762	972364	10642	229	373
通用设备制造业	Manufacture of General Purpose Machinery	1450389	1401573	65725	700	850
专用设备制造业	Manufacture of Special Purpose Machinery	8981295	8358911	202754	2338	5279
汽车制造业	Manufacture of Automobile	6593755	5875226	21609	680	1040
铁路、船舶、航空航天和其他运输设备制造业	Manufacture of Railways, Ships, Aerospace and Other Transport Equipment	2176415	2207253	157588	1292	1875
电气机械和器材制造业	Manufacture of Electrical Machinery and Equipment	3152089	2310394	117220	866	1446
计算机、通信和其他电子设备制造业	Manufacture of Computer, Communication and Other Electronic Equipment	5497536	5126373	2828400	1856	2868
仪器仪表制造业	Manufacture of Measuring Instrument	393737	394417	2889	489	524
其他制造业	Manufacture of Other Manufacture N.E.C	123030	129390		173	27
废弃资源综合利用业	Comprehensive Utilization of Waste				7	9
金属制品、机械和设备修理业	Maintenance of Metal Products, Machinery and Equipment					
电力、热力生产和供应业	Production and Supply of Electric Power and Heat Power	34652	34652		442	1546
燃气生产和供应业	Production and Distribution of Gas				35	6
水的生产和供应业	Production and Distribution of Water					

17-45 企业创新基本情况(2018年)
Basic Situation of Enterprise Innovation (2018)

指 标	Item	合 计 Total	#工业 Industry	#建筑业 Construction	#服务业 Services
企业创新基本情况	**The Basic Situation of Enterprise Innovation**				
企业数 (个)	Companies (unit)	28832	15685	1116	12031
开展创新活动企业数 (个)	Carry Out Innovation Activities (unit)	13255	9519	378	3358
实现创新企业	Realize Innovative Enterprises	10788	7117	359	3312
同时实现四种创新企业	Four Innovative Enterprises are Implemented Simultaneously	2193	1697	57	439
开展创新活动企业占比 (%)	The Proportion of Enterprises Engaged in Innovation Activities (%)	46.0	60.7	33.9	27.9
实现创新企业占比	Realize the Proportion of Innovative Enterprises	37.4	45.4	32.2	27.5
同时实现四种创新企业占比	At the same time, there are four innovative enterprises	7.6	10.8	5.1	3.6
产品和工艺创新情况	**Product and Process Innovation**				
(一)产品和工艺创新分布情况	**The Distribution of Product and Process Innovation**				
1. 开展产品或工艺创新活动企业数 (个)	Number of Enterprises in Product or Process Innovation Activities (unit)	9991	8444	205	1342
实现产品创新企业	Implement Product Innovation Enterprise	4250	3382	95	773
实现工艺创新企业	Implement Innovation Enterprise	5708	4574	159	975
2. 开展产品或工艺创新活动企业占比 (%)	Responsible for Product or Process Innovation Activities (%)	34.7	53.8	18.4	11.2
实现产品创新企业占比	The Proportion of Product Innovation Enterprises is Realized	14.7	21.6	8.5	6.4
实现工艺创新企业占比	Realize the Proportion of Technological Innovation Enterprises	19.8	29.2	14.2	8.1
同时实现产品和工艺创新企业占比	The Proportion of Product and Process Innovation Enterprises is also Realized	11.6	17.1	7.5	4.8
仅实现产品创新企业占比(无工艺创新)	Only Realize the Proportion of Product Innovation Enterprises (No process innovation)	3.1	4.4	1.0	1.7
仅实现工艺创新企业占比(无产品创新)	Only Realize the Proportion of Technological Innovation Enterprises (No product innovation)	8.2	12.0	6.7	3.3
仅有正在进行或中止的创新活动企业占比	There is only an ongoing or disContinued innovation enterprise share	11.7	20.3	3.1	1.4
(二)产品创新开发情况	**Product Innovation and Development**				
在实现产品创新企业中,以下列形式进行开发的企业占比 (%)	In the Implementation of Product Innovation Enterprises, the Proportion of Enterprises Developed in the Following Form (%)				
本企业独立开发	Independent Development of the Enterprises	79.4	84.8	57.9	58.5
与集团内企业合作开发	Cooperation and Development of Enterprises Within the Group	7.3	5.4	15.8	14.6
与境内其他企业合作开发	Develop Cooperation with Other Enterprises in China	11.1	9.8	25.3	14.9
与境内研究机构合作开发	Working with Domestic Research Institutes	3.1	3.1	1.1	3.5
与境内高等学校合作开发	In Cooperation with Domestic Institutions of Higher Learning	12.4	13.0	17.9	8.7
与境外企业或机构合作开发	Working with Overseas Enterprises or Institutions	1.5	0.9	3.2	3.9
在其他单位基础上调整或改进	Adjust or Improve on Other Units	4.3	2.7	16.8	9.4
其他企业或机构开发	The Development of Other Enterprises or Institutions	4.0	1.5	16.8	12.9
其他	Other	7.5	4.7	16.8	18.8
(三)工艺创新开发情况	**Development of Technological Innovation**				
在实现工艺创新企业中,以下列形式进行开发的企业占比 (%)	In the Implementation of Technological Innovation Enterprises, the Proportion Enterprises Developed in the Following Form (%)				
本企业独立开发	The Company Develops Independently	73.7	80.5	59.7	44.4

17-45 续表 1 Continued

指 标	Item	合 计 Total	#工业 Industry	#建筑业 Construction	#服务业 Services
本企业与集团内企业合作开发	The Enterprise Cooperation and Development with The Enterprise in The Group	8.1	6.5	14.5	14.7
本企业与境内其他企业合作开发	The Company is Cooperating with Other Enterprises in China	10.5	9.4	17.0	14.5
本企业与境内研究机构合作开发	The Company is Cooperating with Domestic Research Institutes	2.8	2.7	3.1	3.3
本企业与境内高等学校合作开发	The Company is Cooperating with The Higher Schools in China	11.4	12.3	14.5	6.5
本企业与境外企业或机构合作开发	The Company is Cooperating with Overseas Enterprises or Institutions	1.0	0.8	0.6	1.7
在其他单位开发的基础上调整或改进	To Adjust or Improve on The Basis of Other Unit Development	6.4	4.7	20.8	12.2
其他企业或机构开发	The Development of Other Enterprises or Institutions	6.4	2.9	17.6	21.2
其他	Other	10.2	7.5	15.7	22.2
产品或工艺创新活动类型及创新费用情况	**Product or Process Innovation Activity Type and Innovation Cost Situation**				
(一)产品或工艺创新活动类型	**Type of Product or Process Innovation**				
在开展产品或工艺创新活动企业中，有下列活动形式的企业占比 (%)	Among the Enterprises that Carry Out Product or Process Innovation Activities, the Proportion of Enterprises with The Following Activities (%)				
内部研发	Internal Research and Development	61.4	70.8	29.8	7.0
外部研发	The External Research and Development	8.1	9.0	7.8	2.3
获得机器设备和软件	Get Machine Equipment and Software	61.9	68.2	38.5	25.6
从外部获取相关技术	Get the Technology from The Outside	2.7	1.4	14.6	8.9
相关培训	Related Training	27.3	24.2	52.7	42.7
市场推介	Market Introduction	13.8	11.7	24.9	25.1
相关设计	Related Design	12.7	12.6	5.9	13.9
其他创新活动	Other Innovative Activities	14.8	12.7	30.7	25.4
(二)工业企业创新费用支出情况	**Expenditure on Innovation Expenses of Industrial Enterprises**				
创新费用支出合计 (万元)	Total Expenditure on Innovation Expenses (10 000 yuan)	8127265	8127265		
1. 内部研发经费支出所占比重 (%)	Proportion of Internal r&d Expenditure (%)	63.6	63.6		
2. 外部研发经费支出所占比重 (%)	Proportion of External r&d Expenditure (%)	4.7	4.7		
3. 获得机器设备和软件经费支出所占比重 (%)	Account for the Proportion of Equipment and Software Expenditure (%)	29.5	29.5		
4. 从外部获取相关技术经费支出所占比重 (%)	The Proportion of Relevant Technical Expenses from External Access (%)	2.2	2.2		
产品或工艺创新信息来源情况	**Product or Process Innovation Information Source Situation**				
在开展产品或工艺创新活动企业中，下列信息对创新影响较大的企业占比 (%)	Among the Enterprises that Carry Out Product or Process Innovation Activities, the Following Information will Make up the Proportion of Enterprises with Greater Impact on Innovation (%)				
企业内部信息	Enterprise Internal Information	33.2	32.0	38.0	39.9
企业集团内部信息	Internal Information of Enterprise Group	8.5	6.7	21.0	17.8
来自高等学校的信息	Information from Institutions of Higher Learning	8.2	8.5	8.8	6.6
来自研究机构的信息	Information from the Research Institute	9.1	9.4	11.7	7.2
来自政府部门的信息	Information from Government Departments	14.4	12.2	25.9	26.2

注：创新费用支出情况仅包含规模工业企业。
The Cost of Innovation Expense Only Includes Scale Industrial Enterprises.

17-45 续表 2 Continued

指 标	Item	合 计 Total	# 工业 Industry	# 建筑业 Construction	# 服务业 Services
来自行业协会的信息	Information from industry associations	18.1	17.2	41.5	20.1
来自供应商的信息	Information from The Supplier	15.1	15.1	21.0	14.0
来自客户的信息	Information from the Customer	31.4	30.0	19.5	41.9
来自竞争对手或同行业企业的信息	Information from Competitors or Companies in the Same Industry	14.6	13.2	18.0	23.4
来自市场咨询机构的信息	Information from the Marketing Consultancy	4.2	3.6	6.3	7.6
来自展会的信息	Information from the Exhibition	8.7	8.6	7.8	9.8
来自文献、期刊的信息	Information from Literature and Periodicals	2.4	2.2	9.8	2.5
来自互联网的信息	Information from the Internet	10.1	7.5	22.0	24.9
其他	Other	6.5	5.3	11.2	13.0
产品或工艺创新合作情况	**Product or Process Innovation Cooperation**				
(一)产品或工艺创新合作开展情况	**Product or Process Innovation Cooperation**				
开展创新合作的企业数 (个)	Number of Enterprises Engaged in Innovative Cooperation (unit)	5928	4725	150	1053
创新合作企业占全部企业的比重 (%)	Innovative Cooperative Enterprises Account for the Proportion of All Enterprises. (%)	20.6	30.1	13.4	8.8
在创新合作企业中,与下列伙伴开展合作的企业占比 (%)	The Proportion of Enterprises Engaged in Cooperation with the Following Partners in Innovative Cooperative Enterprises (%)				
集团内其他企业	Other Enterprises Within the Group	26.7	24	43.3	36.6
高等学校	Institutions of Higher Learning	31.8	33	44.0	24.0
研究机构	Research Institution	20.1	21	22.0	14.7
政府部门	Government Departments	14.7	13	16.7	22.5
行业协会	Industry Association	26.0	26	32.7	26.9
供应商	Suppliers	33.0	33	45.3	31.1
客户	Clients	38.4	38	21.3	42.8
竞争对手或同行业企业	Competitors or Companies in the Same Industry	14.2	12	20.0	21.5
市场咨询机构	Marketing Consultancy	8.7	7	17.3	13.3
风险投资机构	Venture Capital Institution	1.1	1	0.7	2.0
其他合作对象	Other Cooperative Objects	17.1	14.2	21.3	29.3
(二)产品或工艺创新合作伙伴	**Product or Process Innovation Cooperation Partner**				
在创新合作企业中,下列合作伙伴对企业创新有较大价值的企业占比 (%)	Among the Innovative Cooperative Enterprises, the Following Partners Make up the Proportion of Enterprises with Greater Value for Enterprise Innovation (%)				
集团内其他企业	Other Enterprises Within the Group	21.7	19.9	35.3	28.0
高等学校	Institutions of Higher Learning	25.7	27.5	32.7	17.1
研究机构	Research Institution	15.0	16.4	14.0	8.9
政府部门	Government Departments	10.7	8.9	10.7	18.7
行业协会	Industry Association	21.4	21.6	24.0	20.1
供应商	Suppliers	27.9	27.9	40.7	26.0
客户	Clients	34.1	34.0	16.7	36.8
竞争对手或同行业企业	Competitors or Companies in the Same Industry	11.3	10.0	15.3	16.3
市场咨询机构	Marketing Consultancy	5.9	5.1	11.3	8.5
风险投资机构	Venture Capital Institution	0.4	0.3	0.7	0.7
其他合作对象	Other Cooperative Objects	12.5	10.5	16.0	21.0
(三)产学研合作形式	**Cooperation in Production and Study**				
开展产学研合作的企业数 (个)	The Number of Enterprises Engaged in the Cooperation of Production and Academic Research (unit)	2381	2007	74	300
产学研合作企业占比 (%)	Proportion of Industry-university-research Partners (%)	40.2	42.5	49.3	28.5

17–45 续表 3 Continued

指　标	Item	合　计 Total	# 工业 Industry	# 建筑业 Construction	# 服务业 Services
在产学研合作企业中，以下列为主要合作形式的企业占比 (%)	**In the Cooperative Enterprise of Production and Research, the Following are Listed as the Proportion of Enterprises in the Form of Major Cooperation (%)**				
共同完成科研项目	To Jointly Complete the Research Project	62.1	62.1	68.9	60.7
在企业建立研发机构	Establish r&d Facilities in Enterprises	23.2	22.1	27.0	29.7
在高校或研究机构中设立研发机构	A Research and Development Institution is Established in a University or Research Institution	12.0	10.8	12.2	20.3
聘用高校或研究机构人员到企业兼职	Hire University or Research Staff to Work Part-time	33.6	33.0	37.8	36.3
其他形式	Other Forms	29.4	27.5	40.5	39.3
产品或工艺创新阻碍因素情况	**Product or Process Innovation Hinders the Situation**				
在全部企业中，下列各项是创新主要阻碍因素的企业占比 (%)	Among All Enterprises, the Following are the Proportion of Enterprises that are the Main Obstacles to Innovation (%)				
缺乏内部资金	Lack of Internal Funding	12.9	14.7	14.0	10.6
缺乏风险投资	Lack of Venture Capital	9.4	10.5	8.5	8.1
缺乏银行贷款	Lack of Bank Loans	13.0	16.3	9.3	9.1
创新成本过高	The Cost of Innovation is too High	20.4	24.9	18.7	14.6
缺乏人才或人才流失	Lack of Talent or Brain Drain	27.3	31.0	29.8	22.1
缺乏技术信息	Lack of Technical Information	15.8	18.8	19.8	11.5
缺乏市场信息	Lack of Market Information	9.1	8.6	9.0	9.7
难以找到创新合作伙伴	Find an Innovative Partner is Hard	7.4	7.1	8.2	7.8
市场已被占领	The Market has been Occupied	3.0	2.3	1.6	4.0
不能确定市场需求	Cannot Determine Market Demand	10.7	10.9	14.1	10.1
创新成果易被低成本模仿	Innovation is Easily Copied by Low Cost	4.8	5.9	2.6	3.6
没有创新的必要	There is no Need for Innovation	16.6	12.3	18.8	22.0
知识产权及相关情况	**Intellectual Roperty and Related Conditions**				
采取了知识产权保护或相关措施的企业数 (个)	The Number of Enterprises(s) Taking Intellectual Property Protection or Related Measures (unit)	16894	10445	518	5931
采取了知识产权保护或相关措施的企业占全部企业的比重 (%)	Enterprises Taking Intellectual Property Protection or Related Measures Account for The Proportion of all Enterprises (%)	58.6	66.6	46.4	49.3
在全部企业中，采取下列知识产权保护或相关措施的企业占比 (%)	In all Enterprises, the Proportion of Enterprises Taking the Following Intellectual Property Protection or Related Measures (%)				
申请了发明专利	Applied for the Invention Patent	7.4	13.1	3.9	0.4
申请了注册商标	Apply for a Registered Trademark	12.5	16.5	4.3	8.0
进行了版权登记	Copyright Registration	2.7	2.5	1.1	3.1
形成了国家或行业技术标准	A National or Industry Technical Standard is Formed	6.3	7.5	7.5	4.7
对技术秘密进行内部保护	Internal Protection of Technical Secrets	13.1	17.1	9.8	8.2
应用了难以复制的复杂技术	Applies Complex Technologies that are Difficult to Replicate	3.9	4.9	3.8	2.6
发挥了时间上的先发优势	Play the First Mover Advantage of Time	24.6	21.4	19.1	29.4
组织和营销创新情况	**Organizing and Marketing Innovation**				
实现组织或营销创新企业数 (个)	To Achieve Organizational or Marketing Innovation Enterprises (unit)	9159	5666	321	3172
在全部企业中，实现组织或营销创新企业占比 (%)	In all Enterprises, the Proportion of Organizational or Marketing Innovation Enterprises is Realized. (%)	31.8	36.1	28.8	26.4
实现组织创新企业占比	Realize the Proportion of Innovation Enterprises	25.4	28.6	27.8	20.9
实现营销创新企业占比	Realize the Proportion of Marketing Innovation Enterprises	25.5	30.5	12.5	20.2
同时实现组织和营销创新企业占比	The Company also Realizes the Proportion of Organization and Marketing Innovation Enterprises	19.1	23.0	11.5	14.8

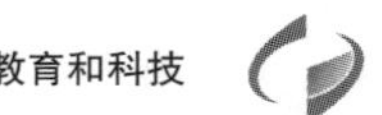

17-46 企业家对创新的认识及相关情况 (2018年)
Entrepreneurs' understanding of Innovation and Related Situation (2018)

单位：% (%)

指 标	Item	合 计 Total	#工业 Industry	#建筑业 Construction	#服务业 Services
企业家基本情况	**The Basic Situation of Entrepreneurs**				
（一）企业家教育程度构成	**Entrepreneur Education Degree Composition**				
在企业家中，下列各类人员占比	In the Enterprise Home, the Following Categories of Personnel				
博士	Dr.	0.3	0.3	0.3	0.2
硕士	A Master's Degree	2.1	2.1	3.2	2.0
本科	Undergraduate Course	35.9	35.9	48.9	34.7
大专	College	48.8	48.8	42.0	49.5
其他	Other	12.9	12.9	5.6	13.6
（二）企业家对创新的总体认识	**The Overall Understanding of Innovation by Entrepreneurs**				
在企业家中，认为创新对企业的生存和发展	In the Enterprise Home, Think Innovation to Enterprise'sSurvival and Development				
起了重要作用的人员占比	The Number of People Who Play an Important Role	23.2	28.4	16.4	17.1
起了一定作用的人员占比	The Proportion of People Who Play a Certain Role	59.3	57.8	63.7	60.9
不起作用的人员占比	Percentage of People Who are not Working	17.5	13.9	19.9	21.9
创新对企业的影响情况	**The Impact of Innovation on Enterprises**				
（一）影响最大的创新类型	**The Most Influential Types of Innovation**				
在实现创新企业中，认为下列各类创新对企业影响最大的企业家占比	Among the Innovative Enterprises, the Proportion of Entrepreneurs Who Believe that The Following Types of Innovations are The Biggest Influences on Enterprises				
产品创新	Product Innovation	28.3	34.3	25.9	15.9
工艺创新	Process Innovation	21.6	30.1	6.2	5.3
组织创新	Organizational Innovation	23.7	16.2	60.0	35.7
营销创新	Marketing Innovation	26.3	19.4	7.9	43.1
（二）产品创新对企业的影响	**The Impact of Product Innovation on Enterprises**				
在实现产品创新企业中，认为下列各项对企业影响程度为“高”的企业家占比	In the Realization of Product Innovation Enterprises, the Following are the Proportion of Entrepreneurs Who Have a "High" Impact on the Enterprise				
增加了产品品种	Product Variety has been Added	79.5	82.7		75.2
提高了产品性能	Product Performance is Improved	87.9	89.3	88.3	81.8
开拓了新市场	New Markets have been Opened up	79.9	80.7	78.7	76.7
扩大了市场份额	Expand Market Share	74.0	74.8	72.3	71.0
取代了过时产品	Replace Obsolete Products	73.2	74.8	76.6	65.8
（三）工艺创新对企业的影响	**Influence of Technological Innovation on Enterprises**				
在实现工艺创新企业中，认为下列各项对企业影响程度为“高”的企业家占比	In the Realization of Technological Innovation Enterprises, the Following Items are Considered as "High" Entrepreneurs				
提高了生产的灵活性	Improve the Flexibility of Production	75.4	76.0	75.3	72.2
提高了生产效率	Production Efficiency is Improved	83.6	85.4	88.0	74.5
降低了人力成本	It Lowers the Human Cost	71.8	73.6	72.8	63.4
节约了原材料	Save Raw Materials	69.1	72.3	72.2	53.7
降低了能源消耗	It Reduces Energy Consumption	69.0	72.0	72.2	54.3
减少了环境污染	Environmental Pollution is Reduced	70.7	73.8	72.2	56.4
改善了工作条件	Working Conditions are Improved	67.3	68.3	70.3	61.8
（四）组织创新对企业的影响	**The Impact of Organizational Innovation on Enterprises**				
在实现组织创新企业中，认为下列各项对企业影响程度为“高”的企业家占比	In the Realization of Organizational Innovation Enterprises, the Proportion of Entrepreneurs who Believe that the FollowingFactors are "High" for Enterprises				
加快了响应速度	Speed up the Response	75.3	77.8	71.1	71.6
提高了开发能力	Improves Development Ability	68.2	75.8	58.1	56.1

17-46 续表 Continued

单位：% (%)

指 标	Item	合 计 Total	#工业 Industry	#建筑业 Construc-tion	#服务业 Services
提高了产品质量	The Product Quality is Improved	79.1	83.3	71.1	72.6
降低了单位成本	It Lowers the Unit Cost	66.3	72.3	62.7	56.2
提高了信息交换与共享的水平	Improves the Level of Information Exchange and Sharing	69.3	69.7	70.1	68.4
改善了员工工作条件	Improved Working Conditions for Employees	66.6	69.3	66.9	61.7
提升了管理效率	Improved Management Efficiency	80.6	81.8	85.4	77.8
（五）营销创新对企业的影响	**Impact of Marketing Innovation on Enterprises**				
在实现营销创新企业中，认为下列各项对企业影响程度为“高”的企业家占比	In the Realization of Marketing Innovation Enterprises, the Proportion of Entrepreneurs who Believe that the Following Factors are "High" in Enterprises				
保持或扩大了市场份额	Maintain or Expand Market Share	74.7	77.5	73.3	69.4
开拓了新客户群体	Create New Customer Groups	76.4	77.6	68.9	74.7
开拓了新区域市场	New Regional Markets have been Opened up	70.6	72.6	68.1	67.0
创新成功影响因素情况	**Innovative Success Factors**				
在开展创新活动企业中，认为下列各项是创新成功最重要因素的企业家占比	Among the Enterprises that Carry out Innovative Activities, the Proportion of Entrepreneurs who Consider the Following are the Most Important Factors of Innovation Success				
有创新精神的企业家	Innovative Entrepreneurs	70.2	73.2	66.5	63.7
充足的经费支持	Adequate Funding Support	66.4	69.9	64.0	58.6
高素质的人才	High Quality Talent	73.7	76.4	69.5	67.9
员工对企业的认同感	Employees' Sense of Identity	74.7	74.6	74.7	75.0
企业内部的激励措施	Internal Incentives	72.5	72.7	70.9	72.3
有效的技术战略或计划	Effective Technical Strategy or Plan	67.5	68.8	61.5	65.2
畅通的信息渠道	Unblocked Information Channels	68.9	69.2	64.3	68.7
可信赖的创新合作伙伴	Trustworthy Innovative Partner	63.3	64.6	56.3	60.9
优惠政策的扶持	Support for Preferential Policies	67.3	70.1	60.4	61.7
创新激励措施及效果情况	**Innovative Incentive Measures and Effects**				
在开展创新活动企业中，认为下列措施“有效果”的企业家占比	Among the Innovative Enterprises, the Proportion of Entrepreneurs who Think the Following Measures are "Very Good"				
股权或期权	Stock or Option	21.7	22.9	14.2	19.9
增加工资或奖金	Increase Salary or Bonus	71.2	73.9	64.5	65.8
汽车住房等物质奖励	Car Housing and Other Material Rewards	22.8	24.5	20.2	19.3
岗位调整或升职机会	Post Adjustment or Promotion Opportunities	60.3	60.9	53.3	59.6
培训或深造机会	Training or Further Study	51.1	51.2	51.4	51.1
政策对创新的影响情况	**The Impact of Policy on Innovation**				
在开展创新活动企业中，认为下列政策效果较明显的企业家占比	Among the Enterprises that Carry out Innovation Activities, the Proportion of Entrepreneurs who Think the Following Policy Effect is Obvious				
企业研发费用加计扣除税收优惠政策	The Research and Development Expenses of the Enterprise Shall be Deducted from the Preferential Tax Policy	46.9	54.1	30.8	32.0
高新技术企业所得税减免政策	The Policy of Tax Reduction for High-tech Enterprises	44.3	50.6	31.6	31.4
企业研发活动专用仪器设备加速折旧政策	The Special Instrument Equipment for Enterprise Development Activities Accelerated Depreciation Policy	42.4	49.9	26.7	26.8
技术转让、技术开发收入免征增值税和技术转让减免所得税优惠政策	Technology Transfer and Technology Development Income are Exempted from Value-added Tax and Technology Transfer Tax Breaks	38.2	43.9	28.1	26.1
促进科技转化相关政策	Policies to Promote the Transformation of Science and Technology	46.8	54.5	35.2	30.4
科技创新进口税收政策	Scientific and Technological Innovation Import Tax Policy	33.1	38.0	22.1	23.1
鼓励企业吸引和培养人才的相关政策	Encourage Enterprises to Attract and Cultivate Talents Related Policies	49.9	55.4	37.3	38.4
金融支持相关政策	Financial Support Related Policies	47.6	53.5	34.3	35.7
创造和保护知识产权的相关政策	The Creation and Protection of Intellectual Property Rights Policies	50.7	59.0	37.3	32.9
优先发展产业的支持政策	Prioritize Industry Support Policies	51.2	58.6	34.9	35.9

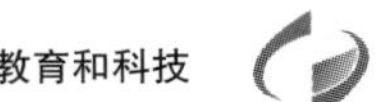

17-47 规模以上工业企业创新活动总体情况(2018年)
The Overall Situation of Large-Scale Industrial Enterprises Innovation Activities (2018)

类别	Item	开展创新活动企业数(个) Carry Out Innovation Activities (Unit)	#实现创新企业 Realize Innovative Enterprises	#同时实现四种创新企业 Four Innovative Enterprises are Implemented Simultaneously	在全部企业中占比(%) In the Total Enterprise roportion(%) 开展创新活动企业 Carry Out Innovation Activities	实现创新企业 Realize Innovative Enterprises	同时实现四种创新企业 Four Innovative Enterprises are Implemented Simultaneously
总计	**Total**	**9519**	**7117**	**1697**	**60.7**	**45.4**	**10.8**
按企业规模分组	**By Size**						
大型	Large	165	150	60	93.8	85.2	34.1
中型	Medium	1147	907	276	79.1	62.6	19.0
小型	Small	2932	2180	546	66.5	49.4	12.4
微型	Miniature	5274	3879	814	54.7	40.2	8.4
按登记注册类型分组	**By Registration Status**						
内资企业	Domestic-Funded Enterprises	9205	6859	1643	60.5	45.0	10.8
国有	State-owned Enterprises	49	33	6	41.2	27.7	5.0
集体	Collective-owned Enterprises	29	20	2	32.2	22.2	2.2
股份合作	Cooperative Enterprises	7	4		46.7	26.7	
国有联营	State Joint Ownership Enterprises						
集体联营	Collective Joint Ownership Enterprises	1	1	1	20.0	20.0	20.0
国有与集体联营	Joint State-collective Enterprises						
其他联营	Other Joint Ownership Enterprises						
国有独资公司	State-funded Corporations	89	74	22	58.2	48.4	14.4
其他有限责任公司	Other Limited Liability Corporations	1323	1032	247	62.9	49.0	11.7
股份有限公司	Share-holding Corporations Ltd.	419	326	99	72.1	56.1	17.0
私营独资	Private-funded Enterprises	226	162	22	46.9	33.6	4.6
私营合伙	Private Partnership Enterprises	118	89	3	38.4	29.0	1.0
私营有限责任公司	Private Limited Liability Corporations	6585	4815	1143	60.7	44.4	10.5
私营股份有限公司	Private Share-holding Corporations Ltd.	357	302	98	69.3	58.6	19.0
其他内资	Other Enterprises	3	1		50.0	16.7	
港澳台商投资	Enterprises With Investment from Hong Kong, Macao and Taiwan	177	139	26	69.4	54.5	10.2
外商投资	Enterprises With Foreign Investment	136	118	27	67.0	58.1	13.3

17-47 续表

指　标	Item	开展创新活动企业数（个）Carry Out Innovation Activities(Unit)
按工业行业大类分组	**By Industrial Branch**	
煤炭开采和洗选业	Mining and Washing of Coal	61
黑色金属矿采选业	Mining of Ferrous Metal Ores	17
有色金属矿采选业	Mining of Non-ferrous Metal Ores	57
非金属矿采选业	Mining and Processing of Nonmetal Ores	95
其他采矿业	Mining of Other Ores N.E.C	
农副食品加工业	Processing of Food from Agricultural Products	992
食品制造业	Manufacture of Foods	318
酒、饮料和精制茶制造业	Manufacture of Liquor, Beverage and Refined Tea	344
烟草制品业	Manufacture of Tobacco	4
纺织业	Manufacture of Textile	146
纺织服装、服饰业	Manufacture of Textile Wearing and Clothing Apparel	99
皮革、毛皮、羽毛及其制品和制鞋业	Leather, Fur, Feather and Its Products and Footwear	301
木材加工和木、竹、藤、棕、草制品业	Processing of Timbers, Manufacture of Wood, Bamboo, Rattan, Palm and Straw Products	240
家具制造业	Manufacture of Furniture	100
造纸和纸制品业	Manufacture of Paper and Paper Products	144
印刷和记录媒介复制业	Printing,Reproduction of Recording Media	151
文教、工美、体育和娱乐用品制造业	Manufacture of Articles for Culture, Education, Artwork, Sport and Entertainment Activity	167
石油、煤炭及其他燃料加工业	Processing of Petroleum, Coal and Other Fuels	42
化学原料和化学制品制造业	Manufacture of Chemical Raw Material and Chemical Products	823
医药制造业	Manufacture of Medicines	283
化学纤维制造业	Manufacture of Chemical Fiber	6
橡胶和塑料制品业	Manufacture of Rubber and Plastic Products	219
非金属矿物制品业	Manufacture of Non-metallic Mineral Products	1142
黑色金属冶炼和压延加工业	Manufacture and Processing of Ferrous Metals	77
有色金属冶炼和压延加工业	Manufacture and Processing of Non-ferrous Metals	267
金属制品业	Manufacture of Metal Products	508
通用设备制造业	Manufacture of General Purpose Machinery	557
专用设备制造业	Manufacture of Special Purpose Machinery	537
汽车制造业	Manufacture of Automobile	267
铁路、船舶、航空航天和其他运输设备制造业	Manufacture of Railways, Ships, Aerospace and Other Transport Equipment	116
电气机械和器材制造业	Manufacture of Electrical Machinery and Equipment	493
计算机、通信和其他电子设备制造业	Manufacture of Computer, Communication and Other Electronic Equipment	491
仪器仪表制造业	Manufacture of Measuring Instrument	108
其他制造业	Manufacture of Other Manufacture N.E.C	56
废弃资源综合利用业	Comprehensive Utilization of Waste	53
金属制品、机械和设备修理业	Maintenance of Metal Products, Machinery and Equipment	2
电力、热力生产和供应业	Production and Supply of Electric Power and Heat Power	158
燃气生产和供应业	Production and Distribution of Gas	28
水的生产和供应业	Production and Distribution of Water	50

Continued

		在全部企业中占比 (%) In the Total Enterprise roportion(%)		
# 实现创新企业 Realize Innovative Enterprises	# 同时实现四种创新企业 Four Innovative Enterprises are Implemented Simultaneously	开展创新活动企业 carry out innovative activities	实现创新企业 Realize Innovative Enterprises	同时实现四种创新企业 Four Innovative Enterprises are Implemented Simultaneously
41	3	26.8	18.0	1.3
9	1	40.5	21.4	2.4
43	4	44.2	33.3	3.1
60	3	36.3	22.9	1.1
715	168	63.6	45.8	10.8
255	61	65.2	52.3	12.5
259	68	66.9	50.4	13.2
4	2	50.0	50.0	25.0
110	29	54.5	41.0	10.8
64	14	36.5	23.6	5.2
223	86	65.3	48.4	18.7
133	21	54.9	30.4	4.8
74	18	54.1	40.0	9.7
114	18	49.0	38.8	6.1
112	27	54.3	40.3	9.7
117	35	64.7	45.3	13.6
30	5	65.6	46.9	7.8
653	119	58.6	46.5	8.5
223	64	83.0	65.4	18.8
6	1	46.2	46.2	7.7
178	42	54.6	44.4	10.5
761	130	55.6	37.1	6.3
52	17	55.4	37.4	12.2
208	49	62.4	48.6	11.4
354	81	60.5	42.1	9.6
462	126	63.6	52.7	14.4
443	129	70.7	58.4	17.0
232	58	67.9	59.0	14.8
103	24	75.8	67.3	15.7
402	136	73.4	59.8	20.2
360	110	77.8	57.1	17.4
83	28	81.2	62.4	21.1
44	7	68.3	53.7	8.5
35	2	54.1	35.7	2.0
2		33.3	33.3	
100	4	46.7	29.6	1.2
19	3	52.8	35.8	5.7
33	3	40.3	26.6	2.4

主要统计指标解释

普通高等学校 指按国家规定的设置标准和审批程序批准举办的，通过全国普通高等学校统一招生考试，招收高中毕业生为主要培养对象，实施高等学历教育的全日制大学、独立设置的学院和高等专科学校、高等职业学校及其他机构（独立学院和分校、大专班）。

大学、独立设置的学院主要实施本科层次以上教育。高等专科学校、高等职业学校实施专科层次教育。其他机构是承担国家普通招生计划任务不计校数的机构，包括独立学院、普通高等学校分校、大专班和批准筹建的普通高等学校等。独立学院指由普通本科高校按新机制、新模式举办的本科层次的二级学院，一些普通本科高校按公办机制和模式建立的二级学院，“分校”或其他类似的二级办学机构不属此范畴。

成人高等学校 指按照国家规定的设置标准和审批程序批准举办的，通过全国成人高等教育统一招生考试，招收具有高中毕业或同等学历的人员为主要培养对象，利用函授、业余、脱产等多种形式对其实施高等学历教育的学校。包括职工高等学校、农民高等学校、管理干部学院、教育学院、独立函授学院、广播电视大学、其他机构等。其他机构是承担国家成人招生计划任务不计校数的机构。

小学学龄儿童净入学率 指调查范围内已入小学学习的学龄儿童占校内外学龄儿童总数（包括弱智儿童，不包括盲聋哑儿童）的比重。计算公式为：

$$\text{小学学龄儿童净入学率}=\frac{\text{已入学的小学学龄儿童数}}{\text{校内外小学学龄儿童总数}}\times 100\%$$

国家财政性教育经费 包括国家财政预算内教育经费，各级政府征收用于教育的税费，企业办学校教育经费，校办产业、勤工俭学和社会服务收入用于教育的经费。

财政预算内教育经费 指中央、地方各级财政或上级主管部门在年度内安排，并计划拨到教育部门和其他部门主办的各级各类学校、教育事业单位，列入国家预算支出科目的教育经费，包括教育事业拨款、科研经费拨款、基建拨款和其他经费拨款。

科技活动 指在自然科学、农业科学、医药科学、工程与技术科学、人文与社会科学领域（简称科学技术领域）中，与科技知识的产生、发展、传播和应用密切相关的有组织的活动。可分为研究与试验发展(R&D)、研究与试验发展成果应用及相关的科技服务三类活动。该定义是联合国教科文组织考虑成员国特别是发展中国家开展科技统计工作的需要，而对科技活动所作的统计界定。

科技活动人员 指直接从事科技活动、以及专门从事科技活动管理和为科技活动提供直接服务，累计的实际工作时间占全年制度工作时间10%及以上的人员。(1)直接从事科技活动的人员包括：在独立核算的科学研究与技术开发机构、高等学校、各类企业及其他事业单位内设的研究室、实验室、技术开发中心及中试车间（基地）等机构中从事科技活动的研究人员、工程技术人员、技术工人及其它人员；虽不在上述机构工作，但编入科技活动项目（课题）组的人员；科技信息与文献机构中的专业技术人员；从事论文设计的研究生等。(2)专门从事科技活动管理和为科技活动提供直接服务的人员，包括：独立核算的科学研究与技术开发机构、科技信息与文献机构、高等学校、各类企业及其他事业单位主管科技工作的负责人，专门从事科技活动的计划、行政、人事、财务、物资供应、设备维护、图书资料管理等工作的各类人员，但不包括保卫、医疗保健人员、司机、食堂人员、茶炉工、水暖工、清洁工等为科技活动提供间接服务的人员。该指标用来反映投入科技活动人力的规模。

科技活动经费内部支出 指报告年内用于科技活动的实际支出，包括劳务费、科研业务费、科研管理费，非基建投资购建的固定资产、科研基建支出以及其他用于科技活动的支出。不包括生产性活动支出、归还贷款支出及转拨外单位支出。反映科技投入实际完成情况。

研究与试验发展(R&D) 指在科学技术领域，为增加知识总量，以及运用这些知识去创造新的应用进行的系统的创造性的活动，包括基础研究、应用研究、试验发展三类活动。国际上通常采用R&D活动的规模和强度指标反映一国的科技实力和核心竞争力。

基础研究 指为了获得关于现象和可观察事实的基本原理的新知识（揭示客观事物的本质、运动规律，获得新发现、新学说）而进行的实验性或理论性研究，它不以任何专门或特定的应用或使用为目的。其成果以科学论文和科学著作为主要形式。用来反映知识的原始创新能力。

应用研究 指为获得新知识而进行的创造性研究，主要针对某一特定的目的或目标。应用研究是为了确定基础研究成果可能的用途，或是为达到预定的目标探索应采取

的新方法（原理性）或新途径。其成果形式以科学论文、专著、原理性模型或发明专利为主。用来反映对基础研究成果应用途径的探索。

试验发展 指利用从基础研究、应用研究和实际经验所获得的现有知识，为产生新的产品、材料和装置，建立新的工艺、系统和服务，以及对已产生和建立的上述各项作实质性的改进而进行的系统性工作。其成果形式主要是专利、专有技术、具有新产品基本特征的产品原型或具有新装置基本特征的原始样机等。在社会科学领域，试验发展是指把通过基础研究、应用研究获得的知识转变成可以实施的计划（包括为进行检验和评估实施示范项目）的过程。人文科学领域没有对应的试验发展活动。主要反映将科研成果转化为技术和产品的能力，是科技推动经济社会发展的物化成果。

R&D 人员 指参与研究与试验发展项目研究、管理和辅助工作的人员，包括项目（课题）组人员，企业科技行政管理人员和直接为项目（课题）活动提供服务的辅助人员。反映投入从事拥有自主知识产权的研究开发活动的人力规模。

R&D 人员全时当量 指全时人员数加非全时人员按工作量折算为全时人员数的总和。例如：有两个全时人员和三个非全时人员（工作时间分别为 20%、30% 和 70%），则全时当量为 2+0.2+0.3+0.7=3.2 人年。为国际上比较科技人力投入而制定的可比指标。

R&D 经费内部支出合计 指调查单位用于内部开展 R&D 活动（基础研究、应用研究和试验发展）的实际支出。包括用于 R&D 项目（课题）活动的直接支出，以及间接用于 R&D 活动的管理费、服务费、与 R&D 有关的基本建设支出以及外协加工费等。不包括生产性活动支出、归还贷款支出以及与外单位合作或委托外单位进行 R&D 活动而转拨给对方的经费支出。

R&D 经费内部支出中政府资金 指 R&D 经费内部支出中来自各级政府部门的各类资金，包括财政科学技术拨款、科学基金、教育等部门事业费以及政府部门预算外资金的实际支出。

R&D 经费内部支出中企业资金 指 R&D 经费内部支出中来自本企业的自有资金和接受其他企业委托而获得的经费，以及科研院所、高校等事业单位从企业获得的资金的实际支出。

R&D 项目（课题）数 指在当年立项并开展研究工作、以前年份立项仍继续进行研究的研发项目（课题）数，包括当年完成和年内研究工作已告失败的研发项目（课题），但不包括委托外单位进行的研发项目（课题）数。

R&D 项目（课题）人员全时当量 指实际参加研发项目（课题）活动人员折合的全时当量。

R&D 项目（课题）经费内部支出 指调查单位内部在报告年度进行研发项目（课题）研究和试制等的实际支出。包括劳务费、其他日常支出、固定资产购建费、外协加工费等，不包括委托或与外单位合作进行项目（课题）研究而拨付给对方使用的经费。

专利 是专利权的简称，是对发明人的发明创造经审查合格后，由专利局依据专利法授予发明人和设计人对该项发明创造享有的专有权。包括发明、实用新型和外观设计。反映拥有自主知识产权的科技和设计成果情况。

发明（专利） 指对产品、方法或者其改进所提出的新的技术方案。是国际通行的反映拥有自主知识产权技术的核心指标。

实用新型（专利） 指对产品的形状、构造或者其结合所提出的适于实用的新的技术方案。反映具有一定技术含量的技术成果情况。

外观设计（专利） 指对产品的形状、图案、色彩或者其结合所作出的富有美感并适于工业上应用的新设计。反映拥有自主知识产权的外观设计成果情况。

Explanatory Notes on Main Statistical Indicators

Regular Institutions of Higher Education refer to educational establishments set up according to the government evaluation and approval procedures, recruiting graduates from senior secondary schools as the main target by National Matriculation TEST. They include full-time universities, colleges, institutions of higher professional education, institutions of higher vocational education, institutions of higher vocational education and others (non-university tertiary, branch schools and undergraduate classes).

Universities and colleges primarily provide undergraduate courses; institutions of higher professional education and institutions of higher vocational education primarily provide professional trainings; and others refer to educational establishments, which are responsible for enrolling higher education students under the State Plan but not enumerated in the total number of schools, including: branch schools of universities and colleges, and universities and colleges that have been approved and under plan for construction. Non-university tertiary refers to the regular undergraduate branch college which is running in new mechanism and mode, excluding the branch schools and other similar branches of educational institutions.

Institutions of Higher Education for Adults refer to educational establishments, set up in line with relevant rules approved by the government, enrolling staff and workers with senior secondary school or equivalent education, and providing higher education courses in many forms of correspondence, spare time, or full time for adults. Professionals thus trained receive a qualification equivalent to graduates studying regular courses at regular universities, colleges and professional colleges. Institutions of higher learning for adults include schools of higher education for staff and workers, schools of higher education for peasants, colleges for management cadres, pedagogical colleges, independent correspondence colleges, Radio and TV universities and other educational establishments. Other educational establishments have undertakings to enrol adult students but not enumerated in the schools under the State Plan.

Net Enrolment Ratio of Primary Schools refers to the proportion of school age children enrolled at schools to the total number of school age children both in and outside schools (including retarded children, but excluding blind, deaf and mute children). The formula is:

$$\text{Net Enrolment Ratio of Primary Schools} = \frac{\text{Total Primary School - age Children at Schools}}{\text{Total Primary School - age Children Whether or Not Attending School}} \times 100\%$$

Government Appropriation for Education refers to State budgetary fund for education, taxes and fees collected by governments at all levels that are used for education purpose, education fund for enterprise-run schools, income from school-run enterprises, work-study programme and social services that are used for education purpose.

Budgetary Fund for Education refers to education funding that is planned to be allocated to various schools and education institutions by central and local financial departments at various levels within the reference year, which is within the State budgetary expenditure, including: appropriated funds for education, for science and research, for capital construction and others.

Scientific and Technological Activities (S&T Activities) refer to organized activities which are closely related with the creation, development, dissemination and application of the scientific and technical knowledge in the fields of natural sciences, agricultural science, medical science, engineering and technological science, humanities and social sciences (referred to as scientific and technological fields). S&T activities can be classified in to 3 categories: research and development (R&D) activities, application of R&D results, and related S&T services. This statistical definition is made by UNICHIEF for scientific and technological activities to meet the need of carrying out statistical work in this field for its member countries in particular those developing countries.

Personnel Engaged in S&T Activities refer to personnel directly engaged in S&T activities, in the management of S&T activities, and in providing direct service to S&T activities, who spend over 10% of the total working hours in a year in S&T activities. (1) Personnel directly engaged in S&T activities include researchers, engineers, technicians and other related personnel engaged in S&T activities in indepen- dent accounting R&D institutions, institutions of higher learning, and in research institutes, laboratories, technology development centers and central experiment workshops under enterprises and institutions. Also included are people working in S&T research project teams, professional and technical personnel working in S&T information archiving institutes, and graduate students working on the design of their thesis. (2) Personnel

engaged in the management of S&T activities and in providing direct service to S&T activities include senior management people responsible for S&T activities in independent accounting R&D institutions, S&T information archiving institutes, institutions of higher learning, and in enterprises and institutions where S&T activities are undertaken. Also included are people responsible for the plan- ing, administration, personnel management,financial manage- ment,logistics supply, equipment maintenance, information and library management that are related with S&T activities. People providing indirect services are excluded, such as security, medical service, drivers, plumbers, cleaners and those providing catering and related service. This indicator reflects the size of personnel engaged in S&T activities.

Internal Expenditures for Scientific and Technological Activities refers to the actual expenditure for scientific and technological activities during the year of the report, including labor, scientific research, business expenses, the scientific research management fees, the infrastructure investment and construction of fixed assets for science and technology activities, scientific research infrastructure spending and other spending. Excluding productive activity expenditures, repayment of loan expenditures and transfer of out-of-unit expenditures. To reflect the actual completion of technology input.

Research and Development (R&D) refers to systematic and creative activities in the field of science and technology aiming at increasing the knowledge and using the knowledge for new application. R&D includes 3 categories of activities: basic research, applied research and experimentation for development. The scale and intensity of R&D are widely used internationally to reflect the strength of S&T and the core competitiveness of a country in the world.

Basic Research refers to empirical or theoretical research aiming at obtaining new knowledge on the fundamental principles regarding phenomena or observable facts to reveal the intrinsic nature and underlying laws and to acquire new discoveries or new theories. Basic research takes no specific or designated application as the aim of the research. Results of basic research are mainly released or disseminated in the form of scientific papers or monographs. This indicator reflects the innovation capacity for original knowledge.

Applied Research refers to creative research aiming at obtaining new knowledge on a specific objective or target. Purpose of the applied research is to identify the possible uses of results from basic research, or to explore new (fundamental) methods or new approaches. Results of applied research are expressed in the form of scientific papers, monographs, fundamental models or invention patents. This indicator reflects the exploration of ways to apply the results of basic research.

Experiments and Development refer to systematic activities aiming at using the knowledge from basic and applied researches or from practical experience to develop new products, materials and equipment, to establish new production process, systems and services, or to make substantial improvement on the existing products, process or services. Results of experiment and development activities are embodied in patents, exclusive technology, and monotype of new products or equipment. In social sciences, experiment and development activities refer to the process of converting the knowledge from basic or applied researches into feasible programmes (including conduct of demonstration projects for assessment and evaluation). There are no experiment and development activeties in the science of humanities. This indicator reflects the capability of transferring the results of S&T into technique and products, and measures the realization of S&T in spearheading the economic and social development.

R&D Personnel refer to persons engaged in research, management and supporting activities of R&D, including persons in the project teams, persons engaged in the management of S&T activities of enterprises and supporting staff providing direct service to the research projects. This indicator reflects the size of personnel engaged in R&D activities with independent intellectual property.

Full-time Equivalent of R&D Personnel refers to the sum of the full-time persons and the full-time equivalent of part-time persons converted by workload. For instance, if there are 2 full-time persons and 3 part-time workers (20%, 30% and 70% of working hours respectively on R&D activities), the full-time equivalent are 2+0.2+0.3+0.7=3.2 person-years. This is an internationally comparable indicator of S&T manpower input.

Total Internal Expenditure of Funds on R&D refers to the real expenditure of surveyed units on their own R&D activities (basic research, application study, test and development) including direct expenditure on R&D activities, indirect expenditure of management and services on R&D activities, expenditure on capital construction and material processing by others. Excluding the expenditure on production activities, return of loan, and fees transferred to cooperated and entrusted agencies on R&D activities.

Internal Expenditure of Government Funds refers to the expenditure of funds on R&D activities from government agencies at different levels, including appropriate funds on science and technology from financial departments, scientific funds, operating expenses from education departments and the real expenditure of extra budgetary funds from government agencies.

Internal Expenditure of Funds of Enterprises refers to the expenditure of funds on R&D activities from self-raised funds of enterprises and funds from other enterprises through entrustment, and the expenditure of funds of institutions, such as institution of scientific research and universities, from enterprises.

Number of R&D Projects (Subjects) refers to the number of R&D projects (subjects) set up and implemented at the reference year, and the number of R&D projects (subjects) set up in former years and under implementation, including the projects (subjects) finished and failed at the reference year, excluding the projects (subjects) implemented by others through entrustment.

Full-time Equivalent of R&D Personnel refers to the full-time equivalent of persons actually engaged in R&D projects.(subjects)

Internal Expenditure of Funds on R&D Projects (subjects) refers to the real expenditure of internal funds of the surveyed units on research and test of R&D projects (subjects) at the reference year, including service fee, other daily expenditure, cost for capital goods, cost of external process; excluding expenditure of funds transferred to other cooperated and entrusted units of the projects.

Patent is an abbreviation for the patent right and refers to the exclusive right of ownership by the inventors or designers for the creation or inventions, given from the patent offices after due process of assessment and approval in accordance with the Patent Law. Patents are granted for inventions, utility models and designs. This indicator reflects the achievements of S&T and design with independent intellectual property.

Patented Inventions refer to new technical proposals to the products or methods or their modifications. This is universal core indicator reflecting the technologies with independent intellectual property.

Patented Utility Models refer to the practical and new technical proposals on the shape and structure of the product or the combination of both. This indicator reflects the condition of technological results with certain technical content.

Designs refer to the aesthetics and industrially applicable new designs for the shape, pattern and colour of the product, or their combinations. This indicator reflects the appearance design achievements with independent intellectual property.

18 文化、体育和卫生

Culture, Sports and Public Health

资料整理人员：蔡冬娥　肖首雄　贺　震
赵莉淇

18-1 文化事业基本情况
Basic Statistics on Culture

年份 Year	艺术表演团体 (个) Art Performance Troupes (unit)	公共图书馆 (个) Public Libraries (unit)	博物馆 (个) Museums (unit)	图书出版总印数 (万册) Number of Books Published (10 000 copies)	杂志出版总印数 (万册) Number of Magazines Published (10 000 copies)	报纸出版总印数 (万份) Number of Newspapers Published (10 000 copies)	广播人口覆盖率 (%) Listener Rating (%)	电视人口覆盖率 (%) Viewer Rating (%)
1949	53	1						
1950	53	1						
1951	75	1	1	484	43			
1952	90	1	1	1647	245	5785		
1953	108	2	1	1489	40	4719		
1954	113	2	1	1976	6	4503		
1955	111	3	1	2671	52	5402		
1956	114	13	2	3237	116	6851		
1957	116	15	3	3610	169	6530		
1958	118	35	4	9591	371	19317		
1959	137	36	7	8326	678	25253		
1960	134	53	9	6347	402	33318		
1961	135	46	9	4190	165	9024		
1962	136	34	9	3298	150	6983		
1963	144	30	10	3950	172	6771		
1964	143	29	12	5889	228	15911		
1965	134	43	11	7563	211	17000		
1966	131	42	12	12797	271	20571		
1967	137	35	15	12074		12054		
1968	124	35	17	8811		15185		
1969	104	26	18	6551		10694		
1970	106	25	19	15149		10028		
1971	119	28	20	7886	293	10799		
1972	137	42	15	10072	515	20134		
1973	134	40	20	11340	1056	31744		
1974	136	49	18	12170	1226	33662		
1975	137	40	17	15181	1656	33861		
1976	137	72	19	9457	10239	38363		
1977	137	74	20	14588	822	36931		
1978	141	72	19	16479	1296	31921		
1979	137	76	20	16685	1372	33685		
1980	138	77	22	21745	1169	34801		
1981	140	85	19	28012	1437	33070		
1982	139	91	13	30514	1656	36050		
1983	137	98	15	30013	1925	52655		
1984	126	101	19	30240	3019	63653		
1985	115	110	31	35629	5944	67727	50.3	75.1

18-1 续表 Continued

年份 Year	艺术表演团体 (个) Art Performance Troupes (unit)	公共图书馆 (个) Public Libraries (unit)	博物馆 (个) Museums (unit)	图书出版总印数 (万册) Number of Books Published (10 000 copies)	杂志出版总印数 (万册) Number of Magazines Published (10 000 copies)	报纸出版总印数 (万份) Number of Newspapers Published (10 000 copies)	广播人口覆盖率 (%) Listener Rating (%)	电视人口覆盖率 (%) Viewer Rating (%)
1986	108	113	31	30202	5437	62209	50.3	78.0
1987	107	113	38	33376	6632	72898	54.0	85.0
1988	96	114	42	37715	6556	71960	54.8	86.5
1989	91	116	43	35055	5235	47146	54.8	86.5
1990	91	116	42	32134	5226	51749	54.8	86.5
1991	89	116	50	35085	6430	60658	54.8	86.9
1992	90	116	51	36436	7002	67890	54.8	86.9
1993	89	116	54	33503	8022	73754	54.8	86.9
1994	89	116	55	29597	7400	57718	54.8	86.9
1995	89	116	57	33677	7768	62425	54.8	86.9
1996	88	115	60	39393	7844	63585	68.5	88.1
1997	86	115	67	37494	7686	68726	78.6	87.7
1998	88	115	68	36582	8920	75879	79.1	88.2
1999	88	115	68	30765	12437	84995	81.1	90.4
2000	91	115	71	24844	10504	83467	81.5	91.4
2001	87	115	72	23808	10051	92273	81.6	91.7
2002	87	115	74	32600	11207	95198	81.7	91.8
2003	86	115	73	29556	12577	113514	81.8	91.9
2004	91	115	71	30525	19133	104165	82.1	92.1
2005	91	120	73	33238	11708	106428	82.5	92.4
2006	93	120	73	27946	9957	103489	88.4	94.0
2007	96	120	73	31310	8849	110207	89.0	94.7
2008	98	120	74	29103	9063	104235	91.1	95.7
2009	110	120	75	26192	11373	126346	91.7	96.1
2010	201	124	81	31153	12762	129101	92.0	96.4
2011	114	130	85	34528	12584	122640	92.6	96.8
2012	141	136	95	36290	12680	131889	93.0	97.2
2013	227	136	103	35803	12991	134113	93.3	97.4
2014	271	136	109	42194	13442	136738	93.5	97.5
2015	273	137	113	48545	14099	133554	94.1	98.0
2016	439	137	115	51704	13966	98425	94.7	98.3
2017	534	139	120	45901	11684	92912	98.5	99.3
2018	510	140	121	45340	8768	85143	99.0	99.6

注：2010年起，艺术表演团体含民间职业剧团，此前为文化部门专业剧团数据。

From 2010, arts performance troupes included folk troupes. And before that, arts performance troupes included professional troupes of cultural department only.

18-2 文化机构和人员 (2018年)
Cultural Institutions and Personnel (2018)

类 别	Item	合 计 Total		文化部门 Culture Department		其他部门 Other Department	
		机构(个) Institutions (unit)	人员(人) Personnel (person)	机构(个) Institutions (unit)	人员(人) Personnel (person)	机构(个) Institutions (unit)	人员(人) Personnel (person)
总计	**Total**	**15497**	**97277**	**3236**	**25328**	**12261**	**71949**
艺术表演团体	Art Performance Troupes	510	12018	99	3989	411	8029
艺术表演场馆	Art Performance Places	105	2652	62	1055	43	1597
公共图书馆	Public Libraries	140	2110	140	2110		
文化馆	Cultural Centers	145	2108	145	2108		
文化站	Cultural Stations	2395	6487	2395	6487		
其中：乡镇综合文化站	Cultural Stations in Townships	2073	5530	2073	5530		
艺术展览创作机构	Art Exhibition & Authoring Institutions	33	165	33	165		
艺术教育业	Art Education	4	708	4	708		
文化科研机构	Cultural Scientific Research Institutions	8	96	8	96		
文化市场经营机构	Cultural Marketing Institutions	11805	62055			11805	62055
文化行政主管部门	Cultural Administration Departments	141	4212	141	4212		
其他文化机构	Others	211	4666	209	4398	2	268

18-3 艺术业机构和人员
Art Institutions and Personnel

类 别	Item	2017		2018	
		机构(个) Institutions (unit)	人员(人) Personnel (person)	机构(个) Institutions (unit)	人员(人) Personnel (person)
艺术表演团体	**Art Performance Troupes**	**534**	**12526**	**510**	**12018**
话剧、儿童剧、滑稽剧类	Drama,Children's Play and Comedy Troupes	70	1257	108	1780
歌舞团、音乐类	Song and Dance Troupe, Music	130	3394	114	3083
京剧、昆曲类	Beijing Opera,Kunqu Opera	4	259	3	200
地方戏曲类	Local Opera	139	3522	152	3670
杂技、魔术、马戏类	Acrobatics, Magic and Circus	4	124	3	114
曲艺类	Folk Arts	13	302	13	314
综合性艺术表演团体	Comprehensive performing arts groups	174	3668	117	2857
艺术表演场馆	**Art Performance Places(Theaters and Music Halls)**	**92**	**2623**	**105**	**2652**
艺术教育业	**Art Education**	**4**	**706**	**4**	**708**
文化科研	**Literature and Art research**	**8**	**98**	**8**	**96**

18-4 出版发行、文物、图书馆、群众文化业机构人员(2018年)
Number of Institutions and Personnel in Publishing and Distribution, Cultural Relics, Libraries and Mass Culture (2018)

类别	Item	合计 Total		文化部门 Culture Department		其他部门 Other Department	
		机构(个) Institutions (unit)	人员(人) Personnel (person)	机构(个) Institutions (unit)	人员(人) Personnel (person)	机构(个) Institutions (unit)	人员(人) Personnel (person)
出版发行事业	**Publishing and Distribution**						
图书	Books Published	13	1377			13	1377
报纸	Newspaper Published	81	5562			81	5562
杂志	Magazines Published	253	1634			253	1634
音像出版(不含电子出版权)	Audio-Visual Publishing (Excluding Electronic Publishing Rights)	6	100			6	100
电子出版(不含音像出版权)	Electronic Publishing (Excluding Audio and Video Publishing Rights)						
音像电子出版(含两个出版权)	Audiovisual Electronic Publishing (Including Two Publishing Rights)	6	64			6	64
复制	Copy	4	40			4	40
出版物印刷	Publicationto Print	412	17544			412	17544
发行(邮政不计入)	Distribution(Posta Service Excluded)	4919	20435			4919	20435
印刷物质供销	Print Materiat Supply and Marketing	1	156			1	156
文物事业	**Cultural Relics**	**276**	**4906**	**265**	**4236**	**11**	**670**
博物馆	Museums	121	3056	111	2422	10	634
文物保护管理机构	Protection and Management Agencies	83	928	82	892	1	36
文物科研机构	Relics Scientific Research Institutions	3	160	3	160		
文物商店	Relics Stores	2	40	2	40		
其他文物机构	Others	67	722	67	722		
图书馆事业	**Libraries**	**140**	**2110**	**140**	**2110**		
群众文化服务	**Mass Culture**	**2540**	**8595**	**2540**	**8595**		
文化馆	Cultural Centers	145	2108	145	2108		
文化站	Cultural Stations	2395	6487	2395	6487		

注：文物保护管理机构的人员包含文物行政主管机关中文物事业编制的人员。
Protection and management agencies include administrative departments and other agencies.

18-5 图书、杂志、报纸出版情况
Statistics on Books, Magazines and Newspapers Published

年份 Year	图书 Books Published			杂志 Magazines Published			报纸 Newspaper Published		
	种数（种）Number of Publica-tions(kind)	总印数（万册）Printed Copies (10 000 copies)	总印张（亿印张）Printed Sheets (100million sheets)	种数（种）Number of Publica-tions(kind)	总印数（万册）Printed Copies (10 000 copies)	总印张（亿印张）Printed Sheets(100 million sheets)	种数（种）Number of Publica-tions(kind)	总印数（万份）Printed Copies (10 000 copies)	总印张（亿印张）Printed Sheets (100million sheets)
1995	2357	33677	14.90	208	7768	1.75	63	62425	6.90
2000	3156	24844	12.37	244	10504	2.11	95	83467	12.75
2001	3346	23808	12.70	251	10051	2.27	109	92273	18.65
2002	3504	32600	18.10	263	11207	2.66	109	95198	21.59
2003	3702	29556	16.80	269	12577	3.20	106	113514	31.50
2004	3896	30525	16.11	247	19133	3.96	86	104165	34.60
2005	4068	33238	17.99	233	11708	4.20	88	106428	34.87
2006	4163	27946	15.96	244	9957	3.35	61	103489	38.06
2007	4354	31310	17.39	237	8849	3.72	85	110207	38.77
2008	5095	28094	18.72	235	9063	3.52	84	104235	40.14
2009	5938	26192	17.22	240	11508	5.45	86	126807	45.02
2010	7396	31153	18.71	247	12762	5.82	88	129101	54.52
2011	9949	34528	22.40	248	12584	5.63	87	122640	46.11
2012	10823	36290	24.10	248	12680	5.59	87	131889	52.57
2013	11418	35803	24.67	247	12991	2.66	86	134113	52.70
2014	10931	42194	29.89	247	13442	6.28	48	136738	51.45
2015	11364	48545	37.66	248	14099	6.86	48	133554	47.86
2016	12618	51704	39.32	250	13966	6.41	48	98425	28.30
2017	12219	45901	38.48	253	11684	5.44	48	92913	23.38
2018	9805	45340	39.44	253	8768	4.33	48	84801	20.64

注：图书种数不包括租型图书。The total collection books excludes the books for rental.

18-6 广播、电视事业情况
Statistics on Broadcasting and Television Stations

项目	Item	2000	2005	2017	2018
广播电视从业人员 （万人）	**Number of Employees of Broadcasting and Television (10 000 persons)**	**2.32**	**2.60**	**5.12**	**5.17**
广播	**Broadcasting**				
广播电台数 （座）	Number of Broadcasting Stations (set)	11	13	14	14
广播电台节目套数 （套）	Number of Broadcasting Program (set)	53	89	111	114
平均每日公共广播节目播出时间 （小时）	Public Serrice Broadcasting Hours per Day (hour)	483	762	1228	1292
中、短波转播发射台数 （座）	Fransmission and Relaying Stations of Medium and short ware Broad cast (set)	25	28	23	23
中、短波发射机 （部）	Medium Wave and Short Wave Broadcast Transmitters (set)	36	56	52	54
中、短波发射机功率 （千瓦）	Power of Medium and Short Wave Broadcast Transmitters (kw)	579	604	542	547
覆盖率 (%)	Listener-Coverage Rate (%)	81.46	82.47	98.49	99.02
电视	**Television**				
电视台数 （座）	Number of Television Stations (set)	16	15	15	15
电视节目套数 （套）	Number of Television Program (set)	33	136	137	137
平均公共电视节目每周播出时间 （小时）	Public Serrice Television Hours per Week (hour)	2338	13210	14558	14511
电视转播发射台 （座）	Television Transmission Stations and Relang Station (set)	542	358	219	213
电视发射机 （部）	Television Transmitters (set)	720	500	413	476
电视发射机功率 （千瓦）	Power of Television Transmitters (kw)	291.00	289.11	545.79	547.68
覆盖率 (%)	Viewer-Coverage Rate (%)	91.38	92.42	99.30	99.64

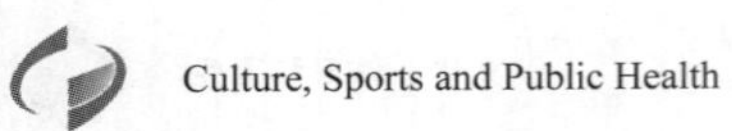

18-7 卫生事业基本情况
Basic Statistics on Health Institutions

年份 Year	卫生机构数（个） Number of Health Institutions (unit)	#医院、卫生院 Hospitals	卫生机构床位数（万床） Number of Beds in Health Institution (10 000 beds)	#医院、卫生院 Hospitals	卫生技术人员数（万人） Medical Technical Personnel (10 000 persons)	#医生 Doctors	每万人口拥有 Per 10 000 Persons 床位数（张） Number of Beds (bed)	医生数（人） Number of Doctors (person)
1949	239	113	0.39	0.27	1.69	1.48	1.3	5.0
1950	264	123	0.39	0.28	1.67	1.48	1.3	4.8
1951	443	130	0.52	0.39	1.81	1.52	1.6	4.8
1952	2531	149	0.64	0.48	2.39	1.67	2.0	5.1
1953	3209	153	0.64	0.48	2.79	1.82	1.9	5.4
1954	3966	164	0.65	0.48	3.70	2.19	1.9	6.4
1955	4587	176	0.69	0.51	4.37	2.69	2.0	7.8
1956	7741	235	0.87	0.61	5.22	2.73	2.5	7.8
1957	8079	330	1.04	0.67	5.53	2.83	2.9	7.9
1958	12705	5307	5.00	1.75	6.44	3.04	13.6	8.3
1959	22495	5370	4.95	1.66	6.76	3.24	13.4	8.8
1960	21987	4289	5.01	2.35	6.97	3.29	14.0	9.2
1961	18517	3390	4.12	2.44	7.08	3.43	11.7	9.8
1962	12118	416	2.67	2.25	6.29	3.33	7.4	9.3
1963	11613	388	2.63	2.29	6.39	3.34	7.1	9.0
1964	11240	395	2.88	2.28	6.24	3.31	7.6	8.7
1965	11124	484	3.11	2.44	6.28	3.34	8.0	8.6
1966	10424	1014	3.68	2.69	6.29	3.24	9.2	8.1
1967	6285	3983	4.06	2.55	6.11	3.11	9.9	7.5
1968	6161	3945	4.27	2.45	6.25	3.31	10.1	7.8
1969	6144	4026	4.62	2.52	6.29	3.36	10.6	7.7
1970	7056	4447	5.83	3.31	6.54	3.54	13.0	7.9
1971	7042	4280	6.63	3.73	7.10	3.62	14.4	7.9
1972	7372	4264	7.28	4.96	7.95	3.72	15.5	7.9
1973	7898	4309	7.93	3.75	8.53	4.14	16.5	8.6
1974	8239	4340	8.67	4.02	9.26	4.43	17.7	9.0
1975	8707	4365	9.36	4.34	10.04	4.85	18.8	9.7
1976	8987	4383	9.88	4.45	10.73	5.23	19.5	10.3
1977	9259	4397	10.49	5.25	11.20	5.23	20.5	10.2
1978	9477	4374	11.14	5.52	11.54	5.38	21.6	10.4
1979	9753	4387	11.56	5.93	12.54	5.80	22.1	11.1
1980	9871	4402	11.58	6.05	13.16	5.88	21.9	11.1
1981	10222	4375	11.26	6.11	13.96	6.20	21.0	11.6
1982	10262	4334	11.41	6.28	14.29	6.40	20.9	11.7
1983	10324	4335	11.54	6.45	14.84	6.59	21.0	12.0
1984	10507	4357	11.80	6.75	15.26	6.76	21.2	12.2
1985	10552	4226	11.93	6.97	15.54	6.90	21.2	12.3

18-7 续表 Continued

年份 Year	卫生机构数（个）		卫生机构床位数（万床）		卫生技术人员数（万人）		每万人口拥有 Per 10 000 Persons	
	Number of Health Institutions (unit)	#医院、卫生院 Hospitals	Number of Beds in Health Institution (10 000 beds)	#医院、卫生院 Hospitals	Medical Technical Personnel (10 000 persons)	#医生 Doctors	床位数（张） Number of Beds (bed)	医生数（人） Number of Doctors (person)
1986	10352	4112	12.22	7.35	15.81	6.91	21.5	12.1
1987	10392	4132	12.69	7.76	16.28	7.06	22.0	12.2
1988	10376	4114	12.93	8.12	16.89	7.83	21.9	13.2
1989	10492	4197	13.16	8.32	17.27	8.15	21.9	13.6
1990	10552	4191	13.36	8.48	17.63	8.26	21.9	13.5
1991	10557	4219	13.52	8.67	17.81	8.17	21.9	13.3
1992	10579	4229	13.65	8.85	18.29	8.23	22.0	14.3
1993	9604	4187	13.64	9.03	18.38	8.13	21.8	13.0
1994	9931	4314	13.42	8.92	18.98	8.39	21.3	13.3
1995	9137	3879	13.52	9.04	19.25	8.46	21.3	13.3
1996	9031	3423	13.36	9.08	20.22	9.57	20.8	14.1
1997	9177	3349	13.47	9.24	20.56	10.61	20.8	16.4
1998	9711	3318	13.43	9.28	21.25	9.32	20.7	14.3
1999	4259	3359	14.00	13.46	19.50	8.00	22.3	12.9
2000	4286	3339	14.34	13.21	19.88	8.80	21.9	13.5
2001	4205	3335	14.62	13.43	19.89	8.90	22.0	13.5
2002	4272	3332	14.00	13.00	19.00	8.00	21.6	11.9
2003	4016	3348	14.49	13.00	18.95	7.90	21.8	12.0
2004	4039	3340	14.79	13.70	18.89	7.90	22.1	11.9
2005	4097	3324	15.22	14.16	18.94	7.99	22.6	11.9
2006	4082	3242	16.02	14.97	19.00	8.05	23.7	11.9
2007	14521	3165	17.24	16.17	22.06	9.25	25.3	13.5
2008	14455	3111	18.79	17.47	23.21	9.63	27.5	14.1
2009	14374	3103	21.20	19.73	24.81	10.07	30.7	14.6
2010	14175	3066	23.33	21.59	26.26	10.42	32.9	14.7
2011	14266	3096	26.14	24.20	27.55	10.59	39.6	16.1
2012	14225	3092	29.44	26.78	29.71	11.67	44.3	17.6
2013	17364	3226	31.70	29.25	32.34	12.74	47.4	19.1
2014	16872	3318	35.55	33.05	34.14	13.34	52.8	19.8
2015	17824	3470	39.65	36.85	37.08	15.08	58.4	22.2
2016	16717	3534	42.81	39.56	39.27	16.07	62.8	23.6
2017	16500	3542	45.22	41.99	41.56	17.31	65.9	25.2
2018	16262	3764	48.46	45.02	43.76	18.10	70.2	26.2

注：1. 2002 年及以后卫生机构数为登记注册数，医生系执业（助理）医师数。机构数不含村卫生室。

2. 2007 年起卫生部网络直报数据包含了诊所、医务室、卫生所、社区服务站；而 2007 年以前是没有包括的。

a. Number of health institutions since 2002 are the number of registeration, doctors refer to the certified (assistant) doctors.

b. The Direct Network Report from the Ministry of Health data includes outpatient departments, medical stations clinics, health service centers since 2007. But before 2007, has not included.

18-8 各类卫生机构、床位和人员 (2018年)

项 目	Item	机 构（个）Number of Institutions (unit)	床位数（张）Number of Reality Beds (bed)
总 计	**Total**	**56233**	**484628**
医院	Hospitals	1552	348502
综合医院	General Hospitals	877	225456
中医医院	Hospitals of Chinese Medicine	174	56941
中西医结合医院	Hospitals Which Integrate Traditional Chinese Therapeutics with Western Therapeutics	38	3230
民族医院	National Hospitals	2	57
专科医院	Specialized Hospitals	454	62240
口腔医院	Hospitals for Oral Cavity Diseases	37	963
眼科医院	Ophthalmology Hospitals	44	2848
耳鼻喉科医院	Otorhinolaryngology Hospitals	8	511
肿瘤医院	Tumor Hospitals	7	3101
心血管病医院	Cardiovascular Hospitals	4	597
妇产（科）医院	Hospitals for Maternity and Child Care	38	2517
儿童医院	Children's Hospitals	4	1789
精神病医院	Mental Hospitals	78	28306
传染病医院	Hospitals for Infectious Diseases	1	460
皮肤病医院	Hospitals for Occupational Diseases	12	474
结核病医院	Tuberculosis Hospitals	1	896
骨科医院	Orthopaedics Hospitals	35	3197
康复医院	Rehabilitation Hospitals	41	7046
整形外科医院	Plastic Hospitals	2	30
美容医院	Cosmetic Hospitals	21	524
其他专科医院	Other Specialized Hospitals	120	8981
社区卫生服务中心（站）	Health Service Center and Station for Community	781	14918
卫生院	Health Centers	2212	101729
村卫生室	The Village Health Room	39971	
门诊部	Clinics	442	251
诊所、卫生所、医务室	Outpatient Departments, Clinics and Medical Stations	10377	
疾病预防控制中心	Disease Prevention & Control Centers	147	
专科疾病防治院（所、站）	Specialized Disease Prevention and Treatment Institute	86	4808
健康教育所（站、中心）	Health Education Centers	2	
妇幼保健院（所、站）	Maternity and Child Care Centers	137	14260
急救中心（站）	First-aid Stations	2	
采供血机构	Institutions for Collection and Supply of Blood	15	
卫生监督所（中心）	Medical Supervision Institutes	132	
计划生育技术服务机构	Family Planning Technical Service Institutions	329	
其他卫生机构	Other Health Care Institutions	45	160

Health Care Institutions, Beds and Personnel by Type (2018)

卫生工作人员（人） Health Personnel (person)							
	#卫生技术人员 Medical Technical Personnel	执业（助理）医师 Assistant Doctors	执业医师 Doctors	注册护士 Senior Nurse & Nurse	药师（士） Pharmacist	技师（士） Laboratory Technician	其他 Others
558522	**437565**	**180970**	**139551**	**184384**	**21043**	**22915**	**28251**
329108	275386	96491	86520	138392	12913	14703	12885
223780	189795	65828	60009	97829	7941	10048	8147
58719	50332	18215	16213	23708	3404	2643	2362
2714	2115	856	616	903	131	126	99
45	35	16	11	13	2	3	1
43529	32903	11470	9591	15871	1427	1873	2262
2400	1965	904	739	895	31	51	84
3395	2097	755	626	984	70	95	193
361	254	96	79	115	13	15	15
3251	2691	838	810	1399	117	218	119
545	457	133	124	240	28	23	33
3142	2400	932	741	1039	87	165	177
2210	1902	524	501	1125	91	96	66
10447	7817	2610	2186	4062	381	370	394
577	455	113	112	245	32	49	16
506	407	137	107	179	31	18	42
550	442	144	144	217	15	37	29
2612	1953	708	545	870	87	124	164
4488	3311	1054	890	1463	132	171	491
139	116	44	39	62	6	4	
1422	827	300	241	452	29	31	15
7423	5766	2153	1696	2506	277	406	424
19181	16500	7297	5238	6143	1151	770	1139
84420	72169	36154	18613	19658	5157	3726	7474
49554	9572	8964	2788	608			
4161	3229	1726	1453	1232	93	90	88
22966	22345	15315	12489	5661	464	55	850
9629	6953	3520	2932	802	218	1354	1059
4041	3068	1551	1074	960	139	215	203
10	3	2		1			
27294	22898	9265	8042	9989	874	1639	1131
80	50	24	23	25			1
1556	1145	112	75	739	5	251	38
3543	2981						2981
2311	846	382	190	86	13	26	339
521	343	137	86	63	8	72	63

18-9 医疗机构运营情况(2018年)
Basic Statistics of Operation on Health Care Institutions (2018)

类 别	Item	诊疗人次 (人次) Number of Patients Treated (person-time)	#门诊、急诊人次 Out-Patients and Emergency Patients	病床周转次数(次) Turn Over of Beds (time)	病床工作日(天) Days Per Bed in Use (day)	病床使用率(%) Utiliz-ation Rate of Beds (%)
总 计	**Total**	**269480656**	**252172771**	**34.0**	**291.9**	**79.97**
医院	**Hospitals**	**108840495**	**104774487**	**31.8**	**307.9**	**84.36**
综合医院	General Hospitals	79760132	77341864	35.3	309.7	84.86
中医医院	Hospitals of Chinese Medicine	18452147	17617721	33.4	317.8	87.08
中西医结合医院	Hospitals Which Integrate Traditional Chinese	668650	571547	29.3	228.7	62.67
	Therapeutics with Western Therapeutics	10365	10365	27.8	154.6	42.4
民族医院	National Hospitals	9927184	9212271	17.3	295.3	80.92
专科医院	Specialized Hospitals	1145114	1120094	28.3	193.3	52.96
口腔医院	Hospitals for Oral Cavity Diseases	1169866	1098524	51.3	205.5	56.30
眼科医院	Ophthalmology Hospitals	50519	44262	24.0	165.6	45.38
耳鼻喉科医院	Otorhinolaryngology Hospitals	552602	510333	40.6	394.7	108.13
肿瘤医院	Tumor Hospitals	222108	217535	30.7	285.8	78.30
心血管病医院	Cardiovascular Hospitals	491864	458860	22.2	185.0	50.70
妇产(科)医院	Hospitals for Maternity and Child Care	1807258	1807258	41.3	343.8	94.20
儿童医院	Children's Hospitals	1390764	1249782	6.3	337.0	92.33
精神病医院	Mental Hospitals	92595	92595	28.0	308.0	84.40
传染病医院	Hospitals for Infectious Diseases	84664	76477	18.8	138.6	37.96
皮肤病医院	Hospitals for Occupational Diseases	84730	82431	30.6	442.5	121.24
结核病医院	Tuberculosis Hospitals	50600	11600			
麻风病医院	Leprology Hospitals	331036	296788	28.5	236.8	64.86
骨科医院	Orthopaedics Hospitals	499162	380552	12.5	282.5	77.39
康复医院	Rehabilitation Hospitals	13390	13390	45.6	202.7	55.55
整形外科医院	Plastic Hospitals	387960	380877	43.6	144.1	39.48
美容医院	Cosmetic Hospitals	1552952	1370913	25.0	199.0	54.52
其他专科医院	Other Specialized Hospitals	22017	20719	16.1	334.7	91.71
护理院	Nursing Home	5908	5908	2.7	31.9	8.75
疗养院	**Sanatoriums**	**13714316**	**12655578**	**27.2**	**215.9**	**59.16**
社区卫生服务中心(站)	**Health Service Center for Community**	**42505483**	**39750055**	**41.0**	**254.5**	**69.73**
卫生院	**Health Centers**	**63889162**	**56100883**			
村卫生室	**The Village Health Room**	**1543871**	**1264362**			
门诊部	**Clinics**	**24865459**	**23869172**			
妇幼保健院(所、站)	**Maternity and Child Care Centers**	**12899761**	**12680761**	**47.3**	**258.5**	**70.83**
专科疾病防治院(所、站)	**Specialized Disease Prevention and Treatment Institute**	**854951**	**710315**	**21.5**	**247.8**	**67.90**

18-10 诊所、卫生所、医务室基本情况 (2018年)

Statistics on Clinics,Health Service Stations and Health Center (2018)

项 目		Item		诊 所 Clinics	医务室、卫生所 Health Center and Health-room、Health Service Stations for Community
机构总数	(个)	**Number of Institutions**	(unit)	**8795**	**1582**
总人员数	(人)	Number of Personnel	(person)	19663	3303
卫生技术人员		Medical Technical Personnel		19109	3236
执业医师		Doctors		10800	1689
执业助理医师		Assistant Doctors		2275	551
注册护士		Registered Nurse		4980	681
药剂师(士)		Pharmacist		379	85
技师(士)		Skilled Technician		53	2
#检验人员		#Laboratory Technician		23	2
其他		Others		622	228
工勤技能人员		Logistic Personnel		350	38
总收入	(万元)	Annual Income	(10 000 yuan)	142019.6	19909.0
总支出	(万元)	Annual Expenditure	(10 000 yuan)	124744.0	18087.7
诊疗人次数	(人次)	Number of Visits	(person-times)	21268543	3596916

18-11 村卫生室基本情况 (2018年)

Statistics on Village Health Center (2018)

项 目		Item		合计 Total	按主办单位分 Grouped by Organizers				
					村办 Village	乡医院设点 Township	联合办 Combine	私人办 Private	其他 Other
机构数	(个)	Number of Institutions	(unit)	39971	26558	1417	968	7658	3370
执业(助理)医师	(人)	Number of Doctors and Assistant Doctors	(person)	8964	6425		147	1635	757
注册护士	(人)	Registered Nurses	(Person)	608	381		10	159	58
乡村医生和卫生员	(人)	Number of Village Doctors & Assistants	(person)	39982	26843	1263	1205	7408	3263
#乡村医生		#Number of Village Doctors		36845	24901	1199	864	6900	2981
卫生员		Health Professional		3137	1942	64	341	508	282
总收入	(万元)	Annual Income	(10 000 yuan)	204567.7	135023.5	7149.1	3976.5	39845.8	18572.9
总支出	(万元)	Annual Expenditure	(10 000yuan)	161892.5	107634.9	6067.9	2863.1	31115.5	14211.2
诊疗人次数	(万人次)	Number of Children Vaccinate	(10 000person-time)	6388.92	4156.26	188.15	116.29	1242.87	685.35

18-12 体育事业情况
Statistics on Sports

项 目		Item		2000	2005	2017	2018
体育系统从业人数	**（人）**	**Staff and Workers in Sports Commissions**	**(person)**	**5303**	**4918**	**5532**	**5619**
体育场地数	**（个）**	**Stadiums**	**(unit)**	**37**	**21294**	**104876**	**112376**
体育馆	**（个）**	**Gymnasiums**	**(unit)**	**55**	**140**	**251**	**259**
游泳跳水场（馆）	**（个）**	**Swimming and Diving (Pavilion)**	**(unit)**	**111**	**40**	**574**	**643**
举办县级以上运动会	**（次）**	**Number of Sports Meets Above County Level**	**(time)**	**1705**	**129**	**605**	**258**
等级运动员发展人数	**（人）**	**Number of Athletes in Grades**	**(person)**	**5175**	**1939**	**1591**	**1463**
#国际级运动健将		#International Master of Sports		2	2		
国家级运动健将		National Master of Sports		31	28	33	
一 级		First Grade Sportsmen		13	149	363	378
二 级		Second Grade Sportsmen		890	1760	1074	1078
三 级		Third Grade Sportsmen		2191			
少年级		Juvenile Grade Sportsmen		2048			
等级裁判员发展人数	**（人）**	**Number of Referees in Grades**	**(person)**	**4173**	**1620**	**3059**	**4739**
#国家级裁判员		#National Referees		21	8		21
打破纪录情况		**Basic Situation of Records Chalked Up**					
	（人／次／项）		**(person/time/event)**				2/1/3
#世界纪录		#World Records		3/1/5			
亚洲纪录		Asia Records					
全国纪录		National Records		1/1/1			1/1/1
获奖情况	**（枚）**	**Basic Situation of Medallion Won**	**(piece)**				
参加全国比赛获奖		National Competitions					211
#金 牌		#Gold-plate		32	40	57	86
银 牌		Silver-plate		36	17	46	49
铜 牌		Copper-plate		36	19	54	76
参加国际比赛获奖		International Competitions					52
#金 牌		#Gold-plate		12	13	8	31
银 牌		Silver-plate		7	10	3	15
铜 牌		Copper-plate		6	2	3	6

注：1. 参加全国比赛指参加全国性的成人竞技比赛。参加国际比赛指参加世界锦标赛、世界杯赛、奥运会、亚洲锦标赛和亚运会。

2. 奖牌数包括我省运动员参加国家队集体项目所得的奖牌。

3. 从 2002 年起，等级运动员不含三级和少年级运动员。

a. National games refer to nation-wide adult athletics. International games include the world championship, the world cup, the Olympics,the Asia championship and the Asian Games.

b. The number of medals includes that of medals won by athletes of our province in national collective events.

c. The number of athletes in grades excludes third grade sportsmen and juvenile grade sportsmen since 2002.

主要统计指标解释

文化及相关产业 指为社会公众提供文化产品和文化相关产品的生产活动的集合。

文化及相关产业是在我国《国民经济行业分类》基础上的派生分类，有文化产品的生产和文化相关产品的生产两大类。

文化产品的生产 主要指新闻出版发行服务，广播电视电影服务，文化艺术服务，文化信息传输服务，文化创意和设计服务，文化休闲娱乐服务，工艺美术品的生产。

文化相关产品的生产 主要指文化产品生产的辅助生产，文化用品的生产，文化专用设备的生产。

艺术表演团体 指由文化部门主办或实行行业管理(经文化市场行政部门审批或已申报登记并领取相关许可证)，专门从事表演艺术等活动的各类专业艺术表演团体，含民间职业剧团。如话剧团、方言话剧团、滑稽剧团、儿童剧团、歌剧团、木偶团、皮影团等以及由若干剧种组成的综合性专业艺术表演团体。不包括群众业余文艺表演团体。

艺术表演场馆 指由文化部门主办或实行行业管理(经文化市场行政部门审批或已申报登记并领取相关许可证)，有观众席、舞台、灯光设备，公开售票、专供文艺团体演出的文化活动场所。附属于文化部门机构内非独立核算的剧场、排演场，公开营业的也应单独统计。

文化市场经营机构 指经文化市场行政部门审批或已申报登记并领取相关许可证的、从事文化经营和文化服务活动的机构。

广播节目综合人口覆盖率 指根据国家广电总局制定的《广播电视人口覆盖率统计技术标准和方法》进行统计调查的，在对象区内采用无线、有线、卫星等技术手段能够收听到包括中央、省、地市、县广播节目其中任意一套的人口数占全国总人口数的百分比。

电视节目综合人口覆盖率 指根据国家广电总局制定的《广播电视人口覆盖率统计技术标准和方法》进行统计调查的，在对象区内采用无线、有线、卫星等技术手段能够收看到包括中央、省、地市、县级电视节目中任意一套的人口数占全国总人口数的百分比。

国家综合档案馆 指由中央或地方各级档案行政管理部门直接管理的，按行政区划或历史时期设置的，收集和管理所辖范围内多种门类档案的档案馆。

卫生机构 指从卫生行政部门取得《医疗机构执业许可证》，或从民政、工商行政、机构编制管理部门取得法人单位登记证书，为社会提供医疗保健、疾病控制、卫生监督服务或从事医学科研和教育等工作的单位。卫生机构包括医院、疗养院、社区卫生服务中心（站）、卫生院、门诊部、诊所（卫生所、医务室）、急救中心（站）、采供血机构、妇幼保健院（所、站）、专科疾病防治院（所、站）、疾病预防控制中心（防疫站）、卫生监督所、卫生监督检验（监测、检测）机构、医学科研机构、医学在职培训机构、健康教育所（站）等其他卫生机构。

医疗机构 指从卫生行政部门取得《医疗机构执业许可证》的机构，包括医院、疗养院、社区卫生服务中心（站）、卫生院、门诊部、诊所（卫生所、医务室）、妇幼保健院（所、站）、专科疾病防治院（所、站）、急救中心（站）和临床检验中心。

社区卫生服务中心（站） 指为本社区居民提供预防、医疗、保健、康复、健康教育、计划生育技术服务等的基层卫生机构。包括社区卫生服务中心和社区卫生服务站。

卫生人员 指在医疗、预防保健、医学科研和在职教育等卫生机构工作的职工，包括卫生技术人员、其他技术人员、管理人员和工勤人员。

卫生技术人员 包括执业（助理）医师、注册护士、药剂人员、检验和影像人员等卫生专业人员。不包括从事管理工作的卫生技术人员（一律计入管理人员）。

执业医师 指具有《医师执业证》及其“级别”为“执业医师”且实际从事医疗、预防保健工作的人员，不包括实际从事管理工作的执业医师。执业医师类别分为临床、中医、口腔和公共卫生。

执业助理医师 指具有《医师执业证》及其“级别”为“执业助理医师”且实际从事医疗、预防保健工作的人员，不包括实际从事管理工作的执业助理医师。执业助理医师类别同样分为临床、中医、口腔和公共卫生四类。

每万人口执业（助理）医师 每万人口执业（助理）医师 =（执业医师数 + 执业助理医师数）/ 人口数 ×10000. 人口数系公安部户籍人口。

每万人口医院、卫生院床位数 每万人口医院卫生院床位数 =（医院床位数 + 卫生院床位数）/ 人口数 ×10000. 人口数系常住人口。

每万人口卫生技术人员 每万人口卫生技术人员 = 卫生技术人员数 / 人口数 ×10000. 人口数系常住人口。

Explanatory Notes on Main Statistical Indicators

Culture and Related Industries refers to provide public cultural products and related products of a collection of production activities.

Culture and related industries in our country is derived on the basis of the national economy industrial classification categories, and there are two categories of production of cultural products and production of cultural related products.

The Production of Cultural Products mainly refers to the news publication services, radio and television movie service, culture and art services, cultural information transmission services, cultural creativity and design services, cultural entertainment services, arts and crafts production.

Cultural Production of Related Products mainly refers to the auxiliary production of cultural products, the production of cultural goods, and the production of cultural special equipment.

Arts Performance Troupes refer to the various professional performing arts groups, which sponsored by the cultural sectors or guided by the cultural society (approved by the cultural market administration, or registered and permitted with the relative certificate), including non-governmental troupes, such as drama troupes, dialect troupes, comedy troupes, children troupes, Opera troupes, puppetry troupes, Shadow- graph troupes, etc., comprehensive professional arts perfor- mance troupes. The mass sparetime arts performance troups are not included.

Arts Performance Places refer to the various sites for cultural activities, which sponsored by the cultural sectors or guided by the cultural society (approved by the cultural market administration, or registered and permitted with the relative certificate), with the facility of auditorium, stage, and lighting, and selling tickets in public, including the opera halls and rehearse sites, etc. which are affiliated to the culture sectors without independent financial accounts and open to the public.

Cultural Market Operating Units refer to the units dealing in culture and cultural services, which registered and permitted with the relative certificate by cultural market administration.

Radio Coverage of Population refers to the percentage of population, which can listen to one of central, provincial, city, prefecture, and county radio programs by wireless, cable, satellite and other technical means, in the surveying area, to national total population, according to Statistical Standard and Method on Television and Radio Coverage of Population established by the State Administration of Broadcasting, Film and Television.

Television Coverage of Population refers to the percentage of population, which can watch one of central, provincial, city, prefecture, and county television programs by wireless, cable, satellite and other technical means, in the surveying area, to national total population, according to Statistical Standard and Method on Television and Radio Coverage of Population established by the State Administration of Broadcasting, Film and Television.

National Comprehensive Archives refer to all archives institution, which are directly conducted by the central and local levels archives administration, collecting and keeping various documents and materials by administrative regions or historical periods.

Health Care Institutions refer to the units which have been qualified the Certification of Health Care Institution by the administration of public health, or qualified the Certifi-cation of Corporate Unit by the civil affairs, administration for industry and commerce, commission office for public sector reform, and engaging in medical care, disease prevention and control, health supervision and inspection, medicine research and health education, etc., including: hospitals, sanatoriums, community health service centers (stations), health centers, clinics (health stations and infirmaries), first-aid centres (stations), blood gathering and supplying institutions, women and children care agencies (centres and stations), special disease prevention and curing agencies (centres and stations), disease prevention and control centres (epidemic prevention stations), health supervision and inspection agencies, sanitary inspection institutions, medicinal scientific research and on-job training institutions, health education centres and so on.

Medical Organizations refer to the institutions which have been qualified the Certification of Health Care Institution by the administration of public health, including: hospitals, sanatoriums, community health service centers (stations), health centers, clinics (health stations and infirmaries), women and children care agencies (centres and stations), special disease prevention and curing agencies (centres and stations), first-aid centres (stations) and clinic inspection centers.

Community Health Service Centres (stations) refer to the primary units that provide the health care for community residents, such as disease prevention and control, medical treatment, health care, rehabilitation, health education, family planning technical services, including community health service centres and community health service stations.

Health Care Employee refer to all employee engaged in the health care institutions, such as medical organizations,

disease prevention and control centres, health care agencies, medicinal scientific research and on-job training institutions, including medical technical personnel, other technical personnel, manager and labour.

Medical Technical Personnel refer to the professional staff engaged in health care, including licensed (assistant) doctors, registered nurse, pharmacists, laboratory technician, and imaging staff, excluding the medical technical personnel engaged in management job (included as the management staff).

Licensed Doctors refer to the medical workers who have obtained the licenses of qualified doctors and are employed in medical treatment, disease prevention or healthcare institutions, excluding the licensed doctors engaged in management job. The classification of licensed doctors is clinician, Chinese medicine, dentist and public health.

Licensed Assistant Doctors refer to the medical workers who have obtained the licenses of qualified assistant doctors and are employed in medical treatment, disease prevention or healthcare institutions, excluding the licensed assistant doctors engaged in management job. The classification of licensed assistant doctors is clinician, Chinese medicine, dentist and public health.

Number of Licensed (Assistant) Doctors per 10000 Population the formula is:

Number of Licensed Doctors per 10000 Population = (Number of Licensed Doctors + Number of Licensed Assistant Doctors) / Population *10000

The population is the figure of household registration from the Ministry of Public Security.

Number of Beds of Hospitals and Health Care per 10000 Population the formula is:

Number of Beds of Hospitals and Health Care per 10000 Population = Number of Beds of Hospitals + Number of Beds of Health Care) / Population *10000

The population is the figure of household registration from the Ministry of Public Security.

Number of Medical Technical Personnel per 10000 Population the formula is:

Number of Medical Technical Personnel per 10000 Population = Number of Medical Technical Personnel / Population *10000

The population is the figure of household registration from the Ministry of Public Security.

党群、政法和社会服务

Party and Mass, Politics and Law, Social Service

资料整理人员：蔡冬娥　肖首雄　赵莉淇

19-1 历届省人民代表大会的代表人数
Number of Deputies to All the Previous Provincial People' s Congress

单位：人 (person)

项　目	Item	代表总数 Total Number of All Deputies	#女性代表 Female Deputies	占代表总数(%) As Percentage to Total (%)	#少数民族代表 Deputies From National Minorities	占代表总数(%) As Percentage to Total (%)	#中青年代表 Midlife and Youth Deputies	占代表总数(%) As Percentage to Total (%)
第一届 (1954)	First Congress (1954)	552	36	6.5	9	1.6	399	72.3
第二届 (1958)	Second Congress (1958)	552	36	6.5	9	1.6	399	72.3
第三届 (1964)	Third Congress (1964)	662	148	22.4	57	8.6	409	61.8
省革命委员会 (1968)	The Provincial Revolutionary Committee (1968)	160						
第五届 (1977)	Fifth Congress (1977)	1252	274	21.9	72	5.8	966	77.2
第六届 (1983)	Sixth Congress (1983)	988	225	22.8	84	8.5	570	57.7
第七届 (1988)	Seventh Congress (1988)	874	210	24.0	78	8.9	529	60.5
第八届 (1993)	Eighth Congress (1993)	870	191	22.0	87	10.0	587	62.0
第九届 (1997)	Ninth Congress (1997)	763	175	22.9	85	11.1	488	64.0
第十届 (2003)	Tenth Congress (2003)	772	149	19.3	82	10.8	72	9.5
第十一届 (2007)	Eleventh Congress (2007)	774	149	19.3	82	10.8	72	9.5
第十二届 (2012)	Twelfth Congress (2012)	768	130	16.9	83	10.8		
第十三届 (2018)	Thirteen Congress (2018)	764	207	27.1	97	12.7		

注：1968 年省革命委员会召开了全体委员会议，代表人数为委员人数。

The plenary meeting was held by the provincial revolutionary committee in 1968, and the number of delegates was that of committee members.

19-2 历届省政治协商会议的委员人数
Number of Deputies to All the Previous Provincial People' s Political consultative Conferences

单位：人 (person)

项　目	Item	委员总数 Total Number of All Deputies	#中国共产党代表 Deputies from the Communist Party of China	占代表总数(%) As Percentage to Total (%)	#少数民族代表 Deputies From National Minorities	占代表总数(%) As Percentage to Total (%)
第一届 (1955)	First Congress (1955)	175	39	22.3	6	3.4
第二届 (1959)	Second Congress (1959)	396	131	33.1	15	3.8
第三届 (1964)	Third Congress (1964)	398	134	33.7	20	5.0
第四届 (1977)	Fourth Congress (1977)	500	222	44.4	26	5.2
第五届 (1983)	Fifth Congress (1983)	732	270	36.9	38	5.2
第六届 (1988)	Sixth Congress (1988)	703	280	39.8	58	8.3
第七届 (1993)	Seventh Congress (1993)	724	288	39.8	61	8.4
第八届 (1997)	Eighth Congress (1997)	716	280	39.1	70	9.8
第九届 (2003)	Ninth Congress (2003)	728	281	38.6	72	10.6
第十届 (2007)	Tenth Congress (2007)	750	289	38.5	65	8.7
第十一届 (2012)	Eleventh Congress (2012)	749	278	37.1	69	9.2
第十二届 (2018)	Twelfth Congress (2018)	751	281	37.4	73	9.7

19-3 工会工作情况
Labor Union Work

项 目	Item	2000	2005	2017	2018
工会基层组织个数 （万个）	Number of Grassroots Unions (10 000 unit)	4.10	5.75	15.5	16.02
工会会员人数 （万人）	Union membership (10 000 persons)			1272.67	1284.7
其中：女性	# Female			434.81	435.91
已建工会组织的基层单位在岗职工人数 （万人）	Number of Staff and Workers in Grassroots Unions (10 000 persons)	487.00	732.27	1403.45	1409.84
# 在岗女职工	# Female	186.00	251.11	452.06	
工会专职干部数 （万人）	Full-time Cadres (10 000 persons)	2.14	3.01	9.01	10.27
已建立职代会制度的单位个数 （万个）	Number of Units Established With Workers Delegating Congress System (10 000 units)	1.34	0.85	17.74	16.99
本年度提出合理化建议 （万件）	Advanced Rationalization Proposals This Year (10 000 piece)	66.60	16.91	31.43	17.04
实行厂务公开的企业单位（万个）	Implementation of Factory Affairs of the Business Units (ten thousand)			17.86	12.92
签订集体合同的企业单位（万个）	Sign a Collective Contract of the Business Units (ten thousand)			5.85	10.89
建立劳动争议调解组织 （万个）	Establish a Labor Dispute Mediation Organizations (ten thousand)			1.87	3.26
建立工会劳动法律监督组织（个）	Number of Units Established With Labor Law Supervisional Organization (unit)	6295	6566	31697	33718

19-4 其他社会福利事业单位机构和人员
Institution and Personnel in Social Welfare and Special Care

项 目	Item	机构数（个） Number of Institutions (unit)		职工人数（人） Staff and Workers (person)	
		2017	2018	2017	2018
福利企业单位	**Social Welfare Institutions and Enterprises**				
假肢厂	Artificial Limb Factories	1		94	94
安置农场	Placement Farm	3		43	43
救助类社会服务机构	**Relief Type of Social Service Agencies**	**137**		**1237**	**1237**
救助管理站	Salvation Management Station	107		964	964
流浪儿童救助保护中心	The Centers of Salvation and Safeguard Children on the Tramp	30		273	273
殡仪事业单位	**Funeral and Interment Institutions**	**149**		**2430**	**2430**

19-5 提供住宿的社会服务机构基本情况 (2018年)
Basic Statistics of Social Service Agencies with Accommodate (2018)

项 目	Item	机构(个) Institution (unit)	职工(人) Staff and Workers (person)	床位(张) Beds (unit)	年末在院人数(人) Number of Persons Housed (person)
总计	**Total**	**1679**	**16365**	**148139**	**88233**
工商部门登记的提供住宿单位	The Ministry of Commerce and Industry Registration Provide Accommodation Units	13	376	2597	825
编制部门提供住宿单位	Compiling Department Provide Accommodation Units	1394	12139	110683	73236
民政部门登记提供住宿单位	Civil Affairs Department Registration Provide Accommodation Units	238	3098	32534	12984
未登记的提供住宿单位	Unregistered Provide Accommodation Units	34	752	2325	1188
在总计中	**Among Total**				
智障与精神疾病服务机构	Service Organization on Mental Retardation and Mental Illness				
#复退军人精神病院	# Mental Hospitals for Veteran and Demobilized Soldiers	8	1312	6324	6286
#福利类精神病院和医院	# Psychiatric Hspitals, and Hospitals of the Welfare Class	11	1747	3998	3450
儿童福利机构	Child Welfare Agencies	23	424	3224	1737
老年人与残疾人服务机构	Elderly and Disabled Service Agencies	1510	12966	134294	81114
#城市养老服务机构	# City Pension Service Agencies	242	4303	37302	15737
#农村养老服务机构	# Pension Services in Rural Areas	1114	5067	74144	52443
#荣誉军人康复医院	# Rehabilitation Hospitals for Glory Soldiers	4	659	2440	1997
#复员军人疗养院	# Convalescent Homes for Demobilized Soldiers				
#光荣院	# Homes for Disabled Veterans	150	732	4445	2232
#社会福利医院	# Psychopathic Welfare Homes	11	1747	3998	3450
军休所	Army Hugh	110	906		5423
其他收养性机构	Other Adoption Agencies	117	1059	5927	1847

注：我省暂时没有复原军人疗养院，由省荣军医院承担复原军人疗养任务，1-4级残疾人集中供养。

There is no convalescent homes for demobilized soldiers, and Rongjun Hospital provides convalescence services for demobilized soldiers and disabled soldiers of level 1-4.

19–6 社会救济和福利主要费用
Value of Major Social Relief and Welfare Funds

单位：万元 (10 000 yuan)

项 目	Item	2017	2018
总计	**Total**	**2758084.5**	**1707022.3**
民政事业费支出	**Civil Administration Department Funds**	**2758084.5**	**1707022.3**
抚恤事业费	Commiserate	532773.5	512497.1
退役安置事业费	Settle Down	158695.0	154339.5
社会救助	Social Assistance	1360784.8	1045265.9
城市居民最低生活保障事业费	Funds for Urban Residents Receiving Mininum Income Relief	371527.5	293995.0
农村居民最低生活保障事业费	Funds for Rural Residents Receiving Mininum Income Relief	398161.2	321752.0
其他社会救助	Other Social Assistance	62630.0	52229.2
医疗救助	Medical Assistance	176619.5	
社会福利事业费	Social Welfware Funds	364109.3	390873.4
民政管理事务事业费	Civil Administation Affairs Furds	162500.6	197023.1
自然灾害救助费	Relief Funds for Natural Disasters	117129.9	25764.0
行政事业单位离退休人员经费	Administration Institution Retired Personnels Funds	7229.4	5845.5
其他款项用于民政支出	Other Funds use in the Civil Administation	54862.0	68014.4

19–7 婚姻登记情况
Basic Statistics on Marriage Registration

项 目		Item		2000	2005	2017	2018
准予登记结婚	**（万对）**	**Registered Marriages**	**(10 000 couples)**	**38.31**	**45.97**	**45.78**	**42.16**
初 婚	（万人）	First Marriages	(10 000 persons)	71.77	83.80	69.9	62.65
再 婚	（万人）	Remarriages	(10 000 persons)	4.85	8.14	21.65	21.66
离婚人数	**（万对）**	**Number of Divorces**	**(10 000 couples)**	**6.45**	**8.30**	**24.25**	**21.27**
离婚率	(‰)	Divorce Rate	(‰)	1.97	2.50	2.58	3.08

19-8 律师、公证、调解工作基本情况
Basic Statistics on Lawyers, Notarization and Mediation

项 目		Item		2000	2005	2017	2018
律师工作		**Lawyers**					
律师事务所	（个）	Number of Law Offices	(unit)	352	426	778	831
律师	（人）	Number of Lawyers	(person)	4888	5663	14067	16018
担任法律顾问工作	（家）	Number of Units with Permanent Legal Advisors	(unit)	7899	8623	16731	18265
刑事案件代理及辩护	（件）	Agent & Defender of Criminal Cases	(case)	13664	15270	22835	30836
民事案件诉讼代理	（件）	Agent of Civil Cases	(case)	25820	30342	78739	56161
非诉讼法律事务	（件）	Agent of Non-Litigious Legal Affairs	(case)	25883	4617	34597	39460
行政案件诉讼代理	（件）	Agent of Administrative Action	(case)	2156	2425	6134	6487
公证工作		**Notarization**					
公证处	（个）	Number of Notary Offices	(unit)	138	129	110	111
公证人员	（人）	Notarization Personnel	(person)	604	652	378	862
出证公证文书	（件）	Number of Show Notarized Documents	(case)	317705	163857	255133	284207
人民调解工作		**Number of People's Mediation**					
专职司法助理员	（人）	Number of Full-time Judicial Assistants	(person)	4114	4238	4140	4924
人民调解委员会	（个）	Number of People's Mediation Committees	(person)	57231	55188	34467	34323
调解人员	（人）	Number of Mediators	(person)	723389	260000	145994	147369
调解民间纠纷	（件）	Number of Civil Disputes Mediated	(case)	340612	300957	361708	359729

19—9 交通事故发生情况
Statistics on Traffic Accidents

指 标	Item	合计 Total	按事故发生程度分 By Serious Degree of Traffic Accidents			
			特大 Extraordinarily Serious	重大 Serious	较大 More	一般 Ordinary
发生次数 （起）	Number of Traffic Accidents (case)					
	2008	7637	50	2132		5455
	2009	7444	43	1791		5610
	2010	8651	54	1850		6747
	2011	8121	34	1699		6388
	2012	8756	34	1668		7054
	2013	8709	25	1674		7010
	2014	8786	1		25	8760
	2015	9036		1	22	9013
	2016	7505	1		24	7480
	2017	5631			22	5609
	2018	4730			15	4715
死亡人数 （人）	Number of Deaths (person)					
	2008	2555	222	2333		
	2009	2154	183	1971		
	2010	2250	240	2010		
	2011	2039	137	1902		
	2012	1955	137	1818		
	2013	1894	93	1801		
	2014	1921	54		85	1782
	2015	1792		21	90	1681
	2016	1628	35		91	1502
	2017	1257			79	1178
	2018	1183			55	1128
受伤人数 （人）	Number of Injuries (person)					
	2008	9918	220	1707		7991
	2009	10083	254	1541		8288
	2010	11621	303	1370		9948
	2011	11058	220	1536		9302
	2012	11770	216	1303		10251
	2013	11306	79	1262		10037
	2014	11382	6		52	11324
	2015	11619		11	94	11514
	2016	9232	15		37	9180
	2017	6849			60	6789
	2018	5506			41	5465

注：从2014年开始，公安部门交通事故统计增加“较大”类分组。
Sine 2014,The public security department increased "categories grouped" in traffic accident statistics.

19-9 续表 Continued

指标	Item	合计 Total	按事故发生程度分 By Serious Degree of Traffic Accidents			
			特大 Extraordinarily Serious	重大 Serious	较大 More	一般 Ordinary
损失折款 （万元）	Losses Coverted into Cash (10 000 yuan)					
	2008	3765.35	129.60	1475.40		2160.35
	2009	3822.29	348.67	1454.33		2019.29
	2010	4104.41	243.18	1590.70		2270.53
	2011	5145.58	265.20	2212.64		2667.74
	2012	6758.36	242.37	2562.01		3953.98
	2013	6486.64	189.45	2230.69		4066.50
	2014	7093.13	200.00		219.30	6673.83
	2015	7230.93		800	257.85	6173.08
	2016	6440.38	10.00		212.00	6218.38
	2017	5329.46			314.56	5014.90
	2018	5657.21			474.00	5183.21
平均每起损失 （元）	Average Loss per Traffic Accident (yuan)					
	2008	4930.40	25920.00	6920.26		3960.37
	2009	5134.73	81086.05	8120.21		3599.45
	2010	4744.43	45033.33	8598.38		3365.24
	2011	6336.14	78000.00	13023.19		4176.17
	2012	7718.54	71285.29	15359.75		5605.30
	2013	7448.20	75780.00	13325.51		5801.00
	2014	8073.22	2000000.00		87720.00	7618.53
	2015	8002.36		8000000	117204.55	6849.08
	2016	8580.31	100000.00		88333.33	8313.34
	2017	9464.50			142981.82	8940.81
	2018	11960.28			316000.00	10993.03

注：从 2014 年开始，公安部门交通事故统计增加“较大”类分组。
Sine 2014,The public security department increased "categories grouped" in traffic accident statistics.

19－10　火灾发生情况
Statistics on Fires

指　标	Item	合计 Total	按事故发生程度分 By Serious Degree of Traffic Accidents			
			特大 Extraordinarily Serious	重大 Serious	较大 More	一般 Ordinary
发生次数　（起）	Number of Traffic Accidents　(case)					
	2008	3393		6		3387
	2009	2563			4	2559
	2010	2928			3	2925
	2011	3789		1	3	3785
	2012	4898			1	4897
	2013	16030			7	4897
	2014	18237			4	18233
	2015	15471			2	15469
	2016	15091			3	15088
	2017	8861			6	8855
	2018	7093			7	7086
死亡人数　（人）	Number of Deaths　(person)					
	2008	83		20		63
	2009	52			16	36
	2010	33			11	22
	2011	45		10	13	22
	2012	33			5	28
	2013	80			26	54
	2014	72			9	63
	2015	79			7	72
	2016	62			10	52
	2017	66			19	47
	2018	85			27	58
受伤人数　（人）	Number of Injuries　(person)					
	2008	16		4		12
	2009	16			3	13
	2010	4				4
	2011	14		4		10
	2012	13				13
	2013	59				59
	2014	54				54
	2015	52			3	49
	2016	44			3	41
	2017	60			3	57
	2018	47			1	46

19-10 续表 Continued

指 标	Item	合计 Total	按事故发生程度分 By Serious Degree of Traffic Accidents			
			特大 Extraordinarily Serious	重大 Serious	较大 More	一般 Ordinary
损失折款 （万元）	Losses Coverted into Cash (10 000 yuan)					
	2008	6876.09		172.76		6703.33
	2009	9963.00			11.60	9951.40
	2010	8753.60			4.50	8749.10
	2011	7537.70		60.40	122.70	7354.60
	2012	15841.10			14.00	15827.10
	2013	28302.00			6399.80	21902.20
	2014	25089.60			2519.90	22569.70
	2015	22892.00			94.00	22798.00
	2016	18212.00			88.00	18124.00
	2017	14987.00			104.70	14833.00
	2018	18149.00			973.00	17176.00
平均每起损失 （元）	Average Loss per Traffic Accident (yuan)					
	2005	0.93	320.26	39.72		0.73
	2006	0.72		46.74		0.62
	2007	1.23	299.50	43.46		1.13
	2008	2.03		28.79		1.98
	2009	3.89			2.90	3.89
	2010	2.99			1.50	2.99
	2011	1.99		60.40	40.90	1.94
	2012	3.23			14.00	3.23
	2013	1.77			914.26	4.47
	2014	1.38			629.98	1.24
	2015	1.48			47.00	1.47
	2016	1.21			29.33	1.20
	2017	1.69			17.45	1.70
	2018	2.56			139	2.42

主要统计指标解释

律　师　指依法取得律师执业证书，担任法律顾问，民事（刑事、行政）案件代理人、刑事案件辩护人、办理非诉讼业务，解答法律询问，代写法律事务文书等，为社会提供法律服务的人员。

公证人员　指在公证处工作的人员总称，包括公证处主任、副主任、公证员、公证员助理（助理公证员）和其他从事辅助性工作的人员。

公证文书　指公证处根据当事人申请，依照事实和法律，按照法定程序制作的，具有法律效力的司法证明文书。

调解员　指在人民调解委员会担负调解民间纠纷工作的人员，包括调解委员会的委员和调解小组的调解员。该指标主要反映从事人民调解工作的人员数量。

调解民间纠纷　指调解委员会按照法律规定，根据自愿原则，用说服教育的方法调解民间发生的有关民事权利和义务争执的件数，包括调解成功数和调解未成功数。该指标主要反映人民调解委员会的工作量。

特大火灾　指造成30人以上死亡，或者100人以上重伤，或者1亿元以上直接财产损失的火灾。

重大火灾　指造成10人以上30人以下死亡，或者50人以上100人以下重伤，或者5000万元以上1亿元以下直接财产损失的火灾。

较大火灾　指造成3人以上10人以下死亡，或者10人以上50人以下重伤，或者1000万元以上5000万元以下直接财产损失的火灾。

一般火灾　指造成3人以下死亡，或者10人以下重伤，或者1000万元以下直接财产损失的火灾。

Explanatory Notes on Main Statistical Indicators

Lawyers are certified legal workers according to law, and who are employed by legal counseling firms to act as legal advisers, agents in criminal or civil lawsuits, or defenders in criminal lawsuits, or to handle non litigious legal affairs, to advise on matters of law or to write legal papers for others, and provide service to the public.

Notary Personnel refers to people working for notary offices including: directors, deputy directors, notaries, assistant notaries and other people providing assistance.

Notary Documents refer to the judicial notary documents drawn up at the request of the interested party and are in accordance with facts and the law and following certain legal proceedings.

Mediators refers to the personnel who are responsible for the mediation of civil disputes in the people's mediation committee, including members of the mediation committee and mediators of mediation teams. The index mainly reflects the number of people engaged in mediation work of the people.

Mediating Civil Disputes refers to the mediation committee shall, in accordance with the law and on a voluntary basis, use persuade education method on civil rights and obligations dispute mediation folk, the number of successful and unsuccessful mediation including mediation. The index mainly reflects the workload of the people's mediation committee.

Extraordinarily Serious Fire Case refers to a case which has caused over 30 deaths; or over 100 serious injuries; or a direct property loss over 100 million yuan.

Serious Fire Case refers to a case which has caused over 10 to 30 deaths; or over 50 to 100 serious injuries; or a direct property loss over 50 million to 100 million yuan.

Comparatively Serious Fire Case refers to a case which has caused over three to ten deaths; or over 10 to 50 serious injuries; or a direct property loss over 10 million to 50 million yuan.

Ordinary Fire Case refers to a case which has caused less than three deaths; or less than 10 serious injuries; or a direct property loss less than 10 million yuan.

20 区域经济

Regional Economy

资料整理人员：陈晗文　刘　洋　郑一璞
赵　宏　张　驰　田杰平
孟　强　陈　慧　段嘉欣
周　璜　田　原　肖宇旻
王　璐　李臣佳

20-1 “长株潭城市群”主要经济指标情况(2018年)

Main Economic Indicators of "Changsha, Zhuzhou & Xiangtan" City Clusters (2018)

指标		Item		绝对值 Value	比上年增长 Increase over 2017 (%)	全省比重 Percentage (%)
土地面积	(平方公里)	Area of Land	(sq.km)	28069		13.3
常住人口	(万人)	Resident Population	(10 000 persons)	1504.03	1.7	21.8
生产总值	(亿元)	Gross Domestic Products	(100 million yuan)	15796.31	8.3	42.0
第一产业增加值	(亿元)	Primary Industry	(100 million yuan)	629.34	3.3	20.0
第二产业增加值	(亿元)	Secondary Industry	(100 million yuan)	6851.39	6.9	45.7
第三产业增加值	(亿元)	Tertiary Industry	(100 million yuan)	8315.58	10.4	42.7
人均地区生产总值	(元)	Per Capita Gross Regional Product	(yuan)	105900	6.3	
固定资产投资	(亿元)	Fixed Assets Investment	(100 million yuan)		9.7	39.9
地方财政收入	(亿元)	Public Budgetary Revenue	(100 million yuan)	1195.29	3.8	41.8
公共财政支出	(亿元)	Public Budgetary Expenditure	(100 million yuan)	2064.53	8.0	27.6
全体居民可支配收入	(元)	Disposable Income	(yuan)	39274	8.6	
城镇居民人均可支配收入	(元)	Disposable Income of Urban Households	(yuan)	46646	8.0	
农村居民人均可支配收入	(元)	Disposable Income of Rural Households	(yuan)	24661	8.6	
农林牧渔业总产值	(亿元)	Gross Output Value of Farming, Forestry, Animal, Husbandry and Fishery	(100 million yuan)	1020.00	3.4	19.0
规模以上工业企业单位数	(个)	Number of industrial enterprises above Designated Size	(unit)	5654	3.5	35.2
规模以上工业企业利润总额	(亿元)	Total Profits of industrial Enterprises above Designated Size	(100 million yuan)	723.56	4.0	41.9
社会消费品零售总额	(亿元)	Total Retail Sales of Consumer Goods	(100 million yuan)	6498.62	9.9	41.6
进出口总额	(万美元)	Total Exports and Imports	(USD 10 000)	2554075	35.8	54.9
出口额	(万美元)	Exports	(USD 10 000)	1687547	41.4	55.2
实际利用外资	(万美元)	Foreign Direct Investment Actually Used	(USD 10 000)	849460	10.8	52.5
金融机构人民币存款余额	(亿元)	Deposits in Financial Organizations	(100 million yuan)	23731.39	6.7	48.7
金融机构人民币贷款余额	(亿元)	Loans in Financial Organizations	(100 million yuan)	21816.44	15.0	60.2

注：地区生产总值、农林牧渔业总产值占全省比重为占全省市州汇总数据比重。

The proportion of regional GDP、Gross Output Value of Farming, Animal Husbandry and Fishery in the province is the proportion of the total data of the provinces and cities.

20-2 “环长株潭城市群”主要经济指标情况 (2018年)

Main Economic Indicators of the Rim Chang-Zhu-Tan City Clusters (2018)

指　标	Item	绝对值 Value	比上年增长 Increase over 2017 (%)	全省比重 Percentage (%)
土地面积 (平方公里)	Area of Land (sq.km)	96834		45.7
常住人口 (万人)	Resident Population (10 000 persons)	4225.36	0.9	61.3
生产总值 (亿元)	Gross Domestic Products (100 million yuan)	28946.34	8.3	76.9
第一产业增加值 (亿元)	Primary Industry (100 million yuan)	2032.00	3.3	64.4
第二产业增加值 (亿元)	Secondary Industry (100 million yuan)	11952.51	7.1	79.7
第三产业增加值 (亿元)	Tertiary Industry (100 million yuan)	14961.83	10.4	76.8
人均地区生产总值 (元)	Per Capita Gross Regional Product (yuan)	68806	7.5	
固定资产投资 (亿元)	Fixed Assets Investment (100 million yuan)		10.0	72.4
地方财政收入 (亿元)	Public Budgetary Revenue (100 million yuan)	1816.37	2.7	63.5
公共财政支出 (亿元)	Public Budgetary Expenditure (100 million yuan)	4335.53	7.5	58.0
全体居民可支配收入 (元)	Disposable Income (yuan)	29477	8.8	
城镇居民人均可支配收入 (元)	Disposable Income of Urban Households (yuan)	38631	8.0	
农村居民人均可支配收入 (元)	Disposable Income of Rural Households (yuan)	18281	8.7	
农林牧渔业总产值 (亿元)	Gross Output Value of Farming, Forestry, Animal, Husbandry and Fishery (100 million yuan)	3439.96	3.5	64.0
规模以上工业企业单位数 (个)	Number of industrial enterprises above Designated Size (unit)	11266	4.0	70.2
规模以上工业企业利润总额 (亿元)	Total Profits of industrial Enterprises above Designated Size (100 million yuan)	1406.05	10.5	81.4
社会消费品零售总额 (亿元)	Total Retail Sales of Consumer Goods (100 million yuan)	11690.95	10.0	74.8
进出口总额 (万美元)	Total Exports and Imports (USD 10 000)	3713498	29.4	79.8
出口额 (万美元)	Exports (USD 10 000)	2358672	32.2	77.1
实际利用外资 (万美元)	Foreign Direct Investment Actually Used (USD 10 000)	1257972	11.9	77.7
金融机构人民币存款余额 (亿元)	Deposits in Financial Organizations (100 million yuan)	37029.77	5.9	76.0
金融机构人民币贷款余额 (亿元)	Loans in Financial Organizations (100 million yuan)	29157.22	15.3	80.5

20-3 "湘南地区"主要经济指标情况(2018年)
Main Economic Indicators of "Southern Hunan" (2018)

指 标		Item		绝对值 Value	比上年增长 Increase over 2017 (%)	全省比重 Percentage (%)
土地面积	(平方公里)	Area of Land	(sq.km)	56900		26.9
常住人口	(万人)	Resident Population	(10 000 persons)	1744.00	0.1	25.3
生产总值	(亿元)	Gross Domestic Products	(100 million yuan)	7243.55	8.2	19.2
第一产业增加值	(亿元)	Primary Industry	(100 million yuan)	835.00	3.3	26.4
第二产业增加值	(亿元)	Secondary Industry	(100 million yuan)	2708.76	7.2	18.1
第三产业增加值	(亿元)	Tertiary Industry	(100 million yuan)	3699.79	10.5	19.0
人均地区生产总值	(元)	Per Capita Gross Regional Product	(yuan)	41562	8.2	
固定资产投资	(亿元)	Fixed Assets Investment	(100 million yuan)		10.3	21.7
地方财政收入	(亿元)	Public Budgetary Revenue	(100 million yuan)	413.09	2.7	14.4
公共财政支出	(亿元)	Public Budgetary Expenditure	(100 million yuan)	1409.59	3.7	18.8
全体居民可支配收入	(元)	Disposable Income	(yuan)	23391	9.0	
城镇居民人均可支配收入	(元)	Disposable Income of Urban Households	(yuan)	31907	8.1	
农村居民人均可支配收入	(元)	Disposable Income of Rural Households	(yuan)	15750	8.7	
农林牧渔业总产值	(亿元)	Gross Output Value of Farming, Forestry, Animal, Husbandry and Fishery	(100 million yuan)	1485.82	3.6	27.7
规模以上工业企业单位数	(个)	Number of industrial enterprises above Designated Size	(unit)	3346	6.6	20.8
规模以上工业企业利润总额	(亿元)	Total Profits of industrial Enterprises above Designated Size	(100 million yuan)	296.59	5.5	17.2
社会消费品零售总额	(亿元)	Total Retail Sales of Consumer Goods	(100 million yuan)	3083.78	10.4	19.7
进出口总额	(万美元)	Total Exports and Imports	(USD 10 000)	1088087	11.8	23.4
出口额	(万美元)	Exports	(USD 10 000)	668155	13.6	21.9
实际利用外资	(万美元)	Foreign Direct Investment Actually Used	(USD 10 000)	454359	11.4	28.1
金融机构人民币存款余额	(亿元)	Deposits in Financial Organizations	(100 million yuan)	8339.37	4.5	18.0
金融机构人民币贷款余额	(亿元)	Loans in Financial Organizations	(100 million yuan)	4581.33	13.3	12.7

20-4 "大湘西地区"主要经济指标情况(2018年)
Main Economic Indicators of "West Hunan" (2018)

指标		Item		绝对值 Value	比上年增长 Increase over 2017 (%)	全省比重 Percentage (%)
土地面积	(平方公里)	Area of Land	(sq.km)	81511		38.5
常住人口	(万人)	Resident Population	(10 000 persons)	2046.93	0.2	29.7
生产总值	(亿元)	Gross Domestic Products	(100 million yuan)	6020.30	7.8	16.0
第一产业增加值	(亿元)	Primary Industry	(100 million yuan)	775.26	3.7	24.6
第二产业增加值	(亿元)	Secondary Industry	(100 million yuan)	2060.39	7.2	13.7
第三产业增加值	(亿元)	Tertiary Industry	(100 million yuan)	3184.64	9.5	16.4
人均地区生产总值	(元)	Per Capita Gross Regional Product	(yuan)	29445	7.4	
固定资产投资	(亿元)	Fixed Assets Investment	(100 million yuan)		10.0	16.9
地方财政收入	(亿元)	Public Budgetary Revenue	(100 million yuan)	348.63	3.1	12.2
公共财政支出	(亿元)	Public Budgetary Expenditure	(100 million yuan)	1818.06	10.4	24.3
全体居民可支配收入	(元)	Disposable Income	(yuan)	17288	10.3	
城镇居民人均可支配收入	(元)	Disposable Income of Urban Households	(yuan)	26626	8.7	
农村居民人均可支配收入	(元)	Disposable Income of Rural Households	(yuan)	10724	10.6	
农林牧渔业总产值	(亿元)	Gross Output Value of Farming, Forestry, Animal, Husbandry and Fishery	(100 million yuan)	1273.81	3.7	23.7
规模以上工业企业单位数	(个)	Number of industrial enterprises above Designated Size	(unit)	3433	8.3	21.4
规模以上工业企业利润总额	(亿元)	Total Profits of industrial Enterprises above Designated Size	(100 million yuan)	286.96	27.9	16.6
社会消费品零售总额	(亿元)	Total Retail Sales of Consumer Goods	(100 million yuan)	2759.03	10.2	17.6
进出口总额	(万美元)	Total Exports and Imports	(USD 10 000)	427771	29.7	9.2
出口额	(万美元)	Exports	(USD 10 000)	318503	42.3	10.4
实际利用外资	(万美元)	Foreign Direct Investment Actually Used	(USD 10 000)	103250	14.8	6.4
金融机构人民币存款余额	(亿元)	Deposits in Financial Organizations	(100 million yuan)	8775.11	4.5	18.0
金融机构人民币贷款余额	(亿元)	Loans in Financial Organizations	(100 million yuan)	4925.70	12.9	13.6

20-5 “洞庭湖生态经济区”主要经济指标情况(2018年)
Main Economic Indicators of "Dongting Lake Eco-economic Zone" (2018)

指 标		Item		绝对值 Value	比上年增长 Increase over 2017 (%)	全省比重 Percentage (%)
土地面积	(平方公里)	Area of Land	(sq.km)	45355		21.4
常住人口	(万人)	Resident Population	(10 000 persons)	1603.81	0.4	23.3
生产总值	(亿元)	Gross Domestic Products	(100 million yuan)	8563.59	8.2	22.8
第一产业增加值	(亿元)	Primary Industry	(100 million yuan)	913.78	3.3	29.0
第二产业增加值	(亿元)	Secondary Industry	(100 million yuan)	3379.26	7.4	22.5
第三产业增加值	(亿元)	Tertiary Industry	(100 million yuan)	4270.54	10.2	21.9
人均地区生产总值	(元)	Per Capita Gross Regional Product	(yuan)	53509	7.9	
固定资产投资	(亿元)	Fixed Assets Investment	(100 million yuan)		10.6	20.7
地方财政收入	(亿元)	Public Budgetary Revenue	(100 million yuan)	389.43	1.1	13.6
公共财政支出	(亿元)	Public Budgetary Expenditure	(100 million yuan)	1436.23	9.3	19.2
全体居民可支配收入	(元)	Disposable Income	(yuan)	22928	9.2	
城镇居民人均可支配收入	(元)	Disposable Income of Urban Households	(yuan)	31013	8.2	
农村居民人均可支配收入	(元)	Disposable Income of Rural Households	(yuan)	15413	8.9	
农林牧渔业总产值	(亿元)	Gross Output Value of Farming, Forestry, Animal, Husbandry and Fishery	(100 million yuan)	1592.30	3.6	29.6
规模以上工业企业单位数	(个)	Number of industrial enterprises above Designated Size	(unit)	3624	3.4	22.6
规模以上工业企业利润总额	(亿元)	Total Profits of industrial Enterprises above Designated Size	(100 million yuan)	426.78	13.9	24.7
社会消费品零售总额	(亿元)	Total Retail Sales of Consumer Goods	(100 million yuan)	3296.84	9.9	21.1
进出口总额	(万美元)	Total Exports and Imports	(USD 10 000)	583050	38.9	12.5
出口额	(万美元)	Exports	(USD 10 000)	383229	22.9	12.5
实际利用外资	(万美元)	Foreign Direct Investment Actually Used	(USD 10 000)	212065	16.0	13.1
金融机构人民币存款余额	(亿元)	Deposits in Financial Organizations	(100 million yuan)	7722.91	3.8	15.9
金融机构人民币贷款余额	(亿元)	Loans in Financial Organizations	(100 million yuan)	4508.54	18.4	12.5

20-6 各市州中心城区人口情况 (2018年)
City Center Population (2018)

市 州	Cities and Prefecture	年平均人口 (万人) Average Population (10 000 persons)	常住人口 (万人) Resident Population (10 000 persons)	年末总户数 (万户) Households (10 000 households)
长沙市	Changsha	347.76	440.95	125.56
株洲市	Zhuzhou	114.66	159.18	44.25
湘潭市	Xiangtan	86.60	108.29	30.69
衡阳市	Hengyang	101.34	137.94	37.54
邵阳市	Shaoyang	69.97	77.19	24.37
岳阳市	Yueyang	110.18	136.52	45.58
常德市	Changde	140.53	157.35	47.17
张家界市	Zhangjiajie	53.16	53.15	21.24
益阳市	Yiyang	135.85	132.01	45.93
郴州市	Chenzhou	79.03	87.14	30.18
永州市	Yongzhou	117.70	110.79	40.36
怀化市	Huaihua	39.62	62.18	16.06
娄底市	Loudi	61.36	61.99	25.17
湘西州	Xiangxizhou	31.08	35.82	11.03

注：中心城区是指市辖区，涵盖所有城区，不包括市辖县（市）。湘西州指的是吉首市。下表同。

City Center is a municipal district, covers all areas of the city, not including the city administer county (city). The same as in the following table.

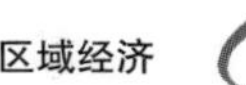

20-7 各市州中心城区从业人员情况(2018年)
City Center Staff (2018)

单位：万人　　(10 000 persons)

市　州	Cities and Prefecture	年末单位从业人员数(城镇) Employees at the year-end (town)	第一产业 Primary Industry	第二产业 Secondary Industry	第三产业 Tertiary Industry
长沙市	Changsha	86.51	0.10	30.75	55.66
株洲市	Zhuzhou	24.55	0.02	13.22	11.32
湘潭市	Xiangtan	24.33	0.01	12.72	11.60
衡阳市	Hengyang	18.11	0.03	8.09	9.99
邵阳市	Shaoyang	11.76		5.54	6.21
岳阳市	Yueyang	17.24	0.08	9.17	7.99
常德市	Changde	20.27	0.10	7.08	13.09
张家界市	Zhangjiajie	4.63	0.03	0.96	3.64
益阳市	Yiyang	12.46	0.03	4.94	7.49
郴州市	Chenzhou	15.41	0.01	5.34	10.06
永州市	Yongzhou	9.99	0.03	2.52	7.44
怀化市	Huaihua	6.59		1.14	5.44
娄底市	Loudi	11.27		4.29	6.97
湘西州	Xiangxizhou	5.26		0.50	4.76

20-8 各市州中心城区土地面积情况 (2018年)
City Center Land Area (2018)

单位：平方公里 (sq.km)

市州	Cities and Prefecture	行政区域土地面积 Administrative Region Land Area	建成区面积 Developed Areas	城市建设用地面积 City Construction Use Land	居住用地面积 Living Space	公共设施用地面积 Public Engineering	工业用地面积 Industry
长沙市	Changsha	2151	427	505	173	62	60
株洲市	Zhuzhou	863	146	136	55	16	33
湘潭市	Xiangtan	652	80	80	27	8	13
衡阳市	Hengyang	698	137	131	42	14	30
邵阳市	Shaoyang	436	78	77	29	10	5
岳阳市	Yueyang	1413	110	97	27	11	19
常德市	Changde	2752	105	105	28	11	22
张家界市	Zhangjiajie	2567	33	33	10	6	2
益阳市	Yiyang	1851	82	74	29	11	6
郴州市	Chenzhou	2246	79	70	31	7	7
永州市	Yongzhou	3181	67	66	16	6	8
怀化市	Huaihua	673	64	54	19	8	2
娄底市	Loudi	429	51	51	16	6	11
湘西州	Xiangxizhou	1093	38	31	20	6	1

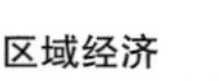

20—9 各市州中心城区生产总值情况 (2018年)
City Center GDP (2018)

市 州	Cities and Prefecture	地区生产总值(当年价格)(万元) Gross Domestic Product (10 000 yuan)	第一产业增加值 Value added of the first Primary Industry	第二产业增加值 Added value of the Secondary Industry	第三产业增加值 Added value of the tertiary Industry
长沙市	Changsha	70708962	583843	23236403	46888716
株洲市	Zhuzhou	14126191	449568	6069742	7606881
湘潭市	Xiangtan	12122047	186832	5844447	6090768
衡阳市	Hengyang	9524276	181711	3966210	5376355
邵阳市	Shaoyang	3775197	125586	1718778	1930833
岳阳市	Yueyang	14420630	447708	5651030	8321892
常德市	Changde	17576102	634062	8291240	8650800
张家界市	Zhangjiajie	2956625	200538	399481	2356606
益阳市	Yiyang	7434077	607590	3387951	3438536
郴州市	Chenzhou	7426438	249986	3017354	4159098
永州市	Yongzhou	5125707	636826	1969607	2519274
怀化市	Huaihua	3852001	92146	762895	2996960
娄底市	Loudi	5033789	177382	2606010	2250397
湘西州	Xiangxizhou	1676246	71566	484108	1120572

20-10 各市州中心城区财政收支情况 (2018年)
City Center Financial Revenue and Expenditure (2018)

单位：万元 (10 000 yuan)

市 州	Cities and Prefecture	地方一般公共预算收入 General Public Budget Revenue	各项税收 Taxes Revenue	企业所得税 Income Tax of Enterprises	个人所得税 Individual Income Tax	地方一般公共预算支出 General Public BudgetExpenditure
长沙市	Changsha	6609947	4491024	583954	331271	9097509
株洲市	Zhuzhou	659931	398670	35348	15525	1424864
湘潭市	Xiangtan	616036	429095	36435	19343	725539
衡阳市	Hengyang	954045	600544	56715	26070	1901771
邵阳市	Shaoyang	352005	209295	19842	11184	1099362
岳阳市	Yueyang	961236	585224	53263	18450	2331201
常德市	Changde	1218287	748136	56276	26712	2338999
张家界市	Zhangjiajie	232998	153311	18273	7368	857681
益阳市	Yiyang	421873	276360	25968	11703	1422608
郴州市	Chenzhou	128020	89946	6045	2811	512283
永州市	Yongzhou	265016	198208	11851	5907	802529
怀化市	Huaihua	72896	50345	5112	3897	242303
娄底市	Loudi	373985	252745	11114	9469	885249
湘西州	Xiangxizhou	91949	62589	5043	3416	386551

20－11　各市州中心城区规模以上工业情况 (2018年)
City Center above Industrial Enterprises Designated Size (2018)

市　州	Cities and Prefecture	规模以上工业企业数（个） Number of Enterprises (unit)	主营业务收入（万元） Revenue of Main Business (10 000 yuan)	主营业务成本（万元） Cost of Major Business (10 000 yuan)	利润总额（万元） Total Profits (10 000 yuan)	从业人员年平均人数（万人） Average Number of Employment of the Current Year (10 000 persons)
长沙市	Changsha	988			2452231.9	19.15
株洲市	Zhuzhou	547	14286858	12026525	596193	12.48
湘潭市	Xiangtan	458	15778439	12983719	859040	8.43
衡阳市	Hengyang	224	6695939	5452104	406033	6.56
邵阳市	Shaoyang	213	3843901	9714838	152160	3.54
岳阳市	Yueyang	347	18452818	15059138	715342	11.90
常德市	Changde	427	13781294	8519717	1051887	6.90
张家界市	Zhangjiajie	88	499003	418699	28648	0.78
益阳市	Yiyang	526	12843757	11522590	338651	7.60
郴州市	Chenzhou	236	7006608	5258190	255749	4.70
永州市	Yongzhou	288	3734688	2949977	150700	3.14
怀化市	Huaihua	64	1445761	1322551	52577	0.92
娄底市	Loudi	268	9049465	7789608	724351	4.15
湘西州	Xiangxizhou	76	655602	468289	64791	0.87

20-12 各市州中心城区贸易主要情况(2018年)
City Center Trade (2018)

市州	Cities and Prefecture	社会消费品零售总额(万元) Total Retail Sales of Consumer Goods (10 000 yuan)	限额以上批发零售企业	
			法人数(个) Number of Corporate Enterprises (unit)	商品销售总额(万元) Total sales of goods (10 000 yuan)
长沙市	Changsha	35361923	297	33815028
株洲市	Zhuzhou	5649875	92	5862356
湘潭市	Xiangtan	4342381	41	4259502
衡阳市	Hengyang	5516504	111	5352210
邵阳市	Shaoyang	2130893	24	2270801
岳阳市	Yueyang	6860570	45	3730118
常德市	Changde	4904230	57	3762837
张家界市	Zhangjiajie	1239533	37	681828
益阳市	Yiyang	3034577	31	2077915
郴州市	Chenzhou	5137602	63	6084211
永州市	Yongzhou	2500772	36	1321055
怀化市	Huaihua	2185503	9	2270913
娄底市	Loudi	1249893	18	1676489
湘西州	Xiangxizhou	1067191	8	1083620

20-13 各市州中心城区教育情况 (2018年)
City Center Education (2018)

市 州	Cities and Prefecture	普通中学专任教师数（人）Regular Secondary Schools Teachers (persons)	小学专任教师数（人）Primary Schools Teachers (persons)	普通中学在校学生数（万人）Regular Secondary Schools Students (10 000 persons)	小学在校学生数（万人）Primary Schools Students (10 000 persons)
长沙市	Changsha	16384	18964	21.80	35.11
株洲市	Zhuzhou	6289	5664	6.99	11.03
湘潭市	Xiangtan	2483	2779	2.30	5.53
衡阳市	Hengyang	4289	5445	6.59	10.21
邵阳市	Shaoyang	2903	3091	4.83	6.42
岳阳市	Yueyang	5014	4866	6.32	9.26
常德市	Changde	4874	4362	5.19	7.59
张家界市	Zhangjiajie	2012	2240	2.88	4.33
益阳市	Yiyang	4604	4500	6.02	8.32
郴州市	Chenzhou	4594	5571	6.89	10.33
永州市	Yongzhou	5052	5908	7.30	10.34
怀化市	Huaihua	3062	2765	4.55	6.30
娄底市	Loudi	3498	3075	5.02	7.11
湘西州	Xiangxizhou	1828	1849	2.34	3.38

20−14 各市州中心城区文化、体育、卫生情况 (2018年)
City Center Culture, Sports and Public, Health (2018)

市 州	Cities and Prefecture	剧场、影剧院数（个） Number of Theater, Theater (unit)	公共图书馆图书总藏量（千册） Books of Total Reserves of Public Libraries (1000 copies)	体育场馆数（个） The number of Stadiums (unit)	卫生机构数（个） Number of Health Institutions (unit)	卫生机构床位数（张） Number of beds in Health Institutions (bed)	医生数（执业医师+执业助理医师）（人） The number of Doctors (Doctors and Assistant Doctors) (persons)
长沙市	Changsha	8	9588	63	2228	55093	22076
株洲市	Zhuzhou	11	1513	17	1066	13342	5442
湘潭市	Xiangtan	5	1310	11	702	10434	3884
衡阳市	Hengyang	13	850	37	704	16384	5184
邵阳市	Shaoyang	12	1422	3	508	10632	3377
岳阳市	Yueyang	16	339	38	627	12101	4594
常德市	Changde	13	748	21	1461	13572	5173
张家界市	Zhangjiajie	9	192	48	343	4185	1504
益阳市	Yiyang	13	604	27	1111	11630	4135
郴州市	Chenzhou	1	659	13	822	11570	4163
永州市	Yongzhou	2	939	3	1198	11631	3846
怀化市	Huaihua	7	364	2	369	7071	3171
娄底市	Loudi	1	143	1	363	8462	2548
湘西州	Xiangxizhou	6	102	1	456	6146	1950

20-15 各市州中心城区社会保障情况(2018年)
City Center Social Security (2018)

单位：人 (person)

市 州	Cities and Prefecture	城镇职工基本养老保险参保人数 Number of People Participating in Basic Endowment Insurance for Urban Employees	城乡居民基本医疗保险参保人数 Number of People Participating in Basic Medical Insurance for Urban and Rural Residents	失业保险参保人数 Persons Covered of Unemployment Insurance Contributors	工伤保险参保人数 Work Injury Insurance Contributors	生育保险参保人数 Maternity Insurance Contributors	城市居民最低生活保障人数 City Residents Minimum Living Security Number
长沙市	Changsha	1918738	2139896	1219850	1168720	1321040	21151
株洲市	Zhuzhou	700522	884400	306875	341127	252523	12569
湘潭市	Xiangtan	440859	578039	270007	254551	180434	16813
衡阳市	Hengyang	501281	718578	333020	204160	183827	27508
邵阳市	Shaoyang	290000	411300	116835	157293	96600	27884
岳阳市	Yueyang	183546	300313	222017	431798	219934	29887
常德市	Changde	549353	1283101	162138	227037	168741	13292
张家界市	Zhangjiajie	66031	421203	28923	47240	62006	4895
益阳市	Yiyang	246505	1213378	91740	176521	103722	21511
郴州市	Chenzhou	169367	608776	190446	163428	168482	5050
永州市	Yongzhou	223149	965100	132125	106745	94380	8815
怀化市	Huaihua	85489	428476	102347	71149	67000	8134
娄底市	Loudi	207688	411047	196715	190182	90312	10231
湘西州	Xiangxizhou	18229	254500	17129	30955	31601	3769

20-15 各市州中心城区社会保障情况（2018年）

City Center: Social Security (2018)

21 各市、州主要经济和社会统计指标

Main Economic and Social Statistics Indicators of Cities and Prefecture

资料整理人员：郑一璞　欧阳普　邓鸿鹄
赵　宏　张　驰　李培楚
田杰平　谢　凡　贺淑贞
郑石明　孟　强　陈　慧
段嘉欣　杨　耒　宋　超
何　达　户新刚　杨東燊
周　璜　彭开吾　刘　杰
陈晗文　易　贝　刘　洋
周夜明　肖　鹏　陈　婷
田　原　凌　骞　谢妮莉
韩建芳　蔡冬娥　肖首雄
贺　震　赵莉淇　郭开金
付硕果　邓海波　王　璐
李臣佳

21-1 按产业和主要行业分的地区生产总值 (2018年)

市 州	Cities and Prefecture	地区生产总值（亿元） Gross Domestic Product (100 millionyuan)	第一产业 Primary Industry	第二产业 Secondary Industry	第三产业 Tertiary Industry	农、林、牧、渔业 Agriculture, Forestry, Animal Husbandry and Fishery	工 业 Industry
长沙市	Changsha	11003.41	318.73	4660.19	6024.49	337.21	3667.54
株洲市	Zhuzhou	2631.54	185.54	1149.19	1296.81	191.89	941.32
湘潭市	Xiangtan	2161.36	125.07	1042.02	994.27	131.81	932.09
衡阳市	Hengyang	3046.03	337.01	1023.59	1685.43	359.05	819.89
邵阳市	Shaoyang	1782.65	295.82	626.83	860.01	309.73	516.12
岳阳市	Yueyang	3411.01	319.91	1424.34	1666.76	339.37	1227.42
常德市	Changde	3394.20	348.00	1285.40	1760.81	374.27	1124.90
张家界市	Zhangjiajie	578.92	58.76	102.57	417.59	61.20	77.18
益阳市	Yiyang	1758.38	245.88	669.53	842.97	260.65	592.42
郴州市	Chenzhou	2391.87	202.29	1076.87	1112.72	209.30	959.66
永州市	Yongzhou	1805.65	295.70	608.30	901.65	309.39	499.92
怀化市	Huaihua	1513.27	188.99	461.10	863.18	193.67	377.19
娄底市	Loudi	1540.41	151.87	698.26	690.29	156.88	597.04
湘西州	Xiangxizhou	605.05	79.83	171.65	353.58	81.00	133.09

21-2 按产业和主要行业分的地区生产总值指数 (2018年)

市 州	Cities and Prefecture	地区生产总值 (%) Gross Domestic Product (%)	第一产业 Primary Industry	第二产业 Secondary Industry	第三产业 Tertiary Industry	农、林、牧、渔业 Agriculture, Forestry, Animal Husbandry and Fishery	工 业 Industry
长沙市	Changsha	108.5	103.3	106.8	110.7	103.5	107.2
株洲市	Zhuzhou	107.8	103.6	107.1	109.6	103.8	107.4
湘潭市	Xiangtan	107.8	102.8	107.2	109.4	103.2	107.4
衡阳市	Hengyang	108.3	103.1	107.0	110.6	103.6	107.7
邵阳市	Shaoyang	107.6	103.6	107.3	109.4	103.8	107.4
岳阳市	Yueyang	108.3	103.3	107.7	110.0	103.6	107.3
常德市	Changde	108.2	103.3	106.9	110.7	103.7	107.1
张家界市	Zhangjiajie	107.5	103.5	106.4	108.4	103.7	105.2
益阳市	Yiyang	108.1	103.4	108.0	109.6	103.8	108.2
郴州市	Chenzhou	108.3	103.4	107.3	110.7	103.7	107.2
永州市	Yongzhou	107.8	103.4	107.2	110.0	103.7	107.6
怀化市	Huaihua	108.1	103.8	107.9	109.4	103.9	107.6
娄底市	Loudi	108.6	103.8	107.9	110.8	103.9	107.5
湘西州	Xiangxizhou	106.0	103.6	102.0	108.9	103.7	103.4

Gross Domestic Product by Three Strata of Industry and Main Sectors (2018)

建筑业 Construction	批发和零售业 Wholesale and Retail Trade	交通运输、仓储和邮政业 Traffic, Transport, Storage and Post	住宿和餐饮业 Accommodation and Restaurants	金融业 Finance	房地产业 Real Estate	其他服务业 Other Services	人均地区生产总值（元） Per Capita Gross Domestic Product(yuan)
997.78	803.87	321.20	277.97	737.79	549.84	3310.21	136920
209.20	138.87	113.14	46.92	93.84	130.92	765.45	65442
116.68	108.16	73.46	57.59	71.69	52.94	616.92	75609
203.70	179.94	123.11	82.67	102.81	75.51	1099.36	42163
111.78	92.12	43.12	37.34	72.03	79.70	520.69	24178
199.40	226.62	127.38	71.85	82.72	116.43	1019.81	59165
161.55	176.91	157.83	61.72	102.54	94.59	1139.89	58160
25.54	28.14	38.73	26.23	29.55	18.56	273.78	37719
78.69	77.73	75.58	47.22	62.10	50.31	513.69	39937
118.35	162.30	79.16	56.95	73.69	66.47	665.99	50482
109.08	71.59	77.75	22.44	75.58	62.40	577.50	33035
84.27	106.81	75.78	41.46	65.95	138.30	429.83	30449
101.69	92.53	90.20	31.46	42.22	44.86	383.53	39249
39.01	42.47	34.51	29.11	36.21	19.94	189.72	22885

Indices of Gross Domestic Product by Three Strata of Industry and Main Sectors (2018)

建筑业 Construction	批发和零售业 Wholesale and Retail Trade	交通运输、仓储和邮政业 Traffic, Transport, Storage and Post	住宿和餐饮业 Accommodation and Restaurants	金融业 Finance	房地产业 Real Estate	其他服务业 Other Services	人均地区生产总值(%) Per Capita Gross Domestic Product(%)
104.5	104.1	107.3	105.4	104.0	104.7	115.4	105.1
105.0	103.4	103.5	105.5	101.8	108.3	113.5	107.7
105.6	103.8	101.0	105.0	100.4	107.8	113.0	107.3
103.2	104.9	101.9	105.4	101.7	100.5	114.6	108.6
106.8	104.6	102.7	107.8	99.9	104.7	113.3	107.2
111.7	103.5	103.4	105.4	104.6	109.0	113.5	107.2
104.4	104.1	104.8	107.2	101.9	105.1	114.2	108.4
112.0	103.7	101.0	103.3	105.2	108.5	111.0	107.2
106.6	104.6	104.4	106.7	103.3	105.7	112.7	108.3
108.3	104.7	99.9	106.3	97.9	101.7	116.9	107.9
104.8	104.8	102.1	107.2	102.0	105.8	113.7	107.9
109.9	104.0	104.1	105.9	99.2	108.9	114.4	107.5
111.2	104.2	106.4	106.7	102.8	104.6	115.6	108.1
96.5	102.6	102.6	107.2	100.0	116.7	113.1	105.7

21−3 年末常住人口 (2018年)
Population at the Year-end (2018)

市 州	Cities and Prefecture	总户数（万户）Households (10 000 households)	年末常住人口（万人）Population at the Year-end (10 000 persons)	男 Male	女 Female	城镇人口 Urban	乡村人口 Rural	城市化水平(%) City Level (%)
全 省	**Total**	**2133.12**	**6898.77**	**3558.40**	**3340.37**	**3864.69**	**3034.08**	**56.02**
长沙市	Changsha	264.21	815.47	408.68	406.79	645.23	170.24	79.12
株洲市	Zhuzhou	119.29	402.08	205.79	196.29	269.99	132.09	67.15
湘潭市	Xiangtan	83.89	286.48	146.83	139.65	180.15	106.33	62.88
衡阳市	Hengyang	205.86	724.34	377.33	347.01	388.32	336.02	53.61
邵阳市	Shaoyang	216.82	737.05	384.27	352.78	350.02	387.03	47.49
岳阳市	Yueyang	175.67	579.71	300.45	279.26	336.23	243.48	58.00
常德市	Changde	193.67	582.72	295.60	287.12	309.68	273.04	53.14
张家界市	Zhangjiajie	53.80	153.79	78.17	75.62	75.66	78.13	49.20
益阳市	Yiyang	131.14	441.38	226.28	215.10	227.88	213.50	51.63
郴州市	Chenzhou	152.90	474.45	246.71	227.74	260.38	214.07	54.88
永州市	Yongzhou	160.54	545.21	286.33	258.88	270.91	274.30	49.69
怀化市	Huaihua	172.80	497.96	259.44	238.52	237.78	260.18	47.75
娄底市	Loudi	124.51	393.18	205.16	188.02	189.16	204.02	48.11
湘西州	West Hunan	78.02	264.95	137.36	127.59	123.30	141.65	46.54

21-4 计划生育指标(2018年)
Indicators of Family Plan (2018)

市 州	Cities and Prefecture	出生率 (‰) Birth Rate (‰)	死亡率 (‰) Death Rate (‰)	自 然 增长率 (‰) Natural Growth Rate (‰)	政策内生育率 (%) Birth Within Plan Rate (%)	已婚育龄妇女人数 (万人) Married Women at Child-Bearing Age (10 000 persons)	节育率 (%) Contra-ceptive Rate (%)
全 省	**Total**	**12.25**	**6.96**	**5.29**	**92.79**	**1337.96**	**82.92**
长沙市	Changsha	14.71	7.50	7.21	97.75	129.53	70.88
株洲市	Zhuzhou	11.57	7.82	3.75	96.77	76.02	84.43
湘潭市	Xiangtan	11.41	6.93	4.48	97.11	53.17	85.16
衡阳市	Hengyang	12.19	6.40	5.79	90.64	150.77	83.14
邵阳市	Shaoyang	12.44	6.37	6.07	88.54	148.49	84.56
岳阳市	Yueyang	13.08	6.67	6.41	94.52	107.47	84.73
常德市	Changde	9.80	7.89	1.91	98.35	113.53	83.55
张家界市	Zhangjiajie	10.96	7.07	3.89	95.72	29.59	81.06
益阳市	Yiyang	11.38	7.16	4.22	96.19	90.36	87.73
郴州市	Chenzhou	12.09	6.40	5.69	85.66	95.01	83.18
永州市	Yongzhou	12.56	7.49	5.07	90.64	114.07	85.78
怀化市	Huaihua	11.97	6.91	5.06	93.69	94.36	82.43
娄底市	Loudi	13.14	6.89	6.25	88.99	82.55	88.22
湘西州	West Hunan	12.44	6.15	6.29	90.36	53.05	76.57

21-5　国有经济各行业在岗职工年末人数 (2018年)

单位：人

市　州	Cities and Prefecture	农林牧渔业 Agriculture Forestry, Forestry, Farming of Animals and Fishing	采掘业 Mining	制造业 Manu-facturing	电力、热力、燃气及水生产和供应业及水的生产和供应 Production and Supply of Electricity, Heat,Gas and Water	建筑业 Construc-tion	批发和零售业 Wholesale and Retail Trade	交通运输、仓储和邮政业 Transport, Storage and Post	住宿和餐饮业 Acco-mmodation and Restaurants
全　省	**Total**	**12892**	**3399**	**16252**	**91812**	**38953**	**22877**	**117390**	**6378**
长沙市	Changsha	100		2269	534	1761	1716	5231	1867
株洲市	Zhuzhou	854	250	968	1533	341	659	1576	331
湘潭市	Xiangtan	65			302	282	496	956	366
衡阳市	Hengyang	693		64	3582	1646	1976	3442	57
邵阳市	Shaoyang	2938	36	261	2916	3378	2166	4755	102
岳阳市	Yueyang	821	270	1772	2357	7507	2431	5396	590
常德市	Changde	941		22	935	4076	1437	2992	310
张家界市	Zhangjiajie	397		5	356	353	214	1515	233
益阳市	Yiyang	169	136	237	920	6276	1091	1954	38
郴州市	Chenzhou	1175		999	1745	4697	5879	4566	304
永州市	Yongzhou	2861		576	4053	2199	2613	6259	23
怀化市	Huaihua	1123	4	218	2398	2535	762	3488	643
娄底市	Loudi	404	2692	21	1086	2433	409	2213	375
湘西州	West Hunan	351		31	4052	164	819	2829	83
其 他	Others		11	8809	65043	1305	209	70218	1056

21-6　城镇集体经济各行业在岗职工年末人数 (2018年)

单位：人

市　州	Cities and Prefecture	农林牧渔业 Agriculture Forestry, Forestry, Farming of Animals and Fishing	采掘业 Mining	制造业 Manu-facturing	电力、热力、燃气及水生产和供应业及水的生产和供应 Production and Supply of Electricity, Heat,Gas and Water	建筑业 Construc-tion	批发和零售业 Wholesale and Retail Trade	交通运输、仓储和邮政业 Transport, Storage and Post	住宿和餐饮业 Acco-mmodation and Restaurants
全　省	**Total**	**678**	**5101**	**12891**	**1414**	**53875**	**4288**	**3603**	**586**
长沙市	Changsha		208	2778	66	2109	222	74	354
株洲市	Zhuzhou	20	344	922	222	119	67	151	38
湘潭市	Xiangtan	10		2488		365	4	192	
衡阳市	Hengyang	81		1001		6346	604	420	148
邵阳市	Shaoyang	14		337	364	7749	1397	77	3
岳阳市	Yueyang	383		2653	150	2724	619	82	16
常德市	Changde	90		727		3	45	43	
张家界市	Zhangjiajie					1369	4		27
益阳市	Yiyang	51		233	123	736	97	171	
郴州市	Chenzhou	8	736	118	88	2873	352	106	
永州市	Yongzhou	21		60	177	14077	258	159	
怀化市	Huaihua		190	488	199	4127	53	706	
娄底市	Loudi		3623	1073		6520	460	1331	
湘西州	West Hunan			13	25	4758	106	91	

Employed Staff and Workers in State-Owned Units by Sector at the Year-end (2018)

(person)

信息传输、软件和信息技术服务业 Information Transfer, Computer Services and Software	金融业 Finance	房地产业 Real Estate Trade	租赁和商务服务业 Tenancy and Business Services	科学研究和技术服务业 Scientific Research and Technical Services	水利、环境和公共设施管理业 Management of Water Conservancy, Public Facilities	居民服务、修理和其他服务业 Services to Households, Repair and Other Services	教　育 Education	卫生和社会工作 Health and Social Service	文化体育和娱乐业 Culture, Sports and Enter-tainment	公共管理、社会保障和社会组织 Management, Social Security and Social Organiza-tion
3146	**10845**	**5188**	**17643**	**43611**	**55620**	**1710**	**583904**	**353060**	**30503**	**776881**
834	4397	1136	2252	17874	6584	579	86856	59906	11392	85789
67	148	377	564	2432	3086	22	26118	18626	1246	51057
9	124	146	641	1968	3764	157	28011	17639	1471	31600
117	223	538	2427	2425	6327	28	54275	35190	2381	76726
188	1395	79	1050	1444	2632	58	54269	30139	970	66179
212	131	386	1094	2196	4545	39	38494	20435	1622	62764
240	720	560	540	2138	4181	345	44845	28287	1720	59658
125	546	28	227	331	2117		10129	7363	246	23182
249	418	144	301	1326	2096	94	36067	20985	1012	42028
108	1041	482	2448	2671	5161	41	43522	25285	1996	57169
361	802	356	3452	2992	4415	160	52338	26773	1964	67951
191	546	357	1138	2248	3397	77	44859	27911	2047	64078
56	179	171	833	1402	4591	62	33779	18569	1035	45682
389	155	204	613	1314	2724	48	30133	15837	1320	43018
	20	224	63	850			209	115	81	

Employed Staff and Workers in Urban Collective-Owned Units by Sector at the Year-end (2018)

(person)

信息传输、软件和信息技术服务业 Information Transfer, Computer Services and Software	金融业 Finance	房地产业 Real Estate Trade	租赁和商务服务业 Tenancy and Business Services	科学研究和技术服务业 Scientific Research and Technical Services	水利、环境和公共设施管理业 Management of Water Conservancy, Public Facilities	居民服务、修理和其他服务业 Services to Households, Repair and Other Services	教　育 Education	卫生和社会工作 Health and Social Service	文化体育和娱乐业 Culture, Sports and Enter-tainment	公共管理、社会保障和社会组织 Management, Social Security and Social Organiza-tion
26	**1598**	**1307**	**1612**	**377**	**1113**	**166**	**6400**	**15639**	**284**	**26**
		1076	357	8	79	32	2371	4149	39	3
13	10	162	17	15	208	30	416	1877		
			35		22		14	759		
		3	53	10		23	213	1221		
	789	19	90		119	3	468	1429	13	
	412	23	35	247	68		915	1471	63	23
			22	24	166		314	1574	138	
			38		4					
		3	84		337		531	1783	18	
	387		8	2			612	797		
13		13	290	45				213		
		8	13	26	41		546	341	13	
			536		69	78		25		
			34							

21－7 在岗职工工资总额和年平均工资 (2018年)

Total Wage Bill and Average Annual Wage of Employed Staff and Workers (2018)

市 州	Cities and Prefecture	在岗职工工资总额（亿元）			在岗职工年平均工资（元）				在岗职工年平均工资为上年 %
		Total Wages of Staff and Workers on the Job (100 million yuan)	#国有经济 Stateowned Units	#城镇集体经济 Urban Collective Owned Units	Average Annual Wages of Staff and Workers on the Job (yuan)	#国有经济 Stateowned Units	#城镇集体经济 Urban Collective Owned Units	#其他 Others	Average Annual Wages as Percentage of Preceding Year (%)
全 省	**Total**	**3606.06**	**1816.46**	**54.80**	**73300**	**83190**	**51122**	**65991**	**111.1**
长沙市	Changsha	1033.03	354.34	8.51	93293	122327	63302	83337	109.5
株洲市	Zhuzhou	281.75	96.34	2.69	76936	87873	57384	72540	125.3
湘潭市	Xiangtan	189.74	78.01	2.24	66887	89215	57929	56917	106.3
衡阳市	Hengyang	265.69	137.41	4.73	62328	71946	49188	54747	111.8
邵阳市	Shaoyang	207.84	129.46	6.66	63871	74369	53444	51646	108.9
岳阳市	Yueyang	214.99	92.98	5.68	59177	61206	58827	57665	107.8
常德市	Changde	250.29	122.77	1.91	66335	80726	61272	56553	111.7
张家界市	Zhangjiajie	54.16	36.87	0.72	70633	77920	51866	59238	110.6
益阳市	Yiyang	140.27	87.79	2.60	67477	76640	62792	55924	111.1
郴州市	Chenzhou	206.65	122.78	3.18	65367	77684	51914	53098	107.5
永州市	Yongzhou	187.62	124.57	5.79	63149	69258	43993	55016	112.3
怀化市	Huaihua	152.02	113.10	2.94	66300	71881	40977	55551	106.9
娄底市	Loudi	160.56	81.24	5.28	63427	70516	39351	59463	119.0
湘西州	West Hunan	99.12	80.97	1.87	72233	76661	37928	61048	107.7
其 他	Others	162.31	157.83		106362	105382		158134	107.4

21-8 年末在岗职工人数 (2018年)

Number of Staff and Workers on the Job of Cities and Prefecture at the Year-end (2018)

单位：万人 (10 000 persons)

市 州	Cities and Prefecture	在岗职工 Staff and Workers on the Job	国有经济 State-owned Economic	城镇集体经济 Urban Collective-owned Economic	其他经济 Others
全 省	**Total**	**496.78**	**219.21**	**11.10**	**266.47**
长沙市	Changsha	111.38	29.11	1.39	80.88
株洲市	Zhuzhou	36.71	11.03	0.46	25.22
湘潭市	Xiangtan	29.14	8.80	0.39	19.95
衡阳市	Hengyang	43.20	19.21	1.01	22.98
邵阳市	Shaoyang	32.64	17.50	1.29	13.86
岳阳市	Yueyang	37.00	15.31	0.99	20.70
常德市	Changde	38.26	15.39	0.31	22.55
张家界市	Zhangjiajie	7.76	4.74	0.14	2.88
益阳市	Yiyang	21.04	11.55	0.42	9.07
郴州市	Chenzhou	31.76	15.93	0.61	15.22
永州市	Yongzhou	30.33	18.01	1.53	10.78
怀化市	Huaihua	23.21	15.80	0.68	6.73
娄底市	Loudi	25.62	11.60	1.37	12.65
湘西州	West Hunan	13.62	10.41	0.50	2.71

21-9 年末城镇单位从业人员 (2018年)

Number of Employed Persons in Urban Unit at the Year-end (2018)

单位：万人 (10 000 persons)

市 州	Cities and Prefecture	城镇单位从业人员合计 Number of Employed Persons in Urban Unit	国有经济 Stateo-wned Economic	城镇集体经济 Urban Collective-owned Economic	其他经济 Economic Units of Other Types	内资经济 Domestic Funded Economic	港澳台投资经济 Economioc With Funded From H.K, Macao and Taiwan	外商投资经济 Economic With Funded
全 省	**Total**	**546.27**	**232.11**	**13.28**	**300.89**	**265.77**	**21.70**	**13.42**
长沙市	Changsha	119.45	30.83	1.45	87.17	68.22	11.38	7.57
株洲市	Zhuzhou	40.29	11.46	0.54	28.29	26.92	0.42	0.96
湘潭市	Xiangtan	34.27	9.48	0.41	24.38	23.30	0.33	0.75
衡阳市	Hengyang	46.24	20.20	1.21	24.83	23.16	1.07	0.60
邵阳市	Shaoyang	36.38	18.52	1.60	16.26	14.32	1.43	0.51
岳阳市	Yueyang	41.32	16.91	1.19	23.21	22.33	0.38	0.51
常德市	Changde	43.33	16.73	0.33	26.27	24.78	1.16	0.33
张家界市	Zhangjiajie	8.45	5.01	0.26	3.19	3.00	0.12	0.06
益阳市	Yiyang	24.68	12.43	0.52	11.73	11.10	0.22	0.41
郴州市	Chenzhou	35.47	16.85	0.66	17.96	15.93	1.83	0.20
永州市	Yongzhou	32.11	19.00	1.87	11.23	8.43	1.76	1.05
怀化市	Huaihua	25.34	17.03	1.01	7.30	6.96	0.25	0.09
娄底市	Loudi	28.70	12.00	1.58	15.12	13.76	1.04	0.33
湘西州	West Hunan	15.00	10.71	0.64	3.66	3.57	0.02	0.07
其 他	Others	15.25	14.96		0.29		0.29	

21-10 固定资产投资增速、按行业分固定资产投资占比 (2018年)

单位：%

市 州	Cities and Prefecture	固定资产投资增速 Fixed Asset Investment Growth	按行业分固定资产投资占比							
			农、林、牧、渔业 Agriculture, Forestry, Farming of Animals and Fishing	采矿业 Mining	制造业 Manufacturing	电力、燃气及水的生产和供应业 Production and Distribution of Electricity, Gas and Water	建筑业 Construction	批发和零售业 Wholesale and Retail Trade	交通运输、仓储和邮政业 Transportation, Storage and Postal Services	住宿和餐饮业 Accommodation and Catering
全 省	**Total**	**10.0**	**4.1**	**0.9**	**28.5**	**3.4**	**1.2**	**7.6**	**0.9**	**2.3**
长沙市	Changsha	11.5	0.9	0.1	28.8	2.2	0.3	7.5	1.2	2.4
株洲市	Zhuzhou	7.0	5.1	0.9	30.1	1.8	0.3	3.9	0.5	2.4
湘潭市	Xiangtan	10.1	1.4	0.5	36.6	1.5	1.1	4.1	1.3	3.8
衡阳市	Hengyang	10.3	8.4	1.7	27.2	3.5	1.2	7.6	0.8	2.8
邵阳市	Shaoyang	10.0	10.2	1.1	28.1	3.9	1.5	11.5	0.3	3.0
岳阳市	Yueyang	10.6	2.9	0.5	34.4	3.8	2.1	2.8	0.4	3.1
常德市	Changde	10.6	2.9	1.2	27.9	5.4	2.3	4.5	0.6	1.5
张家界市	Zhangjiajie	10.2	0.7	0.7	6.9	1.4	3.6	19.4	0.7	1.0
益阳市	Yiyang	10.3	3.1	0.3	37.0	3.2	1.4	6.3	0.3	0.5
郴州市	Chenzhou	10.9	9.7	3.2	23.5	5.0	3.0	3.7	1.0	3.6
永州市	Yongzhou	9.5	6.3	0.3	25.4	6.7	0.4	7.7	0.6	1.7
怀化市	Huaihua	11.4	3.6	0.1	18.1	4.3	1.7	9.5	0.6	0.4
娄底市	Loudi	9.5	6.5	1.5	35.7	3.2	0.1	9.6	2.6	0.9
湘西州	West Hunan	7.3	2.0	1.1	10.2	4.6	1.1	23.0	0.4	0.1

Fixed Asset Investment Growth, The Proportion of Iinvestment in Fixed Assets by Sector (2018)

(%)

The Proportion of Iinvestment in Fixed Assets by Sector										
信息传输、软件和信息技术服务业 Information Transmission, Software and IT Services	金融业 Finance	房地产业 Real Estate Trade	租赁和商务服务业 Tenancy and Business Services	科学研究、技术服务业 Scientific Research, Technical Services	水利、环境和公共设施管理业 Management of Water Conservancy, Environment and Public Establishment	居民服务、修理和其他服务业 Resident Services, Repairs and Other Services	教育 Education	卫生和社会工作业 Health and Social Work Sector	文化、体育和娱乐业 Culture, Sports and Entertainment	公共管理、社会保障和社会组织 Public Administration, Social Security and Social Organizations
0.9	**0.2**	**20.9**	**3.1**	**1.7**	**16.3**	**0.4**	**2.4**	**1.8**	**2.5**	**1.0**
0.7	0.4	28.2	4.0	2.4	12.5	0.1	2.6	1.7	3.2	0.7
1.1	0.0	25.1	2.0	0.9	19.4	0.2	3.0	0.8	2.1	0.5
0.8	0.1	16.1	2.8	3.7	19.0	0.3	2.7	1.9	2.0	0.1
0.5	0.3	19.6	2.7	2.1	13.3	0.5	1.9	2.1	3.1	0.7
1.0	0.1	22.3	1.0	0.6	8.0	0.3	2.4	1.7	0.7	2.1
1.2	0.1	13.4	2.7	0.7	21.7	0.7	1.9	2.2	3.4	2.1
1.9	0.2	17.8	5.0	1.3	20.5	0.7	1.8	2.2	1.5	1.0
3.6		30.8	2.4		15.2	3.8	2.3	3.3	3.6	0.6
0.3		18.8	3.0		17.9	0.1	2.0	1.6	3.8	0.1
1.7	0.1	10.2	5.0	3.8	18.3	0.3	2.3	1.8	1.8	1.9
0.6		17.0	2.2	0.9	20.7	0.5	3.8	1.9	1.6	1.6
0.5		27.5	3.1	0.5	21.5		3.0	1.2	3.4	0.2
0.3		14.5	0.9	0.4	16.9		1.4	1.8	2.1	1.2
1.4		32.7	2.0	0.3	10.7		4.3	1.7	1.6	2.5

21-11 固定资产投资项目个数、项目投产率(2018年)
Number of Fixed Assets Investment Projects, Project Production Rate (2018)

市 州	Cities and Prefecture	施工项目个数 (个) Number of Projects under Construction (unit)	全部建成投产项目个数 (个) Number of Projects Completed and Put into Use (unit)	项目投产率 (%) Rate of Projects Completed and Put into Use (%)
全 省	**Total**	**38392**	**22023**	**57.4**
长沙市	Changsha	6299	2925	46.4
株洲市	Zhuzhou	3279	2087	63.6
湘潭市	Xiangtan	3225	2510	77.8
衡阳市	Hengyang	3385	2732	80.7
邵阳市	Shaoyang	3617	1624	44.9
岳阳市	Yueyang	4819	2894	60.1
常德市	Changde	2255	1062	47.1
张家界市	Zhangjiajie	525	171	32.6
益阳市	Yiyang	1703	1027	60.3
郴州市	Chenzhou	3295	1821	55.3
永州市	Yongzhou	2518	1432	56.9
怀化市	Huaihua	1319	814	61.7
娄底市	Loudi	1650	785	47.6
湘西州	West Hunan	482	136	28.2

注：施工、全投项目及项目投产率未包括房地产开发统计资料。

The data of projects under construction, projects completed put into use and rate of projects completed put into use excluded information of real estate development.

21－12　房地产开发情况 (2018年)
Real Estate Development (2018)

市　州	Cities and Prefecture	开发公司个数（个）Number of Develop-ment Enterprises (unit)	国有经济 State-owned Enterprises	集体经济 Collective-owned Enterprises	外商投资经济 Foreign Funded Enterprises	港澳台投资经济 Funded by Enterpreneurs from Hong Kong, Macao and Taiwan	房地产开发投资（万元）Investment (10 000yuan)
全　省	**Total**	**4128**	**115**	**4**	**22**	**52**	**39459495**
长沙市	Changsha	851	37		9	23	15024010
株洲市	Zhuzhou	392	18	1	2	4	3995693
湘潭市	Xiangtan	156	6			2	2399256
衡阳市	Hengyang	403	8		4	5	2531269
邵阳市	Shaoyang	234	6	1		2	1886060
岳阳市	Yueyang	403	6		5	3	2001627
常德市	Changde	242	5			2	2790614
张家界市	Zhangjiajie	78	1			1	770388
益阳市	Yiyang	231	3	1		1	1296802
郴州市	Chenzhou	351	8	1		5	1577813
永州市	Yongzhou	228	3		1	2	1336800
怀化市	Huaihua	267	7		1	1	2005025
娄底市	Loudi	153	2			1	868458
湘西州	West Hunan	139	5				975680

21－12　续表　Continued

市　州	Cities and Prefecture	主营业务收入（万元）Main business revenue (10 000 yuan)	土地转让收入 Land Transferred	商品房屋销售收入 Commercial Houses Sold	房屋出租收入 Houses Leased	其他收入 Others	主营业务税金及附加（万元）Main business taxes and additional (10 000 yuan)	利润总额（万元）Total Profits (10 000 yuan)
全　省	**Total**	**40402387**	**278111**	**38570003**	**175517**	**1126679**	**1837392**	**5045932**
长沙市	Changsha	15814755	215342	14720079	94657	618084	694916	1917427
株洲市	Zhuzhou	2986604	7436	2861485	24255	82420	113407	278373
湘潭市	Xiangtan	3115988	921	3092412	11138	7857	105868	753052
衡阳市	Hengyang	2654396	3664	2570842	4056	55998	126714	381915
邵阳市	Shaoyang	1629726	4653	1601082	4308	13746	63187	218149
岳阳市	Yueyang	2301506	1046	2093668	6880	197189	83698	300285
常德市	Changde	2376870		2355604	3954	14197	154601	268316
张家界市	Zhangjiajie	763709	5690	754826	1614	1187	34659	51407
益阳市	Yiyang	1106214	9600	1051408	8469	36555	74170	132005
郴州市	Chenzhou	1731350	729	1696238	7520	20616	100423	70203
永州市	Yongzhou	2137397	6594	2089572	1000	9409	96878	322626
怀化市	Huaihua	2358925	2678	2288767	3086	63232	127184	250841
娄底市	Loudi	828755	19329	801847	3560	3784	29385	65732
湘西州	West Hunan	596192	432	592174	1020	2406	32303	35603

21-13 商品房屋销售情况(2018年)
Sales of Commercial House (2018)

市 州	Cities and Prefecture	商品房屋销售面积(平方米) Floor Space of Selling Commercial House (sq.m)	#住宅 Residential Buildings	商品房屋销售额(万元) Total Sales of Commercial House (10 000 yuan)	#住宅 Residential Buildings	商品房平均销售价格(元/平方米) Floor Space of Selling Commercial House(yuan/sq.m)	#住宅 Residential Buildings
全 省	**Total**	**92391460**	**79979436**	**53539852**	**43773872**	**5794.89**	**5473.14**
长沙市	Changsha	23924371	19788211	19535666	15396471	8165.59	7780.63
株洲市	Zhuzhou	8590516	6909527	5049993	4086702	5878.57	5914.59
湘潭市	Xiangtan	4361188	3864753	2327370	2012438	5336.55	5207.16
衡阳市	Hengyang	5337958	5140175	2692052	2499198	5043.22	4862.09
邵阳市	Shaoyang	4537914	3906384	1985503	1533874	4375.36	3926.58
岳阳市	Yueyang	5914004	5211738	3476201	2891715	5877.91	5548.47
常德市	Changde	5646312	5203553	2997595	2634002	5308.94	5061.93
张家界市	Zhangjiajie	1072971	852444	608049	463834	5666.97	5441.23
益阳市	Yiyang	4137127	3670032	1892541	1585623	4574.53	4320.46
郴州市	Chenzhou	7536822	6704750	3691214	3033669	4897.57	4524.66
永州市	Yongzhou	7131162	6190087	3150165	2639689	4417.46	4264.38
怀化市	Huaihua	8829860	8024908	3683487	3154312	4171.63	3930.65
娄底市	Loudi	3251996	2572651	1545154	1078239	4751.40	4191.16
湘西州	West Hunan	2119259	1940223	904862	764106	4269.71	3938.24

21–14 房地产开发建设房屋建筑面积和价值 (2018年)
Floor Space of Building and Value of Real Estate Development (2018)

市 州	Cities and Prefecture	施工房屋面积 (平方米) Floor Space of Buildings under Construction (sq.m)	竣工房屋面积 (平方米) Floor Space of Buildings Completed (sq.m)	房屋建筑面积竣工率 (%) Rate of Floor Space of Buildings Completed(%)	竣工房屋价值 (万元) Value of Buildings Completed (10 000 yuan)
全 省	**Total**	**357815302**	**41609809**	**11.6**	**11570368**
长沙市	Changsha	106269507	14412700	13.6	5198409
株洲市	Zhuzhou	39185034	3557877	9.1	1025796
湘潭市	Xiangtan	19208265	1070021	5.6	330761
衡阳市	Hengyang	27280836	2610107	9.6	538555
邵阳市	Shaoyang	19755528	2456331	12.4	543038
岳阳市	Yueyang	22499692	1419534	6.3	520172
常德市	Changde	18671306	3079827	16.5	675887
张家界市	Zhangjiajie	4290286	359449	8.4	144931
益阳市	Yiyang	15164718	1894388	12.5	436819
郴州市	Chenzhou	27554711	2494466	9.1	567421
永州市	Yongzhou	14818483	4181394	28.2	665598
怀化市	Huaihua	20911180	2299604	11.0	483035
娄底市	Loudi	12685001	1205844	9.5	339415
湘西州	West Hunan	9520755	568267	6.0	100531

21-15 地方财政收入情况 (2018年)
Public Budgetary Revenue (2018)

单位：万元 (10 000yuan)

市 州	Cities and Prefecture	地方财政收入 Public Budgetary Revenue	各项税收收入 Taxes Revenue	增值税 Value Added Tax	企业所得税 Income Tax of Enterprises	个人所得税 Individual Income Tax	非税收入 No-tax Revenue
全 省	**Total**	**28608443**	**19596685**	**7793522**	**2355920**	**1079364**	**9011758**
长沙市	Changsha	8797072	6161338	1981875	709355	372346	2635734
株洲市	Zhuzhou	1893222	1268805	430496	111595	49420	624417
湘潭市	Xiangtan	1262598	802729	317920	66149	34055	459869
衡阳市	Hengyang	1613489	1033714	341766	90102	44141	579775
邵阳市	Shaoyang	942359	566801	212084	48747	28576	375558
岳阳市	Yueyang	1438908	917469	396526	78378	30455	521439
常德市	Changde	1743877	1133107	293086	97453	43883	610770
张家界市	Zhangjiajie	346563	232550	77160	29098	11320	114013
益阳市	Yiyang	711540	484914	181740	44295	21483	226626
郴州市	Chenzhou	1336414	906231	312445	58691	32730	430183
永州市	Yongzhou	1181017	799518	217573	58105	24217	381499
怀化市	Huaihua	897204	629879	211995	50865	24723	267325
娄底市	Loudi	703006	476149	259132	30491	18900	226857
湘西州	West Hunan	597171	369904	139596	33151	19304	227267

21-16 公共财政支出情况 (2018年)
Public Budgetary Expenditure (2018)

单位：万元 (10 000yuan)

市 州	Cities and Prefecture	一般公共预算支出 Public Budgetary Expenditure	教育 Education	社会保障和就业 Social Security Progams and Employmenr	医疗和卫生计划生育 Pulic Health	农林水利事务 Agriculture, Forest and Irrigation	一般公共服务 General Public Services
全 省	**Total**	**74796148**	**11867228**	**10955709**	**6270986**	**9255717**	**7972979**
长沙市	Changsha	13007895	1946010	1077428	674167	874351	1620504
株洲市	Zhuzhou	4562770	601984	664907	348859	375306	587089
湘潭市	Xiangtan	3074651	388390	528296	251036	269562	358962
衡阳市	Hengyang	5314820	888499	1090983	581600	624996	517773
邵阳市	Shaoyang	5481565	889498	1043939	599856	919948	563666
岳阳市	Yueyang	5317647	686432	926505	494551	729679	506308
常德市	Changde	5481220	709817	994622	514686	783780	536369
张家界市	Zhangjiajie	1755791	234031	216637	149500	366737	190739
益阳市	Yiyang	3563421	572620	681938	381672	543002	351253
郴州市	Chenzhou	4173001	714452	645279	408633	552277	412733
永州市	Yongzhou	4608076	840460	751819	498981	788114	452794
怀化市	Huaihua	4622431	767090	761621	447080	875852	490912
娄底市	Loudi	3032858	513325	435462	313465	447867	389518
湘西州	West Hunan	3288003	570566	384753	338798	631653	366065

21-17 金融机构人民币存款情况 (2018年)
RMB Deposits of Financial Institutions (2018)

单位：亿元 (100 million yuan)

市 州	Cities and Prefecture	各项存款 Deposits	住户存款 Personal Deposits	非金融企业存款 Corporate Deposits	广义政府存款 General Government Deposits	非银行业金融机构存款 Non-banking Financial Institutions Deposit
全 省	**Total**	**48697.54**	**25268.72**	**12880.75**	**8678.71**	**1847.56**
长沙市	Changsha	18442.44	5623.48	7416.74	3563.67	1826.36
株洲市	Zhuzhou	3156.56	1792.99	835.42	525.60	1.46
湘潭市	Xiangtan	2132.39	1332.12	531.12	267.68	0.92
衡阳市	Hengyang	3668.35	2499.54	593.80	572.08	1.02
邵阳市	Shaoyang	2850.14	2045.23	401.43	400.09	2.48
岳阳市	Yueyang	2715.59	1511.79	563.30	636.83	3.00
常德市	Changde	3080.27	1978.17	554.02	546.31	1.10
张家界市	Zhangjiajie	853.63	489.09	184.25	178.53	1.50
益阳市	Yiyang	1927.05	1342.67	270.45	313.06	0.31
郴州市	Chenzhou	2405.31	1596.52	419.76	386.90	1.37
永州市	Yongzhou	2265.72	1571.04	347.36	344.42	1.48
怀化市	Huaihua	2001.30	1424.06	233.21	339.57	4.05
娄底市	Loudi	1907.12	1299.97	252.85	353.23	0.71
湘西州	West Hunan	1162.92	757.93	179.13	224.80	0.97

21-18 金融机构人民币贷款情况 (2018年)
RMB Loans of Financial Institutions (2018)

单位：亿元 (100 million yuan)

市 州	Cities and Prefecture	各项贷款 Loans	住户贷款 Households loans	非金融企业及机关团体贷款 Non-financial enterprises and institutions loans
全 省	**Total**	**36211.75**	**13130.96**	**23029.16**
长沙市	Changsha	18189.56	5376.59	12766.18
株洲市	Zhuzhou	1834.67	833.07	1001.56
湘潭市	Xiangtan	1792.22	502.95	1289.23
衡阳市	Hengyang	1840.08	833.18	1006.75
邵阳市	Shaoyang	1413.96	663.13	750.81
岳阳市	Yueyang	1633.87	587.57	1046.21
常德市	Changde	1807.44	782.18	1025.12
张家界市	Zhangjiajie	661.76	259.03	402.67
益阳市	Yiyang	1067.23	432.49	634.64
郴州市	Chenzhou	1388.17	748.37	639.75
永州市	Yongzhou	1353.09	737.80	615.24
怀化市	Huaihua	1126.10	597.33	528.68
娄底市	Loudi	992.16	370.07	622.07
湘西州	West Hunan	731.73	330.11	401.62

21-19 经济作物播种面积(2018年)
Sown Area of Cash Crops (2018)

单位：千公顷 (1000 hectares)

市 州	Cities and Prefecture	油料面积 Area of Oil	烤烟面积 Area of Flue-cured Tobacco	蔬菜面积 Area of Vegetables
全 省	**Total**	**1344.69**	**85.37**	**1264.90**
长沙市	Changsha	55.07	5.29	146.28
株洲市	Zhuzhou	41.20	1.62	74.61
湘潭市	Xiangtan	22.90		51.93
衡阳市	Hengyang	183.62	5.28	61.39
邵阳市	Shaoyang	101.03	4.49	141.48
岳阳市	Yueyang	117.63	0.07	76.32
常德市	Changde	299.07	4.25	114.02
张家界市	Zhangjiajie	45.28	6.40	37.01
益阳市	Yiyang	126.86	0.18	122.37
郴州市	Chenzhou	67.05	25.92	100.13
永州市	Yongzhou	87.78	17.78	182.25
怀化市	Huaihua	110.23	0.68	64.87
娄底市	Loudi	35.66	0.12	38.59
湘西州	West Hunan	51.31	13.28	53.64

21-20 机耕面积及水库、堤防(2018年)
Tractor-Ploughed Area, Reservoirs and Dikes (2018)

市 州	Cities and Prefecture	机耕面积（千公顷）Tractor Ploughed Area (1000 hectares)	水 库（座）Number of Reservoirs (set)	堤防长度（公里）Total Length of Dikes (km)
全 省	**Total**	**6509.38**	**14096**	**20269.00**
长沙市	Changsha	544.75	659	1550.59
株洲市	Zhuzhou	251.62	966	917.60
湘潭市	Xiangtan	261.63	387	992.69
衡阳市	Hengyang	732.18	1796	2646.78
邵阳市	Shaoyang	540.91	1250	327.89
岳阳市	Yueyang	721.35	1503	2591.24
常德市	Changde	1121.30	1424	3379.78
张家界市	Zhangjiajie	236.03	264	333.68
益阳市	Yiyang	562.83	623	3317.30
郴州市	Chenzhou	322.89	1084	1132.01
永州市	Yongzhou	512.76	1394	1006.90
怀化市	Huaihua	331.51	1310	918.40
娄底市	Loudi	200.23	754	421.31
湘西州	West Hunan	169.39	682	732.83

注：机耕面积由农机部门提供，水库、堤防长度数据由水利部门提供。

The Date of Tractor-Ploughed Area are provided by Department of agriculture machinery, The Data of Reservoirs and Dikes are provided by Department of the water conservancy.

21-21 主要农业机械年末拥有量(2018年)

Year-End Possession of Major Agriculture Machinery (2018)

市　州	Cities and Prefecture	大中型拖拉机 Large and Medium Tractors		小型及手扶拖拉机 Mini and Walking Tractors		排灌机械 Machinery for Agricultural Drainage and Irrigation
		台 (unit)	千瓦 (kw)	台 (unit)	千瓦 (kw)	台 (unit)
全　省	**Total**	**123168**	**4199608**	**284251**	**3109592.74**	**2351029**
长沙市	Changsha	8436	340865	25192	316609.00	224205
株洲市	Zhuzhou	4883	178785	25559	262046.20	66203
湘潭市	Xiangtan	4510	88967	7620	84592.00	185565
衡阳市	Hengyang	7955	301962	16193	241602.00	234975
邵阳市	Shaoyang	7097	256514	11187	145996.10	203064
岳阳市	Yueyang	16256	503498	30292	341520.31	179055
常德市	Changde	17521	633505	26592	335597.40	198712
张家界市	Zhangjiajie	3075	87114	3766	43326.18	38179
益阳市	Yiyang	10180	507963	25200	291532.00	270112
郴州市	Chenzhou	13183	357673	21731	273214.32	86719
永州市	Yongzhou	19785	573812	25673	304865.00	304780
怀化市	Huaihua	3524	141172	49883	288637.63	135562
娄底市	Loudi	2630	88784	8671	105829.80	201451
湘西州	West Hunan	4133	138996	6692	74224.80	22447

21-22 农林牧渔业总产值(2018年)

Gross Output Value of Farming, Forestry, Animal Husbandry and Fishery (2018)

单位：万元 (10 000 yuan)

市　州	Cities and Prefecture	农林牧渔业总产值 Gross Output Value of Farming, Forestry, Animal Husbandry and Fishery	指　数 (上年=100) Indices (preceding year=100)	农业产值 Output Value of Farming	林业产值 Output Value of Forestry	牧业产值 Output Value of Animal Husbandry	渔业产值 Output Value of Fishery	农林牧渔专业及辅助性活动产值 Output Value of Farming, Forestry, Animal Husbandry, Fishery and Auxiliary Activities
长沙市	Changsha	5269212	103.4	3327540	348683	1083731	173735	335523
株洲市	Zhuzhou	2787605	103.7	1446900	273238	819827	132126	115515
湘潭市	Xiangtan	2143224	103.1	1007318	128453	762644	121360	123450
衡阳市	Hengyang	5820430	103.5	2388583	511597	2008394	517590	394267
邵阳市	Shaoyang	4665478	103.7	2783879	186083	1272092	154033	269391
岳阳市	Yueyang	5381365	103.5	2499622	195120	1321811	1030522	334290
常德市	Changde	6080881	103.6	2892843	179549	2002085	565110	441294
张家界市	Zhangjiajie	942493	103.6	563405	90673	208045	39298	41072
益阳市	Yiyang	4460704	103.7	2307093	151539	1103036	614319	284717
郴州市	Chenzhou	3508451	103.6	1995977	344577	875288	145081	147528
永州市	Yongzhou	5529271	103.6	2647038	783440	1422433	383869	292491
怀化市	Huaihua	3307338	103.8	1719805	306275	1067362	134670	79227
娄底市	Loudi	2456176	103.8	1254375	76269	876659	152502	96370
湘西州	West Hunan	1366628	103.6	948805	53078	324158	21170	19417

21－23 主要经济作物及水产品产量 (2018年)
Output of Main Cash Crop and Aquatic Product (2018)

单位：吨 (ton)

市 州	Cities and Prefecture	油料产量 Oilbearing	油菜籽 Rapeseeds	苎麻 Wheat	烤烟 Fluecured Tobacco	蔬菜 Vegetables
全 省	**Total**	**2344464**	**2041729**	**4166**	**188246**	**38220360**
长沙市	Changsha	97406	84102	11	10860	5105630
株洲市	Zhuzhou	68537	57139	1667	4465	3097678
湘潭市	Xiangtan	26292	23374	52		1581856
衡阳市	Hengyang	301531	276581	57	11741	2040781
邵阳市	Shaoyang	186295	138657	90	9324	2811219
岳阳市	Yueyang	200218	175213		245	2466749
常德市	Changde	582761	565122	1319	9018	3222988
张家界市	Zhangjiajie	82629	72042	234	14507	982842
益阳市	Yiyang	229722	213360	181	254	4306284
郴州市	Chenzhou	110680	75758		61552	3084489
永州市	Yongzhou	162191	110000	259	40233	5782690
怀化市	Loudi	156913	144166	2	1558	1545402
娄底市	Huaihua	59972	43023	94	202	1484174
湘西州	West Hunan	79317	63192	200	24287	707578

21－23 续表 Continued

单位：吨 (ton)

市 州	Cities and Prefecture	茶叶 Tea	水果产量 Fruit	柑桔 Citrus	水产品产量 Aquatic Products
全 省	**Total**	**214687**	**10107737**	**5285701**	**2525347**
长沙市	Changsha	36677	398393	107356	92595
株洲市	Zhuzhou	2413	328612	62104	93778
湘潭市	Xiangtan	1730	77902	10553	88759
衡阳市	Hengyang	3868	521043	61317	271060
邵阳市	Shaoyang	5533	914743	523474	103094
岳阳市	Yueyang	15294	539265	117872	506520
常德市	Changde	25984	1239817	952668	439285
张家界市	Zhangjiajie	3452	326887	264728	13186
益阳市	Yiyang	88371	553818	214631	395938
郴州市	Chenzhou	8006	873837	399689	115400
永州市	Yongzhou	2514	1542380	619098	202679
怀化市	Loudi	9060	1653407	1227689	85572
娄底市	Huaihua	5899	226298	48999	92777
湘西州	West Hunan	5886	911335	675523	24701

21-24 主要林产品产量 (2018年)

Output of Major Forest Products (2018)

市 州	Cities and Prefecture	油茶籽 (吨) Tea-oil Seeds (ton)	油桐籽 (吨) Tung-oil Seeds (ton)	松脂 (吨) Pine Resin (ton)	板栗 (吨) Chestnuts (ton)	棕片 (吨) Palm Leaf (ton)	竹笋干 (吨) Bamboo Shoots (ton)	木材采伐量 (万方) Woods Cuts (10 000 cu.m)	竹材采伐量 (万根) Bamboo Cuts (10 000 roots)
全 省	**Total**	**1010844**	**26663**	**47434**	**112941**	**4345**	**71911**	**349.87**	**19802.07**
长沙市	Changsha	68641	2		16402	2	297	16.85	809.00
株洲市	Zhuzhou	137606	1156	10066	3000	620	10304	11.54	1452.55
湘潭市	Xiangtan	10698	10		619		44	2.72	13.26
衡阳市	Hengyang	210638	2605	2585	19423	13	3389	11.38	1837.90
邵阳市	Shaoyang	98997	371	247	5544	394	4031	41.58	911.24
岳阳市	Yueyang	29519	9620	1013	5116	258	7943	47.65	9609.60
常德市	Changde	61373	250	240	6465	79	976	46.46	984.86
张家界市	Zhangjiajie	9765	39		2271	83	246	3.50	9.89
益阳市	Yiyang	23656	758	340	1694	998	16596	40.56	1917.84
郴州市	Chenzhou	111280	2168	3584	8431	740	11948	26.33	574.18
永州市	Yongzhou	150408	1610	28596	12746	396	6971	36.25	400.88
怀化市	Huaihua	56521	7388	345	18029	589	8138	57.60	719.99
娄底市	Loudi	21561	50	400	6055	115	888	3.46	556.50
湘西州	West Hunan	20181	636	18	7146	58	140	3.98	4.41

21-25 农业生产条件 (2018年)

Condition of Agricultural Production (2018)

市 州	Cities and Prefecture	农业机械总动力 (万千瓦) Total Power of Agricultural Machinery (10 000 kw)	有效灌溉面积 (千公顷) Effective Irrigated Area (1000 hectares)	化肥施用量 (万吨) Consumption of Chemical Fertilizers (10 000 tons)	农村用电量 (万度) Electricity Consumed in Rural Areas (10 000 kwh)	每公顷面积产量（公斤） Yield per hectare (kg)		
						粮食 Grain Crops	棉花 Cotton	油料 Oil-bearing Crops
全 省	**Total**	**6338.57**	**3164.00**	**242.61**	**1308207**		**1219**	**1743**
长沙市	Changsha	607.60	231.82	17.89	200027		1646	1769
株洲市	Zhuzhou	382.91	165.03	10.63	85050		1363	1664
湘潭市	Xiangtan	284.11	141.41	10.64	63572		746	1148
衡阳市	Hengyang	583.20	287.55	24.24	198995		1103	1642
邵阳市	Shaoyang	494.78	286.56	22.27	101933		697	1844
岳阳市	Yueyang	649.52	334.48	24.14	86582		1196	1702
常德市	Changde	640.13	469.31	36.60	135314		1260	1949
张家界市	Zhangjiajie	116.86	54.97	5.72	20625		848	1825
益阳市	Yiyang	544.06	237.80	23.06	111022		1385	1811
郴州市	Chenzhou	432.32	195.76	16.91	72420		588	1651
永州市	Yongzhou	633.71	289.89	23.30	78948		1170	1848
怀化市	Huaihua	445.48	201.86	11.25	61258		516	1423
娄底市	Loudi	341.43	99.92	8.89	73042		1520	1682
湘西州	West Hunan	182.44	167.64	7.08	19419		595	1546

注：化肥施用量 1989 年及以前均为实物量，1990 年及以后为折纯量。

Data of consumption of fertilizers refer to the consumption in quantity prior to 1989, and the consumption in purity in and after 1990.

21-26 农业基本情况 (2018年)
Basic Indicators of Agriculture (2018)

市 州	Cities and Prefecture	乡 村 劳动力 (万人) Number of Laborers (10 000 persons)	年末实有 耕地面积 (万公顷) Cultivated Areas (at the year end) (10 000 hectares)	当年减少 耕地面积 (万公顷) Decrease in Cultivated Area by Cause (10 000 hectares)	造林面积 (万公顷) Afforesta-tion Areas (10 000 hectares)
全 省	**Total**	**3445.4**	**415.54**	**0.65**	**58.43**
长沙市	Changsha	272.0	27.36	0.09	0.89
株洲市	Zhuzhou	191.2	20.88	0.03	3.37
湘潭市	Xiangtan	127.0	15.11	0.02	0.93
衡阳市	Hengyang	349.2	39.44	0.06	7.71
邵阳市	Shaoyang	429.6	44.88	0.06	7.87
岳阳市	Yueyang	246.7	35.42	0.07	3.31
常德市	Changde	301.7	50.61	0.08	3.94
张家界市	Zhangjiajie	88.3	11.92	0.02	2.27
益阳市	Yiyang	223.1	29.99	0.05	3.19
郴州市	Chenzhou	276.2	29.90	0.04	6.27
永州市	Yongzhou	302.1	36.43	0.04	6.45
怀化市	Huaihua	262.4	34.28	0.03	5.28
娄底市	Loudi	229.7	19.26	0.03	2.50
湘西州	West Hunan	146.2	20.06	0.03	4.46

注：从2000年起，耕地面积为省国土资源厅统计数据（下表同）。

The data of cultivated land from Hunan Province Territory Resource Bureau since 2000.The same as in the following table.

21-26 续表 Continued

市 州	Cities and Prefecture	乡村户数 (万户) Number of Rural Households (10 000 households)	乡村从业人员 (万人) Number of Rural Laborers (10 000 persons)	农林牧渔业 Farming, Forestry, Animal Husbandry and Fishery Laborers	农林牧渔业总产值 (万元) Gross Output Value of Farming,Forestry, Animal,Husbandry, and Fishery (10 000 yuan)	农林牧渔业总产值指数 (上年=100) Indices (preceding year=100)
全 省	**Total**	**1558.4**	**3131.5**	**1667.8**	**53616233**	**103.6**
长沙市	Changsha	123.2	241.6	90.4	5269212	103.4
株洲市	Zhuzhou	77.5	166.8	75.8	2787605	103.7
湘潭市	Xiangtan	57.2	124.7	63.6	2143224	103.1
衡阳市	Hengyang	167.0	322.0	203.4	5820430	103.5
邵阳市	Shaoyang	186.5	392.1	221.7	4665478	103.7
岳阳市	Yueyang	120.8	227.7	116.4	5381365	103.5
常德市	Changde	147.5	276.0	150.9	6080881	103.6
张家界市	Zhangjiajie	44.1	80.3	50.2	942493	103.6
益阳市	Yiyang	106.8	205.7	113.9	4460704	103.7
郴州市	Chenzhou	118.8	246.8	104.7	3508451	103.6
永州市	Yongzhou	130.5	278.5	145.7	5529271	103.6
怀化市	Huaihua	118.5	243.4	131.9	3307338	103.8
娄底市	Loudi	100.2	198.4	118.5	2456176	103.8
湘西州	West Hunan	59.8	127.5	80.9	1366628	103.6

21-27 规模以上工业企业个数(2018年)

The Number of Units of Industrial Enterprises above Designated Size (2018)

单位：个 (unit)

市州	Cities and Prefecture	工业企业单位个数 The number of units of industrial enterprises	按轻重工业分 轻工业 Light Industry	重工业 Heary Industry	按登记注册类型分 国有控股 Stste-owned Enterprises	内资企业 Domestic Funde	港澳台商投资企业 Enterprises with Funds from Hongkong, Macao and Taiwan	外商投资企业 Foreign Funded
全省	**Total**	**16055**	**6292**	**9763**	**715**	**15507**	**330**	**218**
长沙市	Changsha	2915	943	1972	125	2769	70	76
株洲市	Zhuzhou	1721	478	1243	96	1675	22	24
湘潭市	Xiangtan	1018	314	704	41	981	17	20
衡阳市	Hengyang	1131	455	676	61	1098	20	13
邵阳市	Shaoyang	1409	798	611	43	1381	17	11
岳阳市	Yueyang	1251	586	665	42	1211	16	24
常德市	Changde	1243	588	655	60	1202	31	10
张家界市	Zhangjiajie	219	127	92	8	212	6	1
益阳市	Yiyang	1130	559	571	35	1097	23	10
郴州市	Chenzhou	1131	322	809	71	1084	42	5
永州市	Yongzhou	1084	468	616	45	1022	49	13
怀化市	Huaihua	694	256	438	44	679	9	6
娄底市	Loudi	857	301	556	25	846	6	5
湘西州	West Hunan	254	100	154	21	251	2	1

21-28 规模以上工业企业基本情况(2018年)
Basic Indicators of Industrial Enterprises above Designated Size (2018)

单位：亿元 (100 million yuan)

市 州	Cities and Prefecture	工业增加值指数(%) Index of Value Added of Industry(%)	营业收入 Revenue of Bussiness	利润总额 Total Profits	资产总计 Total assets of industrial enterprises	负债合计 Total liabilities of industrial enterprises
全 省	**Total**	**107.4**	**35420.85**	**1726.95**	**27195.33**	**14011.61**
长沙市	Changsha	108.2	7953.66	532.94	9079.43	5142.90
株洲市	Zhuzhou	107.4	2382.41	110.63	3113.69	1391.27
湘潭市	Xiangtan	107.4	3246.71	79.99	1848.69	1048.19
衡阳市	Hengyang	107.7	1676.62	97.43	1493.54	840.21
邵阳市	Shaoyang	107.4	1968.57	89.32	840.94	328.56
岳阳市	Yueyang	107.6	4940.38	168.33	1847.09	752.02
常德市	Changde	107.6	2830.42	169.48	1835.14	875.85
张家界市	Zhangjiajie	107.0	79.44	6.16	115.69	51.88
益阳市	Yiyang	108.1	2407.09	88.97	1118.94	550.93
郴州市	Chenzhou	107.3	2640.51	138.93	1628.22	764.83
永州市	Yongzhou	107.7	1486.88	60.23	804.84	330.53
怀化市	Huaihua	107.5	849.00	27.49	604.48	269.74
娄底市	Loudi	107.8	2223.95	158.29	1214.37	595.20
湘西州	West Hunan	103.0	177.91	5.70	275.68	153.48

21−29 主要工业产品产量(2018年)

市 州	Cities and Prefecture	纱 (万吨) Yarn (10 000 tons)	布 (亿米) Cloth (100 million meters)	针棉织品 (折用纱线) (万吨) Cotton Knitwear (10 000tons)	机制纸及纸板 (万吨) Machine-made Paper and Paperboard (10 000tons)	卷 烟 (万箱) Cigarettes (10 000 cases)
全 省	**Total**	**99.70**	**2.82**	**1.05**	**348.33**	**327.11**
长沙市	Changsha	11.56	0.03		11.31	106.06
株洲市	Zhuzhou	5.28			0.34	
湘潭市	Xiangtan	1.78			0.03	
衡阳市	Hengyang	1.50			13.46	
邵阳市	Shaoyang	1.50	0.09		59.25	
岳阳市	Yueyang	22.01	0.72		113.98	
常德市	Changde	34.01	0.91		59.27	160.65
张家界市	Zhangjiajie					
益阳市	Yiyang	16.43	0.49	1.05	32.01	
郴州市	Chenzhou	0.87			50.91	34.41
永州市	Yongzhou	0.02	0.24			26.00
怀化市	Huaihua	2.15	0.03		7.77	
娄底市	Loudi	0.89	0.31			
湘西州	West Hunan	1.69				

21−29 续表

市 州	Cities and Prefecture	钢 材 (万吨) Steel (10 000 tons)	水 泥 (万吨) Cement (10 000 tons)	平板玻璃 (万重量箱) Plate Class (10 000 weight cases)	硫 酸 (万吨) Sulfuric Acid (10 000 tons)	烧 碱 (万吨) Caustic Sode (10 000 tons)
全 省	**Total**	**2374.69**	**10920.60**	**2499.51**	**176.72**	**44.76**
长沙市	Changsha	0.86	624.86	109.59	4.25	
株洲市	Zhuzhou		536.01	2195.27	51.68	
湘潭市	Xiangtan	884.81	581.98			
衡阳市	Hengyang	146.69	848.44		85.06	32.71
邵阳市	Shaoyang	1.92	1099.36			
岳阳市	Yueyang	2.36	398.32		3.60	8.58
常德市	Changde		1458.74	176.33		
张家界市	Zhangjiajie		191.16			
益阳市	Yiyang	7.84	755.45			
郴州市	Chenzhou	0.17	1055.60		17.81	
永州市	Yongzhou		1242.48	18.32	0.80	
怀化市	Huaihua	1.32	564.16		7.44	3.47
娄底市	Loudi	1328.73	1265.41			
湘西州	West Hunan		298.64		6.08	

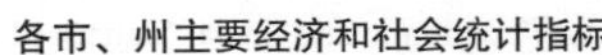

Output of Major Industrial Products (2018)

化学药品原药 (吨) Original Chemical Drug (ton)	食用植物油 (万吨) Edible Vegetable Oil (10 000 tons)	饲 料 (万吨) Mixed Fodder (10 000 tons)	粗 钢 (万吨) Crude Steel (10 000 tons)	生 铁 (万吨) Pig Iron (10 000 tons)	原 煤 (万吨) Coal (10 000 tons)	发电量 (亿千瓦时) Electricity (100 million kw.h)	水 电 Hydro-power
57466.78	**312.62**	**1577.24**	**2307.59**	**1963.17**	**1692.86**	**1418.77**	**447.83**
41196.73	11.43	258.14				72.02	16.94
262.86	3.60	71.76			271.35	98.77	17.35
1.34	0.75	15.94	942.15	807.69		117.81	0.37
	27.55	70.69	162.02	112.76	302.28	72.96	26.03
332.28	2.39	74.70			19.26	123.03	57.24
6318.12	162.78	485.67				132.43	0.97
1611.12	77.47	235.51			14.42	144.07	36.42
833.17	0.04	1.87				13.37	12.16
2116.00	6.47	159.73				108.68	23.31
	0.05	52.61			443.73	137.74	30.80
47.81	6.08	65.55		27.13		72.06	56.10
4473.87	11.59	61.43				162.80	152.28
	2.39	22.75	1203.43	1015.60	641.41	146.59	2.94
273.48	0.03	0.88			0.41	16.44	14.91

Continued

化学农药(原药) (万吨) Chemical Pesticide (10 000 tons)	化学肥料(折纯量) (万吨) Chemical Fertilizers (10 000 tons)	氮 肥 Nitrogen Fertilizers	磷 肥 Phosphate Fertilizers	电 石 (万吨) Calcium Carbide (10 000 tons)	初级形态的塑料 (万吨) Pimary Plastics (ton)	矿山专用设 备 (万吨) Mining Special Equipment (10 000ton)	金属切削机 床 (台) Metal-Cutting Machine Tools(unit)
5.90	**54.38**	**43.09**	**11.29**	**10.21**	**49.10**	**48.51**	**4604**
1.81	1.39		1.39		0.54	2.30	1596
0.91							
						7.73	
	4.43	3.71	0.72		13.73	1.89	
						9.47	
0.84	33.60	33.60			29.22		321
1.29	8.72	1.22	7.50		0.72	1.39	
					0.21		
1.06					4.65	0.02	2687
					0.02	0.48	
						0.09	
	1.68		1.68	10.21		0.24	
	4.56	4.56				24.91	

21-30 建筑企业概况(2018年)
General Survey of Construction Enterprises (2018)

单位:亿元 (100 million yuan)

市 州	Cities and Prefecture	企业总收入 Total Income of Enterprises	利税总额合计 Total pre-tax Profits	利润总额合计 Total Profits
全 省	**Total**	**8700.75**	**707.63**	**317.59**
长沙市	Changsha	4742.26	308.91	154.72
株洲市	Zhuzhou	612.13	50.59	19.66
湘潭市	Xiangtan	410.35	37.55	22.38
衡阳市	Hengyang	488.25	45.44	15.51
邵阳市	Shaoyang	416.90	33.76	12.18
岳阳市	Yueyang	417.38	50.35	22.56
常德市	Changde	333.03	26.11	9.65
张家界市	Zhangjiajie	60.86	6.70	2.31
益阳市	Yiyang	260.20	29.53	9.92
郴州市	Chenzhou	248.22	36.82	16.76
永州市	Yongzhou	184.03	26.50	10.35
怀化市	Huaihua	135.24	19.93	8.79
娄底市	Loudi	334.37	27.44	9.01
湘西州	West Hunan	57.52	7.98	3.80

21-31 建筑业指标(2018年)
Statistics Indicators on Construction Enterprises (2018)

市 州	Cities and Prefecture	建筑业总产值(亿元) gross output value of construction (100 million yuan)	企业单位数(个) number of enterprises (unit)	从业人员数(万人) number of employees (10 000 persons)
全 省	**Total**	**9581.44**	**2652**	**275.15**
长沙市	Changsha	5006.71	696	121.08
株洲市	Zhuzhou	737.04	234	21.69
湘潭市	Xiangtan	449.29	153	18.15
衡阳市	Hengyang	550.73	194	23.25
邵阳市	Shaoyang	453.85	163	12.37
岳阳市	Yueyang	468.91	284	14.32
常德市	Changde	365.39	134	11.91
张家界市	Zhangjiajie	58.49	45	1.77
益阳市	Yiyang	299.28	108	9.27
郴州市	Chenzhou	354.74	174	11.02
永州市	Yongzhou	257.78	129	9.89
怀化市	Huaihua	174.96	139	6.04
娄底市	Loudi	351.92	135	12.12
湘西州	West Hunan	52.34	64	2.26

21-32 房屋建筑面积(2018年)
Floor Space of Building Construction (2018)

单位：万平方米 (10 000 sq.m)

市 州	Cities and Prefecture	房屋建筑面积 Floor Space of Building Construction	
		施工面积 Floor Space Under Construction	竣工面积 Floor Space Completed
全 省	**Total**	**59253.25**	**19929.34**
长沙市	Changsha	33415.44	7523.80
株洲市	Zhuzhou	4051.12	1695.76
湘潭市	Xiangtan	2108.89	733.29
衡阳市	Hengyang	2949.44	1419.73
邵阳市	Shaoyang	3639.33	1610.48
岳阳市	Yueyang	1862.59	1287.63
常德市	Changde	2331.30	773.23
张家界市	Zhangjiajie	424.55	168.57
益阳市	Yiyang	1454.66	892.36
郴州市	Chenzhou	2012.48	982.25
永州市	Yongzhou	2200.92	1559.25
怀化市	Huaihua	1015.24	472.33
娄底市	Loudi	1372.90	698.37
湘西州	West Hunan	414.37	112.28

注：2014 年开始国有经济适用国有及国有控股企业。
Beginning in 2013,state-owned economic enterprises reper to state-owned and state holding enterprises.

21－33 公路长度 (2018年)
Length of Highways (2018)

单位：公里 (km)

市 州	Cities and Prefecture	里程总计 Total Length of Highways	等级公路 Expressway and Class Ⅰ to Ⅳ Highway	高速公路 Express-way	一级公路 First Class	二级公路 Second Class	三级公路 Third Class	四级公路 Fourth Class	等外路 Highway Below Class Ⅳ
全 省	**Total**	**240060**	**223667**	**6725**	**2068**	**14478**	**5798**	**194599**	**16393**
长沙市	Changsha	16222	14507	693	319	1143	667	11685	1714
株洲市	Zhuzhou	13906	13749	489	122	1097	79	11962	157
湘潭市	Xiangtan	7927	5663	285	83	482	233	4580	2264
衡阳市	Hengyang	21101	18217	665	67	1203	208	16075	2884
邵阳市	Shaoyang	22533	19367	582	80	1453	611	16639	3166
岳阳市	Yueyang	20579	20380	487	288	1047	411	18147	199
常德市	Changde	22647	22621	430	375	1159	554	20103	25
张家界市	Zhangjiajie	9033	7359	163	26	430	433	6307	1673
益阳市	Yiyang	16188	15576	356	143	1189	125	13763	613
郴州市	Chenzhou	17930	16777	575	144	1408	401	14249	1153
永州市	Yongzhou	23033	22052	492	167	1165	537	19691	981
怀化市	Huaihua	20812	20178	717	109	1159	672	17521	634
娄底市	Loudi	15102	14544	309	131	716	360	13028	558
湘西州	West Hunan	13047	12677	482	14	826	505	10849	370

注：资料来源于省交通厅。2006年起等外路包含村道。

Figures in this table form Transpotation Bureau of Hunan Province. Highway below class Ⅳ includes country road since 2006.

21－34 民用车辆拥有量 (2018年)
Number of Civil Motor Vehicles (2018)

市 州	Cities and Prefecture	合计(辆) Total (unit)	私人汽车 Private car	汽车 Civil Motor Vehicles: 载客 Passenger Vehicles	汽车 Civil Motor Vehicles: 载货 Trucks Vehicles	摩托车 Motors	拖拉机 Tractors	其他类型车 Other Motor Vehicles	机动车驾驶员(人) Number of Motor Drivers (person)	#汽车驾驶员 Automobile Drivers
全 省	**Total**	**13379721**	**7274538**	**7030719**	**746678**	**5060638**	**302733**	**111299**	**15590676**	**13105311**
长沙市	Changsha	2817250	2190072	2279041	133329	338436	31749	9210	3072066	2963753
株洲市	Zhuzhou	741507	460495	450988	42579	209734	24346	9527	1056416	902747
湘潭市	Xiangtan	574658	328986	327408	24156	197008	13402	9197	720848	636798
衡阳市	Hengyang	989960	518021	494949	56750	393337	26164	9627	1216310	1053060
邵阳市	Shaoyang	993262	515857	463954	72504	429123	13817	4806	1327802	1123699
岳阳市	Yueyang	1004344	542208	517427	50664	376772	33541	16171	1229894	1044083
常德市	Changde	1193014	524181	500197	57590	559977	42389	19734	1248374	980724
张家界市	Zhangjiajie	372438	138078	130407	18129	215087	5414	852	359918	249482
益阳市	Yiyang	813085	392922	362964	44371	341560	36993	16441	1046149	836246
郴州市	Chenzhou	719266	420915	387379	59938	233736	26170	4162	851144	758483
永州市	Yongzhou	869013	398783	352340	59915	412230	25642	5979	987078	722959
怀化市	Huaihua	1028016	346220	311814	51793	645519	6387	2173	1014217	673726
娄底市	Loudi	913861	343894	310613	48815	535627	9420	2684	984679	820017
湘西州	West Hunan	350047	153906	141238	26145	172492	7299	736	475781	339534

21–35 邮电业务量(2018年)

Volume of Postal and Telecommunications Services (2018)

市 州	Cities and Prefecture	邮政业务总量(亿元) Revenue From Postal (100 million yuan)	电信业务总量(亿元) Revenue From Telecommu-nication (100 million yuan)	邮政业务收入(亿元) Income From Postal (100 million yuan)	电信业务收入(亿元) Income From Telecommu-nication (100 million yuan)	函件(万件) Letters (10 000 pieces)	报刊期发数(万份) Parcels (10 000 copies)	固定电话用户(万户) Fixed Telephone Subscribers (10 000 subscribers)	移动电话用户(万户) Mobile Telephone Subscribers (10 000 subscribers)	固定互联网用户数(万户) Number of Local Internet Users (10 000 households)	移动互联网用户数(万户) Number of Mobile Internet Users (10 000 households)
全 省	**Total**	**248.24**	**2477.10**	**163.52**	**484.29**	**2173.16**	**540.29**	**646.77**	**6302.89**	**1635.32**	**5226.59**
长沙市	Changsha	112.89	646.94	58.03	118.48	1351.07	90.93	156.38	1250.86	327.79	1127.17
株洲市	Zhuzhou	20.99	144.15	11.44	30.49	178.17	31.34	50.54	404.12	117.19	339.39
湘潭市	Xiangtan	6.97	117.93	5.03	21.37	23.49	24.26	24.84	293.68	88.39	246.66
衡阳市	Hengyang	16.15	199.03	13.87	36.17	46.75	48.84	78.29	553.02	133.58	441.61
邵阳市	Shaoyang	15.27	173.44	11.69	32.74	302.03	50.51	42.23	499.88	121.85	387.15
岳阳市	Yueyang	13.34	157.04	9.06	34.21	71.75	37.52	80.93	493.60	128.27	405.91
常德市	Changde	9.89	162.22	8.82	34.68	55.96	45.89	43.48	504.19	134.07	405.97
张家界市	Zhangjiajie	2.47	65.10	2.44	11.58	13.75	14.42	10.36	148.59	45.00	123.80
益阳市	Yiyang	12.12	113.88	8.94	23.83	18.43	32.17	28.21	370.40	88.78	297.80
郴州市	Chenzhou	11.75	148.85	9.59	28.32	26.94	36.85	46.49	426.61	111.35	346.33
永州市	Yongzhou	7.16	138.47	7.07	25.39	17.36	42.14	22.28	402.06	97.65	317.05
怀化市	Huaihua	7.46	151.77	7.65	29.84	23.28	36.65	30.21	408.95	98.98	331.60
娄底市	Loudi	8.22	130.88	6.20	23.15	32.47	25.13	24.65	331.22	88.83	266.99
湘西州	West Hunan	3.55	104.96	3.69	17.90	11.71	23.64	9.51	215.69	53.58	178.69

注：电信业务总量从2017年起，由2010年不变价调整为2015年不变价。邮政业务总量从2010年起，由2000年不变价调整为2010年不变价。市州电信业务数据来源于湖南省通信管理局；2018年全省电信业务总数为国家反馈数据。

From 2017, the total of Telecommunications service is adjusted from 2010's constant price to 2015's constant price. From 2010, the total of Postal service is adjusted from 2000's constant price to 2010's constant price.The data of municipal and prefectural telecommunication service come from Hunan communication administration bureau; The total number of telecom businesses in 2018 is the national feedback data.

21-36 规模以上服务业企业主要经济指标(2018年)
Major Economic Indicators of Service Enterprises above Designated Size (2018)

单位：亿元 (100 million yuan)

市 州	Cities and Prefecture	单位数(个) Number of Enterprises (unit)	年初存货 Inventory Year-early	流动资产合计 Circulating Funds	应收账款 Net Value of Account Received	年末存货 Inventory Year-end
全 省	**Total**	**6463**	**4314.42**	**11134.78**	**1083.23**	**4619.91**
长沙市	Changsha	1811	1711.45	4424.57	404.96	1853.84
株洲市	Zhuzhou	451	420.29	1117.75	89.90	468.47
湘潭市	Xiangtan	202	11.74	108.79	21.78	8.19
衡阳市	Hengyang	590	750.88	1697.14	185.35	937.73
邵阳市	Shaoyang	453	228.03	542.17	74.82	242.41
岳阳市	Yueyang	612	65.80	251.91	27.84	71.99
常德市	Changde	677	386.22	1378.27	85.13	342.43
张家界市	Zhangjiajie	85	2.32	68.80	6.28	2.17
益阳市	Yiyang	135	91.23	170.10	6.41	83.47
郴州市	Chenzhou	577	349.90	710.49	50.10	339.27
永州市	Yongzhou	235	16.82	45.85	5.51	19.26
怀化市	Huaihua	213	42.98	142.90	14.97	35.29
娄底市	Loudi	328	232.15	443.65	105.47	211.36
湘西州	West Hunan	94	4.65	32.41	4.71	4.04

21-36 续表 1 Continued

单位：亿元 (100 million yuan)

市 州	Cities and Prefecture	固定资产原价 Original Price of Fixed Assets	累计折旧 Accumulated depreciation	本年折旧 Depreciation this Year	资产总计 Total Assets	应付账款 Accounts payable
全 省	**Total**	**4331.21**	**1397.95**	**242.76**	**19596.67**	**965.29**
长沙市	Changsha	1942.49	546.87	88.78	7691.48	500.14
株洲市	Zhuzhou	263.47	79.00	14.64	1918.58	61.35
湘潭市	Xiangtan	119.74	48.47	8.99	244.79	27.00
衡阳市	Hengyang	493.35	143.41	25.53	2639.04	84.29
邵阳市	Shaoyang	163.49	69.36	11.48	827.29	28.38
岳阳市	Yueyang	205.87	101.07	18.16	479.64	30.59
常德市	Changde	264.21	85.38	14.76	2497.13	110.94
张家界市	Zhangjiajie	93.12	35.87	7.01	197.83	4.95
益阳市	Yiyang	111.49	47.89	8.71	441.26	15.33
郴州市	Chenzhou	245.85	69.81	16.36	1297.47	36.37
永州市	Yongzhou	109.31	40.61	7.02	312.15	13.95
怀化市	Huaihua	139.83	52.79	8.86	287.73	20.37
娄底市	Loudi	107.48	44.67	6.75	663.83	23.22
湘西州	West Hunan	71.50	32.77	5.71	98.45	8.41

21-36 续表 2 Continued

单位：亿元 (100 million yuan)

市 州	Cities and Prefecture	负债合计 Total Liability	所有者权益合计 Tatol Rights of Owners	营业收入 Operating Income	主营业务收入 Revenue of Major Business
全 省	**Total**	**10651.19**	**8945.47**	**3763.67**	**3696.33**
长沙市	Changsha	4044.39	3647.09	1786.84	1760.62
株洲市	Zhuzhou	1034.58	883.99	242.74	238.79
湘潭市	Xiangtan	175.08	69.71	126.94	124.98
衡阳市	Hengyang	1478.40	1160.63	284.38	281.93
邵阳市	Shaoyang	391.85	435.44	103.49	102.14
岳阳市	Yueyang	288.62	191.02	256.93	248.29
常德市	Changde	1450.54	1046.59	273.34	268.93
张家界市	Zhangjiajie	127.85	69.98	73.74	67.46
益阳市	Yiyang	307.29	133.97	90.19	87.87
郴州市	Chenzhou	583.76	713.71	206.69	203.55
永州市	Yongzhou	151.26	160.89	74.52	74.06
怀化市	Huaihua	168.07	119.66	78.13	76.32
娄底市	Loudi	389.52	274.30	124.37	120.69
湘西州	West Hunan	59.97	38.48	41.38	40.71

21-36 续表 3 Continued

单位：亿元 (100 million yuan)

市 州	Cities and Prefecture	营业成本 Operating Cost	主营业务成本 Cost of Major Business	税金及附加 Tax and Extra Charges	销售费用 Operation Expense	管理费用 Management Expense	财务费用 Financial Expense
全 省	**Total**	**2795.39**	**2756.79**	**36.30**	**197.71**	**353.30**	**90.91**
长沙市	Changsha	1360.52	1347.83	14.81	98.73	184.26	38.31
株洲市	Zhuzhou	169.09	166.72	3.87	11.38	22.08	4.10
湘潭市	Xiangtan	91.91	90.55	1.14	6.73	12.12	2.16
衡阳市	Hengyang	206.76	205.38	3.94	10.47	18.74	13.96
邵阳市	Shaoyang	72.47	70.91	0.70	7.13	12.59	2.39
岳阳市	Yueyang	188.49	182.07	4.04	11.36	18.15	3.77
常德市	Changde	207.71	205.50	2.20	11.97	25.15	4.95
张家界市	Zhangjiajie	45.31	43.15	0.38	6.12	5.49	3.30
益阳市	Yiyang	65.04	64.49	0.82	4.24	8.27	3.39
郴州市	Chenzhou	155.90	153.28	2.01	8.62	15.83	7.77
永州市	Yongzhou	56.19	54.12	0.39	4.61	7.16	3.28
怀化市	Huaihua	52.59	51.59	0.89	6.29	8.00	2.01
娄底市	Loudi	93.29	91.59	0.93	6.81	10.14	0.82
湘西州	West Hunan	30.12	29.61	0.18	3.27	5.31	0.72

21-36 续表 4 Continued

单位：亿元 (100 million yuan)

市 州	Cities and Prefecture	利息收入 Interest Revenue	利息支出 Interest Expense	投资收益 Income from Investment	营业利润 Operating Profit	营业外收入 Non-operating Income
全 省	**Total**	**15.65**	**97.36**	**46.95**	**377.94**	**46.65**
长沙市	Changsha	10.27	50.61	41.83	153.60	21.67
株洲市	Zhuzhou	1.05	5.20	3.82	42.51	2.89
湘潭市	Xiangtan	0.07	1.89	-0.04	10.03	2.54
衡阳市	Hengyang	0.48	12.69	-0.12	33.84	2.91
邵阳市	Shaoyang	0.19	1.81	0.11	8.06	2.53
岳阳市	Yueyang	0.23	1.53	1.27	31.82	3.06
常德市	Changde	2.25	5.80	0.54	28.96	2.08
张家界市	Zhangjiajie	0.28	3.19	0.54	13.55	0.76
益阳市	Yiyang	-0.44	2.12	0.24	10.86	1.41
郴州市	Chenzhou	0.59	6.92	-1.39	17.88	3.65
永州市	Yongzhou	0.26	2.77	0.03	3.78	0.50
怀化市	Huaihua	0.11	1.55	0.03	8.47	0.94
娄底市	Loudi	0.24	0.74	0.08	12.75	0.85
湘西州	West Hunan	0.07	0.53	0.03	1.83	0.87

21-36 续表 5 Continued

单位：亿元 (100 million yuan)

市 州	Cities and Prefecture	营业外支出 Non-operating Income	利润总额 Total Profit	所得税费用 Income Tax and fee	应付职工薪酬 Total Sum of Wages Payable	应交增值税 Value Added Payable	平均用工人数（万人） Average Number of Empolyment of the Current Year (10 000 persons)
全 省	**Total**	**25.58**	**399.02**	**57.99**	**593.34**	**62.06**	**80.20**
长沙市	Changsha	15.98	159.29	27.68	296.40	22.71	30.37
株洲市	Zhuzhou	1.56	43.84	4.76	46.00	7.46	6.79
湘潭市	Xiangtan	0.71	11.87	1.79	17.20	2.26	2.90
衡阳市	Hengyang	2.38	34.37	4.83	33.25	4.11	5.49
邵阳市	Shaoyang	0.66	9.93	1.68	24.98	1.60	4.76
岳阳市	Yueyang	0.57	34.31	3.09	32.28	8.42	5.51
常德市	Changde	0.81	30.22	3.28	37.48	3.41	6.45
张家界市	Zhangjiajie	0.32	13.99	2.97	6.33	1.42	0.81
益阳市	Yiyang	0.67	11.60	1.32	12.43	1.66	1.62
郴州市	Chenzhou	0.61	20.92	2.86	28.58	3.55	5.28
永州市	Yongzhou	0.20	4.08	0.58	16.79	1.17	2.92
怀化市	Huaihua	0.43	8.97	1.53	15.35	1.67	2.47
娄底市	Loudi	0.34	13.26	1.32	17.36	1.78	3.44
湘西州	West Hunan	0.34	2.37	0.31	8.91	0.84	1.38

21-37 国内外贸易、对外经济和旅游(2018年)

Domestic Trade, Foreign Trade, Foreign Economy And Tourism (2018)

市 州	Cities and Prefecture	社会消费品零售总额(亿元) Total Retail Sales of Consumer Goods (100 million yuan)	社会消费品零售总额增速(%) Total Retail Sales of Consumer Goods growth rate (%)	实际利用外商直接投资金额(万美元) Total Amount of Foreign Capital Actually Used (USD 100million)	旅游业总收入(亿元) Income of Tourism (100 million yuan)
全 省	**Total**	**15638.26**	**10.0**	**1619134**	**8355.73**
长沙市	Changsha	4765.04	9.9	577997	1808.05
株洲市	Zhuzhou	1065.62	9.8	135412	601.42
湘潭市	Xiangtan	667.96	10.0	136051	607.35
衡阳市	Hengyang	1327.21	10.4	142547	643.33
邵阳市	Shaoyang	987.87	10.3	30235	436.90
岳阳市	Yueyang	1319.87	9.3	55872	567.58
常德市	Changde	1260.76	10.5	125001	441.14
张家界市	Zhangjiajie	230.07	10.1	13063	583.89
益阳市	Yiyang	716.21	10.3	31192	284.21
郴州市	Chenzhou	1037.02	10.6	190565	658.74
永州市	Yongzhou	719.55	10.2	121247	484.64
怀化市	Huaihua	665.19	10.0	5640	466.50
娄底市	Loudi	568.29	10.4	53900	331.03
湘西州	West Hunan	307.60	10.1	412	440.95

21-38 限额以上批发零售贸易业商品购销存总额(2018年)

Total Purchases, Sales and Inventory of Enterprise above Designated Size in Wholesale and Retail Trade (2018)

单位：万元 (10 000 yuan)

市 州	Cities and Prefecture	购进总额 Total Goods Purchase	销售总额 Total Sales	批发额 Wholesale	零售额 Retail Trade	年末库存总额 Inventory at the Yearend
全 省	**Total**	**94852564**	**110024930**	**61677780**	**48347150**	**7391279**
长沙市	Changsha	51660989	50981678	33272867	17708810	3574649
株洲市	Zhuzhou	5634716	6446690	3156121	3290568	438362
湘潭市	Xiangtan	3700723	4806363	1992889	2813474	455159
衡阳市	Hengyang	4442874	6278581	2976217	3302365	509671
邵阳市	Shaoyang	3437610	5161559	1635054	3526505	299711
岳阳市	Yueyang	4291828	6133575	2849647	3283927	402532
常德市	Changde	3687573	4993128	2060529	2932599	331069
张家界市	Zhangjiajie	265171	875210	356193	519017	58135
益阳市	Yiyang	2536008	3190927	1578542	1612386	277422
郴州市	Chenzhou	7305365	9302989	6218571	3084418	468891
永州市	Yongzhou	2343534	3424517	1295543	2128974	151051
怀化市	Huaihua	1640061	2775902	1072248	1703654	189328
娄底市	Loudi	3000065	3946805	2070008	1876797	100909
湘西州	West Hunan	906048	1707007	1143351	563656	134393

21-39 限额以上批发零售、住宿餐饮业法人企业数

Number of Corporation Units above Designated Size in Wholesale and Retail Trade, Hotels and Catering Services

单位：个 (unit)

市 州	Cities and Prefecture	合计 Total		批发业 Wholesale Trade		零售业 Retail Trade		住宿业 Hotels		餐饮业 Catering Services	
		2017	2018	2017	2018	2017	2018	2017	2018	2017	2018
全 省	**Total**	**9088**	**10404**	**2131**	**2529**	**5223**	**5883**	**799**	**891**	**935**	**1101**
长沙市	Changsha	2191	2501	800	1021	1020	1064	143	162	228	254
株洲市	Zhuzhou	778	875	235	250	379	438	68	75	96	112
湘潭市	Xiangtan	375	392	46	48	269	282	22	22	38	40
衡阳市	Hengyang	792	814	195	193	447	466	79	84	71	71
邵阳市	Shaoyang	986	1120	110	129	666	754	66	76	144	161
岳阳市	Yueyang	541	746	170	226	283	405	44	50	44	65
常德市	Changde	730	770	91	101	505	519	64	65	70	85
张家界市	Zhangjiajie	124	135	8	7	67	71	44	48	5	9
益阳市	Yiyang	408	474	79	93	259	304	45	42	25	35
郴州市	Chenzhou	836	943	205	210	437	511	91	107	103	115
永州市	Yongzhou	495	589	37	43	353	418	40	46	65	82
怀化市	Huaihua	282	419	43	77	187	261	30	43	22	38
娄底市	Loudi	445	501	98	110	292	319	37	44	18	28
湘西州	West Hunan	105	125	14	21	59	71	26	27	6	6

21-40 限额以上批发零售、住宿餐饮业从业人员

Number of Persons Employed in Enterprises Units above Designated Size in Wholesale and Retail Trade, Hotels and Catering Services

单位：人 (person)

市 州	Cities and Prefecture	合计 Total		批发业 Wholesale Trade		零售业 Retail Trade		住宿业 Hotels		餐饮业 Catering Services	
		2017	2018	2017	2018	2017	2018	2017	2018	2017	2018
全 省	**Total**	**516565**	**561823**	**113077**	**122443**	**264439**	**294313**	**78188**	**75915**	**60861**	**69152**
长沙市	Changsha	173259	192083	45468	50986	81256	89338	20964	20529	25571	31230
株洲市	Zhuzhou	34767	34554	9347	9601	15420	15649	5901	4908	4099	4396
湘潭市	Xiangtan	22916	43306	3093	3238	13777	34643	3031	2825	3015	2600
衡阳市	Hengyang	36803	37071	8401	7507	18025	19532	6801	6534	3576	3498
邵阳市	Shaoyang	38298	39742	5007	5887	22660	23302	4947	4933	5684	5620
岳阳市	Yueyang	30937	33303	8108	8912	15042	15941	5108	5178	2679	3272
常德市	Changde	38598	37713	5224	5580	23274	22006	5947	5220	4153	4907
张家界市	Zhangjiajie	11401	11072	616	607	5048	4585	5590	5548	147	332
益阳市	Yiyang	18373	18356	3675	4651	10743	10086	2573	2009	1382	1610
郴州市	Chenzhou	38710	39052	11300	11242	16300	16454	7140	7276	3970	4080
永州市	Yongzhou	25842	25379	4579	4547	14395	13596	2842	2763	4026	4473
怀化市	Huaihua	18982	20422	3066	3423	12440	12775	2155	2591	1321	1633
娄底市	Loudi	19922	21070	3438	4166	12178	12229	3236	3368	1070	1307
湘西州	West Hunan	7757	8700	1755	2096	3881	4177	1953	2233	168	194

21−41 商品交易市场基本情况 (2018年)
Basic Statistics on Commodity Exchange Markets (2018)

市 州	Cities and Prefecture	市场数（个）Number of Markets (unit)	亿元及以上市场 Commodity Markets over 100 Million Yuan	摊位总数（个）Number of Stalls (unit)	亿元及以上市场 Commodity Markets over 100 Million Yuan	出租摊位个数（个）Number of rented stall (unit)	亿元及以上市场 Commodity Markets over 100 Million Yuan	营业面积（万平方米）Operation Area (10 000 sq.m)	亿元及以上市场 Commodity Markets over 100 Million Yuan	成交额（亿元）Turnover (100 million yuan)	亿元及以上市场 Commodity Markets over 100 Million Yuan
全 省	**Total**	**2397**	**309**	**545019**	**200700**	**475369**	**181972**	**1880.28**	**1129.74**	**4700.16**	**4030.89**
长沙市	Changsha	244	56	68739	48772	62790	46318	640.61	538.14	2564.31	2512.69
株洲市	Zhuzhou	324	45	73620	25349	64528	23317	225.35	110.01	325.49	244.36
湘潭市	Xiangtan	58	11	16306	7113	11667	4468	69.41	40.09	76.62	58.73
衡阳市	Hengyang	260	34	49276	12738	42822	11691	92.31	34.90	253.58	170.66
邵阳市	Shaoyang	125	21	34180	15940	30198	15076	106.16	76.89	253.04	223.74
岳阳市	Yueyang	92	19	27695	17079	25317	15805	93.19	70.50	131.00	87.24
常德市	Changde	178	27	29029	12861	24933	12111	101.06	64.75	199.77	169.30
张家界市	Zhangjiajie	41		6482		5100		15.07		11.65	
益阳市	Yiyang	106	10	14945	4160	13292	3803	39.46	22.89	87.95	57.18
郴州市	Chenzhou	243	23	58756	15429	52702	14754	119.61	38.49	195.97	110.69
永州市	Yongzhou	327	11	63405	7679	55413	7490	110.14	15.48	172.67	63.30
怀化市	Huaihua	220	26	51223	14421	39021	8740	147.66	69.92	210.16	165.68
娄底市	Loudi	37	14	15986	10414	15170	10178	44.82	25.64	122.50	110.45
湘西州	West Hunan	142	12	35377	8745	32416	8221	75.42	22.05	95.45	56.87

21–42 星级宾馆数 (2018年)
The Number of Star-Rated Hotels (2018)

单位：个 (unit)

市 州	Cities and Prefecture	星级宾馆合计 Total Number of Tourist Hotels	五星级 Five Star	四星级 Four Star	三星级 Three Star	二星级 Two Star
全 省	**Total**	**397**	**19**	**66**	**219**	**93**
长沙市	Changsha	51	9	20	21	1
株洲市	Zhuzhou	22	1	3	8	10
湘潭市	Xiangtan	14	2	4	7	1
衡阳市	Hengyang	30		7	15	8
邵阳市	Shaoyang	31		5	11	15
岳阳市	Yueyang	36	1	5	26	4
常德市	Changde	33	2	2	19	10
张家界市	Zhangjiajie	30	3	6	21	
益阳市	Yiyang	15		3	6	6
郴州市	Chenzhou	24	1	3	20	
永州市	Yongzhou	30		3	16	11
怀化市	Huaihua	33		1	29	3
娄底市	Loudi	19		1	13	5
湘西州	West Hunan	29		3	7	19

21–43 进出口商品总值 (2018年)
Major Expors Commodities in Value (2018)

市 州	Cities and Prefecture	进出口总值（万美元）Total Exports and Imports (USD 10 000)	出 口 Exports	进 口 Imports	比上年增减 (%) Increase Rate in 2018 Over 2017 (%)
全 省	**Total**	**4652983**	**3057434**	**1595550**	**29.1**
长沙市	Changsha	1937973	1240564	697409	39.5
株洲市	Zhuzhou	274583	202744	71839	25.4
湘潭市	Xiangtan	341519	244239	97280	25.1
衡阳市	Hengyang	420820	226164	194656	-6.2
邵阳市	Shaoyang	228605	218539	10067	34.5
岳阳市	Yueyang	312075	154373	157701	37.3
常德市	Changde	152719	125536	27182	34.7
张家界市	Zhangjiajie	10999	10294	705	5.2
益阳市	Yiyang	118257	103319	14938	49.7
郴州市	Chenzhou	472291	255011	217280	21.6
永州市	Yongzhou	194976	186979	7997	43.6
怀化市	Huaihua	8165	7167	998	-11.6
娄底市	Loudi	155553	61732	93821	28.7
湘西州	West Hunan	24448	20771	3677	23.8

21-44 外商直接投资 (2018年)
Foreign Direct Investment (2018)

市 州	Cities and Prefecture	项目个数 (个) Number of Projects (case)	实际利用外资 (万美元) Actually Used Amount (USD 10 000)
全 省	**Total**	**290**	**1619134**
长沙市	Changsha	154	577997
株洲市	Zhuzhou	11	135412
湘潭市	Xiangtan	13	136051
衡阳市	Hengyang	7	142547
邵阳市	Shaoyang	5	30235
岳阳市	Yueyang	14	55872
常德市	Changde	14	125001
张家界市	Zhangjiajie	5	13063
益阳市	Yiyang	5	31192
郴州市	Chenzhou	25	190565
永州市	Yongzhou	15	121247
怀化市	Huaihua	6	5640
娄底市	Loudi	10	53900
湘西州	West Hunan	6	412

21-45 内联引资项目个数情况
Number of Projects of Domestic Direct Investment

市 州	Cities and Prefecture	项目个数 (个) Number of Projects (case)				
		2014	2015	2016	2017	2018
全 省	**Total**	**5106**	**4915**	**5377**	**6431**	**7941**
长沙市	Changsha	638	693	767	813	747
株洲市	Zhuzhou	334	305	330	504	983
湘潭市	Xiangtan	283	207	258	311	357
衡阳市	Hengyang	532	488	517	575	820
邵阳市	Shaoyang	415	466	452	572	782
岳阳市	Yueyang	564	540	493	597	685
常德市	Changde	165	155	149	223	337
张家界市	Zhangjiajie	55	37	35	45	76
益阳市	Yiyang	343	301	441	592	803
郴州市	Chenzhou	754	780	898	1039	943
永州市	Yongzhou	476	416	477	544	730
怀化市	Huaihua	228	206	216	222	235
娄底市	Loudi	191	226	268	287	376
湘西州	West Hunan	128	95	76	107	67

注：内联引资是指吸收的省外境内资金。

"Domestic Direct Investment" is refers to the capital absorbed from other provinces in China.

21-46 内联引资实际到位资金情况
Capital Actually Used of Domestic Direct Investment

市 州	Cities and Prefecture	实际到位资金(亿元) Amount of Domestic Capital Actually Used (100 million yuan)				
		2014	2015	2016	2017	2018
全 省	**Total**	**3300.79**	**3791.94**	**4361.80**	**5097.86**	**6002.11**
长沙市	Changsha	609.76	684.28	784.60	909.41	1061.27
株洲市	Zhuzhou	265.64	305.03	350.30	409.30	483.78
湘潭市	Xiangtan	209.51	244.08	284.16	340.98	403.29
衡阳市	Hengyang	255.17	293.51	336.25	391.32	461.16
邵阳市	Shaoyang	209.50	241.98	281.68	330.82	390.72
岳阳市	Yueyang	358.03	403.15	461.95	534.32	630.72
常德市	Changde	225.33	294.86	342.10	410.53	486.23
张家界市	Zhangjiajie	41.08	45.17	50.05	58.17	68.52
益阳市	Yiyang	214.80	246.58	283.78	330.06	389.12
郴州市	Chenzhou	360.48	408.17	468.48	547.17	643.69
永州市	Yongzhou	178.12	199.26	230.49	267.86	314.84
怀化市	Huaihua	153.32	174.62	201.23	233.60	275.45
娄底市	Loudi	170.57	197.07	226.68	264.77	311.75
湘西州	West Hunan	49.50	54.18	60.05	69.55	81.57

注：内联引资是指吸收的省外境内资金。
"Domestic Direct Investment" is refers to the capital absorbed from other provinces in China.

21—47 对外经济合作情况 (2018年)
Foreign Economic Cooperation (2018)

市 州	Cities and Prefecture	新签合同额（万美元）The new contract amount (10 000 U.S. dollars)	完成营业额（万美元）Complete turnover (10 000 U.S. dollars)	外派劳务人数（人）The number of field labor (person)	月末在外人数（人）At the end of the number of outside (people)
全 省	**Total**	**960753**	**846806**	**131894**	**178576**
长沙市	Changsha	124646	190158	19774	29400
株洲市	Zhuzhou	67000	59180	10386	13249
湘潭市	Xiangtan	32511	27720	8304	9557
衡阳市	Hengyang	42208	51038	10717	9643
邵阳市	Shaoyang	33150	32180	11029	11076
岳阳市	Yueyang	34772	41862	9518	8433
常德市	Changde	102024	50470	17004	17490
张家界市	Zhangjiajie	1589	1589	1096	1966
益阳市	Yiyang	4645	3310	912	1715
郴州市	Chenzhou	24643	18566	11684	11559
永州市	Yongzhou	10514	28953	13415	9078
怀化市	Huaihua	2399	3424	2277	2420
娄底市	Loudi	17826	17845	4636	5185
湘西州	West Hunan	1643	2989	1205	1540

注：全省总计中包括省直企业数。
The number of provincial enterprises are including in the total of province.

21—48 旅游业基本情况 (2018年)
Basic Statistics of Tourism (2018)

市 州	Cities and Prefecture	接待旅游总人数（万人次）Number of Tourists (10 000 persons)	接待国内游客（万人次）Domestic Tourists (10 000 person-times)	国内旅游总收入（亿元）Earning from Domestic Tourists (100 million yuan)	接待境外游客（人次）International Tourists (persontimes)	#外国人 Foreign Tourists	旅游创汇收入（万美元）Earning from International Tourists (USD 10 000)
全 省	**Total**	**75301**	**74935**	**8255**	**3650822**	**1787405**	**152040.66**
长沙市	Changsha	14973	14843	1767	1303686	703576	61987.95
株洲市	Zhuzhou	5964	5956	600	75367	32416	2551.56
湘潭市	Xiangtan	6444	6429	604	144296	67954	4475.29
衡阳市	Hengyang	6927	6917	641	99772	8749	2775.99
邵阳市	Shaoyang	5159	5145	435	137791	10137	3365.34
岳阳市	Yueyang	5762	5725	558	369471	238718	14735.91
常德市	Changde	5153	5140	437	132850	56826	5545.00
张家界市	Zhangjiajie	3733	3684	568	491796	414405	24389.04
益阳市	Yiyang	3475	3471	284	40653	13588	1062.68
郴州市	Chenzhou	7207	7162	645	449149	81381	20743.87
永州市	Yongzhou	5689	5683	484	60193	11207	1638.68
怀化市	Huaihua	5902	5893	465	90693	15804	2238.13
娄底市	Loudi	4356	4352	330	36414	21186	1093.05
湘西州	West Hunan	5139	5117	437	218691	111458	5438.17

21-49 高新技术产业情况 (2018年)
Basic Statistics on High-tech Industries (2018)

市 州	Cities and Prefecture	企业单位数 (个) Number of Enterprises (unit)	高新技术产业总产值 (万元) Gross Output Value of Hightech Industries (10 000 yuan)	高新技术产业增加值 (万元) Added Value of Hightech Industries (10 000 yuan)
全 省	**Total**	**9031**	**288330518**	**84680546**
长沙市	Changsha	2414	102003600	33191934
株洲市	Zhuzhou	733	21602219	6543636
湘潭市	Xiangtan	453	26103839	7302494
衡阳市	Hengyang	514	14907977	4737276
邵阳市	Shaoyang	813	16136602	4006887
岳阳市	Yueyang	622	30097098	7169352
常德市	Changde	774	14470741	3547787
张家界市	Zhangjiajie	86	458317	178691
益阳市	Yiyang	712	15336926	3712281
郴州市	Chenzhou	571	16471149	5762022
永州市	Yongzhou	689	12125690	3565895
怀化市	Huaihua	360	6401112	2145030
娄底市	Loudi	184	11189662	2449957
湘西州	West Hunan	106	1025587	367304

21-49 续表 Continued

市 州	Cities and Prefecture	高新技术产业主营业务收入 (万元) Main Bussiness Revenue of Hightech Industries (10 000 yuan)	#出口收入 Exports Revenue	高新技术产业利税总额 (万元) Peofits and Tax of Hightech Industries (10 000 yuan)	#利润总额 Total of Profit and Tax
全 省	**Total**	**274787834**	**11562405**	**21478109**	**13800942**
长沙市	Changsha	96433695	5905536	9123699	5905436
株洲市	Zhuzhou	19629356	967172	1695085	1091185
湘潭市	Xiangtan	24574680	278235	1055660	688967
衡阳市	Hengyang	14332820	1095836	1148276	745543
邵阳市	Shaoyang	15399158	1106439	764606	592559
岳阳市	Yueyang	31213696	229473	2307632	1097184
常德市	Changde	13985734	341363	1048965	790472
张家界市	Zhangjiajie	423066	7121	36991	30609
益阳市	Yiyang	15085451	339598	905296	671517
郴州市	Chenzhou	15587834	638726	1038416	677149
永州市	Yongzhou	10283502	347090	447142	321072
怀化市	Huaihua	5784904	78525	309925	215369
娄底市	Loudi	11112061	105794	1545003	944065
湘西州	West Hunan	941876	121498	51415	29818

21−50 规模以上工业企业 R&D 人员情况 (2018年)
R&D Personnel in Industrial Enterprises above Designated Size (2018)

市 州	Cities and Prefecture	有 R&D 活动的单位数 (个) Number of Enterprises Having R&D Activities (unit)	R&D 人员 (人) R&D Personnel (person)	#全时人员 Fulltime Personnel	R&D 人员全时当量 (人年) Fulltime Equivalent of R&D Personnel (man-year)
全 省	**Total**	**5979**	**156611**	**115087**	**102800**
长沙市	Changsha	1174	53163	43191	37851
株洲市	Zhuzhou	500	17923	14265	10501
湘潭市	Xiangtan	329	9310	6982	6571
衡阳市	Hengyang	508	10844	6842	5858
邵阳市	Shaoyang	372	6461	4127	3755
岳阳市	Yueyang	441	13129	8773	7654
常德市	Changde	520	10428	7557	6986
张家界市	Zhangjiajie	90	802	537	641
益阳市	Yiyang	462	9285	6262	6450
郴州市	Chenzhou	413	7630	5352	4750
永州市	Yongzhou	571	8169	4873	5576
怀化市	Huaihua	363	4985	3278	3509
娄底市	Loudi	189	3810	2537	2468
湘西州	West Hunan	47	672	511	230

21−51 规模以上工业企业按经费来源分 R&D 经费内部支出情况 (2018年)
Intramural R&D Expenditures in Industrial Enterprises above Designated Size by Sources (2018)

单位：万元 (10 000 yuan)

市 州	Cities and Prefecture	R&D 经费内部支出 Intramural Expenditure on R&D	政府资金 Government Funds	企业资金 Self-raised Funds by Enterprises	境外资金 Foreign Funds	其 他 Other Funds
全 省	**Total**	**5167217**	**195612**	**4933860**	**22840**	**14905**
长沙市	Changsha	1632213	59726	1553299	19161	27
株洲市	Zhuzhou	613364	70108	542906		350
湘潭市	Xiangtan	336226	11464	320411	2103	2248
衡阳市	Hengyang	330812	4579	325854	223	157
邵阳市	Shaoyang	211203	4718	202349	96	4041
岳阳市	Yueyang	521306	8459	510172	418	2257
常德市	Changde	349323	7691	339640	188	1803
张家界市	Zhangjiajie	15136	861	14240	35	
益阳市	Yiyang	265160	5687	259300	80	93
郴州市	Chenzhou	260864	11187	246440	351	2886
永州市	Yongzhou	245728	3020	241914	167	627
怀化市	Huaihua	200114	5106	195008		
娄底市	Loudi	176648	1971	174240	21	416
湘西州	West Hunan	9122	1034	8087		

21—52 规模以上工业企业按支出用途分 R&D 经费内部支出情况 (2018年)

Intramural R&D Expenditures in Industrial Enterprises above Designated Size by Use (2018)

单位：万元 (10 000 yuan)

市 州	Cities and Prefecture	R&D经费内部支出 Intramural Expenditure on R&D	经常费支出 Operating Expenses	#人员劳务费 Service Fees	资产性支出 Capital Expenditures	#仪器和设备 Instruments & Equipments
全 省	**Total**	**5167217**	**4799880**	**1081094**	**367338**	**354308**
长沙市	Changsha	1632213	1501954	416478	130259	129199
株洲市	Zhuzhou	613364	574404	214162	38960	36873
湘潭市	Xiangtan	336226	321858	59339	14369	11280
衡阳市	Hengyang	330812	304699	46218	26114	25610
邵阳市	Shaoyang	211203	194596	31994	16607	16382
岳阳市	Yueyang	521306	495290	72763	26015	24703
常德市	Changde	349323	319831	50731	29491	28734
张家界市	Zhangjiajie	15136	12905	3258	2231	2200
益阳市	Yiyang	265160	247965	52729	17195	16561
郴州市	Chenzhou	260864	243028	39309	17836	17300
永州市	Yongzhou	245728	225900	41263	19828	17804
怀化市	Huaihua	200114	181742	23732	18372	17746
娄底市	Loudi	176648	168173	26848	8474	8387
湘西州	West Hunan	9122	7535	2273	1587	1532

21—53 规模以上工业企业办科技机构情况 (2018年)

Basic Statistics on Institutions for Scientific and Technological in Industrial Enterprises above Designated Size (2018)

市 州	Cities and Prefecture	企业办科技机构数（个） Number of Institutions for S&T in Enterprises (unit)	企业办科技机构人员（人） Number of Personnel in Institutions for S&T in Enterprises (person)	#博士 Doctor	#硕士 Master	科技机构内部经费支出（万元） Intramural Expenditure for S&T Institutions (10 000yuan)
全 省	**Total**	**1765**	**62742**	**1520**	**12211**	**2077625**
长沙市	Changsha	766	33357	790	6983	1211527
株洲市	Zhuzhou	112	8474	162	2184	154701
湘潭市	Xiangtan	43	2824	38	992	127622
衡阳市	Hengyang	89	3146	56	242	121314
邵阳市	Shaoyang	64	948	42	83	22163
岳阳市	Yueyang	76	2252	61	283	76161
常德市	Changde	113	2480	55	174	81938
张家界市	Zhangjiajie	18	103	7	6	1565
益阳市	Yiyang	82	1875	47	112	45416
郴州市	Chenzhou	136	2729	47	216	110078
永州市	Yongzhou	159	2715	126	642	89287
怀化市	Huaihua	49	742	38	169	20346
娄底市	Loudi	45	927	38	99	12969
湘西州	West Hunan	13	170	13	26	2538

21-54 规模以上工业企业科技活动产出情况 (2018年)
Basic Statistics on Scientific and Technological Outputs in Industrial Enterprises above Designated Size (2018)

市 州	Cities and Prefecture	新产品产值（万元）Gross Output Value of New Products (10 000yuan)	新产品销售收入（万元）Sales Revenue of New Products (10 000yuan)	#出口 Exported	专利申请数（件）Patent Applications (item)	有效发明专利数（件）Inventions In Force (item)
全 省	**Total**	**80615310**	**76162442**	**4670585**	**26339**	**33659**
长沙市	Changsha	32746188	29978602	3183406	10138	17534
株洲市	Zhuzhou	6685342	6329915	384793	5000	6697
湘潭市	Xiangtan	6441130	5957663	58135	1295	1446
衡阳市	Hengyang	2756647	2818550	174862	1103	1619
邵阳市	Shaoyang	1722052	1661581	99275	1096	306
岳阳市	Yueyang	12076207	11721100	79828	1214	1270
常德市	Changde	3076902	2825276	38824	1433	1211
张家界市	Zhangjiajie	85126	80598	5036	185	179
益阳市	Yiyang	2574803	2619725	178121	1383	814
郴州市	Chenzhou	4494340	4339811	220503	787	842
永州市	Yongzhou	1608694	1485391	100409	1214	758
怀化市	Huaihua	862253	853168	46489	736	406
娄底市	Loudi	5272393	5280838	78736	614	474
湘西州	West Hunan	213235	210223	22168	141	103

21-55 大中型工业企业 R&D 人员情况 (2018年)
R&D Personnel in Large and Medium-Sized Industrial Enterprises (2018)

市 州	Cities and Prefecture	有R&D活动的单位数（个）Number of Enterprises Having R&D Activities (unit)	R&D人员（人）R&D Personnel (person)	#全时人员 Fulltime Personnel	R&D人员全时当量（人年）Fulltime Equivalent of R&D Personnel (man-year)
全 省	**Total**	**1000**	**83528**	**61926**	**55299**
长沙市	Changsha	212	34380	28067	25166
株洲市	Zhuzhou	101	11316	9049	6259
湘潭市	Xiangtan	44	5721	4337	4258
衡阳市	Hengyang	109	6309	3423	3176
邵阳市	Shaoyang	63	2048	1394	1355
岳阳市	Yueyang	120	5948	4197	3104
常德市	Changde	93	4584	3265	3235
张家界市	Zhangjiajie				
益阳市	Yiyang	58	4149	2547	2995
郴州市	Chenzhou	51	3510	2306	2075
永州市	Yongzhou	87	2413	1420	1532
怀化市	Huaihua	23	949	618	709
娄底市	Loudi	32	1963	1096	1376
湘西州	West Hunan	7	238	207	57

21－56 大中型工业企业按经费来源分 R&D 经费内部支出情况 (2018年)
Intramural R&D Expenditures in Large and Medium-Sized Industrial Enterprises by Sources (2018)

单位：万元 (10 000 yuan)

市 州	Cities and Prefecture	R&D经费内部支出 Intramural Expenditure on R&D	政府资金 Government Funds	企业资金 Self-raised Funds by Enterprises	境外资金 Foreign Funds	其 他 Other Funds
全 省	**Total**	**2933745**	**148297**	**2760011**	**21768**	**3670**
长沙市	Changsha	1170291	42264	1109299	18728	
株洲市	Zhuzhou	448204	66463	381740		
湘潭市	Xiangtan	202742	9121	191490	2101	30
衡阳市	Hengyang	193068	3042	190026		
邵阳市	Shaoyang	80100	1979	76578	87	1456
岳阳市	Yueyang	232362	5468	225141	402	1351
常德市	Changde	165551	3089	162167		295
张家界市	Zhangjiajie					
益阳市	Yiyang	96082	3561	92522		
郴州市	Chenzhou	72824	7719	64626	303	176
永州市	Yongzhou	80072	762	79184	126	
怀化市	Huaihua	63188	3892	59296		
娄底市	Loudi	127415	693	126340	21	361
湘西州	West Hunan	1848	245	1603		

21－57 大中型工业企业按支出用途分 R&D 经费内部支出情况 (2018年)
Intramural R&D Expenditures in Large and Medium-Sized Industrial Enterprises by Use (2018)

单位：万元 (10 000 yuan)

市 州	Cities and Prefecture	R&D经费内部支出 Intramural Expenditure on R&D	经常费支出 Operating Expenses	#人员劳务费 Service Fees	日常比支出 Daily Expenditures	#仪器和设备 Instruments & Equipments
全 省	**Total**	**2933745**	**2740810**	**695507**	**192936**	**183822**
长沙市	Changsha	1170291	1069275	294727	101016	100308
株洲市	Zhuzhou	448204	426143	167271	22061	20204
湘潭市	Xiangtan	202742	194866	38541	7876	5167
衡阳市	Hengyang	193068	184685	28532	8383	8204
邵阳市	Shaoyang	80100	74500	12940	5600	5532
岳阳市	Yueyang	232362	218772	38559	13590	12913
常德市	Changde	165551	152725	26889	12826	12317
张家界市	Zhangjiajie					
益阳市	Yiyang	96082	92580	26707	3503	3119
郴州市	Chenzhou	72824	69594	19526	3230	3178
永州市	Yongzhou	80072	75118	15068	4954	3257
怀化市	Huaihua	63188	58903	8226	4285	4040
娄底市	Loudi	127415	122103	17824	5313	5303
湘西州	West Hunan	1848	1548	695	300	280

21－58 大中型工业企业办科技机构情况 (2018年)
Basic Statistics on Institutions for Scientific and Technological in Large and Medium-Sized Industrial Enterprises (2018)

市 州	Cities and Prefecture	企业办科技机构数（个）Number of Institutions for S&T in Enterprises (unit)	企业办科技机构人员（人）Number of Personnel in Institutions for S&T in Enterprises (person)	#博士 Doctor	#硕士 Master	科技机构内部经费支出（万元）Intramural Expenditure for S&T Institutions (10 000yuan)
全 省	**Total**	**502**	**42673**	**842**	**9296**	**1444841**
长沙市	Changsha	251	23839	462	5374	894920
株洲市	Zhuzhou	44	6670	130	1910	106006
湘潭市	Xiangtan	19	2473	28	953	120848
衡阳市	Hengyang	33	2466	42	191	101877
邵阳市	Shaoyang	9	268	13	32	8295
岳阳市	Yueyang	24	1515	39	193	51850
常德市	Changde	25	1306	14	104	51610
张家界市	Zhangjiajie					
益阳市	Yiyang	21	998	26	75	28856
郴州市	Chenzhou	28	1573	24	117	43658
永州市	Yongzhou	29	764	41	162	26268
怀化市	Huaihua	6	264	4	136	6276
娄底市	Loudi	12	524	19	49	4221
湘西州	West Hunan	1	13			155

21－59 大中型工业企业科技活动产出情况 (2018年)
Basic Statistics on Scientific and Technological Outputs in Large and Medium-Sized Industrial Enterprises (2018)

市 州	Cities and Prefecture	新产品产值（万元）Gross Output Value of New Products (10 000yuan)	新产品销售收入（万元）Sales Revenue of New Products (10 000yuan)	#出口 Exported	专利申请数（件）Patent Applications (item)	有效发明专利数（件）Inventions In Force (item)
全 省	**Total**	**59396970**	**56096096**	**4117201**	**12130**	**19440**
长沙市	Changsha	26682673	24474932	2910379	5377	10788
株洲市	Zhuzhou	5469855	5165891	277691	3037	4491
湘潭市	Xiangtan	5150666	4698467	52703	670	955
衡阳市	Hengyang	1659578	1736417	171362	403	749
邵阳市	Shaoyang	893735	879124	83064	298	140
岳阳市	Yueyang	8158233	7940959	62648	340	559
常德市	Changde	1711510	1575719	30647	387	491
张家界市	Zhangjiajie					
益阳市	Yiyang	1154919	1255558	168998	586	295
郴州市	Chenzhou	2676295	2562454	215044	284	412
永州市	Yongzhou	709093	636738	48536	327	216
怀化市	Huaihua	344723	324734	19534	106	136
娄底市	Loudi	4723589	4783069	76595	283	187
湘西州	West Hunan	62101	62035		32	21

21-60 幼儿园与小学基本情况 (2018年)
Statistics on Kingdergartens and Primary Schools (2018)

市 州	Cities and Prefecture	幼儿园数（个）kingder-gartens (unit)	在园儿童数（人）Student Enrollment (unit)	普通小学学校数（个）Primary Schools (person)	普通小学专任教师数（人）Primary Schools Fulltime Teachers (person)	普通小学招生数（人）Primary Schools New Student Enrollment (person)	普通小学在校学生数（人）Primary Schools Student Enrollment (person)	普通小学毕业生数（人）Primary Schools Graduates (person)
全 省	**Total**	**15166**	**2252213**	**7335**	**274527**	**930488**	**5219847**	**832334**
长沙市	Changsha	1877	311300	904	31605	126247	622174	85016
株洲市	Zhuzhou	1125	149083	358	14068	54218	290021	41275
湘潭市	Xiangtan	705	81871	372	8504	29460	154566	24146
衡阳市	Hengyang	1482	227425	1060	30015	101390	576430	95431
邵阳市	Shaoyang	1589	205812	1036	28920	97289	604778	110101
岳阳市	Yueyang	1246	178067	643	19059	63434	355294	54316
常德市	Changde	981	147825	432	17679	54439	304898	47157
张家界市	Zhangjiajie	310	48986	98	5799	19176	113425	18803
益阳市	Yiyang	818	123474	397	14337	48960	259388	41169
郴州市	Chenzhou	1161	169806	378	24888	78600	475989	80614
永州市	Yongzhou	1668	217546	460	28062	84724	509784	87568
怀化市	Huaihua	771	159606	240	20950	66800	375918	58055
娄底市	Loudi	804	132360	738	17432	66086	351626	54736
湘西州	West Hunan	629	99052	219	13209	39665	225556	33947

21－61 普通中学基本情况 (2018年)
Statistics on Regular Secondary Schools (2018)

市 州	Cities and Prefecture	普通中学学校数 (个) Number of Sckools (unit)	普通中学专任教师数 (人) Number of Fulltime Teachers(person)	普通中学招生数 (人) New Student Enrollment (person)	普通中学在校学生数 (人) Student Enrollment (person)	普通中学毕业生数 (人) Graduates (person)
全 省	**Total**	**3957**	**255386**	**1249377**	**3580113**	**1089422**
长沙市	Changsha	330	29504	138684	398801	122672
株洲市	Zhuzhou	194	13596	62908	178393	51529
湘潭市	Xiangtan	166	9167	38332	116746	37161
衡阳市	Hengyang	448	28236	146930	423200	136632
邵阳市	Shaoyang	467	26394	156016	446391	137677
岳阳市	Yueyang	299	19636	83639	249038	79537
常德市	Changde	277	19004	72718	211901	66806
张家界市	Zhangjiajie	98	5810	28023	80989	24533
益阳市	Yiyang	217	14716	62955	179258	54985
郴州市	Chenzhou	299	20735	116200	326584	92314
永州市	Yongzhou	330	22478	122986	343837	97265
怀化市	Huaihua	367	18159	86018	241120	69731
娄底市	Loudi	285	16378	82411	234904	71670
湘西州	West Hunan	180	11573	51557	148951	46910

21－62 普通高等学校基本情况 (2018年)
Statistics on Regular Institutions of Higher Education (2018)

市 州	Cities and Prefecture	普通高等学校数 (个) Number of Sckools (unit)	普通高等学校专任教师数 (人) Number of Full-time Teachers (person)	普通高等学校招生数 (人) New Student Enrollment (person)	普通高等学校在校学生数 (人) Student Enrollment (person)	普通高等学校毕业生数 (人) Graduates (person)
全 省	**Total**	**109**	**72689**	**416228**	**1326828**	**347641**
长沙市	Changsha	51	35441	197243	635950	164868
株洲市	Zhuzhou	9	4352	30537	93298	25106
湘潭市	Xiangtan	10	7261	39906	136049	35666
衡阳市	Hengyang	8	6698	36204	120176	31804
邵阳市	Shaoyang	3	2053	11044	33634	8116
岳阳市	Yueyang	4	2439	16786	50008	15016
常德市	Changde	5	2832	17275	52994	13765
张家界市	Zhangjiajie	1	801	5161	14905	3861
益阳市	Yiyang	4	2147	13558	39950	10252
郴州市	Chenzhou	3	1533	9541	29809	7350
永州市	Yongzhou	3	1768	9644	29931	7868
怀化市	Huaihua	3	1782	9447	31233	8291
娄底市	Loudi	3	1865	10725	31429	7938
湘西州	West Hunan	2	1717	9157	27462	7740

21－63　各级学校 (2018年)

Number of Schools by Level (2018)

单位：个 (unit)

市　州	Cities and Prefecture	普通高等学校 Regular Institutions of Higher Education	中等学校 Secondary Schools	中等职业教育 Vocational Secondary Education	普通中学 Regular Secondary Schools	普通小学 Primary Schools
全　省	**Total**	**109**	**4429**	**472**	**3957**	**7335**
长沙市	Changsha	51	387	57	330	904
株洲市	Zhuzhou	9	215	21	194	358
湘潭市	Xiangtan	10	189	23	166	372
衡阳市	Hengyang	8	494	46	448	1060
邵阳市	Shaoyang	3	531	64	467	1036
岳阳市	Yueyang	4	332	33	299	643
常德市	Changde	5	319	42	277	432
张家界市	Zhangjiajie	1	110	12	98	98
益阳市	Yiyang	4	237	20	217	397
郴州市	Chenzhou	3	324	25	299	378
永州市	Yongzhou	3	367	37	330	460
怀化市	Huaihua	3	410	43	367	240
娄底市	Loudi	3	307	22	285	738
湘西州	West Hunan	2	207	27	180	219

21－64　各级学校教职工 (2018年)

Number of School Staff and Workers by Level (2018)

单位：人 (person)

市　州	Cities and Prefecture	普通高等学校 Regular Institutions of Higher Education	中等学校 Secondary Schools	中等职业教育 Vocational Secondary Education	普通中学 Regular Secondary Schools	普通小学 Primary Schools
全　省	**Total**	**104086**	**361684**	**36678**	**325006**	**238800**
长沙市	Changsha	53167	40726	5447	35279	29511
株洲市	Zhuzhou	5981	19300	1848	17452	12527
湘潭市	Xiangtan	10086	12277	1559	10718	7877
衡阳市	Hengyang	8967	40001	4547	35454	28330
邵阳市	Shaoyang	2734	36370	3489	32881	25261
岳阳市	Yueyang	3411	26241	2599	23642	17148
常德市	Changde	4019	29057	2996	26061	13801
张家界市	Zhangjiajie	927	8293	744	7549	4922
益阳市	Yiyang	2738	20612	1972	18640	13192
郴州市	Chenzhou	2030	29532	2057	27475	20683
永州市	Yongzhou	2610	32426	3696	28730	24738
怀化市	Huaihua	2355	27953	2665	25288	15808
娄底市	Loudi	2604	22710	1654	21056	14068
湘西州	West Hunan	2457	16186	1405	14781	10934

21－65　各级学校专任教师 (2018年)
Number of Full-time Teachers by Level (2018)

单位：人　　(person)

市　州	Cities and Prefecture	普通高等学校 Regular Institutions of Higher Education	中等学校 Secondary Schools	中等职业教育 Vocational Secondary Education	普通中学 Regular Secondary Schools	普通小学 Primary Schools
全　省	**Total**	**72689**	**284415**	**29029**	**255386**	**274527**
长沙市	Changsha	35441	33393	3889	29504	31605
株洲市	Zhuzhou	4352	15057	1461	13596	14068
湘潭市	Xiangtan	7261	10399	1232	9167	8504
衡阳市	Hengyang	6698	31410	3174	28236	30015
邵阳市	Shaoyang	2053	29138	2744	26394	28920
岳阳市	Yueyang	2439	21811	2175	19636	19059
常德市	Changde	2832	21346	2342	19004	17679
张家界市	Zhangjiajie	801	6461	651	5810	5799
益阳市	Yiyang	2147	16361	1645	14716	14337
郴州市	Chenzhou	1533	22435	1700	20735	24888
永州市	Yongzhou	1768	25615	3137	22478	28062
怀化市	Huaihua	1782	20382	2223	18159	20950
娄底市	Loudi	1865	17805	1427	16378	17432
湘西州	West Hunan	1717	12802	1229	11573	13209

21－66　各级学校在校学生 (2018年)
Number of Students Enrollment by Level (2018)

单位：人　　(person)

市　州	Cities and Prefecture	普通高等学校 Regular Institutions of Higher Education	中等学校 Secondary Schools	中等职业教育 Vocational Secondary Education	普通中学 Regular Secondary Schools	普通小学 Primary Schools
全　省	**Total**	**1326828**	**4238334**	**658221**	**3580113**	**3580113**
长沙市	Changsha	635950	510397	111596	398801	398801
株洲市	Zhuzhou	93298	202612	24219	178393	178393
湘潭市	Xiangtan	136049	137842	21096	116746	116746
衡阳市	Hengyang	120176	496352	73152	423200	423200
邵阳市	Shaoyang	33634	521425	75034	446391	446391
岳阳市	Yueyang	50008	302382	53344	249038	249038
常德市	Changde	52994	257524	45623	211901	211901
张家界市	Zhangjiajie	14905	93454	12465	80989	80989
益阳市	Yiyang	39950	208911	29653	179258	179258
郴州市	Chenzhou	29809	369735	43151	326584	326584
永州市	Yongzhou	29931	407285	63448	343837	343837
怀化市	Huaihua	31233	286143	45023	241120	241120
娄底市	Loudi	31429	269222	34318	234904	234904
湘西州	West Hunan	27462	175050	26099	148951	148951

21−67 公共图书馆、广播和电视综合人口覆盖情况(2018年)
Statistics on Public Libraries、Coverage of Radio and TV Program Broadcasting (2018)

市 州	Cities and Prefecture	公共图书馆（个）Public Libraries (unit)	公共图书馆藏书量（千册）Collections (1000 copies)	艺术馆、文化馆个数（个）Art Galleries, Cultural Centers Number of Projects(Unit)	广播综合人口覆盖率(%) Listener Rating (%)	电视综合人口覆盖率(%) Viewer Rating (%)
全 省	**Total**	**140**	**33053**	**145**	**99.02**	**99.64**
长沙市	Changsha	10	10848	11	99.76	99.73
株洲市	Zhuzhou	8	3272	10	100.00	100.00
湘潭市	Xiangtan	7	1564	6	100.00	100.00
衡阳市	Hengyang	14	2394	13	99.88	99.85
邵阳市	Shaoyang	14	2641	13	94.65	99.21
岳阳市	Yueyang	11	1420	11	99.98	99.98
常德市	Changde	9	1791	10	99.99	99.65
张家界市	Zhangjiajie	4	402	5	93.54	99.03
益阳市	Yiyang	7	1267	9	99.53	99.91
郴州市	Chenzhou	11	1536	14	99.86	99.87
永州市	Yongzhou	12	1864	12	99.01	99.15
怀化市	Huaihua	15	1909	15	99.47	99.71
娄底市	Loudi	6	1074	6	99.83	99.72
湘西州	West Hunan	10	1071	10	98.57	98.65

21–68 卫生机构基本情况 (2018年)
Basic Statistics on Health Institutions (2018)

市州	Cities and Prefecture	卫生机构数(个) Number of Health Institutions (unit)	医院、卫生院 Hospitals、Health Centers	卫生机构床位数(张) Number of Reality Beds(unit)	医院卫生院数 Hospitals、Health Centers	卫生机构人员数(人) Number of Employed Persons in Health Institutions (person)	卫生技术人员 Medical &Technical Personnel	执业(助理)医生 Certified (Assistant) Doctors	注册护士 Senier Nurse
全省	**Total**	**16262**	**3764**	**484628**	**450231**	**558522**	**437565**	**180970**	**184384**
长沙市	Changsha	2759	331	77253	69913	98486	81548	30793	38727
株洲市	Zhuzhou	1149	193	26811	25038	32995	26616	10534	12003
湘潭市	Xiangtan	941	115	19336	18234	23867	19508	7530	8765
衡阳市	Hengyang	1058	343	46537	43654	55193	42260	17936	17352
邵阳市	Shaoyang	1211	345	43760	41758	49494	35224	14478	14536
岳阳市	Yueyang	1248	271	35172	31380	39781	31595	15187	11324
常德市	Changde	1609	305	39679	35493	44758	35750	17387	13198
张家界市	Zhangjiajie	375	125	10838	10117	11482	9140	3303	3949
益阳市	Yiyang	1034	190	28141	25130	31878	24964	11167	9876
郴州市	Chenzhou	1237	343	33485	32081	36936	29669	11693	13051
永州市	Yongzhou	1150	326	40794	38316	42018	32165	13656	12908
怀化市	Huaihua	1161	411	35033	33740	40263	31258	12005	13355
娄底市	Loudi	487	185	20138	25689	28911	21127	9484	8133
湘西州	West Hunan	843	281	14457	19688	22460	16741	5817	7207

21−69 居民消费价格分类指数 (2018年)
Consumer Price Indices by Category (2018)

以上年为 100 (Preceding year=100)

市 州	Cities and Prefecture	居民消费价格指数 Consumer Price Index	食品烟酒 Food tabacoo and Liquor	衣着 Clothing	居住 Residence	生活用品及服务 Articles for Daily Use and Services	交通和通信 Transport and Communications	教育文化和娱乐 Education, Culture and Recreation	医疗保健 Health Care	其他用品和服务 Other Articles and Services
全 省	**Total**	**102.0**	**100.8**	**101.9**	**103.6**	**101.3**	**102.8**	**101.5**	**102.5**	**100.6**
长沙市	Changsha	102.0	102.2	102.5	102.0	101.3	102.2	101.4	101.6	100.9
株洲市	Zhuzhou	101.9	101.0	101.5	102.5	101.2	103.3	102.6	102.6	99.9
湘潭市	Xiangtan	101.5	101.0	101.3	102.9	101.4	102.2	100.6	101.5	100.5
衡阳市	Hengyang	102.0	100.8	100.6	106.3	101.4	102.3	100.3	101.1	99.9
邵阳市	Caoyang	101.8	100.8	100.9	102.0	101.2	102.4	103.0	104.3	100.8
岳阳市	Yueyang	101.6	101.4	100.7	103.1	100.5	102.6	100.5	101.7	99.3
常德市	Changde	102.0	102.3	101.8	101.9	100.8	101.8	101.8	103.0	101.3
张家界市	Zhangjiang	102.5	102.6	102.8	105.5	102.0	102.5	99.0	101.2	101.3
益阳市	Yiyang	101.9	101.0	101.4	103.7	101.7	102.9	100.9	101.6	101.7
郴州市	Chcenzhou	101.9	101.0	101.1	104.5	101.7	102.1	101.0	101.7	98.7
永州市	Yongzhou	101.5	100.0	104.3	102.6	100.2	101.8	102.8	100.0	99.2
怀化市	Huaihua	102.1	101.6	101.3	102.4	103.1	102.6	103.5	101.8	100.4
娄底市	Loudi	102.2	100.0	104.1	105.2	106.3	103.5	101.7	100.5	101.6
湘西州	West Hunan	102.0	100.6	102.8	102.7	99.9	100.9	102.9	103.1	107.0

21－70 商品零售价格指数(2018年) Retail Price Index (2018)

以上年为 100 (Preceding year=100)

市 州	Cities and Prefecture	商品零售价格指数 Retail Price Index	食品 Food	饮料、烟酒 Brages, Tobacco and Liquor	服装、鞋帽 Garments, Shoes and Hats	纺织品 Textiles	家用电器及音像器材 Household Appliances Music and Video Equipment	文化办公用品 Cultural and Office Appliances	日用品 Articles for Daily Use	体育娱乐用品 Sports and Recreation Articles
全 省	**Total**	**102.3**	**101.7**	**101.5**	**101.8**	**101.2**	**100.5**	**100.8**	**102.0**	**100.2**
长沙市	Changsha	102.5	102.6	100.8	102.3	100.5	100.2	100.7	102.3	100.3
株洲市	Zhuzhou	102.3	100.8	102.2	101.6	100.0	100.7	100.2	101.8	100.4
湘潭市	Xiangtan	101.7	101.1	100.4	101.2	102.9	101.2	100.5	101.4	100.2
衡阳市	Hengyang	101.8	100.5	100.5	100.3	100.0	100.3	100.3	101.5	100.4
邵阳市	Caoyang	102.1	101.1	100.9	100.8	100.2	100.3	101.1	101.3	100.2
岳阳市	Yueyang	102.0	101.8	102.2	100.7	100.9	100.3	101.0	101.1	97.9
常德市	Changde	102.5	102.5	102.6	101.9	100.0	100.7	100.5	101.6	100.0
张家界市	Zhangjiang	102.6	102.4	102.0	102.8	100.0	101.3	102.4	101.1	99.1
益阳市	Yiyang	102.2	101.1	101.7	101.3	100.6	100.6	102.1	104.1	100.3
郴州市	Chcenzhou	102.3	101.2	102.2	101.2	100.9	100.2	99.7	103.1	101.0
永州市	Yongzhou	101.4	99.9	100.7	104.4	100.7	99.9	100.3	100.3	100.9
怀化市	Huaihua	102.3	101.1	104.3	101.2	107.3	100.8	100.0	101.6	104.1
娄底市	Loudi	102.9	99.8	101.7	103.9	100.4	101.6	104.0	100.8	103.7
湘西州	West Hunan	104.5	100.4	101.9	102.8	102.8	101.6	105.0	103.8	102.4

21-70 续表 Continued

以上年为 100 (Preceding year=100)

市 州	Cities and Prefecture	交通、通信用品 Transportation and Communication Appliances	家 具 Furniture	化妆品 Cosmetics	金银饰品 Gold and Silver Ornaments	中西药品及医疗保健用品 Traditional chinese and Western Medicines and Health Care Articles	书报杂志及电子出版物 Book, Newspapers, Magazines and Electronic Pubblication	燃 料 Fuels	建筑材料及五金电料 Building Materials and Hardware
全 省	**Total**	**99.9**	**100.9**	**101.2**	**97.5**	**104.2**	**100.7**	**109.9**	**102.8**
长沙市	Changsha	100.1	101.1	101.2	96.5	103.9	99.9	110.6	102.2
株洲市	Zhuzhou	99.9	100.0	101.7	97.8	105.4	100.9	109.4	104.5
湘潭市	Xiangtan	98.6	100.8	100.9	100.6	101.8	106.7	109.4	103.9
衡阳市	Hengyang	99.9	100.0	100.3	99.5	102.5	99.9	110.3	105.9
邵阳市	Caoyang	100.0	100.0	100.3	97.8	108.6	99.8	107.8	103.3
岳阳市	Yueyang	99.9	99.7	100.2	96.8	102.9	102.7	109.7	102.1
常德市	Changde	99.9	100.2	100.6	97.4	107.0	101.8	108.5	102.1
张家界市	Zhangjiang	100.3	103.5	100.5	99.4	103.5	100.1	107.7	100.7
益阳市	Yiyang	99.9	100.1	102.5	96.8	105.1	100.0	107.7	103.3
郴州市	Chcenzhou	99.3	101.1	101.4	92.3	102.9	100.0	112.2	105.4
永州市	Yongzhou	98.8	100.0	100.8	95.9	100.2	99.6	111.0	101.9
怀化市	Huaihua	100.0	100.7	100.4	99.4	101.8	100.5	111.0	101.2
娄底市	Loudi	101.0	108.4	101.4	102.1	101.5	105.6	109.0	109.4
湘西州	West Hunan	97.2	100.0	100.5	96.9	109.2	105.8	116.5	105.1

21−71 住户调查主要指标(2018年)
Major Households Survey Indicators (2018)

市 州	Cities and Prefecture	全体居民人均可支配收入(元) Per Capita Disposable Income Provincewide (yuan)	城镇居民人均可支配收入 Per Capita Disposable Income of Urban Households		农村居民人均可支配收入 Per Capita Disposable Income of Rural Households	
			绝对值(元) Value (yuan)	增速(%) Growth Rate (%)	绝对值(元) Value (yuan)	增速(%) Growth Rate (%)
长沙市	Changsha	44647.4	50791.9	8.2	29714.1	8.6
株洲市	Zhuzhou	33953.5	42866.8	7.7	19889.5	8.4
湘潭市	Xiangtan	29871.6	36866.5	7.9	19407.9	8.5
衡阳市	Hengyang	25901.0	33741.3	7.8	18250.0	8.3
邵阳市	Shaoyang	18010.0	27166.7	8.5	11857.2	10.2
岳阳市	Yueyang	24811.9	32425.1	8.0	15512.6	8.7
常德市	Changde	22464.7	31126.0	8.3	15094.9	9.0
张家界市	Zhangjiajie	16464.5	24825.3	8.2	9562.0	10.0
益阳市	Yiyang	21843.0	29123.3	8.1	15853.1	8.9
郴州市	Chenzhou	23458.7	32405.7	8.0	15017.7	8.6
永州市	Yongzhou	20163.1	28470.0	8.7	13924.3	9.3
怀化市	Huaihua	16789.0	26703.3	9.0	9810.9	11.1
娄底市	Loudi	18544.0	27916.2	8.9	11657.1	10.7
湘西州	West Hunan	15442.3	24728.0	8.8	9183.0	11.0

21－72 能源消耗指标(2018年)

Index of Energy Consumption (2018)

市 州	Cities and Prefecture	万元地区生产总值能耗上升或下降(±%) Energy Consumption Per 10 000 yuan GDP Increase/Decrease (±%)	能源消费总量增速(%) Total Energy Consumption Growth (%)	万元地区生产总值电耗上升或下降(±%) Electric Power Consumption per 10 000 yuan GDP Increase/Decrease (±%)
全 省	**Total**	**-5.12**	**2.26**	**2.38**
长沙市	Changsha	–4.77	3.45	6.98
株洲市	Zhuzhou	–5.54	1.82	–0.63
湘潭市	Xiangtan	–5.42	1.96	1.92
衡阳市	Hengyang	–5.27	2.60	1.51
邵阳市	Shaoyang	–5.06	2.14	4.04
岳阳市	Yueyang	–4.26	3.69	0.98
常德市	Changde	–4.19	3.68	3.66
张家界市	Zhangjiajie	–5.19	1.91	0.86
益阳市	Yiyang	–4.86	2.84	5.84
郴州市	Chenzhou	–5.24	2.63	0.22
永州市	Yongzhou	–5.09	2.32	3.07
怀化市	Huaihua	–4.79	2.93	2.15
娄底市	Loudi	–5.92	2.17	1.06
湘西州	West Hunan	–9.67	–4.24	–17.19

21－73 规模以上工业企业综合能源消费量

Total Energy Consumption of Scale Industry

单位：万吨标准煤 (10 000 ton of SCE)

市 州	Cities and Prefecture	2013	2014	2015	2016	2017	2018
全 省	**Total**	**6733.87**	**6525.80**	**6060.07**	**5946.23**	**6040.46**	**6157.05**
长沙市	Changsha	531.55	519.19	499.91	475.83	487.71	416.80
株洲市	Zhuzhou	450.64	420.09	350.22	369.88	413.69	406.92
湘潭市	Xiangtan	654.85	637.29	622.22	623.75	647.32	695.20
衡阳市	Hengyang	600.67	505.61	413.87	391.90	390.16	399.32
邵阳市	Shaoyang	322.46	309.09	295.92	271.50	279.25	283.63
岳阳市	Yueyang	1029.35	1000.57	961.42	963.82	932.66	984.85
常德市	Changde	520.38	517.95	477.85	398.70	428.18	467.55
张家界市	Zhangjiajie	39.35	40.99	40.88	38.90	30.40	24.39
益阳市	Yiyang	354.47	362.14	342.21	335.29	360.27	361.99
郴州市	Chenzhou	585.37	581.26	522.54	497.73	482.28	477.57
永州市	Yongzhou	212.23	194.16	180.94	159.43	168.42	183.42
怀化市	Huaihua	240.84	214.04	198.83	183.50	177.45	166.24
娄底市	Loudi	1097.02	1124.56	1072.44	1044.19	1043.77	1085.38
湘西州	West Hunan	74.48	76.68	65.00	60.80	60.45	47.38

21-74 规模以上工业企业主要能源品种消费量(2018年)
Main Energy Consumption of Industrial Enterprises above Designated Size (2018)

市 州	Cities and Prefecture	能源合计（吨标准煤）Total Energy (ton of SCE)	原 煤（吨）Raw Coal (ton)	洗精煤（吨）Cleaned Coal (ton)	焦 炭（吨）Coke (ton)	天然气（万立方米）Natrual Gas (10 000 cu.m)	原 油（吨）Crude Oil (ton)
全 省	**Total**	**61570467**	**63273067**	**9200496**	**9387789**	**142292**	**9497074**
长沙市	Changsha	4167414	3158398		6524	46400	26
株洲市	Zhuzhou	4069218	4496399		116170	30062	
湘潭市	Xiangtan	6952046	4179649	3209771	3443828	2569	
衡阳市	Hengyang	3993167	3994153		493386	14792	336
邵阳市	Shaoyang	2836317	3445751		10365	1227	4
岳阳市	Yueyang	9848531	9085702		2395	25434	9496577
常德市	Changde	4676096	5933060		50273	8152	
张家界市	Zhangjiajie	243852	254468			24	
益阳市	Yiyang	3619880	4938441		16047	2077	
郴州市	Chenzhou	4775690	7227679	354519	205001	6304	
永州市	Yongzhou	1834198	1571405		102488	183	
怀化市	Huaihua	1662373	809570		122809	180	
娄底市	Loudi	10853823	13828761	5636206	4818502	2835	
湘西州	West Hunan	473832	349631			96	130

21-74 续表 Continued

市 州	Cities and Prefecture	汽油（吨）Gasoline (ton)	煤油（吨）Kerosene (ton)	柴油（吨）Diesel Oil (ton)	燃料油（吨）Fuel Oil (ton)	液化石油气（吨）LPG (ton)	电力（万千瓦时）Electric Power (10 000 kwh)
全 省	**Total**	**158216**	**25284**	**312462**	**227512**	**185405**	**9390713**
长沙市	Changsha	47739	251	64272	2519	823	1305648
株洲市	Zhuzhou	4237	253	22691	162827	153587	567073
湘潭市	Xiangtan	5559	89	10434	829	59	759112
衡阳市	Hengyang	11569	70	35754	1866	2	715380
邵阳市	Shaoyang	7777	694	17004	841	25164	389562
岳阳市	Yueyang	48632	21658	68512	25693	3211	798851
常德市	Changde	1902	166	13010	2097	27	638333
张家界市	Zhangjiajie	611		1754			37466
益阳市	Yiyang	11498	352	23395	76	17	436865
郴州市	Chenzhou	4823	1699	16804	158	27	580288
永州市	Yongzhou	696	34	8826		351	368445
怀化市	Huaihua	7054	1	5143	30202	1886	435485
娄底市	Loudi	5615	17	13618	315	202	939007
湘西州	West Hunan	419		7253	89	41	167681

21－75 规模以上工业企业取水总量
Water Intake Amount of Scale Industry

单位：万立方米 (10 000 cu.m)

市　州	Cities and Prefecture	2013	2014	2015	2016	2017	2018
全　省	**Total**	**388919.79**	**371515.84**	**375964.33**	**367437.23**	**386128.39**	**386225.28**
长沙市	Changsha	102903.89	96216.91	102674.19	107488.17	111628.24	101080.88
株洲市	Zhuzhou	30190.55	28814.69	28383.70	29003.25	29648.88	30792.72
湘潭市	Xiangtan	28374.16	25122.97	24803.10	20390.27	22509.74	22886.40
衡阳市	Hengyang	30075.80	26456.68	28459.35	28710.00	27028.93	27742.63
邵阳市	Shaoyang	24660.13	24729.59	26059.34	26954.17	26896.29	28899.46
岳阳市	Yueyang	47679.18	44266.12	43998.59	35271.82	36511.75	35028.44
常德市	Changde	20577.60	20755.57	23370.52	26360.79	27890.28	30087.38
张家界市	Zhangjiajie	4563.32	4329.23	4234.19	3940.00	4292.12	4676.77
益阳市	Yiyang	15160.41	14085.23	13945.31	13160.23	14401.83	15390.56
郴州市	Chenzhou	28329.23	247456.50	23302.04	22904.47	22346.02	21358.55
永州市	Yongzhou	14251.54	17058.62	18103.10	18016.10	21351.25	21471.63
怀化市	Huaihua	13183.54	13626.39	13470.59	12526.96	14357.03	18984.21
娄底市	Loudi	22793.43	22013.70	21140.34	18624.44	18238.23	18974.20
湘西州	West Hunan	6177.00	6583.52	4019.97	4086.53	7814.48	7835.77

注：根据国家新修订的报表制度，2012 年水、火电企业用于冷却机组的河湖海冷却用水（包括循环冷却用水和直抽直排冷却用水）不计入取水量。而 2007 年至 2011 年取水量中均包括水、火电企业用于冷却机组的河湖海冷却用水。

According to the new revision of the reporting system, in 2012, thermal power enterprises for the rivers and lakes water cooling water cooling unit (including circulating cooling water and cooling water straight pulling straight row) are not included in the water. But from 2007 to 2011 water consumption in thermal power enterprises including water, for rivers and lakes sea cooling water cooling unit.

21-76 分产业法人单位数(2018年)
Corporate Units by Industry (2018)

单位:个 (unit)

市　州	Cities and Prefecture	合计 Total	第一产业 Primary Industry	第二产业 Secondary Industry	第三产业 Tertiary Industry
全　省	**Total**	**683970**	**61212**	**103904**	**518854**
长沙市	Changsha	183282	10975	23265	149042
株洲市	Zhuzhou	36179	1820	7828	26531
湘潭市	Xiangtan	25227	2517	4979	17731
衡阳市	Hengyang	51131	6220	6798	38113
邵阳市	Shaoyang	52448	5403	8934	38111
岳阳市	Yueyang	58384	4350	9414	44620
常德市	Changde	53274	3818	8407	41049
张家界市	Zhangjiajie	12915	1858	1715	9342
益阳市	Yiyang	41777	3493	8278	30006
郴州市	Chenzhou	40114	5756	6016	28342
永州市	Yongzhou	42479	4277	5970	32232
怀化市	Huaihua	30330	4628	3717	21985
娄底市	Loudi	32595	6000	5258	21337
湘西州	West Hunan	23835	97	3325	20413

21-77 分机构类型法人单位数(2018年)
Corporate Units by Organization Type (2018)

单位：个 (unit)

市 州	Cities and Prefecture	合计 Total	企业 Enterprises	事业单位 Public Institution	机关 Government Department	社会团体 Social Organization	民办非企业单位 Private Non-enterprise Units	基金会 Foundation	居委会 Neighborhood Committee	村委会 Village Committee	农民专业合作社 Farmer Specialized Cooperative	其他组织机构 Other Organization
全 省	**Total**	**683970**	**485375**	**44339**	**10651**	**12118**	**18343**	**221**	**5296**	**24367**	**75439**	**7821**
长沙市	Changsha	182497	163588	3940	803	1458	3258	85	715	858	6809	983
株洲市	Zhuzhou	35983	25208	1774	591	568	1252	6	369	1017	4681	517
湘潭市	Xiangtan	25227	17796	1144	405	755	884	14	203	775	2964	287
衡阳市	Hengyang	51017	33002	4490	1014	919	1886	15	493	2277	6332	589
邵阳市	Shaoyang	53161	32497	4515	958	1238	1533	9	442	3190	7684	1095
岳阳市	Yueyang	58308	41046	4493	967	1090	1530	25	454	1698	6319	686
常德市	Changde	53354	38021	4041	948	1277	1205	18	730	1588	4998	528
张家界市	Zhangjiajie	12953	7459	1148	372	328	343	2	155	856	2172	118
益阳市	Yiyang	41774	29643	2505	514	889	875	9	258	1176	5326	579
郴州市	Chenzhou	40366	25749	2658	820	832	1041	13	340	2075	6116	722
永州市	Yongzhou	42544	23804	4685	1183	927	1604	11	350	2960	6672	348
怀化市	Huaihua	29954	15316	3953	939	738	804	2	288	2480	4803	631
娄底市	Loudi	32624	21484	1360	463	570	1063	7	274	1831	5148	424
湘西州	West Hunan	24208	10762	3633	674	529	1065	5	225	1586	5415	314

21-78 分行业法人单位数(2018年)
Corporate Units by Sector (2018)

单位:个 (unit)

市州	Cities and Prefecture	合计 Total	农、林、牧、渔业 Agriculture, Forestry, Animal Husbandry and Fishing	采矿业 Mining	制造业 Manufacturing	电力、燃气及水的生产和供应业 Production and Supply of Electricity, Gas and Water	建筑业 Construction	批发和零售业 Wholesale and Retail Trade	交通运输、仓储和邮政业 Transport, Storage and Post	住宿和餐饮业 Lodging and Catering Services	信息传输、计算机服务和软件业 Information Transmission, Computer Services and Software
全省	**Total**	**683970**	**81698**	**3779**	**62538**	**6800**	**30787**	**154878**	**13688**	**11646**	**24880**
长沙市	Changsha	183282	12950	124	13521	406	9214	44617	3787	3666	14289
株洲市	Zhuzhou	36179	2805	303	5457	434	1634	10391	713	550	877
湘潭市	Xiangtan	25227	3321	85	3588	88	1218	4859	512	385	627
衡阳市	Hengyang	51131	9269	299	3921	277	2301	10148	987	688	1153
邵阳市	Shaoyang	52448	8022	337	5815	826	1956	11484	741	1050	929
岳阳市	Yueyang	58384	6332	276	5746	551	2841	13827	1652	748	1531
常德市	Changde	53274	5061	309	5521	521	2056	14761	1147	1257	1203
张家界市	Zhangjiajie	12915	2105	153	774	203	585	2717	200	419	143
益阳市	Yiyang	41777	6230	143	5851	336	1948	11864	814	685	678
郴州市	Chenzhou	40114	6642	487	3194	852	1483	8522	787	692	968
永州市	Yongzhou	42479	6827	336	3146	944	1544	6904	784	470	936
怀化市	Huaihua	30330	5417	229	1832	565	1091	4973	581	397	521
娄底市	Loudi	32595	6529	367	2960	534	1397	6605	620	409	727
湘西州	West Hunan	23835	188	331	1212	263	1519	3206	363	230	298

21-78 续表 Continued

单位：个 (unit)

市 州	Cities and Prefecture	金融业 Banking	房地产业 Real Estate	租赁和商务服务业 Leasing and Business Services	科学研究、技术服务和地质勘查业 Scientific Research, Technical Service and Geologic Perambulation	水利、环境和公共设施管理业 Water Conservan-cy, Environment and Public Facilities Management	居民服务和其他服务业 Services to Households and Other Services	教育 Education	卫生、社会保障和社会福利业 Sanitation, Social Security and Social Welfare	文化、体育和娱乐业 Culture, Sports and Entertainment	公共管理和社会组织 Public Management and Social Organization	国际组织 International Organization
全 省	**Total**	**2011**	**20714**	**65296**	**45379**	**6462**	**13286**	**31778**	**11858**	**24155**	**72337**	
长沙市	Changsha	699	6021	29310	17602	1357	4647	5268	1776	8712	5316	
株洲市	Zhuzhou	108	1256	2470	1398	329	543	1962	530	901	3518	
湘潭市	Xiangtan	91	691	2429	1524	257	397	1316	387	837	2615	
衡阳市	Hengyang	153	1962	3910	2457	461	712	3162	977	1659	6635	
邵阳市	Shaoyang	109	1285	3291	1534	463	837	3424	1222	1227	7896	
岳阳市	Yueyang	135	1925	5067	3364	695	1478	2929	992	2247	6048	
常德市	Changde	149	1230	3944	2876	629	1282	2034	1113	1632	6549	
张家界市	Zhangjiajie	42	344	989	300	174	284	702	294	398	2089	
益阳市	Yiyang	74	943	2327	1331	284	777	1613	656	1190	4033	
郴州市	Chenzhou	115	1365	2588	2352	413	608	1927	756	1108	5255	
永州市	Yongzhou	118	1360	3086	2802	401	566	2925	836	1110	7384	
怀化市	Huaihua	84	971	1786	1173	322	404	1733	838	964	6449	
娄底市	Loudi	86	782	2477	1355	279	482	1512	480	1261	3733	
湘西州	West Hunan	48	579	1622	5311	398	269	1271	1001	909	4817	

21-79 “一套表”联网直报调查单位数(2018年)
“A set of table” Networking Straight Survey respondent Numbers (2018)

单位:个 (unit)

市 州	Cities and Prefecture	合计 Total	工业 Industry	建筑业 Construction	批发零售业 Wholesale and retail trade	住宿餐饮业 Lodging and catering Services	房地产业 Real Estate	服务业 Service
全 省	**Total**	**39684**	**15656**	**3033**	**8412**	**1992**	**4128**	**6463**
长沙市	Changsha	8872	2935	775	2085	416	852	1809
株洲市	Zhuzhou	3542	1542	281	688	187	393	451
湘潭市	Xiangtan	1902	970	182	330	62	156	202
衡阳市	Hengyang	3076	1021	248	659	155	403	590
邵阳市	Shaoyang	3398	1401	191	883	237	233	453
岳阳市	Yueyang	3367	1300	306	631	115	403	612
常德市	Changde	3119	1261	170	620	150	241	677
张家界市	Zhangjiajie	556	205	52	78	57	78	86
益阳市	Yiyang	2054	1094	119	397	77	231	136
郴州市	Chenzhou	3168	1117	182	721	222	349	577
永州市	Yongzhou	2200	1018	129	461	128	229	235
怀化市	Huaihua	1710	648	162	338	81	268	213
娄底市	Loudi	2048	897	170	429	72	152	328
湘西州	West Hunan	672	247	66	92	33	140	94

注:“一套表”联网直报单位是指规模以上工业企业、限额以上批发零售住宿餐饮企业、资质以内的建筑业企业和房地产开发企业、规模以上服务业企业。

“A set of table” Networking straight survey respondent refers to within the industrial enterprises above Designated Size, enterprises above Designated Size of whole sale and retai trade and hotels and catering services.

21-80 新增“一套表”联网直报调查单位数(2018年)

Newly Increased “A set of table” Networking Straight Survey respondent Numbers (2018)

单位:个 (unit)

市 州	Cities and Prefecture	合计 Total	工业 Industry	建筑业 Construction	批发零售业 Wholesale and retail trade	住宿餐饮业 Lodging and catering Services	房地产业 Real Estate	服务业 Service
全 省	**Total**	**6574**	**1995**	**438**	**1889**	**452**	**587**	**1213**
长沙市	Changsha	1690	313	155	588	116	126	392
株洲市	Zhuzhou	480	160	25	144	44	50	57
湘潭市	Xiangtan	247	121	14	55	8	24	25
衡阳市	Hengyang	338	113	22	74	16	44	69
邵阳市	Shaoyang	645	257	27	184	45	29	103
岳阳市	Yueyang	695	166	46	188	28	61	206
常德市	Changde	399	158	8	85	27	38	83
张家界市	Zhangjiajie	73	17	6	9	13	14	14
益阳市	Yiyang	295	128	10	98	20	34	5
郴州市	Chenzhou	432	122	27	136	43	29	75
永州市	Yongzhou	385	144	16	100	34	50	41
怀化市	Huaihua	413	110	61	126	33	33	50
娄底市	Loudi	359	150	9	80	20	25	75
湘西州	West Hunan	123	36	12	22	5	30	18

21-81 退出“一套表”联网直报调查单位数 (2018年)
Exited“A set of table”Networking Straight Survey respondent Numbers (2018)

单位：个 (unit)

市 州	Cities and Prefecture	合计 Total	工业 Industry	建筑业 Construction	批发零售业 Wholesale and retail trade	住宿餐饮业 Lodging and catering Services	房地产业 Real Estate	服务业 Service
全 省	**Total**	**3431**	**1458**	**73**	**707**	**162**	**272**	**759**
长沙市	Changsha	988	262	22	276	59	55	314
株洲市	Zhuzhou	435	268	6	68	21	11	61
湘潭市	Xiangtan	175	97	5	38	5	14	16
衡阳市	Hengyang	363	184	9	46	8	26	90
邵阳市	Shaoyang	240	105	3	72	17	27	16
岳阳市	Yueyang	129	48	7	10	1	11	52
常德市	Changde	217	59	3	44	9	37	65
张家界市	Zhangjiajie	48	24	1	5	4	2	12
益阳市	Yiyang	194	108		36	10	18	22
郴州市	Chenzhou	197	78	4	32	9	17	57
永州市	Yongzhou	147	74		28	10	17	18
怀化市	Huaihua	128	85	3	16	4	11	9
娄底市	Loudi	112	39	10	33	2	12	16
湘西州	West Hunan	58	27		3	3	14	11

各县（市、区）主要经济和社会统计指标

Main Economic and Social Statistics Indicators of Counties and Cities (Districts)

资料整理人员：

郑一璞	欧阳普	邓鸿鹄
赵　宏	张　驰	李培楚
田杰平	谢　凡	贺淑贞
郑石明	孟　强	陈　慧
段嘉欣	周　璜	彭开吾
刘　杰	陈晗文	易　贝
刘　洋	周夜明	林　嘉
曾　郁	王　璐	孙　炫
田　原	凌　骞	谢妮莉
韩建芳	蔡冬娥	肖首雄
贺　震	赵莉淇	郭开金
邓海波	李臣佳	

22-1 年末常住人口(2018年)
Population at the Year-end (2018)

市县名称	Cities and Counties	总户数（万户） Households (10 000 households)	总人口（万人） Total Population (10 000 persons)	男 Male	女 Female	城镇人口 Urban	乡村人口 Rural	城市化水平(%) City Level (%)
芙蓉区	Furong District	19.98	58.95	29.18	29.77	58.95		100.00
天心区	Tianxin District	23.86	66.96	32.78	34.18	64.71	2.25	96.64
岳麓区	Yuelu District	27.82	89.30	43.25	46.05	79.39	9.91	88.90
开福区	Kaifu District	22.82	66.48	33.35	33.13	65.05	1.43	97.85
雨花区	Yuhua District	33.62	92.74	46.09	46.65	90.64	2.10	97.74
望城区	Wangcheng District	19.99	66.52	33.24	33.28	42.83	23.69	64.39
长沙县	Changsha County	34.64	108.89	55.99	52.90	74.52	34.37	68.44
浏阳市	Liuyang City	39.07	135.13	69.13	66.00	89.29	45.84	66.08
宁乡市	Ningxiang City	42.41	130.50	65.67	64.83	79.85	50.65	61.19
荷塘区	Hetang District	7.39	29.53	14.82	14.71	28.11	1.42	95.19
芦淞区	Lousong District	8.68	29.22	14.55	14.67	25.07	4.15	85.80
石峰区	Shifeng District	11.75	36.95	19.04	17.91	34.80	2.15	94.18
天元区	Tianyuan District	10.27	33.17	18.15	15.02	27.28	5.89	82.24
渌口区	Lukou District	10.01	30.31	15.32	14.99	15.02	15.29	49.55
攸　县	You County	22.17	66.47	33.70	32.77	39.79	26.68	59.86
茶陵县	Chaling County	16.92	59.25	30.19	29.06	29.01	30.24	48.96
炎陵县	Yanling County	6.42	20.39	10.45	9.94	9.38	11.01	46.00
醴陵市	Liling City	25.68	96.79	49.57	47.22	61.53	35.26	63.57
雨湖区	Yuhu District	17.71	60.46	31.15	29.31	51.21	9.25	84.70
岳塘区	Yuetang District	13.89	47.83	24.73	23.10	45.76	2.07	95.67
湘潭县	Xiangtan County	25.50	86.85	44.26	42.59	39.82	47.03	45.85
湘乡市	Xiangxiang City	23.85	81.21	41.42	39.79	37.28	43.93	45.91
韶山市	Shaoshan City	2.94	10.13	5.27	4.86	6.08	4.05	60.02
珠晖区	Zhuhui District	10.82	39.79	19.89	19.90	36.97	2.82	92.91
雁峰区	Yanfeng District	7.56	25.65	12.80	12.85	24.83	0.82	96.80
石鼓区	Shigu District	7.93	28.02	13.86	14.16	26.55	1.47	94.75
蒸湘区	Zhengxiang District	10.32	37.40	18.70	18.70	34.94	2.46	93.42
南岳区	Nanyue District	1.77	7.08	3.54	3.54	5.22	1.86	73.73
衡阳县	Hengyang County	29.66	104.88	54.55	50.33	45.28	59.60	43.17
衡南县	Hengnan County	25.44	92.70	49.13	43.57	37.48	55.22	40.43
衡山县	Hengshan County	10.55	37.04	19.25	17.79	15.02	22.02	40.55
衡东县	Hengdong County	16.60	61.52	31.89	29.63	24.96	36.56	40.57
祁东县	Qidong County	29.32	96.97	51.39	45.58	40.56	56.41	41.83
耒阳市	Leiyang City	34.32	112.79	59.67	53.12	57.20	55.59	50.71
常宁市	Changning City	21.57	80.50	42.66	37.84	39.31	41.19	48.83
双清区	Shuangqing District	10.10	32.03	16.34	15.69	26.62	5.41	83.11
大祥区	Daxiang District	11.61	34.38	17.53	16.85	26.74	7.64	77.78
北塔区	Beita District	3.91	10.78	5.49	5.29	7.93	2.85	73.56

22-1 续表 1 Continued

市县名称	Cities and Counties	总户数（万户）Households (10 000 households)	总人口（万人）Total Population (10 000 persons)	男 Male	女 Female	城镇人口 Urban	乡村人口 Rural	城市化水平 (%) City Level (%)
邵东县	Shaodong County	25.15	91.06	47.35	43.71	50.91	40.15	55.91
新邵县	Xinshao County	21.28	78.72	41.72	37.00	31.91	46.81	40.54
邵阳县	Shaoyang County	25.85	91.75	47.71	44.04	39.31	52.44	42.84
隆回县	Longhui County	34.67	115.81	61.38	54.43	43.75	72.06	37.78
洞口县	Dongkou County	24.48	80.53	41.07	39.46	36.69	43.84	45.56
绥宁县	Suining County	12.57	37.21	19.72	17.49	14.24	22.97	38.27
新宁县	Xinning County	16.95	59.16	30.76	28.40	25.76	33.40	43.54
城步县	Chengbu County	7.49	27.57	14.61	12.96	10.75	16.82	38.99
武冈市	Wugang City	22.76	78.05	40.59	37.46	35.41	42.64	45.37
岳阳楼区	Yueyanglou District	30.29	91.18	47.88	43.30	83.96	7.22	92.08
云溪区	Yunxi District	6.54	19.23	10.01	9.22	12.72	6.51	66.15
君山区	Junshan District	8.75	26.11	13.39	12.72	15.36	10.75	58.83
岳阳县	Yueyang County	21.15	74.42	38.24	36.18	37.71	36.71	50.67
华容县	Huarong County	22.41	73.63	37.40	36.23	36.41	37.22	49.45
湘阴县	Xiangyin County	21.79	71.03	36.18	34.85	36.30	34.73	51.11
平江县	Pingjiang County	28.04	99.55	52.07	47.48	45.11	54.44	45.31
汨罗市	Miluo City	22.07	72.39	38.01	34.38	41.25	31.14	56.98
临湘市	Linxiang City	14.63	52.17	27.27	24.90	27.41	24.76	52.54
武陵区	Wuling District	26.31	74.59	36.40	38.19	67.67	6.92	90.72
鼎城区	Dingcheng District	25.96	82.76	42.04	40.72	43.95	38.81	53.11
安乡县	Anxiang County	14.81	53.15	26.76	26.39	23.76	29.39	44.70
汉寿县	Hanshou County	27.27	81.07	41.66	39.41	34.57	46.50	42.64
澧　县	Li County	25.86	78.12	39.45	38.67	37.25	40.87	47.68
临澧县	Linli County	15.40	43.04	21.95	21.09	20.98	22.06	48.75
桃源县	Taoyuan County	28.73	85.09	43.73	41.36	36.24	48.85	42.59
石门县	Shimen County	18.65	58.71	30.32	28.39	27.54	31.17	46.91
津市市	Jinshi City	10.68	26.19	13.29	12.90	17.72	8.47	67.66
永定区	Yongding District	17.40	46.94	23.94	23.00	25.80	21.14	54.96
武陵源区	Wulingyuan District	2.10	6.21	3.17	3.04	3.74	2.47	60.23
慈利县	Cili County	21.30	61.70	31.46	30.24	28.98	32.72	46.97
桑植县	Sangzhi County	13.00	38.94	19.60	19.34	17.14	21.80	44.02
资阳区	Ziyang District	12.53	42.16	21.69	20.47	24.81	17.35	58.85
赫山区	Heshan District	26.56	89.85	46.00	43.85	58.86	30.99	65.51
南　县	Nan County	22.09	74.20	38.00	36.20	36.52	37.68	49.22
大通湖区	Datonghu District	3.34	11.23	5.63	5.60	5.90	5.33	52.54
桃江县	Taojiang County	23.61	79.43	40.66	38.77	38.65	40.78	48.66
安化县	Anhua County	25.60	85.97	44.64	41.33	32.05	53.92	37.28
沅江市	Yuanjiang City	20.75	69.77	35.29	34.48	36.99	32.78	53.02
北湖区	Beihu District	14.52	43.55	22.41	21.14	35.13	8.42	80.67
苏仙区	Suxian District	14.80	43.59	22.75	20.84	30.28	13.31	69.47
桂阳县	Guiyang County	24.93	72.07	37.73	34.34	38.10	33.97	52.87
宜章县	Yizhang County	16.38	59.69	31.09	28.60	27.92	31.77	46.78
永兴县	Yongxing County	18.91	54.27	28.11	26.16	29.03	25.24	53.49

22-1 续表 2 Continued

市县名称	Cities and Counties	总户数（万户）Households (10 000 households)	总人口（万人）Total Population (10 000 persons)	男 Male	女 Female	城镇人口 Urban	乡村人口 Rural	城市化水平(%) City Level (%)
嘉禾县	Jiahe County	11.14	33.23	17.84	15.39	16.88	16.35	50.80
临武县	Linwu County	10.89	34.68	18.11	16.57	16.89	17.79	48.70
汝城县	Rucheng County	12.17	35.25	18.09	17.16	14.97	20.28	42.47
桂东县	Guidong County	6.54	23.21	12.03	11.18	10.37	12.84	44.68
安仁县	Anren County	10.67	39.75	20.70	19.05	18.44	21.31	46.39
资兴市	Zixing City	11.95	35.16	17.85	17.31	22.37	12.79	63.62
零陵区	Lingling District	17.92	57.06	29.45	27.61	33.59	23.47	58.87
冷水滩区	Lengshuitan District	19.09	53.73	28.58	25.15	37.09	16.64	69.03
祁阳县	Qiyang County	24.68	85.63	44.34	41.29	42.18	43.45	49.26
东安县	Dongan County	17.97	57.85	29.98	27.87	24.35	33.50	42.09
双牌县	Shuangpai County	6.58	20.08	10.57	9.51	9.03	11.05	44.97
道　县	Dao County	16.44	61.71	33.54	28.17	30.04	31.67	48.68
江永县	Jiangyong County	7.63	24.09	12.71	11.38	9.66	14.43	40.10
宁远县	Ningyuan County	18.80	71.58	37.61	33.97	32.73	38.85	45.73
蓝山县	Lanshan County	9.55	34.60	18.09	16.51	17.09	17.51	49.39
新田县	Xintian County	10.01	34.55	18.11	16.44	14.84	19.71	42.95
江华县	Jianghua County	11.87	44.33	23.35	20.98	20.31	24.02	45.81
鹤城区	Hecheng District	21.92	62.18	32.67	29.51	57.97	4.21	93.23
中方县	Zhongfang County	9.08	25.95	13.52	12.43	10.20	15.75	39.31
沅陵县	Yuanling County	21.22	61.55	32.15	29.40	25.32	36.23	41.14
辰溪县	Chenxi County	16.65	47.44	24.12	23.32	18.74	28.70	39.50
溆浦县	Xupu County	26.95	76.62	39.96	36.66	30.12	46.50	39.31
会同县	Huitong County	11.63	33.21	17.01	16.20	13.25	19.96	39.90
麻阳县	Mayang County	12.36	35.23	18.36	16.87	13.76	21.47	39.06
新晃县	Xinhuang County	8.29	25.22	13.21	12.01	9.86	15.36	39.10
芷江县	Zhijiang County	12.43	35.36	18.40	16.96	13.72	21.64	38.80
靖州县	Jingzhou County	8.72	25.79	13.56	12.23	12.52	13.27	48.55
通道县	Tongdao County	6.64	21.22	11.63	9.59	8.33	12.89	39.26
洪江市	Hongjiang City	14.50	41.32	21.55	19.77	17.98	23.34	43.51
洪江区	Hongjiang District	2.41	6.87	3.30	3.57	6.01	0.86	87.48
娄星区	Louxing District	21.18	61.99	32.16	29.83	47.27	14.72	76.25
双峰县	Shuangfeng County	26.03	82.74	43.50	39.24	31.07	51.67	37.55
新化县	Xinhua County	34.41	114.95	59.99	54.96	42.62	72.33	37.08
冷水江市	Lengshuijiang City	11.63	34.89	18.04	16.85	26.89	8.00	77.07
涟源市	Lianyuan City	31.26	98.61	51.47	47.14	41.31	57.30	41.89
吉首市	Jishou City	11.39	35.82	18.27	17.55	26.53	9.29	74.06
泸溪县	Luxi County	8.49	29.21	15.02	14.19	12.75	16.46	43.65
凤凰县	Fenghuang County	9.71	33.97	17.66	16.31	13.78	20.19	40.57
花垣县	Huayuan County	7.96	29.29	15.02	14.27	12.90	16.39	44.04
保靖县	Baojing County	8.07	29.70	15.62	14.08	12.63	17.07	42.53
古丈县	Guzhang County	3.65	13.44	6.99	6.45	5.38	8.06	40.03
永顺县	Yongshun County	13.41	44.71	23.31	21.40	18.74	25.97	41.91
龙山县	Longshan County	15.34	48.81	25.47	23.34	20.59	28.22	42.18

22-2 计划生育指标(2018年)
Indicators of Family Plan (2018)

市县名称	Cities and Counties	出生率 (‰) Birth Rate (‰)	死亡率 (‰) Death Rate (‰)	自然增长率 (‰) Natural Growth Rate (‰)	符合政策生育率 (%) Birth Within Plan Rate (%)	已婚育龄妇女人数 (万人) Married Women at Child-Bearing Age (10 000persons)	节育率 (%) Contra-ceptive Rate (%)
芙蓉区	Furong District	12.98	8.08	4.90	99.60	6.90	67.85
天心区	Tianxin District	12.91	6.65	6.26	99.38	7.28	71.36
岳麓区	Yuelu District	17.57	6.80	10.77	99.04	12.70	61.54
开福区	Kaifu District	13.41	6.91	6.50	99.27	8.52	52.33
雨花区	Yuhua District	14.24	6.60	7.64	99.53	11.70	74.37
望城区	Wangcheng District	15.58	9.21	6.37	98.21	11.49	73.68
长沙县	Changsha County	15.42	7.87	7.55	98.31	14.93	69.95
浏阳市	Liuyang City	16.27	7.37	8.90	95.73	28.89	75.41
宁乡市	Ningxiang City	12.71	7.70	5.01	96.75	27.12	74.74
荷塘区	Hetang District	10.11	10.20	-0.09	99.18	3.49	84.32
芦淞区	Lousong District	11.98	9.39	2.59	98.81	4.50	87.23
石峰区	Shifeng District	11.69	8.72	2.97	99.05	4.84	80.39
天元区	Tianyuan District	14.02	10.74	3.28	98.88	4.82	87.23
渌口区	Lukou District	11.38	8.69	2.69	96.98	6.78	83.49
攸　县	You County	10.84	7.14	3.70	96.52	15.58	81.79
茶陵县	Chaling County	12.19	6.31	5.88	93.51	12.42	88.33
炎陵县	Yanling County	12.11	6.57	5.54	96.80	3.78	85.82
醴陵市	Liling City	11.32	7.48	3.84	96.87	19.81	83.81
雨湖区	Yuhu District	9.74	6.64	3.10	98.25	8.98	86.20
岳塘区	Yuetang District	9.46	7.41	2.05	99.58	6.36	85.00
湘潭县	Xiangtan County	11.87	6.75	5.12	97.05	17.95	83.37
湘乡市	Xiangxiang City	12.39	6.97	5.42	95.68	17.69	86.01
韶山市	Shaoshan City	13.66	7.87	5.79	98.84	2.18	89.26
珠晖区	Zhuhui District	11.05	6.53	4.52	96.72	5.33	76.82
雁峰区	Yanfeng District	11.08	7.98	3.10	97.95	3.77	82.84
石鼓区	Shigu District	10.56	6.20	4.36	97.81	3.93	83.39
蒸湘区	Zhengxiang District	16.24	6.01	10.23	97.50	5.23	77.75
南岳区	Nanyue District	14.25	5.83	8.42	97.95	1.18	85.27
衡阳县	Hengyang County	11.97	6.69	5.28	92.42	23.46	82.15
衡南县	Hengnan County	12.12	5.59	6.53	89.27	20.75	85.16
衡山县	Hengshan County	12.33	7.49	4.84	91.18	8.34	81.40
衡东县	Hengdong County	12.24	7.12	5.12	87.73	13.74	84.06
祁东县	Qidong County	12.91	6.99	5.92	89.95	19.89	85.76
耒阳市	Leiyang City	11.43	5.45	5.98	88.14	27.99	81.90
常宁市	Changning City	12.53	6.51	6.02	88.85	17.16	84.59
双清区	Shuangqing District	11.14	6.45	4.69	94.07	5.16	85.18
大祥区	Daxiang District	12.59	6.70	5.89	93.32	5.99	82.65
北塔区	Beita District	12.80	5.89	6.91	92.62	1.86	89.82

22-2 续表 1 Continued

市县名称	Cities and Counties	出生率 (‰) Birth Rate (‰)	死亡率 (‰) Death Rate (‰)	自然增长率 (‰) Natural Growth Rate (‰)	符合政策生育率 (%) Birth Within Plan Rate (%)	已婚育龄妇女人数（万人） Married Women at Child-Bearing Age (10 000persons)	节育率 (%) Contra-ceptive Rate (%)
邵东县	Shaodong County	12.55	6.50	6.05	86.95	23.35	82.78
新邵县	Xinshao County	12.71	6.46	6.25	88.87	14.65	84.75
邵阳县	Shaoyang County	12.97	6.02	6.95	88.66	19.15	87.51
隆回县	Longhui County	12.97	6.60	6.37	85.86	23.16	83.91
洞口县	Dongkou County	12.43	5.60	6.83	87.04	15.88	77.98
绥宁县	Suining County	11.44	6.31	5.13	91.83	6.85	88.95
新宁县	Xinning County	12.20	6.60	5.60	91.24	12.13	85.57
城步县	Chengbu County	11.45	6.48	4.97	90.54	5.23	88.25
武冈市	Wugang City	11.82	6.68	5.14	88.24	15.07	87.08
岳阳楼区	Yueyanglou District	13.35	6.28	7.07	96.25	13.34	78.16
云溪区	Yunxi District	12.36	6.33	6.03	96.53	3.36	83.29
君山区	Junshan District	11.54	6.54	5.00	95.84	4.56	82.48
岳阳县	Yueyang County	13.79	6.74	7.05	89.76	13.35	79.98
华容县	Huarong County	11.65	6.29	5.36	97.28	13.85	88.78
湘阴县	Xiangyin County	12.76	6.57	6.19	96.72	13.48	87.42
平江县	Pingjiang County	13.95	6.96	6.99	93.01	21.16	88.39
汨罗市	Miluo City	13.16	7.35	5.81	96.17	12.77	84.75
临湘市	Linxiang City	13.52	6.37	7.15	92.46	10.06	83.60
武陵区	Wuling District	10.49	6.90	3.59	99.20	11.56	89.76
鼎城区	Dingcheng District	9.31	7.32	1.99	98.69	13.68	83.56
安乡县	Anxiang County	8.74	7.96	0.78	99.00	9.98	90.93
汉寿县	Hanshou County	11.21	7.45	3.76	97.35	16.17	81.96
澧　县	Li County	9.09	7.41	1.68	98.44	17.61	86.47
临澧县	Linli County	9.52	10.11	-0.59	98.97	8.52	79.80
桃源县	Taoyuan County	10.28	8.49	1.79	98.01	17.79	75.75
石门县	Shimen County	9.58	8.26	1.32	97.95	12.34	79.94
津市市	Jinshi City	8.72	8.04	0.68	99.34	4.30	93.36
永定区	Yongding District	12.27	6.47	5.80	95.75	8.22	82.70
武陵源区	Wulingyuan District	14.23	6.49	7.74	96.75	1.05	82.71
慈利县	Cili County	10.23	7.50	2.73	97.60	12.29	81.67
桑植县	Sangzhi County	10.38	7.11	3.27	92.73	8.02	78.23
资阳区	Ziyang District	11.29	7.98	3.31	97.00	7.90	91.11
赫山区	Heshan District	10.97	6.87	4.10	96.87	17.14	87.72
南　县	Nan County	10.70	6.96	3.74	97.06	12.96	83.21
大通湖区	Datonghu District	11.84	7.19	4.65	95.98	16.82	88.41
桃江县	Taojiang County	11.78	6.98	4.80	94.46	19.21	86.42
安化县	Anhua County	11.64	7.43	4.21	96.62	14.47	90.45
沅江市	Yuanjiang City	10.14	7.46	2.68	98.00	1.85	91.27
北湖区	Beihu District	12.98	5.66	7.32	92.17	6.89	82.94
苏仙区	Suxian District	12.02	6.28	5.74	91.62	6.65	89.73
桂阳县	Guiyang County	11.33	6.32	5.01	84.93	16.45	82.07
宜章县	Yizhang County	13.29	6.67	6.62	81.77	11.71	82.35
永兴县	Yongxing County	12.19	6.26	5.93	84.35	12.72	84.37

22-2 续表 2 Continued

市县名称	Cities and Counties	出生率 (‰) Birth Rate (‰)	死亡率 (‰) Death Rate (‰)	自然增长率 (‰) Natural Growth Rate (‰)	符合政策生育率 (%) Birth Within Plan Rate (%)	已婚育龄妇女人数 (万人) Married Women at Child-Bearing Age (10 000persons)	节育率 (%) Contra-ceptive Rate (%)
嘉禾县	Jiahe County	11.78	6.45	5.33	78.29	7.57	75.32
临武县	Linwu County	11.25	5.46	5.79	79.33	6.59	87.12
汝城县	Rucheng County	12.89	6.46	6.43	82.29	7.59	81.94
桂东县	Guidong County	12.25	6.63	5.62	92.40	3.57	80.64
安仁县	Anren County	12.10	6.58	5.52	88.54	8.53	87.66
资兴市	Zixing City	11.20	7.75	3.45	95.98	6.74	80.96
零陵区	Lingling District	12.18	8.19	3.99	94.54	11.19	86.55
冷水滩区	Lengshuitan District	13.53	7.43	6.10	95.50	10.30	87.88
祁阳县	Qiyang County	10.77	6.82	3.95	91.87	17.90	87.74
东安县	Dongan County	11.59	7.64	3.95	92.80	11.52	84.94
双牌县	Shuangpai County	11.92	7.67	4.25	92.15	3.39	81.80
道　县	Dao County	13.37	6.93	6.44	87.04	13.96	83.96
江永县	Jiangyong County	11.78	7.24	4.54	92.13	5.06	87.30
宁远县	Ningyuan County	12.86	8.61	4.25	88.75	14.79	86.31
蓝山县	Lanshan County	14.26	6.54	7.72	86.07	7.37	84.06
新田县	Xintian County	14.72	8.11	6.61	86.97	7.85	84.77
江华县	Jianghua County	12.53	7.16	5.37	91.57	9.77	84.71
鹤城区	Hecheng District	14.19	6.07	8.12	96.36	7.50	87.19
中方县	Zhongfang County	14.00	7.36	6.64	91.92	5.58	88.51
沅陵县	Yuanling County	11.74	6.74	5.00	95.59	11.64	81.78
辰溪县	Chenxi County	12.84	7.78	5.06	92.64	9.72	75.62
溆浦县	Xupu County	12.51	6.56	5.95	90.48	17.02	85.22
会同县	Huitong County	12.22	6.56	5.66	93.83	6.68	80.60
麻阳县	Mayang County	11.17	6.51	4.66	93.09	7.00	76.34
新晃县	Xinhuang County	11.59	8.70	2.89	93.06	4.65	77.10
芷江县	Zhijiang County	10.64	6.90	3.74	96.00	6.75	86.84
靖州县	Jingzhou County	11.09	6.14	4.95	95.98	4.95	85.71
通道县	Tongdao County	10.75	6.30	4.45	95.03	4.26	83.11
洪江市	Hongjiang City	10.57	7.40	3.17	94.99	7.57	82.81
洪江区	Hongjiang District	7.25	8.38	-1.13	97.75	1.04	67.83
娄星区	Louxing District	14.87	6.24	8.63	94.04	11.32	80.61
双峰县	Shuangfeng County	11.84	8.07	3.77	89.60	16.39	91.03
新化县	Xinhua County	14.17	7.21	6.96	87.17	27.54	90.29
冷水江市	Lengshuijiang City	12.21	6.31	5.90	90.21	7.02	91.61
涟源市	Lianyuan City	12.28	6.09	6.19	87.60	20.29	86.20
吉首市	Jishou City	13.37	5.49	7.88	94.38	5.43	77.31
泸溪县	Luxi County	12.29	5.09	7.20	90.46	5.58	79.26
凤凰县	Fenghuang County	13.31	6.73	6.58	90.07	7.41	72.09
花垣县	Huayuan County	12.96	5.96	7.00	87.25	5.55	89.51
保靖县	Baojing County	10.81	5.94	4.87	90.48	5.74	75.31
古丈县	Guzhang County	10.66	6.04	4.62	90.13	2.41	76.25
永顺县	Yongshun County	11.65	6.25	5.40	89.21	9.74	67.71
龙山县	Longshan County	13.18	6.77	6.41	91.00	11.20	79.83

22-3 城镇单位从业人员年末人数(2018年)

Number of Employed Persons in Urban Areas at the Year-end (2018)

单位：万人 (10 000 persons)

市县名称	Cities and Counties	城镇单位从业人员人数 Number of employees in Urban Units	在岗职工 Staff and Workers on the Job	#国有经济 State-owned Units	#城镇集体经济 Urban Collective Owned Units	#其他经济 Other economic	其他从业人员 Other Empolyed Persons
芙蓉区	Furong District	13.98	12.87	4.61	0.29	7.97	1.10
天心区	Tianxin District	14.91	13.15	2.48	0.05	10.62	1.76
岳麓区	Yuelu District	20.45	19.24	5.25	0.10	13.89	1.21
开福区	Kaifu District	9.77	9.09	3.32	0.04	5.73	0.68
雨花区	Yuhua District	18.60	16.98	4.12	0.05	12.81	1.62
望城区	Wangcheng District	8.81	8.52	0.89	0.09	7.54	0.29
长沙县	Changsha County	16.68	16.44	2.73	0.12	13.59	0.24
浏阳市	Liuyang City	11.41	10.56	3.00	0.47	7.09	0.85
宁乡市	Ningxiang City	4.84	4.53	2.70	0.18	1.65	0.31
荷塘区	Hetang District	3.55	3.14	0.95	0.03	2.17	0.41
芦淞区	Lusong District	5.11	4.32	0.96		3.36	0.79
石峰区	Shifeng District	6.69	6.04	0.69	0.01	5.33	0.65
天元区	Tianyuan District	9.20	8.91	2.61	0.05	6.25	0.29
渌口区	Lukou District	3.06	2.11	0.66	0.06	1.40	0.95
攸　县	You County	2.90	2.86	1.31	0.12	1.43	0.03
茶陵县	Chaling County	2.65	2.36	1.14	0.06	1.16	0.29
炎陵县	Yanling County	1.06	1.02	0.67	0.03	0.33	0.03
醴陵市	Liling City	6.07	5.93	2.04	0.10	3.79	0.14
雨湖区	Yuhu District	12.72	12.15	2.77	0.06	9.31	0.57
岳塘区	Yuetang District	11.61	7.57	2.02	0.25	5.30	4.03
湘潭县	Xiangtan County	4.11	3.95	1.75	0.04	2.15	0.17
湘乡市	Xiangxiang City	5.02	4.68	1.79	0.02	2.87	0.34
韶山市	Shaoshan City	0.81	0.79	0.46	0.02	0.32	0.01
珠晖区	Zhuhui District	2.45	2.27	0.99	0.04	1.25	0.17
雁峰区	Yanfeng District	4.50	4.47	0.76	0.04	3.66	0.03
石鼓区	Shigu District	4.39	3.99	1.49	0.07	2.43	0.40
蒸湘区	Zhengxiang District	6.04	5.71	2.18	0.11	3.42	0.33
南岳区	Nanyue District	0.74	0.59	0.36		0.23	0.14
衡阳县	Hengyang County	4.80	4.77	1.96	0.33	2.48	0.03
衡南县	Hengnan County	5.27	4.65	2.05	0.07	2.53	0.62
衡山县	Hengshan County	1.91	1.85	1.01	0.00	0.84	0.06
衡东县	Hengdong County	2.97	2.90	1.58	0.11	1.22	0.07
祁东县	Qidong County	3.62	3.09	1.43	0.08	1.58	0.53
耒阳市	Leiyang City	5.55	5.01	2.89	0.09	2.03	0.54
常宁市	Changning City	4.02	3.90	2.51	0.07	1.31	0.12
双清区	Shuangqing District	6.62	5.99	1.59	0.18	4.22	0.64
大祥区	Daxiang District	3.98	2.72	1.72	0.18	0.82	1.26
北塔区	Beita District	1.16	1.10	0.20		0.89	0.06

22-3 续表 1 Continued

单位：万人 (10 000 persons)

市县名称	Cities and Counties	城镇单位从业人员人数 Number of employees in Urban Units	在岗职工 Staff and Workers on the Job	#国有经济 State-owned Units	#城镇集体经济 Urban Collective Owned Units	#其他经济 Other economic	其他从业人员 Other Empolyed Persons
邵东县	Shaodong County	4.13	3.94	2.13	0.03	1.79	0.18
新邵县	Xinshao County	2.19	2.14	1.55	0.04	0.54	0.06
邵阳县	Shaoyang County	3.08	3.00	1.82	0.40	0.78	0.08
隆回县	Longhui County	3.72	3.58	2.19	0.06	1.34	0.14
洞口县	Dongkou County	3.08	2.72	1.59	0.01	1.12	0.36
绥宁县	Suining County	1.89	1.59	0.93	0.02	0.64	0.30
新宁县	Xinning County	2.48	2.31	1.31	0.07	0.94	0.17
城步县	Chengbu County	1.12	1.05	0.86	0.01	0.18	0.07
武冈市	Wugang City	2.93	2.51	1.62	0.29	0.60	0.42
岳阳楼区	Yueyanglou District	12.13	10.26	3.80	0.04	6.41	1.87
云溪区	Yunxi District	2.92	2.68	0.35	0.18	2.15	0.24
君山区	Junshan District	1.32	1.22	0.76	0.05	0.40	0.10
岳阳县	Yueyang County	3.02	2.79	1.52	0.09	1.17	0.24
华容县	Huarong County	3.01	2.79	1.47	0.16	1.15	0.23
湘阴县	Xiangyin County	4.39	4.03	2.27	0.10	1.66	0.37
平江县	Pingjiang County	4.15	3.72	2.03	0.18	1.51	0.43
汨罗市	Miluo City	7.59	7.19	1.93	0.07	5.19	0.41
临湘市	Linxiang City	2.78	2.34	1.17	0.12	1.05	0.44
武陵区	Wuling District	15.23	11.85	4.10	0.02	7.74	3.38
鼎城区	Dingchen District	5.03	4.46	1.69	0.01	2.76	0.57
安乡县	Anxiang County	3.99	3.92	1.18		2.74	0.06
汉寿县	Hanshou County	3.34	3.20	1.47	0.09	1.64	0.14
澧　县	Li County	4.16	3.99	1.83	0.08	2.07	0.18
临澧县	Linli County	2.12	1.99	1.03	0.02	0.94	0.13
桃源县	Taoyuan County	4.32	4.07	1.95		2.13	0.25
石门县	Shimen County	3.09	2.77	1.54	0.03	1.20	0.32
津市市	Jinshi City	2.04	2.00	0.60	0.06	1.34	0.04
永定区	Yongding District	3.80	3.54	1.74		1.81	0.26
武陵源区	Wulingyuan District	0.83	0.75	0.41		0.33	0.08
慈利县	Cili County	2.47	2.16	1.53	0.14	0.49	0.31
桑植县	Sangzhi County	1.35	1.31	1.06		0.25	0.04
资阳区	Ziyang District	2.31	2.21	1.61	0.02	0.57	0.10
赫山区	Heshan District	10.16	7.84	2.98	0.07	4.78	2.32
南　县	Nan County	2.29	2.15	1.37	0.02	0.77	0.13
大通湖区	Datonghu District	0.39	0.33	0.20	0.02	0.11	0.06
桃江县	Taojiang County	3.71	3.11	1.65	0.05	1.41	0.60
安化县	Anhua County	2.96	2.80	2.03	0.14	0.63	0.16
沅江市	Yuanjiang City	2.87	2.60	1.71	0.10	0.80	0.26
北湖区	Beihu District	9.35	8.34	3.65	0.06	4.63	1.01
苏仙区	Suxian District	6.06	4.73	2.08	0.06	2.59	1.33
桂阳县	Guiyang County	3.61	3.30	1.84	0.15	1.31	0.31
宜章县	Yizhang County	2.41	2.29	1.53	0.03	0.74	0.11
永兴县	Yongxing County	2.59	2.51	1.53	0.07	0.92	0.08

22-3 续表 2 Continued

单位：万人 (10 000 persons)

市县名称	Cities and Counties	城镇单位从业人员人数 Number of employees in Urban Units	在岗职工 Staff and Workers on the Job	#国有经济 State-owned Units	#城镇集体经济 Urban Collective Owned Units	#其他经济 Other economic	其他从业人员 Other Em-polyed Persons
嘉禾县	Jiahe County	1.49	1.40	0.84	0.09	0.46	0.09
临武县	Linwu County	1.84	1.84	1.05	0.13	0.65	
汝城县	Rucheng County	1.44	1.37	0.83		0.54	0.07
桂东县	Guidong County	0.87	0.79	0.46		0.33	0.08
安仁县	Anren County	1.78	1.68	1.09	0.01	0.58	0.10
资兴市	Zixing City	4.05	3.50	1.03		2.47	0.54
零陵区	Lingling District	3.77	3.66	2.55	0.16	0.95	0.11
冷水滩区	Lengshuitan District	6.22	5.84	2.83	0.13	2.88	0.37
祁阳县	Qiyang County	4.83	4.43	2.30	0.37	1.76	0.40
东安县	Dongan County	2.75	2.67	1.64	0.03	1.00	0.08
双牌县	Shuangpai County	1.28	1.22	0.69	0.07	0.46	0.06
道　县	Dao County	2.69	2.50	1.65	0.45	0.40	0.19
江永县	Jiangyong County	1.31	1.23	0.84	0.13	0.26	0.07
宁远县	Ningyuan Couny	3.24	3.14	1.77		1.37	0.10
蓝山县	Lanshan County	2.22	2.06	0.99	0.12	0.95	0.16
新田县	Xintian County	1.85	1.73	1.41	0.00	0.32	0.12
江华县	Jianghua County	1.95	1.84	1.33	0.06	0.46	0.10
鹤城区	Hecheng District	6.59	5.98	3.29	0.03	2.65	0.61
中方县	Zhongfang County	1.20	1.17	0.81		0.36	0.04
沅陵县	Yuanling County	2.80	2.62	1.63	0.01	0.97	0.19
辰溪县	Chenxi County	2.05	1.85	1.19	0.18	0.48	0.19
溆浦县	Xupu County	2.80	2.52	1.97	0.08	0.47	0.28
会同县	Huitong County	1.35	1.19	1.02	0.01	0.16	0.16
麻阳县	Mayang County	1.68	1.66	1.15	0.13	0.39	0.02
新晃县	Xinhuang County	1.16	1.11	0.85	0.07	0.20	0.05
芷江县	Zhijiang County	1.38	1.25	0.95	0.04	0.26	0.13
靖州县	Jingzhou County	1.08	0.92	0.72	0.06	0.14	0.16
通道县	Tongdao County	1.10	0.98	0.84	0.01	0.14	0.12
洪江市	Hongjiang City	1.54	1.43	1.10	0.04	0.28	0.12
洪江区	Hongjiang District	0.61	0.54	0.28	0.01	0.25	0.07
娄星区	Louxing District	11.27	9.15	3.55	0.31	5.28	2.12
双峰县	Shuangfeng County	3.96	3.87	1.90	0.19	1.78	0.09
新化县	Xinhua County	3.70	3.53	2.11	0.18	1.25	0.17
冷水江市	Lengshuijiang City	5.15	4.86	1.82	0.50	2.54	0.28
涟源市	Lianyuan City	4.63	4.20	2.22	0.19	1.80	0.42
吉首市	Jishou City	5.41	4.32	2.63	0.07	1.61	1.09
泸溪县	Luxi County	1.20	1.18	1.03	0.04	0.11	0.02
凤凰县	Fenghuang County	1.50	1.45	1.21	0.04	0.19	0.05
花垣县	Huayuan County	1.28	1.25	1.06	0.02	0.17	0.03
保靖县	Baojing County	1.09	1.08	0.94	0.05	0.09	0.01
古丈县	Guzhang County	0.61	0.54	0.50	0.00	0.04	0.07
永顺县	Yongshun County	2.16	2.14	1.57	0.23	0.34	0.01
龙山县	Longshan County	1.75	1.67	1.47	0.04	0.16	0.08

22-4 国有经济各行业在岗职工年末人数(2018年)

单位:人

市县名称	Cities and Counties	农林牧渔业 Agri-culture, Forestry, Farming of Animals and Fishing	采矿业 Minging Industry	制造业 Manu-facturing	电力、热力、燃气及水的生产和供应业 Production and Distribution of Electricity, Heat,Gas and Water	建筑业 Construc-tion	批发和零售业 Whole-sale and Retail Trade	交通运输仓储和邮政业 Traffic, Transport, Storage and Post	住宿和餐饮业 Acco-mmodation and Restaurants
芙蓉区	Furong District			44			278	2536	788
天心区	Tianxin District			67		1099	140		61
岳麓区	Yuelu District			4		20		681	134
开福区	Kaifu District	17		1			272		68
雨花区	Yuhua District			83		322	1014	526	580
望城区	Wangcheng District			1115		105			65
长沙县	Changsha County	10		190			12	528	
浏阳市	Liuyang City			667	495			643	36
宁乡市	Ningxiang City	73		98	39	215		317	135
荷塘区	Hetang District						49		
芦淞区	Lusong District				778		431		
石峰区	Shifeng District						3	177	
天元区	Tianyuan District	3		6		277		1148	231
渌口区	Lukou District				65		14	31	50
攸县	You County	45			229		96		
茶陵县	Chaling County	390	250	336	229		52	118	
炎陵县	Yanling County	405			67		14	102	50
醴陵市	Liling City	11		626	165	64			
雨湖区	Yuhu District	62					17	792	
岳塘区	Yuetang District					212	445	49	
湘潭县	Xiangtan County				10		25		
湘乡市	Xiangxiang City	3			194	70		115	
韶山市	Shaoshan City				98		9		366
珠晖区	Zhuhui District			23			32	25	
雁峰区	Yanfeng District						55	9	
石鼓区	Shigu District	31		30		103	33		
蒸湘区	Zhengxiang District			11	5		1721	2187	
南岳区	Nanyue District	139			58			12	57
衡阳县	Hengyang County	285			364				
衡南县	Hengnan County				56	720	34	99	
衡山县	Hengshan County	33			162			147	
衡东县	Hengdong County				1303		20	161	
祁东县	Qidong County	11			199	293	18	360	
耒阳市	Leiyang City				614	530		194	
常宁市	Changning City	194			821		63	248	
双清区	Shuangqing District	18	36	37	798	215	742	2509	
大祥区	Daxiang District				107	1610			
北塔区	Beita District	9					8		

Employed Staff and Workers in State-Owned Units by Sector at the Year-end (2018)

(person)

信息传输软件和信息技术服务业 Information Transfer, Software and Information technology Services	金融业 Finance	房地产业 Real Estate Trade	租赁和商务服务业 Tenancy and Business Services	科学研究和技术服务业 Scientific Research, Technical Service	水利环境和公共设施管理业 Management of Water Conservancy, Environment and Public Establishment	居民服务修理和其他服务业 Resident Services, Repair and Other Services	教育 Education	卫生和社会工作 Sanitation and Social Work	文化体育和娱乐业 Culture, Sports and Enter-tainment	公共管理社会保障和社会组织 Public Management, Social Security and Social Organization
457	3778	264	726	3715	1071		8378	9279	1202	13602
	295	100	165	3693	1845	40	7297	1743	445	7840
189		67	238	2014	860	95	26736	8730	35	12671
28	77	559	625	1507	445	26	4100	11208	7138	7159
	247	146	113	6406	435	368	7896	12498	1743	8822
89			37	16	106		2512	1047	17	3747
71			122	19	28		11342	4204	76	10719
			47	128	342		9239	6529	290	11606
			179	376	1452	50	9356	4668	446	9623
				741	183		2391	1334		4798
		20		56	368		2937	2704	144	2133
		7	53	6	197		2304	1377		2783
16	148	147	124	1280	588		5496	4415	336	11872
			51	2	52		2214	914	57	3116
			117	89	100		3277	2787	277	6124
47			36	9	219		3977	1515	134	4104
4		46	61	46	443		1564	761	164	2951
		157	122	203	936	22	1958	2819	134	13176
9	124		359	1293	2231	94	10172	6268	194	6105
		100	168	473	274	44	5678	3851	632	8322
		15	36	113	87		6439	3170	154	7477
		25	50	80	758		4884	3807	174	7775
		6	28	9	414	19	838	543	317	1921
		8			9		5398	2024	81	2253
		328	160	266	767		1370	3140	71	1472
	20		1275	21	290		3081	5750	293	4012
	73	15	40	760	185	10	4134	1591	310	10758
109			47	62	417		501	607	95	1461
			88	59	1016		6063	3734	278	7681
	130	8	47	213	161		8033	2486	311	8195
		29	107	60	130		3410	1947	118	4003
			52	274	352	18	2968	2084	159	8368
		82	143	78	1132		2165	2875	143	6811
		16	271	324	342		8993	4592	266	12756
8		52	197	308	1526		8159	4360	256	8956
19	14		43	33	8	18	2614	3687	88	5011
70	1339	42		262	389	32	3911	5057	78	4273
	42		18		119		114	130		1586

22-4 续表 1

单位：人

市县名称	Cities and Counties	农林牧渔业 Agriculture, Forestry, Farming of Animals and Fishing	采矿业 Minging Industry	制造业 Manufacturing	电力、热力、燃气及水的生产和供应业 Production and Distribution of Electricity, Heat,Gas and Water	建筑业 Construction	批发和零售业 Wholesale and Retail Trade	交通运输仓储和邮政业 Traffic, Transport, Storage and Post	住宿和餐饮业 Accommodation and Restaurants
邵东县	Shaodong County	68			236	455	52	213	
新邵县	Xinshao County	260			199	130	4	465	
邵阳县	Shaoyang County	128			120		771	11	
隆回县	Longhui County	319			245	952	13	370	
洞口县	Dongkou County	465			149		14	420	
绥宁县	Suining County	119		218	401		375	207	
新宁县	Xinning County	632			393			95	
城步县	Chengbu County	740			94		64	117	52
武冈市	Wugang City	180		6	174	16	123	348	50
岳阳楼区	Yueyanglou District	47			865	2200	965	3979	254
云溪区	Yunxi District							113	
君山区	Junshan District			380	278	2590		134	
岳阳县	Yueyang County	23		668	26	584	97	240	
华容县	Huarong County	472			289		77		
湘阴县	Xiangyin County	154			211	152	69	378	96
平江县	Pingjiang County		270	696	293		299	6	
汨罗市	Miluo City	35			265	1981	110	512	229
临湘市	Linxiang City	90		28	130		814	34	11
武陵区	Wuling District	21				3383	1214	1859	151
鼎城区	Dingchen District	436			221		20	254	
安乡县	Anxiang County	36						178	
汉寿县	Hanshou County				210			142	
澧 县	Li County	72				693	83	151	
临澧县	Linli County	45			225		18	118	
桃源县	Taoyuan County	273		22	92		97	220	
石门县	Shimen County	48			187		5	28	92
津市市	Jinshi City	10						42	67
永定区	Yongding District	206		5	266	353	171	1195	33
武陵源区	Wulingyuan District							37	193
慈利县	Cili County	32					43		7
桑植县	Sangzhi County	159			90			283	
资阳区	Ziyang District					5875	23	150	
赫山区	Heshan District	70		39	29	117	572	1608	38
南 县	Nan County	9			161		50	39	
大通湖区	Datonghu District			2					
桃江县	Taojiang County	83			133	223	17	142	
安化县	Anhua County	7	136	196	434	61	193		
沅江市	Yuanjiang City				163		236	15	
北湖区	Beihu District			914		1323	5006	3513	123
苏仙区	Suxian District	86		65		1466	65	32	45
桂阳县	Guiyang County	115					78	220	
宜章县	Yizhang County	155			184	56	29		
永兴县	Yongxing County	59			318	1249	317	199	57

Continued

(person)

信息传输软件和信息技术服务业 Information Transfer, Software and Information technology Services	金融业 Finance	房地产业 Real Estate Trade	租赁和商务服务业 Tenancy and Business Services	科学研究和技术服务业 Scientific Research, Technical Service	水利环境和公共设施管理业 Management of Water Conservancy, Environment and Public Establishment	居民服务修理和其他服务业 Resident Services, Repair and Other Services	教育 Education	卫生和社会工作 Sanitation and Social Work	文化体育和娱乐业 Culture, Sports and Enter-tainment	公共管理社会保障和社会组织 Public Management, Social Security and Social Organization
			56	114	199		7984	3635	106	8157
			70	62	449		5484	2520	73	5833
			355	153			6161	2843	151	7493
			63	134	597		7991	3298		7869
			25	171	324	8	5693	2361	81	6190
78		15	27	61	124		2443	1320	45	3830
21		10	145	183	69		3914	1650	112	5833
		2	70	70	86		2543	981	115	3652
		10	178	201	268		5417	2657	121	6452
52	99	242	287	342	456		10329	4440	174	13296
			3	19	248		803	152	41	2117
64			16	7			923	856	169	2185
	32		235	1064	227		3758	1751	285	6256
		57	31	211	862	14	4742	2641	113	5202
			99	385	1385	12	7318	3564	276	8646
			143	55	349		1981	3963	273	11983
96		87	219	105	556	13	5703	1432	147	7762
			61	8	462		2937	1636	144	5317
90	720	509	118	1389	889	210	8424	6813	607	14616
64			144	114	780		4507	2881	157	7346
		13	20	146	211	26	3458	2301	127	5333
		11	152	24	469		5932	2123	200	5467
		12		355	1260	45	5613	3401	236	6416
		6	62	20	97	14	3111	2062	129	4374
86		9	23	66	325		7147	3693	35	7376
				18	98		5227	3915	135	5640
			21	6	52	50	1426	1098	94	3090
105	546	28	146	223	389		2575	2420	75	8618
20			4	26	1320		618	46		1839
			69	75	399		3220	2721	122	8650
			8	7	9		3716	2176	49	4075
		48		199	580		3308	2474	36	3421
139	418	96	120	882	373		7177	6207	467	11496
			28	56	267	66	4563	2311	125	6064
			8				616	101	20	1241
			12	48	406		5495	3944	117	5890
110			54	39	305		8252	3223	236	7027
			79	102	165	28	6656	2725	11	6889
11	798	323	934	2015	290		3673	6971	865	9735
	231	56	256	278	1800		6754	2753	197	6748
97		30	296	50	108	22	7190	3211	111	6857
	12	63	92	23	560		5703	2547	126	5738
			139	108	99		4594	2291	92	5730

22-4 续表 2

单位：人

市县名称	Cities and Counties	农林牧渔业 Agri-culture, Forestry, Farming of Animals and Fishing	采矿业 Minging Industry	制造业 Manu-facturing	电力、热力、燃气及水的生产和供应业 Production and Distribution of Electricity, Heat,Gas and Water	建筑业 Construc-tion	批发和零售业 Whole-sale and Retail Trade	交通运输仓储和邮政业 Traffic, Transport, Storage and Post	住宿和餐饮业 Acco-mmodation and Restaurants
嘉禾县	Jiahe County	148			37		47	111	
临武县	Linwu County	75			112		65	150	45
汝城县	Rucheng County	284				190	17		
桂东县	Guidong County						13	111	
安仁县	Anren County	71			362	413	161	202	
资兴市	Zixing City	182		20	732		81	28	34
零陵区	Lingling District	160		70	705	102	14	613	
冷水滩区	Lengshuitan District	33			22	707	1499	3546	
祁阳县	Qiyang County				789	112	35	376	
东安县	Dongan County	38		486	499	263	961	319	23
双牌县	Shuangpai County	407			259		52	70	
道　县	Dao County	683			146	116		186	
江永县	Jiangyong County	523			79	48		242	
宁远县	Ningyuan Coury	127			1013	670		250	
蓝山县	Lanshan County	259		20	96		52	38	
新田县	Xintian County	45			168	66		301	
江华县	Jianghua County	586			277	115		318	
鹤城区	Hecheng District					809	594	1953	197
中方县	Zhongfang County	72						199	
沅陵县	Yuanling County	150			406	1726	13	252	
辰溪县	Chenxi County							141	
溆浦县	Xupu County	115	4	6	576		14	17	91
会同县	Huitong County	111					51	226	17
麻阳县	Mayang County	74			135		7	171	99
新晃县	Xinhuang County	79			457		25	66	
芷江县	Zhijiang County	47			115		10	26	98
靖州县	Jingzhou County	288			117		6	183	
通道县	Tongdao County	46		127	241			126	141
洪江市	Hongjiang City	127			333		42	12	
洪江区	Hongjiang District	14		85	18			116	
娄星区	Louxing District	42			355	1053	282	1757	
双峰县	Shuangfeng County	130			113		31	104	
新化县	Xinhua County	81			141		42	16	90
冷水江市	Lengshuijiang City		2692	21	273		31	293	102
涟源市	Lianyuan City	151			204	1380	23	43	183
吉首市	Jishou City				459	146	702	2529	
泸溪县	Luxi County	69		31	532		15		
凤凰县	Fenghuang County	41			161	18	33	10	6
花垣县	Huayuan County				898		23		
保靖县	Baojing County	101			748		9	70	
古丈县	Guzhang County	25			123		16	58	
永顺县	Yongshun County	115			459			122	
龙山县	Longshan County				672		21	40	77

Continued

(person)

信息传输软件和信息技术服务业 Information Transfer, Software and Information technology Services	金融业 Finance	房地产业 Real Estate Trade	租赁和商务服务业 Tenancy and Business Services	科学研究和技术服务业 Scientific Research, Technical Service	水利环境和公共设施管理业 Management of Water Conservancy, Environment and Public Establishment	居民服务修理和其他服务业 Resident Services, Repair and Other Services	教育 Education	卫生和社会工作 Sanitation and Social Work	文化体育和娱乐业 Culture, Sports and Enter-tainment	公共管理社会保障和社会组织 Public Management, Social Security and Social Organization
			208	10	322	11	2585	1535	119	3301
			175	46	604		3860	1093	93	4142
			140	26	287		1584	1169	75	4529
			12	10	355		668	593	75	2760
			108	37	425		3714	1581	99	3746
		10	88	68	311	8	3197	1541	144	3883
163	348		299	112	1181		7642	6506	134	7476
47	268	212	502	1202	291	105	4465	3398	452	11576
			1474	146			5827	3957	558	9765
			130	1025	707	55	3772	1884	100	6161
	186	6	64	82	71		1852	603	33	3262
			262	139	319		6310	2299	87	5997
		32	174	25	30		2396	1030	66	3803
		91	319	10	1095		6004	1594	163	6345
45		15		89	388		3201	1062	45	4585
106			212	109	257		6393	2010	209	4192
			16	53	76		4476	2430	117	4789
91	546	192	360	1382	826	71	5642	7133	798	12326
			98	23	30		2494	686	66	4411
			57	155	141		5016	2927	163	5343
			83	46	399		3873	2125	161	5101
			88	108	406		7544	2886	259	7586
			12	81	213		3358	1603	90	4393
80			98	35	376		3389	2246	41	4729
20		142	89	47	132		2353	1600	75	3395
			38	74	186		2892	1680	36	4269
			80	73	125		2210	1242	84	2832
			56	46	356		2356	1289	113	3471
		10	45	142	148		3283	2089	120	4696
		13	34	36	59	6	449	405	41	1526
28	179	122	296	979	1901	27	8221	7126	425	12754
		10	19	76	576		6383	2690	123	8755
		39	115	67	309		7715	3084	142	9210
28			249	173	1253	17	4397	2488	184	6009
			154	107	552	18	7063	3181	161	8954
280	155	133	151	808	236	18	5233	5342	526	9590
			63	46	620		3339	1523	106	3940
		39	39	58	280		3969	1571	148	5763
87			24	28	314	30	2991	1739	70	4386
			64	124	284		2485	1622	107	3783
12			17	52	104		1456	482	50	2576
10		32	151	45	658		6257	2034	140	5668
			104	153	228		4403	1524	173	7312

22-5 城镇集体经济各行业在岗职工年末人数(2018年)

单位：人

市县名称	Cities and Counties	农林牧渔业 Agri-culture, Forestry, Farming of Animals and Fishing	采矿业 Minging Industry	制造业 Manu-facturing	电力、热力、燃气及水的生产和供应业 Production and Distribution of Electricity, Heat,Gas and Water	建筑业 Construc-tion	批发和零售业 Whole-sale and Retail Trade	交通运输仓储和邮政业 Traffic, Transport, Storage and Post	住宿和餐饮业 Acco-mmodation and Restaurants
芙蓉区	Furong District			70		915	14	51	333
天心区	Tianxin District			159			23		21
岳麓区	Yuelu District		1	356	2	100	57		
开福区	Kaifu District			46		282	22	11	
雨花区	Yuhua District			215			106		
望城区	Wangcheng District			629	64			12	
长沙县	Changsha County			94					
浏阳市	Liuyang City		138	458		812			
宁乡市	Ningxiang City		69	751					
荷塘区	Hetang District	10		38			6		
芦淞区	Lusong District								6
石峰区	Shifeng District			89					
天元区	Tianyuan District			4					32
渌口区	Lukou District					7		151	
攸　县	You County	10		134	5				
茶陵县	Chaling County		344				20		
炎陵县	Yanling County					112	4		
醴陵市	Liling City			657	217		37		
雨湖区	Yuhu District			245		97		1	
岳塘区	Yuetang District	10		2068		120		191	
湘潭县	Xiangtan County						4		
湘乡市	Xiangxiang City			175					
韶山市	Shaoshan City					148			
珠晖区	Zhuhui District			128		162			
雁峰区	Yanfeng District					190			
石鼓区	Shigu District			85		390	40		
蒸湘区	Zhengxiang District					712	159		101
南岳区	Nanyue District								47
衡阳县	Hengyang County					2850	387	35	
衡南县	Hengnan County	18				226			
衡山县	Hengshan County						18		
衡东县	Hengdong County	63		556					
祁东县	Qidong County					444		385	
耒阳市	Leiyang City			224		647			
常宁市	Changning City			8		725			
双清区	Shuangqing District					1558	29	54	
大祥区	Daxiang District			130		1481			
北塔区	Beita District								

Employed Staff and Workers in Urban Collective-Owned Units by Sector at the Year-end (2018)

(person)

信息传输软件和信息技术服务业 Information Transfer, Software and Information technology Services	金融业 Finance	房地产业 Real Estate Trade	租赁和商务服务业 Tenancy and Business Services	科学研究和技术服务业 Scientific Research, Technical Service	水利环境和公共设施管理业 Management of Water Conservancy, Environment and Public Establishment	居民服务修理和其他服务业 Resident Services, Repair and Other Services	教育 Education	卫生和社会工作 Sanitation and Social Work	文化体育和娱乐业 Culture, Sports and Enter-tainment	公共管理社会保障和社会组织 Public Management, Social Security and Social Organization
		1064	195		51			178		
			32					252		
				8	8			474		3
		9						20	5	
		3	123					75	13	
					20		6	205		
							414	685		
			7			32	1951	1325	21	
								935		
					46		24	141		
			17					10		
								57		
	10	144		11		30	77	204		
								429		
		2		4	160		315	542		
		16			2			250		
13								131		
								113		
					22		14	230		
			35					43		
								443		
								43		
						23	35	57		
							109	113		
		3	21				35	109		
			32				34	40		
								420		
				10				439		
								43		
								175		
		19					206			

22-5 续表 1

单位：人

市县名称	Cities and Counties	农林牧渔业 Agri-culture, Forestry, Farming of Animals and Fishing	采矿业 Minging Industry	制造业 Manu-facturing	电力、热力、燃气及水的生产和供应业 Production and Distribution of Electricity, Heat,Gas and Water	建筑业 Construc-tion	批发和零售业 Whole-sale and Retail Trade	交通运输仓储和邮政业 Traffic, Transport, Storage and Post	住宿和餐饮业 Acco-mmodation and Restaurants
邵东县	Shaodong County	14				110			
新邵县	Xinshao County					10			
邵阳县	Shaoyang County					1801	1263		
隆回县	Longhui County			207	364				
洞口县	Dongkou County							23	
绥宁县	Suining County								
新宁县	Xinning County								
城步县	Chengbu County						105		
武冈市	Wugang City					2789			3
岳阳楼区	Yueyanglou District			65		43	32	67	
云溪区	Yunxi District			1189		278			
君山区	Junshan District			370	53		117		
岳阳县	Yueyang County					748	92		
华容县	Huarong County			325		1112			
湘阴县	Xiangyin County			258					
平江县	Pingjiang County	285		372	97	105	161		
汨罗市	Miluo City			74		438	67	15	16
临湘市	Linxiang City	98					150		
武陵区	Wuling District			166		3	4		
鼎城区	Dingchen District	90							
安乡县	Anxiang County								
汉寿县	Hanshou County						8		
澧　县	Li County			4					
临澧县	Linli County							43	
桃源县	Taoyuan County						7		
石门县	Shimen County						26		
津市市	Jinshi City			557					
永定区	Yongding District								
武陵源区	Wulingyuan District								
慈利县	Cili County					1369	4		27
桑植县	Sangzhi County								
资阳区	Ziyang District			95				16	
赫山区	Heshan District	51		138	6	310	65	74	
南　县	Nan County								
大通湖区	Datonghu District								
桃江县	Taojiang County						18	13	
安化县	Anhua County				117	30	14	68	
沅江市	Yuanjiang City					396			
北湖区	Beihu District					218			
苏仙区	Suxian District	5			57	305	16	92	
桂阳县	Guiyang County		25	99		960	34		
宜章县	Yizhang County		137	19			95		
永兴县	Yongxing County	3	138		31	320	87	14	

Continued

(person)

信息传输软件和信息技术服务业 Information Transfer, Software and Information technology Services	金融业 Finance	房地产业 Real Estate Trade	租赁和商务服务业 Tenancy and Business Services	科学研究和技术服务业 Scientific Research, Technical Service	水利环境和公共设施管理业 Management of Water Conservancy, Environment and Public Establishment	居民服务修理和其他服务业 Resident Services, Repair and Other Services	教育 Education	卫生和社会工作 Sanitation and Social Work	文化体育和娱乐业 Culture, Sports and Enter-tainment	公共管理社会保障和社会组织 Public Management, Social Security and Social Organization
					119			44		
	401									
	388						152	370		
			90							
							110	61	13	
								666		
						3		113		
			35	129			14	60		
								309		
				45						
				73				87		
					49		487	177		
	412				19		217	59	44	23
							45	9		
		23					152	770	19	
								864		
							165	584	77	
				24	49		52		42	
			22		117		97	36	19	
								90		
			38		4					
								130		
			35						18	
		3					155			
								181		
			49		98		207	86		
					36		169	992		
					203			394		
				2			375	54		
								143		
	387		8							
								76		

22-5 续表 2

单位：人

市县名称	Cities and Counties	农林牧渔业 Agri-culture, Forestry, Farming of Animals and Fishing	采矿业 Minging Industry	制造业 Manu-facturing	电力、热力、燃气及水的生产和供应业 Production and Distribution of Electricity, Heat,Gas and Water	建筑业 Construc-tion	批发和零售业 Whole-sale and Retail Trade	交通运输仓储和邮政业 Traffic, Transport, Storage and Post	住宿和餐饮业 Acco-mmodation and Restaurants
嘉禾县	Jiahe County		208			403			
临武县	Linwu County		228			667			
汝城县	Rucheng County								
桂东县	Guidong County								
安仁县	Anren County						120		
资兴市	Zixing City								
零陵区	Lingling District					1318			
冷水滩区	Lengshuitan District					1203	33		
祁阳县	Qiyang County	11				3656			
东安县	Dongan County			45	173		33		
双牌县	Shuangpai County					658			
道　县	Dao County					4363		159	
江永县	Jiangyong County					1320			
宁远县	Ningyuan Couny								
蓝山县	Lanshan County	10		3		1129	86		
新田县	Xintian County					32			
江华县	Jianghua County			12	4	398	106		
鹤城区	Hecheng District					213		41	
中方县	Zhongfang County								
沅陵县	Yuanling County		95	24					
辰溪县	Chenxi County			297		1123		21	
溆浦县	Xupu County		95	155	173	58		262	
会同县	Huitong County					98			
麻阳县	Mayang County					1273			
新晃县	Xinhuang County					516		143	
芷江县	Zhijiang County							65	
靖州县	Jingzhou County					413		174	
通道县	Tongdao County				26	52			
洪江市	Hongjiang City			12		381	53		
洪江区	Hongjiang District								
娄星区	Louxing District		1520	1064		12	8		
双峰县	Shuangfeng County		529			1250		143	
新化县	Xinhua County		839			853			
冷水江市	Lengshuijiang City		620	9		3077	452	848	
涟源市	Lianyuan City		115			1328		340	
吉首市	Jishou City					646		91	
泸溪县	Luxi County					412			
凤凰县	Fenghuang County					329	106		
花垣县	Huayuan County			13	25	120			
保靖县	Baojing County					507			
古丈县	Guzhang County								
永顺县	Yongshun County					2348			
龙山县	Longshan County					396			

Continued

(person)

信息传输软件和信息技术服务业 Information Transfer, Software and Information technology Services	金融业 Finance	房地产业 Real Estate Trade	租赁和商务服务业 Tenancy and Business Services	科学研究和技术服务业 Scientific Research, Technical Service	水利环境和公共设施管理业 Management of Water Conservancy, Environment and Public Establishment	居民服务修理和其他服务业 Resident Services, Repair and Other Services	教育 Education	卫生和社会工作 Sanitation and Social Work	文化体育和娱乐业 Culture, Sports and Enter-tainment	公共管理社会保障和社会组织 Public Management, Social Security and Social Organization
							237	60		
								449		
								15		
			290							
		13		20				46		
				25				19		
								78		
5										
8										
								70		
		8		8	8		50		13	
								34		
							155	238		
					33					
				18						
								7		
							290	62		
			13							
							51			
			536							
								25		
					69					
						78				
			34							

22-6 在岗职工工资总额和年平均工资 (2018年)
Total Wage Bill and Average Annual Wage of Employed Staff and Workers (2018)

市县名称	Cities and Counties	在岗职工工资总额 (万元) Total Wages of Staff and Workers on the Job (10 000 yuan)	#国有经济 State-owned Units	#城镇集体经济 Urban Collective Owned Units	在岗职工年平均工资 (元) Average Annual Wages of Staff and Workers on the Job (yuan)	#国有经济 State-owned Units	#城镇集体经济 Urban Collective Owned Units	在岗职工年平均工资为上年% Average Annual Wages as Percentage of Preceding Year (%)
芙蓉区	Furong District	1297845	590248	14093	101488	128209	51063	108.4
天心区	Tianxin District	1268675	240978	2573	98623	97629	52622	106.5
岳麓区	Yuelu District	2147063	789378	5786	113644	152034	57519	118.9
开福区	Kaifu District	1088493	527815	1474	119799	159446	36850	98.8
雨花区	Yuhua District	1586578	500618	3029	95176	121474	56517	109.7
望城区	Wangcheng District	471834	91485	4768	57617	103525	50140	104.1
长沙县	Changsha County	1377893	294055	11529	83472	108451	103029	108.2
浏阳市	Liuyang City	738215	261874	31139	65352	87680	66564	102.5
宁乡市	Ningxiang City	353737	246992	10730	79735	91839	71153	113.1
荷塘区	Hetang District	230469	103488	1763	74089	106688	66543	134.7
芦淞区	Lousong District	319376	101466	110	74007	106091	33303	120.5
石峰区	Shifeng District	589160	72105	1025	97825	104971	67854	114.3
天元区	Tianyuan District	795008	272888	3445	90209	106522	67415	128.6
渌口区	Lukou District	149144	49752	2587	71119	75806	44303	135.0
攸　县	You County	185526	98418	7143	65913	75503	62545	118.6
茶陵县	Chaling County	138760	81225	4249	59490	71766	67882	130.4
炎陵县	Yanling County	59229	44304	1466	58794	66804	54918	108.3
醴陵市	Liling City	350867	139757	5096	57442	68724	46074	122.0
雨湖区	Yuhu District	744743	271277	3113	63834	98549	51120	105.1
岳塘区	Yuetang District	596118	193303	14456	78808	96252	58956	109.1
湘潭县	Xiangtan County	235960	140889	2872	59771	80966	64530	107.3
湘乡市	Xiangxiang City	266118	138788	867	60227	77457	49560	105.7
韶山市	Shaoshan City	54470	35876	1075	70731	79460	58765	108.2
珠晖区	Zhuhui District	164804	83928	2339	72225	85120	58042	121.0
雁峰区	Yanfeng District	317475	65873	2010	71394	85750	50002	104.7
石鼓区	Shigu District	287318	155731	3274	74173	103572	42904	115.7
蒸湘区	Zhengxiang District	365346	166834	4852	65468	77291	45218	104.8
南岳区	Nanyue District	32228	23373	219	54467	65270	46574	98.0
衡阳县	Hengyang County	248344	120374	16230	53626	61838	58696	116.5
衡南县	Hengnan County	272389	150031	4557	60555	74002	73619	119.5
衡山县	Hengshan County	104998	67999	140	56737	67226	77500	104.2
衡东县	Hengdong County	148735	89813	4649	51646	57388	40352	103.5
祁东县	Qidong County	160004	85653	2976	52959	60872	36965	104.7
耒阳市	Leiyang City	293116	176505	3154	58657	61361	37455	111.0
常宁市	Changning City	262138	188018	2906	65942	75476	39922	122.7
双清区	Shuangqing District	398483	154814	8334	64651	98021	50660	118.3
大祥区	Daxiang District	229961	155115	8294	85723	91052	46153	118.9
北塔区	Beita District	61832	16489		55079	81669		118.4

22-6 续表 1 Continued

市县名称	Cities and Counties	在岗职工工资总额（万元）Total Wages of Staff and Workers on the Job (10 000 yuan)	#国有经济 State-owned Units	#城镇集体经济 Urban Collective Owned Units	在岗职工年平均工资（元）Average Annual Wages of Staff and Workers on the Job (yuan)	#国有经济 State-owned Units	#城镇集体经济 Urban Collective Owned Units	在岗职工年平均工资为上年% Average Annual Wages as Percentage of Preceding Year (%)
邵东县	Shaodong County	236731	152742	1798	60944	72493	62413	106.3
新邵县	Xinshao County	151181	110987	3819	70837	71100	94762	111.1
邵阳县	Shaoyang County	185030	117284	24045	61638	64382	60204	102.5
隆回县	Longhui County	213690	148917	3669	61163	68978	63810	99.9
洞口县	Dongkou County	160233	113320	507	58896	70944	45223	106.1
绥宁县	Suining County	81897	57040	913	52357	61772	49091	108.3
新宁县	Xinning County	126301	86403	4014	54892	66158	60090	100.3
城步县	Chengbu County	68634	59236	242	65572	69136	23029	104.0
武冈市	Wugang City	164413	122241	10990	67796	76848	40809	108.9
岳阳楼区	Yueyanglou District	670163	248214	2195	65483	65309	50464	108.7
云溪区	Yunxi District	243115	23591	14027	90505	67499	79204	122.3
君山区	Junshan District	54459	37985	1597	46289	52235	30009	102.1
岳阳县	Yueyang County	122718	73889	3350	44703	48988	37764	99.6
华容县	Huarong County	143232	98908	6526	51617	67326	43621	100.6
湘阴县	Xiangyin County	217669	140533	6278	56141	62290	67654	105.6
平江县	Pingjiang County	198413	128829	10663	54457	64209	60721	110.2
汨罗市	Miluo City	370419	104470	4317	53402	54702	67142	107.5
临湘市	Linxiang City	129743	73335	7857	57495	63030	64989	107.0
武陵区	Wuling District	918040	395226	792	77597	98536	45798	116.4
鼎城区	Dingchen District	275481	135362	714	62842	80915	79289	105.0
安乡县	Anxiang County	202426	76491		52530	64724		106.9
汉寿县	Hanshou County	200660	103258	6107	64051	70325	69716	117.8
澧　县	Li County	236000	129606	5038	60287	71939	60628	111.1
临澧县	Linli County	124640	76515	1141	63520	74649	54352	102.5
桃源县	Taoyuan County	251976	147583	18	62684	76290	25714	111.9
石门县	Shimen County	191809	122600	1973	71456	80409	63838	111.3
津市市	Jinshi City	101899	41070	3285	52256	69775	53321	109.3
永定区	Yongding District	253627	148559		73438	85635		115.4
武陵源区	Wulingyuan District	44025	23355		58630	57006		89.3
慈利县	Cili County	149797	118136	7168	69399	77223	51866	109.7
桑植县	Sangzhi County	94191	78645		72155	74375		111.4
资阳区	Ziyang District	134860	107992	1205	63712	70371	51281	110.0
赫山区	Heshan District	546544	255429	2321	69629	86218	36036	113.7
南　县	Nan County	131007	98083	1034	65661	72327	65418	110.3
大通湖区	Datonghu District	19164	12510	1970	58820	62893	109433	100.4
桃江县	Taojiang County	194386	123230	3275	63456	75012	68941	102.6
安化县	Anhua County	198196	149745	8565	70116	73150	60020	103.2
沅江市	Yuanjiang City	178502	130941	7615	68389	76435	74725	122.3
北湖区	Beihu District	608573	325890	4784	72864	89572	73715	108.7
苏仙区	Suxian District	361336	195605	3973	74978	93901	36450	111.9
桂阳县	Guiyang County	222784	144581	7391	69399	78894	64441	107.4
宜章县	Yizhang County	152369	114981	911	67369	76207	36143	108.5
永兴县	Yongxing County	138470	94119	3015	56360	64223	47777	104.5

22-6 续表 2 Continued

市县名称	Cities and Counties	在岗职工工资总额（万元） Total Wages of Staff and Workers on the Job (10 000 yuan)	#国有经济 State-owned Units	#城镇集体经济 Urban Collective Owned Units	在岗职工年平均工资（元） Average Annual Wages of Staff and Workers on the Job (yuan)	#国有经济 State-owned Units	#城镇集体经济 Urban Collective Owned Units	在岗职工年平均工资为上年% Average Annual Wages as Percentage of Preceding Year (%)
嘉禾县	Jiahe County	79682	53249	4623	57963	63376	51367	103.9
临武县	Linwu County	104120	70111	6381	57550	68194	48342	99.4
汝城县	Rucheng County	80433	56746		59496	69143		100.8
桂东县	Guidong County	46841	33590		59308	73532		105.6
安仁县	Anren County	76946	55453	614	46566	51279	51200	109.9
资兴市	Zixing City	194976	83505	99	55139	79536	66267	108.0
零陵区	Lingling District	277089	229246	4562	77492	90529	37330	115.2
冷水滩区	Lengshuitan District	383960	192967	4162	66669	68215	34745	118.1
祁阳县	Qiyang County	257759	157148	18406	59270	68546	54992	109.6
东安县	Dongan County	144300	102068	1368	58407	62074	46863	114.7
双牌县	Shuangpai County	61995	38183	2878	51321	55226	39103	105.6
道　县	Dao County	135882	103425	14290	56828	62735	40355	103.7
江永县	Jiangyong County	74201	57273	4907	61176	67041	46419	114.6
宁远县	Ningyuan Couny	188994	118997		60662	67889		111.1
蓝山县	Lanshan County	123115	60343	4852	60327	61175	42783	101.5
新田县	Xintian County	98603	83615	190	57075	59356	47600	128.3
江华县	Jianghua County	130289	102388	2293	70048	76103	38471	107.3
鹤城区	Hecheng District	407634	252821	1287	70305	77332	37419	103.1
中方县	Zhongfang County	80455	61527	203	69214	76393	59735	112.0
沅陵县	Yuanling County	169460	117866	592	65987	73336	49367	101.7
辰溪县	Chenxi County	112106	76121	9795	59350	64553	40726	107.1
溆浦县	Xupu County	147405	121520	2747	57988	60796	35121	107.5
会同县	Huitong County	78602	67848	485	66504	66832	41776	115.9
麻阳县	Mayang County	112330	90006	4671	69258	79525	36925	108.4
新晃县	Xinhuang County	73845	63389	2683	66768	74374	43347	103.7
芷江县	Zhijiang County	84813	69215	2569	68249	73484	61171	103.2
靖州县	Jingzhou County	65856	57155	2090	72777	79064	40822	107.9
通道县	Tongdao County	67960	60655	352	70279	73477	45141	117.2
洪江市	Hongjiang City	89696	72678	1615	63732	65915	37547	123.1
洪江区	Hongjiang District	30026	20152	321	55861	71563	61635	101.7
娄星区	Louxing District	667973	289881	10110	73268	81816	32413	123.6
双峰县	Shuangfeng County	226333	123370	7534	59514	66093	39463	113.4
新化县	Xinhua County	225584	148383	6352	65094	71126	37388	154.0
冷水江市	Lengshuijiang City	257236	110743	21121	53164	60551	42541	108.5
涟源市	Lianyuan City	228523	140009	7728	55856	63765	44493	106.8
吉首市	Jishou City	348534	235060	3219	79716	85973	43383	106.7
泸溪县	Luxi County	78949	71646	1718	67587	70042	41697	104.9
凤凰县	Fenghuang County	103834	91632	2085	71163	75040	45236	104.9
花垣县	Huayuan County	86658	79270	851	70351	76134	40899	108.9
保靖县	Baojing County	70702	65623	962	64621	68621	21055	109.1
古丈县	Guzhang County	37849	35958	79	70287	72849	23118	107.1
永顺县	Yongshun County	146923	123146	7779	66695	75596	33472	107.6
龙山县	Longshan County	117764	107375	2051	71122	73344	67474	114.4

22-7 地区生产总值(2018年)
Gross Domestic Product (2018)

市县名称	Cities and Counties	地区生产总值（万元）GDP (10 000 yuan)	第一产业 Primary Industry	第二产业 Secondary Industry	第三产业 Tertiary Industry	GDP为上年% Index (preceding year=100)	人均GDP（元）Per Capita GDP (yuan)
芙蓉区	Furong District	13267343	215	875935	12391193	108.4	223921
天心区	Tianxin District	10191523	13936	2709321	7468266	109.6	152796
岳麓区	Yuelu District	11202318	101707	4254994	6845617	110.0	128570
开福区	Kaifu District	10451976	11184	1508475	8932317	109.3	160577
雨花区	Yuhua District	18881569	52811	9441791	9386967	107.8	208016
望城区	Wangcheng District	6714233	403990	4445887	1864356	108.6	103407
长沙县	Changsha County	15093258	640105	9300788	5152365	109.6	141721
浏阳市	Liuyang City	13420795	954068	8645057	3821670	108.6	100200
宁乡市	Ningxiang City	11137422	1009282	6595974	3532166	108.0	86096
荷塘区	Hetang District	2193908	37647	812148	1344113	108.0	73794
芦淞区	Lousong District	3807196	53520	1040484	2713192	107.8	130250
石峰区	Shifeng District	3015462	48811	2057075	909576	107.6	80757
天元区	Tianyuan District	3745710	100368	1560903	2084439	109.0	113472
渌口区	Lukou District	1363915	209222	599132	555561	107.9	45358
攸　县	You County	3470351	499954	1210199	1760198	107.4	52288
茶陵县	Chaling County	1855071	291556	573784	989731	107.9	31357
炎陵县	Yanling County	751674	105623	290308	355743	107.5	36829
醴陵市	Liling City	6112136	508745	3347817	2255574	107.4	63129
雨湖区	Yuhu District	6102772	135134	2616741	3350897	108.0	101123
岳塘区	Yuetang District	6000833	52980	3230563	2717290	107.7	125856
湘潭县	Xiangtan County	4464573	512126	2295732	1656715	109.2	51500
湘乡市	Xiangxiang City	4458969	498513	2347597	1612859	109.0	54995
韶山市	Shaoshan City	944414	51917	504623	387874	108.5	93692
珠晖区	Zhuhui District	2617711	88208	1174414	1355089	108.3	69824
雁峰区	Yanfeng District	2332924	18920	1300350	1013654	108.3	96203
石鼓区	Shigu District	1947055	22367	482859	1441829	109.0	73696
蒸湘区	Zhengxiang District	2190413	31038	972494	1186881	108.7	63124
南岳区	Nanyue District	436173	21178	36093	378902	108.9	64810
衡阳县	Hengyang County	3480635	566160	1090512	1823963	108.4	32827
衡南县	Hengnan County	3303726	571161	1262592	1469973	108.0	35274
衡山县	Hengshan County	1746295	269454	460076	1016765	108.3	46481
衡东县	Hengdong County	2842887	393608	768973	1680306	108.2	45691
祁东县	Qidong County	2758563	438963	833856	1485744	108.8	28172
耒阳市	Leiyang City	4325046	479127	1152352	2693567	108.1	37932
常宁市	Changning City	3319279	469922	1072929	1776428	108.6	40762
双清区	Shuangqing District	1668564	38184	871069	759311	107.6	52241
大祥区	Daxiang District	1715110	58094	636337	1020679	107.7	49887
北塔区	Beita District	391523	29308	211372	150843	107.5	36421

注：总量指标按当年价格计算，指数按可比价格计算。

Aggregate data are calculated at current prices, while indices are calculated at comparable prices.

22-7 续表 1 Continued

市县名称	Cities and Counties	地区生产总值（万元）GDP (10 000 yuan)	第一产业 Primary Industry	第二产业 Secondary Industry	第三产业 Tertiary Industry	GDP 为上年 % Index (preceding year=100)	人均 GDP（元）Per Capita GDP (yuan)
邵东县	Shaodong County	4304487	427966	2053683	1822838	111.0	46661
新邵县	Xinshao County	1452608	281434	526770	644404	107.1	18509
邵阳县	Shaoyang County	1561808	339284	533380	689144	106.6	16844
隆回县	Longhui County	1864317	375250	479186	1009881	107.3	16192
洞口县	Dongkou County	1722087	463127	584974	673986	106.6	21366
绥宁县	Suining County	929551	176011	409586	343954	107.0	25232
新宁县	Xinning County	1102583	253904	273028	575651	109.1	18704
城步县	Chengbu County	416453	94083	143988	178382	106.3	15182
武冈市	Wugang City	1498401	421519	297767	779115	107.1	19250
岳阳楼区	Yueyanglou District	9700977	103507	2683550	6913920	108.0	107490
云溪区	Yunxi District	3284341	84349	2403751	796241	108.0	171775
君山区	Junshan District	1435312	259852	563729	611731	107.3	55525
岳阳县	Yueyang County	3279816	465545	1508152	1306119	108.3	44208
华容县	Huarong County	3443698	629934	1488390	1325374	108.3	46936
湘阴县	Xiangyin County	3318260	492794	1522046	1303420	105.6	46861
平江县	Pingjiang County	2866126	419622	1210630	1235874	108.7	28945
汨罗市	Miluo City	4641922	463680	2421685	1756557	107.6	64462
临湘市	Linxiang City	2665783	279821	1269051	1116911	107.5	51344
武陵区	Wuling District	14167947	74064	7347664	6746219	107.1	190225
鼎城区	Dingchen District	3408155	559998	943576	1904581	108.1	41331
安乡县	Anxiang County	1930246	319324	610785	1000137	108.0	36358
汉寿县	Hanshou County	2977310	441859	931771	1603680	108.4	36743
澧　县	Li County	3580271	451280	1156686	1972305	108.3	45766
临澧县	Linli County	1782313	302632	564543	915138	107.2	41143
桃源县	Taoyuan County	3687297	733269	1190292	1763736	108.5	43157
石门县	Shimen County	2782192	384766	1019856	1377570	108.4	46830
津市市	Jinshi City	1581589	184764	722392	674433	108.2	60435
永定区	Yongding District	2359297	182971	391109	1785217	107.7	50455
武陵源区	Wulingyuan District	597328	17567	8372	571389	107.6	96343
慈利县	Cili County	1922329	272100	527674	1122555	107.1	31217
桑植县	Sangzhi County	966649	114956	167474	684219	107.1	24818
资阳区	Ziyang District	1765254	210448	656394	898412	108.2	41846
赫山区	Heshan District	5668823	397142	2731557	2540124	108.3	63863
南　县	Nan County	2623082	587179	709846	1326057	108.2	35325
大通湖区	Datonghu District	451578	112884	202855	135839	107.9	40683
桃江县	Taojiang County	2716833	365360	1060281	1291192	107.8	34211
安化县	Anhua County	2334581	380566	788512	1165503	107.7	27110
沅江市	Yuanjiang City	3098733	518076	1088889	1491768	108.0	44551
北湖区	Beihu District	4220388	109651	1181131	2929606	108.6	97020
苏仙区	Suxian District	3206050	140335	1836223	1229492	108.5	73753
桂阳县	Guiyang County	3760151	415578	1664258	1680315	108.5	52246
宜章县	Yizhang County	2312320	204576	870367	1237377	108.4	38804
永兴县	Yongxing County	3405457	258380	1465503	1681574	108.4	62762

22-7 续表 2 Continued

市县名称	Cities and Counties	地区生产总值（万元）GDP (10 000 yuan)	第一产业 Primary Industry	第二产业 Secondary Industry	第三产业 Tertiary Industry	GDP 为上年 % Index (preceding year=100)	人均 GDP（元）Per Capita GDP (yuan)
嘉禾县	Jiahe County	1513271	173668	659397	680206	108.7	45732
临武县	Linwu County	1535421	123912	745770	665739	108.9	44287
汝城县	Rucheng County	652831	123448	215063	314320	108.1	18562
桂东县	Guidong County	368606	48502	90707	229397	107.3	15813
安仁县	Anren County	945719	181519	346392	417808	108.2	23798
资兴市	Zixing City	3467413	243283	2020749	1203381	108.8	98871
零陵区	Lingling District	2292859	341586	941254	1010019	108.1	40510
冷水滩区	Lengshuitan District	2832848	295240	1028353	1509255	107.8	51941
祁阳县	Qiyang County	3076973	440351	1063694	1572928	108.2	35659
东安县	Dongan County	1869071	323579	658354	887138	108.1	32449
双牌县	Shuangpai County	641898	144564	274637	222697	107.9	31967
道　县	Dao County	2025400	369485	521603	1134312	108.4	32584
江永县	Jiangyong County	699502	196129	201641	301732	107.0	29122
宁远县	Ningyuan Couny	1661071	277936	514166	868969	108.3	23019
蓝山县	Lanshan County	1212361	152100	449382	610879	107.9	35090
新田县	Xintian County	860511	173874	239549	447088	108.0	24935
江华县	Jianghua County	1253878	242161	355029	656688	108.5	28426
鹤城区	Hecheng District	3852001	92146	762895	2996960	107.9	62310
中方县	Zhongfang County	1135948	132721	607371	395856	108.2	44408
沅陵县	Yuanling County	1588745	226011	782305	580429	108.3	25896
辰溪县	Chenxi County	1184081	168553	362718	652810	108.8	25076
溆浦县	Xupu County	1563479	325924	400347	837208	108.1	20462
会同县	Huitong County	791150	121478	153451	516221	108.0	23701
麻阳县	Mayang County	812479	156627	235766	420086	107.9	22964
新晃县	Xinhuang County	574765	78420	224422	271923	108.4	22646
芷江县	Zhijiang County	997886	169197	358577	470112	108.6	28277
靖州县	Jingzhou County	883717	121303	309264	453150	108.5	34147
通道县	Tongdao County	436276	65898	127472	242906	109.0	20628
洪江市	Hongjiang City	1244320	213683	364826	665811	107.0	30060
洪江区	Hongjiang District	334449	17981	208154	108314	107.7	49402
娄星区	Louxing District	5033789	177382	2606010	2250397	108.9	81400
双峰县	Shuangfeng City	2335676	457219	965516	912941	108.5	28263
新化县	Xinhua County	2510280	431763	844852	1233665	108.3	21889
冷水江市	Lengshuijiang City	2679065	89462	1411926	1177677	108.8	76852
涟源市	Lianyuan City	2905910	362827	1268953	1274130	108.2	29514
吉首市	Jishou City	1676245	71566	484108	1120572	110.1	47486
泸溪县	Luxi County	581453	83710	258237	239506	106.0	19865
凤凰县	Fenghuang County	810267	90724	110820	608723	103.8	24202
花垣县	Huayuan County	622079	67959	302345	251775	95.0	21066
保靖县	Baojing County	565981	82942	190923	292116	106.7	19069
古丈县	Guzhang County	257473	51767	67511	138194	103.1	19186
永顺县	Yongshun County	693506	164501	151676	377329	106.2	15522
龙山县	Longshan County	837225	185112	165096	487017	106.4	17069

22-8 农作物播种面积 (2018年)
Sown Area of Crops (2018)

单位：千公顷 (1 000 hectares)

市县名称	Cities and Counties	农作物播种面积 Total Sown Area	#粮食作物 Area of Grain Crops	#稻谷面积 Area of Rice	油料面积 Area of Oil	蔬菜面积 Area of Vegetables
芙蓉区	Furong District	0.03				0.02
天心区	Tianxin District	2.67	1.14	1.09	0.05	1.40
岳麓区	Yuelu District	16.85	8.84	8.43	1.11	5.70
开福区	Kaifu District	3.24	2.17	2.12	0.02	1.01
雨花区	Yuhua District	0.89	0.23	0.23	0.03	0.62
★望城区	Wangcheng District	88.40	46.85	42.84	5.40	28.53
★长沙县	Changsha County	117.28	72.09	62.67	9.35	26.53
★浏阳市	Liuyang City	164.28	73.13	66.58	30.91	39.79
★宁乡市	Ningxiang City	170.51	107.71	100.70	8.21	42.69
荷塘区	Hetang District	10.12	4.80	4.20	0.49	3.13
芦淞区	Lousong District	8.92	4.63	4.38	0.36	2.95
石峰区	Shifeng District	8.21	3.80	3.44	0.44	3.03
天元区	Tianyuan District	17.25	11.86	11.59	0.63	4.60
★渌口区	Lukou District	45.60	28.25	27.66	3.14	10.82
★攸　县	You County	101.38	58.21	56.44	12.81	21.87
★茶陵县	Chaling County	65.57	40.16	38.93	10.81	7.31
炎陵县	Yanling County	21.65	13.74	9.70	2.04	3.10
★醴陵市	Liling City	101.90	65.01	61.81	10.47	17.81
雨湖区	Yuhu District	24.98	18.94	18.37	0.34	5.03
岳塘区	Yuetang District	4.61	1.45	1.13	0.13	2.86
★湘潭县	Xiangtan County	125.70	88.84	87.37	10.52	19.20
★湘乡市	Xiangxiang City	114.54	64.74	63.25	10.98	22.14
韶山市	Shaoshan City	9.46	5.61	5.41	0.93	2.70
珠晖区	Zhuhui District	10.23	5.22	4.67	1.69	3.01
雁峰区	Yanfeng District	2.49	1.44	1.26	0.15	0.81
石鼓区	Shigu District	4.97	3.43	3.37	0.65	0.82
蒸湘区	Zhengxiang District	3.92	2.50	2.37	0.41	0.87
南岳区	Nanyue District	3.53	2.49	2.05	0.09	0.69
★衡阳县	Hengyang County	149.31	89.43	83.00	42.23	5.58
★衡南县	Hengnan County	148.56	91.93	85.29	35.04	6.20
★衡山县	Hengshan County	46.50	29.26	27.98	8.99	4.70
★衡东县	Hengdong County	90.84	58.56	54.45	18.42	6.81
★祁东县	Qidong County	113.40	67.03	61.50	26.05	12.75
★耒阳市	Leiyang City	123.58	74.40	66.32	29.70	11.12
★常宁市	Changning City	97.98	58.79	56.07	20.20	8.04
双清区	Shuangqing District	9.83	6.15	5.25	0.48	2.05
大祥区	Daxiang District	17.85	10.58	9.01	1.51	2.65
北塔区	Beita District	5.01	2.77	1.98	0.39	1.49

注：标★区县的粮食数据使用调查总队抽样调查数据，其余区县使用统计局全面统计数据。

The data of district grain output marked ★ are survey data collected by Hunan Survey Office of the National Bureau of Statistics, while the others are from census conducted by Hunan bureau of statistics.

22-8 续表 1 Continued

单位：千公顷 (1 000 hectares)

市县名称	Cities and Counties	农作物播种面积 Total Sown Area	#粮食作物 Area of Grain Crops	#稻谷面积 Area of Rice	油料面积 Area of Oil	蔬菜面积 Area of Vegetables
★邵东县	Shaodong County	113.04	67.51	54.09	17.87	16.70
★新邵县	Xinshao County	75.37	47.97	38.13	7.36	11.93
★邵阳县	Shaoyang County	107.48	68.16	56.86	16.42	15.46
★隆回县	Longhui County	129.60	70.33	60.39	6.84	35.07
★洞口县	Dongkou County	134.74	72.32	62.19	24.69	20.19
绥宁县	Suining County	43.30	20.37	17.14	5.62	9.87
★新宁县	Xinning County	67.87	42.65	33.27	6.23	8.44
城步县	Chengbu County	29.02	14.20	11.13	2.91	5.60
★武冈市	Wugang City	97.40	65.10	53.42	10.70	12.03
岳阳楼区	Yueyanglou District	20.26	12.15	10.37	2.36	4.81
云溪区	Yunxi District	12.63	6.74	5.44	1.83	2.36
君山区	Junshan District	53.88	28.00	20.97	10.73	7.18
★岳阳县	Yueyang County	118.33	80.36	71.74	17.68	11.87
★华容县	Huarong County	148.40	80.08	75.21	38.59	13.59
★湘阴县	Xiangyin County	103.21	79.93	70.86	10.35	10.21
★平江县	Pingjiang County	97.25	65.04	57.67	14.85	9.94
★汨罗市	Miluo City	94.43	73.07	65.71	8.28	8.67
★临湘市	Linxiang City	79.20	53.25	47.82	12.97	7.70
武陵区	Wuling District	29.19	18.77	17.98	4.73	4.00
★鼎城区	Dingcheng District	183.09	101.48	94.36	43.29	22.15
★安乡县	Anxiang County	118.80	51.06	46.97	39.90	13.84
★汉寿县	Hanshou County	159.46	91.28	88.68	42.24	19.89
★澧　县	Li County	151.44	78.18	67.16	43.98	14.80
★临澧县	Linli County	99.07	51.50	48.55	29.60	9.82
★桃源县	Taoyuan County	199.20	112.11	100.88	52.86	15.47
★石门县	Shimen County	89.28	47.09	28.60	27.00	11.11
津市市	Jinshi City	46.68	25.42	23.99	15.47	2.95
永定区	Yongding District	55.66	27.98	16.03	9.70	13.69
武陵源区	Wulingyuan District	5.34	2.75	1.26	0.71	1.17
★慈利县	Cili County	94.85	55.37	26.99	22.72	10.83
桑植县	Sangzhi County	65.20	37.75	13.93	12.15	11.32
★资阳区	Ziyang District	69.97	42.11	39.69	4.81	16.46
★赫山区	Heshan District	105.23	72.00	68.15	4.84	17.05
★南　县	Nan County	110.49	55.89	50.88	34.26	21.27
★大通湖区	Datonghu District	35.47	17.75	15.28	8.41	8.73
★桃江县	Taojiang County	102.63	57.83	51.50	19.11	18.12
★安化县	Anhua County	93.47	43.57	30.26	24.26	16.30
★沅江市	Yuanjiang City	146.98	71.25	67.81	31.17	24.44
北湖区	Beihu District	27.54	9.99	8.47	1.01	11.02
苏仙区	Suxian District	33.35	19.98	16.34	3.12	6.31
★桂阳县	Guiyang County	94.80	48.30	34.36	8.29	13.39
★宜章县	Yizhang County	76.91	44.67	30.28	5.17	11.73
★永兴县	Yongxing County	88.80	43.67	37.02	13.28	14.10

22-8 续表 2 Continued

单位：千公顷 (1 000 hectares)

市县名称	Cities and Counties	农作物播种面积 Total Sown Area	#粮食作物 Area of Grain Crops	#稻谷面积 Area of Rice	油料面积 Area of Oil	蔬菜面积 Area of Vegetables
嘉禾县	Jiahe County	36.78	22.02	15.86	3.90	5.76
临武县	Linwu County	37.82	21.37	15.07	2.98	7.66
汝城县	Rucheng County	38.97	23.15	18.74	4.40	9.38
桂东县	Guidong County	18.50	11.27	8.41	3.23	2.21
★安仁县	Anren County	75.23	44.00	41.01	16.15	7.23
资兴市	Zixing City	48.36	26.93	19.30	5.51	11.33
★零陵区	Lingling District	101.86	55.58	50.60	14.01	25.64
★冷水滩区	Lengshuitan District	85.39	49.85	43.30	6.40	16.38
★祁阳县	Qiyang County	139.49	84.72	72.14	22.50	25.46
★东安县	Dongan County	92.92	58.44	49.47	4.60	23.10
双牌县	Shuangpai County	23.32	14.49	10.69	1.31	5.69
★道　县	Dao County	105.59	56.93	46.41	8.73	30.06
江永县	Jiangyong County	52.40	23.69	18.15	9.07	16.76
★宁远县	Ningyuan County	67.61	47.15	39.94	5.80	8.54
蓝山县	Lanshan County	42.05	22.31	18.94	6.98	8.09
新田县	Xintian County	48.02	28.63	19.77	2.16	12.04
★江华县	Jianghua County	61.99	37.36	26.10	6.23	10.48
鹤城区	Hecheng District	17.10	7.43	6.46	1.78	7.29
中方县	Zhongfang County	32.81	19.37	13.01	6.45	3.17
★沅陵县	Yuanling County	72.60	43.60	29.28	16.51	11.63
★辰溪县	Chenxi County	56.07	31.91	22.43	16.35	6.59
★溆浦县	Xupu County	80.72	53.70	32.42	17.75	6.46
会同县	Huitong County	29.91	19.25	14.67	5.58	4.44
麻阳县	Mayang County	31.40	19.80	13.98	7.42	2.27
新晃县	Xinhuang County	22.72	15.55	10.04	4.30	2.65
★芷江县	Zhijiang County	55.34	33.44	22.14	10.84	8.07
★靖州县	Jingzhou County	33.73	21.02	17.28	5.85	4.45
通道县	Tongdao County	28.46	13.70	12.14	6.60	2.93
★洪江市	Hongjiang City	42.75	25.49	18.31	10.37	4.56
★洪江区	Hongjiang District	2.06	1.10	0.69	0.42	0.37
娄星区	Louxing District	36.10	22.14	17.54	4.27	6.69
★双峰县	Shuangfeng County	107.28	75.43	65.59	12.18	11.91
★新化县	Xinhua County	111.73	75.39	55.52	9.93	9.09
冷水江市	Lengshuijiang City	11.90	7.25	5.51	1.24	2.10
★涟源市	Lianyuan City	81.71	60.77	43.72	8.04	8.80
吉首市	Jishou City	25.01	8.89	5.72	4.55	6.08
泸溪县	Luxi County	38.02	14.71	11.43	8.25	7.12
凤凰县	Fenghuang County	53.09	27.10	17.72	7.24	9.76
花垣县	Huayuan County	30.57	17.66	10.20	3.84	4.71
保靖县	Baojing County	33.18	16.71	8.85	5.58	4.77
古丈县	Guzhang County	15.61	8.08	4.52	2.41	2.86
★永顺县	Yongshun County	65.05	37.43	23.22	10.62	9.37
龙山县	Longshan County	62.51	33.73	17.11	8.83	8.98

22-9 灌溉面积及水库、堤防 (2018年)
Irrigated Area and Reservoirs, Dikes (2018)

市县名称	Cities and Counties	有效灌溉面积（千公顷） Irrigated Area (1 000 hectares)	水库（座） Number of Reservoirs (set)	堤防长度（公里） Total Length of Dikes (km)
芙蓉区	Furong District	0.01		15
天心区	Tianxin District	0.74	5	23
岳麓区	Yuelu District	11.08	42	87
开福区	Kaifu District	2.93	19	60
雨花区	Yuhua District	0.02	19	55
望城区	Wangcheng District	28.44	58	243
长沙县	Changsha County	53.23	147	142
浏阳市	Liuyang City	63.55	203	140
宁乡市	Ningxiang City	71.82	166	787
荷塘区	Hetang District	2.92	18	19
芦淞区	Lousong District	3.80	15	29
石峰区	Shifeng District	2.98	13	23
天元区	Tianyuan District	6.67	26	47
渌口区	Lukou District	19.74	102	88
攸　县	You County	41.98	301	55
茶陵县	Chaling County	26.08	244	87
炎陵县	Yanling County	13.25	40	22
醴陵市	Liling City	47.61	207	548
雨湖区	Yuhu District	12.58	10	73
岳塘区	Yuetang District	2.93	6	59
湘潭县	Xiangtan County	67.19	133	131
湘乡市	Xiangxiang City	52.62	189	673
韶山市	Shaoshan City	6.09	49	57
珠晖区	Zhuhui District	3.66	25	76
雁峰区	Yanfeng District	0.95	9	33
石鼓区	Shigu District	1.11	20	36
蒸湘区	Zhengxiang District	1.16	25	42
南岳区	Nanyue District	2.03	10	117
衡阳县	Hengyang County	52.43	223	366
衡南县	Hengnan County	55.94	401	160
衡山县	Hengshan County	18.54	134	608
衡东县	Hengdong County	28.31	164	104
祁东县	Qidong County	41.08	189	955
耒阳市	Leiyang City	41.06	327	43
常宁市	Changning City	41.28	269	107
双清区	Shuangqing District	3.28	15	2
大祥区	Daxiang District	5.05	26	6
北塔区	Beita District	2.30	13	10

22-9 续表 1 Continued

市县名称	Cities and Counties	有效灌溉面积（千公顷）Irrigated Area (1 000 hectares)	水 库（座）Number of Reservoirs (set)	堤防长度（公里）Total Length of Dikes (km)
邵东县	Shaodong County	31.22	129	61
新邵县	Xinshao County	21.07	93	38
邵阳县	Shaoyang County	45.01	240	6
隆回县	Longhui County	42.97	250	28
洞口县	Dongkou County	39.68	168	9
绥宁县	Suining County	18.77	41	97
新宁县	Xinning County	28.19	117	17
城步县	Chengbu County	13.11	32	30
武冈市	Wugang City	35.91	126	24
岳阳楼区	Yueyanglou District	8.81	69	24
云溪区	Yunxi District	6.49	38	144
君山区	Junshan District	25.77	37	267
岳阳县	Yueyang County	43.68	250	153
华容县	Huarong County	66.11	74	728
湘阴县	Xiangyin County	63.21	144	583
平江县	Pingjiang County	39.20	290	116
汨罗市	Miluo City	43.52	308	224
临湘市	Linxiang City	37.69	293	351
武陵区	Wuling District	6.27	1	165
鼎城区	Dingcheng District	82.95	200	829
安乡县	Anxiang County	47.70	11	403
汉寿县	Hanshou County	85.98	347	867
澧　县	Li County	72.35	152	401
临澧县	Linli County	40.15	151	62
桃源县	Taoyuan County	86.32	323	304
石门县	Shimen County	36.15	211	242
津市市	Jinshi City	11.44	28	106
永定区	Yongding District	15.02	91	74
武陵源区	Wulingyuan District	1.05	10	54
慈利县	Cili County	26.17	109	29
桑植县	Sangzhi County	12.73	54	176
资阳区	Ziyang District	22.44	36	262
赫山区	Heshan District	42.38	175	407
南　县	Nan County	67.06	1	852
大通湖区	Datonghu District	13.71		190
桃江县	Taojiang County	38.82	224	44
安化县	Anhua County	26.70	170	924
沅江市	Yuanjiang City	40.40	17	829
北湖区	Beihu District	9.61	15	97
苏仙区	Suxian District	14.13	61	52
桂阳县	Guiyang County	33.29	254	116
宜章县	Yizhang County	23.67	134	104
永兴县	Yongxing County	21.94	144	18

22−9 续表 2 Continued

市县名称	Cities and Counties	有效灌溉面积（千公顷） Irrigated Area (1 000 hectares)	水 库（座） Number of Reservoirs (set)	堤防长度（公里） Total Length of Dikes (km)
嘉禾县	Jiahe County	13.69	95	2
临武县	Linwu County	11.72	83	82
汝城县	Rucheng County	17.91	79	407
桂东县	Guidong County	12.33	23	179
安仁县	Anren County	21.19	110	62
资兴市	Zixing City	16.28	86	12
零陵区	Lingling District	32.02	144	77
冷水滩区	Lengshuitan District	22.16	142	37
祁阳县	Qiyang County	50.29	258	35
东安县	Dongan County	37.28	203	371
双牌县	Shuangpai County	7.56	59	195
道　县	Dao County	44.14	100	21
江永县	Jiangyong County	13.36	84	53
宁远县	Ningyuan County	35.37	168	39
蓝山县	Lanshan County	15.14	55	110
新田县	Xintian County	11.94	69	35
江华县	Jianghua County	20.63	112	32
鹤城区	Hecheng District	7.09	45	51
中方县	Zhongfang County	11.46	111	129
沅陵县	Yuanling County	20.67	113	75
辰溪县	Chenxi County	17.90	167	98
溆浦县	Xupu County	32.42	141	126
会同县	Huitong County	15.77	106	221
麻阳县	Mayang County	13.91	170	15
新晃县	Xinhuang County	10.53	53	71
芷江县	Zhijiang County	16.52	152	38
靖州县	Jingzhou County	19.93	67	21
通道县	Tongdao County	14.02	42	32
洪江市	Hongjiang City	19.70	136	36
洪江区	Hongjiang District	1.94	7	5
娄星区	Louxing District	10.40	74	59
双峰县	Shuangfeng County	28.36	201	95
新化县	Xinhua County	26.22	280	190
冷水江市	Lengshuijiang City	4.96	31	33
涟源市	Lianyuan City	29.98	168	44
吉首市	Jishou City	10.30	43	26
泸溪县	Luxi County	19.76	141	19
凤凰县	Fenghuang County	29.08	96	338
花垣县	Huayuan County	19.83	53	22
保靖县	Baojing County	19.30	90	33
古丈县	Guzhang County	10.10	47	63
永顺县	Yongshun County	33.40	117	184
龙山县	Longshan County	25.87	95	46

22—10 农林牧渔业总产值 (2018年)

Gross Output Value of Farming, Forestry, Animal Husbandry and Fishery (2018)

单位：万元 (10 000 yuan)

市县名称	Cities and Counties	农林牧渔业总产值 Gross Output Value of Farming, Forestry, Animal Husbandry and Fishery	指数（上年=100）Indices (preceding year=100)	农业产值 Output Value of Farming	林业产值 Output Value of Forestry	牧业产值 Output Value of Animal Husbandry	渔业产值 Output Value of Fishery	农林牧渔专业及辅助性活动产值 Output Value of Farming, Forestry, Animal Husbandry, Fishery and Auxiliary Activities
芙蓉区	Furong District	680	54.0	545			79	57
天心区	Tianxin District	23508	91.2	18720		1602	1806	1380
岳麓区	Yuelu District	155032	96.7	121338	6022	10845	8747	8080
开福区	Kaifu District	22051	88.4	12999	606	6522	1096	828
雨花区	Yuhua District	82421	95.5	75407	133	1468	1463	3950
望城区	Wangcheng District	704978	103.9	461834	13836	127352	48335	53620
长沙县	Changsha County	1044933	103.2	731858	41865	187052	24238	59920
浏阳市	Liuyang City	1587945	104.7	911746	218680	315470	38649	103400
宁乡市	Ningxiang City	1647665	103.7	993094	67541	433419	49323	104288
荷塘区	Hetang District	68511	103.5	45770	3197	14731	3602	1212
芦淞区	Lousong District	83154	103.7	42988	840	34610	3464	1251
石峰区	Shifeng District	61194	102.7	39506	2830	13141	4206	1511
天元区	Tianyuan District	133891	103.2	93843	1397	29714	7306	1631
渌口区	Lukou District	301879	103.8	142482	33531	94147	17709	14010
攸　县	You County	810144	103.9	426993	77325	228767	31983	45075
茶陵县	Chaling County	426036	103.4	219776	45634	124458	24600	11568
炎陵县	Yanling County	153214	103.7	62340	58435	21661	1436	9341
醴陵市	Liling City	749582	103.6	373201	50048	258598	37819	29916
雨湖区	Yuhu District	236143	103.2	102609	7709	101689	8194	15942
岳塘区	Yuetang District	110212	100.4	51700	7886	28834	4036	17755
湘潭县	Xiangtan County	872850	103.4	416269	52629	300455	53953	49544
湘乡市	Xiangxiang City	830564	103.4	393563	55863	293568	50663	36907
韶山市	Shaoshan City	93455	103.2	43177	4366	38097	4514	3301
珠晖区	Zhuhui District	143424	103.7	98956	712	28708	8334	6714
雁峰区	Yanfeng District	31522	103.4	17934	936	6107	4087	2458
石鼓区	Shigu District	35420	103.5	18688	2730	7040	5387	1575
蒸湘区	Zhengxiang District	49929	103.6	31259	1510	7560	6522	3077
南岳区	Nanyue District	35171	103.4	15998	4768	11384	1022	2000
衡阳县	Hengyang County	994292	103.5	378979	71503	360172	114475	69162
衡南县	Hengnan County	995710	103.4	395151	76426	346868	107605	69660
衡山县	Hengshan County	447319	103.5	163857	74728	163363	23192	22180
衡东县	Hengdong County	654166	103.6	278124	94622	206333	34658	40429
祁东县	Qidong County	769257	102.9	341579	28902	253729	89882	55165
耒阳市	Leiyang City	872748	103.8	344633	53581	338344	59087	77103
常宁市	Changning City	791473	103.7	303426	101179	278786	63339	44743
双清区	Shuangqing District	92507	103.5	34246	43	23304	2686	32227
大祥区	Daxiang District	123456	103.6	51898	994	22697	3486	44380
北塔区	Beita District	54254	103.5	21627	387	15334	2453	14453

22-10 续表 1 Continued

单位：万元 (10 000 yuan)

市县名称	Cities and Counties	农林牧渔业总产值 Gross Output Value of Farming, Forestry, Animal Husbandry and Fishery	指数（上年=100） Indices (preceding year=100)	农业产值 Output Value of Farming	林业产值 Output Value of Forestry	牧业产值 Output Value of Animal Husbandry	渔业产值 Output Value of Fishery	农林牧渔专业及辅助性活动产值 Output Value of Farming, Forestry, Animal Husbandry, Fishery and Auxiliary Activities
邵东县	Shaodong County	700826	102.3	481101	4041	145801	44406	25477
新邵县	Xinshao County	432817	104.0	234122	16249	141189	10557	30700
邵阳县	Shaoyang County	504894	103.7	292318	25098	151739	16998	18741
隆回县	Longhui County	640002	104.2	435035	23255	150767	13715	17230
洞口县	Dongkou County	743509	103.9	458709	30144	175475	29410	49771
绥宁县	Suining County	305380	104.1	140820	42886	110723	3293	7658
新宁县	Xinning County	333484	104.1	222764	11658	77749	8826	12487
城步县	Chengbu County	173213	104.4	77669	16633	71332	1175	6405
武冈市	Wugang City	561135	104.1	333570	14695	185982	17028	9860
岳阳楼区	Yueyanglou District	174970	103.7	81032	5801	33980	42676	11481
云溪区	Yunxi District	143537	103.7	53000	5630	35900	40100	8907
君山区	Junshan District	434900	103.6	230050	11800	68300	97600	27150
岳阳县	Yueyang County	785037	103.4	360770	15900	251210	108580	48577
华容县	Huarong County	1062310	103.3	515520	12300	171100	298000	65390
湘阴县	Xiangyin County	834522	103.3	347000	29100	156986	250056	51380
平江县	Pingjiang County	693837	103.7	343570	72116	218100	16810	43241
汨罗市	Miluo City	783009	103.6	353630	16973	267600	95600	49206
临湘市	Linxiang City	469243	103.4	215050	25500	118635	81100	28958
武陵区	Wuling District	149394	103.6	77101	338	6905	23691	41359
鼎城区	Dingcheng District	966712	103.5	420714	51813	307790	111780	74614
安乡县	Anxiang County	537765	103.7	259868	4248	116586	120274	36789
汉寿县	Hanshou County	815503	102.0	401955	20726	230612	103063	59147
澧　县	Li County	839918	103.9	392576	19556	246601	84452	96732
临澧县	Linli County	539307	104.0	245269	13145	219351	31665	29877
桃源县	Taoyuan County	1238389	103.1	662812	16887	470907	44880	42906
石门县	Shimen County	656631	103.0	345825	13782	252319	14874	29830
津市市	Jinshi City	337262	103.7	86723	39054	151014	30431	30040
永定区	Yongding District	299508	103.6	185734	24865	48771	14517	25621
武陵源区	Wulingyuan District	29136	103.7	14746	4314	7688	524	1865
慈利县	Cili County	433132	103.6	248747	41598	117309	16243	9235
桑植县	Sangzhi County	180716	103.5	114178	19896	34276	8014	4351
资阳区	Ziyang District	370704	103.7	231448	3253	78903	41810	15290
赫山区	Heshan District	728663	103.9	382089	25335	236686	36295	48258
南　县	Nan County	1050757	104.0	559981	6185	194025	232423	58143
大通湖区	Datonghu District	198169	103.8	126425	3046	17555	41068	10075
桃江县	Taojiang County	680818	103.4	327016	56483	223897	13270	60152
安化县	Anhua County	702642	103.3	374877	48456	196265	29964	53080
沅江市	Yuanjiang City	927120	103.8	431683	11825	173262	260556	49794
北湖区	Beihu District	210454	103.8	136782	18020	44335	5519	5798
苏仙区	Suxian District	252116	103.8	118252	15837	92496	14903	10628
桂阳县	Guiyang County	709123	103.5	421049	65097	162444	20111	40423
宜章县	Yizhang County	328284	103.6	217589	10391	82047	7209	11048
永兴县	Yongxing County	376105	103.3	202183	36491	95323	24660	17447

22-10 续表 2 Continued

单位：万元 (10 000 yuan)

市县名称	Cities and Counties	农林牧渔业总产值 Gross Output Value of Farming, Forestry, Animal Husbandry and Fishery	指数(上年=100) Indices (preceding year=100)	农业产值 Output Value of Farming	林业产值 Output Value of Forestry	牧业产值 Output Value of Animal Husbandry	渔业产值 Output Value of Fishery	农林牧渔专业及辅助性活动产值 Output Value of Farming, Forestry, Animal Husbandry, Fishery and Auxiliary Activities
嘉禾县	Jiahe County	309981	104.0	148866	20502	123823	3842	12948
临武县	Linwu County	209133	103.9	135759	12106	48064	4386	8818
汝城县	Rucheng County	295381	103.2	169460	65860	53718	1397	4946
桂东县	Guidong County	89942	103.4	53025	12708	19610	457	4141
安仁县	Anren County	319080	103.6	198930	36138	54648	12134	17230
资兴市	Zixing City	408851	103.7	194082	51424	98780	50464	14100
零陵区	Lingling District	635361	103.9	324790	43987	200186	36061	30337
冷水滩区	Lengshuitan District	545197	103.5	273614	34120	157390	50553	29520
祁阳县	Qiyang County	795843	103.5	405504	92520	140387	115835	41597
东安县	Dongan County	578701	103.9	310360	52094	152263	39333	24651
双牌县	Shuangpai County	301698	103.2	49132	152490	73471	8465	18140
道　县	Dao County	741041	103.2	403823	77481	157924	56083	45730
江永县	Jiangyong County	365687	103.7	192743	36880	107441	9227	19396
宁远县	Ningyuan County	507326	103.7	221421	47625	167184	44596	26500
蓝山县	Lanshan County	288769	103.5	134170	65806	63499	3436	21858
新田县	Xintian County	315792	103.9	165670	25462	97180	14818	12662
江华县	Jianghua County	453855	103.7	165811	154975	105508	5461	22100
鹤城区	Hecheng District	158282	103.7	99618	6757	37942	7515	6450
中方县	Zhongfang County	223420	103.6	105620	40783	64800	9267	2949
沅陵县	Yuanling County	375654	103.9	196060	41922	96662	34711	6299
辰溪县	Chenxi County	297399	103.7	159523	15569	102310	13191	6805
溆浦县	Xupu County	570325	103.7	286403	60291	193964	16084	13585
会同县	Huitong County	206197	103.2	86346	48089	59364	6660	5737
麻阳县	Mayang County	269599	103.8	174767	5057	75880	7341	6554
新晃县	Xinhuang County	153365	103.4	50186	8077	86635	2575	5893
芷江县	Zhijiang County	303150	103.8	159290	14443	108976	12053	8387
靖州县	Jingzhou County	218564	103.7	102137	13201	90826	8042	4359
通道县	Tongdao County	138869	103.8	61628	26428	46286	3438	1090
洪江市	Hongjiang City	362312	104.0	225874	23997	88949	13050	10442
洪江区	Hongjiang District	30204	103.5	12354	1661	14768	744	677
娄星区	Louxing District	280652	103.9	164819	10978	78283	15845	10727
双峰县	Shuangfeng County	727354	103.9	410532	20877	223976	41962	30007
新化县	Xinhua County	694299	103.8	335750	21948	256998	54474	25128
冷水江市	Lengshuijiang City	152776	104.0	54515	5138	79559	8131	5433
涟源市	Lianyuan City	601096	103.5	288759	17328	237843	32091	25075
吉首市	Jishou City	122619	103.6	88741	3146	25306	3085	2341
泸溪县	Luxi County	144567	103.7	95451	6065	38658	2365	2029
凤凰县	Fenghuang County	156020	103.7	109128	5348	37622	1471	2451
花垣县	Huayuan County	120928	103.6	64936	4604	46426	2957	2005
保靖县	Baojing County	142384	103.4	100421	2878	35103	1969	2013
古丈县	Guzhang County	89243	103.8	61531	6394	17451	1894	1974
永顺县	Yongshun County	279374	103.6	194330	12857	65042	3985	3161
龙山县	Longshan County	311493	103.5	234267	11787	58550	3445	3443

22—11　主要农产品产量 (2018年)
Output of Major Farm Crops (2018)

单位：吨　　　　(ton)

市县名称	Cities and Counties	粮食合计 Total Grain	稻谷 Rice	小麦 Wheat	玉米 Corn	大豆 Beans	薯类 Tubers
芙蓉区	Furong District						
天心区	Tianxin District	8125	7914		49		
岳麓区	Yuelu District	66954	64897		617		
开福区	Kaifu District	13735	13544				
雨花区	Yuhua District	1760	1760				
★望城区	Wangcheng District	317078	299011		2895		
★长沙县	Changsha County	470239	422057		17644		
★浏阳市	Liuyang City	520465	488209		12180		
★宁乡市	Ningxiang City	721548	677722		30979		
荷塘区	Hetang District	36719	33721		480		
芦淞区	Lousong District	34760	33700		569		
石峰区	Shifeng District	21828	20419		114		
天元区	Tianyuan District	81546	80165		176		
★渌口区	Lukou District	200192	196596		1218		
★攸　县	You County	420752	410326		1621		
★茶陵县	Chaling County	279070	271942		1628		
炎陵县	Yanling County	88258	72588		3310		
★醴陵市	Liling City	468498	447618		14775		
雨湖区	Yuhu District	127465	124598		587		
岳塘区	Yuetang District	10376	9033		379		
★湘潭县	Xiangtan County	637647	628551		4892		
★湘乡市	Xiangxiang City	460611	451197		6787		
韶山市	Shaoshan City	41823	41100		162		
珠晖区	Zhuhui District	32416	30472				
雁峰区	Yanfeng District	8088	7302		562		
石鼓区	Shigu District	18363	18169				
蒸湘区	Zhengxiang District	14852	14459		44		
南岳区	Nanyue District	14607	12795		400		
★衡阳县	Hengyang County	609763	570544		19164		
★衡南县	Hengnan County	617493	578136		15863		
★衡山县	Hengshan County	207065	199435		758		
★衡东县	Hengdong County	397200	373298		5795		
★祁东县	Qidong County	451296	417194		19419		
★耒阳市	Leiyang City	489541	441785		6347		
★常宁市	Changning City	395095	378315		9768		
双清区	Shuangqing District	35039	31220		1641		
大祥区	Daxiang District	58110	51584		3394		
北塔区	Beita District	17593	12767		3057		

注：标★区县的粮食数据使用调查总队抽样调查数据，其余区县使用统计局全面统计数据。

The data of district grain output marked ★ are survey data collected by Hunan Survey Office of the National Bureau of Statistics, while the others are from census conducted by Hunan bureau of statistics.

22-11　续表 1　Continued

单位：吨 (ton)

市县名称	Cities and Counties	粮食合计 Total Grain	稻谷 Rice	小麦 Wheat	玉米 Corn	大豆 Beans	薯类 Tubers
★邵东县	Shaodong County	429393	354672		36237		
★新邵县	Xinshao County	300592	247576		34667		
★邵阳县	Shaoyang County	443134	377635		47374		
★隆回县	Longhui County	493772	436919		26142		
★洞口县	Dongkou County	468717	413763		33922		
绥宁县	Suining County	142401	127770		4740		
★新宁县	Xinning County	282835	222255		48321		
城步县	Chengbu County	77494	65387		8429		
★武冈市	Wugang City	438822	363220		56542		
岳阳楼区	Yueyanglou District	65934	60638		1410		
云溪区	Yunxi District	40545	34670		2010		
君山区	Junshan District	158654	127331		15299		
★岳阳县	Yueyang County	506663	466208		21238		
★华容县	Huarong County	509739	489280		13709		
★湘阴县	Xiangyin County	512018	466787		29029		
★平江县	Pingjiang County	414214	385306		17189		
★汨罗市	Miluo City	468129	432048		25935		
★临湘市	Linxiang City	329501	309933		6915		
武陵区	Wuling District	101071	98499		1245		
★鼎城区	Dingcheng District	633844	601154		12322		
★安乡县	Anxiang County	333825	314480		6976		
★汉寿县	Hanshou County	572155	560925		1940		
★澧　县	Li County	519271	463233		36143		
★临澧县	Linli County	324354	309392		8931		
★桃源县	Taoyuan County	719541	663419		32242		
★石门县	Shimen County	297795	197165		72380		
津市市	Jinshi City	145679	141394		205		
永定区	Yongding District	143295	94056		26519		
武陵源区	Wulingyuan District	14158	8762		3460		
★慈利县	Cili County	315366	192016		88716		
桑植县	Sangzhi County	139457	78072		30613		
★资阳区	Ziyang District	265687	252678		5199		
★赫山区	Heshan District	473653	453430		8898		
★南　县	Nan County	387612	363186		10267		
★大通湖区	Datonghu District	113826	100061		11718		
★桃江县	Taojiang County	357355	327423		14371		
★安化县	Anhua County	236018	187468		37295		
★沅江市	Yuanjiang City	448046	430609		9441		
北湖区	Beihu District	56177	49986		2490		
苏仙区	Suxian District	115033	97395		9536		
★桂阳县	Guiyang County	288473	229649		28876		
★宜章县	Yizhang County	253480	184437		43381		
★永兴县	Yongxing County	254058	226195		10416		

22-11 续表 2 Continued

单位：吨 (ton)

市县名称	Cities and Counties	粮食合计 Total Grain	稻谷 Rice	小麦 Wheat	玉米 Corn	大豆 Beans	薯类 Tubers
嘉禾县	Jiahe County	127120	97237		19980		
临武县	Linwu County	119985	89981		23607		
汝城县	Rucheng County	148104	126740		12029		
桂东县	Guidong County	63814	55179		6760		
★安仁县	Anren County	282959	274368		3238		
资兴市	Zixing City	129645	104063		17537		
★零陵区	Lingling District	356676	328547		13660		
★冷水滩区	Lengshuitan District	323632	284945		26238		
★祁阳县	Qiyang County	556498	481257		21528		
★东安县	Dongan County	370490	320733		24719		
双牌县	Shuangpai County	71350	55649		9380		
★道　县	Dao County	360485	307554		31526		
江永县	Jiangyong County	125056	101458		16360		
★宁远县	Ningyuan County	299453	264341		9596		
蓝山县	Lanshan County	129169	113801		7708		
新田县	Xintian County	154339	125066		15767		
★江华县	Jianghua County	225021	160493		58725		
鹤城区	Hecheng District	53437	50040		1981		
中方县	Zhongfang County	113132	94100		12100		
★沅陵县	Yuanling County	241379	194399		28660		
★辰溪县	Chenxi County	200480	164446		19849		
★溆浦县	Xupu County	353511	252000		83739		
会同县	Huitong County	125762	109145		13674		
麻阳县	Mayang County	109410	94365		10020		
新晃县	Xinhuang County	77479	52460		18292		
★芷江县	Zhijiang County	225364	171378		39232		
★靖州县	Jingzhou County	132738	119897		4733		
通道县	Tongdao County	86882	80301		3969		
★洪江市	Hongjiang City	166388	138047		18375		
★洪江区	Hongjiang District	6337	4974		634		
娄星区	Louxing District	153617	132881		12222		
★双峰县	Shuangfeng County	500962	449155		43607		
★新化县	Xinhua County	461552	371379		72090		
冷水江市	Lengshuijiang City	44171	36871		4915		
★涟源市	Lianyuan City	381597	299511		65347		
吉首市	Jishou City	48363	36100		6220		
泸溪县	Luxi County	79410	69079		5526		
凤凰县	Fenghuang County	125042	92821		19099		
花垣县	Huayuan County	87562	60378		17445		
保靖县	Baojing County	87229	54376		20398		
古丈县	Guzhang County	31311	22944		5228		
★永顺县	Yongshun County	224239	153582		30765		
龙山县	Longshan County	180263	111722		28700		

22-11 续表 3 Continued

单位：吨 (ton)

市县名称	Cities and Counties	棉花 Cotton	油料 Oil-bearing	#油菜籽 Rapeseeds	黄红麻 Jute and Ambary Hemp	苎麻 Ramie	烤烟 Fluecured Tobacco	茶叶 Tea	柑桔 Citrus
芙蓉区	Furong District								
天心区	Tianxin District		79	77					39
岳麓区	Yuelu District		2848	2611				67	5397
开福区	Kaifu District		33	33					20
雨花区	Yuhua District		30	30					
望城区	Wangcheng District		11629	8815				580	7306
长沙县	Changsha County		17037	14848				29900	16054
浏阳市	Liuyang City	239	51991	48543		11	6000	1645	56750
宁乡市	Ningxiang City	128	13759	9145			4860	4485	21790
荷塘区	Hetang District		900	821				46	1387
芦淞区	Lousong District	42	438	399				56	1463
石峰区	Shifeng District		643	549					1236
天元区	Tianyuan District		369	330				165	2663
渌口区	Lukou District	480	5958	4354	7	7		698	7907
攸　县	You County	463	19646	16047		120		348	12260
茶陵县	Chaling County	1064	22816	19002		1540	4465	325	28728
炎陵县	Yanling County	74	3136	2059				295	2360
醴陵市	Liling City	40	14631	13578				480	4100
雨湖区	Yuhu District		437	282				88	1311
岳塘区	Yuetang District		272	165				8	161
湘潭县	Xiangtan County	200	11128	9750		24		969	4046
湘乡市	Xiangxiang City	43	13163	12099		28		580	4570
韶山市	Shaoshan City	5	1292	1078				85	465
珠晖区	Zhuhui District		2515	2016					3313
雁峰区	Yanfeng District		228	188					2918
石鼓区	Shigu District		877	877					920
蒸湘区	Zhengxiang District		643	558					1450
南岳区	Nanyue District		150	90				180	455
衡阳县	Hengyang County	4954	69298	67685	21	14	1738	24	3365
衡南县	Hengnan County	3663	58538	53297			3360	641	10050
衡山县	Hengshan County	500	15172	14495				409	2497
衡东县	Hengdong County	643	31280	28230		6		374	4928
祁东县	Qidong County	989	37418	32896			2169	95	8391
耒阳市	Leiyang City	820	50409	45595	41	37	1471	295	12826
常宁市	Changning City	1326	35003	30654			3003	1850	10204
双清区	Shuangqing District		1181	605					2773
大祥区	Daxiang District		2395	1371				16	21990
北塔区	Beita District		630	396				1	1936

22-11 续表 4 Continued

单位：吨 (ton)

市县名称	Cities and Counties	棉花 Cotton	油料 Oil-bearing	#油菜籽 Rapeseeds	黄红麻 Jute and Ambary Hemp	苎麻 Ramie	烤烟 Fluecured Tobacco	茶叶 Tea	柑桔 Citrus
邵东县	Shaodong County	2	41260	27240	97			422	21580
新邵县	Xinshao County		14045	10711				73	24363
邵阳县	Shaoyang County		32610	24010		19	3315	34	15349
隆回县	Longhui County		12637	8517		1	4262	241	23040
洞口县	Dongkou County	25	39302	34688		56	99	3809	80404
绥宁县	Suining County		6565	5665		8		96	39107
新宁县	Xinning County		11505	7375		6	1625	26	197597
城步县	Chengbu County		4095	3180				163	2919
武冈市	Wugang City		20070	14899			23	652	92416
岳阳楼区	Yueyanglou District	38	4581	3042				321	6928
云溪区	Yunxi District	300	2816	2352				180	2273
君山区	Junshan District	6246	16642	16173			11	22	13942
岳阳县	Yueyang County	4750	29358	23273			40	1210	12635
华容县	Huarong County	16520	66113	65750			97	706	27646
湘阴县	Xiangyin County	16	18276	15525				2477	28994
平江县	Pingjiang County	862	27303	20043			46	3180	14574
汨罗市	Miluo City	722	13691	11511			51	2718	8624
临湘市	Linxiang City	2071	21438	17544				4480	2256
武陵区	Wuling District	1317	7967	7244					26735
鼎城区	Dingcheng District	9349	80829	78337			15	165	41311
安乡县	Anxiang County	12586	75428	74980		368		52	39942
汉寿县	Hanshou County	3475	82092	79519		515		1276	48193
澧　县	Li County	12465	87726	85673				405	145547
临澧县	Linli County	3950	53545	53053			2600	120	65000
桃源县	Taoyuan County	6463	114482	108559		417	2965	9977	175845
石门县	Shimen County	1596	50556	49318		19	3438	13860	388586
津市市	Jinshi City	3593	30136	28439				129	21509
永定区	Yongding District	39	18573	14011		234	2339	365	60501
武陵源区	Wulingyuan District		1608	1230				188	1386
慈利县	Cili County	669	41749	38823			4897	1911	180981
桑植县	Sangzhi County	3	20699	17978			7271	988	21860
资阳区	Ziyang District	1465	7786	7656		9		1697	8723
赫山区	Heshan District		8412	6361		28		3657	20130
南　县	Nan County	5695	67728	67490		15			39712
大通湖区	Datonghu District	1478	12329	12285		28			15751
桃江县	Taojiang County	102	31835	26910		17	140	14535	14729
安化县	Anhua County		38648	29958		12	114	68302	29209
沅江市	Yuanjiang City	1870	62984	62700		72		180	86377
北湖区	Beihu District		1435	735			2308	126	7836
苏仙区	Suxian District		6071	4706			5599	130	6934
桂阳县	Guiyang County		14702	5536			26570	308	16369
宜章县	Yizhang County	12	7739	3422			4862	903	122576
永兴县	Yongxing County	47	19649	16236			4286	422	96589

22-11 续表 5 Continued

单位：吨 (ton)

市县名称	Cities and Counties	棉花 Cotton	油料 Oil-bearing	#油菜籽 Rapeseeds	黄红麻 Jute and Ambary Hemp	苎麻 Ramie	烤烟 Fluecured Tobacco	茶叶 Tea	柑桔 Citrus
嘉禾县	Jiahe County		8895	4205			7122	48	26526
临武县	Linwu County		6753	4230			1803	44	10125
汝城县	Rucheng County		6927	4581			590	279	7626
桂东县	Guidong County		1753	1650				2988	1010
安仁县	Anren County	8	30175	24931			8396	1052	23246
资兴市	Zixing City	11	6581	5526			16	1706	80852
零陵区	Lingling District	10	21274	16691	27		570	784	72969
冷水滩区	Lengshuitan District	426	12095	7628			627		33734
祁阳县	Qiyang County	551	42332	30937			159	261	88691
东安县	Dongan County	346	10876	4098		249	1001	6	30209
双牌县	Shuangpai County	66	2077	1465				64	6512
道　县	Dao County	141	15583	9905			3502	21	139797
江永县	Jiangyong County	15	15188	11805			3042	112	149678
宁远县	Ningyuan County		11218	8194			11208	330	67100
蓝山县	Lanshan County	337	14762	11765			6605	135	18490
新田县	Xintian County		4446	1889		10	6119	164	1007
江华县	Jianghua County	148	12340	5623			7400	637	10911
鹤城区	Hecheng District		2126	2108					11105
中方县	Zhongfang County	84	9300	8620			25	37	22898
沅陵县	Yuanling County	14	20963	18728			15	7100	18148
辰溪县	Chenxi County	87	24970	24277				18	149872
溆浦县	Xupu County	178	27959	26525				986	100655
会同县	Huitong County	6	8835	8578	11	2		629	59758
麻阳县	Mayang County	31	12580	8982				15	443264
新晃县	Xinhuang County		4715	4413			20		5254
芷江县	Zhijiang County	34	14469	11900			957	16	143013
靖州县	Jingzhou County		8883	8533			461	5	26408
通道县	Tongdao County	126	9316	9158			2	190	11972
洪江市	Hongjiang City	15	12300	11882			78	64	232105
洪江区	Hongjiang District		497	462					3237
娄星区	Louxing District		8359	5369			33	457	9757
双峰县	Shuangfeng County	262	19669	16545		23	18	1583	9285
新化县	Xinhua County	245	15643	10224	85	47	98	2480	6026
冷水江市	Lengshuijiang City		1913	1660				209	11057
涟源市	Lianyuan City	18	14388	9225		24	53	1170	12874
吉首市	Jishou City		6622	5500		25	360	938	97253
泸溪县	Luxi County	97	12314	11179		144	799	2	184102
凤凰县	Fenghuang County		10645	8712		31	3166	17	75269
花垣县	Huayuan County		5825	4413			2378	6	14365
保靖县	Baojing County		7932	4920			1733	609	119507
古丈县	Guzhang County		4290	3950			1242	4122	24197
永顺县	Yongshun County		18552	13984			6423	174	99392
龙山县	Longshan County		13137	10534			8186	18	61438

22−12 主要林产品产量 (2018年)
Output of Major Forest Products (2018)

市县名称	Cities and Counties	油茶籽（吨）Tea-oil Seeds (ton)	油桐籽（吨）Tung-oil Seeds (ton)	松脂（吨）Pine Resin (ton)	板栗（吨）Chestnuts (ton)	棕片（吨）Palm Leaf (ton)	竹笋干（吨）Bamboo Shoots (ton)	木材采伐量（万方）Woods Cuts (10 000 cu.m)	竹材采伐量（万根）Bamboo Cuts(10 000 roots)
芙蓉区	Furong District								
天心区	Tianxin District								
岳麓区	Yuelu District	2200			30		22	1.44	24.00
开福区	Kaifu District							0.36	
雨花区	Yuhua District	141							
望城区	Wangcheng District	2780			7350		6		
长沙县	Changsha County	520	2		4000	2	250	1.26	60.00
浏阳市	Liuyang City	58000			5022		19	6.69	190.00
宁乡市	Ningxiang City	5000						7.10	535.00
荷塘区	Hetang District	900			115	97	25		10.67
芦淞区	Lousong District	90						0.07	
石峰区	Shifeng District	3816					280	0.04	0.61
天元区	Tianyuan District	3800						0.04	
渌口区	Lukou District	33800	6	8	180		20	0.55	75.00
攸　县	You County	40000		10000	500		20	6.65	900.00
茶陵县	Chaling County	18700	890		1500	320	840	0.96	45.00
炎陵县	Yanling County	2983	40	58	540	82	8580	2.92	420.00
醴陵市	Liling City	33517	220		165	121	539	0.33	1.27
雨湖区	Yuhu District	518	10				6	0.20	2.69
岳塘区	Yuetang District	275			18				
湘潭县	Xiangtan County	6020			26		20	1.91	4.95
湘乡市	Xiangxiang City	3800			465		18	0.61	5.63
韶山市	Shaoshan City	85			110				
珠晖区	Zhuhui District				80		60	0.20	25.00
雁峰区	Yanfeng District							0.04	
石鼓区	Shigu District				60			0.07	2.57
蒸湘区	Zhengxiang District							0.33	3.01
南岳区	Nanyue District	10			75		150	0.07	20.00
衡阳县	Hengyang County	20003	40		860	3	230	2.46	36.00
衡南县	Hengnan County	29000			608		194	2.87	23.00
衡山县	Hengshan County	6500		245	600		20	0.68	26.00
衡东县	Hengdong County	48125	45	40	90		10	1.96	365.00
祁东县	Qidong County	15000	1700		11000		75	0.20	1.00
耒阳市	Leiyang City	48000	800	2300	5050		1250	1.19	1280.00
常宁市	Changning City	44000	20		1000	10	1400	1.32	56.32
双清区	Shuangqing District	80						0.33	0.21
大祥区	Daxiang District	1319			1480		156		
北塔区	Beita District	36			1				0.26

22-12 续表 1 Continued

市县名称	Cities and Counties	油茶籽（吨）Tea-oil Seeds (ton)	油桐籽（吨）Tung-oil Seeds (ton)	松脂（吨）Pine Resin (ton)	板栗（吨）Chestnuts (ton)	棕片（吨）Palm Leaf (ton)	竹笋干（吨）Bamboo Shoots (ton)	木材采伐量（万方）Woods Cuts (10 000 cu.m)	竹材采伐量（万根）Bamboo Cuts(10 000 roots)
邵东县	Shaodong County	12500			75		275	0.10	
新邵县	Xinshao County	2020	9	96	290		601	0.11	10.50
邵阳县	Shaoyang County	65300			1085		52		
隆回县	Longhui County	3382	26	8	987		671	2.21	6.01
洞口县	Dongkou County	754			600		90	7.81	25.70
绥宁县	Suining County	5730	136	49	136		795	11.33	320.00
新宁县	Xinning County	2688	50	12	202		109	1.98	200.00
城步县	Chengbu County	2680	132		607	132	1193	4.94	291.00
武冈市	Wugang City	2508	18	82	81	262	89	12.77	57.56
岳阳楼区	Yueyanglou District	10						1.86	91.75
云溪区	Yunxi District	420			1020		60	2.68	43.15
君山区	Junshan District	20							
岳阳县	Yueyang County	1800	52		2000		1860	1.40	32.00
华容县	Huarong County	30			100		5	4.78	18.00
湘阴县	Xiangyin County	192		190	25		5000	5.90	2.95
平江县	Pingjiang County	21100	9552	43	1169	258	393	5.25	455.00
汨罗市	Miluo City	4560	16	600	302		325	22.64	1846.75
临湘市	Linxiang City	1200		180	500		300	2.95	7120.00
武陵区	Wuling District	13					200	0.50	
鼎城区	Dingcheng District	16518		240	290	24	360	9.76	350.00
安乡县	Anxiang County							1.81	
汉寿县	Hanshou County	11029					300	23.25	298.00
澧　县	Li County	1803			130			4.84	8.00
临澧县	Linli County	9230			70			1.30	0.40
桃源县	Taoyuan County	19152			875		50	2.85	320.12
石门县	Shimen County	1740	250		3400	55	60	1.00	5.50
津市市	Jinshi City	648			1700		6	1.15	2.84
永定区	Yongding District	3600			400			1.08	
武陵源区	Wulingyuan District				115			0.39	2.00
慈利县	Cili County	1765	39		1756	83	246	1.37	7.80
桑植县	Sangzhi County	4400						0.66	0.09
资阳区	Ziyang District	1605			85		41	3.03	45.42
赫山区	Heshan District	5750					85	8.91	122.42
南　县	Nan County					10	1	1.62	50.00
大通湖区	Datonghu District						1	0.47	
桃江县	Taojiang County	5000					15600	3.2	1500
安化县	Anhua County	11301	758	340	1609	988	869	8.10	200.00
沅江市	Yuanjiang City							15.70	
北湖区	Beihu District	5110	128		1995		2688	1.00	48.00
苏仙区	Suxian District	10620	1000		568		365	1.41	75.00
桂阳县	Guiyang County	15502			85		2	1.82	10.00
宜章县	Yizhang County	2570	185	3515	560		70	2.35	17.80
永兴县	Yongxing County	32000			185	244	1473	3.54	25.60

22-12 续表 2 Continued

市县名称	Cities and Counties	油茶籽（吨）Tea-oil Seeds (ton)	油桐籽（吨）Tung-oil Seeds (ton)	松脂（吨）Pine Resin (ton)	板栗（吨）Chestnuts (ton)	棕片（吨）Palm Leaf (ton)	竹笋干（吨）Bamboo Shoots (ton)	木材采伐量（万方）Woods Cuts (10 000 cu.m)	竹材采伐量（万根）Bamboo Cuts(10 000 roots)
嘉禾县	Jiahe County	3850			150		2	1.70	
临武县	Linwu County	5200	160		325	102	285	1.05	5.68
汝城县	Rucheng County	8860	562	69	1906	79	2708	3.70	187.60
桂东县	Guidong County	9718	128		87		220	4.14	130.00
安仁县	Anren County	12600			1330		2575	1.15	9.50
资兴市	Zixing City	5250	5		1240	315	1560	4.49	65.00
零陵区	Lingling District	5321		770	1700		3600	0.87	90.00
冷水滩区	Lengshuitan District	12530	41	1950	101			2.73	0.80
祁阳县	Qiyang County	23946			2218		860	5.41	5.36
东安县	Dongan County	18240			20		148	0.81	43.84
双牌县	Shuangpai County	429	159	618	2053		560	6.16	24.00
道　县	Dao County	31797	398	17958	503	70	181	1.62	7.60
江永县	Jiangyong County	2517		265	83		35	2.02	
宁远县	Ningyuan County	18930	59	40	406	97	450	1.47	15.00
蓝山县	Lanshan County	10848	23		1345	44	142	4.94	197.45
新田县	Xintian County	4490	55	150	2341	40	55	1.71	14.85
江华县	Jianghua County	21360	875	6845	1976	145	940	8.50	1.98
鹤城区	Hecheng District	2200			2096		135	0.43	
中方县	Zhongfang County	14710	50		750	300	220	2.34	12.00
沅陵县	Yuanling County	280		102	2088	151	271	4.80	15.00
辰溪县	Chenxi County	10200	227		177	40	52	2.01	0.23
溆浦县	Xupu County	12380	49		120	7	690	9.79	60.00
会同县	Huitong County	6500	6000		3000	1	6000	11.30	500.00
麻阳县	Mayang County	452			765		30	0.46	5.50
新晃县	Xinhuang County			21	192	16	91	6.61	1.00
芷江县	Zhijiang County	3680	850	102	1890	74	205	3.68	
靖州县	Jingzhou County	470			185		42	6.84	4.00
通道县	Tongdao County	4200	200	120	212		57	4.86	11.00
洪江市	Hongjiang City	1182			6525		290	4.36	51.00
洪江区	Hongjiang District	267	12		29		55	0.06	60.25
娄星区	Louxing District	2064					200	1.0633	
双峰县	Shuangfeng County	5086			210		38	0.14	38.00
新化县	Xinhua County	7931	50	400	5320	80	145	1.98	500.00
冷水江市	Lengshuijiang City	2580			525	35	5	0.06	8.50
涟源市	Lianyuan City	3900					500	0.21	10.00
吉首市	Jishou City	362	4		451		25	0.05	1.61
泸溪县	Luxi County	2856			1646			0.12	
凤凰县	Fenghuang County	900			253		20	0.44	
花垣县	Huayuan County	1555			6		1	0.70	
保靖县	Baojing County	600	130	8	1600	4	15	0.11	
古丈县	Guzhang County	5266			200		4	0.40	
永顺县	Yongshun County	6500	2	10	2790	14	10	1.61	1.80
龙山县	Longshan County	2142	500		200	40	65	0.55	1.00

22-13 水产品产量 (2018年)
Number of Aquatic Products (2018)

市县名称	Cities and Counties	水产品（吨）Aquatic Products (ton)	#鱼 Fish
芙蓉区	Furong District	57	57
天心区	Tianxin District	1271	1270
岳麓区	Yuelu District	5458	5189
开福区	Kaifu District	772	772
雨花区	Yuhua District	903	903
望城区	Wangcheng District	23662	21643
长沙县	Changsha County	13624	13281
浏阳市	Liuyang City	19468	19101
宁乡市	Ningxiang City	27380	27337
荷塘区	Hetang District	3780	3580
芦淞区	Lousong District	1790	1725
石峰区	Shifeng District	3063	3029
天元区	Tianyuan District	5295	5124
渌口区	Lukou District	12037	11382
攸　县	You County	23964	23620
茶陵县	Chaling County	16652	16560
炎陵县	Yanling County	1331	1302
醴陵市	Liling City	25866	25563
雨湖区	Yuhu District	6690	6335
岳塘区	Yuetang District	2445	2433
湘潭县	Xiangtan County	41753	40679
湘乡市	Xiangxiang City	34258	31987
韶山市	Shaoshan City	3613	3598
珠晖区	Zhuhui District	4002	3839
雁峰区	Yanfeng District	2179	2179
石鼓区	Shigu District	2696	2694
蒸湘区	Zhengxiang District	3392	3244
南岳区	Nanyue District	534	534
衡阳县	Hengyang County	61267	59660
衡南县	Hengnan County	55146	49633
衡山县	Hengshan County	11972	11400
衡东县	Hengdong County	17957	15622
祁东县	Qidong County	48579	47243
耒阳市	Leiyang City	32339	31387
常宁市	Changning City	30997	30302
双清区	Shuangqing District	1680	1481
大祥区	Daxiang District	2689	2610
北塔区	Beita District	1713	1659

22—13 续表 1 Continued

市县名称	Cities and Counties	水产品（吨） Aquatic Products (ton)	# 鱼 Fish
邵东县	Shaodong County	27701	27083
新邵县	Xinshao County	12672	12235
邵阳县	Shaoyang County	11926	11701
隆回县	Longhui County	10665	10543
洞口县	Dongkou County	16485	15984
绥宁县	Suining County	1872	1736
新宁县	Xinning County	5899	5837
城步县	Chengbu County	892	892
武冈市	Wugang City	8900	8732
岳阳楼区	Yueyanglou District	21884	20375
云溪区	Yunxi District	19287	17488
君山区	Junshan District	34977	31858
岳阳县	Yueyang County	51656	47626
华容县	Huarong County	135979	125360
湘阴县	Xiangyin County	150032	147292
平江县	Pingjiang County	9277	8579
汨罗市	Miluo City	46091	39435
临湘市	Linxiang City	37338	33801
武陵区	Wuling District	20957	20776
鼎城区	Dingcheng District	72462	68516
安乡县	Anxiang County	120410	114586
汉寿县	Hanshou County	74561	71531
澧　县	Li County	54429	53540
临澧县	Linli County	22353	20825
桃源县	Taoyuan County	35940	34683
石门县	Shimen County	13543	13503
津市市	Jinshi City	24630	24263
永定区	Yongding District	4861	4722
武陵源区	Wulingyuan District	101	72
慈利县	Cili County	6348	6189
桑植县	Sangzhi County	1876	1715
资阳区	Ziyang District	29860	26343
赫山区	Heshan District	29137	23819
南　县	Nan County	115123	44986
大通湖区	Datonghu District	32332	25947
桃江县	Taojiang County	11858	11538
安化县	Anhua County	16497	16112
沅江市	Yuanjiang City	161131	145244
北湖区	Beihu District	3505	3505
苏仙区	Suxian District	15361	14905
桂阳县	Guiyang County	15662	15241
宜章县	Yizhang County	6791	6789
永兴县	Yongxing County	25409	23544

22-13 续表 2 Continued

市县名称	Cities and Counties	水产品（吨） Aquatic Products (ton)	#鱼 Fish
嘉禾县	Jiahe County	2529	2443
临武县	Linwu County	4778	4449
汝城县	Rucheng County	674	674
桂东县	Guidong County	325	307
安仁县	Anren County	7652	7228
资兴市	Zixing City	32715	32437
零陵区	Lingling District	19029	15801
冷水滩区	Lengshuitan District	25092	24674
祁阳县	Qiyang County	64035	62340
东安县	Dongan County	20795	20488
双牌县	Shuangpai County	4481	4405
道　县	Dao County	30541	29933
江永县	Jiangyong County	5201	4993
宁远县	Ningyuan County	21920	21493
蓝山县	Lanshan County	1535	1451
新田县	Xintian County	7097	6475
江华县	Jianghua County	2953	2918
鹤城区	Hecheng District	4724	4562
中方县	Zhongfang County	6280	6239
沅陵县	Yuanling County	19185	19113
辰溪县	Chenxi County	10113	10062
溆浦县	Xupu County	10715	10700
会同县	Huitong County	4737	4628
麻阳县	Mayang County	3220	3149
新晃县	Xinhuang County	1440	1423
芷江县	Zhijiang County	9888	9306
靖州县	Jingzhou County	3810	3326
通道县	Tongdao County	2484	2390
洪江市	Hongjiang City	8493	8353
洪江区	Hongjiang District	484	484
娄星区	Louxing District	9609	9021
双峰县	Shuangfeng County	26162	25263
新化县	Xinhua County	33853	33487
冷水江市	Lengshuijiang City	5054	4961
涟源市	Lianyuan City	18099	17197
吉首市	Jishou City	3225	3218
泸溪县	Luxi County	3704	2618
凤凰县	Fenghuang County	2339	2196
花垣县	Huayuan County	3309	3309
保靖县	Baojing County	1950	1950
古丈县	Guzhang County	2260	2236
永顺县	Yongshun County	4244	4178
龙山县	Longshan County	3669	3669

22-14 规模以上工业营业收入(2018年)

Revenue of Major Business of Industrial Enterprises above Designated Size (2018)

单位：万元 (10 000 yuan)

市县名称	Cities and Counties	营业收入 Revenue of Business	#国有经济 State-owned Economic	#集体经济 Collective Owned Economic
芙蓉区	Furong District	1176597		1612
天心区	Tianxin District	1141319	1323	6733
岳麓区	Yuelu District	11876367		
开福区	Kaifu District	1303219		
雨花区	Yuhua District	5325757	2683544	3502
望城区	Wangcheng District	5958503	42555	45341
长沙县	Changsha County	22956360	12348	
浏阳市	Liuyang City	17860810	8021	41288
宁乡市	Ningxiang City	11937718	20414	13778
荷塘区	Hetang District	1140056	14270	
芦淞区	Lousong District	974331	32553	
石峰区	Shifeng District	6342423		
天元区	Tianyuan District	4121111		
渌口区	Lukou District	532141	8992	
攸　县	You County	2692145	14880	6248
茶陵县	Chaling County	815272	17609	9205
炎陵县	Yanling County	768853		
醴陵市	Liling City	6437809	27339	41391
雨湖区	Yuhu District	5486654		10499
岳塘区	Yuetang District	10600384	110071	70624
湘潭县	Xiangtan County	5501178		
湘乡市	Xiangxiang City	8678751	4284	45164
韶山市	Shaoshan City	2200177		
珠晖区	Zhuhui District	371399		
雁峰区	Yanfeng District	2849672		
石鼓区	Shigu District	1046296		3497
蒸湘区	Zhengxiang District	1390298		
南岳区	Nanyue District	3012		
衡阳县	Hengyang County	1740805		
衡南县	Hengnan County	1175438		177
衡山县	Hengshan County	991030	3872	
衡东县	Hengdong County	857056	26639	3123
祁东县	Qidong County	1603371	750	
耒阳市	Leiyang City	1412765	17415	3095
常宁市	Changning City	3325086	19629	6835
双清区	Shuangqing District	2432078	119620	
大祥区	Daxiang District	1045152	14386	2488
北塔区	Beita District	385226		

22-14 续表 1 Continued

单位：万元 (10 000 yuan)

市县名称	Cities and Counties	营业收入 Revenue of Business	#国有经济 State-owned Economic	#集体经济 Collective Owned Economic
邵东县	Shaodong County	7130964	8988	
新邵县	Xinshao County	1849210	8919	
邵阳县	Shaoyang County	1134117		
隆回县	Longhui County	1435662	8662	
洞口县	Dongkou County	1695276		
绥宁县	Suining County	1012072	11663	
新宁县	Xinning County	794502	5123	
城步县	Chengbu County	145179		
武冈市	Wugang City	626263	2520	
岳阳楼区	Yueyanglou District	5574148	25119	
云溪区	Yunxi District	11436248		38361
君山区	Junshan District	1546225	98493	79882
岳阳县	Yueyang County	5615973	166725	42282
华容县	Huarong County	5462398	58907	24407
湘阴县	Xiangyin County	2139641	5313	34972
平江县	Pingjiang City	4880107	257258	33141
汨罗市	Miluo City	8585724		5198
临湘市	Linxiang County	4163358	2909	
武陵区	Wuling District	10709306	5806665	6982
鼎城区	Dingcheng District	3265039	26403	
安乡县	Anxiang County	1076027		
汉寿县	Hanshou County	2380491	3921	
澧　县	Li County	2655035		
临澧县	Linli County	841228	2561	
桃源县	Taoyuan County	2229091		
石门县	Shimen County	2569916	20665	
津市市	Jinshi City	2578076	60812	10318
永定区	Yongdi District	341379	7090	
武陵源区	Wulingyuan District	5970		
慈利县	Cili County	317094		
桑植县	Sangzhi County	129955		
资阳区	Ziyang District	3069923		6375
赫山区	Heshan District	9798038	56567	74525
南　县	Nan County	1662573	2669	
大通湖区	Datonghu District	394997		
桃江县	Taojiang County	4114484		
安化县	Anhua County	1221954	104783	
沅江市	Yuanjiang City	4203936		
北湖区	Beihu District	1905597	567992	
苏仙区	Suxian District	4681852	31307	4833
桂阳县	Guiyang County	6125408		3533
宜章县	Yizhang County	1534815	2834	3368
永兴县	Yongxing County	4588865		13973

22-14 续表 2 Continued

单位：万元 (10 000 yuan)

市县名称	Cities and Counties	营业收入 Revenue of Business	#国有经济 State-owned Economic	#集体经济 Collective Owned Economic
嘉禾县	Jiahe County	1787597	46685	3543
临武县	Linwu County	934669		5239
汝城县	Rucheng County	242646		
桂东县	Guidong County	154441		
安仁县	Anren County	636331	23941	
资兴市	Zixing City	3812857	52322	
零陵区	Lingling District	1215279	449897	
冷水滩区	Lengshuitan District	2581320		
祁阳县	Qiyang County	2022435	32196	
东安县	DonganCounty	1344889	45192	10788
双牌县	Shuangpai County	785550	37793	
道　县	Dao County	1303357	3880	
江永县	Jiangyong County	468769	4727	
宁远县	Ningyuan County	1373559	56772	
蓝山县	Lanshan County	1425066		
新田县	Xintian County	857559		
江华县	Jianghua County	1491054	3146	
鹤城区	Hecheng District	1004788	3669	
中方县	Zhongfang County	1155349		
沅陵县	Yuanling County	1239857	4787	
辰溪县	Chenxi County	390728		11717
溆浦县	Xupu County	742378	3120	
会同县	Huitong County	130907		
麻阳县	Mayang County	518453	2357	
新晃县	Xinhuang County	464599		
芷江县	Zhijiang County	630907		
靖州县	Jingzhou County	621059		
通道县	Tongdao County	443683	4594	
洪江市	Hongjiang City	1147337	71223	
洪江区	Hongjiang District	500057	17138	
娄星区	Louxing District	10349323	15543	201073
双峰县	Shuangfeng County	3250460		18157
新化县	Xinhua County	2066283	6281	39549
冷水江市	Lengshuijiang City	3289911	46162	61197
涟源市	Lianyuan County	3283498	2463	2912
吉首市	Jishou County	664216	9730	
泸溪县	Luxi County	400127	2544	
凤凰县	Fenghuang County	22113	2446	
花垣县	Huayuan County	161798		
保靖县	Baojing County	166705	20013	
古丈县	Guzhang County	81270		
永顺县	Yongshun County	107457	27053	
龙山县	Longshan County	175402	32392	229

22−15 规模以上工业企业基本情况(2018年)
Basic Indicators of Industrial Enterprises above Designated Size (2018)

单位：万元 (10 000 yuan)

市县名称	Cities and Counties	利润总额 Total Profits	资产总计 Total Aassets	负债合计 Total Liabilities	全部从业人员年平均人数(万人) Average Number of Empolyment of the Current Year (10000persons)
芙蓉区	Furong District	157668	2753215	1342411	1.02
天心区	Tianxin District	12875	2975517	2302521	1.16
岳麓区	Yuelu District	956317	23235869	12686447	7.82
开福区	Kaifu District	86186	1905729	1029830	1.11
雨花区	Yuhua District	330218	5159800	2126384	3.15
望城区	Wangcheng District	318651	5546838	3319131	4.37
长沙县	Changsha County	1291972	30040490	19063538	15.58
浏阳市	Liuyang City	965691	11699165	6021987	22.91
宁乡市	Ningxiang City	1209826	7477645	3536736	8.41
荷塘区	Hetang District	74349	1223145	540051	1.28
芦淞区	Lousong District	55721	1196158	646438	1.58
石峰区	Shifeng District	357355	7986808	3834085	4.24
天元区	Tianyuan District	−87233	7115010	5107949	3.14
渌口区	Lukou District	33333	452001	256734	0.69
攸　县	You County	87630	3398828	1573868	3.78
茶陵县	Chaling County	29896	438743	172386	1.35
炎陵县	Yanling County	33004	547330	299620	1.38
醴陵市	Liling City	522253	8778897	1481529	21.97
雨湖区	Yuhu District	244610	6461345	3438837	3.69
岳塘区	Yuetang District	280724	10083899	6274703	4.78
湘潭县	Xiangtan County	190683	1267555	454262	3.16
湘乡市	Xiangxiang City	54093	450566	288642	3.64
韶山市	Shaoshan City	29753	223544	25505	1.06
珠晖区	Zhuhui District	22748	584817	382318	0.66
雁峰区	Yanfeng District	87419	3109146	1882390	2.21
石鼓区	Shigu District	87881	1061119	581635	1.01
蒸湘区	Zhengxiang District	73331	1844618	1295377	1.10
南岳区	Nanyue District	290	16478	2682	0.02
衡阳县	Hengyang County	137560	846070	415638	2.59
衡南县	Hengnan County	99875	1205396	417596	1.48
衡山县	Hengshan County	54333	453572	211595	1.13
衡东县	Hengdong County	97345	1009302	398734	2.47
祁东县	Qidong County	156149	1438610	658505	3.58
耒阳市	Leiyang City	109216	1780558	981046	3.04
常宁市	Changning City	48130	1585715	1174578	1.94
双清区	Shuangqing District	94390	1048278	497989	2.59
大祥区	Daxiang District	46951	728637	338744	0.54
北塔区	Beita District	10819	270893	138716	0.42

22-15 续表 1 Continued

单位：万元 (10 000 yuan)

市县名称	Cities and Counties	利润总额 Total Profits	资产总计 Total Aassets	负债合计 Total Liabilities	全部从业人员年平均人数（万人） Average Number of Empolyment of the Current Year (10000persons)
邵东县	Shaodong County	297036	1556833	324992	5.34
新邵县	Xinshao County	99743	996098	345681	2.22
邵阳县	Shaoyang County	79827	629346	193269	2.14
隆回县	Longhui County	48329	590666	283585	2.60
洞口县	Dongkou County	62595	602312	236614	1.81
绥宁县	Suining County	70298	649955	222270	1.87
新宁县	Xinning County	46941	493536	244667	1.37
城步县	Chengbu County	5905	365849	273709	0.29
武冈市	Wugang City	30345	476975	185345	0.91
岳阳楼区	Yueyanglou District	294677	5499086	2776699	3.53
云溪区	Yunxi District	346820	4202156	2100372	2.97
君山区	Junshan District	59450	650588	176964	1.73
岳阳县	Yueyang County	291575	2118516	496254	2.76
华容县	Huarong County	177205	959252	216411	3.05
湘阴县	Xiangyin County	67788	1360499	410533	1.70
平江县	Pingjiang City	163804	922289	433694	5.51
汨罗市	Miluo City	158102	1634343	568607	3.98
临湘市	Linxiang County	123889	1124126	340706	2.07
武陵区	Wuling District	837125	8643198	3099281	3.97
鼎城区	Dingcheng District	196508	2553780	1700705	2.28
安乡县	Anxiang County	27054	484401	254924	1.30
汉寿县	Hanshou County	181244	1207157	616583	2.82
澧　县	Li County	120859	1138446	624776	2.05
临澧县	Linli County	49722	783534	377406	1.39
桃源县	Taoyuan County	71258	1184714	722698	1.88
石门县	Shimen County	157101	1336267	831287	1.84
津市市	Jinshi City	53887	1019913	530845	2.17
永定区	Yongdi District	27739	562884	251651	0.69
武陵源区	Wulingyuan District	664	4692	1932	0.03
慈利县	Cili County	20546	406162	200942	0.55
桑植县	Sangzhi County	12701	183122	64318	0.18
资阳区	Ziyang District	139803	1480408	740986	2.51
赫山区	Heshan District	198849	3719445	2141023	4.71
南　县	Nan County	74371	1480586	576740	1.84
大通湖区	Datonghu District	10255	320834	165634	0.30
桃江县	Taojiang County	161002	1514156	712593	3.59
安化县	Anhua County	107053	1056792	521373	1.37
沅江市	Yuanjiang City	208639	1938014	816578	4.29
北湖区	Beihu District	119516	3751751	2098339	1.50
苏仙区	Suxian District	107338	4074472	2489921	3.04
桂阳县	Guiyang County	307355	1787969	93549	2.60
宜章县	Yizhang County	130835	1013914	441270	1.91
永兴县	Yongxing County	159222	1888773	803849	2.13

22-15 续表 2 Continued

单位：万元 (10 000 yuan)

市县名称	Cities and Counties	利润总额 Total Profits	资产总计 Total Aassets	负债合计 Total Liabilities	全部从业人员年平均人数（万人） Average Number of Empolyment of the Current Year (10000persons)
嘉禾县	Jiahe County	183929	531722	112119	1.38
临武县	Linwu County	62104	555810	238554	1.20
汝城县	Rucheng County	18213	466655	302116	0.33
桂东县	Guidong County	15251	143370	77047	0.17
安仁县	Anren County	35357	420896	195452	0.59
资兴市	Zixing City	250183	1646849	796070	3.38
零陵区	Lingling District	70455	824752	263281	0.73
冷水滩区	Lengshuitan District	80245	1585187	717157	2.41
祁阳县	Qiyang County	136981	1218695	769521	2.17
东安县	DonganCounty	45494	488622	227279	1.91
双牌县	Shuangpai County	33044	348823	78398	1.14
道　县	Dao County	9044	405961	180504	1.96
江永县	Jiangyong County	16389	301195	90337	0.69
宁远县	Ningyuan County	75300	659963	260777	2.80
蓝山县	Lanshan County	26964	406323	106784	1.86
新田县	Xintian County	37828	271990	90577	1.03
江华县	Jianghua County	70604	1536888	520725	1.43
鹤城区	Hecheng District	26125	368903	286318	0.53
中方县	Zhongfang County	67549	1435398	772753	1.22
沅陵县	Yuanling County	30737	738111	347658	0.61
辰溪县	Chenxi County	24210	617638	366448	0.58
溆浦县	Xupu County	12435	340816	189307	1.01
会同县	Huitong County	3933	169080	111913	0.19
麻阳县	Mayang County	16520	109501	60811	0.38
新晃县	Xinhuang County	6912	187164	73547	0.68
芷江县	Zhijiang County	22142	235734	109446	0.39
靖州县	Jingzhou County	7606	127094	45449	0.54
通道县	Tongdao County	23233	90527	11953	0.37
洪江市	Hongjiang City	33462	1624859	321820	1.11
洪江区	Hongjiang District	33401	237408	74871	0.36
娄星区	Louxing District	544758	5935979	3270354	3.81
双峰县	Shuangfeng County	377586	935192	174887	2.93
新化县	Xinhua County	113287	739089	308073	3.08
冷水江市	Lengshuijiang City	273740	2309841	1412261	2.91
涟源市	Lianyuan County	273481	2223584	786377	2.57
吉首市	Jishou County	64791	938902	399499	0.87
泸溪县	Luxi County	-2061	215015	139612	0.32
凤凰县	Fenghuang County	-593	90084	42578	0.12
花垣县	Huayuan County	-4113	711329	447415	0.41
保靖县	Baojing County	-11657	175225	130766	0.30
古丈县	Guzhang County	6414	127241	79623	0.14
永顺县	Yongshun County	2552	289006	174786	0.25
龙山县	Longshan County	1717	209954	120560	0.34

22-16 固定资产投资比上年增长情况（2018年）
Investment in Fixed Assets Increased over the Previous Year (2018)

单位：% (%)

市县名称	Cities and Counties	比上年增长 Growth Rate over Preceding Year	市县名称	Cities and Counties	比上年增长 Growth Rate over Preceding Year	市县名称	Cities and Counties	比上年增长 Growth Rate over Preceding Year
芙蓉区	Furong District	8.0	隆回县	Longhui County	18.5	临武县	Linwu County	11.7
天心区	Tianxin District	11.1	洞口县	Dongkou County	-2.4	汝城县	Rucheng County	9.1
岳麓区	Yuelu District	12.3	绥宁县	Suining County	1.6	桂东县	Guidong County	11.2
开福区	Kaifu District	12.0	新宁县	Xinning County	14.3	安仁县	Anren County	10.5
雨花区	Yuhua District	10.0	城步县	Chengbu County	-6.0	资兴市	Zixing City	10.6
望城区	Wangcheng District	11.3	武冈市	Wugang City	12.2	零陵区	Lingling District	12.0
长沙县	Changsha County	15.3	岳阳楼区	Yueyanglou District	10.6	冷水滩区	Lengshuitan District	3.0
浏阳市	Liuyang City	16.7	云溪区	Yunxi District	10.8	祁阳县	Qiyang County	11.4
宁乡市	Ningxiang City	12.0	君山区	Junshan District	10.8	东安县	Dongan County	12.3
荷塘区	Hetang District	8.4	岳阳县	Yueyang County	10.9	双牌县	Shuangpai County	10.6
芦淞区	Lusong District	8.4	华容县	Huarong County	11.0	道　县	Dao County	11.5
石峰区	Shifeng District	7.6	湘阴县	Xiangyin County	1.5	江永县	Jiangyong County	-3.5
天元区	Tianyuan District	3.8	平江县	Pingjiang County	11.7	宁远县	Ningyuan County	12.1
渌口区	Lukou District	8.1	汨罗市	Miluo City	10.1	蓝山县	Lanshan County	11.6
攸　县	You County	6.0	临湘市	Linxiang City	10.8	新田县	Xintian County	11.8
茶陵县	Chaling County	8.0	武陵区	Wuling District	3.5	江华县	Jianghua County	11.9
炎陵县	Yanling County	7.8	鼎城区	Dingcheng District	10.4	鹤城区	Hecheng District	3.5
醴陵市	Liling County	7.8	安乡县	Anxiang County	15.5	中方县	Zhongfang County	9.0
雨湖区	Yuhu District	10.2	汉寿县	Hanshou County	13.9	沅陵县	Yuanling County	15.8
岳塘区	Yuetang District	8.6	澧　县	Li County	8.5	辰溪县	Chenxi County	16.3
湘潭县	Xiangtan County	13.5	临澧县	Linli County	1.3	溆浦县	Xupu County	16.0
湘乡市	Xiangxiang City	13.5	桃源县	Taoyuan County	17.1	会同县	Huitong County	15.5
韶山市	Shaoshan City	13.8	石门县	Shimen County	13.5	麻阳县	Mayang County	15.5
珠晖区	Zhuhui District	10.9	津市市	Jinshi City	1.3	新晃县	Xinhuang County	16.1
雁峰区	Yanfeng District	-3.6	永定区	Yongding District	13.3	芷江县	Zhijiang County	16.0
石鼓区	Shigu District	12.8	武陵源区	Wulingyuan District	12.6	靖州县	Jingzhou County	15.7
蒸湘区	Zhengxiang District	13.3	慈利县	Cili County	12.6	通道县	Tongdao County	15.4
南岳区	Nanyue District	12.6	桑植县	Sangzhi County	12.8	洪江市	Hongjiang City	1.1
衡阳县	Hengyang County	11.7	资阳区	Ziyang District	11.7	洪江区	Hongjiang District	15.7
衡南县	Hengnan County	11.2	赫山区	Heshan District	11.0	娄星区	Louxing District	2.5
衡山县	Hengshan County	12.6	南　县	Nan County	13.0	双峰县	Shuangfeng County	10.4
衡东县	Hengdong County	8.6	大通湖区	Datonghu District	10.3	新化县	Xinhua County	15.0
祁东县	Qidong County	13.4	桃江县	Taojiang County	11.7	冷水江市	Lengshuijian City	6.2
耒阳市	Leiyang City	11.1	安化县	Anhua County	7.1	涟源市	Lianyuan City	0.3
常宁市	Changning City	8.4	沅江市	Yuanjiang City	6.9	吉首市	Jishou City	10.5
双清区	Shuangqing District	-6.9	北湖区	Beihu District	10.9	泸溪县	Luxi County	10.7
大祥区	Daxiang District	15.0	苏仙区	Suxian District	10.9	凤凰县	Fenghuang County	13.1
北塔区	Beita District	14.5	桂阳县	Guiyang County	10.6	花垣县	Huayuan County	15.0
邵东县	Shaodong County	20.6	宜章县	Yizhang County	11.6	保靖县	Baojing County	22.9
新邵县	Xinshao County	10.3	永兴县	Yongxing County	11.0	古丈县	Guzhang County	-35.0
邵阳县	Shaoyang County	10.0	嘉禾县	Jiahe County	11.4	永顺县	Yongshun County	-5.1
						龙山县	Longshan County	8.0

22-17 房地产开发投资情况 (2018年)
Real Estate Development Investment (2018)

单位：万元 (10 000yuan)

市县名称	Cities and Counties	房地产开发投资 Real Estate Development Investment	市县名称	Cities and Counties	房地产开发投资 Real Estate Development Investment	市县名称	Cities and Counties	房地产开发投资 Real Estate Development Investment
芙蓉区	Furong District	1224151	隆回县	Longhui County	98701	临武县	Linwu County	94817
天心区	Tianxin District	1533120	洞口县	Dongkou County	65580	汝城县	Rucheng County	112039
岳麓区	Yuelu District	3287253	绥宁县	Suining County	49077	桂东县	Guidong County	24845
开福区	Kaifu District	1649450	新宁县	Xinning County	54609	安仁县	Anren County	68713
雨花区	Yuhua District	2554787	城步县	Chengbu County	1575	资兴市	Zixing City	56918
望城区	Wangcheng District	1271882	武冈市	Wugang City	142249	零陵区	Lingling District	147954
长沙县	Changsha County	1857352	岳阳楼区	Yueyanglou District	1125950	冷水滩区	Lengshuitan District	359858
浏阳市	Liuyang City	463078	云溪区	Yunxi District	53067	祁阳县	Qiyang County	116859
宁乡市	Ningxiang City	1182937	君山区	Junshan District	55874	东安县	Dongan County	174795
荷塘区	Hetang District	476751	岳阳县	Yueyang County	115044	双牌县	Shuangpai County	25927
芦淞区	Lusong District	313652	华容县	Huarong County	147809	道 县	Dao County	172077
石峰区	Shifeng District	499355	湘阴县	Xiangyin County	218285	江永县	Jiangyong County	41405
天元区	Tianyuan District	1522266	平江县	Pingjiang County	92351	宁远县	Ningyuan County	57816
渌口区	Lukou District	137200	汨罗市	Miluo City	112282	蓝山县	Lanshan County	41758
攸 县	You County	287659	临湘市	Linxiang City	72563	新田县	Xintian County	59723
茶陵县	Chaling County	173891	武陵区	Wuling District	1147262	江华县	Jianghua County	111334
炎陵县	Yanling County	30866	鼎城区	Dingcheng District	451461	鹤城区	Hecheng District	706005
醴陵市	Liling County	275720	安乡县	Anxiang County	60527	中方县	Zhongfang County	22397
雨湖区	Yuhu District	365675	汉寿县	Hanshou County	136342	沅陵县	Yuanling County	171518
岳塘区	Yuetang District	376200	澧 县	Li County	329198	辰溪县	Chenxi County	98457
湘潭县	Xiangtan County	362017	临澧县	Linli County	150911	溆浦县	Xupu County	373994
湘乡市	Xiangxiang City	207440	桃源县	Taoyuan County	159030	会同县	Huitong County	66119
韶山市	Shaoshan City	89423	石门县	Shimen County	204371	麻阳县	Mayang County	60937
珠晖区	Zhuhui District	133744	津市市	Jinshi City	105822	新晃县	Xinhuang County	28252
雁峰区	Yanfeng District	136679	永定区	Yongding District	563420	芷江县	Zhijiang County	95410
石鼓区	Shigu District	303129	武陵源区	Wulingyuan District	8332	靖州县	Jingzhou County	61374
蒸湘区	Zhengxiang District	575367	慈利县	Cili County	127111	通道县	Tongdao County	41382
南岳区	Nanyue District	27211	桑植县	Sangzhi County	71525	洪江市	Hongjiang City	239748
衡阳县	Hengyang County	121279	资阳区	Ziyang District	110194	洪江区	Hongjiang District	39432
衡南县	Hengnan County	130896	赫山区	Heshan District	355737	娄星区	Louxing District	455691
衡山县	Hengshan County	52083	南 县	Nan County	86960	双峰县	Shuangfeng County	95804
衡东县	Hengdong County	133156	大通湖区	Datonghu District	58404	新化县	Xinhua County	186417
祁东县	Qidong County	85418	桃江县	Taojiang County	135216	冷水江市	Lengshuijian City	83090
耒阳市	Leiyang City	300242	安化县	Anhua County	154876	涟源市	Lianyuan City	47456
常宁市	Changning City	56551	沅江市	Yuanjiang City	137047	吉首市	Jishou City	500539
双清区	Shuangqing District	395051	北湖区	Beihu District	509529	泸溪县	Luxi County	9905
大祥区	Daxiang District	272511	苏仙区	Suxian District	189472	凤凰县	Fenghuang County	75166
北塔区	Beita District	239663	桂阳县	Guiyang County	182440	花垣县	Huayuan County	48569
邵东县	Shaodong County	431889	宜章县	Yizhang County	191948	保靖县	Baojing County	52913
新邵县	Xinshao County	97034	永兴县	Yongxing County	88043	古丈县	Guzhang County	
邵阳县	Shaoyang County	38121	嘉禾县	Jiahe County	59049	永顺县	Yongshun County	46196
						龙山县	Longshan County	148812

22-18 社会消费品零售总额(2018年)
Total Value of Retail Sales of Consumer Goods (2018)

市县名称	Cities and Counties	消费品零售总额（亿元）Total Retail Sales of Consumer Goods (100 million yuan)	增速(%) Growth Rate (%)
芙蓉区	Furong District	890.42	7.5
天心区	Tianxin District	550.40	9.7
岳麓区	Yuelu District	400.60	9.1
开福区	Kaifu District	737.47	11.0
雨花区	Yuhua District	761.24	8.4
望城区	Wangcheng District	196.07	17.6
长沙县	Changsha County	519.88	8.4
浏阳市	Liuyang City	348.80	13.0
宁乡市	Ningxiang City	360.17	13.2
荷塘区	Hetang District	57.86	9.9
芦淞区	Lusong District	291.25	9.5
石峰区	Shifeng District	70.77	9.0
天元区	Tianyuan District	129.41	9.3
渌口区	Lukou District	40.90	10.1
攸　县	You County	149.54	10.2
茶陵县	Chaling County	76.30	10.3
炎陵县	Yanling County	24.75	9.9
醴陵市	Liling City	224.85	9.9
雨湖区	Yuhu District	319.22	9.6
岳塘区	Yuetang District	115.34	10.1
湘潭县	Xiangtan County	96.00	10.2
湘乡市	Xiangxiang City	115.53	10.5
韶山市	Shaoshan City	21.87	10.1
珠晖区	Zhuhui District	152.71	10.3
雁峰区	Yanfeng District	107.72	10.4
石鼓区	Shigu District	115.60	10.5
蒸湘区	Zhengxiang District	145.81	10.5
南岳区	Nanyue District	29.82	10.7
衡阳县	Hengyang County	114.04	10.2
衡南县	Hengnan County	122.49	10.3
衡山县	Hengshan County	36.23	10.4
衡东县	Hengdong County	109.05	10.1
祁东县	Qidong County	128.89	10.5
耒阳市	Leiyang City	155.71	10.6
常宁市	Changning City	109.15	10.4
双清区	Shuangqing District	121.78	5.1
大祥区	Daxiang District	77.06	12.0
北塔区	Beita District	14.25	11.5

22-18 续表 1 Continued

市县名称	Cities and Counties	消费品零售总额（亿元）Total Retail Sales of Consumer Goods (100 million yuan)	增速 (%) Growth Rate (%)
邵东县	Shaodong County	194.15	13.0
新邵县	Xinshao County	78.84	11.9
邵阳县	Shaoyang County	98.28	11.8
隆回县	Longhui County	107.60	12.4
洞口县	Dongkou County	90.41	11.5
绥宁县	Suining County	41.86	11.6
新宁县	Xinning County	56.77	12.3
城步县	Chengbu County	30.48	11.7
武冈市	Wugang City	76.39	7.4
岳阳楼区	Yueyanglou District	627.10	9.6
云溪区	Yunxi District	27.66	9.8
君山区	Junshan District	31.29	9.7
岳阳县	Yueyang County	112.07	9.3
华容县	Huarong County	113.59	9.9
湘阴县	Xiangyin County	105.90	6.3
平江县	Pingjiang City	114.70	9.9
汨罗市	Miluo City	108.63	9.3
临湘市	Linxiang County	78.91	9.4
武陵区	Wuling District	282.50	9.8
鼎城区	Dingcheng District	207.92	10.9
安乡县	Anxiang County	78.82	10.4
汉寿县	Hanshou County	88.65	11.8
澧　县	Li County	144.81	11.9
临澧县	Linli County	69.13	9.9
桃源县	Taoyuan County	181.71	10.8
石门县	Shimen County	133.47	11.7
津市市	Jinshi City	73.74	10.8
永定区	Yongdi District	107.13	10.2
武陵源区	Wulingyuan District	16.82	10.3
慈利县	Cili County	66.82	10.0
桑植县	Sangzhi County	39.30	10.1
资阳区	Ziyang District	65.48	10.4
赫山区	Heshan District	237.98	10.3
南　县	Nan County	96.19	10.4
大通湖区	Datonghu District	14.24	10.6
桃江县	Taojiang County	105.17	10.2
安化县	Anhua County	111.55	9.9
沅江市	Yuanjiang City	99.85	10.2
北湖区	Beihu District	388.78	10.5
苏仙区	Suxian District	124.98	10.2
桂阳县	Guiyang County	109.17	10.6
宜章县	Yizhang County	96.03	10.8
永兴县	Yongxing County	93.16	10.9

22-18 续表 2 Continued

市县名称	Cities and Counties	消费品零售总额（亿元）Total Retail Sales of Consumer Goods (100 million yuan)	增速 (%) Growth Rate (%)
嘉禾县	Jiahe County	27.98	10.2
临武县	Linwu County	40.81	10.4
汝城县	Rucheng County	15.60	10.1
桂东县	Guidong County	10.51	10.0
安仁县	Anren County	47.43	10.7
资兴市	Zixing City	82.57	11.0
零陵区	Lingling District	107.51	10.4
冷水滩区	Lengshuitan District	142.57	10.0
祁阳县	Qiyang County	89.13	10.4
东安县	DonganCounty	68.59	10.1
双牌县	Shuangpai County	14.02	10.3
道　县	Dao County	66.18	9.7
江永县	Jiangyong County	26.64	10.1
宁远县	Ningyuan County	77.60	10.5
蓝山县	Lanshan County	45.61	10.1
新田县	Xintian County	30.42	9.9
江华县	Jianghua County	51.29	10.6
鹤城区	Hecheng District	218.55	9.8
中方县	Zhongfang County	22.68	9.8
沅陵县	Yuanling County	65.46	10.0
辰溪县	Chenxi County	55.53	10.6
溆浦县	Xupu County	74.55	9.9
会同县	Huitong County	22.88	10.3
麻阳县	Mayang County	34.21	10.4
新晃县	Xinhuang County	19.15	10.5
芷江县	Zhijiang County	46.13	9.7
靖州县	Jingzhou County	34.56	9.4
通道县	Tongdao County	16.27	10.2
洪江市	Hongjiang City	37.70	10.1
洪江区	Hongjiang District	17.53	9.5
娄星区	Louxing District	124.99	10.2
双峰县	Shuangfeng County	87.75	10.4
新化县	Xinhua County	111.67	10.3
冷水江市	Lengshuijiang City	111.85	10.5
涟源市	Lianyuan County	132.02	10.4
吉首市	Jishou County	106.72	10.4
泸溪县	Luxi County	17.07	9.8
凤凰县	Fenghuang County	54.43	10.0
花垣县	Huayuan County	18.00	10.0
保靖县	Baojing County	14.74	10.1
古丈县	Guzhang County	6.92	9.9
永顺县	Yongshun County	43.03	10.2
龙山县	Longshan County	46.70	9.8

22-19 地方财政收入与支出(2018年)
Public Budgetary Revenue and Expenditure (2018)

单位：万元 (10 000 yuan)

市县名称	Cities and Counties	地方财政收入 Public Budgetary Revenue	一般公共预算支出 Public Budgetary Expenditure	市县名称	Cities and Counties	地方财政收入 Public Budgetary Revenue	一般公共预算支出 Public Budgetary Expenditure
芙蓉区	Furong District	293402	537064	衡山县	Hengshan County	67298	255188
天心区	Tianxin District	413350	606772	衡东县	Hengdong County	75210	373148
岳麓区	Yuelu District	339781	586077	祁东县	Qidong County	83136	538112
开福区	Kaifu District	408821	734922	耒阳市	Leiyang City	136592	571133
雨花区	Yuhua District	546864	849978	常宁市	Changning City	95662	559460
望城区	Wangcheng District	496615	955760	双清区	Shuangqing District	33990	132348
长沙县	Changsha County	1022134	1705048	大祥区	Daxiang District	36257	117283
浏阳市	Liuyang City	691875	1245542	北塔区	Beita District	13127	64811
宁乡市	Ningxiang City	473116	959796	邵东县	Shaodong County	155777	631947
荷塘区	Hetang District	43843	200149	新邵县	Xinshao County	62465	420384
芦淞区	Lusong District	47652	186669	邵阳县	Shaoyang County	49164	607778
石峰区	Shifeng District	79081	200833	隆回县	Longhui County	80871	662353
天元区	Tianyuan District	485378	530320	洞口县	Dongkou County	61778	542262
渌口区	Lukou District	75135	275967	绥宁县	Suining County	31685	292530
攸　县	You County	130522	460197	新宁县	Xinning County	55911	443418
茶陵县	Chaling County	71251	425746	城步县	Chengbu County	23058	276439
炎陵县	Yanling County	32048	177970	武冈市	Wugang City	69645	505092
醴陵市	Liling City	268381	680055	岳阳楼区	Yueyanglou District	118352	258726
雨湖区	Yuhu District	81735	170107	云溪区	Yunxi District	35158	106205
岳塘区	Yuetang District	136437	191710	君山区	Junshan District	30331	220777
湘潭县	Xiangtan County	178759	671486	岳阳县	Yueyang County	60611	409073
湘乡市	Xiangxiang City	144379	519800	华容县	Huarong County	58017	425724
韶山市	Shaoshan City	47953	131738	湘阴县	Xiangyin County	104472	461663
珠晖区	Zhuhui District	28778	132630	平江县	Pingjiang County	82591	714152
雁峰区	Yanfeng District	33003	94705	汨罗市	Miluo City	105631	438832
石鼓区	Shigu District	33406	95234	临湘市	Linxiang City	54273	422688
蒸湘区	Zhengxiang District	46406	98098	武陵区	Wuling District	120856	264350
南岳区	Nanyue District	58268	122082	鼎城区	Dingcheng District	137759	517805
衡阳县	Hengyang County	94895	550920	安乡县	Anxiang County	34575	371567
衡南县	Hengnan County	106651	565088	汉寿县	Hanshou County	73962	459200

22-19 续表 Continued

单位：万元 (10 000 yuan)

市县名称	Cities and Counties	地方财政收入 Public Budgetary Revenue	一般公共预算支出 Public Budgetary Expenditure	市县名称	Cities and Counties	地方财政收入 Public Budgetary Revenue	一般公共预算支出 Public Budgetary Expenditure
澧　县	Li County	106019	503198	道　县	Dao County	98802	387005
临澧县	Linli County	46325	328171	江永县	Jiangyong County	38603	207649
桃源县	Taoyuan County	130531	656043	宁远县	Ningyuan County	126900	507153
石门县	Shimen County	87803	534548	蓝山县	Lanshan County	70069	287906
津市市	Jinshi City	43194	239393	新田县	Xintian County	45097	287600
永定区	Yongding District	69179	360646	江华县	Jianghua County	71370	410981
武陵源区	Wulingyuan District	30620	122950	鹤城区	Hecheng District	72896	242303
慈利县	Cili County	78495	507620	中方县	Zhongfang County	42916	231000
桑植县	Sangzhi County	35070	390490	沅陵县	Yuanling County	89485	466430
资阳区	Ziyang District	57167	318692	辰溪县	Chenxi County	47250	361721
赫山区	Heshan District	116979	515884	溆浦县	Xupu County	50661	562810
南　县	Nan County	55741	432359	会同县	Huitong County	35383	277946
大通湖区	Datonghu District	17156	131468	麻阳县	Mayang County	34336	322000
桃江县	Taojiang County	75715	461851	新晃县	Xinhuang County	34358	246687
安化县	Anhua County	75154	647490	芷江县	Zhijiang County	48456	281594
沅江市	Yuanjiang City	65901	467645	靖州县	Jingzhou County	29711	243490
北湖区	Beihu District	68127	262130	通道县	Tongdao County	24871	232271
苏仙区	Suxian District	59893	250153	洪江市	Hongjiang City	47579	305027
桂阳县	Guiyang County	159637	509800	洪江区	Hongjiang District	19499	117598
宜章县	Yizhang County	81633	382285	娄星区	Louxing District	66444	247685
永兴县	Yongxing County	140154	381785	双峰县	Shuangfeng County	66477	469221
嘉禾县	Jiahe County	70706	244175	新化县	Xinhua County	88506	799879
临武县	Linwu County	73574	258232	冷水江市	Lengshuijiang City	104238	295290
汝城县	Rucheng County	42900	313000	涟源市	Lianyuan City	69800	583219
桂东县	Guidong County	23848	187195	吉首市	Jishou City	91949	386592
安仁县	Anren County	36647	283722	泸溪县	Luxi County	30513	322686
资兴市	Zixing City	158638	395816	凤凰县	Fenghuang County	85846	380229
零陵区	Lingling District	122581	400112	花垣县	Huayuan County	45722	305560
冷水滩区	Lengshuitan District	118542	367115	保靖县	Baojing County	29890	280303
祁阳县	Qiyang County	125023	528699	古丈县	Guzhang County	21285	178757
东安县	Dongan County	82687	334108	永顺县	Yongshun County	42551	459120
双牌县	Shuangpai County	41905	187932	龙山县	Longshan County	58741	483637

22-20 各级学校 (2018年)
Number of Schools by Level (2018)

单位：所 (unit)

市县名称	Cities and Counties	中等学校 Secondary Schools	中等职业教育 Vocational Secondary Education	普通中学 Regular Secondary Schools	普通小学 Primary Schools
芙蓉区	Furong District	13	5	8	36
天心区	Tianxin District	18	3	15	51
岳麓区	Yuelu District	51	13	38	84
开福区	Kaifu District	19	1	18	51
雨花区	Yuhua District	36	10	26	72
望城区	Wangcheng District	35	4	31	81
长沙县	Changsha County	55	9	46	135
浏阳市	Liuyang City	70	3	67	210
宁乡市	Ningxiang City	90	9	81	184
荷塘区	Hetang District	22	10	12	20
芦淞区	Lusong District	12		12	21
石峰区	Shifeng District	11	1	10	15
天元区	Tianyuan District	12	1	11	31
渌口区	Lukou District	24	1	23	23
攸　县	You County	34	2	32	60
茶陵县	Chaling County	27	1	26	34
炎陵县	Yanling County	20	1	19	10
醴陵市	Liling City	53	4	49	144
雨湖区	Yuhu District	29	9	20	43
岳塘区	Yuetang District	17	5	12	26
湘潭县	Xiangtan County	74	5	69	142
湘乡市	Xiangxiang City	59	3	56	151
韶山市	Shaoshan City	10	1	9	10
珠晖区	Zhuhui District	17	4	13	37
雁峰区	Yanfeng District	24	11	13	27
石鼓区	Shigu District	10	1	9	29
蒸湘区	Zhengxiang District	16	4	12	37
南岳区	Nanyue District	6	1	5	10
衡阳县	Hengyang County	86	6	80	260
衡南县	Hengnan County	64	4	60	145
衡山县	Hengshan County	37	4	33	42
衡东县	Hengdong County	45	1	44	77
祁东县	Qidong County	63	3	60	134
耒阳市	Leiyang City	68	3	65	177
常宁市	Changning City	58	4	54	85
双清区	Shuangqing District	29	11	18	35
大祥区	Daxiang District	33	15	18	37
北塔区	Beita District	9	3	6	14

22-20 续表 1 Continued

单位：所 (unit)

市县名称	Cities and Counties	中等学校 Secondary Schools	中等职业教育 Vocational Secondary Education	普通中学 Regular Secondary Schools	普通小学 Primary Schools
邵东县	Shaodong County	71	3	68	184
新邵县	Xinshao County	51	3	48	167
邵阳县	Shaoyang County	55	3	52	122
隆回县	Longhui County	77	4	73	115
洞口县	Dongkou County	63	6	57	189
绥宁县	Suining County	23	2	21	25
新宁县	Xinning County	38	4	34	59
城步县	Chengbu County	27	2	25	24
武冈市	Wugang City	55	8	47	65
岳阳楼区	Yueyanglou District	50	13	37	77
云溪区	Yunxi District	11	1	10	24
君山区	Junshan District	10	2	8	29
岳阳县	Yueyang County	35	3	32	65
华容县	Huarong County	33	1	32	85
湘阴县	Xiangyin County	51	4	47	67
平江县	Pingjiang City	60	3	57	162
汨罗市	Miluo City	50	4	46	94
临湘市	Linxiang County	32	2	30	40
武陵区	Wuling District	41	14	27	39
鼎城区	Dingcheng District	45	4	41	42
安乡县	Anxiang County	27	3	24	9
汉寿县	Hanshou County	39	4	35	61
澧　县	Li County	37	4	33	72
临澧县	Linli County	22	2	20	48
桃源县	Taoyuan County	55	5	50	62
石门县	Shimen County	39	3	36	83
津市市	Jinshi City	14	3	11	16
永定区	Yongdi District	31	6	25	40
武陵源区	Wulingyuan District	3		3	7
慈利县	Cili County	41	3	38	30
桑植县	Sangzhi County	35	3	32	21
资阳区	Ziyang District	17	3	14	40
赫山区	Heshan District	50	8	42	75
南　县	Nan County	34	2	32	72
大通湖区	Datonghu District	5		5	15
桃江县	Taojiang County	50	2	48	91
安化县	Anhua County	50	2	48	70
沅江市	Yuanjiang City	36	3	33	49
北湖区	Beihu District	31	3	28	34
苏仙区	Suxian District	29	6	23	22
桂阳县	Guiyang County	42	1	41	48
宜章县	Yizhang County	44	3	41	43
永兴县	Yongxing County	34	2	32	85

22-20 续表 2 Continued

单位:所 (unit)

市县名称	Cities and Counties	中等学校 Secondary Schools	中等职业教育 Vocational Secondary Education	普通中学 Regular Secondary Schools	普通小学 Primary Schools
嘉禾县	Jiahe County	30	2	28	21
临武县	Linwu County	20	1	19	37
汝城县	Rucheng County	26	2	24	13
桂东县	Guidong County	14	1	13	28
安仁县	Anren County	29	2	27	22
资兴市	Zixing City	25	2	23	25
零陵区	Lingling District	33	5	28	61
冷水滩区	Lengshuitan District	42	4	38	34
祁阳县	Qiyang County	47	4	43	99
东安县	DonganCounty	40	6	34	35
双牌县	Shuangpai County	15	1	14	14
道　县	Dao County	39	3	36	45
江永县	Jiangyong County	20	2	18	18
宁远县	Ningyuan County	42	5	37	65
蓝山县	Lanshan County	31	2	29	19
新田县	Xintian County	30	2	28	22
江华县	Jianghua County	28	3	25	48
鹤城区	Hecheng District	55	15	40	31
中方县	Zhongfang County	24	1	23	12
沅陵县	Yuanling County	52	4	48	14
辰溪县	Chenxi County	37	3	34	16
溆浦县	Xupu County	60	2	58	30
会同县	Huitong County	29	2	27	16
麻阳县	Mayang County	27	3	24	22
新晃县	Xinhuang County	23	1	22	18
芷江县	Zhijiang County	32	3	29	21
靖州县	Jingzhou County	17	1	16	15
通道县	Tongdao County	13	2	11	24
洪江市	Hongjiang City	41	6	35	21
洪江区	Hongjiang District	3	1	2	5
娄星区	Louxing District	39	6	33	75
双峰县	Shuangfeng County	60	1	59	170
新化县	Xinhua County	112	6	106	247
冷水江市	Lengshuijiang City	35	6	29	45
涟源市	Lianyuan County	61	3	58	201
吉首市	Jishou County	30	10	20	26
泸溪县	Luxi County	20	2	18	20
凤凰县	Fenghuang County	25	2	23	30
花垣县	Huayuan County	26	3	23	22
保靖县	Baojing County	19	2	17	28
古丈县	Guzhang County	13	2	11	10
永顺县	Yongshun County	42	2	40	39
龙山县	Longshan County	32	4	28	44

22−21 各级学校教职工 (2018年)
Number of School Staff and workers by Level (2018)

单位：人 (person)

市县名称	Cities and Counties	中等学校 Secondary Schools	中等职业教育 Vocational Secondary Education	普通中学 Regular Secondary Schools	普通小学 Primary Schools
芙蓉区	Furong District	1917	534	1383	2185
天心区	Tianxin District	2489	246	2243	2258
岳麓区	Yuelu District	6183	837	5346	4375
开福区	Kaifu District	2846	32	2814	2369
雨花区	Yuhua District	6977	1461	5516	4141
望城区	Wangcheng District	3654	509	3145	2001
长沙县	Changsha County	4939	714	4225	4375
浏阳市	Liuyang City	5575	347	5228	3910
宁乡市	Ningxiang City	6146	767	5379	3897
荷塘区	Hetang District	2675	905	1770	1047
芦淞区	Lusong District	1406	20	1386	1057
石峰区	Shifeng District	957	29	928	690
天元区	Tianyuan District	1614	33	1581	1489
渌口区	Lukou District	1653	153	1500	780
攸　县	You County	3761	215	3546	1778
茶陵县	Chaling County	2688	120	2568	1762
炎陵县	Yanling County	955	48	907	458
醴陵市	Liling City	3591	325	3266	3466
雨湖区	Yuhu District	2480	707	1773	1556
岳塘区	Yuetang District	1371	220	1151	1084
湘潭县	Xiangtan County	4495	421	4074	2462
湘乡市	Xiangxiang City	3428	165	3263	2555
韶山市	Shaoshan City	503	46	457	220
珠晖区	Zhuhui District	1093	203	890	1161
雁峰区	Yanfeng District	3328	1847	1481	944
石鼓区	Shigu District	884	17	867	969
蒸湘区	Zhengxiang District	2332	275	2057	1861
南岳区	Nanyue District	371	22	349	425
衡阳县	Hengyang County	4963	372	4591	3442
衡南县	Hengnan County	5379	251	5128	3410
衡山县	Hengshan County	2350	298	2052	1371
衡东县	Hengdong County	3169	117	3052	2442
祁东县	Qidong County	5214	363	4851	3430
耒阳市	Leiyang City	6632	399	6233	5435
常宁市	Changning City	4286	383	3903	3440
双清区	Shuangqing District	1565	288	1277	1106
大祥区	Daxiang District	2343	681	1662	1547
北塔区	Beita District	848	132	716	325

22-21 续表 1 Continued

单位：人 (person)

市县名称	Cities and Counties	中等学校 Secondary Schools	中等职业教育 Vocational Secondary Education	普通中学 Regular Secondary Schools	普通小学 Primary Schools
邵东县	Shaodong County	5366	336	5030	3954
新邵县	Xinshao County	3388	201	3187	2653
邵阳县	Shaoyang County	3382	181	3201	3007
隆回县	Longhui County	5546	453	5093	3533
洞口县	Dongkou County	3880	352	3528	2422
绥宁县	Suining County	1712	95	1617	1019
新宁县	Xinning County	2353	159	2194	2108
城步县	Chengbu County	1382	63	1319	1082
武冈市	Wugang City	4605	548	4057	2505
岳阳楼区	Yueyanglou District	5393	887	4506	3464
云溪区	Yunxi District	890	16	874	567
君山区	Junshan District	700	92	608	585
岳阳县	Yueyang County	2790	285	2505	1874
华容县	Huarong County	2930	182	2748	1915
湘阴县	Xiangyin County	3297	273	3024	1520
平江县	Pingjiang City	4454	297	4157	3912
汨罗市	Miluo City	3444	385	3059	1644
临湘市	Linxiang County	2343	182	2161	1667
武陵区	Wuling District	4640	1017	3623	1875
鼎城区	Dingcheng District	3162	43	3119	1688
安乡县	Anxiang County	2745	300	2445	611
汉寿县	Hanshou County	4046	210	3836	1858
澧　县	Li County	3965	376	3589	2125
临澧县	Linli County	1862	135	1727	1190
桃源县	Taoyuan County	4857	506	4351	1944
石门县	Shimen County	2829	290	2539	1950
津市市	Jinshi City	951	119	832	560
永定区	Yongdi District	2489	253	2236	1880
武陵源区	Wulingyuan District	337	34	303	225
慈利县	Cili County	2939	266	2673	1616
桑植县	Sangzhi County	2528	191	2337	1201
资阳区	Ziyang District	1519	157	1362	1411
赫山区	Heshan District	5365	618	4747	2464
南　县	Nan County	3256	247	3009	2305
大通湖区	Datonghu District	294		294	309
桃江县	Taojiang County	3462	325	3137	2212
安化县	Anhua County	3800	313	3487	2734
沅江市	Yuanjiang City	3210	312	2898	2066
北湖区	Beihu District	4527	454	4073	2530
苏仙区	Suxian District	2760	251	2509	1727
桂阳县	Guiyang County	3490	227	3263	3738
宜章县	Yizhang County	3227	151	3076	2502
永兴县	Yongxing County	3539	186	3353	1944

22-21 续表 2 Continued

单位：人 (person)

市县名称	Cities and Counties	中等学校 Secondary Schools	中等职业教育 Vocational Secondary Education	普通中学 Regular Secondary Schools	普通小学 Primary Schools
嘉禾县	Jiahe County	2199	133	2066	1402
临武县	Linwu County	1946	68	1878	1835
汝城县	Rucheng County	2477	226	2251	1367
桂东县	Guidong County	984	53	931	572
安仁县	Anren County	2450	154	2296	1724
资兴市	Zixing City	1933	154	1779	1342
零陵区	Lingling District	3277	440	2837	2513
冷水滩区	Lengshuitan District	4225	290	3935	2368
祁阳县	Qiyang County	5648	590	5058	4507
东安县	DonganCounty	2553	202	2351	2100
双牌县	Shuangpai County	939	120	819	679
道　县	Dao County	3537	658	2879	2667
江永县	Jiangyong County	1545	123	1422	1109
宁远县	Ningyuan County	3534	454	3080	3676
蓝山县	Lanshan County	2387	253	2134	1138
新田县	Xintian County	2544	309	2235	1693
江华县	Jianghua County	2237	257	1980	2288
鹤城区	Hecheng District	5161	964	4197	2158
中方县	Zhongfang County	1623	120	1503	839
沅陵县	Yuanling County	3691	187	3504	1198
辰溪县	Chenxi County	2516	39	2477	1455
溆浦县	Xupu County	3760	238	3522	2774
会同县	Huitong County	1606	113	1493	1046
麻阳县	Mayang County	1633	142	1491	1167
新晃县	Xinhuang County	1383	87	1296	831
芷江县	Zhijiang County	1806	247	1559	1107
靖州县	Jingzhou County	1135	139	996	984
通道县	Tongdao County	1028	126	902	1047
洪江市	Hongjiang City	2611	263	2348	1202
洪江区	Hongjiang District	276	39	237	286
娄星区	Louxing District	4803	278	4525	2354
双峰县	Shuangfeng County	4248	206	4042	2867
新化县	Xinhua County	6052	311	5741	4532
冷水江市	Lengshuijiang City	3347	604	2743	1091
涟源市	Lianyuan County	4260	255	4005	3224
吉首市	Jishou County	2639	505	2134	1731
泸溪县	Luxi County	1780	174	1606	1158
凤凰县	Fenghuang County	2073	157	1916	1531
花垣县	Huayuan County	1740	132	1608	1139
保靖县	Baojing County	1324	128	1196	1138
古丈县	Guzhang County	814	30	784	482
永顺县	Yongshun County	2907	111	2796	1599
龙山县	Longshan County	2909	168	2741	2156

22-22 各级学校专任教师 (2018年)
Number of Full-time Teachers by Level (2018)

单位：人 (person)

市县名称	Cities and Counties	中等学校 Secondary Schools	中等职业教育 Vocational Secondary Education	普通中学 Regular Secondary Schools	普通小学 Primary Schools
芙蓉区	Furong District	1577	294	1283	2180
天心区	Tianxin District	2018	148	1870	2345
岳麓区	Yuelu District	4867	601	4266	4883
开福区	Kaifu District	2291	27	2264	2512
雨花区	Yuhua District	5502	1049	4453	4431
望城区	Wangcheng District	2628	380	2248	2613
长沙县	Changsha County	3924	512	3412	4549
浏阳市	Liuyang City	5182	317	4865	4139
宁乡市	Ningxiang City	5404	561	4843	3953
荷塘区	Hetang District	2106	693	1413	1114
芦淞区	Lusong District	1117	20	1097	1152
石峰区	Shifeng District	796	16	780	772
天元区	Tianyuan District	1143	29	1114	1660
渌口区	Lukou District	1304	133	1171	966
攸　县	You County	2839	161	2678	1916
茶陵县	Chaling County	2008	96	1912	2038
炎陵县	Yanling County	627	43	584	686
醴陵市	Liling City	3117	270	2847	3764
雨湖区	Yuhu District	1989	535	1454	1677
岳塘区	Yuetang District	1202	173	1029	1102
湘潭县	Xiangtan County	4013	357	3656	2487
湘乡市	Xiangxiang City	2850	122	2728	2880
韶山市	Shaoshan City	345	45	300	358
珠晖区	Zhuhui District	865	128	737	1212
雁峰区	Yanfeng District	2325	1116	1209	905
石鼓区	Shigu District	656	8	648	1031
蒸湘区	Zhengxiang District	1637	208	1429	1901
南岳区	Nanyue District	284	18	266	396
衡阳县	Hengyang County	4160	271	3889	3636
衡南县	Hengnan County	4314	162	4152	3662
衡山县	Hengshan County	1736	228	1508	1497
衡东县	Hengdong County	2539	106	2433	2574
祁东县	Qidong County	4303	300	4003	3645
耒阳市	Leiyang City	5149	347	4802	5870
常宁市	Changning City	3442	282	3160	3686
双清区	Shuangqing District	1239	174	1065	1110
大祥区	Daxiang District	1871	420	1451	1514
北塔区	Beita District	479	92	387	467

22-22 续表 1 Continued

单位：人 (person)

市县名称	Cities and Counties	中等学校 Secondary Schools	中等职业教育 Vocational Secondary Education	普通中学 Regular Secondary Schools	普通小学 Primary Schools
邵东县	Shaodong County	4293	289	4004	4445
新邵县	Xinshao County	2925	188	2737	2913
邵阳县	Shaoyang County	3045	158	2887	3155
隆回县	Longhui County	4291	358	3933	4359
洞口县	Dongkou County	3359	302	3057	2730
绥宁县	Suining County	1178	77	1101	1410
新宁县	Xinning County	1960	146	1814	2212
城步县	Chengbu County	1013	62	951	1363
武冈市	Wugang City	3485	478	3007	3242
岳阳楼区	Yueyanglou District	4331	690	3641	3673
云溪区	Yunxi District	795	15	780	612
君山区	Junshan District	653	60	593	581
岳阳县	Yueyang County	2331	232	2099	2031
华容县	Huarong County	2447	166	2281	2108
湘阴县	Xiangyin County	2616	216	2400	2055
平江县	Pingjiang City	3817	282	3535	4188
汨罗市	Miluo City	2825	363	2462	1937
临湘市	Linxiang County	1996	151	1845	1874
武陵区	Wuling District	3091	641	2450	2366
鼎城区	Dingcheng District	2455	31	2424	1996
安乡县	Anxiang County	1714	238	1476	1242
汉寿县	Hanshou County	2649	199	2450	2849
澧　县	Li County	3319	354	2965	2547
临澧县	Linli County	1574	109	1465	1184
桃源县	Taoyuan County	3392	394	2998	2716
石门县	Shimen County	2355	266	2089	2131
津市市	Jinshi City	797	110	687	648
永定区	Yongdi District	2007	211	1796	1986
武陵源区	Wulingyuan District	249	33	216	254
慈利县	Cili County	2361	253	2108	1865
桑植县	Sangzhi County	1844	154	1690	1694
资阳区	Ziyang District	1228	131	1097	1420
赫山区	Heshan District	3989	482	3507	3080
南　县	Nan County	2668	227	2441	2174
大通湖区	Datonghu District	251		251	290
桃江县	Taojiang County	2868	268	2600	2273
安化县	Anhua County	3033	267	2766	2951
沅江市	Yuanjiang City	2575	270	2305	2439
北湖区	Beihu District	3136	329	2807	3367
苏仙区	Suxian District	1977	190	1787	2204
桂阳县	Guiyang County	3274	224	3050	3787
宜章县	Yizhang County	2444	129	2315	2946
永兴县	Yongxing County	2499	159	2340	2784

22-22 续表 2 Continued

单位：人 (person)

市县名称	Cities and Counties	中等学校 Secondary Schools	中等职业教育 Vocational Secondary Education	普通中学 Regular Secondary Schools	普通小学 Primary Schools
嘉禾县	Jiahe County	1664	124	1540	1692
临武县	Linwu County	1576	59	1517	2031
汝城县	Rucheng County	1844	189	1655	1851
桂东县	Guidong County	737	43	694	725
安仁县	Anren County	1924	119	1805	1874
资兴市	Zixing City	1360	135	1225	1627
零陵区	Lingling District	2619	339	2280	2790
冷水滩区	Lengshuitan District	3045	273	2772	3118
祁阳县	Qiyang County	4557	438	4119	4514
东安县	DonganCounty	2040	183	1857	2402
双牌县	Shuangpai County	713	101	612	824
道　县	Dao County	2954	564	2390	3065
江永县	Jiangyong County	1118	101	1017	1391
宁远县	Ningyuan County	2969	387	2582	3737
蓝山县	Lanshan County	1533	236	1297	1771
新田县	Xintian County	2109	306	1803	2028
江华县	Jianghua County	1958	209	1749	2422
鹤城区	Hecheng District	3777	715	3062	2765
中方县	Zhongfang County	1099	112	987	1269
沅陵县	Yuanling County	2372	158	2214	2399
辰溪县	Chenxi County	1661	35	1626	2063
溆浦县	Xupu County	2855	229	2626	3563
会同县	Huitong County	1245	112	1133	1334
麻阳县	Mayang County	1381	139	1242	1312
新晃县	Xinhuang County	1001	80	921	1053
芷江县	Zhijiang County	1392	211	1181	1372
靖州县	Jingzhou County	974	124	850	1027
通道县	Tongdao County	834	103	731	1034
洪江市	Hongjiang City	1791	205	1586	1759
洪江区	Hongjiang District	259	35	224	281
娄星区	Louxing District	3705	207	3498	3075
双峰县	Shuangfeng County	3594	198	3396	3265
新化县	Xinhua County	4541	268	4273	5618
冷水江市	Lengshuijiang City	2274	532	1742	1957
涟源市	Lianyuan County	3691	222	3469	3517
吉首市	Jishou County	2249	421	1828	1849
泸溪县	Luxi County	1482	153	1329	1388
凤凰县	Fenghuang County	1586	138	1448	1855
花垣县	Huayuan County	1372	123	1249	1403
保靖县	Baojing County	1085	118	967	1299
古丈县	Guzhang County	569	24	545	694
永顺县	Yongshun County	2150	84	2066	2141
龙山县	Longshan County	2309	168	2141	2580

22-23 各级学校在校学生(2018年)

Number of Students Enrollment by Level (2018)

单位：人 (person)

市县名称	Cities and Counties	中等学校 Secondary Schools	中等职业教育 Vocational Secondary Education	普通中学 Regular Secondary Schools	普通小学 Primary Schools
芙蓉区	Furong District	19504	2398	17106	40875
天心区	Tianxin District	28215	3361	24854	43818
岳麓区	Yuelu District	77283	20635	56648	90760
开福区	Kaifu District	29970	342	29628	44424
雨花区	Yuhua District	90693	29562	61131	82196
望城区	Wangcheng District	43113	14481	28632	49063
长沙县	Changsha County	67781	22941	44840	84366
浏阳市	Liuyang City	76919	4546	72373	106122
宁乡市	Ningxiang City	76919	13330	63589	80550
荷塘区	Hetang District	30680	10177	20503	26237
芦淞区	Lusong District	14330	960	13370	24138
石峰区	Shifeng District	10921	2072	8849	16196
天元区	Tianyuan District	15960	528	15432	29935
渌口区	Lukou District	13372	1572	11800	13766
攸　县	You County	37253	2201	35052	50485
茶陵县	Chaling County	29193	1742	27451	48365
炎陵县	Yanling County	8072	383	7689	13140
醴陵市	Liling City	42831	4584	38247	67759
雨湖区	Yuhu District	26952	10463	16489	32639
岳塘区	Yuetang District	16190	2688	13502	22620
湘潭县	Xiangtan County	52843	5023	47820	47599
湘乡市	Xiangxiang City	38713	2409	36304	46109
韶山市	Shaoshan City	3144	513	2631	5599
珠晖区	Zhuhui District	16183	6112	10071	21459
雁峰区	Yanfeng District	42181	22383	19798	18676
石鼓区	Shigu District	15929	7316	8613	17913
蒸湘区	Zhengxiang District	26441	3264	23177	36072
南岳区	Nanyue District	4725	437	4288	7930
衡阳县	Hengyang County	61452	4908	56544	66897
衡南县	Hengnan County	61176	3310	57866	63637
衡山县	Hengshan County	24353	4053	20300	29148
衡东县	Hengdong County	34746	2166	32580	53479
祁东县	Qidong County	62642	5780	56862	67826
耒阳市	Leiyang City	88534	7178	81356	121821
常宁市	Changning City	57990	6245	51745	71572
双清区	Shuangqing District	22897	4031	18866	23223
大祥区	Daxiang District	44882	21517	23365	31108
北塔区	Beita District	8668	2560	6108	9867

22-23 续表 1 Continued

单位：人 (person)

市县名称	Cities and Counties	中等学校 Secondary Schools	中等职业教育 Vocational Secondary Education	普通中学 Regular Secondary Schools	普通小学 Primary Schools
邵东县	Shaodong County	80502	7843	72659	90600
新邵县	Xinshao County	45489	2963	42526	54552
邵阳县	Shaoyang County	46161	3644	42517	57255
隆回县	Longhui County	83712	7736	75976	109574
洞口县	Dongkou County	62546	9015	53531	70206
绥宁县	Suining County	18037	1372	16665	25104
新宁县	Xinning County	33973	2863	31110	49746
城步县	Chengbu County	13277	743	12534	22823
武冈市	Wugang City	61281	10747	50534	60720
岳阳楼区	Yueyanglou District	62480	14871	47609	71245
云溪区	Yunxi District	9341	1079	8262	9921
君山区	Junshan District	8358	1071	7287	11410
岳阳县	Yueyang County	31339	4468	26871	41239
华容县	Huarong County	26779	4228	22551	30929
湘阴县	Xiangyin County	33043	4182	28861	34542
平江县	Pingjiang City	62713	9706	53007	76123
汨罗市	Miluo City	40019	9990	30029	45487
临湘市	Linxiang County	28310	3749	24561	34398
武陵区	Wuling District	47131	17437	29694	41833
鼎城区	Dingcheng District	23214	1003	22211	34081
安乡县	Anxiang County	17926	3112	14814	19416
汉寿县	Hanshou County	37050	5752	31298	47953
澧　县	Li County	36792	5729	31063	45274
临澧县	Linli County	18289	1649	16640	22998
桃源县	Taoyuan County	41023	5732	35291	50750
石门县	Shimen County	29255	4426	24829	33576
津市市	Jinshi City	6844	783	6061	9017
永定区	Yongdi District	30613	5279	25334	38703
武陵源区	Wulingyuan District	4084	633	3451	4611
慈利县	Cili County	32190	4220	27970	36850
桑植县	Sangzhi County	26567	2333	24234	33261
资阳区	Ziyang District	18966	4023	14943	22500
赫山区	Heshan District	56497	11195	45302	60706
南　县	Nan County	24409	2676	21733	34080
大通湖区	Datonghu District	3045		3045	5029
桃江县	Taojiang County	41304	4594	36710	47688
安化县	Anhua County	43519	4420	39099	61395
沅江市	Yuanjiang City	24216	2745	21471	33019
北湖区	Beihu District	53998	10559	43439	63179
苏仙区	Suxian District	31899	6433	25466	40105
桂阳县	Guiyang County	53936	5036	48900	70003
宜章县	Yizhang County	44459	2627	41832	62882
永兴县	Yongxing County	40549	3073	37476	55530

22–23 续表 2 Continued

单位：人 (person)

市县名称	Cities and Counties	中等学校 Secondary Schools	中等职业教育 Vocational Secondary Education	普通中学 Regular Secondary Schools	普通小学 Primary Schools
嘉禾县	Jiahe County	26002	1961	24041	33840
临武县	Linwu County	32319	3005	29314	40153
汝城县	Rucheng County	28391	2720	25671	37215
桂东县	Guidong County	11842	2010	9832	13703
安仁县	Anren County	27437	2689	24748	34307
资兴市	Zixing City	18903	3038	15865	25072
零陵区	Lingling District	44581	11862	32719	46383
冷水滩区	Lengshuitan District	45559	5274	40285	57029
祁阳县	Qiyang County	63851	11229	52622	71807
东安县	DonganCounty	30257	2572	27685	43153
双牌县	Shuangpai County	8405	1031	7374	11869
道　县	Dao County	53933	9653	44280	65764
江永县	Jiangyong County	17871	1705	16166	25964
宁远县	Ningyuan County	53894	5421	48473	69243
蓝山县	Lanshan County	26501	4947	21554	34585
新田县	Xintian County	30880	4768	26112	35858
江华县	Jianghua County	31553	4986	26567	48129
鹤城区	Hecheng District	62176	16696	45480	63017
中方县	Zhongfang County	10758	1331	9427	16183
沅陵县	Yuanling County	28957	3246	25711	38091
辰溪县	Chenxi County	20026	827	19199	31449
溆浦县	Xupu County	45377	4474	40903	70289
会同县	Huitong County	18662	2274	16388	24732
麻阳县	Mayang County	19760	1953	17807	27440
新晃县	Xinhuang County	13361	1099	12262	18638
芷江县	Zhijiang County	20709	5230	15479	23080
靖州县	Jingzhou County	14429	2822	11607	19712
通道县	Tongdao County	11609	1589	10020	17672
洪江市	Hongjiang City	20319	3482	16837	25615
洪江区	Hongjiang District	2270	320	1950	2901
娄星区	Louxing District	63585	13375	50210	71054
双峰县	Shuangfeng County	49303	3751	45552	57154
新化县	Xinhua County	75624	4959	70665	125606
冷水江市	Lengshuijiang City	29944	7132	22812	35578
涟源市	Lianyuan County	50766	5101	45665	62234
吉首市	Jishou County	36306	12805	23501	33849
泸溪县	Luxi County	17261	2056	15205	21538
凤凰县	Fenghuang County	23089	2157	20932	31774
花垣县	Huayuan County	17313	1963	15350	27252
保靖县	Baojing County	14437	1426	13011	18624
古丈县	Guzhang County	6102	370	5732	7944
永顺县	Yongshun County	29622	2232	27390	37643
龙山县	Longshan County	30920	3090	27830	46932

22–24 卫生机构、人员与床位 (2018年)
Health Care Institutions, Personnel and Beds (2018)

市县名称	Cities and Counties	机构（个）Number of Instituti-ons(unit)	床位（张）Number of Beds (unit)	卫生技术人员（人）Medical Technical Personnel (person)					
				合计 Total	执业（助理）医师 Assistant Doctors	注册护士 Senior Nurse	药师（士）Pharmaeist	技师（士）Laboratory Technician	其他 Others
芙蓉区	Furong District	288	8929	13915	4053	6589	384	421	546
天心区	Tianxin District	327	4568	6473	2230	2462	202	255	196
岳麓区	Yuelu District	369	12481	14026	4079	5708	539	646	599
开福区	Kaifu District	269	8896	14998	4292	6123	464	674	717
雨花区	Yuhua District	461	16465	19573	5704	7901	697	741	717
望城区	Wangcheng District	514	3754	4606	1718	1404	197	184	342
长沙县	Changsha County	459	5520	7463	2619	2843	313	304	303
浏阳市	Liuyang City	579	9041	9616	2975	3431	469	456	538
宁乡市	Ningxiang City	785	7599	7792	3123	2266	405	280	419
荷塘区	Hetang District	256	3257	3443	1082	1376	112	108	128
芦淞区	Lusong District	216	3223	4932	1593	2143	204	194	146
石峰区	Shifeng District	158	1867	2276	601	920	88	97	107
天元区	Tianyuan District	225	3610	5681	1643	2332	177	303	219
渌口区	Lukou District	211	1385	1649	523	515	71	61	102
攸　县	You County	425	3758	3896	1471	1213	134	151	184
茶陵县	Chaling County	601	2973	3535	1130	980	153	177	183
炎陵县	Yanling County	183	858	1363	476	409	80	51	44
醴陵市	Liling City	567	5880	6220	2015	2115	287	260	258
雨湖区	Yuhu District	419	6458	8025	2378	3383	352	377	230
岳塘区	Yuetang District	283	3976	4966	1506	1948	185	226	329
湘潭县	Xiangtan County	769	3577	4898	1624	1542	266	170	272
湘乡市	Xiangxiang City	779	4778	5253	1767	1668	238	190	264
韶山市	Shaoshan City	91	547	725	255	224	53	49	12
珠晖区	Zhuhui District	244	4454	4490	1191	1859	172	159	158
雁峰区	Yanfeng District	50	2419	3494	966	1478	141	187	66
石鼓区	Shigu District	167	4467	5112	1400	2287	181	252	148
蒸湘区	Zhengxiang District	191	4306	4859	1383	2133	220	164	128
南岳区	Nanyue District	52	738	843	244	287	55	47	34
衡阳县	Hengyang County	784	5360	5142	2278	1247	209	175	121
衡南县	Hengnan County	828	4684	5428	2098	1147	219	196	380
衡山县	Hengshan County	230	2077	2532	801	746	184	89	149
衡东县	Hengdong County	622	3427	3950	1202	985	300	141	135
祁东县	Qidong County	417	4836	6106	2240	1323	254	261	289
耒阳市	Leiyang City	532	5401	7142	2245	2367	231	198	400
常宁市	Changning City	717	4368	6095	1888	1493	292	217	420
双清区	Shuangqing District	188	3788	4752	1311	1962	175	205	228
大祥区	Daxiang District	235	6616	6594	1916	2640	215	272	215
北塔区	Beita District	85	228	442	151	136	6	33	15

注：本表资料包含医务室、卫生保健所、诊所和村卫生室。
The Infirmary, health care, Clinicc and Village health were included.

22-24 续表 1 Continued

市县名称	Cities and Counties	机构（个）Number of Instituti-ons(unit)	床位（张）Number of Beds (unit)	卫生技术人员（人）Medical Technical Personnel (person) 合计 Total	执业（助理）医师 Assistant Doctors	注册护士 Senior Nurse	药师（士）Pharmaeist	技师（士）Laboratory Technician	其他 Others
邵东县	Shaodong County	775	5370	6031	1986	1837	185	214	245
新邵县	Xinshao County	676	4545	4276	1371	1334	147	182	182
邵阳县	Shaoyang County	968	4272	4978	1037	1113	159	170	273
隆回县	Longhui County	1250	5011	5072	1382	935	172	228	288
洞口县	Dongkou County	465	3103	4327	1326	1034	171	179	255
绥宁县	Suining County	273	2203	2469	984	602	90	110	103
新宁县	Xinning County	752	2941	4310	1068	1170	125	179	248
城步县	Chengbu County	220	1328	1458	423	315	61	72	105
武冈市	Wugang City	411	4355	4785	1523	1458	165	218	320
岳阳楼区	Yueyanglou District	345	9564	11800	3508	4834	468	612	501
云溪区	Yunxi District	119	1338	1286	487	394	48	74	38
君山区	Junshan District	163	1199	1364	599	301	45	63	89
岳阳县	Yueyang County	679	3622	3759	1720	593	90	117	172
华容县	Huarong County	538	4510	4222	1934	1059	94	125	169
湘阴县	Xiangyin County	600	3740	3970	1714	963	136	122	233
平江县	Pingjiang City	989	4631	6233	2336	1381	353	187	321
汨罗市	Miluo City	672	3624	4144	1690	1119	212	175	123
临湘市	Linxiang County	337	2944	3003	1199	680	102	145	270
武陵区	Wuling District	642	8764	10271	3242	4351	294	430	325
鼎城区	Dingcheng District	819	4808	4697	1931	1164	146	176	212
安乡县	Anxiang County	384	3496	3076	1131	831	122	141	149
汉寿县	Hanshou County	776	5452	6534	3209	1396	186	261	236
澧 县	Li County	653	5100	5765	2801	1369	164	213	152
临澧县	Linli County	398	2043	2556	833	662	110	100	102
桃源县	Taoyuan County	817	4950	5516	2237	1330	196	211	327
石门县	Shimen County	478	3832	4438	1416	1485	198	194	256
津市市	Jinshi City	228	1234	1905	587	610	68	64	132
永定区	Yongdi District	298	3899	4858	1375	1839	226	235	269
武陵源区	Wulingyuan District	45	286	300	129	74	15	16	13
慈利县	Cili County	468	4239	3671	1059	1192	213	166	238
桑植县	Sangzhi County	292	2414	2653	740	844	103	163	231
资阳区	Ziyang District	344	2413	3041	1069	935	105	102	111
赫山区	Heshan District	767	9217	9514	3066	3536	321	387	427
南 县	Nan County	623	3542	4424	1981	1105	155	164	171
大通湖区	Datonghu District	78	560	1480	327	342	22	24	25
桃江县	Taojiang County	328	4132	4939	1719	1487	192	197	254
安化县	Anhua County	939	4703	5549	1967	1451	270	216	143
沅江市	Yuanjiang City	641	4134	4411	1365	1362	191	189	326
北湖区	Beihu District	440	8654	9588	2985	3963	285	351	669
苏仙区	Suxian District	382	2916	3365	1178	1339	95	130	106
桂阳县	Guiyang County	627	3818	4328	1463	1434	171	130	277
宜章县	Yizhang County	555	3514	4013	1113	1294	151	141	297
永兴县	Yongxing County	437	2976	3131	944	933	78	103	209

22–24 续表 2 Continued

市县名称	Cities and Counties	机构（个）Number of Institutions(unit)	床位（张）Number of Beds (unit)	卫生技术人员（人）Medical Technical Personnel (person) 合计 Total	执业（助理）医师 Assistant Doctors	注册护士 Senior Nurse	药师（士）Pharmaeist	技师（士）Laboratory Technician	其他 Others
嘉禾县	Jiahe County	264	2604	2466	724	863	122	134	144
临武县	Linwu County	375	1855	2116	672	661	66	74	132
汝城县	Rucheng County	336	1795	2029	687	640	65	101	107
桂东县	Guidong County	189	902	1016	420	296	36	45	25
安仁县	Anren County	362	2257	2407	715	748	108	93	200
资兴市	Zixing City	290	2194	2477	792	880	85	80	115
零陵区	Lingling District	641	4668	5429	1594	1830	172	237	288
冷水滩区	Lengshuitan District	557	6963	7304	2252	2902	216	299	361
祁阳县	Qiyang County	923	7531	6207	2295	1697	190	214	176
东安县	DonganCounty	620	2937	3357	1096	916	119	125	106
双牌县	Shuangpai County	226	1228	1296	435	355	50	68	91
道　县	Dao County	532	3458	3699	1506	1028	95	138	257
江永县	Jiangyong County	245	1704	1481	517	381	60	74	57
宁远县	Ningyuan County	619	4738	4688	1626	1203	141	185	412
蓝山县	Lanshan County	416	2025	2643	838	870	95	94	112
新田县	Xintian County	473	2450	2663	663	725	101	128	217
江华县	Jianghua County	406	3092	3251	834	1001	122	165	436
鹤城区	Hecheng District	369	7071	9309	3171	3667	323	382	462
中方县	Zhongfang County	181	1131	1251	543	217	52	64	80
沅陵县	Yuanling County	465	3282	3722	963	1213	145	166	275
辰溪县	Chenxi County	515	2384	3229	883	991	133	152	233
溆浦县	Xupu County	809	5525	5759	1529	1671	175	199	350
会同县	Huitong County	361	2014	2110	620	733	78	113	98
麻阳县	Mayang County	332	2353	2770	718	850	123	120	211
新晃县	Xinhuang County	163	2107	1820	521	594	55	101	195
芷江县	Zhijiang County	352	1756	2244	702	535	118	108	162
靖州县	Jingzhou County	252	1353	1742	532	552	53	69	179
通道县	Tongdao County	259	1232	1638	472	550	48	74	143
洪江市	Hongjiang City	423	4825	4669	1351	1782	187	255	217
洪江区	Hongjiang District	57	539	519	203	203	42	43	28
娄星区	Louxing District	363	8462	9240	2548	3560	309	407	287
双峰县	Shuangfeng County	949	4131	4517	1700	1127	149	227	155
新化县	Xinhua County	1291	7036	6529	2377	1201	261	260	339
冷水江市	Lengshuijiang City	274	2551	3227	1088	1147	172	124	60
涟源市	Lianyuan County	995	5251	5398	1771	1098	248	176	336
吉首市	Jishou County	456	6146	6645	1950	2645	223	380	374
泸溪县	Luxi County	247	1334	1556	393	509	61	56	174
凤凰县	Fenghuang County	406	1507	1730	469	407	70	87	173
花垣县	Huayuan County	381	1814	2262	544	676	94	125	266
保靖县	Baojing County	470	1659	2804	597	609	77	86	262
古丈县	Guzhang County	174	684	930	210	294	42	44	96
永顺县	Yongshun County	487	3946	3120	827	990	103	100	279
龙山县	Longshan County	595	3268	3413	827	1077	99	163	283

22–25 住户调查主要指标(2018年)
Major Households Survey Indicators (2018)

市县名称	Cities and Counties	全体居民人均可支配收入(元) Per Capita Disposable Income Provincewide (yuan)	城镇居民人均可支配收入(元) Per Capita Disposable Income of Urban Households (yuan)		农村居民人均可支配收入(元) Per Capita Disposable Income of Rural Households (yuan)	
			绝对值 Value	增速(%) Growth Rate (%)	绝对值 Value	增速(%) Growth Rate (%)
芙蓉区	Furong District	54354.2	54354.2	8.3		
天心区	Tianxin District	54476.3	54476.3	8.2		
岳麓区	Yuelu District	54089.8	54089.8	8.5		
开福区	Kaifu District	53620.9	53620.9	8.1		
雨花区	Yuhua District	54522.3	54522.3	8.3		
望城区	Wangcheng District	40254.5	47200.9	8.4	32232.4	8.4
长沙县	Changsha County	40225.6	46682.2	8.2	31785.8	8.8
浏阳市	Liuyang City	39607.6	46409.9	8.1	31790.9	8.7
宁乡市	Ningxiang City	34887.0	43269.0	8.4	26985.0	8.6
荷塘区	Hetang District	45243.0	45243.0	7.7		
芦淞区	Lusong District	47344.2	47344.2	7.9		
石峰区	Shifeng District	45663.0	45663.0	7.8		
天元区	Tianyuan District	52276.3	52276.3	7.7		
渌口区	Lukou District	23054.6	34039.0	7.9	18825.1	8.4
攸　县	You County	32541.3	38487.9	7.6	26031.2	8.2
茶陵县	Chaling County	21039.3	33209.4	7.7	9574.2	9.5
炎陵县	Yanling County	17376.7	28536.7	7.5	8881.9	9.4
醴陵市	Liling City	33424.1	39412.8	7.8	26363.8	8.3
雨湖区	Yuhu District	37440.4	37885.2	7.7	30528.4	8.2
岳塘区	Yuetang District	36694.3	37080.2	8.0	30706.2	8.0
湘潭县	Xiangtan County	24333.2	34843.1	7.8	18435.0	8.6
湘乡市	Xiangxiang City	24276.0	35085.3	7.9	18117.2	8.5
韶山市	Shaoshan City	34739.9	40162.7	7.6	25917.7	8.4
珠晖区	Zhuhui District	35221.0	35686.2	7.8		
雁峰区	Yanfeng District	34728.1	34728.0	8.3		
石鼓区	Shigu District	36586.0	36586.2	8.4		
蒸湘区	Zhengxiang District	35548.6	35681.6	8.4		
南岳区	Nanyue District	39422.4	39774.2	8.0		
衡阳县	Hengyang County	23166.0	32882.8	7.2	17549.9	8.4
衡南县	Hengnan County	24979.0	32473.0	7.5	20621.2	8.4
衡山县	Hengshan County	25060.0	32980.1	8.0	20642.1	8.2
衡东县	Hengdong County	24354.0	32860.1	7.4	19780.0	8.0
祁东县	Qidong County	18914.8	26593.8	8.3	14124.1	8.6
耒阳市	Leiyang City	27068.0	34278.5	7.3	20366.8	8.1
常宁市	Changning City	23903.0	32006.1	7.5	16790.1	8.9
双清区	Shuangqing District	27727.2	29517.2	9.5	19557.4	9.9
大祥区	Daxiang District	26476.7	28838.0	9.8	19214.4	10.0
北塔区	Beita District	23807.5	26408.5	9.6	17506.6	9.8

22–25 续表 1 Continued

市县名称	Cities and Counties	全体居民人均可支配收入（元） Per Capita Disposable Income Provincewide (yuan)	城镇居民人均可支配收入（元） Per Capita Disposable Income of Urban Households (yuan)		农村居民人均可支配收入（元） Per Capita Disposable Income of Rural Households (yuan)	
			绝对值 Value	增速 (%) Growth Rate (%)	绝对值 Value	增速 (%) Growth Rate (%)
邵东县	Shaodong County	26345.3	33122.3	10.0	20903.3	10.3
新邵县	Xinshao County	16172.2	26586.2	8.7	11187.2	11.6
邵阳县	Shaoyang County	16191.0	26604.0	9.0	10806.1	11.2
隆回县	Longhui County	14550.2	25130.1	8.2	10288.3	12.1
洞口县	Dongkou County	17015.9	26920.6	8.5	10732.1	10.5
绥宁县	Suining County	14031.4	24778.2	8.3	10145.4	10.1
新宁县	Xinning County	15456.3	25709.2	8.9	10031.8	10.1
城步县	Chengbu County	12687.5	23777.8	8.1	8215.4	14.7
武冈市	Wugang City	17827.0	26454.4	8.4	12129.7	12.5
岳阳楼区	Yueyanglou District	35680.9	35681.4	8.4		
云溪区	Yunxi District	37633.6	37634.1	7.5		
君山区	Junshan District	25539.3	31694.3	7.6	18104.2	8.6
岳阳县	Yueyang County	21852.3	28753.1	8.1	16454.4	9.0
华容县	Huarong County	23765.4	29449.1	8.3	19464.4	8.8
湘阴县	Xiangyin County	24136.3	31115.2	7.7	18400.1	8.3
平江县	Pingjiang City	15062.9	23602.2	7.8	9580.0	10.2
汨罗市	Miluo City	25166.1	31808.3	8.2	17959.3	8.5
临湘市	Linxiang County	21753.2	28594.0	8.0	15871.1	8.8
武陵区	Wuling District	36541.2	37561.4	9.9	26051.2	11.0
鼎城区	Dingcheng District	23814.7	33511.1	8.4	15746.6	9.5
安乡县	Anxiang County	19613.9	26867.8	7.9	15365.0	8.3
汉寿县	Hanshou County	21151.2	30354.3	8.3	16125.2	9.1
澧　县	Li County	20633.1	29226.3	8.8	16562.0	8.8
临澧县	Linli County	23069.9	31771.7	8.2	16696.0	8.9
桃源县	Taoyuan County	19867.1	30021.1	8.4	14738.0	9.6
石门县	Shimen County	16740.2	24926.9	8.7	11712.3	10.9
津市市	Jinshi City	26614.1	33055.2	7.8	15471.0	8.5
永定区	Yongdi District	19269.3	27946.1	8.1	10118.4	11.2
武陵源区	Wulingyuan District	23540.0	29722.0	7.8	13148.1	9.3
慈利县	Cili County	15891.8	24008.2	8.9	10659.0	9.5
桑植县	Sangzhi County	11390.0	17092.9	9.2	8182.8	13.5
资阳区	Ziyang District	24724.2	30120.7	8.4	18838.2	8.9
赫山区	Heshan District	29808.9	36660.4	8.6	18898.9	9.6
南　县	Nan County	21425.9	28529.1	8.5	16293.6	9.5
桃江县	Taojiang County	21145.3	29448.4	8.1	15556.0	8.8
安化县	Anhua County	11699.5	18394.9	8.0	9000.1	10.6
沅江市	Yuanjiang City	25577.2	33623.5	7.8	18410.5	8.4
北湖区	Beihu District	33301.5	36082.5	7.8	22061.6	9.0
苏仙区	Suxian District	29576.0	34767.0	8.1	20308.0	8.2
桂阳县	Guiyang County	26030.2	34360.4	7.6	19429.0	8.0
宜章县	Yizhang County	18096.3	29996.4	7.4	9614.2	9.6
永兴县	Yongxing County	24186.9	32027.2	7.6	17854.7	8.6

22−25 续表 2 Continued

市县名称	Cities and Counties	全体居民人均可支配收入（元）Per Capita Disposable Income Provincewide (yuan)	城镇居民人均可支配收入（元）Per Capita Disposable Income of Urban Households (yuan)		农村居民人均可支配收入（元）Per Capita Disposable Income of Rural Households (yuan)	
			绝对值 Value	增速 (%) Growth Rate (%)	绝对值 Value	增速 (%) Growth Rate (%)
嘉禾县	Jiahe County	21403.8	28274.9	8.0	16176.7	8.3
临武县	Linwu County	18679.0	27729.0	9.0	12980.0	9.8
汝城县	Rucheng County	13867.2	21674.3	8.6	9990.2	9.7
桂东县	Guidong County	13565.9	20281.5	8.5	9602.1	9.6
安仁县	Anren County	16422.4	24534.4	8.6	10983.4	9.9
资兴市	Zixing City	28639.2	34161.1	7.9	19953.4	8.4
零陵区	Lingling District	24698.0	29574.2	9.4	19160.4	9.5
冷水滩区	Lengshuitan District	28404.6	32578.3	9.3	20565.3	9.0
祁阳县	Qiyang County	21050.1	31013.2	8.8	14004.1	9.3
东安县	DonganCounty	20039.8	29641.4	9.0	14667.4	9.7
双牌县	Shuangpai County	15350.1	25344.2	8.4	9046.1	10.4
道　县	Dao County	20348.1	27595.2	9.1	15655.2	9.2
江永县	Jiangyong County	14725.3	24120.1	8.4	10312.4	10.2
宁远县	Ningyuan County	19008.5	26650.0	9.1	14458.0	10.2
蓝山县	Lanshan County	20235.2	28530.4	8.9	14355.1	9.2
新田县	Xintian County	14738.3	24549.2	8.2	9405.0	10.6
江华县	Jianghua County	15747.4	24775.4	8.7	10625.2	10.8
鹤城区	Hecheng District	31311.0	32811.3	9.5	14482.0	11.1
中方县	Zhongfang County	16214.0	27630.0	8.2	11242.9	10.6
沅陵县	Yuanling County	13999.0	22715.0	8.6	9545.0	11.2
辰溪县	Chenxi County	14262.0	23104.2	8.8	9978.4	10.5
溆浦县	Xupu County	15457.0	23578.0	9.0	11294.0	10.7
会同县	Huitong County	13838.4	22122.8	9.6	10051.4	11.5
麻阳县	Mayang County	13034.0	23156.0	8.5	8522.0	11.4
新晃县	Xinhuang County	12386.0	20752.4	9.9	8697.1	13.5
芷江县	Zhijiang County	13586.0	24145.4	9.1	8983.3	11.1
靖州县	Jingzhou County	15238.4	22025.7	9.3	9794.8	11.7
通道县	Tongdao County	11660.0	21203.4	10.0	7968.3	15.7
洪江市	Hongjiang City	16103.0	23977.9	9.1	11139.9	10.3
娄星区	Louxing District	30513.0	32198.9	9.3	18497.0	11.4
双峰县	Shuangfeng County	14675.0	21206.2	8.9	12072.7	11.7
新化县	Xinhua County	12446.0	20944.0	8.7	8871.0	12.0
冷水江市	Lengshuijiang City	30771.4	34269.6	8.0	19085.0	−9.9
涟源市	Lianyuan County	14158.0	22255.2	9.5	10125.0	11.3
吉首市	Jishou County	25065.2	30279.4	8.6	10760.5	10.7
泸溪县	Luxi County	14422.1	23435.0	9.2	8360.1	11.2
凤凰县	Fenghuang County	14769.4	24696.7	8.8	10129.8	10.8
花垣县	Huayuan County	14555.4	24506.4	8.5	8692.9	10.6
保靖县	Baojing County	14266.3	22120.0	9.2	9611.1	11.0
古丈县	Guzhang County	12607.1	21334.0	9.1	7847.4	13.2
永顺县	Yongshun County	12869.4	21698.0	9.3	8043.0	12.2
龙山县	Longshan County	13641.2	21938.7	9.4	9411.5	10.8

22-26 全体居民人均可支配收入及消费支出(2018年)

市县名称	Cities and Counties	人均可支配收入(元) Per Capita Disposable Income (yuan)	工资性收入 Income of Wages and Salaries	经营净收入 Net Business Income	财产净收入 Net Income from Property	转移净收入 Net Income from Transfer
芙蓉区	Furong District	54354.2	25012.5	6999.5	13319.0	9023.3
天心区	Tianxin District	54476.3	27888.7	8279.2	7092.4	11216.1
岳麓区	Yuelu District	54090.0	32787.0	7621.0	4899.0	8783.0
开福区	Kaifu District	53620.9	22116.8	1385.0	7665.3	22453.8
雨花区	Yuhua District	54522.3	28259.3	8134.7	4812.8	13315.5
望城区	Wangcheng District	40254.5	23900.5	11224.3	2632.6	2497.1
长沙县	Changsha County	40225.6	27229.1	5416.2	5448.3	2131.9
浏阳市	Liuyang City	39607.6	22993.1	10458.1	2017.0	4139.4
宁乡市	Ningxiang City	34887.0	20662.7	6326.5	3178.0	4719.7
荷塘区	Hetang District	45243.0	29207.6	2621.9	2877.6	10535.9
芦淞区	Lusong District	47344.2	33695.5	1563.3	3756.8	8328.6
石峰区	Shifeng District	45663.0	34492.7	4268.8	3580.8	3320.6
天元区	Tianyuan District	52276.3	40284.8	1618.1	3425.3	6948.1
渌口区	Lukou District	23054.6	13376.1	3217.4	777.6	5683.5
攸　县	You County	32541.3	10323.0	10692.8	3225.2	8300.3
茶陵县	Chaling County	21039.3	7716.0	4272.9	1257.1	7793.2
炎陵县	Yanling County	17376.7	10602.0	2931.2	730.6	3112.8
醴陵市	Liling City	33424.1	13069.7	10571.9	2667.7	7114.7
雨湖区	Yuhu District	37440.4	20109.5	4675.3	2475.5	10180.0
岳塘区	Yuetang District	36694.3	21470.4	2261.8	2759.7	10202.3
湘潭县	Xiangtan County	24333.2	13472.4	5931.6	919.6	4009.7
湘乡市	Xiangxiang City	24276.0	13363.4	4148.9	2507.2	4256.4
韶山市	Shaoshan City	34739.9	21279.8	7405.1	1196.8	4858.2
珠晖区	Zhuhui District	35221.0	19492.8	3047.2	3682.2	8998.8
雁峰区	Yanfeng District	34728.1	24615.0	2413.0	1576.0	6125.0
石鼓区	Shigu District	36586.0	24465.0	5184.0	3958.0	2979.0
蒸湘区	Zhengxiang District	35548.6	24014.6	3853.6	1885.1	5795.2
南岳区	Nanyue District	39422.4	18176.5	11435.4	6313.0	3497.5
衡阳县	Hengyang County	23166.0	13555.7	5035.8	1104.0	3470.5
衡南县	Hengnan County	24979.0	14048.0	3609.8	1403.8	5917.4
衡山县	Hengshan County	25060.0	13058.6	7246.2	1002.8	3752.4
衡东县	Hengdong County	24354.0	14887.3	4237.1	1135.5	4094.0
祁东县	Qidong County	18914.8	6721.4	3759.7	1502.1	6931.7
耒阳市	Leiyang City	27068.0	15649.3	4571.6	1607.8	5239.4
常宁市	Changning City	23903.0	13491.4	5153.1	1008.0	4250.6
双清区	Shuangqing District	27727.2	16249.5	2304.9	1305.0	7867.7
大祥区	Daxiang District	26476.7	12613.7	5068.2	1802.3	6992.5
北塔区	Beita District	23807.5	15486.6	3775.6	1071.3	3474.0

Per Capita Disposable Income and Consumption Expenditure (2018)

人均消费支出（元） Per Capita Consumption Expenditure (yuan)	食品烟酒 Food,Tobacco and Liquor	衣着 Clothing	居住 Residence	生活用品及服务 Household Facilities, Articles and Services	医疗保健 Health Care and Medical Services	交通通信 Transport and Communications	教育文化娱乐服务 Education, Cultural and Recreation	其他用品和服务 Miscellaneous Goods and Services
41369.7	10829.7	3404.0	7787.6	2984.2	4441.8	7617.8	2870.6	1434.0
42206.4	10203.0	2183.8	6799.9	2765.9	8369.4	7848.8	3130.9	904.8
43095.0	10821.0	2040.0	8064.0	3102.0	5686.0	7797.0	4301.0	785.0
32347.8	10285.0	2106.0	6027.9	2096.9	2316.9	5848.1	3334.7	332.2
44948.1	11354.2	2734.0	8502.9	5776.4	4086.6	8488.4	3158.2	847.4
27077.5	7028.5	1692.2	5051.9	1645.1	4851.5	4977.3	1315.6	515.5
27568.7	7431.7	1906.8	4980.3	1919.6	4374.7	5129.2	1537.4	288.9
23689.8	5956.4	1492.9	5271.2	1210.5	3402.8	4292.6	1457.7	605.8
24993.6	6307.0	1487.4	5628.4	1660.1	3590.2	4606.6	1185.0	528.9
29432.5	8526.9	2104.3	5234.5	1597.2	3426.7	5485.1	2290.1	767.7
33887.2	8848.0	2097.8	6684.3	1957.8	4537.7	6310.6	2750.0	701.0
27981.8	8862.1	2588.1	4613.6	1690.4	3390.2	5209.8	971.9	655.6
38956.6	8882.0	3016.1	6017.3	2988.6	7554.4	8061.8	1400.2	1036.1
15374.1	4756.1	786.8	3303.9	865.5	1498.3	3004.3	1025.5	133.7
18625.8	4836.4	1053.0	5353.1	997.7	1585.5	3256.8	1356.4	186.7
13375.0	3606.5	724.9	3747.3	619.9	1083.6	2098.3	1273.6	221.0
13849.8	3712.8	798.2	3031.0	825.8	2279.4	2161.8	930.6	110.1
21679.8	6047.6	1324.8	4305.1	1476.8	2220.8	4024.5	1681.3	598.8
28060.2	8334.5	2004.6	4578.3	2211.2	3444.9	5231.1	1726.3	529.2
29110.9	9567.8	2288.5	4369.1	1707.1	3738.0	5423.1	1518.7	498.5
16447.7	4902.0	1035.8	3300.2	923.1	1751.1	2780.9	1480.3	274.2
19273.8	5371.2	1491.0	4321.5	1207.8	1776.6	3224.7	1509.6	371.5
25346.7	7514.6	2208.0	4495.4	1946.4	3227.7	4687.8	1009.5	257.3
23760.1	6145.5	1564.0	3954.1	1570.5	4428.7	4525.0	1419.3	153.1
23133.0	8891.0	1869.0	3452.0	2307.0	1684.0	3238.0	1155.0	537.0
31153.0	8764.0	2759.0	4509.0	1930.0	2892.0	7165.0	1970.0	1163.0
27811.5	8888.3	2231.6	5389.1	2076.4	2666.3	4689.9	1399.1	470.7
23786.4	5395.8	1104.0	7555.9	1938.8	1461.1	4553.4	1390.0	387.3
16796.3	4946.8	1220.0	3193.3	782.7	1765.0	3207.9	1428.0	252.5
17623.1	5408.9	961.6	3452.1	1036.4	2172.5	2519.7	1706.7	365.4
18642.8	5205.1	1175.2	4630.6	1358.8	1915.6	3160.0	974.9	222.6
17675.9	4954.3	1426.2	3727.3	1151.3	2000.0	3206.0	1078.3	132.4
15089.6	4525.7	782.0	3692.3	687.6	1791.2	1799.5	1603.5	207.7
15361.0	4261.6	1037.8	2789.0	815.5	2572.7	2407.3	1280.3	196.9
17728.9	5190.7	931.7	3967.5	729.2	1932.9	3368.4	1390.0	218.4
17928.0	5411.0	1216.6	4926.9	1408.4	1567.5	1953.4	1225.6	218.7
20203.2	5946.8	1520.8	2966.0	1217.1	3001.2	3202.7	1830.8	517.7
19382.8	5543.6	1286.9	4362.1	916.0	1570.8	2432.9	2761.4	509.1

22-26 续表 1

市县名称	Cities and Counties	人均可支配收入（元）Per Capita Disposable Income (yuan)	工资性收入 ncome of Wages and Salaries	经营净收入 Net Business Income	财产净收入 Net Income from Property	转移净收入 Net Income from Transfer
邵东县	Shaodong County	26345.3	12272.9	6317.6	3850.3	3904.4
新邵县	Xinshao County	16172.2	6873.3	3040.0	952.0	5306.9
邵阳县	Shaoyang County	16191.0	6278.5	4199.1	595.4	5118.1
隆回县	Longhui County	14550.2	6002.7	4050.0	806.9	3690.6
洞口县	Dongkou County	17015.9	9080.1	3032.7	417.4	4485.7
绥宁县	Suining County	14031.4	7941.1	1957.7	719.4	3413.1
新宁县	Xinning County	15456.3	6803.0	2058.5	3924.7	2670.1
城步县	Chengbu County	12687.5	5581.0	1997.8	1051.7	4057.1
武冈市	Wugang City	17827.1	11530.5	2236.9	563.1	3496.7
岳阳楼区	Yueyanglou District	35680.9	26171.1	2111.2	2351.9	5046.7
云溪区	Yunxi District	37634.0	24277.0	3533.0	3207.0	6617.0
君山区	Junshan District	25539.3	11392.4	6058.0	613.7	7475.1
岳阳县	Yueyang County	21852.3	8775.6	5607.3	801.2	6668.2
华容县	Huarong County	23765.4	11057.4	6741.8	2045.5	3920.8
湘阴县	Xiangyin County	24136.3	11348.8	5630.2	632.8	6524.3
平江县	Pingjiang City	15063.1	8276.1	1486.8	536.5	4763.7
汨罗市	Miluo City	25166.1	14297.7	3024.4	1345.1	6498.9
临湘市	Linxiang County	21753.2	11212.9	5633.4	1400.3	3506.6
武陵区	Wuling District	36541.2	20729.3	4645.2	3168.3	7998.3
鼎城区	Dingcheng District	23814.7	9419.8	8713.2	2520.7	3161.1
安乡县	Anxiang County	19613.9	5874.2	5444.5	1393.2	6901.9
汉寿县	Hanshou County	21151.2	8317.2	6788.7	794.3	5251.1
澧　县	Li County	20633.1	10460.2	5584.3	775.2	3813.4
临澧县	Linli County	23069.9	11067.0	7441.9	1193.9	3367.1
桃源县	Taoyuan County	19867.1	8355.2	7160.9	959.4	3391.6
石门县	Shimen County	16740.2	6790.3	5452.2	774.1	3723.6
津市市	Jinshi City	26614.1	11686.9	6147.4	1006.1	7773.7
永定区	Yongdi District	19269.3	9009.3	2876.0	2427.6	4956.4
武陵源区	Wulingyuan District	23540.0	13579.6	4555.4	4171.1	1233.8
慈利县	Cili County	15891.8	8680.2	2854.1	390.4	3967.0
桑植县	Sangzhi County	11390.0	5177.9	3295.3	449.7	2467.1
资阳区	Ziyang District	24724.2	11367.6	5205.2	1161.6	6989.8
赫山区	Heshan District	29808.9	15798.3	9372.5	1577.9	3060.2
南　县	Nan County	21425.9	7751.5	8119.8	1000.0	4554.6
桃江县	Taojiang County	21145.3	10514.1	5447.6	1227.7	3955.8
安化县	Anhua County	11699.5	5275.5	1820.5	808.3	3795.3
沅江市	Yuanjiang City	25577.2	10249.2	9783.6	2302.6	3241.9
北湖区	Beihu District	33301.5	18872.0	6065.6	2845.3	5518.7
苏仙区	Suxian District	29576.0	14297.9	2311.9	5826.5	7139.8
桂阳县	Guiyang County	26030.2	11019.6	8652.4	1358.3	4999.8
宜章县	Yizhang County	18096.3	12225.8	3198.5	425.5	2246.5
永兴县	Yongxing County	24186.9	12653.9	6761.8	1431.2	3340.1

Continued

人均消费支出（元） Per Capita Consumption Expenditure (yuan)	食品烟酒 Food,Tobacco and Liquor	衣着 Clothing	居住 Residence	生活用品及服务 Household Facilities, Articles and Services	医疗保健 Health Care and Medical Services	交通通信 Transport and Communications	教育文化娱乐服务 Education, Cultural and Recreation	其他用品和服务 Miscellaneous Goods and Services
22355.4	6106.4	1709.5	4736.2	1343.6	2666.0	3629.4	2034.7	129.6
13267.9	3998.8	730.0	2964.4	711.8	1365.2	1781.4	1558.7	157.6
12693.5	4283.3	661.8	2455.3	736.9	893.9	2514.5	984.1	163.7
11466.2	3291.4	560.9	3567.8	557.7	1125.6	1268.2	961.7	133.0
12928.3	4235.9	801.8	2942.5	766.1	1267.6	1455.6	1225.4	233.4
11303.7	3407.0	607.7	2348.4	855.4	1133.9	1764.3	940.9	246.1
13818.5	3911.6	724.2	3568.9	691.8	1623.9	1448.2	1541.6	308.4
12860.2	3899.1	722.4	3137.4	722.8	1418.6	1377.6	1435.4	146.9
12570.9	3202.1	607.9	2842.4	848.9	1246.8	2152.2	1508.1	162.6
28677.2	8753.6	2051.5	5086.6	1469.5	3396.3	5126.9	1877.3	915.5
25166.7	9204.0	2661.2	2846.0	1869.3	2259.1	4221.3	1567.9	538.5
18415.3	5973.2	1414.5	2997.4	1251.2	2375.0	3011.3	1050.8	341.8
12802.6	4155.5	711.0	2851.1	704.8	1037.7	1805.3	1466.9	70.4
15382.2	4288.6	963.4	2752.4	870.1	1476.3	3510.2	1286.7	234.5
19042.7	5118.0	1274.9	3691.7	1331.6	2230.1	3259.2	1823.0	314.3
13631.1	3954.4	958.4	2961.7	748.4	1140.5	2226.5	1439.4	201.9
19286.3	5310.5	1570.7	3528.3	1254.4	2561.1	3303.6	1359.6	398.0
15632.8	5234.1	1270.8	3037.0	868.7	1627.0	2491.2	964.1	139.8
33768.1	9212.4	2495.7	7180.8	2492.2	3528.2	5677.5	2327.4	853.9
19917.6	5308.4	1131.9	4499.7	1111.9	3164.1	2203.3	2278.6	219.8
17207.6	5047.4	1064.1	4232.0	1204.2	1932.6	1509.0	2020.6	197.6
15844.0	5052.3	1040.0	3254.7	1015.4	1642.7	2007.6	1524.9	306.3
17307.9	5032.1	1327.2	3683.9	1042.7	1799.7	2914.2	1196.8	311.4
18392.2	4863.5	1211.5	4013.5	1302.5	2605.5	2433.0	1711.0	251.6
15865.2	4020.5	922.2	3764.8	931.0	1954.9	2588.0	1434.0	250.0
17847.9	4479.5	955.1	4019.5	1224.2	2582.6	2330.0	1903.5	353.7
19634.6	5834.8	1664.7	3896.8	1369.7	2456.1	2860.8	1173.5	378.3
15918.9	4223.2	1075.0	4854.9	744.0	1573.8	2399.6	881.4	167.0
17760.5	4437.6	1421.9	4733.8	1000.1	1815.1	2963.6	1136.8	251.7
14746.3	3734.8	1023.2	3425.8	1120.9	1535.3	2120.2	1537.2	248.9
11367.8	3316.5	644.9	3053.7	686.8	842.1	1855.8	576.8	391.2
18271.7	6390.5	1464.4	3136.9	1169.2	1997.9	2024.2	1789.7	298.9
19725.0	6130.3	1398.0	3791.8	1161.4	2577.7	2764.9	1682.0	218.9
16390.2	4935.7	932.0	3107.0	1012.2	1785.2	1816.9	2336.6	464.7
17444.3	4867.4	1165.5	4058.8	938.9	2452.5	2262.1	1394.3	304.8
10772.7	2967.4	704.2	3142.0	619.6	701.4	1960.8	576.3	100.9
18997.3	5208.7	1011.8	3149.8	1060.0	3314.3	3412.5	1483.2	357.1
25337.6	6851.7	1638.6	5519.8	1281.5	3164.0	4884.5	1619.5	378.0
21976.7	6369.1	1432.2	5123.0	1157.6	2239.2	3654.6	1620.5	380.7
16591.1	4669.2	782.5	3244.2	797.7	2622.7	2492.3	1734.1	248.3
14281.9	4311.1	902.6	3420.7	1095.9	1497.4	1887.0	967.9	199.3
12411.5	4196.5	765.4	2491.8	810.0	1216.1	1670.2	1127.7	133.6

22-26 续表 2

市县名称	Cities and Counties	人均可支配收入（元）Per Capita Disposable Income (yuan)	工资性收入 ncome of Wages and Salaries	经营净收入 Net Business Income	财产净收入 Net Income from Property	转移净收入 Net Income from Transfer
嘉禾县	Jiahe County	21403.8	11448.8	4419.1	1775.0	3760.9
临武县	Linwu County	18679.0	11953.0	2580.9	1006.5	3138.7
汝城县	Rucheng County	13867.2	9248.9	1870.0	483.5	2264.9
桂东县	Guidong County	13565.9	7302.0	2100.8	526.9	3636.1
安仁县	Anren County	16422.4	8818.7	2140.2	1116.0	4347.5
资兴市	Zixing City	28639.2	11200.1	9621.5	2095.7	5721.9
零陵区	Lingling District	24698.0	14005.5	6079.8	1766.5	2846.1
冷水滩	Lengshuitan District	28404.6	12953.2	7673.3	4343.7	3434.5
祁阳县	Qiyang County	21050.1	9822.3	2876.0	1601.6	6750.3
东安县	DonganCounty	20039.8	9343.5	4416.0	1220.5	5059.8
双牌县	Shuangpai County	15350.1	11382.5	2538.2	493.7	935.7
道　县	Dao County	20348.1	8460.2	5233.6	1538.2	5116.0
江永县	Jiangyong County	14725.3	6270.0	6293.0	662.1	1500.2
宁远县	Ningyuan County	19008.5	8944.2	3043.1	1116.2	5904.9
蓝山县	Lanshan County	20235.2	8817.8	6492.9	2207.2	2717.3
新田县	Xintian County	14738.3	5214.7	3390.8	1777.8	4354.9
江华县	Jianghua County	15747.4	8315.3	2634.2	1102.7	3695.2
鹤城区	Hecheng District	31311.0	20389.9	2432.0	2687.5	5801.6
中方县	Zhongfang County	16214.0	9700.3	4365.1	684.8	1463.8
沅陵县	Yuanling County	13999.0	5963.3	2664.8	868.5	4502.4
辰溪县	Chenxi County	14262.0	8342.1	1370.6	274.2	4275.0
溆浦县	Xupu County	15457.0	8037.9	3382.0	537.8	3499.3
会同县	Huitong County	13838.4	6444.8	2264.7	376.2	4752.6
麻阳县	Mayang County	13034.0	6642.7	2368.3	323.9	3699.1
新晃县	Xinhuang County	12386.0	6693.6	2245.2	420.9	3026.2
芷江县	Zhijiang County	13586.0	5818.2	3983.8	722.8	3061.1
靖州县	Jingzhou County	15238.4	7354.9	4042.5	446.9	3394.1
通道县	Tongdao County	11660.0	6200.0	2004.6	517.9	2937.5
洪江市	Hongjiang City	16103.0	7555.8	4687.0	608.4	3251.9
娄星区	Louxing District	30513.0	16599.7	4640.0	1952.0	7321.3
双峰县	Shuangfeng County	14675.1	7649.8	2226.1	419.5	4379.6
新化县	Xinhua County	12446.0	6424.5	1812.1	633.1	3576.4
冷水江市	Lengshuijiang City	30771.4	17395.1	2862.5	1448.0	9065.7
涟源市	Lianyuan County	14158.0	6364.5	2682.1	562.7	4548.8
吉首市	Jishou County	25065.2	16825.1	1490.1	1234.1	5515.9
泸溪县	Luxi County	14422.1	6565.3	3654.6	378.2	3824.0
凤凰县	Fenghuang County	14769.4	6448.5	2750.3	486.0	5084.6
花垣县	Huayuan County	14555.4	8408.6	2777.3	601.6	2767.9
保靖县	Baojing County	14266.3	7165.2	2653.1	613.6	3834.4
古丈县	Guzhang County	12607.1	7683.0	1820.9	456.6	2646.6
永顺县	Yongshun County	12869.4	8261.8	1975.7	485.7	2146.1
龙山县	Longshan County	13641.2	5932.4	3578.4	950.5	3180.0

Continued

人均消费支出（元）Per Capita Consumption Expenditure (yuan)	食品烟酒 Food,Tobacco and Liquor	衣着 Clothing	居住 Residence	生活用品及服务 Household Facilities, Articles and Services	医疗保健 Health Care and Medical Services	交通通信 Transport and Communications	教育文化娱乐服务 Education, Cultural and Recreation	其他用品和服务 Miscellaneous Goods and Services
17346.4	4574.6	686.3	3203.7	944.0	2922.8	2825.7	1976.0	213.3
13913.8	4397.7	1023.7	2712.9	943.0	1168.7	2297.3	1163.2	207.2
15898.2	4394.7	1091.3	3299.4	1216.9	1831.1	2186.0	1635.1	243.7
13333.6	4157.0	693.5	3288.8	874.9	1546.6	1168.3	1479.4	125.1
13733.7	3901.2	977.6	3651.1	737.7	1196.0	2032.8	1037.4	199.8
18370.7	5584.9	1155.3	3490.9	1051.7	2243.2	3116.5	1476.2	251.9
18048.7	6124.8	1288.5	3584.0	748.2	2139.2	2332.0	1558.6	273.3
16142.8	4840.4	1180.7	2885.2	1161.0	2847.3	1829.3	1044.1	354.7
18930.1	4930.9	993.8	4643.8	1414.7	2858.7	2326.0	1380.9	381.2
15670.8	5023.3	1026.4	2811.1	913.1	1820.8	2842.8	986.6	246.8
12627.7	4683.8	643.0	2217.8	577.3	1236.1	2046.7	1076.1	146.8
14193.6	4026.4	569.8	3784.2	507.5	2058.3	1931.7	1181.3	134.5
11830.1	3766.1	644.6	2442.1	655.9	1202.7	1472.6	1438.5	207.6
14977.3	5039.1	591.2	3930.5	775.7	1103.5	2546.3	762.3	228.6
18773.0	5209.7	1118.0	4687.5	1237.7	2459.8	2764.2	1092.9	203.2
12081.9	3766.4	550.6	2799.9	817.0	1173.8	2142.3	738.5	93.5
10824.0	3195.9	537.1	2692.2	625.1	881.9	1893.9	925.5	72.5
27627.4	6519.7	2079.9	5640.2	2938.8	3219.4	4426.9	2030.0	772.5
12523.2	3606.1	731.2	2034.1	627.2	2018.2	1918.0	1452.9	135.4
11592.8	4015.0	655.5	2814.8	623.9	967.1	1239.5	1015.3	261.7
12136.2	4089.7	781.7	2616.8	761.1	1171.6	1613.9	970.0	131.3
12600.7	4149.0	931.7	2747.9	827.7	1079.4	1833.0	802.3	229.9
11743.2	3468.6	660.0	2420.3	542.3	1027.9	1549.6	1975.4	99.2
11130.0	3933.8	741.4	2612.5	590.6	1171.2	1541.9	494.8	43.7
10385.7	3517.3	627.2	2098.0	433.0	879.4	1721.8	926.1	182.9
11140.4	3452.5	992.2	2108.8	698.9	1269.5	1774.4	598.7	245.5
10805.3	3926.1	639.1	2495.8	452.0	1053.0	1183.2	951.3	104.7
9563.5	3052.2	530.3	1898.0	531.9	858.6	1464.9	1083.7	143.9
14405.6	3898.7	981.4	2724.0	1054.7	2114.8	2203.3	1188.0	240.8
21693.6	5741.5	1635.8	3847.8	1912.8	2720.4	3690.5	1651.4	493.4
11169.2	3627.7	723.0	2654.4	612.4	887.0	1698.8	864.8	101.1
12737.5	4061.7	800.5	2285.6	699.7	1239.4	1838.3	1541.3	270.9
17598.7	5722.7	1340.4	2715.7	1402.1	1370.3	2966.8	1636.3	444.4
13750.0	4072.6	991.4	3336.2	887.6	1227.3	1705.7	1333.3	195.8
17747.2	4242.0	1368.3	2951.8	1139.3	2992.2	2197.6	2330.8	525.3
10477.8	3525.5	611.3	2553.6	746.1	940.7	1086.5	920.1	94.0
12001.7	3198.3	723.5	3022.0	715.8	1540.9	1846.8	714.9	239.4
10545.4	2847.7	746.8	2468.2	643.4	1144.1	1466.9	1077.5	150.8
13707.0	3484.9	887.8	1969.7	1420.1	1898.8	2075.7	1674.4	295.6
8993.4	2893.0	636.6	1739.3	539.1	764.5	1439.7	573.9	407.2
13705.0	4085.8	1129.7	2703.3	760.1	1609.5	1965.3	1102.9	348.4
12394.9	3144.1	773.3	2888.1	606.7	1490.5	1937.0	1218.8	336.3

22-27 分行业法人单位数 (2018年)
Corporate Units by Sector (2018)

单位：个 (unit)

市县名称	Cities and Counties	合计 Total	农、林、牧、渔业 Agriculture, Forestry, Animal Husbandry and Fishing	采矿业 Mining	制造业 Manufacturing	电力、燃气及水的生产和供应业 Production and Supply of Electricity, Gas and Water	建筑业 Construction	批发和零售业 Wholesale and Retail Trade	交通运输、仓储和邮政业 Transport, Storage and Post	住宿和餐饮业 Lodging and Catering Services	信息传输、计算机服务和软件业 Information Transmission, Computer Services and Software
芙蓉区	Furong District	21208	14	3	471	13	892	7634	309	430	1817
天心区	Tianxin District	20473	79	5	792	41	1089	5440	256	516	1720
岳麓区	Yuelu District	28863	358	10	1663	30	1317	4752	306	715	4639
开福区	Kaifu District	22485	109	1	1077	17	1132	5632	497	586	2261
雨花区	Yuhua District	28238	208	3	787	36	1678	9272	597	483	2013
望城区	Wangcheng District	12194	2285	10	1320	46	999	2456	272	225	256
长沙县	Changsha County	23231	2625	13	2983	35	1218	4896	1132	416	1072
浏阳市	Liuyang City	10653	2480	23	1693	47	465	1536	164	137	234
宁乡市	Ningxiang City	15925	4792	56	2735	141	424	2999	254	158	277
荷塘区	Hetang District	3375	124	2	612	5	177	945	123	66	101
芦淞区	Lousong District	3677	79		529	7	114	1010	74	78	206
石峰区	Shifeng District	3349	216	1	688	2	173	981	108	77	72
天元区	Tianyuan District	5610	243	3	827	11	413	1024	97	154	270
渌口区	Lukou District	2709	585	26	335	16	132	601	64	28	23
攸　县	You County	4131	274	144	357	71	155	1602	52	30	78
茶陵县	Chaling County	3997	176	76	304	124	162	1574	69	39	42
炎陵县	Yanling County	1694	545	5	141	164	23	125	21	20	12
醴陵市	Liling City	7635	563	46	1664	34	285	2529	105	58	73
雨湖区	Yuhu District	7006	325	28	1153	20	328	1866	134	135	226
岳塘区	Yuetang District	5527	94	1	761	17	349	1277	172	107	262
湘潭县	Xiangtan County	5956	1331	25	870	28	266	724	73	41	49
湘乡市	Xiangxiang City	5158	1163	27	632	17	208	828	113	72	76
韶山市	Shaoshan City	1580	408	4	172	6	67	164	20	30	14
珠晖区	Zhuhui District	2466	177	3	343	5	121	609	84	52	50
雁峰区	Yanfeng District	3039	81	1	514	5	122	647	99	75	161
石鼓区	Shigu District	4076	110	1	324	11	185	1359	134	70	193
蒸湘区	Zhengxiang District	7045	199		191	2	616	2017	120	179	347
南岳区	Nanyue District	887	23		28	3	30	137	21	47	27
衡阳县	Hengyang County	4442	793	69	333	38	151	517	58	21	35
衡南县	Hengnan County	5480	1703	28	422	40	106	566	84	24	39
衡山县	Hengshan County	2356	562	22	274	11	108	477	38	25	21
衡东县	Hengdong County	4680	1224	33	379	33	333	715	76	53	44
祁东县	Qidong County	5088	1287	29	346	23	159	997	73	62	52
耒阳市	Leiyang City	5820	1448	73	367	39	106	1149	91	46	91
常宁市	Changning City	5752	1662	40	400	67	264	958	109	34	93
双清区	Shuangqing District	3527	163	1	528	9	255	1151	103	47	100
大祥区	Daxiang District	4698	121	6	193	12	381	921	51	108	212
北塔区	Beita District	1216	80	2	126	6	84	254	23	29	37

22-27 续表 1 Continued

单位：个 (unit)

市县名称	Cities and Counties	合计 Total	农、林、牧、渔业 Agriculture, Forestry, Animal Husbandry and Fishing	采矿业 Mining	制造业 Manufacturing	电力、燃气及水的生产和供应业 Production and Supply of Electricity, Gas and Water	建筑业 Construction	批发和零售业 Wholesale and Retail Trade	交通运输、仓储和邮政业 Transport, Storage and Post	住宿和餐饮业 Lodging and Catering Services	信息传输、计算机服务和软件业 Information Transmission, Computer Services and Software
邵东县	Shaodong County	14440	1371	58	2744	74	406	5309	154	469	221
新邵县	Xinshao County	3581	917	51	339	43	234	323	36	39	32
邵阳县	Shaoyang County	4363	1171	59	275	52	98	564	34	48	29
隆回县	Longhui County	6113	867	60	513	119	175	965	113	134	119
洞口县	Dongkou County	3980	908	29	365	160	87	434	63	62	32
绥宁县	Suining County	2961	1577	12	154	61	42	178	36	17	16
新宁县	Xinning County	2996	284	28	237	114	77	665	37	42	38
城步县	Chengbu County	1733	483	14	79	112	28	189	24	12	21
武冈市	Wugang City	3279	521	17	262	64	89	531	67	43	72
岳阳楼区	Yueyanglou Distract	20472	560	20	1399	66	1438	6134	630	366	931
云溪区	Yunxi Distract	2520	56	3	341	22	96	757	180	23	52
君山区	Junshan Distract	3373	1061	2	248	14	102	829	63	12	28
岳阳县	Yueyang County	4971	465	41	590	64	153	942	141	82	61
华容县	Huarong County	4577	943	14	402	45	138	702	104	51	53
湘阴县	Xiangyin County	5914	1557	5	542	40	243	1307	110	60	100
平江县	Pingjiang County	6670	252	82	776	176	293	1215	155	62	149
汨罗市	Miluo City	6861	1438	15	969	56	284	1308	158	65	108
临湘市	Linxiang City	3026		94	479	68	94	633	111	27	49
武陵区	Wuling Distract	13292	1262	3	957	32	742	2998	306	292	669
鼎城区	Dingcheng Distract	6494	384	4	728	58	167	2300	125	137	99
安乡县	Anxiang County	5222	919		368	46	115	1950	94	151	28
汉寿县	Hanshou County	5453	296	9	621	54	161	1716	94	155	89
澧　县	Li County	6579	665	90	711	69	316	1785	139	196	118
临澧县	Linli County	4469	985	65	752	53	100	844	126	81	43
桃源县	Taoyuan County	5864	478	49	646	113	231	1627	118	103	63
石门县	Shimen County	3777	72	89	463	83	154	853	90	40	61
津市市	Jinshi City	2124			275	13	70	688	55	102	33
永定区	Yongding Distract	5065	758	31	316	65	237	832	84	215	80
武陵源区	Wulingyuan Distract	1766	1039		21	12	30	103	19	125	13
慈利县	Cili County	3101	308	66	237	66	110	530	65	43	37
桑植县	Sangzhi County	2983		56	200	60	208	1252	32	36	13
资阳区	Ziyang Distract	5199	1695	1	698	19	206	1151	62	56	74
赫山区	Heshan Distract	12238	1996	10	1787	25	645	3324	212	225	263
南　县	Nan County	5307	1185	2	445	30	210	1510	85	93	66
大通湖区	Datonghu District	788	141	2	75	8	33	184	6	8	10
桃江县	Taojiang County	7922	1145	63	1244	136	313	2431	138	146	72
安化县	Anhua County	5658	209	65	840	92	237	1699	124	109	87
沅江市	Yuanjiang City	5453		2	837	34	337	1749	193	56	116
北湖区	Beihu Distract	9127	883	24	372	52	545	3043	213	153	464
苏仙区	Suxian Distract	5670	529	39	418	39	380	1227	121	133	234
桂阳县	Guiyang County	3733	835	61	307	73	89	522	42	61	35
宜章县	Yizhang County	3660	929	71	384	91	76	504	79	37	30
永兴县	Yongxing County	5048	547	83	590	81	84	1142	84	128	76

22-27 续表 2 Continued

单位：个 (unit)

市县名称	Cities and Counties	合计 Total	农、林、牧、渔业 Agriculture, Forestry, Animal Husbandry and Fishing	采矿业 Mining	制造业 Manufacturing	电力、燃气及水的生产和供应业 Production and Supply of Electricity, Gas and Water	建筑业 Construction	批发和零售业 Wholesale and Retail Trade	交通运输、仓储和邮政业 Transport, Storage and Post	住宿和餐饮业 Lodging and Catering Services	信息传输、计算机服务和软件业 Information Transmission, Computer Services and Software
嘉禾县	Jiahe County	2861	832	33	373	36	77	501	53	37	24
临武县	Linwu County	1945	606	61	128	60	21	284	37	22	15
汝城县	Rucheng County	2183	295	60	180	123	70	318	27	34	27
桂东县	Guidong County	1726	644	9	70	140	19	197	19	10	13
安仁县	Anren County	1824	542	14	108	29	34	286	18	25	9
资兴市	Zixing City	2336		32	264	128	88	498	94	52	41
零陵区	Lingling Distract	4355	1500	63	263	43	133	409	67	43	41
冷水滩区	Lengshuitan Distract	10616	1616	21	635	73	609	2314	231	152	524
祁阳县	Qiyang County	6047	575	51	633	159	294	1045	139	92	101
东安县	Dongan County	2500	274	22	197	58	73	297	53	35	34
双牌县	Shuangpai County	2522	517	5	170	106	41	246	27	8	21
道　县	Dao County	2711	168	33	263	113	53	370	47	31	22
江永县	Jiangyong County	1942	444	11	84	31	28	337	16	17	8
宁远县	Ningyuan County	4324	677	57	256	44	80	795	66	26	98
蓝山县	Lanshan County	2715	467	34	249	128	89	344	53	24	41
新田县	Xintian County	2275	538	9	171	22	81	258	41	16	29
江华县	Jianghua County	2472	51	30	225	167	63	489	44	26	17
鹤城区	Hecheng Distract	8214	461	11	345	41	656	2196	216	197	305
中方县	Zhongfang County	2111	480	15	244	52	55	345	32	12	37
沅陵县	Yuanling County	2677	665	17	184	34	26	201	40	44	9
辰溪县	Chenxi County	2547	793	35	112	26	41	209	38	16	14
溆浦县	Xupu County	2474	367	43	200	107	62	373	44	18	33
会同县	Huitong County	2080	381	10	101	31	34	196	29	16	30
麻阳县	Mayang County	1789	309	17	80	26	31	252	27	9	11
新晃县	Xinhuang County	1405	311	18	90	17	25	211	28	9	15
芷江县	Zhijiang County	1633	428	10	109	106	52	163	28	12	10
靖州县	Jingzhou County	1475	494	14	107	20	18	128	34	18	13
通道县	Tongdao County	1050	41	8	96	50	28	133	14	19	24
洪江市	Hongjiang City	1822		30	104	50	55	537	41	21	13
洪江区	Hongjiang District	1053	687	1	60	5	8	29	10	6	7
娄星区	Louxing Distract	13682	2678	59	1067	63	841	3423	212	159	528
双峰县	Shuangfeng County	6102	2417	35	489	139	222	811	83	86	33
新化县	Xinhua County	5733	400	106	747	187	153	900	120	86	95
冷水江市	Lengshuijiang City	3196	1034	48	232	25	53	657	88	20	32
涟源市	Lianyuan City	3882		119	425	120	128	814	117	58	39
吉首市	Jishou City	4966	26	5	317	35	297	965	96	89	166
泸溪县	Luxi County	2424	3	23	207	26	235	720	43	8	18
凤凰县	Fenghuang County	3011	1	41	125	19	191	292	40	49	18
花垣县	Huayuan County	2293	4	89	94	52	150	227	25	7	19
保靖县	Baojing County	2561	107	50	130	25	94	264	31	8	13
古丈县	Guzhang County	1485	3	27	85	15	121	127	29	9	11
永顺县	Yongshun County	3827	35	68	114	65	339	309	55	12	34
龙山县	Longshan County	3262	3	28	140	26	92	302	44	48	19

22-27 续表 3 Continued

单位：个 (unit)

市县名称	Cities and Counties	金融业 Finance	房地产业 Real Estate Trade	租赁和商务服务业 Tenancy and Business Services	科学研究和技术服务业 Scientific Research, Technical Services	水利、环境和公共设施管理业 Management of Water Conservancy, Environment and Public Establishment	居民服务、修理和其他服务业 Resident services, repairs and other services	教育 Education	卫生和社会工作 Health and social work sector	文化、体育和娱乐业 Culture, Sports and Entertainment	公共管理、社会保障和社会组织 Public administration, social security and social organizations	国际组织 International Organization
芙蓉区	Furong District	132	729	3896	2144	62	540	411	170	1040	501	
天心区	Tianxin District	133	817	4120	2297	105	609	496	164	1411	383	
岳麓区	Yuelu District	97	1058	5069	4252	193	762	876	333	1736	697	
开福区	Kaifu District	138	785	4833	2042	127	688	475	206	1386	493	
雨花区	Yuhua District	124	1041	5025	3289	236	797	598	295	1297	459	
望城区	Wangcheng District	5	358	1486	669	142	313	428	143	386	395	
长沙县	Changsha County	31	670	3134	1860	179	557	841	133	831	605	
浏阳市	Liuyang City	12	319	870	584	135	198	491	172	322	771	
宁乡市	Ningxiang City	15	244	877	465	178	183	652	160	303	1012	
荷塘区	Hetang District	8	156	298	120	19	80	196	56	97	190	
芦淞区	Lousong District	13	252	421	125	30	107	216	56	131	229	
石峰区	Shifeng District	8	151	220	98	21	58	152	35	98	190	
天元区	Tianyuan District	63	328	683	392	43	131	248	45	244	391	
渌口区	Lukou District	2	70	158	170	20	24	107	36	32	280	
攸　县	You County	2	70	149	74	35	29	219	62	57	671	
茶陵县	Chaling County	3	69	186	146	77	36	253	85	76	500	
炎陵县	Yanling County	1	32	66	39	26	11	85	40	28	310	
醴陵市	Liling City	6	128	289	234	58	67	486	115	138	757	
雨湖区	Yuhu District	24	241	779	284	67	151	310	105	260	570	
岳塘区	Yuetang District	55	203	768	304	47	108	245	71	248	438	
湘潭县	Xiangtan County	4	87	326	680	73	64	372	100	132	711	
湘乡市	Xiangxiang City	5	121	384	221	39	55	312	84	133	668	
韶山市	Shaoshan City	3	39	172	35	31	19	77	27	64	228	
珠晖区	Zhuhui District	3	127	232	105	9	62	146	52	98	188	
雁峰区	Yanfeng District	22	171	339	167	23	45	161	60	114	232	
石鼓区	Shigu District	17	204	510	194	26	85	149	62	153	289	
蒸湘区	Zhengxiang District	59	454	1051	458	60	157	314	103	232	486	
南岳区	Nanyue District	2	42	92	72	21	17	41	15	57	212	
衡阳县	Hengyang County	4	110	146	353	60	29	468	100	92	1065	
衡南县	Hengnan County	2	145	325	378	70	41	283	117	211	896	
衡山县	Hengshan County	5	55	109	44	14	25	114	61	67	324	
衡东县	Hengdong County	8	131	236	162	43	51	333	104	142	580	
祁东县	Qidong County	7	75	259	200	58	63	342	101	134	821	
耒阳市	Leiyang City	14	239	292	166	35	85	446	122	177	834	
常宁市	Changning City	10	209	319	158	42	52	365	80	182	708	
双清区	Shuangqing District	15	147	258	101	27	79	180	41	78	244	
大祥区	Daxiang District	35	289	665	313	55	112	332	73	215	604	
北塔区	Beita District	3	63	125	49	7	23	59	27	47	172	

22-27 续表 4 Continued

单位：个 (unit)

市县名称	Cities and Counties	金融业 Finance	房地产业 Real Estate Trade	租赁和商务服务业 Tenancy and Business Services	科学研究和技术服务业 Scientific Research, Technical Services	水利、环境和公共设施管理业 Management of Water Conser-vancy, Environ-ment and Public Establish-ment	居民服务、修理和其他服务业 Resident services, repairs and other services	教育 Educ-ation	卫生和社会工作 Health and social work sector	文化、体育和娱乐业 Culture, Sports and Entertain-ment	公共管理、社会保障和社会组织 Public administra-tion, social security and social organiza-tions	国际组织 Inter-natio-nal Orga-niza-tion
邵东县	Shaodong County	18	277	560	322	63	318	566	150	308	1052	
新邵县	Xinshao County	6	57	159	37	30	41	325	72	61	779	
邵阳县	Shaoyang County	7	74	198	103	42	44	400	297	69	799	
隆回县	Longhui County	9	151	406	182	79	86	549	205	185	1196	
洞口县	Dongkou County	2	67	423	94	37	37	366	69	77	668	
绥宁县	Suining County	2	27	94	32	13	14	91	63	34	498	
新宁县	Xinning County	5	42	169	110	36	34	149	101	61	767	
城步县	Chengbu County	1	20	61	34	24	9	141	35	26	420	
武冈市	Wugang City	4	71	173	157	50	40	266	89	66	697	
岳阳楼区	Yueyanglou Distract	76	1119	2711	1037	175	939	824	303	697	1047	
云溪区	Yunxi Distract		38	235	158	33	59	69	24	97	277	
君山区	Junshan Distract		51	169	97	46	23	102	45	70	411	
岳阳县	Yueyang County	10	88	321	475	54	107	383	98	183	713	
华容县	Huarong County	10	137	230	554	48	41	216	59	123	707	
湘阴县	Xiangyin County	6	178	359	213	75	78	205	99	202	535	
平江县	Pingjiang County	27	105	424	289	117	84	676	140	492	1156	
汨罗市	Miluo City	3	123	419	408	57	106	256	150	214	724	
临湘市	Linxiang City	3	86	199	133	90	41	198	74	169	478	
武陵区	Wuling Distract	89	519	1861	786	174	347	482	325	554	894	
鼎城区	Dingcheng Distract	8	98	382	372	72	133	261	132	167	867	
安乡县	Anxiang County	8	75	193	144	73	128	185	71	104	570	
汉寿县	Hanshou County	11	105	298	295	62	177	133	127	175	875	
澧　县	Li County	12	153	368	506	60	232	236	129	163	631	
临澧县	Linli County	7	75	203	91	32	68	139	59	78	668	
桃源县	Taoyuan County	7	81	338	218	78	56	267	143	192	1056	
石门县	Shimen County	2	81	178	393	56	53	239	80	117	673	
津市市	Jinshi City	5	43	123	71	22	88	92	47	82	315	
永定区	Yongding Distract	34	181	580	118	48	171	336	94	183	702	
武陵源区	Wulingyuan Distract		21	52	15	38	9	45	20	30	174	
慈利县	Cili County	4	84	215	102	59	62	156	102	110	745	
桑植县	Sangzhi County	4	58	142	65	29	42	165	78	75	468	
资阳区	Ziyang Distract	6	82	197	95	17	68	159	66	152	395	
赫山区	Heshan Distract	52	356	868	357	50	252	456	183	353	824	
南　县	Nan County	3	77	251	138	42	70	229	106	129	636	
大通湖区	Datonghu District		14	35	63	1	10	41	10	15	132	
桃江县	Taojiang County	4	99	367	277	39	148	303	94	185	718	
安化县	Anhua County	4	156	283	185	82	111	220	87	194	874	
沅江市	Yuanjiang City	5	173	361	279	54	128	246	120	177	586	
北湖区	Beihu Distract	47	516	959	437	76	225	292	98	268	460	
苏仙区	Suxian Distract	25	250	596	343	92	108	236	76	230	594	
桂阳县	Guiyang County	8	95	170	342	37	32	221	76	117	610	
宜章县	Yizhang County	4	65	156	459	32	20	139	55	79	450	
永兴县	Yongxing County	8	114	210	321	39	88	308	163	161	821	

22-27 续表 5 Continued

单位：个 (unit)

市县名称	Cities and Counties	金融业 Finance	房地产业 Real Estate Trade	租赁和商务服务业 Tenancy and Business Services	科学研究和技术服务业 Scientific Research, Technical Services	水利、环境和公共设施管理业 Management of Water Conservancy, Environment and Public Establishment	居民服务、修理和其他服务业 Resident services, repairs and other services	教育 Education	卫生和社会工作 Health and social work sector	文化、体育和娱乐业 Culture, Sports and Entertainment	公共管理、社会保障和社会组织 Public administration, social security and social organizations	国际组织 International Organization
嘉禾县	Jiahe County	2	62	106	68	20	34	149	47	65	342	
临武县	Linwu County	3	36	49	25	18	15	115	27	45	378	
汝城县	Rucheng County	7	75	115	58	34	29	149	56	32	494	
桂东县	Guidong County	2	13	52	133	13	14	57	36	18	267	
安仁县	Anren County	3	44	44	60	21	22	126	49	41	349	
资兴市	Zixing City	5	95	131	106	31	21	135	73	52	490	
零陵区	Lingling District	6	127	194	294	42	39	284	70	94	643	
冷水滩区	Lengshuitan Distract	57	613	1232	618	69	249	383	135	337	748	
祁阳县	Qiyang County	16	111	483	207	56	104	567	126	165	1123	
东安县	Dongan County	9	102	89	57	36	24	229	72	69	770	
双牌县	Shuangpai County	4	28	116	554	25	16	68	45	36	489	
道　县	Dao County	8	80	134	97	37	20	335	95	88	717	
江永县	Jiangyong County	2	21	264	108	25	13	110	24	33	366	
宁远县	Ningyuan County	4	94	200	449	26	27	426	91	117	791	
蓝山县	Lanshan County	5	54	130	214	25	22	199	64	56	517	
新田县	Xintian County	2	73	103	96	28	34	163	54	42	515	
江华县	Jianghua County	5	57	141	108	32	18	161	60	73	705	
鹤城区	Hecheng Distract	56	529	1027	408	85	228	432	122	268	631	
中方县	Zhongfang County	3	36	68	139	17	10	75	41	32	418	
沅陵县	Yuanling County	3	57	98	68	33	38	195	118	92	755	
辰溪县	Chenxi County	1	56	94	56	26	16	134	90	65	725	
溆浦县	Xupu County	8	58	82	25	30	16	198	103	34	673	
会同县	Huitong County	1	18	57	188	29	16	127	63	74	679	
麻阳县	Mayang County	1	43	78	43	12	19	136	63	93	539	
新晃县	Xinhuang County	1	22	54	27	19	7	76	52	46	377	
芷江县	Zhijiang County	3	39	46	81	14	13	88	48	28	355	
靖州县	Jingzhou County	1	20	52	49	13	16	84	29	34	331	
通道县	Tongdao County	1	31	59	12	11	6	64	32	125	296	
洪江市	Hongjiang City	5	51	53	67	24	16	101	62	61	531	
洪江区	Hongjiang District		11	18	10	9	3	23	15	12	139	
娄星区	Louxing Distract	59	484	1375	598	76	298	461	133	437	731	
双峰县	Shuangfeng County	8	63	319	69	39	52	251	57	140	789	
新化县	Xinhua County	12	109	401	386	89	63	410	162	311	996	
冷水江市	Lengshuijiang City	2	69	125	41	34	18	139	43	196	340	
涟源市	Lianyuan City	5	57	257	261	41	51	251	85	177	877	
吉首市	Jishou City	35	272	597	605	68	114	263	108	211	697	
泸溪县	Luxi County	3	40	93	82	37	12	111	49	96	618	
凤凰县	Fenghuang County	2	60	194	529	65	37	150	404	97	697	
花垣县	Huayuan County	1	31	79	844	26	14	110	50	58	413	
保靖县	Baojing County	1	27	83	873	33	13	121	84	120	484	
古丈县	Guzhang County	1	24	68	448	20	17	58	42	41	339	
永顺县	Yongshun County	3	62	162	1255	88	25	232	110	158	701	
龙山县	Longshan County	2	63	346	675	61	37	226	154	128	868